Marynel et Léon Noël

DICTIONNAIRE MARABOUT DES MOTS CROISÉS

TOME 2

I - Z

MARABOUT

I

IAMBE : 8 iambique ■ **9** chorïambe ■ **10** choliambre.
IAMBIQUE : 9 chorïambe.
IBERIE : 8 ibérique.
IBERIQUE : 5 arobe ■ **6** arrobe.
IBERIS : 8 téraspic.
ICAQUIER : 6 icaque.
ICHTYOLOGIE : 13 ichtyologique, ichtyologiste.
ICI : 2 çà, ci, là ■ **5** céans, ci-gît.
ICONE : 10 iconologue ■ **11** iconoclasme, iconoclaste ■ **12** iconologiste ■ **14** iconographique.
ICONOLOGIE : 12 iconologique.
ICTERE : 8 cholémie, jaunisse ■ **9** ictérique.
IDEAL : 4 rêvé, type ■ **6** absolu ■ **7** parfait* ■ **8** accompli, ataraxie, idéalité ■ **9** archétype, classique, idéalisme, idéologie, olympisme, prosaïque, prosaïsme ■ **10** aspiration, idéalement, métacentre, platonique, prométhéen ■ **15** substantialisme.
IDEALISER : 6 esprit ■ **9** poétiser, ruralisme ■ **11** imagination ■ **12** idéalisation ■ **14** idéalisateur.
IDEALISTE : 12 don quichotte.
IDEE : 4 dada, mana, rêve, tour, vide ■ **5** blanc, dyade, idéal, idéer, image, jaune, juger, manie, songe ■ **6** donnée, ectype, entité, notion, pensée*, projet ■ **7** chimère, concept, hantise, marotte, noumène, remueur, rêverie, soupçon, théorie*, volonté ■ **8** gnomique, idéation, machisme, militant, pratique, souvenir, velléité ■ **9** allégorie, communier, connaître, fantaisie, idée-force, idéologie, intention, matériaux, monomanie, obsession, péjoratif, prénotion, sensation, sentiment, tentation, universel ■ **10** conception*, érotomanie, idéogramme, impression, répétition, sandinisme, sinistrose, suggestion, vieillerie ■ **11** endoctriner, idéographie, imagination, monoïdéisme ■ **12** connaissance, illumination, intelligible, tachypsychie ■ **13** astrobiologie, compréhension, concaténation, extrapolation, préconception ■ **14** autosuggestion, conceptualisme, évolutionnisme, représentation.
IDENTIFICATION : 4 isbn, issn ■ **8** filtrage ■ **10** panthéisme ■ **11** diagnostic ■ **12** assimilation, coproculture, introjection ■ **13** bertillonnage ■ **14** anthropométrie ■ **15** identificatoire.
IDENTIFIER : 8 document ■ **9** assimiler ■ **11** reconnaître* ■ **12** identifiable ■ **14** identification.
IDENTIQUE : 3 tel ■ **4** même*, seul ■ **5** autre ■ **6** pareil*, propre ■

9 isoglosse, isogreffe, semblable* ■ **10** gémination, identifier ■ **13** identiquement.
IDENTITE : **3** nom, r.i.b. ■ **4** même* ■ **5** carte ■ **7** judaïté, judéité ■ **10** communauté, identifier, photomaton, pseudonyme ■ **11** équivalence, identitaire, sans-papiers ■ **13** déculturation.
IDEOLOGIE : **8** arabisme, machisme ■ **13** contre-société, sociocritique ■ **14** désidéologiser.
IDEOLOGIQUE : **13** maître-penseur.
IDIOME : **6** langue* ■ **7** langage ■ **11** idiomatique.
IDIOT : **3** sot* ■ **4** bête, nase, naze ■ **5** daube, enflé ■ **6** crétin ■ **7** conneau, idiotie, stupide* ■ **8** insanité ■ **10** idiotement.
IDIOTISME : **8** tournure ■ **10** expression.
IDOINE : **9** approprié*.
IDOLATRIE : **5** amour*, païen ■ **7** nations ■ **8** idolâtre ■ **9** adoration* ■ **11** idolatrique.
IDOLE : **4** dieu ■ **7** fétiche ■ **8** idolâtre ■ **9** idolâtrie.
IDYLLE : **8** caristys ■ **9** idyllique, pastorale.
IDYLLIQUE : **8** arcadien.
IGNAME : **6** foufou, foutou.
IGNARE : **8** ignorant*.
IGNE : **10** pyrosphère.
IGNIFUGER : **12** ignifugation.
IGNITION : **4** moxa ■ **10** combustion.
IGNOBLE : **3** bas ■ **4** beau, joli, laid* ■ **6** abject, hideux ■ **7** affreux, immonde ■ **8** ruisseau ■ **9** dégoûtant ■ **11** ignoblement.
IGNOMINIE : **5** honte* ■ **8** opprobre ■ **9** turpitude ■ **10** déshonorer ■ **11** ignominieux.
IGNORANCE : **4** insu, maya, nuit ■ **5** doute ■ **6** ânerie ■ **7** bandeau, candeur, ineptie, naïveté, nullité, sottise ■ **8** encroûté, ilotisme, malfaçon, ténèbres ■ **9** décrasser, décrotter, gaucherie, impéritie, ingénuité, innocence, niaiserie ■ **10** incapacité*, maladresse*, simplicité ■ **11** tâtonnement ■ **12** connaissance, incompétence, inconscience, inexpérience, insuffisance, superstition ■ **13** inconséquence ■ **14** méconnaissance.
IGNORANT : **3** âne, nul, sot* ■ **4** bâté, bête, buse, naïf, pont ■ **5** borné, idiot, niais ■ **6** cancre, crétin, ignare, inepte, ingénu, nigaud, novice, simple, velche, welche ■ **7** arriéré, barbare, béjaune, béotien, candide, inculte, indocte, profane, stupide* ■ **8** aliboron, apprenti, étranger, grossier, illettré, innocent, jocrisse ■ **9** bourrique, charlatan, dégrossir, maladroit, malhabile ■ **11** analphabète, incompétent, inconscient, vulgum pecus ■ **12** ignorantisme ■ **13** inexpérimenté, irresponsable.
IGNORE : **5** épave ■ **6** inédit, obscur, oublié ■ **7** inconnu, méconnu ■ **9** incertain, incompris.
IGNORER : **7** croupir, oublier ■ **8** rouiller ■ **9** encrasser ■ **11** méconnaître.
IGUANE : **7** basilic ■ **12** amblyrhynque.
ILE : **4** îlet, îlot ■ **5** atoll, îlien, oasis ■ **6** îlette, javeau ■ **8** archipel ■ **9** insulaire ■ **10** insularité.
ILEON : **5** iléal ■ **6** iléite ■ **11** iléo-cæcal.
ILIACEE : **4** houx.
ILIAQUE : **5** pubis ■ **7** ischion ■ **9** cotyloïde.
ILLEGAL : **9** trafiquer ■ **10** arbitraire, billonnage ■ **12** illégalement, proscription ■ **14** pronunciamento.
ILLEGITIME : **7** injuste* ■ **10** exploiteur ■ **14** illégitimement.

ILLICINEE : **12** aquifoliacée*.
ILLICITE : **5** brûlé ■ **7** défendu, inceste ■ **8** fricoter ■ **10** dichotomie, quasi-délit, subreptice ■ **11** gaspillage ■ **12** illicitement.
ILLIMITE : **6** infini ■ **7** immense ■ **8** démesuré ■ **10** amplifiant.
ILLISIBLE : **11** barbouillis, gribouillis, hiéroglyphe ■ **12** barbouillage, gribouillage, illisibilité ■ **13** illisiblement ■ **14** indéchiffrable.
ILLOGIQUE : **9** illogisme ■ **13** illogiquement.
ILLUMINATION : **4** fête ■ **7** lumière* ■ **9** éclairage, illuminer, luminaire ■ **11** embrasement, visionnaire.
ILLUMINER : **8** éclairer*, embraser ■ **11** ensoleiller, illuminisme.
ILLUSION : **4** rêve ■ **5** bluff, écart, songe ■ **6** erreur, leurre, mirage, utopie, vision ■ **7** chimère, fantôme, rêverie ■ **8** dégriser, prestige ■ **9** désabuser, égarement, illusoire, micropsie, phantasme, simulacre ■ **10** paramnésie ■ **11** aveuglement, désillusion, illusionner, imagination, trompe-l'œil ■ **12** désenchanter ■ **13** fantasmagorie, hallucination ■ **14** désillusionner ■ **15** phénakistiscope.
ILLUSIONNER : **5** rêver ■ **6** abuser, égarer ■ **7** leurrer ■ **8** décevoir ■ **9** désabuser.
ILLUSIONNISME : **13** illusionniste.
ILLUSOIRE : **4** faux*, maya, vain* ■ **10** chimérique ■ **13** illusoirement.
ILLUSTRATION : **3** nom ■ **5** éclat, image*, rough ■ **6** gloire, lustre ■ **7** détouré, honneur ■ **8** crayonné, maquette, peinture ■ **9** habillage ■ **10** enluminure.
ILLUSTRE : **5** punch ■ **6** fameux ■ **7** célèbre, renommé ■ **8** carte-vue, magazine ■ **9** cover-girl, illustrer ■ **10** apothegme, exemplatif, personnage ■ **12** illustration.
ILLUSTRER : **5** orner* ■ **9** triompher.
ILLUVIATION : **8** illuvial.
ILOT : **6** insula.
ILOTE : **6** hilote ■ **8** ilotisme.
IMAGE : **4** flou, halo, idée, look, naos, rêve, spot ■ **5** album, buste, champ, fondu, icône, image, pixel, tanka ■ **6** charge, chromo, cliché, dessin*, figure, statue, visuel ■ **7** effigie, emblème, estampe, fétiche, gravure, négatif, parélie, symbole, tableau*, vidicon ■ **8** agnus-dei, dépliant, fantasme, figurine, iconique, imagerie, parhélie, peinture*, pêle-mêle, portrait*, rémanent, séquence, vividité ■ **9** allégorie, décadrage, découpure, linéature, miniature, phototype, simulacre, stock-shot ■ **10** autoscopie, caricature, décalquage, définition, enluminure, iconolâtre, iconoscope, instantané, microforme, photo-robot, projecteur, projection, sécheresse, signifiant, silhouette, télévision, transformé ■ **11** anamorphose, audiovisuel, cinémascope, description, iconolâtrie, iconothèque, pittoresque, prémonition, remnogramme, stéréoscope, transformée, transparent, trompe-l'œil ■ **12** colorisation, illustration, magnétoscope, photographie, remnographie, scanographie, scintigraphie ■ **14** représentation ■ **15** vidéoconférence, visioconférence.
IMAGERIE : **3** i.r.m.
IMAGINAIRE : **3** fée ■ **4** faux*, pôle ■ **5** conte, fable, roman ■ **6** esprit, fictif, irréel, utopie ■ **8** eldorado, équateur, fabuleux, référent, sélénite, utopique ■ **9** parallèle, phantasme, réactance ■ **10** chimérique, fabulation, quaternion ■ **11** coquecigrue, fantaisiste, fantastique, pandémonium, surréalisme ■ **12** almicantarat, pataphysique.
IMAGINATION : **3** feu ■ **4** chic, idée, rêve*, saut, tête ■ **5** aride, génie, idéal, logis, manie, poète, roman, songe, thème, verve ■ **6** délire, esprit, extase, féerie, mirage, pensée, projet, talent, utopie, vision ■

7 chimère, fiction, théorie ■ 8 gamberge, illusion ■ 9 eidétique, fantaisie*, hypothèse, invention ■ 10 conception, imaginaire ■ 11 fantastique, imaginative, inspiration ■ 12 enthousiasme ■ 13 contemplation, fantasmagorie, hallucination, pressentiment ■ 14 représentation*.
IMAGINER: 5 juger, rêver ■ 6 aviser, croire, forger, penser ■ 7 délirer, espérer, figurer ■ 8 inventer*, pensable, supposer* ■ 9 concevoir*, gamberger, illustrer, persuader ■ 10 construire, contempler, imaginable, imaginatif, pressentir ■ 11 imaginative, représenter* ■ 12 extérioriser.
IMBECILE: 3 âne, sot* ■ 5 gourd, melon, moule, poire ■ 6 conard, crétin, tourte ■ 7 chnoque, connard, conneau, corniot, demeuré, enfoiré, jacques, schnock ■ 8 couillon, schnoque ■ 9 andouille, cornichon.
IMBECILLITE: 8 imbécile ■ 10 crétinisme ■ 12 imbécilement ■ 14 ramollissement.
IMBERBE: 5 barbu ■ 6 glabre.
IMBIBE: 5 soupe ■ 9 spongieux.
IMBIBER: 5 bruir ■ 6 aviner ■ 7 arroser, teindre, tremper ■ 8 absorber, mouiller* ■ 10 imbibition.
IMBROGLIO: 8 désordre*.
IMBU: 4 gras ■ 5 plein.
IMITATION: 3 toc ■ 4 faux, mime, stuc ■ 5 camée, copie, stras, vélin ■ 6 calque, charge, modèle, simili, strass ■ 7 emprunt, parodie, plagiat ■ 8 coin-coin, imitatif, original, pastiche, racinage, singerie ■ 9 aquatinte, archaïsme, clinquant, contagion, mimologie, ricercare, vermiculé ■ 10 académisme, anglomanie, caricature, chrysocale, ondulation, onomatopée, ossianisme, pastichage, pastillage, pindarisme, répétition ■ 11 contrefaçon, maillechort, moutonnerie ■ 12 chrysocalque, pétrarquisme, reproduction ■ 13 anacréontisme, contrefaction ■ 15 travestissement.
IMITER: 4 mime ■ 5 jouer, mimer, piper ■ 6 copier*, égaler, frouer, gerber, parler, piller, singer, suivre, veiner ■ 7 calquer, charger, feindre, marbrer, modeler, piccrer, pirater, plagier, répéter, simuler ■ 8 attraper, bégueter, graniter, imitable, parodier, poissard, veinette ■ 9 briqueter, emprunter, imitateur, imitation, marotique, pasticher, travestir ■ 10 cicéronien, inimitable, iridescent, marivauder, pantomimer, reproduire* ■ 11 caricaturer, contrefaire, courcaillet, lamartinien, rossignoler, tambouriner ■ 13 paramilitaire.
IMMANENT: 9 immanence.
IMMANQUABLEMENT: 10 assurément ■ 12 certainement ■ 14 invariablement.
IMMATERIALISME: 10 immatériel, spiritisme ■ 13 immatérialité ■ 14 immatérialiste.
IMMATERIEL: 14 dématérialiser.
IMMATRICULER: 13 minéralogique ■ 15 immatriculation.
IMMATURE: 12 lymphoblaste.
IMMEDIAT: 2 go ■ 3 tôt ■ 5 fonte, subit* ■ 6 illico, prompt* ■ 7 bientôt, soudain* ■ 8 aussitôt, comptant, dare-dare, prochain ■ 9 à l'instant, proximité ■ 10 coaptation, instantané, sur-le-champ ■ 11 automatique, immédiateté, incontinent, périurbain, tout de suite ■ 13 immédiatement ■ 14 intentionalité.
IMMENSE: 5 géant, grand* ■ 6 espace, infini ■ 8 colossal, démesuré ■ 11 immensément.
IMMERGE: 7 exonder ■ 10 hydrophone.
IMMERGER: 4 orin ■ 6 carène, couler ■ 7 plonger* ■ 8 baptiser, mouiller ■ 9 isocarène, mouilleur ■ 10 débouillir.
IMMERSION: 4 bain*, noyé ■ 8 immersif ■ 14 débouillissage.

IMMEUBLE: **4** cité ■ **5** hôtel, purge ■ **6** maison* ■ **7** impense ■ **8** bâtiment, building ■ **9** bien-fonds, concierge, propriété ■ **10** cité-jardin, gratte-ciel, habitation*, immobilier.
IMMIGRATION: **8** immigrer ■ **9** immigrant ■ **10** émigration.
IMMIGRE: **6** latino.
IMMINENT: **6** proche* ■ **7** instant ■ **8** prochain ■ **9** approcher, imminence.
IMMISCER: **8** insinuer ■ **10** intervenir.
IMMIXTION: **12** cléricalisme.
IMMOBILE: **4** fixe* ■ **5** atone, ferme, oisif ■ **6** arrêté, inerte, passif, stable ■ **7** inactif, perclus, podagre ■ **8** casanier, immuable, impotent, paisible ■ **9** équilibre, stupéfait ■ **10** inamovible, insensible, sédentaire, tranquille ■ **11** flegmatique, immobiliser.
IMMOBILIER: **9** pétitoire ■ **12** immobiliaire ■ **13** expropriation.
IMMOBILISE: **11** fascinateur.
IMMOBILISER: **5** figer ■ **6** clouer ■ **7** arrêter*, coincer, plâtrer ■ **9** rétention ■ **10** stationner ■ **14** immobilisation.
IMMOBILISME: **11** immobiliste.
IMMOBILITE: **4** mort, yoga ■ **5** calme, repos* ■ **6** fixité, flegme ■ **7** fermeté, inertie, stupeur ■ **8** fixation, oisiveté, surplace ■ **9** assurance, équilibre, passivité, stabilité ■ **10** inactivité, stagnation ■ **13** impassibilité, insensibilité.
IMMODERE: **5** sobre ■ **8** cupidité, démesuré, excessif* ■ **10** bambochard, bambocheur, convoitise ■ **12** immodérément ■ **13** insatiabilité.
IMMODESTE: **11** orgueilleux* ■ **13** immodestement.
IMMOLATION: **9** sacrement, sacrifice* ■ **10** holocauste.
IMMOLER: **9** sacrifier ■ **10** immolateur, immolation.
IMMONDE: **4** sale* ■ **9** malpropre*.
IMMONDICE: **5** égout ■ **6** ordure* ■ **7** cloaque ■ **8** décharge ■ **11** dégorgement.
IMMORAL: **5** impur ■ **6** amoral, mœurs ■ **7** déréglé, injuste ■ **8** débauché* ■ **9** antimoral, malpropre ■ **10** licencieux* ■ **12** immoralement.
IMMORTEL: **7** éternel* ■ **9** ambroisie ■ **11** immortalité ■ **12** immortaliser ■ **14** immortellement.
IMMORTELLE: **7** statice ■ **9** éternelle ■ **10** xéranthème.
IMMUABLE: **4** fixe, même* ■ **6** arrêté ■ **10** stéréotypé ■ **12** immuablement, immutabilité.
IMMUNISATION: **9** anatoxine.
IMMUNISE: **5** immun.
IMMUNISER: **8** exempter, inoculer, protéger*, réceptif ■ **10** immunisable ■ **12** immunisation.
IMMUNITAIRE: **4** sida ■ **13** immunodéprimé ■ **15** immunocompétent.
IMMUNITE: **8** anavenin, dispense ■ **9** franchise ■ **10** immunogène, plasmocyte ■ **11** immunologie ■ **13** mithridatisme.
IMMUNODEPRESSEUR: **15** immunodépressif.
IMMUNOGLOBINE: **7** myélome.
IMMUNOLOGIE: **13** immunologique, immunologiste.
IMPACT: **5** heurt* ■ **10** astroblème, microsonde.
IMPAIR: **8** ethmoïde, imparié ■ **12** imparidigité.
IMPALUDATION: **8** impaludé.
IMPARFAIT: **4** brut, vert ■ **5** hâtif, passé ■ **6** avorté, borgne, écorné, fautif, louche, mutilé, véreux ■ **7** avorton, boiteux, ébauché, inexact, infirme, informe, précoce, tronqué, vicieux ■ **8** abâtardi, inachevé, prétérit, velléité ■ **9** dépouillé, inadéquat, incomplet*, incorrect, prématuré, trachéide ■ **10** défectueux ■ **11** insuffisant, superficiel ■ **14** imparfaitement.

IMPARTIAL : 4 égal ■ 5 calme, juste* ■ 6 modéré, neutre ■ 7 intègre ■ 9 équitable ■ 10 impassible, insensible ■ 11 indifférent ■ 12 désintéressé.
IMPARTIALITE : 6 équité, flegme ■ 7 égalité, justice ■ 9 intégrité, sang-froid ■ 10 modération, neutralité ■ 12 indifférence ■ 13 impassibilité, insensibilité.
IMPASSE : 3 rue ■ 5 accul ■ 6 courée, danger ■ 7 venelle ■ 8 cul-de-sac ■ 10 difficulté.
IMPASSIBLE : 5 calme*, froid ■ 8 impavide ■ 10 exaltation, pisse-froid, sourciller ■ 11 flegmatique ■ 13 impassibilité, imperturbable ■ 14 impassiblement.
IMPATIENCE : 2 ah, çà ■ 3 hum ■ 5 basta, baste, flûte ■ 6 crénom, morgué ■ 9 agacement, morguenne ■ 10 crispation, morguienne ■ 12 impatiemment.
IMPATIENT : 5 calme, saint ■ 8 crispant ■ 9 balsamine ■ 12 impatientant.
IMPATIENTER : 7 crisper, énerver* ■ 10 tourmenter*.
IMPATRONISER : 8 insinuer ■ 15 impatronisation.
IMPAVIDE : 5 hardi ■ 10 impavidité, impossible.
IMPAYABLE : 7 comique*.
IMPECCABLE : 3 net ■ 7 parfait* ■ 13 impeccabilité, irréprochable.
IMPECUNIOSITE : 8 pauvreté*.
IMPEDANCE : 9 réactance ■ 10 admittance ■ 11 capacitance.
IMPENETRABLE : 5 abîme ■ 6 opaque, sphinx ■ 8 mangrove ■ 10 mystérieux, profondeur.
IMPERATIF : 2 da, va ■ 4 bref, must ■ 5 ordre* ■ 9 impérieux ■ 14 impérativement, inconditionnel.
IMPERATRICE : 7 tsarine, tzarine.
IMPERCEPTIBLE : 6 faible ■ 9 invisible ■ 10 insensible.
IMPERFECTIF : 11 imperfectif, non-accompli.
IMPERFECTION : 4 tare, vice* ■ 5 essai, faute, tache ■ 6 défaut*, manque*, projet ■ 7 ébauche ■ 8 esquisse, fragment, malfaçon ■ 9 imparfait ■ 10 négligence ■ 12 défectuosité, inachèvement, incorrection, inexactitude ■ 13 imperfectible.
IMPERIAL : 7 novelle ■ 9 principal ■ 11 pragmatique ■ 12 colonialisme, impérialiste, référendaire ■ 13 impérialement.
IMPERIEUX : 6 absolu ■ 7 cassant ■ 9 impératif, magistral ■ 10 jupitérien ■ 11 autoritaire ■ 14 impérieusement.
IMPERISSABLE : 7 éternel.
IMPERITIE : 9 ignorance* ■ 10 inaptitude, incapacité*, maladresse*.
IMPERMEABILITE : 10 fluatation.
IMPERMEABLE : 4 ciré ■ 5 alios, chape, imper, kabic, kabig, tissu ■ 6 anorak, cutine, gâtine ■ 7 goretex ■ 8 kératine ■ 9 alquifoux, gabardine ■ 10 mackintosh, porcelaine, trench-coat, waterproof ■ 13 parkérisation ■ 14 imperméabilité ■ 15 imperméabiliser.
IMPERSONNEL : 8 aseptisé ■ 14 impersonnalité.
IMPERTINENT : 6 faquin ■ 7 incivil ■ 8 insolent*, pimbêche ■ 9 répliquer ■ 10 désinvolte ■ 11 inconvenant ■ 12 impertinence ■ 14 impertinemment.
IMPERTURBABLE : 5 ferme ■ 10 impassible ■ 11 flegmatique, indifférent.
IMPETIGO : 12 impétigineux.
IMPETRER : 7 obtenir ■ 8 postuler.
IMPETUEUX : 4 rush ■ 7 furieux*, violent* ■ 8 endiablé, pétulant, véhément ■ 10 bourrasque, tourbillon, volcanique ■ 11 impétuosité, torrentueux.

IMPETUOSITE : 5 furia, furie ■ 6 fougue ■ 7 passion* ■ 8 violence* ■ 9 véhémence ■ 14 impétueusement.
IMPIE : 4 laps ■ 5 athée, païen ■ 6 déiste, relaps ■ 7 apostat, pêcheur, profane, renégat ■ 8 infidèle, libertin, mécréant ■ 9 hérétique, incrédule, sceptique ■ 10 antéchrist, panthéiste, scandaleux ■ 11 irréligieux*, profanateur ■ 12 libre-penseur, matérialiste, rationaliste ■ 13 blasphémateur.
IMPITOYABLE : 3 dur* ■ 5 cruel* ■ 7 endurci ■ 8 inhumain ■ 10 insensible*.
IMPLACABLE : 3 dur* ■ 5 cruel* ■ 8 inhumain* ■ 9 rémission ■ 13 implacabilité ■ 14 implacablement.
IMPLANT : 6 pellet ■ 13 implantologie.
IMPLANTATION : 8 nidation ■ 14 bébé-éprouvette.
IMPLANTE : 11 implantable.
IMPLANTER : 7 établir*, planter ■ 12 implantation.
IMPLEXE : 9 compliqué*.
IMPLICITE : 13 implicitement.
IMPLIQUER : 5 mêler* ■ 11 débarrasser, implication ■ 12 sous-entendre ■ 14 contradictoire.
IMPLORATION : 6 prière* ■ 7 demande* ■ 10 adjuration, invocation ■ 11 conjuration, dépréciation, humiliation, obsécration ■ 12 supplication.
IMPLORER : 5 prier* ■ 7 adjurer ■ 8 conjurer, humilier, invoquer, réclamer, supplier ■ 9 implorant ■ 10 implorable ■ 11 imploration, recommander.
IMPLOSION : 8 imploser.
IMPOLI : 7 incivil ■ 8 effronté, grossier*, impudent, insolent*, saugrenu ■ 9 injurieux, malappris ■ 10 malhonnête ■ 11 discourtois, impertinent*, inconvenant*, malgracieux ■ 14 irrévérencieux.
IMPOLITESSE : 8 sans-gêne ■ 9 insolence ■ 10 impoliment, incivilité ■ 11 effronterie, grossièreté, irrévérence ■ 12 impertinence, inconvenance*, malhonnêteté.
IMPONDERABLE : 5 éther, léger ■ 6 subtil ■ 15 impondérablité.
IMPOPULAIRE : 4 buté ■ 12 impopularité.
IMPORTANCE : 4 rien ■ 5 force, gotha, huile, poids ■ 6 crédit, portée, valeur* ■ 7 ampleur, étendue, gabarit, gravité, intérêt, pontife, pouvoir, urgence, utilité ■ 8 autorité, grandeur, grosseur, incident, marquise, mirmidon, modicité, myrmidon ■ 9 apparence, ascendant, bilboquet, broutille, dimension, formalité, freluquet, influence, nécessité, pontifier, puissance ■ 10 intéresser ■ 11 cachotterie, conséquence, supériorité ■ 12 familialisme ■ 13 considération, insignifiance.
IMPORTANT : 3 vif ■ 4 fort, gros, tout ■ 5 grand*, grave, genre, léger, mince, petit, vital ■ 6 anodin, bonnet, frimer, magnat, majeur, oudler, soigné, urgent ■ 7 capital, central, modique, notable, sérieux, signalé, spécial, suprême ■ 8 apparent, cardinal, chiffrer, dominant, importer, imposant, influent, marquant, montjoie, précieux, puissant, rondelet, saillant, sinécure, solennel, tragédie, vaniteux ■ 9 culminant, essentiel*, événement, magistral, principal, rengorger, supérieur ■ 10 conséquent, importance, malheureux, nécessaire*, prédominer, privilégié ■ 11 appréciable, fondamental, remarquable, respectable, substantiel, superprofit, sureffectif ■ 12 considérable, prépondérant.
IMPORTE : 12 import-export.
IMPORTER : 5 lèpre, polka, tabac ■ 6 whisky ■ 7 acheter, chaloir, imposer ■ 8 acheteur, aggraver, apporter ■ 10 importable, intéresser*, réimporter ■ 11 importateur, importation.

IMPORTUN : 4 trop ■ 5 fléau ■ 6 gêneur, gluant, intrus, poison, raseur ■ 7 collant, crampon, fâcheux, tannant ■ 8 ennuyeux, excédant, fatigant, obsédant ■ 9 cauchemar, emmerdeur, incommode, indiscret, jérémiade ■ 10 casse-pieds, encombrant ■ 11 clabauderie, criaillerie, envahissant, importunité, intempestif, intolérable, persécuteur, trouble-fête ■ 12 enquiquineur ■ 13 importunément, insupportable.
IMPORTUNE : 9 bassinant.
IMPORTUNER : 4 suer, tuer ■ 5 peser, raser ■ 6 tanner ■ 7 canuler, embêter, ennuyer*, excéder, obséder ■ 8 assiéger, assommer, déplaire, déranger, étourdir, fatiguer*, harceler, molester ■ 9 accrocher, quémander ■ 10 assassiner, cramponner, persécuter, poursuivre, tarabuster, tourmenter* ■ 11 empoisonner, enquiquiner.
IMPOSANT : 5 grave, noble ■ 7 auguste ■ 8 prégnant, solennel ■ 9 grandiose, magistral, prestance ■ 10 majestueux.
IMPOSER : 6 dicter, diktat, donner, impôt ■ 7 charger, obliger, saigner ■ 9 commander, gouverner, imposable, offensive, prescrire, réimposer ■ 10 imposition, surcharger ■ 11 caporaliser, contraindre, obligatoire, tendancieux ■ 12 indiscutable ■ 14 quantification.
IMPOSITION : 4 cens ■ 5 impôt ■ 8 imposeur ■ 9 réimposer ■ 10 perception ■ 12 réimposition ■ 13 surimposition.
IMPOSSIBILITE : 5 point ■ 9 acalculie ■ 10 paralysie ■ 12 constipation ■ 13 astéréognosie ■ 14 infaillibilité, inopposabilité ■ 15 incompatibilité.
IMPOSSIBLE : 3 fou ■ 4 faux, vain ■ 6 erroné ■ 7 absurde, insensé ■ 8 ridicule, saugrenu ■ 9 imparable, indatable, ingérable, insoluble ■ 10 imprenable, infaisable ■ 11 inabordable, introuvable ■ 12 impénétrable, impraticable, inaccessible, inadmissible, incalculable, incompatible, inconcevable, indétectable, inexécutable, inexpugnable, inextricable, irréalisable, philosophale ■ 13 déraisonnable, impossibilité, indécrottable, indénombrable ■ 14 contradictoire, incontournable, indéchiffrable.
IMPOSTEUR : 9 charlatan ■ 10 antéchrist.
IMPOT : 3 i.s.f. ■ 4 cote, dîme, fisc, taxe* ■ 5 congé, droit, ferme, franc, payer, régie, taxer, zakat ■ 6 accise, annone, cédule, charge, excise, imposé, tribut ■ 7 accises, foncier, gabelle, maltôte, patente, subside, tonlieu ■ 8 dégrever, immunité ■ 9 fiscalité, income-tax, redevance ■ 10 antifiscal, capitation, collecteur, fiscaliser, imposition, percepteur, prestation, subvention, surimposer ■ 11 prestataire, regrèvement, répartement ■ 12 contribution, défiscaliser ■ 13 progressivité ■ 14 auto-imposition.
IMPOTENT : 8 paralysé* ■ 9 impotence ■ 11 paralytique.
IMPRATICABLE : 10 impossible* ■ 15 impraticabilité.
IMPRECATION : 2 qu ■ 3 que ■ 5 juron ■ 9 blasphème, exorcisme ■ 10 adjuration, exécration ■ 11 attestation, détestation, imprécateur, malédiction ■ 12 imprécatoire.
IMPRECIS : 5 vague* ■ 6 ambigu, latent ■ 7 douteux ■ 8 illimité, indéfini ■ 9 changeant, implicite, incertain ■ 11 énigmatique, indéterminé.
IMPRECISION : 6 énigme ■ 9 ambiguïté ■ 10 faux-fuyant, flottement ■ 11 fluctuation ■ 15 indétermination.
IMPREGNATION : 8 soufrage ■ 9 savonnage ■ 10 mordançage ■ 12 insalivation ■ 13 lignification.
IMPREGNER : 5 mèche ■ 6 aluner, huiler ■ 7 baigner, confire, teindre ■ 8 abreuver, parfumer, pénétrer* ■ 10 intoxiquer ■ 11 imperméable, imprégnable ■ 12 imprégnation.

IMPRESSION : **4** joie, pose, sens ■ **5** effet, image, trace ■ **6** apprêt, déjà-vu, offset, saveur ■ **7** couleur, édition, émotion, frayage, morasse ■ **8** écorcher, frappant, garde-vue, imprimer, poignant, réceptif, souvenir ■ **9** affection, avant-goût, hyperbole, impressif, imprimant, in-dix-huit, linotypie, livraison, pellicule, pompadour, sensation*, sentiment*, surcharge ■ **10** consonance, électriser, maculature, multiplier, phototypie, retiration, tabellaire, trichromie ■ **11** autographie, chromotypie, sérigraphie, télesthésie, typographie, xylographie ■ **12** anaglyptique, connaissance, lithographie, photogravure, platinotypie, pointillisme, réimpression, saisissement, stéréoscopie ■ **13** cauchemardeux, imprimabilité, impressionner, similigravure, surimpression, thermogravure ■ **14** photomécanique, téléimpression ■ **15** cauchemardesque, impressionisme.
IMPRESSIONNER : **7** exposer, frapper*, toucher* ■ **8** émouvoir ■ **12** photogénique, sensibiliser ■ **14** impressionnant, organoleptique ■ **15** impressionnable, sensibilisation.
IMPRESSIONNISME : **13** divisionnisme ■ **15** impressionniste.
IMPREVISIBLE : **15** imprévisibilité.
IMPREVOYANCE : **8** légèreté ■ **10** imprudence ■ **11** irréflexion.
IMPREVU : **4** aléa ■ **5** en-cas, scène, subit, tuile ■ **6** casuel, hasard* ■ **7** brusque, fortuit, fortune, inopiné, soudain* ■ **8** aventure, éventuel, inespéré ■ **9** adventice, fantaisie, inattendu*, rencontre, trafalgar ■ **10** accidentel, contingent ■ **11** contretemps, occasionnel ■ **14** extraordinaire.
IMPRIME : **9** imprimant, strip-line, variorium ■ **12** carte-réponse ■ **15** bulletin-réponse.
IMPRIMER : **5** creux, encre, tirer ■ **6** éditer, fouler, graver, lister ■ **7** gaufrer, marbrer, marquer, minerve, pousser, publier, tatouer ■ **8** bavocher, cylindre, estamper, mâchurer, rotative ■ **9** bilboquet, inculquer, patronner ■ **10** empreindre, horodateur, impression, imprimable, imprimatur, imprimerie, réimprimer ■ **13** lithographier.
IMPRIMERIE : **4** alfa, cyan, fumé, œil, page, pige, type ■ **5** balle, bible, casse, copie, corps, filet, fonte, forme, galée, ligne, marge, moule, passe, perle, plomb, point, prote, texte, thèse, train ■ **6** billet, papier ■ **7** galvano, placard ■ **8** cassetin, italique ■ **9** composeur, imprimeur, incunable, typomètre ■ **10** bas-de-casse, conducteur, correcteur, lignomètre.
IMPROBABLE : **7** douteux ■ **13** improbabilité.
IMPROBATION : **4** huée.
IMPRODUCTIF : **7** stérile*.
IMPROMPTU : **5** subit ■ **9** improvisé.
IMPROPRE : **4** vice ■ **6** hongre ■ **7** stérile* ■ **9** abiotique, dénaturer ■ **11** impropriété ■ **12** démantibuler, improprement.
IMPRODUCTIF : **14** improductivité.
IMPROUVER : **12** désapprouver.
IMPROVISATION : **3** raï ■ **4** scat.
IMPROVISER : **8** préluder ■ **9** impromptu ■ **11** psychodrame ■ **13** improvisateur, improvisation.
IMPROVISTE : **7** traître ■ **8** débouler, dépourvu, surprise ■ **9** tout à coup ■ **10** surprendre.
IMPRUDENCE : **6** danger ■ **8** légèreté, témérité ■ **10** maladresse ■ **11** irréflexion.
IMPRUDENT : **7** étourdi, hasardé ■ **8** casse-cou ■ **9** chauffard, téméraire ■ **12** imprudemment.
IMPUBERE : **9** impuberté.

IMPUDENCE : 5 front ■ 8 impudeur ■ 9 hardiesse ■ 10 exhibition ■ 11 effronterie, impudemment.
IMPUDENT : 5 hardi*, puant ■ 6 éhonté, impoli* ■ 7 cynique, obscène ■ 8 effronté, grossier*, insolent ■ 9 impudence.
IMPUDIQUE : 5 impur, puant ■ 7 obscène ■ 8 indécent* ■ 10 impudicité ■ 13 impudiquement.
IMPUISSANCE : 9 faiblesse, stérilité ■ 10 inaptitude, incapacité* ■ 11 infécondité ■ 12 insuffisance.
IMPUISSANT : 6 faible, inapte ■ 7 eunuque, stérile* ■ 9 incapable* ■ 10 inoffensif ■ 11 insuffisant.
IMPULSIF : 8 spontané ■ 10 irréfléchi ■ 11 impulsivité ■ 12 primesautier ■ 13 impulsivement.
IMPULSION : 3 stop ■ 4 vent, voix ■ 5 appel, force, nagée ■ 6 branle, mobile ■ 7 poussée, pulsion ■ 8 impulsif, instinct ■ 9 mouvement*, promoteur, pyromanie ■ 10 sitiomanie.
IMPUNITE : 10 absolution.
IMPUR : 4 sale* ■ 5 silex, xylol ■ 7 immonde, obscène*, trouble ■ 8 impureté ■ 10 impurement.
IMPURETE : 3 pus ■ 4 bave, cire ■ 5 morve, sanie, sueur, urine ■ 6 gangue, humeur, pissat, râbler, roupie, saleté*, tartre ■ 7 cérumen, chassie, crachat, furfure, saburre ■ 9 excrément, pellicule, purulence ■ 13 expectoration.
IMPUTATION : 8 reproche* ■ 9 imposture.
IMPUTER : 6 prêter ■ 7 accuser, référer ■ 9 attribuer* ■ 12 imputabilité.
IMPRUTESCIBLE : 4 teck.
INACCESSIBLE : 5 ferme ■ 9 difficile* ■ 11 inabordable ■ 12 agnosticisme ■ 15 inaccessibilité.
INACCOUTUME : 4 rare* ■ 8 débauché.
INACHEVE : 3 dur ■ 4 vert ■ 5 hâtif ■ 7 embryon, informe, précoce ■ 9 imparfait*, prématuré ■ 12 inachèvement.
INACTIF : 5 oisif* ■ 6 inerte, passif ■ 7 amorphe ■ 8 attentif, endormir, fainéant, immobile, indolent ■ 9 somnolent ■ 10 antitoxine.
INACTION : 5 repos* ■ 6 loisir ■ 7 inertie, marasme, paresse ■ 8 oisiveté* ■ 9 farniente, quiétisme ■ 10 inactivité ■ 13 désoccupation, désœuvrement.
INACTIVATION : 9 inactiver.
INACTIVITE : 7 attente, chômage, inertie, marasme, sommeil ■ 8 inaction ■ 9 fumerolle, indolence, passivité ■ 11 frictionnel, sommeiller.
INACTUEL : 11 inactualité.
INADAPTE : 11 caractériel.
INADEQUAT : 13 contre-indiqué.
INADVERTANCE : 5 oubli* ■ 6 lapsus ■ 7 mégarde ■ 11 distraction*, inattention*.
INALIENABLE : 5 dotal.
INALTERABLE : 5 apyre, étain, fixer ■ 14 inaltérabilité.
INANIME : 4 mort ■ 5 chose.
INANIMEE : 10 abiogenèse.
INANITE : 6 vanité ■ 9 inutilité.
INAPTITUDE : 9 impéritie ■ 10 incapacité* ■ 12 insuffisance.
INATTAQUABLE : 7 bétonné.
INATTENDU : 5 bœuf, ruade ■ 7 imprévu*, inopiné, raccroc ■ 8 étonnant, inespéré, magicien, surprise ■ 10 déconvenue, étonnement, improviste ■ 11 catastrophe ■ 12 enchantement.
INATTENTIF : 3 fou, mou ■ 5 léger ■ 6 absent, rêveur ■ 7 absorbé,

dissipé, étourdi*, évaporé ■ **8** distrait*, écervelé, engourdi, inespéré ■ **9** négligent, préoccupé ■ **10** désordonné, hurluberlu, insouciant, irréfléchi*, nonchalant ■ **11** inconscient, inconsidéré, indifférent*, surperficiel.
INATTENTION: **5** faute, oubli* ■ **6** erreur ■ **7** absence, incurie, rêverie ■ **8** désordre, légèreté, mollesse, omission ■ **9** attention, échappade ■ **10** distraction, divagation, étourderie, imprudence, négligence* ■ **11** dissipation, insouciance, nonchalance ■ **12** imprévoyance, inadvertance, inconscience ■ **13** inapplication, inconséquence, précipitation, préoccupation ■ **15** engourdissement.
INAUGURATION: **9** inaugural, inaugurer, ouverture.
INAUGURER: **6** ouvrir ■ **9** commencer* ■ **12** inaugurateur.
INCA: **7** quichua ■ **9** incasique.
INCANDESCENCE: **4** néon ■ **5** lampe ■ **9** étincelle ■ **12** incandescent ■ **13** thermocautère.
INCANTATION: **6** charme ■ **12** incantatoire.
INCAPABLE: **6** cloche, faible, inapte, inepte ■ **7** eunuque, frigide, ganache, infichu, infoutu, stérile ■ **8** emplâtre, ignorant* ■ **9** dépendeur, maladroit* ■ **10** événement, impeccable, impuissant, inoffensif, jean-foutre ■ **11** incompétent, insuffisant ■ **13** incorruptible, inexpérimenté.
INCAPACITE: **6** alexie, amusie ■ **7** agnosie, apraxie, ineptie, nullité ■ **9** anarthrie, asymbolie, faiblesse, ignorance*, impéritie, stérilité ■ **10** impatience, inaptitude, inhabileté, maladresse* ■ **11** impuissance ■ **12** apragmatisme, incapacitant, incompétence, inexpérience, insuffisance ■ **15** incompréhension.
INCARCERER: **7** détenir ■ **8** interner ■ **11** emprisonner* ■ **13** incarcération.
INCARNAT: **5** rouge* ■ **10** incarnadin.
INCARNATION: **5** chair, corps, verbe ■ **6** avatar ■ **12** annonciation ■ **13** réincarnation.
INCARTADE: **6** sortie ■ **7** caprice, offense ■ **8** algarade.
INCENDIE: **3** feu* ■ **5** pompe ■ **7** brûleur, hydrant, pompier ■ **8** coupe-feu, hydrante, pyromane, sinistre ■ **9** brûlement, contre-feu, falarique, pétroleur, pyrophyte ■ **10** combustion, extincteur, pétroleuse ■ **11** embrasement, incendiaire ■ **12** fourgon-pompe ■ **13** conflagration.
INCENDIER: **6** brûler*.
INCERTAIN: **4** flou, zist ■ **5** balan, sourd, temps, vague* ■ **6** ambigu, confus ■ **7** douteux, hésiter, indécis* ■ **8** balancer, éventuel, irrésolu, précaire, vaciller ■ **9** aléatoire, condition ■ **11** incertitude ■ **12** hypothétique.
INCERTITUDE: **4** nuit ■ **5** brume, doute* ■ **8** ténèbres ■ **9** équivoque, précarité ■ **10** flottement, hésitation, indécision* ■ **11** déconcerter, embarrasser, tâtonnement ■ **12** irrésolution.
INCESSANT: **7** continu* ■ **8** brownien, toujours ■ **9** perpétuel.
INCESTE: **10** incestueux ■ **15** incestueusement.
INCIDENCE: **10** parenthèse ■ **11** incidemment.
INCIDENT: **5** à-coup ■ **7** conflit, épisode ■ **8** aventure, encombre ■ **9** événement, péripétie ■ **10** cabanement, incidenter.
INCIDENTER: **8** chicaner.
INCINERE: **11** crématorium.
INCINERER: **6** brûler ■ **9** cinéraire, crémation ■ **11** columbarium ■ **12** incinérateur.
INCISER: **6** couper* ■ **7** scalper ■ **8** débrider ■ **9** scarifier.
INCISIF: **4** dent ■ **5** punch ■ **7** mordant* ■ **8** incisive.
INCISION: **5** fente ■ **7** bagage, coupure*, scalpel, seppuku ■ **8** bistouri ■ **10** césarienne, cystotomie ■ **11** kératotomie ■ **13** scarification.

INCISIVE : **8** grignard ■ **12** labiodentale.
INCITATION : **9** tentation ■ **11** instigation, provocation.
INCITER : **5** prier ■ **6** tenter ■ **7** engager, exciter*, inviter ■ **8** stimuler ■ **9** instiguer, provoquer ■ **10** encourager, incitateur, incitation ■ **12** aiguillonner.
INCIVIL : **6** impoli*.
INCLEMENT : **3** dur ■ **9** rigoureux.
INCLINABLE : **4** foil.
INCLINAISON : **4** gîte, voie ■ **5** bande, fruit, pente*, quête, talus ■ **6** devers, flèche ■ **7** oblique, pendage ■ **8** chavirer, faux-bord, isocline, penchant ■ **9** aclinique, inflexion, obliquité ■ **10** carrossage, clinomètre, dévoiement ■ **11** antéversion.
INCLINATION : **4** race ■ **5** amour* ■ **7** appétit, caprice* ■ **8** penchant*, vocation ■ **9** affection*, malignité ■ **10** propension ■ **11** disposition* ■ **12** bienfaisance.
INCLINE : **5** pentu ■ **8** proclive, secoueur.
INCLINER : **4** cale, fuir, slip ■ **5** céder, lever, plier, rampe ■ **6** saluer ■ **7** baisser, braquer, coucher, courber, pencher ■ **8** résigner*, tremplin ■ **9** infléchir, ventrière ■ **10** inclinable.
INCLURE : **7** ci-joint ■ **8** contenir* ■ **10** introduire*.
INCLUS : **8** hyponyme.
INCLUSION : **10** pinocytose ■ **15** internalisation.
INCOERCIBLE : **8** mentisme ■ **10** sitiomanie ■ **14** incoercibilité.
INCOHERENT : **5** songe ■ **6** fatras ■ **10** désordonné ■ **11** bafouillage, incohérence ■ **13** schizophrénie.
INCOLORE : **4** pâle ■ **5** argon, azote, béril, béryl, encre ■ **7** acétone, méthane ■ **8** créosote, éthylène, glycérol ■ **9** glycérine, phosphore, phtaléine ■ **11** chloroforme ■ **12** sulfhydrique.
INCOMMODER : **5** gêner ■ **6** fendre, malade ■ **7** enfumer ■ **8** déplaire* ■ **10** importuner*, indisposer ■ **11** embarrasser, empoisonner ■ **13** incommodement.
INCOMMUTABLE : **15** incommutabilité.
INCOMPARABLE : **6** unique ■ **7** parfait* ■ **9** supérieur.
INCOMPATIBILITE : **8** allergie ■ **10** antipathie ■ **13** contradiction.
INCOMPLET : **5** gruau ■ **6** écorné, mutilé ■ **7** informe, tronqué ■ **8** fragment ■ **9** anaplasie, dépouillé, imparfait*, palliatif ■ **10** dépareillé ■ **11** décompléter, insuffisant, superficiel ■ **12** catalectique ■ **14** incomplètement.
INCOMPREHENSIBILITE : **12** schizophasie.
INCOMPREHENSIBLE : **5** clair, vague* ■ **6** obscur* ■ **9** babélisme, baragouin, illisible ■ **10** esotérique, impensable ■ **12** inconcevable ■ **14** inintelligible.
INCOMPREHENSION : **12** connaissance.
INCONDUITE : **4** vice* ■ **8** débauche* ■ **9** débaucher.
INCONGRUITE : **3** pet ■ **4** vent ■ **12** incongrûment, inconvenance*, incorrection.
INCONNU : **2** on ■ **5** caché, inouï, voilé ■ **6** ignoré, inédit, masqué, obscur, oublié, secret ■ **7** anonyme, méconnu, nouveau ■ **8** étranger, inaperçu ■ **9** découvrir, incertain, incognito, incompris, solitaire ■ **10** découverte, divination, mystérieux ■ **11** exponentiel, inconscient ■ **12** substitution ■ **14** extraordinaire.
INCONSCIENT : **3** fou ■ **8** ignorant ■ **9** freudisme ■ **10** bruxomanie ■ **11** défoulement ■ **12** narco-analyse, réminiscence, subconscient ■ **14** inconsciemment.
INCONSEQUENCE : **7** caprice ■ **8** légèreté ■ **10** étourderie ■ **12** in-

conséquent ■ **15** inconséquemment.
INCONSIDERE : **5** léger* ■ **7** étourdi* ■ **9** maladroit* ■ **10** légèrement ■ **12** inconséquent.
INCONSISTANCE : **8** légèreté.
INCONSTANT : **5** léger* ■ **6** mobile ■ **8** infidèle, ondoyant ■ **9** changeant* ■ **10** capricieux, inconstance ■ **11** incertitude.
INCONTESTABLE : **7** certain*, reconnu ■ **8** flagrant ■ **9** contester, démontrer ■ **10** assurément, indéniable ■ **11** apodictique.
INCONTINENCE : **5** excès ■ **8** débauche* ■ **10** encoprésie.
INCONTINENT : **13** immédiatement.
INCONTROLE : **10** flottement.
INCONVENANCE : **6** nudité, ordure ■ **7** licence ■ **8** sans-gêne ■ **9** impudence, indécence, obscénité ■ **10** brusquerie ■ **11** discordance, grossièreté ■ **11** impolitesse*, incongruité ■ **12** impertinence, incorrection, indiscrétion*, intempérance*, malhonnêteté ■ **13** inopportunité.
INCONVENANT : **2** nu ■ **4** indu, sale ■ **6** abusif, impoli*, odieux ■ **7** cynique, défendu, déplacé, honteux, obscène*, prohibé ■ **8** choquant, excessif*, grossier*, immodéré, impropre, impudent, incongru, indécent*, insolite, malséant, ordurier, saugrenu, shocking ■ **9** immodeste, indiscret*, malpropre, répugnant ■ **10** désordonné, discordant, inopportun, licencieux*, malhonnête ■ **11** impertinent, intempestif ■ **13** déraisonnable, malencontreux.
INCONVENIENT : **3** mal ■ **4** gêne* ■ **6** danger, défaut, rançon, risque ■ **7** demi-mal ■ **8** étrenner.
INCOORDINATION : **6** ataxie.
INCORPORATION : **7** marnage ■ **10** amendement, incération, incorporer, sursitaire ■ **13** médiatisation.
INCORPORE : **11** stabilisant.
INCORPOREL : **6** esprit ■ **12** incorporéité.
INCORPORER : **6** marner ■ **9** excipient, parfondre ■ **10** comprendre ■ **12** incorporable, réincorporer.
INCORRECT : **7** barbare ■ **9** cacolalie ■ **10** petit-nègre ■ **14** incorrectement.
INCORRECTE : **9** janotisme.
INCORRECTION : **11** inconduite, incongruité ■ **12** inconvenance*.
INCORRIGIBLE : **13** indécrottable ■ **15** incorrigibilité.
INCORRUPTIBLE : **7** intègre ■ **11** inaltérable.
INCREDULE : **9** incroyant, sceptique ■ **11** irréligieux.
INCREDULITE : **3** bon ■ **4** donc ■ **8** taratata ■ **9** mécréance ■ **11** libertinage, scepticisme ■ **14** voltairianisme.
INCREMENT : **11** incrémenter ■ **12** incrémentiel.
INCRIMINER : **6** blâmer* ■ **7** accuser* ■ **8** attaquer ■ **12** incriminable ■ **13** incrimination.
INCROYABLE : **5** inouï ■ **8** effarant ■ **9** gaguesque ■ **10** effroyable, formidable ■ **11** ébourrifant, fantastique ■ **13** abracadabrant ■ **14** extraordinaire ■ **15** invraisemblable*.
INCROYANT : **9** incrédule, sceptique ■ **11** irréligieux.
INCRUSTATION : **6** nielle ■ **9** incruster ■ **11** marqueterie ■ **12** damasquinage, désincruster ■ **13** pétrification.
INCUBATION : **8** couveuse ■ **10** incubateur.
INCULPE : **6** accusé ■ **7** prévenu ■ **8** coupable ■ **9** coïnculpé, meurtrier ■ **12** réquisitoire.
INCULPER : **7** accuser* ■ **10** inculpable ■ **11** inculpation.
INCULQUER : **9** imprégner, persuader ■ **10** inculcation.
INCULTE : **4** brut, dune ■ **5** aride, lande, pampa, vague ■ **6** causse,

désert, friche, jungle, llanos, maquis, savane, steppe ■ **7** garigue, paramos, sauvage, stérile*, toundra ■ **8** limonage ■ **9** inculture, infertile ■ **10** alchemille, indéfriché, inexploité.
INCURABLE 9 condamner ■ **10** euthanasie ■ **12** incurabilité ■ **13** incurablement, inguérissable.
INCURIE: 10 négligence* ■ **11** inattention.
INCURSION: 4 raid ■ **6** razzia, voyage ■ **7** attaque ■ **8** invasion ■ **9** irruption ■ **13** envahissement.
INCURVE: 11 incurvation, pied-de-biche.
INDE: 3 sal ■ **5** sahib, tabla ■ **6** brahmi, mounda, sarode ■ **7** cajeput, sikhara ■ **8** saktisme, sikhisme, tallipot ■ **9** dravidien ■ **10** cajeputier.
INDECENCE: 6 nudité ■ **9** obscénité ■ **10** immodestie ■ **11** malpropreté ■ **12** inconvenance*.
INDECENT: 2 nu ■ **6** odieux ■ **7** défendu, honteux, obscène*, prohibé ■ **9** débraillé, immodeste, indécence ■ **10** licencieux* ■ **11** inconvenant*, indécemment.
INDECHIFFRABLE: 6 obscur ■ **8** grimoire ■ **9** illisible.
INDECIS: 5 balan, vague* ■ **6** ambigu, confus, obscur* ■ **7** amorphe, douteux, flotter, général ■ **8** ballotté, craintif, illimité, imprécis, incolore, indéfini, irrésolu, perplexe, vaporeux ■ **9** changeant, incertain* ■ **10** embarrassé, indécision, indistinct* ■ **11** énigmatique, indéterminé ■ **12** inconsistant ■ **13** indiscernable ■ **14** indéfinissable.
INDECISION: 6 énigme ■ **7** crainte ■ **8** embarras, scrupule ■ **9** ambiguïté, confusion ■ **10** hésitation, perplexité, résolution ■ **11** incertitude* ■ **12** irrésolution ■ **13** indistinction ■ **15** indétermination.
INDEFECTIBLE: 15 indéfectibilité.
INDEFINI: 2 on, un ■ **3** nul, tel, une ■ **4** ciel, rien, tout ■ **5** aucun, autre, monde, nulle, telle, vague* ■ **7** indécis ■ **8** récursif ■ **9** plusieurs, quiconque ■ **10** quelconque,
INDEFORMABLE: 15 indéformabilité.
INDEHISCENT: 5 akène ■ **8** caryopse ■ **12** indéhiscence.
INDELEBILE: 11 ineffaçable ■ **12** indélébilité.
INDELICAT: 5 mèche ■ **8** aigrefin, grossier*.
INDELICATESSE: 3 vol ■ **8** sans-gêne.
INDEMNISER: 9 assurance, compenser, indemnité ■ **10** dédommager* ■ **12** indemnisable ■ **13** indemnisation.
INDEMNITE: 4 paie, paye, prêt ■ **10** exproprier, récompense, surestarie ■ **12** compensation, indemnitaire.
INDEMONTRABLE: 8 postulat.
INDENIABLE: 7 certain* ■ **13** incontestable ■ **14** indéniablement.
INDEPENDANCE: 7 liberté* ■ **9** servitude ■ **15** indépendentisme.
INDEPENDANT: 5 libre*, outre ■ **6** absolu ■ **8** autonome ■ **9** constante, free-lance ■ **10** appartenir, objectiver ■ **11** anorganique, principauté.
INDESIRABLE: 9 xénélasie.
INDETERMINATION: 10 indécision*, résolution.
INDETERMINE: 5 maint, mille, vague ■ **6** énième ■ **7** myriade ■ **9** aléthique, paramètre, plusieurs ■ **13** saint-glinglin.
INDEX: 5 table, toton ■ **8** indexeur ■ **10** indexation ■ **11** saint-office.
INDEXATION: 10 désindexer.
INDEXE: 6 mot-clé.
INDEXER: 8 indexage ■ **10** indexation.
INDIANISME: 10 indianiste.
INDICATEUR: 5 index, jalon ■ **6** espion ■ **9** axiomètre ■ **11** cinémomètre, hélianthine.

INDICATION : **4** cote, date, exit, main, note, opus ■ **5** borne, coche, index, jalon, jeton, obèle, point, sigle, signe, tacet, tiret, trait, volti ■ **6** flèche, indice, marque, renvoi, repère, signet ■ **7** adresse, emblème, formule, insigne, symbole ■ **8** attribut, entaille, esquisse, lettrine, notation, remarque, repérage, rubrique, tomaison ■ **9** directive, étiquette, programme, référence ■ **10** astérisque, coordonnée, correction, didascalie, médication, pancartage, parenthèse, télémesure ■ **11** attribution, intégrateur, ponctuation ■ **13** domiciliation, renseignement* ■ **14** contre-indiquer ■ **15** caractéristique, curriculum vitae.

INDICE : **4** œil ■ **5** bosse, signe*, trace ■ **6** marque, rating, repère ■ **7** annonce ■ **8** dow jones, indiciel, symptôme ■ **10** indication*, indiciaire ■ **11** pondération ■ **13** réfractomètre, renseignement* ■ **15** photo-élasticité.

INDICIBLE : **9** ineffable ■ **12** inexprimable ■ **13** indiciblement.

INDIEN : **3** boa ■ **4** gaur, jute, lion, naja, péon, pion, sari, sikh, thug, tipi, tupi, yoga, yogi, zébu ■ **5** bégum, carte, caste, fakir, hindi, islam, laque, nabab, paria, perle, poule, rajah, rubis, sitar, tigre ■ **6** cipaye, gavial, gurkha, hindou, jungle, radjah, sachem, turban ■ **7** bramine, manitou, mousson, védisme ■ **8** agha khan, balisier, borassus, brahmane, çaktisme, civaïsme, haschich, katchina, parsisme, sagouier, sanscrit, sanskrit, sesbanie ■ **9** cannelier, cotonnier, crocodile, dravidien, gallinacé, indo-aryen, indouisme, jambosier, maharajah, myrobalan, myrobolan, sagoutier ■ **10** amérindien, bouddhisme, hindouisme, indianisme, maharadjah ■ **11** brahmanisme, hindoustani, intouchable ■ **12** indianologie ■ **13** gymnosophiste.

INDIENNE : **4** maya, vina ■ **5** mound, otomi, squaw ■ **6** apsara, aymara, vimana ■ **7** apsaras, quichua ■ **8** algonkin, tandoori ■ **10** algonquien ■ **11** tupi-guarani.

INDIFFERENCE : **3** heu, pch, pff, pft, zut ■ **4** bast, peuh, pfft, pfut ■ **5** baste, pfutt ■ **6** dégoût, flegme ■ **7** apathie, athymie, cynisme, égoïsme, incurie, nirvanâ, tiédeur ■ **8** froideur, mollesse ■ **9** indolence, passivité ■ **10** haussement, négligence, neutralité ■ **11** athymhormie, détachement, inappétence, inattention, insouciance*, nonchalance, résignation ■ **12** enthousiasme, impartialité, inconscience, laisser-aller ■ **13** impassibilité ■ **15** indifférentisme.

INDIFFERENT : **3** mou ■ **4** égal ■ **5** blasé, calme, froid*, glacé, libre, tiède ■ **6** neutre, passif, séparé, serein ■ **7** cynique, dégoûté, détaché, égoïste, résigné ■ **8** indolent, oublieux, paisible ■ **9** apathique, impartial, négligent ■ **10** désordonné, impassible, inattentif*, indifférer, insensible*, insouciant, insoucieux, nonchalant, tranquille ■ **11** désénamouré, flegmatique, inconscient, indifférence ■ **12** désintéressé ■ **13** imperturbable.

INDIGENCE : **6** besoin*, manque, misère* ■ **8** opulence, pauvreté* ■ **9** nécessité.

INDIGENE : **3** boy ■ **4** caïd, sidi ■ **5** asile, spahi ■ **7** naturel, réserve ■ **8** habitant*, négrille ■ **9** indigénat.

INDIGENISME : **11** indigéniste.

INDIGENT : **5** gueux ■ **10** malheureux ■ **11** nécessiteux.

INDIGESTE : **7** crudité.

INDIGNATION : **2** et, ho ■ **4** haro, quoi ■ **5** merde, outre, tollé ■ **6** colère, crénom, mépris, odieux ■ **7** comment, indigné ■ **8** indigner, scandale, soulever ■ **11** exclamation.

INDIGNE : **5** lâche, outré ■ **8** profaner ■ **9** indignité, révoltant ■ **11** indignement ■ **13** inqualifiable.

INDIGNER : **8** écœurer, hérisser, révolter* ■ **11** scandaliser.

INDIGNITE : 5 honte* ■ 7 offense.
INDIGO : 4 bleu* ■ 5 indol ■ 6 florée, pastel ■ 7 aniline ■ 8 céruline ■ 10 indigotier, indigotine ■ 13 indigocarmine.
INDIQUE : 6 marqué ■ 10 tendanciel ■ 12 quelque chose.
INDIQUER : 4 dire ■ 5 noter, penon, pouce, tomer, voilà ■ 6 donner ■ 7 accuser, définir, dénoter, doigter, marquer, montrer*, révéler ■ 8 annoncer, dénoncer, désigner, jalonner, piqueter, ponctuer, proposer, signaler ■ 9 enseigner, étiqueter, gyromètre, indicatif, métronome, milliaire, signifier, souligner ■ 10 anémomètre, indicateur, indication, symboliser.
INDIRECT : 5 biais ■ 6 figure, masque, tacite ■ 7 latéral, oblique, sinueux ■ 8 détourné, ricochet ■ 9 implicite, transitif ■ 11 allégorique, sous-entendu ■ 13 conventionnel, indirectement.
INDISCIPLINE : 5 horde ■ 8 indocile* ■ 11 dissipation, soldatesque.
INDISCRET : 5 hardi ■ 6 intrus ■ 7 curieux*, fâcheux ■ 8 fouinard, fouineur, fureteur, importun, malavisé ■ 9 imprudent, maladroit ■ 10 rapporteur ■ 11 inconsidéré, inconvenant*, trouble-fête ■ 14 indiscrètement.
INDISCRETION : 5 fuite ■ 9 bavardage, curiosité, hardiesse, immixtion, ingérence, intrusion, obsession ■ 10 révélation ■ 11 dérangement, importunité ■ 12 inconvenancc* ■ 13 tripatouiller.
INDISPENSABLE : 5 vital ■ 7 premier ■ 8 munition ■ 9 essentiel*, histidine, thréonine ■ 10 nécessaire* ■ 11 tryptophane.
INDISPONIBLE : 15 indisponibilité.
INDISPOSER : 6 fâcher*, malade* ■ 8 déplaire* ■ 10 incommoder*.
INDISPOSITION : 7 maladie* ■ 8 prodrome ■ 11 indigestion ■ 15 refroidissement.
INDISSOLUBLE : 5 river ■ 15 indissolubilité.
INDISTINCT : 4 flou ■ 6 confus*, obscur* ■ 7 amorphe, indécis* ■ 8 brouillé, incolore, vaporeux ■ 11 bredouillis, indéterminé ■ 12 inconsistant ■ 13 indiscernable ■ 14 indéfinissable, inintelligible ■15 indistinctement.
INDISTINCTION : 9 confusion*, obscurité ■ 10 brouillard.
INDIVIDU : 3 gus, zig ■ 4 cave, coco, être, gars, race, sexe, tête, type ■ 5 éthos, gonze, gusse, homme*, jaune, mêlée, meute, pante, paria, racer, sujet, voyou, zèbre, zigue ■ 6 aubain, bandit, bohème, bougre, chacun, coquin, diable, drille, faisan, forban, quidam, roquet, zigoto ■ 7 charlot, citoyen, compère, crapule, eccéité, mastard, merdeux, refoulé, soudard ■ 8 biogénie, camarade, casse-cou, coucheur, créature, exogamie, fantoche, gaillard, génotype, grimpion, personne*, salopard, trublion ■ 9 compagnon, hors-la-loi, margoulin, matricule, ontogénie, peigne-cul, phénomène, sexonomie, sous-fifre, souteneur ■ 10 antoinisme, bréviligne, indicateur, individuel, paroissien, personnage*, sporophyte, trichineux ■ 11 hybridation, indésirable, particulier, pullulation, tétraploïde ■ 12 appartenance, comportement, héritabilité ■ 13 individualité, individuation ■ 14 déviationnisme, hermaphrodisme, interpersonnel ■ 15 interindividuel.
INDIVIDUALISME : 3 moi ■ 14 individualiste.
INDIVIDUALITE : 6 entité ■ 7 eccéité ■ 10 simplicité ■ 11 bisexualité, singularité ■ 12 personnalité ■ 13 particularité.
INDIVIDUEL : 2 p.c. ■ 4 bige, rôle ■ 5 atome, isolé ■ 6 intime, monade ■ 8 destinée, distinct, original ■ 9 essentiel, personnel, respectif, singulier, subjectif ■ 11 numérologie, particulier, sociogramme ■ 13 idiosyncrasie.
INDIVIS : 6 quirat ■ 7 partage ■ 9 ségrairie ■ 12 indivisément.

INDIVISIBLE : 5 atome ■ **6** simple.
INDIVISION : 11 indivisaire.
INDO-ARYEN : 7 bengali ■ **8** mahratte.
INDO-ARYENNE : 4 urdu ■ **5** oriya ■ **6** népali ■ **7** marathe, marathi, panjabi ■ **8** assamais, gujarati, mahratte, népalais ■ **9** néo-indien.
INDOCHINOIS : 13 galéopithèque.
INDOCILE : 5 rétif ■ **6** entêté ■ **7** rebelle ■ **9** regimbeur ■ **10** indocilité ■ **11** indomptable, réfractaire ■ **12** récalcitrant ■ **15** indisciplinable.
INDOCTE : 8 ignorant*.
INDO-EUROPEEN : 4 zend ■ **5** aryen, celte, lette, zende ■ **8** albanais, allemand, arménien, celtique, étrusque, sanscrit, sanskrit ■ **9** tokharien.
INDO-EUROPEENNE : 5 balte, perse ■ **7** hittite ■ **8** baltique ■ **9** tokharien.
INDO-GERMANIQUE : 5 celte.
INDOLE : 12 indométacine.
INDOLENT : 3 mou ■ **5** bûche, oisif* ■ **7** cagnard, endormi, inactif ■ **8** empaillé ■ **9** apathique, énergique, indolence, paresseux* ■ **10** insensible ■ **11** indolemment, léthargique.
INDOLORE : 10 insensible.
INDO-MALAIS : 4 paon ■ **9** tranchoir.
INDOMPTABLE : 4 fort ■ **8** indocile*.
INDONESIEN : 5 tagal ■ **7** tagalog ■ **8** javanais, malgache ■ **9** quinquina ■ **10** ilang-ilang.
INDONESIENNE : 7 cebuano ■ **9** madourais ■ **10** soundanais.
INDU : 8 indûment.
INDUBITABLE : 3 sûr* ■ **7** certain* ■ **9** certitude* ■ **10** assurément ■ **15** indubitablement.
INDUCTANCE : 10 variomètre.
INDUCTEUR : 10 excitateur ■ **15** cryoalternateur.
INDUCTION : 7 rupteur ■ **8** inductif ■ **9** faradique, inducteur ■ **10** amplifiant ■ **13** auto-induction, self-induction ■ **14** auto-inductance.
INDUIRE : 6 abuser, amuser, bercer, égarer ■ **7** blouser, cajoler, enjôler, inviter, leurrer, séduire, tromper ■ **8** attraper, aveugler, captieux, conclure, décevoir, endormir, sophisme, suborner ■ **9** fourvoyer, mystifer ■ **10** embéguiner ■ **11** illusionner ■ **13** démonstration.
INDUIT : 14 autoexcitateur.
INDULGENCE : 5 bonté*, gâter ■ **6** faveur, jubilé ■ **7** charité*, douceur, gâterie ■ **8** clémence ■ **9** bénignité, faiblesse, tolérance ■ **10** générosité*, mansuétude ■ **11** stationnale ■ **12** complaisance, indulgencier ■ **13** compréhension.
INDULGENT : 3 bon* ■ **5** bénin ■ **6** benoît ■ **7** clément, commode ■ **8** paternel, tolérant ■ **9** favorable ■ **10** charitable, conciliant ■ **12** compréhensif.
INDUMENT : 8 rabioter.
INDURATION : 8 sclérose.
INDUSTRIE : 5 firme, forge, usine* ■ **7** adresse, laverie, show-biz, textile, tôlerie ■ **8** cidrerie, combinat, complexe, corderie, exercice, fabrique*, filature, foulerie, gélatine, meunerie, planning, sacherie, sécherie, sellerie, tannerie, tuilerie, vannerie ■ **9** accouvage, chaussure, minoterie, rubanerie, stockiste, texturant ■ **10** batellerie, bonneterie, industriel, mégisserie, miroiterie, plasturgie, savonnerie, technopole, tréfilerie ■ **11** carbochimie, carrosserie, chapellerie, concurrence, connectique, distillerie, lampisterie, manufacture, métallurgie, pétrochimie, technologie ■ **12** aérospatiale, show-business, vaissellerie ■

13 agro-industrie, chaudronnerie, établissement, ostréiculture, quincaillerie, salaisonnerie, siriciculture ■ 14 industrialiser, industrialisme, manufacturable ■ 15 protectionnisme.
INDUSTRIEL: 6 fumeur ■ 7 malteur ■ 8 effileur ■ 9 alcoolier ■ 10 biscuitier, clactonien ■ 11 badegoulien, périgordien ■ 12 lavalloisien, tardenoisien ■ 14 photocomposeur.
INDUSTRIELLE: 2 z.i. ■ 8 filetage ■ 12 bio-industrie ■ 13 préindustriel ■ 14 postindustriel.
INDUSTRIEUX: 5 singe ■ 6 adroit, habile.
INEBRANLABLE: 3 fer ■ 4 fixe ■ 5 ferme* ■ 7 robuste ■ 8 constant, impavide, stoïcien,
INEDIT: 7 nouveau ■ 8 original.
INEFFABLE: 7 sublime ■ 9 indicible ■ 12 inexprimable ■ 13 ineffablement.
INEFFAÇABLE: 10 indélébile ■ 15 ineffaçablement.
INEFFICACE: 14 inefficacement.
INEFFICACITE: 6 vanité ■ 8 caducité.
INEGAL: 3 uni ■ 4 âpre, brut, ridé, rude ■ 6 abrupt ■ 7 barlong, calleux, hérissé, rugueux ■ 8 montueux, raboteux, rustique, saillant, scabreux ■ 9 accidenté, capriçant, changeant, disparate, grumeleux ■ 10 discordant, interrompu, irrégulier* ■ 11 anfractueux, inégalement ■ 15 disproportionné.
INEGALABLE: 9 nonpareil.
INEGALITE: 5 bosse, grain ■ 6 flache, grigne ■ 7 ressaut, saillie ■ 8 accident, aspérité, éminence, évection ■ 9 asymétrie, disparité, monticule ■ 10 différence*, gonflement, inéquation, renflement, séparation ■ 11 dissymétrie ■ 12 astigmatisme, inégalitaire ■ 13 disconvenance, disproportion.
INELIGIBLE: 8 nébuleux ■ 13 inéligibilité.
INELUCTABLE: 10 inévitable ■ 14 inéluctabilité ■ 15 inéluctablement.
INENARRABLE: 7 comique* ■ 12 inexprimable.
INEPTE: 3 con.
INEPTIE: 6 bêtise* ■ 7 sottise* ■ 9 sottisier, stupidité.
INEPUISABLE: 12 intarissable ■ 15 inépuisablement.
INERTE: 8 argonide, empaillé.
INERTIE: 5 masse ■ 6 atonie, flamme ■ 7 apathie, inactif, paresse, sommeil ■ 8 inertiel ■ 9 faiblesse, paralyser, passivité, stupéfier ■ 10 masselotte, stagnation, stupéfiant ■ 15 engourdissement.
INERVANT: 15 pneumogastrique.
INESPERE: 7 imprévu.
INEVITABLE: 5 fatal*, forcé ■ 10 nécessaire* ■ 11 inéluctable, obligatoire* ■ 14 inévitablement ■ 15 infailliblement.
INEXACT: 4 faux* ■ 6 erroné ■ 8 infidèle ■ 12 inexactement.
INEXCITABLE: 14 inexcitabilité.
INEXCUSABLE: 9 imparable.
INEXECUTION: 11 commissoire ■ 13 inobservation.
INEXIGIBLE: 13 inexigibilité.
INEXISTANT: 7 fantôme.
INEXORABLE: 3 dur* ■ 5 cruel*, sourd ■ 8 inhumain ■ 9 indicible ■ 13 inexorabilité ■ 14 inexorablement.
INEXPERIENCE: 7 naïveté ■ 9 nouveauté ■ 12 connaissance ■ 13 inexpérimenté.
INEXPLICABLE: 7 miracle.
INEXPRIMABLE: 9 indicible, ineffable ■ 11 inénarrable.
INEXTENSIBLE: 15 inextensibilité.

INEXTRICABLE : **6** obscur* ■ **8** dédaléen.
INFAILLIBLEMENT : **10** assurément ■ **15** immanquablement.
INFAME : **5** drôle, impur, paria ■ **6** abject, coquin, éhonté, fripon, gredin, vilain ■ **7** crapule, galopin, ignoble, infamie, vermine ■ **8** canaille, maroufle, polisson, racaille, ramassis ■ **9** misérable.
INFAMIE : **5** crime, honte* ■ **6** stupre ■ **8** infamant ■ **9** ignominie, réclusion ■ **10** exposition.
INFANTERIE : **4** arme ■ **5** biffe, lebel ■ **6** vélite, zouave ■ **7** cohorte, lignard, pandour ■ **8** esponton, marsouin, phalange, troubade ■ **9** compagnie, fantassin, flanqueur, hausse-col, piétaille, taxiarque, voltigeur ■ **10** anspessade, bersaglier, janissaire, tirailleur ■ **11** cent-suisses.
INFANTILE : **9** pédiatrie.
INFANTILISER : **13** infantilisant ■ **15** infantilisation.
INFATIGABLE : **10** increvable.
INFATUE : **8** infatuer.
INFATUER : **7** engouer.
INFECONDITE : **9** stérilité* ■ **11** impuissance* ■ **12** contraceptif ■ **13** contraception.
INFECT : **7** cloaque ■ **10** pestilence.
INFECTE : **11** ragougnasse.
INFECTER : **8** empester ■ **9** empuanter, envenimer ■ **10** contaminer, méphitiser ■ **11** empoisonner ■ **12** contagionner.
INFECTIEUSE : **7** zoonose ■ **10** arbovirose, borréliose, listériose ■ **13** infectiologie.
INFECTIEUX : **11** entéro-rénal.
INFECTION : **3** pus ■ **4** pian ■ **5** croup, lèpre, peste ■ **6** typhus ■ **7** anthrax, ecthyma, pyrexie, sycosis, tétanos, variole ■ **8** envenimé, fétidité, puanteur, septique, syphilis, typhoïde ■ **9** chlamydia, érésipèle, érysipèle, infectant, tularémie ■ **10** antisepsie, dysenterie, incubation, infectieux, malodorant, myxomatose, nosocomial, pyrodermite ■ **11** pasteurella, pestilence, polynévrite, tuberculose ■ **12** actinomycose, antiseptique, impaludation, paratyphoïde, salmonellose, streptocoque, surinfection ■ **13** auto-infection, contamination, hippocratisme, streptococcie, toxi-infection ■ **14** primo-infection, staphylococcie ■ **15** cytomégalovirus.
INFEODER : **11** inféodation, ministériel.
INFERER : **5** tirer ■ **8** conclure ■ **11** inférovarié.
INFERIEUR : **3** bas ■ **4** base, cave, îles, lias, nain ■ **5** aigle, basse, culot, djinn, gorge, grade, jambe, lippe, pilon, queue, terme ■ **6** commun, crural, escape ■ **8** bajocien, boui-boui, caboulot, camelote, couaille, minorant, prédelle, procordé, urgonien, vavassal ■ **9** bas-ventre, champagne, contrebas, déclasser, dysmature, mandibule, mucoracée, mycorhize, pacotille, prochordé, rudenture, sacrifier, soupirail, sous-barbe, sous-fifre, sous-homme, sous-ordre, sous-verge, surbaisse, vavasseur, vergeoise ■ **10** architrave, entrailles, épicondyle, hypogastre, orthostate, paraplégie, subalterne, subordonné, ultracourt ■ **11** abaissement, arriération, hypotension, hypotonique, infériorité, mésalliance, sous-assurer, sous-calibre, sous-tension, sous-voltage ■ **12** aplacentaire, morganatique, nimbo-stratus, soubassement, sous-effectif, water-ballast ■ **13** hyposécrétion, rhinencéphale ■ **14** sous-gouverneur, sous-production ■ **15** rachianesthésie.
INFERIEURE : **6** bas-mât, labium.
INFERIORISER : **15** infériorisation.
INFERIORITE : **4** sous ■ **5** moins ■ **11** désavantage.

INFERNAL: 5 enfer, furie ■ 8 endiablé ■ 10 diabolique ■ 13 infernalement.
INFERTILE: 7 stérile*.
INFESTER: 7 ravager.
INFICHU: 7 infoutu.
INFIDELE: 4 laps ■ 5 félon, impie, merci, païen ■ 6 ingrat, relaps ■ 7 apostat, déloyal, inexact, nations, perfide, renégat, traître ■ 8 cornette ■ 9 hérétique ■ 10 infidélité ■ 12 infidèlement.
INFIDELITE: 5 dédit, fugue ■ 7 abandon*, désaveu, félonie, hérésie, lâchage, liaison, parjure, passade, rupture ■ 8 adultère*, perfidie, trahison ■ 9 apostasie, déloyauté, reniement, tromperie ■ 10 abjuration, forfaiture, irréligion ■ 11 ingratitude ■ 12 inexactitude, malversation, rétractation ■ 13 prévarication.
INFILTRATION: 5 chape ■ 7 amylose, exhaure ■ 9 infiltrer.
INFILTRER: 4 suer ■ 6 passer ■ 7 filtrer, glisser*, suinter ■ 8 pénétrer* ■ 9 dégoutter, traverser ■ 10 transsuder.
INFIME: 3 bas ■ 5 petit*.
INFINI: 6 absolu ■ 7 immense ■ 8 illimité, infinité ■ 9 asymptote, immensité ■ 10 infinitude.
INFINITIF: 5 supin ■ 14 semi-auxiliaire.
INFIRME: 3 i.m.c. ■ 5 cassé ■ 6 amputé, blessé, éclopé, faible, mutilé* ■ 7 boiteux, maladif, manchot ■ 8 difforme, estropié, impotent, invalide, manicrot ■ 10 cul-de-jatte.
INFIRMER: 6 ruiner ■ 7 annuler ■ 10 infirmatif ■ 11 infirmation.
INFIRMERIE: 5 poste ■ 7 hôpital.
INFIRMIERE: 5 garde, nurse ■ 11 garde-malade ■ 13 puéricultrice.
INFIRMITE: 5 asile ■ 7 infirme, maladie*, nanisme, réformé ■ 8 langueur ■ 9 paralysie ■ 10 difformité, invalidité, mutilation, rachitisme, rhumatisme.
INFLAMMABLE: 4 moxa ■ 5 pilou ■ 6 napalm ■ 8 semi-coke ■ 9 ignifuger, phosphore ■ 11 combustible* ■ 14 antidéflagrant, inflammabilité.
INFLAMMATION: 3 feu, pus ■ 5 brout, carie, morve, lupus, otite, rhume ■ 6 coryza, iléite, iritis, lésion, onyxis, uvéite ■ 7 adénite, angéite, angiite, anthrax, aortite, cardite, cocotte, coction, cystite, dermite, flegmon, hygroma, mastite, métrite, myélite, myosite, névrite, orchite, ostéite, ovarite, panaris, parulie, pulpite, pyélite, rectite, rhinite, vulvite ■ 8 actinite, annexite, arthrite, arthrose, balanite, catarrhe, chéilite, embarras, enflammé, entérite, exostose, fourchet, furoncle, gastrite, glossite, hépatite, kératite, mycétome, néphrite, phlébite, phlegmon, posthite, proctite, pubalgie, rétinite, sinusite, splénite, synovite, typhlite, urétrite ■ 9 alvéolite, bronchite, cellulite, cervicite, dermatite, duodénite, érésipèle, érysipèle, frayement, gingivite, gras-fondu, laryngite, méningite, myocardie, ophtalmie, oreillons, pleurésie, pneumonie, pourlèche, révulsion, stomatite, tendinite, trachéite, urétérite ■ 10 amygdalite, blépharite, cataplasme, coronarite, écrouelles, épiphysite, mastoïdite, parotidite, périostite, péritonite, pharyngite, phlegmasie, prostatite, rhumatoïde, salpingite, sigmoïdite, thyroïdite ■ 11 appendicite, bourbouille, capillarite, encéphalite, endocardite, endométrite, épididymite, épisclérite, folliculite, lymphangite, œsophagite, pancréatite, péricardite, rectocolite ■ 12 angiocholite, bartholinite, blennorragie, cholécystite, désenflammer, détumescence, échauffement, entérocolite, épicondylite, labyrinthite, lombarthrose, ostéomyélite, panophtalmie, périarthrite, périphlébite, pérityphlite ■ 13 conjonctivite, dacryo-adénite, dacryocystite, hydrosa-

dénite, inflammatoire, pyélonéphrite ■ 14 gastro-entérite, ostéochondrose ■ 15 encéphalopathie, pleuropneumonie, rhino-pharyngite, thrombophlébite.

INFLAMMATOIRE: 9 chalazion, dermatite ■ 10 urtication.

INFLATION: 12 désinflation ■ 14 inflationniste.

INFLEXIBLE: 3 dur* ■ 5 ferme, raide, roide ■ 6 rigide ■ 8 constant, inhumain ■ 9 rigoureux ■ 13 inflexibilité ■ 14 inflexiblement.

INFLEXION: 3 ton ■ 10 modulation ■ 11 biflecnodal.

INFLIGER: 6 donner ■ 7 doucher, énerver, imposer, moucher ■ 9 pénaliser, prescrire ■ 11 sanctionner ■ 12 tortionnaire.

INFLORESCENCE: 3 épi ■ 4 cône, cyme ■ 6 grappe ■ 7 corymbe, ombelle, spadice ■ 8 capitule ■ 9 camomille, glomérule.

INFLUENCE: 4 fief, lune ■ 5 lunée, poids, règne, signe ■ 6 charme, crédit, empire, étoile, osmose ■ 7 emprise, pouvoir, prévenu, souffle ■ 8 autorité, infléchi, mainmise, prestige, suicider, tropisme, tyrannie ■ 9 ascendant, direction, discrédit, empreinte, freudisme, japonisme, maléfique, puissance, séduction, trafiquer ■ 10 atmosphère, attraction, convection, domination, giottesque, importance, impression, influencer, magnétisme, persuasion, phénologie, tellurisme, tyrannique ■ 11 démonologie, fascination, interaction, lamarckisme, rayonnement ■ 12 bureaucratie, intimidation, modification, prescripteur, technocratie ■ 13 démonographie, maître-penseur, phototactisme, phototropisme, prépondérance ■ 14 autosuggestion ■ 15 bioclimatologie.

INFLUENCER: 4 agir ■ 5 mener, peser, plier ■ 6 capter, causer, dicter, gagner, pétrir, primer, styler ■ 7 attirer, charmer, décider, diriger, dominer, éblouir, exciter, influer, plaider, pousser, séduire ■ 8 affecter, captiver, empaumer, fasciner, inspirer*, modifier, refléter, suggérer ■ 9 déteindre, enchanter, entraîner, intimider, perméable, persuader, retourner, traitable ■ 10 catéchiser, contribuer, convaincre, ensorceler ■ 11 circonvenir, endoctriner ■ 12 impatroniser, influençable ■ 13 impressionner.

INFLUENT: 5 pluie, ponte ■ 8 puissant ■ 9 camarilla, pertinent.

INFLUENZA: 5 rhume* ■ 6 grippe.

INFLUER: 7 militer ■ 10 influencer.

INFLUX: 4 bloc ■ 7 frayage ■ 10 conduction ■ 14 neuromédiateur.

INFOGRAPHIE: 13 infographiste.

INFORMATEUR: 2 on ■ 6 épieur ■ 8 délateur, guetteur ■ 9 éclaireur, enquêteur ■ 10 inspecteur, rapporteur ■ 11 observateur, surveillant ■ 12 dénonciateur.

INFORMATION: 3 bit ■ 4 avis, guet, info ■ 5 modem, potin ■ 6 cancan, rumeur ■ 7 annonce, enquête, lecteur, ouï-dire, rapport, simplex, traceur ■ 8 briefing, citation, délation, document, informer, nouvelle*, racontar, vidéotex ■ 9 chronique, commérage, disquette, fluidique, interface, page-écran, recherche ■ 10 initiation, inspection, microforme, privatique, processeur ■ 11 chrominance, observation, perforateur, publication, surinformer ■ 12 connaissance, dénonciation, surveillance, télé-écriture ■ 13 avant-première, communication, renseignement*, télé-affichage ■ 14 informationnel.

INFORMATIQUE: 3 bug, bus ■ 4 lisp ■ 5 basic, dédié, digit, drive, macro, zoner ■ 6 codeur, lister, pascal, prolog, visuel ■ 7 cliquer, lecteur, routine, serveur, tableur ■ 8 formater, grapheur, logiciel, opérande, vocodeur ■ 9 démoduler, disquette, émulateur, incrément, interface, monétique, multiplet, page-écran, permalloy, progiciel ■ 10 assembleur, compactage, interactif, métalangue, nanoréseau, paramétrer, photostyle, processeur, séquenceur, traducteur ■ **11** bureautique, compilateur, descripteur, didacticiel, digitaliser, identifieur, incrémenter, métalangage, productique, superviseur, télématique ■ **12** additionneur, convivialité, incrémentiel, interpréteur, microédition, modélisation, multifenêtre, ordinogramme, préprogrammé ■ **13** concentrateur ■ **14** fonctionnalité, identificateur, initialisation, monoprocesseur, téléchargement ■ **15** péri-information.

INFORMATISER: 14 informatisable ■ **15** informatisation.

INFORME: 4 brut, laid ■ **5** masse ■ **8** grossier* ■ **9** documenté, imparfait* ■ **11** gribouillis ■ **12** gribouillage.

INFORMER: 4 voir ■ **5** citer, épier ■ **6** aviser, écrire, narrer, savoir ■ **7** avertir*, guetter, initier, publier, relater ■ **8** annoncer*, dévoiler, ébruiter, éclairer, enquérir, enquêter, énumérer, observer, prévenir, propager, raconter, répandre ■ **9** apprendre, colporter, divulguer, inspecter, rapporter ■ **10** développer, rechercher, renseigner*, surveiller ■ **11** communiquer, désinformer, transmettre.

INFORTUNE: 7 malheur* ■ **8** calamité, disgrâce ■ **9** adversité.

INFOUTU: 7 infichu.

INFRACTION: 5 crime, délit*, pénal ■ **7** entorse ■ **8** récidive ■ **9** violation* ■ **12** imputabilité ■ **13** contravention, séquestration ■ **15** non-dénonciation.

INFRASON: 11 infrasonore.

INFRASTRUCTURE: 11 médicaliser.

INFRAVIRUS: 5 virus.

INFROISSABLE: 15 infroissibilité.

INFRUCTUEUX: 4 vain* ■ **6** ingrat ■ **7** stérile*.

INFUS: 4 inné.

INFUSER: 5 nouet ■ **9** infusette, tisanière.

INFUSIBLE: 5 apyre ■ **12** infusibilité.

INFUSION: 3 thé ■ **4** amer, café, marc, maté, moka ■ **5** boldo, nouet, punch ■ **6** bichof, bishop, hysope, tisane ■ **7** bischof, infuser, macérer ■ **8** aubépine, colature ■ **12** effondrilles, millepertuis.

INFUSOIRE: 5 amibe, cilié ■ **6** filine, monade, polype, protée ■ **7** cyclide, gonelle, stenton ■ **8** bursaire ■ **9** lamelline, paramécie, zoosperme ■ **10** anguillade, macrobiote, urcéolaire, virgulaire, vorticelle ■ **11** protozoaire.

INGAMBE: 3 vif ■ **5** agile*, leste ■ **6** valide.

INGENIERIE: 12 ingéniériste.

INGENIEUR: 5 génie ■ **12** constructeur, hydraulicien ■ **13** sous-ingénieur.

INGENIEUX: 3 bon ■ **6** adroit*, habile*, subtil ■ **9** astucieux, combinard, spirituel ■ **11** ingéniosité, intelligent ■ **14** ingénieusement.

INGENU: 4 naïf* ■ **7** candide ■ **8** innocent* ■ **9** ingénuité ■ **10** ingénument.

INGENUE: 7 dugazon.

INGERENCE: 12 intervention ■ **15** panaméricanisme.

INGERER: 6 avaler ■ **8** insinuer ■ **9** immiction, ingérence, ingestion.

INGESTION: 9 argyrisme ■ **11** coprophagie.

INGRAT: 3 sec ■ **7** stérile ■ **8** oublieux ■ **11** ingratement, ingratitude ■ **13** reconnaissant.

INGREDIENT: 5 punch ■ **6** drogue ■ **11** assaisonner ■ **14** assaisonnement.

INGRES: 8 ingrisme.

INGRISME: 9 ingresque.

INGUERISSABLE: 9 incurable.

INGURGITER: **6** avaler ■ **8** déglutir.
INHABILETE: **8** inhabile ■ **9** gaucherie, impéritie ■ **10** maladresse* ■ **12** inhabilement.
INHABITE: **5** isolé ■ **6** désert ■ **7** sauvage ■ **9** solitaire.
INHABITUEL: **4** rare .
INHALATION: **8** silicose ■ **9** asbestose, byssinose ■ **10** fumigation, inhalateur ■ **15** oxygénothérapie.
INHERENCE: **9** adhérence.
INHIBE: **7** amensal ■ **12** bétabloquant.
INHIBER: **7** barrage ■ **8** défendre ■ **10** inhibition ■ **12** cytostatique.
INHIBITEUR: **13** bromocriptine.
INHIBITION: **10** allostérie, désinhiber ■ **11** amensalisme.
INHUMAIN: **3** dur* ■ **5** cruel*, tyran ■ **6** brutal, odieux ■ **7** barbare, despote, forcené, furieux, méchant*, sauvage, violent ■ **8** dénaturé, farouche, furibond, horrible, sensible, terrible ■ **9** fanatique, maupiteux ■ **10** implacable, inexorable, inflexible, inhumanité, insensible ■ **11** impitoyable, persécuteur, sanguinaire ■ **12** tortionnaire ■ **13** inhumainement.
INHUMANITE: **7** cruauté, sadisme ■ **8** férocité ■ **9** brutalité.
INHUMATION: **5** fosse ■ **7** inhumer ■ **9** sépulture ■ **11** enterrement, funérailles.
INIMAGINABLE: **6** épique ■ **10** formidable ■ **15** invraisemblable.
INIMITIE: **5** haine* ■ **7** rancune ■ **9** hostilité ■ **12** ressentiment.
ININFLAMMABLE: **8** ignifugé ■ **11** chlorofibre.
ININTELLIGENT: **3** sot* ■ **7** stupide*.
ININTELLIGIBLE: **6** hébreu, obscur* ■ **8** charabia ■ **9** baragouin, patenôtre ■ **10** bafouiller, logogriphe ■ **13** amphigourique.
ININTERROMPU: **5** filon, série ■ **9** randonnée.
INIQUE: **7** injuste* ■ **9** équitable ■ **10** iniquement.
INITIALE: **5** sigle ■ **8** anacruse ■ **9** anacrouse, majuscule ■ **12** allitération.
INITIALISATION: **11** initialiser.
INITIATION: **9** admission ■ **10** mystagogie ■ **11** initiatique, instruction.
INITIATIVE: **4** agir ■ **9** mouvement ■ **10** entreprise ■ **15** discrétionnaire.
INITIER: **10** ésotérique, initiateur, renseigner.
INJECTER: **7** embouer ■ **10** injectable.
INJECTION: **4** bock ■ **7** lançage ■ **8** injecter, lavement ■ **9** créosoter, injecteur ■ **10** irrigateur ■ **12** mésothérapie ■ **14** artériographie, postcombustion ■ **15** autotransfusion, tuberculination.
INJONCTION: **4** donc ■ **5** ordre* ■ **9** injonctif ■ **12** commandement* ■ **13** avertissement.
INJURE: **4** huée, raca, rixe ■ **5** délit ■ **6** avanie, coquin ■ **7** affront, insulte, offense*, outrage, pouille, sottise, vilenie ■ **8** calomnie, quolibet, riposter, saignant, soufflet ■ **9** blasphème, camouflet, harengère, injurieux, invective ■ **10** engueulade, parpaillot, prêtraille ■ **11** diffamation, imprécation, malédiction ■ **12** plaisanterie, ressentiment.
INJURIER: **4** huer ■ **7** bafouer, blesser*, maudire ■ **8** adresser, conspuer, écharper, insulter, offenser*, outrager* ■ **9** accoutrer, engueuler ■ **10** blasphémer, invectiver, vilipender ■ **14** injurieusement.
INJUSTE: **4** indu, roué ■ **5** à tort, tyran ■ **6** fautif, fourbe, fripon, furtif, inique, intrus, odieux ■ **7** déloyal, illégal, immoral, indigne, mauvais, méchant*, partial ■ **8** blâmable, illicite, immérité, infidèle ■ **9** équitable, indélicat ■ **10** arbitraire, clandestin, illégitime, irrégulier, malfaisant, tyrannique ■ **11** condamnable, inéquitable, injustement ■ **13** déraisonnable.

INJUSTICE : **4** abus ■ **5** crier ■ **6** faveur, fraude, piston ■ **7** rouerie ■ **8** iniquité, rancœur ■ **9** déloyauté, fourberie, indignité, intrusion, quérulent, tromperie ■ **10** illégalité, immoralité, infidélité, manquement, partialité, préférence, usurpation ■ **11** persécution ■ **12** illégitimité, malversation ■ **13** indélicatesse, prévarication.
INLANDSIS : **8** inceström ■ **10** glaciation ■ **11** glaciologie.
INLASSABLE : **14** inlassablement.
INNE : **7** innéité, naturel ■ **8** innéisme, innéiste, spontané ■ **9** prénotion ■ **10** congénital ■ **11** disposition, héréditaire.
INNERVATION : **11** dénervation.
INNERVE : **10** hypoglosse.
INNOCENCE : **6** excuse, pureté* ■ **7** candeur, naïveté ■ **8** adamisme, sainteté ■ **9** blancheur, crédulité, gaucherie, ignorance, ingénuité, justifier, niaiserie, virginité ■ **10** absolution, simplicité ■ **11** innocemment ■ **12** acquittement, disculpation, inexpérience.
INNOCENT : **3** bon*, pur* ■ **4** doux, naïf* ■ **5** blanc, niais, saint ■ **6** agneau, anodin, gauche, ingénu, novice, simple, vierge ■ **7** candide, crédule ■ **8** ignorant, immaculé ■ **9** innocence ■ **10** innocenter ■ **13** inexpérimenté.
INNOCENTER : **5** laver ■ **7** excuser ■ **8** absoudre, blanchir ■ **9** acquitter, décharger, disculper, justifier, pardonner* ■ **11** réhabiliter.
INNOVATION : **8** innovant, novateur ■ **10** changement*, innovateur ■ **11** immobilisme ■ **13** conservatisme.
INNOVE : **8** innovant.
INOCCUPE : **5** oisif* ■ **6** vacant ■ **10** no man's land ■ **12** inoccupation.
INOCULATION : **5** morve ■ **8** inoculer ■ **12** impaludation.
INOCULER : **8** vacciner ■ **9** immuniser ■ **10** inoculable ■ **13** inoculabilité.
INODORE : **3** eau ■ **5** argon, azote, odeur.
INOFFENSIF : **3** bon ■ **4** doux ■ **5** bénin ■ **6** agneau, anodin ■ **7** placebo ■ **8** innocent ■ **9** innocuité ■ **15** inoffensivement.
INONDATION : **4** crue ■ **5** orage ■ **6** déluge ■ **7** torrent ■ **9** cataracte ■ **10** cataclysme, submersion ■ **11** débordement ■ **13** envahissement.
INONDER : **5** noyer ■ **7** tremper* ■ **8** abreuver, déborder ■ **9** inondable, ruisseler, submerger.
INOPINE : **5** subit ■ **7** imprévu* ■ **8** survenir ■ **11** inopinément.
INOPPORTUN : **13** contre-indiqué ■ **15** inopportunément.
INOUÏ : **7** étrange ■ **14** extraordinaire* ■ **15** invraisemblable.
INOXYDABLE : **4** inox.
INQUIET : **4** béat ■ **5** agité, rongé ■ **6** dévoré, jaloux, pensif, triste ■ **7** anxieux, indécis, remuant ■ **8** distrait, fiévreux, perplexe, soucieux ■ **9** impatient, incertain, inquiéter, ombrageux, préoccupé, sans-souci, tourmenté, tracassin ■ **10** embarrassé, scrupuleux ■ **11** soupçonneux ■ **14** hypocondriaque.
INQUIETANT : **6** sombre ■ **8** alarmant, critique, menaçant, sinistre ■ **11** patibulaire ■ **12** comminatoire.
INQUIETE : **6** bileux.
INQUIETER : **5** biler ■ **7** alarmer, ennuyer, frapper, soucier ■ **8** émouvoir, redouter, trembler, troubler ■ **9** chagriner, tracasser, trépigner ■ **10** préoccuper, solliciter, tourmenter*.
INQUIETUDE : **4** émoi, peur* ■ **5** ennui, peine, souci* ■ **6** tracas, transe ■ **7** anxiété, chagrin, crainte*, émotion, malaise, remords, soupçon, trouble ■ **8** angoisse, détresse, insomnie, scrupule, tintouin, tourment* ■ **9** agitation, épouvante, tristesse ■ **10** indécision, inquiétant, perplexité ■ **11** distraction, incertitude, sollicitude ■ **12** tranquillité, trépignement ■ **13** préoccupation.

INQUISITION: **8** autodafé ■ **10** consulteur ■ **11** inquisiteur ■ **13** qualificateur.
INSALUBRE: **7** maremme ■ **11** insalubrité.
INSANE: **3** sot ■ **13** déraisonnable.
INSATIABLE: **5** avide ■ **7** pieuvre ■ **8** dévorant ■ **14** insatiablement.
INSATISFACTION: **9** bovarysme ■ **12** insatisfaire ■ **14** mécontentement*.
INSCRIPTION: **4** inri ■ **5** liste, titre ■ **6** devise, ex-voto, liston, marque ■ **7** affiche, annonce, écusson, exergue, placard ■ **8** adhésion, écriteau, enseigne, épitaphe, graffiti, intitulé, lapicide, pancarte ■ **9** cartouche, empreinte, épigraphe, estampage, étiquette, matricule, panonceau ■ **10** épigraphie ■ **11** affiliation, registraire ■ **12** chronogramme, embarquement, souscription ■ **13** budgétisation, téléscripteur ■ **14** préinscription.
INSCRIRE: **5** coter, livre ■ **6** écrire, passer ■ **7** adhérer, coucher, écrouer, enrôler, marquer ■ **8** annoncer, créditer ■ **9** cadastrer, colloquer, étiqueter, postdater ■ **10** cataloguer, matriculer, non-inscrit, plaquarder, réinscrire ■ **11** enregistrer, inscription, répertorier ■ **12** immatriculer, inscriptible.
INSECABLE: **12** insécabilité.
INSECTE: **3** nid, pou, ver, vol ■ **4** aile, dard, iule, miel, toto ■ **5** coque, corne, filer, galle, gerce, imago, jabot, patte, perle, queue, tarse ■ **6** anobie, cynips, labium, piquer ■ **7** acarien*, bacille, couvain, diptère*, haliple, tergite, vermine ■ **8** carabidé, cérambyx, corselet, diapause, ecdysone, gallerie, géotrupe, isoptère, mâchoire, métabole, nymphose, papillon*, protoure, sensille, stigmate, syrphidé ■ **9** antennate, arbovirus, galéruque, languette, larvicide, mécoptère, pentamère, phasemidé, prothorax, ptérygote, ravisseur, rhynchote*, xylophage ■ **10** archiptère* arthropode, brachycère, coléoptère*, dermoptère*, éruciforme, mallophage, naphtalène, naphtaline, nématocère, névroptère*, orthoptère*, planipenne, plécoptère, sarracénie, thysanoure* ■ **11** dictyoptère, entomologie, entomophage, hétéroptère*, hyménoptère*, insectarium, insecticide, insectivore, lépidoptère, mégaloptère, trichoptère ■ **12** entomophilie, holométabole, moucheronner, siphonaptère, strepsiptère*, thysanoptère, trichogramme, trophallaxie ■ **13** attrape-mouche, chéleutoptère ■ **14** hétérométabole.
INSECTICIDE: **3** d.d.t., h.c.h. ■ **7** sulfure ■ **8** antimite, pyrèthre, quassine, roténone ■ **9** téphrosie ■ **12** organochloré.
INSECTIVORE: **5** orvet, taupe ■ **6** coucou, desman, lézard, tanrec, tenrec, tupaïa, tupaja ■ **7** dasyure, échidné, traquet, vampire ■ **8** caméléon, fauvette, hérisson, roitelet ■ **8** sylviidé ■ **9** étourneau ■ **10** amphisbène, musaraigne, pie-grièche, troglodyte ■ **11** chéiroptère ■ **12** macroscélide ■ **13** bergeronnette, galéopithèque.
INSEMINATION: **3** i.a.d. ■ **12** inséminateur.
INSENSE: **3** fou* ■ **4** pile ■ **6** dément ■ **7** absurde, vésanie ■ **10** impossible ■ **11** extravaguer.
INSENSIBILISER: **5** éther ■ **6** mourir ■ **7** chloral ■ **8** cocaïner, étourdir, évanouir, morphine ■ **9** asphyxier, défaillir, engourdir, éthériser, stupéfier ■ **11** anesthésier, morphiniser ■ **12** chloroformer.
INSENSIBILITE: **7** apathie, raideur, stupeur ■ **8** asphyxie, froideur ■ **9** analgésie, apoplexie, paralysie ■ **10** anesthésie, catalepsie, sidération ■ **11** détachement ■ **12** indifférence* ■ **13** étourdissement, impassibilité ■ **14** évanouissement ■ **15** engourdissement.
INSENSIBLE: **3** dur* ■ **4** mort ■ **5** ferme, froid, glacé, ladre, raide, roche, sourd ■ **6** inerte, sidéré ■ **7** détaché, endurci, étourdi, éva-

noui ■ **8** immobile, indolent, indolore ■ **9** analgique, apathique, dessécher, lentement ■ **10** impassible, stupéfiant ■ **11** analgésique, indifférent* ■ **12** anesthésique ■ **14** insensibiliser ■ **15** tropicalisation.

INSEPARABLE: **15** inséparablement.

INSERER: **5** enter ■ **7** inclure, sessile ■ **8** encarter, enficher ■ **9** annonceur, enchâsser, implanter, insérable, insertion ■ **10** intercaler, introduire, reproduire ■ **11** enchatonner, interfolier ■ **12** désinsertion.

INSERTION: **3** r.m.i. ■ **6** suture ■ **8** aisselle, peaucier ■ **10** phocomélie ■ **12** justificatif ■ **13** circumduction.

INSIDIEUX: **8** trompeur.

INSIGNE: **5** aigle, bâton, croix, éphod, galon, palme, ruban, verge ■ **6** anneau, cordon, crosse, étoile, fanion, plaque, plumet ■ **7** chevron, cocarde, collier, diadème, emblème, pallium, panache, rosette, sceptre, symbole ■ **8** armoirie, attribut, couronne, faisceau, médaille ■ **9** croissant, demi-pique, épaulette, hausse-col, important ■ **10** décoration, épinglette ■ **11** remarquable*.

INSIGNIFIANT: **4** fade ■ **5** falot, petit ■ **7** vétille ■ **8** médiocre, mirmidon, myrmidon, racontar ■ **9** bavardage, dérisoire, enfonceur, engageant ■ **10** foutriquet ■ **13** insignifiance.

INSINUANT: **7** patelin ■ **9** chatterie, engageant ■ **10** patelinage ■ **11** patelinerie.

INSINUER: **5** mêler ■ **7** glisser*, ingérer ■ **8** immiscer, inspirer, suggérer ■ **9** infiltrer, insinuant ■ **10** insinuatif ■ **11** insinuation ■ **12** impatroniser, infiltration.

INSIPIDE: **3** eau ■ **4** fade* ■ **5** azote ■ **7** affadir, fadasse ■ **9** édulcorer ■ **10** insipidité.

INSISTANCE: **6** prière ■ **8** instance, tripoter ■ **9** dévisager ■ **10** répétition*.

INSISTE: **6** appuyé.

INSISTER: **7** appuyer, obséder, presser, répéter, revenir ■ **8** bringuer, rebattre, remettre ■ **9** insistant, ressasser ■ **10** appesantir, insistance.

INSOCIABLE: **7** sauvage ■ **8** farouche, hargneux ■ **13** insociabilité.

INSOLENCE: **6** audace ■ **7** orgueil* ■ **8** insulter ■ **9** hardiesse, impudence ■ **11** insolamment.

INSOLENT: **4** fier ■ **5** rogue ■ **6** altier, impoli* ■ **7** cassant ■ **8** arrogant, cavalier, grossier*, impudent, vaniteux ■ **9** suffisant ■ **11** impertinent*.

INSOLITE: **4** rare* ■ **7** bizarre, inusité ■ **10** bizarroïde ■ **14** extraordinaire*.

INSOLUBLE: **10** oléorésine ■ **12** insolubilité ■ **13** insolubiliser.

INSOMNIE: **5** varus ■ **6** veille ■ **10** insomnieux ■ **11** insomniaque ■ **12** benzodiazépine.

INSONORISER: **14** insonorisation.

INSOUCIANCE: **3** bah ■ **5** oubli ■ **8** mollesse ■ **9** indolence ■ **10** incuriosité, négligence* ■ **11** inappétence, inattention, nonchalance ■ **12** indifférence*, laisser-aller ■ **13** je-m'en-fichisme.

INSOUCIANT: **3** mou ■ **5** relax ■ **6** relaxe ■ **8** indolent, oublieux ■ **9** incurieux ■ **10** inattentif*, nonchalant ■ **11** indifférent, insouciance.

INSOUMISSION: **8** insoumis, sédition* ■ **9** désertion, mutinerie ■ **13** désobéissance.

INSPECTER: **7** visiter ■ **8** examiner*.

INSPECTEUR: **5** édile ■ **6** ingame ■ **8** écolâtre, visiteur ■ **10** inspection ■ **11** inspectorat, provéditeur ■ **13** missi dominici.

INSPECTION: **5** revue, ronde ■ **6** visite ■ **8** contrôle ■ **10** souchetage.

INSPIRATEUR: **7** scalène.

INSPIRATION: **3** feu ■ **4** idée, luth, muse, plan, rêve ■ **5** génie ■

6 délire, poésie, projet, utopie ■ 7 conseil, souffle, stridor, théorie ■ 9 mouvement, prophétie ■ 10 conception ■ 11 inspirateur, supposition ■ 12 illumination, inspiratoire, kimbanguisme ■ 13 versificateur.
INSPIRE : 11 antiquisant.
INSPIRER : 5 jeter, pitié ■ 6 dicter, élever ■ 7 aspirer, figurer, revenir ■ 8 enticher, imprimer, insinuer, répugner, souffler, suggérer, supposer ■ 9 commander, concevoir, instiguer, instiller, insuffler, intimider, persuader ■ 10 conseiller*, encourager, ensorceler, intéresser ■ 11 émerveiller.
INSTABILITE : 8 mobilité ■ 9 fragilité ■ 11 inconstance, vicissitude.
INSTABLE : 7 mouvant ■ 8 flottant, précaire ■ 9 changeant, lunatique ■ 10 positonium ■ 11 positronium.
INSTALLATEUR : 10 cuisiniste.
INSTALLATION : 4 mine ■ 5 poste ■ 7 exhaure, secteur ■ 8 craqueur, héligare, plombier, practice, tubulure ■ 9 absorbeur, campement, déballage, réformeur ■ 10 interphone, multicâble, tuyauterie ■ 11 planétarium, réfrigérant, station-aval, vide-ordures ■ 12 cantonnement, installateur, vapocraqueur ■ 13 signalisation ■ 14 infrastructure ■ 15 autocommutateur, électrification, radiotélévision.
INSTALLE : 9 canissier ■ 10 cannissier.
INSTALLER : 6 camper, placer* ■ 7 dresser, établir* ■ 8 aplomber, caserner ■ 9 cantonner, descendre ■ 10 introniser ■ 11 réinstaller ■ 12 installation.
INSTANCE : 6 prière*, procès ■ 8 conjurer, réclamer, supplier ■ 9 procédure, souverain ■ 10 insistance, instamment ■ 12 commandement, supplication.
INSTANT : 5 heure, phase, point, temps ■ 6 moment*, urgent ■ 7 soudain ■ 8 débotter, échappée, imminent, partance, pressant ■ 10 instantané, tournemain ■ 13 immédiatement.
INSTANTANE : 6 illico, prompt ■ 7 ad nutum, soudain* ■ 8 vite-vite ■ 13 instantanéité ■ 14 instantanément.
INSTAURER : 7 établir*.
INSTIGATEUR : 6 moteur ■ 9 promoteur ■ 12 protagoniste.
INSTIGATION : 7 conseil ■ 11 inspiration.
INSTILLER : 12 instillation.
INSTINCT : 6 libido ■ 8 penchant* ■ 9 zoophagie ■ 10 bestialité, grégarisme, instinctif ■ 11 instinctuel ■ 15 instinctivement.
INSTINCTIF : 8 machinal ■ 9 sympathie ■ 13 pressentiment.
INSTITUER : 6 ériger, nommer, sacrer ■ 7 établir ■ 10 constituer, préconiser ■ 11 consultatif, institution.
INSTITUT : 3 i.u.t. ■ 5 école* ■ 9 visagiste ■ 13 esthéticienne.
INSTITUTEUR : 5 insti ■ 6 instit, maître ■ 10 frœbélien.
INSTITUTION : 4 chef, épée, veto ■ 5 bible, tabou ■ 6 organe ■ 7 édifice, ephébie, pension, tutelle ■ 8 écomusée, érection, mosaïsme ■ 9 olympisme, prud'homie, sinologie ■ 10 chevalerie, monachisme ■ 12 habeas corpus, instaurateur, organisation ■ 13 établissement ■ 14 institutionnel ■ 15 anti-militarisme.
INSTRUCTEUR : 8 moniteur.
INSTRUCTION : 5 école, guide, leçon, lycée, ordre, palme, prône ■ 6 savoir ■ 7 ciné-tir, clergie, culture, enquête, homélie, théorie ■ 8 consigne, cultiver, exercice, mémorial, opérante ■ 9 directive, éducation, formation, instruire, mandement, pédagogie, programme, règlement, sommation ■ 10 catéchisme ■ 11 institution, instructeur, sous-section ■ 12 enseignement* ■ 13 scolarisation, sous-programme ■ 14 analphabétisme.

INSTRUIRE : **5** faire ■ **6** former ■ **7** dresser, étudier, initier, seriner ■ **8** éclairer, informer ■ **9** apprendre, pédagogie, procédure, serinette ■ **10** catéchiser, didactique, indocilité, instructif ■ **11** instituteur ■ **12** conférencier.

INSTRUIT : **4** calé, sage ■ **5** livre ■ **6** averti, ignare, lettré, savant* ■ **7** cultivé, éclairé ■ **8** ignorant ■ pédagogue ■ **11** autodidacte, expérimenté, séminariste.

INSTRUMENT : (voir : *instrument de musique*) : **2** dé, if ■ **3** clé, cor, fer, hie, pal, par, pic, van ■ **4** arme, clef, clou, coin, étau, gant, lame, loch, mâle, sous, voix ■ **5** ancre, arçon, baume, bongo, broie, burin, canif, clamp, corde, corne, croix, écang, écope, engin, érine, fléau, foret, gibet, gouet, gouge, hâche, happe, herse, hoyau, jauge, lance, limbe, louve, masse, outil*, palot, pelle, perce, peson, pilon, pince, queue, râble, rabot, règle, ritte, sabot, sasse, serpe, sonde, tamis, tille, toise, velte, verge, verre ■ **6** broche, buzuki, compas, coucou, cutter, davier, érigne, étalon, gnomon, maraca, niveau, octant, palmer, playon, pleyon, réglet, réveil, rugine, stadia, tarare ■ **7** ablatif, balance, bagueur, bascule, bouloir, charrue, comtois, curette, doloire, équerre, étrille, forceps, fouloir, fourche, gabarit, grésoir, haltère, horloge, lissoir, navette, palpeur, pendule, pesette, pinceau, potence, régloir, renette, romaine, rouleau, sablier, scalpel, schofar, sextant, sifflet, spatule, tocante, trocart, venturi, vernier, videlle ■ **8** affiloir, affinoir, ajustoir, anéroïde, attisoir, bistouri, bouzouki, chevalet, compteur, cure-dent, cure-pied, dévidoir, diascope, dilatant, écarteur, épiscope, faucille, géophone, lancette, luxmètre, marquoir, matraque, mélodia, mesureur, odomètre, ohmmètre, otoscope, palisson, pêchette, pèse-moût, pilulier, plomboir, raquette, réglette, seringue, soufflet, spéculum, stripper, tire-lait, toquante, trusquin, uromètre ■ **9** acoumètre, aéromètre, aéroscope, aréomètre, arrachoir, assomoir, astrolabe, baromètre, baroscope, bolomètre, bretteler, casse-noix, claquette, clepsydre, croissant, cueilloir, décimètre, découpoir, diagraphe, dialyseur, écailleur, éclimètre, égrappoir, focomètre, fluxmètre, gagne-pain, guimbarde, gyromètre, héliostat, lucimètre, machmètre, manomètre, microtome, oléomètre, ondemètre, osmomètre, pilulaire, podomètre, polissoir, porte-mine, porte-voix, posemètre, potomètre, pyromètre, rhéomètre, rhizotome, serre-file, sonomètre, taximètre, télémètre, télescope, timonerie, tire-balle, tire-botte, tireligne, typomètre, uréomètre, ustensile, voltmètre, wattmètre ■ **10** acétimètre, acétomètre, alcoomètre, anémomètre, audiomètre, barographe, bathymètre, célérifère, clavicorde, clinomètre, cure-ongles, curvimètre, cystoscope, débitmètre, débouchoir, dégorgeoir, densimètre, déplantoir, dilatateur, discipline, draisienne, échanvroir, élaïomètre, embauchoir, embouchure, eudiomètre, excitateur, extracteur, glucomètre, goniomètre, guillotine, gypsomètre, gyrocompas, héliomètre, hygromètre, hygroscope, hypsomètre, irrigateur, lactomètre, marégraphe, micromètre, microphone, navisphère, pantomètre, pendulette, phacomètre, photomètre, pianoforte, piézomètre, planimètre, porte-plume, pycnomètre, serre-joint, spiromètre, tachymètre, théodolite, tourniquet ■ **11** actinomètre, alcalimètre, ampèremètre, butyromètre, calorimètre, capacimètre, chausse-pied, chronomètre, colorimètre, crémaillière, cure-oreille, déchaussoir, dilatomètre, dynamomètre, échenilloir, explorateur, extirpateur, fluviomètre, graphomètre, grisoumètre hache-paille, héliographe, mégohmmètre, odontomètre, pantographe, piérographe, pluviomètre, polarimètre, polariscope, psophomètre, radiocompas, saupoudroir, scléromètre, sismographe, sphéromètre, stéréoscope, stéthoscope, stroboscope, tachéomètre, tensiomètre, thermomètre, thermoscope, troussequin, vulnération ■ **12** arithmomètre, cathétomètre, chronographe, cinémographe, conformateur, coronographe, coupe-cigares, coupe-légumes, coupe-racines, ébulliomètre, ébullioscope, électromètre, électroscope, emporte-pièce, endosmomètre, extensomètre, galactomètre, galvanomètre, hache-légumes, hystéromètre, instrumental, insufflateur, magnétomètre, oblitérateur, oscillomètre, pénétromètre, presse-citron, presse-fruits, psychromètre, séismographe, solarigraphe, stilligoutte, stomatoscope, thermographe, vaporisateur, volucompteur ■ **13** abaisse-langue, conformateur, marteau-piolet, ophtalmomètre, ophtalmoscope, phonocontrôle, pulvérisateur, réfractomètre, saccharimètre, scarificateur, sphygmographe, stalagmomètre, taille-racines, tourne-à-gauche, transpositeur, varheuremètre ■ **14** accélérographe, fréquencemètre, interféromètre, millivoltmètre, sitogoniomètre ■ **15** radiogoniomètre, sphymomanomètre, ultramiscroscope.

INSTRUMENTAL: 5 rondo ■ **6** tiento ■ **7** toccata ■ **9** fantaisie, gaillarde, polonaise ■ **10** sicilienne.

INSTRUMENTALE: 7 chacone ■ **10** intermezzo ■ **12** divertimento.

INSTRUMENT DE MUSIQUE: 3 cor, sax, ton, zon ■ **4** alto, erke, gong, koto, luth, lyre, rote, tuba ■ **5** anche, banjo, basse, bugle, corde, couac, diane, fifre, flûte, guzla, harpe, jouer, loure, orgue, piano, rabab, rebab, rebec, sanza, sitar, tabla, tinya, viole ■ **6** basson, biniou, buccin, cistre, cloche, diaule, néo-cor, pipeau, régale, sarode, sistre, tam-tam, téorbe, vielle, violon ■ **7** balafron, baryton, célesta, cithare, clairon, crotale, cymbale, flûteau, guitare, hélicon, larigot, mandore, musette, ocarina, octavin, olifant, pandore, pianino, pibrock, piccolo, saxhorn, serpent, tambour, théorbe, timbale ■ **8** bombarde, carillon, charango, clavecin, crincrin, cromorne, cymbalum, derbouka, diapason, dondaine, éolienne, épinette, galoubet, hautbois, hydraule, médiator, mirliton, pavillon, pochette, préluder, timballe, triangle, trombone, tympanon, virginal ■ **9** accordage, accordéon, balalaïka, bigophone, bombardon, chalumeau, cliquette, cornemuse, czimbalum, flageolet, guimbarde, harmonica, harmonium, mailloche, mandoline, manicorde, métronome, monocorde, quintette, saxophone, serinette, tambourin, trombonne, trompette, turlututu, typophone, xylophone ■ **10** clarinette, concertina, harmonicor, heptacorde, ophicléide, psaltérion, tétracorde, turlurette ■ **11** castagnette, contrebasse, manicordon, organologie, trois-quarts, violoncelle ■ **12** contrebasson, harmonicorde, manichordion, stradivarius ■ **13** basse continue, sarrussophone ■ **14** instrumentiste.

INSTRUMENTER: 9 orchestre ■ **13** orchestration ■ **14** instrumentiste.

INSTRUMENTISTE: 7 ripieno.

INSU: 11 insciemment.

INSUBORDINATION: 12 insubordonné ■ **13** désobéissance.

INSUCCES: 4 four ■ **5** chute, échec*, perte, veste ■ **8** réussite ■ **10** avortement, déconvenue.

INSUFFISAMMENT: 13 sous-exploiter ■ **14** sous-administré.

INSUFFISANCE: 7 idiotie ■ **8** crevasse ■ **9** asystolie, cortisone, myxœdème, tolérance, vicariant ■ **10** anorganisme, déficience, demi-mesure, hypoplasie, inaptitude, médiocrité ■ **11** hypotrophie, kwashiorkor, supplétoire ■ **12** hypocalcémie, hypokaliémie, incomplétude, infantilisme ■ **13** hyperazotémie, hyperthyroïdie.

INSUFFISANT: 6 faible, pauvre ■ **8** casilleux ■ **10** hypochrome, sous-équipé, sous-peuplé ■ **11** insatisfait ■ **12** sous-employer, sous-utiliser ■ **13** sous-alimenter ■ **14** insuffisamment.

INSUFFISANTE : **13** sous-nutrition ■ **14** sous-exposition.
INSUFFLER : **7** aspirer ■ **9** dynamiser ■ **12** insufflateur, insufflation.
INSULAIRE : **5** îlien.
INSULINDE : **13** mangoustanier.
INSULINE : **8** glucagon ■ **9** protamine ■ **10** insulinase.
INSULTE : **6** injure* ■ **7** offense* ■ **8** algarade ■ **9** blasphème, insultant, insulteur.
INSULTER : **7** cracher ■ **8** outrager* ■ **10** blasphémer, souffleter.
INSUPPORTABLE : **6** sciant ■ **8** infernal ■ **9** garnement, imbuvable ■ **10** déplaisant, massacrant ■ **11** insupporter, intolérable.
INSURRECTION : **7** insurgé, révolte* ■ **9** agitation ■ **10** révolution ■ **11** chouannerie, soulèvement ■ **15** insurrectionnel.
INTACT : **3** pur* ■ **4** sauf ■ **6** entier*, vierge* ■ **7** complet* ■ **10** intangible.
INTACTILE : **11** intouchable.
INTAILLE : **5** camée.
INTANGIBLE : **5** sacré ■ **11** intouchable ■ **13** intangibilité.
INTARISSABLE : **11** inépuisable.
INTEGRAL : **4** tout* ■ **5** plein ■ **6** absolu, entier*, infini, intact, massif ■ **7** complet*, indivis ■ **8** exclusif, illimité, monopole.
INTEGRALITE : **4** bloc ■ **5** masse, rafle ■ **8** ensemble* ■ **9** entièreté, intégrant ■ **10** indivision ■ **11** omnipotence ■ **12** accaparement.
INTEGRATION : **4** r.n.i.s. ■ **8** high-tech ■ **9** primitive ■ **10** intégratif.
INTEGRE : **3** mos, pur ■ **5** juste* ■ **7** honnête* ■ **9** caméscope, impartial, intégrité ■ **11** intègrement.
INTEGRER : **9** domotique ■ **10** budgétiser, intégrable ■ **11** désintégrer, intégration ■ **12** sociabiliser.
INTEGRITE : **6** pureté ■ **7** probité.
INTELLECT : **10** conception ■ **12** intelligence*.
INTELLECTUALISATION : **13** mentalisation.
INTELLECTUALITE : **11** cérébralité.
INTELLECTUEL : **2** q.i. ■ **5** moral, ponte ■ **7** agonie ■ **8** baby-test, culturel, mentisme ■ **9** archétype, inférence, magistère ■ **10** apriorisme, verbalisme ■ **11** minus habens, phrénologie ■ **12** agrammatisme, débilisation, immaturation ■ **14** dégénérescence, intelligentsia ■ **15** intellectualité.
INTELLIGENCE : **4** note, test ■ **5** chien, géant, idéal, idiot, union ■ **6** esprit*, pensée*, prolog, raison* ■ **7** cerveau, entente, finesse, lumière ■ **8** capacité, entendre, gamberge, hystérie, jugement, lucidité, trahison ■ **9** collusion, éducation, envergure, intellect, intuition, non-valeur, réflexion, spirituel ■ **10** binet-simon, conception, crétinisme, perception, profondeur ■ **11** abrutisseur, imbécillité, ingéniosité, intelligent, pénétration ■ **12** clairvoyance, discernement, entraccorder, intellectuel, perspicacité ■ **13** abrutissement, compréhension ■ **14** inintelligence, intelligemment.
INTELLIGENT : **3** fin, net ■ **4** ours, tête ■ **5** borné, clair, singe ■ **6** adroit, lucide, ouvert ■ **7** bécasse, capable, entendu, ganache, profond ■ **8** fortiche, imbécile ■ **9** ingénieux ■ **10** perspicace ■ **13** intelligent.
INTELLIGENTSIA : **14** occidentaliste.
INTELLIGIBLE : **5** clair*, glose ■ **9** éclaircir, obscurcir ■ **10** accessible, panlogisme ■ **11** obscurément ■ **14** compréhensible ■ **15** intelligibilité.
INTEMPERANCE : **5** excès* ■ **7** ivresse ■ **8** débauche*, sobriété ■ **11** intempérant.
INTEMPERIE : **8** rustique.

INTEMPESTIF : 4 zèle ■ 8 importun ■ 11 braillement.
INTEMPOREL : 13 intemporalité.
INTENDANCE : 10 bouteiller, boutillier, riz-pain-sel ■ 12 subsistance ■ 13 sous-intendant.
INTENDANT : 6 écuyer ■ 10 intendance, subdélégué ■ 12 surintendant.
INTENSE : 3 bas ■ 4 fort* ■ 7 cramine, extrême*, violent* ■ 8 jouissif, ralentir ■ 9 accentuer, exaspérer, marmitage, mysticité, pilonnage ■ 11 intensément ■ 13 intensivement.
INTENSIFIER : 9 augmenter*.
INTENSITE : 3 ton ■ 4 voix ■ 5 degré, fondu, force*, gamme, masse, seuil ■ 6 acuité, apogée, bougie, cinèse, nuance, portée ■ 7 candela, étendue, hauteur, maximum, œrsted, travail ■ 8 ampérage, diapason, intensif, rhéobase, rhéostat, vitalité ■ 9 brillance, faiblesse, gradation, lucimètre, luminance, paroxysme, puissance*, régresser, rémittent, renforcer, résonance, sforzando ■ 10 dégression, expression, gravimètre, photomètre, pianissimo, proportion, renforçage ■ 11 actinomètre, amortisseur, ampèreheure, ampèremètre, colorimètre, decrescendo, disjoncteur, gravimétrie, microampère, milliampère, phonométrie, photométrie, progression ■ 12 actinométrie, endosmomètre, galvanomètre, magnétomètre, recrudescent, renforcement, surintensité ■ 13 applaudimètre, phonocontrôle, phototactisme, recrudescence ■ 14 infraliminaire ■ 15 expressionnisme.
INTENTER : 5 ester ■ 8 attaquer ■ 9 actionner ■ 10 rescisoire ■ 11 actionnable.
INTENTION : 3 but*, vue ■ 4 idée ■ 5 désir, final, motif, objet, rôder, tâter, venir, visée ■ 6 pensée ■ 7 chimère, dessein, volonté, vouloir ■ 8 attitude, entendre, illusion, proposer, tendance, velléité ■ 9 médisance, prononcer ■ 11 conception, intentionné, tendancieux ■ 12 intentionnel, significatif ■ 13 arrière-pensée, démonstration ■ 14 malintentionné, volontairement.
INTENTIONNEL : 5 noème.
INTERACTION : 9 interagir ■ 13 électrofaible ■ 14 interactionnel ■ 15 chromodynamique.
INTERACTIVITE : 10 interactif.
INTERASTRAL : 5 rayon.
INTERCALATION : 5 tmèse ■ 9 embolisme, épenthèse ■ 10 parenthèse ■ 13 interpolation.
INTERCALER : 9 enchâsser ■ 10 interpoler, interposer, introduire* ■ 12 opus incertum ■ 13 intercalation.
INTERCEDER : 5 prier* ■ 8 défendre, réclamer ■ 10 intervenir* ■ 12 intercesseur, intercession.
INTERCEPTER : 6 capter, couper ■ 8 éclipser ■ 11 contre-porte.
INTERCESSION : 12 propitiation.
INTERCOSTAL : 9 surcostal.
INTERDICTION : 6 défens ■ 7 défends, défense, embargo ■ 8 interdit ■ 9 débloquer, exclusion ■ 10 boycottage, suspension ■ 11 excommunion, prohibition ■ 12 condamnation, proscription.
INTERDIRE : 5 porte, tabou ■ 6 bannir ■ 7 exclure ■ 8 censurer, défendre, prohiber* ■ 9 boycotter, caviarder, condamner*, consigner, proscrire, suspendre ■ 10 conseiller ■ 11 excommunier ■ 12 bannissement ■ 13 démilitariser, dénucléariser.
INTERDIT : 4 sens ■ 5 capot ■ 6 étonné, penaud ■ 7 pantois ■ 8 anathème, déconfit ■ 9 stupéfait ■ 10 déconcerté, prohibitif.
INTERESSANT : 5 aride, nanar ■ 6 mariol, utile* ■ 7 piquant ■ 8 émouvant, poignant, touchant ■ 9 attachant, attrayant, captivant, impor-

tant, mirliflor, palpitant ■ **10** avantageux, dramatique, mirliflore, profitable ■ **11** passionnant ■ **13** inintéressant.

INTERESSE : **5** avare, valet, vénal ■ **7** combine ■ **9** courtisan ■ **10** mercenaire, utilitaire ■ **11** flagornerie ■ **13** interafricain.

INTERESSER : **5** roman, tenir ■ **6** animer, piquer, plaire ■ **7** chaloir, charmer, exciter, pencher, toucher ■ **8** attacher, captiver, cultiver, émouvant, importer, regarder ■ **9** concerner, embrasser ■ **10** participer, passionner*.

INTERET : **3** t.i.g. ■ **4** part, pour, taux, unir ■ **5** cause, loyer, oubli, parti, pitié, rente, usure ■ **6** besoin, charme, coupon, estime, profit*, revenu ■ **7** rapport, utilité ■ **8** audience, avantage*, bénéfice, consorts, curateur, désamour, pourcent, syndicat ■ **9** arrérages, attention, curiosité, démagogue, dividende, échiquier, inintérêt, intéressé, moratoire, nécessité, procureur, sympathie, viabilité ■ **10** anatocisme, berquinade, compassion, conversion, désintérêt, dissension, dramatiser, imprésario, intéresser, profession, travailler ■ **11** capitaliser, humanitaire, indifférent, intéressant, pourcentage, sollicitude ■ **12** antinational, bonification, consumérisme, désintéressé, utilitarisme ■ **13** allocentrisme, désintéresser, inintéressant ■ **14** particularisme, pretium doloris.

INTERFERENCE : **9** diaphonie ■ **10** interférer ■ **11** interférent ■ **14** interférentiel, interféromètre.

INTERFOLIER : **12** interfoliage.

INTERIEUR : **3** âme, for ■ **4** bled, cale, fond, robe, sein, sous ■ **5** abyme, accès, cœur, coupe, creux, étang, farce, géode, inter, intra, limbe, marli, noyau, paroi, perle, phare, privé, serre, tripe, zeste ■ **6** centre, dedans, in-bord, intime, maison, milieu, secret, serdah, thèque ■ **7** in petto, interne, in utero, mystère, négligé, venteau ■ **8** au-dedans, cuvelage, diascope, endogène, exosmose, inquilin, intrados, nucléole, peignoir, persillé, runabout, schrapnel, sous-bois ■ **9** ascospore, cantonade, carlingue, charpente, endocarde, endogamie, languette, lobotomie, métathèse, pénétrant, pet-en-l'air, plutonien, ravisseur, tentation, triforium, tubercule ■ **10** audiencier, chambellan, contre-rail, déshabillé, encoignure, endophasie, intra-muros, panoptique, phréatique, plutonique ■ **11** bronchioles, contre-cœur, intériorité, intra-utérin, intrinsèque ■ **12** conformateur, endoparasite, intracrânien, intraveineux ■ **13** intraoculaire, laryngoscopie ■ **14** intracardiaque, intranucléaire, ophtalmoscopie ■ **15** intra-montagnard, intramusculaire.

INTERIM : **8** passager ■ **11** intérimaire.

INTERIORISER : **15** intériorisation.

INTERJECTION : **2** ah, çà, eh, fi, ha, hé, hi, ho, là, na, oh, ok, té, va ■ **3** ahi, aïe, bah, bis, bon, bye, cri, dia, euh, gai, gué, hem, hep, heu, hip, hop, hou, hue, hum, las, ohé, olé, ouf, oup, paf, pch, pff, pft, pif, pst, sus, vli, zou, zut ■ **4** ah çà, allo, areu, bast, berk, beuh, bien, boum, brrr, chic, chut, ciao, ciel, clac, clic, crac, cric, dame, dieu, évoé, fiat, fixe, flac, floc, foin, gare, haie, hein, hélà, hi hi, hoir, holà, houp, lala, miam, ollé, ouïe, oust, paix, pare, peuh, pfft, pfut, ploc, pouf, pouh, quoi, snif, soit, stop, tope, vive, vlan, youp, zest, zist ■ **5** adieu, allez, basta, baste, beurk, bigre, bravo, broum, couic, enfin, évohé, ferme, flûte, grâce, halte, hardi, hélas, hello, huhau, matin, merci, merde, mince, motus, ouais, ouste, pardi, passe, peste, pouah, pouce, psitt, repos, salut, sniff, tchao, tiens, tollé, vivat, voici, voilà, vroom, vroum, youpi ■ **6** alerte, allons, bye-bye, chance, chiche, coquin, crénom, debout, diable, eh bien, encore, eurêka, hourra, hurrah, jamais, marche, minute, morgué, ouiche, ouille, pin pon, preste, pschut, suffit, taïaut, tarare, tayaut, tintin, tudieu, vivent, voyons ■ **7** accordé, arrière, bagasse, caramba, comment, corbleu, courage, diantre, dommage, entendu, fichtre, halte-là, ho hisse, hosanna, mazette, miracle, morbleu, parbleu, pardieu, parfait, pécaire, pechère, silence, youppie ■ **8** badaboum, bernique, canaille, chouette, continue, des clous, flic flac, fouchtra, miam-miam, patatras, patience, peuchère, sacristi, sapristi, shocking, taratata, tête-bleu, tonnerre, tout doux ■ **9** admettons, attention, doucement, jarnibleu, morguenne, notre-dame, sacrebleu, sacredieu, turlututu, vertubleu, vertuchou, vertudieu, vingt-deux ■ **10** bravissimo, jarnicoton, morguienne, palsambleu, rantanplan, saperlotte, tchin-tchin, ventrebleu ■ **11** interjectif, miséricorde ■ **14** saperlipopette ■ **15** ventre-saint-gris.

INTERLIGNE: 11 interligner ■ **12** interlignage ■ **13** interlinéaire.

INTERLOCUTEUR: 5 tiret ■ **6** médium, schème ■ **9** n'est-ce pas ■ **10** appellatif ■ **14** téléconférence.

INTERLOCUTOIRE: 11 interloquer.

INTERLOPE: 7 suspect.

INTERMEDE: 7 saynète ■ **9** interlude ■ **14** divertissement.

INTERMEDIAIRE: 3 v.r.p. ■ **4** alto, saut, sens, sima ■ **5** canal, ordre ■ **6** broker, médium, schème ■ **7** demi-fin ■ **8** courtier, immédiat, remisier ■ **9** entre-deux, entremise, intermède, médiateur, présidial ■ **10** mandataire, martinisme, somnolence, transition, truchement ■ **11** basse-taille, demi-sommeil, métropolite, négociateur, trait d'union ■ **12** entremetteur, représentant, subconscient ■ **13** brigadier-chef, semi-grossiste ■ **14** contrepartiste, pithécanthrope ■ **15** commissionnaire, concessionnaire.

INTERMITTENT: 5 stade ■ **9** clignoter, erratique, permanent, soufflard ■ **10** discontinu, élancement ■ **12** intermission ■ **13** intermittence.

INTERNAT: 8 labadens.

INTERNATIONAL: 2 si ■ **3** o.i.t. ■ **5** m.a.t.i.f., mètre ■ **9** espéranto ■ **11** moscoutaire.

INTERNE: 4 sein ■ **5** tibia ■ **7** cochlée, lactame, lactone, lamelle, médecin ■ **8** gastrite, internat ■ **9** endocarpe, endoderme, intérieur, vestibule, viscosité ■ **10** cochléaire, endoblaste, endoscopie, épicanthus, géothermie, hypothénar, labyrinthe, pensionnat, phlegmasie, résorption ■ **11** biomatériau, cénesthésie, endométrite, endothélium ■ **12** cœnesthésie, labyrinthite, pensionnaire ■ **13** correspondant ■ **14** diaphanoscopie.

INTERNEMENT: 10 relégation ■ **11** déportation.

INTERNER: 3 fou ■ **7** déporté ■ **10** prisonnier ■ **11** emprisonner*, internement.

INTEROCEPTIVE: 15 intéroceptivité.

INTERPELLATION: 4 appel ■ **7** vocatif ■ **10** apostrophe.

INTERPELLER: 5 héler ■ **7** appeler* ■ **10** appellatif ■ **11** apostropher ■ **14** interpellateur, interpellation.

INTERPLANETAIRE: 8 astronef ■ **9** exosphère ■ **10** astronaute ■ **13** astronautique.

INTERPOLER: 10 intercaler, interposer ■ **13** interpolateur, interpolation.

INTERPOSER: 7 apaiser ■ **8** arranger, composer ■ **9** concilier ■ **10** intercaler, intercéder, intervenir, rapprocher ■ **11** entremettre, réconcilier ■ **13** intermédiaire.

INTERPOSITION: 8 donation ■ **9** entremise ■ **11** stipulation ■ **12** conciliation, intercession ■ **13** intermédiaire ■ **14** réconciliation.

INTERPRETATION : 5 glose, sacré ■ 6 augure, cabale, phrasé ■ 7 babisme, entente, exégèse, feeling, version ■ 8 anagogie ■ 9 exécution, travestir ■ 10 contre-sens, définition, malentendu, traduction ■ 11 autoanalyse, commentaire, explication* ■ 12 intelligence, interpréteur ■ 13 herméneutique, jurisprudence ■ 15 métapsychologie.

INTERPRETE : 6 acteur ■ 7 artiste, drogman ■ 10 traducteur ■ 11 prophétesse ■ 14 interprétariat, interprétateur.

INTERPRETER : 6 phrasé ■ 7 définir, prendre, tourner ■ 8 entendre, judaïser, traduire* ■ 9 blasonner, expliquer ■ 10 comprendre, exégétique ■ 11 débrouiller, paraphraser ■ 13 interprétable, psychiatriser, spiritualiser ■ 14 interprétation.

INTERPROFESSIONNEL : 4 s.m.i.c.

INTERROGATIF : 3 que, qui ■ 4 quel, quoi ■ 5 quels ■ 6 auquel, duquel, lequel, quelle ■ 7 quelles ■ 8 auxquels, desquels, laquelle, lesquels ■ 10 auxquelles, desquelles, lesquelles.

INTERROGATION : 4 hein, oral ■ 5 colle ■ 6 énigme, examen ■ 7 charade, demande*, enquête, épreuve, minitel ■ 8 dialogue, est-ce que, question* ■ 9 devinette, interview, recherche, reportage ■ 11 information ■ 12 consultation, interrogatif ■ 13 interrogative, questionnaire ■ 14 interpellation.

INTERROGER : 5 héler, poser, sondé ■ 6 coller, sonder ■ 7 scruter ■ 8 cuisiner, demander, enquérir, examiner, informer ■ 9 consulter, inspecter ■ 10 importuner, rechercher, renseigner ■ 11 interpeller, questionner* ■ 13 interrogateur, interrogeable ■ 14 questionnement.

INTERROMPRE : 6 briser, cesser, chômer, couper, hâcher, rompre* ■ 7 arrêter*, obturer, quitter, relayer, reposer, séparer ■ 8 alterner, relâcher, surseoir, troubler ■ 9 suspendre, trembleur ■ 10 désamorcer, interposer, raccrocher ■ 11 entrecouper, intercepter ■ 12 discontinuer, interrupteur, interruption.

INTERROMPU : 5 hâché ■ 7 continu, déréglé ■ 9 continuel, momentané, rémittent ■ 10 désordonné, discontinu, entrecoupé, incohérent, irrégulier ■ 11 intercadent ■ 12 ininterrompu, intercurrent, intermittent.

INTERRUPTEUR : 6 bouton ■ 7 rupteur ■ 11 conjoncteur, disjoncteur.

INTERRUPTION : 3 i.v.g. ■ 5 arrêt*, break, congé, délai, grève, répit, repos*, trève ■ 6 hiatus, lacune, relais ■ 7 absence, brisure, chômage, coupure, intérim, relâche, rupture, silence, vacance ■ 8 distance, entracte, toujours ■ 9 armistice, cessation, éclaircie, rémission ■ 10 aposiopèse, avortement, désemparer, disjoncter, inactivité, interstice, intervalle, récréation, rémittence, séparation, suspension ■ 11 arrache-pied, incohérence, interruptif ■ 12 coupe-circuit, interception, interférence, intermission ■ 13 discontinuité, disponibilité, intermittence ■ 15 consécutivement, discontinuation.

INTERSECTION : 5 arête, point, voûte ■ 7 croisée ■ 9 coupement ■ 10 méridienne, tiers-point.

INTERSIDERAL : 9 météorite.

INTERSTELLAIRE : 11 protoétoile.

INTERSTICE : 4 méat, palé, pore ■ 5 bande, barre, fasce, fente, palée ■ 6 espace ■ 9 lacunaire ■ 12 interstitiel.

INTERTEXTUALITE : 12 intertextuel.

INTERTIDAL : 12 intercotidal.

INTERVALLE : 3 ton ■ 4 mode, vide ■ 5 comma, écart, entre, fente, fusée, joint, palée, répit, rhumb, sixte, solin, train, trève ■ 6 espace*, métope, octave, quarte, quinte, savart, tierce, travée, triton ■ 7 demiton, intérim, relâche, seconde ■ 8 distance, entracte, immédiat, neuvième, scission ■ **9** aréostyle, armistice, battement, entre-deux, entre-nerf, interlune, lendemain, ouverture ■ **10** entre-temps, interrègne, interstice, périodique, semi-ouvert, séparation, suspension, tétracorde ■ **11** interclasse, périsystole, tempérament, transitoire ■ **12** intermission ■ **13** discontinuité, intermittence, intervallaire, interquartile ■ **15** micro-intervalle.

INTERVENIR: **4** agir ■ **5** aider* ■ **6** opérer ■ **7** apaiser, plaider ■ **8** arranger, composer, défendre, immiscer, négocier, proposer, secourir ■ **9** catalyser, concilier ■ **10** entremêler, intercéder, interposer, participer ■ **11** entremettre, intervenant ■ **12** intervention ■ **14** psychoaffectif.

INTERVENTION: **3** z.i.f. ■ **4** aide ■ **6** action ■ **7** défense, secours ■ **9** chirurgie, entremise, immixtion, médiation, opération, plaidoyer ■ **10** abstention, arthrodèse, engagement ■ **11** merveilleux, négociation ■ **12** conciliation, fourgon-pompe, implantation, interception, intercession ■ **13** interposition, ostéosynthèse, participation ■ **14** action research ■ **15** extra-judiciaire, non-intervention, recherche-action.

INTERVERSION: **13** contrepèterie.

INTERVERTIR: **8** déplacer ■ **9** renverser ■ **10** commutatif.

INTERVIEW: **5** panel ■ **7** enquêté ■ **11** interviewer ■ **12** conversation.

INTESTIN: **4** bile ■ **5** amibe, boyau, brout, chyle, côlon, curée, grêle, iléon, iléum, iléus, lacté, sprue, ténia, tripe ■ **6** cæcum, cénure, oxyure, rectum, tænia ■ **7** ascaris, cœnure, jéjunum, maltase, viscère ■ **8** amibiase, ascardie, dextrine, duodénum, entérite, épiploon, érepsine, membrane, pancréas, strongle, trichine ■ **9** baudruche, entérique, lambliase, mégacôlon, mésentère, péritoine, strongyle, tripaille, ventuosité ■ **10** carminatif, engouement, entéralgie, entrailles, flatulence, flatuosité, hippolithe, intestinal, parenchyme, saccharase, tympanisme ■ **11** ankylostome, colibacille, échinocoque, entérocoque, entérorénal, jéjuno-iléon, parégorique, perforation, recto-colite ■ **12** benzonaphtol, dolichocôlon, entérocolite, entérokinase, entérovaccin ■ **13** trichocéphale ■ **14** bothriocéphale, gastro-entérite .

INTESTINAL: **7** dérangé.

INTESTINALE: **9** invertase ■ **10** entéralgie ■ **11** entéro-rénal.

INTIME: **4** fond, home ■ **5** privé, repli ■ **6** étroit, proche, secret ■ **8** conjoint, diariste, éminence, familier, inhérent, intimité ■ **9** accointer, intérieur ■ **10** sanctuaire ■ **12** intérioriser.

INTIMER: **8** notifier ■ **10** intimation.

INTIMIDER: **5** gêner ■ **6** glacer ■ **7** bluffer ■ **8** troubler* ■ **9** complexer, racketter ■ **10** intimidant, racketteur ■ **11** effaroucher, intimidable ■ **12** comminatoire, intimidateur, intimidation.

INTIMISTE: **9** intimisme.

INTIMITE: **6** alcôve ■ **11** familiarité, kammerspiel.

INTOLERANT: **8** sectaire ■ **9** fanatique ■ **13** insupportable.

INTONATION: **3** clé ■ **6** accent ■ **9** intonatif.

INTOUCHABLE: **5** paria ■ **9** intactile ■ **10** intangible.

INTOXICATION: **6** poison*, urémie ■ **7** cyanose, iodisme ■ **8** anilisme, argyrose, fluorose ■ **9** chélateur, ergotisme, éthérisme, éthylisme, nicotisme, tabagisme, thébaïsme ■ **10** antipoison, cannabisme, lathyrisme, saturnisme ■ **11** absinthisme, morphinisme, nicotinisme, polynévrite ■ **12** barbiturisme, cocaïnomanie, phosphorisme ■ **13** désintoxiquer, hydrargyrisme ■ **14** barbituromanie ■ **15** désintoxication.

INTOXIQUER: **5** intox ■ **11** empoisonner.

INTRACELLULAIRE: **8** lysosome ■ **10** toxoplasme ■ **13** ergastoplasme.

INTRADOS: **8** extrados, jarreter ■ **11** arc-doubleau.

INTRAITABLE : **6** entêté ■ **7** cerbère ■ **12** irréductible ■ **13** intransigeant.
INTRA-MUROS : **2** ev.
INTRANSIGEANT : **6** entier ■ **7** cassant ■ **8** taborite ■ **11** intraitable ■ **14** intransigeance.
INTRANSITIF : **14** intransivité.
INTRANSMISSIBLE : **10** accommodat.
INTRANT : **5** input.
INTRAOCULAIRE : **11** tonographie.
INTREPIDE : **4** fier ■ **5** brave*, hardi* ■ **8** impavide ■ **9** affronter, audacieux, valeureux ■ **11** intrépidité ■ **13** intrépidement.
INTRIGANT : **4** roué, rusé ■ **5** rasta ■ **6** escroc, habile, pirate, souple ■ **7** faiseur, lisette ■ **8** factieux, flatteur ■ **9** arriviste, hypocrite, ingénieux ■ **10** aventurier, flagorneur, mascarille ■ **11** condottiere, écornifleur ■ **12** rastaquouère.
INTRIGUE : **4** ruse ■ **5** menée, nœud, pacte, trame ■ **6** action, brigue, cabale, manège, mic-mac ■ **7** complot*, coterie, cuisine, faction, rouerie ■ **8** démarche, éviction, habileté ■ **9** camarilla, flatterie, imbroglio, intrigant, intriguer, manigance, manœuvre, souplesse, tripotage ■ **10** dénouement, galanterie, hypocrisie, roman-photo, subterfuge, vaudeville ■ **11** agissements*, conjuration, flagornerie, machination*, spéculation ■ **12** conspiration ■ **13** maquignonnage, sollicitation.
INTRIGUER : **5** mêler, nouer ■ **6** remuer, tisser, tramer ■ **7** aguiche, briguer, étonner, flatter, pousser ■ **8** conjurer, faufiler, spéculer, tripoter ■ **9** comploter*, flagorner ■ **10** manigancer, solliciter ■ **11** entremettre ■ **12** intrigailler.
INTRINSEQUE : **9** intérieur ■ **11** extrinsèque ■ **15** intrinsèquement.
INTRODUCTION : **5** mitre, porte ■ **6** piqûre, tubage ■ **7** chapeau, lecteur, préface, sondage ■ **8** allergie, moussage, néologie ■ **9** anticorps, emphysème, ingestion, injection, insertion, intrusion, préambule, sulforage ■ **10** engagement, incubation, innovation, intubation ■ **11** avant-propos, contrebande, inoculation ■ **12** cathétérisme, commencement, halogénation, insufflation, intoxication, intromission, mâche-bouchon, monétisation, prolégomènes, pupinisation, tamponnement ■ **13** ingurgitation, introductaire ■ **14** immunotolérant, réintroduction ■ **15** intussusception.
INTRODUIRE : **5** lisse, loger, mêler, taper ■ **6** amener, couler, entrer, jingle, mettre, passer, verser ■ **7** coucher, engager, fourrer, glisser, inclure, infuser, ingérer, insérer, viroler ■ **8** encarter, enclouer, huissier, importer, injecter, insinuer, noyauter, produire, varaigne ■ **9** expliquer, implanter, insuffler, mécaniser, présenter ■ **10** acclimater, embauchoir, intercaler, interpoler, randomiser, sexualiser ■ **11** naturaliser ■ **12** démocratiser, introducteur, introduction, réintroduire ■ **13** introductoire.
INTROIT : **5** oculi.
INTRONISER : **13** intronisation.
INTROSPECTIF : **10** autoptique.
INTROSPECTION : **10** mentalisme.
INTROVERSION : **10** introverti ■ **12** schizothymie.
INTRUS : **5** tiers ■ **8** importun.
INTUITON : **8** croyance, instinct, intuitif ■ **9** avant-goût, invention, pifomètre, prévision ■ **10** prévention, prévoyance ■ **11** inspiration, probabilité ■ **12** clairvoyance, perspicacité ■ **13** intuitivement, pressentiment ■ **14** intuitionnisme.
INTUMESCENCE : **9** laccolite ■ **10** laccolithe.

INUIT : 6 eskimo.
INUSITE : 8 insolite ■ 9 singulier*.
INUTILE : 4 vain* ■ 5 babil, perdu ■ 6 oiseux ■ 7 stérile, verbeux ■ 8 superflu, verbiage ■ 9 gaspiller, inutilisé, vainement ■ 10 battologie ■ 11 chinoiserie, inutilement, remplissage, superfluité, surabondant.
INVAGINATION : 9 invaginer.
INVALIDE : 6 g.i.c., g.i.g.
INVALIDER : 7 annuler ■ 12 invalidation, invalidement.
INVARIABLE : 4 amen ■ 5 invar ■ 9 particule ■ 11 conjonction, préposition ■ 13 invariabilité ■ 14 invariablement.
INVARIANT : 4 même ■ 13 axisymétrique.
INVASION : 7 attaque ■ 8 endigage ■ 9 incursion ■ 10 endiguement ■ 13 sporotrichose.
INVECTIVER : 5 crier ■ 6 pester, tonner ■ 8 fulminer, injuruer*, tempêter ■ 9 invective ■ 12 enguirlander.
INVENDABLE : 5 nanar.
INVENDU : 9 bouillons ■ 11 bouillonner.
INVENTAIRE : 4 cote, état ■ 5 liste* ■ 11 description, inventorier, recensement ■ 12 dénombrement.
INVENTER : 5 créer*, juger ■ 6 broder, forger, penser ■ 7 deviner, innover, trouver* ■ 8 imaginer*, ingénier ■ 9 concevoir, contrepet, découvrir, fabriquer, inventeur, invention ■ 10 controuver, improviser, réinventer.
INVENTIF : 11 inventivité.
INVENTION : 4 idée ■ 5 génie, roman ■ 6 talent ■ 7 fiction, légende ■ 8 artifice, création ■ 9 manigance, sortilège ■ 10 découverte, innovation, stratagème ■ 11 imagination, ingéniosité, inspiration ■ 12 intelligence ■ 13 improvisation.
INVENTORIER : 12 inventoriage.
INVERSE : 6 opposé* ■ 8 inverser, vergence ■ 9 contraire*, cosécante, tête-bêche, vice versa ■ 10 admittance, cotangente, désorption, inversible, relèvement ■ 11 conductance, contrefugue, convergence, inversement ■ 12 banalisation, cologarithme, conductivité, différentiel ■ 13 énantiomorphe.
INVERSER : 8 déplacer ■ 11 commutateur.
INVERSION : 6 cowper ■ 7 inersif ■ 8 inversif, saphisme.
INVERTASE : 7 sucrase ■ 9 invertine ■ 10 saccharase.
INVERTEBRE : 3 ver* ■ 6 oursin ■ 7 insecte* ■ 8 articulé*, coccidie, otocyste ■ 9 ectoprote, grégarine, mollusque* ■ 10 arthropode ■ 13 céphalothorax ■ 14 hépatopancréas.
INVERTINE : 10 saccharase.
INVESTIGATION : 6 examen ■ 9 recherche* ■ 11 inquisition, investiguer, mensuration ■ 12 psychanalyse.
INVESTIR : 6 cerner ■ 7 engager, revêtir ■ 8 pourvoir ■ 9 dictateur ■ 10 réinvestir ■ 11 désinvestir, immobiliser ■ 14 investissement.
INVESTISSEMENT : 5 sicav ■ 6 blocus.
INVINCIBLE : 13 invincibilité ■ 14 invinciblement.
INVIOLABLE : 5 asile, sacré ■ 10 sanctuaire ■ 13 inviolabilité ■ 14 inviolablement.
INVISIBLE : 5 perdu ■ 6 secret ■ 8 éclipser ■ 10 inapparent ■ 11 ultraviolet ■ 12 invisibilité ■ 13 imperceptible, invisiblement ■ 15 ultramicroscope.
INVITATION : 5 appel*, congé, priée, raout ■ 6 prière ■ 7 réunion ■ 9 réception ■ 10 insistance ■ 11 convocation.

INVITE : 4 hôte, prié ■ 7 convive.
INVITER : 5 prier ■ 6 rastel, réunir ■ 7 appeler, arroser, attirer, convier, engager, exciter, induire ■ 8 insister, invitant, inviteur ■ 9 convoquer, réinviter ■ 10 désinviter, invitation.
IN VITRO : 3 f.i.v. ■ 6 fivete ■ 14 bébé-éprouvette.
INVOCATION : 4 appel ■ 8 épiclèse, litanies ■ 9 martyrium ■ 10 hésychasme ■ 11 invocatoire ■ 12 kyrie eleison.
INVOLONTAIRE : 6 clonie ■ 8 athétose, énurésie, machinal ■ 9 contagion, priapisme ■ 10 échouement, imprudence, syncinésie ■ 11 larmoiement, spasmodique ■ 12 incontinence.
INVOLUCRE : 11 involucelle.
INVOLUTION : 9 involutif ■ 13 présénescence.
INVOQUER : 5 citer, prier ■ 7 évoquer ■ 10 invocateur, invocation ■ 11 recommander.
INVRAISEMBLABLE : 5 inouï ■ 8 étonnant* ■ 9 paradoxal ■ 10 incroyable* ■ 11 ébouriffant ■ 12 inimaginable ■ 13 rocambolesque.
INVULNERABLE : 15 invulnérabilité.
IODE : 5 ioder ■ 6 varech ■ 7 iodisme ■ 9 iodoforme ■ 10 iodo-ioduré ■ 11 iodhydrique.
IODURE : 10 iodo-ioduré.
ION : 5 anion, redox ■ 6 cation ■ 7 ionique, oxonium ■ 8 monobase ■ 9 composite ■ 10 ionisation, ionogramme, isoïonique ■ 11 coordinence, nucléophile, solvatation ■ 14 électrodialyse ■ 15 électroaffinité.
IONIQUE : 2 pk.
IONISATION : 8 ionisant ■ 13 radiobiologie.
IONOSPHERE : 13 ionosphérique.
IRAN : 4 rial.
IRANIEN : 4 iwan ■ 5 kurde ■ 7 tchador ■ 9 avestique, baloutchi.
IRASCIBLE : 8 coléreux* ■ 9 colérique ■ 11 susceptible.
IRE : 6 colère*.
IRENISME : 8 irénique.
IRIDACEE : 4 iris, ixia, ixie ■ 6 crocus, safran ■ 7 freesia, glaïeul ■ 8 tigridie.
IRIDIUM : 2 ir ■ 5 mètre ■ 6 iridié.
IRIS : 4 uvée ■ 5 irone ■ 6 flambe, iritis ■ 7 iridien, pupille ■ 8 choroïde ■ 10 iridescent, iridologie ■ 11 iridectomie.
IRISATION : 8 marbreur.
IRLANDAIS : 4 clan ■ 6 fenian ■ 7 country, whiskey ■ 8 gaélique, sinn fein ■ 9 oghamique ■ 11 néo-celtique ■ 12 irish-terrier.
IRONIE : 6 humour, satire ■ 7 parodie ■ 8 badinage, ironique, ironiste, moquerie*, sarcasme ■ 9 épigramme, raillerie* ■ 10 antiphrase, causticité, persiflage ■ 12 ironiquement, plaisanterie.
IRONIQUE : 5 badin ■ 8 ironiser, narquois ■ 9 caustique, goguenard, satirique, spirituel ■ 10 persifleur, sacro-saint, sardonique.
IRONISER : 7 badiner ■ 8 parodier ■ 9 brocarder, persifler ■ 10 plaisanter ■ 11 goguenarder.
IRRADIATION : 12 puvathérapie ■ 15 radioactivation.
IRRADIE : 9 irradiant.
IRRADIER : 9 perséides ■ 11 irradiation.
IRRAISONNABLE : 13 déraisonnable.
IRRATIONNEL : 11 surréalisme ■ 13 déraisonnable, irrationalité ■ 14 irrationalisme, irrationaliste.
IRREALISABLE : 6 utopie ■ 8 utopiste ■ 9 idéologie ■ 10 impossible.
IRREALITE : 7 non-être.
IRRECONCILIABLE : 4 juré.

IRREDENTISME : **12** irrédentiste.
IRREDUCTIBLE : **11** intraitable ■ **15** irréductibilité.
IRREFLECHI : **3** fou, sot, vif ■ **5** léger ■ **6** éventé ■ **7** aveugle, brusque, dissipé, étourdi*, évaporé, stupide ■ **8** écervelé, impulsif, spontané ■ **9** brouillon, étourneau, imprudent ■ **10** hurluberlu, inattentif* ■ **11** aventurisme, imprévoyant, inconscient, inconsidéré, superficiel.
IRREFLEXION : **7** aboulie, sottise ■ **8** légèreté, vivacité ■ **9** échappade, impulsion, stupidité ■ **10** brusquerie, divagation, étourderie, imprudence ■ **11** dissipation, inattention*, spontanéité ■ **12** imprévoyance, inadvertance ■ **13** inconséquence, précipitation.
IRREFUTABLE : **10** indéniable ■ **14** irréfutabilité ■ **15** irréfutablement.
IRREGULARITE : **7** caprice, fractal ■ **8** anomalie, arythmie ■ **9** fantaisie ■ **12** excentricité.
IRREGULIER : **5** sinus, volve ■ **6** anomal, inégal* ■ **7** anormal, baroque, déréglé, illégal, routier, saccadé, surdent ■ **8** antipape, biscornu, breloque, difforme, incisure, saccader ■ **9** comitadji, distancer, erratique, filoselle ■ **10** capricieux, coupailler, désordonné, trémousser ■ **12** bachi-bouzouk, intermittent ■ **13** anfractuosité ■ **15** irrégulièrement.
IRRELIGIEUX : **5** athée, impie* ■ **8** libertin, mécréant, sans-dieu ■ **9** incrédule, incroyant, sceptique ■ **10** antéchrist, parpaillot ■ **12** libre-penseur ■ **13** antireligieux, irréligiosité.
IRREPREHENSIBLE : **13** irréprochable.
IRREPROCHABLE : **3** net ■ **6** intact ■ **10** impeccable ■ **15** irrépréhensible.
IRRESISTIBLE : **8** talisman ■ **9** foudroyer, impérieux ■ **10** tyrannique ■ **11** fascination, narcolepsie ■ **12** enchantement.
IRRESOLU : **7** indécis* ■ **8** flottant ■ **9** incertain, vacillant ■ **10** chancelant ■ **12** irrésolument, irrésolution.
IRRESOLUTION : **5** doute ■ **8** embarras ■ **10** indécision*, résolution ■ **11** vacillation.
IRRESPECT : **12** impertinence.
IRREVERSIBLE : **15** irréversibilité.
IRREVOCABLE : **4** fixe ■ **5** écrit, fatal, vouer ■ **9** ultimatum ■ **14** irrévocabilité ■ **15** irrévocablement.
IRRIGATION : **4** tank ■ **5** canal ■ **6** séguia ■ **7** foggera ■ **8** arrosage ■ **9** asperseur, partiteur.
IRRIGUE : **6** arrosé.
IRRIGUER : **7** arroser* ■ **9** irrigable.
IRRITABLE : **5** aigre, aigri ■ **7** brusque, nerveux ■ **8** coléreux ■ **9** braillard, colérique, impatient, irascible, ombrageux ■ **10** nervosisme ■ **11** atrabilaire, susceptible* ■ **12** irritabilité.
IRRITANT : **4** âcre, amer ■ **5** ortie ■ **7** turbith ■ **11** adoucissant.
IRRITATION : **4** bile, rage, toux ■ **5** envie ■ **6** âcreté, colère*, hargne ■ **7** ténesme ■ **8** irritant, soulever ■ **9** agacement, éréthisme, lassitude, révulsion ■ **10** crispation, énervement, impatience ■ **11** rubéfaction ■ **12** exaspération ■ **13** horripilation ■ **14** mécontentement*.
IRRITER : **5** rager ■ **6** aigrir, aviver, fâcher*, piquer ■ **7** énerver*, ennuyer, enrager, excéder ■ **8** offenser, révolter ■ **9** exacerber, exaspérer, irritable, irritatif, provoquer ■ **10** contrarier, courroucer, horripiler, irritation.
IRRUPTION : **8** descente, invasion ■ **9** implosion, incursion.
ISCHEMIE : **10** ischémique.
ISCHION : **9** sciatique ■ **11** ischiatique.
ISERE : **9** sassenage.

ISLAM: 5 zakat ■ **8** madhisme, sunnisme ■ **9** ayatollah, chafiisme, hanafisme, islamiser, malékisme, malikisme ■ **10** hanbalisme ■ **11** islamologie ■ **13** antéislamique, hodjatoleslam ■ **14** arabo-islamique.
ISLAMIQUE: 5 türbe ■ **6** charia, turbeh, zaouïa, zawiya ■ **7** falsafa ■ **8** musulman, soufisme ■ **11** mahométisme ■ **12** hispano-arabe, islamisation ■ **15** hispano-moresque.
ISLAMISME: 9 islamiste.
ISLANDAIS: 5 morue.
ISMAELIEN: 10 ismaélisme.
ISOBARE: 13 géotrophique.
ISOCHRONE: 12 isochronisme.
ISODYNAMIE: 12 isodynamique.
ISOGAMIE: 11 hétérogamie.
ISOLANT: 5 câble ■ **7** ébonite, perlite, thermos ■ **9** presspahn ■ **10** chatterton, séparateur ■ **11** guttapercha ■ **12** diélectrique ■ **14** cache-poussière.
ISOLATION: 8 pyralène ■ **12** carton-feutre.
ISOLATIONNISME: 14 isolationniste.
ISOLE: 4 bled, pâté, seul*, vide ■ **5** fiche, oasis ■ **6** écarté, ermite, reculé, retiré ■ **7** éloigné, esseulé, ségrais ■ **8** délaissé, dépeuplé, gendarme, inhabité, isolable, pavillon, sélectif ■ **9** abandonné, isolement, solitaire ■ **10** anachorète ■ **11** abstraction ■ **13** individualité ■ **14** isolationnisme.
ISOLEMENT: 7 abandon, célibat ■ **8** ermitage, solitude ■ **9** isolation, rouissage ■ **10** désolation, encagement, perditance, sporadique ■ **11** quarantaine ■ **12** coproculture, dépeuplement ■ **13** créationnisme ■ **15** ultrafiltration.
ISOLER: 4 lido ■ **7** écarter, séparer* ■ **8** confiner, enfermer, enterrer, paravent, préparer ■ **9** abstraire, cantonner, encercler, isolateur ■ **10** séquestrer ■ **12** retraitement.
ISOMERE: 8 fructose, isomérie ■ **9** racémique ■ **11** énantiomère ■ **12** phénanthrène ■ **13** isomérisation, stéréo-isomère, téréphtalique.
ISOMERIE: 9 polymérie ■ **14** stéréo-isomérie.
ISOMETRIQUE: 9 isométrie.
ISOMORPHE: 12 isomorphisme ■ **13** automorphisme.
ISOPODE: 5 ligie ■ **6** aselle, bopyre ■ **8** cloporte.
ISOSTASIE: 11 isostatique.
ISOTOPE: 6 thoron ■ **7** tritium ■ **9** deutérium ■ **11** radiocobalt ■ **12** radio-isotope.
ISOTROPE: 7 isotron ■ **9** isotropie.
ISRAEL: 6 shekel.
ISRAELITE: 4 juif* ■ **5** azyme, bible, manne, pâque, polak, youdi ■ **6** guinal, hébreu, sémite, youpin, youtre ■ **7** polaque.
ISSANT: 11 dextrochère.
ISSIR: 4 issu ■ **5** issue, tirer ■ **6** naître.
ISSUE: 4 rade ■ **5** accul, après, murer ■ **6** sortie*, succès ■ **8** critique, cul-de-sac, résultat* ■ **9** vomitoire ■ **10** émonctoire, procidence ■ **13** aboutissement.
ITALIEN: 4 maïs, soie ■ **5** coppa, grana, latin, pizza, rital, sarde, sbire ■ **6** asiago, grappa, ligure, romain, scampi, toscan ■ **7** émilien, fontine, lombard, mosette, mozette, ombrien, ricotta, trévise ■ **8** alkermès, étrusque, fascisme, italique, levrette, podestat, romagnol, sicilien, vénitien ■ **9** bardolino, calabrais, cameriste, campanien, colombine, maïolique, spaghetti, trattoria ■ **10** carabinier, mozzarelle, napolitain, piémontais ■ **11** italianiser, italianisme, macchiaioli ■ **12** carbona-

risme, irrédentisme, italianisant, risorgimento, romanticisme, valpolicella ■ **15** trans-avant-garde.
ITINERAIRE : **2** li ■ **5** lieue, mille, motel, stade, temps ■ **6** verste, voyage* ■ **7** circuit ■ **8** fléchage ■ **11** cheminement.
ITINERANT : **6** dioula.
IVOIRE : **4** dame ■ **5** jeton, morse ■ **6** cément, corozo, éburne, fichet, morfil, rohart, sillet ■ **7** dentine, ivoirin, ivorine ■ **8** éburnéen, éléphant, ivoirier ■ **10** toreutique ■ **15** chryséléphantin.
IVRAIE : **7** zizanie ■ **8** ray-grass.
IVRE : **3** gai, paf ■ **4** gris, noir, pris, rond, soûl ■ **5** aviné, parti, plein, saoul ■ **6** bourré, éméché, émergé, enivré ■ **7** ivrogne ■ **8** pompette, schlasse ■ **10** éthéromane ■ **12** brindezingue.
IVRESSE : **5** cuite, orgie ■ **6** biture, ribote ■ **7** ébriété, vertige* ■ **8** débauche, dégriser, griserie, soulerie ■ **9** bacchante, dessouler ■ **10** alcoolisme, désenivrer, dessaouler, enivrement, ivrognerie ■ **11** éthéromanie ■ **12** enthousiasme, soulographie.
IVROGNE : **6** buveur, soûlon, suppôt ■ **7** pochard, poivrot, soûlard, soûlaud ■ **8** soiffard ■ **9** dipsomane, éthylique, imbriaque ■ **10** alcoolique, ivrognesse ■ **11** intempérant, soûlographe.
IVROGNERIE : **10** pochardise ■ **12** soûlographie.
IXODE : **5** tique.
IXTLE : **5** agave.

J

JABLE : **6** jabler ■ **8** jabloire.
JABORANDI : **9** pilocarpe ■ **11** pilocarpine.
JABOT : **5** gorge, poche.
JABOTE : **8** jaboteur.
JABOTER : **8** bavarder*, jaboteur.
JACASSER : **3** pie ■ **8** babiller, bavarder* ■ **9** jacasseur ■ **10** jacasserie ■ **11** jacassement.
JACENT : **9** subjacent.
JACHERE : **5** lande ■ **6** friche, guéret.
JACINTHE : **7** muscari.
JACOBITE : **5** copte.
JACONAS : **9** brillanté.
JACQUERIE : **7** jacques.
JACQUET : **7** matador ■ **10** backgammon.
JACTER : **6** parler*.
JADE : **7** jadéite ■ **8** néphrite.
JADIS : **5** antan, soude ■ **7** naguère ■ **9** autrefois ■ **12** anciennement.
JAILLIR : **6** couler*, gicler, pisser, sortir* ■ **7** saillir, sourdre ■ **8** débonder, éclateur, épancher, exprimer ■ **9** rejaillir ■ **10** extravaser ■ **11** éclabousser, jaillissant ■ **13** jaillissement.
JAILLISSEMENT : **3** jet ■ **4** bave ■ **5** puits ■ **6** geyser, source ■ **7** surgeon ■ **8** éruption ■ **9** pissement ■ **10** hémorragie, hémorroïde ■ **11** épanchement.
JAÏN : **6** vihara.
JAÏNISME : **4** jaïn ■ **5** djaïn, jaïna.
JAIS : **5** jayet.
JALON : **4** mire ■ **8** jalonner ■ **9** jalonneur ■ **11** jalonnement.
JALOUSER : **6** douter, envier, jaunir ■ **7** guetter ■ **8** craindre, redouter ■ **9** espionner ■ **10** soupçonner, surveiller.
JALOUSIE : **5** envie*, volet ■ **6** délire ■ **7** crainte ■ **8** défiance, méfiance, rivalité* ■ **9** émulation ■ **10** inquiétude ■ **11** concurrence.
JALOUX : **5** rival, tigre ■ **7** défiant, envieux, inquiet, méfiant ■ **9** ombrageux ■ **11** jalousement, soupçonneux.
JAMAICAINE : **3** ska ■ **6** reggae ■ **7** calypso.
JAMAIS : **3** onc ■ **6** onques ■ **7** oncques ■ **9** nullipare, trente-six.
JAMBAGE : **8** dosseret, piédroit ■ **9** pied-droit ■ **11** empattement.
JAMBE : **3** bas ■ **4** pied*, tige ■ **5** amble, bigle, botte, canon, fémur, flûte, genou, gigot, gigue, nager, patte*, pilon, suros, tarse, tibia ■

6 cuisse, flûtes, jarret, javart, mollet, péroné, quille, rotule ■ **7** abattis, fumeron, guibole, jambier, paturon ■ **8** cheville, gambette, guibolle, jambette, jambière, soléaire ■ **9** astragale, calcaneum, métatarse ■ **10** cul-de-jatte, jambonneau ■ **11** unijambiste ■ **12** califourchon, gargouillade.
JAMBIERE: **4** arme ■ **5** grève, heuse ■ **6** guêtre ■ **7** cnémide, jambart, legging.
JAMBON: **8** basquais, mirepoix ■ **11** coupe-jambon.
JAMBOSE: **9** jambosier.
JAMBOSIER: **7** jambose.
JANISSAIRE: **7** talpack.
JANSENISME: **10** janséniste.
JANTE: **7** bandage ■ **8** déjanter ■ **11** démonte-pneu.
JAPON: **6** yakusa ■ **7** bunraki ■ **11** macrocheire.
JAPONAIS: **3** sen, yen ■ **4** saké, saki ■ **5** futon, haiku, kyudo, laque, torii, tsuba ■ **6** gagaku, geisha, haïkaï, kabuki, karaté, kerria, kimono, mikado, mousmé, nippon ■ **7** ikebana, netsuke, origami ■ **8** agar-agar, hara-kiri, kamikaze, samouraï, shamisen, zibeline ■ **9** camphrier, japonerie, japonisme, japoniste ■ **10** japonisant, monogatari, shintoïsme ■ **12** japonaiserie.
JAPONAISE: **4** kana, suno ■ **5** kanji ■ **6** jojuri ■ **8** makimono, munchaku.
JAPPER: **5** chien ■ **6** aboyer ■ **7** jappeur ■ **9** jappement.
JAQUETTE: **7** smoking ■ **9** redingote ■ **10** parmenture.
JAQUIER: **5** jaque.
JARDIN: **3** zoo ■ **4** éden, mail, parc ■ **5** carré, oasis, pièce, terre, thuya ■ **6** clédar, marais, square, verger ■ **7** closeau, courtil, paradis, planche, vigneau ■ **8** closerie, eldorado, épierrer, jardinet, parterre, tortille ■ **9** bouvreuil, courtille, jardinage, jardinier, magnolier, pelle-à-cul, pépinière ■ **10** balancelle, cité-jardin, jardinerie, jardinière, jardiniste ■ **11** garden-party, rez-de-jardin ■ **12** horticulture.
JARDINAGE: **10** jardinerie ■ **13** microtracteur.
JARDINIER: **7** binette ■ **8** houlette, jardiner, plantoir ■ **9** jardinage, maraîcher ■ **10** serfouette ■ **11** primeuriste ■ **12** horticulteur.
JARGON: **5** argot, sabir ■ **6** langue*, parler* ■ **7** bigorne, langage* ■ **8** javanais, largonji, narquois ■ **9** babélisme, jargonner ■ **10** galimatias.
JARRET: **5** acier, jambe, jarde, tarse ■ **6** jardon ■ **7** capelet, éparvin, épervin, poplite, trumeau ■ **8** jarreter, malandre, osso-buco, vessigon ■ **10** énervation.
JARS: **9** jargonner.
JAS: **7** suriner.
JASER: **6** parler* ■ **8** bavarder*, caqueter.
JASPER: **8** barioler.
JASPINER: **8** babiller, bavarder*.
JATTE: **3** bol ■ **4** jale ■ **6** jattée.
JAUGER: **5** jauge, velte ■ **7** mesurer* ■ **8** jaugeage ■ **9** rhéomètre.
JAUNATRE: **4** blet, cire, kaki ■ **5** bolet, bulle, fluor, khaki, zèbre ■ **7** saburre ■ **8** éphélide.
JAUNE: **3** sil ■ **4** bile, doré, ocre, roux, ulex, vert ■ **5** ambre, beige, béril, béryl, fauve, gaude, genêt, gutte, inule, melon, moyeu, olive, saure, serin, souci, tigre, zeste ■ **6** aurore, citron, cuivre, jaunet, marron, orange ■ **7** chamois, merdoie, safrané ■ **8** isabelle, jaunâtre, massicot, orpiment, picrique, safraner, sardoine, sarrette ■ **9** aubergine, colophane, hyacinthe, jonquille, lécithine, marcasite, mirabelle,

strontium, urochrome ■ **10** aventurine, flavescent, hippolithe, jaunissage, lipochrome, marcassite, mayonnaise, mirlicoton, quercitron ■ **11** blastoderme, stil-de-grain, xanthélasma, xanthoderme ■ **12** cuisse-madame, feuille-morte, jaunissement, xanthophylle.
JAUNIR: 8 safraner ■ **10** jaunissant.
JAUNISSE: 6 ictère ■ **9** ictérique ■ **12** leptospirose.
JAUNISSEMENT: 8 chlorose ■ **10** étiolement.
JAVA: 6 coléus.
JAVANAIS: 6 jargon* ■ **7** gamelan.
JAVEL: 10 javelliser.
JAVELER: 8 javelage.
JAVELINE: 6 flèche.
JAVELLE: 5 fagot, javel ■ **7** javeler ■ **8** faisceau, javeleur ■ **9** enjaveler, javeleuse.
JAVELOT: 4 arme, dard ■ **5** haste, pilum ■ **6** flèche*, framée, sagaie.
JAZZ: 3 hot ■ **4** beat, cool ■ **5** be-bop, combo, dixie, drume, funky, swing ■ **7** big band, drummer, quintet ■ **8** jazzique ■ **9** dixieland ■ **10** charleston, jam-session, middle jazz ■ **11** jazzistique ■ **12** boogie-woogie ■ **14** rhythm and blues.
JEAN: 5 denim ■ **10** johannique.
JEAUGEAGE: 5 jauge.
JEJUNUM: 5 iléon, iléum ■ **7** jéjunal.
JE-M'EN-FICHISME: 13 je-m'en-fichiste, je-m'en-foutisme.
JENNERIEN: 13 variolisation.
JEREMIADE: 7 plainte.
JERK: 6 jerker.
JERRYCANE: 8 nourrice.
JESUITE: 4 maté ■ **8** fausseté ■ **9** hypocrite, moliniste ■ **10** jésuitique, jésuitisme.
JESUS-CHRIST: 4 cène, oint ■ **5** agape, croix, messe, pâque, verbe ■ **8** ecce homo, évangile, galiléen, nativité ■ **10** rédempteur ■ **11** évangéliste ■ **12** monophysisme ■ **12** transfiguration.
JET: 3 arc, tir ■ **4** dard ■ **5** angon, gerbe, lance, plomb, pluie, pompe, trait ■ **6** douche, fronde, geyser, giclée, lancer, sagaie, source, zagaie ■ **7** baliste, cascade, embruns, jacuzzi, javelot, marteau, rejeton ■ **8** arbalète, émission, pissette ■ **9** boomerang, boumerang, catapulte, chalumeau, entre-deux, géomancie, lave-glace, soufflard, trébuchet ■ **10** balistique, étoilement ■ **13** ruissellement.
JETABLE: 7 kleenex.
JETE: 7 jetable.
JETEE: 4 môle ■ **5** digue, havre ■ **6** musoir ■ **11** débarcadère, embarcadère.
JETER: 4 ruer ■ **5** baver, crier, fumer, jouer, poser, semer, tirer, vomir ■ **6** ancrer, couler, darder, ficher, gicler, jeteur, lancer*, poquer, tomber, verser ■ **7** abattre, arroser, beugler, briller, cracher, élancer, émettre, envoyer, épandre, jaillir, joncher, lapider, pousser, rejeter ■ **8** atterrer, balancer, confluer, décocher, démonter, dépotoir, détruire, éclairer, éjaculer, éjection, enferrer, flanquer, fulminer, injecter, irradier, mouiller, parsemer, projeter, répandre ■ **9** débaucher, déboucher, disperser, étinceler, flamboyer, jettatore, jettatura, rejaillir, renverser*, repousser, terrasser ■ **10** consterner, ensemencer, ensorceler, éparpiller, épouvanter, marabouter, précipiter ■ **11** éclabousser, déconcerter, dévergonder ■ **12** époustoufler ■ **14** défenestration.
JETEUR: 11 quimboiseur.

JETON: **6** marque, marron, méreau, numéro ■ **9** taxiphone.

JEU: **3** bog, dés, fou, hoc, jan, pic, rob, roi ■ **4** besi, cave, char, dame, gage, hoca, jass, lego, loto, mail, mise, pile, polo, quiz, rami, rams, siam, tour, truc, walé, yass ■ **5** arène, atout, awalé, bague, balle, banco, baste, batte, belle, bingo, cadet, carré, carte, cœur, coupe, creps, damer, début, donne, écart, enjeu, éteuf, fiche, filou, furet, jeton, jouer, jouet*, levée, loure, massé, momon, palet, passe, paume, pièce, pique, point, poker, pouce, poule, rebot, rébus, reine, repic, robre, score, serré, table, talon, tapis, tarot, trick, whist ■ **6** astuce, banque, barres, belote, biribi, blason, boston, bridge, casino, chibre, clandé, écarté, échecs, énigme, gouret, hockey, hombre, jaquet, lindor, ma-jong, mourre, nasard, pelote, piquet, puzzle, taquin, tarots, tennis, thèque, tripot, volant ■ **7** aluette, baccara, besigue, billard, bouchon, bowling, brisque, canasta, cricket, croquet, gin-rami, jackpot, jacquet, larigot, loterie, ludique, mah-jong, manille, marella, marelle, mariage, matador, mecano, néméens, pharaon, quilles, réversi, sizette, tonneau, wargame ■ **8** alluette, asiarque, banquier, bassette, bataille, crapette, cromorne, croupier, fair-play, gin-rummy, gymkhana, jonchets, ludiciel, massacre, patience, pétanque, prestant, réversis, rigolade, roulette, scrabble, tie-break, trictrac, triomphe, zanzibar ■ **9** amusement, articuler, badminton, bilboquet, black jack, bonneteau, casse-tête, cochonnet, corbillon, devinette, impériale, isthmique, ludologue, manœuvre, mécanisme, nain jaune, olympiade, olympique, pythiques, quadrette, romestecq, sarabande, solitaire, vingt-et-un, water-polo ■ **10** backgammon, bouillotte, boulodrome, cache-cache, cerf-volant, engagement, lansquenet, martingale, passe-temps, philippine, récréation, salicional, strip-poker, tourniquet, trou-madame ■ **11** cache-tampon, cafouillage, charlemagne, chemin de fer, dominoterie, esthétisant, mots croisés, saute-mouton ■ **12** baguenaudier, registration ■ **13** cache-mouchoir, colin-maillard ■ **15** bulletin-réponse.

JEU DE MOTS: **5** rébus ■ **6** énigme, pointe ■ **7** charade ■ **8** boniment, quolibet, rosserie ■ **9** anagramme, calembour, épigramme, équivoque ■ **10** acrostiche, logogriphe ■ **11** turlupinade ■ **12** bouffonnerie, plaisanterie ■ **13** contrepèterie.

JEUDI: **4** céne ■ **8** fête-dieu, mi-carême ■ **9** baisement.

JEUNE: **3** m.j.c., néo ■ **4** beur, bleu, faim, gars, hère, jeun, lais, page ■ **5** cadet, chiot, diète, goret, gosse, osier, petit, plant, provo, puîné, rapin, surin, tapin, taure, thème, volve ■ **6** brunet, carême, daguet, éphèbe, famine, garçon, inédié, jeunet, jeunot, maigre, minime, régime, tendre, vigile ■ **7** apollon, béjaune, bufflon, imberbe, jeûneur, nouveau, poussin, ramadan, ramerot, trottin ■ **8** benjamin, blanc-bec, cochelet, conservé, coquebin, coquelet, cousette, dispense, grisettte, jeunesse, marmiton, paonneau, pioupiou, porcelet, poulette, rajeunir, ramereau ■ **9** austérité, bachelier, bouvillon, buffletin, canardeau, crossette, damoiseau, garçonnet, hirondeau, jeûnement, louveteau, maquiller, midinette, mirliflor, mortifier, outardeau, patronnet, pénitence, pintadeau, pouillard, roquentin, starlette, taurillon, tout-petit ■ **10** abstinence, adolescent, bleusaille, chaponneau, faisandeau, fauconneau, mirliflore, pigeonneau, printanier ■ **11** chaperonner, éléphanteau, pastourelle, petit-maître, quatre-temps ■ **12** rajeunissant ■ **13** saute-ruisseau.

JEUNE FEMME: **5** pépée ■ **7** nénette.

JEUNE FILLE: **4** coré, môme ■ **5** guide, pépée ■ **7** groupie, nénettte, oiselle, rosière, tanagra ■ **8** valentin ■ **9** bécassine, canéphore, cheftaine, cover-girl, mannequin, nymphette, trousseau, valentine ■ **10** couventine, demi-vierge ■ **11** blondinette, entraîneuse, jouvencelle ■ **12** catherinette, effeuilleuse.

JEUNE GARÇON : **13** préadolescent.

JEUNE HOMME : **5** giton ■ **6** couros, kouros ■ **8** milicien ■ **9** bachelier, blondinet, étourneau ■ **10** godelureau, incroyable, mirliflore, pigeonneau ■ **11** blouson noir.

JEUNER : **7** jeûneur ■ **8** abstenir, renoncer.

JEUNESSE : **4** jour, yé-yé ■ **5** fleur, jeune, matin, zazou ■ **6** ajiste, aurore ■ **7** enfance*, jaciste, puberté, verdeur ■ **8** jouvence ■ **9** printemps ■ **10** juvénilité, printanier ■ **11** adolescence, tourtereaux.

JIU-JITSU : **4** judo ■ **5** lutte.

JOAILLERIE : **9** bijoutier, joaillier ■ **10** pierreries.

JOB : **7** jobiste.

JOBARD : **5** niais* ■ **9** jobardise ■ **10** jobarderie.

JOCKEY : **5** toque ■ **6** driver ■ **7** casaque ■ **14** gentleman-rider.

JOCRISSE : **5** niais*.

JOGGING : **6** jogger ■ **7** joggeur.

JOIE : **2** ah ■ **3** hip ■ **4** aise, youp ■ **5** larme, youpi ■ **6** délire, extase, gaieté*, liesse ■ **7** bonheur*, entrain, épanoui, hosanna, ivresse, plaisir*, youppie ■ **8** alacrité, euphorie, euthymie, exclamer, hilarité, pavoiser ■ **9** jovialité, optimisme, rabat-joie, triompher ■ **10** allégresse, enjouement, exultation, jubilation ■ **11** acclamation, exclamation, gaillardise, joyeusement, ravissement ■ **12** contentement, enchantement, enthousiasme, réjouissance, satisfaction* ■ **14** épanouissement.

JOINDRE : **4** ajut, lier*, unir* ■ **5** ajust, jouer, mêler, nouer, trait ■ **6** abuter, allier, clouer, coller, coudre, fondre, marier, relier, réunir*, souder ■ **7** aborder, abouter, accoler, adapter, adhérer, agréger, ajouter, ajuster, annexer, apposer, coupler, enlacer, épouser, greffer, grouper*, insérer, jumeler, rallier, sceller, toucher ■ **8** aboucher, affilier, ajointer, allonger, apparier, appondre, associer, attacher*, cimenter, coaliser, colliger, confluer, coopérer, emboîter, embrever, empatter, englober, jonction, ramasser, recoudre ■ **9** accoupler, adjoindre, appliquer, assembler*, atteindre, cheviller, concourir, confondre, conjuguer, converger, convoquer, emmancher, fusionner, goujonner, joignable, jointoyer, mastiquer, prolonger, raccorder, rapporter, rattacher, rejoindre ■ **10** agglutiner, collaborer, concentrer, empaqueter, incorporer, intercaler, interpoler, juxtaposer, liaisonner, rapprocher, rassembler*, rencontrer, transfiler ■ **11** accompagner, anastomoser, appareiller, conglomérer, conglutiner, injoignable ■ **12** enchevaucher ■ **13** collectionner.

JOINT : **3** lut ■ **5** délit, genou ■ **6** enlier ■ **7** brisure, ci-joint, cohésif, collure ■ **8** adjectif, ci-annexé, ci-inclus, jointure ■ **9** agrégatif, bourrelet, garniture, jointoyer ■ **10** jointoyeur ■ **11** couvre-joint, rejointoyer ■ **12** jointoiement.

JOINTURE : **5** nœud ■ **6** boulet ■ **8** cornière, trochlée ■ **9** articuler, arthrodie, charnière ■ **12** articulation.

JOLI : **4** beau*, gent, jo-jo ■ **5** bijou, pépée ■ **6** bellot, joliet ■ **8** chouette, joliesse ■ **9** enjoliver ■ **12** enjolivement.

JONC : **4** alfa, glui ■ **5** acore, ajonc, auffe, balai, brusc, cabas, canne*, épart, nattte, spart, stick ■ **6** anneau, butome, joncer, scirpe ■ **7** joncier, landier, souchet ■ **8** jonchaie, jonchère ■ **10** époussette, joncheraie.

JONCACEE : **4** jonc ■ **6** butome, luzule.

JONCHER : 7 prévoir ■ **8** parsemer ■ **9** recouvrir.
JONCHETS : 8 honchets.
JONCTION : 5 écart, livet, matir, union ■ **6** bregma ■ **7** liaison ■ **8** adhésion, doublage ■ **10** assemblage, commissure ■ **12** raccordement ■ **13** enchevauchure.
JONGLER : 8 jongleur ■ **10** troubadour.
JORDANIEN : 9 hachémite, hachimite.
JOTA : 10 aragonaise.
JOUBARBE : 11 sempervivum.
JOUE : 4 rose ■ **5** barbe, duvet, gifle, jugal, tempe ■ **6** bajoue, mafflu ■ **7** abajoue, malaire ■ **8** fossette, masséter, pommette, soufflet.
JOUER (voir *jeu*) : **4** rôle ■ **5** faire, lento, mimer, opéra, pièce, scène, serré, taper ■ **6** flûter, putter ■ **7** bridger, débuter, figurer, jouable, pionner, rejouer, vieller ■ **8** canarder, exécuter, incarner, octavier, violoner, volleyer ■ **9** batifoler, bostonner, décliquer, injouable, jouailler, scrabbler ■ **11** interpréter, représenter ■ **14** représentation.
JOUET : 3 feu* ■ **4** noël, yoyo ■ **5** balle, sabot, toton ■ **6** hochet, joujou, pantin, poupée, toupie ■ **7** bascule, croquet, cuisine, diabolo, flûteau, magasin, tambour ■ **8** massacre, mercerie, panoplie ■ **9** bilboquet, patinette ■ **10** balançoire, cerf-volant, ludothèque ■ **11** passe-boules, trottinette ■ **12** lance-pierres, polichinelle.
JOUEUR : 4 demi, onze ■ **5** avant, badin, cadet, capot, école, inter, ponte ■ **6** centre ■ **7** arrière, botteur, donneur, sonneur ■ **8** bouliste, bridgeur, haussier, luthiste, pelotari, pianiste, quilleur, rugbyman, stoppeur, vielleur, violiste ■ **9** cymbalier, dribbleur, hockeyeur, intérieur, manilleur, ménétrier, organiste, quadrette, quinziste, sitariste, talonneur, treiziste ■ **10** basketteur, bassoniste, cithariste, concertant, hautboïste, scrabbleur, simultanée, trompeteur, violoniste ■ **11** avant-centre, buccinateur, tromboniste, cornemuseur, cornettiste, handballeur, trois-quarts ■ **12** claveciniste, mandoliniste, tambourineur, trompettiste ■ **13** accordéonniste, tambourinaire ■ **13** vibraphoniste ■ **14** violoncelliste.
JOUFFLU : 4 lune ■ **6** bouffi.
JOUG : 7 harnais* ■ **8** enjuguer ■ **9** esclavage ■ **13** subordination.
JOUIR : 5 droit, reste ■ **6** goûter ■ **8** mort-gage, savourer ■ **10** bénéficier, garde-noble.
JOUISSANCE : 4 bail, baux ■ **5** ferme, libre, usage, vivre ■ **7** douceur, plaisir* ■ **8** impenses, usufruit ■ **9** chasement, privilège, propriété, recréance ■ **10** pas-de-porte, possession* ■ **11** bienheureux ■ **13** concupiscence, non-jouissance.
JOUR : 3 têt, vie ■ **4** aube, bref, date, fête, hier, ides, kief, midi, neuf, none, sept, soir ■ **5** ajour, brune, clair, dîner, douze, duodi, faste, férié, heure, jeudi, levée, lundi, mardi, matin, natal, nones, point, repas, seize, sexte, tridi, vingt, zonze ■ **6** décadi, déclin, diurne, épacte, nomidi, nonidi, octodi, samedi, soirée ■ **7** estarie, journée, matinée, primidi, septidi, sextidi ■ **8** bissexte, calendes, demi-jour, dimanche, enfanter, éphémère, mercredi, occurent, pénombre, quartidi, quintidi, vendredi ■ **9** après-midi, ascension, avant-hier, bréviaire, couvre-feu, épiphanie, indiction, lendemain, quotidien ■ **10** après-dîner, assomption, aujourd'hui, claire-voie, journalier, lucernaire, quatre-temps, septénaire, surestarie ■ **11** après-demain, avant-veille, biquotidien, potron-minet, vingt-quatre ■ **12** fenestration, intercalaire, potron-jaquet, photopériode, réactualiser, surlendemain ■ **13** noctambulisme, poltron-jaquet, sans-culottide.
JOURNAL : 5 livre, revue ■ **6** brûlot, canard, organe, presse ■ **7** aubette, dazibac, feuille, gazette, libellé, mensuel, morasse ■ **8** bulletin, cour-

rier, diariste, magazine, officiel, pamphlet, retourne, rubrique ■ **9** annonceur, annoncier, articulet, bouillons, chronique*, éditorial, kiosquier, plaquette, quotidien, reportage ■ **10** entrefilet, journaleux, kiosquiste, périodique ■ **11** journaliste, publication ■ **12** hebdomadaire, justificatif, radio-journal ■ **14** journalistique ■ **15** roman-feuilleton.

JOURNALIER : **5** marée ■ **6** diurne ■ **9** quotidien.

JOURNALISTE : **8** échotier, localier, reporter, soiriste ■ **9** rédacteur, salonnier ■ **10** journaleux, publiciste ■ **11** chroniqueur, interviewer, journalisme, nouvelliste ■ **12** courriériste, folliculaire, pamphlétaire ■ **13** correspondant, éditorialiste, fait-diversier, radio-reporter.

JOURNEE : **4** jour*, tard ■ **5** balai, dîner, unité ■ **7** bonjour ■ **9** glorieuse, lucimètre ■ **11** demi-journée.

JOUTE : **4** lice ■ **5** lance, morne ■ **7** tournoi.

JOUVENCEAU : **6** éphèbe ■ **10** adolescent.

JOVIAL : **3** gai* ■ **4** papa ■ **6** drille ■ **9** jovialité ■ **11** jovialement.

JOYAU : **5** bijou ■ **8** ménisque ■ **11** ferronnerie.

JOYEUSETE : **12** plaisanterie.

JOYEUX : **3** gai*, vif ■ **4** aisé ■ **5** badin, luron ■ **6** enjoué, jovial, réjoui ■ **7** allègre, content, épanoui, folâtre, grivois, heureux, pimpant, radieux ■ **8** délirant, enchanté, folichon, fringant, gaillard, gros-rené ■ **9** égrillard, gaudeamus, guilleret, malicieux, optimiste ■ **10** émoustillé, frétillant ■ **11** gobichonner.

JUBE : **5** orgue.

JUBILATION : **11** jubilatoire.

JUBILE : **9** jubilaire.

JUBILER : **4** joie, rire* ■ **9** jubilaire ■ **10** jubilation.

JUCHER : **7** juchoir, percher ■ **8** déjucher.

JUDAÏQUE : **4** juif* ■ **6** rabbin ■ **8** judaïser, judaïsme ■ **10** rabbinisme.

JUDAÏSME : **6** kasher ■ **7** cachère, karaïte, quaraïte ■ **10** hassidisme.

JUDAS : **7** déloyal*.

JUDEEN : **4** juif.

JUDICATURE : **4** robe.

JUDICIAIRE : **5** datif, forme, plaid ■ **7** command, exploit ■ **8** huis clos, imperium ■ **9** arrêtiste, pétitoire ■ **11** actionnable, collocation, réouverture ■ **14** interlocutoire, judiciairement.

JUDICIEUX : **4** sain ■ **11** intelligent ■ **14** judicieusement.

JUDO : **3** dan ■ **5** ippon ■ **6** judoka ■ **7** mi-lourd, mi-moyen.

JUDOKA : **6** judogi.

JUGE : **4** caïd, robe ■ **5** juger, juste, siège ■ **6** veniat ■ **8** hooligan, houligan, official ■ **9** assesseur, justicier, magistrat* ■ **10** judicature ■ **11** inquisiteur, justiciable, préjudiciel, supplétoire ■ **12** inquisitoire, tortionnaire ■ **13** correctionnel ■ **15** discrétionnaire, juge-commissaire.

JUGEMENT : **3** ban, sot ■ **4** sens ■ **5** appel, arrêt, lynch, prise, subir ■ **6** arrêté, errata, esprit, estime, procès, raison ■ **7** censure, cerveau, fermeté, jugeote, mal-jugé, manière, opinion*, préjugé, sottise, verdict ■ **8** cervelle, critique, délibéré, écervelé, insanité, intitulé, paradoxe, sentence, solution, troubler ■ **9** déviation, dilatoire, grossoyer, intellect, judicieux, pronostic, rectitude, réflexion, règlement, soumettre, stupidité ■ **10** compétence, conscience, estimation, évaluation, évaluateur, interjeter, opposition, ordonnance, ostracisme, partialité, prévention ■ **11** approbation, entendement, proposition, réprobation, scepticisme, schibboleth ■ **12** appréciation, assertorique, autocritique, discernement, inconscience, intelligence, préjudiciaux, volontarisme.

JUGER : **4** dire, voir ■ **5** jurer, louer, toise ■ **6** blâmer, croire, opiner, penser*, priser, régler ■ **7** abonder, arrêter, décider, déduire, deviner, estimer*, évaluer, méjuger, prévoir, rejuger, réputer, statuer, trouver ■ **8** arbitrer, calculer, conclure, critique, déclarer, examiner, jugeable, préjuger, présumer, résoudre ■ **9** apprécier, approuver, condamner, critiquer, envisager, prononcer, raisonner ■ **10** compétence, considérer, départager, déterminer, lactomètre ■ **11** conjecturer, délicatesse, juridiction ■ **12** discernement ■ **13** physionomiste.

JUGLANDACEE: 5 noyer ■ **7** hickory.

JUGULER: 7 enrayer ■ **8** refréner.

JUIF: 5 bible, goyim, kippa, pâque, sénat, taled ■ **6** lévite, mellah, pourrim, scribe, sémite, taleth, talith, targum, youpin ■ **7** hébreux, talleth, tallith ■ **8** enjuiver, judaïque, judaïsme, juiverie, rational, saducéen, sionisme, zélateur ■ **9** ashkénaze, cabaliste, ébionites, israélite*, lévitique, massorète, pharisien, sadducéen, sanhédrin, synagogue ■ **10** holocauste, thérapeute ■ **11** roch ha-shana, rosh ha-shana ■ **13** antisémitique, antisémitisme, judéo-espagnol, sacrificateur ■ **14** traditionnaire.

JUILLET: 11 juilletiste.

JUIVE: 5 shéol ■ **6** pessah, pourim ■ **7** judaïté, judéité, kaddish, kippour, soukhot ■ **8** hanoukka, saducéen, shabouot ■ **9** bar-miyava, parascève, sadducéen ■ **10** yom kippour.

JUJUBIER: 7 zizyphe.

JUMEAU: 6 besson, gémeau, triplé ■ **8** dizygote ■ **9** quadruplé ■ **10** gémellaire, monozygote ■ **11** gémillipare, univitellin ■ **13** superfétation.

JUMELER: 7 joindre* ■ **8** jumelage.

JUMELLE: 7 gémelle, lunette ■ **8** bessonne ■ **9** lorgnette.

JUMENT: 4 baie, mule ■ **5** haras, mulet ■ **6** cavale, cheval*, moreau, suitée ■ **7** ponette ■ **8** haquenée, pouliche, pouliner ■ **10** poulinière.

JUMPING: 3 spa.

JUNIOR: 5 cadet.

JUNKER: 5 stuka.

JUNON: 8 junonien.

JUPE: 4 kilt, maxi, mini, pouf, tutu ■ **5** cotte, jupon, paréo, tonne ■ **6** jupier, panier, sarong ■ **7** amazone, filibeg, jupette ■ **8** basquine, cotillon, feutrine, juponner, mini-jupe, philibeg, sous-jupe ■ **9** crinoline, porte-jupe ■ **10** enjuponner, fustanelle, vertugadin ■ **11** jupe-culotte.

JUPON: 7 filibeg ■ **10** philibeg.

JURA: 7 morbier.

JURASSIQUE: 4 lias ■ **6** dogger ■ **7** rhétien ■ **8** bajocien, cisjuran, cyclamen, toarcien ■ **9** iguanodon, jurassien ■ **10** diplodocus, stégosaure, télésaure, transjuran ■ **11** ichtyosaure, plésiosaure ■ **12** archéoptéryx, ptérodactyle.

JURE: 4 jury ■ **7** jurande.

JUREMENT: 5 juron* ■ **7** serment ■ **9** blasphème, notre-dame ■ **10** palsambleu, ventrebleu.

JURER: 6 pester, sacrer ■ **7** adjurer, déférer, engager, exécrer, maudire, obliger ■ **8** affirmer, attester, conjurer, détester, maugréer ■ **9** exorciser, promettre* ■ **10** blasphémer, contraster ■ **11** assermenter.

JURIDICTION: 3 for ■ **4** rote ■ **5** arrêt, kanat, siège ■ **6** cercle, khanat, sphère ■ **7** basoche, prévôté, qualité, ressort ■ **8** district, instance, official, paroisse, primatie, tribunal ■ **9** baillage, panonceau ■ **10** archevêché, compétence, généralité, margraviat ■ **11** attribution, chatellenie, département, gouvernance ■ **12** archidiaconé, condamnation, introduction, maréchaussée, présidialité, sénéchaussée ■ **14** arrondissement, décriminaliser, juridictionnel ■ **15** circonscription.

JURIDIQUE: 3 cas ■ **4** dire ■ **7** exégèse, informé ■ **8** caducité ■

9 chafiisme, électorat, habiliter, hanafisme, huridisme, malékisme, malikisme, passation, paternité, rétorsion ■ **10** hanbalisme, intimation ■ **11** domanialité, heimatlosat, nationalité, subrogation ■ **12** émancipation, habilitation, immutabilité, ratification ■ **13** juridiquement.
JURISCONSULTE : **7** légiste.
JURISPRUDENCE : **5** droit ■ **8** bien-jugé ■ **13** hodjatoleslam ■ **15** jurisprudentiel.
JURISTE : **7** légiste ■ **10** privatiste ■ **12** criminaliste.
JURON : **5** jurer, pardi, sabre ■ **6** crénom, morgué, tudieu ■ **7** bagasse, caramba, corbleu, morbleu, parbleu, pardieu ■ **8** fouchtra, sacristi, tête-bleu, tonnerre ■ **9** blasphème, damnation, morguenne, sacrebleu, sacredieu, vertubleu, vertuchou, vertudieu ■ **10** jarnicoton, morguienne ■ **14** saperlipopette ■ **15** ventre-saint-gris.
JUS : **3** suc, vin ■ **4** coco, marc ■ **5** cidre, gelée, juter, limon, neige, poire, punch, sirop, sucre ■ **6** coulis ■ **8** citronné, épulpeur, exprimer, réglisse ■ **9** diffuseur, orangeade, pressurer ■ **10** citronnade, lèchefrite ■ **12** presse-citron, presse-fruits, vinification.
JUSANT : **6** reflux.
JUSQU'EN HAUT : **5** à bloc.
JUSSIEU : **4** sain, vrai.
JUSSION : **12** commandement.
JUSTAUCORPS : **4** body ■ **5** jaque ■ **9** buffletin.
JUSTE : **3** pur, sûr ■ **4** faux, sain, vrai* ■ **5** droit*, exact*, fondé, légal, loyal, moral, probe, sensé, tortu ■ **6** étroit, fidèle, licite, précis, strict ■ **7** austère, délicat, honnête, injuste ■ **8** justesse, légitime, régulier, vertueux ■ **9** approprié, équitable*, eurythmie, honorable, impartial, justifier, plausible, rationnel, véritable ■ **10** discordant, scrupuleux, soutenable ■ **13** consciencieux.
JUSTEMENT : **10** exactement ■ **11** précisément.
JUSTICE : **3** for ■ **4** cour, haro, juge, taxe, tort ■ **5** criée, droit*, ester, juste, levée, salle, siège, titre, vertu ■ **6** équité, pureté, sûreté, vérité ■ **7** balance, loyauté, prêteur, probité, sergent, viguier ■ **8** assigner, attraire, citation, consulte, contumax, débouter, désister, droiture, fidélité, forclore, intenter, légalité, moralité, plaindre, prétoire, requérir, scrupule, sénéchal, spécieux ■ **9** actionner, arrêtiste, audiencia, austérité, basilique, comparoir, contumace, défendeur, demandeur, honnêteté, impartial, injustice, juratoire, juridique, justement, justicier, landgrave, parlement, plaignant, réclamant, requérant, rigorisme, sincérité, théodicée ■ **10** accusation, chancelier, conscience, consulaire, corrégidor, exhibition, judiciaire, légitimité ■ **11** arrestation, codemandeur, comparution, compulsoire, délicatesse, gonfalonier, gonfanonier, justiciable ■ **12** chancellerie, non-comparant, opposabilité ■ **14** non-comparution ■ **15** archichancelier, extra-judiciaire.
JUSTIFICATION : **6** excuse, raison ■ **8** apologie, prétexte* ■ **11** explication ■ **12** contre-partie, disculpation.
JUSTIFIER : **5** fondé, juste, laver ■ **7** couvrir, excuser*, motiver, prouver ■ **8** blanchir, invoquer, vérifier ■ **9** décharger, dédouaner, disculper, expliquer, légitimer, prétexter* ■ **10** illégitime, injustifié, innocenter ■ **11** justifiable, sans-papiers ■ **12** justificatif ■ **13** injustifiable, justificateur, justification.
JUTE : **6** corète ■ **7** corette ■ **8** linoléum ■ **9** corchorus.
JUVENILE : **5** jeune ■ **10** juvénilité.
JUXTAPOSER : **5** liure ■ **8** cinérama ■ **12** juxtaposable ■ **13** juxtaposition ■ **14** hermaphrodisme.
JUXTAPOSITION : **8** parataxe.

K

KABBALE : 10 kabbaliste ■ **13** kabbalistique.
KABUKI : 8 shamisen.
KAKI : 10 plaquemine.
KALEIDOSCOPE : 15 kaléidoscopique.
KALMOUK : 7 kalmouk.
KAN : 4 khan ■ **5** kanat.
KANDJAR : 8 poignard.
KANGOUROU : 7 potorou ■ **9** pétrogale.
KANTISME : 7 kantien ■ **10** criticisme ■ **11** néo-kantisme ■ **13** néo-criticisme.
KAOLIN : 9 kaolinite ■ **13** kaolinisation.
KAPOK : 6 bourre ■ **8** fromager, kapokier.
KARATE : 5 ippon ■ **8** karatéka ■ **9** taekwondo.
KARST : 5 sotch ■ **9** karstique.
KARSTIQUE : 5 karst.
KART : 7 karting.
KASSITE : 7 kassite.
KAYAK : 9 kayakable, kayakiste ■ **10** canoë-kayak.
KAYAKISTF : 12 esquimautage.
KENDO : 5 ippon.
KENYA : 6 kenyan.
KEPI : 5 shako.
KERAL : kozhicode.
KERATINE : 10 kératinisé ■ **14** kératinisation, scléroprotéine.
KERATITE : 9 occlusion.
KERMES : 8 akermès.
KERMESSE : 4 fête*.
KEROSENE : 13 carburéacteur.
KETMIE : 4 nafé ■ **8** hibiscus.
KHAGNE : 10 hypokhâgne.
KHAN : 5 kanat ■ **6** khanat.
KHARIDJISME : 10 kharridjite.
KHEDIVE : 8 khédival, khédivat ■ **9** khédiéval.
KIDNAPPER : 7 enlever*.
KILOCALORIE : 12 millithermie.
KILOCYCLE : 2 kc.
KILOFRANC : 2 kf.
KILOGRAMME : 2 kg ■ **5** arobe, livre.

KILOGRAMME-FORCE : 3 kgf.
KILOGRAMME-POIDS : 3 kgp.
KILOGRAMMETRE : 3 kgm.
KILOHERTZ : 9 kilocycle.
KILOJOULE : 2 kj.
KILOMETRE : 2 km ■ **5** borne, lieue ■ **10** kilométrer ■ **11** kilométrage ■ **12** kilométrique.
KIMONO : 6 judogi.
KINESITHERAPIE : 14 poulithérapie.
KINESTHESIE : 9 kinésique ■ **13** cinesthétique, kinesthésique.
KINSHASA : 6 kinois.
KIOSQUE : 7 aubette, édicule ■ **8** pavillon* ■ **9** baignoire, kiosquier ■ **10** kiosquiste ■ **12** bibliothèque.
KIRSCH : 4 baba ■ **6** cerise.
KIWI : 7 aptéryx.
KLAXON : 9 klaxonner.
KNOCK OUT : 2 k.o.
KOBOLD : 5 lutin.
KOLA : 7 caféine ■ **8** kolatier.
KOLKHOZE : 5 artel ■ **10** kolkhozien.
KORAN : 5 coran.
KORRIGAN : 5 lutin.
KOWEIT : 9 koweïtien.
KRACH : 8 faillite ■ **11** banqueroute.
KRILL : 11 euphausiacé.
KRISS : 8 poignard.
KRYPTON : 2 kr.
KURDISTAN : 5 kurde.
KYRIELLE : 5 série*, suite* ■ **10** ribambelle.
KYSTE : 6 tumeur* ■ **8** enkyster, kystique ■ **9** chalazion.

L

LA : **2** en ■ **3** ici.
LABADENS : **9** compagnon.
LABEL : **10** labelliser.
LABEUR : **7** travail ■ **9** quartager.
LABIACEE : **3** ive ■ **4** spic, thym ■ **5** aspic, bugle, ormin, sauge ■ **6** crosne, hysope, ivette, lamier, lierre, lycope, menthe, népéta, népète, origan ■ **7** ballote, basilic, bétoine, cataire, dictame, épiaire, glécome, lavande, léonure, marrube, mélisse, mélitte, pouliot, romarin ■ **8** calamant, chataire, gléchome, serpolet ■ **9** agripaume, patchouli, sarriette ■ **10** crapaudine, germandrée, marjolaine, toute-bonne ■ **11** patte-de-loup, scutellaire ■ **13** herbe-aux-chats.
LABIALE : **9** bilabiale.
LABIEE : **6** coléus ■ **8** lamiacée.
LABILE : **8** labilité.
LABORATOIRE : **3** têt ■ **5** linas, verre ■ **6** bunsen ■ **8** officine, pissette ■ **9** phytotron ■ **10** animalerie, laborantin ■ **11** laborantine ■ **12** coproculture, spermogramme ■ **13** cristallisoir.
LABORIEUX : **5** actif ■ **9** difficile*.
LABOUR : **5** champ, façon, rayon ■ **6** guéret, parage ■ **7** culture, fermage, jachère, planche ■ **8** dérayure ■ **9** charruage, défonçage, émotteuse, hivernage ■ **10** sous-solage ■ **11** agriculture, défoncement, motoculteur.
LABOURER : **5** houer ■ **7** enrayer, tiercer ■ **8** biloquer, défoncer, emblaver, étramper, hiverner, retercer ■ **9** billonner, labourage, laboureur, quartager ■ **10** égratigner, labourable ■ **11** agriculteur.
LABRE : **5** lèvre.
LABYRINTHE : **6** dédale ■ **13** labyrinthique.
LAC : **3** eau ■ **4** loch, rive ■ **5** étang*, lacet, lagon, omble ■ **6** filets ■ **9** benthique ■ **10** asphaltite, désenlacer, euphotique, limnologie ■ **11** bathymétrie ■ **13** sur-creusement.
LACERER : **8** déchirer*, délisser ■ **10** lacération.
LACERTILIEN : **5** orvet ■ **6** lézard ■ **7** saurien* ■ **8** caméléon, scincidé ■ **9** sciencoïde ■ **12** amblyrhynque.
LACET : **4** lacs ■ **5** lacer ■ **6** crevet, ferret, floche ■ **7** contour, œillet, tirette ■ **10** passe-lacet ■ **11** aiguilleter, aiguillette.
LACHE : **3** bas, mou, vil ■ **4** cerf, plat ■ **5** brave, capon, libre ■ **6** abattu, couard, faible, fuyard, laxité, péteux ■ **7** ballant, déraidi, détendu, flasque, indécis, pendant, peureux*, pleutre, poltron*, relâché ■

8 craintif, dégonflé, desserré, efféminé, fanfaron, flottant, mollasse, pied-plat, vaillant ■ 9 découragé, élastique, jean-fesse ■ 10 capitulard, jean-foutre, pendillant ■ 11 pusillanime.

LACHER: 6 livrer, vesser ■ 7 fléchir, laisser, reculer ■ 8 flancher, relâcher ■ 10 abandonner*, parachuter.

LACHETE: 4 peur* ■ 5 fuite ■ 6 effroi ■ 7 crainte, frayeur, inertie ■ 8 bassesse, mollesse ■ 9 couardise, faiblesse*, platitude ■ 10 abattement, indécision, pleutrerie, résolution ■ 12 poltronnerie ■ 13 découragement, pusillanimité ■ 15 engourdissement.

LACONIQUE: 4 bref* ■ 5 court* ■ 8 succinct ■ 9 lapidaire.

LACTATION: 3 pis ■ 4 lait* ■ 8 agalaxie ■ 9 agalactie ■ 10 prolactine.

LACTOSE: 5 sucre ■ 9 galactose ■ 12 disaccharide.

LACUNE: 4 trou ■ 5 plein ■ 8 lacuneux, omission ■ 9 lacunaire ■ 10 astérisque.

LACUSTRE: 8 sédiment.

LADANUM: 10 ladanifère.

LADRERIE: 5 ladre, lèpre ■ 6 chiche, lésine ■ 7 avarice* ■ 8 économie ■ 9 lésinerie ■ 10 léproserie, parcimonie.

LAGUNE: 4 lido ■ 5 étang, liman, moere ■ 9 lagunaire.

LA HAVANE: 8 havanais.

LAI: 6 frater.

LAÏC: 8 laïciser, laïcisme ■ 11 laïcisation.

LAICHE: 5 carex.

LAID: 3 toc ■ 4 beau, joli, ridé ■ 5 lourd, magot, merle, moche, singe ■ 6 atroce, guenon, hideux, odieux, tocard, vilain* ■ 7 affreux, déformé, hirsute, ignoble, informe, laideur, macaque, mal-bâti, mocheté, sapajou ■ 8 chafouin, défiguré, difforme, enlaidir, grossier, horrible, laideron, malséant, rabougri, ratatiné ■ 9 chabraque, dégoûtant, disgracié, effrayant, grimaçant, grognasse, grotesque, laidement, maritorne ■ 10 abominable, effroyable, monstrueux, repoussant, schabraque ■ 11 désenlaidir, disgracieux ■ 12 épouvantable.

LAIDEUR: 7 turpide.

LAINE: 4 bort, bure, drap, lama, poil, reps, saie, saye, toge ■ 5 arçon, beige, burat, cabas, châle, corde, cosse, crêpe, escot, étaim, frisé, gilet, jarre, lainé, lange, loden, ouate, ponge, rabat, ruban, satin, serge, suint, tonte, tripe, tuque, tweed ■ 6 alpaga, bourre, elbeuf, feutre, jersey, lanice, matton, mohair, peigné, picoté, ratine, tartan, toison, tricot ■ 7 alépine, blousse, camelot, casimir, chevron, droguet, finette, granité, lainage, laineux, lainier, lasting, mérinos, riflard, sayette, scoured, tordeur, zéphire ■ 8 agneline, attagène, blanchet, cardigan, chandail, couaille, délainer, écheveau, flanelle, grateron, lainerie, lanifère, lanoline, liserage, molleton, moquette, orseille, retirons, sergette, soufroir, surtonte, thibaude ■ 9 cachemire, carmeline, cheviotte, délainage, échevette, gabardine, lambswool, lampourde, limousine, teddy-bear, tiretaine, tondaille, tondaison ■ 10 débourrage, défeutrage ■ 11 carbonisage, napolitaine, pied-de-poule.

LAÏQUE: 4 laïc, laie ■ 5 oblat ■ 6 laïcat ■ 7 laïcité, profane ■ 8 laïciser, laïcisme, séculier ■ 11 laïcisation.

LAIS: 8 alluvion.

LAISSE: 6 stance ■ 8 alluvion.

LAISSER: 5 céder, layer, obéir, piste ■ 6 livrer ■ 7 confier, déposer, larguer, marquer, plaquer, quitter*, relayer ■ 8 couturer, défouler, dépasser, emporter, épargner, imprimer, négliger, paresser, répandre ■ 9 délaisser, distiller, permettre ■ 10 abandonner* ■ 12 opus incertum.

LAISSEZ-PASSER: 5 passe ■ 9 coupe-file, passavant, passeport ■ 11 sauf-conduit.
LAIT: 4 coco, lolo, peau ■ 5 blanc, cacao, canne, crème, lacté, mûrir, renne, sérum, sucre, tétée, téter, vache ■ 6 boille, caillé, tourne ■ 7 bouille, caséine, laitage, laiteux, laitier, yogourt ■ 8 agalacte, agalaxie, albumine, allaiter, bouillie, chaudeau, crémerie, lactique, laiterie, lysozyme, pèse-lait, tire-lait, yoghourt ■ 9 agalactie, caséation, colostrum, échaudage, écrémeuse, fromageon, lactarium, lactation, lactifère, milk-shake, petit-lait, téterelle, zythogala, zythogale ■ 10 acidimètre, caille-lait, cappuccino, lactomètre, materniser ■ 11 blanc-manger, butyromètre, caillebotte, cardonnette, galactogène, homogénéisé, lactescence, upérisation ■ 12 chardonnette, galactogogue, galactomètre, galactophore, lactalbumine, lactoflavine, montbéliarde ■ 15 lacto-densimètre.
LAITANCE: 5 guais, laité.
LAITEUX: 5 latex, pavot ■ 6 opalin ■ 10 lactescent.
LAITON: 4 zinc ■ 5 corde ■ 6 vergeure ■ 7 similor ■ 9 laitonner ■ 10 laitonnage.
LAITUE: 4 ulve ■ 6 chicon, salade ■ 7 batavia, romaine, sucrine ■ 8 thridace ■ 11 lactucarium.
LAÏUS: 8 discours, laïusser.
LAIZE: 2 lé.
LAMA: 6 alpaga ■ 7 guanaco, vigogne ■ 9 lamaserie.
LAMAÏSME: 8 lamaïste.
LAMANAGE: 8 lamaneur.
LAMBEAU: 5 loque ■ 6 klippe, partie ■ 7 morceau* ■ 8 guenille, mâchurer ■ 10 déguenillé, dépenaillé ■ 11 déchiqueter.
LAMBIC: 4 faro.
LAMBINER: 6 lambin, tarder ■ 7 traîner* ■ 8 paresser.
LAMBLIA: 9 lambliase.
LAMBOURDE: 7 linsoir.
LAMBRIS: 8 pilastre ■ 10 lambrisser ■ 11 lambrissage.
LAME: 3 dos ■ 4 busc, épée, faux, flot, noue, plot, scie ■ 5 barde, bêche, branc, brand, canif, carré, coche, criss, dague, fanon, folié, garde, glace, hoyau, kriss, patin, plane, ronce, ruban, samit, serpe, table, tarse, vouge ■ 6 ciseau, cornet, cutter, ligule, onglet, plaque ■ 7 ailette, curseur, écaille, fissile, indusie, lamelle, oripeau, valvule ■ 8 alumelle, médiator, ménisque, palisson, parmélie, paupière, pavillon, raquette, scissile, taillant, tricouni ■ 9 badelaire, boomerang, boumerang, feuilleté, languette, mésenthère, paillette, porte-lame, prothalle, tranchant ■ 10 décrottoir, interligne, porte-objet, talonnette, tourniquet ■ 11 anticathode, blastoderme, couteau-scie, gratte-pieds ■ 12 contre-pointe, coupe-circuit, laminectomie.
LA MECQUE: 4 hadj ■ 5 qibla.
LAMELLE: 4 talc ■ 5 adnée, spath ■ 6 squame ■ 7 baleine, plectre ■ 8 cossette ■ 9 clinquant, décurrent, lamelleux, laminaire, pellicule ■ 10 délaminage ■ 11 couvre-objet ■ 12 lamellé-collé, lamelliforme ■ 13 lamellirostre ■ 14 lamellibranche.
LAMELLIBRANCHE: 3 mye ■ 4 lime ■ 5 bysse, coque, donax, moule, olive, perle, pinne, solen, taret, vénus ■ 6 donace, huître, peigne, perlot, pignon, praire ■ 7 bivalve, cancale, cardium, couteau, marteau, mulette, pholade, rudiste, trialle ■ 8 anodonte, bénitier, clovisse, gryphnée, isocarde, palourde, pétoncle, spondyle, tridacne ■ 9 charnière, lithodome, pintadine ■ 10 jambonneau, lithophage, méléagrine, pélécypode ■ 11 vénéricarde.
LAMELLIROSTRE: 12 ansériforme.

LAMENTABLE : **6** piteux ■ **9** pitoyable* ■ **14** lamentablement.
LAMENTER : **6** thrène ■ **7** geindre ■ **8** jérémier, plaindre* ■ **9** jérémiade ■ **11** lamentation.
LAMER : **6** lamage.
LAMINAGE : **8** lamineur, laminoir ■ **11** aplatissage.
LAMINAIRE : **9** alginique ■ **11** aplatisseur.
LAMINER : **4** tôle ■ **5** bloom, crêpe, fonte, train ■ **8** cylindre, laminage, laminoir ■ **11** aplatissoir ■ **12** aplatissoire.
LAMINOIR : **7** empoise ■ **11** aplatissoir ■ **12** aplatissoire.
LAMPE : **3** bec, feu ■ **4** mine, tube ■ **5** culot, diode, flood, mèche ■ **6** bougie, carcel ■ **7** ampoule, lampant, lamparo, lampion, lumière, panache, verrine ■ **8** bigrille, calbombe, demi-watt, lampiste, lanterne*, loupiote, lumignon, papillon, quinquet, survolté ■ **9** baladeuse, calebombe, luminaire*, trigrille, veilleuse ■ **10** baïonnette, cul-de-lampe, lampadaire, lucernaire, photophore ■ **11** lampisterie.
LAMPER : **5** boire ■ **6** lampée.
LAMPOURDE : **9** glouteron.
LAMPROIE : **7** amocète ■ **8** ammocète ■ **10** chatouille, lamprillon.
LANCE : **4** ante, arme, bois, hast ■ **5** bague, épieu, haste, joute, morne, pilum, pique, poids ■ **6** faucre, framée, harpon ■ **7** bourdon, bazooka, javelot, lancier, sarisse ■ **8** esponton, fauchard, gros-bois, guisarme, hastaire, lancéole, lancette ■ **9** demi-pique ■ **10** hallebarde, lanciforme, pertuisane, projectile ■ **11** bec-de-corbin.
LANCEMENT : **3** ber, jet, tir ■ **7** booster ■ **8** anguille ■ **10** cabanement, cosmodrome ■ **11** publication.
LANCER : **5** jeter*, jouer, tirer, vomir ■ **6** darder ■ **7** cracher, émettre, envoyer, éructer, jongler, quiller, shooter ■ **8** décocher, diffuser, éjaculer, fulgurer, fulminer, perrière, projeter, relancer, tromblon ■ **9** bombarder, catapulte, découpler, lancement, vitrioler ■ **10** balistique, catapulter, enfourcher, lance-mines, projection ■ **11** lance-amarre, lance-bombes, lance-fusées, porte-amarre ■ **14** bombardement, lance-flammes, lance-pierres, postillonner ■ **13** lance-grenades ■ **14** lance-roquettes, lance-torpilles.
LANCETTE : **6** flamme ■ **12** vaccinostyle.
LANCIER : **5** uhlan ■ **7** chapska.
LANCINE : **11** lancination, lancinement.
LANÇON : **4** vive ■ **7** équille.
LANDAIS : **8** écarteur.
LANDAU : **5** break ■ **7** voiture ■ **9** landaulet.
LANDE : **5** pâtis ■ **6** maquis ■ **7** brousse, jachère ■ **8** garrigue.
LANDGRAVE : **11** landgravial.
LANGAGE : **3** ton ■ **4** bobo, caca, code, dada, dodo, lisp, mime, mimi, tata, zizi ■ **5** argot, babil, basic broca, cobol, maman, nanan, pépée, sabir ■ **6** cafter, créole, jargon, langue*, parler*, pascal, prolog ■ **7** aphasie, cafteur, lyrisme, phonème, purisme ■ **8** charabia, dyslalie, dyslogie, locution, poissard ■ **9** atticisme, baragouin, cacolalie, dysphasie, euphuisme, grammaire ■ **10** assembleur, audimutité, barbarisme, coprolalie, endophasie, expression, logogriphe, métalangue, petit-nègre, préciosité ■ **11** franc-parler, glossolalie, impropriété, marivaudage, métalangage, tachyphémie ■ **12** dactylologie, linguistique, parisianisme, prudhommerie, schizophasie ■ **13** articulatoire, transverbérer ■ **14** dodécaphonisme.
LANGE : **6** couche ■ **7** maillot ■ **11** emmailloter.
LANGOUREUX : **6** tendre* ■ **8** langueur, languide ■ **9** roucouler ■ **11** languissant ■ **15** langoureusement.

LANGOUSTE : **9** caudrette ■ **11** langoustier.
LANGOUSTINE : **6** scampi.
LANGUE : **2** oc ■ **3** bec, lao, oïl ■ **4** dard, dari, duel, erse, este, grec, inca, maya, pali, peul, thaï, tupi, turc, urdu, zend ■ **5** aïnou, arabe, argot, argus, azéri, balte, cafre, celte, copte, datif, filet, franc, gallo, guèze, hindi, huron, khmer, khoin, kurde, ladin, lapon, latin, lette, morné, munda, oriya, otomi, parse, parsi, pépie, perse, peuhl, roman, russe, sarde, slave, style, tagal, tamil, tatar, thème, uzbek, védas, vulgo, wende, wolof, zende ■ **6** afghan, aymara, bantou, basque, birman, breton, canara, coréen, créole, danois, eskimo, hébreu, idiome, isthme, jargon, kazakh, langué, malais, mongol, mouda, népali, ostiak, ostyak, ouolof, ourdou, ouzbek, parler, pehlvi, relugu, romani, slavon, somali, tamoul, teuton, vogoul ■ **7** adstrat, aléoute, anglais, araméen, bambara, bengali, berbère, bulgare, catalan, cebuano, chinois, crétois, dalmate, eskuara, euscara, euskera, féroïen, fidjien, finnois, flamand, gaulois, gotique, guarani, haoussa, hittite, iranien, italien, kannara, khalkha, khoisan, kirghiz, langage*, lingual, mahrate, malinké, marathe, marathi, nahuatl, norrois, occitan, osmanli, ougrien, pahlavi, panjabi, papille, platine, prakrit, quechua, quichua, roumain, saburre, suédois, tagalog, tapette, tchèque, touareg, védique, vogoule, volapuk, yiddish ■ **8** ablation, akkadien, albanais, algonkin, allemand, annamite, arménien, assamais, baltique, bilingue, cananéen, celtique, dialecte*, espagnol, estonien, étrusque, français, francien, géorgien, glossite, gujarati, haïtien, hongrois, iceström, japonais, javanais, kymrique, lampassé, languier, mahratte, malgache, nôn-khmer, népalais, ostiaque, péruvien, polonais, quetchua, quitchua, romaïque, romanche, saburral, samoyède, sanscrit, sanskrit, slovaque, souahéli, substrat, sumérien, syriaque, tahitien, télougou, tibétain, traduire, turcoman, turkmène, tyrolien ■ **9** afrikaans, allophone, américain, amharique, arabisant, avestique, baloutchi, bichlamar, caucasien, dravidien, espéranto, féringien, fistuline, franciste, humaniste, indo-aryen, irlandais, islandais, languette, langueyer, latiniste, linguiste, lituanien, lusophone, madourais, malayalam, mandingue, néo-indien, norvégien, phénicien, portugais, provençal, putonghua, romaniste, sémitique, sinologie, tokharien, toungouse, toungouze, touranien, trilingue, ukrainien ■ **10** alémanique, algonquien, anglicisme, angliciste, barbillons, bêche-de-mer, biélorusse, clappement, gallicisme, germanique, germaniste, hellénisme, hispanisme, hollandais, hypoglosse, indianisme, indonésien, japonisant, lithuanien, mélanésien, métalangue, monolingue, perlingual, phonologie, polygotte, polynésien, pourlécher, québécisme, rétroflexe, russophone, soundanais, sublingual, substratum, superstrat, turcophone, wallonisme ■ **11** africaniste, anglicisant, couchitique, germanisant, glossodynie, glossotomie, hindoustani, languiforme, métalangage, multilingue, néerlandais, néo-celtique, occitanisme, ophioglosse, serbocroate, slavistique, tchérémisse, tupi-guarini, véhiculaire, vietnamien ■ **12** articulation, austronésien, finno-ougrien, indo-européen, instrumental, italianisant, lingua franca, linguistique, orientaliste, physicalisme, sino-tibétain ■ **13** abaisse-langue, grenouillette, hellénistique, monolinguisme ■ **14** azerbaïdjanais, holophrastique, ouralo-altaïque, paléoasiatique, phraséologique ■ **15** distributionnel, polysynthétique.
LANGUEDOC : **12** languedocien.
LANGUETTE : **5** anche, bugne, patte ■ **9** épiglotte, langueyer, sautereau ■ **10** bouveteuse, coulisseau ■ **11** couvre-joint, languiforme ■ **12** langue-de-chat.
LANGUEUR : **5** tabès, usure ■ **6** anémie, atonie, étisie ■ **7** apathie,

fatigue, marasme, phtisie, torpeur ■ **8** atrophie, cachexie, caducité, chlorose, débilité ■ **9** faiblesse, infirmité ■ **10** abattement, cacochymie, énervation, épuisement, étiolement, langoureux, morbidesse, rachitisme ■ **11** consomption, délabrement, exténuation ■ **13** dépérissement ■ **14** alanguissement.

LANGUIR: **5** pâlir, pâtir ■ **6** fondre, mourir ■ **7** baisser, dépérir, épuiser, étioler, maigrir, traîner, végéter ■ **8** attendre*, consumer, décliner, souffrir, soutenir ■ **9** affaiblir, détraquer.

LANGUISSANT: **5** lâche ■ **6** faible ■ **7** mourant ■ **8** alanguir, traînant ■ **9** cacochyme ■ **14** languissamment.

LANIERE: **5** bande, fouet, guide, knout, lasso, longe ■ **6** laisse, sangle ■ **7** bélière ■ **8** courroie*, tire-pied ■ **9** spartiate ■ **11** tagliatelle, trousse-pied.

LANTERNE: **5** falot, fanal, phare ■ **6** lustre ■ **7** lampion ■ **8** lampiste ■ **9** campanile, lanternon, réverbère ■ **10** campanille, candélabre, lampadaire, lanterneau, lanternier.

LANTERNER: **7** traîner ■ **8** remettre ■ **10** temporiser.

LANTHANE: **2** la ■ **10** lanthanide.

LAOS: **3** kip.

LAOTIEN: **4** thaï.

LAPALISSADE: **6** vérité.

LAPER: **5** boire ■ **8** lapement.

LAPIDAIRE: **5** court* ■ **10** débouchoir.

LAPIDER: **4** tuer ■ **6** pierre ■ **8** malmener ■ **10** lapidation.

LAPIDIFIER: **14** lapidification.

LAPIN: **5** furet, halot, patte, râble ■ **6** angora, clapir ■ **7** bouquet, clapier, garenne, lapiner ■ **8** débouler, laiteron, lapereau, léporide ■ **9** gibelotte, lapinière, secrétage ■ **10** coccidiose, couinement, myxomatose, panneauter ■ **11** rabouillère ■ **15** caniculiculture.

LAPIS-LAZULI: **4** azur, bleu ■ **5** lapis ■ **8** outremer.

LAPON: **5** hutte, renne.

LAPONIE: **8** armeline.

LAPS: **7** apostat ■ **9** mortalité.

LAPSUS: **4** cuir ■ **5** faute.

LAQUAIS: **5** groom ■ **8** mandille ■ **9** serviteur* ■ **10** domestique*.

LAQUE: **4** cire ■ **5** gomme, spray ■ **6** résine, vernis* ■ **7** laqueux ■ **11** stil-de-grain.

LAQUELLE: **3** que, qui ■ **4** quoi.

LARCIN: **3** vol* ■ **7** volerie ■ **8** marauder ■ **10** chapardage.

LARD: **4** porc ■ **5** bacon, barde, kiche ■ **6** flèche, larder, lardon ■ **7** graisse ■ **8** lardoire, mirepoix ■ **9** ventrèche ■ **10** fricandeau ■ **11** délardement.

LARDON: **4** bébé ■ **8** mirepoix ■ **9** lardonner, raillerie.

LARES: **6** maison.

LARGAGE: **7** larguer ■ **8** droppage ■ **11** parachutage.

LARGE: **3** val ■ **4** gros ■ **5** ample, bacul, bande, béant, bêche, bocal, dague, épaté, étole, évasé, fosse, largo, mince, panse, pelle, piste, socle, vigie ■ **7** knicker, largeur ■ **8** beaucoup, couperet, déborder, épaissir, généreux*, knickers, libation, moresque, rélargir, sarcloir, spacieux, taillole ■ **9** boulevard, cimeterre, largement, latifolié, lato sensu, mauresque, rhomboïde ■ **10** estramaçon, pertuisance ■ **11** élargissure ■ **13** brachycéphale, latitudinaire.

LARGEMENT: **9** vastement.

LARGESSE: **5** pluie ■ **8** bienfait* ■ **10** générosité*, libéralité ■ **11** munificence.

LARGEUR: 2 lé ■ 5 filet, laise, laize, large, ligne, pouce, voûte ■ 6 méplat ■ 7 carrure ■ 8 chanteau, diamètre, grandeur ■ 9 envergure, traversin ■ 10 étroitesse ■ 11 libéralisme ■ 12 emmarchement ■ 13 élargissement ■ 14 dolichocéphale.
LARGO: 9 larghetto.
LARGUER: 6 droper ■ 7 dropper.
LARME: 5 perle, pleur ■ 6 goutte ■ 8 lacrymal, larmoyer, lysozyme ■ 9 larmoyant ■ 11 larmoiement.
LARMIER: 6 mutule ■ 7 soffite ■ 8 modillon.
LARRON: 6 escroc*, voleur*.
LARVAIRE: 5 rédie ■ 10 miracidium.
LARVE: 3 man, pic, zoé ■ 5 lepte, sphex, taupe, varon ■ 6 aoûtat, myiase, pibale, têtard ■ 7 asticot, couvain, fantôme ■ 8 ammocète, chenille, hydatide, larvaire, naissain, nauplius, néoténie ■ 9 diablotin, larvicide, ver-coquin ■ 10 chatouille, discontinu, érucitorme, lamprillon ■ 11 cysticerque, trochophore ■ 12 leptocéphale, traîne-bûches, trochosphère, trophallaxie.
LARYNGITE: 5 croup.
LARYNX: 5 nœud ■ 6 glotte, gosier*, hyoïde ■ 7 laryngé ■ 8 cricoïde, thyroïde ■ 9 laryngale, laryngien, laryngite ■ 10 aryténoïde ■ 12 insufflateur, laryngologie, laryngoscope, laryngotomie ■ 13 laryngectomie, laryngoscopie, trachée-artère.
LAS: 5 brisé, crevé, flapi, recru, rendu, rompu, vanné ■ 6 claqué, épuisé, excédé, fourbu ■ 7 éreinté, exténué, fatigué*, harassé.
LASCAR: 5 luron.
LASCIF: 9 luxurieux* ■ 10 libidineux ■ 11 lascivement.
LASER: 10 télémétrie ■ 14 audionumérique.
LASSER: 7 ennuyer*, rebouter ■ 8 délasser, fatiguer*, rabâcher ■ 9 lassitude ■ 10 décourager, inlassable.
LASSITUDE: 4 lala ■ 5 basta, baste, ennui* ■ 9 relaisser ■ 10 abattement ■ 13 découragement.
LATENT: 5 caché ■ 6 secret ■ 8 récessif.
LATERAL: 4 bras, îles, joue ■ 5 flanc, hampe, jouée, slice, swing, tempe, toton ■ 7 bajoyer, bas-côté, flasque ■ 8 scoliose ■ 9 axillaire, charriage, diduction ■ 10 hypocondre ■ 11 contre-allée ■ 12 ptérogoïdien ■ 13 affouillement.
LATERALE: 8 piédroit ■ 9 pied-droit.
LATERALEMENT: 5 bridé.
LATERITE: 11 latéritique.
LATERITIQUE: 13 ferrallitique.
LATEX: 4 upas ■ 5 hévéa, opium ■ 6 chicle, lastex ■ 7 papaïne ■ 8 moussage ■ 10 caoutchouc, landolphie, laticifère ■ 11 gutta-percha.
LATIN: 2 re, us ■ 3 pro ■ 4 idem, item, olim, opus, semi, vers ■ 5 bible, croix, fanum, fatum, faune, inter, intra, intro, mètre, motet, nodus, prose, recta, recto, roman, rumen, silex, spica, super, supra, tabès, tacet, tibia, tonus, trans, ultra, varia, verso, villa, virus, vivat, vulgo ■ 7 dactyle, sénaire ■ 8 alcaïque, déponent, distique, latinité, prélatin, saphique, tripodie ■ 9 accusatif, hexamètre, latiniser, latiniste, monomètre ■ 10 asclépiade, gréco-latin, latinisant, pentamètre ■ 11 anapestique.
LATITUDE: 5 marge, terre.
LATRINES: 6 gogues ■ 8 goguenot.
LATTE: 5 bâton, palis ■ 6 latter, lattis, volige ■ 7 bardeau, claquet, couchis, échalas, lattage ■ 8 baguette ■ 9 treillage.
LATTIS: 8 hourdage.

LAUDATIF : 9 louangeur.
LAUDANUM : 5 ciste ■ 9 laudanisé.
LAURACEE : 7 laurier ■ 9 avocatier, sassafras.
LAUREAT : 4 prix ■ 8 palmarès ■ 9 vainqueur.
LAURIER : 4 baie ■ 5 garou, lauré ■ 6 daphné, gloire ■ 7 caducée ■ 8 lauréole, lauriste, oléandre, sainbois ■ 9 camphrier, cannelier, sassafras ■ 10 récompense ■ 12 laurier-sauce.
LAVABO : 8 toilette ■ 9 lave-mains, manuterge.
LAVAGE : 4 bain ■ 5 batée, élavé, énéma, savon ■ 6 douche, lotion ■ 7 élution, rinçage ■ 8 ablution, lave-auto, lavement ■ 9 nettoyage, prélavage ■ 10 gargarisme, shampooing.
LAVANDE : 4 spic ■ 5 aspic ■ 7 statice ■ 8 lavandin.
LAVE : 6 volcan ■ 7 lapilli ■ 10 pillow-lava ■ 12 cumulo-volcan.
LAVEMENT : 6 lavage, remède ■ 8 clystère, seringue.
LAVER : 4 écru ■ 5 évier, guéer, tuber ■ 6 lavage, laveur, lavoir, rincer ■ 7 baigner, délaver, doucher, lavable, plonger, relaver, tremper ■ 8 ablution, aiguayer, baptiser, décruser, dégorger, échauder, essanger, lavement, lessiver, mouiller, nettoyer*, plongeur, purifier, savonner, toilette ■ 9 absterger, décrasser, justifier, lave-glace, lave-linge, lotionner, rechinser, wassingue ■ 10 aquamanile, lavandière, lessivière ■ 11 shampouiner ■ 12 blanchisseuse ■ 13 débarbouiller ■ 15 débarbouillette.
LAVIS : 5 encre, sépia ■ 6 dessin ■ 9 aquatinte ■ 10 mezzo-tinto.
LAWRENCIUM : 2 lr.
LAXATIF : 5 mauve, purge, tamar ■ 8 agar-agar, psyllium, purgatif*, rhubarbe, sorbitol ■ 9 bourdaine ■ 10 tamarinier ■ 11 cathartique.
LAYETTE : 7 zéphire ■ 8 layetier.
LAYON : 6 chemin.
LAZARET : 10 léproserie.
LAZULITE : 5 lapis.
LAZZI : 8 quolibet ■ 12 plaisanterie.
LEADER : 6 meneur ■ 7 article ■ 9 éditorial.
LECHER : 5 lèche, sucer ■ 6 licher ■ 7 flatter ■ 8 parfaire ■ 9 lèchement ■ 10 lichailler.
LEÇON : 5 cours, élève, lycée, salle ■ 6 épître, morale ■ 7 théorie ■ 8 régenter ■ 10 répétition ■ 11 instruction, remontrance ■ 12 enseignement.
LECTEUR : 5 drive ■ 6 liseur ■ 8 lectorat ■ 9 anagnoste ■ 13 radiocassette.
LECTURE : 5 coran, index, koran, prône, repos, roman ■ 9 anagnoste, bréviaire, illisible, relecture ■ 10 abécédaire ■ 11 semi-globale ■ 12 vidéolecteur ■ 15 alphabétisation.
LEGAL : 3 loi, nul ■ 4 aloi ■ 5 cause, excès, grève, juste, temps ■ 6 échars, permis ■ 8 ajustage, légalité, notifier ■ 9 légaliser, légaliste, moratoire, numéraire ■ 10 extra-légal ■ 11 authentique, extrinsèque ■ 12 prescription.
LEGALISER : 12 authentifier, authentiquer.
LEGAT : 5 nonce ■ 7 a latere.
LEGATAIRE : 11 colégataire.
LEGENDAIRE : 4 yeti ■ 8 cuissage.
LEGENDE : 4 saga ■ 5 conte*, fable, héros, mythe ■ 8 folklore, histoire* ■ 9 tradition ■ 10 légendaire, mythologie.
LEGER : 3 fin, tek, vif ■ 4 doux, flou, gaze, grue, menu, teck, yole ■ 5 agile*, aulne, badin, buggy, burat, cange, canoë, crêpe, duvet, en-cas, évent, farce, fleur, jeune, kapok, leste, libre, lueur, mince, om-

bre, neige, petit, pongé, poule, skiff, sulky, surah, tulle ■ **6** aérien, éthéré, éventé, futile, mobile ■ **7** cocotte, étourdi*, évaporé, folâtre, frivole, lisette, nanzouk, scherzo, vaurien, volatil ■ **8** ameublir, corselet, dentelle, distrait, écervelé, filandre, flanelle, flotteur, folichon, gracieux, légèreté, maniable, mantelet, papillon, peltaste, piper-cub, plumetis, portatif, remplage, sergette, singpiel, sylphide, ténorino, vaporeux, voilette ■ **9** aluminium, arachnéen, cascadeur, changeant, collation, duralumin, effiloche, entrechat, freluquet, frôlement, gouleyant, lambswool, potassium, spirituel, versatile, zéphyrien ■ **10** canonnière, capricieux, chatouille, gazouillis, irréfléchi, légèrement, mousseline, nébulosité, scherzando, ultraléger ■ **11** chatouillis, escarmouche, superficiel, titillation ■ **12** boitillement, demi-mondaine, inconséquent, perspiration ■ **13** frissonnement, indisposition ■ **14** cache-poussière.

LEGEREMENT : **5** tâter ■ **6** biaisé, moitié ■ **8** excorier, taquiner ■ **9** boitiller, effleurer, faseiller, frisotter, indisposé, mordiller, pleuviner, pleuvoter, siffloter.

LEGERETE : **7** agilité, caprice, facétie ■ **8** badinage, futilité, jeunesse, lourdeur, mobilité ■ **9** frivolité, sveltesse ■ **10** étourderie ■ **11** délicatesse, distraction ■ **12** plaisanterie.

LEGIFERER : **11** législation.

LEGION : **5** légat ■ **6** troupe* ■ **9** multitude* ■ **11** légionnaire.

LEGIONNAIRE : **12** légionellose.

LEGISLATION : **4** code ■ **5** droit, sénat ■ **9** parlement ■ **10** législatif ■ **11** législateur, législature.

LEGISLATIVE : **13** landsgemeinde.

LEGISTE : **7** juriste ■ **13** jurisconsulte.

LEGITIME : **5** juste* ■ **6** permis ■ **8** agnation, monogame ■ **10** légitimité ■ **11** légitimiste ■ **12** illégitimité, légitimation.

LEGITIMISTE : **9** royaliste.

LEGS : **3** don* ■ **6** léguer ■ **7** diamant, laisser, prélegs ■ **8** donation, héritage ■ **9** captation, fondation ■ **11** fidéicommis.

LEGUME : **3** ail ■ **4** chou, fêve, pita, pois, rave, silo, tian ■ **5** bette, cosse, écale, farce, froid, lupin, mâche, navet, oille, potée, radis ■ **6** cageot, cardon, céleri, endive, igname, laitue, manioc, oignon, panais, patate, persil, piment, plante*, salade, tomate ■ **7** asperge, brocoli, carotte, chervis, ciboule, cresson, épinard, fenouil, haricot, oseille, poireau, romaine, scarole ■ **8** cerfeuil, chicorée, chop suey, échalote, estragon, légumier, lentille, pourpier, rutabaga, salsifis ■ **9** artichaut, aubergine, barigoule, bénincase, betterave, concombre, cornichon, flageolet, maraîcher, pissenlit, sarriette, tétragone ■ **10** enchausser, scorsonère ■ **11** topinambour ■ **12** coupe-légumes, hâche-légumes ■ **13** quick-freezing, taille-racines.

LEGUMINEUSE : **3** ers ■ **5** apion, gesse, orobe ■ **7** mimosée ■ **8** roténone ■ **9** mimosacée*, sensitive, tephrosia, téphrosie ■ **10** césalpinée ■ **12** papilionacée* ■ **13** césalpiniacée.

LEITMOTIV : **10** répétition.

LEMNACEE : **8** lentille.

LEMURIEN : **4** maki ■ **5** indri, lémur, loris, potto ■ **6** aye-aye, galago ■ **9** prosimien.

LENDEMAIN : **6** avenir ■ **12** surlendemain.

LENIFIER : **6** calmer* ■ **7** adoucir*, lénitif.

LENINISME : **9** léniniste.

LENT : **3** mou ■ **4** long, posé, slow ■ **5** blaps, blues, fondu, géant, grave, lento, lourd, loure ■ **6** lambin, pesant, tai-chi, tardif ■ **7** flâneur, lendore, slow-fox ■ **8** athétose, gnangnan, lourdaud, ralentir, traînard, traîneur ■ **9** larghetto, lentivirus ■ **10** carcinoïde, nonchalant, précession, sicilienne, subsidence, tai-chi-cuan ■ **12** infiltration.

LENTEMENT: **5** lento, miner, piano ■ **6** adagio ■ **8** lambiner, maestoso, plan-plan, retarder, savourer ■ **9** chronique, doucement, mâchonner ■ **10** dégouliner, piane-piane, pianissimo ■ **14** insensiblement ■ **15** progressivement.

LENTEUR: **4** lent ■ **7** paresse ■ **8** longueur, lourdeur, mollesse, obtusion, vélocité ■ **9** épaisseur, mouvement, pesanteur ■ **11** bradycardie ■ **12** bradypsychie ■ **13** précipitation.

LENTICULAIRE: **5** moque ■ **8** pallidium.

LENTILLE: **3** ers ■ **4** pois ■ **5** focal, image, loupe, verre, volet ■ **7** triplet ■ **8** bonnette, dioptrie, ménisque, véhicule ■ **9** focomètre, lenticule, lentillon ■ **10** lentiforme ■ **11** convergence ■ **12** achromatisme, condensateur, décentration, décentrement, lenticulaire.

LENTISQUE: **6** mastic.

LEONURE: **9** agripaume.

LEOPARD: **8** léopardé.

LEPIDOPTERE: **8** papillon*.

LEPIOTE: **7** golmote ■ **8** golmotte ■ **10** coulemelle.

LEPORIDE: **4** hase ■ **5** lapin ■ **6** lièvre.

LEPRE: **2** fy ■ **5** cagot, ladre ■ **6** hansen ■ **7** lazaret, lépreux, léprome ■ **8** ladrerie ■ **10** léprologie, léproserie, maladrerie ■ **11** chaulmoogra, thalidomide.

LEPROME: **10** lépromtaux.

LEQUEL: **2** où ■ **3** que, qui ■ **4** quoi.

LES: **2** es.

LESER: **5** nuire* ■ **7** blesser* ■ **10** prétériter ■ **11** lèse-majesté ■ **12** désavantager.

LESINER: **5** ladre ■ **6** chiche ■ **7** liarder, mégoter ■ **8** lésineur ■ **10** économiser.

LESION: **5** aphte, léser, nævi, plaie* ■ **6** lucite, lupome, nævus, ptôsis ■ **7** achrome, chancre, fissure, invastif, névrite ■ **8** aggravée, blessure*, engelure, exutoire, froidure, miliaire, symptôme ■ **9** allergide, anarthrie, cancérisé, dysidrose, infarctus, lésionnel, préjudice, syphilide ■ **10** coronarite, coxarthrie, dystrophie, hémiplégie. pédiculose, radiculite, toxidermie ■ **11** anorganique, coxarthrose, folliculite, granulation, lésionnaire, organicisme, sporotriche ■ **12** hépatisation, précancéreux ■ **13** controlatéral ■ **14** extrapyramidal, polytraumatisé.

LESSIVAGE: **5** jusée.

LESSIVE: **4** buée ■ **6** cuvier ■ **7** azurage, charrée ■ **8** buandier ■ **9** buanderie, lessiviel, lessivier.

LESSIVER: **5** laver* ■ **7** décruer, laveuse ■ **8** nettoyer* ■ **9** lessivage ■ **10** lessivière.

LESTER: **4** lège ■ **8** délester ■ **9** cliquette.

LESTE: **3** vif* ■ **4** vert ■ **5** agile*, singe ■ **6** olé olé, preste ■ **7** ingambe ■ **8** gaillard ■ **9** lestement.

LETAL: **8** létalité.

LETHARGIE: **7** torpeur ■ **11** hibernation, léthargique ■ **14** assoupissement.

LETTON: **5** lettre ■ **7** latvien.

LETTRE: **2** bé, dé, el, em, er, jé, ka, ke, le, me, mu, ne, nu, pe, pi, re, ro, se, te, ve ■ **3** ach, chi, ess, éta, ghe, gyp, heu, iks, khi, ksi, mot, phi, pli, psi, rho, tau, vau, yod ■ **4** bêta, bref, cire, iota, tiré, type, zêta ■ **5** aleph, alpha, cagne, clerc, délié, delta, dzêta, endos, gamma, kappa, koppa, levée, lycée, oméga, prime, sigle, sigma, thêta, toton ■ **6** auteur, bifton, billet, en-tête, épître, poulet, savant, souche, traite ■ **7** apocope, dépêche, digamma, epsilon, message, missive*, omicron, réponse, rescrit, upsilon ■ **8** alphabet, capitale, consonne, courrier, deltoïde, digramme, épistole, exposant, graphème, lettrage, lettrine, ligature, logotype, prothèse, retraite ■ **9** anagramme, bafouille, caractère, décrétale, duplicata, endosseur, faire-part, majuscule, miniature, minuscule, monitoire, trigramme, trilitère ■ **10** accréditif, babillarde, chargement, circulaire, dimissoire, encyclique, épistolier, pèse-lettre, recommandé, trilittère ■ **11** abréviation, convocation, épistolaire, littérature, recommander, suscription, timbre-poste ■ **12** postscriptum ■ **13** calligraphier, contrepèterie, correspondant, littéralement, reduplication ■ **14** alphanumérique, correspondance, historiographe.

LETTRINE : 9 majuscule.

LEUCEMIE : 11 vincristine.

LEUCOCYTE : 3 hla ■ **4** sang* ■ **7** exsudat ■ **9** infiltrat, myélocyte ■ **10** lymphocyte ■ **11** éosinophile, granulocyte, méoloplasme ■ **12** leucocytaire ■ **15** immunocompétent.

LEUCOPENIE : 10 benzénisme, benzolisme.

LEUCOPOÏESE : 14 leucopoïétique.

LEURRE : 7 piperie ■ **10** dandinette.

LEURRER : 5 piper ■ **7** appâter, bluffer, enjôler, tromper* ■ **8** attraper ■ **11** illusionner.

LEVAGE : 4 grue ■ **5** palan, vérin ■ **7** blondin, gerbeur, grappin ■ **8** gerbeuse.

LEVAIN : 5 azime, azyme ■ **7** ferment.

LEVANT : 3 est ■ **4** caïc ■ **5** matin, papas, sabir ■ **6** aurore, caïque, orient ■ **8** levantin, sacoléva, sacolève ■ **10** crépuscule.

LEVE : 13 photogéologie.

LEVEE : 3 pli ■ **4** veau, vole ■ **5** capot, trick ■ **6** chelem ■ **7** schelem ■ **8** chaussée, terrasse ■ **10** arrière-ban.

LEVER : 4 levé ■ **5** armer, arsis, dîmer, levée, matin, store ■ **6** debout, élever*, gruter, hisser ■ **7** dresser*, enlever, guinder, hausser, relever* ■ **8** banneton, décamper, demi-jour, filetage, géomètre, héliaque, matineux, soulever, soupeser ■ **9** débloquer, palanquer, pont-levis, redresser, treuiller ■ **10** désinhiber, goniomètre, hausse-pied, planchette ■ **11** graphomètre, recoupement, tachéomètre, topographie ■ **12** tachéométrie ■ **15** photogrammétrie.

LEVIER : 4 mors ■ **5** balai, barre, épart, espar, force, louve, pesée, pince, point ■ **6** manche, pédale ■ **7** anspect, barreau, cliquet, maneton, manette, ringard, romaine ■ **8** aiguille, embarrer ■ **9** manivelle, timonerie ■ **10** résistance ■ **11** démonte-pneu, pied-de-biche.

LEVIGER : 10 lévigation.

LEVITATION : 12 psychokinèse ■ **13** psychokinésie.

LEVOGYRE : 5 l-dopa.

LEVRE : 4 bord, joue, moue, rire ■ **5** labié, labre, lippe, lippu ■ **6** babine, labial, labium, lippée, masque ■ **7** balèvre ■ **8** chéilite, écarteur, perlèche ■ **9** bilabiale, moustache, pourlèche ■ **10** labialiser, pourlécher ■ **11** badigoinces, bec-de-lièvre, buccinateur ■ **12** infibulation, labiodentale, marmottement.

LEVRIER : 6 barzoï, levron ■ **7** whippet ■ **8** levrette ■ **9** cynodrome.

LEVULOSE : 8 fructose ■ **9** invertase, invertine.

LEVURE : 5 kéfir ■ **6** zymase ■ **7** candida, ferment ■ **8** levurier ■ **9** mycoderme, nystatine ■ **12** antifongique ■ **13** saccharomyces.

LEXICALE : 9 sémantème.

LEXICOGRAPHE : **15** lexicographique.
LEXICOLOGIE : **11** lexicologue ■ **13** lexicologique.
LEXIQUE : **5** lexie ■ **7** lexical ■ **9** thessaurus ■ **10** lexicalisé ■ **12** dictionnaire*.
LEZARD : **4** seps ■ **5** gecko, gekko ■ **6** moloch ■ **7** agamidé, basilic, scinque ■ **9** héloderme ■ **10** tupinambis.
LEZARDE : **5** fente ■ **8** lézarder.
LIAISON : **2** et ■ **3** fil ■ **4** jeep, lien* ■ **5** brion, herpe, suite, suivi, union* ■ **6** lierne ■ **7** époxyde, planton, pontage, rapport*, tissure ■ **8** affinité, asyndète, coq-à-l'âne, engrener, intimité, pataquès, relation, scout-car ■ **9** cohérence, connexion, connexité, covalence, filiation ■ **10** contexture, cylindrage, incohérent, liaisonner ■ **11** coordinence, semi-polaire ■ **12** acoquinement, désaccoupler, enchaînement ■ **13** communication, desmodromique, fréquentation, homocinétique, transmissions ■ **15** radiotéléphonie.
LIANE : **5** cobéa, cobée, gnète ■ **6** cobaea, gnétum ■ **7** glycine ■ **9** rafflesia, rafflésie, vanillier ■ **10** strophante ■ **12** strophantus ■ **13** chèvrefeuille.
LIANT : **7** affable, tempera ■ **11** super-ciment.
LIARDER : **6** chiche ■ **7** lésiner ■ **8** liardeur.
LIAS : **8** liasique, toracien.
LIASSE : **5** farde ■ **9** enliasser.
LIBANAIS : **5** cèdre.
LIBANAISE : **7** taboulé.
LIBELLE : **6** satire ■ **10** libelliste.
LIBELLER : **6** écrire* ■ **7** rédiger ■ **8** mandater.
LIBELLULE : **6** agrion ■ **7** æschne ■ **10** demoiselle.
LIBER : **5** tille ■ **6** teille ■ **7** cambium ■ **8** libérien ■ **13** libéroligneux.
LIBERAL : **4** muse, whig ■ **5** large ■ **8** généreux* ■ **10** munificent ■ **11** libéraliser, libéralisme, radicalisme ■ **12** libéralement ■ **14** libéralisation, néo-libéralisme.
LIBERALITE : **3** don* ■ **6** aumône ■ **7** charité*, subside ■ **8** bienfait*, donation, largesse ■ **9** profusion ■ **10** assistance, générosité* ■ **11** munificence, prodigalité ■ **12** libéralement ■ **13** gratification, philanthropie.
LIBERATION : **5** atome ■ **6** pécule, pourim, quille, rachat, rançon, remise ■ **8** amnistie, décharge ■ **9** abolition, moudjahid ■ **10** absolution, rédemption ■ **11** arrestation, défoulement, manumission ■ **12** acquittement, émancipation ■ **13** cholinergique ■ **15** désatellisation.
LIBERER : **5** jouer ■ **6** délier, évader, purger, quitte, sauver ■ **7** dégager, élargir, excuser, gracier, relaxer, tolérer ■ **8** absoudre, délivrer*, dépêtrer, désarmer, détacher, échapper, exempter, interner, racheter, relâcher, renvoyer ■ **9** acquitter, amnistier, congédier, décharger, découpler, démarquer, émanciper, libérable, licencier, pardonner, permettre ■ **10** affranchir, déclaveter, décloîtrer, désaliéner, désengager, libérateur ■ **11** libératoire, psychodrame.
LIBERO : **8** stoppeur.
LIBERTE : **5** choix, droit, lapin, libre, serfs ■ **6** relaxe ■ **7** aisance, élargir, libéral, licence*, servage ■ **8** anarchie, garantie, latitude, phrygien ■ **9** autonomie, captivité, franchise, hardiesse, permettre, réclusion ■ **10** contrainte, démocratie, jansénisme, libération, libertaire, prisonnier, relaxation, république ■ **11** familiarité, franc-parler, liberticide ■ **12** débâillonner, désinvolture, gallicanisme, habeas corpus, indépendance, indifférence, pélagianisme ■ **13** élargissement, séquestration ■ **14** postmodernisme.

LIBERTIN : **7** vicieux* ■ **8** débauché* ■ **11** irréligieux, libertinage.
LIBIDINAL : **11** sadique-anal.
LIBIDINEUX : **8** érotique, pantalon ■ **9** luxurieux* ■ **10** licencieux*.
LIBIDO : **9** libidinal.
LIBRAIRIE : **8** parution ■ **10** best-seller ■ **11** bouquiniste, pochothèque.
LIBRE : **3** cru, lié, net ■ **5** colon, évent, franc, hardi, léger, leste, leude, lycée, thane ■ **6** ingénu, olé olé, vacant ■ **7** gaulois ■ **8** autonome, cavalier, délibéré, échappée, émancipé, familier, gaillard, indocile, insoumis, libertin, pérégrin, pimenter, polisson, spontané ■ **9** affranchi, débloquer, débraillé, égrillard, gaudriole, gravelure, impromptu, inasservi, librement, molinisme ■ **10** appartenir, déclencher, dégagement, deltaplane, demi-vierge, désinvolte, libération, vauclusien ■ **11** concubinage, débattement, inassujetti, indépendant, libéraliser, libéralisme, self-service, super-marché ■ **12** croustilleux, demi-position, libre arbitre, libre-échange ■ **13** non-engagement ■ **14** acquit-à-caution ■ **15** libre-échangiste, location-gérance, protectionnisme.
LIBRE PENSEUR : **11** irréligieux.
LIBRE SERVICE : **12** cash and carry.
LIBRETTISTE : **8** parolier.
LICE : **4** camp ■ **5** lisse.
LICENCE : **5** grade ■ **6** brevet, luxure*, permis, saleté ■ **7** liberté* ■ **8** érotisme, impureté, licencié ■ **9** indécence, obscénité ■ **10** immoralité, impudicité, paranymphe, permission, saturnales, université ■ **11** grivoiserie ■ **12** autorisation, inconvenance ■ **13** propédeutique.
LICENCIER : **9** congédier* ■ **11** licenciable ■ **12** licenciement.
LICENCIEUX : **3** cru ■ **4** gras ■ **5** enfer, épicé, impur, libre ■ **6** poivré, risqué ■ **7** grivois, immoral, obscène* ■ **8** érotique, indécent, ordurier, polisson, scabreux ■ **9** débraillé, décolleté, dégoûtant, égrillard, équivoque, graveleux, impudique, luxurieux* ■ **10** dévergondé, libidineux ■ **11** inconvenant* ■ **15** licencieusement.
LICHEN : **5** lèpre, renne, usnée ■ **7** rocella, rocelle ■ **8** apothèce, lécanore, orseille, parmélie ■ **9** apothécie ■ **10** thallophyte.
LICITATION : **7** enchère ■ **10** colicitant.
LICITE : **6** permis* ■ **10** euthanasie, licitement.
LICOU : **4** rêne ■ **5** licol ■ **7** harnais ■ **11** enchevêtrer.
LIE : **5** dépôt, fécer, fécès, louré, perle, rebut* ■ **6** résidu* ■ **8** gravelée, inhérent, sédiment ■ **9** baissière, juxtaposé, précipité ■ **11** équipollent ■ **12** conventionné ■ **13** fractionnaire.
LIED : **5** chant* ■ **7** mélodie*.
LIEGE : **5** chêne, ruche, suber ■ **6** liéger ■ **7** bouchon, liégeux ■ **8** subéreux ■ **9** rhytidome ■ **10** chêne-liège, démasclage, lenticelle, phellogène, talonnette ■ **11** phelloderme.
LIEN : **3** fil ■ **4** fers, glui, hart, joug, lier, mari, trait ■ **5** agnat, alèse, bande, bride, câble, corde, harde, joint, lacet, licol, licou, longe, nœud, osier, paire, plion, ruban ■ **6** amarre, bolduc, catgut, chaîne*, cordon, garrot, racine, tresse ■ **7** attache, cordage, enlacer, entrave, ficelle, lanière, liaison*, rapport*, rouette ■ **8** accolage, courroie, ligament, ligature, menottes ■ **9** élastique, maternité, parentèle, paternité, périsprit ■ **10** cordelette, désenlacer, fraternité, jarretière, obligation ■ **11** conjonction, nationalité, trait d'union ■ **13** concentration, inconséquence.
LIER : **2** et, or, qu ■ **3** que ■ **4** être, lien, unir* ■ **5** happe, lacer, liage, liant, moise, nouer ■ **6** bander, brider, corder, coudre, lourer, relier, serrer, souder ■ **7** accoler, amarrer, atteler, ceindre, engager, fagoter, ficeler, joindre*, liement, renouer, sangler ■ **8** associer, attacher*,

botteler, cimenter, emballer, embosser, engrener, entraver, inféoder, jarreter ■ **9** accointer, accoupler, acoquiner, bauquière, connecter, copulatif, enchaîner, garrotter, harnacher, ligature, rattacher ■ **10** envelopper, franchiser, fréquenter ■ **11** aiguilleter, conjonction, hypothéquer ■ **12** désaccoupler ■ **13** conventionner.

LIERRE : 7 glécome ■ **8** gléchome.

LIESSE : 4 joie*.

LIEU : 2 çà, ci, en, où ■ **3** dès, ici, kan, lit, mue, par, sur ■ **4** abri, aire, base, bois, café, camp, cave, chai, coin, cour, dans, écho, éden, exil, gare, gîte, loge, mine, parc, part, pays, port, près ■ **5** accul, agora, alibi, antre, asile, avant, bagne, bauge, berce, bivac, bouge, cache, cause, colin, curie, dépôt, divan, écart, égout, enfer, entre, étape, fenil, forum, foyer, issue, local, musée, natal, natif, odéon, opéra, pâtis, paume, place*, point, privé, route, salle, scène, sénat, siège, stade, sujet, terme, tiers, toril, venir, vigil, xyste ■ **6** aunaie, caitya, cancel, canier, cliché, élysée, espace, milieu, parage, région, ultime, waters ■ **7** aiguade, atelier, aulnaie, cabinet, cannaie, chênaie, communs, contrée, endroit*, épinaie, frayère, frênaie, habitat, hêtraie, lieu-dit, magasin, nymphée, olivaie, oseraie, paysage, pissoir, planque, podaire, relâche, reposée, saulaie, souille, tribune, urinoir ■ **8** académie, amandaie, antipode, archives, bergerie, bluterie, bourbier, boutique, buissaie, caféière, carrière, cerisaie, charnier, chiottes, cidrerie, coudraie, débarras, débouché, décharge, domicile, eldorado, emporter, entrepôt, feuillée, figuerie, gurdwara, habitant, herberie, houssaie, jonchaie, jonchère, laiterie, latitude, latrines, lingerie, localité, logement, lointain, nègrerie, occasion, oratoire, ossuaire, palestre, pâturage, pêcherie, perchoir, pressoir, quartier, rouvraie, salinage, saussaie, sellerie, solitude, sucrerie, tannerie, toponyme, triperie ■ **9** abreuvoir, acheminer, aclinique, alentours, antérieur, boucherie, buanderie, buissière, campement, carrefour, cimetière, confluent, diathèque, fougeraie, fournaise, fourrière, fruiterie, garde-robe, guilledou, hauturier, hémicycle, hic et nunc, isoglosse, oliveraie, palmeraie, paneterie, patinoire, pharmacie, platanaie, pommeraie, promenade, promenoir, prunelaie, réservoir, roselière, sacristie, sapinière, sépulture, soufrière, synagogue, ubiquiste, volailler ■ **10** animalerie, atmosphère, boulodrome, boyauderie, buen-retiro, capharnaüm, cocoteraie, commodités, cotonnière, coupe-gorge, exposition, forteresse, habitation, héronnière, hippodrome, joncheraie, peupleraie, plantation, pouillerie, purgatoire, raffinerie, réceptacle, réfectoire, sédentaire, trésorerie, vanillerie, vanillière ■ **11** briqueterie, casse-gueule, chamoiserie, crapaudière, destination, distillerie, emplacement, faisanderie, garde-meuble, nourricerie, quelque part, sablonnière, tautochrone, topographie, transmigrer, water-closet ■ **12** chancellerie, charbonnière, équarrissoir, escargotière, laisse-courre, poissonnerie, poulaillerie ■ **13** blanchisserie, châtaigneraie, fréquentation, international, laisser-courre, métacentrique, pavillonnerie, secrétairerie.

LIEUTENANT : 4 maje ■ **8** enseigne ■ **9** louvetier ■ **11** lieutenance.

LIEUX ARIDES : 10 vaillantie.

LIEUX HUMIDES : 9 uligineux, valériane ■ **10** cochléaria, marchantia, marchantie, uliginaire ■ **11** hydrocotyle, scutellaire.

LIEUX INCULTES : 13 bouillon-blanc ■ **14** bourse-à-pasteur.

LIEVRE : 4 gîte, hase, lacs ■ **5** civet, lacet, lapin, râble, vagir ■ **7** bouquet, bouquin, couiner, levraut ■ **8** débouler, léporide ■ **9** levretter, tularémie.

LIFT : 6 lifter.

LIFTING: **8** déridage.
LIGAMENT: **5** écart, ptôse ■ **6** tendon ■ **8** claquage ■ **11** ligamenteux ■ **12** ligamentaire.
LIGATURE: **7** bandage ■ **8** surliure ■ **9** ligaturer, striction.
LIGNAGE: **4** lieu, race* ■ **6** parent* ■ **7** parenté ■ **12** patrilignage.
LIGNE: **3** axe ■ **4** base, côté, enté, onde, pied, raie*, rang*, site, voie ■ **5** arête, biais, canne, corde, crête, doris, entée, essai, front, fuite, gaule, liner, livet, lusin, luzin, mixte, nœud, ogive, ondée, pique, plane, plomb, point, pouce, raphé, rayon, règle, ronde, scion, sixte, terne, tiret, tracé, trait ■ **6** alinéa, bauffe, brisée, courbe, droite, fuyant, laisse, ligner, linéal, rangée*, rayure, repère, talweg ■ **7** appelet, arêtier, bouchon, contour, cordeau, dorsale, ellipse, grébige, hameçon, héberge, isobare, lignage, oblique, rénette, sécante, séismal, septime, traînée ■ **8** accolade, apothème, bandière, bretelle, ceinture, deadheat, déjauger, flotteur, grébiche, isobathe, isocline, isohyète, isohypse, libouret, linéaire, maintien, moulinet, objectif, palangre, parabole, rainette, tangente, terminus, traillet, tringler, trusquin, turlutte, vermille ■ **9** arondelle, branlette, diagonale, direction, directive, filiation, fontanili, graphique, inflexion, isotherme, linéament, linéature, obliquité, parallèle, périmètre, sillonner, souligner, téléphone, tire-ligne, trigramme, verticale ■ **10** collatéral, curviligne, dandinette, définition, directrice, emplanture, générateur, géodésique, guillochis, interligne, isallobare, isochimène, lignerolle, mixtiligne, osculation, rectiligne, silhouette, surtension, télégraphe ■ **11** arrière-plan, bissectrice, chemin de fer, génératrice, horizontale, palangrotte, paternoster, terminateur, trajectoire, troussequin ■ **12** isodynamique, matrilignage ■ **13** justification ■ **15** circonvallation, contrevallation, perpendiculaire, radio-alignement.
LIGNEE: **4** race*, sang ■ **11** descendance*.
LIGNEUX: **5** arbre, loupe ■ **7** bagasse ■ **10** chènevotte, frutescent.
LIGNITE: **4** jais ■ **5** jayet ■ **8** lignifié ■ **13** lignification.
LIGOTER: **4** lier ■ **8** attacher*, ligotage.
LIGUE: **5** grève, seize, union* ■ **6** liguer ■ **7** complot*, ligueur ■ **8** alliance, décapole ■ **9** coalition ■ **11** association*.
LIGURIE: **6** ligure.
LILAS: **5** sauge ■ **6** sauget.
LILIACEE: **3** ail, lis, lys ■ **4** cive ■ **5** aloès, yucca ■ **6** fragon, muguet, oignon, safran, scille, smilax, tulipe ■ **7** asperge, ciboule, civette, dracena, muscari, poireau, porreau, vératre ■ **8** dracaena, échalote, endymion, jacinthe, martagon, phormium, tue-chien ■ **9** asparagus, asphodèle, colchique, hyacinthe, parisette, rocambole ■ **10** aspidistra, ciboulette, dragonnier, sansevière ■ **11** fritillaire, hémérocalle, ornithogale ■ **13** salsepareille ■ **14** raisin-de-renard, sceau-de-salomon ■ **15** dame-d'onze-heures.
LILLE: **7** lillois.
LIMACE: **5** loche.
LIMAÇON: **5** corne ■ **7** cochlée ■ **8** escargot ■ **9** colimaçon ■ **10** cochléaire.
LIMBE: **7** foliole, pétiole ■ **8** limbaire ■ **9** palmifide, palmilobe ■ **10** palmi-parti, palmisèque, palmiséqué ■ **11** palmatifide ■ **12** palmatiparti, palmatisèque.
LIME: **4** râpe ■ **5** limer ■ **6** fraise, râpure, rugine ■ **7** carreau, riflard, rifloir ■ **8** limaille ■ **9** demi-ronde ■ **10** queue-de-rat, tiers-point.
LIMER: **4** étau ■ **5** polir, râper ■ **6** mordre, rifler ■ **7** adoucir, dresser, ébarber, ruginer, tailler ■ **8** chapeler, ébaucher, parfaire.

LIMIER: **8** policier* ■ **9** rembucher.
LIMITATION: **6** limite* ■ **11** restriction ■ **12** cantonnement ■ **14** autolimitation ■ **15** contingentement.
LIMITE: **3** but, fin*, mur, out ■ **4** aire, amer, bord*, côte, fini, haie, orée, plus, rive ■ **5** arête, berge, borne, cadre, corde, front, grève, lèvre, ligne, limbe, temps, terme* ■ **6** frange, infini, mesure, rivage ■ **7** ad litem, bordure*, carnèle, circuit, confins, contour, extrême, lisière, origine, plafond, tranche ■ **8** barrière, illimité, littoral, pomerium ■ **9** délimiter, extrémité, franc-bord, frontière, gold-point, interface, limitable, limitatif, périmètre ■ **10** in extremis, limitrophe, restrictif ■ **11** démarcation, déplafonner, stratopause ■ **12** commencement, magnétopause ■ **13** entrebâilleur, extrapolation ■ **14** numerus clausus ■ **15** circonscription.
LIMITER: **4** fuir ■ **5** clore ■ **6** border*, borner, fermer, longer, rogner ■ **7** définir, ébarber, enclore, épuiser, modérer, séparer ■ **8** déborder ■ **9** cantonner, contenter, limitable, localiser ■ **10** contourner, déterminer, koudourrou ■ **11** restreindre ■ **12** circonscrire*, contingenter ■ **13** dénucléariser.
LIMITROPHE: **6** proche ■ **9** frontière.
LIMNOLOGIE: **12** limnologique.
LIMOGER: **9** limogeage.
LIMOGES: **10** limougeaud.
LIMON: **3** lut ■ **4** boue*, silt, vase ■ **5** lœss, marne, patin ■ **6** bourbe, javeau, wagage ■ **8** boulbène, limonade, limonage, limoneux, limonier, mancelle ■ **13** sous-ventrière.
LIMONADIER: **4** vaté ■ **7** glacier.
LIMONITE: **4** ocre.
LIMOUSINAGE: **10** limousiner.
LIMPIDE: **3** eau, pur* ■ **5** clair, perle, roche ■ **7** trouble ■ **9** limpidité ■ **11** transparent*.
LIN: **4** filé, gaze ■ **5** broie, drège, filer, huile, linge, linon, maque, rouet, tissu, toile ■ **6** étoupe, linacé, linier, macque ■ **7** batiste, chanvre, damassé, filasse, granité, linaire, linette, linière ■ **8** affinoir, chenille, cretonne, écanguer, étaleuse, popeline ■ **9** égreneuse, rouissoir.
LINACEE: **3** lin.
LINAIRE: **7** velvote ■ **9** linéarité ■ **10** cymbalaire ■ **12** linéairement ■ **13** multilinéaire.
LINCEUL: **4** mort ■ **6** sindon, suaire ■ **9** ensevelir.
LINEAIRE: **4** yard ■ **5** lieue.
LINEAMENT: **5** trait ■ **8** rudiment.
LINGE: **3** fin ■ **4** drap, taie ■ **5** ajour, amict, bande, batte, braie, damas, jabot, nappe, nouet, savon, séton, tapon, toile*, tuyau ■ **6** bavoir, couche ■ **7** azurage, damassé, lavette, lessine, lingère, séchoir, tendoir, tuyauté ■ **8** baluchon, buandier, corporal, damasser, essanger, étendoir, frottoir, herberie, lingerie, mercière, mouchoir, tavaïole, troutrou ■ **9** balluchon, bonnetier, cache-sexe, cisailler, compresse, frivolité, lave-linge, manuterge, repassage, serviette, tavaïolle, tortillon, trousseau, véronique ■ **10** bonnetière, écouvillon, essuie-main, garde-nappe, lavandière, lessiveuse, sèche-linge ■ **11** cache-corset ■ **12** bateau-lavoir, patte-mouille, soutien-gorge ■ **13** œil-de-perdrix, purificatoire.
LINGERIE: **6** rebras ■ **7** canezou, nanzouk ■ **8** guêpière.
LINGOT: **5** barre, bloom, culot ■ **6** cadrat ■ **8** billette, ressuage ■ **9** dégrosser ■ **10** lingotière.
LINGUISTE: **11** sémanticien ■ **14** néogrammairien.
LINGUISTIQUE: **3** yod ■ **6** monème ■ **7** ougrien ■ **9** isoglosse, topony-

mie ■ **10** diachronie, étymologie, philologie, synchronie ■ **11** littérature ■ **12** finno-ougrien ■ **13** dialectologie ■ **14** structuralisme.
LINIMENT : **5** baume* ■ **7** onguent ■ **11** embrocation.
LINOLEIQUE : **9** linoléine.
LINOTTE : **5** linot ■ **7** étourdi, sizerin.
LINOTYPE : **9** linotypie ■ **11** linotypiste.
LINTEAU : **7** sommier ■ **8** décharge, poitrail ■ **9** feuillure.
LION : **5** tigre, tueur ■ **6** lionin, tiglon, tigron ■ **7** diffamé, léopard ■ **8** crinière, léopardé, lionceau ■ **11** rugissement.
LIPASE : **8** éstérase ■ **8** saponase.
LIPIDE : **9** lécithine, lipidémie, lipidique ■ **12** lipoprotéine ■ **13** pantothénique.
LIPPE : **5** lèvre, lippu ■ **7** grimace.
LIQUEFACTION : **5** point ■ **10** liquéfiant ■ **11** thixotropie ■ **12** condensation.
LIQUEFIE : **3** g.p.l.
LIQUEFIER : **6** diluer, fondre, souder ■ **7** dégeler, infuser ■ **8** résoudre ■ **9** condenser, dissoudre, parfondre ■ **11** liquéfiable, réfrigérant ■ **12** liquéfacteur.
LIQUEUR : **3** eau, lie, suc, vin ■ **4** arac, arak, brou, café, cave, grog, ivre, lait, ouzo, rack, raki, vaté ■ **5** agave, anisé, arack, baume, crème, éther, huile, jauge, jusée, larme, punch, sépia, sirop, soyer, tamis, tokaj, tokay, verre ■ **6** bitter, cassis, élixir, génépi, kummel, nectar, pastis ■ **7** calabre, curaçao, essence, ratafia, ripopée, rogomme ■ **8** absinthe, alkermès, anisette, apéritif, digestif, eau-de-vie, futaille, genièvre, laudanum, persicot, picardan, prunelle, rossolis, vermouth, vespétro ■ **9** coriandre, guignolet, liquoreux, marasquin, mirabelle, sommelier ■ **10** chartreuse, défécation, liquoriste, manzanilla, peppermint, spiritueux ■ **11** bénédictine, citronelle, trappistine ■ **12** distillateur, fenouillette, sophistiquer.
LIQUIDATION : **8** curateur, faillite, liquider ■ **10** liquidatif ■ **11** liquidateur.
LIQUIDE : **3** eau*, jus, pus, suc ■ **4** bain, bile, boue, broc, buée, floc, flot, flux, lait, muid, pipe, sang, sève ■ **5** arobe, baume, boire, brome, bulle, chyle, congé, crase, débit, dépôt, écume, égout, encre, éther, fioul, fondu, froid, fuite, huile, kyste, lampe, laque, larme, latex, laver, litre, métal, noyer, ortie, outre, perle, pinte, pompe, purin, rosée, sauce, sérum, sirop, stase, trait, urine, velte, venin, vésou ■ **6** alcool*, arrobe, ascite, brouet, fluide*, giclée, humeur, lotion, oléine, plasma, rasade, sperme, tisane, vortex ■ **7** acétone, amphore, boisson, chassie, chopine, exsudat, filtrat, mélasse, poisson, pucheux, sabayon, saumure, stéride, trempée, vinasse, ypérite ■ **8** babeurre, bouillon, coaguler, colature, congeler, créosote, effluent, émulsion, eye-liner, fait-tout, fixateur, glou-glou, glycérol, laudanum, mucilage, pissette, pyralène, sédiment, sérosité, synérèse, teinture ■ **9** acroléine, agitation, aréomètre, azéotrope, bain-marie, berlingot, bouteille, démixtion, diffluent, digestion, dissoudre, égoutture, entonnoir, immersion, liquéfier, liquidien, mouillant, nébuliser, patouille, petit-lait, précipité, récipient, rembouger, réservoir, sécrétion, stripping, turbidité ■ **10** absorption, aréométrie, caillement, cubitainer, eaux-vannes, ébullition, écoulement, éthylamine, exhausteur, hydramnios, mouillace, piézomètre, pulsomètre, pycnomètre, saturation, shampooing, surchauffe, transfuger, transsudat, turbimètre, turbulence, ventricule ■ **11** chloroforme, consistance, crépitation, crépitement, embrocation, évaporation, hydarthrose, hydrosphère, lactescence, piézo-

gramme, tuberculine ■ **12** distillation, filtre-presse, frémissement, hydrographie, lance-flammes, liquéfaction, perméabilité, sous-refroidi, térébenthine, thoracentèse, vaporisateur, vaporisation, wagon-citerne ■ **13** concordataire, hydrostatique, ingurgitation, navire-citerne, pulvérisateur, saccharimètre ■ **14** bouillonnement, hydrodynamique, solidification.

LIQUIDER: **4** tuer ■ **10** liquidable ■ **11** désendetter, liquidateur, liquidation.

LIRE: **5** encre ■ **6** liseur, relire, revoir ■ **7** ânonner, dévorer, étudier, lecteur, lecture, réciter, récoler ■ **8** dyslexie, illettré ■ **9** alphabète, bouquiner, centesimo, compulser, illisible, parcourir ■ **10** déchiffrer, dépouiller, feuilleter, illettrisme, lisibilité, palindrome, paperasser, syllabaire ■ **11** analphabète, grammatiste, lisiblement ■ **12** phonocapteur ■ **14** indéchiffrable.

LIS: **6** lilial ■ **8** criocère, martagon ■ **9** anaryllis.

LISERE: **8** lisérage ■ **9** passepoil.

LISERON: **6** ipomée ■ **7** vrillée ■ **9** volubilis ■ **11** belle-de-jour, convulvulus.

LISIERE: **2** lé ■ **4** bord*, orée ■ **5** duite, laise, laize, terme ■ **7** bordure*, écotone ■ **9** effiloche.

LISSAGE: **7** lisseur.

LISSE: **3** uni* ■ **4** lice, poli* ■ **5** chant, crépi, frisé, herpe, hêtre, raban, tuyau ■ **6** lisser ■ **7** agatisé ■ **8** calandre, décrêper, délisser, fibrille, lisseuse, popeline ■ **11** napolitaine.

LISSER: **6** gomina.

LISTE: **4** état, menu, rôle ■ **5** carte, tarif ■ **6** errata, lister ■ **7** erratum, matrice, mémoire, tabelle, tableau ■ **8** alphabet, annuaire, éponymie, palmarès, syllabus ■ **9** affouager, catalogue, manifeste, matricule ■ **10** grand-livre, inventaire, mercuriale, nécrologie, répertoire ■ **11** martyrologe ■ **12** argumentaire, filmographie, nomenclature, nomenklatura ■ **13** questionnaire.

LISTER: **7** listage.

LIT: **3** ber ■ **4** dodo, drap, duit, jard, noue, page, pieu, sofa, tara, tune ■ **5** bauge, délit, divan, galet, hamac, kapok, moine, natte, niche, ouate, pagne, pajot, pente, plume, ravin, sopha, tâter ■ **6** canapé, châlit, chevet, coitte, couche*, grabat, pageot, pagnot, pucier, ruelle ■ **7** berceau, couchis, couette, lit-cage, literie, padoque, paillot, peautre, pieuter, plumard ■ **8** courtine, estuaire, pagnoter, ruisseau ■ **9** alitement, baldaquin, canapé-lit, couchette, couvre-lit, paillasse, traversin ■ **10** bassinoire, chauffe-lit, couvre-pied, dégravoyer, fonçailles, grabataire ■ **11** cantonnière ■ **12** défluviation ■ **13** barcelonnette, bercelonnette.

LITHIASE: **6** calcul ■ **8** gravelle ■ **11** lithiasique ■ **12** cholécystite.

LITHIUM: **2** li ■ **7** lithine ■ **10** lépidolite ■ **11** lépidolithe, lithinifère.

LITHOGRAPHIE: **5** litho ■**11** lithographe ■ **12** zincographie ■ **14** lithographique.

LITHOLOGIE: **12** lithologique, pétrographie.

LITHOSPHERE: **14** lithosphérique.

LITHOSPHERIQUE: **10** subduction.

LITIERE: **6** fumier ■ **8** basterne ■ **9** palanquin.

LITIGE: **7** dispute* ■ **9** arbitrage, décrétale, litigieux, médiation, recréance ■ **11** contentieux, hors-de-cause ■ **12** contestation.

LITORNE: **7** jocasse.

LITRE: **3** kil ■**4** moss ■ **5** bidon, canon, congé, quart ■ **7** chopine ■ **9** décilitre, demi-litre ■ **10** centilitre, hectolitre, millilitre.

LITTERAIRE: **3** raï ■ **5** image, unité ■ **7** héterie ■ **8** acméisme, doctrine, épilogue ■ **9** antiroman, œuvrette ■ **10** lipogramme, monogatari ■ **11** indigénisme, littéralité ■ **13** préromantisme ■ **14** littérairement, psychocritique.
LITTERAL: **11** littéralité.
LITTERALEMENT: **9** à la lettre.
LITTERATURE: **4** idée, muse, page ■ **5** écrit, héros, lycée, navet, nègre ■ **6** auteur ■ **7** bluette, cénacle, fresque, lettres, pochade, théâtre, vérisme ■ **8** confrère, dadaïsme, fatrasie, institut, nouvelle, pastiche ■ **9** antiroman, compagnie, félibrige, futurisme, latiniste, lettrisme, macaronée, matériaux, populisme, pot-pourri, salonnier ■ **10** esthétisme, germaniste, médiéviste, ossianique, pastichage, philologie, romantisme, scatologie, symbolisme, unanimisme ■ **11** classicisme, conceptisme, germanisant, littérateur, naturalisme, renaissance, surréalisme ■ **12** comparatisme, comparatiste, dissertation, italianisant, linguistique, miscellanées, pornographie, romanticisme ■ **13** belles-lettres ■ **15** impressionnisme.
LITTORAL: **4** baie, bord, lido ■ **5** lagan ■ **6** rivage* ■ **8** avocette, calanque, clovisse, panicaut ■ **9** gattilier.
LITTORINE: **9** bigorneau.
LITUANIE: **10** lithuanien.
LITURGIE: **4** pale ■ **5** motet ■ **6** conopé ■ **10** dalmatique, hiératique, liturgique ■ **12** manécanterie.
LITURGIQUE: **4** oint ■ **5** guèze ■ **8** cathèdre, sucologe ■ **9** tunicelle.
LIVIDE: **4** noir, pâle* ■ **5** blême ■ **8** lividité ■ **12** meurtrissure.
LIVRAISON: **5** lever ■ **7** filière ■ **9** fascicule.
LIVRE: **3** abc ■ **4** avis, once, page, prix, sage, tête, tome ■ **5** album, bible, canon, coran, écrit, enfer, flore, folio, garde, guide, index, porno, quart, table, tenue, titre ■ **6** abrégé, barème, livret, manuel, missel, rituel, targum, traité, volume ■ **7** bouquin, édition, elzévir, extrait, fermail, graduel, imprimé, in-douze, in-folio, in-plano, in-seize, lexique, libellé, ouvrage, recueil, rognoir ■ **8** alphabet, brocheur, brochure, chapitre, couvrure, écrivain, eucologe, évangile, expurger, grimoire, guide-âne, herd-book, in-octavo, in-quarto, intitulé, jaquette, keepsake, librairie, maquette, opuscule, post-face, registre*, shilling, vespéral ■ **9** bouillons, bouquiner, bréviaire, brocheuse, charpente, endossure, facturier, fascicule, finissure, flock-book, glossaire, grammaire, in-dix-huit, librairie, liminaire, livresque, plaquette, quarteron, vade-mecum ■ **10** abécédaire, apocalypse, best-seller, brouillard, catéchisme, cérémonial, compendium, directoire, éphéméride, indicateur, paroissien, rhétorique, syllabaire ■ **11** avant-propos, bibliologie, bibliomanie, bibliophile, bouquinerie, bouquiniste, couvre-livre, frontispice, interfolier, pentateuque, pochothèque, publication*, sapientiaux, tranchefile ■ **12** antiphonaire, arithmétique, bibliographe, bibliothèque, évangéliaire, expurgatoire, passionnaire ■ **13** bibliographie, collationnure, processionnal, sacramentaire.
LIVREE: **7** laquais.
LIVRER: **5** céder, faire, mèche ■ **6** donner*, lâcher, rendre, trahir ■ **7** adonner, confier, émettre, fournir, laisser, livreur ■ **8** délivrer, extrader, hasarder, livrable, repaître ■ **9** combattre, consacrer, intriguer, livraison, sous-palan ■ **10** abandonner, constituer, fainéanter, franco-bord, magouiller, prostituer, recueillir, vandaliser ■ **11** extradition, grenouiller.
LIVRET: **6** cahier ■ **8** libretto ■ **11** librettiste.
LOB: **5** lober.

LOBBY: **8** lobbying, lobbysme.
LOBE: **5** labié, lobée ■ **6** lobule ■ **7** lobaire, trilobé, unilobé ■ **8** auricule, polylobé ■ **9** cotylédon, multilobé, occipital ■ **10** homocerque, lobectomie ■ **11** antépophyse ■ **14** quatre-feuilles.
LOBOTOMIE: **10** leucotomie.
LOBULE: **8** lobuleux ■ **9** lobulaire.
LOCAL: **3** bal ■ **4** loft ■ **5** poste, salle, serre ■ **6** arcade, chenil, fumoir, studio ■ **7** baraque, cellule, couvoir, galerie, parquet, séchoir ■ **8** friterie, fruitier, garderie, glacière, localier, noviciat, officine, procaïne, showroom ■ **9** carnotset, carnotzet, pilosisme, sans-logis ■ **10** acoustique, infirmerie, localement, ludothèque, médicalisé, paludarium, pas-de-porte ■ **11** cartothèque, kommandatur, laboratoire, photothèque, turgescence ■ **13** sous-locataire.
LOCALISATION: **15** électrolocation.
LOCALISE: **6** fondis.
LOCALISER: **5** point ■ **6** borner ■ **7** limiter, repérer ■ **11** antérovirus, localisable, spatialiser ■ **12** circonscrire, localisateur, localisation.
LOCALITE: **4** bled, lieu*, trou ■ **5** ville ■ **7** endroit ■ **8** enzootie ■ **10** chalandise.
LOCATION: **5** congé ■ **6** fréter, louage ■ **7** leasing, louable ■ **8** surlouer ■ **11** colocataire ■ **12** reconduction, sous-location.
LOCHE: **7** barbote ■ **8** barbotte.
LOCK-OUT: **5** grève ■ **9** lock-outer.
LOCOMOTEUR: **7** orthèse.
LOCOMOTION: **5** cycle ■ **8** flagelle ■ **9** ambulacre, flagellum ■ **10** célérifère, draisienne, locomoteur, pseudopode, vélocimane.
LOCOMOTIVE: **5** bogie, fanal, lacet, train ■ **6** bécane ■ **8** coulisse ■ **11** chemin de fer, pantographe ■ **12** banalisation ■ **13** chasse-pierres, diésélisation.
LOCUTEUR: **11** allocutaire.
LOCUTION: **2** go ■ **3** fur ■ **8** arabisme, tournure ■ **9** ad valorem, cacologie, poco à poco, sous-palan ■ **10** anglicisme, expression, hispanisme ■ **11** coordonnant ■ **14** provincialisme.
LOCUTION ADVERBIALE: **3** à nu, exa ■ **4** à cru, à pic, à vie, delà ■ **5** à bloc, abord, à bras, à côté, à demi, à fond, à gogo, à jeun, à même, à mort, à pari, à part, à plat, à plomb, à quia, à sec, à tort, à vide, en bas, en sus, ne... que, par-là, per os ■ **6** à flots, à force, à froid, à la fin, à l'envi, à moins, à peine, à perte, à pible, à point, à ravir, a tempo, à temps, au fond, au loin, au long, au plus, à verse, d'abord, da capo, de face, de loin, de même, de nuit, de pair, de plus, de près, de visu, du tout, en beau, en bloc, en chef, en face, en fait, en gros, en hâte, en haut, en petit, en rond, en tout, en vain, en vrac, et puis, ex vivo, in situ, in vivo, là-haut, passim, que dal, ric-rac ■ **7** à cheval, à compte, à crédit, ad litem, ad nutum, à droite, à foison, a giorno, à jamais, à la dure, à la file, à la fois, à la hâte, à la mort, à la nage, a latere, al dente, à l'écart, à loisir, à mi-côte, à minima, à mi-voix, à moitié, a priori, à propos, à regret, à savoir, à tâtons, au juste, au large, au moins, au reste, au temps, au total, avenant, ci-après, dans peu, d'aplomb, d'autant, d'avance, de biais, de ce pas, de chant, de court, de front, de grâce, d'emblée, de sitôt, dès lors, de reste, de suite, d'office, du moins, du reste, en avant, en biais, en croix, en forme, en foule, en grand, en marge, en masse, en outre, en plein, en un mot, ex aequo, extenso, in petto, in utero, in vitro, mot à mot, non plus, non sans, par-delà, pas à pas, peu à peu, plein de, pour sûr, ric à rac, sine die, sou à sou, tant pis, une fois, vis-à-vis ■ **8** à coup sûr,

à couvert, à demeure, à demi-mot, à dessein, ad patres, à force de, à la coule, à la ronde, à la Titus, à l'avenir, à la volée, à l'entour, à l'envers, à l'estime, à l'étroit, à l'infini, à mi-corps, à mi-jambe, à nouveau, à part lui, à part moi, à peu près, à plaisir, à poignée, à présent, à rebours, à souhait, à travers, à tue-tête, au bas mot, au-dehors, au-dessus, au diable, au double, au hasard, à vau-l'eau, à vau-vent, à volonté, bien plus, ci-contre, ci-dessus, ci-devant, dare-dare, de-ci de là, de dehors, de moitié, de niveau, en avance, en beauté, en chœur, en commun, en croupe, en dehors, en dessus, en détail, en diable, en double, en fraude, en friche, en partie, en public, en regard, en résumé, en retour, en second, en secret, en vérité, en viager, ex nihilo, jusque-là, là-contre, là-dedans, là-dessus, mi-course, ne... goutte, outre-mer, par cœur, par écrit, par en bas, par suite, pêle-mêle, peut-être, pour lors, que dalle, sans plus, sans quoi, tout beau, tout de go, tout doux, vice versa ■ **9** à bon droit, à cela près, à cet égard, à dire vrai, à distance, ad libitum, à domicile, a fortiori, à la fureur, à la légère, à la longue, à l'amiable, à l'arraché, à l'avenant, à la vérité, à l'endroit, à l'extrême, à l'instant, à l'origine, à mi-chemin, à muche pot, à musse pot, à outrance, à perpette, après coup, après quoi, après tout, à reculons, à tout coup, à tout prix, au complet, au courant, au-dessous, au maximum, au minimum, au naturel, au prorata, au rebours, au surplus, au travers, autre part, avant-hier, avec cœur, à vrai dire, bel et bien, berzingue, cahin-caha, ci-dessous, côte à côte, d'ailleurs, de concert, de coutume, de gré à gré, de nouveau, de partout, depuis peu, de rigueur, de travers, d'habitude, d'instinct, d'occasion, en arrière, en cinq sec, en dessous, en échange, en écharpe, en général, en haleine, en passant, en réalité, en réserve, en spirale, en sursaut, en suspens, en travers, et caetera, face à face, hic et nunc, in extenso, là-dessous, lato sensu, mezza voce, outre-Rhin, par avance, par contre, par-dessus, par-devant, par hasard, par le fait, poco a poco, pour la vie, quand même, sans cesse, sans doute, sans faute, soi-disant, sou par sou, sous-palan, sous terre, sur le coup, sur l'heure, tant mieux, tour à tour, tout à coup, tout à fait, tout à trac, tout court ■ **10** ab intestat, à bon compte, a contrario, à contre-fil, à cor et à cri, à corps perdu, à découvert, à jour nommé, à la dérobée, à la marengo, à l'anglaise, à la rigueur, à l'opposite, à merveille, après-demain, à tire-d'aile, au dépourvu, au pis-aller, au plus près, au possible, couci-couça, couci-couci, dans le fond, dans œuvre, de bon cœur, de guingois, de mal en pis, de surcroît, de traviole, de vive voix, d'ordinaire, en cachette, en catimini, en ce moment, en pantenne, en personne, en présence, en qualités, en revanche, en sourdine, en sous-main, en tapinois, entre-temps, en un moment, ex cathedra, ex professo, extra-muros, grosso modo, in extremis, intra-muros, jusqu'alors, mal à propos, ne varietur, outre-monts, outre-tombe, par-ci par-là, par-dessous, par exemple, par indivis, par intérim, par malheur, par mégarde, par moments, par ouï-dire, par système, pour ma part, quelque peu, qui plus est, sans retour, sine qua non, sur-le-champ, tant et plus, tout du long, tout au plus, tout autour, tout d'abord, tout de même, un tantinet, urbi et orbi ■ **11** à bon escient, à claire-voie, à cloche-pied, à contre-jour, à contre-pied, à contre-poil, à contresens, à croupetons, à discrétion, à grand-peine, à la hussarde, à juste titre, à la redresse, à la renverse, à la sauvette, à l'ordinaire, à perpétuité, à perte de vue, à peu de frais, à point nommé, a posteriori, à proportion, à son escient, à tour de bras, à tous égards, à toute force, à tout hasard, à tout moment, à tout propos, au contraire, au demeurant, au préalable, à vol d'oiseau, bien entendu, bras-le-corps, cœur à cœur, corps à corps, coup sur coup, dans le but de, d'autant plus, de compagnie, de confiance, de plain-pied, de plus belle, de sang-froid, de tout cœur, de tout point, de tout temps, de vive force, d'ores et déjà, en attendant, en compagnie, en confiance, en contrebas, en même temps, en pure perte, en raccourci, en sous-ordre, en substance, en tête à tête, en tout point, hors-d'œuvre, outre-Manche, outre mesure, par accident, par ailleurs, par-derrière, par instinct, par surcroît, petit à petit, plus ou moins, pour la forme, tant soit peu, terre à terre, tout à l'heure, tout de suite, tout d'un coup, tout plein de, tutti quanti ■ **12** à bras le corps, à cœur ouvert, à contre-biais, à contrecœur, à contretemps, à la débandade, à la rescousse, à l'aveuglette, à l'improviste, à livre ouvert, à pied d'œuvre, à suffisance, à tête reposée, à tire-larigot, à tout le moins, au beau milieu, au superlatif, avant le temps, bon gré mal gré, comme de juste, dans un moment, de bonne heure, de but en blanc, de convention, de loin en loin, de part en part, de père en fils, de plein droit, de plus en plus, de prime abord, de toute façon, en bonne forme, en conclusion, en confidence, en conscience, en contrehaut, en second lieu, en sous-œuvre, fur et à mesure, hors de propos, nec plus ultra, non seulement, sans conteste, stricto sensu, touche-touche ■ **13** à bâtons rompus, à beaucoup près, à la billebaude, à la bonne heure, à la découverte, à la perfection, clopin-clopant, dans un instant, de compte à demi, de long en large, de son plein gré, de toutes parts, d'outre en outre, en bandoulière, en conséquence, en fin de compte, en particulier, en perspective, en plein milieu, en premier lieu, en suffisance, en temps et bien, en un clin d'œil, goutte à goutte, manu militari, ni plus ni moins, par conséquent, par excellence, par impossible, pour la plupart, pour tout de bon, sans contredit, sous le manteau, tout d'une tenue, un tant soit peu ■ **14** à chaque instant, à la croque au sel, à qui mieux mieux, à rebrousse-poil, à tous les égards, au bout du compte, au dernier point, au fur et à mesure, au grand complet, au premier abord, con espressione, de fond en comble, de point en point, de temps en temps, d'une seule tenue, en quelque sorte, en rang d'oignons, par comparaison, par intervalles, sans aucun doute, sauf correction ■ **15** à bras raccourcis, à brûle-pourpoint, à coups redoublés, à la vie et à la mort, à peu de chose près, à tort et à travers, au compte-gouttes, au diable vauvert, de gaieté de cœur, de part et d'autres, de son propre chef, de toute évidence, d'un commun accord, intuitu personae, mutatis mutandis, outre-Atlantique.

LOCUTION CONJONCTIVE : 5 que si, si que, vu que.

LOCUTION ELLIPTIQUE : 5 adieu.

LOFER : 5 tâter.

LOGARITHME : 3 bit ■ **5** table ■ **8** mantisse, népérien ■ **12** cologarithme ■ **12** logarithmique ■ **14** antilogarithme ■ **15** caractéristique.

LOGARITHMIQUE : 7 richter.

LOGE : 3 box ■ **4** cage ■ **5** cella, loger, niche, vigie ■ **6** loculé, loggia, zoécie ■ **7** logette, pipelet, portier ■ **8** loculeux, porterie ■ **9** baignoire, concierge, loculaire, vénérable ■ **10** avant-scène, poulailler ■ **11** biloculaire ■ **12** triloculaire, uniloculaire ■ **14** multiloculaire ■ **15** franc-maçonnerie.

LOGEMENT : 3 nid ■ **4** abri, loft, loge, toit, trou ■ **5** bouge, garni, loger, logis, loyer, pièce, poste, puits, squat, terme, vivre ■ **6** chenil, maison*, réduit, refuge, taudis ■ **7** adresse, caserne, château, couvert, demeure*, galetas ■ **8** coqueron, domicile, mansarde, sans-abri, squatter ■ **9** déménager, entretien, intérieur, résidence ■ **10** habitation*,

occupation, pied-à-terre ■ **11** appartement, cité-dortoir, garçonnière ■ **12** squattériser.
LOGER: **5** caser, gîter, louer ■ **6** camper, jucher, logeur, placer ■ **7** arrêter, établer, habiter*, meubler, occuper, percher, résider ■ **8** demeurer*, héberger, logeable, logement ■ **9** cantonner, emménager.
LOGETTE: **5** hutte ■ **6** cabine ■ **8** bretèche, bretesse.
LOGICIEL: **7** tableur ■ **8** grapheur, logiciel, ludiciel ■ **10** logithèque ■ **11** développeur, didacticiel ■ **12** incrémentiel, interpréteur, multifenêtre.
LOGIQUE: **5** terme ■ **6** raison* ■ **8** alogique, cohésion, logicien ■ **9** illogique, logicisme, pertinent ■ **10** catégorème, conséquent, incohérent, logistique, méthodique, prélogique, sémiotique ■ **11** antilogique, consécution, dialectique, logiquement, logisticien, métalogique, syntactique, systématisé ■ **12** inconsistant, méthodologie ■ **13** concaténation, naturellement.
LOGIS: **4** chez ■ **5** céans ■ **6** maison* ■ **7** demeure* ■ **10** habitation* ■ **11** appartement.
LOGOGRIPHE: **6** énigme.
LOGOMACHIE: **10** discussion ■ **12** logomachique.
LOGORRHEE: **12** logorrhéique.
LOI: **3** ohm ■ **4** code, édit, émir ■ **5** amour, crime, délit, droit, faute, joule, légal, lynch, macle, magie, norme, ordre, péché, pénal, règle*, saint, série, siège, titre, uléma, usure ■ **6** arrêté, charia, décret, devoir, dharma, omerta ■ **7** formule, légiste ■ **8** attorney, autorité, bien-jugé, décemvir, exécutif, intitulé, légitime, loi-cadre, mosaïsme, non-cumul, principe, réprouvé, sanction, zoonomie ■ **9** abolition, antinomie, collectif, cotutelle, décret-loi, desperado, féodalité, hors-la-loi, légalisme, légiférer, règlement, sexonomie, taxinomie, taxonomie ■ **10** abrogation, amendement, cosmologie, dérogation, illégalité, infraction, légalement, législatif, obligation, ordonnance ■ **11** absolutisme, constituant, institution, législateur, législation, réfractaire, thesmothète ■ **12** capitulaires, commandement, constitution, contrevenant, crève-tonneau, loi-programme, promulgation ■ **13** associativité, astrobiologie, herméneutique, jurisconsulte, jurisprudence ■ **14** redintégration, réglementation ■ **15** législativement.
LOIN: **3** ici ■ **4** tant ■ **5** avant, là-bas, outre, poids, tâter ■ **6** écarté, reculé ■ **7** arrière, ci-après, éloigné* ■ **8** éloigner, excentré, expédier, lointain ■ **9** découvrir, hauturier, subodorer ■ **11** éloignement*, télédynamie ■ **12** téléobjectif ■ **13** pérégrination, télédynamique.
LOIR: **8** muscardin.
LOIRE: **8** ligérien.
LOISIBLE: **6** permis ■ **8** possible*.
LOISIR: **5** mûrir, temps ■ **8** inaction ■ **9** permettre ■ **13** occupationnel.
LOMBAIRE: **12** lombarthrose.
LOMBE: **4** rein* ■ **5** psoas ■ **7** lumbago ■ **8** lombaire ■ **9** ensellure, lombalgie.
LOMBRIC: **11** lombricoïde ■ **13** lombriculture.
LONDONIEN: **7** cockney.
LONG: **3** bon ■ **4** banc, caïc, crin, lent, macr, maxi, tard, toge ■ **5** bande, barre, bâton, batte, bogie, boyau, durer, éclat, épieu, estoc, fente, filet, flûte, fouet, grand, grêle, héron, jetée, lance, latte, macro, moins, panne, patte, pelle, phare, poche, rabot, rampe, rifle, roman, skiff, toise, train ■ **6** étendu, oblong, usance ■ **7** barlong, durable*, éternel, extenso, longuet, prolixe ■ **8** allonger, éternité, felouque, hectique, javeline, kyrielle, ralingue, refendre, skeleton, sommaire ■

9 banderolle, chevronné, clavicule, in-extenso, laïusseur, longévité, macropode, perpétuel, rallonger, redingote, sarbacane ■ 10 emphytéose, filandreux, léviroste, long-jointé, longuement, procession, ribambelle ■ 11 roman-fleuve ■ 12 interminable, macrodactyle, traditionnel ■ 13 brachycéphale.
LONG-COURS: 7 clipper ■ 10 cap-hornier ■ 12 long-courrier.
LONGE: 5 trait ■ 10 rognannade, rognonnade.
LONGER: 6 ranger, suivre.
LONGEVITE: 8 macrobie.
LONGICORNE: 7 saperde ■ 10 capricorne, coléoptère.
LONGILIGNE: 10 bréviligne.
LONGITUDE: 12 longitudinal.
LONGITUDINAL: 6 liston.
LONGRINE: 4 rail.
LONGTEMPS: 4 tant ■ 5 durer, piéçà, vieil, vieux ■ 7 lurette ■ 8 mitonner ■ 9 chronique, davantage, égosiller, éterniser, perennité ■ 10 traînasser, vieillesse ■ 12 interminable.
LONGUE: 7 géminée, surdent ■ 8 taillote.
LONGUEUR: 3 pas ■ 4 aune, long, onde, pied, pige, yard ■ 5 atèle, aunée, canne, chant, cours, fermi, mètre, norme, ondée, palme, point, pouce, stade, ténia, toise, touée, venue, voûte ■ 6 archée, brasse ■ 7 archère, étendue, isodome, largeur, métrage, new-look, semelle, vernier ■ 8 coursive, diamètre, écourter, grandeur, linéaire, linéique, méjanage, quadrant, vélocité ■ 9 aiguillée, angstrœm, décamètre, encâblure, envergure, éterniser, longitude, ondemètre, périmètre, prolonger ■ 10 curvimètre, dilatation, élongation, hectomètre, traînasser ■ 11 allongement, comparateur, millimicron ■ 12 décamétrique, décimétrique, demi-longueur, dilatabilité, longitudinal ■ 13 grandissement, justification, précipitation ■ 14 dilichocéphale ■ 15 accourcissement.
LOOPING: 9 immelmann.
LOPIN: 7 morceau*.
LOQUACITE: 6 disert ■ 9 éloquence*, taciturne.
LOQUE: 7 haillon* ■ 8 guenille ■ 9 loqueteux ■ 10 déguenillé.
LOQUET: 7 clenche ■ 9 loqueteau, mentonnet.
LORANTHACEE: 3 gui.
LORD: 4 lady, pair ■ 6 milord ■ 10 seigneurie.
LORETTE: 5 fille.
LORGNER: 8 lorgneur, regarder*, reluquer ■ 9 convoiter*.
LORGNETTE: 7 lunette ■ 8 jumelles.
LORGNON: 7 binocle, lunette, monocle ■ 8 pince-nez ■ 9 face-à-main.
LORSQUE: 5 quand.
LOSANGE: 5 fusée, macle, polka ■ 6 rhombe ■ 7 losangé ■ 9 rhombique ■ 10 losangique, rhomboèdre, rhomboïdal ■ 14 orthorhombique.
LOT: 4 part ■ 5 lotir ■ 6 lotois ■ 7 allotir, apanage, jackpot, partage ■ 9 triploïde ■ 11 lotissement.
LOTERIE: 3 lot ■ 4 ambe ■ 5 quine, terne ■ 6 hasard ■ 7 tombola, tranche ■ 8 quaterne ■ 10 sweepstake.
LOTION: 8 friction ■ 9 hydratant, lotionner ■ 10 after-shave.
LOTO: 5 bingo, quine, terne ■ 8 quaterne.
LOTUS: 5 lotos ■ 7 nélumbo ■ 8 nymphéa ■ 9 lotophage.
LOUABLE: 9 méritoire.
LOUAGE: 4 fret, taxi ■ 5 louer, loyer, nolis, rente ■ 7 accense, locatis ■ 8 location ■ 10 nolissement ■ 11 affrètement.
LOUANGE: 3 lòs ■ 5 éloge*, idole ■ 6 encens, qasisa ■ 8 apologie,

élogieux, laudatif, louanger, reproche, vanterie ■ **9** adulation, apothéose, bénissage, cajolerie, doxologie, flatterie*, laudateur ■ **10** compliment, dithyrambe* ■ **11** célébration, panégyrique ■ **12** félicitation ■ **13** glorification ■ **14** congratulation ■ **15** applaudissement.
LOUANGER : **5** bénir ■ **6** aduler ■ **7** flatter* ■ **8** encenser ■ **9** courtiser, flagorner, louangeur ■ **11** entr'admirer.
LOUBARD : **6** loulou.
LOUCHE : **5** bigle, poche ■ **6** ambigu, pochon ■ **7** bigleux, suspect* ■ **8** loucheur ■ **9** strabisme.
LOUCHER : **6** bigler ■ **9** loucherie ■ **10** louchement.
LOUER : **5** garni, louée ■ **6** fréter, louage, prêter, prôner, vanter* ■ **7** amodier, bailler, chanter, combler, engager, exalter, flatter*, laniste, louable, noliser, prêcher, prendre ■ **8** affermer, affréter, arrenter, célébrer, chaisier, location, voiturin ■ **9** applaudir, approuver, canoniser, diviniser, embaucher, féliciter, glorifier*, sous-louer ■ **10** préconiser ■ **11** congratuler, recommander ■ **12** complimenter.
LOUFOQUE : **11** loufoquerie.
LOUP : **3** bar, leu ■ **4** huée, lynx ■ **5** faune ■ **6** coyotte, lycaon, masque ■ **7** cervier, coyotte, louvart, matelot ■ **8** louveter ■ **9** chien-loup, hurlement, loup-garou, louveteau, louvetier ■ **10** hausse-pied, louveterie ■ **11** épouvantail, lycanthrope ■ **12** lycanthropie.
LOUPE : **5** talpa ■ **8** stéatome ■ **10** compte-fils ■ **12** macrographie, quart-de-pouce.
LOUPER : **7** loupage.
LOUP GAROU : **11** lycanthrope ■ **12** lycanthropie.
LOURD : **4** brut, gavé, gros, ours ■ **5** brôme, butor, dense, épais, mulet, nappe, palan, pilum, plomb, wolfe ■ **6** massif, mastoc, pataud, pesant ■ **7** balourd, béotien, compact, onéreux, rustaud, stupide ■ **8** alourdir, campêche, chaloupe, écrasant, grossier*, longotte, lourdaud, matériel, patapouf ■ **9** accablant, indigeste, maladroit, malappris, peigne-cul, pondéreux ■ **11** patouillard.
LOURDAUD : **5** butor, enflé ■ **6** ballot ■ **7** balourd.
LOURDEUR : **4** lest ■ **5** masse, poids*, somme ■ **6** charge ■ **7** fardeau, surfaix ■ **8** béotisme ■ **9** épaisseur, pesanteur*, surcharge ■ **10** chargement, maladresse ■ **11** indigestion ■ **15** hippopotamesque.
LOUSTIC : **5** luron ■ **7** bouffon.
LOUTRE : **8** épreinte.
LOUVOYER : **7** biaiser ■ **9** louvoyage ■ **11** louvoiement, tergiverser.
LOVER : **6** gléner ■ **8** enrouler.
LOXODROMIQUE : **13** orthodromique.
LOYAL : **4** féal, vrai ■ **5** carré, droit, franc*, réglo ■ **6** fidèle* ■ **9** hypocrite ■ **10** loyalement.
LOYAUTE : **3** foi ■ **7** rondeur ■ **8** droiture, fair-play, fidélité*, perfidie ■ **9** franchise ■ **10** sportivité, tortuosité.
LOYER : **3** h.l.m. ■ **5** ferme, louer, terme ■ **8** location ■ **9** locataire.
LOZERE : **8** lozérien.
L.S.D. : **4** trip ■ **9** lysergide ■ **11** lysergamide.
LUBIE : **7** caprice* ■ **9** fantaisie* ■ **10** turlutaine.
LUBRIFIANT : **4** gras, oing ■ **5** huile, spray ■ **6** axonge ■ **7** graisse ■ **8** saindoux.
LUBRIFICATION : **14** autolubrifiant.
LUBRIFIER : **6** huiler, oindre ■ **8** graisser ■ **10** lubrifiant ■ **13** lubrification.
LUBRIQUE : **6** salace ■ **9** bacchante, lubricité, luxurieux ■ **12** lubriquement.

LUCANE : **10** cerf-volant.
LUCARNE : **5** gable, jouée ■ **7** fenêtre* ■ **8** faîtière, fardière, fermette, vasistas ■ **9** ouverture, tabatière ■ **10** chien-assis ■ **11** œil-de-bœuf.
LUCIDITE : **6** lucide ■ **10** lucidement ■ **12** clairvoyance*, perspicacité.
LUCRATIF : **3** bon ■ **5** filon ■ **13** lucrativement.
LUCRE : **4** gain*.
LUDDITE : **8** luddisme.
LUDIQUE : **7** ludisme.
LUDOTHEQUE : **12** joujouthèque.
LUETTE : **5** uvule ■ **8** uvulaire ■ **9** staphylin.
LUEUR : **4** aube ■ **5** éclat, rayon ■ **6** éclair ■ **7** lumière* ■ **8** éclairer ■ **10** lucernaire ■ **12** cache-flammes, rougeoiement.
LUGUBRE : **6** morose, triste* ■ **7** funèbre ■ **11** lugubrement.
LUI : **5** sézig ■ **7** sézigue.
LUI-MEME : **2** en ■ **3** soi ■ **5** imago ■ **7** eccéité ■ **8** autarcie, narcisse, tourneur ■ **9** monologue, soliloque ■ **10** autogreffe, automoteur, autotrophe ■ **11** autoguidage, automatique ■ **12** autoportrait, libre-service ■ **13** automorphisme ■ **14** autobiographie.
LUIRE : **7** briller*, luisant, reluire ■ **8** chatoyer.
LUISANT : **4** houx, jais, poli ■ **5** glacé ■ **6** moreau.
LUIT : **8** luisance.
LUMBAGO : **7** lombago.
LUMEN : **2** lm, lu.
LUMIERE : **3** feu*, rai ■ **4** aube, flux, halo, jour, néon, pâle, rais, spot ■ **5** cache, éclat*, éther, fanal, gelée, lampe*, lueur, luire, nimbe, phare, queue, rampe, rayon, vitre ■ **6** aurore, bougie, clarté, dépoli, éclair, flamme, lustre, phanie, stigma ■ **7** a giorno ■ **8** abat-jour, diaphase, éclairer, éclipser, enclouer, flambeau, garde-vue, lanterne, lévogyre, lucifuge, lumignon, lumineux, miroiter, pénombre, polaroïd, refléter, solarium, torchère ■ **9** diffusion, dispersif, éclairage, éteigneur, irisation, lucimètre, luminaire, luminance, luminisme, obscurité, pellicule, photogène, photolyse, splendeur ■ **10** antireflet, contre-jour, crépuscule, dioptrique, épinglette, euphotique, exposition, luciférine, photogénie, photologie, photomètre, phototaxie, polariseur, réflecteur, réfraction, réfringent, réverbérer ■ **11** caravagisme, catoptrique, chatoiement, coruscation, diffraction, éclairement, ensoleiller, inactinique, irradiation, luminophore, miroitement, papillotage, photocalque, photochimie, photogenèse, photométrie, photophobie, polarimètre, polariscope, réfringence, réverbérant ■ **12** achromatique, année-lumière, fluorescence. illumination, lampadéphore, luminescence, photoglyptie, transparence ■ **13** dermatophique, éblouissement, héliothérapie, photobiologie, photochimique, photosensible, phototactisme, photothérapie, phototropisme, réfléchissant, réverbération, scintillation, scintillement, spectroscopie, translucidité ■ **15** obscurcissement, phosphorescence, photo-électrique, photopériodisme.
LUMINAIRE : **5** falot, fanal, herse, lampe* ■ **6** lustre, torche ■ **7** brandon, lampion ■ **8** applique, flambeau, lanterne, lumignon, torchère ■ **9** girandole, veilleuse ■ **10** candélabre, lampadaire, lucernaire, plafonnier, réflecteur, suspension.
LUMINESCENCE : **7** blondel.
LUMINEUX : **5** astre, clair*, écran, foyer, lampe, laser, lumen, nimbe, noyau, rayon ■ **6** diffus, photon ■ **7** candela, intense, météore, pinceau ■ **8** brillant, éclatant*, luisance, nébuleux, radiance ■ **9** actinisme, arc-en-ciel, aveuglant, chevelure, déflection, étincelle, nébuleuse, phosphère, phosphore, splendide ■ **10** clignotant, clignoteur,

étincelant, luminosité, projecteur ■ **11** éblouissant, incandescent, luminescent, photosphère ■ **12** calorescence ■ **13** auto-cinétique, lumineusement, poil-de-carotte.

LUNAIRE : **3** têt ■ **13** monnaie-du-pape.

LUNATIQUE : **10** capricieux.

LUNCH : **5** repas ■ **7** luncher ■ **10** five-o'clock.

LUNE : **4** halo ■ **5** corne, cycle, manie, marée, tache ■ **6** lunule, sélène ■ **7** décours, décroît, lunaire, vive-eau ■ **8** adulaire, évection, lunaison, néoménie, quartier, sélénite ■ **9** aposélène, croissant, dichotome, libration ■ **10** dichotomie, périsélène, sublunaire ■ **11** lunisolaire, terminateur ■ **13** sélénographie.

LUNETTE : **4** naja ■ **7** jumelle, lorgnon ■ **8** besicles, lunetier, oculaire, réticule ■ **9** chercheur, longue-vue, lorgnette, lunettier, télescope ■ **10** binoculard, équatorial ■ **13** parallactique.

LUNURE : **4** lune.

LUPERCALE : **8** luperque.

LUPUS : **4** cati ■ **6** lupique, lupome.

LURON : **3** bon, gai* ■ **5** mâtin ■ **6** bougre, drille, lascar, zigoto ■ **7** bouffon, comique*, loustic ■ **8** espiègle*, gaillard.

LUSITANIEN : **8** lusitain.

LUSTRE : **2** an ■ **4** cati, lacé, poli ■ **5** glacé, satin ■ **6** gloire ■ **8** brillant*, tire-fond ■ **9** déglaçage, lustrerie ■ **10** lampadaire, merceriser ■ **11** déglacement, mercerisage, pendeloques.

LUSTRER : **5** catir ■ **6** glacer ■ **8** calandre, cylindre, déglacer, lustrage ■ **9** délustrer.

LUT : **5** luter ■ **8** délutage.

LUTH : **6** buzuki, cistre, sistre, téorbe ■ **7** luthier, mandore, théorbe ■ **8** bouzouki, lutherie, luthiste, shamisen ■ **9** balalaïka.

LUTHERIEN : **5** secte ■ **9** ubiquiste ■ **10** impanation, protestant ■ **12** luthéranisme.

LUTIN : **3** alf ■ **4** elfe ■ **5** djinn, génie, gnome, troll ■ **6** effrit, kobold ■ **8** espiègle*, farfadet, goguelin, korrigan ■ **9** loup-garou.

LUTINER : **8** taquiner*.

LUTTE : **4** lice, ring, sumo ■ **5** catch, joute, mêlée, prise, tombé ■ **6** agonie, assaut, combat*, gouren, guerre*, savate, tomber ■ **7** conflit*, lutteur, pugilat ■ **8** concours, jiu-jitsu, pancrace ■ **9** antitabac, collision, émulation ■ **11** agonistique, antagonique, antagonisme, combativité, escarmouche, maccartisme, ramassement ■ **12** antiacridien, maccarthysme ■ **14** antiterroriste.

LUTTER : **7** mesurer ■ **8** bagarrer, débattre, disputer ■ **9** accoupler, combattre, rivaliser ■ **13** anticancéreux ■ **14** antialcoolique.

LUTTEUR : **7** jouteur, tombeur ■ **8** combatif, militant.

LUXATION : **5** écart, luxer ■ **6** hernie ■ **7** entorse, foulure ■ **9** impaction ■ **10** élongation, exarthrose ■ **11** déboîtement, dislocation, froissement ■ **15** désarticulation.

LUXE : **5** faste, pompe, rupin ■ **6** parade, parure ■ **7** apparat, luxueux ■ **8** carrosse, élégance, équipage, grandeur, marbreur, maroquin, opulence, richesse*, standing, superflu ■ **9** mondanité, solennité, splendeur ■ **10** somptuaire ■ **11** éclabousser, raffinement, somptuosité, voluptuaire ■ **12** hollywoodien, luxeusement, magnificence ■ **15** sardanapalesque.

LUXEMBOURG : **14** luxembourgeois.

LUXURE : **5** orgie, péché ■ **6** saleté ■ **7** cynisme, licence*, volupté* ■ **8** débauche*, impudeur, impureté ■ **9** indécence, lasciveté, lascivité, lubricité, luxurieux ■ **10** bestialité, immodestie, sensualité ■ **11** dépra-

vation*, fornication ■ **12** libidinosité, pornographie, prostitution ■ **13** concupiscence.
LUXURIANT : **8** abondant* ■ **10** luxuriance.
LUXURIEUX : **4** sale ■ **5** impur ■ **6** lascif, salace ■ **7** bestial, cynique, dépravé, immonde, obscène*, sadique, sensuel, vicieux* ■ **8** érotique, indécent, lubrique, paillard ■ **9** immodeste, impudique ■ **10** libidineux, licencieux*, voluptueux.
LUZERNE : **7** minette.
LYCEE : **2** l.p. ■ **3** l.e.p. ■ **5** bahut, cagne, école, élève ■ **6** lycéen ■ **7** censeur, gymnase, potache ■ **8** première ■ **9** gymnasial, intendant, proviseur, troisième.
LYCOPE : **11** patte-de-loup.
LYCOPERDON : **11** vesse-de-loup.
LYCOPODE : **10** pied-de-loup ■ **11** lycopodinée.
LYCOSE : **9** tarentule.
LYMPHATIQUE : **7** adénité ■ **12** lymphangiome.
LYMPHE : **5** bubon ■ **6** faible ■ **7** adénité ■ **9** leucocyte ■ **11** lymphangite, lymphatique, vaccinifère ■ **13** lymphographie.
LYMPHOCYTAIRE : **13** lymphosarcome.
LYMPHOCYTE : **9** lymphoïde ■ **10** lymphoïèse ■ **11** lymphopénie ■ **12** lymphocytose ■ **13** lymphocytaire.
LYMPHOGRANULOMATOSE : **7** hodgkin.
LYMPHOÏDE : **8** amygdale.
LYNCHAGE : **8** lyncheur.
LYNCHER : **5** lynch ■ **8** lynchage.
LYNX : **7** caracal ■ **11** loup-cervier.
LYONNAISE : **5** bugne.
LYOPHILISATION : **11** lyophilisat, lyophiliser ■ **15** cryodessication.
LYRE : **7** cithare ■ **10** heptacorde, pentacorde, tétracorde.
LYRIQUE : **2** nô ■ **3** lai, ode ■ **5** barde, épode, poème ■ **6** bouffe ■ **9** cantilène ■ **10** asclépiade ■ **11** pastourelle.
LYRISME : **6** poésie* ■ **10** pindarisme ■ **11** lyriquement ■ **12** enthousiasme.
LYSE : **5** lysat, lyser ■ **7** lytique ■ **10** protéolyse.
LYSER : **14** fibrinolytique.
LYSIMAQUE : **10** nummulaire.

M

MACADAM : 7 rouleau ■ **10** tarmacadam ■ **11** macadamiser ■ **12** macadamisage ■ **14** macadamisation.
MACAO : 8 macanéen.
MACAQUE : 5 magot, singe ■ **6** rhésus, vilain.
MACARONIQUE : 9 macaronée.
MACEDOINE : 6 salade ■ **7** mélange*.
MACERATION : 5 jusée ■ **6** bichof, bishof, tisane ■ **7** bischof ■ **9** digestion, pénitence ■ **10** macérateur ■ **11** alcoolature, pourrissage.
MACERER : 5 huile, mater ■ **7** confire ■ **9** mortifier.
MACH : 9 machmètre.
MACHAON : 10 porte-queue.
MACHE : 6 rampon ■ **8** doucette ■ **12** valérianelle.
MACHEFER : 6 scorie, sinter.
MACHELIERE : 4 dent.
MACHER : 5 gober, tabac ■ **6** broyer, manger, mordre ■ **7** chiquer, mâcheur, ruminer, saliver ■ **8** chipoter, remâcher, triturer ■ **9** mâchement, mâchonner, mastiquer ■ **12** masticatoire.
MACHIAVELISME : 4 ruse ■ **9** machiavel ■ **13** machiavélique.
MACHIN : 6 bidule ■ **9** trucmuche.
MACHINAL : 9 mécanique ■ **10** instinctif, irréfléchi ■ **11** automatique ■ **12** involontaire ■ **13** machinalement.
MACHINATION : 6 calcul, projet ■ **7** complot*, embûche ■ **8** batterie, intrigue*, machiner ■ **9** manigance ■ **11** combinaison, élaboration, machinateur, préparation ■ **12** agissements*, conspiration, organisation.
MACHINE : 4 bâti, came, clou, cric, grue, mine, moto, pile, roue, sole, tête, tour, truc ■ **5** arbre, butée, carde, effet, engin*, épure, frein, jenny, noria, outil*, palan, point, pompe, ronéo, rouet, truca ■ **6** abaque, bélier, bineur, brocard, chèvre, manège, métier, moufle, moulin, onagre, presse, semoir, tarare ■ **7** armeuse, baliste, bascule, bineuse, brinell, charrue, dactylo, faneuse, foreuse, haveuse, horloge, laveuse, lecteur, limeuse, luddite, minerve, plieuse, riveuse, scieuse, tireuse, tokamak, trieuse, turbine ■ **8** aléseuse, appareil, automate, batteuse, calandre, cardeuse, cisaille, colleuse, couseuse, cribleur, dondaine, ébarbeur, enrayoir, épandeur, étaleuse, fonceuse, fondeuse, foulerie, fouleuse, gerbeuse, glaceuse, hélépole, laminoir, linotype, liserage, longeron, lumitype, mantelet, massicot, matériau, monotype, ouvreuse, perceuse, perrière, pierrier, planeuse, pressoir, rotative, sa-

bleuse, sabreuse, sonnette, tracteur, visseuse ■ **9** affûteuse, agrafeuse, ascenseur, balancier, brocheuse, calibreur, canetière, catapulte, chargeuse, chauleuse, cintreuse, coucheuse, défileuse, détireuse, dévolteur, ébarbeuse, écoperche, écrémeuse, effaneuse, égreneuse, élévateur, embrayage, émotteuse, enrobeuse, ensileuse, faucheuse, fraiseuse, injecteur, interlock, javeleuse, lave-linge, manivelle, mécanique*, mécaniser, outillage, peigneuse, piocheuse, planteuse, plisseuse, pointeuse, poudreuse, raboteuse, ratineuse, riveteuse, sténotype, teilleuse, trébuchet ■ **10** arracheuse, aspirateur, automobile, bétonnière, botteleuse, boudineuse, bouveteuse, calibreuse, cannetière, composeuse, corn-picker, décolleuse, découpeuse, défibreuse, délaiteuse, déligneuse, dérouleuse, écharneuse, encarteuse, encolleuse, ensacheuse, épierreuse, étau-limeur, excitateur, générateur, instrument, locomobile, locomotive machinerie, machiniste, mangonneau, mécanicien, moulurière, perforeuse, polisseuse, sulfateuse, survolteur, tabulateur, taraudeuse, toronneuse, tricoteuse, tuyauterie ■ **11** amortisseur, assembleuse, calculateur, corn-sheller, duplicateur, emballement, étiqueteuse, excitatrice, génératrice, grignoteuse, monte-charge, mortaiseuse, pétrisseuse, pick-up baler, pied-de-biche, pulvériseur, rectifieuse, remblayeuse tabulatrice, toupilleuse, ventilateur ■ **12** autoamorçage, commutatrice, décolleteuse, effilocheuse, emboutissoir, lance-flammes, machine-outil, marteau-pilon, mécanicienne, merceriseuse, moissonneuse, perforatrice, poinçonneuse, remplisseuse, reproducteur, sténotypiste, tronçonneuse ■ **13** convertisseur, dactylographe, emboutisseuse, mécanographie, porte-aiguille, reproduction ■ **14** dactylographie, interclasseuse, tourillonneuse ■ **15** dactylographier.

MACHINE DE GUERRE : **8** perrière.

MACHINE-OUTIL : **9** pointeuse ■ **10** surfaceuse, tenonneuse.

MACHINER : **5** bâtir, mûrir ■ **6** bâcler, forger, ourdir, tramer ■ **7** brasser, méditer, ruminer ■ **8** arranger, calculer, chercher, combiner, élaborer, exécuter, imaginer, inventer, préparer, projeter, spéculer ■ **9** comploter, concerter, conspirer, intriguer, organiser ■ **10** manigancer, préméditer.

MACHINISTE : **6** mécano ■ **10** conducteur, machinisme, mécanicien.

MACHISME : **5** macho ■ **8** machiste.

MACHO : **8** machiste.

MACHOIRE : **4** dent, mors, scie ■ **5** barbe ■ **7** ganache ■ **8** mordache ■ **9** diduction, mâchelier, mandibule, prognathe, sous-barbe ■ **10** maxillaire ■ **11** margoulette ■ **12** craquètement, ptérogoïdien ■ **13** susmaxillaire ■ **14** sous-maxillaire.

MACHONNER : **6** mâcher* ■ **12** mâchonnement.

MAÇON : **4** auge, bard, laie, ripe ■ **5** batte, fiche, gâche, gouge, picot, sabot ■ **6** grelet, niveau, oiseau ■ **7** bouloir, calibre, civière, crochet, doloire, mailler, piqueur, riflard, souille, taloche, truelle ■ **8** archelet, plâtroir, rondelle ■ **9** aide-maçon, berthelée, boucharde, maçonnage, vénérable ■ **10** bourriquet, décintroir, étamperche, jointoyeur, maçonnique ■ **11** lambrissage.

MAÇONNER : **5** murer ■ **6** couler, crépir, gâcher, latter ■ **7** cintrer, enduire, gobeter, hourder, plaquer, sceller ■ **8** carreler, corroyer ■ **9** bousiller, bretteler, encroûter, jointoyer, plafonner, raccorder ■ **10** lambrisser, liaisonner.

MAÇONNERIE : **3** mur, ope ■ **4** four, môle, pile, pisé, quai ■ **5** butée, culée, jetée, joint, paroi, puits, voûte ■ **7** bâtisse, blocage, chemise, créneau, hourdis, linteau, orillon, ruinure, tambour ■ **8** avant-bec, bâtiment, cheminée, fourneau, hourdage ■ **9** bétonnage, engravure,

entrevous, fondement, travertin ■ **10** briquetage ■ **11** chevalement, limousinage ■ **12** opus incertum.
MACROCOSME : 13 macrocosmique.
MACROCYTE : 12 macrocytaire.
MACROECONOMIE : 15 macroéconomique.
MACROGRAPHIE : 14 macrographique.
MACRO-INSTRUCTION : 5 macro.
MACROMOLECULAIRE : 5 époxy ■ **9** coacervat.
MACROMOLECULE : 10 copolymère.
MACROSCOPIQUE : 6 durain ■ **7** vitrain.
MACROSPORE : 13 macrosporange.
MACULER : 5 baver, salir* ■ **6** macule, tacher* ■ **8** maculage ■ **10** maculation.
MADECASSE : voir *malgache.*
MADERE : 9 madériser.
MADERISER : 12 madérisation.
MADRE : 5 malin*.
MADREPORAIRE : 10 zoanthaire.
MADREPORE : 8 polypier ■ **9** méandrine ■ **10** zoanthère ■ **11** madréporien ■ **12** madréporique.
MADRIER : 7 basting, poulain ■ **8** bastaing, chantier ■ **11** chevalement.
MADRIGAL : 12 madrigaliste.
MAESTRIA : 7 adresse.
MAESTRO : 8 musicien.
MAFIA : 6 maffia, yakusa ■ **7** camorra, coterie, mafieux, mafioso ■ **8** maffieux, maffioso.
MAFFLE : 6 bouffi, mafflu.
MAGASIN : 4 dock, étal, silo ■ **5** auget, bazar, chais, débit, dépôt, halle, rampe, salon, soute, store ■ **6** agence, marché ■ **7** calicot, cambuse, étalage, shoping ■ **8** barillet, boutique*, commerce*, comptoir, économat, entrepôt, ganterie, huilerie, lainerie, officine, shopping, solderie ■ **9** armurerie, drugstore, librairie, poudrière ■ **10** animalerie, chalandise, chemiserie, confiserie, factorerie, horlogerie, inventaire, magasinage, magasinier, œnothèque, succursale ■ **11** emmagasiner, graineterie, sainte-barbe, supermarché ■ **12** garde-magasin ■ **13** quincaillerie.
MAGASINAGE : 10 palettiser.
MAGAZINE : 5 revue ■ **8** illustré.
MAGE : 5 devin, gnose, magie ■ **8** magicien*.
MAGHREB : 5 ribat ■ **7** atérien.
MAGHREBIENNE : 4 beur.
MAGHREBIN : 7 zellige ■ **9** maugrabin, maugrebin.
MAGICIEN : 4 mage ■ **5** devin ■ **6** chaman ■ **7** sorcier* ■ **8** grimoire ■ **9** nécromant ■ **10** enchanteur ■ **11** conjurateur, thaumaturge ■ **12** nécromancien.
MAGIE : 4 moly ■ **6** charme, goétie ■ **7** magique, mystère ■ **8** envoûter, magicien, théurgie ■ **9** cabaliste, constellé, népenthès ■ **11** envoûtement, incantation, magiquement ■ **12** cabalistique.
MAGIQUE : 8 enchanté.
MAGISTER : 6 maître*, pédant.
MAGISTRAL : 9 supérieur ■ **14** magistralement.
MAGISTRAT : 4 caïd, cour, gens, juge*, toge ■ **5** barbe, édile, jurat, robin, toque ■ **6** consul, éphore, fécial, fétial, préfet, prévôt, tribun ■ **7** censeur, duumvir, échevin, effendi, préteur ■ **8** éméritat, éponymie, inter-roi, podestat, questeur, stratège, tribunal, triumvir ■ **9** dictateur,

dizainier, dizenier, landgrave, procureur, substitut ■ **10** accusateur, propréteur ■ **11** bourgmestre, commissaire, comparaître, lieutenante, procurateur, sophroniste, subrogateur ■ **12** magistrature, référendaire ■ **13** inamovibilité.
MAGISTRATURE : **4** robe ■ **6** préture ■ **7** édilité ■ **9** archonat ■ **10** décemvirat.
MAGMA : **5** ichor ■ **6** pluton ■ **7** effusif, mélange ■ **8** anatexie ■ **10** magmatique, magmatisme.
MAGMATIQUE : **6** aplite ■ **9** sursaturé ■ **10** kimberlite, sous-saturé.
MAGNANIME : **5** grand, noble ■ **7** clément ■ **8** généreux* ■ **11** magnanimité ■ **13** magnanimement.
MAGNESIE : **15** montmormillonite.
MAGNESITE : **5** écume, émeri.
MAGNESIUM : **2** mg ■ **4** mica, talc ■ **7** almélec, péridot ■ **8** actinote, dolomite, lazulite, magnésie, pyroxène, saponite ■ **9** amphibole, duralumin, kiesérite, magnésien, partinium ■ **10** almasilium, cordiérite, garniérite, giobertite, serpentine ■ **15** magnésiothermie, organomagnésien.
MAGNETIQUE : **3** i.r.m., r.m.n. ■ **7** ferrite, tokamak ■ **8** magnéton ■ **9** disquette ■ **10** ampère-tour, bande-vidéo ■ **13** biomagnétisme, magnétochimie, magnétomoteur, microcassette ■ **15** ferrimagnétisme, paléomagnétisme.
MAGNETISER : **8** fasciner, suggérer ■ **10** hypnotiser ■ **11** magnétiseur ■ **12** magnétisable ■ **13** magnétisation.
MAGNETISME : **5** crise, gauss, passe ■ **6** aimant, extase, férite ■ **7** hypnose, œrsted, pèlerin, sommeil ■ **8** boussole ■ **9** inducteur, permalloy, sidérisme, solénoïde ■ **10** hypnotisme, magnétique, mesmérisme, réluctance ■ **11** aimantation*, antineutron ■ **13** électro-aimant, géomagnétique, géomagnétisme, magnétométrie, somnambulisme ■ **15** ferromagnétisme.
MAGNETOMOTRICE : **10** ampère-tour.
MAGNETOPHONE : **12** minicassette ■ **15** magnétocassette.
MAGNETOSCOPE : **9** caméscope ■ **13** magnétoscoper.
MAGNETOSPHERE : **12** magnétopause.
MAGNIFICENCE : **4** luxe* ■ **5** faste ■ **8** monument, richesse* ■ **9** splendeur ■ **10** royalement ■ **11** somptuosité.
MAGNIFIER : **9** glorifier.
MAGNIFIQUE : **4** beau* ■ **5** noble, riche ■ **7** superbe ■ **8** éclatant, ronflant ■ **9** admirable*, splendide, somptueux ■ **12** magnificence ■ **14** magnifiquement.
MAGNITUDE : **7** richter.
MAGNOLIACEE : **7** badiane ■ **8** magnolia, tulipier.
MAGOT : **4** laid ■ **5** singe ■ **6** trésor, vilain ■ **7** poussah.
MAGOUILLE : **10** magouiller.
MAGOUILLER : **11** magouilleur.
MAHARADJA : **8** maharané, maharani.
MAHDI : **8** mahdiste.
MAHOMETAN : **4** émir, imam, iman ■ **5** islam ■ **6** hégire ■ **9** islamisme ■ **11** mahométisme.
MAIE : **5** huche.
MAIGRE : **3** sec ■ **4** gras, hâve ■ **5** bacon, erbue, gigue, grêle, mince*, momie, patte, rosse, sécot ■ **6** chétif, débile, émacié, étique, herbue ■ **7** amaigri, bringué, chafoin, criquet, échalas, maigret, momifié, racorni, spectre ■ **8** décharné, macreuse, maigreur, maigriot ■ **9** efflanqué, famélique, gringalet, haridelle, maigrelet, squelette ■ **10** dépenaillé, entrelardé, maigrichon, médianoche ■ **12** squelettique.

MAIGREUR: **6** étisie ■ **7** exilité, minceur ■ **8** hectisie ■ **9** faiblesse ■ **14** amaigrissement.
MAIGRIR: **10** efflanquer.
MAIL: **9** promenade.
MAIL-COACH: **4** drag, mail ■ **5** coach.
MAILLE: **5** filet, folle, miton, obole ■ **7** chaînon, haubert, jaseran, mailler, maillon, paillon ■ **8** gansette, treillis ■ **9** démailler, emmailler, remailler ■ **10** remmailler ■ **13** indémaillable.
MAILLECHORT: **4** zinc ■ **8** alfénide, argentan, melchior.
MAILLET: **4** mail, polo ■ **5** batte, masse ■ **7** hutinet, plommée ■ **9** mailloche, maillotin.
MAILLON: **6** chaîne* ■ **7** chaînon.
MAILLOT: **5** lange ■ **6** bikini, string, t-shirt ■ **8** chandail, monokini ■ **11** démailloter.
MAIN: **3** foi ■ **4** bote, fion, gant, pote, rame, ride, tape ■ **5** atémi, bâton, carpe, doigt, écran, geste, gifle, harpe, index, mudra, palme, passe, patte, paume, pique, pogne, poids, poing, posée, pouce, ronde, taxis, tenir, toper ■ **6** bimane, dextre, manuel ■ **7** abattis, battoir, menotte, paluche, patoche, septime ■ **8** athétose, calotter, chiragre, coquille, durillon, gantelet, manucure, mornifle, palmaire, paumoyer, plumetis, rambarde, senestre, soufflet ■ **9** annulaire, appui-main, dextérité, empoigner, face-à-main, gratte-dos, manipuler, manualité, manucurer, manuscrit, métacarpe, olographe, palmature, scheidage, shake-hand ■ **10** ambidextre, appuie-main, aquamanile, autographe, essuie-main, holographe, mandragore, prétendant, quadrumane, sèche-mains, supination ■ **11** arrière-main, auriculaire, chiromancie ■ **12** attouchement, chauffe-mains, manuellement ■ **15** applaudissement.
MAIN-D'ŒUVRE: **9** suremploi.
MAINMISE: **6** saisie* ■ **9** influence ■ **12** mainmortable.
MAINT: **8** beaucoup* ■ **9** plusieurs*.
MAINTENANCE: **15** télémaintenance.
MAINTENANT: **2** or ■ **4** ores ■ **7** présent, pressant ■ **12** actuellement, présentement.
MAINTENIR: **4** lier ■ **5** érine, lacer, river, tenir*, voler ■ **6** coller, garder, saisir, serrer, trôner ■ **7** accorder, adhérer, amarrer, effacer, joindre, juguler, limiter, mandrin, pavaner, prendre, retenir* ■ **8** armature, attacher, coapteur, contenir, embosser, garantir, humilier, pessaire, soutenir, tire-pied ■ **9** accrocher, confirmer, conserver, contentif, continuer, épontille, gouttière, maîtriser, morailles, redresser, rembouger, rengorger ■ **10** climatiser, cramponner, jarretelle, mainteneur, pique-fleur, plate-longe, pressostat, séquestrer, thermostat, tourniquet ■ **11** entretoiser, équilibreur, pique-fleurs ■ **12** conditionner, positionner, stomatoscope ■ **13** porte-aiguille, presse-papiers ■ **14** thermostatique ■ **15** contre-coussinet, stratosphérique.
MAINTIEN: **3** air ■ **4** mine, port ■ **5** façon, ligne, mufti, tenue ■ **6** allure*, aspect, dehors, touche ■ **7** carrure, dégaine, gravité, posture* ■ **8** attitude, démarche, portance, tournure, triplure ■ **9** apparence, eugénisme, prestance, unioniste ■ **10** contenance, régulation ■ **11** représenter ■ **13** équilibration ■ **14** représentation.
MAIRE: **6** maïeur, mairie ■ **8** mairesse ■ **9** lord-maire ■ **10** appariteur ■ **11** bourgmestre ■ **12** municipalité.
MAÏS: **4** crib ■ **5** zéine ■ **6** foufou ■ **7** maïzena, turquet ■ **8** maïserie, millasse, pourtant, victoria ■ **9** cependant, égreneuse, milliasse, néanmoins, seulement, toutefois ■ **10** corn-picker, isoglucose ■ **11** corn-sheller.

MAISON : 3 mas, m.j.c., nid, rue ■ **4** abri, case, chez, faré, gîte, home, îlot, isba, izba, lieu, quai, race, toit, trou ■ **5** aître, arche, bauge, bazar, boîte, borde, buron, cagna, coron, êtres, ferme, folie, foyer, garni, harem, hôtel, hutte, lares, logis, loyer, ménil, ouche, penty, place, porte, préau, santé, taule, tinel, turne, valet, verre, villa, ville ■ **6** ajoupa, cabane, cahute, carbet, chalet, clandé, claque, datcha, gourbi, insula, mairie, masure, ménage, muette, office, réduit, refuge, sérail, taudis, tripot, wig-wam ■ **7** auberge, baraque, bastide, bâtisse, bercail, bicoque, boniche, cambuse, cassine, château, chambre, chez-soi, cottage, couvent, demeure*, édifice, famille, hospice, locatis, lupanar, mouroir, pénates, pension, prieuré ■ **8** bâtiment, borderie, boutique, bungalow, domicile, économie, ermitage, externat, factotum, immeuble, institut, logement*, métairie, pavillon*, plancher ■ **9** basse-cour, bien-fonds, chambrier, chaumière, concierge, gloriette, intendant, intérieur, locataire, maisonnée, majordome, mortuaire, propriété, résidence, tenancier ■ **10** chartreuse, dépendance, domestique, fenestrage, habitation*, hôtellerie, maquerelle, messagerie, multicarte, pensionnat ■ **11** gouvernante, institution, maisonnette, scolasticat ■ **12** mousquetaire ■ **13** conventualité, enchevalement, établissement*, sous-maîtresse.

MAISTRANCE : 8 marinier ■ **9** mestrance.

MAITRE : 3 dom ■ **4** chef*, dieu, pion, serf, sidi ■ **5** bosco, école, élève, forme, leçon, libre, salle, valet ■ **6** patron, préfet, régent ■ **7** arbitre, paumier, steward ■ **8** empaumer, magistrer, maîtrise, monsieur, seigneur, virtuose ■ **9** magistral, maîtriser, pédagogue, pet-de-loup, supérieur ■ **10** enseigneur, gouverneur, occupation, précepteur, professeur*, sanctuaire ■ **11** instituteur, surveillant ■ **12** impatroniser, propriétaire.

MAITRESSE : 6 amante ■ **8** favorite.

MAITRISE : 4 posé ■ **6** flegme, rassis ■ **7** adresse, contenu, fermeté, pouvoir*, sagesse ■ **8** froideur, prudence, réfléchi ■ **9** psallette, sang-froid ■ **10** modération ■ **11** chef-d'œuvre, self-control ■ **12** impartialité ■ **14** thalassocratie.

MAITRISER : 7 dominer*, dompter*, vaincre* ■ **8** contenir, fasciner ■ **9** commander, reprendre, ressaisir, soumettre, surmonter, triompher ■ **11** discipliner, indomptable, maîtrisable.

MAJESTE : 3 lis ■ **7** dignité* ■ **8** grandeur ■ **10** majestueux ■ **11** lèse-majesté.

MAJESTUEUX : 5 noble ■ **8** imposant, maestoso, olympien, solennel* ■ **9** grandiose ■ **10** hiératique ■ **15** majestueusement.

MAJEUR : 5 grave, ordre ■ **8** prêtrise ■ **12** sous-diaconat.

MAJORER : 7 hausser ■ **9** augmenter*, valoriser ■ **10** majoration ■ **11** revaloriser.

MAJORITAIRE : 8 sunnisme.

MAJORITE : 6 nombre ■ **9** bar-mitsva ■ **11** majoritaire, plébisciter ■ **15** majoritairement.

MAJUSCULE : 8 capitale, initiale, lettrine.

MAL : 3 pis ■ **4** bobo, haïr, rage, vice, zest ■ **5** accès, brout, crime, crise, digne, fichu, haine, malin, miton, péché, peine*, perdu, pitié, plaie, porte, punir, vague, venue, vertu ■ **6** avarie, défaut, goétie ■ **7** douleur*, éprouvé, forfait, infamie, maladie*, malheur, mauvais, méchant, pervers, résigné, traître, vicieux ■ **8** brailler, céphalée, écorcher, guérison, impureté, innocent, joliment, malandre, maldonne, malfaçon, mécompte, méfiance, patraque, saloper ■ **9** cahin-caha, contraint, diablerie, indignité, indisposé, infirmité, injustice, malignité, malvenant, naupathie, perdition, préserver, souillure, tentateur, tentation, vengeance ■ **10** cacographe, corruption, difficulté, difformité, écrivasser, galimafrée, griffonner, inoffensif, massacreur, méchanceté, méconduire, négligence, odontalgie, perversion, perversité, pessimisme, pessimiste, souffrance*, subintrant ■ **11** dépravation, désavantage, dislocation, malveillant, scandaliser ■ **12** adultération, détraquement, exacerbation, exécrablement, imperfection, malveillance ■ **13** détérioration, exécrablement ■ **14** abominablement.

MALACOPTERYGIEN : 6 gadidé*.

MALACOSTRACE : 7 isopode* ■ **8** décapode* ■ **9** amphipode*.

MALADE : 3 fou ■ **4** pâle, soin ■ **5** alèse, crève, exéat, garde, plomb, santé, sonde, sujet ■ **6** aliéné, crétin, dolent, enroué, gâteux ■ **7** albinos, bilieux, dialysé, enrhumé, infirme, maladif*, patient ■ **8** égrotant, fiévreux, mal fichu, patraque, rechuter ■ **9** alitement, incommodé, indisposé, pestiféré, souffrant, variqueux ■ **10** alcoolique, euthanasie, grabataire, infirmerie, médicament, sanatorium, succussion ■ **11** garde-malade, homéopathie, pléthorique, poitrinaire ■ **12** consultation, convalescent, maladivement ■ **13** occupationnel, valétudinaire ■ **14** extrême-onction.

MALADIE : 2 fy ■ **3** cas, mal, m.s.r., rot ■ **4** acné, aura, coma, cure, gale, pian, rage, rash, toux, zona ■ **5** aphte, carie, casse, crise, croup, diète, encre, ergot, folie, foyer, galle lèpre, loque, lupus, morve, otite, ozène, pépie, peste, râler, rogne, santé, sérum, sprue, tabès, virus ■ **6** angine, anémie, anurie, asthme, ataxie, cancer, carate, cécité, chorée, coryza, dartre, dengue, écidie, eczéma, gourme, goutte, grippe, hernie, herpès, ictère, kaposi, lichen, muguet, myopie, nielle, œdème, oïdium, pelage, piétin, pousse, pyurie, rouget, sodoku, suette, teigne, typhus, ulcère, urémie, varice, virose ■ **7** amylose, aortite, apraxie, carreau, cécidie, chancre, charbon, choléra, colique, cystite, diabète, dourine, endémie, gommose, malaria, mildiou, morbide, névrose, pébrine, phtisie, ratelle, rouille, roulure, rubéole, scorbut, syncope, tétanos, tournis, typhose, vaccine, variole, vertigo, zoonose ■ **8** acariose, alopécie, arythmie, béribéri, black-rot, catarrhe, céphalée, chlorose, cirrhose, clavelée, coxalgie, critique, dartrose, diarrhée, diathèse, engelure, entérite, épidémie, évolutif, friselée, frisolée, fumagine, gravelle, hépatite, hystérie, ichtyose, impétigo, invasion, jaunisse, kalaazar, kératite, ladrerie, leucémie, mélanine, mélanose, migraine, mosaïque, néphrite, néphrose, nosémose, pandémie, pédiatre, pellagre, perlèche, phlébite, princeps, prodrome, psychose, reliquat, rétinite, rougeole, roulures, scrofule, séquelle, silicose, sinusite, syndrome, syphilis, tavelure, typhoïde, urologie ■ **9** acrodynie, affection, aliéniste, anévrisme, apoplexie, asystolie, auto-immun, bacillose, bronchite, cardiaque, cataracte, chlorosse, chronique, contagion, dermatose, diphtérie, dyspepsie, emphysème, endémique, épilepsie, épiphytis, épistaxis, épizootie, érésipèle, érysipèle, filariose, flacherie, fusariose, gériatrie, graphiose, grasserie, hématurie, hémogénie, infirmité, influenza, laryngite, méningite, moniliose, névralgie, nosologie, oreillons, ornithose, paludisme, paralysie, paroxysme, pathogène, pemphigus, pleurésie, pneumonie, phtiriase, pourlèche, pourridie, presbytie, pullorose, scabieuse, stomatite, strabisme, syphillis, tularémie, urticaire, varicelle, ventaison, vermineux ■ **10** aérophagie, antoinisme, arbovirose, benzénisme, benzolisme, borréliose, chancrelle, coccidiose, congestion, contagieux, convulsion, coqueluche, diagnostic, dysenterie, endémicité, étiolement, gastralgie, hématémèse, hémiplégie, hémopathie, hémophilie, hémoptysie, hémorragie, hémorroïde, hydropisie, idiopathie, listériose, morbifique, muscardine, myxomatose, neurologie, paraplégie, parasitose, pathogénie, pathologie, péritonite, phtiriasis, pourriture, prévalence, prostatite, psittacose, rachitisme, rhumatisme, scarlatine, sémiologie, septicémie, spirillose, torticolis, traitement, tremblante, trichinose, urédospore, xérodermie ■ **11** adénopathie, albuminurie, anthracnose, appendicite, arthritisme, ascaridiase, avitaminose, bilharziose, bradycardie, collagénose, électrochoc, fonctionnel, furonculose, glossolalie, hypotension, indigestion, leucoplasie, myélomatose, nosoconiose, nosographie, ostéopathie, pathogenèse, phlébologie, pneumologie, séméiologie, tachycardie, tuberculose, vomissement ■ **12** actinomycose, aide-soignant, anguillulose, aspergillose, astigmatisme, blennorragie, constipation, dermatologie, diagnostique, échauboulure, embryopathie, helminthiase, hypertension, légionellose, mélitococcie, néphropathie, nicolas-favre, paratyphoïde, parkinsonien, pneumothorax, poliomyélite, prémonitoire, psychopathie, rickettsiose, salmonellose, sclérodermie, spirochétose, stomatologie, toxoplasmose ■ **13** conjonctivite, contamination, convalescence, diagnostiquer, drépanocytose, échinococcose, éléphantiasis, histoplasmose, hypermétropie, mégalérythème, mucoviscidose, photothérapie, phytothérapie, schizophrénie, trépanématose ■ **14** dermatomyosite, hémoschromatose, sérodiagnostic, thermothérapie, trypanosomiase ■ **15** érythroblastrose, phénylcétonurie, psychochirurgie.

MALADIF: **4** hâve ■ **6** faible, malade* ■ **7** crevard, infirme ■ **8** égrotant, érotisme, langueur, patraque ■ **9** cacochyme ■ **13** absinthisme, souffreteux ■ **13** valétudinaire.

MALADRERIE: **5** lèpre ■ **10** léproserie.

MALADRESSE: **5** faute*, gaffe ■ **6** ânerie, bourde, erreur, impair ■ **7** brioche, ineptie, sottise ■ **8** boulette, brise-fer, malfaçon, massacre, singerie ■ **9** brise-tout, gaucherie, impéritie, stupidité ■ **10** étourderie, imprudence, inaptitude, inhabileté ■ **12** imprévoyance, inadvertance, incompétence, inexpérience ■ **13** tripatouiller.

MALADROIT: **3** sot ■ **4** naïf ■ **5** lourd, moule ■ **6** cloche, empoté, gauche, gourde, inapte, pataud, savate ■ **7** aveugle, balourd, boucher, empêtré, étourdi*, gaffeur, godiche, manchot, mazette, rouillé, stupide ■ **8** encroûté, godichon, inhabile, lourdaud ■ **9** chauffard, galvauder, malhabile ■ **10** cartonnier, maladresse ■ **14** maladroitement.

MALAIS: **4** amok, gaur, prao, upas ■ **5** criss, étain, kriss ■ **6** sarong ■ **8** sagouier ■ **9** sagoutier ■ **10** grenadille ■ **13** mangoustanier.

MALAISE: **4** ardu, gêne* ■ **6** coincé ■ **7** mal-être, mésaise ■ **8** angoisse ■ **9** difficile, dysphorie, laborieux, pesanteur ■ **10** incommoder ■ **11** incommodité, sophrologie ■ **13** éblouissement, indisposition.

MAL A L'AISE: **8** constipé.

MALANDRIN: **6** bandit*.

MALAPPRIS: **6** impoli* ■ **7** incivil ■ **8** grossier* ■ **9** paltoquet.

MAL A PROPOS: **11** contretemps ■ **13** malencontreux.

MALARIA: **9** paludisme.

MALAVISE: **6** impoli ■ **7** étourdi ■ **9** maladroit*.

MALAXANT: **9** motopaver.

MALAXER: **6** pétrir ■ **8** malaxage, malaxeur, mélanger, triturer.

MALAYSIA: **7** ringgit.

MALCHANCE: **6** cerise, guigne, poisse ■ **7** déveine, guignon, malheur* ■ **9** scoumoune ■ **11** mésaventure.

MALDONNE: **6** erreur*.

MALE: **4** fils, jars, mari, musc, sexe ■ **5** homme*, laite, matou, paire, pénis, viril ■ **6** malard, malart, sacret, virago ■ **7** laneret ■ **8** masculin ■ 9 androgène, testicule, tiercelet ■ 10 copulation, spermatide ■ 12 androstérone, anthérozoïde, émasculation, féminisation, masculiniser ■ 13 spermatogonie, spermatozoïde ■ 14 spermatogenèse.

MALEDICTION: 8 anathème ■ 10 exécration ■ 11 imprécation*.

MALEFICE: 4 sort ■ 6 charme ■ 9 sortilège ■ 11 sorcellerie.

MALEFIQUE: 5 opale ■ 11 bienfaisant.

MALENCONTRE: 11 mésaventure*.

MALENTENDANT: 10 audiophone.

MALENTENDU: 6 erreur ■ 8 mécompte ■ 9 confusion.

MALFAÇON: 7 bâclage, laideur ■ 8 disgrâce, sabotage ■ 10 bousillage, difformité, négligence ■ 11 déformation ■ 12 barbouillage, gribouillage.

MALFAIRE: 6 bâcler, gâcher, sabrer ■ 7 brasser, brocher, manquer, négliger, saboter, saveter, torcher, trousser ■ 9 bousiller, cochonner, estropier, galvauder, massacrer ■ 11 barbouiller, gribouiller.

MALFAISANT: 5 djinn, efrit, horde ■ 6 cochon, stryge ■ 7 méchant* ■ 8 korrigan, nuisible*, salopard ■ 11 bienfaisant.

MAL FAIT: 4 laid ■ 5 lourd ■ 6 vilain ■ 7 hirsute, informe, malbâti ■ 8 camelote, chafouin, défiguré, difforme, grossier, rabougri, ratatiné ■ 9 disgracié, grimaçant, grotesque ■ 10 bousillage, escogriffe, monstrueux.

MALFAITEUR: 4 gang ■ 5 argot, mafia ■ 6 apache, bandit*, coquin, escroc, fripon, relaps, rôdeur, voleur ■ 7 camorra, malfrat, pendard, traître, vaurien ■ 8 coupable, criminel*, gangster ■ 9 faussaire, malandrin, racketter, tire-laine ■ 10 délinquant, racketteur ■ 11 cambrioleur, incendiaire.

MALFAME: 8 boui-boui ■ 10 tapis-franc.

MALFORMATION: 8 délétion, dysmélie ■ 9 dysplasie ■ 10 exotrophie, phocomélie ■ 11 hypospadias, spina bifida, tératogénie ■ 12 acrocéphalie, tératogenèse ■ 13 craniosténose.

MAL FORME: 11 gribouillis, griffonnage ■ 12 gribouillage.

MALGACHE: 4 maki, vari, zébu ■ 5 tacca ■ 8 épyornis ■ 9 æpyornis, filanzane, madécasse, népenthès ■ 10 ilang-ilang, landolphia, landolphie ■ 11 cœlacanthe.

MALGRE: 4 avec ■ 5 quand ■ 6 contre ■ 9 en dépit de ■ 10 absolument, nonobstant ■ 11 contrecœur.

MALHABILE: 9 maladroit* ■ 11 impolitique ■ 13 malhabilement.

MALHEUR: 5 chute, échec, peine*, ruine, souci ■ 6 déclin, méchef, misère*, revers ■ 7 abandon, chagrin, déboire, déveine, épreuve, fortune, funeste, guignon, mélasse, trouble ■ 8 accident, calamité, désarroi, détresse, disgrâce, embarras, encombre, fatalité, mécompte, sinistre, vexation ■ 9 adversité, décadence, désespoir, infortune, malchance, préjudice ■ 10 affliction, cataclysme, déconvenue, désolation, malheureux ■ 11 catastrophe, contrariété, contretemps, imprécation, longanimité, malédiction, mésaventure, tribulation ■ 12 dépréciation ■ 13 commisération ■ 15 désappointement, désenchantement.

MALHEUREUX: 4 amer, noir, rude ■ 5 cruel, fatal ■ 6 pauvre*, triste* ■ 7 affreux, fâcheux, funeste, néfaste, pénible, ruineux ■ 8 désolant, empêtrer, sinistre, terrible, tragique ■ 9 accablant, infortuné, maléfique, misérable*, pitoyable ■ 10 affligeant, calamiteux, déplorable, désastreux, lamentable, pernicieux ■ 11 défavorable, désespérant, irréparable ■ 12 découragement ■ 13 malencontreux ■ 15 malheureusement.

MALHONNETE: 5 brave, probe ■ 6 impoli, véreux, vilain ■ 7 crapule, déloyal, injuste ■ 8 canaille, tripoter ■ 9 fricotage, indélicat, malpropre ■ **10** déshonnête ■ **11** inconvenant ■ **12** malhonnêteté ■ **14** malhonnêtement.

MALICE: **5** niche ■ **8** rosserie, vacherie ■ **9** diablerie, malicieux, malignité, saloperie ■ **10** méchanceté*, rapporteur ■ **11** espièglerie ■ **14** malicieusement.

MALICIEUX 5 malin, mutin, singe ■ **6** coquin ■ **7** mauvais ■ **8** espiègle*, narquois, roublard ■ **9** spirituel.

MALIGNE: **6** kahler, kaposi ■ **7** mycosis ■ **8** lymphome, séminome.

MALIGNITE: **4** ruse ■ **5** glose, venin ■ **6** malice ■ **7** sarcome ■ **8** décocher ■ **11** malignement ■ **12** ostéosarcome ■ **14** chondrosarcome.

MALIN: **3** fin ■ **4** futé, roué, rusé* ■ **5** benêt, madré, marle, patte, singe ■ **6** diable, finaud, lascar, mariol, matois, renard, retors, zigoto ■ **7** délurer, ficelle, mariole, méchant ■ **8** gaillard, narquois, roublard, sournois ■ **9** épigramme, maléfique, malicieux ■ **12** débrouillard ■ **14** naevo-carcinome.

MALINGRE: **4** fort ■ **6** faible ■ **11** demi-portion, souffreteux.

MALINTENTIONNE: **11** malveillant.

MALIQUE: **9** malonique.

MALLE: **3** fût ■ **6** bagage, coffre, valise ■ **7** cantine, portant ■ **8** mallette, marmotte ■ **10** chapelière.

MALLEABLE: **3** mou ■ **4** doux ■ **5** liant ■ **8** douillet ■ **9** aluminium, celluloïd ■ **12** malléabilité ■ **13** malléabiliser.

MALLEOLE: **5** tibia ■ **8** cheville ■ **11** malléolaire.

MALLE POSTE: **6** briska.

MALLETTE: **10** nécessaire, vanity-case.

MALMENER: **4** huer ■ **6** battre, danser ■ **7** lapider, railler, régaler, rudoyer ■ **8** étriller, molester, sabouler ■ **9** éconduire ■ **10** brutaliser, houspiller, maltraiter, tarabuster, tympaniser, vilipender ■ **11** discréditer.

MALODORANT: **5** actée, puant ■ **6** fétide ■ **8** nidoreux ■ **9** infection ■ **10** méphitique.

MALODORANTE: **3** ase.

MALOTRU: **5** huron ■ **8** grossier*.

MALPLAISANT: **11** désagréable.

MALPROPRE: **4** sale* ■ **5** bouge, gaupe, goret, goton ■ **6** cochon, infâme, salaud, salope, taudis ■ **7** cloaque, immonde, pouacre, sagouin, sordide, vermine ■ **8** craspeck, crasseux, polisson, saligaud, salisson, salopard, salopiat, souillon ■ **9** crapoteux, dégoûtant, écœurant, maritorne, répugnant, salopiaud ■ **10** cendrillon, pouillerie ■ **11** dégueulasse, patrouiller, vilainement ■ **13** malproprement.

MALPROPRETE: **4** roui ■ **6** saleté* ■ **8** propreté ■ **9** saloperie ■ **10** bouchonner ■ **11** cochonnerie.

MALSAIN: **4** mare ■ **7** morbide*, sadisme ■ **8** nuisible ■ **9** insalubre.

MALSEANT: **9** malséance ■ **11** inconvenant*.

MALT: **3** ale ■ **6** lambic ■ **7** lambick, maltage, malteur ■ **8** démêlage ■ **11** touraillage.

MALTAIS: **9** magistère.

MALTERIE: **7** malteur.

MALTOSE: **7** amylase ■ **8** ptyaline ■ **12** disaccharide.

MALTRAITER: **6** battre, brimer ■ **7** bourrer, frotter, rudoyer ■ **8** malmener*.

MALVACEE: **4** kola ■ **5** alcée, mauve, tiaré ■ **6** baobab, ketmie ■ **7** althæa ■ **8** ambrette, fromager, guimauve, hibiscus, kapokier ■ **9** cotonnier.

MALVEILLANCE : 5 venin ■ 8 critique, malfaçon ■ 9 animosité ■ 10 méchanceté* ■ 12 ressentiment ■ 14 malveillamment.
MALVEILLANT : 5 tordu ■ 7 méchant* ■ 8 venimeux ■ 14 malintentionné.
MALVERSATION : 10 concussion ■ 11 déprédation.
MAMELLE : 3 pis ■ 4 sein ■ 5 appât, globe, rumen, téter, têtin, têton, tette ■ 6 aréole, mamelu, tétine, trayon ■ 7 allaite, attrait, mamelon, mastite, têtasse ■ 8 agalaxie, mamelouk, poitrine ■ 9 agalactie, mammifère.
MAMELON : 4 sein ■ 5 butte, paget ■ 6 sommet ■ 9 mamelonné ■ 10 mamillaire ■ 12 quadrijumeau.
MAMMAIRE : 4 sein* ■ 10 mastologie.
MAMMIFERE : 4 lait, musc ■ 5 labre, mufle ■ 6 cétace*, édenté*, ongulé* ■ 7 linsang, primate*, rhytine, rongeur*, tarsien ■ 8 fourrure, péramèle, sirénien*, vibrisse ■ 9 carnivore, créodonte, euthérien, histidine, mammalien, marsupial*, monotrème*, tétrépode, xénarthre ■ 10 carnassier*, chiroptère, hibernation, lagomorphe, mammalogie, pachyderme ■ 11 chéiroptère*, insectivore*, placentaire, tubulidenté ■ 12 aplacentaire, globicéphale, imparidigité, protothérien ■ 14 baluchithérium.
MANAGEMENT : 7 manager.
MANANT : 6 paysan ■ 8 grossier.
MANCENILLIER : 10 mancenille.
MANCHE : 3 rob, set ■ 4 ante, bras, cape, ente, œil, robe, soie ■ 5 barre, batte, bêche, caban, coude, coule, crevé, fléau, fouet, garde, gigot, gilet, hampe, hogue, lance, mante, miton, pelle, pieux, plaid, poche, puche, râble, rabot, robre ■ 6 bielle, chasse, rebord, rebras ■ 7 biroute, crispin, détroit, manicle, poignet ■ 8 brimbale, manselle, moulinet, parement ■ 9 démancher, emmancher, mancheron, manchette, manivelle, patarasse, touchette ■ 10 chevillier, emmanchure, entournure ■ 11 micocoulier, transmanche.
MANCHON : 5 gaine, lampe, louve.
MANCHOT : 7 rookery ■ 8 rookerie, roquerie ■ 10 spénisque.
MANDARIN : 7 chinois ■ 9 putonghua ■ 10 kouan-houa, mandarinal, mandarinat.
MANDARINE : 6 agrume ■ 9 tangerine ■ 10 clémentine ■ 11 mandarinier.
MANDAT : 5 siège ■ 7 mandant, mission, pouvoir ■ 8 mandater ■ 9 commandat, mandature, septennat ■ 10 mandataire ■ 11 mandat-carte, quinquennat, trusteeship ■ 12 contre-mandat, mandat-lettre, représentant.
MANDATAIRE : 5 agent ■ 6 envoyé, gérant ■ 7 trustee ■ 11 observateur ■ 13 intermédiaire.
MANDATER : 7 députer ■ 8 déléguer ■ 11 mandatement.
MANDCHOURIE : 7 manchou.
MANDEMENT : 4 bref ■ 11 rescription.
MANDER : 5 venir ■ 7 appeler ■ 9 convoquer ■ 11 savoir-faire.
MANDIBULATE : 9 antennate.
MANDIBULE : 8 mâchoire ■ 12 mandibulaire.
MANDINGUE : 7 malinké ■ 9 mandingue.
MANDOLINE : 7 mandole, mandore ■ 9 touchette ■ 12 mandoliniste.
MANDRIN : 9 mandriner.
MANDRINER : 10 mandrinage.
MANEGE : 5 flirt ■ 8 caracole, intrigue ■ 9 demi-volte ■ 10 chambrière ■ 11 estrapasser, garde-manège, trépigneuse.

MANETTE : 7 maneton.
MANGANESE : 2 mn ■ 7 rhénium ■ 8 dendrite ■ 9 duralumin, goldcoast, manganate, manganeux, manganine ■ 10 alabandine, manganique, pyrolusite ■ 13 manganésifère.
MANGE : 8 mangeure.
MANGEAILLE : 12 boustifaille.
MANGEOIRE : 4 auge ■ 6 crêche, trémie.
MANGER : 4 faim ■ 5 dîner, gaver, goulu, lèche, pépie, proie, vider ■ 6 avaler, bâfrer, becter, brifer, goûter, happer, jeûner, mâcher, paître, ronger ■ 7 bouffer, bourrer, briffer, brouter, croquer, croûter, dévorer, nourrir, prendre ■ 8 absorber, chipoter, cuillère, déguster, festoyer, géophage, goinfrer, grailler, mangerie, mangeure, omnivore, remanger, repaître, sobriété, tortorer, traiteur, voracité ■ 9 alimenter, becqueter, boulotter, commensal, consommer, empiffrer, grignoter, mangeable, muselière, omophagie, pignocher, rassasier, sustenter, tortiller ■ 10 comestible, grignotage, ingurgiter, mangeaille, mangeotter, restaurant, sitiomanie ■ 11 entremanger, hippophagie, immangeable, manducation ■ 12 incomestible, intempérance ■ 13 boustifailler ■ 14 anthropophagie.
MANGEUR : 5 tigre ■ 8 bouffeur ■ 9 gargantua, souricier.
MANGLIER : 6 mangle.
MANGOUSTANIER : 10 mangoustan.
MANGOUSTE : 8 suricate, surikate ■ 9 ichneumon.
MANGROVE : 10 palétuvier.
MANGUIER : 6 mangue.
MANIABLE : 3 mou ■ 5 lâche ■ 6 facile, souple* ■ 7 commode, ductile, fusible, relâché ■ 8 flexible, moelleux ■ 9 élastique, malléable ■ 11 maniabilité.
MANIAQUE : 5 toqué ■ 7 maladif ■ 8 pyromane ■ 9 réserpine ■ 11 maniaquerie.
MANICHEEN : 9 paulicien ■ 11 manichéisme.
MANICLE : 8 gantelet.
MANIE : 3 tic ■ 4 dada ■ 5 folie* ■ 6 tocade ■ 7 maladie, marotte, passion*, toquade ■ 8 égotisme, ergotage, habitude ■ 9 analyseur, bougeotte, ergoterie, fantaisie, hypomanie, louangeur, obsession ■ 10 anglomanie, critiqueur, métromanie, mythomanie, turlutaine ■ 11 cleptomanie, écrivassier, éthéromanie, kleptomanie, réunionnite ■ 12 baguettisant, systématiser.
MANIEMENT : 7 escrime ■ 12 gouvernement.
MANIER : 5 tâter ■ 6 fondre ■ 7 malaxer, prendre, toucher ■ 8 détendre, maniable, relâcher, tripoter ■ 9 assouplir, liquéfier, maniement, manipuler ■ 10 manœuvrer, patouiller ■ 11 intraitable, patrouiller ■ 13 tripatouiller ■ 14 manutentionnaire.
MANIERE : 2 de, si ■ 3 air, jeu, par, pas, ton, vie, vue ■ 4 avec, chic, cote, dans, état, goût, idée, mise, mode, ordo, plan, port, sort, tour ■ 5 abord, chère, comme, coupe, danse, daube, débit, école, façon*, faire, forme, garde, genre, girie, guise, idiot, lavis, leçon, mieux, mimer, modal, moule, moyen*, niais, ordre, pièce, pincé, plein, point, prise, rimer, river, rubis, satin, sauce, semis, sorte, sosie, style, tenue, tissu, titus, train, trait, union, ville, vouer ■ 6 allure, aspect, cachet, efféte, espèce, graphie, secret, trolle ■ 7 affecté, attique, diction, graphie, méthode, posture, procédé, qualité, système, tuyauté ■ 8 agacerie, assiette, attelage, batterie, civilité, démarche, diapason, écriture, greffage, habitude, instar de, javelage, latinité, maintien, parlando, plantage, plâtrage, pratique, précieux, principe, sans-gêne, si-

magrée, tournure, vocalise ■ **9** afféterie, apparence, archaïsme, chauffage, clouement, contourné, découpage, découpure, éclairage, éducation, élocution, euphuisme, exécution, existence, façonnage, errements, étêtement, graphisme, intimisme, jappement, labourage, manœuvre, marinière, massiveté, mentalité, mouvement, pasticher, piquetage, politesse, programme, psalmodie, réception, sans-façon, sèchement, sentiment, situation, spiration, structure, zélotisme ■ **10** affabilité, antiphrase, attifement, chamarrure, clayonnage, craquelage, débilement, déhiscence, demi-pointe, elzévirien, enfournage, enjôlement, espacement, intonation, maniérisme, moutonnier, numérotage, obturation, patelinage, pédanterie, pédantisme, piaulement, pindarique, point de vue, préciosité, prévenance, remaillage, sertissure, tractation, traitement, transition ■ **11** arrangement, bégueulerie, bégueulisme, computation, croc-en-jambe, déclamation, disposition, effronterie, énonciation, épistolaire, fabrication, façonnement, gracieuseté, insinuation, italianisme, jalonnement, libertinage, orthographe, patelinerie, ponctuation, remmaillage, ronsardiser, singularité, stendhalien ■ **12** accentuation, américanisme, baragouinage, comportement, conformation, conversation, déhanchement, enfournement, impertinence, interlignage, masculiniser, organisation, parachutisme, présentation, raisonnement ■ **13** anacréontique, charlatanerie, électrisation, magnétisation, noctambulisme, ornementation ■ **14** assaisonnement, circonlocution, cosmopolitisme, emmaillotement, fonctionnement, paillassonnage ■ **15** aristophanesque.

MANIEREE : 9 chochotte.

MANIFESTATION : 3 cas ■ **4** acte, noir ■ **5** crise, éveil, hymne, lueur, manif, signe, stade ■ **6** action, monôme ■ **8** attitude, craw-craw, crow-crow, effusion, madhisme, présence ■ **9** émanation, épiphanie, étincelle, évolution, explosion, tout-paris ■ **10** apparition, expression, gonococcie, spiritisme, volcanisme ■ **11** affectation, alcalifiant, codominance, manifestant, ostentation ■ **12** consentement ■ **14** épanouissement ■ **15** paranéoplasique.

MANIFESTE : 5 clair ■ **6** ouvert, patent, public ■ **7** certain, évident*, notoire, visible* ■ **8** éclatant, palpable ■ **9** extérieur, pédophile ■ **10** suspicieux ■ **11** perceptible ■ **12** démonstratif, extra-courant, ostentatoire, psychorigide, significatif ■ **13** manifestement.

MANIFESTEMENT : 10 assurément, décidément ■ **11** notoirement.

MANIFESTER : 5 crier, levée, luire, mener ■ **6** clamer, donner, éclore, parler, pester, tiquer ■ **7** arborer, éclater, émerger, grogner, jaillir, jubiler, montrer*, révéler ■ **8** abréagir, affecter, afficher, affirmer, annoncer, broncher, conspuer, déclarer, déployer, exprimer, extasier, maugréer, pavoiser, répandre ■ **9** ankyloser, comprimer, étrangler, phénotype, proclamer, prononcer, témoigner ■ **10** apparaître ■ **12** caractériser, extérioriser ■ **13** manifestation.

MANIGANCER : 6 ourdir, tramer ■ **8** fricoter, machiner ■ **11** agissements*.

MANIGUETTE : 5 amôme.

MANILLE : 8 manillon ■ **9** manilleur ■ **10** étalinguer.

MANIOC : 4 gari ■ **5** couac ■ **6** fécule, foufou, foutou, langou, matété, pivori ■ **7** cassave, tapioca ■ **9** arrow-root, moussache ■ **12** coussecaille.

MANIPULATEUR : 14 marionnettiste.

MANIPULATION : 5 manip ■ **6** manipe ■ **10** ostéopathe, pétrissage ■ **11** chiropraxie, manutention ■ **12** chiropractie, pétrissement, radiothermie, reprogrammer.

MANIPULER : **6** manier* ■ **8** tripoter, triturer ■ **9** traitable ■ **11** coprophilie ■ **12** manipulateur.
MANIVELLE : **5** giron, nille ■ **7** maneton, manette.
MANNE 3 suc ■ **5** banne ■ **6** panier ■ **8** mannette, mannitol.
MANNEQUIN : **6** poupée ■ **8** tarasque ■ **9** quintaine ■ **11** épouvantail.
MANNITE : **7** mannose.
MANŒUVRE : **3** dol ■ **4** cape, gril, péon ■ **5** agrès, bosco, lisse, manip, menée, palan, thème ■ **6** action, brigue, centre, laptot, manipe ■ **7** arrondi, bouline, cuisine, ouvrier ■ **8** aussière, capelage, gréement, guindeau, hercheur, intrigue, tactique ■ **9** aérostier, aide-maçon, haussière, herscheur, manigance, mouillage, opération, patte-d'oie, stratégie, wagonnier ■ **10** aiguillage, aiguilleur, enfourneur, manouvrier, tire-veille ■ **11** agissements*, obstruction, travailleur ■ **12** appareillage, lofing-match, manipulation ■ **13** démonstration ■ **14** reconnaissance.
MANŒUVRER : **5** ramer ■ **7** canoter, parader ■ **8** conduire, costière, naviguer ■ **9** actionner, commander, manipuler ■ **11** manœuvrier, tireveilles ■ **12** manœuvrable ■ **15** manœuvrabilité.
MANOIR : **6** maison* ■ **7** château ■ **12** manométrique.
MANOMETRE : **10** manographe.
MANQUE : **3** jeu ■ **4** faim, gêne, soif, vide ■ **5** désir, envie, faute*, perte*, poule, solde, thème ■ **6** atonie, baisse, besoin*, défaut*, dégoût, lacune, misère ■ **7** absence*, amorphe, carence, déficit, disette, impiété, incurie, inertie, lenteur, malpoli, pénurie, tiédeur ■ **8** adynamie, barbarie, bassesse, défiance, démesure, déraison, faillite, froideur, impudeur, impunité, insanité, insuccès, lourdeur, maigreur, manquant, méfiance, mollesse, muflerie, pauvreté, retouper, suppléer, timidité, tortueux, veulerie ■ **9** asynergie, brouillon, découvert, défection, déficient, déloyauté, dénuement, désaccord, détriment, disetteux, disparate, encalminé, faiblesse, fragilité, gaucherie, ignorance, illogisme, impondéré, incivisme, incomplet, inconfort, inculture, indécence, indigence, injustice, insolence, inutilité, irrespect, malhabile, misérable, monotonie, petitesse, privation*, prosaïsme, vulgarité ■ **10** défaitisme, déficience, dépareillé, desiderata, désordonné, différence, diminution, élasticité, hésitation, immodestie, impatience, imprudence, incapacité, incivilité, inélégance, infidélité, inhabileté, inhumanité, insécurité, insonorité, invalidité, irréalisme, maladresse, maniérisme, manquement, mésentente, nébulosité, négligence, paupérisme, sécheresse, somnolence ■ **11** absentéisme, amateurisme, aveuglement, avitaminose, défaillance, défectuosité, désideratum, discordance, disgracieux, dissymétrie, distraction, grossièreté, impécunieux, impolitesse, imprécision, imprévision, impuissance, inattention, incohérence, incrédulité, incuriosité, inexécution, ingratitude, insincérité, instabilité, intolérance, irrévérence, malpropreté, meurt-de-faim, nécessiteux, nonchalance, non-réussite ■ **12** délaissement, émancipation, imprévoyance, incompétence, incontinence, inconvenance, indiscipline, indiscrétion, inefficacité, inexactitude, inexpérience, inobservance, insuffisance, intempérance, interruption, irrégularité, malhonnêteté, neurasthénie ■ **13** asynchronisme, déraisonnable, discourtoisie, impécuniosité, impréparation, inconsistance, indélicatesse, inobservation, prévarication, pusillanimité ■ **14** inapplication, inauthenticité, inintelligence, insatisfaction, mécontentement, sophistication ■ **15** disproportionné, indétermination.
MANQUEMENT : **5** faute* ■ **6** manque* ■ **9** violation ■ **10** réprimande ■ **12** incorrection.

MANQUER: **5** pâtir, payer, rater, taire ■ **6** cacher, cesser, chômer, élider, gâcher, jeûner, louper, pécher, sauter, trahir ■ **7** baisser, dérober, déroger, échouer, faillir, omettre, oublier, patiner ■ **8** absenter, abstenir, aveugler, chipoter, diminuer, endormir, négliger ■ **9** défaillir, dégonfler, escamoter, transiger ■ **10** dépouiller, manquement ■ **11** immanquable, prévariquer.
MANSARDE: **6** solier ■ **7** combles, galetas, grenier, membron.
MANSUETUDE: **7** douceur*.
MANTE: **6** empuse.
MANTEAU: **4** cape, maxi, plan, saie, toge ■ **5** amict, caban, capot, chape, hoote, palla, plaid, tabar, voile ■ **6** capote, gueuse, péplos, péplum, poncho, tabard ■ **7** burnous, cagoule, civette, fermail, paletot, palléal, pallium, pelisse, rotonde ■ **8** chasuble, cheminée, chlamyde, courtine, himation, mandille, mantelet, pardosse, régolite ■ **9** gabardine, limousine, pardessus*, redingote ■ **10** douillette, duffelcoat, duffle-coat, mac farlane, mackintosh, parmenture, trench-coat, waterproof ■ **11** parementure, sortie-de-bal, trois-quarts ■ **12** portemanteau ■ **14** cache-poussière.
MANTILLE: **7** fanchon.
MANUEL: **7** artisan, recueil, servile ■ **9** artisanat, bricoleur ■ **10** ranimation ■ **11** réanimation ■ **12** chiropractie.
MANUFACTURE: **5** usine* ■ **7** atelier ■ **8** draperie ■ **9** industrie*, ready-made ■ **12** robinetterie ■ **13** manufacturier.
MANUSCRIT: **4** obel ■ **5** copie, obèle, texte ■ **6** papier, volume ■ **7** dazibao, grébige, papyrus ■ **8** archives, dédicace, grébiche, gribiche ■ **11** biblorhapte, palimpseste, papyrologie ■ **12** bibliothèque ■ **13** opisthographe.
MANUTENTION: **5** palam ■ **10** automation, palettiser, sauterelle, souffleuse ■ **12** transpalette ■ **13** transstockeur.
MAORI: **5** maori.
MAPPEMONDE: **11** planisphère.
MAQUEREAU: **3** mac ■ **11** maqueraison.
MAQUETTE: **5** rough ■ **6** modèle* ■ **7** canevas ■ **8** crayonné ■ **10** plan-relief ■ **11** maquettiste.
MAQUIGNON: **13** maquignonnage.
MAQUILLAGE: **7** mascara ■ **8** eye-liner.
MAQUILLER: **6** farder, grimer ■ **7** plâtrer ■ **8** bidonner, déguiser ■ **9** falsifier ■ **10** maquillage, maquilleur ■ **11** démaquiller, remaquiller.
MAQUIS: **5** lande ■ **9** maquisard.
MARABOUT: **6** talibé ■ **10** marabouter.
MARABOUTER: **11** maraboutage.
MARAICHAGE: **9** jardinage ■ **13** microtracteur.
MARAICHER: **9** jardinier ■ **11** primeuriste.
MARAICHERE: **10** maraîchage.
MARAIS: **3** cob, kob, vie ■ **4** mare, noue ■ **5** barge, calla, chott, douve, étang*, étier, fagne, palud, palus, salin ■ **6** polder ■ **7** cistude, liparis, maremme, marigot, œillet, vernier ■ **8** jonchaie, marécage, paludéen, paludier, palustre, varaigne ■ **9** fondrière, maraîchin, marouette, salicorne, tourbière ■ **10** protoptère ■ **11** lépidosiren, linaigrette, rousserolle ■ **12** lépidosirène ■ **13** hortillonnage.
MARANRACEE: **8** calathéa.
MARANTA: **9** arrow-root.
MARASME: **7** apathie ■ **8** langueur ■ **10** stagnation ■ **14** amaigrissement.
MARASQUE: **9** marasquin.

MARATHON: **10** pentélique ■ **11** marathonien.
MARATRE: **4** mère.
MARAUD: **6** coquin*.
MARAUDER: **5** voler ■ **6** piller ■ **7** dérober, maraude ■ **9** chaparder, maraudage, maraudeur ■ **10** marauderie.
MARBRE: **4** onyx, stuc ■ **5** chaux, dalle, gypse, jaspe, liais, paros, table, tarso, tombe, tuile ■ **6** campan, ophite, parian, portor, rosato ■ **7** albâtre, carrare, cipolin, griotte, marbrer, molette, sciotte, turquin ■ **8** calcaire, marbrier, marbrure, mosaïque, porphyre, tesselle ■ **9** marbrerie, marbrière, marmoréen ■ **10** brocatelle, granitelle, marmoriser, sarancolin, sérancolin ■ **11** dominoterie, sarrancolin.
MARBRER: **5** rayer ■ **8** barioler, marbreur.
MARBRURE: **8** marbreur.
MARC: **6** grappa.
MARCHAND: **4** zinc ■ **5** chand, offre, prime, senau ■ **6** mollah ■ **7** bistrot, blatier, camelot, fondouk, lainier, vendeur ■ **8** acheteur, baratier, crêpière, débitant, fourreur, levurier, lunetier, mercanti, opticien ■ **9** baladeuse, basilique, bonnetier, chausseur, coquetier, disquaire, grossiste, harengère, interlope, lunettier, maquignon, margoulin, négociant, pinardier, rouennier, volailler ■ **10** ballonnier, bourrelier, colporteur, commerçant*, coquassier, mastroquet, trafiquant ■ **11** bimbelotier, bouquetière ■ **12** porcelainier, quincaillier, shipchandler ■ **13** quatre-saisons.
MARCHANDER: **11** marchandage, marchandeur.
MARCHANDISE: **4** quai, tare, vrac ■ **5** bâche, balle, banne, cargo, coche, décri, nanar, place, solde, sonde, stock, tapis, tarer, tarif, trust, vagon, wagon ■ **6** débord, denrée, pontée ■ **7** couffin, étalage, package, produit ■ **8** arrivage, boutique, camelote, commande, commerce, document, emplette, entrepôt, solderie, vitrerie ■ **9** achalandé, bric-à-brac, cargaison, déballage, dédouaner, garde-port, pacotille, rossignol, sous-palan ■ **10** achalander, chargement, commission, magasinage, messagerie, parfumerie, peausserie, préemballé, triporteur ■ **11** charcuterie, contrebande, coutellerie, désarrimage, exportation, importation, passe-debout ■ **12** palettisable, réceptionner ■ **13** passementerie, quincaillerie.
MARCHE: **3** kan, pas ■ **4** aire, côte, cran, étal, kick, pied, rang, souk ■ **5** bazar, degré, étage, étape, foire, forum, galop, giron, halle, halte, lacet, limon, m.a.t.i.f., piste, redan, stock, tempo ■ **6** action, allure, ataxie, captif, course, défilé, gradin, passet, perron, stawug ■ **7** courant, échelle, échelon, étagère, footing, galette, méthode, passant, progrès, ralenti ■ **8** autoport, braderie, coulisse, débouché, démarche, dépanner, dysbasie, échappée, escalier, hors-cote, marchant, marcheur, province, retraite, stellage, trotteur ■ **9** cavalière, démarreur, éclaireur, frontière, monopsone, mouvement, nouveauté, oligopole, processus, promenade ■ **10** abonnement, avancement, béquillard, controller, convention, euromarché, marchander, marche-pied, mercuriale, oligopsone, procession, somnambule, tractation ■ **11** antérograde, chronomètre, combinateur, dégingander, délardement, digitigrade, dispatching, plantigrade, progression, quadrupédie, transaction ■ **12** adjudication, contremarche, déambulation, déhanchement, emmarchement ■ **13** clopin-clopant, contre-courant, rétrogression, superposition.
MARCHER: **5** aller, caner, errer, mener, rôder, tâter ■ **6** courir, flâner, foncer, fouler, longer, passer, suivre, trimer ■ **7** avancer, balader, détaler, évoluer, galoper, pavaner, trotter ■ **8** arpenter, barboter,

breloque, carburer, cheminer, circuler, clopiner, déplacer, emboîter, enjamber, franchir, patauger, piétiner, précéder, promener, raquette, tricoter ■ 9 béquiller, chalouper, crapaüter, déambuler, traverser, trottiner, zigzaguer ■ 10 crapahuter ■ 11 ambulatoire, baguenauder, fonctionner, vadrouiller.

MARCHEUR: 6 nomade, piéton, rôdeur ■ 7 coureur, flâneur, trottin ■ 8 ambulant, touriste, voyageur ■ 9 chemineau, fantassin, promeneur ■ 10 noctambule, trimardeur.

MARCOTTE: 7 bouture, sevrage ■ 8 sautelle ■ 9 marcotter, provigner ■ 10 provignage ■ 12 provignement.

MARE: 5 étang*, lagon ■ 6 flache, flaque, marais* ■ 7 gouille ■ 9 notonecte ■ 10 barbotière, canardière.

MARECAGE: 4 râle, sale ■ 5 joncs ■ 6 maiche, marais* ■ 7 maremme ■ 8 ciprière, limicole ■ 9 fondrière, tourbière ■ 10 marécageux ■ 12 grenouillère ■ 13 pneumatophore.

MARECHAL: 4 chef ■ 5 forge ■ 7 boutoir ■ 8 brochoir, cure-pied, ferrière ■ 9 maréchale, rogne-pied, tricoises ■ 10 maréchalat ■ 12 maréchalerie, maréchaussée.

MAREE: 4 flot, flux, lune, vive ■ 5 lagon, plein, revif ■ 6 jusant, reflux ■ 7 cotidal, syzygie, tsunami, vive-eau ■ 8 fraîchin, morte-eau ■ 10 intertidal, marégraphe ■ 11 chasse-marée ■ 13 contre-courant.

MARGE: 4 bord, nota ■ 7 margeur ■ 8 marginal, marginer ■ 9 desperado, hors-la-loi, manchette ■ 10 émargement.

MARGINAL: 4 skin ■ 8 skinhead ■ 11 marginalité ■ 13 marginalement ■ 15 marginalisation.

MARGOTIN: 5 fagot.

MARGOULIN: 8 marchand.

MARGRAVE: 10 margraviat.

MARGUERITE: 10 pâquerette ■ 15 reine-marguerite.

MARGUILLER: 9 fabricien ■ 12 marguillerie.

MARI: 4 cocu, père, sâti ■ 5 époux*, veuve ■ 6 suttée, suttie ■ 7 cornard, marital ■ 8 beau-père, cornette ■ 9 beau-frère, cotutelle, monogamie, polyandre ■ 10 polyandrie.

MARIAGE: 3 ban, lit ■ 4 mari, noce, unir ■ 5 allié, époux, femme, hymen, lunch, parti, poêle, squaw, union*, veuve ■ 6 accord, nubile ■ 7 brisque, divorce, hyménée, marital, putatif ■ 8 alliance, conjugo, divorcer, épouseur, mariable, mistress, polygame ■ 9 apparenté, endogamie, faire-part, remariage ■ 10 conjoindre, épithalame, formariage, infidélité, nuptialité, prénuptial ■ 11 bénédiction, empêchement, épousailles, fiançailles, impuissance, matrimonial, mésalliance ■ 12 accordailles, morganatique ■ 14 régularisation.

MARIE: 9 polygynie.

MARIER: 4 lier, unir* ■ 8 convoler, remarier.

MARIHUANA: 11 marie-jeanne.

MARIN: 3 bar ■ 4 ange, clam, cône, luth, merl, moco, thon ■ 5 amibe, caret, ceste, doris, hydre, loche, maërl, mille, moine, morse, orque, pagre, taret, vénus ■ 6 alcyon, animal*, béluga, cétacé, chiton, congre, corail, couane, dugong, éponge, homard, kraken, limule, marais, marine, méduse, néréis, narval, otarie, oursin, phoque, rémora, volvox ■ 7 agnathe, ascidie, astérie, baleine, bélouga, calamar, caouane, cistude, col-bleu, crabier, dauphin, dentale, encrine, éperlan, jubarte, matelot, némerte, néréide, ombrine, ophiure, poisson*, rivière, rorqual, sabelle, sélacien, serpule, stentor, trépang, trionyx, tripang, volvoce ■ 8 cachalot, cnidaire, crinoïde, crevette, épaulard, épinoche, gorgonie, haliotis, hydraire, maritime, marsouin, physalie, rotifère, sirénien, sphyrène, spirorbe, surmulet, torpille, tunicier, zoophyte ■ 9 amphioxus, baleineau, cul-de-porc, géphyrien, haliotide, infusoire, madrépore, méandrine, mégaptère, mérostome, millepore, mollusque*, néritique, nummulite, paramécie, phamarope, polychète, ponantais, ptérygote, serranidé, souffleur, spatangue, syngnathe, térébelle ■ **10** amphineure, bryozoaire, cœlentéré, cyclostome, hippocampe, holothurie, leishmanie, leptospire, métazoaire, microcosme, noctilique, pentacrine, péridinien, phytozoaire, ptérygotus, radiolaire, rhizostome, stelléride, sténohalin, stomocordé, vorticelle ■ **11** balénoptère, brachiopode, euphausiacé, globigérine, hydrozoaire, phytozoaire, plésiosaure, protozoaire, pycnogonide, spirographe, sporozoaire, sténotherme, syngnathidé, térébratule ■ **12** foraminifère, globicéphale, hématozoaire, kamptozoaire, rhynchonelle, scyphozoaire, siphonophore ■ **15** coccolithophore.

MARINADE : 9 escabèche.

MARINE : 4 ajut, pale, sain, stop, tape ■ **5** ajust, bande, barre, bordé, bosse, caban, capot, coque, écore, épart, épite, espar, falun, filer, funin, fusée, gabie, gaffe, gambe, ganse, genre, gîter, goret, grade, grain, herpe, jauge, lacer, livet, louve, lusin, mille, nager, naval, nœud, palée, panne, parer, passe, patte, pelle, penne, phare, plein, plomb, point, poste, prime, puits, quart, quête, raban, rhumb, rider, risée, saute, suroît, talon, touée, tramp, tréou, virer, voûte ■ **6** novice ■ **7** matelot, midship ■ **8** amirauté, caronade, cornette, enseigne, marinier, maritime, navarque, navigant, portulan, rollmops, tandoori ■ **9** aéronaval, commodore, flottille ■ **10** commandant, maistrance, midshipman, navigation*, torpilleur, trois-ponts, vice-amiral ■ **12** aéromaritime, contre-amiral, shipchandler, terre-neuvien ■ **13** lithothamnium.

MARINIER : 4 croc ■ **8** batelier.

MARIONNETTE : 6 pantin* ■ **7** bunraku, gigogne, guignol, pupazzo ■ **8** automate, fantoche, shamisen ■ **12** polichinelle ■ **14** marionnettiste.

MARITIME : 5 marin* ■ **12** hydrographie ■ **14** continentalité ■ **15** radioalignement.

MARITORNE : 6 virago ■ **8** servante.

MARIVAUDER : 8 folâtrer ■ **11** marivaudage.

MARJOLAINE : 6 origan.

MARKETING : 9 marchéage ■ **10** mercatique.

MARMAILLE : 6 enfant ■ **7** enfance*, famille.

MARMELADE : 5 pomme ■ **9** confiture.

MARMITAGE : 8 marmiter.

MARMITE : 3 pot ■ **7** cocotte, cuiseur ■ **8** marmitée, pot-au-feu ■ **9** braisière, huguenote ■ **10** bouteillon ■ **11** crémaillère.

MARMITEUX : 9 misérable.

MARMITON : 9 cuisinier, gâte-sauce ■ **12** tourne-broche.

MARMONNER : 8 murmurer* ■ **12** marmonnement.

MARMOT : 6 enfant ■ **7** enfance*.

MARMOTTE : 5 daman, malle ■ **6** murmel ■ **7** fanchon ■ **8** siffleux ■ **10** marmotteur.

MARMOTTER : 8 maronner, murmurer*.

MARNAGE : 7 vive-eau.

MARNE : 5 salse, trias ■ **6** marner ■ **7** marnage, marnais, marneux ■ **8** marnière.

MAROCAIN : 3 fes, fez, kif ■ **4** alfa, kiff ■ **6** mellah ■ **7** maghzen, makhzen.

MAROCAINE : 6 tagine, taline.

MAROQUIN : **4** cuir ■ **10** maroquiner ■ **11** maroquinage ■ **12** maroquinerie.
MAROQUINE : **8** cordouan.
MAROTTE : **4** dada ■ **5** folie*, manie*.
MAROUFLE : **6** coquin* ■ **8** grossier*.
MAROUFLER : **8** marouflle ■ **10** marouflage.
MARQUAGE : **5** rodéo ■ **7** ferrage ■ **8** lettrage ■ **10** souchetage.
MARQUE : **3** net, pli, v.i.p. ■ **4** bleu, cote, logo, note, obel, slip, tour, zone ■ **5** bâton, borne, coche, diffa, extra, fiche, jalon, jeton, label, livet, mètre, noter, nylon, obèle, palet, pieux, piste, point, ponte, salut, sceau, score, signe, style, suçon, tabou, tache, tigré, titre, toton, trace*, trait, veine, zébré ■ **6** bringé, buriné, cachet, fichet, griffe, indice, isorel, pinçon, preuve, repère, timbre ■ **7** cornier, critère, emblème, estampe, gravure, hommage, insigne, poinçon, pommelé, sillage, tiqueté, tranche, trophée, tuméfié, vestige ■ **8** accentué, balivage, contrôle, couronne, couturer, enseigne, entaille, logotype, marbrure, marqueur, mont-joie, pointage, plombage, prononcé, remarque, réticulé, stigmate, tatouage, vergeure, vervelle ■ **9** alinéaire, cicatrice, contrasté, critérium, démarquer, empreinte*, éraillure, fatidique, martelage, oblitérer ■ **10** astérisque, comparatif, estampille, salamandre, sous-marque, témoignage ■ **11** caractérisé, distinction, flétrissure, remarquable ■ **12** contre-marque ■ **13** contre-marquer, démonstration, transitionnel.
MARQUER : **5** coter, layer, noter, tomer ■ **6** cocher, créner, diéser, écrire, ferrer, graver, ligner, signer, tracer, zébrer ■ **7** accuser, augurer, déceler, dénoter, exhaler, flâtrer, flétrir, montrer, plomber, pointer, repérer, révéler, scander, sceller, siniser, tatouer, timbrer ■ **8** annoncer, cacheter, dénoncer, désigner, estamper, gréneler, hachurer, imprimer, indiquer, jalonner, lettrage, marquage, marquoir, marteler, pointeau, ponctuer, présager, respirer, rotoquer, rouanner, signaler, tacheter, tringler, virguler ■ **9** accentuer, bémoliser, biseauter, composter, étalonner, étiqueter, inaugurer, insculper, marqueter, moucheter, numéroter, rechampir, remarquer, souligner ■ **10** composteur, empreindre, kilométrer, matriculer, poinçonner ■ **11** estampiller, stigmatiser ■ **12** pronostiquer.
MARQUETER : **6** truité ■ **7** diaprer, taveler ■ **8** barioler, pommeler, tacheter ■ **9** moucheter.
MARQUETERIE : **5** boule ■ **6** boulle ■ **7** placage, zellige ■ **8** mosaïque ■ **9** marqueter ■ **10** marqueteur ■ **11** tabletterie ■ **12** incrustation ■ **13** damasquinerie.
MARQUIS : **5** comte, titre ■ **9** marquisat.
MARRAINE : **7** commère ■ **10** parrainage.
MARRI : **5** fâché*.
MARRON : **4** coup, gnon ■ **6** havane ■ **8** esculine ■ **9** châtaigne, marronner ■ **11** marronnier, tête-de-nègre.
MARS : **11** aréographie.
MARSOUIN : **8** épaulard.
MARSUPIAL : **5** koala, koola, yapok ■ **6** wombat ■ **7** dasyure, opossum, sarigue, wallaby ■ **8** péramèle ■ **9** kangourou, phalanger, thylacine, wombatidé ■ **11** métathérien.
MARTEAU : **3** hie ■ **4** bloc, esse, laie, têtu ■ **5** batte, drome, masse, mater, panne, picot, pilon, tille ■ **6** asseau, chasse, massue, matage, merlin, piffre, rivoir, smille, utinet ■ **7** angrois, assette, bigorne, engrois, longuet, maillet, pannoir, taillet, tapette ■ **8** besaiguë, brochoir, chassoir, couperet, épinçoir, flattoir, marteler, martinet, mar-

toire, repousse, rustique ■ **9** boucharde, casse-tête, décognoir, ferratier, ferretier, machelote, mailloche, maillotin, marteline, patarasse, rabattoir ■ **11** aplatissoir, taillandier ■ **12** aplatissoire, casse-pierres, emboutissoir, frappe-devant, marteau-pilon ■ **13** requin-marteau.
MARTELAGE : **5** fonte ■ **8** ressuage ■ **9** marteleur.
MARTELER : **8** emboutir, taconeos ■ **11** martèlement.
MARTENSITE : **13** martensitique.
MARTIAL : **5** brave* ■ **8** guerrier ■ **9** prestance ■ **10** belliqueux ■ **12** martialement.
MARTIAUX : **4** dojo.
MARTIEN : **11** aréographie.
MARTINET : **5** fouet ■ **11** arbalétrier.
MARTINIQUAIS : **4** béké, café ■ **7** diamant.
MARTRE : **5** sable ■ **6** murmel ■ **8** zibeline.
MARTYR : **7** martyre, victime ■ **8** ménologe, supplice ■ **9** martyrium ■ **10** martyriser ■ **11** martyrologe.
MARTYRISER : **8** torturer* ■ **10** persécuter.
MARXISME : **8** marxiste ■ **10** socialisme ■ **14** freudo-marxisme.
MARXISTE : **8** marxiser ■ **10** surtravail.
MASCARADE : **6** défilé, masque ■ **8** arlequin, carnaval, chienlit ■ **11** déguisement ■ **15** travestissement.
MASCARET : **4** bore ■ **5** barre.
MASCOTTE : **7** fétiche.
MASCULIN : **4** mâle* ■ **5** agnat, homme*, viril ■ **6** condom ■ **8** virilité ■ **9** pardessus ■ **10** virilisant ■ **11** haut-contre ■ **12** masculiniser.
MASOCHISME : **10** algolagnie, masochiste ■ **14** sadomasochisme.
MASOCHISTE : **4** maso.
MASQUE : **4** loup ■ **5** écran, voile ■ **6** touret ■ **7** cagoule ■ **8** chienlit, katchina, mascaron ■ **9** démasquer, encagoulé, mascarade.
MASQUER : **6** cacher*, sauver ■ **7** couvrir* ■ **8** déguiser, masquage, occulter.
MASSACRE : **3** sac ■ **6** tuerie ■ **7** carnage ■ **14** septembrisades.
MASSACRER : **4** tuer* ■ **7** égorger, immoler ■ **8** trucider ■ **10** exterminer, massacreur.
MASSAGE : **6** masser ■ **7** masseur ■ **10** pétrissage ■ **12** pétrissement, vibromasseur.
MASSE : **3** roc, ton ■ **4** amas, bloc, gîte, marc, mole, névé, once ■ **5** balle, bulbe, chyme, écume, exode, gauss, géode, grain, lagon, livre, magma, maque, marée, méson, motte, noyau, nuage, ounce, paume, poids, pound, point, prise, roche, savon, sonde, sucre, tonne, tuyau ■ **6** acinus, baryon, coulée, gramme, gueuse, macque, mouton, pépite, pluton, rocher, rognon, volume ■ **7** caillot, cloaque, colonne, iceberg, isobare, marteau, plommée, pressée, quintal, remblai ■ **8** biomasse, coagulum, grammage, komsomol, massique, monument, neutrino, paraison, pollinie, populace, quantité, short ton, synctium, tourteau, tubéreux ■ **9** accrétion, advection, aérolithe, avalanche, grumelure, mass media, multitude, nébuleuse, péninsule, plan-masse ■ **10** antiproton, arrière-ban, atmosphère, kieselguhr, kilogramme, pare-éclats, pondérable, tourbillon ■ **11** caillebotte, conglomérer, coup-de-poing, hectogramme, protoétoile, solifluxion, stéatopygie ■ **12** casse-pierres, solifluction ■ **13** concentration, massification, valence-gramme ■ **14** molécule-gramme.
MASSELOTTE : **3** jet.
MASSER : **7** frotter, malaxer, massage ■ **11** frictionner.
MASSIF : **5** butée, léger, trône ■ **6** pesant, solide, statif ■ **7** bosquet,

couvert, orillon ■ **8** ennoyage ■ **9** massiveté, massivité, propagule ■ **10** emplanture, raz de marée ■ **11** massivement ■ **15** intramontagnard.
MASSIQUE : **8** molalité.
MASSUE : **3** mil ■ **4** arme ■ **5** bâton, masse, tinel, typha ■ **7** marteau*, plombée ■ **8** matraque ■ **9** casse-tête.
MASTABA : **6** serdah.
MASTIC : **5** futée, mollé ■ **6** ciment ■ **9** lentisque, masticage, mastiquer ■ **11** démastiquer.
MASTICATEUR : **12** ptérogoïdien.
MASTICATOIRE : **4** arec ■ **5** bétel ■ **10** chewing-gum ■ **11** mastigadour.
MASTIQUER : **6** mâcher* ■ **11** remastiquer.
MASTITE : **7** mammite.
MASTOC : **5** lourd.
MASTODONTE : **4** gros ■ **13** proboscidien.
MASTOÏDIEN : **10** mastoïdite.
MASTROQUET : **7** troquet.
MASURE : **7** baraque.
MAT : **3** gui ■ **4** cape, étui, hune, pâle ■ **5** bigue, blème, coque, corne, espar, gabie, gréer, ketch, mater, matir, phare, pomme, raser, sloop, terne, voile ■ **6** albène, bas-mât, échecs, mâtage, matité, mâture, vergue ■ **7** artimon, beaupré, cocagne, misaine, tapecul ■ **8** cacatois, deux-mâts, étambrai, goélette, mâtereau, nid-de-pie, pantoire, perruche, suspente, trinquet ■ **9** banderole, estrapade, galhauban, girouette, perroquet, sémaphore, trois-mâts ■ **10** bout-dehors, emplanture, grand-voile, pas-de-géant, tourmentin.
MATADOR : **6** espada, muleta, torero.
MATAMORE : **8** bravache, rodomont ■ **15** tranche-montagne.
MATCH : **4** ring ■ **5** round, score ■ **6** combat ■ **7** barrage, matcher ■ **8** carencer ■ **9** test-match ■ **10** compétition*.
MATELAS : **4** drap ■ **5** duvet, futon, plume ■ **7** sommier ■ **10** matelasser ■ **11** matelassier, matelassure.
MATELASSEE : **8** coudière.
MATELOT : **4** loup ■ **5** hamac, marin*, mataf, vigie ■ **6** calier, gabier, lascar, mousse ■ **7** pilotin, soutier ■ **8** batelier, coquerie, lamaneur, marinier, marsouin, mathurin, pompiste ■ **9** cambusier, loup de mer ■ **11** moussaillon.
MATELOTE : **8** pochouse ■ **9** pauchouse.
MATER : **7** dompter*, macérer ■ **8** humilier ■ **9** surmonter.
MATERIALISATION : **7** bornage.
MATERIALISER : **15** matérialisation.
MATERIALISME : **12** matérialiste ■ **13** spiritualisme.
MATERIAU : **4** skaï ■ **5** banco, béton, roche ■ **6** cermet ■ **7** formica, gravats, gravois, lamifié, mortier, péperin ■ **8** carrière, emmétrer, gélivité ■ **9** blocaille, décombres, presspahn, stratifié ■ **10** couverture, éboulement, maçonnerie ■ **11** abrasimètre, conglomérat, fibrociment, placoplâtre, soudabilité, usinabilité ■ **12** anélasticité, lamellé-collé ■ **13** amiante-ciment ■ **15** superplasticité.
MATERIEL : **4** parc, raid ■ **5** affût, corps, engin, flûte, matos, outil*, point, revue, train ■ **6** glisse, loader, ripper, rooter ■ **7** leasing, surplus, univers ■ **8** archerie, dragline, droppage, physique, temporel, traction ■ **9** archétype, casernier, convivial, jouisseur, tradition, vignetage ■ **10** équipement ■ **11** engineering, maintenance, matérialité, réplication, terre à terre ■ **12** incrémentiel, matérialiser, obsolescence, physiquement, transhorizon ■ **15** matérialisation.
MATERNEL : **4** mère ■ **13** matrilinéaire ■ **14** maternellement.

MATERNELLE : **10** frœbélien ■ **11** préélémentaire.
MATHEMATIQUE : **4** math ■ **5** algol, lemme, limbe, moyen, point, suite, trois ■ **6** précis ■ **7** fractal, matheux ■ **8** actuaire ■ **9** conjugués, hypotaupe, topologie ■ **10** lemniscate, logistique, sémiotique ■ **11** logisticien, statistique ■ **12** combinatoire ■ **13** mathématicien, trigonométrie.
MATIERE : **2** de, en, es ■ **3** glu, pvc ■ **4** bran, chef, dont, fond, jute, lave, lest, miel, noir, pâte, pite, soja, soya, suie ■ **5** abaca, bysse, chaos, ciron, colle, corps, crème, dépôt, émail, étron, filon, humus, jaune, joyau, laque, libre, litre, manne, moule, nylon, objet, ovule, plein, point, quick, rocou, rouge, sanie, savon, suint, sujet*, table, tamis, thème, tissu, titre, veine ■ **6** archée, bitume, éosine, indigo, nature*, propos, pruine, râpure, scorie, smegma, téflon ■ **7** amiante, article, charnel, contage, crachat, dulcite, engrais, pigment, quarter, rhodoïd, rupiner, saburre, semoule ■ **8** altuglas, chapitre, dépotoir, dextrine, fuchsine, induline, matériau, matériel, méconium, orseille, peinture, physique, protéine, quartage, rubrique, thionine ■ **9** alizarine, celluloïd, excrément, flammèche, galalithe, hylétique, météorite, phtaléine, plastique, polyester, programme, propergol, purpurine, substance*, rhodamine ■ **10** abiogenèse, dessablage, discipline, discutable, formalisme, hylozoïsme, matiérisme, pultrusion ■ **11** combustible, demi-produit, matérialité, polypropène, polystyrène, prélèvement, rembourrure ■ **12** éclaboussure, fluorescéine, matérialisme, polyéthylène, polyuréthane, psychokinèse ■ **13** polypropylène, polyuréthanne, psychokinésie, vernix caseosa ■ **15** thermoplastique.
MATIERE COLORANTE : **6** éosine ■ **8** mauvéine, thionine ■ **10** indophénol.
MATIERE GRASSE : **5** crème ■ **8** butyrine.
MATIERE PLASTIQUE : **7** oyonnax ■ **11** phénoplaste ■ **14** acétocellulose.
MATIN : **4** aube ■ **5** rosée ■ **6** aubade, aurore, landes ■ **7** corneau, corniot, matinal, matinée, matines ■ **8** corniaud, déjeuner, matineux, matinier, nocturne, peignoir ■ **9** matutinal ■ **11** invitatoire ■ **12** matinalement ■ **13** petit déjeuner.
MATINEE : **6** brunch ■ **9** avant-midi.
MATOIS : **4** rusé* ■ **5** madré, malin* ■ **10** matoiserie.
MATRAQUE : **5** bâton ■ **6** bidule ■ **9** matraquer ■ **10** matraqueur.
MATRAS : **9** florentin.
MATRIARCAT : **10** matriarcal.
MATRICAIRE : **8** anthémis ■ **9** camomille.
MATRICE : **5** moule ■ **6** étampe, frappe, utérus ■ **8** estamper, matricer ■ **9** matriçage, matriciel ■ **10** transposée.
MATRICULE : **5** liste ■ **10** matriculer ■ **12** immatriculer, matriculaire.
MATRILINEAIRE : **9** matriclan.
MATRILOCAL : **10** uxorilocal.
MATRIMONIAL : **7** nuptial ■ **8** conjugal.
MATRONE : **9** sage-femme ■ **13** entremetteuse.
MATTHIOLE : **7** violier ■ **11** quarantaine.
MATURATION : **7** coction ■ **9** mûrissage ■ **10** mégalocyte ■ **11** mûrissement ■ **12** immaturation.
MATURE : **3** mât* ■ **5** agrès, drome, vigie ■ **7** tripode ■ **9** boute-hors ■ **10** enfléchure.
MATURITE : **5** fruit, valve ■ **7** coction, verdeur ■ **8** immaturé, véraison ■ **9** déhiscent ■ **10** maturation, mûrisserie, sporophyte ■ **13** blettissement.

MAUDIRE : 4 haïr, huer ■ 5 jurer ■ 6 blâmer, damner, pester ■ 7 exécrer ■ 8 détester, injurier, maugréer, proférer ■ 9 condamner ■ 10 blasphémer, déshériter ■ 11 excommunier, malédiction, maudissable.
MAUDIT : 5 sacré ■ 8 réprouvé ■ 10 abominable.
MAUGREER : 8 murmurer* ■ 10 ronchonner.
MAUPITEUX : 8 inhumain.
MAURE : 5 arabe.
MAURITANIE : 7 ougouiya.
MAUSOLEE : 5 tombe, türbe ■ 6 turbeh.
MAUSSADE : 5 morne ■ 6 bourru, morose, triste* ■ 7 chagrin, grimaud, méchant ■ 8 hargneux ■ 9 acariâtre, renfrogné ■ 10 massacrant, pessimiste ■ 12 maussadement, mélancolique ■ 13 pisse-vinaigre.
MAUVAIS : 3 mal, pis ■ 4 abus, aloi, miro, pire, puer, roui ■ 5 bouge, brave, cabot, carne, catin, démon, drôle, fichu, fille, fruit, garce, gaupe, gouge, grime, kitch, ladre, moche, panne, péché, perte, pitié, rapin, rogne, sabot, tapin ■ 6 bibine, chétif, infect, manque, maudit, pauvre, poison, rafiot, tocard, véreux ■ 7 cabotin, mazette, méchant*, mésuser, mévente, peccant ■ 8 barbaque, canasson, chignole, criblure, crincrin, délabrer, déplorer, empester, fagotage, graillon, histrion, malfaire, médiocre, merdique, nuisible*, piquette, rechigné, renfermé, sarclure, sinistre, turlupin ■ 9 chlinguer, clinquant, dangereux*, duplicité, exécrable, garnement, gâte-sauce, grognerie, haridelle, imbuvable, malignité, pitoyable, poétereau, rebuffade, rimailler ■ 10 abominable, barbouille, bousilleur, chamarrure, crayonneur, croquenote, déplorable, détériorer, détestable, fricasseur, intempérie, lamentable, mal-en-point, malodorant, méconduite, médicastre, mésestimer, replâtrage, rimailleur, rossinante, schlinguer, tord-boyaux ■ 11 avocasserie, barbouillis, maussaderie, ragougnasse, turlupinade ■ 12 badigeonneur, barbouillage, gribouillage, maltraitance, malveillance, pestilentiel, polichinelle ■ 14 entourloupette, malintentionné.
MAUVAISE VIE : 9 chabraque ■ 10 courtisane, prostituée, schabraque ■ 11 gourgandine.
MAUVE : 4 musc ■ 5 lilas, parme ■ 8 lie-de-vin.
MAUVIETTE : 6 faible ■ 8 alouette.
MAXILLAIRE : 4 auge ■ 7 trismus ■ 13 sus-maxillaire.
MAXILLIPEDE : 13 patte-mâchoire.
MAXIMAL : 4 maxi ■ 7 vive-eau.
MAXIMALE : 14 productibilité.
MAXIME : 3 ana, dit ■ 5 adage, dogme, règle ■ 6 axiome, devise, diction, pensée* ■ 7 parémie ■ 8 gnomique, moralité, précepte, proverbe, sentence ■ 9 aphorisme ■ 10 apophtegme.
MAXIMISER : 10 maximation ■ 14 maximalisation.
MAXIMUM : 4 port ■ 5 phase ■ 6 limite, pointe ■ 7 plafond, valence ■ 8 extremum, virulent ■ 9 amplitude, familiale ■ 10 contingent.
MAYENNE : 9 mayennais.
MAYONNAISE : 7 tartare ■ 9 rémoulade.
MAZDEISME : 7 mazdéen.
MAZER : 7 mazéage.
MAZETTE : 6 cheval ■ 9 maladroit.
MAZOUT : 4 fuel ■ 7 fuel-oil ■ 8 mazouter ■ 10 démazouter ■ 12 water-ballast.
MAZURKA : 6 rédowa ■ 11 varsovienne.
MEA-CULPA : 4 aveu.
MEANDRE : 5 bayou ■ 8 sinuosité ■ 10 labyrinthe, méandrique.

MEAT : **5** canal ■ **8** clitoris.
MEAUX : **7** meldois.
MEC : **3** gus ■ **5** gonze, gusse.
MECANICIEN : **6** mécano ■ **7** wattman ■ **10** diéséliste, machiniste.
MECANIQUE : **5** joule, masse, pelle, point, polir, siège ■ **6** cardan, joujou, statif, stoker, trieur ■ **7** cautère, machine, scieuse ■ **8** bobinoir, criblage, machinal, psyllium, statique, ultra-son ■ **9** dynamique, escalator, palonnier, renvideur ■ **10** fourchette, machinisme, masselotte, mécanicien, pelleteuse, ranimation, sténotypie ■ **11** cinématique, contraction ■ **12** biomécanique, hémostatique, introjection ■ **13** mécaniquement, servocommande ■ **14** mécanothérapie, servomécanisme ■ **15** différentiateur, thermodynamique.
MECANISER : **12** mécanisation.
MECANISME : **4** truc ■ **5** armer, point ■ **6** rouage ■ **7** détente ■ **8** arrêtoir, baladeur, enrayage, pédalier, poussoir, registre, revolver, secoueur, tracteur ■ **9** démouleur, détraquer, direction, embrayage, étouffoir, lève-glace, lève-vitre, mécaniste, mouvement, récepteur, réducteur ■ **10** changement, dérailleur, enraiement, enrayement, pathogénie, pétrologie, régulateur, régulation, servofrein ■ **11** échappement, genouillère, mécanicisme, pathogenèse ■ **12** cybernétique, détoxication, introjection, transmission ■ **13** desmodromique, servocommande ■ **14** servomécanisme ■ **15** glycorégulation.
MECENE : **10** protecteur.
MECHANCETE : **6** fureur, malice ■ **7** aigreur, cruauté, félonie, rancune, vilenie* ■ **8** calomnie, noirceur, vacherie, violence ■ **9** agression, brutalité, épigramme, injustice, malignité, médisance, mordacité, vengeance ■ **10** corruption, mauvaiseté, méchamment, perversité, sauvagerie ■ **12** malveillance, scélératesse, sournoiserie.
MECHANT : **3** mal ■ **4** amer, noir ■ **5** aigre, cruel, démon, félon, furie, garce, malin, peste, rétif, rosse, vache, zoïle ■ **6** acerbe, brutal, fripon, mégère, salaud, taquin, teigne, vilain, vipère ■ **7** choléra, emporté, furieux, incisif, indigne, injuste*, mauvais*, mordant, pervers, rossard, sauvage, vachard, violent ■ **8** agressif, corrosif, espiègle, fielleux, indocile, infernal, médiocre, médisant, nuisible, pendable, sournois, venimeux ■ **9** diablesse, rancunier, sans-cœur, satirique ■ **10** calomnieux, diabolique, malfaisant, sardonique, vindicatif ■ **11** malveillant ■ **12** gribouillage, indiscipliné.
MECHE : **3** épi ■ **5** barre, bombe ■ **6** fraise, guiche, mécher ■ **7** cordeau ■ **8** bickfort, jaumière, lumignon ■ **9** aiguillot, déméchage, moucheron, rat-de-cave ■ **12** rouflaquette ■ **13** accroche-cœur.
MECOMPTE : **9** déception ■ **10** malentendu.
MECOMPTER : **7** tromper.
MECONNAISSABLE : **9** défigurer.
MECONNAISSANCE : **5** oubli.
MECONNAITRE : **7** ignorer, inconnu ■ **14** méconnaissance.
MECONTENT : **5** fâché* ■ **6** bougon ■ **7** grognon ■ **8** geignard, grognard, grondeur, hargneux, plaintif ■ **9** gémisseur ■ **11** mécontenter ■ **12** pleurnicheur.
MECONTENTEMENT : **4** bile, moue ■ **5** dépit ■ **6** colère*, fureur, regret ■ **7** plainte ■ **8** défaveur, disgrâce, reproche, tempêter ■ **9** agacement, déception, déplaisir, discrédit, gronderie ■ **10** grognement, pessimisme, renfrogner, sourciller ■ **11** contrariété*, désagrément, froissement, gémissement ■ **12** exaspération ■ **13** désobligeance ■ **14** pleurnichement.
MECONTENTER : **5** gémir ■ **6** agacer, fâcher* ■ **7** ennuyer, geindre,

grogner, gronder, ragoter ■ **8** affecter, déplaire*, maronner, plaindre ■ **9** bougonner, grommeler, marmonner, offusquer, raisonner ■ **10** contrarier*, désobliger, indisposer ■ **11** pleurnicher.

MECREANT: **5** impie* ■ **11** irréligieux*.

MEDAILLE: **4** coin ■ **5** avers, jeton, pièce, pilon ■ **6** banane, méreau, plaque ■ **7** exergue, insigne ■ **8** quinaire ■ **9** bractéate, crénelage, médailler, médaillon, numismate ■ **10** cistophore, médailleur, médaillier, récompense ■ **11** contorniate, médailliste ■ **12** numismatique.

MEDE: **4** mage ■ **5** tiare ■ **7** médique ■ **10** cunéiforme.

MEDECIN: **5** ovate, poste ■ **6** toubib ■ **7** adjuvat, carabin, docteur, externe, faculté, interne, légiste, messire ■ **8** esculape, gériatre, médecine, oculiste, spéculum, traitant ■ **9** aliéniste, allopathe, charlatan, clinicien, empirique, empiriste, morticole, phoniatre, physicien, praticien, sidologue ■ **10** angiologue, chirurgien, doctoresse, médicastre, psychiatre, thérapeute ■ **11** cardiologue, gynécologue, hématologue, pneumologue, proctologue, réanimateur, spécialiste ■ **12** anesthésiste, obstétricien, pathologiste, phtisiologue, rhumatologue ■ **13** chiropracteur, gynécologiste, hématologiste, omnipraticien, ophtalmologue, propharmacien ■ **14** dermatologiste, endocrinologue, médecin-conseil, stomatologiste ■ **15** ophtalmologiste.

MEDECINE: **4** cure, néré ■ **5** sujet ■ **7** hygiène, médical, médecin ■ **8** clinique, internat, picrique ■ **9** ambulance, chirurgie*, étiologie, galénisme, gériatrie, hépatique, médicinal, pédiatrie, résidanat, spartéine ■ **10** acuponcture, acupuncture, allopathie, biomédical, diagnostic, étiopathie, hippiatrie, phoniatrie, prédictive, proctologie, sémiologie ■ **11** cardiologie, gynécologie, hématologie, médico-légal, pneumologie, prophylaxie, séméiologie, toxicologie ■ **12** allergologie, biomécanique, cancérologie, carcinologie, dermatologie, ergothérapie, médicalement, médico-social, phtisiologie, rhumatologie, voltaïsation ■ **13** abaisse-langue, bactériologie, gouttte-à-goutte, héliothérapie, infectiologie, médico-sportif, périnatalogie, radiothérapie, thérapeutique ■ **14** balnéothérapie, endocrinologie, physiothérapie ■ **15** arsonvalisation.

MEDIA: **6** médium ■ **9** ludologue ■ **10** médiatiser, multimédia ■ **11** généraliste.

MEDIAN: **6** milieu ■ **8** ethmoïde ■ **9** abduction, adduction, mésocarpe.

MEDIAT: **10** médiatiser ■ **13** médiatisation.

MEDIATEUR: **10** interposé, intervenir, médiatiser ■ **13** bromocriptine, cholinergique.

MEDIATION: **9** entremise ■ **11** négociation ■ **12** intervention.

MEDICAL: **8** thérapie ■ **11** orthoptiste ■ **13** démédicaliser.

MEDICALE: **4** s.a.m.u. ■ **9** humorisme, sénologie ■ **10** monitoring ■ **11** médicaliser, phlébologie, sous-médical ■ **12** électrologie, néonatalogie ■ **14** surmédicaliser.

MEDICALISER: **14** médicalisation.

MEDICAMENT: **3** a.z.t. ■ **4** dose ■ **5** baume, codex, doser, gutte, jalep, looch, ovule, sirop, spray ■ **6** drogue, élixir, kamala, kermès, oxymel, pilule, potion, remède* ■ **7** alcalin, collyre, confort, héroïne, mellite, mixtion, onguent, panacée, placébo, surdose ■ **8** adjuvant, assation, comprimé, épithème, héroïque, laudanum, liniment, pastille, sinapisé, ténifuge ■ **9** aconitine, biguanide, clomifène, coupe-faim, diachylon, édulcorer, excipient, glycérole, iatrogène, linguette, pansement, pharmacie*, résolutif, sinapisme, succédané, thériaque ■ **10** antipyrine, antitussif, cataplasme, cholagogue, clofibrate, collutoire, eucalyptol, eupeptique, gargarisme, gomme-gutte, hypnotique, imipramine, isoniazide, médication, opodeldoch, pholcodine, saccharole, saccharure, spécialité, spécifique, stomatique, stupéfiant, toxidermie, trochisque, vésication ■ **11** allopurinal, analeptique, chloroquine, emménagogue, hypotenseur, méprobamate, myorelaxant, paracétamol, pharmacopée, psychotrope, rubéfaction, vésicatoire ■ **12** anticalcique, antiémétique, antifongique, antiulcéreux, anxiolytique, arsénobenzol, caryolytique, cholérétique, cyclosporine, hypodermique, indométacine, masticatoire, médicamenter, strophantine, suppositoire ■ **13** acétylcholine, antithermique, cardiotonique, contre-indiqué, médicamenteux, pharmacologie, pharmacomanie, phénobarbital, reconstituant ■ **14** antidépresseur, antidiurétique, neuromédiateur, phénylbutazone, tranquillisant ■ **15** antiasthmatique, antiépileptique, antiprurigineux, ganglioplégique, pharmacodynamie.

MEDICAMENTEUX : 6 pellet, saponé.

MEDICATION : 4 cure ■ **5** purge ■ **8** ablation, excision, incision ■ **9** opération, résection ■ **10** traitement ■ **11** énucléation, extirpation.

MEDICINAL : 3 ive, rue ■ **4** houx ■ **5** aunée, mauve, ricin, sauge, yèble ■ **6** hièble, sabine, simple, sureau ■ **7** bardane, bouleau, cresson, fougère, médical, nerprun, tilleul ■ **8** amandier, consoude, gentiane, guimauve, quassier, réglisse, roquette, verveine, violette ■ **9** bourrache, camomille, chiendent, valériane ■ **10** eucalyptus, herboriste, mercuriale.

MEDICINALE : 6 cubèbe.

MEDIEVAL : 9 centenier ■ **11** chantefable.

MEDIEVALE : 6 vimana ■ **8** languier ■ **9** dravidien.

MEDIOCRE : 3 nul ■ **4** fade, menu, pâle, vain ■ **5** banal*, moyen, terne ■ **6** cancre, chétif, cloche, commun, faible, humble, manque, modéré, obscur, pauvre, piètre, piteux, tocard ■ **7** douteux, étriqué, mesquin, modeste, modique, pisseur, trivial ■ **8** grossier, passable, plumitif, violoner, vulgaire ■ **9** imparfait, inférieur, ordinaire, pitoyable, poitereau, reluisant, suffisant ■ **10** médiocrité, quelconque ■ **11** écrivaillon, médiocratie ■ **12** écrivailleur, médiocrement, satisfaisant ■ **13** scribouilleur.

MEDIOCREMENT : 9 jouailler.

MEDIRE : 5 baver, jaser, lucre ■ **6** abîmer, bêcher, dauber ■ **7** accuser, défiler, potiner, ragoter, ravaler ■ **8** cancaner, commérer, décauser, dénigrer, éreinter, médisant ■ **9** calomnier, clabauder, déprécier, desservir, distiller, épiloguer ■ **10** déblatérer, incriminer ■ **11** discréditer ■ **13** entre-déchirer.

MEDISANCE : 3 mal ■ **4** gale ■ **5** aspic, on-dit ■ **6** cancan, propos, satire ■ **7** serpent ■ **8** diatribe ■ **10** méchanceté ■ **11** clabauderie, criaillerie, dénigrement.

MEDITATION : 6 pensée ■ **7** rêverie ■ **9** attention, méditatif, réflexion ■ **13** contemplation, recueillement.

MEDITER : 5 mûrir, rêver ■ **6** penser*, rouler ■ **8** préparer, spéculer ■ **9** réfléchir* ■ **10** recueillir.

MEDITERRANEEN : 2 if ■ **4** cône, lion, loup, thon, thym ■ **5** cabot, murex, myrte, scare ■ **7** étésien, lamparo, néréide ■ **8** alicante, clovisse, felouque, pastèque, pélamide, pélamyde, rascasse, squatina, squatine ■ **9** caroubier, gattilier, grenadier, laurier-tin, santoline ■ **10** carbousier, microcosme ■ **11** agnus-castus, vénéricarde.

MEDIUM : 8 télépathe ■ **10** médiumnite ■ **11** médiumnique.

MEDOC : 7 margaux.

MEDULLAIRE : 6 moelle ■ **8** énostose.

MEDULLOSURRENALE : 15 médullosurrénal.

MEDUSE: 5 ébahi* ■ 7 aurélie ■ 8 ombrelle ■ 9 manubrium ■ 10 auréliacée, lucernaire, rhizostome.
MEETING: 7 réunion.
MEFAIT: 5 faute* ■ 7 dommage ■ 11 blouson noir.
MEFIANCE: 5 doute* ■ 7 méfiant ■ 8 défiance*, paranoïa.
MEFIANT: 7 défiant* ■ 8 farouche, sournois ■ 9 cauteleux, ombrageux ■ 11 soupçonneux.
MEGAELECTROVOLT: 3 mev.
MEGAHERTZ: 9 mégacycle.
MEGALITHE: 6 menhir ■ 8 cromlech ■ 12 mégalithisme.
MEGALOBLASTE: 10 mégalocyte.
MEGALOCYTE: 13 mégalocytaire.
MEGALOMANE: 6 mégalo.
MEGALOMANIE: 10 mégalomane ■ 14 mégalomaniaque.
MEGARDE: 5 oubli* ■ 6 erreur* ■ 11 distraction*.
MEGERE: 5 furie ■ 6 chipie, harpie, ménade, poison, virago ■ 8 sorcière ■ 9 bacchante.
MEGIR: 5 mégie, mégis ■ 8 mégisser.
MEGOTER: 8 mégotage.
MEHARI: 7 méharée ■ 9 méhariste ■ 10 dromadaire.
MEILLEUR: 4 état ■ 5 crème, élite, fleur, loges, mieux* ■ 7 premier ■ 8 bonifier, corriger, rabonnir ■ 9 améliorer, substance ■ 10 marchander ■ 11 optimaliser ■ 12 amélioration, quintessence ■ 13 normalisation.
MEILLEURE: 12 pole position.
MEIOSE: 9 méiosique.
MEJUGER: 7 tromper.
MELAMPYRE: 7 dulcite ■ 8 rougeole.
MELANCOLIE: 5 peine ■ 7 chagrin* ■ 8 atrabile ■ 9 nostalgie, tristesse* ■ 12 mélancolique.
MELANCOLIQUE: 4 noir ■ 5 morne, solea ■ 6 sombre, triste* ■ 7 chagrin ■ 8 maussade*, nocturne ■ 9 cafardeux, ténébreux ■ 10 pessimiste ■ 11 cyclothymie, nostalgique ■ 14 neurasthénique.
MELANESIEN: 5 kanak ■ 7 canaque, fidjien.
MELANGE: 3 pur ■ 4 smog, vrac ■ 5 bétel, béton, crase, doser, émeri, farce, fonte, fumée, impur, julep, magma, métis, patée, phase, punch, rompu, rouan, sabir, staff, varié*, verre ■ 6 cadmie, centon, ciment, dégras, fusion*, gâchis, hachis, mazout, méteil, mixage, muesli, pastis, ragoût, salade, salmis ■ 7 alcoolé, alliage, ammonal, chabrol, chabrot, compost, coupage, cut-back, farrago, lytique, mesclun, miroton, mixtion, mixture, mouture, oxycrat, panaché, praliné, repasse, réunion*, ripopée, taboulé ■ 8 alliance, amalgame, brassage, champart, cocktail cohésion, cryogène, démêlage, hypergol, matelote, mélanger, méli-mélo, miscible, pêle-mêle, provende, rapsodie, roburite, solution, synérèse, thermite ■ 9 admixtion, azéotrope, bigarrure, carbogène, clafoutis, cohérence, confusion, falsifier, farlouche, ferlouche, galimafée, insertion, lithopone, macédoine, motopaver, mouillant, pot-pourri, racémique, zythogala, zythogale ■ 10 anthologie, asphaltite, collection, eutectique, ingrédient, migmatique, mortadelle ■ 11 carburateur, combinaison, composition, contraction, lixiviation, nitrate-fuel, olla-podrida, promiscuité, pyroligneux, ratatouille, salmigondis ■ 12 azéotropique, miscellanées ■ 13 bouillabaisse, concentration, incorporation, intercalation, interpolation ■ 14 centrifugation, chromatogramme, conglomération, conglutination ■ 15 chromatographie, équimoléculaire, oxyacétylénique.

MELANGER: **5** dorer, mêler*, semer ■ **6** agiter, étamer, fondre, réunir* ■ **7** brasser, chromer, délayer, emmêler, étendre, malaxer, mitiger, nuancer ■ **8** assortir, bigarrer, combiner*, composer, frelater, recouper ■ **9** amalgamer, amassette, brouiller, confondre, détremper, falsifier, imprégner ■ **10** entrelacer, entremêler, galvaniser, incorporer ■ **11** carburation, embrouiller, enchevêtrer, entortiller ■ **14** batteur-broyeur.
MELANINE: **9** mélanique ■ **10** mélanocyte.
MELANISME: **9** mélanique.
MELASSE: **4** rhum ■ **5** sucre, tafia ■ **9** farlouche, ferlouche.
MELE: **10** caramélisé.
MELEAGRINE: **9** pintadine.
MELEE: **4** maul ■ **6** combat* ■ **7** mélange ■ **9** confusion, talonnage, talonneur.
MELER: **4** unir* ■ **5** aider, ioder ■ **6** allier, couper, fondre, mettre, varier ■ **7** cendrer, charger, croiser, fouiner, insérer, intégrer, occuper ■ **8** immiscer, insinuer, mélanger*, négocier, panacher, secourir, touiller ■ **9** brouiller, confondre, emmieller, fusionner, intriguer, manipuler, mélangeur, salpêtrer ■ **10** concentrer, contracter, entremêler, incorporer, intercaler, interpoler, intervenir, mixtionner, participer ■ **11** caraméliser, conglomérer, conglutiner, encanailler, entrelarder.
MELEZE: **5** larix ■ **12** térébenthine.
MELIACEE 4 sipo ■ **5** melia.
MELLIFLUE: **9** doucereux.
MELODIE: **3** air* ■ **4** aria, jazz, lied ■ **5** chant* ■ **6** arioso, lieder ■ **7** ariette, déchant, romance ■ **8** harmonie ■ **9** cantabile, cantilène, mélodique, mélodiste ■ **10** barcarolle, complainte ■ **11** contre-chant ■ **12** polytonalité ■ **14** mélodieusement.
MELODIQUE: **8** ostinato.
MELODRAME: **3** mélo ■ **5** drame ■ **7** emphase ■ **14** mélodramatique.
MELOMANE: **14** naevo-carcinome.
MELON: **4** cape ■ **6** sucrin ■ **7** melonné, mélonné ■ **8** pastèque ■ **9** cantaloup ■ **10** melonnière.
MELOPEE: **5** chant*.
MEMBRANE: **4** cire, faux, iris, peau ■ **5** croup, fibre, filet, gaine, hymen, palme, volve, zeste ■ **6** amnion, amnios, coiffe, écorce, fraise, lampas, pelure, plèvre, rétine, tympan ■ **7** capsule, chorion, cloison, crépine, manteau, méninge, palmure, pie-mère, scrotum, séreuse, tunique ■ **8** choroïde, dure-mère, épendyme, épiderme, épiploon, gastrite, ligament, opercule, patagium, pectique, périoste, synovite, tégument, tympanal, vésicule ■ **9** cartilage, endocarde, enveloppe, eucaryote, médiastin, mésentère, pellicule, péricarde, péricrâne, péritoine, tunicelle ■ **10** allantoïde, aponévrose, arachnoïde, diaphragme, épichorion, épithélium, gras-double, membraneux, membranure, pituitaire ■ **11** conjonctive, membranaire, périchondre, sclérotique ■ **12** pelliculaire, permsélectif ■ **13** membraniforme, semi-perméable.
MEMBRE: **3** ars, vit ■ **4** aile, bras, juré, mage, nazi, pair, roue, thug, tory, whig ■ **5** atèle, barde, brame, écart, fille, frère, gavot, jambe, moine, oblat, ordre, ovate, patte, pattu, peton, poing, pouce, queue, rabat, scout, spica, serre, torse, tronc, verge ■ **6** ajiste, crural, membru, mormon, quaker, recrue, sachem, trompe, vaiçya, yakusa ■ **7** abbatis, attache, boîtier, citoyen, clubman, eudiste, félibre, haïdouk, jacobin, jacques, ligueur, luddite, mafioso, majoral, mariste, mendéen, muezzin, patarin, rampant, repenti, servite, théatin, vaudois, zutiste ■ **8** adhérent, assimilé, bogomile, brahmane, clausule, clubiste,

confrère, décemvir, droitier, dysmélie, estropié, gangster, hassidim, heiduque, héliaste, impotent, jacobite, komsomol, luperque, maffioso, membrure, mendaïte, nageoire, partisan, pauliste, pénitent, proximal, puritain, questeur, saducéen, samouraï, sénateur, servites, zélateur ■ **9** activiste, ambulacre, atrophier, avant-bras, bâtonnier, caballero, cagoulard, cégétiste, centumvir, défection, directeur, épiscopal, estropier, fabricien, franc-jugé, gouttière, johannite, kchatriya, lazariste, mennonite, nomothète, oligarque, olivétain, oratorien, paulicien, permanent, pharisien, prémontré, prudhomme, résistant, rose-croix, sadducéen, tentacule, tertiaire, tétrapode, ubiquiste, unioniste ■ **10** adventiste, amputation, aréopagite, bréviligne, commission, communiste, conseiller, cooptation, courbature, décabriste, élongation, exerciseur, flagellant, franc-maçon, guillemite, marianiste, méthodiste, monoplégie, mutilation, mutualiste, navigateur, paraplégie, récollette, sabbathien, secouriste, secrétaire, sociétaire, tridactyle, trinitaire ■ **11** académicien, anabaptiste, apparatchik, aristocrate, bolchevique, bolcheviste, commissaire, coopérateur, décembriste, iconoclaste, législateur, manœuvrier, marguillier, orphéoniste, passionniste, phalangiste, spartakiste, tétraplégie ■ **12** congressiste, nosseigneurs, pentecôtiste, référendaire, sous-marinier, travailliste, vieux-croyant ■ **13** conventionnel, coparticipant, parlementaire, rédemptoriste, religionnaire, trombinoscope ■ **14** ecclésiastique, kinésithérapie, occidentaliste ■ **15** maître-assistant, rachianesthésie.

MEMBRURE: 5 livet ■ **6** vaigre.

MEME: 4 auto, avec, dito, égal*, idem ■ **5** ainsi, autre, ligne, rimer, rival, salve, secte, série, sœur, suite, terne, tribu ■ **6** ibidem, pareil, susdit ■ **8** collègue, conforme, homonyme, identité, mêmement, monotone, occurent, panacher, rediseur, statique, synonyme, uniforme, univoque ■ **9** coïncider, commensal, congénère, constante, converger, covendeur, homodonte, homologue, homophone, identique, isoglosse, isomorphe, isotherme, parallèle, plain-pied, pléonasme, semblable*, simultané, synchrone ■ **10** autographe, cocyclique, colinéaire, concitoyen, concourant, concurrent, convergent, équivalent, isochimène, isoïonique, monoclinal, rendez-vous, sédentaire ■ **11** compatriote, convergence, nationalité, récidiviste, stéréotyper, tutti quanti, uniformiser, univitellin ■ **12** concentrique, fur et à mesure, pareillement, stationnaire, simultanéité ■ **13** homogémétique, isosyllabique ■ **14** consubstantiel ■ **15** autofécondation, monochromatique.

MEME TEMPS: 11 concomitant ■ **12** contemporain, synchronique ■ **13** simultanément.

MEMOIRE: 4 dire, note, tête ■ **5** azyme, cœur, liste, pâque, thèse, trace ■ **6** compte, traité ■ **7** amnésie, annales, serveur ■ **8** histoire, médaille, mémorial, mémoriel, mnésique, rappeler, repasser, souvenir* ■ **9** cénotaphe, chronique, dysmnésie, évocation, mémorable, mémoriser, permalloy, remémorer, télécarte ■ **10** autodictée, binet-simon, immémorial, mémoration, mnémonique, paramnésie, souvenance ■ **11** commentaire, hypermnésie, remembrance, ressouvenir ■ **12** mémoraliste, mémorisation, mnémotechnie, préprogrammé, réminiscence ■ **13** commémoration, ressouvenance ■ **14** autobiographie, presbyophrénie.

MEMORABLE: 5 faste ■ **8** mémorial, monument ■ **10** apophtegme ■ **13** mémorablement.

MEMORISER: 11 mémorisable.

MENAÇANT: 5 caduc, prier, torve ■ **8** croulant ■ **9** fulminant, inquiétant ■ **12** comminatoire.

MENACE: **6** alerte, colère, danger*, fureur, injure ■ **7** outrage ■ **8** chantage, menaçant, patience ■ **9** extorquer, ultimatum ■ **10** réprimande ■ **11** commination, ébranlement ■ **12** comminatoire, intimidation ■ **13** admonestation, avertissement, croque-mitaine.
MENACER: **6** braver, sommer ■ **7** avertir ■ **8** effrayer, injurier ■ **9** intimider ■ **10** admonester, gesticuler ■ **11** réprimander.
MENADE: **6** mégère.
MENAGE: **4** râpe ■ **5** bonne, linge ■ **6** maison ■ **7** batteur, bobonne, cireuse, famille, huilier, ménager, plumeau, réchaud ■ **8** économie, ménagère, pot-au-feu, servante ■ **9** cafetière, confusion, éplucheur ■ **10** pot-bouille ■ **11** dénoyauteur, gouvernante ■ **14** batteur-broyeur.
MENAGEMENT: **3** sec ■ **4** soin ■ **5** égard ■ **6** brutal ■ **7** épargne ■ **8** économie ■ **10** précaution.
MENAGER: **7** secouer ■ **8** épargner, fenêtrer, préparer ■ **9** conserver, respecter ■ **10** économiser ■ **11** thésauriser.
MENAGERIE: **8** fauverie, singerie.
MENDELEVIUM: **2** md.
MENDIANT: **5** argot, gueux*, pilon ■ **6** gredin, pauvre*, truand ■ **7** servite ■ **8** calender, clochard, mendigot, vagabond* ■ **9** chemineau, mendicité, misérable*, pauvresse ■ **10** turlurette.
MENDIER: **9** mendicité, quémander ■ **10** mendigoter, solliciter.
MENE: **6** abouti.
MENEE: **5** ligue ■ **6** brigue, cabale ■ **8** démarche, intrigue*, syndicat ■ **9** coalition, manigance ■ **10** propagande ■ **11** agissements*, machination* ■ **12** conciliabule.
MENER: **5** aller, finir, licol, licou, vivre, zoner ■ **6** agiter, amener, guider, meneur ■ **7** ameuter, briguer, cabaler, diriger*, traîner ■ **8** abaisser, chauffer, coaliser, conduire, fomenter, machiner, parfaire, soulever ■ **9** concerter ■ **10** acagnarder, parachever ■ **11** bourlinguer, gobichonner ■ **13** révolutionner.
MENESTREL: **8** bateleur, jongleur ■ **10** troubadour ■ **11** travailleur.
MENEUR: **6** tribun ■ **9** agitateur, démagogue ■ **12** perturbateur, protagoniste ■ **15** révolutionnaire.
MENHIR: **7** peulven ■ **9** mégalithe.
MENINGE: **7** pie-mère ■ **8** dure-mère ■ **9** méningite ■ **10** arachnoïde, méningiome ■ **12** méningocoque.
MENINGITE: **12** méningitique.
MENISQUE: **8** méniscal ■ **9** méniscite ■ **14** méniscographie.
MENOPAUSE: **9** climatère ■ **10** ménopausée ■ **12** ménopausique.
MENORRHEE: **9** menstrues.
MENOTTE: **9** manchette.
MENSONGE: **5** conte ■ **6** blague, craque, feinte ■ **7** duperie*, fiction ■ **8** hâblerie, histoire, menterie ■ **9** fourberie*, franchise, imposture, invention ■ **9** mensonger, tromperie* ■ **10** euphémisme, gasconnade, hypocrisie, tartuferie ■ **11** démystifier, effronterie, exagération ■ **12** contre-vérité, échappatoire, escobarderie, fanfaronnade, faux-semblant ■ **13** dissimulation.
MENSONGER: **8** ronflant, trompeur* ■ **14** mensongèrement.
MENSTRUATION: **4** flux, mois ■ **5** jours ■ **6** règles ■ **7** anglais, époques ■ **8** affaires ■ **9** histoires, ménopause, ménorrhée, menstruel ■ **10** aménorrhée, ménorragie ■ **12** dysménorrhée, prémenstruel ■ **13** indisposition ■ **15** spanioménorrhée.
MENSUALITE: **7** salaire*.
MENSURATION: **6** mesure.
MENTAL: **6** désaxé ■ **8** psychose ■ **9** aliéniste, logorrhée, mentalité,

monomanie ■ **10** coprolalie, déficience, dépression, érotomanie, gérontisme, glossolalie, psychiatre, puérilisme, sinistrose, stupéfiant ■ **11** hébéphrénie, psychiatrie ■ **12** bradypsychie, déséquilibre, escobarderie, glichroïdie, neurasthénie, oligophrénie, psychopathie ■ **13** psychasthénie, schizophrénie ■ **14** psychoaffectif.

MENTALEMENT: 10 mentaliser.

MENTEUR: 8 craqueur, trompeur*.

MENTHE: 7 pouliot ■ **8** calament ■ **10** peppermint.

MENTION: 5 endos ■ **10** historique, mentionner ■ **11** endossement, inscription ■ **13** commémoraison.

MENTIONNER: 5 citer ■ **8** inscrire, stipuler ■ **9** consigner ■ **11** enregistrer ■ **12** sus-mentionné.

MENTIR: 7 feindre ■ **9** mythomane ■ **10** mythomanie.

MENTON: 5 barbe, duvet ■ **7** fanchon, galoche ■ **8** barbiche, fossette, uppercut ■ **9** jugulaire ■ **10** mentonnier ■ **11** mentonnière.

MENTONNET: 7 clenche.

MENTOR: 10 conseiller.

MENU: 3 fin* ■ **4** plat, ténu ■ **5** délié, épais, fagot, fluet, gazon, grêle, haché, mince*, volet ■ **6** faible, fretin ■ **7** bricole, fragile, gracile ■ **8** bûchette, herbette, rabougri ■ **9** arénuleux, brindille, broutille, gravillon, hâtelette, menuaille, porte-menu ■ **11** blanchaille, hors-d'œuvre, menuisaille, mignonnette.

MENUET: 4 trio.

MENUISERIE: 4 bâti, sipo ■ **5** about, cérat, devis, filet, hêtre, sapin, saule ■ **6** buffet, okoumé ■ **7** arcanne, croisée ■ **8** abattant, badamier, boiserie, feuillet, menuiser, tchitola ■ **9** baldaquin, ■ **10** nothofagus ■ **11** lambrissage, marqueterie.

MENUISIER: 4 râpe, scie ■ **5** gouge, rabot, sabot, valet ■ **7** équerre ■ **8** ébéniste, servante.

MENURE: 4 lyre ■ **10** oiseau-lyre.

MEPHITIQUE: 5 puant ■ **8** nuisible ■ **10** malodorant.

MEPLAT: 6 tragus.

MEPRENDRE: 7 tromper*.

MEPRIS: 2 fi ■ **3** pch, pff, zut ■ **4** beuh, foin, peuh, pfft, pfut, pouh, raca ■ **5** dépit, lever, merde, nabot, nique, petit, pfutt, pitié ■ **6** dédain, dégoût, giaour, injure, maraud ■ **7** cynisme, impiété, infamie, insulte ■ **8** démérité, dérision, lanturlu, misandre ■ **9** arrogance, discrédit, méprisant, mésestime, misérable, sans-façon ■ **10** déshonneur, haussement, méprisable, prêtraille ■ **11** contempteur, dénigrement, diffamation, indignation, piteusement, réprobation ■ **12** dépréciation.

MEPRISABLE: 3 vil* ■ **5** drôle, écume, lâche, paria ■ **6** abject, crétin, faquin, fumier, gredin, infâme, triste, vilain ■ **7** ignoble, indigne, malfamé, ravilir, roulure ■ **8** canaille, engeance, séquelle ■ **9** excrément, peigne-cul ■ **10** malheureux.

MEPRISANT: 7 chnoque, schnock ■ **8** schnoque.

MEPRISE: 5 bévue ■ **6** errata, erreur* ■ **9** quiproquo.

MEPRISER: 4 huer ■ **6** braver, flétrir, fouler, moquer, toiser ■ **7** bafouer, crosser, décrier, narguer, ravaler, ricaner ■ **8** affecter, conspuer, dénigrer, dépriser, diffamer, indigner, injurier, insulter, profaner ■ **9** affronter, dédaigner, démériter, déprécier, rabaisser, réprouver ■ **10** déshonorer, mésestimer, vilipender ■ **11** discréditer.

MER: 3 eau, ras, raz, ria ■ **4** acul, azur, bras, caïc, côte, dune, flux, fret, grau, lame, lieu, lime, lise, onde, parc, rade, raie, thon, vive ■ **5** alose, ancre, arion, bouée, canal, caret, cotte, doris, drège, eider, étale, étier, fiord, fjord, galet, glace, golfe, haute, houle, jetée, lagan, large, marée, marin, morse, morue, nable, nolis, océan, ondée, orque, pagre, pinne, plage, point, rayon, tasse, temps, terre, vague, vaste, wharf ■ **6** bonace, corail, laisse, lingue, noroît, plaine, sterne, triton, turbot ■ **7** détroit ■ **8** aiglefin, amariner, bordigue, clapotis, immerger, littoral, mareyeur, maritime, naviguer, océanide, outremer, pingouin, sauvagin, tétrodon, tridacne, tubipore ■ **9** benthique, croisière, exoréique, irruption, naupathie, pélagique, péninsule, piraterie, sépiolite, sous-marin ■ **10** anadyomène, bathymètre, héliomarin, navigation, noctiluque, porcelaine, radiolaire, rembarquer, rhizostome, turritelle, wateringue ■ **11** affrétement, bathymétrie, bathysphère, chaenichtys, euplectelle, globigérine, macrocystis, stercoraire ■ **12** navigabilité, subaquatique, villégiature ■ **14** thalassocratie.

MERCANTILISME : **8** marchand, mercanti ■ **10** colbertisme, mercantile ■ **13** mercantiliste.

MERCAPTAN : **5** thiol ■ **10** thioalcool.

MERCATIQUE : **11** mercaticien.

MERCENAIRE : **6** reître, soldat* ■ **9** intéressé ■ **10** lansquenet ■ **11** condottière, mercenariat, travailleur ■ **12** mercenarisme.

MERCERISER : **12** merceriseuse.

MERCI : **6** pardon ■ **11** miséricorde ■ **14** reconnaissance*.

MERCREDI : **13** carême-prenant.

MERCURE : **2** hg ■ **4** torr ■ **5** lampe, métal ■ **7** cinabre ■ **8** amalgame ■ **9** mercureux, mercuriel, vermillon, vif-argent ■ **10** hydrargyre, mercurique ■ **13** hydrargyrique, hydrargyrisme.

MERCURIALE : **8** discours, foirolle, reproche ■ **10** réprimande* ■ **13** mercurialiser.

MERCURIEL : **13** mercurochrome.

MERE : **5** flanc, frère, fruit, maman, oncle, sœur, tante ■ **6** parent ■ **7** daronne, marâtre ■ **8** maternel, nourrice ■ **9** belle-mère, grand-mère, maternité, matricide, parricide ■ **10** matriarcat ■ **11** stabat mater ■ **12** beaux-parents ■ **13** fœto-maternel.

MERIDIEN : **5** terre ■ **8** quadrant ■ **9** longitude ■ **11** périœciens ■ **12** antiméridien.

MERIDIENNE : **6** canapé, sieste ■ **7** sommeil.

MERIDIONAL : **2** té ■ **3** sud ■ **4** kali, midi* ■ **5** perle, sacre ■ **7** austral, bagasse ■ **9** poutargue.

MERINGUE : **8** vacherin ■ **9** meringuer.

MERISIER : **6** merise, putier, putiet.

MERITE : **3** nul ■ **4** prix, rang, rare ■ **5** bonté, digne, droit, émule, louer, mince, navet, ordre, rival, séant, titre, vertu ■ **6** gloire, prince, talent, valeur* ■ **7** dignité, qualité, utilité ■ **8** avantage, couronne, habileté, illustre, immérité, méritant, moralité, passible, pendable ■ **9** déprécier, désirable, dignement, haïssable, notoriété, véritable ■ **10** détracteur, exaltation, préférable, punissable ■ **11** condamnable, dédaignable, distinction, infériorité, regrettable, reprochable ■ **12** méritocratie ■ **13** impardonnable ■ **14** responsabilité.

MERITER : **5** voler ■ **6** gagner, valoir ■ **7** attirer, obtenir* ■ **8** encourir ■ **9** remporter.

MERITOIRE : **13** méritoirement.

MERLAN : **4** lieu ■ **5** colin.

MERLE : **5** grive, huppe, jaser ■ **6** flûter ■ **7** merleau, moqueur ■ **8** merlette ■ **9** monticole.

MERLUCHE : **5** colin, merlu, morue.

MEROE : **7** candace.

MEROSTOME : **11** chélicérate.
MEROU : **6** serran.
MEROVINGIEN : **5** leude, plaid ▪ **8** basterne.
MERVEILLE : **7** miracle, prodige.
MERVEILLEUX : **4** beau, rare ▪ **5** extra ▪ **7** épatant, superbe ▪ **8** étonnant*, féerique ▪ **9** admirable*, magistère, mirifique ▪ **10** mirobolant, prodigieux* ▪ **11** éblouissant, magiquement, prestigieux ▪ **12** enchantement ▪ **14** extraordinaire.
MERZLOTA : **5** tjäle ▪ **10** permafrost.
MESALLIER : **9** forligner.
MESANGE : **8** meunière, nonnette ▪ **10** zinzinuler ▪ **12** charbonnière.
MESAVENTURE : **5** avaro, tuile ▪ **6** méchef ▪ **7** malheur* ▪ **8** aventure, échauder ▪ **9** malchance ▪ **10** déconvenue ▪ **11** malencontre.
MESENCEPHALE : **12** quadrijumeau.
MESENTENTE : **7** zizanie ▪ **9** désaccord*.
MESENTERE : **7** carreau ▪ **12** mésentérique.
MESINTELLIGENCE : **5** froid, pique ▪ **7** rupture, trouble, zizanie ▪ **8** brouille, désunion, discorde, division ▪ **9** désaccord* ▪ **10** dissension ▪ **11** brouillerie ▪ **12** dissentiment.
MESOBLASTE : **14** diploblastique.
MESODERME : **14** diploblastique.
MESOLITHIQUE : **7** azilien ▪ **11** néolithique.
MESOMORPHE : **9** nématique.
MESOSPHERE : **11** stratopause ▪ **12** stratosphère, thermosphère.
MESQUIN : **5** avare*, large, petit ▪ **6** chiche ▪ **7** étriqué, tire-sou ▪ **8** médiocre, riquiqui ▪ **11** caporalisme, mesquinerie ▪ **12** oriticailler ▪ **15** politicaillerie.
MESQUINERIE : **9** petitesse ▪ **12** mesquinement.
MESS : **7** cantine ▪ **10** réfectoire*.
MESSAGE : **6** exprès, lettre, monème ▪ **7** encoder ▪ **8** cryptage, discours, messager ▪ **9** ambassade ▪ **10** télégraphe ▪ **11** messageries, radiogramme ▪ **12** annonciation ▪ **13** communication ▪ **14** téléimpression.
MESSAGER : **6** envoyé, exprès ▪ **8** courrier, renommée ▪ **9** émissaire, estafette ▪ **11** ambassadeur ▪ **15** commissionnaire.
MESSAGERIE : **14** télémessagerie.
MESSE : **4** obit, paix, pale ▪ **5** agnus, amict, autel, biner, canon, kyrie, prône ▪ **6** office ▪ **7** préface, sanctus, service ▪ **8** agnus dei, aspergès, célébret, chasuble, crédence, dies irae, neuvaine, trentain ▪ **9** célébrant, élévation, répondant ▪ **10** grand-messe, offertoire ▪ **12** anniversaire, kyrie eleison ▪ **13** sacramentaire.
MESSIANIQUE : **12** kimbanguisme.
MESSIE : **11** messiniaque, messianisme.
MESSIRE : **6** messer.
MESURAGE : **5** stère ▪ **6** aréage, aunage ▪ **7** métrage.
MESURE : **2** an, as, li, yu ▪ **3** are, bar, erg, m.t.s., pan, pas, pot, saa, sou, tex, ton ▪ **4** acre, aire, aune, barn, beat, cube, déca, déci, dose, dyne, inch, marc, mile, mine, moss, muid, once, part, pica, pied, pipe, sone, tact, test, torr, vare, voie, yard ▪ **5** arobe, cache, canne, canon, carat, carré, congé, corde, curie, cuvée, degré*, doigt, empan, excès, farde, fermi, force, galée, grâce, grain, heure, jauge, joule, libre, lieue, ligne, litre, livre, mètre, mille, minot, moyen, nœud, obole, ounce, palme, pause, peson, pinel, pinte, plomb, poids, point, potée, pouce, pound, prose, queue, sicle, siège, sixte, stade, stère, temps, toise, union, unité, velte, verge ▪ **6** ampère, arpent, arrobe, barrel,

bichet, brasse, cicéro, coudée, espace, estime, étalon, étiage, format, gallon, gorgée, hémine, litron, magnum, mégohm, minute, modéré, module, obscur, octave, parsec, perche, pichet, quarte, quinte, radian, ration, saisie, setier, simple, stokes, sûreté, taille, talent, valeur, vergée, verste, volume ■ **7** archère, archine, brimade, calibre, carafon, charrue, chopine, circuit, cloyère, contour, cruchon, décibel, échelle, étendue, fourrée, gabarit, hauteur, hectare, journal, largeur, matrice, modique, modulor, pH-mètre, picotin, poignée, poisson, quintal, retenue, seconde, sievert, six-huit, statère, stockes, surface, tonneau, venturi ■ **8** abscisse, barrique, black-out, boisseau, boujaron, capacité, démesuré, deux-huit, distance, division, énormité, excessif, fraction, géodésie, grandeur, grosseur, immodéré, jaugeage, longueur, médiocre, métrique, neuf-huit, quadrant, quantité*, quartaut, racloire, réglette, sanction, scrupule, septième, short ton, trimètre ■ **9** antiradar, archétype, assiettée, cuillerée, décalitre, décamètre, décigrade, décilitre, décimètre, deux-seize, deux-temps, dimension, douze-huit, échevette, encâblure, épaisseur, exclusive, focomètre, impondéré, intensité, isolement, kilomètre, lucimètre, mégajoule, parasange, précaution, quarteron, trois-deux, trois-huit, urbanisme ■ **10** apollinien, audimétrie, bordelaise, contenance, cryométrie, dame-jeanne, décagramme, décigramme, demi-mesure, deux-quatre, dosimétrie, gazométrie, graduation, hectolitre, hectomètre, hectopièze, horométrie, hypermètre, kilosthène, manœuvrer, manométrie, métrologie, millimètre, modération*, myrométrie, piézomètre, précaution, prévention, profondeur, quatre-huit, superficie, tachymètre, télémétrie, tonométrie, variomètre, volumétrie ■ **11** acidimétrie, astrométrie, audiométrie, ballon-sonde, bathymétrie, chinoiserie, comparateur, densimétrie, échosondage, gravimétrie, hectogramme, hectopascal, humidimètre, hypsométrie, kilométrage, longimétrie, micrométrie, nivellement, opacimétrie, phonométrie, photométrie, piézographe, planimétrie, réouverture, sociométrie, subdivision, titrimétrie, tribométrie, trois-quatre ■ **12** actinométrie, arithmologie, calorimétrie, contre-mesure, immensurable, pluviométrie, polarimétrie, proscription, psychométrie, quatre-quatre, radiosondage, spectomètre, stéréométrie, vélocimétrie, volucompteur ■ **13** chronométrage, circonférence, commensurable, ébulliométrie, ébullioscopie, électrométrie, hydrotimétrie, magnétométrie, néphélémétrie ■ **14** décimalisation, dynamométrique, élasticimétrie, interlocutoire, rétrogradation, saccharimétrie, stalagmométrie ■ **15** déstalinisation, incommensurable, interférométrie.

MESURER: 4 loch ■ **5** auner, cuber, doser, jauge, mètre, peser, piger, radar, rader, toise ■ **6** biller, jauger, métrer, palper, racler, stérer, tester, toiser, velter, verger ■ **7** chaîner, graduer, marquer, niveler, pèse-sel ■ **8** arpenter, calibrer, exagérer, jalonner, luxmètre, mensurer, mesureur, moulinet, odomètre, ohmmètre, pèse-moût, uromètre ■ **9** acoumètre, altimètre, apprécier, astrolabe, cadastrer, compasser, étalonner, fluxmètre, lucimètre, machmètre, manomètre, médionner, mesurable, oléimètre, ondemètre, osmomètre, pèse-acide, posemètre, potomètre, pyromètre, rationner, sonomètre, télémètre, uréomètre, voltmètre, wattmètre ■ **10** alcoolmètre, audiomètre, bathymètre, curvimètre, débit-mètre, densimètre, eudiomètre, goniomètre, héliomètre, hygromètre, micromètre, pantomètre, pèse-esprit, phasemètre, photomètre, piézemètre, planimètre, pycnomètre, radiomètre, rapporteur, spiromètre, théodolite ■ **11** actinomètre, ampèremètre, butyromètre, calorimètre, capacimètre, colorimètre, dilatomètre, dynamomètre, fluviomètre, graphomètre, héliographe, mégohmmètre

pluviomètre, polarimètre, psophomètre, scléromètre, sphéromètre, tensiomètre ■ **12** cathétomètre, chronographe, ébulliomètre, ébullioscope, électromètre, endosmomètre, extensomètre, galvanomètre, hystéromètre, oscillomètre, pénétromètre, viscosimètre ■ **13** accéléromètre, fluviographe, ophtalmomètre, potentiomètre, réfractomètre, stalagmomètre, varheuremètre ■ **14** fréquencemètre, interféromètre, millivoltmètre, sitogoniomètre ■ **15** lactodensimètre, sensorimétrique.
METABOLIQUE : **10** glutamique.
METABOLISME : **8** créatine ■ **9** adénosine, cortisone, lépotrope, porphyrie ■ **10** acétonomie, anabolisme, glycosurie, métabolite ■ **11** catabolisme, histochimie, métabolique, métaboliser ■ **13** pantothénique ■ **14** acétocoenzymea ■ **15** glucocorticoïde.
METACARPIEN : **5** genou.
METACENTRE : **13** métacentrique.
METACHRONISME : **12** anachronisme.
METAIRIE : **5** borde, ferme ■ **7** closeau, métayer ■ **8** borderie, closerie.
METAL : **2** or ■ **3** fer, fil, pot, tub, vis ■ **4** aloi, armé, broc, cent, clef, flan, gong, inox, iode, lame, lime, mine, plot, scie, seau, sous, tôle, zinc ■ **5** acide, balle, bande, bardé, boîte, bruni, burin, câble, capot, carde, casse, cosse, culot, drain, écrou, émail, émeri, étain, évier, fiche, fonte, forge, fusil, gaffe, grille, jante, jeton, knout, lampe, lance, matir, palet, patin, perle, pièce, plomb, plume, poche, poids, pomme, rivet, ruolz, sabot, style, tasse, tenon, verge ■ **6** argent, baryum, boësse, cæsum, casing, cérium, chrome, cobalt, cuivre, erbium, indium, lingot, nickel, osmium, sodium ■ **7** bimétal, bismuth, brinell, cadmium, cæsium, calcium, étamure, gallium, iridium, lithium, mercure, minerai, monture, nionium, platine, poucier, rhénium, rhodium, tantale, terbium, thorium, uranium, yttrium ■ **8** actinium, alchimie, alfénide, blindage, bosseler, cémenter, doublage, ébarboir, fonderie, francium, lanthane, limaille, lisérage, lutécium, médaille, organeau, pointeau, polonium, pommette, rubidium, samarium, scandium, sparklet, stanneux, thallium, torchère, tournure, tréfiler, vanadium, vergeure ■ **9** aluminium, antimoine, arséniure, béryllium, bouilleur, clinquant, container, coussinet, docimasie, ductilité, ferraille, germanium, glucinium, grenaille, jaquemart, liquation, magnésium, manganèse, martelage, molybdène, palladium, percuteur, plaquette, plutonium, pontuseau, potassium, ringarder, ruthénium, siliciure, solénoïde, strontium, tungstène, ytterbium, zirconium ■ **10** brunissage, cannetille, chasse-roue, gadolinium, grenadière, masselotte, métallique, métalliser, orichalque, platinoïde, praséodyme, prométhéum, quincaille, repoussage, sidérolite, toreutique ■ **11** antimoniure, aplatissoir, cache-entrée, cémentation, coulabilité, écrouissage, ferronnerie, métallifère, métallurgie, passivation, sidérolithe ■ **12** aplatissoire, bimétallique, calorisation, coupellation, ferricyanure, ferrocyanure, protactinium ■ **13** bondérisation, chalcographie, chlorhydrique, fragilisation, métallisation, quincaillerie ■ **14** galvanoplastie, métallochromie, métallographie, minéralisateur ■ **15** alcalino-terreux, supraconducteur, supraconduction.
METALDEHYDE : **4** méta.
METALLIFERE : **12** métallogénie.
METALLIQUE : **5** inlay ■ **7** lit-cage, mecano, portant ■ **8** batayole, tricouni, trimétal ■ **9** rapointis ■ **10** métallerie.
METALLISER : **11** métalliseur.
METALLOÏDE : **4** bore ■ **5** brôme ■ **6** soufre ■ **7** oxygène ■ **8** sélénium, silicium ■ **9** grenaille.

METALLURGIE : 7 métallo ■ 13 métallurgique, métallurgiste ■ 15 déphosphoration.
METALOGIQUE : 12 décidabilité.
METAMERE : 6 somite ■ 9 métamérie ■ 10 métamérisé ■ 11 métamérique.
METAMORPHIQUE : 6 gneiss ■ 8 éclogite, ectinite, phyllade, stéatite ■ 9 cornéenne, migmatite ■ 10 serpentine ■ 11 amphibolite, micaschiste ■ 13 métamorphiser, métamorphisme.
METAMORPHISME : 9 cornéenne.
METAMORPHOSE : 5 imago ■ 6 avatar, stryge ■ 8 métabole ■ 10 changement*, virescence ■ 11 histogenèse ■ 12 holométabole, lycanthropie ■ 13 métamorphoser, transmutation ■ 14 hétérométabole, transformation* ■ 15 métamorphosable.
METAPHORE : 4 voix ■ 5 image, trope ■ 9 allégorie ■ 12 métaphorique.
METAPHYSIQUE : 7 système ■ 8 doctrine* ■ 9 déduction, intuition, réduction ■ 10 formalisme ■ 11 abstraction, philosophie*, scepticisme ■ 12 agnosticisme, immanentisme, raisonnement ■ 13 individuation, métaphysicien, parapsychique ■ 14 généralisation.
METAPSYCHIQUE : 12 immanentisme ■ 15 parapsychologie.
METASTABLE : 12 sous-refroidi.
METASTASE : 10 métastaser ■ 12 métastatique.
METATARSE : 8 péronier ■ 11 métatarsien.
METAYER : 5 colon ■ 7 bordier, closier, fermier* ■ 8 métairie, métayage.
METEMPSYCHOSE : 13 réincarnation.
METEORE : 3 feu ■ 4 halo ■ 5 court, gelée, grêle, neige, orage, pluie, rosée ■ 6 aurore, bolide, bruine, comète, éclair, foudre, frimas, mirage, siphon ■ 7 cyclone, furolle, ouragan ■ 8 couronne, giboulée, parhélie, taurides, tonnerre ■ 9 aérolithe, arc-en-ciel, météorite, perséides ■ 10 brouillard, crépuscule, météorique, météorisme, tourbillon ■ 12 météorologie ■ 13 météoromancie.
METEORITE : 10 astroblème, sidérolite ■ 11 sidérolithe ■ 12 météoritique ■ 14 micrométéorite.
METEOROLOGIE : 5 météo ■ 11 ballon-sonde, météogramme ■ 12 météorologue, radiosondage ■ 14 météorologique, météorologiste.
METEOROLOGIQUE : 9 lucimètre.
METEQUE : 8 étranger.
METHACRYLIQUE : 12 méthacrylate.
METHANE : 7 formène, méthyle ■ 10 méthaniser, méthylique.
METHODE : 4 coué, mode ■ 5 ordre, rable, règle ■ 6 karaté ■ 7 asepsie, invasif, logique, manière*, midrash, procédé*, shiatsu, système*, testage, théorie* ■ 8 jiu-jitsu, logicien, planning, synthèse ■ 9 créatique, empirisme, freudisme, galénique, stripping, technique*, zététique ■ 10 antisepsie, barymétrie, éclectisme, étiopathie, hébertisme, méthodique, méthodiste, percussion, prospecter, secourisme, skiascopie, stalinisme, synectique ■ 11 audiovisuel, chiropraxie, coopération, hémoculture, isothérapie, opothérapie, scolastique, semi-globale, sophrologie, strioscopie ■ 12 béhaviorisme, chiropractie, comparatisme, comparatiste, contraceptif, hypodermique, jarovisation, méthodologie, puvathérapie, remnographie ■ 13 béhaviourisme, électrométrie, quick-freezing, sédimentation, stéréochromie, stratigraphie, syntonisation, variolisation ■ 14 anthropométrie, électrophorèse, méthodiquement, non-directivité, phénoménologie, pouliethérapie, psychocritique, pyrétothérapie ■ 15 champagnisation, chromatographie, cinématographie,

distributionnel, homogénéisation, interférométrie, percuti-réaction, psychotechnique.
METHODIQUE: **5** réglé ■ **7** ordonné ■ **8** rotation, zootaxie ■ **9** cartésien, ratissage ■ **10** assolement ■ **12** dialecticien.
METHODOLOGIE: **14** méthodologique.
METHYLE: **9** méthylène ■ **10** méthylique ■ **11** wintergreen.
METHYLENE: **8** thionine.
METHYLORANGE: **11** hélianthine.
METICULEUX: **6** fidèle, rigide, précis, sévère, strict ■ **8** attentif ■ **9** minutieux*, regardant, rigoureux ■ **10** scrupuleux* ■ **12** méticulosité ■ **13** consciencieux ■ **15** méticuleusement.
METIER: **3** art ■ **4** lice ■ **5** canut, chine, lisse, temps, tenir ■ **6** lisage, semple ■ **7** show-biz ■ **8** batelier, boulange, chanteur, corderie, draperie, ensouple, jacquart, ramoneur ■ **9** coltinage, embaumeur, industrie, mule-jenny, pédicure, plomberie, portefaix, proxénète, renvideur, technique ■ **10** corporatif, figuration, filandière, gagne-petit, oisellerie, profession*, repasseuse, tapisserie, travailler, truanderie ■ **11** charronnage, cordonnerie, dégraisseur, plumasserie, tabletterie ■ **12** confiturerie, équarrisseur, ferblanterie, maréchalerie, show-business, taillanderie ■ **13** apprentissage, maquignonnage, professionnel ■ **14** microglossaire ■ **15** maréchal-ferrant.
METIS: **6** bâtard, créole, mulard ■ **7** hybride, mulâtre, octavon ■ **8** sang-mêlé ■ **9** amérasien, métissage, quarteron, tierceron.
METRAGE: **4** clip ■ **8** emmétrer.
METRE: **5** mille, pièze, stère, ténia, toise ■ **6** métrer ■ **8** emmétrer, métrique ■ **9** décimètre ■ **10** centimètre, dactylique, hectomètre, millimètre, tétramètre, ultra-court.
METRIQUE: **3** kilo, myri ■ **5** arsin, hecto, micro, myrin, myrio, rejet ■ **7** quintal ■ **8** prosodie ■ **9** métricien ■ **11** antistrophe.
METRO: **13** métropolitain.
METROLOGIE: **3** meg ■ **4** méga ■ **12** métrologique, métrologiste.
METROMANE: **5** poète.
METROPOLE: **5** métro ■ **8** capitale ■ **12** colonisation ■ **13** métropolitain.
METROPOLITAIN: **8** zoreille ■ **11** autocéphale.
METS: **3** ris ■ **4** menu, plat, rata, rôti ■ **5** blini, bribe, carte, chère, civet, darne, daube, épice, farce, gelée, havir, kiche, pilaf, purée, régal, reste, rösti, sauce, sauté, soupe, table ■ **6** bisque, brouet, entrée, étuvée, fondue, fricot, fritot, gratin, hachis, paella, potage, ragoût, roesti, rosbif, salade, salmis, souper, tripée ■ **7** aliment*, bouilli, cuisine, frichti, friture, garbure, haricot, miroton, navarin, pouding, rogaton, tranche ■ **8** arlequin, brandade, coquille, couscous, crédence, déjeuner, escalope, godiveau, grenadin, grillade, julienne, matelote, omelette, pot-au-feu, quenelle, ramequin ■ **9** animelles, boutargue, brochette, croquette, croustade, étouffade, fricassée, galantine, gibelotte, macédoine, oignonade, paupiette, poutarque, zucchetti ■ **10** ballottine, capilotade, carbonnade, chartreuse, chaud-froid, choucroute, crapaudine, financière, fricandeau, galimafrée, jardinière, succulence ■ **11** assortiment, gourmandise, hors-d'œuvre, olla-podrida, ratatouille ■ **13** bouillabaisse.
METTRE: **4** mise ■ **5** caler, caser, caver, dater, faire, filer, fixer, garer, gêner, hâter, jouer, loger, lotir, mater, mêler, plier, polir, poser, semer, tarir, vêtir, viser ■ **6** bouter, camper, capéer, claver, couler, ficher, foutre, lister, mécher, nicher, passer, placer*, ponter, poster, ranger, serrer, verser ■ **7** abouter, ajuster, aposter, apposer, asseoir,

briefer, cabaner, capeyer, déposer, enfiler, enrêner, estiver, établir, exposer, fourrer, glisser, infuser, insérer, lourder, pieuter, planter, publier ■ **8** aboucher, accorder, alléguer, aplomber, apporter, apprêter, arranger, attabler, attacher, attarder, chahuter, chausser, confiner, cravater, culotter, déchirer, décliner, délabrer, dépister, dépriser, disposer, ébranler, éloigner, emballer, empocher, encadrer, encaquer, endauber, enfermer, engainer, engerber, engrener, enherber, ensacher, entasser, enterrer, entraver, étalager, exécuter, galonner, garantir, granuler, grumeler, herbager, hérisser, investir, machurer, mainmise, mettable, musiquer, ordonner, orienter, pagnoter, paqueter, parapher, planquer, poussoir, préparer, proposer, recopier, refréner, reléguer, remettre, réserver, résilier, révoquer, saborder, saccager, saumurer, souffler, taponner, tartiner, vacciner ■ **9** accoucher, accoupler, accumuler, actionner, affleurer, affronter, amonceler, antidater, appliquer, approcher, assembler, béatifier, bousculer, boycotter, brouiller, canoniser, chevreter, colloquer, commencer, concerter, concilier, conformer, consigner, contester, contrôler, couronner, cylindrer, débarquer, dessécher, dialoguer, dilacérer, disperser, diviniser, échauffer, effectuer, émanciper, embarquer, emboucher, embourber, embrocher, emmancher, empoigner, encaisser, enflammer, enfourner, engranger, enjaveler, enliasser, entraîner, exploiter, finaliser, fourvoyer, fracasser, gendarmer, harmonier, harnacher, humaniser, implanter, incinérer, installer, justifier, mandriner, numéroter, pratiquer, présenter, préserver, rabaisser, rationner, recercler, recharger, remplacer, renverser, retraiter, rubriquer, saumurage, versifier ■ **10** accommoder, affourcher, apostiller, bâillonner, capilotade, chambouler, chevretter, confronter, contraster, courroucer, décheveler, déclencher, désespérer, détériorer, disjoncter, distinguer, dragéifier, empaqueter, émulsifier, enfourcher, engrumeler, ensaisiner, entreposer, équilibrer, essouffler, grenailler, harmoniser, horripiler, houblonner, incarcérer, incriminer, interpoler, juxtaposer, liaisonner, magasinage, pelotonner, promouvoir, rapprocher, rassembler, sanctifier, scotomiser, séquestrer, sous-titrer, stabiliser, substituer, superposer, transcrire, transposer, vampiriser, vedettiser, vulgariser ■ **11** agenouiller, appareiller, bouleverser, communiquer, contreposer, déchiqueter, désaffilier, diapasonner, embarrasser, embastiller, embrouiller, emmagasiner, emprisonner, enchevêtrer, enfutailler, enharnacher, interloquer, prédisposer, transporter ■ **12** communaliser, compromettre, controverser, déflagrateur, démocratiser, disqualifier, embouteiller ■ **13** collectiviser, containériser, conteneuriser, contresceller, précautionner, proportionner, révolutionner ■ **14** court-circuiter, interconnecter, réquisitionner.

METTRE BAS : **3** bas* ■ **5** vêler ■ **7** agneler ■ **8** biqueter, pouliner ■ **9** accoucher, chatonner, chevreter, chevroter, cochonner, levretter ■ **10** chevretter, délivrance ■ **11** parturition.

MEUBLE : **3** foi, lit ■ **4** banc, case, cosy, pied, rack, semer ■ **5** bahut, boule, divan, écran, fusée, garni, hôtel, laque, plein, sabot, siège, table, tapis ■ **6** boulle, buffet, bureau, casier, chaise, coffre, frette, lavabo ■ **7** abatant, armoire, bergère, cabinet, commode, console, étagère, fichier, losange, pupitre, vitrine ■ **8** ameublir, classeur, crédence, dressoir, ébéniste, écornure, fauteuil, friperie, guéridon, jumelles, mobilier, paravent, prie-dieu, servante, tabouret, toilette ■ **9** argentier, banquette, coiffeuse, déménager, démeubler, menuisier, panetière, passement, piétement, remeubler ■ **10** coquerelle, cosy-corner, encoignure, époussette, jardinière, médaillier, secrétaire, ta-

pissière, vaisselier, vide-poches ■ **11** ameublement, chiffonnier, chippendale, discothèque, ébénisterie, encaustique, garde-meuble, moulu-ration, vidéothèque ■ **12** bibliothèque, chiffonnière, couronnement, raccommodage, serre-papiers ■ **13** essuie-meubles, porte-chapeaux, quartefeuille, tiercefeuille ■ **15** porte-parapluies, porte-serviettes, saisie-exécution.
MEUBLER: **8** meublant.
MEUGLEMENT: **7** meugler ■ **10** beuglement.
MEULE: **4** ripe ■ **5** barge ■ **6** meulon, ribler ■ **7** gerbier, meulier ■ **8** émouleur, meulette, œillard ■ **9** ébarbeuse, lapidaire.
MEULER: **7** meulage ■ **9** rectifier.
MEULON: **9** veillotte.
MEUNERIE: **13** convertisseur.
MEUNIER: **4** able ■ **8** chevaine, chevenne, chevesne, farinage, farinier, meunerie.
MEURTRI: **4** noir, talé ■ **6** confus ■ **7** compote ■ **9** marmelade ■ **10** contondant.
MEURTRIER: **4** amok ■ **5** bravo, tueur ■ **6** bandit* ■ **7** déicide, escarpe, inculpé, sicaire ■ **8** assassin, coupable, criminel*, homicide, scélérat ■ **9** barbacane, spadassin.
MEURTRIERE: **12** arbalétrière.
MEURTRIR: **5** cotir ■ **6** fouler ■ **7** avarier, blesser*, écraser, pourrir ■ **8** froisser, mâchurer ■ **10** détériorer.
MEURTRISSURE: **4** bleu, noir ■ **5** plaie, taler ■ **6** talure ■ **8** blessure*, meurtrir ■ **9** contusion.
MEUTE: **5** curée, quête ■ **6** troupe*.
MEXICAIN: **5** cobéa, cobée, sisal ■ **7** chicano ■ **8** cactacée ■ **9** tubéreuse ■ **10** amblystome, xiphophore ■ **13** salsepareille.
MEXIQUE: **5** cobéa, cobée ■ **6** cobaea ■ **7** cascara ■ **8** mariachi.
MEZZANINE: **8** entresol.
MEZZO-SOPRANO: **4** voix ■ **9** bas-dessus.
MIASME: **7** effluve, malaria ■ **8** puanteur ■ **11** miasmatique ■ **13** sulfumigation.
MIAULER: **4** chat ■ **8** miauleur ■ **10** miaulement.
MICA: **6** micacé ■ **7** biotite, tuffeau ■ **8** clivable ■ **9** granulite ■ **10** lépidolite ■ **11** lépidolithe.
MICELLE: **10** micellaire.
MICHELINE: **11** automotrice.
MICROBE: **4** gram ■ **5** coque, virus* ■ **6** arsine ■ **7** aérobie, asepsie, bacille*, ferment, pigment, stomose, typhose, vibrion, virgule, zoo-glée ■ **8** bactérie*, brucella, division, glossine, septique, spirille ■ **9** anaérobie, anatoxine, anticorps, antivirus, ascocoque, exotoxine, gonocoque, infection, leucocyte, méningite, microbien, sulfamide, tularémie ■ **10** champignon, cladothrix, leptothrix, micrococque, psittacose, septicémie, spirochète ■ **11** amylobacter, auréomycine, biotropisme, désinfecter, endocardite, entéroscoque, hémoculture, leuconostoc, microbicide, nitrobacter, pneumocoque, protoplasma, protoplasme, typhotoxine ■ **12** antibiotique, micrographie, streptocoque ■ **13** microbiologie, microrganisme, staphylocoque, stérilisation ■ **14** micro-organisme, pasteurisation, sérodiagnostic.
MICROBICIDE: **9** sulfitage.
MICROBIENNE: **14** céphalosporine.
MICROBIOLOGIE: **5** étuve ■ **8** gélatine ■ **9** virologie ■ **13** bactériologie ■ **15** microbiologiste.
MICROCOSME: **10** landerneau ■ **13** microcosmique.

MICROCRISTAL: 14 vitrocéramique.
MICROECONOMIE: 15 microéconomique.
MICROEDITION: 3 p.a.o.
MICROFILM: 11 filmothèque, microfilmer.
MICRO-INFORMATIQUE: 5 micro.
MICROMETIQUE: 11 cristallité.
MICRONESIE: 11 micronésien.
MICRO-ORDINATEUR: 5 micro ■ **7** cliquer ■ **10** multiposte, nanoréseau.
MICRO-ORGANISME: 7 biocide ■ **9** anaérobie ■ **10** rickettsie ■ **12** aérobiologie ■ **13** bioconversion.
MICROPHONE: 5 micro ■ **6** girafe ■ **8** électret ■ **12** micro-cravate ■ **13** microphonique.
MICROPHYSIQUE: 5 fermi ■ **8** angström ■ **9** angstrœm.
MICROPYLE: 8 anatrope.
MICROSCOPE: 6 statif ■ **7** frottis ■ **8** oculaire ■ **9** microtome ■ **10** porte-objet ■ **11** couvre-objet, microscopie ■ **12** micrographie ■ **13** microchirurgie, microscopique ■ **15** microdissection.
MICROSCOPIQUE: 5 amibe, petit ■ **6** nostoc, oïdium ■ **7** ostiole, perlite, stomate ■ **8** liposome, navicule, plancton, plankton, puccinie, rotifère, sarcopte ■ **9** rhizotone ■ **10** rhizoctone ■ **11** rhizoctonie ■ **12** kamptozoaire, microcristal ■ **13** microrganisme ■ **14** cytodiagnostic, micro-organisme.
MICROSPORE: 13 microsporange.
MICTION: 11 pollakiurie.
MIDI: 3 mas, sud, têt ■ **4** cade, grau, seps ■ **5** adret, butor, feria, garou, gouge, mante, matin, mélia, mollé, notus, pilaf, pilav, pilaw, plage, sexte ■ **8** becfigue, déjeuner, estagnon, garrigue, glaréole, jujubier, méridien, pétanque, picpoule, tommette, vaccaire ■ **9** après-midi, arbousier, clairette, orcanette ■ **10** cantharide, crapaudine, dentelaire, fraxinelle, larme-de-job, méridienne, méridional, picpouille, tarantelle, vaillantie ■ **11** culmination, micocoulier, scolopendre ■ **12** staphisaigre ■ **15** mésembryanthème.
MIDINETTE: 7 trottin ■ **8** cousette ■ **10** couturière, petite-main.
MIE: 3 pas ■ **6** panure.
MIEL: 3 rob ■ **4** cire, ours ■ **5** favus, ruche ■ **6** gaufre, miette, oxymel ■ **7** abeille*, baklava, mélisse, mellite ■ **8** acétomel, emmiellé, fructose, hydromel, melliflu, mielleux ■ **9** démieller, emmieller, mellifère, melliflue ■ **10** apiculture, électuaire, extracteur, mellifique ■ **13** mellification.
MIELLEUX: 5 sucré ■ **9** doucereux ■ **13** mielleusement.
MIELLURE: 9 rouillure.
MIETTE: 2 mi ■ **5** émier ■ **7** morceau* ■ **8** émietter ■ **14** ramasse-miettes.
MIEUX: 4 plus* ■ **5** élite, perle ■ **6** dessus, plutôt ■ **7** suprême ■ **8** meilleur, pis-aller, préférer ■ **9** davantage, optimisme, supérieur ■ **10** perfection, préférable, rénovation ■ **12** amélioration, aristocratie, quintessence.
MIEVRE: 6 gentil ■ **7** fragile ■ **9** mièvrerie.
MIEVRERIE: 10 mièvrement ■ **11** affectation, singularité.
MIGNON: 4 mimi ■ **5** bijou, péché ■ **6** bellot, gentil, joliet ■ **7** mignard, trognon ■ **9** mignonnet ■ **12** croquignolet.
MIGNOTER: 7 flatter, soigner ■ **8** caresser.
MIGRAINE: 10 hémicrânie, migraineux ■ **14** antimigraineux.
MIGRATEUR: 5 cygne ■ **6** caille ■ **7** cigogne, migrant, pèlerin.

MIGRATION : 5 exode ■ 8 estivage, mignoter ■ 9 diapédèse, migrateur, montaison ■ 10 anaphorèse, émigration, magmatisme, migratoire ■ 11 illuviation ■ 12 transhumance ■ 13 réarrangement.
MI-JAMBE : 9 demi-botte ■ 10 chaussette.
MIJAUREE : 8 pimbêche.
MIJOTER : 5 cuire ■ 8 préparer.
MIL : 5 mille, panic ■ 8 couscous, tchapalo.
MILDIOU : 7 rouille ■ 9 mildiouse ■ 10 plasmopara ■ 11 phytophtora.
MILICE : 6 troupe ■ 8 milicien, palikare ■ 9 garde-côte ■ 13 cinquantenier.
MILIEU : 2 ph ■ 3 âme, axe, vif ■ 4 alto, fond, fort, kief, lieu, midi, sein ■ 5 banco, biome, chape, chine, cœur, dîner, fasce, foyer, galbe, macle, mitan, mixte, monde, noyau, oasis, océan, pègre, préau ■ 6 bohème, centre*, climat, dedans, in situ, jet-set, médial, médian, sphère, yakusa ■ 7 écocide, élément, mi-corps, moyenne, univers, urcéolé ■ 8 ambiance, ardillon, cambrure, ceinture, chaussée, dépayser, écologie, gélatine, mi-chemin, mi-course ■ 9 entourage, entre-deux, épenthèse, exotoxine, intérieur, médiateur, réveillon ■ 10 atmosphère, landerneau ■ 11 bras-le-corps, espace-temps, indésirable, thermoscope ■ 13 environnement, intermédiaire, pœcilotherme, préadaptation ■ 14 action research, phraséologique.
MILITAIRE : 4 camp, épée, goum, képi, paie, paye, saie, sape, saye ■ 5 appel, cadet, cagna, congé, dépôt, école, galon, garde, grade, guide, major, pacha, point, repos, sabre, shako, siège, singe, thème ■ 6 dolman, engagé, mineur, schako, soldat* ■ 7 caporal, caserne, chapska, colonne, goumier, grenade, rengagé, rosette, servant, voïvode ■ 8 assimilé, campagne, caudillo, cavalier, centurie, dégrader, effectif, exarchat, gendarme, godillot, guerrier*, havresac, imperium, insoumis, landwehr, milicien, officier, partisan, plastron, régiment, schapska, schlague, templier, troupier, uniforme, voïévode ■ 9 artilleur, bataillon, bigorneau, brigadier, canonnier, casernier, cassation, ceinturon, coalition, déserteur, fantassin, manœuvre, méhariste, missilier, objecteur, pyrrhique, supplétif ■ 10 couverture, disponible, garde-à-vous, logistique, riz-pain-sel, subsistant ■ 11 chenillette, gendarmerie, instructeur, kommandatur, légionnaire, militariser, militarisme, porte-fanion, rengagement, subdivision, territorial ■ 12 caporal-chef commandement, conscription, feld-maréchal, opérationnel, parachutiste, sous-officier ■ 13 démilitariser, disciplinaire, fortification, militairement, non-combattant, redéploiement, remilitariser, sous-intendant ■ 14 militarisation ■ 15 antimilitarisme, antimilitariste, permissionnaire.
MILITANT : 7 basiste, militer ■ 8 guerrier, partisan ■ 12 syndicaliste.
MILLE : 3 mil ■ 4 kilo ■ 5 milli ■ 7 millage, millier, million ■ 8 milliard, millième ■ 9 kilotonne, milliaire ■ 10 millénaire.
MILLEFEUILLE : 8 achillée.
MILLENARISME : 12 millénariste.
MILLENARISTE : 9 millenium.
MILLE-PATTES : 4 iule ■ 8 géophile, gloméris, lithobie ■ 9 anténatte ■ 11 scolopendre.
MILLERANDAGE : 10 millérandé.
MILLESIME : 7 vintage ■ 10 millésimer.
MILLET : 3 mil ■ 4 moha, maïs ■ 5 doura, panic ■ 6 sorgho ■ 8 milliaire.
MILLIARD : 8 trillion ■ 12 milliardaire, milliardième.
MILLIEME : 10 millilitre, millimètre ■ 11 milligramme ■ 12 millithermie.

MILLIGRAMME : **11** microchimie.
MILLIMETRE : **6** micron ■ **13** millimétrique.
MILLION : **4** méga, micr, pico, téra ■ **5** micro ■ **6** mégohm ■ **8** milliard ■ **9** mégahertz ■ **10** sextillion ■ **11** millionième, quatrillion, quintillion ■ **12** millionnaire.
MILLIONIEME : **12** microbalance, microseconde, microthermie.
MILOUIN : **8** fuligule.
MIME : **5** mimer ■ **6** acteur ■ **10** mimographe.
MIMER : **6** imiter.
MIMETISME : **9** mimétique.
MIMIQUE : **5** geste*.
MIMOSACEE : **4** néré ■ **6** acacia, mimosa ■ **7** mimosée ■ **9** amourette, sensitive ■ **11** légumineuse.
MINABLE : **5** loser, minus ■ **6** pauvre ■ **9** misérable* ■ **11** minablement.
MINARET : **5** islam.
MINAUDER : **4** mine ■ **8** grimacer, simagrée ■ **9** grimacier, minaudier ■ **10** minauderie.
MINCE : **3** fin* ■ **4** aigu, lame, menu*, ténu ■ **5** barde, bâton, bible, boyau, carte, court, délié, épais, évidé, étain, feuil, fluet, folié, frêle, grêle, latte, lèche, lusin, petit, tulle ■ **6** effilé, élancé, émincé, estrac, étiolé, étique, étroit*, faible, fretin, fuselé, maigre*, mincir, svelte ■ **7** aiguisé, amincir, délicat*, étamine, gracile, indusie, longuet, minceur ■ **8** atrophié, bricelet, épendyme, filament, flandrin, flexible, javeline, levrette, malingre, médiocre, membrane, panatela, pistolet, resserré*, scarieux ■ **9** efflanqué, filiforme, leptosome, pellicule, rhomboïde ■ **10** longiligne, séparateur ■ **11** schistosité.
MINE : **2** or ■ **3** air ■ **4** bure, buse, cage, orin ■ **5** benne, coron, mèche, minée, miner, minot, plomb, puits, terri, veine ■ **6** minier, terril, visage ■ **7** bowette, cordeau, exhaure, fleuret, minière, recette, sautage ■ **8** alunière, beaucoup, carrière, cuvelage, dragueur, fougasse, fourneau, simagrée, tréfonds, vermoulu ■ **9** apparence, camouflet, carottage, entonnoir, étoupille, falunière, houillère, mouilleur, porte-mine, royalties, serrement ■ **10** bourriquet, concession, lance-mines, palplanche, platinoïde, plombagine, tréfoncier ■ **11** chalcidique, chevalement, descenderie, minauderies, salpêtrière, travers-banc.
MINER : **5** caver, saper ■ **6** ronger* ■ **7** creuser*, déduire*.
MINERAI : **4** gîte, mine, stot ■ **5** fluor, fonte, forge, spath, tutie, veine ■ **6** albite, bocard, gangue, lavoir, pellet, sinter, speiss, tuthie ■ **7** alunite, bauxite, caliche, ferrite, laverie, minette, schlamm, schlich ■ **8** autunite, dépilage, grillage, limonite, mâchefer, roselier ■ **9** amphibole, feldspath, scheidage ■ **10** hornblende, lépidolite, minéralier, pechblende, tourmaline ■ **11** cassitérite, lépidolithe, minéralogie ■ **13** minéralogiste ■ **14** minéralisateur, sidérolithique.
MINERAL : **4** azur, mica, talc ■ **5** ambre, borax, fibre, géode, gypse, nitre, règne, sable ■ **6** argile, blende, galène, gneiss, illite, natron, pyrite, quartz, rognon, sandix, sandyx, silice, soufre ■ **7** amiante, arsenic, asbeste, bézoard, calcite, cinabre, cristal, cuprite, diamant, dolomie, granite, houille, péridot, pétrole, stibine, syénite, thermal, wolfram ■ **8** acerdèse, actimote, argyrite, barytine, chromite, corindon, épigénie, fluorine, orpiment, permagol, pyroxène, silicate, stannine, vanadine, vaseline, zéolithe ■ **9** aérolithe, amphibole, antimoine, cobaltine, cymophane, feldspath, millérite, ozocérite, ozokérite, pegmatite, plastique, sylvanite, tantaline ■ **10** bismuthine, minéralisé, smaragdite ■ **11** molybdénite, white-spirit ■ **12** strontianite ■ **13** déminéraliser ■ **14** minéralisation.

MINERALISATION : **11** décomposeur.
MINERAUX : **12** haut-fourneau.
MINERVOIS : **9** minervois.
MINETTE : **8** lupuline.
MINEUR : **4** sape ■ **5** coron, gamme, lampe, ordre ■ **6** taupin ■ **7** galibot, pupille ■ **8** acolytat, curateur, raucheur ■ **9** poétereau, protuteur, rivelaine ■ **10** garde-noble, photophore ■ **13** prédélinquant.
MINIATURE : **8** portrait ■ **9** miniaturé, vigneture ■ **10** enluminure, miniaturer ■ **12** miniaturiser, miniaturiste ■ **15** miniaturisation.
MINIATURISE : **12** micro-cravate ■ **15** microprocesseur.
MINIERE : **5** claim.
MINIMAL : **8** technème ■ **11** minimaliser, minimaliste.
MINIMALE : **8** prospect, rhéobase.
MINIMALISER : **14** minimalisation.
MINIME : **5** petit*, trace ■ **7** modique ■ **8** ridicule ■ **9** dérisoire, misérable.
MINIMISER : **7** réduire ■ **12** minimisation.
MINIMUM : **3** r.m.i. ■ **4** s.m.i.c. ■ **5** phase, seuil ■ **6** limite, minima ■ **8** extremum ■ **9** chronaxie, franc-bord, miniature, minimiser.
MINI-ORDINATEUR : **4** mini.
MINISTERE : **5** messe ■ **6** emploi, maxima, pléban ■ **7** plébain ■ **9** clergyman, pentagone, sacerdoce ■ **10** accusation, porrection ■ **12** chancellerie.
MINISTERIEL : **4** taxe ■ **5** agréé, avoué ■ **7** notaire ■ **8** greffier, huissier, maroquin ■ **12** portefeuille.
MINISTRE : **5** vizir ■ **6** lévite, prêtre ■ **7** pasteur ■ **9** argentier, clergyman, ministère, prédicant, sacerdoce ■ **11** ministériel, ministrable ■ **13** sous-ministre ■ **15** parlementarisme.
MINITEL : **9** télévente ■ **11** minitéliste.
MINOIS : **6** figure*, visage* ■ **9** frimousse.
MINORE : **9** minoratif.
MINORER : **10** minoration.
MINORITAIRE : **9** menchevik.
MINOTERIE : **8** minotier.
MINUIT : **5** matin ■ **10** médianoche.
MINUSCULE : **5** petit* ■ **10** bas-de-casse, rocamadour ■ **12** pédicellaire.
MINUTE : **5** copie ■ **7** minuter, seconde ■ **8** minutage, minutier ■ **9** minutaire, minuterie.
MINUTIE : **4** rien, soin* ■ **6** poussé ■ **7** analyse, chicane, purisme, vétille ■ **8** fignoler, ouvrager, scrupule ■ **9** cérémonie, épluchage, lésinerie, minutieux, pinailler, protocole, subtilité ■ **10** exactitude, formalisme, parcimonie ■ **11** délicatesse, mesquinerie, raffinement, tatillonner ■ **12** méticulosité ■ **14** susceptibilité.
MINUTIEUX : **6** subtil ■ **7** délicat*, mesquin, puriste, raffiné ■ **8** exigeant, soigneux, tatillon ■ **9** regardant, vétilleux ■ **10** méticuleux*, scrupuleux*, tracassier ■ **11** cérémonieux, pointilleux, susceptible ■ **12** parcimonieux ■ **13** consciencieux ■ **14** minutieusement.
MIOCENE : **8** mollasse, pliocène ■ **9** hipparion, oligocène ■ **10** aquitanien, mastodonte, rhinocéros ■ **11** dinothérium.
MIRABELLE : **5** prune ■ **11** mirabellier.
MIRABILIS : **11** belle-de-nuit.
MIRACLE : **5** manne, signe ■ **8** miraculé ■ **9** merveille ■ **10** assomption, miraculeux ■ **11** thaumaturge ■ **15** miraculeusement.
MIRAGE : **8** illusion ■ **9** merveille.
MIRBANE : **12** nitrobenzène.

MIRE : 5 butte, cible ■ 9 œilleton.
MIRER : 5 viser ■ 6 mireur ■ 8 regarder* ■ 9 mire-œufs.
MIRIFIQUE : 9 admirable* ■ 13 mirifiquement.
MIRLITON : 5 flûte ■ 7 flûteau ■ 9 bigophone.
MIRO : 6 miraud.
MIROBOLANT : 8 étonnant.
MIROIR : 4 clar ■ 5 focal, foyer, glace*, image, piège ■ 6 psyché ■ 7 trumeau ■ 8 applique, spéculum ■ 9 miroitier ■ 10 autoscopie, miroiterie, réflecteur, spéculaire ■ 11 rétroviseur.
MIROITER : 5 mirer ■ 7 briller*, éblouir ■ 8 chatoyer, renvoyer ■ 9 miroitant, réfléchir.
MISAINE : 5 minot ■ 7 fortune ■ 8 trinquet ■ 10 trinquette.
MISANDRE : 9 misandrie.
MISANTHROPE : 8 farouche.
MISCELLANEES : 8 mélanges.
MISCIBLE : 11 miscibilité.
MISE : 4 kick ■ 5 miser, titre ■ 6 paroli, vatout ■ 7 cadrage ■ 8 brushing, citation, défilage, knock-out, massacre ■ 9 alitement, cassation, démarreur, entonnage, sommation ■ 10 assemblage, martingale, préformage, relaxation, stretching ■ 11 application, entonnaison, entonnement, investiture ■ 12 fluidisation, court-circuit ■ 13 déclenchement, élargissement, socialisation, thermoformage ■ 14 initialisation, interconnexion ■ 15 synchronisation.
MISERABILISME : 13 misérabiliste.
MISERABLE : 3 vil* ■ 4 hère ■ 5 déchu, dénué, gueux*, panné, paria, ruiné* ■ 6 cahute, chétif, fauché, masure, miteux, pauvre*, piètre, taudis, truand ■ 7 assisté, bélître, infirme, minable, purotin, tanière ■ 8 bohémien, clochard, croquant, indigent, mendiant*, miséreux, parasite, vagabond* ■ 9 besogneux, déshérité, estropiat, lazzarone, marmiteux, pouilleux, va-nu-pieds ■ 10 claquedent, cul-de-jatte, malheureux*, vermisseau ■ 11 crève-la-faim, meurt-de-faim, meurt-la-faim, nécessiteux ■ 13 misérablement, pique-assiette.
MISERE : 4 rien ■ 5 dèche, épave, panne, peine*, purée, ruine* ■ 6 besoin*, débine, famine, mouise, panade ■ 7 disette, malheur*, mouisse, pénurie ■ 8 détresse, miséreux, opulence, pauvreté*, richesse, soulager ■ 9 dénuement, extrémité, gueuserie, indigence, mendicité, mistoufle ■ 10 pouillerie ■ 12 désembourber, pleure-misère, traîne-misère ■ 13 traîne-malheur.
MISERERE : 5 iléus.
MISEREUX : 9 misérable* ■ 11 crève-la-faim.
MISERICORDE : 5 merci, pitié* ■ 6 pardon* ■ 7 charité* ■ 8 clémence ■ 14 miséricordieux.
MISONEISME : 10 misonéiste.
MISSILE : 4 icbm, irbm, mirv, mrbm, m.s.b.s., slbm, s.s.b.s. ■ 7 booster ■ 9 antiengin, filoguidé, missilier ■ 11 euromissile ■ 15 trajectographie.
MISSION : 3 pie ■ 5 légat ■ 6 charge, sortie ■ 7 a latere, travail ■ 8 briefing, fonction, guetteur, légation, messager ■ 9 ambassade, apostolat, émissaire, lazariste ■ 10 commission, délégation, députation, patrouille, volontaire ■ 11 apostolique, détachement, négociation, passioniste, patrouiller ■ 12 commandement, missionnaire ■ 13 rédemptoriste.
MISSIVE : 3 mot, pli ■ 4 bref ■ 5 bulle ■ 6 billet, épître, lettre*, placet, poulet ■ 7 dépêche, message, réponse, rescrit ■ 8 pétition ■ 9 apostille, duplicata, mandement ■ 10 babillarde, circulaire, encyclique.

MISTRAL : **4** cers, vent.
MITAINE : **4** gant ■ **5** miton.
MITAN : **6** centre.
MITE : **5** miter ■ **6** teigne.
MITEUX : **9** misérable*.
MITHRIAQUE : **9** taurobole ■ **12** mithriacisme.
MITIGER : **7** adoucir*, modérer ■ **8** diminuer.
MITOCHONDRIE : **12** chondriosome.
MITONNER : **5** cuire ■ **7** soigner ■ **8** préparer.
MITOSE : **8** anaphase, prophase ■ **9** métaphase, mitotique, télophase ■ **10** centromère, centrosome ■ **11** caryocinèse ■ **13** antimitotique.
MITOYEN : **6** commun ■ **7** héberge ■ **11** mitoyenneté.
MITRAILLER : **5** tirer ■ **11** mitraillage.
MITRAILLETTE : **5** fusil ■ **10** sulfateuse.
MITRAILLEUSE : **5** affût ■ **10** mitrailler ■ **11** mitrailleur.
MITRE : **5** tiare ■ **6** évêque, fanons, mitral.
MITROBENZENE : **7** mirbane.
MIXTE : **6** géminé ■ **9** bichlamar ■ **10** bêche-de-mer.
MIXTION : **7** mélange*, mixture ■ **10** mixtionner.
MNEMOTECHNIQUE : **10** baralipton.
MOBILE : **3** clé ■ **4** clef, grue ■ **5** cause*, doigt, index, motif*, nille, rotor, tanka, volet ■ **6** moblot, moteur, tangon ■ **8** bastaque, flagelle, mantelet, paravent, symphyse, vasistas ■ **9** attelloir, autoguidé, bobinette, décapoter, emboîtage, flagellum, girouette, languette, mobilité, riboulant, tentacule, vacillant, zoogamète ■ **10** aryténoïde, attelloire, chambrière, élongation, énarthrose, enveloppée, gouvernail, tourniquet, satelliser ■ **11** biblorhapte, inconstance, téléguidage ■ **13** turbomachine ■ **15** thermopropulsif.
MOBILE HOME : **12** auto-caravane.
MOBILIER : **4** gage ■ **5** bazar, boule ■ **6** ménage, meuble* ■ **9** nominatif, pompadour.
MOBILISATION : **9** mobiliser ■ **12** mobilisateur ■ **14** kinésithérapie, mécanothérapie.
MOBILISER : **5** dépôt ■ **10** embrigader ■ **11** mobilisable ■ **12** mobilisation ■ **14** démobilisation ■ **15** gestalt-thérapie.
MOBILITE : **7** tribart ■ **13** arthroplastie.
MOCHE : **7** mochard.
MODALITE : **7** manière*, qualité ■ **9** aléthique, condition ■ **10** solidarité ■ **11** engineering ■ **12** tachitoscope.
MODE : **2** in ■ **3** cri ■ **4** goût, must, raga, snob, voie ■ **5** câblé, dandy, genre, modal, régie, remue, vogue* ■ **6** couplé, croisé, irréel, méiose ■ **7** barbara, branché, fermage, méthode, new-look, optatif, qualité, revival, système ■ **8** étouffée, gérondif, hérédité, modalité, néolocal, salariat, vanisage ■ **9** déroulage, emboîture, étouffade, impératif, indicatif, infinitif, japonisme, participe, potentiel, prédation, résonance, synarchie, virilocal ■ **10** baralipton, cooptation, dichotomie, érémitisme, inquilisme, matrilocal, patrilocal, rumination, sauterelle, subjonctif, succussion, transports, viviparité ■ **11** absentéisme, anémophilie, axonométrie, brachiation, gemmiparité, moissonnage, schizogamie ■ **12** compensation, conditionnel, siphonogamie ■ **13** anachorétisme, cryptographie, inflorescence, ovoviviparité, saprophytisme.
MODELAGE : **9** sculpture ■ **10** repoussage.
MODELE : **4** chic, type ■ **5** canon, épure, essai, forme, moule*, règle ■ **6** atypie, carton, dessin, étalon, patron, poncif ■ **7** calibre, corrigé, ébauche, exemple*, formule, gabarit, matrice, panneau, pattern, ser-

vile, topique ■ 8 académie, esquisse, maquette, modeleur, original, parangon, sovkhoze, spécimen, standard ■ 9 archétype, brouillon, classique, empreinte, gabariage, imitation, modélisme, paradigme, plastique, protocole, prototype ■ 10 exemplaire, formulaire ■ 11 accord-cadre, comparaison, échantillon ■ 12 modélisation ■ 13 aéromodélisme, griffonnement.

MODELER : 6 former ■ 8 emboîter, modelage, modeleur, sculpter ■ 9 plastique ■ 13 céroplastique.

MODELISATION : 9 modéliser.

MODERATION : 5 diète ■ 6 mesure, raison ■ 7 épargne, réserve, retenue*, sagesse* ■ 8 chasteté, économie, modestie, patience, sédation, sobriété ■ 9 bellement, doucement, équilibre, frugalité, honnêteté, politesse, tolérance ■ 10 abnégation, abstention, abstinence, continence, convenance, discrétion, ménagement, simplicité, tempérance ■ 11 pondération, renoncement, résignation, savoir-vivre ■ 12 impartialité, incontinence ■ 14 circonspection.

MODERATRICE : 14 psycholeptique.

MODERE : 3 h.l.m. ■ 4 posé, sage* ■ 5 calme, sobre ■ 6 chaste, simple, timide, timoré ■ 7 andante, discret, économe, modeste, patient, pondéré, réservé ■ 8 craintif, moderato, réticent, tolérant ■ 9 équilibré, impartial, tempérant ■ 11 accommodant, circonspect, raisonnable ■ 12 modérantisme.

MODERER : 5 céder ■ 6 borner, calmer*, priver ■ 7 adoucir, amortir, dompter, enrayer, freiner, mitiger, pallier, retenir, tremper ■ 8 atténuer, contenir, observer, posséder, refréner, renoncer, résigner, tempérer ■ 9 transiger ■ 10 modérateur ■ 11 contraindre.

MODERNE : 4 judo ■ 5 démon ■ 6 récent ■ 7 nouveau, présent ■ 8 building, romaïque ■ 9 atonalité, futurisme, modernité ■ 10 devanâgari, moderniser, modernisme, moderniste ■ 11 néo-gothique ■ 12 néo-vitalisme, obsolescence, physicalisme, romanticisme ■ 14 néolibéralisme, néo-catholicisme.

MODERNISE : 13 modernisateur.

MODERNISER : 9 mécaniser ■ 13 modernisation.

MODESTE : 3 pur ■ 5 caché, moyen ■ 6 décent, effacé, humble*, mesuré, modéré, obscur, simple* ■ 7 bonasse, modique, pudique, réservé ■ 8 arrogant, bonhomme, innocent, médiocre, vertueux ■ 9 immodeste ■ 11 modestement ■ 12 présomptueux.

MODESTIE : 5 vertu ■ 6 pudeur*, pureté ■ 7 décence*, décorum, douceur, respect, retenue ■ 8 modicité, timidité, violette ■ 9 confusion, innocence ■ 10 bienséance, convenance, immodestie, médiocrité, modération, simplicité* ■ 11 modestement.

MODIFICATION : 4 vide ■ 5 crise, thèse, truca, vivre ■ 6 espèce, figure, nuance ■ 7 brisure, cabrage, doppler, œstrus, refonte, variété ■ 8 allergie, bretesse, mutation, réaction ■ 9 codicille, diversion, dysphonie, inflexion, réduction ■ 10 altération, amendement, changement*, correction, corruption, innovation, kératocône, modulation ■ 11 after-effect, déguisement, embryoardie, remaniement, termaillage ■ 12 adultération, intervention, rétractation ■ 13 accommodation, falsification, métamorphisme, rectification ■ 14 bouleversement, minéralisation, palatalisation, sous-amendement ■ 15 infléchissement.

MODIFIE : 11 modificatif, tensioactif.

MODIFIER : 6 dévier, varier ■ 7 altérer, amender, changer*, décaler, défaire, fausser, nuancer, réduire, toucher, tourner, traiter ■ 8 caméléon, cémenter, corriger*, déguiser, dessoler, ébranler, pondérer, regarnir, remanier, rhéostat ■ 9 adultérer, corrompre, falsifier, incer-

tain, infléchir, rétracter, toiletter ■ **10** actionneur, irrégulier, modifiable ■ **11** bouleverser, dessolement, diversifier, intervenir, minéraliser, mouvementer ■ **12** contrepasser, désectoriser, inconsistant, modificateur ■ **14** thoracoplastie ■ **15** photo-élasticité.
MODIQUE : **3** bas ■ **6** minime.
MODISTE : **7** chapeau ■ **10** apprêteuse.
MODULATEUR : **10** lymphokine.
MODULATION : **2** fm ■ **10** modulateur.
MODULER : **5** canon, chant ■ **8** modulant ■ **9** modulable.
MOELLE : **5** sagou ■ **7** myélite, myélome, palmite ■ **8** épendyme, épiphyse, myéloïde ■ **9** amourette, médulleux, myélocyte ■ **10** amourettes ■ **11** myéloplasme, ostéoclaste ■ **12** laminectomie, myélographie, ostéomyélite, promyélocyte, quintessence ■ **13** cérébro-spinal, mégacaryocyte, métamyélocyte, syringomyélie.
MOELLE EPINIERE : **15** encéphalopathie.
MOELLEUX : **4** doux* ■ **5** satin ■ **8** douillet ■ **10** chamoisage ■ **13** moelleusement.
MOELLON : **5** maçon ■ **6** pierre ■ **8** hérisson, smillage ■ **9** blocaille ■ **11** limousinage.
MŒURS : **5** bible, catin, fonds, mêlée, moral, voyou ■ **7** lorette ■ **8** débauche, donzelle, habitude, moralité, poissard ■ **9** abjection, civiliser, demi-monde, éthologie, moraliste, romaniser ■ **10** banditisme, hétaïrisme ■ **11** démoraliser, éthographie ■ **12** anachronisme, demi-mondaine, empoisonneur.
MOHAIR : **9** teddy-bear.
MOI : **3** égo ■ **4** bibi, mien ■ **5** mézig ■ **7** mézique ■ **8** empathie.
MOINDRE : **6** mineur ■ **8** diminuer ■ **9** amoindrir, inférieur ■ **10** contracter.
MOINE : **4** froc, gens ■ **7** cuculle, frocard, monacal, starets ■ **8** cénobite, défroqué, moinerie, stariets ■ **9** moinillon, monastère, religieux* ■ **10** monachisme, monastique, thérapeute ■ **14** monastiquement.
MOINEAU : **4** piaf ■ **6** piaffe ■ **7** friquet, gros-bec, pierrot ■ **9** gailletin, passereau.
MOINS : **8** manquant ■ **9** amenuiser, seulement ■ **11** moindrement, morte-saison.
MOIRAGE : **5** moire ■ **6** moirer ■ **7** moirure.
MOIRER : **7** moireur.
MOIS : **3** mai ■ **4** août, ides, juin, mars, neuf, réby ■ **5** avril, douze, safar, saint, terme ■ **6** nivôse, redjeb ■ **7** février, floréal, janvier, juillet, mensuel, ramadan, octobre, schewal, ventôse ■ **8** bimestre, brumaire, calendes, décembre, djoumadi, frimaire, gamélion, germinal, messidor, pluviôse, posidéon, prairial, schaaban, semestre ■ **9** bimensuel, embolisme, fructidor, munychion, mouharram, septembre, thermidor, trimestre ■ **10** bimestriel, boédromion, mensualité, pyanepsion, thargélion ■ **11** dsoulhedjab, dsoulkaadah, hécatombéon, mémactérion, vendémiaire ■ **12** anthestérion, élaphébolion, embolismique, métageitnion, scirophorion ■ **13** mensuellement.
MOÏSE : **7** berceau.
MOISIR : **5** gâter* ■ **7** chancir, pourrir*, remugle.
MOISISSURE : **5** barbe, moisi, mucor ■ **6** empuse ■ **7** mildiou, monilie ■ **10** aspergille, zygomycète ■ **11** aspergillus, chancissure, pénicillium, siphomycète, sporotriche ■ **12** plectomycète, pyrénomycète, terrafungine, trichophyton ■ **13** streptomycine.
MOISSON : **4** août ■ **5** verse ■ **6** chaume, éteule ■ **7** récolte* ■ **8** chaumage ■ **10** moissonner, saisonnier.

MOISSONNER : **4** sape ■ **5** scier ■ **6** aoûter, couper, gerber, glaner ■ **7** faucher, javeler ■ **8** arracher, cueillir, ramasser, récolter ■ **10** recueillir ■ **11** moissonnage, moissonneur ■ **12** moissonneuse.
MOISSONNEUSE : **9** porte-lame, rabatteur.
MOITE : **6** moiter ■ **9** halitueux.
MOITIE : **2** mi ■ **4** demi, hémi, midi ■ **5** à demi, demie, grisé, longe, métis, minot, mixte, padou ■ **6** épouse, mi-clos, milieu, padoue ■ **7** demi-vie, mitoyen, moyenne, partage, tabloïd ■ **8** demi-tour ■ **9** demi-deuil, demi-heure, demi-litre, demi-pièce, demi-place, demi-quart, dicotome, hémialgie, parallaxe, patouille, surbaisse, surhausse ■ **10** bissection, demi-cercle, demi-mesure, demi-relief, fifty-fifty, hémiplégie, hémisphère ■ **11** demi-colonne, demi-journée, entrefermer, hémianopsie, mi-partition ■ **12** demi-douzaine, demi-longueur ■ **15** hémicylindrique.
MOKA : **4** café ■ **5** farde.
MOLAIRE : **4** dent ■ **8** molalité, molarité ■ **9** mâchelier ■ **10** mâchelière, prémolaire ■ **11** carnassière ■ **13** valence-gramme.
MOLE : **4** lune, port ■ **5** digue, horst, jetée ■ **6** musoir ■ **7** môlaire ■ **8** avogadro ■ **11** débarcadère, embarcadère, équimolaire, poisson-lune ■ **14** molécule-gramme.
MOLECULAIRE : **14** macroglobuline.
MOLECULE : **4** pore ■ **5** codon, poids ■ **6** active, dimère ■ **7** capside, flavine, molaire, peptide, uracile ■ **8** cyclique, isotonie, oxyacide, protéide ■ **9** atomicité, bisulfure, chiralité, diazoïque, particule ■ **10** allostérie, amphiphile, diatomique, isotonique, répresseur ■ **11** alcoylation, moléculaire, nucléophile, solvatation, triatomique ■ **12** cyclopentane, hexachlorure, mono-atomique, prosthétique ■ **13** désexcitation, macromolécule, semi-perméable ■ **14** délocalisation, oxyhémoglobine, polymérisation ■ **15** ultrafiltration.
MOLENE : **13** bouillon-blanc.
MOLESTER : **7** rudoyer ■ **8** malmener* ■ **10** tourmenter* ■ **11** molestation.
MOLETER : **8** moletage.
MOLETTE : **8** porphyre.
MOLLASSE : **3** mou* ■ **7** flasque ■ **9** mollasson, terrefort ■ **11** mollasserie.
MOLLEMENT : **11** pendouiller.
MOLLESSE : **7** apathie, paresse* ■ **8** vélocité ■ **9** déhancher, faiblesse, indolence ■ **10** somnolence ■ **11** lymphatisme, nonchalance.
MOLLET : **3** mou* ■ **5** sural ■ **11** molletière.
MOLLETON : **8** blanchet ■ **9** sous-nappe ■ **10** molletonné ■ **11** molletonner ■ **12** molletonneux.
MOLLUSQUE : **4** clam, test ■ **5** arion, cirre, flion, harpe, hélix, lambi, mitre, ovule, pédum, perne ■ **6** cirrhe, hélice, rocher ■ **7** calamar, dentale, gravier, rudiste, trialle ■ **8** acéphale, spondyle ■ **9** néopilina ■ **10** amphineure*, coquillage, gastropode, scaphopode* ■ **11** céphalopode*, gastéropode*, hémocyanine, malacologie, nudibranche, trochophore, vénéricarde ■ **12** prosobranche, tectibranche, trochosphère ■ **14** lamellibranche*, opisthobranche, polyplacophore.
MOLOCHE : **7** agamidé.
MOLOSSE : **5** mâtin.
MOLYBDENE : **8** stellite ■ **11** molybdénite.
MOME : **6** chiard.
MOMENT : **3** ici ■ **4** à pic, dans, déjà, pile, spin, tour ■ **5** brune, crise, étale, halte, heure, levée, lever, passé, point, reste, somme, tempo,

temps* ■ **6** éclair, époque, passée ■ **7** instant ■ **8** aspergès, aussitôt, datation, débotter, débouché, débouler, débucher, équinoxe, magnéton, reporter, suspense, tournant ■ **9** actualité, désormais, élévation, fermeture, foliation, momentané ■ **10** actualités, entrefaits, in extremis, maintenant ■ **11** antineutron, feuillaison ■ **12** intermission, laisse-courre ■ **13** laisser-courre, momentanément.

MOMENTANE: **5** congé, pause ■ **7** aulofée ■ **8** accalmie, passager*, retraité ■ **9** armistice, palliatif, remplacer ■ **10** rémittence, temporaire ■ **11** défaillance, occultation ■ **15** engourdissement.

MOMIE: **6** natron ■ **8** momifier ■ **12** momification.

MONACAL: **4** froc ■ **5** moine* ■ **8** couronne ■ **10** monastique.

MONADE: **9** monadisme, monadiste ■ **11** monadologie.

MONARCHIE: **5** blanc, liste ■ **7** royauté ■ **9** royalisme ■ **10** monarchien ■ **11** monarchique, monarchisme, monarchiste ■ **14** ultraroyaliste ■ **15** antimonarchique, antimonarchiste.

MONARQUE: **3** roi* ■ **5** césar ■ **6** prince ■ **7** dynaste ■ **8** empereur, potentat ■ **9** autocrate, souverain*.

MONASTERE: **4** tour ■ **5** lavra ■ **6** abbaye, monial, vihara ■ **7** cloître, couvent*, moutier ■ **8** bonzerie, séculier ■ **9** cellérier, higoumène ■ **10** cartulaire ■ **11** trappistine, visitatrice ■ **13** archimandrite.

MONASTIQUE: **4** froc ■ **5** kondo ■ **6** monial ■ **7** monacal ■ **8** moinerie ■ **9** défroquer ■ **10** monachisme.

MONCEAU: **3** tas ■ **4** amas* ■ **7** fichoir ■ **8** taupinée ■ **10** taupinière.

MONDAIN: **5** raoût ■ **6** galant ■ **8** soiriste ■ **9** mondanité.

MONDE: **5** raoût, terre, vivre ■ **6** dassin, être là, gentry, ici-bas, milieu, nature ■ **7** mondain, mondial, planète, société*, univers*, visible ■ **8** création, occident, séculier, urbanité ■ **9** accoucher, demi-monde, immensité, mondanité, naissance, universel ■ **10** cosmogonie, extraverti, extroverti, intermonde, macrocosme, microcosme, panthéisme, urbi et orbi ■ **11** cosmopolite, mondialisme, pancosmisme, savoir-vivre ■ **12** extraversion, globe-trotter, introversion, mondialement ■ **14** weltanschauung ■ **15** planétarisation.

MONDIAL: **11** mondialiser ■ **14** mondialisation.

MONDIALISER: **14** mondialisation.

MONERGOL: **8** catergol.

MONETAIRE: **11** bullionisme, monétarisme ■ **12** monétisation ■ **14** monétarisation.

MONETARISME: **11** monétariste.

MONGOL: **7** khalkha ■ **10** mongoloïde.

MONGOLIEN: **10** trisomique.

MONGOLIQUE: **8** lamaïsme.

MONGOLISME: **9** mongolien ■ **10** mongoloïde.

MONILIA: **9** moniliose.

MONITEUR: **4** mono ■ **9** monitorat ■ **10** monitoring ■ **11** instructeur.

MONNAIE: **2** as, or ■ **3** écu, fen, fil, lei, lek, leu, lev, loi öre, ort, pul, sen, sol, sou, yen ■ **4** agio, ange, anna, bani, baht, cent, coin, dong, frai, jiao, lire, marc, mark, mine, para, peso, pile, pite, réal, reis, tael ■ **5** agnel, aspre, avers, belga, blanc, colon, croix, décri, dinar, douro, ducat, franc, grosz, haler, krone, kurus, jeton, lepta, liard, livre, louis, marka, noble, obole, patar, pence, penny, pièce, radis, réale, saucé, sicle, singe, sucre, thune, tical, titre, toman, zloty ■ **6** aignel, argent, aureus, balboa, besant, billon, carlin, cauris, décime, denier, dirham, dollar, échars, escudo, filler, florin, forint, gourde, groszy, guinée, gulden, hrivna, kopeck, maille, monaco, mouton, pagode, patard, peseta, pennik, rouble, roupie, rupiah, satang, sequien, talent, teston, thaler ■ 7 afghani, agoroth, angelot, appoint, bolivar, carolus, centavo, centime, centimo, cordoba, darique, doublon, douzain, drachme, ducaton, guarani, jacobus, kreuzer, lempira, meneron, milreis, moneron, ostmark, parisis, pfennig, piastre, piéfort, pistole, quetzal, quintar, risdale, rixdale, sapèque, serrate, statère ■ 8 ajustoir, assignat, couronne, cruzeiro, ducation, esterlin, frappage, génovine, grènetis, groschen, kreutzer, monnayer, napoléon, piécette, pied-fort, quinaire, serratus, sesterce, shilling, sterling, stotinka, stotinki, tchervon, tournois ■ 9 archétype, balancier, boliviano, centesimo, crénelage, demi-louis, maravédis, monétaire, monétiser, monnayage, monnayeur, numéraire, numismate, picaillon, quadruple, schilling, souverain ■ 10 médailleur, reichsmark ■ 11 démonétiser, dévaluation, tchervonetz ■ 12 bimétallisme, numismatique, réalignement ■ 13 faux-monnayeur, papier-monnaie ■ 14 dévalorisation, monométallisme.

MONNAYE : 10 monnayable.

MONNAYER : 8 négocier.

MONOBASE : 11 monobasique.

MONOCABLE : 9 télébenne ■ 10 télécabine.

MONOCHROME : 9 grisaille ■ 11 clair-obscur, monochromie.

MONOCLIQUE : 14 clinorhombique.

MONOCORDE : 8 uniforme.

MONOCOTYLEDONE : 5 tacca ■ 6 aracée*, butome, tépale ■ 7 maranta, musacée*, palmier*, potamot, zostère ■ 8 graminée, iridacée*, joncacée*, lemnacée*, liliacée*, pandanus, typhacée* ■ 9 alismacée*, cypéracée* ■ 10 graminacée*, liliiforme, orchidacée* ■ 11 acitaminale, broméliacée* ■ 12 dioscoréacée*, spadiciflore, zingibéracée* ■ 13 amaryllidacée*.

MONOCYTE : 10 histiocyte.

MONODIQUE : 8 madrigal.

MONOGRAMME : 6 ichtus ■ 7 chrisme, ichthys.

MONOÏ : 5 tiaré.

MONOÏQUE : 8 monœcie.

MONOLINGUE : 9 unilingue.

MONOLITHE : 5 stèle.

MONOLOGUE : 6 aparté ■ 9 soliloque ■ 11 monologuer.

MONOME : 5 terme ■ 11 coefficient.

MONOMERE : 10 polyvinyle.

MONONUCLEAIRE : 8 monocyte.

MONOPHONIE : 4 mono ■ 12 monophonique.

MONOPHONIQUE : 8 monaural.

MONOPHOSPHATE : 3 amp.

MONOPHYSISME : 11 monophysite.

MONOPHYSITE : 7 melkite ■ 8 jacobite, melchite.

MONOPLACE : 3 u.l.m.

MONOPOLE : 5 tabac ■ 7 asiento ■ 9 privilège ■ 11 exclusivité, monopoliser.

MONOPOLISER : 7 truster ■ 9 accaparer ■ 14 monopolisation, monopolisateur.

MONOPOLISTE : 10 monopoleur.

MONOSKI : 4 mono.

MONOTONE : 3 uni ■ 5 scier, terne ■ 7 mélopée ■ 8 ennuyeux, traînant, trantran, uniforme ■ 9 monocorde, monotonie, psalmodie ■ 10 train-train.

MONOTREME : 7 échidné ■ 12 protothérien ■ 13 ornithorynque.

MONOTROPE : 7 sucepin.

MONOTYPE: 4 finn ■ 7 vaurien.
MONOVALENT: 5 scyle ■ 6 vinyle ■ 7 azotyle.
MONSIEUR: 5 sahib, señor ■ 9 caballero ■ 10 tartempion.
MONSTRE: 4 nain ■ 5 géant, hydre, lamie ■ 6 dragon, guivre, harpie, kraken, pygmée, sirène, sphinx ■ 7 albinos, avorton, basilic, chimère, cyclope, échidna ■ 8 acéphale, bijumeau ■ 9 andriague, androgyne, endriague, léviathan, phénomène ■ 10 tératogène ■ 11 polycéphale, tératologie ■ 13 hermaphrodite.
MONSTRUEUX: 4 beau ■ 6 énorme ■ 7 affreux, anormal, bizarre ■ 8 difforme, excessif, tarasque ■ 10 effroyable, phénoménal ■ 12 monstruosité ■ 14 extraordinaire.
MONSTRUOSITE: 8 anomalie ■ 9 mélomélie, phénomène, polymélie ■ 10 difformité ■ 12 anencéphalie, polydactylie.
MONT: 3 pic, puy ■ 4 clou ■ 5 butte, tante ■ 6 ballon, sommet ■ 7 colline*, monceau ■ 8 montagne* ■ 9 monticule ■ 12 ultramontain.
MONTAGE: 7 moviola ■ 8 apiéceur, push-pull ■ 9 encadreur ■ 10 assemblage, frigoriste ■ 11 audiovisuel.
MONTAGNARD: 4 kilt ■ 5 gavot, kéfir, remue ■ 6 képhir ■ 7 clephte, filibeg, gavache, klephte ■ 8 girondin, philibeg ■ 10 génovéfain, highlander.
MONTAGNE: 3 pic, puy, yak ■ 4 cime, dent, mont, pied, trek, yack ■ 5 alpin, piton ■ 6 arnica, chaîne, estive, oréade, piolet ■ 7 chaînon, estiver, hauteur, moraine ■ 8 alpestre, altiport, glissage, schlitte, trekking ■ 9 alpinisme, avant-mont, monticole, orogenèse, tectogène ■ 10 alpenstock, crapaudine, montagnard, montagneux, orographie, transhumer ■ 11 cynocéphale ■ 12 ascensionner, rhododendron, sabot-de-vénus ■ 15 intramontagnard.
MONTANT: 3 pot ■ 4 écot, taux ■ 5 quête, somme, tarif ■ 6 import, meneau, nombre ■ 7 chiffre, colonne, encours, portant, quantum ■ 8 batayole, échelier, piédroit, pilastre ■ 9 ascendant, battement, feuillure, petit-bois, pied-droit, principal ■ 11 mouvementer ■ 12 pied-de-chèvre.
MONTAUBAN: 12 montalbanais.
MONT-DE-MARSAN: 7 montois.
MONTEE: 4 côte, flux ■ 5 rampe ■ 6 diapir ■ 7 téléski ■ 8 escalier ■ 9 grimpette, raidillon ■ 10 convection, marchiepied, monte-pente ■ 12 remonte-pente.
MONTER: 5 monte, selle ■ 6 gravir, hisser, marcher ■ 7 cabaler, dresser, grimper, hausser ■ 8 arranger, houseaux, montueux, remonter ■ 9 accoupler, augmenter, embarquer, escalader, joaillier, monte-sacs ■ 10 ascendance, avancement, équitation, monte-plats ■ 11 fourbisseur, monte-charge, tire-veilles ■ 12 ascensionnel, préfabriquer.
MONTEUR: 11 carlinguier.
MONTGOLFIERE: 6 ballon ■ 12 aéronautique*.
MONTPELLIER: 14 montpelliérain.
MONTICULE: 4 dune ■ 5 butte, cairn, œsar ■ 6 tertre.
MONTRE: 3 coq ■ 5 fusée ■ 6 coucou, oignon, parade ■ 7 étalage, tocante ■ 8 apparent, barillet, horloger, léontine, toquante ■ 9 cadrature, giletière, gourmette, remontoir, trotteuse ■ 10 bassinoire, savonnette ■ 11 affectation, chronomètre, ostentation, porte-montre ■ 12 chronographe ■ 14 bracelet-montre, contre-la-montre, montre-bracelet.
MONTREAL: 11 montréalais.
MONTRER: 4 voir ■ 6 étaler, guider, offrir, trahir ■ 7 abattre, arborer, déceler, décrire, dénuder, détenir, émerger, éventer, exhiber, exhumer, exposer, parader, prouver, publier, révéler* ■ 8 affecter, af-

ficher, apporter, défendre, dénoncer, déployer, dérouler, désigner, dévoiler, indiquer*, montreur, paraître, produire, signaler ■ **9** apprendre, découvrir, démasquer, démontrer, divulguer, empresser, enseigner, instruire, montrable, présenter, prodiguer, remonter, témoigner ■ **10** apparaître, développer, manifester*, vulgariser ■ **11** déshabiller, représenter ■ **15** exhibitionniste.

MONTREUR: **14** marionnettiste.

MONTURE: **4** rêne ■ **5** bride, cadre, chape ■ **6** chasse, crosse ■ **8** démonter, haquenée ■ **9** andriague, dessertir, endriague, porte-lame ■ **10** dromadaire.

MONTURER: **9** enchâsser.

MONUMENT: **5** pilon, stèle, stupa ■ **6** dolmen, koubba, marbre, stoupa ■ **7** colonne, tombeau ■ **8** bâtiment, cromlech, mausolée, mémorial, panthéon, pyramide ■ **9** cyclopéen, statufier ■ **10** monumental, phylactère ■ **11** archéologie, frontispice ■ **12** instaurateur.

MONUMENTAL: **8** colossal*, propylée ■ **13** monumentalité.

MOQUER: **4** rire* ■ **5** vexer ■ **6** berner, braver, chiner, dauber, ficher, larder ■ **7** badiner, bafouer, gausser, narguer, railler*, ricaner ■ **8** attraper, balancer, charrier, ironiser, moquerie, parodier ■ **9** ballotter, brocarder, gouailler, mystifier, persifler ■ **10** chansonner, plaisanter, tourmenter, turlupiner ■ **11** caricaturer, contrefaire, goguenarder, ridiculiser ■ **12** contreficher, contrefoutre.

MOQUERIE: **5** berne, jouet, lazzi, nique, risée ■ **6** ironie*, satire* ■ **7** brocard, parodie ■ **8** badinage, dérision, narquois, ridicule, sarcasme ■ **9** épigramme, goguenard, raillerie* ■ **10** causticité, pasquinade, persiflage, ricanement ■ **11** gouaillerie, turlupinade ■ **12** bouffonnerie, moqueusement, plaisanterie ■ **13** mystification.

MOQUETTE: **5** tapis* ■ **9** moquetter ■ **10** carpettier ■ **12** shampouineur ■ **13** aspiro-batteur, shampouineuse.

MORACEE: **4** upas ■ **6** mûrier ■ **7** figuier, jaquier ■ **8** jacquier.

MORAINE: **5** œsar ■ **10** morainique.

MORAINIQUE: **7** boulder.

MORAL: **3** bon, mal ■ **4** bien, dose, sain, tare ■ **5** crime, enfer, ennui, fable, faute, homme, hymen, ithos, juste, nette, nœud, noble, opium, rance, règne, saine, sutra, trait, vertu*, virus ■ **6** mœurs, morale ■ **7** éthique, immoral, homélie, mésaise, probité, univers ■ **8** ambiance, conduite, dégénéré, ennoblir, expurger, guérison, langueur, moralité, personne, sainteté ■ **9** activisme, affranchi, antimoral, ascétisme, constance, hédonisme, honnêteté, magistère, moraliser, moralisme, perdition, rigorisme ■ **10** abattement, capucinade, catéchisme, catholique, clandestin, conscience, cosmodicée, épicurisme, immoralité, inconduite, jésuitisme, malsonnant, moralement, obligation ■ **11** dérèglement, obligatoire, puritanisme ■ **12** négativisme, traumatisant, utilitarisme ■ **13** confucianisme, découragement, latitudinaire, prédélinquant ■ **14** dégénérescence.

MORALE: **3** pur ■ **8** décideur ■ **9** dolorisme, malékisme, malikisme ■ **10** superforme.

MORALEMENT: **8** entâcher ■ **9** pervertir, régénérer.

MORALISER: **10** moralisant, moraliseur ■ **12** moralisateur, moralisation.

MORBIDE: **4** pica, sain ■ **5** agité ■ **7** malsain ■ **8** accéléré, enfiévré, fiévreux ■ **9** morbidité, zoophobie ■ **10** cocaïnisme, congestion, gonococcie, hydropisie, mélancolie, morbidesse ■ **11** fébricitant, mussitation, narcissisme, toxicomanie ■ **12** complication ■ **13** cancérophobie, hallucination ■ **14** claustrophobie, hyperémotivité.

MORBIHAN: **12** morbihannais.

MORCEAU : 3 âme, duo, têt ■ 4 bout, cale, coda, coin, lame, menu, œuf, part*, soli, solo, trio ■ 5 bâton, bribe, brife, bûche, calot, canon, darne, éclat, étude, fiche, final, haché, jouer, lange, largo, latte, lento, lopin, loque, motet, motif, pagne, pâton, pesée, pièce*, plomb, plume, poids, point, quasi, rabat, sabot, talon, tapon, tempe, tempo, tende, thème, tison, tuile, valse, verge, voile, volti ■ 6 adagio, aideau, chicot, coupon, débris, entame, finale, flipot, garrot, lingot, miette, partie*, rognon, sillet, taille, tesson ■ 7 abaisse, allégro, bavolet, bouchée, chiffon, feuille, grignon, lambeau, moignon, planche, portion*, prélude, quignon, rogaton, scherzo, segment, tasseau, tranche, trognon, tronçon ■ 8 analecta, billette, blanchet, boulette, bûchette, chanteau, cheville, découper, discours, estropié, fragment*, gantelet, gommette, greubons, lichette, loquette, mordache, neuf-huit, nocturne, palanche, palançon, panoufle, parcelle, pastille, piécette, rapsodie, rational, retaille, sourdine, tablette, tesselle ■ 9 allume-feu, analectes, andantino, cartisane, détailler, douze-huit, entrecôte, gailletin, gaillette, languette, larghetto, papillotte, quintette, rhapsodie, trois-huit ■ 10 allégretto, amourettes, anthologie, fortissimo, haut-relief, mouillette, offertoire, paragraphe, quatre-huit, scherzando, sicilienne, talonnière ■ 11 aiguillette, contre-filet, échantillon, gailleterie, sot-l'y-laisse, trois-quatre ■ 12 passe-carreau, trousse-queue ■ 13 chrestomathie.

MORCELER : 6 casser*, couper*, hacher ■ 7 entamer, séparer ■ 8 partager*, trancher ■ 9 démembrer ■ 10 balkaniser, morcelable, tronçonner ■ 12 morcellement.

MORCELLEMENT : 4 pack ■ 12 remembrement.

MORDANÇAGE : 9 aluminage, mordancer ■ 10 diachromie.

MORDANT : 3 vif* ■ 4 âcre, amer ■ 5 acéré, pièce, rosse ■ 6 acerbe ■ 7 cuisant, incisif, mauvais, méchant, piquant* ■ 9 caustique, satirique ■ 10 amordancer, mordançage ■ 11 acrimonieux, sarcastique ■ 12 emporte-pièce.

MORDILLER : 10 mordillage.

MORDORE : 8 mordorer ■ 9 mordorure.

MORDRE : 6 broyer, gruger, mâcher, piquer*, ronger* ■ 7 croquer, lacérer ■ 8 déchirer, découdre, pénétrer, remordre ■ 9 grignoter, mordiller, muselière ■ 11 déchiqueter.

MORELLE NOIRE : 8 tue-chien.

MORFIL : 9 émorfiler.

MORFONDU : 6 transi.

MORGUE : 7 orgueil*.

MORIBOND : 7 mourant ■ 9 agonisant.

MORICAUD : 5 nègre*.

MORIGENER : 8 corriger ■ 11 réprimander*.

MORILLON : 8 fuligule.

MORMON : 10 mormonisme.

MORNE : 6 sombre*, triste*.

MORNIFLE : 5 gifle.

MOROSE : 7 chagrin* ■ 8 maussade*, morosité.

MORPHENE : 6 monème ■ 10 lexicalisé.

MORPHINE : 8 héroïne ■ 9 méthadone ■ 11 apomorphine, encéphaline, enképhaline, morphinique, morphinisme ■ 13 morphinomanie ■ 14 dextromoramide.

MORPHINIQUE : 9 méthadone.

MORPHISME : 12 endomorphisme ■ 13 gomomorphisme.

MORPHOLOGIE : 5 tjäle ■ 9 typologie ■ 10 andrologie ■ 11 gynécologie ■ 13 morphologique.

MORPHOLOGIQUE : **13** microcéphalie.
MORS : **4** rêne ■ **5** bride, frein, guide ■ **6** bridon ■ **7** montant, têtière ■ **8** bossette, emporter ■ **9** gourmette, porte-mors ■ **10** embouchure.
MORSE : **6** rohart ■ **10** télégraphe.
MORSURE : **5** venin ■ **6** sodoku.
MORT : **3** fin, mat ■ **4** coma, glas, rage, sauf, tuer, urne ■ **5** corps, croup, décès, deuil, fosse, hache, larve, létal, litre, momie, nécro, ombre, palme, pâque, périr, perte, peste, pièce, point, pompe, repos, saint, sauvé, shéol, signe, somme, tombe, toril, zombi ■ **6** décédé, défunt, dégelé, éteint, libera, mortel, mort-né, restes, trépas ■ **7** cadavre, disparu, funèbre, funeste, lémures, linceul, martyre, néfaste, service, suicide, vampire ■ **8** autopsie, bourreau, cercueil, charnier, charogne, demi-mort, détruire, échafaud, exécuter, féralies, immortel, malemort, massacre, revenant, thanatos, trépassé ■ **9** asphyxier, cénotaphe, choéphore, cimetière, dépouille, docimasie, dormition, exécution, macchabée, mortifère, mortuaire, nécrologe, obituaire ■ **10** ab intestat, corbillard, euthanasie, foudroyant, guillotine, nécrologie, outre-tombe, parentales, prosopopée ■ **11** crématorium, de profundis, embryotomie, lithopédion, morte-saison, nécromancie, parentalies, psychopompe ■ **12** eschatologie, mortellement, résurrection, thanatologie ■ **13** électrocution ■ **14** empoisonnement.
MORTAISE : **5** tenon ■ **8** enlaçure ■ **9** enlassure, mortaiser ■ **11** mortaiseuse.
MORTALITE : **8** létalité ■ **12** néomortalité, surmortalité.
MORTEL : **4** exil ■ **5** fatal, létal, péché ■ **8** personne, scorpion ■ **9** flacherie ■ **10** muscardine ■ **11** vulgum pecus ■ **12** incapacitant.
MORTICOLE : **7** médecin.
MORTIER : **4** boue ■ **5** bauge, chaux, crépi, pilon, rabot ■ **6** coulis, gâchis ■ **7** bouloir, torchis ■ **8** gunitage, truellée ■ **9** égrugeoir, jointoyer, rusticage ■ **10** boussillage, crépissure ■ **11** couvre-joint, crapouillot.
MORTIFICATION : **5** haire, jeûne ■ **6** cilice ■ **7** nécrose ■ **8** gangrène ■ **9** pénitence ■ **10** contrition, macération.
MORTIFIER : **7** macérer ■ **8** humilier ■ **10** bourbillon ■ **13** mortification.
MORT-NE : **5** velot ■ **13** mortinalité.
MORUE : **4** acra, gade ■ **5** doris ■ **7** églefin, haddock ■ **8** aiglefin, brandade, merluche, morutier ■ **9** cabillaud, islandais ■ **10** stockfisch.
MORULA : **8** blastula, blastule.
MORVE : **5** moque ■ **6** farcin ■ **7** morveux ■ **9** chandelle.
MOSAÏQUE : **7** abacule ■ **8** mosaïqué, mosaïste, tesselle ■ **9** mosaïquer ■ **10** millefiori ■ **11** marqueterie.
MOSQUEE : **4** iwan ■ **5** caaba, islam, kaaba ■ **6** minbar, temple ■ **7** minaret ■ **8** marabout.
MOT : **3** ana, dit, nom ■ **4** apax, bref, écho, vers ■ **5** glose, ligne, rébus, riche, rimer, terme, tilde, tmèse, trait, trope, usage ■ **6** diction, lapsus, lettre, lexème, médial, monème, mot-clé, parole*, pointe, sémène, sésame ■ **7** attesté, bluette, doublet, graphie, incipit, radical, relatif, saillie, vocable ■ **8** adjectif, allusion, antonyme, démotivé, épithète, explétif, faux-sens, locution, morphème, paronyme, prédicat, prothèse, réplique, scrabble ■ **9** acception, anagramme, antonymie, archaïsme, argotisme, calembour, diminutif, épenthèse, épigramme, équivoque, extension, glossaire, graphisme, hyperbate, joyeuseté, métaphore, métathèse, mot-valise, paroxyton, particule, polysémie, prosthèse, raillerie, trigramme, trillière ■ **10** anastrophe, barbirisme, belgi-

cisme, complément, enclitique, étymologie, expression, homophonie, lexicalisé, logomachie, néologisme, onomatopée, paronomase, sémantique, troncation ■ **11** abréviation, anacyclique, anaphorique, appellation, augmentatif, compendieux, conjonction, coordonnant, dénominatif, lexicologie, monosyllabe, mots croisés, paillardise, préfixation, préposition, psittacisme, suffixation, terminaison ■ **12** dénomination, dictionnaire, interjection, latinisation, phraséologie, plaisanterie ■ **13** agglutination, cruciverbiste, déglutination, laconiquement, motscroisiste, quadrisyllabe, verbigération ■ **14** grandiloquence, holophrasique, monosyllabisme, naturalisation, parisyllabique ■ **15** hypercorrection, parasynthétique, polysynthétique.

MOTACILLIDÉ : 6 pitpit.

MOTEL : 5 hôtel.

MOTET : 6 psaume ■ **8** cantique.

MOTEUR : 3 âme, i.m.c. ■ **4** nerf, raté, watt ■ **5** broum, caler, canot, capot, cause, libre, rotor, turbo ■ **6** diesel, in-bord, mobile, poussé, stator, tuyère, zodiac ■ **7** culasse ■ **8** bimoteur, embrayer, nourrice, runabout ■ **9** anaérobie, cognement, cylindrée, démarreur, deux-temps, motocycle, motopompe, motoriser, motorship, promoteur, trimoteur ■ **10** aéromoteur, bloc-moteur, collecteur, eupraxique, monomoteur, pathétique, silencieux ■ **11** instignateur, motoculture, ovalisation, turbomoteur, vilebrequin ■ **12** monocylindre, protagoniste, quadrimoteur ■ **13** carburéacteur, décompresseur, précombustion, pulsoréacteur, sensori-moteur, turboréacteur ■ **14** quadriréacteur, turbocompressé ■ **15** turbopropulseur.

MOTIF : 2 si ■ **3** sur ■ **5** cause*, figue, objet, sujet ■ **6** mobile, propos, pylône, raison* ■ **7** rouleau, torsade ■ **8** antéfixe, décision, immotivé, monotype, ostinato, pampille, parce que, prétexte*, triskèle ■ **9** clabauder, cloisonné, évolution, fondement, guirlande, intention, leitmotiv ■ **10** obligation, quadrilobe, tête-de-clou ■ **11** considérant, enroulement, explication ■ **13** considération, détermination.

MOTILITÉ : 12 psychomoteur.

MOTION : 10 résolution ■ **11** proposition*.

MOTIVATION : 9 démotiver, satiation.

MOTIVER : 5 mener ■ **6** causer* ■ **7** décider ■ **8** conduire, motivant, proposer ■ **9** entraîner*, expliquer, prétexter ■ **10** déterminer, motivation ■ **11** accusatoire ■ **12** rédhibitoire.

MOTO : 7 chopper.

MOTOCYCLETTE : 4 kick, moto ■ **5** meule ■ **6** motard ■ **7** scooter, side-car ■ **9** motocross ■ **10** repose-pied, vélomoteur ■ **11** repose-pieds ■ **12** motocycliste.

MOTOCYCLISME : 6 enduro.

MOTOCYCLISTE : 5 trial.

MOTONAUTISME : 6 in-bord.

MOTONEIGE : 7 motoski ■ **12** motoneigisme, motoneigiste.

MOTOR-HOME : 12 auto-caravane.

MOTORISER : 12 motorisation.

MOTRICE : 7 turbine ■ **9** dyscrasie, dyspraxie, mouvement ■ **10** dyskinésie ■ **12** quatre-quatre.

MOTRICITÉ : 4 gaba ■ **11** oculomoteur ■ **14** extrapyramidal.

MOTS CROISÉS : 13 verbicruciste.

MOTTE : 5 glèbe ■ **7** emmotté, roulage, tontine ■ **9** émotteuse ■ **11** brise-mottes.

MOTUS : 4 paix.

MOU : 4 blet, cire, flou, pâte ■ **5** chair, herbe, lâche, loque, pulpe, raton, savon, veule ■ **6** baveux, blèche, chiffle, faible, inerte, mollet, panade, pâteux, souple, tendre ■ **7** amorphe, bonasse, ductile, endormi, flasque, fondant, nouille, ramolli, ramollo ■ **8** engourdi, flandrin, flemmard, flexible, gnangnan, indolent, moelleux, mollasse, mollesse, ramollir, relâcher, soliveau, sybarite ■ **9** aboulique, apathique, cotonneux, élastique, énergique, malléable, mollasson, mollement, savonneux, spongieux.

MOUCHARD: **6** espion* ■ **8** cafarder ■ **9** cafardeur ■ **10** moucharder ■ **11** mouchardage.

MOUCHARDER: **6** cafter ■ **8** raccuser.

MOUCHARDEUR: **7** cafteur.

MOUCHE: **5** patte ■ **6** chiure, stomox, tsé-tsé ■ **7** asticot, diptère*, muscidé, psilopa, stomoxe ■ **9** anthomyie, émouchoir, hématobie, moucheron, stratiome, tenthrède ■ **10** cantharide, émouchette, scatophage ■ **11** démoucheter, hyménoptère* ■ **14** attrape-mouches.

MOUCHER: **8** mouchage, mouchoir ■ **10** mouchettes.

MOUCHERON: **9** chironome.

MOUCHETER: **5** tigré ■ **7** taveler ■ **9** marqueter.

MOUCHETTE: **5** rabot.

MOUCHOIR: **7** foulard, kleenex ■ **8** pochette ■ **10** anguillade ■ **11** cache-tampon.

MOUDRE: **5** piler ■ **6** broyer* ■ **8** remoudre.

MOUE: **5** lippe ■ **7** grimace*.

MOUETTE: **5** mauve ■ **6** rieuse ■ **7** goéland ■ **9** phalarope ■ **11** stercoraire.

MOUFFETTE: **5** scons, skons, skuns ■ **6** sconse, skunks ■ **7** mofette ■ **8** moufette.

MOUFLE: **4** gant.

MOUFLET: **9** moujingue.

MOUILLABLE: **13** mouillabilité.

MOUILLAGE: **9** corps-mort.

MOUILLANT: **10** mouillance.

MOUILLE: **3** sec ■ **5** poule, soupe, tilde ■ **10** ruisselant.

MOUILLER: **4** rade ■ **5** touer ■ **7** arroser*, baigner, délaver, imbiber, inonder, tremper ■ **8** humecter ■ **9** mouillage, mouillant, mouilleur, mouillure, ruisseler ■ **10** affourcher, humidifier*, mouillable, remouiller ■ **11** mouillement ■ **12** pattemouille.

MOUILLEUR: **9** mouilloir.

MOULAGE: **5** fonte ■ **6** masque ■ **8** sablerie ■ **9** démoulage, polyester, remoulage ■ **10** carton-pâte, préformage, surmoulage.

MOULE: **4** mère, supé ■ **5** bosse, chape, coulé, creux, évent, forme, potée, sabot, savon, staff, sucre, verre ■ **6** gueuse, modèle*, virole ■ **7** abaisse, calibre, dariole, mandrin, matrice, mulette, timbale ■ **8** démouler, fondeuse, gaufrier, mouclade, moulière, naissain, surmoule ■ **9** enterrage, stéréotype, troussage, vol-au-vent ■ **10** boucholeur, bouchoteur, embauchoir, lingotière, pinnothère, remmoulage ■ **11** contremoule ■ **13** mytiliculture ■ **15** conchyliculture.

MOULER: **5** tirer ■ **6** couler, fondre ■ **7** moulant, mouleur ■ **8** frittage, remouler ■ **9** figuriste, surmouler ■ **10** boudineuse, reproduire.

MOULIN: **3** bée ■ **4** abée, aile, ante, bief, buse, came, noix ■ **5** cérat, copra, huche ■ **7** claquet, meunier ■ **8** coursier, engrener, moulinet, reillère ■ **9** égrugeoir ■ **10** foulonnier, moulinette.

MOULINAGE: **8** mouliner.

MOULINET: **6** touret ■ **8** crécelle ■ **9** rabatteur.

MOULURE: **3** ove ■ **4** tore ■ **5** bague, bande, cavet, chant, congé, filet, gorge, marli, perle, quart, talon, ténie, toron ■ **6** boudin, cordon, échine, feston, listel, liston, module, réglet, sacome, scotie, souage, volute ■ **7** armille, cimaise, cymaise, doucine, larmier, listeau, nervure, plinthe, ressaut, tringle ■ **8** baguette, chapelet, corniche, modillon, moulurer ■ **9** astragale, cannelure, entrelacs, mouchette, piédouche ■ **10** archivolte, bandelette, cordelière, modénature, moulurière, plate-bande, stéréobate, tarabiscot ■ **11** entablement, mouluration, quart-de-rond.

MOULURER: 9 moulurage.

MOURIR: 5 clore, finir, payer, périr*, rouer ■ **6** crever, passer ■ **7** clamser, claquer, décéder, dégeler, exhaler, expirer, manquer ■ **8** ad patres, claboter, clamecer, crampser, éteindre, moribond ■ **9** calancher, déménager, succomber, trépasser ■ **11** disparaître.

MOURON: 6 samole ■ **9** morgeline, stellaire.

MOUSQUET: 4 arme ■ **5** fusil* ■ **11** mousquetade ■ **12** mousquetaire, mousqueterie.

MOUSQUETON: 5 fusil* ■ **15** porte-mousqueton.

MOUSSAILLON: 6 mousse.

MOUSSE: 4 urne ■ **5** écume, hypne ■ **6** moussu ■ **7** crémant, matelot* ■ **8** géophile, moussant, mousseux, muscinée, polytric, saponine, sphaigne, sporange ■ **9** archégone, bryologie, bryophyte, péristome, propagule, protonéma, sphagnale, sporogone ■ **10** tardigrade ■ **11** moussaillon, sélaginelle ■ **12** polyuréthane ■ **13** polyuréthanne.

MOUSSELINE: 5 blanc, jabot ■ **7** canezou, giselle, jaconas, organdi ■ **8** fontange ■ **9** manchette ■ **10** singalette ■ **12** moustiquaire.

MOUSSER: 6 rocher ■ **8** moussoir, pétiller.

MOUSSERON: 10 tricholome.

MOUSSEUX: 2 aï, ay ■ **4** asti ■ **9** champagne, clairette, pétillant ■ **10** blanquette, cappuccino.

MOUSSON: 4 vent.

MOUSTACHE: 5 poilu ■ **7** bacante ■ **9** moustachu.

MOUSTIQUE: 5 culex ■ **6** cousin, tipule ■ **8** anophèle ■ **9** arbovirus, stégomyie ■ **10** maringouin ■ **12** démoustiquer, moustiquaire.

MOUT: 4 cuve ■ **5** viner ■ **8** mistelle ■ **9** reverdoir ■ **10** désulfiter, glucomètre ■ **11** chaptaliser.

MOUTARD: 9 moujingue.

MOUTARDE: 5 sanve ■ **6** sénevé ■ **7** tartare ■ **8** érucique, myrosine, sinapisé ■ **9** ravenelle, sinapisme ■ **10** moutardier.

MOUTIER: 7 cloître.

MOUTON: 4 ovin, parc ■ **5** baron, bêler, bizet, cosse, gigot, laine, mégir, mégis, ovine, selle, varon, yassa ■ **6** bélier, haggis, piétin ■ **7** karakul, méchoui, mérinos, mouflon, navarin, parcage, pré-salé, scoured, tournis, tripous, tripoux ■ **8** bêlement, bergerie, chachlik, cordouan, éclanche, lainerie, panoufle, sonnette, touloupe ■ **9** amourette, baudruche, chabraque, côtelette, flock-book, mélophage, parchemin, vassiveau ■ **10** moutonnier, tremblante ■ **11** chiche-kebab, moutonnerie.

MOUTONNER: 10 moutonneux ■ **12** moutonnement.

MOUTURE: 5 gruau ■ **7** blutage ■ **8** fleurage ■ **9** minoterie, remoulage.

MOUVANT: 4 lise.

MOUVEMENT: 2 va ■ **3** cri, jet, pas, tic, vie, vif, vol ■ **4** acte, bras, came, clin, coup, ébat, élan, flux, joie, nerf, onde, plié, punk, rire, saut, tour, vent, voix, yang ■ **5** accès, à coup, arbre, balan, bougé, cours, danse, désir, effet, frein, galop, gêner, geste*, guide, houle, lacet, largo, lento, leste, liant, marée, masse, passe, poids, point, porté, rasta, recul, repli, repos, rétro, revif, roque, tabès, tâter, tempo, temps, train, trend, vague, venir, volte ■ **6** abatée, action*, adagio, afflux, colère, course, épaulé, frison, marche, mesure, mobile, motion, pesade, pogrom, porter, presto, reflux, remous, roulis, rythme, tapage, tirage, vivace ■ **7** abattée, acculée, allegro, andante, aulofée, bouffée, brassée, cadence, courant, devenir, dévissé, entrain, envolée, grimace, karaïte, kinésie, meeting, partita, passion, progrès, qaraïte, remuant, ressort, revival, rexisme, saccade, soulevé, sursaut, tangage, tempête, toccata, torsion, tumulte ■ **8** acinésie, agoniste, akinésie, ankylose, approche, athétose, auloffée, automate, bahaïsme, béhaïsme, broutage, brownien, chercher, commande, démarrer, désordre, dodinage, dysbasie, ébranler, embrayer, émersion, espalier, exercice, giration, gnangnan, gyrostat, hystérie, instinct, machinal, moderato, nutation, penduler, poussoir, reculade, rotation, sinn-fein, souffler, soufisme, tactisme, trudgeon ■ **9** abduction, achalasie, actionner, adduction, agitation, allemande, andantino, animation, apoplexie, ascendant, balancier, battement, chartisme, cillement, cinétique, commotion, convexion, courbette, dégourdir, développé, diduction, direction, dynamique, embrayage, enclenche, entraîner, évolution, fréquence, futurisme, giratoire, impétueux, impulsion, johannite, larghetto, libration, mâchement, manivelle, manœuvre, mécanique, métronome, minuterie, moudjahid, nystagmus, orienteur, paralysie, pendillon, pronation, pulsation, puseyisme, rastafari, remuement, révérence, roulement, tentation, va-et-vient, variateur, variation, véhémence, vibration ■ **10** allegretto, armillaire, aspiration, astronomie, automoteur, balistique, broutement, bruxomanie, contorsion, convection, crispation, déclencher, diarthrose, ébullition, écoulement, émergement, épaulé-jeté, flottement, glissement, hanchement, haussement, idéo-moteur, locomotion, néonazisme, ondoiement, ondulation, piaffement, pivotement, précession, promouvoir, propulseur, révolution, ritardando, romantisme, sicilienne, soubresaut, subsidence, supination, symbolisme, syncinésie, synergiste, tourbillon, turbulence, wahhabisme ■ **11** accelerando, autoguidage, balancement, boulangisme, cinématique, cinesthésie, circulation, dandinement, déplacement, duodécimain, ébranlement, échappement, embrasement, fluctuation, haut-le-corps, indignation, kinesthésie, mouvementer, néokantisme, occitanisme, oscillation, palpitation, papillonner, planétarium, prestissimo, rabattement, renaissance, sophistique, spartakisme, surréalisme, télékinésie, tremblement, trépidation, vacillation, voltigement ■ **12** arc-boutement, ballottement, bradykinésie, cardiographe, clignotement, décélération, encliquetage, facture-congé, fermentation, frémissement, frétillement, grouillement, indiscipline, insoumission, kimbanguisme, marmottement, pentecôtisme, pentecôtiste, tranquillité, travaillisme, trépignement ■ **13** aérodynamique, autocinétique, circumduction, déclenchement, effervescence, entrebâilleur, fourmillement, manifestation, phototropisme, pneumographie, proprioceptif, rassemblement, rétrogression, somnambulisme, vrombissement ■ **14** euroterrorisme, mécontentement, ralentissement, rétablissement, situationnisme ■ **15** antipsychiatrie, attendrissement, cinématographie, insubordination, néo-pythagorisme, phénakistiscope, rejaillissement, trans-avant-garde, trémoussement.

MOUVEMENTE : 5 agité* ■ **7** houleux ■ **9** accidenté.

MOUVOIR : **4** grue, rame ■ **5** agile, aller, errer, jouer, palan, tirer, voler ■ **6** agiter, animer, bondir, bouger, courir, danser, frémir, locher, monter, porter, remuer*, rouler, sauter, vibrer ■ **7** avancer, démener, évoluer, gigoter, marcher*, ondoyer, pédaler, piaffer, reculer, tituber, tourner, voyager ■ **8** balancer, circuler, débattre, démarrer, déplacer, émouvoir, gambader, immobile, impotent, mobilité, motilité, osciller, palpiter, panneton, trembler, vivacité ■ **9** actionner, ballotter, chanceler, fermenter, frétiller, gestuelle, grouiller, mouvement, sursauter, tournoyer, trépigner ■ **10** automobile, brandiller, fourmiller, frissonner, gesticuler, immobilité, locomobile, manœuvrer, progresser, trembloter, trémousser ■ **11** bouillonner, marionnette ■ **14** hydromécanique.

MOYEN: **2** de ■ **3** fil, par ■ **4** avec, dire, rêne, soin, sous, truc, voie ■ **5** alibi, beauf, biais, canal, cuire, engin, fuite, issue, magie, mèche, mener, momie, outil, pompe, store, temps, trame, vivre, voler ■ **6** chemin, détour, mesure, milieu, obscur, organe, rouage, secret ■ **7** combine, creuset, manière*, méthode*, moyenne, procédé*, renfort, système*, trucage ■ **8** artifice, batterie, exutoire, facilité, médiocre, passable, pratique, richesse, samizdat, tactique, truquage, véhicule, viatique ■ **9** éclairage, entremise, exception, expédient, mécanisme, moyennant, opération, opposable, ordinaire, palliatif, permettre, publicité, rail-route, ressource, stratégie ■ **10** adminicule, demi-mesure, faux-fuyant, instrument, marche-pied, occupation, résolution, subreption, subterfuge ■ **11** allèchement, chemin de fer, maintenance, mensuration, paralangage, schématique, téléférique, vagabondage ■ **12** échappatoire, instrumental, prescription, téléphérique ■ **13** antisatellite, climatisation, communication, thanatopraxie ■ **14** correspondance, divertissement, irrecevabilité.

MOYEN AGE: **3** fou, lai ■ **4** dông, olim, serf ■ **5** bahut, baile, bouge, colon, comte, geste, hanap, hanse, heuse, hourd, jaque, jurat, magie, manse, neume, piété, redan, tabar, targe, vouge ■ **6** isopet, tabard ■ **7** cathare, jaseran, mansion ■ **8** capeline, cervoise, chaperon, chausses, crédence, doublier, estampie, esterlin, fatrasie, gonfalon, gonfanon, infidèle, jongleur, médiéval, moralité, palefroi, panoplie, podestat, portulan, sapience, sarrasin, trouvère ■ **9** bachelier, bestiaire, cantilène, chevalier, féodalité, fier-à-bras, hellequin, ménestrel, trébuchet ■ **10** adoublement, aquamanile, connétable, coquillard, énervation, escarcelle, maladrerie, mangonneau, médiéviste, moyenâgeux, quadrivium, troubadour ■ **11** gonfalonier, gonfanonier, machicoulis, manumission, pastourelle, scolastique ■ **12** protonotaire ■ **14** franc-bourgeois.

MOYEN-COURRIER: **6** airbus.

MOYENNANT: **4** pour ■ **5** vendu, vente.

MOYENNE: **5** mayen ■ **8** pycnique ■ **11** semi-durable.

MOYEN-ORIENT: **5** lilas ■ **6** orient ■ **13** moyen-oriental.

MOYEU: **4** roue ■ **5** fusée ■ **8** quillier.

MOZAMBIQUE: **7** metical ■ **11** mozambicain.

MTS: **9** kilojoule.

MUCILAGE: **5** gomme, looch ■ **6** algine, gélose ■ **8** agar-agar ■ **9** adragante ■ **12** mucilagineux.

MUCORACEE: **5** mucor.

MUCOSITE: **5** mucus ■ **6** humeur ■ **7** muqueux, pituite ■ **8** mouchure.

MUCUS: **6** mucine.

MUE: **6** exuvie ■ **8** ecdysone.

MUER: **7** changer* ■ **11** transformer*.

MUET: **5** amuir ■ **7** mutisme ■ **8** comparse, figurant ■ **9** taciturne ■ **10** silencieux ■ **12** dactylologie.

MUETTE: **9** marcheuse.

MUEZZIN : 7 minaret.
MUFLE : 6 museau ■ 8 grossier.
MUFLIER : 12 gueule-de-loup.
MUGUET : 8 terpinol ■ 9 amourette, terpinéol.
MUID : 7 tonneau.
MULATRE : 5 métis* ■ 10 mulâtresse.
MULE : 8 chausson ■ 9 baisement.
MULET : 4 muge, mule ■ 6 bardot, braire ■ 7 bardeau, cacolet, chauvir ■ 8 basterne, muletier ■ 9 mulassier.
MULETA : 5 faena.
MULETTE : 5 perle.
MULHOUSE : 10 mulhousien.
MULOT : 5 hibou.
MULTILINGUE : 11 plurilingue.
MULTIPARE : 11 multiparité.
MULTIPLE : 3 q.c.m. ■ 5 autre ■ 8 kilovolt ■ 9 apériteur ■ 10 comminutif ■ 14 homme-orchestre.
MULTIPLET : 5 octet.
MULTIPLEX : 9 multivoie.
MULTIPLEXAGE : 12 multiplexeur.
MULTIPLICATEUR : 4 atto ■ 9 cofacteur.
MULTIPLICATION : 3 meg ■ 4 déca, fois, hect, kilo, méga, myri, téra ■ 5 clone, hecto, myria, myrio, oïdie, règle, table ■ 6 mitage ■ 9 bouturage, essaimage, propagule ■ 10 marcottage, multiplier, prolifique ■ 11 décuplement, gemmiparité, propagation, pullulation, pullulement ■ 12 antibiotique, scissiparité ■ 13 antimitotique, œilletonnage, prolifération, surproduction.
MULTIPLICITE : 9 multitude ■ 10 pluralisme ■ 13 multipartisme.
MULTIPLIER : 5 cuber ■ 6 carrer ■ 7 doubler, peupler, répéter ■ 8 décupler, entasser, nonupler, octupler, propager, pulluler ■ 9 augmenter, centupler, hectokilo, provigner, septupler, sextupler ■ 10 courailler, proliférer, quadrupler ■ 11 aquiculture ■ 12 multipliable, pisciculture, reproduction ■ 13 multiplicande, multiplicatif ■ 14 multiplicateur.
MULTIPROGRAMMATION : 10 multitâche.
MULTITACHE : 14 multiprogrammé.
MULTITUBULAIRE : 13 aquatubulaire.
MULTITUDE : 3 tas ■ 4 amas*, flot, nuée ■ 5 armée, cohue, foule*, masse, monde, série*, tapée, volée ■ 6 essaim, flopée, foison, légion, peuple, presse, public, troupe ■ 7 cohorte ■ 8 beaucoup*, concours, grégaire, kyrielle, populace, quantité*, régiment, tripotée, troupeau ■ 9 affluence, assemblée, démagogie, foultitude, populaire ■ 11 fourmilière, pullulement, vulgum pecus ■ 12 attroupement, encombrement, multiplicité ■ 13 rassemblement.
MUNI : 4 bômé ■ 9 bastionné.
MUNICIPAL : 5 curie, édile, jurat, maire ■ 7 adjoint ■ 8 alderman, capitoul, décurion, dizenier ■ 9 dizainier ■ 12 municipalité.
MUNIFICENCE : 3 don* ■ 8 bienfait* ■ 10 libéralité*.
MUNIR : 5 armer, gréer, lotir ■ 6 denter, garnir, monter, nantir, nipper ■ 7 busquer, équiper, fournir*, meubler, saboter, shunter, viroler ■ 8 breveter, chausser, habiller, outiller, pourvoir*, prémunir, procurer*, tuteurer ■ 9 carrosser, coulisser, éperonner, grillager, harnacher, palanquer, sonoriser ■ 10 étoupiller, signaliser ■ 11 diaphragmer, ravitailler ■ 12 radiobaliser ■ 13 précautionner ■ 14 approvisionner.

MUNITION: **5** soute, train ■ **8** casemate, hexogène ■ **9** poudrerie, poudrière, provision ■ **10** artificier ■ **11** encartouché ■ **12** amunitionner.

MUON: **2** mu.

MUQUEUSE: **4** toux ■ **5** aphte, chyle, mucus, rhume, ulite ■ **6** coryza, glaire, muguet ■ **7** caduque, gencive, œstrus, rhinite ■ **8** catarrhe, nidation, saburral ■ **9** cancroïde, énanthème, endomètre, hémogénie, papillome, stomatite, styptique, syphilide ■ **10** collutoire, crête-de-coq, perlingual ■ **11** conjonctive, endométrite, leucoplasie ■ **12** blennorragie ■ **14** gastro-entérite.

MUR: **3** ope, pan ■ **4** ados, blet, clos, dame, étai, orbe, pied, sape, tour, vert ■ **5** ancre, bahut, borne, coude, coyau, crépi, crête, cuire, épure, gable, harpe, jambe, jouée, mural, murer, muret, mûrir, niche, paroi, perré, redan, talus, vagon, verre, vieux, wagon ■ **6** allège, pignon, podium, refend, taluté ■ **7** archère, bajoyer, cloison*, clôture, étançon, fronton, héberge, muretin, murette, parapet, précoce, rempart, treille, trumeau ■ **8** antebois, antibois, boutisse, chaperon, courtine, décrépir, échiffre, enceinte, espalier, maturité, muraille, palançon, palanque, palisser, parement, poto-poto, tablette ■ **9** arasement, barbacane, échaudage, embrasure, mouchetis, pied-droit, placarder, renformir, rusticage, souillard ■ **10** bousillage, contrefort, crépissure, dégravoyer, épaulement, immaturité, pariétaire, protogynie, pyrrhocore, revêtement, séparation, tamponnoir ■ **11** contrebuter, contrecœur, contre-fiche, demi-colonne, hyposcénium, soutènement ■ **12** chante-pleure, contre-bouter, contrescarpe, entre-fenêtre, rempiètement, soubassement ■ **13** dégravoiement.

MURAILLE: **3** mur* ■ **4** dyke, quai ■ **5** fruit, hourd, paroi, vibor ■ **6** vibord ■ **7** rempart ■ **8** archière, bouchain ■ **9** contre-mur, trébuchet ■ **10** canonnière, démanteler, meurtrière ■ **11** mâchicoulis.

MURAL: **7** dazibao.

MURALISME: **9** muraliste.

MURE: **5** mûron, ronce ■ **10** protandrie.

MURER: **6** fermer* ■ **7** boucher* ■ **9** condamner.

MURETTE: **5** muret ■ **9** banquette.

MUREX: **6** rocher.

MURIR: **4** vert ■ **5** aoûté, jeune ■ **7** affiner, avorter, digérer ■ **8** préparer.

MURMURE: **6** soupir ■ **7** plainte ■ **9** grognerie, murmurant ■ **10** gazouillis, grognement, marmottage, roucoulade ■ **11** bruissement, gémissement, mussitation, susurrement, vésiculaire ■ **12** chuchotement, roucoulement ■ **13** bourdonnement.

MURMURER: **5** gémir ■ **6** bruire, rogner ■ **7** geindre, grogner, gronder, groumer, ragoter ■ **8** broncher, maronner, maugréer, plaindre, renauder, soupirer, susurrer ■ **9** bambonner, bougonner, chuchoter, fredonner, grommeler, mâchonner, marmonner, marmotter, protester, raisonner, rechigner, rognonner ■ **10** bourdonner, chantonner, gazouiller, grognasser, ronchonner ■ **11** pleurnicher.

MUSACEE: **5** abaca ■ **8** bananier, ravenala ■ **10** strelitzia.

MUSARAIGNE: **7** musette.

MUSARDER: **6** flâner* ■ **9** musardise.

MUSC: **6** castor ■ **7** civette ■ **8** ambrette ■ **10** chevrotain.

MUSCADE: **5** épice, garus, macis ■ **9** muscadier ■ **12** quatre-épices.

MUSCADIN: **9** cadenette.

MUSCARDINE: **8** botrytis.

MUSCAT: **4** asti ■ **8** picardan ■ **11** frontignan ■ **14** lacryma christi.

MUSCLE : **3** bot, tic ■ **4** hill, long, nerf, rond ■ **5** cœur, droit, fibre, gaine, myome, nodal, psoas, tonus ■ **6** anconé, biceps, clonie, clonus, radial, souris, tarzan, tendon, thénar ■ **7** cubital, dentelé, fessier, frontal, jambier, musculo, myalgie, oblique, palatin, pectine, pédieux, pelvien, poplité, scalène, tenseur, tétanos, trapèze, triceps ■ **8** agoniste, brachial, claquage, clonique, deltoïde, dystonie, glossien, lombaire, masséter, myocarpe, myologie, palmaire, paupière, peaucier, pectoral, péronier, releveur, risorius, rotateur, soléaire, splénius, temporal, tonicité ■ **9** abaisseur, abducteur, adducteur, anglaiser, couturier, élévateur, extenseur, glycogène, hypotonie, mâchelier, musculeux, myographe, myopathie, pectoraux, rhomboïde, sphincter, staphylin, surcostal, tétanisme, vaginisme ■ **10** abdominaux, aponévrose, défatigant, diaphragme, ergographe, expirateur, hypertonie, hypoglosse, hypothénar, mastoïdien, mésoblaste, musculaire, myasthénie, myographie, obturateur, pathétique, pharyngien, polysarcie, quadriceps, retirement, rhumatisme, sourcilier, supinateur, sus-épineux, syncinésie, synergiste, tremblante, trochanter, trompeteur, thyroïdien ■ **11** amyotrophie, buccinateur, contractile, contraction, contracture, dénervation, digastrique, éternuement, fléchisseur, intercostal, musculature, orbiculaire, sarcoplasma, sarcoplasme, sous-clavier, sous-épineux, trémulation, zygomatique ■ **12** constricteur, craquètement, fibrillation, ptérygoïdien, triangulaire, vermiculaire ■ **13** décontraction, hétéromorphie, horripilateur, sacro-lombaire ■ **14** coraco-brachial, dermatomyosite, proprioception, sous-scapulaire ■ **15** intermusculaire, intramusculaire, occipito-frontal.

MUSCULAIRE : **7** kinésie, myosite ■ **8** myatonie ■ **9** argologie ■ **10** ergométrie ■ **12** dynamographe ■ **13** arthrogrypose, myorelaxation.

MUSCULATION : **9** gonflette.

MUSE : **5** musée ■ **8** musagète.

MUSEAU : **3** nez ■ **5** groin, mufle, tapir ■ **6** trompe ■ **7** boutoir ■ **12** proboscidien.

MUSÉE : **4** aula ■ **5** salon ■ **6** muséum ■ **7** cabinet, galerie ■ **10** collection, muséologie ■ **11** iconothèque ■ **12** glyptothèque, muséographie, pinacothèque ■ **13** conservatoire, protomothèque.

MUSELER : **7** caveçon ■ **9** démuseler, muselière ■ **10** bâillonner ■ **11** musellement.

MUSER : **6** flâner* ■ **8** musarder.

MUSETTE : **3** bal ■ **5** loure ■ **9** chevrette, cornemuse, gibecière.

MUSICAL : **3** hit, raï ■ **4** punk, raga ■ **6** jingle, jingxi ■ **7** ragtime ■ **8** rapsodie ■ **9** ricercare ■ **10** intermezzo, wagnérisme ■ **11** contre-sujet ■ **14** musicothérapie.

MUSIC-HALL : **4** gens, girl ■ **8** acrobate ■ **9** marcheuse ■ **11** café-concert, fantaisiste.

MUSICIEN : **5** griot ■ **7** groupie, maestro, tsigane, tzigane ■ **8** corniste, flûtiste, mariachi, trombone, virtuose ■ **9** exécutant, mélodite, ménestrel, ménétrier, pifferaro, quintette ■ **10** croque-note, guitariste, jam-session, musicastre ■ **11** compositeur ■ **12** polyphoniste, saxophoniste ■ **13** clarinettiste, orchestrateur ■ **14** contre-bassiste, homme-orchestre, instrumentiste.

MUSICOGRAPHE : **13** musicographie.

MUSICOGRAPHIE : **15** musicographique.

MUSIQUE : **3** cor, duo, ode, rap, ska ■ **4** clef, coda, jazz, luth, lyre, note, opus, page, rêve, rote, soli, solo, trio, tuba ■ **5** album, banjo, bémol, canon, comma, corde, couac, coulé, danse, dièse, disco, dolce, étude, fifre, final, flûte, forme, forte, fugue, fusée, gamma, gigue, grave, harpe, jouer, kyrie, largo, lento, messe, modal, motet, motif, neume, noire, noter, nouba, odéon, opéra, orgue, pause, piano, point, poser, rebec, récit, ronde, sabot, sixte, swing, tacet, tempo, temps, ténor, tenue, thème, tonal, trait, tutti, valse, viole, volta, volte ■ **6** amusie, arioso, arpège, basson, gagaku, reggae, tenuto, tiento, tierce, trille, zydeco ■ **7** agitato, amoroso, calypso, cantate, clairon, country, musette, musical, prélude, requiem, scherzo, solfège, toccata, vérisme ■ **8** audition, festival, flamenco, flonflon, mélomane, musicien, musiquer, neuf-huit, nocturne, oratorio, ostinato, pastiche, pop music ■ **9** a cappella, atonalité, barcarolle, bossa-nova, cassation, charivari, gruppetto, indicatif, interlude, larghetto, leitmotiv, mélomanie, métronome, orchestre, ouverture, pizzicato, quadrille, quintette, sarabande, serinette, symphonie, tablature ■ **10** dilettante, forte-piano, musiquette, offertoire, polyphonie, ritardanto, scherzando, sérialisme, strip-tease ■ **11** compositeur, contrepoint, déchiffrage, faux-bourdon, musicologie, pianistique, ritournelle, violoncelle ■ **12** kyrie eleison, musicalement, musicographe, porte-musique ■ **13** conservatoire ■ **14** rhythm and blues.

MUSQUE : 4 musc ■ **10** muscadelle.

MUSTELIDE : 5 furet, marte, pékan ■ **6** fouine, loutre, martre, putois ■ **7** belette, glouton, zorille ■ **8** blaireau, zibeline.

MUSULMAN : 3 aga, bey ■ **4** agha, alem, aman, arch, cadi, émir, hadj, iman, kadi, raïa, raya ■ **5** allah, arabe*, djinn, douar, fakir, fatma, hadhi, harem, houri, islam, mahdi, mufti, mulud, pacha, rayia, salat, souna, sunna, uléma, vizir ■ **6** caftan, chérif, dervis, dioula, giaour, hadjdj, litham, mollah, muphti, santon, scheik, sounna, zaouia ■ **7** achoura, hadjdji, médersa, mosquée, mudéjar, muezzin, ramadan, sunnite ■ **8** arabiser, derviche, infidèle, marabout, morisque, sarrasin ■ **9** aïd-el-adha, aïd-el-fitr, coranique, croissant, moudjahid, salamalec, tcharchaf ■ **10** aïd-el-kébir ■ **11** aïd-el-séghir, kharidjisme, mutazilisme ■ **12** hispano-arabe, panislamisme ■ **15** hispano-moresque.

MUTANT : 11 tétrapoïde.

MUTATION : 5 muter ■ **6** nasard ■ **8** mutagène ■ **9** mélanisme, sommation, transfert ■ **10** changement*, mutabilité, mutagenèse ■ **11** transmettre ■ **13** mutationnisme, mutationniste, néo-darwinisme.

MUTAZILISME : 11 mutaziliste.

MUTER : 6 mutage ■ **7** mutable.

MUTILATION : 9 autotomie ■ **10** amputation, castration ■ **14** automutilation.

MUTILE : 6 amputé, blessé*, édenté ■ **7** castrat, infirme*, manchot ■ **8** estropié, manicrot ■ **9** ectromèle, essorillé ■ **10** cul-de-jatte.

MUTILER : 6 briser, couper, écouer ■ **7** amputer, châtrer, vandale ■ **8** diminuer, écharper, écourter, tronquer ■ **9** estropier, massacrer ■ **10** essoriler, mutilateur, raccourcir, tronçonner.

MUTIN : 8 espiègle*.

MUTINER : 5 mutin ■ **6** émeute ■ **8** sédition* ■ **9** mutinerie.

MUTINERIE : 6 mutiné.

MUTISME : 7 aphonie, mutique, silence*.

MUTITE : 9 démutiser.

MUTUALITE : 10 mutualisme.

MUTUEL : 3 p.m.u. ■ **6** couplé ■ **7** partage ■ **9** solidaire ■ **10** réciproque* ■ **15** interdépendance.

MUTUELLE : 8 syndicat ■ **9** assujetti, mutualité ■ **10** mutualiser, mutualiste ■ **11** mutuellisme.

MUTUELLEMENT : 5 toper ■ **8** échanger ■ **9** entraider ■ **10** contraster ■ **11** entr'admirer.
MUTUELLISME : **11** mutuelliste.
MYCELIUM : **10** caryogamie.
MYCODERME : **5** piqué.
MYCOSE : **7** candida ■ **9** candidose, mycosique, nystatine ■ **13** griséofulvine, sporotrichose.
MYELINE : **9** myélinisé.
MYOCARDE : **9** myocardie.
MYOFIBRILLE : **7** myosine.
MYOGRAPHIE : **9** myogramme ■ **11** isométrique.
MYOME : **11** myomectomie.
MYOPATHIE : **8** myopathe.
MYOPE : **4** miro ■ **6** myopie.
MYOSOTIS : **13** ne m'oubliez pas ■ **15** oreille-de-souris.
MYRIAPODE : **10** arthropode ■ **11** mille-pattes*.
MYRRHE : **11** gomme-résine.
MYRTACEE : **5** myrte ■ **7** cajeput, myrtaie, niaouli ■ **8** goyavier ■ **9** giroflier, grenadier, jambosier ■ **10** cajeputier, eucalyptus, myrtiforme.
MYSTERE : **5** abîme ■ **6** arcane, secret* ■ **7** trinité ■ **10** discrétion, initiation, mystagogie, mystagogue, mystérieux ■ **11** cachotterie, hiérophante.
MYSTERIEUX : **5** caché ■ **6** obscur*, secret* ■ **7** occulte ■ **9** ténébreux ■ **10** magnétique ■ **12** cabalistique ■ **15** mystérieusement.
MYSTICISME : **9** mysticité.
MYSTIFICATION : **7** attraper* ■ **8** galéjade ■ **10** fumisterie.
MYSTIFIER : **5** avoir ■ **6** moquer*, rouler ■ **7** tromper* ■ **10** mystifiant ■ **11** mystifiable ■ **13** mystificateur, mystification.
MYSTIQUE : **5** rasta ■ **7** croyant ■ **8** anagogie, religion, soufisme ■ **9** mysticité, quiétisme, rastafari ■ **10** hassidisme, martinisme ■ **11** illuminisme ■ **12** mystiquement ■ **13** transverbérer.
MYTHE : **5** conte ■ **7** légende ■ **8** mythique ■ **9** mythifier ■ **10** hiérogamie, mythologie ■ **11** mythographe.
MYTHOLOGIE : **4** elfe ■ **5** fable, titan ■ **6** oréade, sylphe ■ **7** renommée ■ **8** valkyrie, walkyrie ■ **10** mythologue ■ **11** évhémérisme ■ **12** mythologique.
MYTHOLOGIQUE : **9** trickster.
MYTICULTURE : **13** myticulteur.
MYXŒDEME : **13** hypothyroïde, myxœdémateux.
MYXOMYCETE : **6** fuligo ■ **8** myxamibe.

N

N : **5** azote, tilde.
NABAB : **5** riche*.
NABATEEN : **8** nabatéen.
NABOT : **4** nain ■ **5** petit*, trapu.
NACELLE : **4** lest ■ **8** suspente ■ **9** porte-bébé ■ **11** embarcation*, naviculaire.
NACRE : **5** burgo, perle ■ **6** burgau ■ **10** burgaudine.
NAEVUS : **5** grain, signe ■ **6** fraise ■ **7** angiome ■ **8** mélanose.
NAGE : **5** crawl ■ **6** brasse, crawlé ■ **8** nageoire, trudgeon ■ **9** marinière ■ **12** papillonneur.
NAGEOIRE : **5** palme, ptéro ■ **7** aileron, sépiole, uropode ■ **9** macropode ■ **10** homocerque ■ **12** hétérocerque.
NAGER : **4** nage ■ **6** voguer ■ **7** crawler, émerger, flotter ■ **8** natation, naviguer ■ **9** natatoire, renflouer.
NAGEUR : **5** salpe ■ **8** brasseur, crawleur, dossiste ■ **10** grenouille.
NAGUERE : **9** récemment ■ **12** anciennement.
NAÏADE : **6** nymphe.
NAÏF : **3** bon*, pur, sot* ■ **4** bête ■ **5** cucul, franc, gille, idiot, niais*, poire ■ **6** gauche, gobeur, ingénu, jobard, nigaud, novice, simple*, vierge ■ **7** bonasse, candide, crédule, naturel, simplet, sincère, stupide ■ **8** godichon, ignorant, innocent*, jocrisse, naïvement, primitif, spontané ■ **9** bécassine ■ **10** gribouille ■ **11** inconscient ■ **13** inexpérimenté, irresponsable.
NAIN : **3** bog ■ **5** gnome, lutin, nabot, petit ■ **6** bonsaï, pygmée ■ **7** nanisme ■ **8** korrigan, myrmidon, tom-pouce ■ **11** lilliputien.
NAISSAIN : **6** huître.
NAISSANCE : **4** aube, inné, pays, race, tige ■ **5** axène, début, germe, grand, jésus, monde, natif, tronc ■ **6** aurore, naître, parage, vortex ■ **7** berceau, embryon, origine ■ **8** axénique, bourgeon, endogène, natalité, nativité, prénatal, retombée, sex-ratio ■ **9** faire-part, postnatal ■ **10** congénital, dénatalité, extraction, privilégié ■ **12** commencement*, généthliaque, puériculture ■ **14** aristocratisme.
NAITRE : **4** voir ■ **5** créer, jeter, lever, monde, natif, venir ■ **6** éclore, percer ■ **7** croître, émerger, exister, poindre, pousser, sourdre ■ **8** inspirer, procréer, produire, renaître, soulever, susciter ■ **9** commencer* ■ **10** apparaître, incidenter.
NAÏVE : **7** oiselle.

NAÏVETE : **6** pureté ■ **7** candeur ■ **9** crédulité, franchise, gaucherie, ignorance, ingénuité, innocence*, naïvement, niaiserie, sincérité, virginité ■ **10** simplicité* ■ **12** inconscience.
NAJA : **5** cobra ■ **6** uræus.
NAMIBIE : **4** rand.
NANCY : **8** nancéien.
NANISME : **6** turner ■ **13** hypothyroïde.
NANTES : **7** nantais.
NANTISSEMENT : **4** gage ■ **8** dénantir, procurer.
NAPHTALENE : **7** naphtol ■ **8** naphtyle ■ **9** tétraline ■ **10** naphtaline ■ **12** benzonaphtol.
NAPOLITAIN : **7** camorra.
NAPPE : **5** longe ■ **7** nappage ■ **8** doublier, étaleuse, napperon ■ **9** renversoir, sous-nappe ■ **10** phréatique, résurgence.
NAPPER : **7** nappage.
NARCISSE : **6** coucou ■ **9** jonquille.
NARCOSE : **14** assoupissement.
NARCOTIQUE : **5** opium ■ **7** narcose ■ **8** dormitif, soporeux ■ **9** somnifère, soporatif ■ **10** hypnotique, soporifère ■ **11** soporifique.
NARGHILE : **5** houka.
NARGUER : **6** braver, moquer* ■ **8** mépriser.
NARGUILE : **5** houka.
NARINE : **3** nez ■ **5** évent, morve ■ **6** naseau ■ **8** vibrisse.
NARQUOIS : **5** malin ■ **7** moqueur ■ **13** narquoisement.
NARRATION : **3** lai ■ **5** conte*, récit* ■ **8** narratif, relation ■ **9** flash-back, rédaction ■ **10** historique ■ **12** événementiel ■ **13** simultanéisme.
NARRER : **6** conter* ■ **8** narrateur, raconter*.
NARTHEX : **8** portique.
NARVAL : **6** béluga ■ **7** bélouge, licorne.
NASAL : **5** morve, voile, vomer, voûte ■ **6** trompe ■ **7** rhinite ■ **8** nasalité ■ **9** nasaliser ■ **10** morfondure, nasalement, rhinologie ■ **11** dénasaliser, rhinoscopie ■ **12** nasalisation.
NASALE : **6** choane ■ **12** naphtazoline.
NASARD : **7** larigot.
NASARDE : **11** chiquenaude.
NASE : **4** hotu.
NASILLER : **9** nasillard ■ **11** nasillement, nasonnement.
NASSE : **5** filet*, piège, ruche ■ **6** casier, panier.
NATAL : **7** clocher.
NATALITE : **8** baby-boom ■ **11** surnatalité ■ **13** antinataliste.
NATATION : **7** piscine ■ **9** natatoire.
NATATOIRE : **8** parapode.
NATIF : **8** levantin ■ **9** aborigène ■ **10** originaire*.
NATION : **4** cité, état, gens, gent, pays*, pile ■ **5** diète, tiers ■ **6** patrie*, peuple* ■ **7** intrant ■ **8** étranger, national, panthéon ■ **9** gentilité ■ **10** allégeance, gallomanie ■ **11** nationalité ■ **13** international, transnational.
NATIONAL : **4** nazi ■ **5** danse, hymne ■ **8** génocide, panthéon ■ **9** polonaise ■ **10** fustanelle ■ **12** antinational, nationaliser, nationalisme ■ **14** dénationaliser.
NATIONALISTE : **8** patriote, sinn-fein ■ **10** sandinisme ■ **11** belgeoisant, phalangiste ■ **12** impérialiste.
NATIONALITE : **5** mixte ■ **8** apatride ■ **9** heimatlos ■ **10** binational ■ **11** heimatlosat ■ **13** ressortissant ■ **14** dénationaliser, naturalisation.
NATIVITE : **4** noël ■ **9** naissance*.

NATTE : 5 caget, cajet, claie, ganse, tapis ■ **6** clisse, estère, natter, tresse ■ **7** couffin, paillet, torchon ■ **8** abat-vent, dénatter ■ **9** sparterie ■ **10** dreadlocks, paillasson.
NATURALISATION : 10 naturalise ■ **13** acclimatation, dénaturaliser.
NATURALISTE : 8 zoologue ■ **10** zoologiste ■ **11** naturalisme ■ **12** taxidermiste ■ **13** erpétologiste.
NATURE : 4 ases, brut, égal, goût, gras, naïf, pâte, type, vert, vrai ■ **5** amour, bosse, botte, chair, étain, filon, jaspe, macle, mixte, moyen, ordre, plomb, règne, sonde, sorte, sujet, tâter, terre ■ **6** acabit, aspect, chimie, espèce, étoffe, trempe ■ **7** calibre, charnel, essence, manière, naturel, ostracé, qualité, science, sodomie, univers* ■ **8** butyreux, colloïde, cuprique, dartreux, dénaturé, divinité, farinage, farineux, futilité, glaireux, glaiseux, humanité, identité, imitatif, kystique, matériel, mobilier, mollesse, pierreux, purulent, quiddité, saponacé, scoriacé, siliceux, sirupeux, suiffeux, talqueux, tartreux, ulcéreux ■ **9** angélique, ardoiseux, ardoisier, cancéreux, caractère, catégorie, condition, dynamisme, essentiel, fistuleux, glutineux, graisseux, inhibitif, métissage, naturisme, novatoire, passivité, quartzeux, saccharin, schisteux, semblable, spathique, spongieux, squirreux, structure, sulfureux, tendineux, tétanique, zététique ■ **10** allocation, chamanisme, complexion, cristallin, croisement, friabilité, gangréneux, gélatineux, granitique, herpétique, hétérogène, identifier, légendaire, membraneux, monstrueux, nativement, œdémateux, oléagineux, oolithique, paralysant, philosophe, prédicatif, shintoïsme, subjonctif, surnaturel, thermalité, voltairien ■ **11** agglutinant, andésitique, asthmatique, cataclysmal, charbonneux, composition, contrariant, criminalité, démonologie, équivalence, gnosticisme, goudronneux, homogénéité, hybridation, incarnation, ligamenteux, monobasique, naturalisme, naturaliste, phlegmoneux, prurigineux, scorbutique, sophistiqué, tempérament*, tuberculeux, uniformiser, vertigineux ■ **12** constitution, contagiosité, décourageant, diagnostique, excrémenteux, excrémentiel, molletonneux, monophysisme, oscillatoire, parchemineux, physiquement, qualificatif, sédimentaire, sensationnel, thanatologie ■ **13** biréfringence, carcinomateux, cartilagineux, compromettant, démonographie, diagnostiquer, ecclésiologie, exanthémateux, gélatiniforme, philistinisme, problématique ■ **14** corruptibilité, dégénérescence, exanthématique, excrémentitiel, immatérialisme, putrescibilité ■ **15** reconventionnel.
NATUREL : 3 pur ■ **4** aisé, aven, doué, écru, igue, inné, mont, naïf, rade, trou, tube, upas ■ **5** cloup, décès, décor, dégel, envie, force, fossé, franc, gamme, génie, gypse, havre, infus, luxer, magie, momie, mythe, natif, obvié, pardi, prise, selle, signe, suite, tache, tortu ■ **6** empesé, halite, in situ, nature, simple ■ **7** affecté, apprêté, coulant, écocide, éolithe ■ **8** cérusite, écologie, emprunté, généreux, graphite, indigène, machinal, maternel, oligiste, orpiment, sédiment, sidérite, sidérose, smaltine, spontané, tubulure, vivarium, zéolithe ■ **9** aborigène, caractère, contraint, kaolinite, phénomène, privilège, recherche, sélection ■ **10** aggloméré, artificiel, bismuthine, dépression, diatonique, giobertite, maniérisme, simplicité, thorianite, vanadinite, yttrialite ■ **11** affection, molybdénite, naturaliser, naturalisme, phosphorite, smithsonite, sophistique, tempérament, valentinite ■ **12** arborisation ■ **13** naturellement ■ **14** prédisposition.
NAUFRAGE : 5 épave, périr ■ **6** avarie ■ **7** malheur* ■ **8** désastre, échouage, sinistre ■ **9** naufrager, perdition ■ **10** naufrageur.
NAURU : 7 nauruan.
NAUSEABOND : 6 vireux ■ **9** écœurant.

NAUSEE : **8** nauséeux ■ **9** écœurant ■ **10** mal de cœur, répugnance ■ **11** haut-le-cœur, vomissement.
NAUTIQUE : **8** barefoot, nautisme ■ **9** yacht-club ■ **12** esquimautage.
NAUTONIER : **6** pilote.
NAVAJA : **8** poignard.
NAVAL : **5** aviso ■ **7** rostral ■ **9** naumachie.
NAVALE : **6** fistot.
NAVET : **4** rave ■ **5** nanar, radis ■ **6** panais, turnep ■ **7** raifort, turneps ■ **8** rutabaga.
NAVETTE : **4** yoyo ■ **5** duite, trame ■ **6** bobine ■ **7** canette ■ **8** cannette, navetier ■ **9** frivolité.
NAVIGABLE : **5** passe ■ **9** canaliser ■ **11** innavigable ■ **12** canalisation, navigabilité.
NAVIGATION : **5** avion, cabot, marin, naute, phare ■ **6** consol, couffa, kouffa, marine* ■ **7** bornage, périple ■ **8** astronef, aviation, cabotage, caboteur, haut-fond, maritime, nautique, navicert, poussage, vire-vire, yachting ■ **9** aéronaute, virevaude ■ **10** aiguilleur, navigateur ■ **11** plaisancier ■ **12** aéronautique, motonautisme ■ **13** aérotechnique, astronautique ■ **15** radionavigation.
NAVIGUER : **5** voile ■ **6** voguer ■ **7** caboter, voyager ■ **8** conserve, louvoyer, navigant ■ **9** boulinier ■ **10** navigation*.
NAVIRE : **3** bac, bau, ber, lof, l.s.t., mât, nef, nez, s.o.s., tin ■ **4** amer, bord, cale, erre, étai, gare, gîte, joue, lège, lest, loch, ploc, pont, port, rade, roof, vrac ■ **5** agrès, ancre, avant, aviso, bande, bordé, bouge, brick, cadre, cargo, coque, cotre, dalot, fesse, flûte, gatte, goret, héler, lagan, liner, lisse, marin, mâter, panne, panse, point, poupe, radar, sloop, soute, talon, trouer, tramp, vibor, voûte, wharf, yacht ■ **6** abatée, babord, bateau*, birème, boutre, brûlot, carène, chébec, cutter, drague, dromon, étrave, galère, galion, largue, lougre, mouche, pirate, quirat, rafiot, rostre, surbau, tanker, trière, vaigre, vapeur, vibord ■ **7** aulofée, batelée, câblier, caraque, clipper, couette, dunette, escadre, frégate, galéace, galiote, houache, hourque, noliser, steamer, tanguer, tartane, trirème, vedette, voilier ■ **8** afflouer, affréter, amariner, anguille, apparaux, armateur, bâtiment*, butanier, calaison, caliorne, chadburn, chaloupe, chantier, chargeur, chasseur, corsaire, corvette, coursive, croiseur, cuirassé, déjauger, doublage, échouage, embosser, équipage, faux-bord, galéasse, goélette, membrure, morutier, muraille, paquebot, pavoiser, plat-bord, poulaine, saborder, sacoléva, sacolève, sapiteur, schooner, spardeck, vaisseau*, varangue ■ **9** affréteur, amarinage, axiomètre, baleinier, bauquière, béquiller, brigantin, caravelle, cargaison, carlingue, céréalier, chalutier, débardage, débardeur, débarquer, désemparé, éclaireur, écoutille, embossage, entrepont, escorteur, ferry-boat, garde-côte, garde-rats, interlope, méthanier, nautonier, passavant, perdition, pétrolier, pinardier, portelone, propanier, sous-marin, steam-boat, timonerie, transport, trois-mâts, ventrière ■ **10** archipompe, asphaltier, avitailler, canonnière, chaufferie, escadrille, gouvernail, nolisement, passerelle, polytherme, porte-barge, quadrirème, quatre-mâts, remorqueur, sister-ship, torpilleur, train-ferry, trois-ponts ■ **11** affrètement, appontement, arraisonner, avitailleur, bourlinguer, brise-glaces, charbonnier, patouillard, porte-avions, submersible, super-tanker, terre-neuvas, torpillerie ■ **12** accastillage, appareillage, charte-partie, francisation, navire-jumeau, patrouilleur, pentécontore, ravitailleur, terre-neuvien, water-ballast ■ **13** brick-goélette, connaissement, navire-citerne, orthodromique, radionavigant ■ **14** arraisonnement, transconteneur ■ **15** radiogoniomètre.

NAVRER : 7 désoler* ■ 9 attrister*, navrement.
NAZI : 10 dénazifier.
NAZISME : 8 antinazi.
NE : 4 issu ■ 5 natal, natif, puiné ■ 8 indigène, posthume, sociable ■ 9 adultérin, dernier-né, nouveau-né, prématuré, tardillon.
NEANMOINS : 8 pourtant, toujours ■ 9 cependant, toutefois ■ 10 nonobstant.
NEANT : 3 nul ■ 4 rien*, vide, zéro ■ 5 abîme ■ 6 lacune, manque, misère ■ 7 absence, inanité, vacance, vacuité ■ 9 cassation, néantiser ■ 10 abstention, inexistant, révocation.
NEANTISER : 12 néantisation.
NEBULEUX : 4 octa ■ 6 obscur* ■ 8 vaporeux ■ 10 nébulosité ■ 13 nébuleusement.
NEBULISEUR : 9 nébuliser.
NEBULISER : 10 nébuliseur ■ 12 nébulisation.
NECESSAIRE : 3 loi ■ 5 fatal, forcé, munir, train, utile, vital ■ 6 absolu, obligé, requis, urgent ■ 7 falloir, onglier, trousse ■ 8 exigible, explétif, inhérent, matériel, munition, postulat, pourvoir, pressant, qualifié, superflu ■ 9 bagatelle, dénuement, disetteux, entretien, essentiel, important*, nécessité, outillage, papeterie, provision, rigoureux, simplisme, suffisant ■ 10 entretenir, hylozoïsme, inévitable, matérielle, nécessiter ■ 11 apodictique, meurt-de-faim, nécessiteux, obligatoire*, surabondant ■ 12 baise-en-ville, oligo-élément ■ 13 indispensable ■ 15 mutatis mutandis.
NECESSAIREMENT : 9 forcément ■ 10 absolument ■ 15 infailliblement.
NECESSITE : 4 gêne ■ 6 besoin*, déréel, misère* ■ 7 urgence, utilité ■ 8 exigence, instance, pauvreté ■ 9 activisme ■ 10 contrainte, obligation* ■ 11 nécessitant, nécessiteux.
NECESSITER : 6 exiger* ■ 7 falloir, obliger, presser ■ 11 présupposer.
NECROLOGIE : 9 nécrologe ■ 10 nécrologue ■ 12 nécrologique.
NECROMANCIE : 5 devin ■ 8 magicien ■ 9 nécromant ■ 12 nécromancien.
NECROPHILIE : 10 nécrophile.
NECROPHORE : 11 enfouisseur.
NECROPOLE : 8 ossuaire ■ 9 cimetière*.
NECROSE : 7 eschare, infarci ■ 8 nécroser ■ 10 nécrotique.
NECTAIRE : 6 nectar ■ 11 nectarifère.
NECTAR : 7 boisson ■ 8 nectaire ■ 9 mellifère ■ 11 nectarifère.
NEERLANDAIS : 10 hollandais.
NEF : 4 jubé ■ 6 chevet ■ 7 bas-côté, narthex ■ 11 embarcation* ■ 13 déambulatoire.
NEFLIER : 5 nèfle.
NEGATIF : 2 ne, ni ■ 3 mie, nec, non, pas ■ 5 anion, guère, moins ■ 7 macache ■ 8 antihalo, négation ■ 9 nihilisme ■ 10 ballottage, négativité ■ 11 négastoscope, retardation, séronégatif ■ 12 décélération, internégatif, négativement ■ 13 châssis-presse, machiavélisme.
NEGATIVE : 10 déportance.
NEGATION : 5 atome.
NEGLIGE : 10 dépenaillé ■ 12 négligemment ■ 13 six-quatre-deux.
NEGLIGENCE : 5 oubli* ■ 7 abandon, incurie, lâcheté ■ 8 malfaçon, omission ■ 9 bousiller, mâchonner, négligent ■ 10 accessoire, chapechute, nonchaloir ■ 11 inattention* ■ 12 laisser-aller, négligemment.
NEGLIGER : 7 omettre, oublier* ■ 8 abstenir* ■ 9 dédaigner ■ 10 abandonner* ■ 11 négligeable.

NEGOCE : **8** commerce ■ **9** négociant.
NEGOCIANT : **5** bilan, place, tenue ■ **8** chargeur, marchand* ■ **13** consignataire.
NÉGOCIATION : **9** diplomate, ouverture, préalable ■ **10** tractation ■ **11** commerçable, liquidation, négociateur, paritarisme ■ **13** renégociation.
NEGOCIER : **6** régler ■ **7** traiter ■ **8** aboucher, accorder, arranger, convenir, débattre, discuter, proposer ■ **9** diplomate, mobiliser, transiger ■ **10** intervenir, négociable, rapprocher, renégocier ■ **11** négociateur.
NÈGRE : **4** case, noir* ■ **5** banjo, crépu, laine ■ **6** créole ■ **7** négrier ■ **8** bamboula, moricaud, nègrerie ■ **9** négrillon ■ **10** négrophile.
NEGRO SPIRITUAL : **6** gospel ■ **9** spiritual.
NEIGE : **3** ski ■ **4** came, névé ■ **5** blanc, chenu, dégel, hutte, igloo, nival, obier, renne, tapir, tolée ■ **6** neiger, tiaffe ■ **7** congère, dameuse, enneigé, glacier, neigeux, poudrin ■ **8** blizzard, enneiger, raquette, snow-boot ■ **9** autoneige, avalanche ■ **11** chasse-neige, enneigement, nivo-pluvial ■ **13** nivo-glaciaire.
NEIGER : **8** reneiger.
NEMATHELMINTHE : **8** nématode*.
NEMATODE : **7** ascaris, filaire ■ **8** ascaride, strongle, trichine ■ **9** strongyle, tylenchus ■ **10** anguillule ■ **11** ankylostome ■ **13** trichocéphale ■ **14** némathelminthe.
NEMERTIEN : **7** némerte.
NEMROD : **8** chasseur.
NENUPHAR : **5** lotos, lotus ■ **6** jaunet ■ **7** nénufar, nymphéa ■ **8** nymphæa.
NEOCAPITALISME : **14** néocapitaliste.
NEOCLASSICISME : **12** néoclassique.
NEOCOLONIALISME : **15** néocolonialiste.
NEOCONFUCIANISME : **5** taiji, t'ai-ki.
NEODYME : **6** didyme.
NEOFORMATION : **8** néoformé.
NEOLITHIQUE : **8** chasséen ■ **14** chalcolithique.
NEOLOGIE : **10** néologique.
NEOLOGISME : **5** robot, swing, tango ■ **8** néologie ■ **11** glossolalie.
NEON : **2** ne ■ **5** lampe.
NEONAZISME : **7** néonazi.
NEOPHYTE : **6** novice*.
NEOPLASME : **11** néoplasique.
NEOPLATONICIEN : **3** éon.
NEOREALISME : **11** néoréaliste.
NEOTENIE : **7** néotène.
NEPHRITE : **11** albuminurie, néphrétique.
NEPHRON : **6** tubule.
NEPOTISME : **11** favoritisme.
NERF : **4** zona ■ **5** lâche, parer, sacré ■ **6** crural, cutané, facial, médian, nervin, radial, spinal, tendon, tibial ■ **7** auditif, cubital, nerveux, neurone, névrite, optique ■ **8** brachial, ganglion, innerver, lombaire, olfactif, péronier ■ **9** axillaire, connectif, entre-nerf, neurinome, névralgie, névrilème, récurrent, sciatique, trifacial, trijumeau, vagotomie ■ **10** élongation, énervation, hypoglosse, irritation, névrologie, névropathe, pathétique, radiculite, retirement, thoracique, vasomoteur ■ **11** dénervation, dévitaliser, innervation, intercostal, névropathie, polynévrite, trépidation ■ **12** adrénergique, fémoro-cutané ■ **13** acétylcholine ■ **14** neurovégétatif, vasculo-nerveux ■ **15** parasympathique, pneumogastrique.

NERFNEVRALGIE : **10** neurotomie.
NEROLI : **10** bigaradier.
NERON : **8** néronien.
NERPRUN : **8** alaterne ■ **9** bourdaine ■ **11** stil-de-grain.
NERVEUSE : **9** break-down ■ **11** neuroblaste ■ **12** télencéphale ■ **13** myélencéphale ■ **14** extrapyramidal, rhombencéphale.
NERVEUX : **5** filet ■ **6** chorée, émotif ■ **7** cerveau, fébrile, frayage, neurone ■ **8** cervelet, engramme, pellagre ■ **9** convulsif, glomérule, nervosité ■ **10** nervosisme, névrotomie ■ **11** hypocondrie, hyponeurien, pithiatisme ■ **12** hypernerveux, nerveusement, protubérance ■ **13** rhinencéphale, trophonévrose ■ **14** neuromédiateur.
NERVI : **7** porteur, vaurien.
NERVOSITE : **9** agitation, fébrilité ■ **10** impatience, nervosisme ■ **11** pondération.
NERVURE : **4** nerf ■ **5** arête, carde, ogive ■ **6** lierne ■ **7** saillie, voûtain ■ **8** nervurer, réticule, trinervé ■ **9** nervation, tierceron ■ **11** palmatifide.
NESTORIEN : **13** nestorianisme.
NET : **3** pur ■ **5** blanc, clair, clean, picot, tarer ■ **6** exprès, précis, propre* ■ **7** netteté, propret, tranché ■ **8** décanter, distinct*, nettoyer, prononcé, stipuler ■ **9** brouillon, équivoque, nettement ■ **11** catégorique ■ **13** superbénéfice.
NETTEMENT : **5** myope ■ **8** articulé, staccato ■ **9** hautement ■ **10** clairement ■ **11** caractérisé ■ **12** expressément, sous-entendre ■ **13** distinctement.
NETTETE : **4** flou ■ **6** clarté, marqué ■ **8** bavocher, propreté ■ **9** précision.
NETTOYAGE : **6** à-fonds, brosse, rasage ■ **8** curetage, détritus, friction ■ **9** balayette, épuration, nettoyant ■ **10** aspirateur, débourrage, vadrouille ■ **11** nettoiement, serpillière ■ **13** appropriation.
NETTOYER : **4** ôter ■ **5** balai, curer, faire, goret, laver*, polir, savon ■ **6** carder, écumer, écurer, monder, purger, racler, rincer, sabler, vanner ■ **7** balayer, briquer, brosser, caréner, cureter, cribler, décaper, draguer, éponger, essuyer, filtrer, fourbir, frotter*, gratter, housser, poutser, ramoner, récurer, sarcler, tamiser, torcher ■ **8** arçonner, astiquer, blanchir, décanter, déféquer, dérocher, déterger, éplucher, essarter, expurger, lessiver, panosser, purifier*, ratisser, regayoir, saietter, savonner, strigile, tararage, vidanger ■ **9** clarifier, coton-tige, débourber, décrasser, décrotter, détergent, goupillon, nettoyage, nettoyeur, regratter, tamponner ■ **10** approprier, bouchonner, cure-ongles, dégraisser, démazouter, dentifrice, dérouiller, épousseter, torchonner ■ **11** cure-oreille, débarrasser, essuie-glace, nettoiement, désencrasser, shampouineur ■ **13** débarbouiller, écouvillonner, shampouineuse.
NEUF : **6** récent ■ **7** ennéade, neuvain, nouveau* ■ **8** flambant, monupler, neuvième*, original, quatorze, régénéré ■ **9** ennéagone, réfection ■ **10** ennéagonal, ravalement, requinquer ■ **13** quatre-vingt-dix.
NEURASTHENE : **10** mélancolie* ■ **14** neurasthénique.
NEUROCHIMIE : **13** neurochimique.
NEUROCHIMIQUE : **13** bromocriptine.
NEUROCHIRURGIE : **9** lobotomie ■ **11** stéréotaxie ■ **13** pallidectomie.
NEUROFIBROMATOSE : **14** recklinghausen.
NEUROLEPTIQUE : **11** halopéridol ■ **13** butyophénone ■ **15** chloropromazine.
NEUROLOGIE : **8** dyslexie ■ **10** neurologue, névrologie ■ **12** neurologique, neurologiste.

NEUROLOGIQUE : **9** korsakoff.
NEUROMEDIATEUR : **4** gaba.
NEURONE : **4** glie ■ **5** gaine ■ **8** neuronal, purkinje ■ **9** névroglie ■ **10** inhibition, unipolaire.
NEUROSPYCHIATRIE : **15** neuropsychiatre.
NEUROPHYSIOLOGIE : **9** faradique.
NEUROTRANSMETTEUR : **11** encéphaline, enképhaline ■ **13** catécholamine.
NEUTRALISER : **7** enrayer ■ **8** absorber ■ **9** paralyser ■ **10** phagocyter ■ **12** neutralisant ■ **14** neutralisation.
NEUTRALITE : **5** ligue ■ **9** passivité ■ **12** impartialité ■ **15** non-belligérance.
NEUTRE : **5** noyau ■ **8** aseptisé ■ **9** impartial ■ **10** neutralité ■ **11** indifférent, neutraliser ■ **13** isoélectrique.
NEUTRINO : **12** antineutrino.
NEUTRON : **5** atome, noyau ■ **8** deutéron ■ **11** antineutron, neutronique ■ **13** neutrographie ■ **15** neutronographie.
NEUTROPHILE : **11** neutropénie.
NEUVIEME : **4** iota, neuf, none ■ **6** nonidi ■ **7** ramadan ■ **8** prairial ■ **10** sagittaire ■ **12** climatérique, neuvièmement.
NEVEU : **9** népotisme, postérité ■ **12** arrière-neveu.
NEVRALGIE : **4** nerf* ■ **9** sciatique ■ **11** névralgique ■ **15** antinévralgique.
NEVRITE : **10** névritique ■ **12** multinévrite.
NEVROGLIE : **9** microglie ■ **15** oligodendroglie.
NEVROPTERE : **6** sialis ■ **7** panorpe ■ **8** hémérobe, mantispe, phrygane, raphidie ■ **9** porte-faix ■ **10** fourmilion ■ **12** traîne-bûches.
NEVROSE : **6** primal ■ **8** hystérie ■ **9** freudisme ■ **10** névrosique ■ **12** neurasthénie, psychogenèse.
NEVROSISME : **9** nervosité.
NEVROTIQUE : **11** arithomanie.
NEW YORK : **10** new-yorkais.
NEZ : **3** pif ■ **4** aile, nase, naze ■ **5** blair, blase, blaze, camus, nasal, ozène, piton, saïga, tarin, tortu ■ **6** camard, jetage, odorat, truffe ■ **7** caveçon, nasarde ■ **8** nasiller, renifler ■ **9** épistaxis, nasillard, nasilleur, pifomètre, reniflant, renifloir ■ **10** bourbonien, rhinologie, saignement ■ **11** croquignole ■ **12** clairvoyance, rhinoplastie ■ **14** enchifrènement ■ **15** rhino-pharyngite.
NIAIS : **3** job, oie, sot* ■ **4** bêta, cave, daim, fada, gogo, naïf, nice, zozo ■ **5** benêt, colas, dinde, gille, poire, serin ■ **6** bébête, bégaud, calino, dadais, dandin, gourde, jobard, nigaud, pigeon ■ **7** absurde*, balourd, couenné, godiche, gourdée, jacques, nicaise, nouille, nunuche, oiselle, simplet, stupide* ■ **8** boniface, coquebin, godichon, innocent, jean-jean, jocrisse, lustucru, niaiseux, nicodème, schnoque ■ **9** andouille, cantaloup, cornichon déniaiser, niaiserie, simpliste ■ **10** gourdiflot, niaisement ■ **11** gobe-mouches ■ **12** niguedouille.
NIAISERIE : **4** rien ■ **5** cucul ■ **6** bêtise* ■ **7** attrape, fadaise, niaiser ■ **10** simplicité.
NIAOULI : **8** goménolé.
NIAULE : **5** gnôle.
NI BIEN NI MAL : **10** couci-couça, couci-couci.
NICARAGUA : **6** contra ■ **7** cordoba ■ **12** nicaraguayen.
NICE : **6** niçois.
NICHE : **5** enfeu ■ **7** attrape ■ **8** pleurant ■ **11** columbarium.
NICHER : **6** placer ■ **10** héronnière.

NICKEL : **2** ni ■ **5** invar, monel ■ **6** speiss ■ **7** inconel, pacfung ■ **8** argentan, nichrome, nickeler, packung ■ **9** manganine, nickelage, nickelure, permalloy, platinite ■ **10** constantan, garniérite ■ **11** cupronickel, ferronickel, maillechort, nickélifère ■ **15** ferromagnétisme.
NIÇOISE : **12** pissaladière.
NICOLAÏSME : **10** nicolaïste.
NICOTINE : **5** tabac* ■ **9** nicotisme, tabagisme ■ **13** dénicotiniser.
NID : **4** aire ■ **5** airer, niais, nitée ■ **6** nichée ■ **5** couvoir, nichoir ■ **8** dénicher, nidifier ■ **12** nidification.
NIDATION : **11** progestatif.
NIDOREUX : **5** puant ■ **10** malodorant.
NIECE : **11** petite-nièce ■ **12** arrière-nièce.
NIELLE : **5** pluie ■ **7** gerzeau, lychnis ■ **8** niellure ■ **10** brouillard.
NIELLER : **8** niellage, niellure.
NIER : **5** athée, sujet ■ **6** dénier ■ **7** défendre, démentir, négateur, négation ■ **9** contester ■ **10** dénégation ■ **11** disconvenir ■ **14** immatérialisme.
NIETZSCHEEN : **8** surhomme.
NIFE : **4** sima ■ **10** barysphère.
NIGAUD : **5** benêt, niais* ■ **6** dadais ■ **8** nigauder ■ **10** nigauderie.
NIGELLE : **9** poivrette ■ **10** tout-épice.
NIGERIA : **5** naira.
NIGERO-CONGOLAISE : **4** peul ■ **5** peulh, wolof ■ **6** ouolof ■ **9** mandingue.
NIL : **5** cange ■ **7** clarias.
NIMBE : **6** gloire ■ **7** auréole, diadème.
NIMBUS : **5** nuage*.
NÎMES : **6** nîmois.
N'IMPORTE : **9** quiconque ■ **10** quelconque.
NINA : **8** señorita.
NIOBIUM : **9** colombium.
NIPPER : **5** vêtir* ■ **6** nippes.
NIRVANA : **8** hinayana ■ **9** djaïnisme.
NITRATE : **4** iode ■ **5** azote, nitre ■ **7** ammonal, azotate, azotite, azoture, caliche, nitreux, nitrite, nitrure ■ **8** azotique, fuchisme, nitrater, roburite, salpêtre ■ **9** nitrifier, secrétage ■ **11** azotobacter, nitratation, nitrate-fuel, nitrobacter, nitrosation ■ **12** nitrobenzène, nitrosomonas ■ **13** chloropicrine, hydroxylamine, nitrification, nitronisation ■ **15** trinitrotoluène.
NITRATION : **6** nitrer.
NITRIQUE : **8** eau-forte, pentrite ■ **9** nitration, xyloïdine ■ **14** nitrocellulose, nitroglycérine.
NITROCELLULOSE : **9** celluloïd, collodion ■ **11** coton-poudre.
NITROGLYCERINE : **7** tripoli ■ **8** dynamite ■ **9** diatomite ■ **10** trinitrine.
NITRYLE : **7** azotyle.
NITRURATION : **8** nitrurer.
NIVEAU : **4** égal, mire, taux ■ **5** degré*, étage, marée, nappe, pompe ■ **6** dévers, étiage, seiche ■ **7** nivelle, ressaut, vumètre ■ **8** diapason, platière, standard ■ **9** affleurer, avant-cale, contrebas, déniveler, descendre, développé, éclimètre, nivelette, plain-pied, top-niveau ■ **10** clinomètre, flottaison, sous-espèce, verticille, wateringue ■ **11** abaissement, fluviomètre, sous-famille, travers-banc ■ **12** fluviographe, regonflement, superfamille ■ **13** dénivellation, dénivellement, rez-de-chaussée, sous-développé, transgression.

NIVELER: **6** araser ■ **8** nivelage, niveleur ■ **9** bulldozer, nivelette ■ **11** nivellement.
NIVELEUSE: **6** grader ■ **11** motorgrader.
NOBLE: **3** bel, dom ■ **4** beau, dame, fief, fier, page ■ **5** digne, élevé, grand, grave, sacré ■ **6** écuyer, émigré, junker, relevé, varlet ■ **7** auguste, hidalgo, pompeux, soutenu, sublime* ■ **8** généreux, héroïque, jongkeer, jonkheer, noblesse, olympien, roturier, solennel ■ **9** chevalier, estimable, franc-fief, kchatriya, magnamine, noblement, patricien, sarabande, splendide ■ **10** demoiselle, dérogeance, majestueux, nobilaire ■ **11** aristocrate, gentilhomme, respectable ■ **13** chevaleresque.
NOBLESSE: **3** duc, nom ■ **4** dîme, kami ■ **5** baron, comte, grand, noble, petit, pompe, style, tiers ■ **6** estime, fierté, mérite, morgue, prince ■ **7** dignité, gravité, hauteur, honneur, majesté, marquis, mesquin, nobliau, orgueil, raideur, vicomte ■ **8** baronnet, couronne, ennoblir, grandeur, héroïsme, prestige, vavassal ■ **9** caballero, élévation, parchemin, prestance, prosaïque, solennité, splendeur, vavasseur ■ **10** générosité, nobiliaire, noblaillon ■ **11** amour-propre, distinction, magnanimité ■ **12** aristocratie ■ **13** anoblissement, pacta conventa.
NOCE: **5** bombe, nouba ■ **6** noceur, viveur ■ **7** mariage*, nuptial ■ **8** débauche* ■ **12** ribouldingue.
NOCEUR: **10** bambocheur.
NOCHER: **6** pilote ■ **9** nautonier.
NOCIF: **7** mofette, nocuité ■ **8** nuisible* ■ **10** nocivement ■ **13** contamination ■ **15** décontamination.
NOCTUELLE: **8** leucanie.
NOCTUIDE: **7** agrotis, xanthie ■ **8** agrotide.
NOCTURNE: **3** duc ■ **4** lion ■ **5** blaps, fusée, hibou, hyène, potto, ronde, scops, strix, tigre ■ **6** cossus, sabbat, sphinx, strige, stryge ■ **7** agrotis, fest-noz, hulotte, phalère, rapace, xanthie, zeuzère ■ **8** acidalie, agrotide, chouette, géomètre, nycturie, papillon, porc-épic, strigidé ■ **9** noctuelle, ululation, ululement ■ **10** encoprésie ■ **11** chéiroptère.
NODOSITE: **9** rhizobium.
NODULAIRE: **7** léprome.
NOËL: **5** avant ■ **8** cantique, nativité ■ **9** christmas.
NOEME: **8** noétique.
NŒUD: **3** cal, hic ■ **4** agui, ajut, lacs, lien, nope, œil, rose ■ **5** ajust, coque, lacet, lasso, nodal, nodus, nouer, passe, ruban* ■ **6** anneau, boucle, chaise, collet, enture, floche, laguis, maille, nodule, nouure, plexus, régate, tophus ■ **7** attache, catogan, cocarde, condyle, épincer, maillon, nombril, prussik, rosette ■ **8** broussin, demi-clef, épissure, ganglion, jointure, ligature, malandre, nodosité, noduleux, papillon ■ **9** bouclette, bouffette, cul-de-porc, embossure, entrelacs, épinceler, épinceter, nodulaire, tortillon ■ **10** entre-nœud, lavallière ■ **12** articulation.
NOIR: **3** bai ■ **4** brun, café, embu, frac, fumé, ivre, jais, more, ours, suie ■ **5** agami, aigle, black, blaps, cache, craie, crêpe, deuil, ébène, éboue, encre, gamay, grisé, habit, jayet, laque, lérot, liard, liste, mante, messe, momie, nègre*, négro, pique, ponce, radis, sable, sauce, sépia, taupe, urubu ■ **6** gospel, laptot, moreau, morose, noirci, obscur*, pagnon, portor, sombre*, triste* ■ **7** corbeau, fuscine, lugubre, négrier, noiraud, noircir, rubican, tchador ■ **8** asphalte, bamboula, deux-huit, fumagine, grenache, mâchurer, moricaud, morillon, nocturne, noirâtre, noirceur, souchong, township ■ **9** amphibole, né-

gritude, pyrénéite, tcharchaf, ténébreux ■ **10** hornblende, mélancolie, nigrescent, nigritique, scorsonère ■ **11** arbalétrier, atrabilaire, mélanoderme, noircissure ■ **12** renforcement ■ **13** contre-hermine ■ **14** négro-spiritual, rhythm and blues.

NOIRATRE: **4** bore, khol ■ **5** alios, humus, kohol, ombre, sépia ■ **6** basané, koheul ■ **7** escarre, eschare ■ **8** cambouis ■ **12** mélanodermie ■ **13** blettissement.

NOIRCEUR: **8** infernal.

NOIRCIR: **5** biser, fumer ■ **7** enfumer ■ **8** culotter ■ **9** caviarder, obscurcir ■ **10** charbonner ■ **11** discréditer ■ **13** noircissement.

NOISE: **7** dispute* ■ **8** querelle*.

NOISETIER: **6** coudre ■ **8** coudraie, coudrier, noisette ■ **9** avelinier, noiseraie.

NOISETTE: **4** coco ■ **10** coquerelle ■ **14** casse-noisettes.

NOIX: **4** brou, coco, coir, kola ■ **5** coque, écale, huile, macis, macle, macre, noyer, quasi, tende, zeste ■ **6** pacane ■ **7** aveline, brucine, cerneau ■ **8** anacarde, cocotier, noisette ■ **9** casse-noix, congolais, vomiquier ■ **10** strychnine.

NOLISER: **6** fréter ■ **11** affrètement, nolisement.

NOM: **5** blase, blaze, connu, gueux, liste, odéon, oflag, rabbi, roumi, titre*, tommy ■ **6** nommer, prénom ■ **7** nominal, vocable ■ **8** attribut, baptiser, dénommer, grébiche, innominé, marraine, pointage, prête-nom, toponyme ■ **9** binominal, collectif, éthnonyme, générique, incognito, nominatif, nommément, obituaire, patronyme, soussigné, toponymie ■ **10** antécédent, débaptiser, parpaillot, pseudonyme, réputation, substantif, uninominal ■ **11** appellation, dénominatif, nominalisme, onomastique, porte-parole ■ **12** anthroponyme, dénomination, magnanarelle, nomenclature, patronymique, quelque chose ■ **13** anthroponymie ■ **14** nominativement.

NOMADE: **5** horde ■ **6** errant, forain, targui ■ **7** bédouin, touareg ■ **8** ambulant, roulotte, vagabond* ■ **9** itinérant, nomadisme ■ **10** romanichel, semi-nomade ■ **13** semi-nomadisme ■ **15** sédentarisation.

NOMARCHIE: **4** nome.

NOMBRE: **3** dix, mil, six, tas ■ **4** cent, cinq, cote, date, deux, duel, huit, neuf, nuée, onze, sept, tant, taux, vers ■ **5** aleph, armée, carré, douze, force, forêt, foule, hanse, maint, masse, meute, mille, monde, moult, point, reste, score, seize, semée, somme, tétra, total, trois, unité, ville, vingt ■ **6** essaim, flotte, légion, numéro, rating, troupe ■ **7** chiffre*, combien, estarie, millier, myriade, numéral, poignée, quotité, relatif, rondeur, valence ■ **8** avogadro, centaine, diviseur, dyadique, effectif, excédent, fraction, infinité, majorité, minorité, multiple, nombreux, pulluler, quantité*, quotient, sextuple, soixante, tantième ■ **9** acalculie, aliquante, atomicité, bataillon, constante, dividende, fréquence, justifier, multitude, numérique, pluralité, plusieurs, podomètre, quantième, régresser, surnombre, triadique, vox populi ■ **10** bouche-trou, contingent, coordonnée, différence, foultitude, nonantaine, nuptialité, prévalence ■ **11** archimédien, coefficient, coordinence, progression, quatrillion, quintillion ■ **12** arithmétique, arithmologie, cinquantaine, cologarithme, considérable, équimultiple, imparidigité, multiplicité, surnuméraire ■ **13** arithmonancie, fractionnaire, hypercomplexe, isosyllabique, multiplicande, numériquement, prolifération ■ **14** antilogarithme, multiplicateur, multiplication, numerus clausus.

NOMBRER: **7** compter*.

NOMBREUX: **4** mult, poly ■ **5** dense, multi, paléo, smala, volée ■

8 beaucoup*, fréquent ■ 9 polystyle ■ 10 multicaule ■ 11 grossissant, innombrable.

NOMBRIL: 7 ombilic.

NOMENCLATURE: 5 deuto, liste* ■ 12 nomenclateur.

NOMINAL: 4 agio, pair ■ 5 supin ■ 9 participe ■ 12 nominalement.

NOMINALISER: 14 nominalisation.

NOMINALISME: 10 terminisme.

NOMINATION: 9 promotion ■ 11 intégration.

NOMME: 4 à pic ■ 10 susdénommé.

NOMMER: 5 caser, citer, créer, élire, faire, voter ■ 6 grader, placer, susdit ■ 7 appeler*, avancer, choisir ■ 8 décliner, dénommer, désigner, diplômer, renommer, susnommé ■ 9 bombarder, instituer, présenter ■ 10 innommable, introniser, préconiser, promouvoir ■ 11 titulariser ■ 13 commissionner.

NON: 5 gadjo, nenni.

NONANTE: 10 nonantième ■ 11 nonagénaire.

NONCE: 5 légat ■ 10 nonciature.

NONCHALANCE: 7 apathie*, paresse* ■ 9 indolence, léthargie ■ 10 mangeotter, nonchalant ■ 11 mollasserie ■ 13 nonchalamment ■ 14 assoupissement.

NONCHALANT: 5 balan, momie ■ 8 dandiner ■ 9 apathique ■ 11 léthargique.

NONCHALOIR: 7 apathie*.

NONE: 6 vêpres.

NON-FIGURATIF: 13 non-figuration.

NON-LIEU: 12 condamnation.

NONNAIN: 5 nonne.

NONNETTE: 11 chanoinesse.

NONOBSTANT: 6 malgré ■ 9 cependant.

NON-PAIEMENT: 15 assurance-crédit.

NOPAL: 8 raquette.

NORADRENALINE: 8 dopamine.

NORD: 4 alfa, bise, pôle, sidi ■ 5 eider ■ 6 boréal ■ 7 suédois ■ 8 boussole, nordique ■ 9 bécasseau, islandais ■ 10 tramontance ■ 11 hyperboréen, septentrion ■ 13 septentrional.

NORDIQUE: 7 féroïen ■ 8 valkyrie ■ 9 féringien, nordicité.

NORD-OUEST: 7 galerne.

NORIA: 5 godet ■ 6 sakieh.

NORMAL: 5 santé, tempo ■ 7 eutocie ■ 8 rabougri, régulier* ■ 9 emmétrope, ensellure, normalien, sévrienne ■ 11 hypotension, normalement, orthophonie ■ 12 hypertension ■ 13 hyposécrétion, reconstituant.

NORMALE: 9 archicube ■ 12 arrière-fleur, sous-effectif.

NORMALISATION: 7 tempéré ■ 10 normaliser ■ 11 prêt-à-porter, tempérament ■ 15 standardisation.

NORMALISER: 11 décimaliser ■ 12 anticalcique ■ 13 normalisateur.

NORMAND: 12 anglo-normand.

NORMANDE: 5 halbi.

NORME: 5 canon, régle* ■ 8 normatif, principe ■ 9 canonique ■ 11 normativité.

NORVEGIEN: 3 öre.

NOSTALGIE: 3 mal ■ 6 spleen ■ 10 mélancolie ■ 11 nostalgique.

NOTABLE: 6 djamaa, djemaa ■ 9 important* ■ 10 notabilité ■ 11 remarquable* ■ 12 personnalité.

NOTAIRE: 5 étude ■ 6 maître ■ 7 dataire, notarié ■ 8 attorney, notarial, notariat ■ 9 comparant, solicitor, tabellion.

NOTAMMENT: **14** singulièrement.
NOTATION: **5** neume ■ **8** notateur ■ **12** labanotation.
NOTE: **2** do, fa, la, mi, ré, si, ut ■ **3** air, sol ■ **4** cote, nota ■ **5** bémol, comma, coulé, degré, dièse, écrit, fusée, gamme, glose, noire, noter, point, ronde, sigle, sixte, trait ■ **6** croche, indice, marque, notice, renvoi, scolie ■ **7** bécarre, blanche, cluster, exégèse, facture, mémoire, mention, pensées, syncope, triolet ■ **8** anacruse, broderie, nota bene, notation, remarque*, sextolet ■ **9** anacrouse, apostille, bémoliser, expliquer, manchette, quintolet, tessiture ■ **10** altération, annotation, mémorandum ■ **11** appoggiature, commentaire, douloureuse, explication, observation, remplissage ■ **12** double-croche, sus-dominante ■ **13** sous-dominante.
NOTER: **4** obel ■ **5** album, coter, obèle ■ **6** écrire ■ **7** annoter, calepin, marquer* ■ **8** corriger, indiquer, manifold ■ **9** bloc-notes, commenter, consigner, signifier, souligner ■ **10** apostiller ■ **11** enregistrer ■ **12** chorégraphie.
NOTICE: **6** abrégé ■ **7** préface ■ **10** éphéméride.
NOTIFICATION: **12** commandement, dénonciation ■ **13** signification.
NOTIFIER: **4** dire ■ **7** intimer ■ **9** signifier* ■ **11** notificatif ■ **12** notification.
NOTION: **4** idée* ■ **8** doctrine, rudiment ■ **9** apriorité, notionnel ■ **10** conscience, téléologie ■ **11** abstraction, instruction ■ **12** connaissance, prolégomènes.
NOTOIRE: **6** public ■ **9** manifeste*, notoriété.
NOTORIETE: **5** gotha, poser ■ **7** has been ■ **9** tout-paris ■ **10** avocaillon, réputation*.
NOUAGE: **8** nouement.
NOUER: **4** lier* ■ **5** lacer, nouet ■ **6** tordre ■ **7** arrêter, boucler, établir, joindre*, renouer ■ **8** attacher*, nouement ■ **10** entrelacer.
NOUET: **6** nodule.
NOUEUX: **8** matraque, nodosité ■ **10** tortillard.
NOUILLE: **10** cannelloni.
NOUMENE: **8** nouménal.
NOURRAIN: **6** fretin.
NOURRICE: **6** nounou ■ **9** gardienne, téterelle ■ **10** exhausteur, imperdable.
NOURRIR: **4** hile, sève ■ **5** gaver, sucer, vivre ■ **6** élever ■ **7** étoffer ■ **8** allaiter, caresser, omnivore, zoophage ■ **9** alimenter, carnivore, coronaire, empiffrer, frugivore, granivore, herbivore, nutricier, piscivore, restaurer, sustenter, vermivore ■ **10** autotrophe, coprophage, nécrophage, nourricier, phytophage, rhizophage, saprophage ■ **11** entomophage, ichtyophage, insectivore, nourrissage, nourrissant, nourrisseur ■ **12** alimentateur, hétérotrophe.
NOURRISSANT: **8** nutritif ■ **9** substance ■ **11** substantiel.
NOURRISSON: **4** bébé* ■ **9** arrow-root, lactation, pouponner.
NOURRIT: **8** limivore ■ **10** rhizophage ■ **11** détritivore, suralimenté ■ **12** planctophage ■ **13** planctonivore.
NOURRITURE: **4** foin, pain ■ **5** bœuf, manne, repas*, tripe, vivre ■ **6** pâture ■ **7** aliment*, alpiste, céréale, ventrée ■ **8** bectance, fourrage, laiteron, plancton, plantain ■ **9** ambroisie ■ **10** comestible, mangeaille, saprophyte, touraillon ■ **11** becquetance, bouffetance, ragougnasse ■ **12** trophallaxie ■ **15** suralimentation.
NOUVEAU: **3** néo ■ **4** neuf, vert ■ **5** bible, frais, inouï, jeune, passé, riche ■ **6** actuel, entier, inédit, intact, nouvel, novice*, récent, recrue ■ **7** dernier, inconnu, naguère, new-look, primeur ■ **8** derechef,

néologie, néophyte, novateur, original, racheter, rajuster, rallumer, rameuter, raplatir, réaliser, rebattre, reborder, recarder, recauser, reclouer, recoller, recopier, recouper, requêter, retirage, sursemer ■ **9** différent, néoplasie, nouveauté, prosélyte, rassortir, rattacher, rattraper, réabonner, réadapter, réajuster, réamorcer, reboucher, rechanger, remballer ■ **10** ensaisiner, misonéisme, néologisme, néologiste, rapprendre, réaménager, recalculer, réexaminer, renouveler, subintrant ■ **11** réapprendre ■ **12** néoformation.

NOUVEAU-MONDE: **12** platyrhinien ■ **13** platyrrhinien.

NOUVEAU-NE: **4** part ■ **5** lange, tétée ■ **8** méconium, néo-natal ■ **9** dysmature ■ **11** vagissement ■ **12** néomortalité, néonatalogie ■ **13** barcelonnette, bercelonnette.

NOUVEAUTE: **7** calicot, primeur ■ **8** déflorer ■ **9** néophobie ■ **11** innovation, misonéisme.

NOUVELLE: **3** ana ■ **4** écho ■ **5** bruit*, conte, on-dit, potin, récit* ■ **6** bobard, canard, cancan, propos, rumeur ■ **7** dépêche, gazette, message, ouï-dire ■ **8** anecdote, reporter, synopsis ■ **9** alarmiste, chronique, événement ■ **10** communiqué ■ **11** information*, nouvelliste ■ **13** radio-trottoir.

NOUVELLE-CALEDONIE: **5** kanak ■ **7** canaque ■ **8** caldoche.

NOUVELLEMENT: **8** néophyte ■ **9** jeunement, récemment.

NOUVELLISTE: **11** journaliste.

NOVATION: **5** nover ■ **9** novatoire.

NOVICE: **4** bleu, neuf ■ **5** voile ■ **6** recrue ■ **7** béjaune, nouveau* ■ **8** apprenti, aspirant, blanc-bec, conscrit, débutant, néophyte, noviciat ■ **9** maladroit, stagiaire ■ **10** provincial ■ **11** catéchumène ■ **12** surnuméraire.

NOVICIAT: **7** alumnat ■ **9** probation.

NOYAU: **3** âme ■ **4** nèfe, nifé, œuf ■ **5** atome, cadre, drupe, olive, pavie, pêché, pépin ■ **6** amande, deuton, ferret, graine, hélion, nucléé, nucule, pignon, proton, pyrène, triton ■ **7** isobare, neutron, nucléon, nuclide, pycnose ■ **8** deutéron, diploïde, haploïde, nucléide, nucléole, organite, plasmode, synctium ■ **9** fascicule, mésocarpe, nucléaire, spermatie ■ **10** amphimixie, antipyrine, barysphère, centrosome, chromosome, cytoplasme, dénoyauter, polyploïde, pyrosphère, spallation ■ **11** cicatricule, énucléation, granulocyte, nucléonique, polyploïdie ■ **13** désexcitation, polynucléaire ■ **14** intranucléaire, nucléoprotéine.

NOYAUTER: **9** noyautage.

NOYER: **4** noix ■ **6** couler, noyade ■ **7** inonder ■ **8** pacanier ■ **9** noiseraie.

NU: **4** mort ■ **7** topless ■ **8** académie, adamisme ■ **10** dénudation.

NUAGE: **3** nue ■ **4** nuée, vent ■ **5** grain, panne ■ **6** cirrus, nimbus ■ **7** cumulus, nuageux, stratus ■ **8** ennuager, pommeler ■ **9** obnubiler ■ **10** brouillard ■ **11** altocumulus, altostratus ■ **12** cirro-cumulus, cirro-stratus, cumulo-nimbus, nimbo-stratus ■ **13** cumulo-stratus, strato-cumulus.

NUAGEUX: **5** vague* ■ **6** obscur*.

NUANCE: **3** ton ■ **5** degré, virer ■ **6** teinte, valeur ■ **7** couleur* ■ **8** uniforme ■ **9** grivelure ■ **10** différence.

NUANCER: **4** nuer.

NUBIE: **6** nubien.

NUBILITE: **6** nubile ■ **7** puberté ■ **8** jeunesse ■ **10** aphrodisie.

NUCELLE: **10** nucellaire.

NUCLEAIRE: **3** r.m.n. ■ **4** mirv ■ **7** breeder ■ **8** stripage ■ **9** bouilleur, eucaryote ■ **10** fissionner ■ **11** euromissile, nucléariser ■ **12** électron-

volt, kilotonnique, mégatonnique, retraitement ■ **13** antinucléaire, dénucléariser, surgénérateur, surgénération ■ **14** préstratégique ■ **15** subkilotonnique, surrégénérateur, surrégénération.
NUCLEARISER : 14 nucléarisation.
NUCLEIQUE : 7 purique, thymine ■ **8** cytosine, xanthine ■ **11** pyrimidique.
NUCLEOLE : 13 ribonucléique.
NUCLEON : 6 parton ■ **8** stripage ■ **11** nucléonique.
NUCLEOSIDE : 9 adénosine ■ **10** nucléotide.
NUCLEOTIDE : 6 ribose.
NUDISME : 7 nudiste ■ **9** naturisme.
NUE : 5 nuage.
NUEE : 5 nuage ■ **9** multitude*.
NUER : 7 nuancer.
NUIRE : 5 aider, gêner*, léser, salir, vexer ■ **6** abîmer, avilir, médire, ruiner, ternir ■ **7** arrêter, blesser, décrier, déparer, évincer, frapper, maudire, nocuité, noircir, ravager ■ **8** attenter, dévaster, diffamer, éreinter, harceler, maléfice, malmener, offenser ■ **9** animosité, atteindre, calomnier, desservir, guet-apens, inquiéter, intriguer, offusquer, paralyser, préjudice*, sacrifier ■ **10** contrarier, décréditer, déshonorer, détériorer, endommager, entre-nuire, incommoder, maltraiter, persécuter, poursuivre, quasi-délit, tourmenter ■ **11** embarrasser, préjudice ■ **12** compromettre, contrecarrer déconsidérer, malveillance ■ **14** non-concurrence.
NUISIBLE : 4 pire ■ **5** nocif, taupe ■ **6** quelea ■ **7** anomala, anomale, funeste, malsain, mauvais, rongeur, vermine ■ **8** délétère, nocivité, réformer, tordeuse ■ **9** anthonome, charençon, chiendent, contraire, dangereux, innocuité, insalubre ■ **10** cochenille, hypertélie, inoffensif, malfaisant, méphitique, pernicieux ■ **11** courtilière, hyponomeute ■ **12** nuisiblement, surentraîner ■ **15** processionnaire.
NUIT : 4 guet, loup ■ **5** étape, fanal, fouée, goule, loger, moins, pâque, phare, voile ■ **6** minuit, nuitée ■ **7** xanthie ■ **8** camisole, goguenot, nocturne, nuisette, sérénade ■ **9** bourdalou, obscurité, réveillon, tirelaine, veilleuse ■ **10** crépuscule, médianoche, noctambule, noctiflore, nuitamment ■ **11** entraîneuse ■ **13** noctambulisme.
NUL : 3 pat ■ **4** fétu, zéro ■ **5** aucun, caduc, néant, point ■ **7** annuler ■ **8** infirmer, personne, révoquer, virevolte ■ **9** aclinique, invalider, nonvaleur ■ **10** inexistant ■ **12** invalidement.
NULLITE : 8 néantise, soliveau.
NUMERAIRE : 5 stock ■ **6** argent.
NUMERAL : 3 dix, mil, six ■ **4** cent, cinq, deux, huit, neuf, onze, sept ■ **5** douze, seize, vingt ■ **9** numérique ■ **11** soixante-dix.
NUMERATION : 5 octal ■ **11** hexadécimal, sexagésimal.
NUMERIQUE : 4 r.n.i.s. ■ **7** numéral ■ **8** sex-ratio ■ **9** intensité, numériser, quantième ■ **11** coefficient, corrélateur, statistique ■ **12** additionneur, soustracteur ■ **13** numériquement.
NUMERISATION : 12 numérisateur.
NUMERISER : 11 digitaliser ■ **12** numérisation.
NUMERO : 4 isbn, issn, loto, urne ■ **5** folio, quine, terne ■ **6** lascar, nombre* ■ **7** chiffre*, grébige, loustic ■ **8** grébiche, gribiche, quaterne ■ **9** matricule, millésime, numéroter ■ **10** matriculer, pagination ■ **12** numérotation.
NUMEROLOGIE : 11 numérologue.
NUMEROTER : 3 tex ■ **5** coter ■ **7** paginer ■ **8** chiffrer, folioter ■ **10** numérotage, numéroteur.

NUMMULITE : **6** éogène ■ **9** paléogène ■ **12** nummulitique.
NU-PIEDS : **5** carme.
NUPTIAL : **5** poêle ■ **11** matrimonial.
NUQUE : **5** nucal ■ **7** énuquer ■ **11** cervicalgie.
NURAGHE : **9** nuragique.
NURSE : **10** infirmière ■ **11** gouvernante.
NUTRITIF : **4** lait ■ **10** suspenseur ■ **11** nourrissant.
NUTRITION : **7** alibile ■ **8** atrophie, nutritif ■ **9** excrétion, prédation, trophique ■ **10** dystrophie, endosperme, nourricier, parenchyme ■ **11** hypotrophie ■ **13** sous-nutrition.
NUTRITIVE : **8** tréphone ■ **12** hydroponique.
NYCTAGINACEE : **9** mirabilis ■ **11** belle-de-nuit ■ **13** bougainvillée.
NYCTALOPIE : **9** nyctalope.
NYCTHEMERE : **11** nycthéméral.
NYLON : **8** adipique.
NYMPHAL : **12** holométabole.
NYMPHE : **4** muse, nixe, pupe ■ **5** faune, grâce, napée ■ **6** dryade, naïade, oréade, satyre, triton ■ **7** néréide, nymphal, nymphée ■ **8** nymphose, océanide ■ **10** hamadryade.
NYMPHEACEE : **5** lotus ■ **7** nénufar, nélombo, nélumbo ■ **8** nénuphar, victoria.

O

OASIS : **4** oued ■ **6** désert, oasien.
OBEDIENCE : **10** dépendance, obéissance* ■ **11** obédientiel.
OBEIR : **5** céder*, plier ■ **6** mollir ■ **7** écouter, faiblir, fléchir ■ **8** craindre, désobéir, entendre, incliner, observer, rebeller, regimber ■ **9** conformer, gouverner, obéissant, soumettre* ■ **10** obéissance, obtempérer.
OBEISSANCE : **4** vœu ■ **8** docilité ■ **9** obédience, servilité ■ **10** allégeance, soumission* ■ **13** inobservation.
OBEISSANT : **4** sage, têtu ■ **6** docile, soumis*, souple ■ **11** réfractaire ■ **12** récalcitrant.
OBELISQUE : **8** aiguille ■ **10** pyramidion.
OBERER : **8** endetter.
OBESE : **4** gras, gros* ■ **5** pansu ■ **6** ventru ■ **11** entripaillé ■ **12** ventripotent ■ **14** adiposo-génital.
OBESITE : **5** obèse, panse ■ **7** bedaine ■ **10** ventrosité.
OBIER : **6** viorne ■ **12** boule-de-neige.
OBJECTER : **4** dire ■ **7** exciper, opposer*, récuser, réfuter*, rejeter ■ **8** chicaner, discuter, infirmer, proposer, répondre ■ **9** contester, prétexter, protester, repousser ■ **10** argumenter, contredire ■ **11** représenter ■ **12** contrecarrer.
OBJECTIF : **3** but* ■ **5** cible ■ **7** aplanat, fish-eye, optique, sténopé, triplet ■ **8** achromat, pilonner ■ **9** dénivelée, finaliser, impartial ■ **10** diaphragme, encagement, objectiver, obturateur ■ **11** diaphragmer, objectivité ■ **12** bombardement, objectivisme, objectiviste, téléobjectif ■ **13** autodirecteur, objectivement, rectilinéaire.
OBJECTION : **4** mais ■ **8** estoppel, prolepse ■ **9** objecteur ■ **10** difficulté ■ **11** observation ■ **12** contestation, raisonnement ■ **13** objectivation.
OBJET : **3** but*, mur ■ **4** amer, chef, éjet, étui, gage, même, onde, ploc, prix, sens, tare, tige, tout, troc, truc, type ■ **5** achat, amour, arrêt, avant, bâton, bazar, bijou, capot, carré, casse, champ, chant, chape, chose*, chute, cible, coupe, crête, croix, écrin, éject, en-cas, enjeu, étage, fleur, forme, gaine, gamme, globe, haler, hotte, hymne, hypne, image, jouet, joyau, kitch, lagan, laque, livre, loupe, merle, mètre, moule, musée, myope, nanar, natte, nippe, noème, olive, ouate, patte, pièce, plouf, point, poire, poste, prime, queue, quine, raban, radar, ramas, risée, river, roder, selle, siège, souci, sujet, table, tapis, torre, usure, vague, verre, voilà, voile ■ **6** étoile, ex-voto, gnosie,

joujou, trésor ■ **7** article, bibelot, concept, élément, évidure, fétiche, fractal, ontique, opéable, pendant, percept, quanton, tapette, trophée, violoné ■ **8** affutiau, amulette, apparaux, bitoniau, chapelet, churinga, corrélat, couchage, critique, document, doublure, matériel, miraculé, nébuleux, objectif, référent, stérilet, talisman ■ **9** brocanter, broutille, céramique, challenge, exproprié, ferrement, japonerie, nébuleuse, ready-made, théologal, ustensile, vade-mecum ■ **10** antiquaire, brimborion, brocanteur, capharnaüm, colifichet, collerette, descriptif, didactique, enchâssure, exemplaire, millefiori, pique-fleur, prestation, suspension, trouvaille, usurpation ■ **11** marchandise, monogramme, pique-fleurs, résolutoire, sacramentel, stroboscope, testabilité ■ **12** chaudronnier, japonaiserie, maroquinerie ■ **13** litispendance, presse-papiers ■ **14** microtechnique, philotechnique ■ **14** chryséléphantain, collectionnisme.

OBJURGATION: 5 blâme* ■ **8** reproche* ■ **10** réprimande*.

OBLATIF: **10** oblativité.

OBLIGATION: 3 loi ■ **4** bien, dîme, exil, lien ■ **5** garde, nover, objet, ordre, perte, souna, stage, sujet, sunna ■ **6** boulet, charge, devoir, valeur ■ **7** angarie, dilemne, nullité ■ **8** consigne, décharge, dispense, exigence, fidélité, fonction, garantie, novation, paiement ■ **9** déontique, endogamie, monitoire, redevable, rescision, servitude ■ **10** allégeance, non-respect, prestation, récognitif, solidarité ■ **11** compression, exonération, libératoire, obligatoire, rescription, résiliation, subrogation ■ **12** compensation, scripophilie ■ **13** prévarication ■ **14** responsabilité ■ **15** synallagmatique.

OBLIGATOIRE: 5 fatal*, forcé, vital ■ **7** falloir ■ **9** formalité, impératif, impérieux, rigoureux ■ **10** inévitable ■ **11** inéluctable, irrévocable ■ **15** obligatoirement.

OBLIGE: 4 lige, tenu.

OBLIGEANT: 5 brave ■ **9** prévenant ■ **10** obligeance, secourable* ■ **11** complaisant*.

OBLIGER: 4 lier, oust ■ **5** ouste ■ **6** forcer, servir ■ **7** enfumer, engager, réduire ■ **8** dénicher, secourir*, squeezer ■ **9** accrocher, expatrier, obligeant, russifier, violenter ■ **10** astreindre, nécessiter ■ **11** contraindre*, entrobliger ■ **12** obligeamment.

OBLIQUE: 4 lien ■ **5** biais, corne, serge, torve ■ **7** incliné, scalène ■ **8** indirect, obliquer ■ **9** chanfrein, demi-volte, obliquité ■ **10** transverse ■ **11** délardement, embrèvement, obliquement ■ **13** contreboutant.

OBLITERATION: 7 embolie.

OBLITERER: 7 effacer ■ **12** oblitérateur, oblitération.

OBLONG: 4 long ■ **5** bidet, moule ■ **9** aubergine.

OBNUBILATION: 8 obnubilé.

OBNUBILER: 9 obscurcir ■ **12** obnubilation.

OBOLE: 6 aumône*.

OBREPTICE: **10** subreptice.

OBSCENE: 4 sale* ■ **5** impur ■ **6** cochon, ordure, poivré, satyre ■ **7** pimenté, vicieux* ■ **8** érotique, impudent, indécent, ordurier, polisson ■ **9** graveleux, impudique, luxurieux* ■ **10** licencieux* ■ **11** inconvenant* ■ **14** pornographique.

OBSCENITE: **10** cochonceté.

OBSCUR: 3 mue ■ **4** brun, noir* ■ **5** bandé, blaps, caché, clair, foncé, glose, ombre, tache, terne, vague*, voilé ■ **6** confus, dédale, fumeux, humble*, ignoré, œdipe, opaque, phébus, sombre*, touffu, triste, vaseux ■ **7** abscons, abstrus, brumeux, douteux, inconnu, indécis*, nuageux, profond ■ **8** abstrait, nébuleux, sibyllin, vaporeux ■ **9** compliqué, équivoque, obscurcir, ténébreux ■ **10** basse-fosse, déchiffrer, embrouillé, entortillé, filandreux, fuligneux, hermétique, indiscret, infrarouge, mystérieux ■ **11** énigmatique, interpréter, obscuration, obscurément ■ **12** inextricable ■ **13** amphigourique, apocalyptique, obscurantisme, obscurantiste, subconscience ■ **15** obscurcissement.

OBSCURE: 5 manip ■ **6** manipe.

OBSCURCIR: 5 nuage ■ **6** cacher*, voiler ■ **7** effacer ■ **8** éclipser, élucider, nébuleux ■ **9** obnubiler, offusquer ■ **15** rétroprojecteur.

OBSCURITE: 4 nuit ■ **5** brume, chaos, nuage, ombre* ■ **6** dédale ■ **7** opacité, trouble ■ **8** black-out, désordre, embarras, pénombre, ténèbres ■ **9** confusion, imbroglio, phosphore ■ **10** brouillard, crépuscule, labyrinthe ■ **11** cavernicole ■ **12** cabalistique, complication ■ **13** autocinétique ■ **15** assombrissement, photopériodisme, rétroprojecteur.

OBSEDE: 6 pollard ■ **8** obnubilé.

OBSEDER: 6 hanter ■ **9** obsession ■ **10** poursuivre*, préoccuper, tourmenter*.

OBSEQUES: 5 litre ■ **11** enterrement, funérailles.

OBSEQUIEUX: 4 poli ■ **7** servile* ■ **9** courbette ■ **10** caudataire ■ **12** obséquiosité ■ **15** obséquieusement.

OBSERVANCE: 11 observation.

OBSERVATEUR: 10 point de vue.

OBSERVATION: 3 top ■ **4** note ■ **5** vigie ■ **7** mirador, pensées ■ **8** artefact, civilité, nid-de-pie, piper-cub, remarque*, reproche, saucisse ■ **9** almageste, attention, clinicien, empirique, piper-club, spicilège, télescope ■ **10** expérience, meurtrière, observance ■ **11** remontrance* ■ **12** appréciation, observatoire, stroboscopie, vérification ■ **13** météoromancie.

OBSERVATOIRE: 4 dôme.

OBSERVER: 4 voir ■ **5** épier, faire, mirer, tenir ■ **6** garder, suivre ■ **7** étudier*, veiller ■ **8** épiscope, examiner*, regarder* ■ **9** accomplir, inobserver, pratiquer, remarquer* ■ **10** considérer, enfreindre, garde-pêche, observable, porte-objet, surveiller* ■ **11** observation, psychologue, reconnaître, représenter, stroboscope ■ **12** inobservable, inobservance, laryngoscope ■ **13** oscillographe.

OBSESSION: 5 manie, souci* ■ **6** tracas ■ **7** hantise ■ **8** psychose ■ **12** obsessionnel.

OBSOLESCENCE: 11 obsolescent.

OBSOLETE: 6 désuet.

OBSTACLE: 2 go ■ **3** mur, spa ■ **4** gêne, haie, oxer ■ **5** barre, bouée, buter, cahot, digue, épine, nuire, peine ■ **6** accroc, butoir, écueil, masque ■ **7** abattis, barrage, chicane, entrave, rivière ■ **8** barrière, dirimant, embarras*, hérisson, obstruer, palanque, parcours, traverse ■ **9** anicroche, barricade, bull-finch, consentir, palliatif, périscope ■ **10** difficulté, opposition ■ **11** achoppement, contrariété, contretemps, dérangement, empêchement, engorgement, obstruction ■ **12** écholocation, encombrement, steeple-chase ■ **13** retranchement ■ **15** électrolocation.

OBSTETRIQUE: 4 lacs ■ **12** obstétricien.

OBSTINATION: 8 ténacité ■ **10** entêtement*, insistance, résistance ■ **11** acharnement, obstinément, opiniâtreté, persistance.

OBSTINE: 4 buté, mule, têtu ■ **6** entêté*, tenace ■ **7** endurci ■ **8** encroûté ■ **9** cabochard, intrépide, opiniâtre.

OBSTINER: 7 entêter* ■ **8** acharner, insister, résister, soutenir ■ **9** persister ■ **10** opiniâtrer.

OBSTRUCTION : **5** iléus ■ **7** atrésie, embolie ■ **8** embarras, obstacle* ■ **9** occlusion ■ **10** congestion, engouement, obstructif ■ **11** engorgement, remplissage ■ **12** encombrement, oblitération ■ **13** imperforation.
OBSTRUER : **6** barrer ■ **7** boucher*, remplir ■ **8** engorger ■ **9** encombrer, oblitérer ■ **11** embarrasser ■ **12** embouteiller ■ **13** congestionner.
OBTEMPERER : **5** céder*, obéir*.
OBTENIE : **10** sonagraphe.
OBTENIR : **5** avoir, payer, place, rater, tarer, thèse, total ■ **6** capter, gagner*, glaner, sortir, tenter ■ **7** acheter, arriver, briguer, dérober, emparer, enlever, hériter, licence, mériter, prendre, retirer, réussir ■ **8** acquérir, amadouer, arracher, attraper, captiver, cueillir, demander, démarche, disputer, graisser, impétrer, parvenir, posséder, procurer, postuler, racheter, ramasser, recevoir*, recourir, soutirer, triompher ■ **9** accrocher, confesser, conquérir*, décrocher, efficient, emprunter, extorquer, intriguer, mécanisme, obtention, remporter ■ **10** marchander, naturalisé, poursuivre, rechercher, recueillir, renseigner, surprendre, sursauter ■ **11** déprécation, impétration ■ **13** berginisation, photographier.
OBTENTION : **7** clonage.
OBTURATEUR : **5** fusil ■ **7** soupape ■ **11** déclencheur.
OBTURER : **4** tape ■ **5** clamp, inlay ■ **6** fermer* ■ **7** boucher* ■ **8** aurifier, obstruer, propolis ■ **10** obturateur, obturation ■ **11** bouche-pores.
OBTUS : **3** sot ■ **5** angle ■ **7** balourd, émoussé ■ **10** obtuangle.
OBUS : **5** balle, bombe, culot, ogive ■ **7** marmite, souille ■ **8** ceinture, shrapnel ■ **9** entonnoir ■ **10** pare-éclats, projectile.
OBVIER : **5** parer ■ **6** éviter.
OC : **7** occitan.
OCCASION : **3** cas ■ **4** lieu ■ **5** cause, temps ■ **6** hasard, moment, occase ■ **7** fringue ■ **8** braderie, facilité, racheter, scandale, toujours ■ **9** bric-à-brac, brocanter, cérémonie, événement ■ **10** bretailler, épithalame ■ **11** achoppement, bouquiniste, conjoncture, occasionnel, occasionner, quelquefois ■ **12** circonstance.
OCCASIONNEL : **8** incident ■ **11** dispendieux ■ **15** occasionnalisme.
OCCASIONNER : **5** créer, faire ■ **6** amener, causer*, coûter, porter ■ **7** attirer, exciter, influer ■ **8** apporter, disposer, procurer, produire*, suggérer, susciter ■ **9** commander, déchaîner, engendrer, entraîner*, impliquer, provoquer* ■ **10** contribuer, déterminer, influencer ■ **11** prédisposer.
OCCIDENT : **5** ouest ■ **6** ponant ■ **8** couchant ■ **10** occidental ■ **13** pro-occidental ■ **14** occidentaliser.
OCCIPUT : **5** inion, nuque ■ **7** wormien ■ **9** occipital.
OCCIPITAL : **9** lambdoïde.
OCCIRE : **4** tuer* ■ **10** assassiner.
OCCITANE : **11** occitanisme.
OCCLUSION : **5** click, iléus ■ **8** occlusif, volvulus ■ **9** affriquée.
OCCLUSIVE : **12** assimilation.
OCCULTATION : **7** éclipse.
OCCULTE : **4** mana ■ **5** caché, magie ■ **6** cabale, secret* ■ **7** hétérie ■ **10** ectoplasme, occultisme, occuliste.
OCCULTER : **6** cacher.
OCCUPATION : **3** p.o.s. ■ **4** état ■ **5** giron, heure, libre, logis, oisif, place, plein, tâche ■ **6** action, emploi*, métier, tracas, vacant ■ **7** besogne, collabo, ouvrage, travail* ■ **8** fonction*, inoccupé, invasion,

occupant, quartier, tourment ■ **9** absorbant, quantième, surcharge ■ **10** entreprise, immobilier, libération, obligation, possession, profession, spécialité ■ **12** réoccupation ■ **13** désœuvrement, envahissement, expansibilité, sous-locataire.
OCCUPE: **9** désoccupé.
OCCUPER: **4** agir ■ **5** faire, mener, place, tenir ■ **6** emplir, habité, vaquer ■ **7** bêtiser, dominer, écraser, ingérer, obséder, piqueur, presser, proxène, remplir, retenir, traiter ■ **8** absorber, accabler, besogner, captiver, empêcher, employer, escrimer, évertuer, immiscer, négocier, présider, squatter ■ **9** accaparer, appliquer, dépeupler, désœuvré, pouponner, remplacer, réoccuper, tracasser ■ **10** assujettir, intervenir, préoccuper, surcharger, tourmenter, travailler ■ **11** tatillonner ■ **12** cannibaliser, entreprendre, intrigailler, squattériser.
OCCURRENCE: **3** cas ■ **12** circonstance*.
OCEAN: **3** mer* ■ **5** biome ■ **6** abysse, océane ■ **7** bathyal ■ **8** océanide ■ **9** benthique, océanique ■ **10** euphotique ■ **13** océanographie ■ **14** bathypélagique, épicontinental, interocéanique, transocéanique ■ **15** océanographique.
OCEANIE: **8** mégapode.
OCEANIEN: **3** tek ■ **4** lori, teck ■ **8** calambac, calambar, hattéria ■ **9** artocarpe, calambour, camphrier, patchouli, perroquet ■ **10** artocarpus.
OCEANIQUE: **5** hadel ■ **12** épipélagique.
OCEANOLOGIE: **11** océanologue ■ **13** océanologique.
OCELLE: **4** œil.
OCRE: **5** jaune, ocrer ■ **6** ocreux ■ **8** limonite, sanguine.
OCTAEDRE: **11** octaédrique.
OCTANE: **8** additivé, contre-ut ■ **12** antidétonant ■ **14** supercarburant.
OCTAVE: **8** fête-dieu, octavier.
OCTOCORALLIAIRE: **6** poulpe ■ **7** pieuvre ■ **9** vérétille ■ **10** alcyonaire*, gorgonaire*.
OCTOGONE: **9** octogonal.
OCTOPODE: **6** poulpe ■ **7** pieuvre.
OCTROI: **3** don* ■ **5** ronde ■ **6** entrée ■ **11** passe-debout ■ **12** congédiement.
OCTROYER: **6** donner* ■ **7** bailler ■ **8** accorder*, concéder.
OCTAVON: **5** métis.
OCULAIRE: **6** cornée ■ **8** glaucome ■ **10** oculariste, spectateur ■ **11** sclérotique ■ **12** naphtazoline, panophtalmie ■ **13** ophtalmologue.
OCULISTE: **13** ophtalmologue ■ **15** ophtalmologiste.
ODE: **5** chant*, divan, épode, hymne ■ **8** cantique, odelette ■ **13** anacréontique.
ODEUR: **3** ail ■ **4** goût, musc, puer, vent ■ **5** arôme, brome, brûlé, évent, fumet, lérot, lilas, momie, myrte, naffe, ozène, puant, rance, ranci ■ **6** enviné, esprit, fétide, miasme, parfum*, relent, roussi ■ **7** aromate, bouquet, effluve, enfermé, haleine, inodore, mofette, odorant, remugle, senteur ■ **8** cacosmie, échauffé, empester, fragance, fraîchin, graillon, nidoreux, puanteur, renfermé, sauvagin, terpinol ■ **9** effluence, émanation, empuanter, empyreune, mercaptan, infection, olfaction, terpinéol ■ **10** exhalaison, malodorant, méphitique, pestilence ■ **11** désodoriser, odoriférant ■ **12** assainisseur.
ODIEUX: **4** noir ■ **7** indigne ■ **10** détestable* ■ **11** odieusement.
ODOMETRE: **9** podomètre.
ODONTOLOGIE: **12** parondologie.
ODONSTOMATOLOGIE: **13** implantologie.

ODORANT : **4** iris, musc, spic ■ **5** irone, mélia ■ **7** fragant ■ **8** ambréine, seringat ■ **9** camomille, coumarine, terpinéol, vanilliné ■ **11** odoriférant.
ODORAT : **3** nez ■ **4** sens ■ **5** flair, odeur, ozène ■ **7** anosmie, antenne ■ **8** allécher, olfactif ■ **9** odoration, olfaction.
ODORIFERANT : **4** thym ■ **5** baume ■ **7** odorant.
ŒCUMENISME : **11** œcuméniste ■ **12** œcuménicité.
ŒDEME : **6** tumeur* ■ **7** quincke ■ **8** engelure, sérosité ■ **9** anasarque, asystolie, myxœdème ■ **10** œdémateux.
ŒDIPE : **8** œdipien ■ **11** préœdipien.
ŒIL : **3** vue* ■ **4** iris, taie ■ **5** argot, atone, calot, enter, hydre, larme, tempe ■ **6** albugo. cornée, greffe, ocelle, oculus, orbite, regard, rétine ■ **7** collyre, coquard, larmier, optique*, pupille, sourcil, visible ■ **8** bourgeon, choroïde, hyaloïde, oculaire, œillade, œillère, paupière, prunelle ■ **9** emmétrope, entropion, ommatidie, ophtalmie, phosphène ■ **10** coquillard, cristallin, emmétropie, épicanthus, pathétique, skiascopie, staphylome ■ **11** conjonctive, épisclérite, exophtalmie, monoculaire, œil-de-bœuf, sclérotique, xanthélasma ■ **12** onchocercose ■ **13** achromatopsie, intraoculaire, ophtalmologie, ophtalmoscope ■ **14** ophtalmoscopie ■ **15** ophtalmologiste.
ŒILLADE : **6** regard.
ŒILLET : **5** lacet ■ **6** anneau, tagète ■ **8** grenadin ■ **10** mignardise ■ **11** mignonnette ■ **14** bouton-pression.
ŒILLETON : **12** œilletonner ■ **13** œilletonnage.
ŒILLETTE : **5** huile, pavot.
ŒNOLOGIE : **9** œnologue ■ **11** œnologique.
ŒNOTHERACEE : **12** onagrariacée*.
ŒSOPHAGE : **5** jabot ■ **6** gosier ■ **11** œsophagien, œsophagite ■ **12** œsophagique ■ **13** régurgitation ■ **14** œsophagoscope.
ŒSTRUS : **9** estrogène ■ **10** œstrogène.
ŒUF : **3** ove, ové ■ **4** brik, coco, flan, frai, lait, ovée ■ **5** coque, couvi, crème, œuvé, galle, guais, laité, larve, lente, moyeu, œuvé, ovale, ovule, ponte, rogue, sphex ■ **6** caviar, glaire, graine, nichet, ovoïde ■ **7** couvain, glairer, lutéine, ovipare, tempera ■ **8** albumine, grainage, meringue, meurette, moussaka, nidation, œufrier, omelette, oviducte, oviforme, pocheuse ■ **9** boutargue, coquetier, couvaison, mire-œufs, oviparité, oviscapte, poutargue ■ **10** blastomètre, coquassier, coquetière, monozygote, mouillette, sporophyte ■ **11** cicatricule, oviposteur, ovovivipare, progestatif, télolécithe ■ **12** croque-madame, segmentation ■ **13** polyembryonie.
ŒUVRE : **3** art ■ **4** film, opus, page ■ **5** abyme, fable, grave, héros, lyric, mètre, motif, navet, rendu, roman, suite, torse, unité ■ **6** tiroir ■ **7** charité, morceau, ouvrage*, pochade, travail* ■ **8** collecte, condensé, diptyque, monument, moralité, pastiche ■ **9** antiroman, fantaisie, japoniste, mouvement, œuvrette, sculpture, turquerie ■ **10** anthologie, assomption, baroquisme, berquinade, estampille, exposition, lipogramme, moliériste, pastichage, vandalisme ■ **11** audiovisuel, chef-d'œuvre, chevalement, classicisme, compilation, opéra-ballet, patronnesse, paysannerie, théâtralité ■ **12** iconographie, muséographie ■ **13** rétrospective, sociocritique, tripatouiller.
ŒUVRER : **10** travailler*.
OFFENSANT : **8** blessant, choquant, sanglant ■ **9** injurieux, insultant ■ **11** impertinent.
OFFENSE : **4** coup ■ **5** pique ■ **6** avanie, injure*, talion ■ **7** affront, insulte, outrage* ■ **8** blessure, offenser, vendetta ■ **9** camouflet, incar-

tade, offensant, offenseur, pénitence ■ **10** réparation ■ **11** componction, humiliation, longanimité, susceptible ■ **12** impertinence, satisfaction.
OFFENSER: **5** vexer* ■ **6** outrer, piquer ■ **7** blesser*, choquer, ulcérer ■ **8** déplaire, froisser*, injurier*, insulter, outrager* ■ **10** formaliser ■ **11** scandaliser.
OFFENSIVE: **5** lance ■ **6** assaut* ■ **7** attaque ■ **13** contre-attaque, offensivement ■ **15** contre-offensive.
OFFERT: **5** donné.
OFFICE: **4** bref, none, obit, ordo ■ **5** culte, leçon, messe, prime, salut, sexte, titre ■ **6** amitié, charge, cursus, laudes, libera, tierce, vêpres ■ **7** absoute, kaddish, matines, procure, serdeau, service ■ **8** complies, fonction, nocturne, officier, offrande, panetier ■ **9** bréviaire, canonicat, entremise, officiant, paneterie, tavaïolle ■ **10** lucernaire ■ **11** gardiennage, hebdomadier, operculaire, stationnale ■ **12** antiphonaire.
OFFICIALISER: **11** officialité ■ **15** officialisation.
OFFICIANT: **6** diacre, prêtre ■ **9** célébrant ■ **10** épistolier, sous-diacre.
OFFICIEL: **4** gala, juge, prié ■ **5** blâme, codex ■ **6** public ■ **7** proxène ■ **8** basileus ■ **9** autocrate, coupe-file, officieux ■ **10** certificat, promulger ■ **11** authentique, commissaire ■ **12** officialiser, ordonnancier, rectificatif, semi-officiel ■ **13** radiotrottoir ■ **14** officiellement.
OFFICIER: **3** bey, élu ■ **4** émir, goum, mess, rang, reis, taxe ■ **5** agréé, avoué, cadet, carré, étude, grade, levée, major, mitre, oflag, palme, santé, seing ■ **6** amiral, bailli, exempt, fistot, guidon, mandat, prévôt, second, shérif ■ **7** colonel, coroner, dataire, général, icoglan, licteur, messier, notaire, palatin, sergent, verdier ■ **8** aspirant, camérier, échanson, enseigne, greffier, huissier, maréchal, panetier, paulette, sénéchal ■ **9** apponteur, capitaine, chambrier, commodore, constable, demi-solde, épaulette, état-major, haussecol, louvetier, magistrat, officière, scripteur, tabellion ■ **10** commandant, corrégidor, lieutenant, ordonnance, porte-aigle, quartenier, vice-amiral ■ **11** destitution, garde-marine, gonfalonier, gonfanonier, non-activité ■ **12** apocrisiaire, contre-amiral, portemanteau, surintendant ■ **13** porte-étendard ■ **14** instrumentaire, sous-lieutenant.
OFFICIEUX: **8** officiel ■ **11** complaisant ■ **14** officieusement.
OFFICINAL: **3** rue.
OFFICINE: **8** boutique ■ **9** pharmacie* ■ **11** laboratoire.
OFFRANDE: **3** don* ■ **4** vœu ■ **5** envoi, offre, votif ■ **6** cadeau ■ **7** adresse, hommage ■ **8** dédicace, keepsake, oblation ■ **9** bienvenue, canéphore, sacrement ■ **10** holocauste.
OFFRE: **3** o.p.a., o.p.e. ■ **5** place, objet, rebus ■ **7** enchère, offreur ■ **8** fluidité, offrande, suroffre ■ **10** exhibition, soumission, surenchère ■ **11** intéressant, moins-disant, proposition* ■ **12** présentation.
OFFRIR: **6** dédier, donner*, porter ■ **7** acheter, immoler, régaler ■ **8** embauche, enchérir, produire, proposer*, recevoir ■ **9** consacrer, dédicacer, présenter, sacrifier, soumettre ■ **13** soumissionner.
OFFSET: **5** typon ■ **9** chromiste ■ **10** offsetiste.
OFFUSQUER: **7** choquer*, ulcérer ■ **8** déplaire* ■ **9** obscurcir.
OGHLAN: **5** uhlan.
OGIVE: **5** gable, voûte ■ **6** arcade, arceau, cintre, ogival ■ **8** arcature, lancette, ogivette, voussure ■ **9** tierceron ■ **10** arc-boutant, tiers-point ■ **11** arc-doubleau.
OGRE: **13** anthropophage.
OHM: **4** volt ■ **6** mégohm ■ **7** ohmique.
OHMMETRE: **10** multimètre.

OIE : **4** jars ■ **5** anser, civet, merde, oison, palme ■ **7** rillons ■ **8** barnache, bernache, bernacle, cacarder ■ **9** criailler ■ **11** ansériforme.
OIGNON : **3** ail ■ **4** cive ■ **5** bulbe, civet, glane ■ **7** ciboule ■ **8** échalote, gratinée, mirepoix ■ **9** oignonade ■ **10** ciboulette, oignonière.
OIL : **6** gallec, gallot ■ **7** lorrain.
OINDRE : **4** oing, oint ■ **5** huiler ■ **6** sacrer ■ **7** enduire ■ **8** graisser ■ **9** consacrer ■ **11** frictionner.
OISEAU : **3** glu, nid, vol ■ **4** cire, dodo, lacs, œuf, rets, rock ■ **5** argas, babil, cagou, duvet, essor, filet, gluau, guano, huppe, jabot, jaser, jouée, nasse, patte, penne, pépie, pipée, plume, poche, ponte, queue, tuyau, volée, voler ■ **6** alcyon, cui-cui, dronte, phénix, pitpit, rapace*, torcou ■ **7** aviaire, béjaune, chionis, coureur*, oiseler, oiselet, quetzal, voilier ■ **8** aigrette, appelant, carinate, colombin*, épyornis, fournier, grimpeur*, jaboteur, mange-mil, mégapode, oiseleur, oiselier, oisillon, pantenne, pantière, percheur, plantain, plocéidé, sturnidé, tectrice, tégument, tenderie, tisserin, traîneau, volaille, volatile ■ **9** accenteur, æpyornis, dénicheur, échassier*, envergure, francolin, gallinacé*, lariforme, ornithose, palmipède*, passereau, phalarope, sauvagine, syrrhapte, tétrapode, trogonidé, uropygial ■ **10** ardéiforme, aviculteur, aviculture, galliforme, ichtyornis, mésangette, oisellerie, paradisier, pique-bœuf, ralliforme ■ **11** chanterelle, épouvantail, succenturié ■ **12** archéoptéryx, colymbiforme, ornithologie, ornithologue, tournepierre ■ **13** gazouillement, ornithomancie, pélécaniforme ■ **14** charadriiforme, micropodiforme.
OISELEUR : **5** rafle ■ **7** tramail, trémail.
OISELIER : **10** oisellerie.
OISEUX : **4** vain* ■ **7** inutile* ■ **9** paresseux ■ **11** oiseusement.
OISIF : **5** crevé ■ **6** badaud, bohême, buller, inerte, musard, oiseux, passif ■ **7** curieux, flâneur, inactif ■ **8** clochard, fainéant*, immobile, indolent*, inoccupé, oisiveté, vagabond ■ **9** désœuvré, dolce vita, paresseux* ■ **10** acagnarder, oisivement.
OISIVETE : **5** congé, oisif, répit, repos ■ 6 loisir ■ **7** détente, inertie, paresse, relâche ■ **8** flânerie, inaction, sinécure ■ **9** curiosité, farniente, indolence, musardise, passivité ■ **10** badauderie, inactivité, musarderie ■ **11** fainéantise, vagabondage ■ **13** désœuvrement.
OLEACEE : **5** frêne, lilas, orne ■ **6** jasmin, troène ■ **7** olivier ■ **9** forsythia.
OLEAGINEUX : **3** lin ■ **5** colza, noyer, ricin ■ **6** sésame ■ **7** navette, olivier ■ **8** amandier, arachide, cameline, cocotier ■ **9** cotonnier, noisetier, œillette.
OLEIQUE : **6** oléate.
OLEICULTURE : **8** oléicole.
OLFACTIVE : **8** dysosmie.
OLIBRIUS : **8** bravache, original.
OLIGARCHIE : **9** oligarque ■ **12** oligarchique.
OLIGISTE : **8** sanguine.
OLIGOCENE : **4** anas ■ **8** ptérodon ■ **10** grenouille ■ **12** nummulitique.
OLIGOCHETE : **7** lombric, tubifex.
OLIGOPHRENIE : **11** oligophrène.
OLIVE : **4** maye ■ **5** donax, huile, pizza ■ **6** donace ■ **7** olivacée, olivaie ■ **8** actinote, olivâtre, olivette, scouffin ■ **9** maillotin, olivaison, oliveraie, olivettes, picholine, tue-diable.
OLIVIER : **7** caducée, olivaie ■ **8** oléastre ■ **9** oliveraie ■ **11** oléiculteur, oléiculture.
OLIVINE : **7** péridot ■ **10** péridotite.

OLYMPE : **4** ciel ■ **7** olympien.
OLYMPIQUE : **9** olympisme ■ **12** préolympique.
OMAN : **4** rial ■ **7** omanais.
OMBELLE : **9** involucre, ombellule ■ **11** ombellifère ■ **12** ombelliforme.
OMBELLIFERACEE : **4** ache, anis, rave, sium ■ **5** aneth, berce, carvi, ciguë, cumin, sison ■ **6** céleri, éthuse, férule, panais, persil ■ **7** æthusa, carotte, chervis, crithme, fenouil, livêche, maceron, sanicle, thapsia ■ **8** cerfeuil, cirthmun, galbanum, œnanthe, opopanax, opoponax, panicaut, peucédan, sanicule ■ **9** angélique, coriandre ■ **11** assa-fœtida, hydrocotyle, ombellifère, perce-pierre ■ **12** criste-marine.
OMBELLIFERE : **6** éthuse ■ **7** æthuse, maceron ■ **8** peucédan ■ **11** hydrocotyle.
OMBILIC : **7** nombril ■ **9** épigastre, ombilical, ombilique ■ **11** funiculaire.
OMBRAGEUX : **7** méfiant, ombrage ■ **11** pointilleux, susceptible*.
OMBRE : **4** noir*, ocre, ubac ■ **5** adret, nuage, style, trait ■ **7** fantôme, ombrage, ombrant, ombreux, opacité ■ **8** estomper, obombrer, ombrager, pénombre ■ **9** immersion, luminisme, obrombrer, obscurité*, ombrageux ■ **10** crépuscule, plataniste, silhouette, skiascopie ■ **11** caravagisme, emprisonner, scialytique.
OMBRELLE : **5** en-cas ■ **7** parasol ■ **9** parapluie.
OMBRER : **5** ombre.
OMETTRE : **5** taire ■ **6** cacher, passer, sauter ■ **7** oublier* ■ **8** négliger, omission ■ **9** escamoter.
OMISSION : **5** faute, oubli* ■ **6** lacune, manque ■ **7** bourdon, ellipse ■ **9** réticence ■ **11** inexécution, prétérition, restriction.
OMNIPOTENT : **6** absolu* ■ **11** omnipotence.
OMNIPRESENCE : **8** ubiquité.
OMNISCIENCE : **6** savant ■ **7** science.
OMNIVORE : **7** rongeur ■ **8** blaireau, suricate, surikate ■ **9** gallinacé ■ **10** galliforme.
OMOPLATE : **7** paleron ■ **8** acromion ■ **9** caracoïde, clavicule ■ **14** scapulo-huméral, sous-scapulaire.
ONAGRARIACEE : **6** onagre ■ **7** épilobe, fuchsia ■ **9** œnothère, onagracée, onograire ■ **12** œnothéracée.
ONCE : **2** oz ■ **4** gros, marc.
ONCHOCERCOSE : **8** craw-craw, crow-crow.
ONCLE : **5** tante ■ **6** tonton ■ **9** avunculat ■ **11** avunculaire.
ONCOGENE : **11** cancérigène, cancérogène.
ONCTION : **4** oint ■ **5** pépin ■ **6** oindre ■ **7** douceur ■ **8** onctueux ■ **13** onctueusement.
ONCTUEUX : **5** crème, huile, larme, suint ■ **8** liniment, saponite ■ **9** graisseux, savonneux ■ **10** onctuosité.
ONDE : **3** eau*, mer ■ **4** écho, flot ■ **5** hertz, maser, nœud, ondée, radar, train ■ **7** antenne ■ **9** micro-onde, ondomètre, radiation ■ **10** hydrophone, ondulation, ultra-court ■ **11** haut-parleur, ondulatoire, sismométrie ■ **12** décamétrique ■ **14** hyperfréquence, radiofréquence ■ **15** radio-astronomie, radio-électrique, radiogoniomètre, superhétérodyne, unidirectionnel.
ONDINISME : **9** urolagnie.
ONDOYANT : **5** houle, moire ■ **6** ondulé ■ **8** flottant ■ **9** changeant ■ **10** flamboyant.
ONDOYER : **7** flotter ■ **8** baptiser, ondoyant ■ **10** ondoiement.
ONDULATION : **3** pli ■ **4** cran, onde ■ **5** ondée, repli ■ **6** boucle, fronce ■ **8** onduleux ■ **10** ondoiement, permanente ■ **11** ondulatoire ■ **12** indéfrisable.

ONDULER : **6** friser ■ **11** calamistrer.
ONEREUX : **7** coûteux, ruineux ■ **12** onéreusement.
ONE-STEP : **9** paso doble.
ONGLE : **5** corne, envie, ergot, garde, harpe, morné, onglé, rubis, sabot, serre ■ **6** éperon, griffe, lunule, onglée, onyxis, unguis ■ **7** onglier, panaris, rénette, unguéal ■ **9** onguicule, tourniole, unguifère ■ **10** cure-ongles ■ **11** coupe-ongles, phalangette ■ **12** onychomycose, onychophagie ■ **13** hippocratisme.
ONGLEE : **8** débattue.
ONGLET : **11** caryophyllé.
ONGUENT : **5** baume*, cérat, miton ■ **8** emplâtre, épithème, liniment, populéum.
ONGULE : **5** daman ■ **10** pachyderme ■ **12** artiodactyle*, paléothérium, paridigitidé, proboscidien* ■ **14** périssodactyle*.
ONIROMANCIE : **12** oniromancier.
ONOMATOPEE : **2** ah, fi, hi ■ **3** aïe, bah, bip, dia, euh, fla, han, paf, pan, pif, tac, tic, toc, zon ■ **4** ahan, bébé, boum, chut, clac, clic, cric, dada, ding, flac, floc, flop, gong, huer, ploc, zest ■ **5** be-bop, cahot, couic, dring, maman, matou, miaou, plouf, vroom, vroum ■ **6** bip-bip, chichi, drelin, hi hi hi, pépier, ronron, taïaut, tayaut, youyou, zigzag ■ **7** piaffer, tra la la ■ **8** bataclan, bombance, brouhaha, cocorico, couin-couin, dare-dare, flic-flac, flon-flon, glou-glou, patatras, rataplan, teuf-teuf ■ **9** bla bla bla, bric-à-brac, cahin-caha, chuchoter ■ **10** clappement, hurluberlu ■ **12** patati-patata ■ **13** onomatopéique.
ONTOGENESE : **11** phylogenèse ■ **13** ontogénétique.
ONTOLOGIE : **11** ontologique, ontologisme ■ **12** métaphysique ■ **15** ontologiquement.
ONZE : **8** saphique ■ **11** hendécagone ■ **14** hendécasyllabe.
ONZIEME : **4** onze ■ **8** novembre ■ **9** thermidor ■ **11** onzièmement.
OOLITHE : **8** limonite ■ **10** oolithique.
OOMYCETE : **5** mucus ■ **7** mildiou.
OOSPHERE : **6** oogone ■ **8** apogamie ■ **9** archégone, synergide **14** parthénogenèse.
O.P.A. : **7** opéable.
OPACIFIER : **13** opacification.
OPACITE : **5** ombre ■ **9** cataracte, néphélion ■ **11** opacimètrie.
OPALE : **5** silex ■ **6** opalin ■ **7** girasol, hyalite, opaline, opalisé ■ **8** opaliser ■ **10** opalescent ■ **11** opalescence, opalisation.
OPAQUE : **4** grès ■ **5** clair, émail, épais*, jaspe, ombre ■ **7** opacité ■ **8** couvrant ■ **9** jardineux, opacifier ■ **12** kaléidoscope.
O.P.E. : **7** opéable.
OPENFIELD : **9** enclôture.
OPERA : **3** rat ■ **5** danse, final, poème ■ **8** opérette, parolier, prologue ■ **9** marcheuse, ouverture ■ **10** prima donna, tétralogie.
OPERATEUR : **7** auriste, carabin, interne, masseur ■ **8** dentiste, foncteur, oculiste, pédicure ■ **9** caméraman, praticien, rebouteux ■ **10** accoucheur, chirurgien, prosecteur, radiologue, rhabilleur, ventouseur ■ **11** sans-filiste ■ **12** arbitragiste, chiropodiste, stomatologue ■ **13** radionavigant ■ **14** quantificateur.
OPERATION : **4** agio, moto, test ■ **5** érine, ferme, lever, livre, mazer, opéré, règle, siège, terme, train, visée ■ **6** arcane, calcul*, érigne, honing, nouage, preuve, sortie, suture, trépan, virage ■ **7** azurage, diérèse, drayage, exérèse, forçage, inquart, laquage, maclage, plaçure, pontage, ramener, roulage, sabrage, sevrage, shaving, soudage ■ **8** aciérage, addition, cadmiage, calculer, centrage, chlorage, clearing,

courtage, curetage, cuvaison, dérayage, division, drainage, éjection, engobage, enlevage, ensimage, escompte, filature, filetage, fixation, glissage, incision, ligature, nouement, opérande, peignage, perchage, pointage, ponction, procéder, rechange, sabotage, sécréter, virement, zérotage ■ **9** acalculie, arbitrage, capsulage, catissage, chirurgie*, clavetage, délignage, diversion, duplexage, enverjure, expertise, finissage, finissure, formalité, hémostase, inférence, lobotomie, martelage, matricage, moulinage, occlusion, opérateur, ouvraison, rouissage, savonnage, secrétage, soumettre, sulfurage, transfert, tripotage ■ **10** aciération, algorithme, anaplastie, associatif, brunissage, césarienne, commission, compactage, complétion, défeutrage, dégrillage, détroquage, envergeure, extraction, jaunissage, macération, mortaisage, obturation, opératoire, ourdissage, percussion, projection, relèvement, remoulage, travelling ■ **11** abstraction, aplatissage, autoplastie, blanchiment, candisation, carbonisage, carburation, chiffrement, chirurgical*, composition, dévaluation, duplication, envoûtement, gastronomie, liquidation, lithotritie, mercerisage, nettoiement, paracentèse, parachutage, réassurance, recensement, répartement, sorcellerie, spéculation, syndication, texturation, titrisation, touraillage, transaction, transfusion, trépanation, vivisection ■ **12** amalgamation, arithmomètre, arrondissage, bouillissage, boursicotage, circoncision, compensation, coupellation, dépigeonnage, désurchauffe, discernement, distillation, échardonnage, fenestration, infibulation, inquartation, intervention, laryngotomie, opérationnel, présélection, remembrement, rhinoplastie, soustraction, sursoufflage, trachéotomie ■ **13** aluminisation, arithmographe, arthroplastie, calciothermie, calorifugeage, capital-risque, caprification, comptabiliser, déclenchement, plasmaphérèse, préopératoire ■ **14** contrepartiste, dépolarisation, multiplication, pasteurisation, post-opératoire, reconnaissance, thoracoplastie ■ **15** assurance-crédit, contre-offensive, déphosphoration, différentiation.

OPERCULE: **11** operculaire ■ **12** désoperculer.

OPERE: **7** opérant.

OPERER: **4** agir* ■ **5** cuire, faire*, muter ■ **6** macler, saisir ■ **7** dérater, incuber, réifier ■ **8** déféquer, délisser, dialyser, opérable, oxygéner, procéder, recouper, réopérer, résorber, sécréter, texturer, trépaner, vinifier ■ **9** déréguler, distiller, recouvrer, somatiser ■ **10** inopérable, mixtionner, séparateur, transfuser, verduniser ■ **11** dévitrifier, fonctionner, pasteuriser ■ **12** déstaliniser ■ **13** surdéterminer ■ **14** revasculariser.

OPHIDIEN: **7** serpent ■ **10** ophiologie.

OPHIOGLOSSE: **15** langue-de-serpent.

OPHIOLITE: **12** ophiolitique.

OPHTALMOLOGIE: **8** oculiste ■ **9** orthoptie ■ **10** optométrie ■ **11** orthoptique ■ **13** contactologie ■ **15** ophtalmologique.

OPIACE: **5** opium ■ **9** thériaque ■ **11** diascordium.

OPIACEE: **5** opiat.

OPILER: **7** boucher.

OPINER: **5** juger ■ **6** croire ■ **7** adopter, choisir, émettre, estimer, raviser ■ **8** déclarer ■ **9** consentir, embrasser, remarquer ■ **10** conseiller, considérer ■ **11** endoctriner.

OPINIATRE: **4** têtu* ■ **5** mêlée, raide ■ **6** entêté*, tenace ■ **7** obstiné* ■ **10** accrocheur ■ **12** récalcitrant ■ **13** opiniâtrement.

OPINION: **3** cri, mal ■ **4** avis, cote, goût, idée, rang, sens, voie ■ **5** blâme, credo, dogme, dolet, école, génie, libre, momie, parti, selon, sondé, thèse, ultra ■ **6** errata, estime, gallup, maxime, pensée*, rumeur, utopie ■ **7** bétonné, conseil, hérésie, manière, préjugé, schisme, soupçon, système, théorie, torysme ■ **8** autorité, croyance*, démordre, doctrine, hasarder, jugement*, paradoxe, pétition, présumer, remarque, scotisme, sentence ■ **9** figurisme, girouette, mésestime, molinisme, opiniâtre, palinodie, pirouette, sectateur, sentiment, volte-face, vox populi ■ **10** adversaire, anarchisme, conception, conjecture, conversion, discussion, dissidence, dogmatisme, éclectisme, gauchisant, impanation, importance, moralement, orléanisme, pessimisme, point de vue, prévention, propagande, réputation, suggestion, talmudiste, voltairien ■ **11** controverse, doctrinaire, endoctriner, imagination, inconstance, jacobinisme, molinosite, monarchisme, opiniâtreté, présomption, radicalisme, supposition, tendancieux, versatilité ■ **12** appréciation, capitulation, cléricalisme, contre-partie, dissentiment, modérantisme, persévérance, polichinelle, présomptueux, prosélytisme, retournement ■ **13** considération, tiers-mondisme, universalisme ■ **15** traditionalisme.

OPISTOBRANCHE : 5 doris.

OPISTHODOME : 4 naos.

OPIUM : 5 opiat, pavot ■ **6** opiacé ■ **7** codéine, diacode, opiacer ■ **8** laudanum, méconine, morphine, narcéine, opiomane, thébaïne ■ **9** narcotine, opiomanie, thébaïque, thébaïsme ■ **10** narcotique, papavérine ■ **11** parégorique.

OPONCE : 5 nopal.

OPOSSUM : 7 sarigue.

OPOTHERAPIE : 14 organothérapie.

OPPORTUN : 5 utile* ■ **9** expédient ■ **10** attentisme, convenable, inopportun ■ **11** intempestif, opportunité ■ **12** opportunisme ■ **13** inopportunité, opportunément.

OPPORTUNITE : 10 indication.

OPPOSABLE : 8 pédimane.

OPPOSE : 4 pôle, rare, veto ■ **5** adret, autre, droit, nadir, objet, panne, parti, pousse, queue ■ **6** devers, envers, obvers, revers ■ **7** adverse, anormal, extrême, inverse* ■ **8** antichar, antipode, autonyme, derrière, obstacle, opposite, saducéen ■ **9** antiengin, antigrève, antiradar, antithèse, antivirus, contraire*, différent, divergent, objection, opposiste, résistant, tête-bêche, transfuge, virilisme, volte-face ■ **10** adversaire, ambivalent, antiaérien, antiroulis, contre-jour, hypoténuse, incohérent, malthusien, rétrograde, tournevent ■ **11** antagonique, antagoniste, antimissile, antineutron, contre-biais, contre-pente, travestime ■ **12** antiatomique, anticalcaire, antichrétien, anticlérical, antiétatique, antifasciste, antinational, antiparasite, antipathique, contre-projet, dépolarisant ■ **13** antimitotique, anti-sous-marin, contre-courant, controlatéral, transvestisme ■ **14** antimaçonnique, contradictoire ■ **15** anticonformiste, antimilitariste, antiministériel, antimonarchique, antipatriotique, antirépublicain.

OPPOSER : 4 nier ■ **6** dédire, étayer, obvier, réagir, violer ■ **7** adosser, annuler, choquer, contrer, déroger, exclure, récrier, réfuter ■ **8** alterner, anéantir, démentir, empêcher, objecter*, prohiber, réclamer, refouler, remédier, répugnier, résister*, riposter ■ **9** affronter, contester, désavouer, échiquier, opposable, prétexter, protester, renverser, repousser, rétracter, rivaliser ■ **10** contrarier, contraster, contredire, enfreindre, rebrousser, récriminer ■ **11** contrevenir, inopposable, neutraliser ■ **12** contrecarrer, contremander ■ **14** contrebalancer.

OPPOSITE : 6 opposé ■ **7** vis-à-vis.

OPPOSITION : **2** et, ob, oc, of, op, os, si ■ **3** non ■ **4** avec, choc, mais, veto ■ **5** arsis, heurt, levée, lutte, verso ■ **6** litige, versus ■ **7** chiasme, chicane, conflit, démenti, désaveu, dilemme, dispute, divorce, hérésie, quoique, schisme, syzygie ■ **8** division, négation, pourtant, push-pull, réaction, rivalité, symétrie ■ **9** antilogie, antinomie, antithèse, antonymie, cependant, concessif, contraste, désaccord, diversité, émulation, hostilité, inversion, main-levée, néanmoins, objection, palinodie, toutefois ■ **10** adversatif, alternance, antipathie, antiphrase, contresens, dissension, dissidence, réfutation, répugnance, résistance, revirement ■ **11** antagonisme, contrariété, controverse, immobilisme, obstruction, réclamation, restriction ■ **12** consentement, contestation, renversement, rétractation ■ **13** contradiction*, contrairement, oppositionnel, récrimination ■ **15** anticonformisme.
OPPRESSE : **10** oppressant.
OPPRESSER : **5** gêner ■ **8** opprimer* ■ **9** étreindre, oppressif ■ **10** oppression.
OPPRESSION : **3** ouf ■ **5** poids ■ **8** angoisse ■ **9** cauchemar, esclavage ■ **10** anhélation.
OPPRIME : **9** opprimant.
OPPRIMER : **6** fouler ■ **7** courber ■ **8** accabler*, asservir ■ **9** oppresser, soumettre*, subjuguer ■ **10** assujettir, oppresseur, tyranniser.
OPPROBRE : **5** honte* ■ **9** ignominie.
OPTER : **7** choisir*.
OPTIMALISER : **12** optimisation ■ **14** optimalisation.
OPTION : **5** choix ■ **8** élection, stellage.
OPTIQUE : **3** vue* ■ **4** œil*, yeux* ■ **5** biaxe, crown, flint, verre ■ **6** afocal, mirage, viseur ■ **7** dioptre, lunette ■ **8** diascope, dioptrie, épiscope, oculaire, opticien, vergence ■ **9** périscope, phantasme ■ **10** condenseur, crown-glass, flint-glass, microscope, optométrie, rectoscope ■ **11** anastigmate, aplanétique, aplanétisme, binoculaire, collimateur, héliographe, stéréoscope, stigmatisme, visionneuse ■ **12** périscopique ■ **14** cinéthéodolite, magnéto-optique, monochromateur.
OPTOELECTRONIQUE : **7** senseur ■ **10** optronique.
OPTOMETRIE : **12** optométriste.
OPTRONIQUE : **10** optronique.
OPULENT : **5** cossu, nabab, riche* ■ **7** luxueux ■ **8** opulence ■ **11** opulemment.
OPUNTIA : **5** nopal ■ **8** raquette.
OPUSCULE : **5** livre ■ **8** brochure.
OR : **2** au ■ **4** doré, filé, marc ■ **5** agnel, carat, claim, dinar, dorer, ducat, galon, ganse, masse, métal, natte, noble, samit, saucé, titre, toman, trône ■ **6** aureus, dorure, orfroi, sequin ■ **7** aurique, jacobus, vreneli ■ **8** aurifère, aurifier, électrum, liserage ■ **9** gold-point, millemium, paillette, souverain ■ **10** cannetille, chrysocale ■ **11** chrysobéryl ■ **12** chrysocalque ■ **15** chryséléphantin.
ORAGE : **4** gros ■ **5** océan, temps ■ **7** orageux, tempête* ■ **12** cumulonimbus, orageusement.
ORAISON : **5** pater ■ **6** orémus, prière* ■ **7** secrète ■ **8** discours ■ **10** méditation ■ **13** postcommunion.
ORAL : **9** oralement ■ **10** plaidoirie.
ORAN : **7** oranais.
ORANGE : **5** jaune, napel, tango, zeste ■ **6** agrume, bichof, bishop ■ **7** bischof, kumquat, oranger, valence ■ **8** bigarade, maltaise, orangeat, roquille, sanguine, sardoine, valencia ■ **9** cantaloup, mandarine, orangeade, orangette.

ORANGER: 5 naffe ■ 6 néroli ■ 9 limettier, orangerie ■ 10 bigaradier, orangeraie ■ 11 bergamotier, mandarinier ■ 12 clémentinier ■ 14 pamplemoussier.
ORANG-OUTANG: 5 jocko.
ORATEUR: 5 verve ■ 6 avocat, diseur, tribun ■ 7 causeur, débater, rhéteur ■ 8 péroreur, prêcheur ■ 9 débatteur, défenseur, prédicant ■ 10 apologiste, harangueur, logographe ■ 11 bonimenteur, déclamateur, panégyriste, prédicateur, sermonnaire ■ 12 conférencier.
ORATOIRE: 5 genre ■ 6 église, tirade ■ 7 envolée, parlote ■ 8 clausule, discours* ■ 9 narration, oratorien.
ORATORIO: 8 récitant ■ 9 ouverture.
ORBE: 4 rond ■ 11 orbiculaire.
ORBITE: 4 rond ■ 6 abside, unguis ■ 7 aphélie, orbital, périgée ■ 8 apoastre, exorbite ■ 9 apolsélène, orbitaire, périastre, périphélie ■ 10 écliptique, périsélène, révolution, sublunaire ■ 11 énophtalmie, exophtalmie, inclinaison, sous-orbital ■ 13 sous-orbitaire ■ 14 heliosynchrone ■ 15 désatellisation.
ORCHESTRATION: 13 orchestrateur ■ 15 instrumentation, réorchestration.
ORCHESTRE: 5 break, drums, opéra, tutti ■ 7 big band, drummer, gramelan, musique* ■ 8 harmonie, jazz-band ■ 9 corbeille ■ 10 bastringue, orchestral, orchestrer ■ 11 hyposcénium ■ 13 orchestration.
ORCHESTRER: 12 instrumenter, réorchestrer.
ORCHIDACEE: 5 vanda ■ 7 liparis ■ 8 cattleya, orchidée, pollinie ■ 9 vanillier ■ 10 zygopétale ■ 12 sabot-de-vénus.
ORCHIDEE: 5 salep ■ 6 ophrys, orchis ■ 7 néottie ■ aéricole, monandre ■ 9 rhizotone ■ 10 rhizoctone ■ 11 rhizoctonie ■ 12 sabot-de-Vénus.
ORDINAIRE: 4 rare ■ 5 banal, connu, excès, force, géant, moyen, usuel ■ 6 commun*, normal, obscur, poncif ■ 7 courant, général, trivial ■ 8 abondant, acronyme, habituel, médiocre, passable, régulier, vulgaire ■ 9 accoutumé, coutumier, populaire, routinier, universel ■ 10 proverbial ■ 12 exceptionnel, satisfaisant, traditionnel ■ 13 ordinairement ■ 14 extraordinaire.
ORDINATEUR: 2 pc ■ 3 bus ■ 5 dédié ■ 7 assisté, lecteur, serveur ■ 8 computer, mémorial ■ 9 computeur, émulsateur ■ 10 multitâche, photostyle, séquenceur ■ 11 compilateur, didacticiel ■ 12 préprogrammé ■ 14 initialisation, mini-ordinateur ■ 15 micro-ordinateur.
ORDINATION: 8 ordinand, ordinant ■ 12 réordination.
ORDO: 10 calendrier.
ORDONNANCE: 4 édit ■ 5 ordre*, recès, recez, règle ■ 6 soldat, tampon ■ 7 rescrit, systyle ■ 8 jugement ■ 9 exéquatur, pharmacie, règlement* ■ 11 arrangement*, disposition*, entablement, pragmatique ■ 12 capitulaires, prescription* ■ 14 ordonnancement, soit-communiqué.
ORDONNER: 4 dire ■ 6 ranger* ■ 7 classer, intimer, inviter ■ 8 arranger*, décerner, décréter ■ 9 commander*, enjoindre, prescrire ■ 10 dimissoire, distribuer, réordonner ■ 11 ordonnateur ■ 14 interlocutoire.
ORDRE[1]: 2 en, va ■ 3 dao ■ 4 chut, file, hola, paré, rang, rite, rôle, tenu, vœu ■ 5 arrêt, avant, aviso, caser, corps, croix, coule, de par,

1. Les divers ordres des règnes végétaux et animaux s'utilisent le plus souvent au pluriel. C'est la raison qui nous fait opter ici pour le pluriel dans le classement par nombre de lettres.

flanc, gamme, grand, halte, ligne, merci, oblat, place, règle, ronde, sacre, sixte, suite, titre ■ **6** classe*, firman, mandat, police, ranale, rangée, veniat ■ **7** centile, crachat, discale, discote, échelon, fagales, famille*, filière, fucales, grébige, ionique, jussion, ordonné, ordinal, servite, théatin, tournus ■ **8** acariens, acolytat, alternat, aménager, arranger, bataille, chapitre, citation, colossal, combiner, cycadale, décision, dessoler, diaconat, diptères, disposer, économie, enfilade, eucaride, filicale, ganoïdes, grébiche, gribiche, isoptère, j'ordonne, jumentés, liturgie, mendiant, mysidacé, odonates, ordonner, persique, phalange, position, prêtrise, primates, priorité, protoure, rongeurs, sauriens, secousse, séraphin, servites, sous-aide, symétrie, templier, tubérale, urodèles, urticale ■ **9** aranéides, camaldule, cladocère, colloquer, colombins, composite, congédier, créodonte, décapodes, eurythmie, exécutant, exequatur, exorciste, filicales, fusilleur, grimpeurs, hydraires, hyperbate, impressif, lariforme, mécoptère, olivétain, ombellale, ophidiens, ordinaire, personale, prémontré, rangement, règlement, renverser, roulement, sélaciens, siréniens, sous-ordre, sphagnaie, spiritain, subvertir, trickster, volvocale, xénarthre ■ **10** alignement, alternance, amphipodes, anastrophe, ardéiforme, assemblage, bénédictin, billebaude, carnivores, cataloguer, charophyte, chéloniens, chevalerie, cistercien, commandeur, communauté, consécutif, contrordre, corinthien, décoration, désordonné, dipneustes, discipline, discordant, dominicain, échassiers, fourrageur, galliforme, gallinacés, graduation, guillemite, hémiptères, hiérarchie, infraction, injonction, jarretière, lacertiens, lagomorphe, lilliiforme, madrépores, magnoliale, mallophage, marsupiaux, méthodique, monotrèmes, numérotage, ordination, ordonnance*, orthoptère, palmipèdes, passereaux, physostome, pinnipèdes, planipenne, plécoptère, ptéropodes, ralliforme, rassembler, réarranger, rhynchotes, séquençage, subdélégué, succession, urédinales ■ **11** archiptères, assignation, chiroptères, chronologie, coléoptères, combinaison, commanderie, corporation, cyclostomes, débrouilleur, dictoptère, euphausiacé, franciscain, hiéronymite, instruction, intervenir, légionnaire, mégaloptère, névroptères, ordonnancer, orthoptères, permutation, photo-finish, porte-glaive, rescription, scitaminale, subordonner, téléostéens, thysanoures, trichoptère, tubulidenté ■ **12** alcyonnaires, alphabétique, ansériformes, chancellerie, chéiroptères, chondrostéen, colymbiforme, combientième, commandement*, contremander, crocodiliens, décimétrique, hyménoptères, interjection, interversion, lacertiliens, lépidoptères, lycopodiales, organisation, pacification, prescription*, rhizocarpées, saurophidien, siphonaptère, sous-diaconat, spadiciflore, strepsiptère, tectibranche, thysanoptère, tranquillité, transgresser ■ **13** chéleutoptère, hémiptéroïdes, pélécaniforme, protococcales, ptérosauriens, rédemptoriste, siphonophores, subordination, superposition, ustilaginales ■ **14** charadriiforme, micropodiforme, ordonnancement, péronosporales, successibilité.

ORDURE: **3** lie ■ **4** boue, suie ■ **5** curer, fange, fèces, glame, morve, ramas, sanie, urine, urubu ■ **6** débris, fumier, gâchis, gadoue, gourme, gravat, humeur, lavure, pissat, râpture, résidu, roupie, saleté*, scorie ■ **7** cérumen, chassie, crachat, raclure, rinçure, saburre ■ **8** balayure, bourrier, criblure, décombre, détritus, ordurier, poubelle, ramassis ■ **9** excrément, malpropre, poussière, purulence, salissure, souillure ■ **10** défécation, fondrilles, immondices ■ **11** effondrilles, margouillis, sac-poubelle, vide-ordures ■ **13** expectoration.

ORDURIER: **7** obscène ■ **9** saloperie ■ **10** coprolalie.

OREADE : **6** nymphe.
OREE : **4** bord ■ **7** bordure.
OREILLE : **4** lobe, ouïe ■ **5** hélix, otite, tempe ■ **6** asaret, caisse, conque, étrier, lymphe, otique, ourlet, rocher, tragus, tympan ■ **7** audible, biaural, cérumen, chauvir, cochlée, enclume, limaçon, marteau, orillon, otalgie, sacoule, têtière, versoir ■ **8** anthélix, auricule, barillet, binaural, dormeuse. entendre, esgourde, haliotis, monaural, myosotis, oreiller, otolithe, otologie, otorrhée, parotide, pavillon, utricule ■ **9** cornement, coton-tige, haliotide, oreillard, oreillons, otosconie, vestibule ■ **10** antitragus, audibilité, cochléaire, courtauder, essoriller, labyrinthe, otorrhagie ■ **11** audiogramme, auriculaire, cure-oreille ■ **12** fenestration, labyrinthite, otospongiose, vestibulaire ■ **13** biauriculaire, passe-montagne ■ **14** binauriculaire.
OREILLER : **4** taie ■ **9** traversin.
OREILLETTE : **5** cœur ■ **8** auricule.
OREILLONS : **7** ourlien.
ORFEVRE : **7** orfévré ■ **8** recingle, resingle.
ORFEVRERIE : **4** coin ■ **5** bijou ■ **6** souage ■ **7** ciselet, échoppe, orfèvre, sautoir, surtout ■ **8** languier, résingle ■ **9** bijoutier, filigrane, ostensoir, vigneture ■ **10** monstrance ■ **11** guillochure.
ORFRAIE : **8** pygarque.
ORGANE : **3** arc, bec, nez, toc, vue ■ **4** aile, dent, foie, hile, lobe, mâle, nerf, œil, peau, pied, poil, roue, sexe, tête, yeux ■ **5** barre, boîte, bulbe, butée, bysse, caduc, cœur, corne, corti, fleur, frein, fruit, gaine, guide, mèche, ovule, pénis, plume, point, ptôse, revue, sénat, venin ■ **6** cupule, fundus, glande, gliome, graine, induit, langue, müller, muscle, oogone, racine, secret, siphon, smegma, stylet, stroma, suçoir, syrinx, tâteur, tiroir, utérus ■ **7** antenne, ascidie, chariot, crampon, étamine, feuille, induvie, journal, lacinie, octopie, oreille, ressort, sessile, stipité, système, tarière, tractus, urcéole, viscère ■ **8** adventif, amygdale, apothèse, appareil, bassinet, bisexuel, bissexué, carapace, clitoris, commande, coulisse, endogène, filament, flagelle, flexible, flotteur, gouverne, hérisson, incisure, innerver, irriguer, lancéole, ligament, membrane, ombrelle, parapode, pessaire, placenta, prothèse, scarieux, sédation, synergie, ventouse, vocodeur, volvulus ■ **9** afficheur, amplectif, apothécie, appendice, archégone, atrophier, balancier, bipartite, bissexuel, branchies, cancérisé, collapsus, collégial, commotion, déhiscent, dérouleur, effecteur, émasculer, enveloppe, flagellum, follicule, formation, hémogénie, manivelle, marsupial, mécanisme, médulleux, multilobé, organique, organisme, oviscapte, pédoncule, pousse-toc, prolapsus, protonéma, récepteur, remontoir, réplétion, sensation, tentacule, vicariant, vulnérant ■ **10** angiologie, couvrement, cryptogame, déhiscence, détonateur, émonctoire, fasciation, hypoplasie, incubateur, imprimante, involution, irritation, marcescent, obturateur, prisonnier, processeur, procidence, rhizocarpe, séquenceur, suspenseur, suspensoir, tabulateur, transplant, vicariance ■ **11** antéversion, biloculaire, corrélateur, déclencheur, diverticule, énucléation, équilibreur, évagination, géotropisme, implantable, multiplieur, nématocyste, ovipositeur, sous-section, succenturie ■ **12** accélérateur, additionneur, articulateur, détumescence, invagination, mobilisateur, organogenèse, soustracteur, transmission ■ **13** contrarotatif, décortication, pneumatophore, spermatophore ■ **14** fructification, hépatopancréas, hermaphrodisme ■ **15** différentiateur, thermorécepteur, vascularisation.
ORGANEAU : **10** étalinguer.

ORGANICISME : **11** organiciste.

ORGANIQUE : **4** lyse, œuf ■ **5** acyle, amide, amine, chair, corps* ■ **6** enzyme, lipide, stérol, stress, urique ■ **7** chitine, flavine, glucide, hormone, infarci, lignine, malique, mannite, minéral, oléique, osséine, ovarite, pectine ■ **8** isologue, mannitol, miliaire, oxalique, pectique, pyralène ■ **9** butyrique, cellulose, diazoïque, homologue, nutrition, structure, sulfamide ■ **10** aminoacide, déficience, dystrophie, élastomère, hippurique, métabolite, organicien, palmitique, phosphines, saprophase ■ **11** aliphatique, élaboration, granulation, hétérocycle, physiologie ■ **12** ammonisation, biomorphique, homocyclique, inflammation, organochloré ■ **13** bioconversion, méthacrylique, mercurochrome, organiquement ■ **14** hétérocyclique ■ **15** encéphalopathie, organomagnésien.

ORGANISATION : **3** o.n.g. ■ **5** orsec, règle ■ **7** méthode, montage, repenti, système ■ **8** clanisme, cohésion, fixation, komsomol, luddisme, organisé ■ **9** autonomie, avunculat, ergonomie, inférieur, olympisme, prud'homie, règlement, scoutisme, structure, viabilité ■ **10** agencement, antisocial, discipline, gérontisme, muséologie, ordonnance, proportion, régulation, résistance, taylorisme, tribalisme ■ **11** arrangement*, brahmanisme, combinaison, composition, disposition, élaboration, policologie, préparation, prépsychose, télétravail, thermalisme ■ **12** construction, coordination, désorganiser, distribution, muséographie, organigramme, scénographie ■ **13** architectonie, matrilinéaire, taylorisation ■ **14** militarisation, réorganisation.

ORGANISE : **5** posté ■ **13** pseudoscience.

ORGANISER : **5** fixer, nouer ■ **6** monter, régler* ■ **7** agencer, manager ■ **8** arranger*, combiner, composer, disposer, élaborer, ordonner, préparer* ■ **9** conformer, planifier, syndiquer ■ **10** constituer, construire, coordonner, distribuer, tayloriser ■ **11** cartelliser, discipliner, organisable, réglementer, réorganiser ■ **12** conditionner, organisateur, rationaliser ■ **13** inorganisable ■ **14** inorganisation ■ **15** expert-comptable, fonctionnariser.

ORGANISME : **4** hôte, pool, soma, urée ■ **5** immun, jeton, ténia ■ **6** caisse ■ **7** asepsie, central, embryon, explant, in vitro, pélagos, service ■ **8** antigène, biogénie, diastase, excréter, ischémie, somation, symbiose ■ **9** aérobiose, allergène, anticorps, dépuratif, dicastère, émonction, euryhalin, excrétion, infection, paritaire, phagocyte, récrément, stimugène, tolérance, vagotonie ■ **10** antitoxine, excitation, gonococcie, hygrophobe, ludothèque, phylogénie, production, réassureur, semi-public, sénescence ■ **11** anaréobiose, antitoxique, autotrophie, décomposeur, dénutrition, dispatching, embryogénie, embryologie, gamétophyte, homéostasie, infestation, inoculation, médiathèque, polyploïdie, tryptophane ■ **12** acido-basique, embryogenèse, homéothermie, investisseur, oligo-élément ■ **13** biocompatible cosmobiologie, microrganisme, reconstituant, scintigraphie, sous-traitance, supranational ■ **14** médecin-conseil, micro-organisme ■ **15** pharmacodynamie.

ORGANITE : **3** suc ■ **6** plaste ■ **7** nitrosé ■ **8** lysosome ■ **9** vibratile ■ **12** chondriosome ■ **13** ergastoplasme.

ORGASME : **10** anorgasmie, orgasmique, orgastique.

ORGE : **4** kvas, kwas, malt ■ **5** arête, bière, sucre ■ **6** drêche ■ **7** égermer, germoir, maltage ■ **8** cervoise, champart, hordéacé, hordéine, paumelle ■ **9** écourgeon ■ **10** escourgeon.

ORGEAT : **9** mauresque.

ORGELET : **6** tumeur ■ **8** furoncle, hordéole ■ **13** compère-loriot.

ORGIE : **6** luxure* ■ **8** débauche*, orgiaque ■ **10** bacchanale ■ **12** soulographie.
ORGUE : **4** laie ■ **5** point, récit ■ **6** basson, buffet, cornet, nasard ■ **7** célesta, clairon, larigot, octavin, sommier, tirasse ■ **8** bombarde, cromorne, hautbois, hydraule, organier, prestant, tubipore ■ **9** cornemuse, harmonium, langueyer, organiste, porte-vent, serinette ■ **10** clarinette, expression, salicional, soufflerie ■ **12** harmoniflûte, registration.
ORGUEIL : **5** faste, péché ■ **6** dédain, fierté, mépris, morgue, vanité ■ **7** dignité, égoïsme, fatuité, fermeté, hauteur, raideur, superbe ■ **8** ambition, froideur, gloriole, humilité, modestie, noblesse, paranoïa ■ **9** arrogance, prestance ■ **10** prétention, protecteur, suffisance ■ **11** amour-propre, orgueilleux, ostentation, présomption, sourcilleux ■ **12** complaisance, magnificence ■ **13** outrecuidance ■ **14** méconnaissance.
ORGUEILLEUX : **3** fat ■ **4** fier*, paon, vain ■ **5** enflé, raide ■ **6** altier, empesé, fierot, gourmé, guindé ■ **7** bêcheur, hautain, superbe ■ **8** arrogant*, fastueux, flambard, flambart, glorieux, vaniteux* ■ **9** ambitieux, méprisant, pharisien ■ **10** dédaigneux ■ **11** prétentieux* ■ **12** enorgueillir, outrecuidant, présomptueux.
ORIENT : **3** aga, est, pal ■ **4** agha, haïk, khôl, kief, luth, péri, shah ■ **5** bazar, halva, kilim, kohol, lèpre, pilaf, pilau, pilaw ■ **6** koheul, levant ■ **7** kandjar, kanglar, mandéen ■ **8** ablution, kandjlar, narguilé, oriental, sarrasin ■ **9** astragale, cimeterre, johannite, narghileh, palanquin ■ **10** ethnarchie ■ **12** orientalisme, orientaliste ■ **14** porphyrogénète.
ORIENTAL : **5** houka ■ **7** baklava ■ **10** catholicos.
ORIENTATION : **8** cardinal, épitaxie, glasnost ■ **9** direction*, dirigisme, ménotaxie, orienteur ■ **10** exposition, gyrocompas, phototaxie ■ **11** désorienter ■ **12** déclinatoire ■ **14** intentionalité, postmodernisme ■ **15** électrotropisme, psychotechnique.
ORIENTER : **4** axer ■ **7** braquer, centrer, décliner, diriger* ■ **9** aiguiller, banquette, canaliser, finaliser ■ **10** déflecteur, orientable, réorienter ■ **11** collimation, orientement, reconnaître.
ORIFICE : **3** cou ■ **4** anus, méat, pore, trou* ■ **6** cardia, choane, glotte, naseau, pylore, tragus ■ **7** astrésie, cloaque, cratère, évasure, filière, gicleur, larmier, lumière, ombilic, ostiole, pupille ■ **8** cathéter, étampure, éversion, fraisure, œillard, pointeau, pommelle, spiracle, stigmate ■ **9** évasement, micropyle, ouverture*, sphincter ■ **10** blastopore, dilatateur ■ **11** échappement.
ORIGINAIRE : **4** moco ■ **5** guppy, latin, natif, venir ■ **7** acadien ■ **8** indigène, poitevin, sarrasin ■ **9** aborigène ■ **10** autochtone, caucasique.
ORIGINAL : **4** rare, type ■ **5** banal, drôle, texte ■ **6** inédit, récent, source ■ **7** bizarre, nouveau ■ **8** olibrius, réplique ■ **9** phénomène, prototype, singulier ■ **11** excentrique, impersonnel, originalité, physionomie ■ **13** originalement.
ORIGINALITE : **4** type ■ **6** cachet, déjà-vu ■ **7** copiste ■ **8** aseptisé, banalité ■ **9** caractère, fantaisie, hardiesse ■ **10** académisme ■ **11** pittoresque ■ **12** excentricité, personnalité ■ **13** individualité.
ORIGINE : **2** de ■ **4** base, dont, mère, œuf, type ■ **5** cause*, foyer, germe, label, motif*, tirer ■ **6** made in, modèle, racine, souche, source* ■ **7** ablatif, berceau, enfance, famille, ressort ■ **8** déraciné, originel, principe, procéder, remonter ■ **9** descendre, filiation, fondement, incunable, naissance, neptunien ■ **10** étiopathie, étymologie, extraction, généalogie, originaire, primordial, provenance, psychogène ■

11 appellation, dégustation, descendance, nationalité, originalité ■ **12** commencement*, initialement ■ **13** primitivement, protohistoire ■ **14** originairement, originellement ■ **15** cryptogénétique.

ORIGNAL : 4 élan.

ORIPEAU : 8 guenille*.

ORLE : 8 trécheur ■ **9** trescheur.

ORLEANAIS : 6 olivet.

ORLEANISTE : 9 royaliste.

ORME : 5 loupe ■ **6** ormaie, ormeau, ormoie, samare, ulmacé, ypréau ■ **7** ormille ■ **9** graphiose ■ **10** tortillard.

ORMEAU : 8 haliotis ■ **9** haliotide.

ORNE : 6 ornais ■ **7** cannelé ■ **11** tarabiscoté

ORNEMENT : 2 nu ■ **3** arc, épi, ove, rai, uni ■ **4** dard, jeté, lobe, néon, orle, paon, rive, rose, tour, urne ■ **5** bande, bosse, canon, corne, culot, danio, étole, filet, fleur, frise, galon, gemme, gland, image, jabot, lilas, nille, nœud, ogive, olive, perle, pomme, ruban, ruche, spire, staff, strie, tiare, veuve ■ **6** anglet, arceau, besant, boucle, cartel, cimier, coléus, cordon, damier, échine, effilé, étoile, feston, flamme, flèche, frange, godron, gousse, goutte, listel, liston, mutule, pampre, parure, patère, postes, prunus, revers, rosace, trèfle, tresse, trille, tympan, volant, volute ■ **7** acanthe, atlante, bandeau, bordure, bossage, bucrâne, caisson, camélia, campane, chevron, collier, colonne, crépine, écaille, emblème, faîteau, falbala, fleuron, fresque, fronton, grecque, grenade, insigne, laurier, macaron, moulure, nervure, ovicule, pallium, plinthe, redenté, retable, rinceau, surtout, télamon, tenture, torsade, trophée, tunique ■ **8** aigrette, antéfixe, aréquier, armoire, baguette, billette, bossette, bracelet, broderie, cache-pot, chapelet, chenille, coiffure, coquille, corniche, couronne, draperie, formeret, grisotte, lettrine, manipule, mascaron, modillon, mosaïque, palmette, pilastre, pommette, postiche, rocaille, trou-trou, vignette ■ **9** arabesque, asplénium, astragale, banderole, bouffette, cannelure, caparaçon, cariatide, cartouche, chapiteau, clocheton, colonnade, découpure, dentelure, denticule, entrelacs, feuillure, fioriture, gruppetto, guirlande, médaillon, miniature, passement, passepoil, rudenture, sacristie, sculpture, tunicelle, vermicule, vigneture ■ **10** archivolte, chamarrure, colonnette, combattant, cul-de-lampe, décoration, enjolivure, enluminure, entretoile, guillochis, jardinière, lambrequin, moucheture, ornemental, ornementer, phalangère, raidecœur, retroussis, sécheresse, strelitzia, tapisserie, tête-de-clou ■ **11** appogiature, encadrement, enroulement, fleurdelisé, frontispice, imbrication, marqueterie, modern style, ornementiste, porte-glaive, vermiculure ■ **12** carton-pierre, compartiment, enjolivement, illustration, nid-d'abeilles, prétintaille, recouvrement ■ **13** amortissement, ornementation, quintefeuille ■ **14** quatre-feuilles.

ORNEMENTAL : 4 déco, iris, orme, tupa ■ **5** agave, aloès, calla, frêne, gesse, lupin, mollé, ormin, pavot, sauge, souci, yucca ■ **6** acacia, alysse, cyprès, dahlia, ginkgo, kerrie, mimosa, muguet, tulipe, ypréau ■ **7** acanthe, alysson, anémone, aubépine, bégonia, camélia, catalpa, fushsia, glaïeul, lunaire, négondo, négundo, œillet, palmier, pétunia, pivoine, platane, sophora, tamaris, tilleul ■ **8** amarante, badamier, caladium, capucine, crassula, crassule, cyclamen, gardénia, géranium, giroflée, gynérium, jacinthe, julienne, latanier, magnolia, narcisse, pandanus, sainfoin, solidage, solidago, sycomore, téraspic, verveine, victoria ■ **9** asphodèle, balsamine, cinéraire, coréopsis, gaillarde, hortensia, matthiole, maurandie, œnothère, onagraire, paulownia, rudbeckie, saxifrage, tubéreuse, volubilis ■ **10** cynoglosse, delphinium, eucalyptus, gaillardie, héliotrope, marronnier, quadrilobe, térébinthe, tillandsie ■ **11** calcéolaire, cotonéaster, dauphinelle, laurier-rose, pélargonium ■ **12** chrysanthème, passe-velours, rhododendron ■ **13** bougainvillée, chèvrefeuille, queue-de-renard.

ORNEMENTALE : **7** freesia, jussiée ■ **8** calathéa, jussieua ■ **9** anthurium ■ **10** aphélandra ■ **11** saintpaulia.

ORNEMENTATION : **6** rococo ■ **8** mercerie, racinage ■ **9** amazonite ■ **10** décoration, plumassier ■ **11** enroulement, plateresque ■ **12** architecture.

ORNER : **5** dorer, parer*, semer ■ **6** border, broder, chiner, égayer, garnir*, imager, nimber, ourler, sommer, vernir ■ **7** adorner, attifer, brocher, ciseler, coiffer, couvrir, décorer, diaprer, fleurir, froncer, lustrer, nieller, peindre, revêtir ■ **8** aprêter, arranger, atourner, canneler, damasser, denteler, émailler, embellir, façonner, galonner, habiller, moulurer, nervurer, ouvrager, panacher, parurier, pavoiser, pourvoir, rudenter, sculpter, tapisser ■ **9** chamarrer, couronner, enjoliver, enluminer, festonner, garniture*, godronner, historier, illuminer, illustrer, incruster, maquiller, marqueter, mosaïquer, pomponner, rehausser ■ **10** agrémenter, embordurer, empanacher, enrubanner, guillocher, lunéviller, requinquer, saupoudrer ■ **11** chantourner, damasquiner ■ **12** enguirlander, tarabiscoter.

ORNIERE : **5** trace ■ **6** frayée ■ **7** routine ■ **8** cartayer.

ORNITHOGALE : **15** dame-d'onze-heures.

ORNITHOLOGIE : **12** ornithologue ■ **14** ornithologique, ornithologiste.

ORONGE : **9** muscarine, tue-mouche.

ORPAILLEUR : **10** orpaillage, pailleteur.

ORPHELIN : **7** pupille ■ **10** orphelinat.

ORPHEON : **11** orphéoniste.

ORPHIQUE : **8** orphisme.

ORPIN : **5** sédum ■ **12** trique-madame.

ORQUE : **8** épaulard.

ORSEILLE : **7** rocelle ■ **8** roccella.

ORTEIL : **5** pouce ■ **7** panaris ■ **8** phalange ■ **11** syndactylie.

ORTHODONTIE : **13** orthodontiste.

ORTHODOXE : **4** sain ■ **5** lavra ■ **6** uniate ■ **7** melkite ■ **8** melchite ■ **9** higoumène 10 hésychasme, hétérodoxe, orthodoxie ■ **11** autocéphale, métropolite.

ORTHOGENIE : **12** orthogénisme.

ORTHOGONAL : **13** axisymétrique, orthogonalité.

ORTHOGONALE : **13** axonométrique.

ORTHOGRAPHE : **6** écrire ■ **8** paronyme ■ **10** homographe ■ **11** cacographie ■ **13** orthographier ■ **14** orthographique.

ORTHOPEDIE : **7** minerve ■ **12** orthopédique, orthopédiste.

ORTHOPEDIQUE : **9** lombostat.

ORTHOPHONIE : **13** orthophonique.

ORTHOPTERE : **3** pou ■ **5** mante ■ **6** blatte, empuse, phasme, podure, psoque ■ **7** bacille, campode, phyllie ■ **9** acridien*, cancrelat ■ **11** courtilière ■ **12** taupe-grillon.

ORTHOPTIE : **11** orthoptique, orthoptiste.

ORTIE : **6** lamier ■ **8** formique ■ **9** belle-dame, urticacée.

ORTOLAN : **3** cep ■ **4** zizi.

OS : **4** côte, dent, ossu ■ **5** arête, atlas, calus, canon, carie, carpe, crâne, crête, fémur, genou, glène, ilion, joint, luxer, moule, ozone, pubis, sépia, sinus, tarse, tibia, vomer ■ **6** coccyx, hyoïde, manche, osseux, péroné, radius, rocher, rotule, sacrum, unguis, zygoma ■ **7** attelle, cubitus, cuboïde, frontal, humérus, iliaque, ischion, lunette, malaire, osselet, ostéité, ostéome, régloir, sternum, wormien ■ **8** acromion, apophyse, croupion, désosser, diaphyse, énostose, épiphyse, esquille, ethmoïde, exostose, fracture, glénoïde, hyoïdien, ligament, luxation, mâchoire, macreuse, malléole, mastoïde, omoplate, ossature, ossement, ossifier, ossuaire, pariétal, périoste, phalange, temporel, tympanal, vertèbre ■ **9** astragale, calcanéum, cartilage, clavicule, glénoïdal, impaction, incasique, métacarpe, métaphyse, métatarse, occipital, ossements, ostéogène, pisiforme, réduction, remboîter, scaphoïde, sésamoïde, synostose ■ **10** cunéiforme, épiphysite, fontanelle, fourchette, maxillaire, ostéolithe, ostéologie, trapézoïde, trochanter, tubérosité ■ **11** déboîtement, dislocation, interosseux, métatarsien, ostéoblaste, ostéopathie, ostéoporose, pneumatique, zygomatique ■ **12** ossification, ostéographie, ostéomalacie, ostéomyélite, ostéoplastie, ostéosarcome ■ **13** chondromatose, histoplasmose, sus-maxillaire ■ **14** proprioception.

OSCABRION: 6 chiton.

OSCILLATION: 4 onde ■ **5** balan, lacet, marée ■ **6** larsen, shimmy ■ **7** ballant, pendule ■ **8** klystron, mutation ■ **9** balancier, démoduler, nystagmus, résonance, vibration ■ **10** branlement, microphone, transistor ■ **11** balancement* ■ **12** dodelinement, oscillatoire ■ **15** superhétérodyne.

OSCILLER: 6 baller ■ **7** branler, hésiter ■ **8** balancer* ■ **11** débattement, oscillateur ■ **12** oscillatoire.

OSCILLOGRAPHE: 13 oscillogramme.

OSE: 5 hardi*, léger, oseur ■ **6** aldose, cétose, olé olé, risqué ■ **7** pentose ■ **8** holoside ■ **10** diholoside ■ **12** polyholoside.

OSEILLE: 5 rumex ■ **7** surelle ■ **8** oxalique.

OSER: 5 venir.

OSIDE: 10 hétéroside.

OSIER: 3 van ■ **4** hart, vime ■ **5** banne, ciste, claie, hotte, nasse, pelte, plion, ruche ■ **6** clisse, pleyon ■ **7** éclisse, lacette, oseraie ■ **8** bannette, lasserie ■ **9** cagerotte, quillette ■ **11** vendangerot ■ **13** osiériculture.

OSMIUM: 2 os ■ **7** osmique, osmiure.

OSMOTIQUE: 8 isotonie ■ **9** oncotique, onkotique, osmomètre ■ **11** hypotonique ■ **12** hypertonique.

OSQUE: 5 osque.

OSSATURE: 8 carcasse, longeron.

OSSELET: 6 étrier ■ **7** enclume, marteau.

OSSEMENT: 2 os ■ **7** relique ■ **8** ossuaire.

OSSEUSE: 8 styloïde.

OSSEUX: 4 côte, lump ■ **5** boîte, crâne, épine, voûte ■ **6** cément ■ **7** myélite, ostéite ■ **8** carcasse, murénidé, sciénidé ■ **9** cornillon, ostéalgie, ostéolyse ■ **10** ostéophyte ■ **12** ostéomyélite.

OSSIAN: 10 ossianique.

OSSIFICATION: 10 rachitisme ■ **11** ostéogenèse.

OSSUAIRE: 9 cimetière.

OSTENSIBLE: 7 visible* ■ **11** perceptible ■ **14** ostensiblement.

OSTENSOIR: 7 custode ■ **10** monstrance.

OSTENTATION: 5 faste ■ **6** flafla, parade ■ **7** orgueil ■ **11** ostentateur ■ **12** ostentatoire.

OSTEOMYELITE: 13 staphylocoque.

OSTEOPHYTE: 14 bec-de-perroquet.

OSTEOSYNTHESE : **8** coapteur.
OSTIAK : **7** ougrien ■ **8** ostiaque.
OSTRACISER : **6** bannir ■ **9** pétalisme, repousser ■ **10** ostracisme.
OSTRACISME : **9** pétalisme.
OSTRACODE : **6** cypris.
OSTREICULTURE : **6** huître ■ **10** ostréicole ■ **13** ostréiculteur.
ŒSTROGENE : **10** oestradiol.
OTAGE : **6** garant ■ **9** kidnapper.
OTER : **4** tuer ■ **5** lever, limer, parer, peler, raser, ravir, rayer, tirer*, vider, voler ■ **6** abolir, casser, couper, écaler, élider, épiler, épucer, épurer, étêter, exiler, glaner, guérir, isoler, plumer, priver*, radier, rogner, sevrer, ternir ■ **7** abroger, annuler, aplanir, châtier, châtrer, débater, déduire, dégager*, délacer, démâter, démunir, dénuder, dépaver, dépolir, dépoter, dérater, dévêtir, ébarber, écorcer, écorner, écrémer, édenter, effacer, effaner, égrener, élaguer, émonder, enlever*, entamer, épuiser, essuyer, évincer, exclure, exhumer, libérer, mutiler, prendre*, quitter, raboter, retenir, retirer*, sarcler, séparer, spolier ■ **8** arracher*, aveugler, cueillir, débâcler, déballer, débander, déblayer, déboiser, déboîter, débonder, déborder, débotter, débrider, déclouer, déferrer, défibrer, défoncer, dégainer, déganter, dégarnir, dégommer, dégoûter, dégrafer, délaiter, délasser, délester, démouler, dénantir, dénicher, déparier, déplacer, déplumer, dépocher, déranger, dérougir, désaérer, désarmer, désosser, dessoler, détacher, déterrer, détrôner, détruire, dévernir, dévisser, dévoiler, éborgner, ébrécher, écourter, écroûter, éliminer, emporter, épierrer, éplucher, épointer, excepter, exempter, exprimer, expurger, extirper, extrader, extraire*, frustrer, nettoyer, prélever, rabattre, ramasser, remettre, résilier, révoquer, tronquer ■ **9** chaponner, débarquer, déboucher, débourber, débourrer, décaisser, décapiter, déchaîner, décharger, décharner, décintrer, décompter, découvrir, décrasser, décrotter, dédoubler, défalquer, dégrossir, délustrer, démancher, démarquer, démasquer, démeubler, démotiver, démuseler, dépailler, déplanter, dépeupler, déraciner, dériveter, desceller, dessabler, dessaisir, desseller, destituer, dévaliser, distraire, ébrancher, échrancrer, émasculer, épouillir, escompter, exhéréder, expatrier, extorquer, interdire, reprendre, supprimer*, vide-pomme ■ **10** confisquer, décacheter, décalotter, décarreler, déchausser, déclaveter, décourager, déculasser, déculotter, dégazonner, dégraisser, démanteler, dépoétiser, déposséder, dépouiller*, dépourvoir, désamorcer, déshériter, détrousser, développer, écheniller, effeuiller, épousseter, essoriller, exproprier, moissonner, raccourcir, retrancher*, soustraire* ■ **11** débarrasser, décortiquer, découronner, déharnacher, démailloter, démonétiser, démoraliser, démoucheter, dépareiller, dépénaliser, désentraver, déshabiller, excommunier ■ **12** désincruster, ébourgeonner ■ **14** dénationaliser.
OTITE : **10** mastoïdite.
OTTOMAN : **4** raïa, raya, turc ■ **5** rayia ■ **6** eyalet ■ **7** icoglan, padicha ■ **8** padichah ■ **9** padischah.
OU : **4** soit.
OUATE : **6** ouater, tampon ■ **7** ouatine, kleenex ■ **9** cotonneux ■ **10** douillette ■ **12** courte-pointe.
OUBLI : **5** faute, lotos, lotus, pavot ■ **6** lacune, manque, pardon ■ **7** abandon, amnésie, bourdon ■ **8** légèreté, omission* ■ **9** désuétude ■ **10** abnégation, étourderie, manquement, négligence* ■ **11** disparition, distraction, inattention*, ingratitude, prétérition, renoncement ■ **12** inadvertance, inobservance ■ **13** inobservation ■ **14** méconnaissance.

OUBLIER : **5** oubli ■ **6** perdre, sortir ■ **7** laisser, omettre* ■ **8** absoudre, consoler, échapper, éteindre, étourdir, mépriser, oublieux, renoncer, souvenir ■ **9** amnistier, dédaigner, distraire, oubliable, pardonner ■ **11** disparaître, inoubliable ■ **12** désapprendre.
OUBLIETTE : **5** fosse ■ **7** cellule.
OUBLIEUX : **7** étourdi* ■ **8** distrait* ■ **9** négligent ■ **11** indifférent.
OUEST : **5** blanc, jaune, poire, pomme ■ **8** couchant, occident ■ **9** bécasseau, jetstream.
OUGANDA : **9** ougandais.
OUGRIENNE : **6** ostiak.
OUI : **2** oc, da, si ■ **3** oïl ■ **5** voire ■ **6** ouiche ■ **12** parfaitement.
OUÏE : **4** sens ■ **5** oyant, sourd ■ **7** auditif, oreille*, surdité ■ **8** audition, entendre ■ **9** inaudible, sourd-muet.
OUÏES : **9** branchies.
OUÏR : **4** ouïe ■ **7** ouï-dire ■ **8** entendre*.
OUILLER : **8** ouillage.
OUISTITI : **8** hapalidé.
OUKASE : **5** ukase.
OURAGAN : **7** tempête* ■ **10** bourrasque.
OURALIENNE : **7** ougrien.
OURDIR : **6** tramer ■ **7** brasser ■ **8** combiner, machiner* ■ **10** manigancer, ourdisseur.
OURDISSOIR : **6** cantre.
OURLET : **4** bord* ■ **5** suage ■ **6** ourler ■ **9** extra-fort, rouleauté, roulotter ■ **10** passelacet.
OURS : **5** amble, panda ■ **6** kodiak, ourson ■ **7** grizzly ■ **11** septentrion.
OURSIN : **5** melon ■ **8** hérisson ■ **9** châtaigne, spatangue ■ **12** pédicellaire.
OUTARDE : **9** outardeau ■ **11** canepetière.
OUTIL : **3** clé, fer, hie, pic ■ **4** clef, croc, dame, faux, houe, lime, main, râpe, ripe, saie, saye, scie, truc ■ **5** alène, bêche, burin, criss, drège, écang, écope, foret, fusil, gâche, gouet, gouge, hache, hoyau, kriss, masse, mèche, meule, palot, pelle, perce, picot, pince, plane, queux, râble, rabot, racle, sabot, serpe, surin, valet ■ **6** archet, asseau, bédane, biseau, biveau, boësse, bouvet, buisse, ciseau, cognée, doleau, égoïne, embout, entoir, étampe, forces, fraise, galope, godron, gorget, gratte, louche, matoir, merlin, navaja, paroir, peigne, pioche, piolet, plioir, rasoir, rateau, rivoir, rodoir, smille, taraud, toupie, trépan, virolle, vrille ■ **7** alésoir, assette, bec d'âne, bêchoir, bigorne, binette, bouloir, boutoir, chopper, ciselet, dudgeon, égohine, épiloir, équerre, estampe, évidoir, faucard, fauchet, fauchon, fendoir, fossoir, fouloir, fourche, frisoir, gibelet, guipoir, guscine, hachoir, hansart, jabloir, lissoir, louchet, machine*, maillet, mandrin, marteau, onglier, outillé, perçoir, piquoir, planoir, poinçon, pucheux, puisoir, racloir, rasette, régloir, rénette, riflard, rifloir, rognoir, rouanne, rouloir, sciotte, spalter, tarière, traçoir, truelle, varlope, videlle ■ **8** affiloir, affinoir, aissette, allumoir, amorçoir, besaiguë, bisaiguë, bourroir, boutique, céraunie, chassoir, cisaille, cisoires, couperet, coutelas, cuillère, démêloir, drayoire, ébarboir, écumoire, émondoir, épissoir, faucille, ferrière, frottoir, grattoir, greffoir, hachette, havre-sac, houlette, jabloire, machette, martinet, massette, niveleur, onglette, ouistiti, outiller, palisson, pincette, plantoir, pointeau, raclette, rainette, recingle, resingle, rustique, serpette, strigile, taillant, tenaille, tire-clou, tirefond, traceret, tranchet, triballe, veinette ■ **9** accordoir, aiguisoir, arrachoir, atomiseur, avant-clou, boucharde, brucelles, carbonado, ca-

rottier, contrefer, coupe-pâte, découpoir, demi-ronde, ébauchoir, écharnoir, égrappoir, erminette, fauchette, faucillon, ferratier, ferretier, guignette, guilloche, hachereau, minahouet, morailles, outillage, oviscapte, polissoir, rabattoir, retendoir, rhizotome, rivelaine, rogne-pied, tire-bonde, tire-botte, tournevis, tranchoir, ustensile*, vide-pomme ■ **10** bouterolle, brunissoir, carotteuse, chasse-clou, cure-ongles, débouchoir, dégorgeoir, demoiselle, ébranchoir, embauchoir, embouchoir, épinglette, feuilleret, francisque, herminette, instrument*, passe-lacet, pastilleur, percerette, porte-outil, queue-de-rat, repoussoir, rouannette, scramasaxe, serfouette, tamponnoir, tarabiscot, tire-bouton ■ **11** aplatissoir, bec-de-corbin, chausse-pied, coupe-ongles, coupe-papier, cure-oreille, décapsuleur, démonte-pneu, dénoyauteur, échenilloir, écussonnoir, enfouisseur, hache-paille, ouvre-boîtes, pelle-pioche, pied-de-biche, saint-crépin, taillandier, technologie, tranche-lard, vilebrequin ■ **12** bec-de-corbeau, brise-copeaux, coupe-cigares, coupe-légumes, coupe-racines, emporte-pièce, fourche-fière, frappe-devant, hache-légumes, marteau-pilon, passe-partout, queue-de-morue ■ **13** queue-de-cochon, taille-racines, tourne-à-gauche ■ **14** chasse-goupille.

OUTILLAGE : 13 microlithique ■ **15** électroportatif.

OUTLAW : 8 réprouvé ■ **9** hors-la-loi.

OUTRAGE : 5 délit, fouet ■ **6** avanie, blessé, injure* ■ **7** affront, insulte, inviolé, offense* ■ **8** calomnie, soufflet ■ **9** blasphème, camouflet, invective ■ **10** outrageant ■ **11** diffamation, imprécation, indignation, malédiction.

OUTRAGEANT : 9 injurieux, insultant, offensant, outrageux.

OUTRAGER : 4 huer ■ **7** bafouer, maudire ■ **8** conspuer, écharper, injurier*, insulter, offenser* ■ **9** accoutrer ■ **10** accommoder, blasphémer, invectiver, vilipender.

OUTRANCE : 5 excès* ■ **8** démesure* ■ **10** outrancier.

OUTRE : 4 fort, item, plus ■ **7** indigné, révolté ■ **8** excessif, utricule ■ **9** anglomane, bigoterie, bigotisme, burlesque, cagoterie, cornemuse, fanatisme, par-dessus ■ **10** scandalisé ■ **11** sensualisme ■ **14** indépendamment.

OUTRECUIDANCE : 7 orgueil ■ **11** présomption ■ **12** outrecuidant.

OUTRE-MER : 8 indigène ■ **9** coloniale.

OUTREPASSER : 6 passer ■ **7** excéder.

OUTRER : 6 forcer ■ **8** exagérer*.

OUVERT : 3 bée ■ **5** argus, bayer, béant, éclos, évasé, franc, gifle, palme, tempe ■ **6** kipper ■ **7** de cujus, épanoui ■ **9** imperforé, impluvium ■ **10** accessible, accréditif, entrouvert ■ **12** stomatoscope.

OUVERTEMENT : 9 hautement ■ **10** ex professo ■ **11** franchement.

OUVERTURE : 3 bée, vue ■ **4** abée, anus, baie, cran, jour, œil, orbe, pore, raie, tape, trou*, vide, voie ■ **5** abîme, angle, arche, bocal, bonde, crevé, creux, écart, évent, fente*, fossé, issue, jouée, judas, musse, nable, perce, porte, seuil, valve, verre ■ **6** arcade, arceau, béance, bouche, boulin, brèche, carnau, cavité, chasse, coupée, entrée, exorde, gueule, hablot, hiatus, hublot, maille, narine, percée, rayère, regard, sabord, trappe, trouée, tuyère ■ **7** archère, carneau, cassure, couloir, coupure, cratère, créneau, croisée, écubier, encoche, évasure, fenêtre, galerie, guichet, introït, lucarne, lumière, lunette, œillet, orifice*, ouvreau, panneau, préface, rainure, saignée, venteau ■ **8** aperture, archière, chatière, coulisse, crevasse, dilatant, dosseret, ébrasure, égueuler, entaille, étampure, gueulard, jaumière, mortaise, portière, prologue, tubulure, varaigne, vasistas, venteaux, ventouse ■ **9** barbacane, bienvenue, cicatrice, crénelure, déboucher, découpure, dentelure, écoutille, embrasure, équerrage, évasement, passe-plat, perforage, péristome, préambule, soupirail, térébrant, trapillon, vomitoire ■ **10** bâillement, canonnière, claire-voie, compluvium, disruption, échancrure, embouchure, emmanchure, émonctoire, exposition, meurtrière, trappillon, vernissage ■ **11** boutonnière, cardiotomie, diaphragmer, égueulement, embrasement, endentelure, éventration, laparotomie, machicoulis, perforation, pleurotomie ■ **12** chantepleure, déchiqueture, fenestration, inauguration, installation, porte-fenêtre, thoracotomie ■ **13** avant-première, intronisation ■ **14** écarquillement ■ **15** entrebâillement.

OUVRAGE: **2** op, or ■ **3** épi, mur ■ **4** dais, fort, four, i.s.b.n., loge, môle, opus, plan, tête, tome ■ **5** atlas, bible, bijou, boyau, braie, bribe, cadre, claie, copie, coule, devis, digue, écrit, émail, essai, étude, faune, gland, joint, livre*, masse, mètre, musée, opéra, oriel, palée, pièce, poème, point, redan, salon, tâche, thèse, tissu, usuel, voûte ■ **6** abrégé, estame, labeur, œuvre*, précis, redent, traité ■ **7** addenda, annales, bastion, besogne, bluette, chemise, croisée, ébauche, gravure, incipit, logique, mémento, méthode, opaline, orfévré, ravelin, redoute, reprint, service, synopse, tambour, tissage, travail* ■ **8** annuaire, armature, bastille, bonnette, brochure, camelote, casemate, cavalier, ciselure, couronne, dédicace, demi-lune, dialogue, épilogue, gainerie, malfaçon, mémorial, monument, mosaïque, opuscule, ornement, parution, peinture, physique, plâtrage, princeps, retouper, rocaille, samizdat, scolaire, terrasse, treillis ■ **9** anaglyphe, appendice, archétype, baldaquin, barbacane, bas-relief, charpente, classique, coédition, émaillure, embrasure, étayement, fascicule, fascinage, filigrane, finissage, incunable, intituler, livraison, manuscrit, matériaux, mécanique, monolithe, plâtinerie, plomberie, scoliaste, sparterie, tricotage, variorium ■ **10** bousillage, brise-glace, cailloutis, caponnière, cartonnage, clayonnage, couvrement, faïencerie, géographie, maçonnerie, menuiserie, monogramme, orfèvrerie, parquetage, pastillage, plate-forme, porcelaine, porte-à-faux, production, revêtement, ronde-bosse, serrurerie, soumission, space opera, traduction, verroterie ■ **11** aide-mémoire, capitonnage, charronnage, chef-d'œuvre, compilation, compte rendu, contre-digue, contrefaçon, ferronnerie, lambrissage, marqueterie, publication, rempaillage, tabletterie ■ **12** badigeonnage, bibliomancie, élucubration, encyclopédie, entrepreneur, incrustation, miscellanées, prolégomènes, renfoncement, travailleuse ■ **13** cloisonnement, fortification, rechampissage ■ **14** substantifique.

OUVRAGER: **5** orner* ■ **10** travailler*.

OUVREAU: **5** verre ■ **8** tuilette.

OUVRER: **10** travailler*.

OUVRIER: **2** o.p., o.s. ■ **5** borin, canut, coron, homme, jaune, maçon, singe ■ **6** calfat, docker, fileur, foreur, foulon, gindre, haveur, licier, mineur, pareur, paveur, riveur, sagard, scieur, tireur, tôlier ■ **7** artisan, boiseur, carreur, caviste, charron, cordier, dalleur, étameur, fendeur, ferreur, fondeur, gainier, geindre, glaceur, laineur, lingère, luddite, margeur, marneur, métallo, metteur, meulier, moireur, monteur, moulier, nattier, piqueur, pompier, régleur, robeuse, rogneur, sableur, salarié, sasseur, saunier, sellier, soudier, tanneur, trameur, trottin, tubiste, tuilier, vannier, verrier, vitrier, voilier ■ **8** affûteur, ajusteur, apiéceur, apprenti, bobineur, bronzeur, burineur, chaînier, clicheur, cloutier, coffreur, couvreur, ébéniste, écorceur, effileur, égoutier, émouleur, étampeur, fagotier, forgeron, fraiseur, gaufreur, grisette, imposeur, lamineur, lapicide, layetier, limousin, marbrier, modeleur, nielleur, paludier, peignier, plâtrier, plombier, pressier, puddleur, raboteur, raucheur, ravaleur, sabotier, sellette, staffeur, tâcheron, tamiseur, tourbier, tourneur, trempeur, virolier ■ **9** amareyeur, apprêteur, argenteur, boyaudier, carreleur, chaîniste, chauffeur, cigarière, cimentier, compagnon, débardeur, défibreur, démouleur, ébaucheur, émailleur, encadreur, engreneur, estampeur, façonnier, garanceur, graisseur, gravatier, imprimeur, lapidaire, manœuvre, marteleur, mégissier, menuisier, midinette, monnayeur, moulineur, moulinier, peaussier, pelleteur, pendulier, praticien, récolteur, rémouleur, repasseur, retordeur, sardinier, souffleur, stucateur, tailleuse, tisserand, tonnelier, trancheur, tréfileur, veloutier ■ **10** apprêteuse, asphalteur, boisselier, bombagiste, bourrelier, bousilleur, briqueteur, cantonnier, chamoiseur, conducteur, cylindreur, déménageur, foulonnier, gobeletier, hongroyeur, journalier, machiniste, marqueteur, pailleteur, pastilleur, plafonneur, plasticien, repriseuse, saisonnier, saurisseur, schlitteur, terrassier, toupilleur, trade-union, typographe ■ **11** charpentier, décolleteur, démolisseur, familistère, ferrailleur, goudronneur, guillocheur, lithographe, maroquineur, métalliseur, travailleur* ■ **12** appareilleur, chaufournier, contremaître, démasquineur, emboutisseur, héliograveur, palissonneur, photograveur ■ **13** compagnonnage, prêtre-ouvrier ■ **14** internationale.

OUVRIERE : 8 toileuse ■ **12** mécanicienne.

OUVRIR : 4 béer, clef ■ **5** aérer, clore ■ **6** crever, éclore, fendre, forcer, percer, piquer, trouer ■ **7** ajourer, bâiller, confier, creuser, déclore, dégager, délacer, démurer, dénouer, déplier, dilater, ébraser, écarter, éclater, élargir, initier, libérer, pousser, rouvrir, séparer ■ **8** créneler, déballer, débarrer, débonder, déchirer, découdre, défoncer, dégrafer, détacher, ébrécher, écailler, enfoncer, épanouir, éventrer, hara-kiri, lancette, ouvrable, ouvreuse, perforer ■ **9** commencer, crevasser, crocheter, déboucher, découvrir, déhiscent, désopiler, desserrer, disséquer, échancrer, entailler, ouverture ■ **10** accréditer, décacheter, décloîtrer, dépaqueter, disjoindre, entrouvrir, introduire, noctiflore ■ **11** déboutonner, désemballer, désobstruer, écarquiller, ouvre-boîtes ■ **12** décadenasser, entrebâiller, espagnolette, laryngotomie, passe-partout ■ **13** déverrouiller.

OUVROIR : 7 atelier.

OVAIRE : 5 fleur, ovule, style ■ **6** infère, lutéal, supère ■ **7** épigyne, lutéine, ovarite ■ **8** adhérent, hypogyne, nouaison, oviducte, placenta ■ **9** ovulation ■ **10** lutéinique, œstradiol ■ **11** folliculine, inférovarié, superovarié ■ **12** ovariectomie, progestérone ■ **14** multiloculaire.

OVALE : 3 ové ■ **6** ovoïde ■ **7** ellipse ■ **8** ovalaire, ovaliser, oviforme ■ **11** œil-de-bœuf.

OVARIECTOMIE : 6 totale ■ **10** castration.

OVATION : 8 acclamer, triomphe ■ **10** ovationner.

OVE : 4 orle.

OVIPARE : 6 oiseau ■ **9** couleuvre.

OVISCAPTE : 7 tarière.

OVNI : 8 ufologie.

OVOÏDE : 5 olive, ovule.

OVULATION : 6 ovuler ■ **9** clomifène ■ **10** ovulatoire ■ **12** anovulatoire.

OVULE : 4 œuf* ■ **7** chalaze, nucelle ■ **8** anatrope, funicule, oosphère, ovulaire, vitellus ■ **9** micropyle, ovulation ■ **10** orthotrope ■ **11** folliculine ■ **12** placentation ■ **14** parthénogenèse.

OXACIDE : **9** sulfacide.
OXALIDACEE : **6** oxalis ■ **7** oxalide ■ **8** alléluia ■ **10** acétoselle.
OXHYDRYLE : **9** hydroxyle.
OXYCHLORURE : **8** algaroth.
OXYDANT : **9** perborate.
OXYDATION : **5** créma, étain, ozone ■ **6** patine ■ **8** aldéhyde, gazogène ■ **9** acrylique, malonique, suroxyder, térébique ■ **10** inoxydable, péroxydase, tyrosinase ■ **11** anodisation, biliverdine.
OXYDE : **5** chaux, émail, étain, éther, métal, safre, smalt, tutie, urane, verre ■ **6** aétite, aimant, baryte, erbine, éthyle, minium, patine, rutile, silice, tuthie, verdet, yttria ■ **7** alcalin, alumine, cuprite, ferrite, glucine, lithine, rouille, thorine, wolfram, zircone ■ **8** anoxémie, colcotar, dendrite, ferrique, hématite, ilmenite, limonite, litharge, magnésie, massicot, monoxyde, oligiste, orpiment, peroxyde, ténorite, thermite ■ **9** amphotère, hémioxyde, hydroxyde, magnétite, manganeux, mercureux, protoxyde, rouillure, ytterbine ■ **10** battitures, oxycarbone, saccharate, strontiane, thorianite, tungstique, vert-de-gris ■ **11** cassitérite, respiration, sesquioxyde, valentinite ■ **13** parkérisation.
OXYDOREDUCTION : **9** réducatse.
OXYGENATION : **7** aérobic ■ **9** vincamine.
OXYGENE : **4** sang ■ **5** métal, oxyde, ozone ■ **6** anoxie ■ **7** azoteux, borique, ozoneur ■ **8** anoxémie, bromique, monoxyde, nitrique, oxyacide, oxygéner, ozoniser, peroxyde ■ **9** arsénique, carbogène, chlorique, chromique, désoxyder, hémioxyde, hypoxémie, oxydation, ozonateur, perhydrol, protoxyde, sélénieux, sélénique, stannique, tellureux, tellurien, thionique ■ **10** carbonique, combustion, oxhydrique, oxysulfure, sulfurique, suroxygène, tellurique ■ **11** antimoniate, hémoglobine, oxychlorure, oxygénation, phosphoryle ■ **12** hypochloreux, perchlorique ■ **13** hyposulfureux ■ **14** post-combustion ■ **15** hypophosphoreux, oxyacétylénique, oxygénothérapie.
OXYTETRACYCLINE : **12** terrafungine.
OXYURE 8 oxyurose.
OYAT : **7** gourbet.
OZONE : **5** ozoné ■ 7 ozonide ■ **8** ozoniser ■ **9** ozonateur, ozoniseur ■ **11** ozonisation ■ **12** assainisseur.

P

PACAGE : **3** pré ■ **6** défens ■ **7** défends ■ **8** pâturage.
PACANIER : **6** pacane.
PACHYDERME : **6** ongulé*.
PACIFIER : **6** agiter, calmer* ■ **7** apaiser* ■ **12** pacification.
PACIFIQUE : **5** calme* ■ **8** paisible* ■ **9** pacifiste ■ **12** austronésien ■ **13** pacifiquement.
PACOTILLE : **8** camelote ■ **11** marchandise.
PACQUER : **8** pacquage.
PACTE : **6** accord* ■ **7** contrat* ■ **8** alliance, covenant, pactiser ■ **10** convention* ■ **13** antikomintern.
PACTOLE : **7** jackpot.
PAGAIE : **4** rame ■ **5** canoé ■ **8** pagayeur ■ **10** périssoire.
PAGAILLE : **8** désordre*.
PAGANISME : **4** dieu ■ **7** impiété.
PAGE : **4** nota, rôle ■ **5** débit, folio, forme, garde, marge, recto, volti ■ **6** carton, onglet ■ **7** feuille*, paginer ■ **8** feuillet ■ **9** numéroter ■ **10** imposition, pagination, stéréotype ■ **12** passe-partout.
PAGNE : **4** java ■ **5** paréo ■ **10** tissu-pagne.
PAGODE : **6** temple* ■ **7** pagodon.
PAHLAVI : **5** perse.
PAIEMENT : **6** avance, protêt, rappel ■ **7** acompte, annuité, à-valoir ■ **8** coobligé, quérable ■ **9** acquitter, arrérager, buraliste, débourser, versement ■ **10** ordonnance, scriptural ■ **11** banqueroute, non-paiement, rétribution*, termaillage ■ **12** capsule-congé, nantissement, scriptuaire, timbre-amende ■ **13** remboursement.
PAÏEN : **6** eubage, gentil ■ **8** idolâtre, infidèle, mécréant, néophyte ■ **9** paganiser, prosélyte ■ **11** irréligieux.
PAILLARD : **8** débauché* ■ **9** luxurieux* ■ **11** paillardise.
PAILLASSE : **5** clown, pitre ■ **7** paillon, paillot ■ **10** queue-rouge.
PAILLASSON : **5** natte, tapis ■ **8** abri-vent ■ **10** décrottoir ■ **11** essuie-pieds, gratte-pieds, paillassonner ■ **14** paillassonnage.
PAILLASSONNER : **14** paillassonnage.
PAILLE : **4** fétu, glui ■ **5** balle, bauge, cabas, glane, glume, humus, luton, natte, niche, picot, ruche, soyer ■ **6** chaume, éteule ■ **7** bouchon, fouarre, lacerie, litière ■ **8** bûchette, canotier, fourchée, fourrage, lasserie, pailleux, paillote, râtelier ■ **9** chalumeau, dépailler, empailler, paillasse ■ **10** enchausser, paillasson, rempailler ■ **11** hache-paille ■ **12** carton-paille, empaillement.

PAILLER : **8** paillage.
PAILLETTE : **7** paillon ■ **8** pailleté ■ **9** pailleter ■ **10** orpailleur, pailletage, pailleteur.
PAILLON : **7** tontine.
PAILLOTTE : **6** cabane*.
PAIN : **3** bis, bun, mie ■ **4** brie, four, havi, maïs, œil, pané, pita ■ **5** azime, flûte, gruau, huche, jocko, miche, paner, pâtée, pesée, polka, rôtie, savon, soupe, sucre, talon, toast ■ **6** bâtard, boulot, casson, chapon, hostie, hot-dog, panade ■ **7** baisure, bourrée, fournée, gressin, grignon, longuet, moussot, panaire, quignon ■ **8** baguette, banneton, bisaille, biscotte, boulette, chanteau, cramique, mangeure, mousseau, nonnette, panifier, pastille, pistolet, salignon, sandwich, tartiner, tavaïole, tourteau ■ **9** boulanger, chapelure, croissant, marquette, pan-bagnat, paneterie, panetière, tavaïolle, trempette ■ **10** grille-pain, impanation, mouillette, panifiable, rissolette ■ **11** boulangerie, eucharistie, manutention ■ **12** panification.
PAIR : **4** égal, lord ■ **5** bandé, fascé, sénat ■ **6** pairie ■ **8** diphoïde ■ **9** pairement ■ **10** seigneurie ■ **11** duché-pairie ■ **12** paridigitide.
PAIRE : **4** deux, full ■ **6** couple ■ **8** apparier, déparier ■ **9** appairage, rapparier ■ **10** quadripôle, tétraptère.
PAIRLE : **7** gousset.
PAISIBLE : **3** coi ■ **4** béat ■ **5** calme*, quiet ■ **7** placide ■ **9** pacifique, pacifiste ■ **10** intermonde, tranquille* ■ **11** pantouflard ■ **12** paisiblement.
PAITRE : **5** pâtis, pâtre ■ **6** alpage ■ **7** brouter, pacager, parquer, pâturer, viander ■ **8** herbager, repaître ■ **9** cantonner, paissance ■ **10** transhumer ■ **11** dépaissance.
PAIX : **4** chut, holà ■ **5** affre, agape, calme*, motus, pacte, trêve ■ **6** accord, amitié, traité ■ **7** silence ■ **8** concorde, pacifier ■ **9** pacifique, pacifiste, protocole ■ **10** apaisement*, convention ■ **11** arrangement ■ **12** capitulation, pacificateur, pacification, tranquillité* ■ **13** accommodement ■ **14** réconciliation.
PAKISTANAIS : **6** ourdou.
PAL : **4** pieu* ■ **5** croix, flanc, palée ■ **8** équipolé, vergette ■ **9** équipollé ■ **10** empalement.
PALABRE : **8** palabrer ■ **9** discourir* ■ **10** discussion.
PALACE : **5** hôtel*.
PALADIN : **9** chevalier*.
PALAFITTE : **9** terramare.
PALAIS : **4** cour ■ **5** hôtel, musée, salle, voile, voûte ■ **6** casbah, évêché, manoir, mikado, sérail ■ **7** château*, édifice, icoglan, vélaire ■ **8** monument, palatial ■ **10** procuratie ■ **12** uranoplastie ■ **13** échansonnerie ■ **14** palatalisation.
PALAN : **5** bigue ■ **8** caliorne, pantoire ■ **9** palanquée, palanquer.
PALANQUE : **9** palanquer.
PALATALISATION : **9** mouillure ■ **11** palataliser.
PALATINE : **5** voûte ■ **9** palatinat.
PALE : **4** bleu, fané, gris, hâve, plat, vert ■ **5** blanc, blême, mauve, pâlir, pâlot, terne* ■ **6** cendre, défait, délavé, éteint, étiolé, flétri, livide ■ **7** blafard, céladon, déteint, pisseux, platine, terreux, tripale ■ **8** anémique, décoloré, incolore, jaunâtre, pâlichon, vrillage ■ **10** blanchâtre, quadripale ■ **11** chlorotique, languissant.
PALEANTHROPIEN : **10** anthrophien.
PALEFROI : **6** cheval.
PALEOGENE : **6** danien ■ **8** lutécien, lutétien ■ **9** paléocène.

PALEOGRAPHIE 5 sigle ■ **11** paléographe ■ **15** paléographique.
PALEOLITHIQUE: 7 atérien, capsien ■ **9** acheuléen, lavallois, solutréen ■ **10** clactonien, gravettien, moustérien ■ **11** abbevillien, aurignacien, badegoulien, magdalénien, moustiérien, pélistocène, périgordien ■ **12** mésolithique, tardenoisien ■ **13** leptolithique ■ **15** châtelperronien.
PALEONTOLOGIE: 13 paléontologue ■ **15** paléontologique, paléontologiste.
PALERON: 8 surlonge.
PALET: 6 disque ■ **9** discobole.
PALETOT: 7 manteau*.
PALETTE: 3 bat ■ **4** pale ■ **6** férule ■ **7** battoir ■ **8** couchoir ■ **10** palettiser ■ **12** palettisable ■ **13** palettisation.
PALETTISER: 11 palettiseur.
PALETUVIER: 12 pneumatophore.
PALEUR: 6 anémie ■ **8** chlorose, langueur.
PALIER: 5 carré, étage, phase, rampe, volée ■ **7** recette ■ **10** colonnette ■ **12** antifriction.
PALIERE: 7 saleron.
PALINDROME: 11 anacyclique.
PALINGENESIE: 11 renaissance ■ **13** réincarnation ■ **14** palingénésique.
PALINODIE: 10 rétraction.
PALIR: 6 blêmir, ternir ■ **7** changer, flétrir ■ **8** éteindre.
PALIS: 4 pieu* ■ **7** clôture.
PALISSADE: 4 lice ■ **5** palis, secco ■ **7** clôture* ■ **8** abrivent ■ **10** palissader ■ **13** fortification.
PALISSER: 9 palissage ■ **10** dépalisser.
PALISSON: 11 palissonner ■ **12** palissonneur.
PALLADIANISME: 9 palladien.
PALLADIUM: 2 pd ■ **8** garantie.
PALLIATIF: 7 calmant.
PALLIDUM: 13 pallidectomie.
PALLIER: 6 sauver ■ **7** modérer ■ **8** déguiser.
PALMATIQUE: 9 palmitine.
PALME: 7 palmier ■ **9** palmaturé, palmifide, palmilobe ■ **10** palmiparti, palmisèque ■ **11** palmatilobe ■ **12** palmatiparti, palmatisèque.
PALMEE: 9 palmifide ■ **10** palmiséqué ■ **11** palmatifide.
PALMIER: 4 arec, doum ■ **5** cycas, éléis, palme, serre ■ **6** arenga, élæis, kentia, phénix, raphia, rotang ■ **7** borasse, caryote, dattier, euterpe, palmite, phœnix, rondier, spadice ■ **8** aréquier, borassus, céroxyle, cocotier, latanier, oréodoxe, palmacée, palmette, palmiste, pandanus, piassava, sagouier, tallipot ■ **9** chamérops, œnocarpe, palmarium, palmeraie, sagoutier ■ **10** chamærops ■ **11** phytéléphas ■ **12** chou-palmiste, washingtonie.
PALMIPEDE: 3 fou, oie ■ **5** cygne, grèbe, harle ■ **6** canard, pétrel, puffin, rieuse, sterne ■ **7** anatide*, flamant, frégate, goéland, manchot, mergule, mouette, pélican, phaéton ■ **8** albatros, calculot, cormoran, macareux, pingouin, plongeon ■ **9** guillermot, lariforme ■ **11** ansériforme*, stercoraire.
PALMISTE: 5 xérus.
PALOMBRE: 6 pigeon*, ramier ■ **8** ramereau.
PALOURDE: 8 clovisse ■ **10** pinnothère.
PALPER: 7 toucher* ■ **8** palpable, sensible ■ **9** palpation.
PALPITER: 6 vibrer* ■ **9** palpitant ■ **11** palpitation.
PALTOQUET: 8 grossier*.

PALUDISME : **4** palu ■ **7** malaria ■ **8** anophèle, palustre ■ **11** chloroquine ■ **12** impaludation, intermittent.
PALYNOLOGIE : **13** palynologique.
PAME : **8** pâmoison ■ **14** évanouissement.
PAMPHLET : **4** écho ■ **5** tract ■ **6** blason, factum, satire ■ feuille, libellé, placard ■ **8** brochure, diatribe ■ **10** mazarinade, pasquinade ■ **11** journaliste ■ **12** pamphlétaire.
PAMPLEMOUSSE : **6** agrume, pomelo ■ **10** grapefruit.
PAMPRE : **8** épamprer, vignette.
PAN : **5** filet, veste ■ **8** enrayure ■ **9** colombage.
PANACEE : **5** panax ■ **6** remède* ■ **10** catholicon, médicament*.
PANACHE : **5** varié* ■ **6** plumet ■ **7** mélangé* ■ **8** aigrette, culbuter, gynérium, panacher ■ **9** cocardier ■ **10** empanacher.
PANACHER : **8** barioler, mélanger* ■ **9** panachage.
PANAFRICANISME : **11** panafricain.
PANAMA : **6** balboa ■ **8** panaméen, panamien.
PANARIS : **5** abcès* ■ **9** paronyque, tourniole.
PANATHENEES : **5** frise ■ **11** panathénien.
PANCARTE : **8** écriteau.
PANAX : **7** ginseng.
PANCRACE : **5** lutte* ■ **12** pancratiaste.
PANCREAS : **6** fagoue ■ **7** wirsung ■ **8** glucagon, insuline, trypsine ■ **9** sécrétine ■ **11** pancréatite ■ **12** pancréatique, trypsinogène.
PANDEMIQUE : **10** épidémique.
PANEGYRIQUE : **5** éloge* ■ **7** louange* ■ **11** panégyriste.
PANETERIE : **8** panetier.
PANETIERE : **9** gibecière.
PANIC : **3** mil ■ **4** moha.
PANICAUT : **8** pleurote.
PANICULE : **5** phlox.
PANIER : **3** van ■ **4** anse ■ **5** banne, baste, benne, cabas, ciste, flein, glène, hotte, manne, nasse, osier, rasse, ruche ■ **6** cageot, couffe, gabion ■ **7** cloyère, couffin, couvoir, éclisse, nacelle, nichoir, panerce, panerée, paneton, panière, verrier ■ **8** banneton, chistera, maniveau, mannette, pantenne, tonnelet ■ **9** bourriche, corbeille, corbillon, cueilloir, éventaire, faisselle, hottereau, mannequin ■ **11** panier-repas, vendangeoir, vendangerot.
PANIQUE : **9** épouvante*, paniquant, paniquard ■ **10** pessimisme.
PANKA : **5** panca, punka.
PANNE : **5** arrêt ■ **6** avarie ■ **11** chantignole ■ **12** échantignole.
PANNEAU : **4** tape ■ **5** cadre, carte, écran, ferme, filet, secco, table, vitre, volet ■ **6** isorel, métope, tympan ■ **7** affiche, custode, placard, trumeau ■ **8** crayonné, écriteau, enseigne, feuillet, pancarte ■ **9** feuillure, triptyque ■ **10** panneauter ■ **11** panneautage, panneauteur ■ **12** entrefenêtre ■ **13** contreplacage, homme-sandwich.
PANNONIE : **9** pannonien.
PANORAMA : **3** vue ■ **11** panoramique.
PANOSE : **8** panosser.
PANSE : **5** rumen ■ **6** ventre* ■ **7** crépine ■ **8** recingle, resingle ■ **11** palefrenier.
PANSEMENT : **4** gaze ■ **5** bande, crêpe, ouate, patch ■ **7** bandage* ■ **8** appareil, taffetas ■ **9** compresse, sparadrap, tarlatane ■ **10** plumasseau ■ **11** application, embrocation, fomentation.
PANSER : **5** poser ■ **6** bander, calmer ■ **7** brosser, pansage, soigner ■ **8** débrider, déterger, étriller, fomenter, nettoyer ■ **9** appliquer.

PANSLAVISME : **8** slavisme ■ **11** panslaviste.
PANSU : **4** gros* ■ **6** ventru.
PANTALON : **4** froc ■ **6** braies, fuseau, pyjama ■ **7** culotte*, fendard, fendart, knicker, saroual, sarouel ■ **8** blue-jean, corsaire, jodhpurs, knickers, moresque ■ **9** braguette, culottier, mauresque ■ **10** déculotter, entrejambe, reculotter, talonnette ■ **12** pantalonnade.
PANTELANT : **3** ému.
PANTELER : **8** respirer.
PANTHERE : **7** léopard.
PANTIERE : **8** pantenne.
PANTIN : **7** bouffon*, guignol, pupazzo ■ **8** bamboche, fantoche ■ **9** burattino, girouette ■ **11** marionnette ■ **12** polichinelle.
PANTOIS : **10** déconcerté.
PANTOMIME **4** mime ■ **5** geste, lazzi ■ **6** acteur ■ **7** pierrot ■ **9** mimodrame ■ **10** pantomimer.
PANTOUFLARD : **8** casanier, paisible.
PANTOUFLE : **4** mule ■ **6** savate ■ **7** kroumir ■ **8** chausson, mocassin ■ **11** charentaise, pantouflier.
PANURE : **4** pane.
PAON : **8** paonneau, saturnie ■ **9** criailler, gallinacé.
PAPA : **4** père*.
PAPAVERACEE : **5** pavot ■ **7** éclaire, ponceau ■ **9** œillette ■ **10** chélidoine, coquelicot ■ **11** sanguinaire.
PAPE : **4** mule ■ **5** croix, légat, nonce, papal, tiare ■ **7** ablégat, papable, papauté, papisme, pasteur, pontife, vicaire ■ **8** agnus dei, antipape, camérier, commende, conclave, sainteté, trirègne ■ **9** baisement, concordat, décrétale, népotisme, saint-père, souverain ■ **10** caudataire, encyclique, inter-nonce, monsignore, pontifical, pontificat ■ **13** béatification, épiscopalisme ■ **15** sedia gestatoria.
PAPELARDISE : **8** fausseté ■ **9** doucereux* ■ **11** pharisaïsme.
PAPERASSE : **6** papier* ■ **11** paperassier.
PAPIER : **3** pot ■ **4** page, pâte, pile, plan, rame ■ **5** aigle, bande, bible, blanc, bulle, cache, carré, chute, encre, épair, ferro, fibre, gâche, gerce, godet, lever, passe, pilot, plomb, thèse, vélin, verge ■ **6** billet, carton, format*, peille ■ **7** article, bristol, estompe, feuille, imprimé, origami, régloir, réglure, rognoir, stencil, taquage, tenture, torchon ■ **8** archives, boulette, cavalier, confetti, défilage, déglacer, fonceuse, gommette, lisseuse, marbreur, massicot, papelard, papetier, serpente, sesbanie, sous-main, trombone, vergeure ■ **9** coucheuse, défileuse, enveloppe, paperasse, papeterie, papillote, parchemin, raffineur, serpentin, sulfurisé, tortillon, tue-mouche ■ **10** affleurage, blanc-seing, cartonnier, tapisserie ■ **11** coupe-papier, dominoterie, papier émeri, pourrissage ■ **12** chiffonnière, contre-timbre, paperasserie, papier calque, papier filtre, serre-papiers ■ **13** presse-papiers.
PAPILIONACEE : **3** ers ■ **4** fève, pois, soja, soya, ulex ■ **5** ajonc, butea, dolic, fayot, genêt, gesse, lupin, orobe, tonka, vesce ■ **6** cytise lotier, trèfle ■ **7** bugrane, dolique, farouch, glycine, haricot, jarosse, landier, luzerne, mélilot, minette, sophora ■ **8** arachide, bauhinia, bauhinie, esparcet, farouche, fenugrec, féverole, jarousse, lentille, lupuline, réglisse, robinier, sainfoin, sesbania, sesbanie ■ **9** anthyllis, coronille, érythrine, téphrosie ■ **10** crête de coq, esparcette, indigotier, trigonnelle, vulnéraire ■ **11** arrête-bœuf, légumineuse, physostigma, pied-d'oiseau ■ **12** baguenaudier.
PAPILLE : **9** papilleux, papillome ■ **10** papillaire ■ **11** papillifère ■ **12** papilliforme.

PAPILLON: 4 mars ■ 5 cache, cocon, morio ■ 6 adonis, chylis, cossus, lycène, satyre, uranie, zygène ■ 7 aglossa, agrotis, alucite, argynne, danaïde, eudémis, machaon, phalère, sépiole, tinéidé, vanesse, vulcain, xanthie, zeuzère ■ 8 acidalie, agrotide, chenille, gâte-bois, géomètre, gonnelle, leucanie, lycénidé, noctuidé, saturnie, squamule ■ belle-dame, conchylis, noctuelle, sphingidé ■ 10 arpenteuse, carpocapse, chrysalide, géométridé, hétérocère*, nymphalidé, porte-queue, tortricidé, ypomoneute ■ 11 hypomoneute, lépidoptère, papilionacé, rhopalocère* ■ 12 papillonneur.
PAPILLONNER: 8 folâtrer* ■ 12 papillonnage, papillonnant ■ 14 papillonnement.
PAPILLOTE: 7 paillès.
PAPILLOTER: 8 vaciller ■ 11 papillotant.
PAPOTER: 8 bavarder*.
PAPOU: 5 papou.
PAPULE: 8 papuleux.
PAPYRUS: 11 papyrologie, papyrologue.
PAQUE 5 azyme ■ 6 pessah.
PAQUEBOT: 5 liner ■ 6 bateau*, navire* ■ 13 pont-promenade ■ 15 transatlantique.
PAQUES: 8 alléluia ■ 9 quasimodo.
PAQUET: 5 balle, boule, colis, maque, moche, paxon ■ 6 bagage*, ballot, liasse, pacson, paqson, pelote, sixain, sizain, tampon, torque ■ 7 bouchon ■ 8 ballotin, baluchon, écheveau, manipule, paqueter ■ 9 balluchon, bloc-notes, emballage*, pacotille, paquetage, paqueteur ■ 10 dépaqueter, empaqueter, quenouille.
PARABELLUM: 8 pistolet.
PARABOLE: 5 fable*, ladre ■ 6 courbe ■ 11 parabolique, paraboloïde ■ 15 paraboliquement.
PARABOLIQUE: 9 bowstring.
PARACHEVER: 5 finir* ■ 8 parfaire* ■ 13 parachèvement.
PARACHRONISME: 12 anachronisme.
PARACHUTAGE: 7 dropage ■ 8 largueur ■ 9 container.
PARACHUTE: 9 parapente ■ 10 parachuter ■ 12 parachutisme, parachutiste.
PARACHUTER: 6 droper ■ 7 dropper.
PARACHUTISTE: 4 para ■ 5 stick.
PARADE: 3 tac ■ 5 revue, tenue ■ 6 montre, octave ■ 7 étalage, riposte, seconde, septime ■ 8 crédence, palefroi, parement ■ 9 carrousel ■ 10 bucentaure ■ 11 ostentation.
PARADER: 6 trôner ■ 7 montrer ■ 8 paradeur ■ 9 cabotiner.
PARADIGME: 6 modèle* ■ 14 paradigmatique.
PARADIS: 4 ciel*, éden* ■ 5 houri ■ 7 royaume ■ 12 paradisiaque.
PARADISIER: 7 sifilet ■ 9 séleucide.
PARADISIAQUE: 7 édénien.
PARADOXE: 9 paradoxal ■ 10 contresens ■ 14 paradoxalement ■ 15 invraisemblable.
PARAFE: 7 parafer, paraphe ■ 8 parapher ■ 9 signature*.
PARAFFINE: 7 stencil ■ 9 ozocérite, ozokérite ■ 10 paraffiner ■ 11 paraffinage ■ 13 déparaffinage.
PARAFISCALITE: 10 parafiscal.
PARAGE: 4 pays ■ 9 approches, naissance.
PARAGRAPHE: 6 verset ■ 10 intertitre.
PARAGUAY: 10 paraguayen.
PARAITRE: 5 durer, faire ■ 6 aspect, éclore, mincir, naître*, surgir ■

7 briller, montrer, poindre, publier, sembler ■ **8** minauder, répandre, vieillir ■ **9** maquiller, présenter, témoigner ■ **10** apparaître*, dissimuler, reparaître ■ **11** disparaître ■ **13** transparaître.
PARALITTERATURE: **14** paralittéraire.
PARALLAXE: **13** parallactique.
PARALLELE: **4** onde, zone ■ **5** strie, terre, tronc, virée ■ **8** tropique, trusquin ■ **9** isoclinal ■ **10** contre-voie, horizontal, trusquiner ■ **11** comparaison*, contre-allée, troussequin ■ **12** almicantarat, parallélisme ■ **13** parallèlement, rapprochement.
PARALLELEPIPEDE: **10** rhomboèdre.
PARALLELISME: **9** strabisme ■ **12** paralléliste.
PARALLELOGRAMME: **5** carré ■ **9** rectangle ■ **15** parallélipipède.
PARALOGISME: **8** sophisme ■ **11** paralogique.
PARALYSE: **6** sidéré ■ **7** infirme*, perclus* ■ **8** engourdi, immobile, impotent ■ **9** paralyser, parétique ■ **10** insensible ■ **11** paralytique, vagolytique ■ **12** hémiplégique, paraplégique.
PARALYSER: **5** aider ■ **7** arrêter ■ **9** annihiler ■ **10** curarisant, paralysant ■ **11** immobiliser*.
PARALYSIE: **4** rage ■ **6** atonie ■ **7** parésie ■ **8** asthénie, atrophie, béribéri, paralysé ■ **10** anesthésie, catalepsie, dysarthrie, hémiplégie, monoplégie, paraplégie, sidération, strychnine ■ **11** contraction, paralytique, prostration, tétraplégie ■ **12** poliomyélite ■ **13** controlatéral, insensibilité ■ **15** engourdissement.
PARALYTIQUE: **7** perclus* ■ **8** impotent, paralysé*.
PARAMETRE: **10** paramétrer ■ **12** paramétrique.
PARANGON: **7** exemple*.
PARANGONNER: **12** parangonnage.
PARAPET: **5** berme ■ **6** merlon ■ **7** clôture* ■ **8** barbette ■ **10** balustrade, écrêtement, garde-corps.
PARAPHE: **4** visa ■ **6** parafe ■ **9** signature.
PARAPHRASE: **6** targum ■ **10** traduction ■ **11** paraphraser ■ **14** paraphrastique.
PARAPHRENIE: **10** paraphrène ■ **13** paraphrénique.
PARAPLEGIE: **9** paralysie* ■ **12** paraplégique.
PARAPLUIE: **5** en-cas, pépin ■ **6** pébroc ■ **7** parasol, riflard ■ **8** marquise, ombrelle, pébroque, tom-pouce.
PARAPSYCHOLOGIE: **15** parapsychologue.
PARASITAIRE: **5** axène ■ **7** zoonose ■ **8** axénique, kala-azar ■ **9** verminose ■ **10** dysenterie ■ **11** ascaridiase ■ **12** piroplasmose.
PARASITE: **3** gui, pou ■ **4** hôte, puce ■ **5** amibe, argas, douve, ixode, ténia, tique, urédo, varon ■ **6** acarus, bopyre, calige, chique, clepte, cynips, empuse, larsen, ligule, mousse, myxine, œstre, oïdium, oxyure, tænia, varroa, varron ■ **7** ascaris, bonamia, cestode, cœnure, convive, cuscute, distome, friture, gnathon, mildiou, punaise ■ **8** ascardie, botrytis, coccidie, dystonie, épiphyte, louvette, mendiant, nuisible, phytopte, pleurage, puccinie, sarcopte, strongle, trichine ■ **9** bilharzie, cirripède, diaphonie, doryphore, euphraise, helminthe, lèche-plat, mélampyre, mélophage, monotrope, orobanche, pesticide, profiteur, rafflésia, rafflésie, rhinanthe, sacculine, strongyle, trématode, urédinale ■ **10** armillaire, champignon, dragonneau, entozoaire, leishmania, leishmanie, linguatule, mallophage, moisissure, parasitose, phylloxéra, plasmopara, plasmodium, rhizoctone, toxoplasme ■ **11** ankylostome, écornifleur, hippobosque, infestation, parasitaire, parasitique, parasitisme, phytophtora, sporotriche, sporozoaire, trichomonas, trypanosome ■ **12** démangeaison, ectoparasite, endoparasite, hématozoaire,

parasiticide, trichogramme, ustilaginale ■ **13** cryptogamique, parasitologie, péronosporale, pique-assiette, trichocéphale, trichophyton ■ **14** bothriocéphale, péronosporacée.

PARASITOSE : 6 myiase ■ **8** oxyurose ■ **9** lambliase ■ **12** onchocercose.

PARASOL : 5 en-cas ■ **8** ombrelle.

PARASYMPATHIQUE : 13 acétylcholine.

PARATYPHOÏDE : 3 t.a.b. ■ **12** paratyphique ■ **13** parathyphique ■ **15** chloramphénicol.

PARATHYROÏDE : 13 parathyroïdal.

PARAVENT : 5 écran.

PARC : 4 acul ■ **5** pièce ■ **6** jardin* ■ **7** clayère, marenne ■ **8** parqueur, pâturage, tortille ■ **9** amareyeur, déparquer, gloriette, huîtrière.

PARCELLE : 3 mie ■ **5** grain ■ **6** copeau, miette, partie* ■ **7** morceau*, parchet ■ **8** fragment*, limaille ■ **9** étincelle, flammèche, paillette, postillon ■ **10** battitures ■ **11** parcellaire ■ **13** parcellariser.

PARCE QUE : 7 because.

PARCHEMIN : 5 cosse, garde, queue, vélin ■ **6** écroue ■ **7** canepin, diplôme, francin ■ **9** baudruche, manuscrit ■ **10** parcheminé, phylactère ■ **11** palimpseste, parcheminer ■ **12** parchemineux, parcheminier.

PARCIMONIE : 7 avarice* ■ **8** économie, ladrerie* ■ **10** marchander ■ **12** parcimonieux.

PARCIMONIEUX : 5 avare*, ladre ■ **6** chiche, ric-rac ■ **7** économe, ric-à-rac.

PARCOURIR : 4 lire, tour, voir ■ **6** battre, courir, monter ■ **7** balayer, couvrir, visiter ■ **8** arpenter, franchir, odomètre ■ **9** descendre, sillonner ■ **11** carrossable.

PARCOURS : 4 tour, walé ■ **5** awalé, étape, nagée, ronde, route, tracé, volée ■ **6** apogée, bunker, chemin, course, engane, marche, traite, trajet, trotte ■ **7** aphélie, fairway, sillage ■ **8** cinglage, slalomer, spéciale ■ **9** périhélie, sans-faute ■ **10** itinéraire*, révolution.

PAR-DERRIERE : 4 pouf ■ **5** queue.

PAR-DESSOUS : 5 patin ■ **8** soutenir ■ **10** sous-œuvre.

PARDESSUS : 5 outre ■ **6** ulster ■ **7** manteau*, surtout ■ **8** autocoat, jaquette, journade ■ **9** embarquer ■ **10** vertugadin ■ **11** cantonnière, soubreveste ■ **12** cache-couture ■ **14** cache-poussière.

PARDIEU : 5 pardi.

PARDON : 4 fête ■ **5** grâce, oubli ■ **6** excuse, faveur, rachat ■ **8** amnistie, clémence, impunité ■ **9** abolition, expiation, pardonner, rémission*, tolérance ■ **10** absolution, confession, indulgence, pèlerinage, rédemption, réparation ■ **11** déprécation, miséricorde ■ **12** acquittement ■ **13** impardonable ■ **14** réconciliation, réhabilitation.

PARDONNER : 6 délier, expier, passer ■ **7** excuser*, grâcier, oublier, réparer, tolérer ■ **8** absoudre, épargner, remettre ■ **9** acquitter, amnistier, décharger, favoriser ■ **10** affranchir, innocenter* ■ **11** pardonnable, réconcilier, réhabiliter.

PARE : 6 pareur.

PARE-BRISE : 9 lave-glace ■ **11** essuie-glace.

PARE-CHOCS : 7 spoiler.

PAREIL : 3 tac, tel ■ **4** égal*, même* ■ **5** autre, rendu ■ **6** kif kif ■ **8** conforme, revaloir, revanche ■ **9** nonpareil, semblable*, similaire ■ **10** réciproque ■ **11** dépareiller ■ **12** rappareiller.

PAREILLE : 9 revancher ■ **11** réciproquer.

PAREILLEMENT : 5 aussi ■ **7** avenant ■ **8** mêmement.

PAREMENT : 5 layer ■ **6** orfroi, parure, rebras, revers ■ **7** douelle ■ **8** ébrasure, parpaing ■ **9** bow-window ■ **10** parementer ■ **11** embrasement ■ **14** contre-parement.

PARENCHYME : 8 lacuneux ■ 9 pneumonie ■ 11 carnisation ■ 12 palissadique ■ 13 carnification ■ 14 parenchymateux.
PARENT : 4 mère, père ■ 5 affin, aïeul, neveu, nièce, oncle, piété, siens, sœur, tante ■ 6 cognat, cousin, proche ■ 7 famille, filleul, parenté ■ 8 lignager ■ 9 parentèle, postérité ■ 10 apparenter, collatéral, consanguin ■ 12 monoparental.
PARENTE : 4 côté, unir, lien ■ 5 agnat, allié, cadet, degré ■ 7 liaison ■ 8 agnation ■ 9 analogie, cousinage, parentèle ■ 10 fraternité ■ 11 cladistique, descendance* ■ 13 consanguinité, patrilinéaire ■ 15 classification.
PARENTHESE : 5 entre, tiret ■ 7 crochet ■ 10 digression.
PARER : 5 orner* ■ 6 éviter, paroir ■ 7 attifer, diaprer ■ 8 adoniser, arranger, auréoler, poupiner, préparer ■ 9 afistoler, bichonner, enjoliver, enluminer, imparable, pomponner ■ 11 endimancher.
PARESIE : 9 paralysie*.
PARESSE : 5 péché ■ 6 flemme ■ 7 apathie, inertie, lâcheté, tiédeur, torpeur ■ 8 inaction, langueur, lourdeur, mollesse, oisiveté, paresser ■ 9 indolence, pesanteur ■ 10 cagnardise, immobilisé, négligence, nonchaloir ■ 11 fainéantise, inexécution, nonchanlance* ■ 12 inexactitude ■ 13 désœuvrement ■ 15 engourdissement.
PARESSER : 5 muser ■ 6 flâner ■ 7 niaiser ■ 8 lambiner, musarder, relâcher ■ 9 cagnarder, lanterner ■ 10 fainéanter, flemmarder, vagabonder ■ 11 baguenauder.
PARESSEUX : 2 aï ■ 3 mou ■ 4 unau ■ 5 câlin, lourd, oisif* ■ 6 cancre, inerte, lambin, lézard, oiseux, pesant ■ 7 bradype, cagnard, clampin, cossard, endormi, flémard, inactif, inexact, mazette, rossard ■ 8 casanier, engourdi, fainéant*, flemmard, glandeur, gouapeur, immobile, indolent* ■ 9 dépendeur, désœuvre, négligent, tire-au-cul ■ 10 feignasson, nonchalant, tardigrade ■ 11 languissant, tire-au-flanc ■ 14 paresseusement.
PARFAIRE : 5 finir*, limer, polir ■ 6 lécher, perler, revoir ■ 7 châtier, ciseler ■ 8 fignoler ■ 9 compléter* ■ 10 parachever.
PARFAIT : 3 fin, mûr ■ 4 bien, fini, rare ■ 5 divin, idéal, passé, perle, richi, saint ■ 6 absolu, achevé, choisi, exquis, infini, modèle, réussi, révolu, unique ■ 7 complet, délicat, éminent, suprême, terminé ■ 8 accompli, adorable, consommé, parfaire, précieux ■ 9 admirable, délicieux, excellent, parachevé, sans-faute, souverain, supérieur ■ 10 hermétique, impeccable, ontogenèse, perfection, prodigieux ■ 11 chef-d'œuvre, merveilleux, remarquable ■ 12 imperfection, parfaitement, quintessence.
PARFAITEMENT : 10 absolument ■ 13 admirablement ■ 14 supérieurement.
PARFILER : 9 parfilage.
PARFOIS : 11 quelquefois.
PARFUM : 4 anis, iris, musc, nard, rose, thym ■ 5 ambre, arôme, fumet, huile, odeur*, sauge, tabac ■ 6 amande, cachou, encens, jasmin, menthe, myrrhe, néroli, origan ■ 7 aromate, benjoin, bouquet, camphre, civette, extrait, ladanum, lavande, lécythe, mélisse, œillet, onguent, romarin, senteur, vanille, vétiver ■ 8 fragance, labdanum, opopanax, violette ■ 9 bergamote, cardamone, castoréum, cinnamome, framboise, parfumeur, patchouli ■ 10 aromatique, enfleurage, frangipane, héliotrope, ilang-ilang, marjolaine, naphtalène, parfumerie ■ 11 ambrosiaque, brûle-parfum ■ 12 vaporisateur.
PARFUME : 7 fragant ■ 11 tutti frutti.
PARFUMER : 6 ambrer, odorer ■ 8 embaumer ■ 10 aromatiser, framboiser.

PARFUMERIE : **8** ambréine.
PARI : **3** p.m.u. ■ **4** défi, gage, mise ■ **5** enjeu ■ **6** couplé ■ **7** betting, fortifs, gageure ■ **10** discrétion.
PARIA : **9** misérable* ■ **11** intouchable.
PARIDE : **7** mésange ■ **8** nonnette.
PARIER : **5** gager, jouer, miser ■ **7** risquer* ■ **8** hasarder.
PARIETAIRE : **12** casse-pierres ■ **13** perce-muraille.
PARIETAL : **9** lambdoïde ■ **13** passifloracée.
PARIEUR : **9** sportsman.
PARISIEN : **5** avare ■ **7** gavroche ■ **12** parisianisme.
PARITAIRE : **11** paritarisme.
PARITE : **4** même ■ **7** égalité* ■ **10** communauté ■ **11** comparaison.
PARKING : **7** parcage ■ **8** autoport ■ **10** parcotrain.
PARKINSON : **5** l-dopa ■ **12** parkinsonien.
PARLANDO : **3** air.
PARLE : **7** taiseux ■ **11** créolophone ■ **12** dialectisant, hispanophone ■ **13** dialectophone.
PARLEMENT : **4** olim ■ **5** union ■ **6** envoyé ■ **7** sautier ■ **8** pétition ■ **9** présidial ■ **12** grand-chambre, nosseigneurs ■ **13** parlementaire ■ **15** parlementarisme.
PARLEMENTAIRE : **10** orléanisme.
PARLEMENTER : **8** débattre, négocier*.
PARLER : **4** dire*, geai, muet ■ **5** crier, gêner, inouï, jaser, peser, sabir, sujet, tarir, thème ■ **6** causer*, dauber, hurler, jacter, langue*, opiner, patois, tonner, trahir ■ **7** ânonner, babiller, cockney, deviser, faconde, gueuler, langage*, moufter, parleur, phraser, rigoler ■ **8** adresser, babiller, bavarder*, conférer, déclamer, dégoiser, démanger, déparler, dialecte, divaguer, écorcher, égotisme, éloquent, épancher, exprimer, grailler, jacasser, locuteur, moufeter, nasiller, patoiser, phraseur, reparler, susurrer, volubile ■ **9** auditoire, chevroter, consulter, converser*, dialoguer, discourir*, élocution, époumoner, gasconner, jargonner, laconisme, loquacité, marmotter, perroquet, taciturne, tchatcher, vociférer ■ **10** bafouiller, bien-disant, confabuler, déblatérer, dogmatiser, entretenir, gazouiller, monologuer, soliloquer ■ **11** apostropher, baragouiner, bredouiller, extravaguer, interpeller, monologuer, périphraser, ventriloque ■ **12** baragouinage, conférencier, impertinence, inconséquent, marmottement, primesautier ■ **13** charlatanerie ■ **14** circonlocution ■ **15** fransquillonner.
PARLOIR : **6** exèdre.
PARLOTE : **12** conversation*.
PARMESAN : **5** grana.
PARMI : **3** sur ■ **5** entre, trier.
PARNASSE : **10** parnassien.
PARODIE : **8** parodier ■ **9** imitation*, parodique, parodiste.
PARODIER : **6** imiter*.
PARODONTE : **10** parodontal ■ **12** parondologie.
PAROI : **3** mur* ■ **4** aile, à-pic ■ **5** cadre, dalot, dosse, plomb, ptôse, tuyau, voûte ■ **6** éponte ■ **7** valvule ■ **8** carpelle ■ **10** mycoplasme, transsuder ■ **12** contre-marche ■ **13** ergastoplasme.
PAROISSE : **4** cure ■ **5** prône ■ **6** église* ■ **7** clocher ■ **8** vicariat ■ **10** desservant, paroissial, paroissien.
PAROISSIAL : **6** pléban ■ **7** plébain.
PAROLE : **3** mot* ■ **4** dire, muet, sage, sort ■ **5** babil, bagou, bluff, chant, kyrie, motet, poème, verbe ■ **6** aparté, bêtise, eurêka, injure, menace, ordure, prière, propos* ■ **7** ambages, aphasie, aphémie,

impiété, langage, verbeux ■ **8** agacerie, boniment, dialogue, drôlerie, insanité, parlando, promesse, rosserie, verbiage ■ **9** acting-out, blasphème, brutalité, civilités, élocution, exorcisme, gaminerie, impudence, invective, jobardise, logorrhée, oralement, palilalie, patenôtre, sourd-muet, téléphone ■ **10** apophtegme, apostrophe, bégaiement, brusquerie, compliment, dysarthrie, expression, impudicité, malentendu, prosopopée, volubilité, vulgarisme ■ **11** bredouillis, conjuration, diffamation, grivoiserie, grossièreté, incantation, loufoquerie, phonothèque, porte-parole ■ **12** démutisation, électrophone, enfantillage, fanfaronnade, impertinence, intarissable, opéra-comique, sténographie ■ **13** polissonnerie, vociférations ■ **15** vidéoconférence, visioconférence.

PAROLIER : 6 auteur ■ **11** librettiste.

PARONYME : 11 paronymique.

PARONYMIE : 11 paronymique.

PAROTIDE : 9 oreillons : **10** parotidien, parotidite.

PAROXYSME : 5 swing ■ **7** extrême* ■ **8** survolté ■ **12** exacerbation, paroxysmique.

PAROXYSTIQUE : 6 raptus.

PARPAILLOT : 5 impie ■ **10** protestant ■ **11** irréligieux.

PARQUER : 8 enfermer*.

PARQUET : 5 foyer, sapin, tapis ■ **7** chevron ■ **8** moquette, mosaïque, plancher*, tribunal ■ **9** carrelage, frotteuse, languette, parqueter ■ **10** parquetage, parqueteur ■ **11** encaustique, parqueterie.

PARRAIN : 5 colée ■ **7** compère ■ **9** parrainer ■ **10** parrainage.

PARSEME : 9 cratérisé.

PARSEMER : 5 semer* ■ **7** étoiler, plumeté, tisonné, vergeté ■ **8** émailler ■ **9** pailleter, recouvrir ■ **10** consteller, saupoudrer.

PART : 3 lot ■ **4** code ■ **5** lopin, quota, secte ■ **6** apport, partie*, quirat ■ **7** morceau*, partage*, portion* ■ **8** champart, complice, division, fouaille, fragment, partager, réserver ■ **9** dividende, émolument, hors-texte, isolement, quote-part, ristourne ■ **10** abstention, contingent, contribuer, distinguer, intervenir, participer, séparément ■ **11** belligérant, interpréter, manifestant, particulier, ségrégation ■ **12** communicatif, contribution ■ **13** accroissement, distributaire, noncombattant, septembriseur ■ **14** intérieurement.

PARTAGE : 3 lot ■ **4** part* ■ **5** butin, divis, virée ■ **7** embrasé, indivis, trifide, vergeté ■ **8** diamètre, loculeux ■ **9** bipartite, copartage, également, insécable, loculaire, partageux, partiaire, partition ■ **10** dichotomie, graduation ■ **11** coprésident, exclusivité, liquidation, mi-partition, partageable, répartition*, time-sharing, ventilation ■ **12** copartageant, démembrement, distribution, morcellement ■ **13** coresponsable, fragmentation, impartageable, triangulation ■ **14** fractionnement* ■ **15** donation-partage.

PARTAGER : 5 lotir ■ **7** débiter, dépecer, diviser*, graduer, liciter, séparer* ■ **8** découper*, départer, impartir, liquider, morceler, ramifier, répartir*, ventiler ■ **9** dédoubler, démembrer, détailler, dispenser, écarteler, partageur, partiteur, segmenter, souteneur ■ **10** copartage, départager, distribuer, fragmenter, repartager ■ **11** communiquer, fractionner*.

PARTANT : 5 ainsi.

PARTENAIRE : 5 allié, passe, robre ■ **7** cavalier ■ **9** compagnon, triolisme.

PARTENARIAT : 11 partenarial.

PART EN PART : 11 transpercer.

PARTERRE : **9** corbeille ■ **10** boulingrin, plate-bande.
PARTHENOGENESE : **10** spanandrie.
PARTHENOGENETIQUE : **5** agame.
PARTI : **2** p.c. ■ **4** camp, clan, côté, gens, whig ■ **5** cause, derby, ligue, rouge, secte*, tente, virer ■ **6** profit ■ **7** coterie, faction, opinion, préjugé, torysme ■ **8** adhérent, agrarien, bannière, carlisme, converti, coryphée, déclarer, girondin, militant, néophyte, partisan, péquiste, perplexe, phalange, recruter, utiliser ■ **9** activiste, apostasie, bipartite, défection, déserteur, désertion, dissoudre, échiquier, exploiter ■ **10** adversaire, apostasier, barguigner, communiste, déterminer, monocolore, opposition, perplexité, résolution, tripartite ■ **11** affiliation, apparatchick, association*, bolchevique, bolchevisme, bolcheviste, jacobinisme ■ **12** antiunitaire, monopartisme ■ **13** multipartisme ■ **14** bipolarisation.
PARTIAL : **5** zoïle ■ **7** injuste* ■ **8** objectif ■ **9** équitable ■ **10** partialité ■ **12** partialement ■ **14** impartialement.
PARTIALITE : **7** préjugé* ■ **11** favoristisme.
PARTICIPANT : **8** relayeur.
PARTICIPATION : **4** aide* ■ **8** concours ■ **9** collusion ■ **10** assistance, complicité ■ **11** affiliation, association, coopération ■ **12** conspiration, contribution, participatif ■ **13** collaboration, intéressement ■ **15** coparticipation.
PARTICIPE : **5** supin ■ **6** mutiné ■ **11** concouriste, participial.
PARTICIPER : **5** aider, mêler, tenir ■ **6** courir ■ **7** ingérer, joindre, tremper ■ **8** assister, associer, compatir, coopérer, immiscer, partager ■ **9** compagnon, concourir, conspirer, favoriser, piqueteur ■ **10** collaborer, contribuer, intéresser, intervenir ■ **11** congratuler, constituant, pique-niquer, sympathiser ■ **12** coéchangiste, compromettre ■ **13** participation, stakhanoviste ■ **15** bulletin-réponse.
PARTICULARISER : **8** préciser ■ **12** singulariser.
PARTICULARISME : **14** particulariste.
PARTICULARITE : **6** rareté ■ **8** arabisme, modalité ■ **9** autonomie, propriété ■ **10** bizarrerie, idiopathie, phonétisme ■ **11** singularité ■ **12** circonstance ■ **13** idiosyncrasie, individualité ■ **14** particulariser ■ **15** caractérisation.
PARTICULE : **2** da, de, oc ■ **3** non, oui ■ **4** vice ■ **5** atome, deuto, fumée, gluon, méson ■ **6** affixe, baryon, partie, photon, virion ■ **7** hypéron, matière, micelle, neutron, nucléon, préfixe, tachyon ■ **8** bévatron, brownien, molécule, neutrino ■ **9** multiplet, radiation, saltation ■ **10** anaphorèse, antiproton, corpuscule, microbille, synchroton ■ **11** antineutron, augmentatif, phagocytose, subatomique ■ **13** antiparticule, cryoturbation, géliturbation, homocinétique, micronisation, monocinétique, scintillateur.
PARTICULIER : **4** foxé, rare ■ **5** argot, civil, juron, leçon, local, modal, ordre, privé ■ **6** prénom, propre*, unique* ■ **7** bizarre*, spécial, virtuel ■ **8** attribut, consacré, innominé, insolite, personne, précieux ■ **9** aoûtement, attirance, différent, personnel, singulier*, tête-à-tête ■ **10** attributif, individuel, point de vue, spécifique, téléalarme ■ **11** hétéroclite, inaccoutumé, prérogative, spécialiste ■ **13** particularité, transitionnel ■ **14** extraordinaire, particularisme, provincialisme ■ **15** caractéristique.
PARTICULIEREMENT : **9** notamment ■ **14** principalement.
PARTIE : **2** os ■ **3** arc, bec, col, cou, cul, dos, fût, jeu, lie, lot, mât, mie, nef, nez, pan, par, pat, pic, ria, ris, sas, son, sud, vue ■ **4** aine, anse, aube, aval, base, bout, bran, bras, bren, brin, cale, ciel, clan, côte,

fond, froc, gant, joue, jupe, lard, lieu, lobe, main, mâle, moie, moye, noix, none, once, pale, part*, pavé, pied, plan, rôle, sein, sève, sial, soie, sole, tige, toit, trio, tube, voix, zone ■ **5** abats, adent, adnée, adret, aître, armes, avant, bande, barne, basse, bêche, belle, bouge, bribe, bride, brion, bulbe, buste, canon, carat, carpe, carré, châle, chant, clair, cœur, côlon, corne, corps, coude, coupe, crase, creux, cruor, culot, curée, délié, dépôt, doigt, éclat, école, écume, enfer, enjeu, érine, étain, êtres, faîte, ferme, fesse, filet, flanc, fleur, forme, foyer, frein, frise, front, garde, genou, gigot, giron, golfe, gorge, grade, grain, hampe, hayon, herbe, herse, heure, iléon, iléum, jable, jambe, jante, jouer, kreml, leçon, lever, lèvre, ligne, limbe, lippe, logis, lyric, masse, matin, mèche, mêler, moyeu, neume, nœud, noyau, nuque, océan, ogive, ongle, oraux, ordre, ouest, panne, panse, paroi, parti, passe, patte, pelle, phase, pièce*, pilon, pomme, pouce, préau, proue, pubis, pulpe, quart, queue, râble, rampe, rejet, reste, rotor, sabot, scène, scion, selle, serre, siège, socle, somme, sonde, soute, stade, suage, tacet, tâche, talon, tarse, tempe, terme, terre, tiers, tison, torse, total, train, trait, trick, tripe, tronc, tutti, unité, valve, vente, verbe, veste, vibor, volée, vomer, voûte, vulve ■ **6** aubier, bas-mât, battée, cantre, décade, décile, dogger, incuit, lanice, lexème, manche, rondel, single, soirée, statif, tarmac, tierce, vibord ■ **7** abatant, anthère, bouvril, branche, cabaler, centile, cochlée, élément, fairway, falsafa, flasque, kremlin, lambeau, matines, morceau*, nucleus, paumure, portion*, pronaos, secteur, tronçon ■ **8** accroche, acropole, bajocien, barillet, beuverie, boisseau, brassard, capuchon, ceinture, cendrier, centiare, centième, chapelle, coenzyme, complies, corselet, coulisse, couronne, courtine, cuissard, cuisseau, démarque, derrière, diaphyse, division, dossière, ébarbure, écologie, écoumène, encolure, épistyle, équipier, estuaire, fantasme, faubourg, feuillet, flanchet, fourneau, fraction, fragment*, frontail, gaillard, gantelet, gorgerin, héligare, jeunesse, manipule, mantisse, millième, morphème, muraille, nocturne, occident, œillère, ornement, panneton, parabase, parcelle*, parterre, partitif, piédroit, pilastre, plaideur, pleurant, poitrail, poitrine, pommette, poulaine, prologue, proximal, quartier, radicule, retourne, revanche, romsteck, sablerie, saillant, simplexe, sinciput, solleret, soufflet, soulerie, statique, sternite, stigmate, surlonge, surplomb, tailloir, terrasse, thalamus, tonnerre, tribunal, vicariat, zoolithe ■ **9** affouager, antiquité, appendice, après-midi, avant-bras, avant-main, avant-toit, baignoire, basse-cour, bas-ventre, biochimie, biométrie, braguette, caldarium, carlingue, chanfrein, corbeille, cou-de-pied, croupière, cucurbite, cuilleron, cytologie, décigrade, décolleté, devanture, dominante, dynamique, ébréchure, écaillure, empaumure, endocarpe, engrêlure, entre-deux, enveloppe, épaulière, épigastre, étiologie, évidement, exécutant, fascicule, générique, gériatrie, habitacle, hypoderme, intérieur, livraison, mandibule, manubrium, métacarpe, métaphyse, métatarse, mingrélie, minuterie, mouillère, moustache, mouvement, muserolle, mycologie, nickelure, œkoumène, œsophage, orchestre, organique, paléogène, paritaire, particule, partition, passavant, pentamère, pied-droit, pomologie, porte-lame, porte-mors, promenoir, réactance, sous-barbe, sous-gorge, stipulant, synclinal, terrasson, théodicée, thermique, tisanerie, tortillon, trompette, ventaille, virologie ■ **10** accrescent, acoustique, angiologie, anticlinal, appartenir, appui-nuque, après-dîner, architrave, avant-corps, avant-scène, avant-train, barométrie, canardière, centigrade, centilitre, centimètre, chènevotte, chevillier, cochléaire, coéquiper, colitigant, concertant, consensuel, cytoplasme, décigramme, dégagement, dépendance, diagnostic, digression, dioptrique, eaux-vannes, échancrure, embouchure, endodontie, engagement, entournure, entrailles, entre-jambe, exposition, grappillon, hémistiche, hypocondre, hypogastre, hypothénar, induration, jambonneau, logistique, magnétisme, mammalogie, mariologie, millimètre, offertoire, optométrie, oropharynx, ostéologie, parmenture, pédodontie, péroraison, phoniatrie, pique-nique, plate-forme, porte-à-faux, prédictive, profession, proscénium, recourbure, récréation, repoussoir, retroussis, sanctuaire, scellement, sémiologie, septimanie, sertissure, sociétaire, sous-emploi, substratum, synecdoque, tectonique, thermolyse, tripartite, tubérosité, unilatéral ■ **11** arrière-main, arrière-pays, astrométrie, avant-bassin, bipartition, buffleterie, capillarité, cardiologie, catoptrique, centigramme, chevauchant, chrisologie, cinématique, coefficient, diencéphale, embryologie, enfoncement, entablement, entomologie, erpétologie, frigidarium, genouillère, gnoséologie, halotechnie, hématologie, hydrosphère, ichtyologie, immunologie, jejuno-iléon, laboratoire, lithosphère, milligramme, millionième, opisthodome, pancosmisme, photométrie, planimétrie, pneumologie, prophylaxie, rez-dejardin, séméiologie, sous-normale, succenturie, tératologie, terminaison, toxicologie, tribométrie, troussequin ■ **12** accastillage, aérobiologie, alcalimétrie, allergologie, antiphonaire, apologétique, arborescence, archidiaconé, arrière-corps, arrière-gorge, arrière-train, battellement, bourdonnière, brise-copeaux, calorimétrie, cancérologie, carcinologie, chronométrie, cinquantième, commencement, contrepointe, couronnement, cryophysique, décrochement, dermatologie, diacoustique, géotechnique, mésoéconomie, métencéphale, méthodologie, milliardième, organisateur, ornithologie, parondologie, patrouilleur, phtisiologie, plurilatéral, portionnaire, présentation, presse-étoffe, prosthétique, rhino-pharynx, rhumatologie, soubassement, soustangente, stéréométrie, stratosphère, substruction, substructure, thermochimie, thermogenèse, water-ballast ■ **13** bactérologie, cocontractant, congréganiste, ecclésiologie, embranchement, hydrogéologie, implantologie, partiellement, périnatalogie, quadripartite, souscontinent, stratigraphie, thérapeutique, traumatologie ■ **14** arrièrecerveau, chrématistique, endocrinologie, paléobotanique, spolanchnologie, stoéchiométrie ■ **15** caractéristique, démaigrissement, électrostatique, thermodynamique.

PARTIEL: 5 diète, manie ■ **7** acompte, à-valoir ■ **9** démixtion.

PARTIELLE: 10 leucotomie.

PARTIELLEMENT: 10 semi-ouvert.

PARTI PRIS: 7 préjugé* ■ **8** exclusif ■ **11** objectivité, tendancieux ■ **12** objectivisme.

PARTIR: 3 dès ■ **4** fuir* ■ **5** aller, barrer, congé, filer, large, lever, nager, porte, rater, tirer, venir, voile ■ **6** calter, carrer, exiler, ficher, lâcher, sortir* ■ **7** cavaler, débiner, déloger, détaler, écouler, émigrer, envoler, évacuer, quitter*, retirer*, séparer, trisser, trotter ■ **8** absenter, débouler, décamper, décarrer, décoller, démarrer, déplacer, déserter, éloigner, esquiver, partance ■ **9** carapater, déguerpir, délaisser, déménager, désormais, disperser, embarquer, expatrier, retourner ■ **10** abandonner, décaniller, dorénavant ■ **11** a posteriori, appareiller, disparaître*.

PARTISAN: 3 ami ■ **4** féal, lige ■ **5** allié, arien, séide, tenir ■ **6** adcpte, chiite, fidèle*, guelfe, membre, recruc, suppôt, tenant ■ **7** acolyte, affilié, associé, calotin, fellaga, fixiste, gibelin, groupie, hussite, libéral, moniste, raciste, sexiste, sicaire, soutien, sudiste, théiste, vériste ■ **8** adhérent, agrarien, animiste, arminien, atomiste, baptiste, carliste, césarien, clérical, disciple, dualiste, égotiste, étatiste, fasciste, fellagha, fidéiste, gallican, hégélien, huguenot, innéiste, mahdiste, marxiste, militant, miquelet, néophyte, nordiste, péquiste, scotiste, sectaire, séquelle, sioniste, tsariste, unitaire, vichyste, zélateur ■ **9** cartésien, castriste, classique, clientèle, communard, défenseur, dirigiste, donatiste, dynamiste, eugéniste, féministe, figuriste, génétiste, gnostique, gomariste, hitlérien, idéaliste, légaliste, moliniste, monadiste, naturiste, nihiliste, optimiste, orangiste, pacifiste, paulinien, péroniste, prosélyte, royaliste, sceptique, sectateur, supporter, unioniste, vitaliste, wagnérien, zwinglien ■ **10** anarchiste, anglophile, antisémite, belliciste, calviniste, communiste, criticiste, darwiniste, dogmatique, dogmatiste, dreyfusard, égalitaire, flamingant, franquiste, gestaliste, hébertiste, homéopathe, irrégulier, libertaire, moderniste, montaniste, non-violent, panthéiste, protestant, réformiste, ritualiste, scientiste, sinn-feiner, socialiste, spinoziste, trotskyste, turcophile, vichyssois, wahhabiste, wallingant, wicléfiste ■ **11** absolutiste, aristocrate, autonomiste, bolchevique, bolcheviste, boulangiste, centraliste, condottière, déféraliste, fouriériste, immoraliste, indigéniste, légitimiste, militariste, molinosiste, monarchiste, monétariste, monophysite, monothéiste, moscoutaire, mutuelliste, neutraliste, œcuméniste, organiciste, panslaviste, platonicien, relativiste, républicain, sensualiste, syncrétiste, technocrate, zoroastrien ■ **12** abondanciste, bimétalliste, consumériste, culturaliste, déterministe, épiscopalien, esclavagiste, espérantiste, historiciste, impérialiste, irrédentiste, modérantiste, nationaliste, phénoméniste, probabiliste, progressiste, rationaliste, spontanéiste, sympathisant, syndicaliste, vers-libriste ■ **13** collectiviste, essentialiste, mercantiliste, pangermaniste, phalanstérien, propagandiste, psychologiste, pythagoricien, spiritualiste, transformiste, universaliste ■ **14** aristotélicien, eurocommuniste, évolutionniste, individualiste, isolationniste, monométalliste, néo-platonicien, néo-positiviste, occidentaliste, réductionniste, ultra-royaliste ■ **15** coreligionnaire, existentialiste, fonctionnaliste, libre-échangiste, protectionniste, ségrégationiste, traditionaliste.

PARTITION : 7 chaussé, émanché, partage, tableur ■ **13** transcription.

PARTOUT : 8 ubiquité ■ **10** urbi et orbi ■ **13** universaliser.

PARTURITION : 5 terme ■ **7** mise bas ■ **9** gestation, grossesse ■ **10** délivrance ■ **11** enfantement, parturiente ■ **12** accouchement*.

PARURE : 5 atour, bijou, joyau, nippe ■ **7** diadème ■ **8** affutiau, ornement*, parement, peignier, toilette ■ **10** ajustement ■ **11** coquetterie.

PARVENIR : 5 faire, moyen, venir ■ **6** sauter, tomber ■ **7** arriver*, combine, réussir* ■ **8** moyenner, succéder, viatique ■ **9** atteindre* ■ **10** déchiffrer, marche-pied ■ **11** transmettre.

PARVENU : 5 riche ■ **6** policé.

PAS : 3 col, mie ■ **4** jeté, trot, volé ■ **5** coulé, coupé, début, jalon, mille, point, porté, seuil, tombé ■ **6** allure*, chaîné, porter, stawug ■ **7** balance, détroit ■ **8** assemblé, enjamber ■ **9** battement, contre-pas, podomètre, tussilage ■ **12** chassé-croisé.

PASQUILLE : 9 raillerie*.

PASQUIN : 6 sature ■ **7** bouffon* ■ **9** raillerie* ■ **10** pasquinade.

PASSABLE : 5 assez ■ **7** buvable, potable ■ **8** médiocre ■ **12** passablement.

PASSACAILLE : 8 chaconne.

PASSADE : 7 caprice*.

PASSAGE : 3 col, gué, pas, ras, rue, raz ■ **4** bond, lieu, obel, pont, saut ■ 5 allée, berme, boyau, canal, cluse, coulé, forte, gorge, issue, obèle, pâque, passe, péage, porte, seuil, texte, trace, trait, tutti, vulve ■ 6 aigage, alinéa, brèche, chemin, chenal, défilé, entrée, filtre, goulet, insert, passée, percée, ruelle, sortie, tirage, trappe, trouée, tunnel ■ 7 chicane, couloir, détroit, enclave, endroit, extrait, frayage, galerie, guichet, pertuis, poterne, reprise, ressaut, sentier, soupape ■ 8 barrière, cheminée, citation, consonne, corridor, coursive, débouché, estacade, exutoire, jaumière, passoire, pénombre, traboule, traverse, tubulure ■ 9 barbotage, chattière, chronaxie, déballage, embrasure, harponner, migration, ouverture, passavant, pont-canal, portillon, servitude, vomitoire ■ 10 absorption, coupe-gorge, dégagement, embouchure, filtration, fortissimo, interstice, intervalle, involution, modulation, passerelle, phylactère, pianissimo, régulateur, séparation, souterrain, transition ■ 11 caillebotis, culmination, électrolyse, fausse-route, transfusion ■ 12 assimilation, bleuissement, infiltration, liquéfaction, saut-de-mouton ■ 13 actualisation, communication, contre-attaque, électro-aimant, extrapolation, fossilisation, garde-barrière ■ 14 franchissement, solidification ■ 15 sédentarisation.

PASSAGER: 5 accès, court*, frêle, lueur, obèle, ondée, oubli ■ 6 fugace ■ 7 bouffée, fugitif, passade, passant, stand-by, ulmiste ■ 8 éphémère, hystérie, paquebot, précaire ■ 9 amourette, fantaisie, momentané ■ 10 accidentel, amouracher, cosmonaute, pied-à-terre, provisoire, temporaire ■ 11 bactériémie, intérimaire, narcolepsie, transitoire ■ 13 passagèrement.

PASSANT: 8 passager ■ 9 promeneur ■ 12 autostoppeur.

PASSANTE: 9 marcheuse.

PASSAVANT: 13 laissez-passer.

PASSE: 4 échu, fané* ■ 5 canal, issue, jadis, ordre, supin, temps ■ 6 écoulé, sésame, veille ■ 7 antique, attardé, has been, passage ■ 8 accompli, anamnèse, ecmnésie, histoire, prétérit ■ 9 antérieur, dévolutif, flash-back, imparfait, passéisme, téléphoné ■ 10 ancienneté, magnétisme, rétrocatif, surcomposé ■ 11 archéologie, télégénique ■ 12 débouquement, embouquement, rétrospectif, traditionnel, transpolaire ■ 13 rétrospection.

PASSE-CRASSANE: 8 crassane.

PASSE-DROIT: 9 privilège*.

PASSEMENT: 4 chou ■ 5 crêpe, filet, galon*, ganse, gland, lacet, motif, natte, nœud, picot, ruban* ■ 6 cordon, effilé, feston, frange, houppe, laisse, orfroi, tresse ■ 7 bordure, capiton, crépine, giselle, guipoir, guipure, lézarde, macaron, macramé, nervure, résille, rosette, torsade ■ 8 applique, bouillon, chenille, dentelle, dragonne, embrasse, freluche, giroline, pampille, soutache ■ 9 bouffette, chaînette, chamarrer, clinquant, cordonnet, frangette, garniture, houppette, paillette, passepoil ■ 10 cannetille, chamarrure, cordelière, lambrequin ■ 11 aiguillette, brandebourg, passementer ■ 12 passementier ■ 13 passementerie.

PASSEMENTERIE: 6 floche ■ 7 guipoir ■ 9 cartisane.

PASSE-PASSE: 9 jonglerie.

PASSEPOIL: 10 passepoilé.

PASSEPORT: 12 laissez-aller ■ 13 laissez-passer.

PASSER: 5 bruir, faner, fixer, furet, guéer, loger, passe, péage, raser, revue, tamis, temps, trame, virus ■ 6 couler, couper, enfuir, filtre, gravir, migrer, monter, mourir, percer, primer, sasser, sauter, sortir ■ 7 assurer, bougier, brocher, brosser, changer, coucher, cribler, croiser, doubler, écouler, enfiler, envoler, épuiser, estiver, évoluer, examen, excéder, fileter, filtrer, flétrir, frotter, glisser, gominer, gratter, moduler, passant, ratiner, tamiser, testeur, tourner ■ **8** blanchir, bocarder, circuler, culminer, dégriser, dépasser, déserter, diaphase, égrainer, enjamber, franchir, grillage, hiberner, hiverner, passager, pénétrer, précéder, priorité, projeter, promener, repasser, sublimer, traduire, turbiner, vieillir ■ **9** calandrer, corrompre, coupeller, cylindrer, escalader, événement, gazéifier, infiltrer, œil-de-pie, passation, passavant, peaufiner, permettre, plausible, postposer, surpasser, transfuge, transiter, traverser*, trépasser, triballer ■ **10** contourner, cylindrage, dérailleur, embauchage, extrapoler, filtration, fluidifier, médiatiser, mutualiser, passe-droit, passe-lacet, passe-passe, pourlécher, solidifier, transférer, transfuser, transsuder, vagabonder, vitriolage ■ **11** commutateur, diathermane, disparaître, outrepasser, transborder, transmettre, transmigrer, transpercer, transporter ■ **12** achromatique, impraticable, laissez-aller, passe-partout ■ **13** indispensable, laissez-passer, semi-perméable ■ **14** court-circuiter.

PASSERAGE : 7 cresson.

PASSEREAU : 3 pie ■ **4** lyre, pipi ■ **5** agace, calao, huppe, linot, pipit, rémiz, serin, shama, tarin, tyran, veuve ■ **6** aronde, bec-fin, canari, cincle, draine, drenne, jaseur, loriot, malure, margot, mauvis, ménure, paridé*, pinson, pitpit, quelea ■ **7** bengali, corvidé*, cotinga, friquet, gros-bec, guêpier, jacasse, moineau, motteux, rollier, sifilet, tangara, traquet, turdidé*, verdier ■ **8** alouette, becfigue, cul-blanc, farlouse, fauvette, fournier, grenadin, martinet, plocéidé, pouillot, quiscale, roitelet, rupicole, sittelle, sturnidé, sylviidé, tisserin ■ **9** accenteur, bec-croisé, étourneau, hirondeau, mauviette, monticole, passerine, phragmite, salangane, sansonnet, souïmanga, trogonidé, troupiale ■ **10** coq-de-roche, effarvate, grimpereau, hirondelle, hochequeue, lavandière, lévirostre, paradisier, pie-grièche, trochilidé*, troglodyte ■ **11** dentirostre, engoulevent, fourmillier, fringillidé*, gobemouches, rousserolle, ténuirostre ■ **12** chardonneret, passériforme, passerinette ■ **13** bergeronnette, martin-pêcheur ■ **14** martin-chasseur.

PASSERELLE : 4 pont* ■ **7** kiosque ■ **8** rambarde ■ **9** baignoire.

PASSERIFORME : 9 passereau*.

PASSE-TEMPS : 3 jeu ■ **5** hobby ■ **10** récréation.

PASSEUR : 8 bateleur, batelier.

PASSIBLE : 8 pendable.

PASSIF : 4 doit ■ **5** actif, bilan, verbe ■ **6** inerte ■ **8** déponent, passiver ■ **9** passivité ■ **11** passivement.

PASSIFLORE : 10 grenadille.

PASSION : 4 élan*, joie, rage, rêve, vice ■ **5** accès, amour*, désir*, envie, excès, folie*, froid, glace, haine, manie* ■ **6** âpreté, ardeur*, béguin, colère, délire, fièvre, flamme, fureur*, luxure, nature ■ **7** appétit, avarice, bandeau, chaleur, crainte, égoïsme, émotion, ivresse, maladie, naturel, tension, volupté ■ **8** ambition, beylisme, cupidité, débauche, frénésie, instinct, jalousie, penchant, violence*, vivacité ■ **9** affection, agitation, brutalité, caractère, catharsis, enflammer, éréthisme, espérance, explosion, fanatisme, idolâtrie, lascivité, monomanie, paroxysme, transport, tristesse, véhémence ■ **10** admiration, amouracher, convoitise, ébullition, ensorceler, exaltation, irritation, partialité, passionnel, sensualité, tempérance ■ **11** affectivité, aveuglement, bibliomanie, dépravation, détachement, embrasement, emportement, inclination, palpitation, tempérament ■ **12** appassionato, déchaînement, enthousiasme*, entraînement, fermentation, intempérance, passionnaire ■ **13** concupiscence, effervescence, passionnément, surexcitation ■ **14** bouillonnement ■ **15** cristallisation.

PASSIONNANT : **9** attachant ■ **11** intéressant*.
PASSIONNE : **3** fou, vif ■ **4** âpre, fana, féru, ivre ■ **5** accro, amant, chaud, épris, mordu, sacré ■ **6** ardent*, brutal, exalté ■ **7** aveugle, égoïste, forcené, furieux, partial, sensuel, violent* ■ **8** amoureux, excessif, exclusif, mélomane, raffoler, véhément ■ **9** fanatique ■ **10** audiophile, chaleureux, dilettante, frénétique, langoureux, romantique ■ **11** inflammable, intempérant ■ **12** enthousiaste*.
PASSIONNER : **6** animer, remuer ■ **7** engouer, exciter ■ **8** captiver, embraser, émouvoir, éveiller ■ **9** enfiévrer, enflammer, fanatiser ■ **10** électriser ■ **13** enthousiasmer, impressionner.
PASSIVATION : **8** passiver.
PASSIVITE : **3** yin.
PASSOIRE : **5** tamis ■ **6** filtre ■ **7** chinois ■ **8** passe-thé.
PASTEL : **5** guède ■ **6** isatis ■ **7** cocagne ■ **8** coraigne ■ **9** pastelier, pasteller, pompadour ■ **11** pastelliste.
PASTEQUE : **5** melon ■ **6** courge ■ **10** coloquinte.
PASTEUR : **6** berger*, prêtre ■ **8** capselle, ministre, pastoral, pastorat, révérend ■ **11** consistoire ■ **12** missionnaire.
PASTEURELLA : **13** pasteurellose.
PASTEURELLOSE : **11** pasteurella.
PASTEURISER : **10** pastoriser ■ **14** pasteurisation.
PASTICHER : **6** imiter* ■ **10** pasticheur.
PASTILLE : **7** implant ■ **8** comprimé ■ **10** pastilleur.
PASTIS : **9** mauresque.
PASTORAL : **4** ranz ■ **6** idylle ■ **7** églogue ■ **8** bergerie ■ **9** bucolique, champêtre ■ **10** villanelle ■ **13** pastoralement.
PASTORALE : **4** bref.
PASTOUREAU : **6** berger*.
PAS TRES BIEN : **10** couci-couça, couci-couci.
PATACHE : **7** voiture* ■ **8** patachon.
PATAPOUF : **4** gros*.
PATAQUES : **10** galimatias.
PATAUD : **5** lourd ■ **9** maladroit*.
PATAUGER : **8** barboter ■ **9** pataugeur ■ **10** pataugeage, patouiller ■ **11** pataugement, patrouiller.
PATE : **4** nafé, pile ■ **5** bugne, minot, pâtée, pâton, pétri, purée ■ **6** beigne, croûte, engobe, foufou, jujube, rollot, surimi, tarama ■ **7** abaisse, beignet, brasque, lasagne, loukoum, nouille, onguent, pirojki, raviole, videlle, vitelot ■ **8** chocolat, clafouti, eugénate, macaroni, moussoir, traboule ■ **9** barbotine, béatilles, clafoutis, coupe-pâte, croquette, croustade, koulibiac, marmelade, patouille, plastisol, sassenage, spaghetti, trabouler, vol-au-vent ■ **10** cannelloni, cataplasme, feuilleter, pastellage, pâtisserie*, pétrisseur, vermicelle ■ **11** cailloutage, feuilletage, tagliatelle, trituration ■ **12** soumaintrain ■ **13** saint-nectaire ■ **14** saint-florentin, saint-marcellin.
PATEE : **5** pâton.
PATELIN : **4** faux, pays, trou ■ **9** doucereux*, pateliner ■ **9** pateliner ■ **10** patelinage, patelineur ■ **11** compatriote, patelinerie.
PATELLE : **8** bernique 12 patelliforme.
PATENE : **4** paix.
PATENOTRE : **6** prière*.
PATENT : **7** évident*.
PATENTE : **6** brevet ■ **8** patenter ■ **10** patentable.
PATERE : **13** porte-chapeaux.
PATERNE : doucereux*.

PATERNEL: **3** bon ■ **10** consanguin ■ **13** patrilinéaire.
PATERNITE: **11** copaternité.
PATEUX: **4** brai ■ **5** épais, magma, pâtée, verre ■ **8** paraison.
PATHETIQUE: **8** émouvant* ■ **10** pathétisme ■ **14** pathétiquement.
PATHOGENE: **7** viroïde ■ **9** gonocoque ■ **10** mycoplasme ■ **11** colibacille, pasteurella ■ **12** inactivation ■ **13** toxi-infection.
PATHOLOGIE: **4** sang ■ **10** andrologie, mastologie ■ **11** gynécologie, hépatologie ■ **12** pathologique, pathologiste ■ **13** ophtalmologie.
PATHOLOGIQUE: **3** pus ■ **5** ictus ■ **6** urémie ■ **7** acidose, tétanie ■ **8** akinésie, caféisme, sclérose ■ **9** acalculie, asymbolie, dysphonie, néoplasie, néoplasme, occlusion, ostéolyse, tétanisme ■ **10** borderline, crétinisme, insolation, ostéopathe, pathomimie, sinistrose ■ **11** bradycardie, hallucinose, hypercapnie, hypersomnie, infestation, leucoplasie, prépsychose ■ **12** acrocéphalie, mégaloblaste, pseudotumeur, thrombopénie ■ **13** approbativité, destructivité, hyperazotémie, hypercalcémie, hyperkaliémie, théâtralisme ■ **14** décompensation, pyrétothérapie ■ **15** barotraumatisme, collectionnisme, exhibitionnisme, paranéoplasique, perfectionnisme.
PATHOS: **7** emphase* ■ **10** galimatias.
PATIBULAIRE: **5** gibet ■ **10** inquiétant.
PATIENCE: **5** calme, délai, rumex ■ **6** flegme, puzzle ■ **7** patient ■ **8** quiétude ■ **9** constance, endurance*, passivité, patienter, stoïcisme, supporter, tolérance ■ **10** impatience, indulgence, mansuétude, modération, patiemment ■ **11** impatienter, longanimité, résignation ■ **12** persévérance ■ **13** impassibilité.
PATIENT: **3** bon ■ **4** doux, roué ■ **5** mulet ■ **6** docile, passif ■ **7** stoïque ■ **8** constant, endurant, tolérant ■ **9** impatient, indulgent ■ **10** débonnaire, impassible ■ **11** flegmatique, malendurant, persévérant.
PATIENTER: **7** tolérer ■ **8** attendre*, contenir, différer, résigner, souffrir ■ **9** permettre, supporter ■ **10** temporiser.
PATIN: **3** ski ■ **4** fort ■ **7** patiner, skating ■ **8** patinage, patineur, traîneau ■ **9** patinoire.
PATINAGE: **4** axel ■ **7** imposée, skating.
PATINE: **7** patiner.
PATINER: **8** patinage.
PATINETTE: **11** trottinette.
PATIR: **5** subir ■ **8** souffrir*.
PATIS: **4** parc ■ **7** prairie ■ **8** pâturage*.
PATISSERIE: **4** baba, chou, paté* ■ **5** crème, dorer, lunch, raton, tarte ■ **6** couque, éclair, friand, gâteau, gaufre, oublie, touron, tourte ■ **7** abaisse, biscuit, bretzel, brioche, croquet, échaudé, kouglof, macaron, plaisir, savarin, terrine, timbale ■ **8** biscotte, chausson, godiveau, meringue, nonnette, pâtisser, quenelle, talmouse ■ **9** adragante, barquette, charlotte, feuilleté, gimblette, kugelkopf, pâtissier, petit-four, vol-au-vent ■ **10** colifichet, paris-brest, pâtissoire ■ **11** chanoinesse, croquignole feuilletage, profiterole, saint-honoré ■ **12** feuillantine ■ **13** croquembouche ■ **15** étouffe-chrétien.
PATISSIER: **5** gâche ■ **6** mitron ■ **7** videlle ■ **9** coupe-pâte, patronnet ■ **10** pâtisserie*.
PATISSON: **14** bonnet-de-prêtre.
PATOIS: **8** dialecte*, patoiser ■ **9** patoisant.
PATOUILLER: **6** manier ■ **8** patauger.
PATRAQUE: **6** malade.
PATRE: **4** péon ■ **6** berger* ■ **8** armailli.

PATRIARCAL: 15 patriarcalement.
PATRIARCHE: 4 chef* ■ 5 tribu ■ 9 vieillard ■ 10 patriarcal, patriarcat ■ 11 métropolite.
PATRICE: 9 patricial, patriciat.
PATRICIEN: 5 noble*, plèbe, sacré ■ 9 patriciat ■ 11 aristocrate.
PATRIE: 4 pays* ■ 5 banni ■ 6 nation* ■ 7 civisme ■ 8 apatride, expatrié, patriote ■ 9 dépatrier, expatrier, heimatlos, rapatrier ■ 11 patriotisme ■ 12 rapatriement.
PATRILINEAIRE: 9 patriclan.
PATRIMOINE: 4 bien*, part ■ 8 écomusée, mobilier ■ 9 propriété* ■ 10 succession ■ 11 patrimonial.
PATRIOTE: 7 chauvin, civisme ■ 9 cocardier ■ 10 patriotard ■ 11 patriotique, patriotisme ■ 12 antipatriote, nationaliste ■ 15 antipatriotique, patriotiquement.
PATRON: 4 boss, chef* ■ 5 saint, singe ■ 6 maître*, modèle, tôlier ■ 7 taulier ■ 8 patronal, patronat ■ 9 patronner, gabarrier, tenancier ■ 12 paternalisme.
PATRONAGE: 5 glèbe ■ 7 vocable ■ 8 auspices.
PATRONALE: 7 frairie.
PATROUILLE: 11 patrouiller ■ 12 patrouillage, patrouilleur.
PATTE: 4 pied* ■ 5 apode, canon, ergot, jambe*, pattu, pince, quasi, sabot, tarse ■ 6 éperon, jambon, jarret, lycope, souris ■ 7 alérion, cuissot, isopode, oreille, paturon, trumeau ■ 8 aggravée, cuisseau, éclanche, hexapode, oreillon, vervelle ■ 9 épaulette, oreillons, ravisseur, tétrapode ■ 11 quadrupédie.
PATURAGE: 3 pré ■ 4 alpe, auge, noue, parc ■ 5 erbue, mayen, pâtis, remue, terre ■ 6 alpage, estive, herbue, pacage, pâture* ■ 7 estiver, herbage, prairie ■ 8 embouche, estivage, pasquier ■ 11 surpâturage.
PATURE: 5 appât, pâtis ■ 7 engrais, pâturer ■ 8 affenage, pâturage* ■ 9 pâturable.
PATURER: 6 paître* ■ 7 pacager, viander ■ 8 pâturage.
PATURON: 4 abot ■ 6 jointé ■ 9 bas-jointé ■ 10 long-jointé ■ 11 court-jointé ■ 12 enchevêtrure.
PAUME: 5 éteuf ■ 6 hockey, thénar ■ 7 cricket, paumier, triquet ■ 8 base-ball, gantelet, palmaire, raquette ■ 9 empaumure ■ 10 hypothénar, lawn-tennis, supinateur.
PAUMEE: 5 colée.
PAUMELLE: 8 paumoyer.
PAUMURE: 7 paumier.
PAUPERISATION: 10 paupériser.
PAUPERISME: 6 manque* ■ 8 pauvreté*.
PAUPIERE: 3 cil ■ 4 clin, khôl ■ 5 kohol, tarse ■ 6 koheul, ptôsis ■ 7 chalaze, cocotte, orgelet ■ 8 eye-liner ■ 9 chalazion, clin d'œil, dessiller, ectropion, entropion, nictilant, palpébral ■ 10 blépharite, papilotter ■ 11 conjonctive, éraillement, papillotage ■ 12 clignotement.
PAUSE: 5 arrêt*, coupe, halte, point, repos* ■ 6 pauser, soupir ■ 7 attente, silence, station ■ 10 pause-café, stagnation ■ 12 interruption*, point-virgule.
PAUVRE: 4 hère ■ 5 gueux*, ladre, panné, ruiné ■ 6 chétif, piteux ■ 7 pauvret, stérile ■ 8 croquant, dépourvu, hyposodé, indigent, mendiant*, miséreux, pauvreté ■ 9 appauvrir, besogneux, famélique, loqueteux, marmiteux, misérable*, pitoyable, pouilleux, va-nu-pieds ■ 10 bidonville, calamiteux, déguenillé, dépenaillé, désargenté, malheu-

reux*, pauvrement, prolétaire ■ **11** meurt-de-faim, nécessiteux, ventre-creux ■ **13** hypocalorique.

PAUVRETE: **4** gêne, vœu ■ **5** dèche, faste, panne, purée, ruine, tasse ■ **6** besoin*, débine, famine, misère*, mouise, panade, pétrin ■ **7** disette, pénurie ■ **8** détresse, embarras, richesse ■ **9** dénuement, gueuserie, indigence, mendicité, mistoufle, nécessité, stérilité ■ **10** épuisement, médiocrité, mouscaille, paupérisme, pouillerie ■ **11** délabrement ■ **12** insuffisance ■ **13** impécuniosité ■ **15** appauvrissement.

PAVANE: **9** gaillarde.

PAVANER: **5** poser ■ **7** parader.

PAVE: **3** hie ■ **4** dame ■ **5** dalle, paver ■ **6** pierre ■ **7** carreau, macadam ■ **8** carrelet, épinçage, mosaïque, pavement ■ **9** déversoir, repiquage.

PAVEMENT: **8** tesselle ■ **11** pavimenteux.

PAVER: **6** daller, pavage, paveur ■ **7** repaver ■ **8** carreler, pavement, repavage ■ **9** briqueter ■ **10** décarreler, demoiselle, repavement, rudération.

PAVILLON: **5** berne, chapé, corne, digon, folie, hélix, tente, villa ■ **6** ajoupa, conque, donjon, flamme, gopura, guidon, maison*, marque, muette, pavois ■ **7** drapeau, guérite, kiosque, oreille, rotonde ■ **8** bannière, chapelle, cornette, guindant, pavoiser, sourdine, tonnelle, tourelle ■ **9** belvédère, gloriette ■ **10** lambrequin ■ **11** échauguette, maisonnette ■ **13** pavillonnerie.

PAVOIS: **6** daleau ■ **7** fargues.

PAVOISER: **6** pavois ■ **11** pavoisement.

PAVOT: **5** huile, opium ■ ■ **7** calmant, capsule, papaver, ponceau ■ **8** laudanum, morphine ■ **9** œillette, somnifère ■ **10** coquelicot.

PAYE: **5** loyer, péage, solde, terme ■ **6** impayé ■ **8** paiement ■ **9** cachetier ■ **10** monnayable ■ **11** rétribution ■ **13** rémunératoire.

PAYER: **4** écot, paie, paye ■ **5** dédit, jeton, saler, solde, vente ■ **6** fendre, gagner, payeur, raquer, régler, solder, verser ■ **7** acheter, amortir, avancer, bégaler, casquer, compter, cotiser, cracher, honorer, régaler, repayer ■ **8** défrayer, dégorger, dépenser*, dépocher, desserre, douiller, échauder, écorcher, estamper, étriller, financer, griveler, paiement, payement, prépayer, répondre, solvable, soudoyer, suborner, subvenir, surpayer, surtaxer ■ **9** acquitter, appointer, consigner, contenter, débourser, décaisser, escompter, gratifier, rançonner, rémunérer, rétribuer, souscrire ■ **10** affranchir, contribuer, entretenir, insolvable, mercenaire, rembourser, stipendier, tributaire ■ **11** acceptation, ordonnancer, récompenser ■ **12** contribuable ■ **13** désintéresser ■ **14** ordonnancement.

PAYS: **3** ici ■ **4** chez, ciel, lieu, mère, paix, zone ■ **5** cœur, diète, natif, parmi, piste, terre ■ **6** climat, nation, parage, patrie, région ■ **7** contrée, grenier, paradis, patelin, take-off, terroir ■ **8** déraciné, dépayser, étranger, exotique, folklore, immigrer, indigène, invasion, littoral, panorama, romanité ■ **9** électorat, intérieur, migration, nostalgie ■ **10** atmosphère, autochtone, chrétienté, concitoyen, insularité, population, quart monde, tiers monde ■ **11** arrière-pays, compatriote, fédéraliser, indésirable, panarabisme, vice-royauté ■ **12** bannissement, chorographie, colonisation, vernaculaire ■ **13** cobelligérant, nonalignement, pérégrination ■ **14** sous-médicalisé, surendettement ■ **15** désatellisation, non-belligérance, rechristianiser.

PAYSAGE: **3** vue ■ **4** site ■ **5** décor, genre, morte ■ **7** brousse ■ **8** paysager ■ **10** paysagiste, perspectif ■ **11** anthropique, enfoncement.

PAYSAN: **4** serf ■ **5** cotte, plouk, rural ■ **6** manant, moujik, pecnot,

pécore, rustre, vilain ■ **7** bouseux, fermier*, rustaud, terrien, zeugite ■ **8** croquant, péquenot, roturier, rustique, touloupe ■ **9** jacquerie, paysannat ■ **10** campagnard, cul-terreux, kichenotte, palsambleu, pastoureau, pedzouille, villageois ■ **11** agriculteur, cambrousard, cambrousien, paysannerie, pétrousquin, quichenotte ■ **12** cambroussard.
PAYS CHAUDS: 8 paillote, scorpion ■ **9** stégomyie ■ **10** dragonnier, maringouin ■ **11** sidéroxylon ■ **14** pamplemoussier.
PAYS TEMPERES: 5 aneth.
PAYS TROPICAUX: 11 broméliacée.
PEAN: 5 chant, hymne, pæan.
PEAU: 3 mue ■ **4** acné, cuir, daim, dine, gale, hâle, lard, muer, pelé, poil, pore, raie, rasé, robe, suer, taie, veau, zona ■ **5** blanc, chair, cosse, croco, derme*, envie, fanon, gilet, grain, haire, kajac, kayac, ladre, lèpre, loupe, malle, mégie, mégir, mégis, ortie, outre, panne, parer, peler, psora, psore, raphé, satin, scalp, séton, signe, spore, suède, sueur, tache, tanné, taupe, suçon, tigre, vache, vélin, velot, zeste ■ **6** basané, carate, croûte, cutané, écorce, eczéma, exuvie, fongus, fraise, livedo, macule, nævus, oursin, papule, pelage, pelure, vibice ■ **7** agnelin, anthrax, canepin, chamois, couenne, croupon, ecthyma, escarre, eschare, estompe, mycosis, papille, peeling, pustule, sabrage, surpeau, tunique ■ **8** achromie, actinite, armeline, chéloïde, chevreau, chloasma, crevasse, ébourrer, écharner, écorcher, épicarpe, épiderme*, équarrir, érythème, fourreur, fourrure, galuchat, ichtyose, impétigo, jaunisse, kératose, léopardé, maroquin, médisser, mélanine, mélanome, membrane, miliaire, moricaud, panoufle, peaucier, pétéchie, risorius, sabreuse, strigile, tégument, triballe ■ **9** baudruche, cancroïde, carbatine, chabraque, chagriner, chevrotin, dépiauter, dépouille, dermatite, dermatose, ecchymose, écharnoir, écorchure, ectoderme, enveloppe, érésipèle, érysipèle, érythrose, frayement, hypoderme, mégissier, mélanocyte, molluscum, papillome, parchemin, peaufiner, peau-rouge, peaussier, pellicule, pemphigus, percutané, phtiriase, sauvagine, scabieuse, triballer ■ **10** anguillade, barbillons, chamoisage, dépouiller, dyschromie, écharneuse, ectoblaste, épithélium, intertrigo, mégisserie, peausserie, pelleterie, phtiriasis, scarlatine, sous-cutané, urtication, vergetures, xérodermie ■ **11** chamoiserie, maroquinier, pachydermie, palissonner, rubéfaction ■ **12** blastomycose, brunissement, démangeaison, dermatologie, dermographie, échauboulure, mélanodermie, palissonneur ■ **13** dermatoglyphe, éléphantiasis, histoplasmose ■ **14** dermatomyosite, dermographisme.
PEAUSSERIE: 5 lainé.
PECAÏRE: 7 pechère.
PECCADILLE: 5 faute*, péché* ■ **8** scélérat.
PECHBLENDE: 8 actinium.
PECHE: 3 ire ■ **4** vice* ■ **5** aiche, bette, chute, déchu, drège, duvet, envie, esche, faute*, gaule, kajac, kayac, ligne, louve, palot, puche, rogue, scion, tache ■ **6** cassis, chalut, chasse, colère, coulpe, dreige, fouine, lancer, luxure, pointu, vermée, wading ■ **7** alberge, ansière, avarice, havenet, lamparo, offense, orgueil, paresse, tartane, trimmer ■ **8** araignée, cuillère, haveneau, madrague, morutier, pêcherie, persicot, scandale, schooner, surpêche, thonaire, turlutte ■ **9** arénicole, arondelle, baleinier, caudrette, chalutage, chalutier, expiation, islandais, nectarine, pharillon, sardinier, trinquart, tue-diable ■ **10** baleinière, corailleur, crevettier, forfaiture, garde-pêche, harponneur, impénitent, manquement, mirlicoton, peccadille, sanguinole, sardinière ■ **11** fornication, gourmandise, halieutique, harengaison, impéni-

tence, langoustier, maqueraison ■ **12** terre-neuvien ■ **13** madelonnettes.
PECHER: **7** clocher, draguer, trouver ■ **8** offenser, peccable ■ **9** chiffonne, forniquer ■ **10** brugnonier, dandinette, impeccable.
PECORE: **3** sot ■ **6** animal, pecque ■ **8** pimbêche* ■ **10** péronnelle.
PECTORAL: **4** nafé ■ **9** tussilage.
PECULAT: **10** concussion.
PECULE: **8** économie.
PECUNE: **6** argent ■ **9** pécunieux ■ **13** impécuniosité.
PECUNIAIRE: **14** pécuniairement.
PEDAGOGIE: **6** maître, pédant ■ **9** pédagogue ■ **11** instruction*, pédagogique ■ **15** pédagogiquement, psychopédagogie.
PEDALAGE: **13** rétropédalage.
PEDALE: **4** lice ■ **5** lisse, rouet ■ **7** tirasse ■ **8** calepied, pédalier ■ **10** champignon.
PEDALER: **8** pédalage.
PEDANT: **2** us ■ **5** bonze, docte ■ **6** savant ■ **7** bas-bleu, cuistre, docteur, grimaud, pontife ■ **8** magister, vaniteux ■ **9** pédagogue ■ **10** pédanterie, pédantisme, savantasse ■ **11** pédantesque.
PEDERASTIE: **9** pédéraste ■ **12** pédérastique.
PEDESTRE: **4** trek ■ **5** à pied ■ **8** marathon, trekking.
PEDIATRIE: **12** pédiatrique.
PEDICULE: **4** tige.
PEDICURE: **9** pédicurie.
PEDIMENT: **10** pédiplaine.
PEDOLOGIE: **9** pédologue ■ **10** paidologie.
PEDONCULE: **4** cyme ■ **5** queue ■ **7** bractée ■ **8** capitule ■ **9** macropode, ombilical, pédicelle ■ **10** réceptacle ■ **12** pédonculaire.
PEDOPHILIE: **9** pédophile.
PEDOPSYCHIATRIE: **14** pédopsychiatre.
PEGMATITE: **8** émeraude.
PEGRE: **6** milieu ■ **8** populace*.
PEIGNE: **3** ros ■ **5** carde, drège, grège, séran, stoff ■ **6** pecten, râteau ■ **8** affinoir, démêloir, flanelle, peignage, peignier, regayoir, retirons, sourdine ■ **9** ébauchoir, peignures ■ **10** décrassoir, semi-peigné ■ **11** cache-peigne.
PEIGNER: **6** carder ■ **7** coiffer*, démêler, houpper ■ **9** peigneuse, peignures, testonner ■ **11** babichonner.
PEIGNOIR: **9** saut-de-lit ■ **12** sortie-de-bain.
PEINDRE: **5** faire, poser ■ **6** conter, draper, étaler, glacer ■ **7** brosser, caréner, croquer, décrire*, empâter, modeler ■ **8** armorier, barioler, dessiner*, gouacher, graniter, peinture, raconter, reverdir ■ **9** blasonner, dépeindre, enjoliver, enluminer, historier, maroufler, pignocher, portraire, repeindre, ripoliner ■ **10** grisailler, miniaturer, pourtraire, strapasser ■ **11** badigeonner, barbouiller, gribouiller, représenter* ■ **12** peinturlurer, portraiturer ■ **13** portraicture.
PEINE: **3** dam, mal* ■ **4** mort, rude ■ **5** croix, délit, ennui, gémir, grâce, orage, pénal, peser, plaie, poids, punir, subir ■ **6** amende, chaîne, charge, corvée, maxima, misère*, regret, tracas ■ **7** chagrin*, douleur*, fardeau, fatigue, malheur*, pénible, remords ■ **8** amertume, chercher, clopiner, déplaire, échafaud, embarras, facilité, infliger, non-cumul, pénalité, punition*, sanction*, soulager, supplice, suspense, tintouin, tourment* ■ **9** cassation, châtiment, détention, difficile, effleurer, indignité, indolence, laborieux, pantelant, pénitence, réclusion, regretter, surcharge, tristesse* ■ **10** affliction, correction,

crève-cœur, désobliger, désolation, difficulté, exposition, facilement, guillotine, inquiétude, jour-amende, mercenaire, répugnance, souffrance* ■ **11** baraguigneur, commutation, consolation, dégradation, déportation, embarrasser, incommodité, péniblement, tribulation ■ **12** bannissement, condamnation ■ **13** adoucissement, clopin-clopant, difficilement ■ **14** emprisonnement, laborieusement, transportation.

PEINER : 4 suer ■ **5** sévir ■ **6** ahaner, fâcher, lutter, remuer ■ **8** affliger, débattre, déplaire, escrimer, évertuer, fatiguer*, infliger, souffrir* ■ **9** actionner, attrister*, chagriner*, inquiéter, tracasser* ■ **10** tourmenter, travailler* ■ **11** décarcasser, embarrasser.

PEINT : 8 monotype.

PEINTRE : 5 école, rapin ■ **7** imagier ■ **8** chevalet, fauvisme, grugeoir, primitif, ruiniste, tachiste, veinette ■ **9** animalier, apprêteur, appui-main, coloriste, figuratif, luministe, mannequin, muraliste, pistoleur ■ **10** appuie-main, fresquiste, rentoileur ■ **11** macchiaioli ■ **12** aquarelliste, badigeonneur, barbouilleur, miniaturiste, queue-de-morue ■ **13** divisionnisme ■ **14** impressionniste.

PEINTURE : 3 vue ■ **4** ocre ■ **5** buste, cadre, camée, genre, icône, image*, laque, morte, pietà, tache, tanka, toile, vague ■ **6** croûte ■ **7** bombage, camaïeu, cimaise, cymaise, fresque, gouache, paysage, plafond, pochade, ripolin, tableau* ■ **8** cameline, makimono, orpiment, pictural, pistolet, portrait*, sous-bois, tachisme ■ **9** allégorie, aquarelle, faïençage, filmogène, grisaille, lithopone, miniature, muralisme, œillette, réchampis, sgraffite ■ **10** barbouille, caricature, gomme-gutte, guillochis, matiérisme, morbidesse, sous-couche, subjectile, tableautin ■ **11** barbouillis, clair-obscur, description, encaustique, gribouillis, passivation, pittoresque, trompe-l'œil, white-spirit ■ **12** barbouillage, gribouillage, pinacothèque, polyuréthane ■ **13** polyuréthanne ■ **14** précisionnisme.

PEINTURLURER : 7 peindre.

PEJORATIF : 2 me ■ **3** mes ■ **5** panse, sbire ■ **10** mélioratif ■ **11** défavorable, dépréciatif ■ **14** péjorativement.

PELAGE : 4 peau*, poil*, robe ■ **5** hyène, peler, sable ■ **6** livrée.

PELAGIQUE : 7 pélagos.

PELARGONIUM : 8 géranium.

PELASGIEN : 9 cyclopéen ■ **10** pélasgique.

PELE : 6 chauve* ■ **8** pêle-mêle.

PELECANIFORME : 11 stéganopode.

PELECYPODE : 7 bivalve ■ **14** lamellibranche*.

PELE-MELE : 4 vrac ■ **7** mélange* ■ **8** désordre*.

PELER : 4 muer ■ **5** rober ■ **6** pelade, racler ■ **7** dérober, écorcer ■ **8** dégarnir, écailler, écorcher, éplucher, excorier, exfolier ■ **9** desquamer ■ **10** dépouiller ■ **11** décortiquer.

PELERIN : 4 hadj ■ **6** lanier, requin ■ **7** bourdon.

PELERINAGE : 4 hadj ■ **6** défilé, hadjdj, liesse, pardon, voyage ■ **7** hadjdji ■ **10** hosannière ■ **15** assomptionniste.

PELERINE : 6 berthe, camail, collet ■ **7** mozette.

PELETON : 10 fourrageur.

PELICAN : 3 fou.

PELISSE : 7 manteau* ■ **8** fourrure*, touloupe.

PELLE : 5 bêche, bogue, écope, palon, râble, sasse ■ **6** drague, raille ■ **7** palette, spatule ■ **8** baqueter, houlette, pelletée, pelleter ■ **9** épuisette, pelleteur ■ **10** pelle-bêche, ramassette, ramassoire ■ **12** pelleversoir.

PELLETER : 6 peller, pellet ■ **9** pelletage.

PELLETERIE: **8** armeline.
PELLETISATION: **9** bouletage.
PELLICULAGE: **10** pelliculer.
PELLICULE: **4** film, peau* ■ **5** bande, feuil, lurex, pépie, piste ■ **7** écalure ■ **8** cuticule, épicarpe, épiderme ■ **9** baudruche, microfilm ■ **10** cellophane, diapositif ■ **11** diapositive, pelliculeux ■ **12** pelliculaire.
PELLUCIDE: **4** œuf.
PELOTE: **5** balle, boule, rebot ■ **7** peloton ■ **8** chistera, pelotari, peloteur, trinquet ■ **10** pelotonner.
PELOTER: **7** dévider, flatter ■ **8** caresser*, pelotage ■ **9** effleurer.
PELOTONNER: **7** blottir, dévider ■ **8** ramasser ■ **13** pelotonnement ■ **14** recroqueviller.
PELOUSE: **5** herbe* ■ **8** ray-grass ■ **10** lawn-tennis, vertugadin.
PELTE: **8** peltaste.
PELUCHE: **5** pilou ■ **7** plucher ■ **8** plucheux ■ **9** pelucheux, teddy-bear.
PENAILLE: **8** guenille*.
PENAILLON: **8** guenille* ■ **9** religieux.
PENAL: **5** titre ■ **9** pénaliste ■ **10** pénalement ■ **11** dépénaliser, destitution.
PENALISATION: **8** pénalité.
PENALISER: **10** pénalisant.
PENALITE: **5** pénal ■ **7** buteur, surtaxe ■ **8** punition, sanction ■ **9** astreinte ■ **10** relégation ■ **12** pénalisation.
PENATES: **5** lares ■ **6** maison.
PENAUD: **7** contrit, honteux*, pantois ■ **10** déconcerté, embarrassé.
PENCE: **5** penny ■ **8** shilling.
PENCHANT: **4** goût* ■ **5** aimer, amour*, bonté, désir*, génie, pente, talus ■ **6** couché, faible, malice ■ **7** attrait, caprice*, passion ■ **8** aptitude, incliner, tendance*, vocation ■ **9** attirance, déclivité, faiblesse, lasciveté, lubricité, sentiment, sympathie ■ **10** causticité, idiopathie, méchanceté, obligeance, propension ■ **11** balancement, combativité, disposition*, inclinaison, inclination, sociabilité, tempérament ■ **12** prédilection ■ **13** concupiscence, mercantilisme ■ **14** prédisposition.
PENCHER: **7** coucher ■ **8** décliner, incliner* ■ **9** trébucher ■ **10** trébuchant ■ **11** déversement.
PENDAISON: **4** hart ■ **5** gibet, pendu ■ **7** potence ■ **8** pendable.
PENDANT: **2** de ■ **4** pour ■ **5** balan, gland, habit, lâche ■ **6** durant, fanons ■ **7** ballant ■ **9** oreillard ■ **10** symétrique ■ **12** intercurrent.
PENDARD: **6** coquin*.
PENDERIE: **8** dressing ■ **12** dressing-room.
PENDRE: **4** hart, tuer ■ **5** balan, fanon ■ **6** baller ■ **7** ballant, retenir ■ **8** apprendre, balancer, dépendre, reprendre, repentir, retomber, soutenir ■ **9** accrocher*, bouffette, étrangler, pendentif, pendiller, suspendre* ■ **10** pendeloque, supplicier ■ **11** pendouiller.
PENDULAIRE: **8** penduler.
PENDULE: **6** coucou, réveil ■ **7** horloge ■ **8** barillet, sourcier ■ **9** balancier, pendillon, trotteuse ■ **10** pendulaire, pendulette, régulateur ■ **12** compensateur ■ **13** réveille-matin.
PENE: **5** gâche ■ **7** encoche ■ **8** gâchette, mortaise ■ **9** bec-de-cane, moraillon ■ **10** cramponnet.
PENETRANT: **3** vif ■ **5** délié, obtus ■ **6** subtil ■ **7** incisif, mordant, perçant ■ **9** perméable ■ **10** divinateur ■ **11** clairvoyant.
PENETRATION: **5** macle ■ **6** osmose, percée ■ **7** finesse, mélange, mixtion ■ **8** infusion, sagacité ■ **9** infection, infiltrat, pesanteur ■ **10** absorption, adsorption, imbibation, macération, profondeur, satu-

ration, suggestion ■ **11** humectation, insinuation, inspiration, perforation ■ **12** assimilation, clairvoyance*, embouquement, envenimation, imprégnation, infiltration, pénétromètre, perspicacité.
PENETRE: **4** imbu ■ **5** plein, sujet ■ **9** pénétrant.
PENETRER: **4** lire ■ **5** loger, mêler ■ **6** entrer*, larder, percer, piquer, sonder, tâcher ■ **7** accéder, confire, devenir, filtrer, glisser, imbiber, infuser, jaillir, macérer, plonger, saturer, transir ■ **8** absorber, combiner, enfoncer, enjuiver, faufiler, humecter, insinuer, inspirer, perforer, suggérer ■ **9** assimiler, découvrir, embarquer, embrocher, implanter, imprégner, incruster, infiltrer, mordiller, morfondre, perméable, traverser ■ **10** assimiler, comprendre, engouffrer, identifier, incorporer, introduire, pénétrable ■ **11** pénétration, transcutané, transpercer ■ **12** impénétrable ■ **13** interpénétrer, pénétrabilité, transparaître.
PENIBLE **3** dur* ■ **4** amer, ardu, exil, fort, gêné, rude, vide ■ **5** honte, lourd, suave, sueur, tuant, verte ■ **6** effort, triste ■ **7** fâcheux, fatigué ■ **8** aggraver, galérien, poignant ■ **9** cauchemar, difficile*, emmerdeur, laborieux ■ **10** déplaisant ■ **11** désagréable, photophobie.
PENICHE: **5** barge ■ **7** chaland ■ **8** molusson ■ **10** automoteur, batellerie.
PENICILLINE: **11** ampicilline, pénicillium ■ **13** pénicillinase.
PENIS: **6** pénien.
PENITENCE: **4** gage ■ **6** carême, ermite, pardon ■ **7** kippour ■ **8** pénitent, punition*, repentir ■ **9** châtiment*, expiation, rémission ■ **10** absolution, confession, contrition, conversion, discipline, yom kippour ■ **11** pénitentiel ■ **12** flagellation, pénitentiaux, regénération.
PENITENCIER: **5** bagne, salut ■ **6** prison ■ **12** pénitencerie ■ **13** pénitentiaire.
PENITENTIAIRE: **9** auburnien ■ **11** semi-liberté.
PENNE: **7** pennage ■ **8** halbrené ■ **9** paripenné, pennifère.
PENNY: **5** pence.
PENOMBRE: **5** ombre*.
PENSANT: **3** moi ■ **5** objet ■ **13** subjectivisme.
PENSEE: **3** âme, ana, dao, dit, tao ■ **4** idée*, maya, même, peur, sein ■ **5** adage, autre, chute, dogme, grâce, noème, noèse, notes, style, thèse, trait, union ■ **6** axiome, devise, dicton, entité, esprit*, litote, maxime*, morose, notion, oracle, penser, raison* ■ **7** concept, formule, légende, logique, mémoire, noumène, opinion*, parémie ■ **8** cérébral, dadaïsme, discours, écriture, exprimer, gnomique, illusion, impropre, instinct, jugement, madrigal, moralité, paradoxe, précepte, principe, proverbe, remarque, sentence, suggérer ■ **9** antithèse, aphorisme, caractère, cauchemar, concevoir, épigraphe, expliquer, expressif, gradation, hyperbole, mentalité, réflexion, repousser, réticence, sensation, sentiment, subtilité, tolérance, zélotisme ■ **10** apophtegme, apostrophe, cogitation, conception, concession, conscience, conversion, correction, écologisme, épiphonème, expression, généralité, hypotypose, invocation, méditation, périphrase, prosopopée, rencontrer, solipsisme, subjection, suggestion, survivance, suspension, télépathie, vulgarisme ■ **11** délectation, énumération, exclamation, imagination, imprécation, inscription, insinuation, monétarisme, obsécration, philosophie, prétérition, sophistique, trivialités ■ **12** intelligence, interruption, périssologie, observations, significatif ■ **13** arrière-pensée, communication, interrogation, onirothérapie, préopératoire ■ **14** circonlocution, considérations ■ **15** phallocentrisme, psychogénétique.
PENSER: **4** dire ■ **5** juger, rêver ■ **6** aviser, croire*, opiner, songer* ■ **7** cogiter, figurer, méditer, ruminer, soucier ■ **8** absorber, imaginer,

rappeler, rêvasser, souvenir, spéculer, subsumer ■ **9** abstraire, concevoir, connaître, délibérer, percevoir, raisonner*, réfléchir*, remarquer ■ **10** comprendre, considérer, impensable, préméditer, recueillir, subtiliser ■ **11** conjecturer, extravaguer, représenter.
PENSEUR: 5 libre ■ **6** rêveur ■ **8** libertin.
PENSIF: 6 rêveur ■ **7** songeur ■ **8** soucieux ■ **11** pensivement.
PENSION: 5 hôtel, rente ■ **6** couvent, revenu ■ **8** internat, retraite ■ **9** pensionné, trousseau ■ **10** pensionnat, pensionner ■ **11** demi-pension, institution ■ **12** pensionnaire.
PENSIONNAIRE: 7 interne ■ **12** quinze-vingts.
PENSUM: 8 punition*.
PENTAMETRE: 8 distique.
PENTANOÏQUE: 9 valérique.
PENTATEUQUE: 5 bible.
PENTATHLON: 10 quinquerce.
PENTE: 4 côte, noue ■ **5** égout, penta, pentu, rampe, redan, talus ■ **6** abrupt, calade, glacis ■ **7** chalade, déclive, escarpe, raideur, rampant, roideur, versant, verseau ■ **8** corniche, descente, dressant, glissoir, penchant, plateure ■ **9** déclivité, nivelette, raidillon, schlitter ■ **10** descendeur ■ **11** déclination, déclinement, descenderie, escarpement.
PENTECOTE: 8 fête-dieu, shabouot, tarasque.
PENTECOTISME: 12 pentecôtiste.
PENTECOTISTE: 12 pentecôtisme.
PENTHIOBARBITAL: 10 thiopental.
PENTOSE: 10 nucléoside.
PENTURE: 4 gond ■ **8** paumelle.
PENULTIEME: 12 avant-dernier ■ **14** antépénultième.
PENURIE: 5 crise, faute ■ **6** défaut, manque*, rareté ■ **7** disette ■ **8** embarras, pauvreté* ■ **9** suremploi.
PEPIER: 9 pépiement.
PEPIN: 8 érucique.
PEPINIERE: 12 pépiniériste, sylviculteur ■ **13** arboriculteur.
PEPSINE: 7 achylie, peptone ■ **8** albumose, peptique.
PEPTIDE: 12 angiotensine.
PEPTONE: 8 érepsine.
PERÇANT: 3 vif* ■ **4** aigu*, lynx ■ **6** criard ■ **8** éclatant, strident ■ **9** pénétrant, térébrant.
PERCE: 4 trou* ■ **5** écrou, flûte, macle, moque, nable, patte, troué ■ **8** fenestré, foraminé ■ **9** avant-clou, imperforé, térébrant ■ **10** baquetures ■ **12** chante-pleure.
PERCEMENT: 5 jumbo ■ **8** enfilage ■ **9** avant-trou.
PERCE-MURAILLE: 10 pariétaire.
PERCE-NEIGE: 7 nivéole.
PERCE-OREILLE: 9 forficule.
PERCE-PIERRE: 7 crithme ■ **11** passe-pierre ■ **12** criste-marine.
PERCEPTIBLE: 7 audible, visible ■ **8** sensible* ■ **9** inaudible ■ **13** insaisissable ■ **14** perceptibilité ■ **15** perceptiblement.
PERCEPTION: 4 fisc, œil ■ **5** ferme, levée, régie ■ **6** vision ■ **7** agnosie, percept ■ **8** antalgie, cacosmie, dysosmie, synopsie ■ **9** fiscalité, génétisme, gustation, olfaction, perceptif, recouvrer, sensation*, sentiment ■ **10** acoustique, audibilité, paramnésie, percentage ■ **11** cinesthésie, syncrétisme ■ **12** chromatopsie, connaissance, recouvrement, stéréognosie, tachistoscope ■ **13** hallucination ■ **14** cénesthopathie, dyschromatopie ■ **15** perceptionnisme.
PERCER: 5 alène, clore, forer, mèche, perce ■ **6** aléser, crever, daguer,

darder, larder, ouvrir, piquer, sonder, trouer ■ **7** creuser, cribler, driller, empaler, enfiler, entamer, étamper, fileter, mandrin, plonger, réussir, saigner, vriller ■ **8** chignole, défoncer, ébiseler, encorner, enferrer, équarrir, éventrer, explorer, fouiller, pénétrer, perceuse, perforer, repercer, saborder, tarauder, térébrer, trépaner ■ **9** découvrir, embrocher, percement, tamponner, traverser* ■ **10** enfourcher, transpirer, transsuder ■ **11** chanfrenier, ponctionner, transpercer, vilebrequin ■ **12** chanfreindre ■ **14** antibrouillard.

PERCEVOIR: **4** ouïr, voir* ■ **6** saisir ■ **7** fructus, toucher ■ **8** entendre*, recevoir ■ **9** discerner, perceptif, remarquer ■ **10** distinguer*, moins-perçu, percevable ■ **11** allocataire, sensibilité ■ **12** distinguable, nue-propriété, radiesthésie.

PERCHE: **3** âge, bar, mât* ■ **4** croc, pieu, rame ■ **5** barre, bâton*, espar, gaffe, gaule, grand ■ **6** anabas, arpent, boulin, tuteur, vergée, vergue ■ **7** antenne, bouille, échasse, juchoir, ridelle, rouable, tendoir ■ **8** baliveau, étendoir, faîtière, grémille, mâtereau, papegeai, perchoir ■ **9** balancier, écoperche ■ **10** étamperche ■ **11** percomorphe.

PERCHER: **5** poser ■ **6** jucher ■ **7** coucher, reposer ■ **8** brancher, perchage, percheur.

PERCHISTE: **8** perchman.

PERCHLORIQUE: **11** perchlorate.

PERCIDE: **3** bar ■ **4** loup ■ **6** perche, sandre ■ **8** grémille ■ **9** anarhique.

PERCLUS: **4** noué ■ **5** cassé ■ **6** faible ■ **7** podagre ■ **8** engourdi, goutteux, paralysé* ■ **9** cacochyme ■ **10** grabataire, rachitique ■ **11** languissant, paralytique, rhumatisant.

PERCOMORPHE: **10** perciforme.

PERÇU: **8** démotivé ■ **14** extrasensoriel.

PERCUSSION: **4** choc* ■ **5** bongo, fusil, heurt, tabla ■ **6** maraca ■ **7** célesta, gamelan, marteau ■ **8** batterie, gâchette ■ **9** phonolite ■ **10** brise-béton, phonolithe.

PERCUTER: **7** heurter* ■ **9** percuteur.

PERD: **6** musard ■ **8** dédaléen ■ **11** caducifolié.

PERDANT: **5** loser.

PERDITION: **5** abîme, perte* ■ **8** débauche*, naufrage.

PERDRE: **4** muer ■ **5** gâter, pâtir, peler, ravir, reste ■ **6** adirer, égarer, flâner, fondre, paumer, ruiner, tomber, vaguer, vaincu ■ **7** affoler, aliéner, changer, déchoir, démâter, démunir, éventer, faiblir, laisser, niaiser, oublier, perdant, reculer, séduire, tombeur ■ **8** alanguir, basculer, déboiser, déflorer, dégrader, démonter, déplumer, déraidir, dérougir, dérouter, dévaluer, dissiper, étouffer, étourdir, évanouir, lambiner, musarder, perdable, ramollir, regagner, relâcher, renoncer, reperdre, rouiller, troubler, vieillir ■ **9** conserver, décalvant, décolorer, défaillir, défleurir, dégénérer, dégourdir, démériter, déprécier, dépuceler, dessaisir, déteindre, étrangler, lanterner, obscurcir, scléroser, succomber, suffoquer, terrasser, trébucher ■ **10** abandonner, décourager, dérogeance, désespérer, imperdable, ressaigner, supplanter ■ **11** baguenauder, décalcifier, décomplexer, démoraliser, déraisonner, désespérant, déshabituer, désintégrer, désorienter, dévaloriser, déviriliser, disparaître, impatienter, inamissible rétrograder ■ **12** déconcentrer, déconsidérer, désenchanter, déstabiliser, dévirginiser, disqualifier ■ **13** décontenancer, déminéraliser, déséquilibrer, embarbouiller ■ **14** décrédibiliser, dénationaliser, désensibiliser, désillusionner, désynchroniser ■ **15** dépersonnaliser.

PERDRIX: **5** lacet, tapir ■ **6** caille ■ **7** cacaber, tinamou ■ **8** gélinote, glaréole, perdreau ■ **9** francolin, pouillard ■ **10** bartavelle ■ **11** chanterelle ■ **12** appareillade, appareillage.

PERDU : 5 adiré, égaré, fichu, gâché ■ **7** dévoisé ■ **8** condamné ■ **9** désadapté ■ **10** dévitaminé.

PERE : 3 dab ■ **4** dabe, papa, vioc ■ **5** daron, frère, oncle, sœur, tante ■ **6** auteur, parent ■ **7** parâtre ■ **8** beau-père, bisaïeul, géniteur, paternel ■ **9** grand-mère, grand-père, parricide, paternité, trisaïeul ■ **10** patrimoine, patrologie ■ **12** beaux-parents ■ **13** consanguinité, pater familias ■ **14** paternellement.

PEREGRINATION : 6 voyage*.

PEREMPTION : 11 péremptoire ■ **12** prescription.

PEREMPTOIRE : 7 décisif ■ **8** estoppel ■ **10** dogmatique, dogmatiser ■ **15** péremptoirement.

PERENNE : 7 durable, éternel*.

PEREQUATION : 11 répartition.

PERFECTIF : 8 accompli.

PERFECTION : 4 fini ■ **5** idéal ■ **6** beauté ■ **8** maturité ■ **9** couronner, idéaliser ■ **10** achèvement, divinement, entéléchie, excellence ■ **11** bodhisattva, perfectible ■ **13** perfectionner ■ **14** perfectibilité ■ **15** perfectionnisme.

PERFECTIONNEMENT : 5 sport.

PERFECTIONNER : 8 corriger, élaborer ■ **9** améliorer*, retoucher ■ **10** parachever ■ **11** perfectible ■ **13** imperfectible ■ **14** perfectibilité.

PERFIDIE : 5 félin, rosse ■ **7** déloyal, serpent, traître, vipérin ■ **8** scélérat ■ **9** ténébreux ■ **13** machiavélique.

PERFIDE : 4 ruse* ■ **8** noirceur, rosserie ■ **9** déloyauté, traîtrise ■ **11** perfidement ■ **12** scélératesse.

PERFORATION : 12 mécanographe.

PERFORE : 10 hygiaphone.

PERFORER : 6 percer* ■ **9** perforage, perforant ■ **10** perforeuse, poinçonner ■ **11** perforateur, perforation ■ **12** perforatrice.

PERFORMANCE : 6 record ■ **7** exploit ■ **8** stud-book.

PERFUSION : 8 perfuser ■ **13** goutte-à-goutte.

PERGELISOL : 10 permafrost.

PERIANTHE : 7 induvie ■ **12** périanthaire, préfloraison ■ **13** préfleuraison.

PERIANTHERE : 6 tépale.

PERIBOLE : 7 temenos.

PERICARDE : 11 péricardite ■ **14** hydropéricarde.

PERICARPE : 3 son ■ **4** coco ■ **5** akène, fruit, valve.

PERICLITER : 8 décliner, enfoncer.

PERIDOT : 7 olivine ■ **11** chrysolithe.

PERIL : 4 sauf ■ **5** crise, piège, récif ■ **6** alarme, danger*, écueil, risque* ■ **7** embûche ■ **8** atteinte ■ **9** intrépide, périlleux, sauvetage, traîtrise ■ **10** coupe-gorge, péricliter ■ **11** intrépidité ■ **12** compromettre ■ **14** périlleusement.

PERILLEUX : 5 salto ■ **7** délicat ■ **9** acrobatie, dangereux, difficile*.

PERIME : 5 caduc ■ **6** démodé* ■ **7** suranné ■ **12** anachronique.

PERIMETRE : 4 tour ■ **8** quadrant ■ **10** périphérie ■ **12** isopérimètre.

PERINATALOGIE : 13 périnatalogie.

PERINEE : 8 périnéal.

PERIODE : 3 ère* ■ **4** coda ■ **5** année, chute, congé, cycle, étape, phase*, point, quart, revif, saros, shift, stade, temps*, trias ■ **6** décade, éocène, époque, saison ■ **7** miocène, néogène, nuaison, œstrus, permien, puberté, session, système ■ **8** chelléen, décennie, dévonien, diapause, discours, exercice, histoire, holocène, isophase, pliocène, silurien ■ **9** acheuléen, fréquence, hivernage, lactation, oligocène, synchrone ■ **10** alternance, dépression, durabilité, interphase, jurassique, kondratiev, moustérien, ordovicien, post-partum, sauvagerie ■ **11** aurignacien, avant-guerre, carbonifère, intersaison, législature, magdalénien, moustiérien, néolithique, pléistocène, raspoutitsa ■ **12** mésolithique, monocyclique, préglaciaire, prémenstruel ■ **13** carboniférien, postclassique, préromantisme, présénescence ■ **14** chalcolithique, interglaciaire.

PERIODICITE: **10** annualiser ■ **11** monocristal.

PERIODIQUE: **5** revue ■ **7** journal* ■ **8** évection, magazine, soutrage ■ **9** menstrues, vibration ■ **11** fréquentiel, périodicité ■ **12** menstruation, transhumance ■ **14** périodiquement.

PERIOSTE: **9** péricrâne ■ **10** périostite.

PERIPATE: **11** onychophore.

PERIPATETISME: **13** péripatétique ■ **14** péripatéticien.

PERIPETIE: **7** épisode ■ **8** aventure* ■ **9** événement* ■ **15** course-poursuite.

PERIPHERIE: **4** tour ■ **5** jante, train ■ **8** banlieue ■ **12** périphérique.

PERIPHERIQUE: **5** périf ■ **6** périph ■ **12** trophoblaste ■ **15** thermo-récepteur.

PERIPHRASE: **6** détour ■ **10** antonomase, euphémisme ■ **11** périphraser ■ **14** circonlocution, périphrastique.

PERIPLE: **4** tour ■ **6** voyage* ■ **7** circuit.

PERIR: **4** tuer ■ **5** geler, noyer ■ **6** couler, mourir*, tomber ■ **7** altérer, décimer, dépérir, faucher, immoler ■ **8** anéantir, consumer, détruire, écrouler, étouffer ■ **9** annihiler, crucifier, foudroyer, massacrer, sacrifier ■ **10** exterminer, péricliter ■ **12** impérissable.

PERISSABLE: **5** frêle ■ **6** chétif, débile, épuisé, faible, risqué ■ **7** délicat*, fragile.

PERISSODACTYLE: **5** tapir ■ **6** équidé* ■ **10** rhinocéros.

PERISTALTIQUE: **13** péristaltisme.

PERISTYLE: **8** portique.

PERITOINE: **6** ascite ■ **7** ratelle ■ **8** épiploon ■ **10** péritonéal, péritonite ■ **12** cœlioscopie, pérityphlite ■ **15** pneumopéritoine.

PERLE: **7** perlier, semence ■ **8** dormeuse, emperler, olivette, parangon, perlière, perlouse, perlouze ■ **9** pintadine ■ **10** lunéviller, méléagrine.

PERLER: **8** parfaire*.

PERLINGUALE: **9** linguette.

PERMAFROST: **10** pergélisol.

PERMANENCE: **5** poste ■ **8** éternité ■ **9** constance, monotonie, psalmodie, veilleuse ■ **10** continuité, instabilité, permafrost, uniformité ■ **11** immuabilité ■ **12** continuation, permanencier.

PERMANENT: **4** fixe ■ **6** stable ■ **7** continu*, durable, éternel ■ **8** constant*, immuable, monotone, œrstite, uniforme ■ **9** cicatrice, endémique, perpétuel, substance ■ **10** permanence, satyriasis, temporaire ■ **11** inaltérable ■ **12** indéfrisable.

PERMANENTE: **9** ornièrage ■ **13** rétrocontrôle.

PERMANGANIQUE: **12** permanganate.

PERMEABILITE: **12** permsélectif.

PERMEABLE: **9** barbotine ■ **10** pénétrable ■ **12** roche-magasin.

PERMET: **12** localisateur.

PERMETTANT: **10** fractionné.

PERMETTRE: **4** oser ■ **6** passer ■ **7** endurer, laisser, tolérer ■ **8** admettre*, concéder, enhardir, prohiber, rappeler, souffrir ■ **9** approuver,

autoriser, comporter, consentir*, dispenser, habiliter, souscrire, supporter ■ **10** acquiescer ■ **12** condescendre.
PERMIEN : **9** actinodon ■ **13** branchiosaure.
PERMIS : **5** exéat, juste, légal, libre, passe ■ **6** licite ■ **8** autorisé, légitime, loisible, navicert ■ **9** passavant ■ **10** admissible, importable, permission* ■ **11** passe-debout ■ **13** laissez-passer.
PERMISSION : **5** congé, exéat, licet ■ **6** brevet, permis ■ **7** diplôme, licence, patente, pouvoir* ■ **9** admission, exequatur, passavant, privilège ■ **10** blanc-seing, concession, imprimatur ■ **11** approbation, sauf-conduit ■ **12** autorisation, consentement ■ **13** acquiescement ■ **15** permissionnaire.
PERMUTATION : **6** change.
PERMUTER : **7** changer* ■ **9** permutant, permuteur ■ **10** permutable, transposée ■ **13** permutabilité.
PERNELLE : **10** pétronille.
PERNICIEUX : **5** malin*, nocif, peste ■ **6** méfait, poison ■ **8** nuisible* ■ **9** malignité ■ **10** diabolique, malfaisant ■ **11** bienfaisant ■ **12** perniciosité ■ **15** pernicieusement.
PERONE : **5** jambe, tibia ■ **8** cheville, malléole, péronier ■ **9** astragale ■ **14** périnéographie.
PERONISME : **9** péroniste.
PERONNELLE : **6** pécore.
PERONOSPORACEE : **10** plasmopara ■ **11** phytophtora, plasmospora ■ **13** péronosporale.
PERONOSPORALEE : **14** péronosporacée.
PERORAISON : **10** conclusion.
PERORER : **6** parler ■ **8** péroreur ■ **9** discourir.
PEROU : **4** inti.
PEROXYDE : **9** peroxyder, suroxyder ■ **11** panclastite.
PERPENDICULAIRE : **3** jas ■ **4** pied ■ **5** droit, lisse, sinus ■ **6** aplomb ■ **7** normale, podaire ■ **8** apothème, capitale, vertical* ■ **10** équilatère, horizontal, médiatrice, pantomètre ■ **11** travers-banc ■ **12** orthographie.
PERPENDICULAIREMENT : **4** à-pic ■ **8** pivotant ■ **13** verticalement ■ **15** orthogonalement.
PERPETRER : **9** commettre* ■ **12** perpétration.
PERPETUEL : **7** éternel*, toccata ■ **9** continuel* ■ **10** perenniser, perpétuité, relégation ■ **11** immortalité.
PERPETUER : **5** durer ■ **8** perdurer ■ **10** reproduire ■ **12** perpétuation.
PERPETUITE : **8** perpette.
PERPIGNAN : **12** perpignanais.
PERPLEXE : **5** agité ■ **7** indécis*, suspens ■ **9** incertain* ■ **10** embarrassé* ■ **11** soupçonneux.
PERPLEXITE : **7** soupçon ■ **8** embarras*, scrupule ■ **9** agitation ■ **10** indécision* ■ **11** incertitude.
PERQUISITION : **9** recherche ■ **11** inquisition ■ **15** perquisitionner.
PERROQUET : **3** ara, foc ■ **4** cire, jaco, lori ■ **5** jacot, jaser ■ **6** conure, jaquot ■ **7** euphème, jacquot, papegai ■ **8** cacatoès, cacatois, kakatoès, papegeai, papegaut, perruche, rosalbin ■ **9** paléornis ■ **10** mélopsitte, ostéophyte, psittacose, psittacule.
PERRUQUE : **7** cheveux ■ **8** coiffeur, postiche ■ **10** perruquier.
PERSAN : **3** kan ■ **4** chah, dari, khan, mage, péri, shah ■ **5** bazar, divan, farsi, islam, lilas, mitre, parse, parsi, schah, spahi, tiare ■ **6** tadjîk ■ **7** satrape ■ **8** persique ■ **10** cunéiforme ■ **11** psammétique.
PERSECUTER : **6** brûler ■ **7** obséder ■ **8** torturer ■ **9** crucifier ■ **10** martyriser, poursuivre, tourmenter* ■ **11** persécuteur.

PERSECUTION: **6** délire ■ **7** torture ■ **8** supplice ■ **9** traditeur ■ **10** lapidation ■ **11** décollation, dragonnades.
PERSEE: **9** perséides.
PERSEL: **10** persulfate.
PERSEVERANCE: **4** têtu ■ **5** sport, suite ■ **8** patience* ■ **9** constance ■ **11** opiniâtreté.
PERSEVERANT: **8** constant.
PERSEVERER: **8** insister* ■ **9** continuer* ■ **11** persévérant ■ **12** persévérance.
PERSIENNE: **5** volet ■ **8** jalousie ■ **9** battement, loqueteau.
PERSIFLER: **6** moquer* ■ **7** railler* ■ **10** persiflage.
PERSIL: **5** apiol ■ **6** éthuse ■ **8** persicot ■ **10** persillade, persillère.
PERSISTANCE: **8** néoténie, vitalité ■ **9** rémanence ■ **12** infantilisme, stroboscopie ■ **13** réverbération.
PERSISTANT: **4** fixe ■ **5** gravé ■ **6** entêté ■ **7** continu*, imprimé ■ **8** immuable, incrusté, inculqué, invétéré, maintenu ■ **9** permanent*, résistant ■ **10** impénitent, indélébile, invariable ■ **11** ineffaçable, irrévocable ■ **12** inébranlable, irrémissible, sempervirent.
PERSISTER: **5** durer* ■ **8** demeurer, flancher ■ **9** continuer*, subsister ■ **10** persévérer.
PERSONEE: **14** scrofulariacée*.
PERSONNAGE: **3** fat, nom ■ **4** gogo, rôle, type, zani ■ **5** arroi, clown, folie, grand, héros, huile, jouer, ponte, scène, sotie, zanni ■ **6** dandin, légume, mignon, numéro ■ **7** bouffon, capitan, escobar, guignol, notable, proxène, sommité ■ **8** chérubin, comparse, demi-dieu, figurant, jocrisse, lustucru, matamore, passe-bas, personne, pimbêche, pleurant, quelqu'un ■ **9** anti-héros, balzacien, célébrité, confident, sacripant, tout-paris, trickster ■ **10** biographie, coqueluche, dignitaire, notabilité ■ **11** panchen-lama, sérénissime ■ **12** don quichotte, personnalité ■ **14** autobiographie.
PERSONNALITE: **3** égo, moi, v.i.p. ■ **4** self ■ **5** gotha, grand, huile ■ **6** jet-set, légume ■ **7** has been, notable, sommité ■ **8** égotisme, quelqu'un ■ **10** borderline, notabilité, personnage* ■ **11** prépsychose ■ **12** grosse légume, honoris causa, victimologie ■ **13** maître-penseur, personnaliste ■ **15** dépersonnaliser, intuitu, personae.
PERSONNE: **2** as, on ■ **3** ami, mec, moi, nul, qui ■ **4** coco, être, gens, géré, hère, hôte, même, oint, type ■ **5** black, droit, extra, foule, huile, liste, minus, monde, parti, pièce, secte, seing, sondé, sujet, ultra, zèbre, zigue ■ **6** autrui, bipède, bougre, mortel, oiseau, pareur, péteur, pileur, quidam, raider, saleur, soigné, tageur, zigoto ■ **7** canneur, cannier, couseur, fouleur, garanti, inconnu, malteur, migrant, mocheté, moineau, nullard, pierrot, plumeur, ponceur, prôneur, remueur, routard, surfeur, thésard ■ **8** agioteur, alter ego, bégayeur, boniface, buandier, buvetier, chançard, chiadeur, citateur, come-back, consorts, contumax, cotuteur, créature, décideur, décodeur, délégant, diviseur, doucheur, écoutant, essuyeur, fournier, happy few, indexeur, individu*, j'ordonne, loucheur, manouche, mêle-tout, péroreur, prochain, riquiqui, saigneur, tresseur, troqueur ■ **9** analyseur, annoncier, benjoïste, broussard, buffetier, cachetier, cassandre, coéditeur, commensal, contumace, coqueleux, demandeur, desperado, emmerdeur, éveilleur, insulteur, laudateur, malvoyant, mortuaire, navetteur, permutant, personnel protuteur, quiconque, ramendeur, remettant, sportsman, taraudeur, truquiste, tuyauteur, vérifieur, voyagiste ■ **10** anecdotier, assistants, béni-oui-oui, cacographe, comourants, embrasseur, évaluateur, hermétiste, ostéopathe, paroissien, personnage ■

11 allocutaire, bidouilleur, billettiste, cocréancier, cofondateur, concouriste, dédicataire, dégoûtation, demi-portion, disc-jockey, impersonnel, particulier, récidiviste, self-made-man, superviseur ■ **12** abandonnique, anthroponyme, attributaire, croisiériste, permanencier, personnifier, prescripteur, psychiatrisé, unipersonnel, vinificateur ■ **13** deus ex machina, personnaliser, personnalisme ■ **14** intersubjectif, monopolisateur, sous-prolétaire, tripatouilleur ■ **15** phytothérapeute.

PERSONNEL: 2 en, il, je, la, le, me, se, te, tu ■ **3** eux, ils, les, lui, moi, toi, soi ■ **4** elle, leur, nous, taxe, vous ■ **5** liste, ordre ■ **6** propre* ■ **7** égoïste, service ■ **8** draisine, droppage, égotiste, navigant, original ■ **10** plein-temps ■ **11** arraisonner, compression, particulier* ■ **12** égocentrique, idiosyncrasie, personnalité ■ **14** administration, particularisme ■ **15** caractéristique, personnellement.

PERSONNIFICATION: 4 mort ■ **6** destin ■ **12** personnifier.

PERSPECTIVE: 3 vue* ■ **5** fuite ■ **7** horizon, optique ■ **8** débouché ■ **9** raccourci ■ **10** perspectif ■ **11** arrière-plan ■ **13** bloc-diagramme.

PERSPICACE: 3 fin ■ **6** sagace, subtil ■ **11** clairvoyant, intelligent.

PERSPICACITE: 3 vue ■ **5** flair ■ **8** sagacité ■ **10** perspicace ■ **12** clairvoyance*.

PERSUADER: 5 rétif ■ **6** capter, gagner, graver, parler, saisir, tenter ■ **7** assurer, attirer, charmer, décider, éblouir, engager, enjôler, enrôler, exciter, flatter, fléchir, frapper, imposer, pousser, prouver, séduire, toucher, tromper ■ **8** affirmer, aveugler, captiver, désarmer, discours, émouvoir, empaumer, fasciner, imprimer, inspirer, pénétrer, suggérer ■ **9** démontrer, éloquence, embaucher, enchanter, entraîner, inculquer, persuasif, retourner ■ **10** accréditer, catéchiser, convaincre, déterminer, électriser, ensorceler, influencer, persuasion, surprendre ■ **11** circonvenir, endoctriner, persuasible ■ **12** entreprendre ■ **13** impressionner.

PERSUASION: 6 charme ■ **9** ascendant, captation, éloquence, influence, séduction ■ **10** conviction ■ **11** pithiatisme ■ **14** persuasivement.

PERTE: 3 dam, mal, mue ■ **4** coma, tare ■ **5** abîme, décès, décri, deuil, échec, fiche, froid, ozène, ruine, sèche ■ **6** amimie, avarie, manque*, misère ■ **7** amnésie, analgie, anosmie, aphasie, aphémie, coulage, débâcle, défaite, dommage, scotome, surdité, syncope ■ **8** adipisie, amission, anorexie, défaveur, délétion, disgrâce, emporter, éviction, faillite, insuccès, mévendre, naufrage, omission, pauvreté, sinistre ■ **9** achalasie, analgésie, apoplexie, déchéance, détriment, discrédit, faiblesse, préjudice, privation*, servitude ■ **10** aliénation, cataplexie, dépucelage, déshonneur, diminution, forclusion, indemniser, lipothymie, négligence, survivance, thermolyse ■ **11** aquaplanage, aquaplaning, banqueroute, déconfiture, défaillance, déperdition, désillusion, héméralopie, hémianopsie, hydrocution ■ **12** décoloration, désaffection ■ **13** avachissement, découragement, déculturation, déréalisation, désadaptation, détérioration, syringomyélie ■ **14** dépigmentation, dépressuration, endurcissement, étourdissement, évanouissement ■ **15** antidéperditeur, déconsidération, dévitrification, obscurcissement.

PERTINENT: 9 approprié ■ **10** pertinence.

PERTUIS: 7 détroit.

PERTURBATION: 4 émoi ■ **5** orage ■ **6** lésion, stress ■ **7** apraxie, trouble* ■ **8** parasite ■ **11** dérangement*, traumatisme ■ **12** antiparasite.

PERTURBER: 8 déranger*, paisible, troubler* ■ **9** parasiter ■ **10** émotionner.

PERUVIEN: 4 coca, lama ■ **9** quinquina.

PERVENCHE: **9** vincamine ■ **11** vinblastine, vincristine.
PERVERS: **4** noir ■ **7** méchant*, sadique, vicieux* ■ **8** lovelace ■ **10** perversité ■ **12** perversement.
PERVERSION: **7** avarice ■ **10** corruption*, masochisme ■ **11** travestisme.
PERVERTIR: **5** gâter* ■ **8** dépraver*, dévoyer ■ **9** corrompre* ■ **13** pervertisseur ■ **15** pervertissement.
PERVIBRATEUR: **10** pervibrage ■ **12** pervibration.
PERVIBRATION: **9** pervibrer.
PESAGE: **6** tarage ■ **11** pont-bascule.
PESANT: **4** lest ■ **5** ébène, épais, étain, grave, léger, lourd*, poids ■ **6** massif, tarant ■ **7** stupide ■ **9** pesanteur, pondéreux ■ **10** appesantir, légèrement, lourdement.
PESANTEUR: **4** lest ■ **5** poids* ■ **7** densité, fardeau, gravité, haltère, saccule ■ **8** lourdeur*, utricule ■ **9** équilibre, exosphère ■ **10** apesanteur, gravifique, gravimètre, métrologie ■ **11** géotropisme, gravimétrie, gravitation.
PESE-ALCOOL: **10** pèse-esprit.
PESER: **5** pesée, peson, tarer ■ **6** coûter ■ **7** appuyer, charger, presser ■ **8** balancer, délibérer, incomber, soupeser ■ **9** réfléchir, trébucher ■ **10** considérer, équilibrer, pondérable, surcharger ■ **11** contrepeser ■ **14** contrebalancer.
PESETA: **4** réal ■ **5** réale ■ **8** piécette.
PESSIMISME: **10** sinistrose.
PESSIMISTE: **8** maussade ■ **9** alarmiste, optimiste, paniquard ■ **10** défaitiste ■ **12** mélancolique.
PESTE: **7** pesteux ■ **8** empester ■ **9** pestiféré, pestilent ■ **12** pestilentiel ■ **13** streptomycine.
PESTER: **5** rager, râler ■ **6** rogner ■ **7** enrager ■ **10** invectiver.
PESTILENCE: **9** infection.
PET: **5** péter ■ **8** pétarade.
PETALE: **4** aile ■ **5** fleur, limbe ■ **7** apétale, corolle, feuille, labelle ■ **8** dipétale, étendard ■ **9** pétaloïde ■ **10** effeuiller, gamopétale ■ **11** dialypétale, pentapétale.
PETARADE: **9** pétarader ■ **10** détonation, pétaradant.
PETARD: **5** potin ■ **6** marron, tapage ■ **8** scandale.
PETECHIE: **9** pétéchial.
PETER: **6** casser, péteur, rompre ■ **7** éclater* ■ **8** pétiller.
PETILLANT: **7** spitant.
PETILLER: **5** péter ■ **8** chatoyer, crépiter ■ **9** étinceler, pétillant ■ **11** pétillement.
PETIOLE: **5** gaine, penne, queue ■ **8** conjugué ■ **9** décurrent.
PETIT: **3** bun, fin*, nid, peu* ■ **4** bref, faon, fils, gruo, lime, menu*, nain, once, ténu ■ **5** atome, baril, batte, bazar, bécot, benne, bidet, bijou, bille, bouge, bribe, brick, brise, butte, calle, canif, canot, court, dalot, délié, empan, envie, ergot, évent, évier, exigu, fable, fagne, fente, fiche, fifre, filet, fiole, flein, fluet, flûte, folie, fouée, foyer, frêle, furet, fusée, galet, gamin, liard, gnome, godet, goret, grêle, grené, groom, gruau, gruon, halte, hoche, hutte, image, judas, lagon, lampe, larme, lérot, lever, ligot, lopin, marte, miche, mince*, moïse, motte, mulot, muret, nabot, nasse, niche, ninas, obole, oison, orgue, ourse, ovule, panca, panka, patar, patte, pelte, perle, peton, picot, pièce, pince, pinot, plomb, poche, point, pouce, prise, punka, quart, radis, raton, rôlet, ronce, ruban, salse, salut, selle, serin, socle, sprat, strie, suage, tanne, targe, tarin, tasse, texte, tiret, tract, trait,

verge, verre, virus, xérus ■ **6** abrégé, bambin, bellot, chétif, concis, enfant, étroit*, fretin, humble, infime, mignon, mineur, minime, patard, petiot, réduit, roquet ■ **7** babiole, étriqué, girafon, limette, minicar, minimal, moindre, morceau, moutard, pygméen, rétréci, trognon ■ **8** archerot, blanchon, bonichon, bûchette, chamelon, chevreau, cochelet, condensé, épicycle, fragment, girafeau, hobereau, lionceau, médiocre, menu-vair, minorité, mirmidon, myrmidon, préséric, rabougri, ratatiné, resserré, riquiqui, spacieux, succinct, tantinet, vivipare ■ **9** amenuiser, amoindrir, autruchon, baleineau, ballonnet, barachois, barquette, bécasseau, biellette, boqueteau, bottillon, bouclette, bourricot, boursicot, brocheton, broquette, caissette, carpillon, chaînette, chatonner, chevrette, cigogneau, clocheton, clochette, cochonnet, columelle, corbillat, corbillon, cordonnet, croisette, couchette, coussinet, denticule, diablotin, échelette, échevette, faucillon, fléchette, fleurette, fougerole, gaufrette, gringalet, héronneau, homoncule, homuncule, hottereau, houpette, languette, landaulet, lanternon, marmouset, mauviette, menuaille, mignonnet, miniature, minuscule, moinillon, monticule, moucheron, négrillon, onguicule, particule, pédicelle, petit-four, piédouche, pierrette, portillon, poutrelle, quartette, raccourci, rapetissé, renardeau, ruisselet, saumoneau, sœurette, souriceau, statuette, torchette, tyranneau ■ **10** affichette, animalcule, arbrisseau, avionnette, brimborion, cailleteau, corpuscule, crapoussin, granulaire, impalpable, méticuleux, microcosme, rapetisser ■ **11** chevrillard, couleuvreau, gentillâtre, lilliputien, pince-maille, progéniture ■ **12** croquignolet, différentiel, microcéphale, micrographie ■ **13** imperceptible, infinitésimal, insaisissable, microscopique ■ **15** microdissection, micro-intervalle.

PETITE: **6** céteau, chouia ■ **8** fermette, lichette, loupiote, meulette ■ **9** œuvrette, tacheture ■ **10** cantatille.

PETITESSE: **5** micro ■ **8** exiguïté ■ **10** étroitesse, petitement ■ **11** mesquinerie.

PETITION: **7** requête* ■ **11** pétitionner ■ **13** pétitionnaire ■ **14** pétitionnement.

PETIT-LAIT: **5** kéfir, puron ■ **6** képhir ■ **8** délaiter ■ **10** délaiteuse, lactosérum.

PETREL: **8** cul-blanc.

PETRIFIE: **5** ébahi ■ **7** zoolite ■ **8** zoolithe ■ **10** ostéolithe ■ **13** pétrification.

PETRIFIER: **6** ébahir* ■ **10** lapidifier, pétrifiant.

PETRIER: **4** pâte ■ **7** malaxer ■ **11** pétrissable.

PETRIN: **3** mée ■ **4** maie, mait.

PETRIR: **5** huche ■ **6** masser ■ **7** malaxer, marcher, presser* ■ **9** manipuler ■ **10** pétrissage, pétrisseur ■ **12** pétrissement.

PETROCHIMIE: **13** pétrochimiste.

PETROGRAPHIE: **11** pétrographe.

PETROLE: **3** g.p.l., tep ■ **4** brai, fuel ■ **5** bidon, fioul, lampe ■ **6** barrel, naphte ■ **7** heptane, psilopa ■ **8** gazoline, kérosène, kérosine, pipeline, vaseline ■ **9** ozocérite, ozokérite, pétroleur, pétrolier ■ **11** pétrochimie ■ **12** dégazolinage, fracturation, roche-magasin ■ **13** berginisation, déparaffinage, parapétrolier.

PETROLIER: **4** dope, tank ■ **5** riser ■ **6** coking ■ **8** pompiste ■ **13** hydrocraquage ■ **15** hydrotraitement.

PETULANT: **3** fol, fou, vif* ■ **9** turbulent.

PEU: **4** rien ■ **5** guère, petit*, zeste ■ **6** chouia, rioter ■ **7** taiseux ■ **8** médiocre*, mirmidon, myrmidon, passager, succinct, tantinet ■

9 aphorisme, bagatelle, broutille ■ **10** brièvement, brimborion, entrouvrir, gagne-petit, maigrement, pauciflore ■ **11** antiquaille, compendieux, moyennement ■ **12** travailloter, vulgairement ■ **13** passagèrement.

PEU A PEU : **5** miner ■ **8** découler ■ **9** poco a poco ■ **14** insensiblement ■ **15** progressivement.

PEUPLADE : **5** horde, tribu ■ **6** peuple*.

PEUPLE : **3** rom ■ **4** mari, mère, race ■ **5** allié, caste, exode, horde, idole, magie, masse, païen, petit, plèbe, tribu ■ **6** nation*, populo, public, targui ■ **7** touareg ■ **8** anarchie, épidémie, peuplade, plébéien, poissard, populace*, populeux ■ **9** démagogue, démocrate, habitants, populaire, surpeuplé ■ **10** chrétienté, démocratie, ethnologie, ostracisme, plébiscite, popularité, population, sous-peuplé ■ **11** barbaresque, caporaliser, catholicité, démographie, impopulaire ■ **12** ethnographie, orientalisme, panislamisme ■ **14** transmigration.

PEUPLEMENT : **4** frai ■ **8** rôneraie ■ **12** encépagement ■ **13** surpeuplement ■ **14** sous-peuplement.

PEUPLER : **7** habiter* ■ **8** aleviner ■ **9** coloniser, repeupler ■ **10** peuplement ■ **12** empoissonner.

PEUPLIER : **5** liard ■ **7** grisard, tremble ■ **8** populéum ■ **9** balsamier, salicacée ■ **10** peupleraie, salicoside.

PEUR : **4** émoi, suée, toux, trac ■ **5** caner, fuite, poule ■ **6** alarme, effroi, phobie ■ **7** anxiété, crainte*, émotion, épeurer, frayeur, frousse, horreur, lâcheté*, panique, pétoche, terreur, trouble, venette ■ **8** angoisse*, impavide, redouter, scrupule, trembler, trouille ■ **9** chocottes, confusion, couardise, dégonfler, épouvante, ombrageux, tremblote ■ **10** affolement, terrorisme ■ **12** appréhension, fanfaronnade, poltronnerie.

PEUREUX : **5** capon, lâche* ■ **6** affolé, apeuré, couard, effaré, fuyard, timide, timoré, transi ■ **7** inquiet, pleutre, poltron ■ **8** craintif, dégonflé, fanfaron, vaillant ■ **9** alarmiste, ombrageux, trembleur ■ **10** pessimiste, trouillard ■ **11** pusillanime ■ **12** peureusement ■ **13** superstitieux.

PEUT-ETRE : **8** possible ■ **10** impossible ■ **12** possiblement.

PHAETON : **10** américaine ■ **13** paille-en-queue.

PHAGOCYTE : **11** phagocytose ■ **12** phagocytaire.

PHAGOCYTOSE : **8** opsonine ■ **9** microglie ■ **10** microphage, phagocyter.

PHALANGE : **5** forme ■ **6** troupe ■ **9** coalition ■ **10** phalangien, phalangine ■ **11** phalangette, phalangiste.

PHALENE : **8** géomètre ■ **10** arpenteuse.

PHALLIQUE : **5** linga ■ **6** lingam.

PHALLOCENTRISME : **15** phallocentrique.

PHALLOCRATE : **5** macho.

PHALLOCRATIE : **14** phallocratique.

PHALLOÏDE : **8** phalline.

PHALLUS : **9** phallique ■ **13** ithyphallique ■ **15** phallocentrisme.

PHANERE : **9** mélanisme.

PHANEROGAME : **6** plante* ■ **11** angiosperme*, gymnosperme*, spermaphyte ■ **13** spermatophyte.

PHANTASME : **6** vision ■ **7** fantôme*.

PHARAMINEUX : **8** étonnant.

PHARAON : **8** pectorat ■ **10** pharaonien ■ **11** pharaonique.

PHARE : **3** feu ■ **5** lampe ■ **7** lamparo ■ **8** baliseur, lanterne ■ **9** gyrophare ■ **11** bateau-phare.

PHARISAÏSME : **8** fausseté.
PHARISIEN : **8** saducéen ■ **9** hypocrite, sadducéen ■ **11** pharisaïque, pharisaïsme.
PHARMACEUTIQUE : **5** opiat ■ **9** thériaque.
PHARMACIE : **4** talc ■ **5** baume, codex ■ **6** potard, spatule ■ **7** cajeput, uva-ursi ■ **8** comprimé, officine, opopanax, opoponax, vaseline ■ **9** admixtion, adragante, castoréum, collodion, drugstore, galénique, myrobalan, myrobolan, officinal ■ **10** cajeputier, herboriste, médicament*, pharmacien ■ **11** apothicaire, pharmacopée ■ **13** parapharmacie ■ **14** pharmaceutique, pharmacochimie.
PHARMACIEN : **12** ordonnancier.
PHARMACOPEE : **9** yohimbehe.
PHARYNX : **6** angine, gosier ■ **8** pharyngé ■ **9** œsophage ■ **10** oropharynx, pharyngien, pharyngite ■ **12** arrière-gorge, rhino-pharynx ■ **15** rhino-pharyngite.
PHASE : **5** crise, degré*, étape, stade ■ **6** palier ■ **7** diphasé, échelon, période*, take-off ■ **8** anaphase, finition, prophase, quartier ■ **9** déphasage, métaphase, monophasé, polyphasé, télophase ■ **10** dégagement, dichotomie, phasemètre ■ **12** exploitation ■ **13** incorporation, précombustion.
PHASIANIDE : **3** coq ■ **4** paon ■ **5** argus, dinde, poule, tétra ■ **6** caille, dindon, faisan, poulet ■ **7** leghorn, perdrix, pintade, poussin ■ **8** paonneau, perdreau, poularde ■ **9** pintadeau, pouillard ■ **10** bartavelle, dindonneau, faisandeau, galliforme.
PHEBUS : **6** soleil ■ **10** galimatias.
PHENIX : **5** aigle.
PHENATE : **9** phénolate.
PHENOL : **6** crésol, thymol ■ **7** dioxine, naphtol, phénate ■ **8** bakélite, diphénol, phénique, picrique ■ **9** résorcine ■ **10** phénolique, pyrogallol, résorcinol ■ **11** phénoplaste ■ **13** phénothiazine ■ **14** paramidophénol.
PHENOMENAL : **8** étonnant.
PHENOMENE : **3** top ■ **4** rage ■ **5** cycle, étant, phase ■ **6** aurore, influx, mirage, osmose, séisme ■ **7** capture, météore, monstre, pattern, prodige, rochage ■ **8** artefact, épigénie, épitaxie, relation, symptôme* ■ **9** apparence, arc-en-ciel, battement, biorythme, diagenèse, diagramme, étincelle, fakirisme, graphique, phonation, plutonien, surfusion, synchrome, xérocopie ■ **10** combustion, désorption, diachronie, dispersion, expérience, fascination, hypnotisme, interactif, limnologie, maturation, paranormal, paupérisme, phénoménal, plutonique, raz de marée, synchronie ■ **11** affectivité, anorganique, antécédence, apériodique, biophysique, caléfaction, diffraction, espace-temps, fibrinolyse, fréquentiel, gravitation, neurochimie, prédictible, sociométrie ■ **12** chronographe, complication, cryophysique, électronique, épiphénomène, gérontologie, interférence, météorologie, phénoménisme, physiorption, polychroïsme, psychométrie ■ **13** agglutination, astrobiologie, cicatrisation, diamagnétisme, illusionnisme, lignification, massification, métapsychique, orthostatique, parasexualité, pétrification, précipitation, surcreusement ■ **14** homéomorphisme, neurobiochimie, phénoménologie, prédictibilité, réductionnisme ■ **15** cristallisation, hypercorrection, planétarisation, restructuration, supraconduction, thermodynamique.
PHENOMENOLOGIE : **8** thétique.
PHENOTHIAZINE : **12** prométhazine ■ **15** chloropromazine.
PHENOTYPE : **12** phénotypique.

PHENYLE : 5 salol ■ **6** spinal ■ **10** phénylique.
PHEOPHYCEE : 6 fucale.
PHILANTHROPIE : 5 bonté* ■ **7** charité*, mécénat ■ **15** philanthropique.
PHILHELLENE : 14 philhellénique, philhellénisme.
PHILIPPINES : 6 baguio ■ **7** cebuano.
PHILIPPIQUE : 6 satire.
PHILOLOGIE : 9 romancier ■ **10** philologue ■ **11** littérature, papyrologie ■ **12** linguistique*, philologique.
PHILOSOPHE : 4 pope, sage ■ **6** éléate ■ **8** sophiste ■ **9** éléatique, empiriste, éristique, humaniste ■ **10** spinosiste, spinoziste ■ **11** scolastique ■ **13** gymnosophiste, maître-penseur, présocratique, problématique ■ **14** phénoménologue.
PHILOSOPHER : 9 raisonner*.
PHILOSOPHIE : 4 idée, lois, sens, yoga ■ **5** dogme, école, gnose, modal, mythe, objet, philo, sujet ■ **7** cynisme, falsafa, laxisme, monisme, noumène ■ **8** atomisme, beylisme, doctrine, dualisme, innéisme, kantisme, marxisme, réalisme, scotisme, sectaire, thomisme, surhomme ■ **9** antimonie, dynamisme, empirisme, fatalisme, finalisme, humanisme, idéalisme, logicisme, monadisme, newtonien, nihilisme, quiétisme, stoïcisme, thesaurus ■ **10** amoralisme, bergsonien, causalisme, criticisme, cyrénaïque, dogmatisme, entéléchie, ésotérisme, formalisme, maïeutique, mysticisme, platonisme, pluralisme, solipsisme, spinozisme ■ **11** anabaptisme, bergsonisme, fouriérisme, gnoséologie, gnosticisme, néo-kantisme, néo-thomisme, neutralisme, nominalisme, philosopher, platonicien, positivisme, pyrrhonisme, relativisme, scolasticat, scolastique, sensualisme, syncrétisme ■ **12** matérialisme, métaphysique*, phénoménisme, probabilisme, rationalisme ■ **13** aristotélisme, cartésianisme, confucianisme, essentialisme, néoplatonisme, péripatétisme, personnalisme, philosophique, psychologisme, spiritualisme, subjectivisme ■ **14** anthroposophie, immatérialisme, indéterminisme, intuitionnisme, irrationalisme, isolationnisme, néo-positivisme, voltairianisme ■ **15** épiphénoménisme, existentialisme, prédéterminisme, substantialisme, traditionalisme.
PHILOSOPHIQUE : 13 aristotélisme.
PHIMOSIS : 12 paraphimosis.
PHLEBITE : 13 anticoagulant.
PHLEBOLOGIE : 11 phlébologue.
PHLEGMON : 3 pus ■ **5** abcès* ■ **6** tumeur* ■ **7** flegmon, panaris ■ **11** phlegmoneux.
PHLYCTENE : 6 cloque ■ **8** sérosité.
PHOBIE : 4 peur* ■ **7** crainte* ■ **8** phobique.
PHOCOMELIE : 9 phocomèle.
PHONATION : 10 dysarthrie.
PHONEME : 5 click, voisé ■ **7** mérisme ■ **8** aperture, phonique, syncoper ■ **9** voisement ■ **10** phonologie ■ **11** orthophonie ■ **12** assimilation, phonématique ■ **13** consonnantique ■ **14** coarticulation.
PHONETIQUE : 10 haplologie, phonétisme ■ **11** phonéticien ■ **14** phonétiquement.
PHONOGENIQUE : 10 phonogénie.
PHONOGRAPHE : 5 phono, prise ■ **10** discophile ■ **11** discothèque ■ **12** phonogénique ■ **14** phonographique.
PHONOLITE : 12 phonolitique ■ **13** phonolithique.
PHONOLOGIE : 10 phonologue ■ **12** phonématique.
PHOQUE : 5 huile, kajac, kayac, moine ■ **6** otarie ■ **8** blanchon.

PHOSPHATE : 5 guano ■ 7 apatite, uranite ■ 8 autunite, lazulite, monazite ■ 9 turquoise ■ 10 phosphater ■ 11 phosphatage, phosphorite ■ 12 déphosphater, phosphaturie ■ 14 superphosphate ■ 15 phosphocalcique, phosphorisation.
PHOSPHORE : 9 lécithine, nucléique, phosphite, phosphure ■ 10 rachitisme ■ 11 parathyrine, phosphoreux, phosphoryle ■ 12 parathormone, déphosphorer, phosphorique, phosphorisme ■ 14 phosphorescent ■ 15 déphosphoration, hypophosphoreux, phosphorescence.
PHOSPHORIQUE : 11 phosphatase.
PHOTO : 7 détouré ■ 10 ektachrome.
PHOTOCOMPOSITION : 8 cadratin, titreuse ■ 13 photocomposer ■ 14 photocomposeur.
PHOTOCONDUCTEUR : 14 photorésistant.
PHOTOCONDUCTIVITE : 7 vidicon.
PHOTOCOPIE : 10 diapositif ■ 11 diapositive.
PHOTOCOPIEUR : 7 copieur.
PHOTOELECTRIQUE : 13 photoémetteur.
PHOTOGRAPHIE : 3 net, vue ■ 4 cyan, film*, halo, pose ■ 5 album, cache, écran, flood, photo, virer, voile ■ 7 achrome, aplanat, sténopé, triplet ■ 8 lumitype, pêle-mêle, portrait ■ 9 anaglyphe, collodion, cover-girl, iconogène, microfilm, photostat, phototype, portfolio, posemètre, trichrome ■ 10 autochrome, diaphragme, ferrotypie, microfiche, photocopie, photomaton, roman-photo, trichromie ■ 11 dégradateur, kinétoscope, photographe, photothèque, strioscopie ■ 12 agrandisseur, héliogravure, hydroquinone, illustration, photogravure, photomontage, platinotypie, pyrogallique, radiographie, renforçateur, téléobjectif ■ 13 châssis-presse, daguerréotype, diamidophénol, photographier, photostoppeur, pictorialisme, rectilinéaire, spectrogramme ■ 14 cinéthéodolite, daguerréotypie, paramidophénol, photographique, photomécanique ■ 15 cinématographie, gélatinobromure, photogrammétrie.
PHOTOGRAPHIER : 11 fluographie, représenter, safari-photo ■ 13 radiographier.
PHOTOGRAPHIQUE : 5 kodak ■ 7 négatif ■ 8 lumitype ■ 10 autochrome ■ 14 photoreportage.
PHOTOGRAVURE : 5 trame ■ 9 chromiste ■ 12 photograveur ■ 13 similigravure.
PHOTOMONTAGE : 13 portrait-robot.
PHOTON : 10 photonique.
PHOTOPERIODISME : 15 photopériodique.
PHOTOPILE : 14 photovoltaïque.
PHOTOSENSIBILISATION : 9 psoralène.
PHOTOSENSIBLE : 13 scintigraphie.
PHOTOSPHERE : 12 chromosphère.
PHOTOSYNTHESE : 12 chloroplaste.
PHOTOTROPISME : 13 phototactisme.
PHOTOTYPIE : 5 voile ■ 10 collotypie ■ 12 réticulation.
PHRAGISTIQUE : 14 sigillographie.
PHRASE : 5 bribe, canon, coupe, motif, neume, point, rébus, style, usage ■ 6 incise, mantra ■ 7 exemple, phraser ■ 8 allusion, asyndète, parataxe, syntagme ■ 9 antéposer, archaïsme, babillard, équivoque, janotisme, juxtaposé, latinisme, leitmotiv ■ 10 aposiopèse, expression, intonation, palindrome, parenthèse, phrastique ■ 11 anacyclique, anaphorique, asémantique, contre-chant, contre-sujet, nominaliser, ritournelle ■ 12 aggramatisme, amphibologie, phraséologie ■ 13 ac-

ceptabilité, interrogative, verbigération ■ **14** grammaticalité, grandiloquence, holophrastique ■ **15** polysynthétique.

PHRASEOLOGIE : 14 phraséologique.

PHRYGANE : 12 traîne-bûches.

PHTALIQUE : 13 téréphtalique.

PHTIOTIDE : 5 lamia.

PHTIRIUS : 7 morpion.

PHTISIE : 8 thionine ■ **9** phtisique ■ **11** pneumologue, tuberculose* ■ **12** phtisiologie.

PHTISIQUE : 11 poitrinaire, tuberculeux.

PHYCOMYCETE : 11 siphomycète*.

PHYLACTERE : 8 tefillin ■ **9** tephillin.

PHYLLOGENESE : 13 phyllogénique ■ **14** phyllogénétique.

PHYLLOXERA : 5 vigne ■ **10** phylloxère ■ **12** phylloxérien ■ **13** phylloxérique.

PHYLUM : 10 phylétique.

PHYSALIS : 8 coqueret ■ **9** alkékenge ■ **11** amour-en-cage.

PHYSICO-CHIMIQUE : 12 détoxication.

PHYSIOLOGIE : 10 hypnologie, mastologie ■ **11** gynécologie, hépatologie, néphrologie ■ **12** biomécanique ■ **13** physiologique, physiologiste ■ **15** phytopathologie.

PHYSIOLOGIQUE : 3 rut ■ **6** in vivo ■ **9** biorythme, chronaxie ■ **10** alcoolisme ■ **11** impuissance, tempérament ■ **13** préadaptation, présénescence ■ **15** glycorégulation.

PHYSIONOMIE : 3 air ■ **6** faciès, figure*, visage* ■ **8** physique ■ **10** expression ■ **11** sociogramme ■ **12** ressemblance ■ **13** physionomique, physionomiste ■ **14** physiognomonie.

PHYSIQUE : 4 coma, judo, sexe, tare ■ **5** appas, baise, écran, force, foyer, joule, ladre, larme, point, sport, trace, usant ■ **6** osmose ■ **7** capteur, chaleur, douleur, formule, mésaise, optique, quanton, vigueur ■ **8** ambiance, décideur, dispersé, guérison, isotrope, jiu-jitsu, soigneur, supplice, tourment ■ **9** aériforme, constante, éducation, extérieur, leptosome, nymphette, pédologie, pesanteur, physicien, phytotron, sonomètre, thermique ■ **10** abattement, acoustique, activation, aérométrie, anisotrope, barométrie, cryoscopie, dioptrique, élasticité, hébertisme, limnologie, magnétisme, perce-carte, superforme, tonométrie ■ **11** biophysique, capillarité, électricité, home-trainer, photométrie, température, texturation ■ **12** calorimétrie, chronométrie, conformation, contre-emploi, cryophysique, diacoustique, électron-volt, météorologie, physicalisme, physiquement ■ **13** astrophysique, microphysique, néphélémétrie, physico-chimie, psychasthénie ■ **14** dégénérescence ■ **15** électrostatique, physico-chimique, thermodynamique.

PHYTOTHERAPIE : 15 phytothérapeute.

PIAFFER : 8 piaffant, piaffeur, piétiner ■ **9** trépigner ■ **10** piaffement.

PIAILLER : 5 jaser ■ **7** jaboter ■ **9** piaillard, piailleur ■ **11** jacassement, piaillement.

PIANISTE : 8 piano-bar.

PIANO : 5 forte, taper ■ **7** célesta, crapaud, pianino, toccata ■ **8** clavecin, épinette, pianista, pianiste, pianoter, virginal ■ **9** demi-queue, étouffoir, lentement, pianotage ■ **10** clavicorde, piane-piane, pianissimo ■ **11** pianistique, rinforzando ■ **12** harmonicorde.

PIAULER : 5 crier ■ **10** piaulement.

PIBALE : 7 civelle.

PIC : 3 têt ■ **4** mont* ■ **5** saper ■ **7** engrois, escarpé ■ **8** aiguille ■ **9** rivelaine ■ **10** épeichette.

PICARDIE : **6** rollot.
PICCOLO : **7** octavin.
PICIDE : **6** torcou.
PICHENETTE : **11** chiquenaude.
PICKPOCKET : **6** voleur*.
PICOTEMENT : **9** mordicant ■ **10** chatouille ■ **12** démangeaison ■ **13** fourmillement ■ **14** chatouillement.
PICOTER : **6** piquer* ■ **8** picotage, taquiner.
PICPOUILLE : **10** piquepoult.
PICRIQUE : **8** mélinite.
PICTOGRAMME : **12** pictographie.
PICTURAL : **11** caravagisme, synthétisme.
PIDGIN : **5** sabir ■ **12** créolisation.
PIE : **4** piat ■ **5** agace, jaser ■ **6** agasse, margot ■ **7** jacasse ■ **8** jacasser ■ **9** babillard.
PIECE : **2** té, vé ■ **3** axe, clé, écu, pal, pan, sep ■ **4** clef, drap, enté, épar, lice, lien, loge, ondé, palé, pêne, péri, pile, plat, semé, sole, tôle, visa ■ **5** about, alèse, ancre, armon, balai, bande, barde, baron, bâtir, bigue, boîte, bride, canon, capot, châle, chant, chien, coupe, coyau, écoté, écrou, entée, épart, étage, fichu, fusée, fusil, gâche, habit, limon, lisse, liure, panne, patte, pivot, sabot, salle, salon, saucé, serre, seuil, siège, tacon, tapis, taule, téton, thune, titre, trame, unité, vivre, voile, volée ■ **6** berthe, bureau, cagibi, carrée, crèche, faucon, partie*, piaule, rebras, studio, tapure, tépale ■ **7** allonge, bordure, cabinet, chacone, chambre*, clenche, étambot, hâtelle, mandrin, maxille, monnaie, morceau*, raccord, tergite, vreneli ■ **8** abattant, appareil, assiette, avaloire, baladeur, bombarde, cambrure, caronade, cavalier, célebret, chambrée, chanlate, chanteau, chaumard, colletin, cornière, cylindre, déchirer, dressing, éjecteur, engobage, étambrai, frotteur, gâchette, guêpière, himation, hypogyne, languier, longeron, longrine, mâchoire, marsouin, médaille, monobloc, nourrice, opercule, parcelle*, piécette, pierrier, plastron, rational, rondelle, semelage, senestré, singpiel, soufflet, tassette, traverse, varangue, voilette ■ **9** balancier, boute-hors, brochette, cache-sexe, cadrature, cambriole, canfouine, cardinale, cartisane, chabraque, chanfrein, chanlatte, charnière, coussinet, crénelage, cubitière, découpage, demi-pièce, diffuseur, dilacérer, émerillon, épontille, espingole, fracasser, glissière, hâtelette, languette, mandibule, matriçage, mouvement, ostensoir, percuteur, plaquette, porte-épée, rayonneur, resarcelé, serpentin, sous-faîte, sous-garde, spicilège, vestibule, veuglaire ■ **10** barcarolle, capilotage, chambrière, collecteur, contrefort, dent-de-loup, emplanture, extracteur, fauconneau, fourchette, fourragère, intermezzo, labyrinthe, living-room, masselotte, monosépale, monstrance, porte-outil, reculement, scapulaire, scellement, serpenteau, serpentine, sertissure, tépidarium, tétralogie ■ **11** antichambre, braconnière, cache-entrée, contrefiche, couleuvrine, couvre-nuque, crémaillère, empiècement, hors-d'œuvre, mentonnière, pied-de-biche ■ **12** divertimento, dressing-room, harnachement, opéra-comique, procès-verbal, protège-tibia, soutien-gorge ■ **13** croquembouche, porte-aiguille, porte-brancard, superfinition, synchroniseur ■ **14** acquit-à-caution, arrière-cuisine ■ **15** arrière-boutique, porte-baïonnette.
PIECE (DE BOIS) : **3** gui, hie, mât, tin ■ **4** épar, étai, joug, pieu*, rame, tape ■ **5** about, adent, bâcle, barre, bitte, enter, épart, ergot, espar, ferme, hayon, herpe, limon, moise, patin, pilot, pomme, seuil, tenon, timon ■ **6** accore, billot, boulin, coitte, flèche, lierne, marche, modèle,

mouton, savate, taquet, tirant, tronce, vergue ■ **7** attelle, blindée, blochet, chevron, corbeau, couette, écharpe, étançon, limande, linteau, montant, tréteau, tronche ■ **8** anguille, bât-flanc, béquille, billette, chanteau, chevêtre, coulisse, équerrer, jambette, membrure, palanque ■ **9** bobinette, carlingue, chandelle, charpente, écoperche, lambourde, palonnier, toletière, traversin, ventrière ■ **10** balançoire, contrevent, entretoise, étrésillon, traversine ■ **11** chantignole, débillarder, embrèvement ■ **12** pied-de-chèvre ■ **13** contre-boutant ■ **14** contre-parement, dégauchisseuse ■ **15** démaigrissement.

PIECE (DE FER): **5** bâcle, barre, ergot, noyau ■ **6** anille ■ **7** équerre ■ **8** dosseret, envoiler ■ **10** cramponnet.

PIECE (DE JEU): **3** fou, roi ■ **4** dame, tour ■ **5** jeton, reine.

PIECE DE THEATRE: **4** film, rôle ■ **5** drame, farce, jouer, lever, revue, trame, valet ■ **6** ambigu ■ **7** à-propos, comédie, saynette, théâtre ■ **8** dialogue, scénario, synopsis ■ **9** découpage, imbroglio, pastorale ■ **11** dramaturgie.

PIECE DE VERS: **5** envoi, poème* ■ **6** centon, élégie ■ **7** à-propos, huitain, triolet ■ **8** madrigal ■ **9** épigramme, macaronée, palinodie.

PIECE D'OR: **5** louis ■ **6** jaunet ■ **8** napoléon ■ **9** demi-louis.

PIECE FLORALE: **6** sépale ■ **10** verticille ■ **13** préfleuraison.

PIECE HONORABLE: **3** pal ■ **4** chef, orle ■ **5** bande, barre, chape, cousu, croix, fasce, giron, grain, rivet, tenon ■ **6** blason*, canton, pairle ■ **7** bordure, chausse, chevron, escarre, gousset, sautoir ■ **8** billette, bretesse, brochant, écartelé, embrasse, équipolé, esquarre, trécheur, vêtement ■ **9** champagne, équipollé, resarcelé, trescheur ■ **11** escarboucle ■ **13** franc-quartier.

PIECE METALLIQUE: **4** coin, gond, pieu, plot ■ **5** bague, bitte, bonde, gâche, limon, palet ■ **6** butoir, cadène, essieu, étrier, guidon ■ **7** bossoir, crampon, écharpe, filière, système ■ **8** cavalier ■ **9** battement, chandelle, contrefer, glissière, mentonnet, moraillon ■ **10** crapaudine ■ **13** entrebâilleur ■ **15** contre-coussinet.

PIED: **3** bas, bot, cep, pas ■ **4** kick, ruer, sole ■ **5** adnée, apode, atémi, bague, botte, buter, corne, crawl, doigt, ergot, fanon, forme, iambe, jambe*, palme, patte*, peton, pince, pouce, rouge, sabot, stade, suage, table, talle, talon, valet, varus, vigne, volve ■ **6** arpion, orteil, panard, piétin, souage ■ **7** abattis, dactyle, fumeron, jogging, paturon, pédibus, pédieux, podagre, podaire, ripaton, routard, sénaire, soleret, spondée ■ **8** achopper, anapeste, cale-pied, durillon, flancher, fourchet, pédestre, pédicure, pédiluve, retourné, solleret, tripodie ■ **9** ambulacre, avant-pays, baisement, chaussure, choriambe, cou-de-pied, décurrent, enclouure, équinisme, macropode, métatarse, palonnier, piétaille, piètement, plantaire, podologie, rempiéter, talonnade, tribraque ■ **10** chèvre-pied, cloche-pied, demi-pointe, embasement, emplanture, hausse-pied, heptamètre, hypermètre, infanterie, paillasson, pentamètre, quadrupède, repose-pied, septénaire, spondaïque, trochaïque ■ **11** chausse-pied, chèvre-pieds, essuie-pieds, pied-de-biche, plantigrade, repose-pieds, trousse-pied ■ **12** catalectique, chauffe-pieds, chaufferette, demi-position, mobilisation, pédestrement.

PIED-A-TERRE: **7** cabanon ■ **11** appartement.

PIED-D'ALOUETTE: **10** delphinium ■ **11** dauphinelle.

PIED-DE-BICHE: **12** presse-étoffe.

PIED-DE-LION: **9** édelweiss.

PIED-DE-LOUP: **8** lycopode.

PIED-DE-MOUTON: **5** hydne.

PIED-DE-VEAU: **4** arum.

PIED-DROIT : **4** rein ■ **7** imposte ■ **8** piédroit, retombée ■ **9** feuillure ■ **10** étrésillon.
PIEDESTAL : **2** de ■ **4** tore ■ **5** socle ■ **8** acrotère, corniche ■ **9** piédouche, scabellon, stylobate.
PIEDOUCHE : **5** buste ■ **9** piédestal.
PIED-PLAT : **5** lâche ■ **7** servile.
PIEGE : **3** glu ■ **4** cage, lacs, mine, rets, ruse ■ **5** appât, engin, filet*, fosse, godan, lacet, nasse, pipée, senne ■ **6** collet, feinte, panier, pipeau, réseau, trappe ■ **7** attrape, bascule, embûche, guêpier, piégeur, ratière, tirasse, tramail, trémail ■ **8** appelant, attraper, madrague, moquette, piégeage, taupière, tendelle, tenderie ■ **9** assommoir, embuscade, guet-apens, insidieux, trébuchet ■ **10** fourmillon, guillotine, hausse-pied, sarracénie, souricière, traquenard ■ **11** chanterelle, machination, reginglette ■ **12** chausse-trape ■ **14** attrape-mouches, emberlificoter ■ **15** quatre-de-chiffre.
PIEGER : **5** piper ■ **6** tendre ■ **7** enlacer, oiseler, trapper ■ **8** attraper, colleter, tonneler ■ **9** braconner ■ **10** panneauter.
PIE-MERE : **10** arachnoïde.
PIERRAILLE : **3** reg.
PIERRE : **3** bec, roc ■ **4** auge, grès, jade, laie, laye, lest, maye, mica, moie, moye, pavé, pile, rose, scie, têtu ■ **5** bille, borne, butée, cairn, camée, chaux, coupe, dalle, évier, foret, forge, fusil, galet, gélif, gemme, glace, gypse, harpe, jetée, joint, lause, lauze, limon, maçon, masse, palet, perle, perre, pétré, ponce, queue, redan, roche*, seuil, silex, spalt, staff, stèle, tombe, tuile, veine, verre, voûte ■ **6** aétite, bétyle, brique, calcul, dolmen, marbre, menhir, rocher*, scorie ■ **7** brioche, caillou*, camaïeu, carrier, doubleau, givrure, gravier*, isodome, moellon, montoir, smiller, sommier ■ **8** adulaire, boutisse, cabochon, délarder, écornure, épierrer, gélivure, intaille, lapicide, margelle, massette, montjoie, parement, piédroit, pierreux, pierrier, remplage, ricochet, rocaille, saxatile, tablette, tesselle, vousseau, voussoir ■ **9** aérolithe, aggloméré, blocaille, cliquette, demi-deuil, empierrer, gravillon, lambourde, levallois, malachite, mégalithe, monolithe, morganite, obélisque, périgueux, pétrifier, pied-droit, pierrette, podolithe, renformir, rustiquer ■ **10** aventurine, boucharder, cailloutis, épierreuse, koudourrou, lapidation, lapidifier, lithologie, lithophage, orthostate, panneresse, pierraille, pierreries, saxiphrage ■ **11** appareiller, ferrocérium, lapis-lazuli ■ **12** appareilleur, empierrement, passe-partout ■ **13** chasse-pierres, paléolithique ■ **15** démaigrissement.
PIERRE CALCAIRE : **3** tuf ■ **5** gypse, liais ■ **6** brèche, marbre ■ **7** albâtre, castine, colithe, péperin, vergelé ■ **8** cliquart ■ **9** banc-franc, lambourde, travertin ■ **10** fluatation.
PIERRE FINE : **5** serte ■ **7** citrine ■ **8** adulaire, corindon ■ **9** amazonite, dessertir, glyptique, héliodore, jardineux ■ **10** chrysobéryl, feuilletis ■ **11** chrysocolle.
PIERRE PRECIEUSE : **4** jade, jais, onyx ■ **5** agate, béryl, émeri, gemme, jaspe, jayet, lapis, opale, perle, prime, rubis, stras ■ **6** grenat, jargon, saphir, topaze ■ **7** diamant, péridot ■ **8** corindon, émeraude, hépatite, lazulite, sanguine, sardoine ■ **9** adamantin, améthyste, cornaline, hyacinthe, joaillier, lapidaire, malachite, smaragdin, turquoise ■ **10** marcassite, obsidienne, œil-de-chat, pendeloque, tourmaline ■ **11** aigue-marine, chrysolithe, escarboucle, lapis-lazuli ■ **13** œil-de-serpent.
PIERRERIE : **8** rational.
PIERRE SILICEUSE : **4** grès, lave, mica, talc ■ **5** silex ■ **6** granit,

quartz ■ 7 basalte, schiste ■ 8 meulière, porphyre ■ 9 caillasse, feldspath.
PIERREUX: 5 pétré, spath ■ 6 hamada ■ 12 incrustation ■ 13 pétrification.
PIERROT: 5 gille ■ 7 moineau* ■ 9 pierrette.
PIETE: 5 croix, pieux ■ 8 chapelet, dévotion*, religion*, sainteté ■ 11 édification, sacramental ■ 12 indulgencier.
PIETINEMENT: 9 podolithe.
PIETINER: 7 piaffer ■ 9 piétinant, trépigner ■ 11 piétinement.
PIETON: 8 trottoir.
PIETONNIER: 6 piazza.
PIETRE: 8 médiocre* ■ 9 misérable* ■ 10 piètrement.
PIEU: 3 épi, pal* ■ 4 duit, rame ■ 5 bâton*, épieu, palée, palis, pilot, vouge ■ 6 balise, fraise, perche*, pilori, piquet*, poteau, tuteur ■ 7 bouchot, échalas, lançage, pilotin ■ 8 avant-duc, carasson, duc-d'albe, estacade, paisseau ■ 10 clayonnage, palplanche.
PIEUSE: 14 archiconfrérie.
PIEUX: 3 pie ■ 5 dévôt ■ 6 ascète ■ 7 croyant ■ 8 dévotion* ■ 9 religieux* ■ 10 complainte, pieusement ■ 14 archiconfrérie.
PIEUVRE: 6 poulpe.
PIEZE: 2 pz ■ 10 hectopièze.
PIGE: 5 piger ■ 7 pigiste.
PIGEON: 4 cire, paon ■ 5 biset, bizet, carme, frisé, ganga, goura, pattu ■ 6 maille, maurin, ramier, romain, tourte ■ 7 boulant, capucin, colombe, mondain, nonnain, palombe ■ 8 colombin, voyageur ■ 9 culbuteur, roucouler ■ 10 pigeonneau, pigeonnier, roucoulade, tourtereau ■ 11 tourterelle ■ 12 colombophile, dépigeonnage, roucoulement ■ 13 colombophilie.
PIGEONNIER: 4 fuie ■ 9 colombier.
PIGMENT: 4 uvée ■ 7 fuscine, lutéine ■ 8 carotène, hématine, mélanine, mélanome, mélanose, vitiligo ■ 9 pigmenter, urobiline ■ 10 bilirubine, coloration, cytochrome, dyschromie, lipochrome, microbille ■ 11 hémocyanine, hémoglobine, pigmentaire ■ 12 chlorophylle, pigmentation, xanthophylle ■ 14 dépigmentation, phycoérythrine.
PIGMENTATION: 9 mélanisme.
PIGMENTE: 7 achrome.
PIGNOCHER: 6 manger ■ 7 peindre.
PIGNON: 5 donax ■ 6 donace, tympan ■ 7 braquet ■ 8 lanterne ■ 9 satellite ■ 10 dérailleur ■ 11 œil-de-bœuf ■ 13 amortissement, synchroniseur.
PIGNOUF: 5 avare ■ 8 grossier*.
PILASTRE: 5 strie ■ 7 colonne*, rudenté, saillie ■ 8 dosseret ■ 9 cannelure.
PILE: 3 tas ■ 4 amas*, pôle ■ 6 chaîne ■ 7 taquage ■ 8 avant-bec, batterie, réacteur ■ 9 photopile, voltaïque ■ 10 arrière-bec, brise-glace, galvaniser ■ 12 voltaïsation ■ 13 impolarisable ■ 14 photovoltaïque.
PILER: 5 pilon ■ 6 broyer*, moudre, pileur ■ 8 atténuer ■ 10 pulvériser.
PILEUX: 4 poil* ■ 8 pilosité.
PILIER: 4 ante, pile ■ 5 jambe ■ 7 colonne*, soutien*, support* ■ 8 aiguille, balustre, dépilage, piédroit, pilastre ■ 9 fasciculé, pied-droit ■ 10 contrefort ■ 11 contre-buter ■ 12 contre-bouter.
PILLAGE: 3 sac ■ 6 rapine*, ravage, razzia ■ 7 saccage ■ 8 invasion ■ 9 maraudage, rapinerie ■ 10 brigandage ■ 11 déprédation, destruction, dévastation, saccagement.

PILLARD : **6** bandit* ■ **7** pandour, routier.
PILLER : **5** voler* ■ **6** abîmer, imiter, ruiner ■ **7** envahir, picorer, ravager, razzier, plagier ■ **8** détruire, dévaster, marauder, saccager ■ **9** fourrager ■ **10** dépouiller, endommager ■ **11** bouleverser.
PILOCARPE : **9** jaborandi.
PILON : **4** pile ■ **5** piler ■ **6** bocard ■ **8** pilonner.
PILONNAGE : **10** compactage.
PILONNER : **9** pilonnage ■ **10** compactage.
PILOT : **7** pilotis ■ **12** enracinement.
PILOTAGE : **10** gyropilote.
PILOTE : **6** locman, nocher ■ **7** cockpit, ulmiste ■ **8** aéroclub, chasseur, copilote, lamaneur, patachon, timonier, verrière ■ **10** conducteur*, cosmonaute, nautonnier.
PILOTER : **6** guider ■ **7** diriger* ■ **8** conduire*, pilotage ■ **10** téléguider.
PILOTIS : **5** pilot, taret ■ **10** traversine ■ **11** appontement.
PILULE : **3** bol ■ **7** globule, granule ■ **8** pilulier ■ **9** pilulaire ■ **11** micro-pilule.
PIMBECHE : **6** chipie ■ **8** mijaurée ■ **11** chichiteuse.
PIMENT : **4** cari, cary ■ **5** carry, curry ■ **7** harissa, paprika, poivron ■ **8** pili-pili, pimenter.
PIMPRENELLE : **11** sanguisorbe.
PIN : **4** arol, cône, dune, pive, poix ■ **5** arole, gomme, pigne, sapin* ■ **6** arolle, épicéa, mélèze, pignon, pinère ■ **7** galipot, gemmage, pignade, pinière ■ **8** pinastre, pineraie, pitchpin ■ **9** monotrope.
PINACEE : **9** abiétinée ■ **11** cupressacée.
PINACLE : **6** sommet*, vanter.
PINACOTHEQUE : **5** musée*.
PINAILLE : **10** pinailleur.
PINCE : **4** clip ■ **5** clamp, harpe ■ **6** davier ■ **7** affecté, bigoudi, épiloir, frisoir ■ **8** barrette, grugeoir, pince-nez, pincette, tenaille, trétoire ■ **9** brucelles, casse-noix, porte-jupe, tricoises ■ **11** coupe-ongles ■ **12** bec-de-corbeau, pédicellaire ■ **13** porte-aiguille ■ **14** casse-noisettes.
PINCEAU : **4** ente ■ **5** blush, hampe ■ **6** brosse, putois ■ **7** repique ■ **8** blaireau ■ **9** appui-main, pénicille ■ **12** queue-de-morue.
PINCEE : **5** prise ■ **8** pimbêche.
PINCEMENT : **7** pinçage.
PINCER : **4** rote ■ **6** mordre, pinçon, piquer, saisir*, serrer* ■ **7** pinçure, prendre, presser ■ **8** arracher, attraper, pinceter ■ **9** pincement, tenailler.
PINDARIQUE : **7** ampoulé.
PINEAU : **5** pinot, vigne.
PINGOUIN : **7** mergule ■ **9** guillemot.
PING-PONG : **8** raquette.
PINGRE : **3** rat ■ **5** avare* ■ **6** chiche*.
PINNIPEDE : **5** moine, morse ■ **6** otarie, phoque.
PINSON : **8** grenadin.
PINTADE : **9** criailler, pintadeau.
PINTE : **3** pot ■ **6** pinter, quarte ■ **8** quartaut.
PIOCHE : **4** houe ■ **5** bigot.
PIOCHER : **5** saper ■ **7** étudier ■ **8** piochage, piocheur ■ **10** piochement ■ **11** cultivateur.
PION : **4** dame, loto, walé ■ **5** awalé, damer, pièce.
PIONNIER : **8** squatter ■ **10** défricheur.
PIPE : **5** culot, houka, piper, talon, terre ■ **6** chilom, shilom ■ **7** calumet,

chibouk, kalioun, pipette ■ **8** fourneau, narguilé ■ **9** bouffarde, chibouque, chiffarde, culottage, débourrer, narghileh ■ **11** brûle-gueule.
PIPEAU : 5 flûte*.
PIPEE : 6 frouer.
PIPE-LINE : 7 oléoduc ■ **8** conduite ■ **9** royalties.
PIPERACEE : 4 kava, kawa ■ **5** bétel ■ **8** poivrier.
PIPERONAL : 12 héliotropine.
PIPETTE : 13 compte-gouttes.
PIPIT : 4 pipi ■ **8** farlouse.
PIQUANT : 3 vif* ■ **4** âcre, aigu*, amer, fade, houx, joli, plat, salé ■ **5** acide, aigre, bogue, pique, radis ■ **6** pointu*, relevé ■ **7** acidulé, mordant*, nasarde ■ **8** anecdote, frisquet, pimenter, plaisant, poignant ■ **9** épigramme, mordacité, saupiquet ■ **11** assaisonner ■ **12** croustilleux.
PIQUE : 3 fou* ■ **4** joug ■ **5** haste, ponce, trait ■ **6** abatée, pointe* ■ **8** spadille, toileuse ■ **9** aiguillon*, demi-pique, esponton ■ **11** ribaudequin ■ **13** pique-assiette ■ **15** mésintelligence.
PIQUE-NIQUE : 11 pique-niquer.
PIQUEPOUL : 5 vigne.
PIQUER : 6 coudre, larder, mordre*, percer, pincer ■ **7** élancer, insecte, picoter, piqueur, poindre, tatouer ■ **8** affecter, aiguille, démanger, enclouer, froisser, offenser, repiquer, titiller ■ **9** brocarder, crocheter, éperonner ■ **10** encourager, fourgonner, fourmiller, pointiller ■ **11** chatouiller, ponctionner ■ **12** aiguillonner ■ **13** contre-pointer.
PIQUET : 3 pal*, pic ■ **4** pieu*, rame, tune ■ **5** jalon, palot, pique, repic ■ **6** perche*, tuteur ■ **7** brandon, échalas ■ **8** carasson, paisseau, piqueter, quatorze ■ **9** piquetage.
PIQUETAGE : 9 piqueteur.
PIQUETTE : 3 vin ■ **5** boîte, cidre ■ **7** buvande, buvante.
PIQUEUR : 7 piqueux.
PIQUEUSE : 9 hématobie.
PIQURE : 4 vive ■ **5** galle, point, venin ■ **7** capiton ■ **8** dépiquer, scorpion, urticant ■ **9** arbovirus, surpiqûre, urticaire ■ **10** picotement.
PIRATE : 6 bandit*, escroc, forban, traite, voleur* ■ **7** brigand*, écumeur, négrier, pirater ■ **8** corsaire ■ **9** boucanier, intrigant, piraterie ■ **10** flibustier ■ **13** contrebandier.
PIRATER : 6 imiter ■ **8** piratage.
PIRE : 3 pis ■ **7** moindre, plus mal ■ **8** pis-aller ■ **9** inférieur.
PIROGUE : 5 canoé ■ **9** catamaran, piroguier.
PIROLACEE : monotrope.
PIROUETTE : 8 cabriole* ■ **10** pirouetter ■ **13** pirouettement.
PIS : 4 pire, sein* ■ **6** tétine, trayon ■ **7** mamelle* ■ **8** pis-aller.
PISCICULTURE : 9 piscicole ■ **12** pisciculteur.
PISCIFORME : 9 ichtyoïde.
PISCINE : 4 bain* ■ **9** caldarium, naumachie ■ **10** probatique.
PISCIVORE : 5 harle ■ **7** goéland ■ **8** pingouin ■ **9** balbuzard.
PISE : 5 banco.
PISSE-FROID : 13 pisse-vinaigre.
PISSENLIT : 10 dent-de-lion.
PISSER : 6 uriner* ■ **7** pisseur, urinoir ■ **8** pissoter ■ **9** pissement ■ **10** pissotière.
PISTACHIER : 8 pistache ■ **9** lentisque ■ **10** staphylier, térébinthe.
PISTE : 4 trac ■ **5** arène, corde, trace* ■ **6** chemin*, pister, suivre ■ **7** cendrée, pisteur ■ **8** dépister, obstacle, toboggan ■ **9** appontage, autodrome, bobsleigh, cynodrome, hors-piste ■ **10** hors-pistes.

PISTIL: **4** dard ■ **5** fleur, fruit ■ **6** ovaire ■ **7** gynécée ■ **8** carpelle, stigmate, unisexué ■ **9** unisexuel ■ **10** protogynie ■ **12** protérogynie.
PISTOLET: **3** feu ■ **4** colt, noir ■ **5** fonte, fusil*, luger ■ **6** pétard, rigolo ■ **7** pommeau ■ **8** browning, révolver ■ **9** pistoleur ■ **10** aérographe, parabellum ■ **12** mitraillette.
PISTON: **5** bugle, pompe ■ **8** cylindre ■ **9** pistonner ■ **11** vilebrequin ■ **14** maître-cylindre, recommandation.
PITANCE: **4** rata ■ **5** repas* ■ **7** aliment*.
PITEUX: **9** pitoyable*.
PITHECANTHROPE: **11** atlanthrope, sinanthrope.
PITIE: **5** bonté, merci, sourd ■ **7** charité*, pécaïre, plainte ■ **8** apitoyer, clémence, émouvoir ■ **9** jérémiade, pitoyable, sans-cœur ■ **10** compassion, insensible, mansuétude ■ **11** impitoyable, lamentation, miséricorde, piteusement, sensibilité ■ **13** commisération ■ **15** impitoyablement.
PITON: **4** clou, neck ■ **6** sommet ■ **8** pionnier ■ **13** marteau-piolet.
PITONNER: **9** pitonnage.
PITOYABLE: **5** moche ■ **6** piteux ■ **7** minable ■ **9** misérable* ■ **10** déplorable, lamentable, malheureux* ■ **11** regrettable ■ **13** pitoyablement.
PITRE: **5** clown* ■ **7** bouffon*, charlot ■ **8** pitrerie.
PITTORESQUE: **4** site ■ **7** couleur ■ **11** touristique ■ **15** pittoresquement.
PITUITE: **6** flegme ■ **10** pituitique.
PIVERT: **7** pic-vert.
PIVOT: **3** axe* ■ **4** base ■ **5** grain, rubis, selle, toton ■ **6** loquet ■ **8** boussole ■ **9** aiguillot, idée-force, quintaine, tourbillon ■ **10** crapaudine, tourniquet ■ **14** industrialisme.
PIVOTEMENT: **10** tête-à-queue.
PIVOTER: **7** tourner* ■ **9** turbulent ■ **11** panoramique.
PLACAGE: **8** plaqueur ■ **10** revêtement.
PLACARD: **7** affiche*, armoire* ■ **13** porte-affiches.
PLACE: **3** sur ■ **4** gîte, lice, lieu*, parc, pisé, rang, vide ■ **5** agora, caler, forum, fosse, gorge, grève, halle, herse, inter, luxer, otage, panne, passe, pièce*, point, poste, rampe, ronde, selle, siège, stèle ■ **6** chasse, emploi*, médial, parvis, square ■ **7** endroit* ■ **8** branchage, déplacer, déranger, fauteuil, permuter, pessaire, postiche, première, présider, puissant, rajuster, rechange, replacer, substrat, triplace ■ **9** carrefour, carrousel, demi-place, esplanade, monoplace, placement, postulant, promenade, réajuster, rembarrer, remboîter, remplacer, rond-point, situation*, subjacent, surcostal, triplette ■ **10** désemparer, locomobile, occupation, point de vue, réductible, sous-jacent, substituer, substratum, supplanter ■ **11** agoraphobie, disposition, emplacement, protectorat, représenter, réservation, solliciteur ■ **12** installation, interdigital, pole position, postposition ■ **13** accessoiriste, interoculaire, superposition ■ **14** intervertébral, sous-scapulaire ■ **15** interchangeable.
PLACE-FORTE: **8** burgrave ■ **9** barbacane ■ **10** caponnière.
PLACEMENT: **5** rente ■ **7** holding ■ **8** ajustage, fixation ■ **10** commission ■ **11** orientation ■ **12** constitution, installation ■ **13** établissement ■ **14** investissement.
PLACENTA: **4** faix ■ **5** axile ■ **6** prolan ■ **7** chalaze, délivre ■ **8** funicule, pariétal ■ **9** cotylédon, ombilical ■ **11** arrière-faix, placentaire ■ **12** aplacentaire, placentation, trophoblaste.
PLACENTAIRE: **9** euthérien.

PLACER : 5 armer, caser, fixer, loger, poser ■ 6 camper, coller, jucher, mettre*, nicher, poster, ranger, serrer, servir, situer ■ 7 ajuster, aposter, asseoir, classer, établir, exposer, fourrer, planter, pointer, remiser ■ 8 arranger, confiner, disposer*, embarrer, entourer, investir, jalonner, orienter, préposer, reléguer ■ 9 antéposer, appliquer, colloquer, enchâsser, implanter, installer, localiser, placement, postposer, rehausser ■ 10 ballastage, bécheveter, embroncher, encabanage, interposer ■ 11 positionner ■ 12 représentant ■ 14 approvisionner.

PLACIDE : 5 calme* ■ 7 pondéré ■ 9 pacifique, placidité ■ 11 placidement.

PLACIER : 12 représentant.

PLAFOND : 5 crépi, panca, panka, punka ■ 6 lattis, rosace ■ 7 caisson, hourdis, lambris, palatin, soffite ■ 8 billette, corniche, gobetage, plancher*, tire-fond ■ 9 échaudage, entresolé, entrevous, hypostyle, plafonner ■ 10 cul-de-lampe, plafonnage, plafonneur, plafonnier, revêtement, suspension.

PLAGE : 4 bord, tong, vive ■ 5 grève, lagon ■ 6 estran, laisse, rivage*.

PLAGIAIRE : 10 démarqueur.

PLAGIAT : 5 copie* ■ 6 larcin ■ 7 emprunt.

PLAGIER : 5 voler ■ 6 copier*, imiter, piller, puiser ■ 7 butiner, prendre ■ 8 marauder ■ 9 pasticher, plagiaire ■ 10 approprier.

PLAGIOCLASE : 10 oligoclase.

PLAIDER : 4 rôle ■ 5 avoué ■ 8 défendre, plaideur, postuler ■ 9 opposable, plaidable, suspicion ■ 10 colitigant, hors-de-cause, plaidoirie ■ 12 déclinatoire ■ 14 irrecevabilité.

PLAIDEUR : 7 débouté.

PLAIDOIRIE : 8 apologie.

PLAIDOYER : 5 plaid ■ 7 pro domo ■ 8 apologie ■ 10 logographe.

PLAIE : 4 bleu, bobo ■ 5 drain, sanie, séton, sonde ■ 6 fongus, lésion*, tumeur, ulcère ■ 7 balafre, brûlure, coupure, escarre, gerçure, morsure ■ 8 blessure*, crevasse, écarteur, entaille, estocade, gangrène, stigmate, taillade ■ 9 avivement, cicatrice, contusion, déchirure, déméchage, ecchymose, écorchure, pansement ■ 10 cicatriser, dénudation, estafilade, hémorragie ■ 11 boutonnière, égratignure, éventration, traumatisme ■ 12 meurtrissure ■ 13 cicatrisation, traumatologie.

PLAIGNANT : 10 accusateur.

PLAIN : 4 égal ■ 5 étage.

PLAIN-CHANT : 5 neume ■ 7 déchant ■ 9 grégorien ■ 10 intonation ■ 12 antiphonaire.

PLAINDRE : 5 bêler, crier, gémir ■ 6 pester ■ 7 accuser, exhaler, geindre, grogner, gronder, piauler, pleurer ■ 8 apitoyer, dénoncer, déplorer, insurger, lamenter, maugréer, murmurer, réclamer*, remonter, renauder ■ 9 clabauder, criailler, grommeler, rechigner, regretter, reprocher, rouspéter ■ 10 déblatérer, grognonner ■ 11 pleurnicher, réprimander.

PLAINE : 4 puna, râle ■ 5 delta, pampa ■ 6 llanos, steppe ■ 7 prairie ■ 8 piedmont.

PLAIN-PIED : 11 rez-de-jardin.

PLAINTE : 3 aïe, cri ■ 4 ahan ■ 5 girie, grief, hélas, pleur ■ 7 murmure ■ 8 bêlement, miserere, pétition, plaindre, plaintif, reproche ■ 9 doléances, éjulation, grognerie, hurlement, jérémiade ■ 10 accusation, complainte, geignement, quérimonie, réprimande ■ 11 ciraillerie, gémissement, lamentation, réclamation, remontrance ■ 12 dénonciation, protestation ■ 13 récrimination.

PLAINTIF: 6 dolent ■ 8 pleurant ■ 9 grincheux, plaignant ■ 12 pleure-misère ■ 13 plaintivement.
PLAIRE: 5 ravir, taper ■ 6 agacer, agréer, amuser, botter, goûter, piquer ■ 7 attirer, charmer*, coiffer, engager, enivrer, flatter, influer, régaler, revenir, séduire*, sourire ■ 8 allécher, arranger, attacher, captiver*, chausser, convenir, délecter, déplaire, fasciner, ragoûter ■ 9 affrioler, complaire, conquérir, contenter, courtiser, enchanter, entraîner, flagorner ■ 10 affriander, ensorceler, intéresser, prévenance, satisfaire ■ 11 complaisant, coquetterie ■ 12 complaisance ■ 13 enthousiasmer.
PLAISANCE: 5 yacht ■ 11 plaisancier ■ 13 vide-bouteille.
PLAISANT: 3 bon ■ 4 beau ■ 5 conte, drôle, tapis ■ 6 rigolo ■ 7 aimable, amusant*, bouffon, comique, fagotin, fumiste ■ 8 agréable*, bêtisier, charmant*, turlupin ■ 9 attrayant* ■ 10 gouailleur, jarnicoton, plaisantin ■ 11 historiette, plaisamment.
PLAISANTE: 9 trickster.
PLAISANTER: 4 rire ■ 7 badiner, railler*, zwanzer ■ 9 gouailler ■ 12 sérieusement.
PLAISANTERIE: 3 gag ■ 4 flan, witz ■ 5 farce*, lazzi, pleur ■ 6 astuce, blague, esprit, satire*, zwanze ■ 7 attrape, boutade, canular, facétie ■ 8 badinage, galéjade, quolibet ■ 9 badinerie, gaudriole, joyeuseté, raillerie* ■ 10 scatologie ■ 11 gauloiserie, turlupinade ■ 12 bouffonnerie, couillonnade ■ 13 calembredaine, couillonnerie.
PLAISANTIN: 5 rieur ■ 7 bouffon*, farceur ■ 13 mystificateur.
PLAISIR: 4 beau, chic, dive, fête*, joie ■ 5 pompe, régal, riole, train ■ 6 amitié, charme, déduit, délice, extase, gaieté*, luxure*, riolle ■ 7 bonheur, douceur, entrain, frigide, licence*, mondain, sadisme, service, suavité, volupté ■ 8 agrément, allécher, beuverie, bienvenu, chasteté, débauche, jouissif, onanisme, savourer, surprise ■ 9 amusement*, bienvenir, complaire, épicurien, frigidité, hédonisme, lascivité, mondanité, obligeant, triompher ■ 10 admiration, bambochard, bambocheur, dilettante, guindaille, jouissance, masochisme, obligeance, passe-temps, pique-nique, récréation, sensualité, volontiers ■ 11 coprophilie, délassement, délectation, distraction, gentillesse, libertinage, sensualisme ■ 12 anaphrodisie, dévergondage, égrillardise, satisfaction ■ 13 concupiscence ■ 14 divertissement.
PLAN: 3 p.o.s., tir, uni* ■ 4 aile, égal, foil, levé, plat*, slip, topo, tore ■ 5 arête, cadre, épure, flash, frise, lever, lisse, ovale, rampe, table, trame, tronc ■ 6 abrégé, biseau, dessin, insert, méplat, minute, projet*, schéma, tréflé, utopie ■ 7 aileron, bénioff, canevas*, complot, croquis, dessein, ébauche, égalité, système, théorie, trièdе, triplan ■ 8 come-back, demi-lune, demi-plan, équinoxe, esquisse, méridien, planéité, polyèdre, polygone, quadrant ■ 9 avant-plan, géométral, longitude, manigance, mouillage, périmètre, planifier, plan-masse, sinusoïde ■ 10 bissecteur, charpenter, clinomètre, coplanaire, écliptique, enveloppée, goniomètre, gouvernail, intertitre, osculation, pédiplaine, planchette, planimètre, prospectus, story-board, terre-plein, transition ■ 11 aplanétique, arrangement, combinaison, engineering, graphomètre, machination, perspective, plan-concave, plan-convexe, polarimètre, recoupement, spéculation, tachéomètre, tomographie, topographie, trépigneuse ■ 12 déclinatoire, développable, polarimétrie, tachéométrie ■ 13 axonométrique, gauchissement, préméditation, tranformante.
PLANCHE: 3 ais, dur, fun ■ 5 alèse, alèze, atlas, cible, dosse, douve, galée, goret, selle, skate, tuile ■ 6 alaise, cliché, couche, dessin*,

esseau, sapine, vaigre, volige ■ **7** aisseau, barbeau, douveau, éclisse, essente, limande, madrier, merrain, montant, plinthe, retable, tableau, théâtre, voilure ■ **8** aissante, cartelle, dérayure, eau-forte, feuillet, funboard, monotype, tablette*, tavillon ■ **9** aquaplane, doublette, échandole, gobillard, hors-texte, jeannette ■ **10** palplanche, passe-balle, planchéier, planchette, planchiste, skateboard, tabellaire ■ **11** planchéiage.

PLANCHER: **4** étai, gîte, gril, pont ■ **5** étage, judas ■ **6** radeau, solive, travée ■ **7** couchis, estrade, hourdis, linçoir, linsoir, parquet, périnée, plafond*, travure ■ **8** antébois, antibois, chevêtre, costière, faux-pont ■ **9** charpente, entrevous, lambourde, palafitte, platelage, trapillon ■ **10** claire-voie, planchéier, plate-forme, trappillon ■ **11** caillebottis ■ **12** enchevêtrure, porte-fenêtre ■ **13** enseuillement.

PLANCHETTE: **6** plioir ■ **7** aisseau, bardeau, panneau, taloche ■ **8** patience, pistolet ■ **9** claquette ■ **12** escarpolette.

PLANCHISTE: **14** véliplanchiste.

PLANCTON: **12** aérobiologie ■ **12** planctonique, plantophage ■ **13** planctonivore.

PLANE: **7** lambert ■ **8** platière ■ **9** écharnoir ■ **10** quadrangle.

PLANEITE: **10** surfaceuse.

PLANER: **5** voler ■ **7** planant ■ **8** alumelle, patagium.

PLANETE: **4** lune, orbe ■ **5** biome, monde, phase, terre ■ **7** aphélie ■ **9** aérolithe, ascendant, astéroïde, synodique ■ **10** digression, planétaire, planétoïde ■ **11** aréographie, terminateur ■ **12** planétologie, protoplanète ■ **13** interplanétaire ■ **14** extraterrestre, planétairement.

PLANEUR: **10** deltaplane.

PLANIFICATION: **8** planisme ■ **13** planificateur.

PLANIFIER: **11** planifiable.

PLANIMETRIE: **13** planimétrique.

PLANISME: **8** planiste.

PLANISPHERE: **10** mappemonde.

PLANQUE: **7** planqué.

PLANT: **5** semis ■ **6** cépage ■ **7** ormille ■ **8** arrachis, dépiquer ■ **9** charmille, pépinière, sauvageon ■ **13** éclaircissage.

PLANTAGINACEE: **8** plantain.

PLANTAIN: **6** alisma, alisme ■ **7** flûteau.

PLANTATION: **6** aunaie, ormoie ■ **7** myrtaie ■ **8** complant, houssaie, planteur ■ **9** boisement, cacaoyère, fougeraie, planteuse, poivrière ■ **10** arboretum, bananeraie, cacaotière, complanter, orangeraie, safranière.

PLANTE: **3** suc ■ **4** moha, moly, nafé, nipa, peau, pied, pive, poil, puya, rame, sart, tige, tupa, ulex, vime ■ **5** acore, agame, alcée, arbre*, bâche, berce, berle, caduc, calla, cerne, cirre, ciste, cobéa, cobée, drave, élève, fleur*, flore, fruit*, gazon, germe, gombo, herbe, ixtle, lande, naias, ormin, orobe, ouche, panic, phlox, plant, ramer, roure, sison, talle, tiaré, tuyau, typha, veuve ■ **6** blenet, brande, coleus, cubèbe, élodée, élymus, éthuse, gramen, grémil, kamala, labiée, légume*, naïade, nivéal, oponce, picris, presle, ranale, reboul, riccie, sagine, salade, salvia, samole, stolon, ulluco, vrillé, zamier ■ **7** acanthe, æthuse, amensal, arabète, arbuste*, avorton, baselle, cannaie, cascara, céréale*, chloris, colombo, dolique, dracena, emmotté, gerbera, gommose, hélodée, jussiée, lémanée, maceron, mélique, morrène, nivéole, potager*, psilote, ptéride, rocelle, surelle, textile* thapsia, trochet, ulluque, végétal*, velvote, ximenia ■ **8** abri-vent, aéricile, ansérine, aquatile, caladium, calament, calathéa, cameline, cannacée*, carthame, chlorose, crételle, cycadale, diagnose, dracena, épiphule, figerie, fourrage*, gantelée, gentiane, jussieua, lauréole, malherbe, malpighie, maurelle, méliacée, melonnée, ményanthe, monandre, monœcie, monoïque, monstera, peucédan, plantule, polygame, pourpier, psyllium, rallonge, rempoter, rossolis, sagartie, urticale, vaccaire, variétal, zérumbet, zuchette ■ **9** améthyste, anthurium, anthyllis, astragale, balsamine, bissexuel, botanique, buissière, calcicole, calcifuge, capronier, corylacée*, cotylédon, dentelaire, farigoule, filicinée, fléchière, forestier*, fougerole, frugifère*, fusariose, gazonnant, généstiste, halophile, halophyte, hédéracée, hépatique, herniaire, hydrastis, illicinée, impatiens, jaborandi, médicinal*, mellifère, monotrope, mycorhize, népenthès, nicotiane, officinal, ombellale, paronyque, passiflore, personale, phytotron, picridium, pilocarpe, pissenlit, plantaire, polyandre, posidonie, pyrophyte, rafflesia, rafflésie, remontant, ruban d'eau, salicaire, seringuer, siliqueux, tephrosia, téphrosie, triandrie, tubercule, xérophile, xérophyte, zucchette ■ **10** améliorant, anémophile, anthyllide, aphélandra, arbrisseau*, aromatique*, asclépiade, bombacacée*, canneberge, charophyte, cormophyle, cotylédoné, crapaudine, dent-de-lion, grenadille, gymnocarpe, herboriser, hygrophile, liliiforme, magnoliale, marchantia, nitrophile, noctiflore, nummulaire, oléagineux*, ornemental*, pauciflore, phalangère, protocoque, rhizocarpé, sarracenia, scléranthe, silicicole, sparganier, spéculaire, strelitzia, styracacée*, tinctorial*, vaillantie, xéranthème ■ **11** alcoolature, amensalisme, anémophilie, angiosperme*, aquiculture, célastracée, cryptophyte, galactogène, gymnosperme*, hélianthème, hydrocotyle, marcescence, myriophylle, naturaliste, patte-de-loup, phanérograme, pied-d'oiseau, sanguisorbe, scitaminale, serpentaire, spermaphyle, spermaphyte, stolonifère, supérovarié, tormentille, utriculaire, verbascacée* ■ **12** aquifoliacée*, gibbérellie, helianthémun, polémoniacée, pomme de terre, protéagineux, sabot-de-vénus, semper virens, spadiciflore, trachéophyle, tradescantia ■ **13** attrape-mouche, grenouillette, hermaphrodite, métachlamydée, œilletonnage, passifloracée, phytothérapie ■ **14** sous-arbrisseau ■ **15** mésembryanthème, photopériodisme, phytogéographie.

PLANTER: **6** élever, ficher ■ **7** arborer ■ **8** jalonner, pitonner, plantage, plantoir ■ **9** déplanter, piquetage, replanter ■ **10** abandonner, complanter, plantation ■ **12** transplanter.

PLANTIGRADE: **4** ours ■ **8** blaireau.

PLANTOIR: **9** taravelle.

PLANTULE: **7** albumen, tigelle ■ **8** radicule ■ **9** cotylédon.

PLANTUREUX: **4** gras* ■ **7** fertile ■ **8** abondant*, beaucoup ■ **15** plantureusement.

PLAQUE: **4** halo, lame, pose, sole ■ **5** dalle, écran, glome, sabot, somme, stèle, table, taque, typon ■ **6** couche, croûte, disque, ex-voto, voyant ■ **7** crachat, éclisse, écusson, feuille, flasque, implant, mycosis, palâtre, palette, panneau, pinnule, plaquis, platine ■ **8** applique, armature, crêpière, écriteau, fourrure, garde-feu, médaille, palastre, pancarte, plaqueur, pommelle, tuilette ■ **9** girouette, hausse-col, parebrise, parfondre, solfatare, syphilide, xylophone ■ **10** autochrome, crapaudine, scarlatine, subduction ■ **11** contrecœur ■ **12** incrustation ■ **13** minéralogique, transformante.

PLAQUEMINIER: **4** kaki ■ **10** plaquemine.

PLAQUER: **5** dorer ■ **6** coller ■ **7** couvrir, enrober, laisser*, plaquer, revêtir ■ **8** argenter ■ **9** appliquer, incruster, marqueter, rapporter ■ **10** abandonner*.

PLAQUETTE : **3** h.l.a. ■ **8** globulin ■ **11** cytaphérèse, thrombocyte ■ **12** thrombopénie ■ **13** mégacaryocyte, thrombokinase ■ **15** thromboplastine.
PLASMA : **5** sérum ■ **7** alexine, tokamak ■ **8** albumine, créatine, hydrémie ■ **9** clearance, lipidémie, plasmique ■ **10** plasmifier, transsudat ■ **11** fibrinogène, plasmatique ■ **13** plasmaphérèse ■ **15** afibrinogénémie.
PLASMATIQUE : **14** gammaglobuline.
PLASMOCYTE : **6** kahler ■ **13** plasmocytaire.
PLASTE : **7** leucite.
PLASTIC : **8** plastique ■ **10** plastiquer ■ **11** plastiqueur.
PLASTICITÉ : **8** crevasse.
PLASTIFIER : **14** plastification.
PLASTIQUE : **3** p.v.c. ■ **4** lego, tong ■ **5** forme, nylon, staff ■ **6** beauté*, radome, téflon ■ **7** blister, frisbee, rhodoïd ■ **9** celluloïd, galalithe, sculpture ■ **10** cubitainer, plasticien, plasturgie ■ **11** gutta-percha, plastifiant, plastiquage, polypropène, sac-poubelle ■ **12** polyéthylène, polyuréthane ■ **13** hyperréalisme, photopolymère, plasticulture, polypropylène, polyuréthanne ■ **15** thermoplastique, viscoplasticité.
PLASTIQUER : **10** plasticage ■ **11** plastiquage.
PLASTRON : **10** chemisette ■ **11** plastronner.
PLASTRONNER : **5** poser ■ **6** mariol ■ **8** vaniteux ■ **12** plastronneur.
PLAT : **3** bas, fat, ras, uni* ■ **4** égal, fade, lame, mets, plan*, plie, poli, rasé, sole, tian ■ **5** accon, à-plat, aspic, bande, barge, bêche, béret, brème, cabas, camus, carré, doris, enfeu, épaté, frise, gueux, jeton, kacha, lâche, lorry, marli, palet, papet, patte, pelle, picot, plage, plain, poêle, potée, suage, talpa, tarte, ténia ■ **6** aminci, aplani, bonace, camard, crotte, écrasé, flette, haggis, humble, nivelé, pauvre, pointu, raboté, ragoût, ravier, relevé, scampi, souple, tagine, taline ■ **7** buisson, déprimé, gnocchi, némerte, niçoise, plateau, rampant, servile*, tripous, tripoux ■ **8** chop suey, croquant, légumier, mirepoix, mouclade, moussaka, nageoire, omoplate, ramequin, soufflet, sous-plat ■ **9** compotier, demi-ronde, desservir, entremets, esplanade, étouffade, platement, platitude, porte-plat, pouilleux, prosaïque, vaisselle, va-nu-pieds, veinette ■ **10** couvre-plats, crépinette, estouffade, monte-plats, plate-forme ■ **11** assortiment, chiche-kebab, réchauffoir ■ **12** chauffe-plats, escargotière, patelliforme.
PLATANE : **8** sycomore ■ **9** platanaie ■ **10** plataniste.
PLATE : **5** lause, lauze.
PLATEAU : **3** air, set ■ **4** mésa ■ **5** cadre fjeld, skeet, table ■ **6** bassin, tampon, vireur ■ **7** braquet, platine, théâtre ■ **8** icefield, icefjeld, tailloir ■ **9** banc-titre, éventaire, sous-nappe, tournette, tranchoir ■ **10** garde-nappe ■ **12** tourne-disque ■ **14** ramasse-miettes.
PLATE-BANDE : **4** loge ■ **8** parterre ■ **10** contreclef.
PLATE-FORME : **3** ras ■ **4** hune, quai, truc ■ **6** balcon, palier, podium ■ **7** guideau, tablier ■ **8** barbette, échafaud, terrasse ■ **9** dispersal, plongeoir, terrasson, terrigène ■ **10** praticable ■ **11** appontement, porte-hauban ■ **14** épicontinental, infrastructure ■ **15** semi-submersible.
PLATHELMINTHE : **7** cestode*, platode ■ **9** trématode* ■ **10** platinoïde ■ **11** turbellarié*.
PLATINE : **2** pt ■ **5** fusil, métal, mètre ■ **8** platiner ■ **9** platinage, ruthénium ■ **10** kilogramme, platinoïde ■ **11** platinifère ■ **13** thermocautère.
PLATITUDE : **4** plat ■ **8** bassesse*, humilité ■ **9** servilité, souplesse.
PLATODE : **13** plathelminthe*.
PLATONICIEN : **4** lois ■ **5** école ■ **10** platonique ■ **11** académicien ■ **12** réminiscence ■ **14** néo-platonicien.

PLATONIQUE : **14** platoniquement.
PLATRAS : **6** ruines.
PLATRE : **4** mère ■ **5** chape, chaux, crépi, cuire, gypse, solin, staff ■ **6** incuit ■ **7** gravats, gravois, lambris, minerve, taloche ■ **8** coquille, hourdage, plâtreux, plâtrier ■ **9** déplâtrer, plâtrerie, plâtrière, replâtrer ■ **10** lambrisser, replâtrage ■ **11** entrevoûter.
PLATRER : **8** déguiser, plâtrage ■ **9** maquiller.
PLATRIER : **10** plafonneur.
PLATYRRHINIEN : **5** atèle ■ **8** ouistiti.
PLAUSIBLE : **4** vrai ■ **8** probable ■ **9** apparence ■ **12** plausibilité ■ **13** plausiblement, vraisemblable.
PLEBE : **6** peuple ■ **8** plébéien, populace*.
PLEBISCITE : **4** vote* ■ **11** plébisciter ■ **13** plébiscitaire.
PLEIN : **4** fort, gras*, haut, imbu, seul ■ **5** animé, bondé, délié, dense, douve, forme, noria, saoul ■ **6** bourré, comble, étoffé, massif, nourri, rempli* ■ **7** compact, complet*, épanoui ■ **8** mazouter, rassasié ■ **9** caverneux, plénitude, rembouger.
PLEIN AIR : **6** torrée ■ **7** drive-in ■ **8** ciné-parc, gymkhana, héliaste, kermesse, sérénade ■ **9** cassation ■ **10** pique-nique.
PLEISTOCENE : **4** ours ■ **8** dinornis ■ **9** glyptodon, mégacéros ■ **11** mégathérium ■ **14** archanthropien, villafranchien.
PLENIER : **6** entier ■ **10** indulgence.
PLENITUDE : **9** abondance*.
PLEONASME : **7** datisme ■ **10** battologie, tautologie ■ **12** périssologie, pléonastique.
PLETHORE : **5** excès* ■ **9** abondance*.
PLEUR : **2** hi ■ **5** larme.
PLEURAL : **12** pneumothorax.
PLEURANT : **9** deuillant.
PLEURER : **7** chialer, chigner, miauler ■ **8** déplorer, larmoyer, pleurard, pleureur ■ **9** pleuresse, sangloter ■ **11** lacrymogène, pleurnicher ■ **12** pleurnicheur ■ **13** pleurnicherie.
PLEURESIE : **8** pleurite ■ **11** pleurétique, pleurodynie.
PLEURNICHER : **7** piorner ■ **8** larmoyer ■ **12** pleurnichard, pleurnicheur ■ **13** pleurnicherie ■ **14** pleurnichement.
PLEURONECTIDE : **4** flet, plat, plie, sole ■ **6** barbue, flétan, turbot ■ **7** limande ■ **8** carrelet, turbotin ■ **11** pleuronecte.
PLEUTRE : **5** lâche* ■ **7** poltron*.
PLEUVOIR : **7** arroser, bruiner, flotter, inonder, roiller, tremper ■ **8** pluviner ■ **9** pleuviner, pleuvoter ■ **10** pleuvasser, repleuvoir ■ **12** brouillasser.
PLEVRE : **6** poumon ■ **7** pleural ■ **9** pleurésie ■ **11** hydrothorax, pleurotomie ■ **15** pleuropneumonie.
PLI : **4** aine, raie, ride, tric ■ **5** corne, creux, drapé, étiré, fanon, goder, godet, pince, râpes, repli, ruché, trick, tuyau ■ **6** déjeté, fraise, friser, fronce, godage, godron, lettre, relevé, rempli, revers, sillon ■ **7** ancrure, crochon, falbala, froncis, gerçure, grimace, nervure, plisser, saignée ■ **8** bouillon, jointure, parement, plissure, troussis ■ **9** défroncer, déplisser, synclinal ■ **10** anticlinal, déplissage, intertrigo, monoclinal, plissement, tectonique ■ **11** bouillonner, timbre-poste ■ **12** articulation.
PLIANT : **7** berthon, lit-cage, transat ■ **8** diptyque, soufflet ■ **15** transatlantique.
PLIANTE : **9** pied-de-roi.
PLIE : **5** alèse ■ **8** carrelet, équitant.

PLIER: **5** céder*, raide, roide ■ **6** corner, couder, pliage, ployer ■ **7** courber*, fléchir*, replier, souple ■ **8** flexible, pliement ■ **9** inflexion, malléable, succomber ■ **10** inflexible ■ **11** discipliner, trousse-pied.
PLINTHE: **9** stylobate.
PLIOCENE: **8** éléphant, épyornis ■ **11** hippopotame, machaerodus ■ **14** villafranchien.
PLIQUE: **8** trichoma, trichome.
PLISSAGE: **5** pince, ruche, toque ■ **6** fraise, fronce, godage, godron ■ **7** falbala.
PLISSE: **12** nid-d'abeilles.
PLISSEMENT: **5** cluse ■ **6** sillon* ■ **8** huronien ■ **9** hercynien, jurassien, tertiaire ■ **10** calédonien ■ **11** contraction ■ **12** réticulation.
PLISSER: **5** goder, rider ■ **6** crêper, ferler, friper, friser, gercer, ployer, rucher ■ **7** boucler, carguer, doubler, fléchir, froncer, gaufrer, onduler, relever ■ **8** froisser, grimacer, plissage, plisseur, remplier, trousser, tuyauter ■ **9** frisotter, godronner, infléchir, moutonner, plisseuse, rebrasser, replisser, sillonner ■ **10** bouchonner, chiffonner, plissement, renfrogner, retrousser ■ **11** calamistrer.
PLIURE: **7** plaçure.
PLOMB: **2** pb ■ **3** uve ■ **4** noue ■ **5** bulle, étain, flint, forge, métal, potin, sceau, tutie, tuyau, verre, veste ■ **6** céruse, dragée, galène, minium ■ **7** cendrée, menuise, plombée ■ **8** cérusite, enfaîter, épervier, litharge, massicot, mordache, plombate, plombier, saturnin ■ **9** alquifoux, anglésite, déplomber, plomberie ■ **10** chevrotine, cuproplomb, flint-glass, plombifère, saturnisme, vanadinite ■ **11** menuisaille, sulfatation ■ **12** pattinsonage.
PLOMBAGINACEE: **7** lavande, statice ■ **10** dentelaire, immortelle ■ **11** hélichrysum.
PLOMBAGINE: **5** plomb ■ **8** graphite.
PLOMBEE: **11** palangrotte.
PLOMBER: **8** plombage, plomboir.
PLONGE: **5** perdu ■ **6** ludion ■ **8** plongeur.
PLONGEE: **9** aquanaute ■ **10** cabanement, schnorchel.
PLONGEON: **5** huard, huart.
PLONGER: **6** abîmer, couler, ludion ■ **7** baigner, frapper, infuser, plongée, sombrer ■ **8** absorber, immerger, plongeon, plongeur ■ **9** immersion, recouvrir, replonger, submerger ■ **10** contrister, endeuiller, enténébrer, plongement ■ **12** water-ballast.
PLONGEUR: **5** perle ■ **8** cormoran, fuligule, pingouin ■ **9** océanaute ■ **12** scaphandrier ■ **15** homme-grenouille.
PLOT: **10** crapaudine.
PLOUTOCRATE: **5** riche* ■ **12** argyrocratie, ploutocratie ■ **14** ploutocratique.
PLOYER: **5** plier, plomb ■ **7** courber*, fléchir* ■ **8** ployable ■ **9** ploiement, recourber.
PLUIE: **3** eau ■ **5** bâche, capot, grain, grêle, mitre, ondée, orage, purin ■ **6** averse, bruine, déluge, drache, flotte, nielle, saucée, trombe ■ **7** crachin, lavasse, pluvial, poudrin ■ **8** abat-vent, giboulée, marquise, pleuvoir, pluvieux ■ **9** abondance*, hivernage, parapluie ■ **10** brouillard, inondation, sécheresse ■ **11** nivopluvial, pluviomètre ■ **12** brouillasser, pluviométrie.
PLUMAGE: **3** mue ■ **4** muer, paon ■ **5** agami, grèbe, grive, linot, plume, serin, veuve ■ **6** livrée ■ **7** collier, pennage.
PLUMASSIER: **11** plumasserie.

PLUME: 5 balai, duvet, huppe, pattu, penne, penon, queue, style, trait, tuyau ■ **6** auteur, camail, plumée, plumet, rémige ■ **7** barbule, bouquet, couette, couteau, panache, plumage, plumeau, plumeux, plumier, plumule ■ **8** aigrette, déplumer, dermeste, écriture, emplumer, houssoir, marabout, tectrice, vibrisse ■ **9** empennage, petit-gris, polémique, toupillon ■ **10** penniforme, plumassier ■ **11** essuie-plume, uropygienne ■ **12** vaccinostyle.
PLUMEAU: 5 balai ■ **10** tête-de-loup.
PLUMER: 7 plumeur ■ **9** plumaison ■ **10** déposséder.
PLUMET: 6 casoar ■ **7** panache ■ **8** aigrette.
PLUMETE: 7 plumeté.
PLUMITIF: 6 auteur ■ **11** bureaucrate.
PLUPART: 5 monde ■ **8** beaucoup.
PLURALIE: 10 polyarchie.
PLURALISME: 10 pluraliste.
PLURALITE: 5 foule, masse, unité ■ **6** nombre ■ **7** pluriel ■ **8** kyrielle, majorité ■ **9** multitude ■ **10** polythéisme ■ **12** multiplicité.
PLURICELLULAIRE: 10 métazoaire.
PLURIEL: 4 soli ■ **9** pluralité.
PLUS: 3 pis, piu ■ **4** mais, trop ■ **5** excès, maint, mieux*, trick ■ **7** surplus ■ **8** exaction, rallonge ■ **9** davantage, plus-value, renchérir, surpasser ■ **10** hypermètre, supplément, surestarie ■ **14** surabondamment.
PLUSIEURS: 5 force, maint, mêlée, moult, opter, parti, plier, reste, tmèse, total, trier, union volée ■ **6** divers, pas mal ■ **7** d'aucuns ■ **8** beaucoup*, certains, cumulard, itératif, libouret, polybase, polygame, polylobé, quelques ■ **9** consensus, copartage, fréquence, hécatombe, macédoine, multiplex, multitude, pérennant, polyacide, polyakène, polyandre, polygynie, polygonal, polyphasé, tautomère, ubiquiste ■ **10** multiforme, plurivoque, polyandrie, polyglotte, polyphonie, polyptique, polyvalent ■ **11** multibroche, pluricausal, plutonigène, polysyllabe, versicolore ■ **12** plurilatéral ■ **13** polycentrique, polycentrisme, polynucléaire ■ **14** polysyllabique ■ **15** multicellulaire, pluricellulaire.
PLUTON: 9 plutonien.
PLUTONIUM: 2 py ■ **9** plutogène ■ **11** plutonigène.
PLUTOT: 10 préférence.
PLUVIER: 8 guignard ■ **9** œdicnème ■ **11** charadriidé.
PLUVIEUX: 5 caban ■ **8** isohyète ■ **10** pluviosité.
PNEU: 8 tubeless.
PNEUMATIQUE: 4 pneu ■ **5** chape, pompe, train ■ **7** confort, défense, dépêche, tringle ■ **8** chausser, déjanter, rechaper ■ **9** adhériser, enveloppe, pare-chocs ■ **11** démonte-pneu ■ **12** antidérapant.
PNEUMOCONIOSE: 9 asbestose.
PNEUMOCOQUE: 13 streptomycine.
PNEUMOLOGIE: 11 pneumologue.
PNEUMONIE: 11 pneumocoque, pneumonique.
PNEUMOPATHIE: 13 pneumocystose.
PNEUMOTHORAX: 9 collapsus.
PO: 5 padan ■ **9** fontanili.
POCHADE: 7 tableau ■ **8** peinture.
POCHARD: 7 ivrogne*.
POCHE: 3 sac* ■ **4** musc ■ **5** bâche, canif, fonte, jabot, panse ■ **6** bonnet, bourse, gésier, pochon, truble, vessie ■ **7** abajoue, estomac, gousset, trouble ■ **8** dépocher, empocher, feuillet, laguiole, pochetée,

pocheter, pochette, psautier, utricule ■ **9** anévrysme, caillette, rempocher, troubleau ■ **10** calculette ■ **11** pochothèque.
POCHER : **8** pocheuse.
POCHETEE : **5** niais ■ **6** pochée.
POCHETTE : **9** press-book.
POCHOIR : **7** chablon ■ **11** pochoiriste.
PODOLOGIE : **9** podologue.
PODZOL : **10** podzolique ■ **13** podzolisation.
POELE : **4** dais, four ■ **5** crêpe, frire, niche ■ **6** poêlée ■ **7** poêlier ■ **8** crêpière, fourneau, omelette ■ **10** cuisinière, hypocauste, salamandre ■ **11** réchauffoir.
POELON : **5** casse ■ **8** caquelon.
POEME : **3** lai, ode ■ **4** nome, vers* ■ **5** chant, divan, envoi, épode, fable, faune, geste, haïku, hymne, iambe, nœud, opéra ■ **6** blason, centon, élégie, épître, épopée, haïkaï, idylle, poésie*, qasida, rondel, satire, sonnet, tenson ■ **7** à-propos, ballade, cantate, canzone, chanson, églogue, neuvain, odyssée, pantoum, priapée, romance, rondeau, sextine, triolet, virelai ■ **8** bergerie, cantique, épilogue, kyrielle, madrigal, odelette, quatrain, rapsodie, tragédie ■ **9** bucolique, cantilène, épigramme, impromptu, liminaire, pastorale, romancero, satyrique, sirventès, terza rima ■ **10** acrostiche, anthologie, complainte, dithyrambe, épithalame, pentamètre, vaudeville, villanelle ■ **11** pastourelle, tautogramme.
POESIE : **4** muse ■ **5** iambe, poème* ■ **7** lyrique, mélique ■ **8** parnasse, poétique, poétiser ■ **9** bucolique, florilège, lettrisme, minnesang, prosaïsme, rotruenge ■ **10** ossianique, ossianisme, rotrouenge ■ **11** antistrophe, lamartinien, macaronique ■ **12** antipoétique, prétrarquisme ■ **13** anacréontisme, belles-lettres.
POETE : **4** aède, muse ■ **5** amant, barde ■ **6** cigale, favori, rimeur ■ **7** chantre, pléiade, rapsode, zutiste ■ **8** poétique, trouvère ■ **9** ménestrel, métromane, poétereau ■ **10** rimailleur, troubadour* ■ **13** versificateur.
POETIQUE : **3** raï ■ **4** luth, lyre ■ **5** acier, borée, deuil, fleur, hymen, mètre, perle, plage, poète, tombe, trame, vague, veine ■ **6** haïkaï ■ **7** lyrique ■ **8** poétiser ■ **10** dépoétiser, serventois ■ **11** calligramme ■ **12** poétiquement.
POETISER : **11** poétisation.
POGROM : **6** émeute*.
POIDS : **2** as ■ **4** frai, marc, once, tare ■ **5** arobe, carat, grain, livre, mètre, miche, obole, pesée, peser, peson, sicle, tarer, titre, tonne ■ **6** arrobe, bordée, étalon, talent ■ **7** drachme, fardeau*, mi-lourd, mi-moyen, statère ■ **8** atrophie, pondéral, scrupule, soupeser ■ **9** archétype, basculeur, confirmer, dysmature, impondéré, pesanteur*, quarteron, surcharge, tolérance ■ **10** allégement, barymétrie, décagramme, pèse-lettre ■ **11** contrepoids, déplacement, hectogramme ■ **13** haltérophilie, stalagmomètre ■ **14** pouliethérapie, stalagmométrie.
POIGNANT : **7** piquant.
POIGNARD : **4** dirk, épée* ■ **5** criss, dague, gaine, kriss, surin ■ **6** navaja, stylet ■ **7** couteau*, kandjar, kanglar, sicaire, yatagan ■ **8** coutille, dégainer, kandjlar ■ **10** baïonnette, poignarder, puntillero ■ **11** miséricorde.
POIGNE : **7** énergie*.
POIGNEE : **4** anse, main, soie ■ **5** garde, glane, happe, nille, plane ■ **6** crosse, manche, pigeon ■ **7** ansette, bouchon, manette, oreille, pommeau, portant ■ **8** béquille ■ **9** assurance, bec-de-cane, filigrane, mancheron, shake-hand ■ **11** pied-de-biche.

POIGNET: 5 carpe ■ 6 poigne ■ 8 chistera, dragonne ■ 9 avant-bras, manchette ■ 14 montre-bracelet.
POIL: 3 cil, épi, mue, ras ■ 4 crin, foin, muer, pelé, pelu, robe, soie, velu, zain ■ 5 barbe, bulbe, duvet, fouet, frisé, haire, jarre, ladre, laine, nævi, ortie, panne, peler, poilu, raser, rouan, tache, tondu, tonte ■ 6 bourre, brosse, cheveu, peigne, pelage, toison ■ 7 hispide, pigment, pilaire, piquant, sourcil, tisonné, villeux ■ 8 alopécie, dépilage, fourrure, pelucher, pilifère, pilivore, rhizoïde, sensile, sétifère, surtonte, vibrisse ■ 9 bringeure, cachemire, grisonner, mantelure, moustache, paraphyse, pilosisme, pubescent, secrétage, toupillon ■ 10 égagropile, hirsutisme, pilosébacé ■ 11 ægagropile, dépilatoire ■ 12 trichophyton ■ 13 horripilateur, horripilation.
POILKILOTHERME: 12 hétérotherme.
POILU: 4 velu ■ 5 barbu, cilié ■ 7 chevelu, villeux ■ 8 pilifère ■ 9 moustachu, pubescent.
POINÇON: 4 coin ■ 5 alène, style, titre ■ 6 marque ■ 7 faîteau, trocart ■ 8 épissoir, pointeau ■ 9 épissoire, insculper, sous-faîte ■ 10 chasse-clou ■ 11 contre-fiche, trois-quarts.
POINÇONNER: 11 poinçonnage, poinçonneur ■ 12 poinçonneuse ■ 13 poinçonnement.
POINDRE: 5 point ■ 6 piquer, surgir* ■ 8 froisser, paraître* ■ 9 commencer ■ 10 apparaître*.
POING: 5 boxer ■ 8 gourmade.
POINT: 3 ars, but, clé, ère, est, pas, sud, vue ■ 4 amer, apex, à pic, chef, clef, coma, dame, dôme, flou, hile, midi, nord, onde, pied, pôle, pour, tant, vair, zéro ■ 5 aller, appui, arrêt, bride, butte, cible, cluse, comme, diane, dogme, flanc, foyer, grené, ippon, islam, jaspé, joint, lisse, morse, nadir, néant, nœud, orgue, ouest, perlé, piqué, repic, rôder, ronde, route, score, talon, terre, texte, trace, tréma ■ 6 azonal, donnée, mouche, orient, quinze, sommet, stigma, trente ■ 7 aphélie, bipoint, brasure, matière, ombilic, radiant ■ 8 aisselle, apoastre, avantage, démarque, drop-goal, estocade, greneler, isosiste, lisérage, marqueur, objectif, occident, orbicole, ordonnée, ponctuel, quarante, question, solstice, surfiler, tangence, terminus ■ 9 aposélène, blockhaus, charnière, conjugués, engrelure, entablure, épicentre, finaliser, horoptère, important, isoséiste, isotherme, jardineux, moucheter, nord-ouest, patte d'oie, périastre, périhélie, perpétuel, pointillé, quarrable, tellement ■ 10 accommoder, aucunement, cocyclique, colinéaire, commissure, concourant, dénouement, éminement, incorporel, métacentre, osculateur, périsélène, pointiller, tiers-point ■ 11 biflecnodal, coordonnées, enfourchure, orthocentre, pleurodynie, potronminet, rabattement, radiosource, stignomètre ■ 12 affleurement, arrière-point, intersection, nid-d'abeilles, potron-jaquet ■ 13 autocinétique, circumduction, desmodromique ■ 14 atterrissement.
POINTAGE: 6 hausse ■ 8 pointeur ■ 9 dépointer ■ 12 télépointage.
POINTE: 3 bac, cap, fer, gai, raz ■ 4 cime, clos, dard, dent, four, pieu* ■ 5 bande, barbe, barre, binet, carde, corne, chape, entée, épine, faîte, fiche, fichu, gaffe, germe, herse, ortie, picot, pilot, pince, pique*, piton, river, rivet, ronce, trait ■ 6 courbe, mucron, rostre, sommet* ■ 7 acuminé, bigorne, curseur, cuspide, échoppe, piquant, sommité ■ 8 ardillon, aspérité, bastillé, calquoir, empeigne, épointer, hérisser, pointeau ■ 9 aiguillon, avant-trou, batavique, biacuminé, bicuspide, obélisque, rapointir, rapointis, repointir ■ 10 aciculaire, rappointer, rappointis, rétroflexe, tricuspide ■ 11 acrocéphale, bec-de-corbin, démoucheter ■ 12 chausse-trape ■ 13 poltron-jaquet.

POINTER : **5** viser ■ **7** diriger ■ **8** pointeur.
POINTILLER : **11** pointillage.
POINTILLEUX : **8** chicaner, exigeant.
POINTU : **4** aigu*, pieu, sape ■ **5** acéré, épine, ergot, lance, mitre, palis, patte, picot ■ **7** acuminé, piquant* ■ **8** poignard ■ **9** appointer ■ **10** appointage, lévirostre ■ **11** ténuirostre.
POINTUE : **7** défense.
POIRE : **5** cidre, coing, énéma, glane, guyot, halbi, liard ■ **6** beurre ■ **7** bonasse, doyenné, épargne, poirier ■ **8** catillac, crassane, duchesse, hâtiveau, marquise, mignonne ■ **9** bergamote, catillard, madeleine, piriforme, rousselet ■ **10** blanquette, carpocapse, muscadelle, pendeloque, toute-bonne ■ **11** bon-chrétien, louise-bonne ■ **12** cuisse-madame, saint-germain ■ **13** passe-crassane.
POIREAU : **7** porracé, porreau ■ **8** poiroter.
POIREE : **5** bette ■ **6** blette.
POIRIER : **4** dard ■ **5** poire, tigre ■ **6** aigrin ■ **9** brindille.
POIS : **4** soja, soya ■ **5** purée ■ **6** chiche ■ **8** hâtiveau, légumine, pisolite ■ **9** mange-tout, petit-pois, pisolithe.
POISON : **4** upas ■ **5** ciguë, opium, pavot, venin, virus ■ **6** curare, toxine ■ **7** arsenic, cocaïne, codéine, mercure, toxique, vitriol ■ **8** laudanum, litharge, morphine, vénéneux* ■ **9** téphrosie, thériaque ■ **10** curarisant, digitaline, narcotisme, strychnine, stupéfiant, vert-de-gris ■ **11** empoisonner, toxicologie ■ **12** acqua-toffana, antivénéneux, contre-poison, intoxication* ■ **13** mithridatiser ■ **14** alexipharmaque.
POISSE : **7** déveine ■ **9** scoumoune.
POISSEUX : **6** gluant* ■ **7** poisser ■ **8** visqueux.
POISSON : **3** nid, sar, vif, zée ■ **4** épée, frai, gade, gril, lump, mafé, nase, œuf, parc, pâté, rets, tian, vase ■ **5** arête, aspic, blaff, cotte, danio, darne, devon, digon, elbot, fanon, farce, filet, foëne, globe, gobie, guano, guppy, héron, laite, larve, liter, marée, mulle, nasse, palot, pêche, picot, poche, queue, rogue, sushi, truie, umbre, venet, vomer, xipho, yassa ■ **6** alevin, anabas, bettas, chabot, cheval, exocet, fouëne, lingue, marlin, minque, myxine, pégase, perlon, piraya, rémora, serran, surimi, tarpon, truble, vairon, vivier, volant, zancle ■ **7** angelet, aurélie, baliste, blennie, clarias, colombo, espadon, fileter, girelle, gonelle, gourami, gymnote, marteau, ombrine, picarel, piranha, rasbora, rochier, sparidé, trouble, truelle ■ **8** anableps, bachotte, banneton, barbecue, bondelle, chétodon, étripage, gambusie, gonnelle, laitance, matelote, meurette, murénidé, pantodon, papillon, pochouse, quenelle, rousseau, scalaire, sciénidé, scorpène, sélacien*, siluridé, sphyrène, waterzoi ■ **9** barracuda, boucanage, bourriche, boutargue, dipneuste*, écailleur, escabèche, harengère, holostéen*, ichtyoïde, koulibiac, macropode, pauchouse, perroquet, pharillon piscivore, poutargue, serranidé, télescope, tranchoir, troubleau, vol-au-vent ■ **10** combattant, cyclostome*, physostome, pisciforme, placoderme, téléostéen*, xiphophore ■ **11** blanchaille, chænichtys, coelacanthe, hémigrammus, holocéphale*, ichtyocolle, ichtyologie, ichtyophage, menuisaille, poisson-chat, poissonneux, poissonnier, poisson-scie, porte-glaive, saint-pierre, syngnathidé ■ **12** chondrostéen*, empoissonner, ichtyophagie, pisciculture, poissonnerie, poissonnière ■ **13** anacanthinien, chondrichtyen, poissonnaille, rempoissonner.
POISSONNAILLE : **6** fretin.
POITRAIL : **5** barde ■ **7** bricole ■ **8** encolure.
POITRINE : **4** côte, sein* ■ **5** angor, appas, bosse, buste, cœur*, giron, gorge, hampe, jabot, point, torse ■ **6** coffre, thorax ■ **7** sternum ■

8 barbette, cuirasse, flanchet, inspirer, plastron, poitrail, rational, xiphoïde ■ **9** appendice, avant-main, clavicule ■ **10** débrailler, diaphragme, thoracique ■ **11** poitrinaire ■ **12** soutien-gorge, thoracentèse.

POIVRE: **4** noix ■ **5** banka, bétel, épice, pilaf, pilau, pilaw ■ **8** pipérine, poivrade, poivrier ■ **9** condiment, gattilier, poivrière ■ **11** mignonnette ■ **12** quatre-épices.

POIVRIER: **6** cubèbe ■ **7** pipérin.

POIVRON: **8** basquais.

POIX: **5** sapin ■ **6** calfat, couret, spalme ■ **7** galgale, galipot, goudron ■ **9** empoisser ■ **10** saragousti.

POKER: **4** full ■ **5** carré, flush ■ **7** décaver ■ **10** strip-poker.

POLAIRE: **4** nord*, zone ■ **5** ourse ■ **6** eskimo ■ **8** arctique, banquise, esquimau ■ **9** périscien ■ **11** antarctique.

POLARISATION: **8** lévogyre, polarisé, polaroïd ■ **9** polariser ■ **11** dépolariser ■ **12** dépolarisant, polarimétrie ■ **14** dépolarisation.

POLARISER: **10** polariseur ■ **13** impolarisable.

POLDER: **13** poldérisation.

POLE: **5** terre ■ **7** polaire ■ **8** entrefer, polarisé, polarité ■ **9** bipolaire, électrode ■ **10** unipolaire ■ **11** blastoderme ■ **12** multipolaire, transpolaire ■ **13** circumpolaire, quadripolaire.

POLEMIQUE: **6** factum ■ **7** attaque ■ **8** irénique, pamphlet ■ **9** polémiste ■ **10** discussion, polémique, serventois ■ **11** manœuvrier.

POLEMOLOGIE: **11** polémologue.

POLEMONIACEE: **5** cobéa, cobée ■ **6** cobaea.

POLI: **3** mat, net, uni* ■ **4** brut ■ **5** bruni, civil, galet, glace, lisse*, noyer ■ **6** galant* ■ **7** affable*, agatisé, aimable*, honnête, policer ■ **8** civilisé, courtois, gracieux, poliment ■ **9** civiliser, craqueler ■ **10** anodisation, brunissure, obséquieux, polissable ■ **11** complaisant.

POLICE: **3** ban ■ **4** clou, flic, guet, téal ■ **5** agent, calot, cogne, dépôt, ordre, poste, salle, sbire ■ **6** exempt, milice, rousse, schupo, sûreté ■ **7** coroner, gestapo, îlotier ■ **8** alguazil, antigang, argousin, civilisé, policier ■ **9** constable, policeman, vingt-deux ■ **10** indicateur, souricière ■ **11** policologie ■ **12** garde-rivière.

POLICHINELLE: **6** pantin* ■ **7** bouffon*.

POLICIER: **4** flic ■ **5** agent, cogne, condé, ripou, sbire ■ **6** bourre, limier, poulet ■ **7** roussin ■ **8** gendarme, thriller ■ **9** bourrique, détective ■ **10** roman-photo.

POLIR: **4** ripe, unir*, user ■ **5** cirer, émeri, limer, potée, roder ■ **6** aléser, brunir, doucir, frayer, glacer, gréser, lisser, meuler, planer, poncer, ribler, vernir ■ **7** adoucir, aplanir, buffler, dresser, égriser, fourbir, frotter, lustrer, moleter, raboter, ragréer, repolir, satiner ■ **8** aiguiser, astiquer, colcoter, corroyer, débrutir, égaliser, parfaire, rabattre, surfacer, varloper, velouter ■ **9** calendrer, civiliser, dégrossir, lapidaire, périgueux, polisseur, polissoir, polissure ■ **10** brunissage, dérouiller, polisseuse ■ **11** adoucissage, fourbisseur.

POLISSAGE: **5** usure ■ **6** buffle. rodage ■ **7** sassage ■ **8** égrisage, frottage ■ **9** aiguisage ■ **11** fourbissage.

POLISSON: **7** galopin, obscène ■ **8** espiègle* ■ **11** polissonner ■ **13** polissonnerie.

POLITESSE: **4** poli, tact ■ **5** prier, valet ■ **6** agréer, pardon, revoir ■ **7** aménité, décence, respect*, souhait ■ **8** civilité, ostrogot, sans-gêne, urbanité, vousoyer, vouvoyer ■ **9** amabilité*, baise-main, brutalité, cérémonie, civilités, honnêteté, ostrogoth, salamalec, voussoyer ■ **10** affabilité, bienséance, civilement, compliment, courtoisie*, galante-

rie ■ **11** distinction, gentillesse, génuflexion, gracieuseté, impolitesse, savoir-vivre ■ **12** complaisance*, empressement.
POLITICO-RELIGIEUX : 10 wahhabisme.
POLITIQUE : 5 diète, front, libre, pitié, plaid, rasta, rouge, tract, ultra ■ **7** hétérie, laxisme, nazisme, new-look, torysme ■ **8** anarchie, campagne, carlisme, centurie, doctrine, dualisme, dyarchie, épistate, étatisme, fascisme, girondin, glasnost, hétairie, pamphlet, phalange, slavisme, tsarisme ■ **9** centriste, césarisme, coalition, démagogie, dirigisme, gauchisme, gaullisme, imperium, kémalisme, léninisme, machiavel, mandature, népotisme, péronisme, politiser, rastafari, recentrer, souverain, unionisme ■ **10** apolitique, apolitisme, attentisme, attentiste, autocratie, blanquisme, communisme, despotisme, eurodroite, gauchisant, hitlérisme, joséphisme, ku-klux-klan, monocratie, pluralisme, politicard, politicien, polyarchie, réformisme, réformiste, serventois, socialisme, unitarisme ■ **11** absolutisme, anabaptiste, bicamérisme, bolchevisme, boulangisme, bullionisme, capitalisme, caporalisme, dépolitiser, fédéralisme, impolitique, indigénisme, jacobinisme, libéralisme, mondialisme, neutralisme, panarabisme, panslavisme, péréquation, perestroïka, radicalisme, revanchisme, totalitaire ■ **12** annexionisme, bonapartisme, carbonarisme, colonialisme, géopolitique, gouvernement, impérialisme, irrédentisme, modérantisme, monopartisme, multilatéral, panislamisme, syndicalisme, technocratie, travaillisme ■ **13** bicaméralisme, kremlinologie, machiavélisme, monocamérisme, multipartisme, pangermanisme, panhellénisme, pluripartisme, politicologie, politiquement ■ **14** expansionnisme, isolationnisme, panafricanisme, particularisme ■ **15** antiministériel, indifférentisme, monocaméralisme, panaméricanisme, politicaillerie, ségrégationisme.
POLITISER : 12 politisation.
POLITOLOGIE : 13 politicologue.
POLKA : 7 two-step ■ **8** schottish ■ **10** schottisch ■ **11** varsovienne.
POLLEN : 5 fleur ■ **6** thèque ■ **7** anthère, tétrade ■ **8** pollinie ■ **9** allogamie, pollinose ■ **10** pollinique ■ **12** entomophilie ■ **13** pollinisation.
POLLINISATION : 9 allogamie ■ **10** anémophile ■ **11** anémophilie.
POLLUER : 5 salir* ■ **8** souiller* ■ **9** pollution.
POLLUTION : 13 antipollution.
POLO : 10 sweat-shirt.
POLONAIS : 7 polaque, voïvode ■ **8** schapska, voïévode, voïvodie ■ **9** polonaise, voïévodie ■ **11** cracovienne.
POLTRON : 5 brave, capon, gille, lâche* ■ **6** couard, péteux ■ **7** foireux, peureux*, taffeur ■ **8** craintif*, vaillant ■ **9** froussard ■ **10** trouillard ■ **13** poule mouillée.
POLTRONNERIE : 7 lâcheté* ■ **9** couardise, lâchement ■ **13** pusillanimité.
POLYACIDE : 9 polyester.
POLYACRILIQUE : 6 dralon.
POLYALCOOL : 6 polyol ■ **8** sorbitol.
POLYAMIDE : 6 rilsan ■ **12** caprolactame.
POLYCHETE : 6 néréis ■ **7** néréide, serpule ■ **8** spirorbe ■ **9** arénicole, térébelle ■ **11** spirographe.
POLYCHLORURE : 3 p.v.c. ■ **6** rhovyl.
POLYCHROME : 7 tanagra ■ **12** internégatif.
POLYCONDENSATION : 9 polyamide ■ **12** caprolactame ■ **13** polycondensat.
POLYCOPIE : 4 poly ■ **10** polycopier.

POLYCYCLIQUE : **6** pyrène.
POLYDACTILE : **11** polydactyle.
POLYEDRE : **4** face ■ **9** icosaèdre ■ **10** dodécaèdre ■ **11** polyédrique.
POLYESTER : **5** lurex ■ **6** dacron.
POLYGALACEE : **8** polygala.
POLYGAME : **8** coépouse ■ **9** polygamie.
POLYGENISME : **11** polygénique.
POLYGONACEE : **5** rumex ■ **7** oseille, renouée ■ **8** bistorte, patience, rhubarbe, sarrasin ■ **10** persicaire.
POLYGONALE : **8** orbitèle.
POLYGONE : **5** tulle ■ **8** apothème, décagone, hexagone, octogone ■ **9** ennéagone, heptagone, pentagone, polygonal ■ **10** dodécagone ■ **11** hendécagone ■ **12** quadrilatère, transversale ■ **13** pentadécagone, pentédécagone ■ **14** polygonisation.
POLYHOLOSIDE : **9** polyoside.
POLYLOBE : **11** granulocyte.
POLYMERE : **8** fibrillé, isoprène ■ **9** acrylique, réticuler ■ **10** polyvinyle ■ **12** polyaddition, polychlorure ■ **13** polybutadiène.
POLYMERISATION : **4** buna ■ **5** aldol ■ **8** polymère ■ **9** polyamide ■ **10** élastomère ■ **11** métaldéhyde, polymériser ■ **12** polyéthylène ■ **13** macromolécule, polyvynilique ■ **15** glycogénogenèse.
POLYMERISE : **13** polymérisable.
POLYNESIEN : **4** kava, kawa.
POLYNESIENNE : **7** tamouré ■ **8** tahitien.
POLYNEVRITE : **9** korsakoff.
POLYNOME : **10** polynomial.
POLYNUCLEAIRE : **11** éosinophile, neutropénie.
POLYPE : **3** sac ■ **4** bras ■ **5** corne ■ **6** bourse ■ **7** alvéole ■ **8** cnidaire*, polypeux, polypier, tubipore ■ **9** acétabule, gonophore, gonozoïde, tentacule, ■ **10** cœlentéré.
POLYPEPTIDE : **8** albumose ■ **9** protamine ■ **14** polypeptidique ■ **15** releasing factor.
POLYPHAGIE : **4** faim.
POLYPHONIE : **8** madrigal ■ **12** polyphonique, polyphoniste.
POLYPLOÏDE : **11** polyploïdie.
POLYPODIACEE : **7** adiante ■ **8** adiantum ■ **9** asplénium ■ **10** capillaire ■ **13** cheveu-de-Vénus.
POLYPORE : **9** fistuline ■ **10** amadouvier ■ **11** foie-de-bœuf ■ **13** langue-de-bœuf.
POLYSEMIE : **11** polysémique.
POLYTECHNICIEN : **4** pipo.
POLYTECHNIQUE : **4** pipo ■ **5** carva ■ **14** polytechnicien.
POLYTHEISME : **5** païen ■ **9** paganisme, théogonie ■ **11** polythéiste.
POLYTONALITE : **9** polytonal.
POLYVALENT : **9** néomycine ■ **11** polyvalence.
POMMADE : **3** uve ■ **4** gale ■ **6** gomina ■ **8** lanoline, pommader, populéum ■ **9** cold-cream.
POMMADER : **7** gominer.
POMME : **3** api ■ **4** dard, pive ■ **5** anona, anone, cidre, halbi, pigne, sucre, surin ■ **6** aigrin, canada, doucin, tomate ■ **7** boskoop, capendu, malique, paradis, pommier, rambour ■ **8** calville, clochard, mélonide, pommette, rambures, reinette, starking, thyroïde ■ **9** anthonome, brindille, pommeraie, pomologie, vide-pomme ■ **10** carpocapse, court-pendu, fenouillet, mancenille ■ **11** granny-smith ■ **12** fenouillette.
POMMEAU : **5** arçon ■ **7** kandjar, kanglar ■ **8** kandjlar.

POMME DE TERRE : 4 porc, rata ■ 5 chips, frite, pomme ■ 6 aligot, bintje ■ 7 pluches, roseval ■ 8 amylique, dartrose, friselée, frisolée ■ 9 vitelotte ■ 11 topinambour.
POMMELER : 9 marqueter.
POMMETTE : 6 zygoma.
POMMIER : 7 douçain.
POMOLOGIE : 9 pomologue ■ 11 pomologique, pomologiste.
POMPAGE : 7 pompeur.
POMPE : 4 luxe* ■ 5 boyau, canon, faste, lance, vérin ■ 7 apparat*, pompeux ■ 8 calandre, cylindre, pompiste, seringue, vide-cave ■ 9 autopompe, cérémonie*, moto-pompe ■ 10 archipompe, centrifuge, solenniser, turbopompe ■ 12 pompeusement ■ 14 triomphalement.
POMPER : 5 boire ■ 6 puiser ■ 8 absorber.
POMPEUX : 7 ampoulé* ■ 8 solennel* ■ 9 cavalcade, somptueux ■ 10 emphatique* ■ 12 déclamatoire ■ 13 grandiloquent.
POMPIER : 6 pin pon ■ 13 sapeur-pompier.
POMPON : 9 pomponner.
POMPONNER : 5 parer*.
PONANT : 9 ponantais.
PONÇAGE : 7 ponceur.
PONCE : 7 ponceux.
PONCEAU : 4 pont ■ 5 pavot, rouge*.
PONCER : 5 polir* ■ 6 gréser ■ 7 frotter* ■ 10 bourriquet.
PONCIF : 6 cliché, poncis ■ 9 ordinaire ■ 10 lieu commun.
PONCTION : 7 trocart ■ 11 adénogramme, liposuccion, paracentèse, ponctionner ■ 12 thoracentèse.
PONCTUALITE : 9 assiduité ■ 10 exactitude*, régularité ■ 12 inexactitude ■ 14 ponctuellement.
PONCTUATION : 5 comma, point, texte ■ 7 virgule ■ 8 ponctuer ■ 10 deux points ■ 11 exclamation ■ 12 point-virgule ■ 13 interrogation.
PONCTUEL : 5 exact*, recta ■ 6 assidu ■ 8 régulier ■ 11 ponctualité.
PONCTUER : 11 ponctuation.
PONDERATION : 7 retenue* ■ 8 pondérer ■ 9 équilibre ■ 10 exaltation, modération*.
PONDERER : 10 équilibrer ■ 11 pondérateur.
PONDEREUX : 6 pesant*.
PONDEUSE : 7 leghorn.
PONDRE : 5 ponte ■ 8 crételer ■ 9 pondaison.
PONEY : 6 mérens ■ 7 ponette, pottock.
PONT : 3 arc ■ 4 roof, rouf ■ 5 arche, bouge, butée, canot, culée, jetée, livet, péage, plage, séton, voûte, wharf ■ 6 fauber, ponter, ponton, tillac, viaduc ■ 7 aqueduc, ponceau, trigone ■ 8 batayole, étambrai, faux-pont, gaillard, garde-fou, pont-rail, portière, sambuque, spardeck ■ 9 barbacane, écoutille, entrepont, épontille, passavant, pontcanal, pont-levis, pont-route, sarrasine, trompette ■ 10 arrière-bec, brise-glace, passerelle, pontonnier ■ 12 enracinement ■ 13 pontpromenade ■ 14 superstructure.
PONTAGE : 6 ponter.
PONTE : 4 frai ■ 7 pondoir ■ 9 pondaison.
PONTIFE : 4 pape* ■ 5 légat ■ 6 pédant, prélat, prêtre ■ 10 pontifical, pontificat.
PONTIFICAL : 5 index, mitre ■ 9 monsignor, tunicelle ■ 10 monsignore, saint-siège.
PONTIFIER : 8 doctoral ■ 9 discourir.
PONTON : 7 chameau ■ 10 ponton-grue ■ 12 bateau-lavoir.

POP MUSIC : 4 beat.
POPOTE : 7 cuisine ■ 8 popotier ■ 9 cuisinier ■ 10 réfectoire.
POPULACE : 5 masse, pègre, plèbe ■ 6 commun, peuple*, populo, roture, tourbe ■ 7 vermine ■ 8 canaille, racaille, vulgaire ■ 9 populaire ■ 10 basse pègre ■ 11 prolétariat.
POPULAIRE : 4 jass, jota, lied, mime, yass ■ 5 besef, bezef, biler, blair, bouif, carte, coule, dèche, disco, fichu, flapi, foire, frigo, frime, fripe, fumer, garce, gaupe, gigue, girie, gober, gomme, grole, haute, janot, lapin, laver, lèche, malin, matin, mèche, mégot, melon, mince, moche, moule, mufle, nager, ouste, panné, patar, piger, poire, pomme, poser, radin, radis, ragot, raide, râler, rogne, ronde, roter, rupin, sacré, saoul, sapin, scier, semer, sénat, serin, singe, solea, soupe, suçon, tabac, tante, tapée, veine, voile, youdi, zèbre, zigue ■ 6 jataka, jojuri, peuplé, pogrom, reggae, zydeco ■ 7 cockney, country, milonga, pogrome, rondeau ■ 8 flamenco, folklore, guilleri, kermesse, mamselle, mamzelle, pop music, populace, populeux, proverbe, sédition, singpiel, tyrannie, vulgaire ■ 9 cassation, goualante, guimbarde, harmonica, mélodrame, populiste ■ 10 aragonaise, complainte, popularité, villanelle ■ 11 cracovienne, populariser ■ 13 manifestation, populairement ■ 14 rhythm and blues.
POPULARISER : 8 propager ■ 10 légendaire ■ 14 popularisation.
POPULARITE : 5 renom* ■ 10 réputation*.
POPULATION : 5 écume ■ 6 peuple*, ruchée ■ 7 colonie ■ 8 faubourg, habitant* ■ 10 bidonville, paupérisme, quart-monde ■ 11 démographie, recensement ■ 13 ethnobiologie, paupérisation, surpopulation ■ 15 populationniste, rechristianiser, ville-champignon.
PORC : 4 lard, saie, salé, saye, soie, soue ■ 5 coche, coppa, goret, groin, ladre, suidé, ténia, truie ■ 6 cochon*, porcin, rouget, verrat ■ 7 grogner, porcher, ratelle, rillons ■ 8 boutefas, glandage, hâtereau, ladrerie, laiteron, languier, piétrain, porcelet, porc-épic, pourceau, saigneur, saindoux, sanglier ■ 9 andouille, côtelette, porcherie, rillettes ■ 10 babiroussa, brucellose, mortadelle, porchaison ■ 11 potamochère.
PORCELAINE : 4 saxe ■ 5 cuite, fêler, magot, tasse ■ 6 kaolin, parian ■ 7 biscuit, caraque, faïence*, harasse, hyalite, potiche ■ 9 barbotine, biscuiter ■ 10 craquelage ■ 11 cailloutage ■ 12 décalcomanie, porcelainier.
PORCHE : 4 porte* ■ 8 portique.
PORCHERIE : 6 boiton, étable ■ 7 porcher.
PORCIN : 4 porc ■ 6 culard ■ 12 artiodactyle.
PORE : 4 suer ■ 5 sueur, tanne ■ 6 oscule ■ 10 lenticelle.
POREUX : 3 tuf ■ 8 porosité ■ 9 spongieux ■ 11 gargoulette ■ 12 papier-filtre.
PORNOGRAPHIE : 7 obscène* ■ 11 pornographe ■ 14 pornographique.
PORNOGRAPHIQUE : 5 porno.
PORPHYRINE : 9 porphyrie.
PORT : 3 col ■ 4 abri, môle, rade ■ 5 darse, franc, havre, hogue, jetée, moule ■ 6 allure, bassin, laptot ■ 7 attache, posture* ■ 8 carénage, démarrer, maintien* ■ 9 atterrage, avant-port, garde-port, portuaire ■ 10 brise-lames ■ 11 arrière-port, avant-bassin, gardiennage.
PORTAGE : 9 transport.
PORTAIL : 3 nef ■ 4 rose ■ 5 galbe, porte* ■ 6 pylône ■ 9 bouteroue ■ 10 tête-de-clou.
PORTANCE : 2 cz ■ 7 polaire ■ 10 déportance ■ 14 semi-balistique.
PORTATIF : 5 canoé, falot, fusil, hutte, kodak ■ 7 walkman ■ 8 chi-

gnole, escabeau, fourneau, seringue ■ **9** arquebuse, escopette, parapluie ■ **11** mange-disque, pelle-pioche.
PORTE: 4 baie, épar, gond, huis, orbe, pêne, vêtu ■ **5** bâcle, borne, caddy, épart, fléau, gâche, issue, jouée, judas, œuvé, seuil, vanne, veine, volet ■ **6** battée, clédar, enclin, lourde, trappe, vacive ■ **7** cochère, guichet, lourder, portail, poterne, vantail ■ **8** chatière, grillage, marquise, paniculé, piédroit, portière, portique, propylée ■ **9** baccifère, barbacane, bec-de-cane, bobinette, bourrelet, congédier, embrasure, huisserie, pied-droit, portelone, portillon, sarrasine ■ **10** chambranle, paillasson ■ **11** contre-porte, corallifère ■ **13** entrebâilleur ■ **15** arrière-voussure.
PORTE A FAUX: 10 cantilever ■ **14** encorbellement.
PORTE-AVIONS: 8 apponter, embarque ■ **9** appontage.
PORTE-BAGAGES: 11 porte-paquet.
PORTE-BONHEUR: 7 fétiche ■ **8** mascotte.
PORTE-CROISEE: 12 porte-fenêtre.
PORTE-DRAPEAU: 8 enseigne ■ **10** porte-aigle ■ **13** porte-enseigne.
PORTEE: 5 champ, degré, rayon ■ **6** archée, niveau, sphère ■ **7** agnelée, clavier, élément, hauteur ■ **8** atteinte, barrière, capacité, diapason, distance ■ **9** cochonnée, humaniser, porte-voix, proximité ■ **10** compétence, spécialité, vulgariser, réformette ■ **12** démocratiser, inconscience.
PORTEFAIX: 7 bricole, crochet, porteur* ■ **8** phrygane ■ **10** crocheteur.
PORTEFEUILLE: 5 patte ■ **6** bourse, buvard, carton ■ **7** trousse ■ **8** classeur, maroquin ■ **9** serviette ■ **11** porte-cartes ■ **12** porte-billets, porte-musique.
PORTE-GLAIVE: 5 xipho ■ **10** xiphophore.
PORTE-GREFFE: 7 douçain.
PORTE-MINE: 9 stylo-mine.
PORTE-PLUME: 5 plume ■ **11** stylographe.
PORTER: 4 étui ■ **5** aller, aviso, essai, ferme, lourd, motif, poste, somme, stèle, valet ■ **6** barder, élever, rendre, tendre ■ **7** arborer, asséner, blesser, décider, enlever, envoyer, imputer, mouvoir, portant, porteur, pousser, toucher ■ **8** allonger, apporter, aquifère, charrier, coltiner, contenir, courrier, diffamer, emporter, estoquer, expédier, exporter, jalouser, lanifère, lanigère, messager, palanche, pilifère, pocheter, portable, portatif, projeter, rayonner, regarder, reporter, révolter, secourir, sétifère, soulever, soutenir*, suborner, traduire, voiturer ■ **9** affruiter, brouetter, camionner, charroyer, choéphore, chylifère, colporter, coltiner, crucifère, descendre, élévation, émissaire, florifère, gemnifère, lactifère, maintenir, maximiser, persuader, portefaix, portement, porte-voix, proligère, supporter*, transport, trimbaler, unguifère, véhiculer ■ **10** amentifère, calorifère, cautionner, déshonorer, encourager, fructifier, gestatoire, immettable, porte-croix, porte-plume, transférer, trimballer, triporteur, vexillaire ■ **11** corallifère, enregistrer, maximaliser, nectarifère, ombellifère, papillifère, porte-crosse, redescendre, scandaliser, staminifère, transborder, transporter* ■ **12** apocrisiaire, lampadéphore, porte-bonheur, portecarnier, porte-drapeau, portemanteau, porte-monnaie ■ **13** portebannière, porte-étendard.
PORTEUR: 4 foil, fort ■ **5** nervi ■ **6** coolie, docker, sherpa ■ **7** facteur ■ **8** jumbo-jet ■ **9** coltineur, débardeur, filanzane, portefaix ■ **10** crocheteur, déchargeur, stigmatisé ■ **11** gonfalonier, gonfanonier ■ **15** commissionnaire.

PORTE-VOIX: **8** gueulard ■ **9** mégaphone.
PORTIER: **4** loge ■ **6** suisse ■ **7** cerbère, gardien, geôlier, pipelet ■ **8** huissier, porterie, tourière ■ **9** casernier, concierge ■ **10** guichetier, porte-clefs.
PORTION: **3** arc, fût, lot, mer, ■ **4** môle, part*, zone ■ **5** antre, champ, corps, grêle, iléon, iléum, musée, nappe, pièce, rampe, sinus, virée ■ **6** craton, estran, partie*, ration, trompe, volume ■ **7** apanage, grumeau, morceau*, partage, pitance, planche, réserve, secteur, segment, voûtain ■ **8** aiguille, auricule, batterie, demi-plan, duodénum, fragment*, molécule, polygone, quadrant, quartier ■ **9** dividende, menchevik, pendentif, presqu'île ■ **10** cantonnier.
PORTIQUE: **5** porte, torii ■ **6** porche, torana ■ **7** narthex, pœcile ■ **9** péristyle ■ **13** transstockeur.
PORTO: **7** vintage.
PORTO RICO: **11** portoricain.
PORTRAIT: **4** tête ■ **5** album, buste, camée, genre, image*, momie ■ **6** crayon, figure, statue ■ **7** effigie, gravure, tableau* ■ **8** figurine, peinture* ■ **9** médaillon, miniature ■ **10** caricature, demi-figure, silhouette ■ **11** description, signalement ■ **12** autoportrait, photographie, portraicture, portraitiste, portraiturer ■ **13** trombinoscope ■ **14** représentation.
PORTRAITURER: **7** peindre*.
PORTUGAIS: **3** dom ■ **4** reis ■ **7** séfardi ■ **8** ibérique ■ **9** séfaraddi.
PORTUGAISE: **9** lusophone.
PORTUGAL: **8** ibérique.
PORTUNIDE: **7** portune.
POSE: **4** sage* ■ **5** calme*, froid, grave ■ **6** rassis ■ **7** câblier ■ **8** attitude, coiffage, réfléchi*, vaniteux ■ **9** cover-girl, posemètre ■ **10** antenniste, exposition, instantané, métallerie, surexposer ■ **11** affectation, application.
POSER: **5** enter, miner, socle, table ■ **6** baiser, camper, claver, crâner, enlier, ficher, mettre, porter, poseur, situer ■ **7** amerrir, apposer, asseoir, coffrer, couvrir, déliter, déposer, exposer, imposer, pavaner, planter, pouffer, reposer, vitrier ■ **8** afficher, apponter, postuler, remettre, supposer, surfiler, surjeter, surpayer ■ **9** agrafeuse, appliquer, couronner, implanter, miroitier, recouvrir, rengorger, supposer, surélever, surmouler, survendre, tapissier ■ **10** gabionnage, interroger, juxtaposer, surajouter, surcharger, surhausser, superposer ■ **11** plastronner, questionner, surenchérir ■ **12** impatroniser, tranchefiler.
POSITIF: **3** oui ■ **4** réel*, vrai* ■ **5** degré, exact*, franc, hardi, noyau, typon ■ **6** absolu, décidé, exprès, formel, ozalid, précis, strict ■ **7** certain*, concret, évident ■ **8** efficace, mantisse ■ **9** explicite, plus-value ■ **10** affirmatif, contretype, dogmatique, positivité ■ **11** catégorique, péremptoire ■ **12** interpositif, irrémissible ■ **14** inconditionnel, matériellement.
POSITION: **2** ob, oc, of, op, os ■ **3** cas, clé, sub ■ **4** clef, état, grip, mise ■ **5** degré, garde, loran, point, prime, terre ■ **6** abattu ■ **7** ectropie, guêpier, posture*, septime ■ **8** amarrage, assiette, attitude*, inverser, orienter, renverse, tangente ■ **9** axiomètre, commander, condition, embossage, mobilisme, palanquer, parallaxe, perdition, situation* ■ **10** astronomie, coordonnée, demi-pointe, garde-à-vous, radiophare, relèvement, supination ■ **11** apériodique, astrométrie, cinesthésie, coordonnées, détachement, disposition*, emboîtement, emplacement, espace-temps, information, malposition, marginalité, orientation ■ **12** demi-position, dextrocardie, matérialisme, pole posi-

tion, positionneur, quadrilatère, rétroversion ■ **13** retranchement ■ **15** accroupissement, radiogoniomètre.
POSITIONNEMENT: **9** avant-trou.
POSITIONNER: **13** repositionner.
POSITIVISME: **11** positiviste ■ **14** néo-positiviste.
POSSEDE: **7** furieux ■ **9** bibasique ■ **10** démoniaque, énergumène, quirataire ■ **11** démonomanie, sans-papiers ■ **14** superplastique.
POSSEDER: **5** avoir, infus, jouir, riche, tenir* ■ **6** garder, savoir ■ **7** compter, détenir, hériter, obtenir, occuper, retenir ■ **8** acquérir, disposer, investir, partager, regorger ■ **9** connaître, installer, possédant ■ **10** appartenir, bénéficier, coposséder, ensaisiner, possession, reposséder ■ **11** possessoire.
POSSESSEUR: **5** baron ■ **8** seigneur ■ **9** titulaire ■ **10** feudataire, nouvelleté ■ **11** actionnaire, capitaliste ■ **12** propriétaire ■ **14** copropriétaire.
POSSESSIF: **2** ma, ta, sa ■ **3** mes, mon, nos, ses, tes, ton, vos ■ **4** leur, mien, sien, tien ■ **5** nôtre, vôtre ■ **12** possessivité.
POSSESSION: **2** de ■ **4** fief, joie ■ **5** actif, chose, désir, écrou, garde, prise ■ **7** génitif, saisine ■ **8** ex-libris, monopole, renoncer ■ **9** détention, par-devers, possessif, propriété, recouvrer, récupérer, ségrairie ■ **10** antichrèse, convoitise, déposséder, jouissance*, occupation, possesseur ■ **11** exclusivité, investiture, possessoire ■ **12** appartenance, collectivité, copossession, installation, réintégrande ■ **13** dénucléariser, ensaisinement, possessionnel.
POSSESSOIRE: **10** complainte.
POSSIBILITE: **5** modal ■ **6** sursis ■ **7** créatif ■ **8** croyance, débouché, embauche, facilité, peut-être ■ **9** liquidité, potentiel ■ **10** visibilité ■ **11** contingence, éventualité, exobiologie ■ **12** faillibilité, imputabilité ■ **13** accessibilité, compréhension ■ **14** falsifiabilité.
POSSIBLE: **5** libre ■ **6** facile ■ **7** douteux ■ **8** éventuel, faisable, loisible, moyenner, probable* ■ **9** espérance, hasardeux, incertain, potentiel ■ **10** admissible, compétitif, contingent, exécutable, facultatif, importable, praticable, réalisable, totalisant ■ **11** optimaliser, possibilité ■ **12** intelligible ■ **14** compréhensible.
POSTAL: **3** c.c.p. ■ **13** compte chèques.
POSTALE: **8** carte-vue.
POSTCOMMUNISME: **14** postcommuniste.
POSTE: **2** p.c. ■ **5** garde, group ■ **6** chaîne, emploi*, postal ■ **7** central, facteur, mirador, postage, postier, préside, sans-fil, station, walkman ■ **8** embusqué, émetteur, mutation, nid-de-pie, paquebot, pompiste, sélectif ■ **9** permutant, postillon ■ **10** aéropostal, essencerie, marchepied, multiposte, pacaudière, repourvoir, wagon-poste ■ **12** nomenklatura, voiture-poste ■ **13** syntonisation ■ **14** radiorécepteur, station-service.
POSTER: **5** affût ■ **6** camper ■ **7** aposter.
POSTERIEUR: **3** cul ■ **5** après, large, nuque, talon, train ■ **6** avenir, choane ■ **7** grasset, suivant ■ **8** caducité, derrière*, postdate, tribunal ■ **9** antérieur, codicille, occipital, postdater, ultérieur ■ **11** a posteriori, arrière-main, conjonctive, opisthodome, troussequin ■ **12** arrière-train, postériorité ■ **13** demi-pirouette, post-classique, post-hypophyse ■ **14** arrière-cerveau ■ **15** postérieurement.
POSTERITE: **4** fils, race ■ **5** tribu ■ **6** avenir ■ **7** enfants ■ **8** monument ■ **10** descendant, génération ■ **11** descendance*, progéniture ■ **13** consanguinité.
POSTHUME: **9** testament.
POSTICHE: **4** faux* ■ **7** factice ■ **8** moumoute, perruque ■ **12** réchauffante.

POSTILLON : **12** postillonner.
POST-MARCHE : **10** back-office.
POSTMODERNISME : **11** post-moderne.
POSTULANT : **8** candidat, outsider ■ **9** impétrant ■ **10** prétendant ■ **11** poursuivant.
POSTULAT : **8** postuler ■ **11** supposition ■ **12** non-euclidien.
POSTULER : **10** solliciter* ■ **11** postulation.
POSTURE : **4** pose ■ **5** asana ■ **7** station ■ **8** attitude*, position ■ **9** situation* ■ **10** contenance.
POT : **5** moque, poche, potée, tabac ■ **6** couvet, potier ■ **7** germoir, ollaire, poterie*, potiche ■ **8** bakchich, cache-pot, coquemar, potiquet, rempoter ■ **9** pot-pourri, récipient.
POTABLE : **7** buvable ■ **8** passable ■ **13** verdunisation.
POTAGE : **5** oille, pilaf, soupe ■ **6** bisque, brouet, coulis, louche, panade, pistou ■ **7** bortsch, garbure, polenta, tapioca ■ **8** borchtch, bouillie*, bouillon*, chaudeau, chaudrée, consommé, couscous, gaspacho, julienne, pot-au-feu, soupière ■ **10** jardinière, vermicelle ■ **13** bouillabaisse.
POTAGER : **3** ail ■ **4** chou, fève, pois ■ **5** mache, navet, radis ■ **6** cardon, céleri, courge, endive, laitue, oignon, panais, persil, poirée, tomate ■ **7** asperge, carotte, épinard, haricot, oseille, poireau, porreau, potiron ■ **8** échalote, estragon, salsifis ■ **9** artichaut, aubergine, betterave, chou-fleur, concombre, pissenlit.
POTAGERE : **5** gombo.
POTASSE : **4** mica ■ **5** salin, savon, soude, verre ■ **7** védasse ■ **8** perlasse ■ **9** potassium.
POTASSIUM : **5** dakin, émail, javel, nitre ■ **6** cæsum, illite, kalium ■ **7** cæsium, leucite, potasse ■ **8** cheddite, rubidium, salpêtre ■ **9** kalicytie, microline, sylvinite ■ **10** bichromate, potassique ■ **11** aldostérone ■ **12** hypokaliémie ■ **13** hyperkaliémie.
POT-DE-VIN : **9** matabiche.
POTEAU : **5** pièce, sabot ■ **6** pilori ■ **7** ruinure ■ **9** entrevous, jalonmire, panonceau, tournisse ■ **10** palplanche.
POTEE : **5** oille.
POTELE : **4** dodu, gras*, gros* ■ **12** grassouillet.
POTENCE : **5** corde, croix, gibet ■ **6** girafe ■ **7** bossoir ■ **9** estrapade ■ **11** patibulaire ■ **12** portemanteau.
POTENTAT : **4** chef*, tsar ■ **8** monarque.
POTENTIEL : **4** volt ■ **7** tension, voltage ■ **8** kilovolt, prospect ■ **9** millivolt, voltmètre ■ **10** ampère-tour, isodynamie, technopole ■ **11** évolutivité ■ **12** court-circuit, électromètre, polarisation ■ **13** équipotentiel, potentiomètre ■ **14** millivoltmètre ■ **15** potentiellement.
POTENTILLE : **8** ansérine ■ **11** tormentille ■ **13** quintefeuille.
POTERIE : **4** grès, mère ■ **5** étain ■ **7** faïence ■ **8** couverte, darbouka, derbouka, figuline, ostracon ■ **9** alquifoux, barbotine, céramique, vernisser ■ **10** porcelaine.
POTERNE : **5** porte*.
POTINER : **6** médire*.
POTION : **5** julep, looch ■ **7** cordial ■ **10** médicament*.
POU : **4** toto ■ **5** lente, ricin, tique ■ **6** calige, typhus ■ **7** morpion, vermine ■ **8** phtirius ■ **9** épouiller, phtiriase, pouilleux ■ **10** borréliose, phtiriasis ■ **11** pédiculaire.
POUACRE : **5** avare ■ **9** malpropre.
POUCE : **4** pied ■ **5** empan, index, ligne, toton ■ **7** poucier ■ **8** pédimane ■ **9** poucettes ■ **11** chiquenaude ■ **12** saucissonner.

POUDRE : **3** kif ■ **4** came, iris, kiff, malt, mine, râpé, talc ■ **5** bombe, cacao, émeri, fleur, fuser, fusil, indol, nitre, ponce, potée, sable, salep, verre ■ **6** cendre, farine, sciure ■ **7** égrisée égruger, friable, lapping, lupulin, purette ■ **8** bassinet, frittage, limaille, lycopode, poudreux, poudrier, poussier, pulvérin, pyrèthre, racahout ■ **9** balistite, chapelure, égrugeoir, gargousse, poudrerie, poudrette, poudreuse, poudrière, poudroyer, poussière, saucisson ■ **10** électuaire, parquerine, pulvériser, sandaraque, triturable ■ **11** fulmicoton, pulvérulent, sainte-barbe, trituration ■ **12** perlimpinpin, poudroiement, pulvérisable.

POUDRER : **5** râper ■ **6** broyer, moudre, sabler ■ **7** léviger ■ **8** poudrage, triturer ■ **9** dépoudrer, enfariner ■ **10** épousseter, pulvériser, saupoudrer.

POUDRIERE : **5** poire.

POUFFER : **4** rire*.

POUILLE : **6** injure*.

POUILLEUX : **4** sale ■ **9** misérable*, vermineux.

POULAIN : **5** crack ■ **6** cheval*, suitée ■ **8** antenais ■ **10** poulinière.

POULBOT : **4** môme.

POULE : **3** mue ■ **4** œuf ■ **5** agami, dinde ■ **6** caquet, houdan, marans, poulet ■ **7** cocotte, leghorn ■ **8** caqueter, crételer, glousser, poularde, poulette ■ **9** claqueter, gallinacé, gélinotte ■ **10** poulailler ■ **11** gloussement ■ **12** archéoptéryx.

POULET : **5** yassa ■ **7** poussin ■ **8** épinette, waterzoi.

POULETTE : **8** poussine.

POULICHE : **6** cheval*, jument.

POULIE : **3** réa ■ **4** brin ■ **5** agrès, bigue, chape, corde*, gorge, gréer, palan, rouet ■ **6** moufle ■ **7** galoche, gerseau ■ **8** gréement ■ **9** écoperche.

POULPE : **6** kraken ■ **7** pieuvre.

POULS : **6** rythme ■ **7** cadence, dicrote, systole ■ **8** acinésie, diastole ■ **9** alternant, battement, eurythmie, formicant, pulsation ■ **13** sphygmographe.

POUMON : **3** mou ■ **4** sang, toux, voix ■ **5** abats ■ **7** bronche, pulmoné ■ **8** fressure, poitrine, silicose ■ **9** collapsus, infiltrat, médiastin ■ **10** dipneumone, parenchyme, pulmonaire, spiromètre ■ **11** bronchioles, inspiration, pneumologie ■ **12** pneumectomie, pneumopathie ■ **13** trachée-artère ■ **14** pneumonectomie ■ **15** pleuropneumonie.

POUPE : **7** arrière, tableau.

POUPEE : **5** pépée ■ **8** baigneur ■ **10** matriochka.

POUPON : **4** bébé ■ **7** enfance*, poupard.

POUR : **2** ac, ad, af, an, ap, ar, as, at ■ **3** g.s.p. ■ **6** afin de, quant à.

POURBOIRE : **5** pièce ■ **8** bakchich ■ **10** dringuelle, récompense ■ **13** gratification.

POURCEAU : **4** porc* ■ **6** verrat ■ **7** porcher ■ **10** grognement.

POURCENTAGE : **4** taux* ■ **5** degré, quota ■ **6** guelte, teneur ■ **9** surremise ■ **11** probabilité ■ **13** granulométrie.

POURCHASSER : **7** chasser* ■ **8** talonner ■ **10** poursuivre* ■ **12** pourchasseur.

POURFENDRE : **11** pourfendeur.

POURPARLERS : **11** négociation ■ **12** conversation ■ **13** interlocuteur.

POURPOINT : **11** justaucorps.

POURPRE : **3** tyr ■ **5** murex, pavée, rouge* ■ **7** rougeur, violine ■ **8** arseille, pourprin, purpurin ■ **9** laticlave, phtaléine ■ **10** empourprer, rhodopsine ■ **12** angusticlave.

POURQUOI : 5 ainsi, aussi, cause* ■ 7 comment.
POURRI : 7 putride ■ 8 corrompu, malandre, nidoreux.
POURRIR : 5 gâter* ■ 6 moisir, pourri, vicier* ■ 7 altérer, avarier*, croupir ■ 9 corrompre*, faisander, putréfier* ■ 10 décomposer ■ 11 pourrissant ■ 12 pourrissable.
POURRISSAGE : 11 pourrissoir.
POURRITURE : 5 carie, loque ■ 7 monilia ■ 8 gangrène.
POURSUITE : 5 après ■ 6 charge ■ 8 désister, vendetta, vindicte ■ 9 découpler, idéalisme, obsession ■ 10 contrainte ■ 11 harcèlement, persécution, poursuiteur, poursuivant ■ 12 continuation, proscription ■ 14 cinéthéodolite ■ 15 course-poursuite.
POURSUIVRE : 4 agir, huer ■ 5 voler ■ 6 courir, courre, fondre, forcer, hanter, larder, serrer, suivre ■ 7 acculer, accuser, bourrer, charger, chasser*, courser, ennuyer, lapider, obséder, presser, traquer ■ 8 acharner, affecter, assiéger, attaquer, chercher*, étraquer, fatiguer, harasser, harceler*, intenter, mugueter, postuler, relancer, talonner ■ 9 assaillir, bousculer, continuer*, démotiver, levrauder, proscrire, rattraper, rejoindre ■ 10 importuner, persécuter, précipiter, préoccuper, rechercher*, tourmenter* ■ 11 pourchasser, poursuiveur ■ 12 entreprendre.
POURTANT : 9 cependant, néanmoins.
POURTOUR : 4 bord*, tour* ■ 7 circuit ■ 8 éversion, péribole, platbord ■ 9 périmètre, triforium ■ 13 circonférence.
POURVOI : 5 appel.
POURVOIR : 5 armer, doter, douer, munir*, orner ■ 6 garnir, monter, nantir ■ 7 assurer, équiper, établir, fournir*, recours, veiller ■ 8 apanager, encadrer, habiller, investir, procurer*, subvenir, suffixer ■ 9 affruiter, motoriser, subsister ■ 10 entretenir, pourvoyeur ■ 12 amunitionner, préjudiciaux.
POURVU : 2 si ■ 4 arme ■ 5 garni, monté, onglé, riche ■ 6 unciné ■ 7 alifère, assisté ■ 9 hameçonné, ombiliqué ■ 10 caulescent, cotylédoné ■ 11 vascularisé ■ 13 commendataire.
POUSSANT : 7 déramer.
POUSSE : 4 brin ■ 5 brout, recrû, rejet, scion, talle ■ 6 canier ■ 7 bouture, brocoli ■ 8 roselier ■ 9 ultravide ■ 10 arénophile, outrancier.
POUSSEE : 3 jet ■ 4 choc ■ 5 butée, culée, pesée, tollé, vague ■ 7 épaulée ■ 8 bourrade, pression ■ 9 baroscope, battement, charriage, endosmose, enfonçage, pulsation ■ 10 bousculade, percussion, propulsion, ramponneau ■ 14 post-combustion.
POUSSE-POUSSE : 11 cyclo-pousse.
POUSSER : 4 huer ■ 5 jeter, lever, mener, mugir, peser, rugir, vagir, vente ■ 6 battre, bouter, clapir, cogner, forcer, hurler, lancer, naître, outrer, sortir ■ 7 acculer, appuyer, baréter, chasser, choquer, croître*, crosser, décider, exciter*, exhaler, fourrer, hercher, inciter, induire, mouvoir, piauler, poindre, poussif, presser*, reculer, rejeter, secouer, toucher, végéter ■ 8 bouturer, conduire, coudoyer, cultiver, déborder, disposer, enfoncer, exclamer, expulser, fomenter, herscher, imprimer, impulser, injecter*, malmener, paumelle, piailler, refouler, sabouler, soulever, soupirer, stimuler* ■ 9 actionner, bousculer, conseiller, craqueter, instiguer, luxuriant, malvenant, poussette, propulser, rencogner, repousser, sangloter, seringuer, suroxyder ■ 10 apparaître, drageonner, encourager*, houspiller ■ 11 bourgeonner ■ 13 accroissement.
POUSSETTE : 11 pousse-canne.

POUSSIERE : 4 boue, stuc ■ 5 sable ■ 6 cendre, miette, plâtre, pollen, poudre, pousse, sciure, vannée ■ 7 charbon, grabeau, raclure, vannure ■ 8 effriter, poudreux, poussier, trichoma, trichome ■ 9 aéroscope, aggloméré, brésiller, byssinose, géomancie, poudroyer, ratissure ■ 10 anthracose, épousseter, vermoulure ■ 11 effondrille, effritement, nosoconiose, poussiéreux, pulvérulent ■ 12 dépoussiérer, empoussiérer ■ 13 dépoussiérage, efflorescence.
POUSSIF : 12 poussivement.
POUSSIN : 3 mue ■ 5 coque, gelée ■ 11 poussinière.
POUSSOIR : 6 bouton.
POUTRE : 3 bau, ope ■ 6 barrot, tangon ■ 7 soffite ■ 8 poitrail, portique, poutrage ■ 9 bowstring, poutrelle ■ 10 poutraison ■ 11 arbalétrier, chevalement.
POUVOIR : 4 bras ■ 5 choix, force*, libre, moyen, ordre, règne, sénat, trône, tyran, vexer ■ 6 action, acuité, crédit, empire, étaler, faveur, griffe, mandat, savoir*, sphère ■ 7 ad nutum, émissif, faculté*, hétérie, mission, papauté, régence, royauté ■ 8 abdiquer, amnistie, autorité*, beylicat, capacité, consulat, déléguer, diaconat, enchanté, exarchat, exécutif, factieux, imperium, investir, isotonie, latitude, maîtrise, mandater, monopole, révoquer, sujétion, talisman, temporel, tyrannie ■ 9 autoriser, coercitif, dictateur, dictature, dynamisme, évocateur, gouvernés, hégémonie, homoncule, homuncule, inflation, influence, ministère, monarchie, opération, parlement, passation, permettre, persuasif, privilège, propriété*, puissance*, puissants, souverain, spirituel ■ 10 autocratie, calciférol, coercition, compétence, délégation, démocratie, dénotation, despotisme, domination, exécutoire, hiérarchie, impuissant, monocratie, permission*, polyarchie, préfecture, seigneurie, suprématie, tyranniser ■ 11 absolutisme, disposition, dissolution, impuissance, juridiction, législateur, médiocratie, omnipotence, patriarcat, possibilité, prééminence, procuration, protectorat, revaloriser, supériorité ■ 12 aristocratie, bureaucratie, commandement, idéalisation, inactivation, insurrection, ploutocratie, souveraineté, thaumaturgie, tout-puissant ■ 13 épiscopalisme, prépondérance, profitabilité, supranational ■ 14 administration, pronunciamento, toute-puissance ■ 15 déconcentration, technostructure.
POUX : 10 pédiculose.
PRAGMATISME : 11 pragmatiste.
PRAIRIE : 3 pré* ■ 4 noue ■ 5 biome, carvi, lande, napée, pampa, pipit, ranch, somme ■ 6 alpage, engane, pacage, savane ■ 7 herbage, pelouse, schorre ■ 8 embouche, maigrage, padouant, pâturage, prairial, prégazon, sargasse, sécheron ■ 11 ophioglosse.
PRALINE : 8 praliner ■ 9 pralinage.
PRASEODYME : 6 didyme.
PRATICABLE : 5 jetée ■ 6 facile ■ 7 commode ■ 8 possible ■ 13 praticabilité.
PRATICIEN : 7 médecin* ■ 8 stratège ■ 11 généraliste, sophrologue ■ 15 contactologiste.
PRATIQUANT : 5 kippa.
PRATIQUE : 4 aisé*, rôle, sort, yoga ■ 5 magie, menée, sauna, sport, sunna, usage* ■ 6 facile*, métier, sounna, tantra ■ 7 exogame, golfeur, joggeur, routine, surfeur, zapping ■ 8 acheteur, exercice, habitude*, karatéka, sodomite ■ 9 désuétude, éducation, endogamie, maniement, péronisme, pratiquer, technique, triolisme ■ 10 bioénergie, échangisme, expérience, illetrisme, malcommode, observance, planchiste, pratiquant, végétalien ■ 11 agissements, bisexualité, dentis-

terie, ostéopathie, végétaliste, vishnouisme ■ **12** inséminateur, motoneigisme, pratiquement, suprématie ■ **13** pictorialisme ■ **14** fonctionnalité ■ **15** conchyliculteur, fonctionnaliser.
PRATIQUER: **5** faire, miner, piper, rouir, skier, tâter ■ **6** cloner, drayer, jouter, livrer, surfer, vaquer, zapper ■ **7** adonner, ajourer, castrer, catcher, dérayer, essayer, exercer, occuper ■ **8** acquérir, endormir, envoûter, éprouver, exécuter, fenêtrer, habituer, judaïser, observer, perforer, perfuser, pitonner, procéder, talonner, tenonner ■ **9** boycotter, césariser, charcuter, connaître, déboucher, enfleurer, entraîner, flibuster, marcotter, mortaiser, professer, randonner, retraiter, sodomiser ■ **10** apparenter, circoncire, discounter, extrapoler, fréquenter, praticable ■ **11** surproduire ■ **12** autocensurer, autofinancer, expérimenter, œilletonner, reprogrammer, suralimenter, tuberculiner, vasectomiser ■ **14** tuberculiniser.
PRE: **4** nard ■ **5** brome, faner ■ **6** tondre ■ **7** prairie* ■ **8** agrostis, pâturage ■ **9** agrostide, cardamine, colchique, euphraise, mouillère, mousseron, primevère, renoncule, véronique ■ **10** aigremoine, lycoperdon, pâquerette, perce-neige, tricholome ■ **11** pédiculaire, pimprenelle, tormentille.
PREALABLE: **5** avant ■ **8** précaire ■ **9** prétraité ■ **12** éliminatoire, présélection, quasi-contrat ■ **13** préalablement ■ **14** préfabrication, présupposition.
PREALABLEMENT: **10** présupposé.
PREAMBULE: **7** préface* ■ **9** liminaire ■ **12** commencement, préliminaire*.
PREAVIS: **9** préaviser ■ **10** délai-congé.
PREBENDE: **6** revenu ■ **10** prébendier ■ **11** chanoinesse.
PRECAIRE: **7** fragile* ■ **8** passager* ■ **9** précarité ■ **10** précariser ■ **12** précairement.
PRECAMBRIEN: **8** primaire ■ **9** algonkien ■ **10** algonquien ■ **12** antécambrien ■ **13** protérozoïque.
PRECARISER: **13** précarisation.
PRECAUTION: **4** soin* ■ **6** mesure, sûreté ■ **7** défense ■ **8** défiance, garantie, méfiance, prudence* ■ **9** attention ■ **10** imprudence, ménagement, prévention, prévoyance ■ **11** prophylaxie ■ **12** préservation ■ **13** précautionner ■ **14** précautionneux.
PRECAUTIONNER: **8** prémunir, protéger.
PRECEDE: **8** préroman ■ **10** prégénital ■ **11** préœdipien ■ **12** préélectoral ■ **13** préopératoire.
PRECEDEMMENT: **5** avant ■ **10** sous-dénommé ■ **14** antérieurement.
PRECEDENT: **5** antan, avant ■ **8** antenais, réversal ■ **9** antérieur ■ **10** annulement, antécédent.
PRECEDER: **2** ci ■ **8** devancer*, préluder, prénatal, primitif, prodrome, prologue ■ **9** alcyonien, anticiper, ouverture, préambule ■ **10** antécédent, avant-garde, demi-finale, prénuptial ■ **11** appogiature, avant-guerre ■ **12** antédiluvien, avant-coureur, prédécesseur, préliminaire, prémonitoire ■ **13** préhistorique, quinquagésime ■ **14** antépénultième.
PRECELLENCE: **13** préexcellence.
PRECEPTE: **5** norme, souna, sunna ■ **6** maxime*, sounna ■ **8** normatif, sentence ■ **11** application ■ **12** commandement*, enseignement.
PRECEPTEUR: **6** maître* ■ **11** préceptoral, préceptorat.
PRECHAUFFAGE: **11** préchauffer.
PRECHE: **5** avent ■ **6** sermon* ■ **8** discours ■ **11** prédication ■ **14** évangélisateur.
PRECHER: **6** minbar, vanter* ■ **8** annoncer, diaconat, exhorter ■

9 convertir, sermonner ■ 11 évangéliser, prédicateur, recommander ■ 12 missionnaire.
PRECHI-PRECHA: 8 radotage ■ 9 rabâchage.
PRECIEUX: 3 fin, sal ■ 4 cher, porc, snob ■ 5 écrin, gemme, glace, joyau, métal, opale, prime, riche, rubis, stras, utile ■ 6 saphir, trésor ■ 7 affecté, délicat*, mondain, raffiné ■ 9 important ■ 10 pierreries, pimpesouée ■ 11 inestimable, marivaudage.
PRECIOSITE: 10 gongorisme ■ 11 affectation*, singularité.
PRECIPICE: 5 abîme* ■ 7 gouffre*.
PRECIPITATION: 4 hâte* ■ 7 vitesse* ■ 8 rapidité* ■ 9 précipité ■ 10 hâtivement ■ 11 palpitation ■ 14 précipitamment.
PRECIPITER: 3 lie ■ 5 tempo ■ 6 courir*, foncer, tomber ■ 7 avancer, élancer, galoper, presser ■ 8 brusquer, floculer ■ 9 accélérer* ■ 10 engouffrer.
PRECIS: 3 net ■ 4 pile ■ 5 exact*, point, temps ■ 6 abrégé, concis, exprès, formel, pétant ■ 8 combiner, datation, imprécis ■ 9 déterminé, équivoque, rigoureux* ■ 10 injonction ■ 11 catégorique, indéterminé ■ 12 approximatif, déterminatif, mathématique.
PRECISEMENT: 9 justement ■ 10 exactement, proprement ■ 12 expressément, positivement.
PRECISER: 5 fixer ■ 8 dessiner ■ 9 particule, spécifier ■ 10 déterminer ■ 14 particulariser.
PRECISION: 7 pesette, shaving ■ 8 ajustoir, justesse ■ 9 pointeuse, trébuchet ■ 10 assignable, déterminer, exactitude*, garde-temps, micromètre ■ 11 chronomètre, comparateur, imprécision ■ 12 chronographe, inexactitude ■ 15 interférométrie.
PRECOCE: 5 hâtif ■ 9 précocité, sénilisme ■ 11 précocement ■ 13 vernalisation ■ 14 sérodiagnostic.
PRECOLOMBIEN: 5 nazca ■ 13 préhispanique.
PRECONÇU: 5 parti.
PRECONISER: 6 vanter* ■ 7 prêcher ■ 11 préconisation, recommander.
PRECONSCIENT: 12 préconscient.
PRECORDIALE: 13 précordialgie.
PRECURSEUR: 8 hydraule ■ 11 nicotinique.
PREDECESSEUR: 5 aïeux ■ 7 ancêtre ■ 9 devancier ■ 10 précurseur.
PREDESTINER: 3 élu ■ 5 vouer ■ 14 prédestination.
PREDICANT: 6 prêtre ■ 7 orateur ■ 11 prédicateur.
PREDICAT: 8 adjectif ■ 10 prédicatif.
PREDICATION: 6 chaire, oracle, sermon* ■ 7 mission ■ 9 prédicant, prophétie ■ 11 prédicateur.
PREDICATIVE: 14 antéprédicatif.
PREDICTIBLE: 14 prédictibilité.
PREDICTION: 9 horoscope, prophétie ■ 12 vaticination.
PREDILECTION: 4 goût ■ 6 faveur ■ 10 préférence*.
PREDIQUAT: 9 prédiquer.
PREDIRE: 4 dire ■ 5 devin ■ 7 augurer, deviner ■ 8 annoncer*, prophète ■ 9 vaticiner ■ 10 aéromancie, astrologie, prédiction, pythonisse ■ 11 cartomancie, prophétiser ■ 12 pronostiquer.
PREDISPOSE: 6 enclin* ■ 8 penchant* ■ 13 prédisposition.
PREDISPOSITION: 13 préadaptation.
PREDIT: 9 cassandre.
PREDOMINANCE: 14 industrialisme.
PREDOMINANT: 9 manualité ■ 12 prédominance.
PREDOMINER: 9 prévaloir.

PREEMINENCE : **8** détrôner ■ **11** supériorité*.
PREEXCELLENCE : **11** supériorité*.
PREEXISTER : **11** hétérogénie.
PREFACE : **4** avis ■ **5** canon ■ **6** notice, proème ■ **8** discours, postface, prodrome, prologue ■ **9** préambule, préfacier ■ **11** avant-propos ■ **12** introduction, préliminaire*, prolégomènes ■ **13** avertissement.
PREFECTURE : **4** cité ■ **14** sous-préfecture.
PREFERE : **3** élu ■ **5** copain ■ **6** favori ■ **8** benjamin, chouchou, meilleur ■ **10** préférable.
PREFERENCE : **4** goût ■ **6** option, plutôt ■ **8** avantage, élection, penchant*, suffrage ■ **9** acception ■ **10** dextralité, partialité, prévention ■ **11** favoritisme, inclination ■ **12** indifférence, prédilection, préférentiel ■ **13** prépondérance ■ **14** intuitionnisme, préférablement.
PREFERER : **5** aimer, élire*, gâter, opter ■ **6** choyer ■ **7** adopter, choisir*, pencher ■ **8** affilier, protéger ■ **9** avantager, couronner, embrasser, favoriser*, prévaloir ■ **10** distinguer, préférable, préférence.
PREFET : **4** réal ■ **6** maître ■ **10** préfecture ■ **11** préfectoral, surveillant.
PREFIGURER : **13** préfiguration.
PREFIXE : **2** ab, ac, ad, af, an, ap, ar, as, at, bi, co, de, di, ec, ef, es, ex, il, im, in, ir, me, ob, oc, of, op, os, re ■ **3** abs, ant, axa, bis, cis, col, com, con, des, dis, dys, géo, iso, meg, mes, néo, oct, pan, par, pré, pro, ras, sub, sus, tri ■ **4** ante, anti, atto, déca, déci, giga, hect, hydr, hypo, kilo, macr, méga, méso, méta, micr, mono, moto, mult, myri, nano, octa, octi, octo, pant, para, pent, péri, peta, pico, poly, semi, sous, sulf, téra ■ **5** archi, centi, extra, femto, ferro, hecto, hydro, hyper, inter, intra, intro, macro, micro, milli, multi, myria, myrio, nécro, ortho, paléo, panto, penta, pente, ptéro, quadr, rétro, sulfo, super, tétra, trans ■ **6** hérédo, sesqui, simili ■ **8** préfixal, préverbe, privatif ■ **9** décimilli, hectokilo ■ **11** préfixation ■ **15** parasynthétique.
PREFOLIATION : **9** vernation.
PREHENSILE : **5** singe.
PREHENSION : **7** prendre ■ **9** tentacule ■ **10** préhenseur, pseudopode ■ **12** tentaculaire.
PREHISTOIRE : **7** azilien ■ **9** palafitte ■ **10** campignien, troglodyte ■ **11** abbevillien, aurignacien ■ **12** hallstattien, mégalithique, préhistorien ■ **13** paléolithique, préhistorique.
PREHISTORIQUE : **8** céraunie ■ **13** abri-sous-roche, microlithique.
PREHOMINIDE : **11** sinanthrope.
PREJUDICE : **3** dam ■ **4** tort ■ **5** gêner, nuire*, péril, perte ■ **6** lésion, risque ■ **7** dommage* ■ **8** atteinte ■ **9** baraterie, détriment, indemnité ■ **10** sinistrose ■ **11** désavantage, préjudiciel ■ **12** attentatoire ■ **13** préjudiciable.
PREJUGE : **7** opinion, routine ■ **8** habitude, perruque ■ **9** parti pris, tradition ■ **10** entêtement, partialité, prévention ■ **11** infatuation, présomption ■ **12** encroûtement ■ **13** préoccupation.
PREJUGER : **5** venir ■ **7** entêter.
PRELART : **5** bâche.
PRELASSER : **8** goberger.
PRELAT : **5** mitre ■ **6** primat ■ **7** exarque, pontife ■ **8** cardinal ■ **9** monsignor, prélature, tunicelle, vice-légat ■ **10** caudataire, coadjuteur, monsignore ■ **12** congrégation.
PRELEVEMENT : **7** biopsie ■ **8** ponction ■ **9** cueillage ■ **11** distraction ■ **13** amortissement.
PRELEVER : **4** ôter* ■ **5** lever ■ **6** zester ■ **7** prendre*, retenir ■

8 carotter ■ **9** carottier, imputable ■ **10** carotteuse, décimateur ■ **11** prélèvement.

PRELIMINAIRE : **5** lemme ■ **6** exorde, proème ■ **7** préface*, prélude ■ **8** prodrome, prologue ■ **9** préambule, prélavage ■ **12** commencement, préchauffage, présélection, prolégomènes ■ **14** initialisation.

PRELUDE : **4** coma ■ **9** préambule ■ **12** commencement, préliminaire.

PREMATURE : **5** hâtif ■ **8** alopécie, anticipé ■ **11** prématurité.

PREMEDITATION : **9** guet-apens ■ **10** assassinat.

PREMEDITER : **8** préparer, projeter ■ **13** préméditation.

PREMICE : **12** commencement*.

PREMIER : **2** as, un ■ **3** têt ■ **4** aîné, éden, neuf, tête, vert ■ **5** alpha, bizut, clair, credo, début, duvet, essai, frais, germe, grand, guide, jalon, larve, maire, matte, nouer, panse, pépin, prime, primo, recto, sénat, trias ■ **6** danien, entame, entier, intact, prince ■ **7** cacique, étrenne, initial, nouveau, primidi ■ **8** agneline, brahmane, calendes, cambrien, créateur, dimanche, duodénum, enrayure, étrenner, hiverner, nauplius, original, pilastre, podestat, postulat, prémices, présider, primaire, primauté, primitif, princeps, prologue, prophase, rudiment, séraphin, surchoix ■ **9** acheuléen, agresseur, allemande, antérieur, avant-cour, avant-goût, avant-plan, brassière, colostrum, landamman, linéament, œsophage, paléogène, premier-né, primipare, printemps, promoteur, prothorax, quasimodo, vénérable, vestibule ■ **10** antécédent, archevêque, commerçant, démasclage, engagement, prima donna, primordial, rhétorique, sonnailler, sous-couche ■ **11** bourgmestre, pentateuque, pléistocène, précambrien, sénatorerie, vendémiaire ■ **12** archéoptéryx, baccalauréat, commencement, contre-amiral, pole position, premièrement, quadragésime, sous-diaconat ■ **13** accommodation, daguerréotype, paléochrétien, paléolithique, petit déjeuner ■ **14** primo-infection.

PREMISSE : **7** mineure ■ **9** enthymème.

PREMONITION : **13** pressentiment.

PREMONITOIRE : **9** cholérine.

PREMUNIR : **5** armer ■ **8** protéger* ■ **13** précautionner.

PREND : **6** lippée ■ **10** photomaton.

PRENDRE : **4** lacs, lire, ôter* ■ **5** boire, dîner, écope, filer, gluau, gober, jalon, jurer, lasso, lever, loger, louer, nasse, notes, périr, picot, piège, piger, piper, prise, ravir, ridée, rosir, tenir, venir, verre, viser, voler* ■ **6** avaler, capter, chiper, choper, frimer, gagner, glacer, glaner, gruger, happer, manier, paumer, pêcher, piller, pincer, plumer, puiser, rafler, saisir*, serrer ■ **7** acenser, adopter, agrafer, arrêter, arroger, assumer, charger, choisir, dérober, emmener, emparer, engager, enlever*, envahir, envoyer, épouser, évincer, obtenir, occuper, picorer, plagier, plucher, poisser, retenir, trouver, usurper* ■ **8** absorber, affermer, affouage, affréter, agripper, arracher*, arrenter, attaquer, atterrir, attraper, aveindre, bedonner, capturer, chauffer, chavirer, compiler, congeler, cueillir, déborder, déclarer, déjeûner, délecter, démarrer, dessiner, emporter*, endosser, enferrer, éprendre, goberger, habituer, incarner, ironiser, louvoyer, marauder, pantière, prélever, prenable, protéger, rabioter, ramasser, recevoir, recruter, résoudre, respirer, souffler, soutirer, succéder, surlouer ■ **9** accaparer, accrocher, appliquer, assimiler, atteindre, attribuer, banqueter, bifurquer, cantonner, compulser, conquérir, consommer, conspirer, consulter, détourner, distraire, embrasser, emmailler, empoigner, emprunter, enraciner, escamoter, escroquer, étreindre, extorquer, grapiller, harponner, madériser, patienter, pontifier, prélasser, prétexter, promettre, reprendre, rougeoyer, souscrire, triompher ■ **10** accoutumer, approprier*, barguigner, confisquer, contracter, dépouiller, déterminer, engraisser, ensoutaner, exproprier, grappiller, imprenable, intervenir, manœuvrer, mésangette, panneauter, précaution, préhension, raccrocher, ratiboiser, recueillir, retrancher, soustraire, surprendre ■ **11** administrer, appréhender, embarrasser, graillonner, interpréter, plastronner, ponctionner, sous-traiter, stéréotyper, susceptible, tergiverser ■ **12** collationner, entreprendre, inexpugnable, saucissonner ■ **13** conscientiser, embourgeoiser, petit déjeuner, précautionner ■ **14** responsabilité.

PRENEUR: 8 bailleur ■ **10** emphytéote.

PRENOM: 3 nom ■ **9** prénommer ■ **10** antécédent.

PREOCCUPATION: 4 soin* ■ **5** ennui*, souci* ■ **6** tracas* ■ **7** préjugé ■ **10** inquiétude*.

PREOCCUPE: 5 libre ■ **6** polard ■ **7** songeur ■ **11** préoccupant.

PREOCCUPER: 9 inquiéter* ■ **10** tourmenter* ■ **11** embarrasser*.

PREPARATIF: 7 apprêt ■ **8** appareil, armement ■ **9** branle-bas.

PREPARATION: 3 jus, vin ■ **4** pain, tian ■ **5** lissé, mégie, opiat, stage ■ **6** calcul, hachis, projet, saponé ■ **7** calabre, fixatif, grisons, saumure, timbale ■ **8** alginate, antihalo, artifice, brandade, émulsion, marinage, mirepoix, pastille, pemmican, planning, salpicon, tablette, waterzoi ■ **9** benzidine, boyaudier, coriandre, encollage, escabèche, ex abrupto, galénique, médaillon, pharmacie, thériaque ■ **10** chamoisage, corroierie, cosmétique, galimafrée, hypokhâgne, sandaraque ■ **11** chiffonnade, combinaison, dépilatoire, élaboration, mort-aux-rats, passivation, programmeur, pyrotechnie ■ **12** entraînement, maroquinerie, organisation ■ **13** impréparation ■ **14** phytopharmacie ■ **15** champagnisation, magnésiothermie.

PREPARATOIRE: 5 cagne, étude, prépa, taupe ■ **8** corniche ■ **10** ourdissage ■ **11** avant-projet, ramassement ■ **13** propédeutique.

PREPARE: 6 saleur ■ **7** cuisiné, thésard ■ **8** préroman ■ **13** préromantique.

PREPARER: 3 cru ■ **5** avent, cuire, doser, mégir, mûrir, parer, semer ■ **6** couver, forger, former*, monter, ourdir, ouvrir, tanner ■ **7** amorcer, brasser, dresser, éduquer, engager, entamer, étudier, méditer, ménager, mijoter, ruminer ■ **8** aménager, apprêter*, arranger*, bachoter, calculer, chauffer, chercher, combiner, cuisiner, déblayer, disposer, ébaucher, élaborer, émulseur, fomenter, formater, habiller, imaginer, inventer, machiner, mégisser, mitonner, négocier, pionnier, praliner, projeter, spéculer, verjuter ■ **9** acheminer, chagriner, chamoiser, commencer, comploter, concerter, cuirasser, défricher, entraîner, goupiller, manipuler, organiser*, peaussier, pelletier ■ **10** charcutier, clayonnage, déclencher, échafauder, feuilleter, oculariste, plumassier, précurseur, préméditer, préparatif, prosecteur, sardinerie, sorbetière, tamponnoir, travailler ■ **11** apothicaire, appareiller, chamoiserie, débrouiller, prédestiner, préparateur, préparation ■ **12** champagniser, parcheminier, préconcevoir, préliminaire, préparatoire, présélecteur ■ **13** anthraquinone ■ **14** manutentionner.

PREPONDERANCE: 11 supériorité*.

PREPONDERANT: 9 vagotonie.

PREPOSE: 5 agent, voyer ■ **7** employé, tourier ■ **8** panetier, pompiste ■ **9** buraliste ■ **10** garde-frein ■ **11** entreposeur ■ **13** garde-barrière ■ **14** bibliothécaire.

PREPOSER: 9 commettre.

PREPOSITION: **1** à ■ **2** ab, ac, ad, af, an, ap, ar, as, at, de, en, ès, vu ■ **3** abs, des, les, lez, par, rez, sur, sus, via ■ **4** avec, chez, dans, deçà, delà, fors, hors, hypo, pour, près, sans, sauf, sous, vers ■ **5** après, avant, entre, inter, intra, moins, outre, parmi, passe, plein, selon, trans, voici, voilà ■ **6** contre, depuis, devant, devers, durant, envers, hormis, jouxte, jusque, malgré, versus ■ **7** because, excepté, par-delà, pendant, rection, revoici, revoilà, suivant ■ **8** autour de, derrière ■ **9** par-devers, particule ■ **10** concernant, encontre de, nonobstant, prépositif ■ **14** prépositionnel ■ **15** prépositivement.
PREPOTENCE: **8** autorité* ■ **11** supériorité*.
PREPUCE: **8** posthide, posthite ■ **12** circoncision, infibulation, paraphimosis.
PREREGLER: **10** préréglage.
PRERETRAITE: **11** préretraité.
PREROGATIVE: **8** éméritat ■ **9** privilège* ■ **12** nomenklatura ■ **13** inamovibilité.
PRES: **3** les, lez ■ **5** lofer, palet, porte, voici ■ **6** jouxte, proche*, voisin ■ **7** contigu, mitoyen, rasibus, tangent ■ **8** adjacent, moribond, talonner ■ **9** approcher, citérieur, proximité, suburbain ■ **12** touche-touche.
PRESAGE: **4** heur ■ **5** signe* ■ **6** augure, menace ■ **7** annonce, auspice ■ **8** auspices, prodrome, sinistre, symptôme ■ **9** horoscope ■ **12** porte-malheur, superstition ■ **14** brûle-pourpoint.
PRESAGER: **7** augurer* ■ **8** annoncer, préluder.
PRESBYTERIEN: **8** covenant, puritain.
PRESBYTIE: **8** presbyte.
PRESCIENCE: **9** prescient, prévision.
PRESCRIPTION: **4** rite ■ **6** kasher ■ **8** observer ■ **9** règlement*, usucapion ■ **10** expiration, forclusion, ordonnance*, péremption ■ **12** commandement, inobservance, prescripteur.
PRESCRIRE: **8** ordonner* ■ **13** prescriptible ■ **15** imprescriptible.
PRESEANCE: **3** pas.
PRESELECTION: **9** prérégler ■ **15** présélectionner.
PRESENCE: **3** vue ■ **4** sulf ■ **5** alibi, ferro, fumet, sulfo ■ **6** dasein, méreau ■ **8** cholurie, glycémie ■ **9** assiduité, cétonémie, par-devers, plombémie, supporter ■ **10** acétonémie, acétonurie, anthracose, bacillurie, confronter, glycosurie, oligopsone ■ **11** aérogastrie, albuminerie, infestation, protéinurie ■ **12** éosinophilie, immanentisme, omniprésence, phosphaturie ■ **14** hémoglobinurie.
PRESENILE: **9** alzheimer.
PRESENT: **3** don, ici ■ **4** ores, vide ■ **5** envoi, oyant, temps, voici ■ **6** actuel, badaud, cadeau*, denier, invité, public ■ **7** curieux, étrenne, gâterie, visible ■ **8** assister, bakchich, bienfait, offrande, sportule, ubiquité ■ **9** actualité, assistant, comparant, corbeille, défection, pourboire ■ **10** aujourd'hui, dorénavant, générosité, maintenant ■ **11** observateur, omniprésent ■ **13** gratification.
PRESENTATION: **5** offre ■ **8** débouché, maquette ■ **9** cartouche ■ **10** chandeleur, exhibition ■ **11** exclusivité ■ **12** muséographie ■ **14** représentation ■ **15** conditionnement.
PRESENTE: **4** typé ■ **6** cloqué, taluté ■ **7** distyle, losangé, mutique, pulsant ■ **8** arborisé, détaillé, homonisé ■ **9** jardineux, réclamant, résilient ■ **11** glischroïde, hémiédrique, polydactyle, transsexuel ■ **12** confusionnel ■ **13** ithyphallique.
PRESENTEMENT: **4** ores ■ **12** actuellement.
PRESENTER: **5** venir ■ **6** buller, carter, donner, offrir*, passer, porter,

tendre, varier ■ **7** exhiber, exposer, flairer, montrer*, revenir, sourire ■ **8** accourir, préciser, profiler, rappeler, réaliser ■ **9** comparoir, traverser ■ **10** apparaître, argumenter, diaboliser, globaliser, reproduire ■ **11** assignation, comparaître, présentable, représenter ■ **12** présentateur, présentation ■ **13** pétitionnaire.
PRESERVATION: **4** abri* ■ **5** garde ■ **10** prévention, protection*.
PRESERVATIF: **6** condom ■ **11** dompte-venin.
PRESERVER: **5** étain, gâter, globe ■ **6** obvier, sauver ■ **7** abriter, couvrir, écarter, enrayer ■ **8** défendre, épargner, garantir, prévenir, protéger* ■ **9** détourner ■ **10** enchausser, naphtalène, naphtaline, parafoudre ■ **11** antirouille, couvre-nuque, neutraliser, préservatif ■ **12** moustiquaire, paratonnerre, préservateur, préservation.
PRESIDENCE: **9** président, septennat ■ **10** praesidium ■ **11** coprésident ■ **12** coprésidence, présidentiel.
PRESIDENT: **4** raïa ■ **7** speaker ■ **9** vénérable ■ **10** présidence, république ■ **12** présidentiel ■ **13** vice-président ■ **14** présidentiable.
PRESIDER: **5** clore ■ **7** diriger* ■ **10** officiante ■ **11** hebdomadier.
PRESIDIAL: **12** présidialité.
PRESOMPTIF: **5** royal ■ **8** héritier, probable*.
PRESOMPTION: **6** charge ■ **7** orgueil*, superbe ■ **8** témérité ■ **9** hypothèse, prévision ■ **10** conjecture, suffisance ■ **12** présomptueux.
PRESOMPTUEUX: **3** fat ■ **5** hardi* ■ **8** vaniteux* ■ **9** suffisant, téméraire ■ **10** avantageux, conquérant ■ **11** orgueilleux*.
PRESQUE: **5** comme, quasi, rival ■ **8** à peu près ■ **9** quasiment ■ **11** clopinettes.
PRESSAGE: **8** vinylite ■ **11** pick-up baler.
PRESSANT: **6** pressé, urgent ■ **7** instant ■ **9** impérieux ■ **11** accelerando.
PRESSE: **4** desk ■ **5** caque, foule*, happe ■ **6** guinde, tympan, urgent ■ **7** platine, rouleau ■ **8** calandre, cylindre, laminoir, pressant, pressier, rotative ■ **9** extrusion, free-lance, mass media ■ **10** retiration ■ **12** marteau-pilon.
PRESSENTIMENT: **9** intuition* ■ **11** prémonition.
PRESSENTIR: **6** douter ■ **7** deviner*, flairer ■ **9** subodorer ■ **10** soupçonner.
PRESSE-PAPIERS: **10** millefiori.
PRESSER: **5** hâter*, peser, piler, tâter, venir ■ **6** bande, broyer, fouler, masser, pétrir, pincer, saisir, serrer*, tasser, tordre ■ **7** activer, aplatir, appuyer, écacher, écraser, étrécir, exciter, influer, malaxer, moucher, pousser*, prendre, sangler ■ **8** chauffer, emballer, encaquer, entasser, étouffer, froisser, imprimer, opprimer, piétiner, pilonner, plan-plan, posément, pressage, pression, rétrécir, talonner ■ **9** accélérer*, bousculer, calandrer, comprimer*, condenser, épeindre, étrangler, étreindre, garrotter, oppresser, pressurer, resserrer ■ **10** agglomérer, compresser, concentrer, contracter, empaqueter ■ **11** contraindre.
PRESSION: **2** pz ■ **3** bar ■ **4** torr ■ **5** barye, battu, pièze, pompe, serre ■ **6** pulser, safran ■ **7** doldrum, galeter, isobare, tension* ■ **8** caldeira, détendre, glaucome, gradient, injecter, manostat, millibar, presseur, rénitent, variable, ventouse ■ **9** autocopie, collapsus, détendeur, enthalpie, injection, manomètre, oncotique, onkotique, osmomètre ■ **10** aéropathie, atmosphère, baromètrie, contrainte, dysbarisme, hectopièze, isallobare, manométrie, pressostat, pulsomètre, tonométrie ■ **11** anticyclone, autocuiseur, baresthésie, crève-vessie, hectopascal, surpression, tonographie ■ **12** crève-tonneau, énantiotrope, filtre-presse, hypertonique, oscillomètre, sous-pression ■ **13** décompresseur,

décompression, hydrocraquage, hydrostatique, manodétenteur, ultrapression ■ 14 bouton-pression, incompressible ■ 15 barotraumatisme, lettre-transfert.
PRESSOIR: 3 mée ■ 4 maie, mait, maye, ripe ■ 5 meule ■ 6 bellon ■ 8 cannelle, cannette, taranche ■ 9 maillotin ■ 12 quintessence.
PRESSURATION: 13 dépressuriser ■ 14 dépressuration.
PRESSURE: 10 labferment.
PRESSURER: 7 presser* ■ 10 pressurage.
PRESSURISER: 14 pressurisation.
PRESTANCE: 4 mine ■ 6 allure* ■ 8 maintien* ■ 9 décoratif, influence.
PRESTATION: 9 sans-faute ■ 10 allocution ■ 11 prestataire ■ 14 assermentation.
PRESTESSE: 6 preste ■ 7 agilité, vitesse* ■ 8 vélocité, vivacité* ■ 11 promptitude.
PRESTIDIGITATEUR: 9 physicien ■ 10 escamoteur ■ 13 illusionniste.
PRESTIGE: 6 charme, empire ■ 7 auréole, pouvoir ■ 8 illusion ■ 9 influence ■ 10 star-system, valorisant ■ 11 déboulonner, prestigieux.
PRESTOLET: 6 prêtre.
PRESUMER: 6 croire* ■ 7 augurer ■ 8 accroire, supposer* ■ 10 présumable, soupçonner ■ 11 conjecturer.
PRESUPPOSE: 8 réquisit.
PRESUPPOSER: 8 présumer*, supposer* ■ 14 présupposition.
PRESURE: 8 présurer ■ 10 emprésurer.
PRET: 4 paré ■ 5 dette, rendu, usure ■ 6 avance, taillé ■ 7 créance, emprunt, partant, subside, warrant ■ 8 commodat, location ■ 9 découvert, placement ■ 10 anatocisme, engagement, obligation, subvention ■ 11 bretailleur, prêt-à-coudre ■ 12 anticipation, nantissement, participatif ■ 13 discothécaire ■ 14 intermédiation.
PRET-A-PORTER: 12 mécanicienne.
PRETENDANT: 9 postulant.
PRETENDRE: 6 tendre ■ 7 aspirer, flatter, lorgner, vouloir* ■ 8 affirmer* ■ 9 prétexter ■ 11 ambitionner ■ 12 portionnaire.
PRETENDU: 4 faux* ■ 5 magie ■ 6 fiancé ■ 9 soi-disant ■ 12 prétendument.
PRETENTIEUX: 6 faraud, pecque, poseur ■ 7 affecté, crâneur, cuistre, falbala, gommeux, morveux ■ 8 rombière, vaniteux* ■ 9 paltoquet, trissotin ■ 11 orgueilleux*, petit-maître.
PRETENTION: 7 orgueil* ■ 8 ambition, crânerie, humilité ■ 9 déchanter, présomption, prétentieux.
PRETER: 4 ouïr, prêt ■ 5 aider, louer ■ 7 avancer, confier, dégager, écouter, imputer ■ 8 composer, créditer, entendre, prête-nom, soutenir ■ 9 attribuer, ausculter, consentir, emprunter ■ 10 auxiliaire, prestation ■ 11 assermenter, mont-de-piété.
PRETERITION: 6 manque* ■ 8 omission*.
PRETEUR: 4 juif ■ 7 usurier*, vampire, vautour ■ 8 prétoire ■ 9 créancier, prétorial, prétorien ■ 10 propréteur ■ 12 fesse-mathieu ■ 13 commanditaire.
PRETEXTE: 4 ruse ■ 5 cause*, motif*, voile ■ 6 excuse, masque ■ 7 défaite, matière ■ 8 argument, mensonge* ■ 10 allégation, couverture, faux-fuyant, subterfuge ■ 12 échappatoire, faux-semblant ■ 13 justification*.
PRETEXTER: 6 arguer ■ 7 couvrir, exciper, excuser, opposer ■ 8 alléguer, objecter ■ 9 justifier*, prétendre.
PRETRE: 4 abbé, curé, iman, lama, mage, paix, père, pope ■ 5 amict, bonze, civil, clerc, éphod, exeat, fanon, hazan, magie, messe, mufti,

sacre ■ **6** augure, berger, chaman, clergé, curète, diacre, druide épulon, eubage, évêque, fécial, fétial, infule, jureur, mollah, muphti, prélat, rabbin, salien ■ **7** capelan, corbeau, cureton, flamine, hidalgo, messire, muezzin, pasteur, pontife, vestale, vicaire ■ **8** aumônier, brahmane, chanoine, chasuble, derviche, desserte, luperque, manipule, ministre, prêtrise, pullaire, ratichon, révérend, talapoin ■ **9** bacchante, célébrant, chapelain, corybante, curaillon, manuterge, officiant, prédicant, prestolet, rational, religieux*, sacerdoce, semainier, septemvir, sulpicien ■ **10** archevêque, confesseur, desservant, hiératique, insermenté, mystagogue, sacerdotal, sous-diacre, victimaire ■ **11** archidiacre, archiprêtre, hiérophante, pénitencier, presbytéral ■ **12** missionnaire ■ **13** hiérogrammate, prêtre-ouvrier, sacrificateur ■ **14** écclésiastique*.

PREUVE : 3 foi ■ **4** aveu, gage, reçu ■ **5** alibi, copie, payer ■ **6** charge, indice, marque, raison, témoin ■ **8** argument, document, enseigne, suiviste ■ **9** quittance ■ **10** adminicule, certificat, corollaire, corroborer, imputation, misonéiste, pertinence, réfutation, témoignage ■ **11** affirmation, attestation, aventuriste, déclaration, immobiliste, information, présomption, supplétoire, testimonial ■ **12** confirmation, constatation, contestation, gratuitement, parcimonieux, raisonnement, sociologiste ■ **13** argumentation, démonstration, justification, triomphaliste ■ **14** interlocutoire, particulariste.

PREUX : 5 brave* ■ **9** chevalier.

PREVALOIR : 6 régner ■ **7** flatter ■ **8** emporter ■ **10** prédominer.

PREVARICATION : 8 trahison ■ **13** prévaricateur.

PREVENANCE : 9 amabilité*, attention, prévenant ■ **11** délicatesse.

PREVENIR : 6 éviter ■ **7** alerter, avertir* ■ **8** devancer, prolepse, remédier ■ **9** préventif ■ **12** complaisance*, empressement.

PREVENTIF : 5 éveil ■ **10** contre-mine ■ **12** sérothérapie ■ **14** préventivement.

PREVENTION : 7 passion, préjugé* ■ **10** alcoologie, antipoison ■ **13** préventologie.

PREVENTIVE : 10 prédictive.

PREVENTORIUM : 10 sanatorium.

PREVENU : 7 inculpé.

PREVERBE : 7 augment.

PREVIENT : 12 antilithique ■ **14** antirachitique.

PREVISIBLE : 9 téléphoné ■ **13** prévisibilité.

PREVISION : 6 budget, ex ante ■ **7** attente ■ **8** planning ■ **9** pronostic ■ **10** prescience ■ **11** imprévision, prospective ■ **12** météorologie ■ **13** imprédictible, pressentiment ■ **14** prévisionniste.

PREVOIR : 6 savoir, sentir ■ **7** deviner*, flairer ■ **8** calculer, préjuger, présager, prudence ■ **9** anticiper, entrevoir, intuition, prévision ■ **10** divinateur, divination, palettiser, précurseur, pressentir*, prévisible, prévoyance ■ **11** calculateur, prophétique ■ **12** impondérable, imprévisible, pronostiquer ■ **14** compromissoire.

PREVOT : 5 baile.

PREVOTE : 6 prévôt ■ **8** prévotal.

PREVOYANCE : 8 prudence* ■ **9** prévoyant ■ **10** précaution* ■ **11** imprévoyant ■ **12** imprévoyance.

PRIER : 6 adorer ■ **7** adjurer, appeler, engager, exaucer, inviter, obséder ■ **8** conjurer, demander*, harceler, humilier, implorer, insister, invoquer, prie-dieu, réclamer, recourir, supplier ■ **9** convoquer ■ **10** importuner, intercéder, intervenir, solliciter.

PRIERE : 3 ave ■ **5** agnus, appel, canon, credo, pater, salat, salve, taled ■ 6 laudes, lavabo, libera, orémus ■ 7 absoute, angélus, demande*, ferveur, hosanna, introït, kaddish, mémento, oraison, recours, requête, requiem, rosaire, sanctus, service, tridium ■ 8 agnus dei, ave maria, chapelet, dévotion, litanies, liturgies, oratoire, pétition ■ 9 adoration, confiteor, élévation, obsession, patenôtre, rogations, supplique ■ 10 adjuration, bénédicité, insistance, invitation, invocation, offertoire, paroissien, salutation ■ 11 conjuration, convocation, dépréciation, de profundis, humiliation, jaculatoire, objurgation, obsécration, quatre-temps ■ 12 intercession, supplication ■ 13 processionnal, sacramentaire, sollicitation.

PRIEURE : 5 oblat, prieur ■ 6 église ■ 7 cloître, priorat.

PRIMAIRE : 7 premier ■ 8 cambrien, dévonien, huronien, primaire, silurien, spirifer ■ 9 hercynien, primarité, ptérygote ■ 10 calédonien, ordovicien, ptérygotus ■ 11 carbonifère ■ 13 lépidodendron.

PRIMAT : 8 primatie ■ 9 primatial.

PRIMATE : 6 cébidé, simien* ■ 7 tarsien* ■ 8 hominidé, hominien, lémurien* ■ 11 préhominidé, préhominien ■ 12 oréopithèque, primatologie.

PRIMAUTE : 11 supériorité*.

PRIME : 6 report ■ 8 ducroire, escompte, surprime ■ 9 assurance ■ 10 récompense ■ 13 gratification*.

PRIMER : 9 surpasser*.

PRIMEROSE : 8 trémière.

PRIMESAUTIER : 3 vif* ■ 8 spontané.

PRIMEUR : 11 primeuriste.

PRIMEVERE : 6 coucou ■ 12 oreille-d'ours.

PRIMITIF : 5 chaos, tribu ■ 6 a tempo, monère, perlon, simple ■ 7 premier ■ 8 animisme, mélodium, original, originel ■ 9 boomerang, boumerang, principal ■ 10 hacquebut, stomocordé ■ 11 monogénisme, polygénisme ■ 12 primitivisme.

PRIMITIVEMENT : 14 originairement.

PRIMORDIAL : 7 premier ■ 9 essentiel*, principal* ■ 11 subsidiaire.

PRIMULACEE : 6 coucou, mouron, samoie, samole ■ 8 cyclamen ■ 9 lysimaque, primevère ■ 10 soldanelle.

PRINCE : 3 kan ■ 4 khan, page ■ 5 otage, rajah, règne, royal, tyran, vizir ■ 6 daïmio, radjah ■ 8 archiduc, audience, aumônier, grand-duc, hospodar, monarque, palefroi, princier ■ 9 électorat, landgrave, maharajah, principat, rhingrave ■ 10 maharadjah, prétendant, stathouter ■ 11 monseigneur, principauté ■ 13 échansonnerie, princièrement ■ 14 porphyrogénète.

PRINCIPAL : 3 âme ■ 4 clef, clou, gros, nerf ■ 5 biais, corps, foyer, héros, kondo, ordre, pivot, règle, siège, talle ■ 6 numéro ■ 7 capital, central, décisif, premier ■ 8 cardinal, chef-lieu, dominant, grand-rue, orbiteur, stratège ■ 9 apériteur, appendice, citadelle, décapiter, essentiel*, fondement, hôtel-dieu, idée-force, important*, métropole ■ 10 accessoire, actualités, architrave, primordial ■ 11 fondamental, maître-autel, préjudiciel, principalat, subsidiaire ■ 12 grand-chambre, préliminaire, quintessence.

PRINCIPALEMENT : 7 surtout ■ 10 spécialité ■ 14 singulièrement.

PRINCIPE : 3 âme, clé, dao, loi, tao ■ 4 base, clef, idée, même, roue, watt ■ 5 adage, apiol, arôme, cause, credo, germe, irone, lemme, norme, pacte, règle*, tanin, unité, virus ■ 6 archée, axiome, esprit, oléine, pneuma, racine, raison, source, vérité ■ 7 critère, égalité, élément, embryon, matière, origine, semence, système*, théorie ■ 8 dualisme, en-dehors, loi-cadre, molécule, moralité, phalline, postu-

lat, puritain, rudiment ■ **9** antinomie, calorique, causalité, déduction, étiologie, filiation, fondement, impératif, induction, santaline, séniorité, substance, vanilline, vitalisme ■ **10** absinthine, digitaline, frontalité, indigotine, institutes, postulatum, quercitrin, stretching ■ **11** légitimisme, mutuellisme, présomption, quercitrine ■ **12** déterminisme, métaphysique, raisonnement ■ **13** contradiction, gibbérellique, individuation ■ **14** nitrocellulose, thermopropulsé.
PRINTANISATION: 12 jarovisation ■ **13** vernalisation.
PRINTEMPS: 5 brout, flore, fœhn, lilas, pâque, rhume ■ **6** vernal ■ **9** primevère, renouveau ■ **10** demi-saison, pâquerette, printanier ■ **11** raspoutitsa.
PRIORITE: 3 pré ■ **5** avant ■ **6** primat ■ **7** aînesse ■ **9** coupe-file, préséance ■ **11** antériorité, prioritaire ■ **15** prioritairement.
PRIS: 7 louable.
PRISCILLIEN: 14 priscillanisme.
PRISE: 3 gel ■ **4** grip, plot ■ **5** catch, levée, scène, shunt, unité ■ **6** ciseau, vêture ■ **7** capture, dispute, enclise, gypsage, plongée, ralenti, rondade, ruinure, saisine ■ **8** alginate ■ **9** appontage, vignetage ■ **11** conjoncteur, mondialisme, ramassement ■ **12** telluromètre.
PRISE DE VUE: 5 vidéo ■ **8** sunlight ■ **11** contre-champ ■ **13** contre-plongée.
PRISER: 5 tabac ■ **7** estimer*, pétuner, priseur.
PRISME: 4 coin ■ **5** nicol, orgue, tuyau ■ **7** couteau ■ **8** parpaing, véhicule ■ **10** cale-étalon ■ **11** prismatique ■ **15** orthorhombique.
PRISON: 4 bloc, tôle ■ **5** bagne, boîte, dépôt, écrou, geôle, préau, taule ■ **6** ballon, cachot*, in-pace, violon ■ **7** cellule, geôlier, latomie, pistole ■ **8** enfermer, latonies ■ **9** embarquer, ergastule ■ **10** incarcérer, porte-clefs, prévention, prisonnier, vade-in-pace ■ **11** conciergier, embastiller, emprisonner*, pénitencier ■ **12** conciergerie ■ **14** embastillement, emprisonnement*, septembrisades.
PRISONNIER: 4 lien ■ **5** écrou, oflag, otage ■ **6** captif, chétif, détenu ■ **7** déporté, esclave, interné, relégué ■ **8** condamné, épingler, galérien, menottes ■ **9** captivité.
PRIVATION: 2 ab, de, im, in, ir, me ■ **3** abs, mes ■ **4** faim, sans, vide ■ **5** jeûne, perte* ■ **6** anoxie, besoin*, défaut*, famine, manque, rareté, veille ■ **7** disette, pénurie, sevrage ■ **8** consigne, détresse, insomnie, pauvreté*, privatif ■ **9** captivité, dénuement, détriment, inanition, indigence, indignité, paralysie, réclusion, sacrifice, stupidité ■ **10** anesthésie, privatiser ■ **11** frustration ■ **12** interdiction, privatisable ■ **13** non-jouissance.
PRIVAUTE: 11 familiarité.
PRIVE: 5 seing ■ **6** intime, tintin ■ **8** aseptisé ■ **9** intérieur, sous-seing ■ **10** décortiqué, privatiste, semi-public ■ **11** particulier*, résidentiel ■ **13** surprise-party ■ **14** médecin-conseil, surprise-partie ■ **15** décollectiviser.
PRIVER: 4 ôter*, tuer ■ **5** pâtir, ravir, tarir, voler ■ **6** couper, dénuer, exiler, jeûner, serrer, sevrer ■ **7** affamer, châtier, châtrer, démunir, édenter, énerver, enlever*, épuiser, évincer, exclure, frauder, limoger, mutiler, refuser, spolier ■ **8** abstenir, assécher, aveugler, dégarnir, dénantir, détrôner, éborgner, forclore, frustrer, interner, tronquer ■ **9** chaponner, décapiter, dépatrier, dépeupler, dessaisir, destituer, dévaliser, émasculer, estropier, exhéréder, expatrier, interdire, supprimer ■ **10** abstinence, courtauder, déposséder*, dépouiller, dépourvoir, désemparer, déshériter, détrousser, essoriller, exproprier ■ **11** apprivoiser, découronner, déshydrater, excommunier, immobiliser ■ **12** désassimiler ■ **13** dénaturaliser.

PRIVILEGE: **5** caste, lagan ■ **6** faveur*, indult ■ **7** clergie, gruerie, licence ■ **8** avantage*, dispense, exclusif, immunité, monoplan, monopole, préciput ■ **9** exemption ■ **10** concession, passe-droit, permission, privilégié, survivance ■ **11** attribution, esthétisant, favoritisme, prérogative ■ **12** autorisation ■ **14** chirographaire.
PRIVILEGIE: **9** patriarcat ■ **12** aristocratie, nomenklature.
PRIVILEGIEE: **8** hapy few ■ **9** verticité.
PRIVILEGIER: **8** exempter ■ **9** dispenser, esthétiser, favoriser* ■ **10** matiérisme ■ **14** aristocratisme.
PRIX: **2** or ■ **3** caf ■ **4** cher, coût*, frêt, lods, mois, port, taux, taxe, tenu ■ **5** achat, bazar, coter coupe, cours, crise, devis, faire, gâter, loyer, moins, nolis, offre, prime, somme, tarif, taxer, terme, train, trust, value, vénal, vente ■ **6** cherté, rançon, touage, valeur* ■ **7** bradeur, combien, enchère, lauréat ■ **8** fourguer, location, médaille, pot-de-vin, précieux, promesse, sacrifié, soudoyer, surfaire ■ **9** apprécier, bagatelle, chèrement, couronner, déflation, demi-place, églantine, étiquette, misérable, mouvement, survendre, taximètre ■ **10** mercuriale, récompense*, soumission, surenchère, surhausser ■ **11** compétiteur, liquidation, main-d'œuvre ■ **12** rémunération ■ **14** enchérissement ■ **15** renchérissement.
PROBABILITE: **8** croyance, présumer ■ **9** apparence, biométrie, certitude, fiabilité, hypothèse, pronostic ■ **10** conjecture, prédiction ■ **11** éventualité, expectative, présomption, statistique, supposition ■ **12** probabilisme, stochastique ■ **13** vraisemblance.
PROBABLE: **7** putatif ■ **8** captieux, éventuel, possible*, présumer, spécieux ■ **9** plausible, rationnel ■ **10** acceptable, admissible, improbable, présumable, soutenable ■ **11** raisonnable ■ **13** vraisemblable.
PROBANT: **6** preuve* ■ **7** décisif ■ **8** éloquent ■ **9** concluant ■ **10** probatoire ■ **11** convaincant.
PROBATION: **14** probationnaire.
PROBITE: **5** probe ■ **7** loyauté ■ **8** droiture ■ **9** honnêteté, improbité, intégrité ■ **10** conscience ■ **12** malhonnêteté.
PROBLEMATIQUE: **7** douteux*.
PROBLEME: **5** algol, colle, thème ■ **6** énigme ■ **10** bioéthique, quaternion ■ **13** problématique.
PROBOSCIDIEN: **8** éléphant, mammouth ■ **10** mastodonte ■ **11** dinothérium.
PROCEDE: **3** oxo ■ **4** moxa, taxe ■ **5** batik, dolby, effet, fondu, loran, moyen*, patte, pompe, ruolz ■ **6** consol, filage, offset ■ **7** chiasme, ciné-tir, greneur, méthode*, ramasse, recette, stretch, trucage ■ **8** cinérama, conduite, écobuage, effusion, enchaîne, graineur, gratteur, gunitage, inductif, pratique, prolepse, truquage ■ **9** antithèse, autocopie, banc-titre, dichromie, errements, estampage, glissando, hypallage, hyperbole, industrie, métaphore, métonymie, parabiose, soufflage, sulfateur, technique, télétexte, trichrome, variation, xérocopie ■ **10** aluminiage, analytique, antonomase, cylindrage, dérivation, diachromie, diazocopie, flottation, fluatation, marcottage, phototypie, plasturgie, préformage, prosopopée, ranimation, sidérurgie, synecdoque, télémesure, trichromie ■ **11** agissements, alcoométrie, autochromie, autoguidage, chiromancie, cinémascope, comparaison, engineering, faux-bourdon, fluographie, fraudatoire, isométrique, lithophanie, panoramique, passivation, photocopier, pondération, préfixation, recoupement, sérigraphie, stéréotaxie, stylistique, suffixation, technicolor, tomographie, transfixion, turboforage, typographie, upérisation ■ **12** alcalimétrie, chromisation, colorisation, comportement, décalco-

manie, électrocopie, fluotournage, héliogravure, insémination, magnétoscope, mésothérapie, microédition, photogravure, pointillisme, scanographie, stéréoscopie, tachéométrie, vidéographie, vinification, zincographie ■ **13** appertisation, berginisation, javellisation, minérallurgie, néphélémétrie, phosphatation, radiobalisage, sélectionneur, similigravure, simultanéisme, thermogravure ■ **14** daguerréotypie, électrodialyse, électroformage, galvanoplastie, photomécanique, photosculpture, saccharimétrie, sweating-system, tyndallisation, viscoréduction ■ **15** cinématogtaphie, cristallomancie, échantillonneur, magnésiothermie, recalcification.

PROCEDER: **4** agir* ■ **5** coder ■ **6** émaner ■ **7** relever ■ **8** anodiser, appairer, balancer, découler, équerrer, tâtonner ■ **9** accomplir*, affabuler, mobiliser, modéliser, réaligner ■ **10** exécutoire, filialiser, incorporer, pelliculer, privatiser, redéployer, sectoriser ■ **11** aiguilleter, auditionner, dégazoliner, démobiliser, investiguer, préchauffer, radioguider, reconvertir, réimplanter ■ **12** régionaliser ■ **13** désinfectiser ■ **14** dématérialiser.

PROCEDURE: **4** dire ■ **5** avoué, lynch ■ **6** référé ■ **7** chicane, urgence ■ **8** faillite, ostensif ■ **9** médiation, pétalisme, poursuite, vénérable ■ **10** péremption, procédural ■ **11** impeachment, introductif, procédurier ■ **12** inquisitoire ■ **13** refinancement ■ **15** juge-commissaire.

PROCELLARIIFORME: **8** albatros.

PROCES: **4** fond ■ **5** cause, débat, frais ■ **6** dépens ■ **7** affaire*, chicane, ergatif ■ **8** plaideur ■ **9** dilatoire, processif ■ **10** rapporteur ■ **11** intervenant ■ **12** articulation.

PROCESSEUR: **15** microprocesseur.

PROCESSION: **4** dais ■ **5** ciste, frise, queue ■ **6** défile* ■ **8** reposoir ■ **9** deuillant, rogations ■ **10** avancement ■ **13** processionnal, processionnel ■ **15** processionnaire.

PROCESSUS: **6** timing ■ **8** néologie ■ **9** auto-immun, créoliser, involutif ■ **10** anabolisme, avancement, haplologie, idéomoteur ■ **11** illuviation, pétrogenèse ■ **12** créolisation, débilisation, homonisation, libanisation, préconscient, stochastique ■ **13** alculturation, balkanisation, cancérogenèse, malabsorption ■ **14** déconstruction, idéologisation, intermédiation, psychoaffectif ■ **15** infléchissement, métapsychologie.

PROCES-VERBAL: ■ **4** dire ■ **5** recès, recez ■ **7** constat ■ **8** actuaire, relation ■ **9** protocole ■ **10** verbaliser ■ **12** instrumenter ■ **13** contravention, verbalisateur ■ **14** interrogatoire.

PROCHAIN: **4** près ■ **6** autrui, proche* ■ **8** imminent ■ **12** avant-coureur.

PROCHE: **3** sur ■ **4** près* ■ **5** voici ■ **6** auprès, jouxte, parent, proche, voisin ■ **7** contigu ■ **8** adjacent, attenant, imminent, joignant, paronyme, prochain, proximal ■ **9** avoisiner ■ **10** avoisinant, limitrophe ■ **11** subsaharien, terre-à-terre ■ **12** circonvoisin ■ **13** subéquatorial.

PROCHE-ORIENT: **14** proche-oriental.

PROCHRONISME: **12** anachronisme.

PROCLAME: **10** ex cathedra.

PROCLAMER: **3** ban ■ **5** crier ■ **8** annoncer, propager ■ **9** confesser, divulguer, prononcer ■ **12** proclamateur, proclamation.

PROCONSUL: **5** légat ■ **11** proconsulat ■ **13** proconsulaire.

PROCORDE: **8** tunicier* ■ **9** prochordé ■ **10** protocordé ■ **11** microcosme.

PROCREATION: **3** i.a.d. ■ **12** procréatique ■ **14** malthusianisme.

PROCREER: **9** engendrer ■ **11** procréateur, procréation.

PROCTOLOGIE: **11** proctologue.

PROCURATEUR : **10** procuratie.
PROCURATION : **7** ad litem, pouvoir ■ **9** procureur ■ **10** mandataire.
PROCURE : **8** jouissif.
PROCURER : **5** avoir, caser, faire, munir* ■ **6** donner, nantir, placer, sauver, valoir ■ **7** assurer, établir, fournir*, racoler ■ **8** acquérir, chercher, fricoter, pourvoir*, suggérer ■ **9** gratifier, jouisseur ■ **10** achalander, écornifler, profitable, resquiller ■ **11** impartition ■ **14** approvisionner.
PROCUREUR : **5** rôlet ■ **7** procure ■ **9** substitut ■ **12** procuratrice.
PRODIGALITE : **10** libéralité* ■ **11** munificence.
PRODIGE : **4** coup ■ **7** miracle ■ **8** prestige ■ **9** merveille, phénomène* ■ **10** perfection, prodigieux.
PRODIGIEUX : **3** fou ■ **7** foutral, furieux, magique, monstre, parfait, sublime*, superbe ■ **8** colossal, étonnant*, fabuleux, féerique ■ **9** admirable, fascinant, grandiose, mirifique, pyramidal, surhumain ■ **10** effroyable, miraculeux, mirobolant, monstrueux, phénoménal, surnaturel ■ **11** hallucinant, merveilleux, pharamineux, prestigieux ■ **13** spectaculaire■ **14** extraordinaire*.
PRODIGUE : **5** avare ■ **8** généreux* ■ **9** bénisseur ■ **11** prodigalité.
PRODIGUER : **7** montrer ■ **8** dépenser ■ **10** économiser.
PRODROME : **7** préface ■ **8** symptôme ■ **11** prodromique ■ **12** préliminaire.
PRODUCTEUR : **4** pool ■ **5** lampe, trust ■ **8** hyménium, producer, salinier ■ **9** céréalier ■ **11** betteravier.
PRODUCTIF : **5** foyer ■ **9** fructueux, prolifère ■ **10** exploitant, prolifique ■ **11** improductif.
PRODUCTION : **3** cru ■ **5** force, fruit, oasis, soyer ■ **6** œuvre, output, valeur ■ **7** gommose, intrant, ouvrage, produit*, tallage, travail ■ **8** capitaux, centrale, économie, émission*, encodage, grainage, kolkhoze, sudation, technème, vinicole ■ **9** accoucher, chauffage, cryogénie, égalisateur, induction, lancement, maraîcher, mulassier, ovulation, phonation, pot-pourri, rendement, sexonomie, thermique ■ **10** chauffe-eau, complétion, contingent, fourragère, ionisation, mutagenèse, parachimie, photogénie, répresseur, sidérurgie, suréquiper ■ **11** agriculture, chauffe-bain, composition, développeur, distillerie, enfantement, exhibition, fissuration, impartition, ionoplastie, littérature, phalanstère, photogenèse, reproductif, suppuration, surcapacité, tubériforme ■ **12** antiparasite, auto-immunité, coproduction, fracturation ■ **13** alcoolisation, collectiviser, cryotechnique, ostréiculture, réfrigération, sériciculture, socialisation, stakhanovisme, surgénération, trufficulture ■ **14** aluminothermie, autoconduction, calorification, chrématistique, malthusianisme, paralittérature, sous-production ■ **15** hydroélectrique, investissements, surrégénération.
PRODUCTIVISME : **13** productiviste.
PRODUCTIVITE : **13** productivisme.
PRODUIRE : **4** agir ■ **5** citer, créer*, faire, jeter, racer, rider ■ **6** amener, causer*, donner, écrire, fonder, former, grener, lancer, naître, opérer, ouvrer, pondre, porter, rendre ■ **7** abonder, beugler, bruiter, débiter, dégager, émettre, exhiber, exsuder, fleurir, générer, pousser, ulcérer, vrombir ■ **8** clapoter, composer, déphaser, écorcher, enfanter, enjamber, exécuter, façonner, lézarder, nécroser, procréer, retentir, révulser, rouiller, rubéfier, susciter, vigneter ■ **9** affruiter, dodeliner, échauffer, effectuer, élucubrer, engendrer, entraîner*, fabriquer, fendiller, inactiver, pétarader, provoquer*, rapporter, repousser ■ **10** coproduire, dégravoyer, désagréger, diffracter, efficience, électriser, fis-

sionner, fructifier, gazouiller, interférer, intervenir, métastaser, multiplier, production, reproduire, travailler ■ **11** administrer, carburateur, faire-valoir, illusionner, occasionner*, polymériser, productible, zymotechnie ■ **12** biréfringent, désassimiler, équiprobable, productivité, reproduction, tuberculiner ■ **13** congestionner, hypertrophier, illusionnisme, impressionner, suggestionner, tintinnabuler, transpositeur ■ **14** électroformage.

PRODUIT: **3** vol ■ **4** fumé, urée ■ **5** carré, crème, cuvée, effet, essai, fleur, fonte, fruit, fusel, génol, lysat, métis, offre, ovule, pièze, savon, tanin, usure, verre, vigne ■ **6** annonce, broyat, cément, dopant, larget, légume, made in ■ **7** additif, alliage, apifuge, biocide, clinker, éluvion, exsudat, mascara, miellat, opérant, primeur, pulsant, rapport, recette, récolte, service, suitine, travail ■ **8** alluvial, antimite, bronzant, cérifère, cryogène, décapant, défanant, démêlant, effilure, évacuant, fibrillé, fumigène, illuvium, ionisant, moussant, oléfiant, prémices, pyroxyle, raffinat, raticide, résultat*, semi-coke, show-room, térylène, vinaigre, virulent ■ **9** acaricide, antirides, cartouche, décoction, distillat, événement, fécondité, flatulent, floculant, gummifère, nettoyant, packaging, pesticide, phytocide, productif, récrément, richesses, stéréoduc, stérilité, succédané, texturant, xyloïdine ■ **10** artificiel, boudineuse, conception, cosmétique, créatinine, défatigant, dégrippant, dentifrice, dépolluant, désherbant, détarteur, dispersant, dissipatif, énergisant, géotextile, immunogène, modulateur, multigrade, nucléotide, oléorésine, production*, semi-ouvert, surmontoir, vanity-case, véhiculeur ■ **11** alcoolature, analgésique, après-soleil, biliverdine, brillanteur, caléfaction, coagulation, combustible, constrictif, contrefaçon, disulfirame, effilochure, émulsifiant, encaustique, fermentatif, interracial, lyophilisat, marchandise, multiplieur, polyculture, sous-produit ■ **12** antidétonant, antistatique, assainisseur, autobronzant, conservateur, contraceptif, démaquillant, émulsionnant, esthésiogène, import-export, incapacitant, organochloré, surproductif, viennoiserie ■ **13** dépoussiérant, factorisation, granulométrie, parapharmacie ■ **14** vitrocéramique ■ **15** cauchemardesque, contre-productif.

PROEMINENCE: **5** creux ■ **6** arcade, bouton, casque ■ **9** mamelonné ■ **10** proéminent ■ **12** pied-de-mouton.

PROFANATION: **9** pollution, sacrilège, violation* ■ **12** manécanterie.

PROFANE: **9** non-initié.

PROFANER: **5** gâter, salir ■ **6** ternir, vicier, violer* ■ **7** polluer ■ **8** déflorer, souiller* ■ **9** pervertir ■ **10** contaminer, déshonorer, détériorer ■ **11** profanateur, profanation.

PROFERE: **11** imprécateur.

PROFERER: **4** dire ■ **5** jeter, rugir, vomir ■ **7** éructer, exhaler ■ **9** prononcer*, vociférer ■ **10** blasphémer, débagouler.

PROFESSER: **9** apprendre, pratiquer.

PROFESSEUR: **4** p.e.g.c., robe, toge ■ **5** palme ■ **6** écuyer, maître*, régent ■ **7** lecteur ■ **8** éméritat, gymnaste ■ **9** pet-de-loup ■ **10** enseignant, sorbonnard ■ **11** préparateur, professoral, professorat ■ **13** universitaire.

PROFESSION: **3** art, vie ■ **4** état, froc, race, robe ■ **5** argot, garde, paria, parti ■ **6** emploi*, métier*, office, partie ■ **7** barreau, couture, dactylo, finance, qualité ■ **8** annuaire, carrière, coiffure, confrère, fonction, ganterie, lutherie, médecine ■ **9** armurerie, ballerine, emballeur, industrie, librairie, pharmacie, sage-femme, situation* ■ **10** colportage, décoration, dentisterie, fumisterie, hôtellerie, occupation, pâtisserie ■ **11** corporation, dessinateur, habillement, journalisme, littérature, sorcellerie, spécialiste, tonnellerie ■ **12** enseignement, transporteur ■ **13** blanchisserie, esthéticienne, professionnel ■ **15** expert-comptable, interprofession.

PROFESSIONNEL : **2** l.p., o.p. ■ **3** l.e.p. ■ **4** loft, open ■ **7** mastère, routeur ■ **8** doubleur, épaviste, silicose ■ **9** afficheur, assujetti, freelance, graphiste ■ **10** benzénisme, benzolisme, offsetiste ■ **11** spécialiste.

PROFIL : **4** côté ■ **5** cavet, galbe ■ **6** dessin, sacome ■ **7** section ■ **8** paléosol, profiler ■ **9** contourné, diamanter, extrusion ■ **10** silhouette ■ **11** chantourner, quart-de-rond ■ **12** orthographie ■ **13** aérodynamique, supercritique.

PROFILER : **6** galber.

PROFIT : **4** boni, gain*, pour, vide ■ **5** butin, fruit, lucre, parti, rente, usure, vache ■ **6** casuel, compte, gratte ■ **7** aubaine, capture, intérêt, produit, utilité ■ **8** avantage*, bénéfice*, conquête, exploité, profiter ■ **9** arbitrage, dilapider, entendeur, exploiter, grignoter, profitant, profiteur, souteneur ■ **10** bénéficier, colicitant, exploiteur, monnayable ■ **11** grappillage, monopoliser, narcodollar, superprofit ■ **12** bonification, résignataire ■ **13** collectivisme, profitabilité ■ **15** autofinancement.

PROFITABLE : **5** utile* ■ **6** fécond ■ **7** fertile ■ **8** précieux ■ **9** fructueux, salutaire ■ **10** avantageux ■ **13** profitabilité ■ **14** profitablement.

PROFITER : **5** guise ■ **9** exploiter, rabougrir ■ **10** bénéficier.

PROFOND : **3** bas ■ **4** coma ■ **5** abîme, canon, creux, derme, épais, étang, fiord, fjord, flanc, fosse, plomb, puits ■ **6** obscur ■ **7** abstrus, abyssal, enfoncé, mal-être ■ **8** abstrait, biloquer, incisure, instruit, ténèbres, thébaïde ■ **9** brisement, défonçage, hypoderme, précipice, révérence ■ **10** basse-fosse, contrition, entrailles, saut-de-loup, vénération ■ **11** approfondir, défoncement, prostration ■ **12** arrière-fond, intérioriser, stupéfaction ■ **13** anfractuosité.

PROFONDEMENT : **8** vivement ■ **10** intimement ■ **12** foncièrement.

PROFONDEUR : **4** aven, nova ■ **5** abîme, basse, creux, hadal, ligne, puits, sonde, tâter ■ **6** abysse, recoin ■ **7** gouffre, sondeur ■ **8** isobathe ■ **10** bathymètre, excavation, hypocentre, souterrain ■ **11** bathymétrie, bathysphère, échosondage, enfoncement ■ **12** profondément, renfoncement ■ **14** bathypélagique.

PROFUSION : **4** luxe*, rare ■ **8** pulluler ■ **9** abondance*, prodiguer ■ **10** libéralité ■ **11** débordement, modern-style, prodigalité, profusément.

PROGENITURE : **4** fils ■ **9** postérité.

PROGESTATIF : **11** micropilule.

PROGESTERONE : **6** lutéal ■ **7** lutéine ■ **10** lutéinique.

PROGNATHE : **12** prognathisme.

PROGRAMMATION : **4** lisp ■ **5** algol, basic ■ **6** pascal, prolog ■ **7** fortran ■ **10** assembleur ■ **11** identifieur ■ **14** identificateur.

PROGRAMME : **4** plan ■ **5** orsec ■ **7** dessein ■ **8** émission, planning ■ **9** progiciel ■ **10** assembleur, calendrier, paramétrer, programmer, prospectus, traducteur ■ **11** attrape-tout, compilateur, maccartisme, programmeur, superviseur, vidéogramme ■ **12** déprogrammer, maccarthysme, ordinogramme, préprogrammé, vidéographie ■ **13** planification, programmateur, programmation ■ **14** programmatique, téléchargement ■ **15** multitraitement.

PROGRAMMER : **12** programmable.

PROGRES : **3** pas ■ **5** essor, mieux ■ **6** marche ■ **7** courant, réforme ■ **8** piétiner, réprimer, réussite ■ **9** ascension, éducation, recyclage ■

10 avancement, progresser, rétrograde, stagnation ■ **11** immobilisme, propagation ■ **12** amélioration, civilisation, progressiste, résurrection ■ **13** développement*, obscurantisme.

PROGRESSER: **6** élever, gagner, monter ■ **7** amender, avancer, éduquer, réussir, stagner ■ **8** cheminer, dépasser, parvenir, réformer ■ **9** améliorer, atteindre, civiliser, rattraper, surpasser ■ **10** développer ■ **13** perfectionner.

PROGRESSIF: **4** lent, sape ■ **5** fondu ■ **9** crescendo ■ **10** croissance ■ **11** consomption ■ **13** progressivité ■ **15** progressivement.

PROGRESSION: **4** bond ■ **8** stakning, tropisme ■ **9** gradation ■ **10** avancement, logarithme, progressif ■ **11** cheminement ■ **12** infiltration ■ **13** sédimentation.

PROGRESSIVE: **14** latéralisation.

PROGRESSIVEMENT: **4** user ■ **7** peu à peu ■ **9** attremper, décroître, lentement, poco a poco ■ **11** petit à petit ■ **13** graduellement.

PROHIBER: **7** arrêter, exclure, inhiber ■ **8** défendre, empêcher, prévenir ■ **9** boycotter, condamner, interdire*, proscrire*, supprimer, suspendre ■ **11** excommunier ■ **12** expurgatoire.

PROHIBITION: **12** interdiction*, libre-échange.

PROIE: **5** aigle, airer, butin, hibou, huard, patte, serre ■ **6** autour ■ **7** orfraie, turbide, victime ■ **8** mystique ■ **9** affaitage, balbuzard, obsession, tiercelet ■ **11** affaitement, fauconnerie, maxillipède ■ **13** déchaperonner ■ **15** électrolocation.

PROJECTEUR: **4** spot ■ **7** gamelle ■ **8** sunlight ■ **9** autofocus ■ **10** passerelle.

PROJECTILE: **3** tir ■ **4** obus ■ **5** balle, bombe, engin, fusée, ogive, plomb ■ **6** boulet, dragée, flèche, lingot, pierre, rocket ■ **7** grenade, pruneau ■ **8** décharge, munition, parabole, ricochet, roquette, torpille ■ **9** atteindre, cartouche, catapulte, empennage, refouloir, sarbacane ■ **10** balistique, dérivation, fourchette, meurtrière, sifflement ■ **11** trajectoire ■ **12** antiatomique, bombardement ■ **14** semi-balistique.

PROJECTION: **3** u.t.m. ■ **5** épure ■ **8** gunitage, projeter ■ **9** anaglyphe, composant, diaporama, vignetage ■ **10** crachement ■ **11** cinémascope, épidiascope, kinétoscope, planimétrie ■ **13** axonométrique, pyroclastique, stéréographie.

PROJET: **3** but*, fin, vue ■ **4** idée, plan*, rêve, topo ■ **5** désir, devis, menée, trame, visée ■ **6** pensée, propos, utopie ■ **7** chimère, complot, croquis, dessein*, ébauche*, théorie, volonté ■ **8** décision*, esquisse, illusion, pratique, projeter, tendance ■ **9** collectif, intention*, programme, télénomie ■ **10** amendement, aspiration, commission, conception, prétention, téléonomie ■ **11** avant-projet, combinaison, machination, spéculation ■ **12** contre-projet.

PROJETER: **5** bâtir, jeter*, mûrir, rêver, viser ■ **6** biller, penser, songer, tramer ■ **7** arrêter, aspirer, cracher, décider*, désirer, méditer ■ **8** arranger, combiner, exécuter, infatuer, machiner, pissette, profiler, proposer, résoudre ■ **9** bombarder, compléter, concerter, concevoir, éidétique, envisager, nébuliser ■ **10** aérographe, déterminer, manigancer, préméditer, projecteur, projection, pulvériser ■ **11** scialytique ■ **12** entreprendre ■ **14** cinématographe ■ **15** rétroprojecteur.

PROLACTINE: **13** bromocriptine.

PROLAPSUS: **9** colpocèle ■ **14** périnéorraphie.

PROLEGOMENES: **7** préface*.

PROLETAIRE: **8** populace ■ **10** communisme ■ **11** prolétariat, prolétarien, travailleur ■ **12** prolétariser.

PROLETARIAT : **14** sous-prolétaire.
PROLIFERATION : **6** kahler ■ **8** adénoïde ■ **9** prolifère ■ **10** ostéophyte ■ **13** lymphosarcome ■ **15** paranéoplastique.
PROLIFERER : **11** multiplier*.
PROLIFIQUE : **5** lapin ■ **9** prolifère.
PROLIXE : **6** diffus ■ **8** éloquent, succinct ■ **9** prolixité ■ **11** prolixement.
PROLOGUE : **7** préface* ■ **12** préliminaire.
PROLONGATION : **5** dédain ■ **12** continuation*.
PROLONGE : **9** tousserie ■ **10** outrepassé.
PROLONGEMENT : **4** cône ■ **5** axone, queue, style, voûte, wharf ■ **6** procès, racine, retard, survie ■ **8** bâtonnet, dendrite, pourtour ■ **9** appendice, avant-cale, connectif, cornillon ■ **10** unipolaire ■ **12** continuation*.
PROLONGER : **5** durer, tenir ■ **7** pousser ■ **8** allonger, proroger ■ **9** continuer*, dilatoire, processif ■ **10** surexposer ■ **12** prolongation.
PROMENADE : **4** mail, parc, tour ■ **5** corso, cours, virée ■ **6** avenue, balade, course, voyage ■ **7** tournée ■ **9** cavalcade, excursion, promenoir, randonnée ■ **10** chevauchée, vadrouille ■ **13** pont-promenade, préambulation.
PROMENER : **7** balader, marcher, traîner ■ **8** baladeur, lanlaire ■ **9** déambuler, promenade, promeneur, promenoir ■ **11** buissonnier.
PROMENEUR : **7** glâneur, passant ■ **8** baladeur ■ **10** noctambule ■ **13** homme-sandwich.
PROMESSE : **3** ban ■ **4** vœu* ■ **5** offre, otage, singe ■ **6** parole ■ **7** gageure, honneur, serment* ■ **8** fidélité, réservat ■ **9** assurance ■ **10** engagement*, prometteur, promission, surenchère ■ **11** acceptation, expectative, fiançailles ■ **12** protestation ■ **12** ratification, surérogation.
PROMETHEE : **10** prométhéen.
PROMETTRE : **5** jurer*, vouer ■ **7** assurer, engager, espérer, fiancer, obliger ■ **8** affirmer ■ **9** acquitter, certifier, protester ■ **10** prometteur ■ **11** surenchérir.
PROMIS : **6** fiancé.
PROMISCUITE : **7** mélange ■ **9** promiscue.
PROMONTOIRE : **3** cap.
PROMOTEUR : **5** cause ■ **6** moteur ■ **10** promouvoir ■ **11** instigateur.
PROMOTION : **5** promo ■ **8** triomphe.
PROMOUVOIR : **7** haptène.
PROMPT : **3** vif* ■ **4** houp, lent ■ **5** actif, débit, leste ■ **6** habile, preste, souple, urgent ■ **7** brusque, soudain* ■ **8** diligent, fougueux, immédiat*, pétulant, répartie ■ **9** expéditif, impétueux, irascible ■ **11** promptement.
PROMPTEMENT : **3** tôt ■ **5** sitôt ■ **8** dare-dare, expédier ■ **9** fracasser, rondement.
PROMPTEUR : **13** téléprompteur, télésouffleur.
PROMPTITUDE : **4** hâte* ■ **6** fougue ■ **7** entrain, lenteur, urgence, vitesse* ■ **8** activité, célérité, rapidité, vélocité*, vivacité ■ **9** diligence, prestesse ■ **10** brusquerie ■ **12** accélération, empressement ■ **13** précipitation.
PROMULGATION : **8** shabouot.
PRONATION : **9** pronateur ■ **10** supination.
PRONE : **7** prôneur.
PRONER : **6** vanter* ■ **7** prêcher, prôneur.

PRONOM[1] : **1** y ■ **2** ça, ce, ci, en, il, je, la, le, me, on, qu', se, te, tu, un ■ **3** ces, cet, eux, ils, les, lez, lui, moi, nul, par, que, qui, soi, tel, toi, une ■ **4** ceci, cela, ceux, dont, elle, leur, mien, nous, quoi, rien, sien, tels, tien, tout, vous ■ **5** aucun, autre, celle, celui, elles, iceux, leurs, miens, nôtre, nulle, siens, telle, tiens, vôtre ■ **6** auquel, autrui, celles, ceux-ci, chacun, duquel, icelle, icelui, lequel, mienne, nôtres, sienne, telles, vôtres ■ **7** celle-ci, celui-ci, icelles, miennes, relatif, siennes, tiennes ■ **8** auxquels, celles-ci, certains, desquels, indéfini, laquelle, lesquels, personne, quelqu'un ■ **9** personnel, plusieurs, possessif, quelqu'une, quiconque ■ **10** auxquelles, desquelles, lesquelles, pronominal ■ **11** n'importe qui, quelques-uns ■ **12** démonstratif, interrogatif, n'importe quoi, quelques-unes.

PRONOMINAL : **5** verbe ■ **15** pronominalement.

PRONOM INDEFINI : **12** quelque chose.

PRONONCER : **4** dire*, lier ■ **5** juger, jurer ■ **6** bléser, dicter, écrier, nommer, parler, rendre ■ **7** ânonner, aspirer, bégayer, débiter, décider, énoncer, réciter, scander, zézayer ■ **8** censurer, conclure, déclamer, murmurer, nasiller, proférer* ■ **9** accentuer, articuler, balbutier, chevroter, chuchoter, condamner, escamoter, grasseyer, mâchonner, nasaliser, vergobret ■ **10** bafouiller, baraguiner, labialiser, psalmodier ■ **11** bredouiller, graillonner, prononçable ■ **12** redhibitoire ■ **13** imprononçable, prononciation.

PRONONCIATION : **6** accent ■ **7** blésité ■ **8** dystomie, fricatif ■ **9** lallation, logopédie, synalèphe ■ **10** bégaiement, rhotacisme ■ **11** lambdacisme, orthophonie ■ **12** accentuation, grasseyement.

PRONOSTIQUER : **7** prédire* ■ **8** présager ■ **9** pronostic ■ **12** conjoncturer.

PROPAGANDE : **5** tract ■ **8** agit-prop, bourrage, campagne ■ **9** publicité* ■ **13** propagandisme, propagandiste.

PROPAGATION : **8** coupe-feu ■ **9** diffusion*, expansion ■ **10** avancement ■ **11** rayonnement ■ **12** infiltration ■ **14** conductibilité ■ **15** planétarisation.

PROPAGER : **5** haras, semer, voler ■ **6** courir ■ **8** circuler, diffuser, irradier, répandre* ■ **9** apostolat, colporter, divulguer, épicentre, pénétrant ■ **10** professeur, vulgariser ■ **11** accréditer, ondulatoire, populariser, propagateur, tambouriner ■ **14** retentissement.

PROPANE : **9** propanier.

PROPENSION : **8** penchant*, tendance*, vocation ■ **10** dipsomanie ■ **12** fatigabilité.

PROPERGOL : **5** ergol ■ **7** diergol ■ **8** monergol.

PROPHETE : **4** émir ■ **5** bible, devin*, mulud, souna, sunna ■ **6** eubage, hadith ■ **7** starets ■ **8** stariets ■ **10** pythonisse ■ **11** prophétique, prophétisme ■ **15** prophétiquement.

PROPHETIE : **9** prévision ■ **10** prédiction ■ **11** prémonition, prophétique.

PROPHETISER : **7** prédire* ■ **8** annoncer, présager ■ **9** vaticiner.

PROPHYLAXIE : **8** protéger ■ **14** gammaglobuline, prophylactique.

PROPICE : **3** ami ■ **5** bénin ■ **9** commodité, favorable* ■ **13** propitiatoire.

PROPITIATOIRE : **12** propitiation.

PROPORTION : **3** sur ■ **4** aloi, dose, taux ■ **5** deuto, moyen, pièce, vaste ■ **6** dosage ■ **7** modulor, rapport ■ **8** métayage, répondre ■

---

1. Exceptionnellement, pour les pronoms, les féminins et les pluriels ont été indiqués systématiquement.

9 dimension, docimasie, eurythmie ■ **10** alcoomètre, difformité, modénature, régularité ■ **11** composition, pourcentage* ■ **12** correspondre, proportionné ■ **13** disproportion, proportionnel, proportionner ■ **14** stœchiométrie ■ **15** disproportionné, équimoléculaire.
PROPORTIONNE : **5** moulé, roulé ■ **8** régulier ■ **10** convenable, harmonieux ■ **15** proportionnable.
PROPORTIONNEL : **10** coéquation, nuptialité, régalement.
PROPORTIONNER : **5** doser ■ **7** mesurer.
PROPOS : **3** but*, duo ■ **4** bave ■ **5** devis ■ **6** satire ■ **7** baratin, boutoir, canular, matière ■ **8** bienvenu, boniment, convenir, coq-à-l'âne, discours, faribole, immiscer, mensonge, occasion, opportun, radotage ■ **9** baliverne, commérage, expédient, fleurette, gaudriole, gravelure, rabâchage, roucouler ■ **10** balourdise, concernant, initiative, persiflage, résolution, utilitaire, vantardise ■ **11** altercation, bafouillage, cochonnerie, gaillardise, qu'en-dira-t-on, rabâchement, ritournelle ■ **13** calembredaine, malencontreux, polissonnerie.
PROPOSER : **4** dire ■ **6** offrir ■ **7** exposer ■ **8** formuler, libeller, négocier, produire ■ **9** présenter*, soumettre, voyagiste ■ **10** proposable ■ **14** soumissionner.
PROPOSITION : **5** devis, lemme, offre, sujet, terme, thèse, toast, toper ■ **6** axiome, maxime, motion, projet ■ **7** apodose, étalage ■ **8** négative, prédicat, prémisse, principe ■ **9** aléthique, ambiguïté, assertion, implicite, juxtaposé, nominatif, objection, ouverture, ultimatum ■ **10** complément, exhibition, initiative, réciproque, syllogisme ■ **11** affirmative, implication, négociation, parlementer, soumission ■ **12** construction, présentation, raisonnement, universalité ■ **13** pollicitation ■ **14** antéprédicatif, propositionnel.
PROPOSITIONNEL : **8** foncteur.
PROPOSITIONNELLE : **11** satisfiable.
PROPRE : **3** bon, net* ■ **4** fief, rire, sain, tare ■ **5** génie, style, terre ■ **6** idoine, sinité, taille ■ **7** luisant, propret ■ **8** attribut, blanchir, bractéal, distinct*, galfâtre, nettoyer, pastoral, recopier ■ **9** caractère, défricher, dépuratif, essentiel, fourrager, malpropre, oculogyre, palladien, personnel, propriété, putassier, stimugène ■ **10** appartenir, approprier, définition, générateur, idiopathie, individuel, proprement, québécisme, spécifique ■ **11** intrinsèque, narcissisme, particulier, sacrificiel ■ **12** autocritique, désinfecteur, gonochorique, parasismique, xérophytique ■ **13** appropriation, idiosyncrasie ■ **15** caractéristique.
PROPRETE : **8** toilette ■ **9** tripotage ■ **10** proprement ■ **11** malpropreté.
PROPRIETAIRE : **4** serf, usus ■ **5** épave, ferme ■ **6** abusus, féodal, maître, squire, yéoman ■ **7** proprio, royalty, vautour ■ **8** planteur, seigneur, squatter, vervelle ■ **9** alleutier, châtelain, congéable, fabricant, partiaire, probloque ■ **10** possesseur, réversible ■ **11** obligatoire ■ **12** actionnariat, syndicataire ■ **13** manufacturier ■ **14** nu-propriétaire ■ **15** gentleman-farmer, prolétarisation.
PROPRIETE : **4** bien* ■ **5** alleu, chose, effet endos, loyer, terre, titre, vente, vertu ■ **6** jacent, quirat ■ **7** domaine, faculté, fazenda, naturel, pouvoir*, qualité*, rection ■ **8** basicité, cohésion, demeurer, fixateur, fonction, isotrope, lyophile, maintien, physique, tonicité ■ **9** actinisme, aériforme, aérologie, analycité, attractif, chiralité, direction, ductilité, évocateur, irisation, isolateur, magistère, occlusion, projectif, réducteur, rémanence, résonance, stabilité, tolérance, viscosité ■ **10** activation, adhésivité, aérométrie, allotropie, anisotrope, appartenir, audibilité, balsamique, carminatif, conformité, déflagrant, dénotation, détergence, dichroïsme, dissolutif, dissolvant, élasticité, ex-

proprier, globalisme, incrustant, jouissance, magnétique, mouillance, multigrade, occupation, optométrie, possession*, salifiable, tautomérie ■ **11** alcalescent, analyticité, autoréglage, biotropisme, colinéarité, combustible, convergence, copropriété, décarburant, dégradation, déprédation, dessiccatif, dimorphisme, directivité, endossement, homéomorphe, homochromie, latifundium, lotissement, métathéorie, outrabilité, plastifiant, pneumatique, récursivité, réfringence, soporifique, soudabilité, texturation, variabilité ■ **12** absorptivité, achromatisme, anélasticité, appartenance, arithmétique, catégoricité, déliquescent, dermographie, dilatabilité, extensionnel, flottabilité, fluorescence, géotechnique, irritabilité, nue-propriété, perméabilité, polarisation, raccordement, reviviscence ■ **13** associativité, déliquescence, extensibilité, imprimabilité, magnétochimie, médicamenteux, mouillabilité, polymorphisme, radio-activité, réflexibilité ■ **14** autopropulsion, combustibilité, conductibilité, convertibilité, démontrabilité, magnéto-optique, quantificateur, réfrangibilité, superplastique ■ **15** compressibilité, électroaffinité, ferromagnétisme, impénétrabilité, infroissabilité, phosphorescence, photoconduction, photo-élasticité, radiogoniométrie, superplasticité, transmutabilité.

PROPRIOCEPTION: 14 propriocepteur.

PROPULSER: 8 chenille ■ **13** hydroglisseur ■ **14** thermopropulsé.

PROPULSEUR: 8 hypergol, réacteur ■ **11** moteur-fusée ■ **13** statoréacteur.

PROPULSION: 5 fusée ■ **6** hélice ■ **7** godille, poussée ■ **9** gargousse, propulsif ■ **10** propulseur ■ **14** autopropulsion, semi-balistique.

PROPYLENE: 7 propène ■ **11** polypropène ■ **13** acrylonitrile, polypropylène.

PRORATA: 9 quote-part.

PROROGATION: 5 délai* ■ **14** renouvellement.

PROROGER: 8 allonger ■ **9** proconsul ■ **10** prorogatif ■ **11** prorogation.

PROSAÏQUE: 8 vulgaire ■ **13** prosaïquement.

PROSCRIPTION: 8 proscrit ■ **9** proscrire ■ **12** proscripteur.

PROSCRIRE: 6 abolir, bannir*, blâmer*, exiler ■ **7** chasser*, rejeter, traquer ■ **8** défendre*, détruire, expulser, prohiber*, proscrit ■ **9** condamner*, repousser, réprouver ■ **11** excommunier.

PROSE: 5 pièce, poème, roman ■ **6** auteur, poésie, stabat ■ **8** cantique, séquence ■ **9** prosaïque, prosateur ■ **10** logographe, paragraphe ■ **11** stabat mater.

PROSECTEUR: 11 prosectorat.

PROSELYTE: 8 partisan* ■ **12** prosélytisme.

PROSOBRANCHE: 5 murex ■ **6** vignot ■ **7** patelle, vigneau ■ **9** bigorneau, littorine.

PROSODIE: 5 mètre ■ **6** gradus ■ **10** prosodique.

PROSOPOPEE: 8 discours.

PROSPECTE: 9 futurible.

PROSPECTER: 8 sismique ■ **11** prospecteur, prospection.

PROSPECTIVE: 14 prospectiviste.

PROSPECTUS: 5 tract ■ **8** brochure, dépliant ■ **9** programme.

PROSPERE: 9 calcicole, calcifuge, favorable ■ **10** silicicole.

PROSPERER: 5 aller ■ **7** fleurir, marcher, réussir*.

PROSPERITE: 4 jour ■ **5** ruine ■ **6** succès* ■ **7** bonheur* ■ **8** richesse* ■ **13** intéressement.

PROSTATE: 9 vasotomie ■ **10** prostatite, vasectomie ■ **11** prostatique ■ **14** prostatectomie.

PROSTERNATION: 10 prostration ■ **13** prosternement.

PROSTERNER: **6** saluer* ■ **11** agenouiller ■ **13** prosternation, prosternement.
PROSTITUEE: **4** grue, pute ■ **5** catin, fille, garce, morue, poule ■ **6** maquer, putain ■ **7** cocotte, hétaïre, pétasse, radeuse, ribaude, roulure, traînée ■ **8** call-girl, micheton ■ **9** racoleuse, putassier, tapineuse ■ **10** courtisane, pouffiasse ■ **11** belle-de-nuit, gourgandine, trimardeuse ■ **12** raccrocheuse.
PROSTITUER: **12** prostitution.
PROSTITUTION: **6** clandé ■ **8** débauche* ■ **9** maquereau, souteneur, tolérance ■ **10** impudicité, maquerelle ■ **11** vagabondage ■ **12** dévergondage, pornographie.
PROSTRATION: **8** effondré, typhoïde ■ **10** abattement*, dépression ■ **13** prosternation.
PROTAGONISTE: **6** acteur, meneur, moteur ■ **9** animateur ■ **11** instigateur ■ **12** boute-en-train.
PROTECTEUR: **2** dé ■ **5** garde ■ **6** duègne, mécène, patron, tuteur ■ **7** gardien, parasol, phanère, sauveur ■ **8** bouclier, chaperon, paternel ■ **9** défenseur*, tutélaire ■ **10** providence.
PROTECTION: **3** rue ■ **4** abri*, ados, aile, mari ■ **5** appui, asile, bénir, capot, digue, écran, égide, galon, garde, grâce, levée, pépin, voile ■ **6** armure, blindé, faveur, masque, piston, refuge ■ **7** armeuse, asepsie, auspice, défense*, fargues, mécénat, parapet, paréage, pariage, remblai, tutelle ■ **8** amulette, antimite, auspices, carapace, convoyer, coquille, coudière, cuirasse, doigtier, endigage, estacade, garantie, garde-fou, jaquette, paravent, risberme, saucisse, talisman, tranchée ■ **9** brise-vent, garde-boue, hausse-col, mélanocyte, pardessus, patronage, salopette ■ **10** aluminiage, brise-lames, couverture, écologisme, garde-corps, invocation, providence, sauvegarde ■ **11** couvre-livre, endiguement, prophylaxie, recommander ■ **12** protège-dents, protège-tibia ■ **13** bondérisation, parkérisation, phosphatation, plasticulture ■ **14** accompagnement ■ **15** démagnétisation.
PROTEGE: **9** sous-garde ■ **13** anticorrosion, antiradiation.
PROTEGER: **4** stot ■ **5** accot, aider, armer ■ **6** barder, épiner, garder, sauver ■ **7** abriter, appuyer, couvrir, excuser, pallier ■ **8** assister, breveter, créature, défendre*, entourer, escorter, flanquer, garantir, inabrité, prémunir, secourir, soutenir ■ **9** cuirasser, favoriser, gabionner, immuniser, patronner, pistonner, préserver* ■ **10** intercéder, intéresser, protecteur, protection ■ **11** calorifuger, recommander, sauvegarder, surprotéger ■ **13** précautionner, protège-cahier ■ **15** protectionnisme, radioprotection.
PROTEINE: **5** amine, zéine ■ **6** scatol, sérine ■ **7** alanine, alexine, caséine, globine, histone, leucine, myosine, scatole ■ **8** aleurone, gélatine, hordéine, protéide ■ **9** globuline, oncotique, onkotique, protéique, spiruline ■ **10** glycocolle, interféron, isoleucine, lymphokine ■ **11** albuminoïde, ferrédoxine, protéinique, protéinurie ■ **12** holoprotéine, lipoprotéine, protéagineux ■ **13** glycoprotéine, phénylalanine, protéolytique, ribonucléique ■ **14** hétéroprotéine, scléroprotéine ■ **15** métalloprotéine.
PROTEIQUE: **10** allostérie.
PROTESTANT: **5** bible ■ **6** morave, quaker ■ **7** réformé, revival ■ **8** anglican, darbysme, huguenot, piétiste, puritain ■ **9** clergyman, hérétique, luthérien, prédicant ■ **10** calviniste, diaconesse, méthodiste, parpaillot, ritualiste ■ **11** conformiste, évangélique ■ **12** pentecôtiste, presbytérien ■ **13** congréganiste, religionnaire ■ **14** non-conformiste, protestantisme ■ **15** fondamentalisme.

PROTESTATION : **3** cri ■ **8** chambard, promesse, schproum ■ **9** gueulante, objection ■ **13** démonstration, protestataire.
PROTESTER : **4** ruer ■ **5** crier, râler ■ **7** moufter, récrier ■ **8** affirmer, grogneur, moufeter, murmurer, objecter*, réclamer*, résister ■ **9** gendarmer, ressauter, rouspéter ■ **10** récriminer*, rouspéteur ■ **11** protestable, rouscailler.
PROTET : **9** protester.
PROTEUR : **13** télégraphiste.
PROTHALLE : **8** rhizoïde ■ **10** macrospore, microspore.
PROTHESE : **7** implant ■ **10** ocularistе ■ **11** biomatériau, prothétique.
PROTHETIQUE : **8** hématine.
PROTIDE : **6** gluten ■ **7** caséine, fibrine, peptone ■ **8** légumine, protéase, protéine, tyrosine, trypsine ■ **9** collagène ■ **10** protidique ■ **11** fibrinogène, hémocyanine, polypeptide ■ **14** nucléoprotéine.
PROTIDIQUE : **7** peptone.
PROTISTE : **6** stigma ■ **9** grégarine ■ **10** péridinien ■ **11** zooflagellé ■ **13** phytoflagellé ■ **15** coccolithophore.
PROTOCOLE : **9** étiquette* ■ **10** cérémonial, convention ■ **12** protocolaire.
PROTOCORDE : **8** tunicier*.
PROTOHISTOIRE : **14** protohistorien ■ **15** protohistorique.
PROTON : **5** atome, méson, noyau ■ **6** baryon ■ **7** hypéron ■ **8** deutéron ■ **10** protonique.
PROTOPLANETE : **10** planétoïde.
PROTOPLASME : **10** pseudopode ■ **14** protoplasmique.
PROTOTYPE : **5** mètre ■ **6** modèle* ■ **10** kilogramme.
PROTOXYDE : **8** litharge, massicot.
PROTOZOAIRE : **5** cilié ■ **7** amibien ■ **8** flagellé*, kala-azar ■ **9** infusoire*, nummulite, rhizopode* ■ **10** leishmania, leishmanie, leptospire, noctiluque ■ **11** sporozoaire* ■ **12** hématozoaire*.
PROTUBERANCE : **4** côte ■ **5** bosse ■ **7** saillie* ■ **9** maniement ■ **10** tubérosité ■ **11** protubérant ■ **12** mésencéphale ■ **14** protubérentiel.
PROU : **8** beaucoup*.
PROUE : **3** nez ■ **5** poupe.
PROUESSE : **7** exploit*.
PROUVER : **4** voir ■ **6** arguer, avérer ■ **7** appuyer, déduire, établir, inférer, montrer, probant, réfuter, révéler ■ **8** attester, garantir ■ **9** certifier, concluant, confirmer, constater, démontrer*, justifier, persuader, prouvable, raisonner, témoigner* ■ **10** argumenter, convaincre, manifester, probatoire ■ **11** improuvable ■ **12** justificatif.
PROVENANCE : **5** cause, germe ■ **6** racine, source* ■ **7** origine*, produit ■ **9** influence ■ **10** dérivation, étymologie ■ **11** descendance ■ **12** bric et de broc, ramification.
PROVENÇAL : **4** fada, moco ■ **5** arène ■ **6** pistou ■ **7** occitan ■ **8** brandale, tapenade ■ **9** farandole ■ **10** roumanille, serventois, troubadour ■ **12** magnanarelle, passerinette ■ **13** bouillabaisse.
PROVENCE : **5** borie ■ **8** taillote.
PROVENDE : **9** provision.
PROVENIR : **4** issu ■ **5** tenir, tirer, venir ■ **6** émaner, naître, partir, sortir ■ **7** dériver ■ **8** découler, procéder ■ **9** descendre.
PROVERBE : **5** adage ■ **6** dicton, maxime*, pensée ■ **10** proverbial ■ **12** parémiologie ■ **15** proverbialement.
PROVIDENCE : **4** ciel, dieu* ■ **8** vocation ■ **10** prévoyance, protecteur* ■ **12** bienfaisance, providentiel.
PROVIENT : **7** vinique.

PROVIN: 9 provigner.
PROVINCE: 4 land ■ 5 comté, duché, légat ■ 6 canton ■ 10 préfecture, propréteur, provincial ■ 11 département, principauté, statthalter ■ 12 provincialat, régionaliste, suburbicaire ■ 13 proconsulaire ■ 14 arrondissement, provincialisme ■ 15 circonscription.
PROVISEUR: 5 lycée ■ 10 provisorat.
PROVISION: 4 amas ■ 5 soute ■ 7 acompte, aiguade, aliment, réserve ■ 8 provende, viatique ■ 9 abondance ■ 10 fourniture, victuaille ■ 12 provisionnel ■ 14 approvisionner.
PROVISOIRE: 5 blanc, loger, titre ■ 8 éphémère, faufiler, passager*, précaire ■ 9 ambulance, batardeau, campement, faufilure, palliatif, séquestre ■ 10 auxiliaire, demi-mesure ■ 11 échafaudage ■ 14 préinscription.
PROVISOIREMENT: 5 bâtir ■ 9 attendant, épinglage.
PROVOCATION: 4 défi, punk ■ 6 cartel ■ 7 attaque ■ 8 agacerie, embauche ■ 9 agression, tentation ■ 10 embauchage, excitation, suggestion ■ 11 infériorité, inspiration, instigation.
PROVOQUE: 7 cariant, givrant, lytique ■ 8 anémiant, pyrogène, salivant ■ 9 cariogène, mordicant ■ 10 ataraxique, castrateur ■ 11 jubilatoire, réflexogène ■ 12 convulsivant, hypertenseur, thrombotique, traumatisant.
PROVOQUER: 6 agacer, braver*, causer*, défier, naître, tenter ■ 7 affoler, allumer, amorcer, convier, exciter, frotter, inviter, ioniser ■ 8 apporter, attaquer, émouvoir, évaporer, éveiller, fomenter, indigner, inspirer, mutagène, produire*, stresser, suggérer, susciter ■ 9 allergène, asticoter, catalyser, défiolier, défléchir, érotogène, exulcérer, insuffler, tétaniser, vulnérant ■ 10 casus belli, déterminer, halluciner, solliciter ■ 11 cancérigène, cancérogène, incendiaire, occasionner*, provocateur ■ 12 évaporatoire ■ 13 scissionniste.
PROXENETE: 3 mac ■ 5 jules ■ 9 souteneur ■ 13 entremetteuse.
PROXIMITE: 4 pour, près* ■ 5 degré ■ 8 approche ■ 9 avoisiner, boomerang, boumerang, voisinage.
PRUDE: 6 chaste ■ 7 pudique ■ 8 bégueule, pruderie, pudibond, puritain.
PRUDENCE: 5 serré ■ 7 cautèle, minutie, prudent, réserve, sagesse * ■ 8 défiance ■ 9 attention, imprudent, prévision, réflexion, vigilance ■ 10 imprudence, précaution*, prévoyance, prudemment ■ 13 avertissement ■ 14 circonspection*.
PRUDENT: 4 ours, posé, sage* ■ 5 avisé, calme ■ 6 mesuré, timide, timoré ■ 7 défiant, discret, réservé ■ 8 attentif, hésitant, réfléchi*, vigilant ■ 9 cauteleux, minutieux, prévoyant ■ 10 méticuleux ■ 11 circonspect, raisonnable ■ 12 précautionné ■ 14 précautionneux.
PRUD'HOMALE: 9 prud'homie.
PRUD'HOMME: 9 prud'homal, prud'homie ■ 12 prudhommerie.
PRUNE: 4 ente ■ 5 damas, moyeu ■ 7 précoce, pruneau ■ 8 décaisne, prunelée, prunelle, quetsche ■ 9 cerisette, madeleine, mirabelle, perdrigon ■ 11 reine-claude.
PRUNELLE: 7 pupille.
PRUNELLIDE: 9 accenteur.
PRUNELLIER: 6 prunus ■ 8 prunelle ■ 9 rhynchite.
PRUNIER: 5 prune ■ 6 prunus ■ 7 ximénia, ximénie ■ 9 prunelaie ■ 10 dominotier, marmottier, prunellier ■ 13 laurier-cerise.
PRURIT: 15 antiprurigineux.
PRUSSIQUE: 9 prussiate ■ 12 cyanhydrique.
PRYTANE: 7 brution ■ 8 prytanée.

PSALLIOTE : **11** rosé-des-prés.
PSALMODIER : **7** chanter*, réciter.
PSAUME : **5** motet ■ **6** verset ■ **8** antienne, cantique, médiante, miserere, psautier ■ **9** doxologie, psalmiste, psalmodie, versicule ■ **10** psalmodier.
PSEUDONYME : **6** surnom ■ **10** cryptonyme, hétéronyme.
PSEUDOPODE : **5** amibe ■ **9** rhizopode.
PSILOCYTE : **11** psilocybine.
PSITTACIDE : **3** ara ■ **4** lori ■ **5** jacot ■ **7** papegai ■ **8** cacatoès, cacatois, kakatoès, papegeai, perruche ■ **9** perroquet.
PSYCHANALYSE : **13** psychanalyser, psychanalyste ■ **14** freudo-marxisme ■ **15** psychanalytique.
PSYCHANALYSTE : **6** balint.
PSYCHANALYTIQUE : **7** analysé.
PSYCHE : **5** glace* ■ **6** miroir*.
PSYCHIATRE : **14** pédopsychiatre.
PSYCHIATRIE : **13** psychiatriser ■ **14** autocastration ■ **15** antipsychiatrie, pédopsychiatrie.
PSYCHIATRIQUE : **3** c.h.s. ■ **12** psychiatrisé ■ **13** psychiatriser ■ **14** petites-maisons.
PSYCHIQUE : **6** stress, trauma ■ **7** analité, topique ■ **8** hypnoïde, nicotine ■ **9** conscient, psychisme ■ **10** crétinisme, psychogène, quérulence ■ **11** psychotrope, sociogenèse ■ **12** apragmatisme, dédoublement, panpsychisme, préconscient, psychogenèse, psychométrie, somatisation ■ **13** mentalisation, psychasthénie, psychotonique, schizophrénie.
PSYCHISME : **11** bisexualité ■ **14** psychobiologie.
PSYCHOLINGUISTIQUE : **15** psycholinguiste.
PSYCHOLOGIE : **5** amour ■ **8** feed-back ■ **9** génétisme, nativisme, pédologie, prégnance ■ **10** mentalisme, paidologie ■ **11** agressivité, gynécologie, psychologue ■ **12** béhaviorisme, criminologie, égocentrisme, hospitalisme, psychanalyse, psychosocial ■ **13** allocentrisme, béhaviourisme, métaphysique, psychologique, psychologisme ■ **14** opérationnisme ■ **15** cristallisation, épiphénoménisme, psychopédagogie.
PSYCHOLOGIQUE : **7** confort ■ **8** analyser ■ **10** binet-simon ■ **11** attitudinal.
PSYCHOMETRE : **12** psychométrie.
PSYCHOMETRIE : **14** psychométrique ■ **15** psychométricien.
PSYCHOMOTEUR : **8** baby-test ■ **12** immaturation.
PSYCHOPATHOLOGIE : **9** anxiogène.
PSYCHOPHYSIOLOGIE : **14** psychophysique.
PSYCHORIGIDITE : **12** psychorigide.
PSYCHOSE : **8** paranoïa ■ **9** obsession* ■ **11** paraphrénie, psychotique ■ **12** psychogenèse ■ **14** prépsychotique, psychothérapie.
PSYCHOSOCIOLOGIE : **14** action research ■ **15** recherche-action.
PSYCHOTHERAPIE : **8** thérapie ■ **13** onirothérapie.
PSYCHOTHERAPIQUE : **9** sociatrie.
PSYPATHOLOGIQUE : **12** débilisation.
PTERIDOPHYTE : **10** cryptogame*, vasculaire.
PTEROPODE : **5** clios, hyale ■ **8** cléodore ■ **9** carolinie.
PTEROSAURIEN : **10** ptéranodon.
PTOSE : **11** néphropexie.
P.T.T. : **7** télétex.
PUANT : **8** puanteur ■ **9** infection ■ **10** malodorant ■ **11** empoisonner.

PUBERE : **6** réglée.
PUBERTE : **4** muer ■ **6** éphèbe, pubère ■ **8** impubère, nubilité ■ **9** formation ■ **11** adolescence, hébéphrénie.
PUBESCENT : **5** poilu ■ **10** pubescence.
PUBIS : **5** pénil, pénis ■ **7** morpion ■ **8** ovulaire, phtirius ■ **10** sous-pubien.
PUBLIC : **3** kan ■ **4** café, live, pavé, waqf ■ **5** agora, barre, bazar, cours, criée, édile, fléau, foire, forum, halle, hôtel, impôt, leçon, ligue, place, poste, privé, régie, route, salle, sbire, seing, siège, sourd, vogue ■ **6** avanie, banvin, héraut, maxima ■ **7** notoire ■ **8** braderie, calamité, diptyque, domanial, ébruiter, éclatant, héligare, huis clos, liturgie, palestre, pandèmes, registre ■ **9** apostasie, auditoire, compérage, divulguer, manifeste, orchestre, publicité, rogations, solennité ■ **10** accusation, concussion, exotérique, guichetier, parapublic, pissotière, restaurant, semi-public, strip-tease ■ **11** législateur, mont-de-piété, obsécration, particulier, publication, représenter, vespasienne ■ **12** fidélisation, privatisable, publiquement, référendaire ■ **14** médecin-conseil.
PUBLICATION : **3** ban ■ **4** issn ■ **5** livre*, revue ■ **6** digest, tirage ■ **7** édition, gazette, journal, ouvrage, recueil, tabloïd ■ **8** bulletin, censurer, grébiche, opuscule, parution ■ **9** lancement ■ **10** apparition ■ **12** proclamation, rédactionnel.
PUBLICISTE : **11** journaliste.
PUBLICITAIRE : **7** aguiche, gimmick ■ **11** sponsoriser.
PUBLICITE : **3** pub ■ **4** boom ■ **5** tract ■ **6** retape, tam-tam, teaser, visuel ■ **7** affiche, battage, réclame ■ **8** pénombre ■ **9** annoncier ■ **10** propagande, surmonter ■ **12** publicitaire ■ **13** démonstrateur, médiaplanning ■ **15** contre-publicité.
PUBLIE : **4** isbn.
PUBLIER : **4** voir ■ **5** crier, faire, gémir, tirer ■ **6** aviser, donner, éditer, lancer ■ **7** avertir, édicter, exposer, montrer, révéler* ■ **8** annoncer, célébrer, déclarer, décréter, dénoncer, dévoiler, ébruiter, paraître, propager, répandre ■ **9** colporter, découvrir, divulguer, proclamer, publiable ■ **10** imprimer, préconiser, promulguer, transpirer, vulgariser ■ **11** impubliable, publication, tambouriner.
PUBLIPHONE : **9** télécarte.
PUBLIOPOSTAGE : **7** mailing.
PUBLIQUE : **3** o.p.a., o.p.e. ■ **7** radeuse ■ **8** imperium ■ **10** publiphone ■ **13** radiotrottoir.
PUCE : **6** chique ■ **7** daphnie, talitre.
PUCEAU : **6** vierge*.
PUCELAGE : **9** dépuceler ■ **10** dépucelage.
PUCERON : **6** kermès ■ **7** chermès ■ **8** aleurode ■ **9** rhynchote ■ **10** coccinelle, cochenille, phylloxéra.
PUDDING : **9** diplomate ■ **11** plum-pudding.
PUDDLAGE : **8** puddleur.
PUDEUR : **5** honte, vertu ■ **6** pureté* ■ **7** décence*, honneur, réserve, retenue* ■ **8** chasteté*, impudeur, modestie*, pruderie, pudicité, timidité, vergogne ■ **9** confusion, indécence, innocence, obscénité, virginité ■ **10** grossièreté, immodestie, licencieux ■ **12** pudibonderie.
PUDIBOND : **5** prude ■ **8** bégueule ■ **12** pudibonderie.
PUDIQUE : **4** sage ■ **5** prude ■ **6** chaste*, décent ■ **8** pudicité ■ **9** impudique ■ **10** déshonnête ■ **11** pudiquement.
PUER : **6** cogner ■ **7** cocoter ■ **8** cocotter, empester, fouetter, infecter ■ **9** chlinguer, empuanter, suffoquer ■ **10** gazouiller ■ **11** empoisonner, trouilloter.

PUERICULTURE : **13** puéricultrice.
PUERIL : **4** vain* ■ **8** enfantin ■ **9** puérilité ■ **11** puérilement ■ **12** enfantillage.
PUERPERAL : **9** vitulaire.
PUGILAT : **5** ceste, lutte* ■ **6** combat* ■ **8** pancrace ■ **9** pugiliste ■ **12** pugilistique.
PUGNACE : **8** combatif.
PUINE : **5** cadet ■ **6** junior.
PUIS : **5** après ■ **7** ensuite ■ **13** subséquemment.
PUISER : **4** seau, urne ■ **5** tirer ■ **6** pêcher, pomper ■ **7** pucheux, puisage ■ **8** baqueter, cuillère, puisette ■ **9** puisement.
PUISOIR : **7** pucheux.
PUISQUE : **8** parce que ■ **13** étant donné que.
PUISSANCE : **3** éon, loi, var ■ **4** mana, test, watt ■ **5** aleph, effet, force*, magie, pâlir, phone, trône ■ **6** crédit, empire, étoile, faveur, quasar ■ **7** faculté*, pouvoir* ■ **8** activité, autorité, complexe, dioptrie, exposant, grandeur, imperium, kilowatt, maîtrise, monopole, poncelet, sanction, violence ■ **9** concision, émanciper, hectowatt, influence, intensité, kilotonne, mégatonne, potentiel, privilège, soumettre, véhémence, virulence, wattmètre ■ **10** contrainte, efficacité, hiérarchie, horse-power, lévitation, superbombe, voltampère ■ **11** condominium, fécondateur, héliographe, impuissance, radiobalise ■ **12** cheval-vapeur, potentialité ■ **13** actualisation, amplificateur, concentration, prépondérance, télédynamique ■ **14** thalassocratie, toute-puissance.
PUISSANT : **4** fort*, lion ■ **5** frêle, tigre, titan ■ **6** maître ■ **7** intense, manitou, violent* ■ **8** efficace, héroïque, potentat, véhément, virulent ■ **9** tunnelier ■ **10** magnétique ■ **11** ploutocrate, puissamment.
PUITS : **4** bure, igue, mine ■ **5** picot, raval, rouet, sonde ■ **7** chadouf, derrick, puisard, recette ■ **8** artésien, coffrage, cuvelage, margelle, sondeuse ■ **9** puisatier, royalties ■ **10** complétion, étalingure, palplanche ■ **11** chevalement.
PULL-OVER : **8** chandail, sous-pull ■ **10** sweat-shirt.
PULLULER : **7** abonder* ■ **9** foisonner ■ **10** fourmiller ■ **11** pullulation, pullulement.
PULMONAIRE : **5** rhume ■ **9** alvéolite, pneumonie ■ **10** anthracose ■ **12** aérothérapie, inspiratoire ■ **14** pneumallergène.
PULMONE : **5** loche ■ **6** limace, limnée ■ **7** limaçon ■ **8** escargot ■ **9** colimaçon ■ **10** testarelle.
PULPAIRE : **10** endodontie.
PULPE : **5** casse, chair, luffa, tamar ■ **7** pulpeux, pulpite, tamarin ■ **8** dépulper, pulpaire, tire-nerf ■ **11** dévitaliser.
PULQUE : **5** agave.
PULSATION : **5** tâter ■ **6** pulser ■ **7** pulsant ■ **9** battement* ■ **10** inductance.
PULSION : **8** thanatos ■ **10** pulsionnel ■ **11** nécrophilie.
PULVERISATION : **7** venturi ■ **8** pistolet ■ **9** atomiseur ■ **10** préchambre ■ **12** vaporisation ■ **13** pulvérisateur.
PULVERISER : **5** fixer, râper ■ **6** broyer*, moudre ■ **8** détruire* ■ **9** vaporiser ■ **10** écroûteuse ■ **12** vaporisateur ■ **13** pulvérisation.
PULVERULENT : **6** cément, ciment, fécule ■ **8** poussier ■ **10** souffleuse ■ **12** pulvérulence ■ **13** granulométrie.
PUMA : **4** eyra ■ **7** couguar ■ **8** cougouar.
PUNAISE : **4** nèpe ■ **5** actée, vélie ■ **8** gendarme, punaiser ■ **9** cimicaire, pentatome, rhynchote ■ **10** pyrocorise.

PUNCH : **8** daïquiri.
PUNIR : **5** mater, payer, saler, sévir, vivre ■ **6** battre*, coller, expier, fesser, gifler, venger ■ **7** châtier, dompter, énerver, flétrir, frapper, mutiler, punitif, réduire ■ **8** bâtonner, censurer, corriger*, coupable, dégrader, fouetter, punition, réprimer, torturer ■ **9** cravacher, enchaîner, flageller, morigéner, pardonner, punisseur ■ **10** admonester, essoriller, punissable, souffleter ■ **11** récompenser, stigmatiser.
PUNITION : **5** blâme, colle, fouet, peine* ■ **6** amende, arrêté, fessée, pensum, piquet, talion ■ **7** censure, morfler, retenue ■ **8** impunité, pénalité, sanction*, schlague, soufflet, supplice ■ **9** bâtonnade, châtiment, pénitence*, vengeance ■ **10** admonition, coercition, correction, discipline, impunément, punissable, répression, suspension ■ **11** dégradation ■ **12** autopunition, flagellation, pénalisation.
PUNITIVE : **9** ratonnade.
PUNKA : **5** panca, panka.
PUPAZZO : **6** pantin*.
PUPE : **8** pupipare.
PUPILLE : **4** œil* ■ **6** myosis ■ **8** atropine, mydriase, orphelin, prunelle ■ **10** pupillaire.
PUPITRE : **5** aigle ■ **6** bureau, lutrin ■ **7** scriban ■ **9** scribanne.
PUR : **3** fin, lis, net ■ **4** mère, naïf ■ **5** blanc, clair, degré, droit, épuré, franc, mi-pur, muret, niais, saint, voile ■ **6** chaste*, ingénu, intact, pureté, serein, simple, vierge* ■ **7** austère, candide, limpide, pudique, purisme, puriste, raffiné, sincère ■ **8** immaculé, innocent*, purifier, raffiner, spéculer, vertueux, virginal ■ **9** dilection, essentiel ■ **10** cristallin, uniquement ■ **11** transparent.
PUREE : **6** aligot, misère* ■ **8** bouillie, pauvreté* ■ **9** anchoïade, anchoyade ■ **11** presse-purée.
PURETE : **5** idéal, vertu ■ **6** pudeur* ■ **7** candeur, naïveté, purisme ■ **8** chasteté*, droiture, justesse, modestie, sainteté, sérénité ■ **9** angélisme, austérité, blancheur, diamantin, franchise, ingénuité, innocence*, intégrité, niaiserie, sincérité, virginité ■ **10** élaïomètre, simplicité ■ **11** intégralité, saint-office ■ **15** néo-pytagorisme.
PURGATIF : **4** séné ■ **5** aloès, casse, gutte, jalap, purge, ricin ■ **7** calomel, cascara, laxatif*, turbith ■ **8** alaterne, algaroth, foirolle, gratiole ■ **9** drastique, purgation ■ **10** bancoulier, coloquinte, gomme-gutte, médicinier.
PURGATIVE : **7** turbith.
PURGE : **7** laxatif* ■ **8** lavement, limonade, médecine, purgatif* ■ **9** purgation ■ **12** suppositoire.
PURGER : **5** curer, purge ■ **7** dégager, évacuer, purgeur ■ **8** débonder, déterger, expulser, purifier*, relâcher ■ **9** décharger, désopiler, purgation, reniflard ■ **11** débarrasser, désobstruer.
PURIFICATION : **7** baptême ■ **8** ablution, aération, affinage, lavement ■ **9** catharsis, épuration, purgation ■ **10** lustration ■ **13** rectification ■ **14** assainissement.
PURIFIER : **5** laver* ■ **6** épurer, purger* ■ **7** dépurer ■ **8** assainir, baptiser, déféquer, déterger ■ **9** clarifier, épuration, purifiant, raffinage, rectifier ■ **11** dégorgement ■ **12** purificateur, purification ■ **13** purificatoire.
PURIN : **5** purot ■ **6** fumier.
PURINE : **7** adénine, purique.
PURIQUE : **8** xanthine.
PURITAIN : **5** prude* ■ **10** wahhabisme ■ **11** puritanisme.
PURPURA : **9** hémogénie.

PURPURIN : 5 rouge* ■ **8** pourprin ■ **9** purpurine.
PUR-SANG : **8** stud-book, yearling ■ **10** anglo-arabe.
PURULENT : **3** pus ■ **5** ichor, sanie ■ **9** purulence ■ **10** pyodermite.
PUS : **5** abcès, drain, sanie ■ **6** humeur*, pyurie ■ **7** empyème, vomique ■ **8** purulent, pyorrhée, suppurer ■ **9** purulence ■ **10** bourbillon, écoulement ■ **11** perfrigens, pyocyanique, suppuration.
PUSILLANIME : **5** brave, lâche* ■ **7** poltron* ■ **8** craintif* ■ **9** énergique, frilosité ■ **15** pusillanimement.
PUSTULE : **4** bube ■ **5** abcès*, lèpre, psora, psore ■ **6** bouton ■ **8** impétigo ■ **9** pustuleux.
PUTAIN : **4** pute.
PUTOIS : **5** furet, vison ■ **8** kolinski.
PUTREFACTION : **6** miasme, scatol ■ **7** nécrose, pourrir, scatole ■ **8** échauffé, fétidité, puanteur ■ **9** infection, putridité ■ **10** antisepsie, corruption, exhalaison, méphitisme, moisissure, pestilence, pourriture ■ **11** antiputride, putrescence ■ **12** antiseptique ■ **14** putrescibilité.
PUTREFIER : **4** puer ■ **5** gâter ■ **6** moisir ■ **7** pourrir*, putride ■ **8** empester, infecter ■ **10** décomposer ■ **11** putréfiable ■ **12** putréfaction ■ **13** imputrescible.
PUTRIDE : **9** putridité ■ **10** pestilence.
PUTT : **6** putter.
PYGMEE : **4** nain ■ **5** petit ■ **7** pygméen.
PYRALE : **10** carpocapse.
PYRAMIDAL : **5** thuya ■ **6** gopura, vimana ■ **8** étonnant ■ **9** clocheton.
PYRAMIDE : **5** cairn, tronc ■ **7** camelle, mastaba ■ **8** aiguille, apothème, cheminée, valençay ■ **9** pyramidal.
PYRAMIDIQUE : **7** uracile ■ **10** pyrimidine.
PYRENOMYCETE : **7** monilie.
PYRITE : **8** thallium ■ **12** chalcopyrite.
PYROGALLOL : **12** pyrogallique ■ **13** diamidophénol, diaminophénol.
PYROGRAVURE : **10** pyrographe ■ **11** pyrograveur.
PYROPHOSPHORIQUE : **13** pyrophosphate.
PYROTECHNIE : **5** boîte ■ **13** pyrotechnique ■ **14** pyrotechnicien.
PYROXENE : **8** aegyrine, éclogite.
PYRROLE : **10** pophyrine, pyrrolique.
PYTHAGORICIEN : **12** pythagorique.
PYTHAGORIQUE : **5** table ■ **12** pythagorisme ■ **13** pythagoricien ■ **15** néo-pythagorisme.
PYTHIE : **5** devin* ■ **7** pythien.
PYTHON : **3** boa ■ **6** molure ■ **9** pythonidé.
PYTHONISSE : **5** devin*.

Q

QATAR : **5** riyal ■ **6** qatari.
QUADRANGULAIRE : **5** carré* ■ **8** trinquet ■ **9** obélisque ■ **10** brigantine, pyramidion.
QUADRANT : **5** grade.
QUADRILATERE : **5** carré* ■ **7** losange, trapèze ■ **15** parallélogramme.
QUADRILLAGE : **5** trame ■ **6** grille ■ **9** carroyage.
QUADRILLE : **5** baste, poule ■ **7** lancier ■ **8** moulinet ■ **11** contredanse.
QUADRUMANE : **5** indri.
QUADRUPEDE : **3** âne, rat ■ **4** axis, bouc, cerf, chat, daim, lama, lion, loir, lynx, once, ours, porc, puma, trot, veau, yack, zébu ■ **5** amble, bison, bœuf, chien, furet, hyène, lapin, mulet, mulot, patte, queue, râble, renne, singe, tapir, tatou, tigre, vache, zèbre ■ **6** alpaga, bélier, buffle, castor, chacal, cheval, cobaye, fennec, fouine, girafe, jaguar, jument, lémure, lièvre, martre, mouton, pécari, putois, renard, souris ■ **7** aurochs, belette, caribou, chameau, chamois, civette, gazelle, glouton, guépard, hémione, hermine, léopard, mouflon, orignal, taureau ■ **8** antilope, blaireau, crocotte, écureuil, éléphant, hérisson, lampasse, marmotte, panthère, porc-épic, sanglier ■ **9** chevreuil, chimpanzé, petit-gris ■ **10** chinchilla, dromadaire, fourmillier, musaraigne, rhinocéros ■ **11** hippopotame, orang-outang.
QUAI : **5** wharf ■ **6** musoir, tosser ■ **8** débarder, garde-fou ■ **9** débardage ■ **11** débarcadère.
QUALIFICATIF : **5** notre, votre ■ **8** adjectif* ■ **11** appellation.
QUALIFICATION : **3** dan, nom ■ **4** pour ■ **5** sieur, titre ■ **8** mistress ■ **9** c'est-à-dire ■ **10** ésotérique, qualifiant ■ **11** déqualifier, sérénissime.
QUALIFIE : **9** compétent, finaliste ■ **11** qualifiable ■ **13** inqualifiable.
QUALIFIER : **6** nommer ■ **7** appeler*, traiter ■ **8** adjectif, désigner*, épithète.
QUALITATIF : **11** information.
QUALITE : **3** âme, don, nom ■ **4** aloi, égal, goût, igné, mode, plus, tant, tare ■ **5** bonté, comme, durée, éclat, force, génie, juger, moins, poids, sonde, sport, tabac, titre, unité, vertu* ■ **6** acabit, bibine, espèce, esprit, mérite, pureté, talent, valeur*, vérité ■ **7** brévité, calibre, douceur, égalité, eutocie, faculté, feeling, finesse, mémoire, netteté, torsion, unicité, velouté, vitesse ■ **8** abstrait, agrément, aquosité, attribut, avantage, barbaque, blondeur, camelote, capacité, décision, droiture, drôlerie, extra-fin, facilité, fidélité, fluidité, habileté, héroïsme, infinité, jugement, justesse, légèreté, légitime, lucidité, lui-

sance, méjanage, modalité, modifier, noblesse, pèse-lait, polarité, prêtrise, propreté, qualifié, rousseur, sainteté, sapidité, solidité, sonorité, surchoix, tendreté, tonalité, validité, vinosité ■ **9** actualité, annualité, baronnage, blancheur, caractère, cohérence, commodité, compacité, concision, condition, doyenneté, exquisité, faiblesse, fertilité, fraîcheur, frugalité, hardiesse, héroïcité, homologie, homonymie, hybridité, imminence, indigénat, innocuité, intégrité, limpidité, maternité, mordacité, nouveauté, pacotille, paternité, précocité, propriété, qualifier, rectitude, rusticité, salubrité, sincérité, souplesse, spumosité, sublimité, sveltesse, vaillance ■ **10** acoustique, antonomase, appartenir, canonicité, chevalerie, correction, damoiselle, définition, dérogeance, durabilité, efficacité, électivité, érectilité, étanchéité, extraénité, fusibilité, généralité, hermétisme, hybridisme, infinitude, initiative, légitimité, lisibilité, luminosité, médiocrité, mutabilité, onctuosité, orthodoxie, parrainage, perfection, pertinence, phonogénie, plasticité, résistance, simplicité, solubilité, substratum, succulence, thermalité, venimosité, vicinalité, virtualité, visibilité, volatilité ■ **11** amateurisme, astringence, bourgeoisie, candidature, cessibilité, citoyenneté, délicatesse, diaphanéité, disposition, effectivité, équivalence, évanescence, exigibilité, extériorité, flexibilité, herméticité, homogénéité, immortalité, impropriété, ingéniosité, inventivité, lactescence, maniabilité, masculinité, matérialité, objectivité, opportunité, persistance, ponctualité, possibilité, promptitude, réceptivité, récognition, sélectivité, sociétariat, spécificité, spongiosité, stigmatisme, suzeraineté, tempérament ■ **12** aliénabilité, amissibilité, belligérance, coercibilité, constitution, divisibilité, équidistance, excusabilité, extraversion, galactomètre, habitabilité, honorabilité, immutabilité, incorporéité, intelligence, isochronisme, magnificence, malléabilité, opposabilité, organisation, persévérance, plausibilité, qualificatif, raphaélesque, recevabilité, rétractilité, saturabilité, septennalité, serviabilité, spiritualité, transparence, universalité ■ **13** admissibilité, applicabilité, commercialité, compagnonnage, compatibilité, dissolubilité, haute-fidélité, immatérialité, incessibilité, inoculabilité, instantanéité, invincibilité, inviolabilité, négociabilité, pénétrabilité, phonocontrôle, qualification, rééligibilité, rétroactivité, réversibilité, transcendance, translucidité, vraisemblance ■ **14** appréciabilité, dissociabilité, fonctionnariat, gentilhommerie, imperméabilité, inaltérabilité, indivisibilité, inéluctabilité, perceptibilité, perfectibilité, républicanisme, respectabilité ■ **15** impondérabilité, incommutabilité, indéfectibilité, indissolubilité, inextensibilité, infroissibilité, intellectualité, intelligibilité, invulnérabilité, irréductibilité, manœuvrabilité.

QUAND : 5 comme ■ **7** lorsque.

QUANT A : 4 pour ■ **6** photon ■ **9** quantique ■ **10** quantifier.

QUANTIFICATEUR : 8 quanteur.

QUANTIFIE : 12 inchiffrable.

QUANTIQUE : 7 quanton ■ **15** chromodynamique.

QUANTITE : 2 q.s., si, th ■ **3** dru, mer, peu, q.s.p., tas, vol ■ **4** amas, dose, égal, flot, flux, fois, once, plus, rumb, tant, tare ■ **5** airée, armée, assez, bribe, chiée, débit, doser, duite, excès, filet, force, forêt, foule, fusée, gâche, grêle, joule, larme, masse, mille, moins, offre, pièce, pluie, poche, ponte, potée, pouce, prise, reste, rhumb, somme, stock, tapée, terme, tétée, trace, trait, unité, volée ■ **6** bordée, bribes, charge, chouia, déluge, flopée, foison, gorgée, goutte, mesure*, nombre*, pagaye, plumée, pointe, ration, volume* ■ **7** bouchée, brochée, calorie, combien, coulomb, craquée, éclusée, étendue, faraday, fournée, jonchée, moisson, poignée, portion, quantum, quelque, quotité, soupçon, thermie, titrage, traînée, trinôme ■ **8** abondant, azotémie, azoturie, calcémie, capacité, constant, équation, excédent, fourchée, hydrémie, lichette, millasse, modicité, oligurie, pelletée, présérie, richesse, rincette, septuple, tantinet, tripotée, truellée ■ **9** abondance*, aéroscope, assiettée, coupe-faim, cuillerée, davantage, décrément, dimension, incrément, intensité, menuaille, milliasse, multitude*, oxymétrie, page-écran, paramètre, potomètre, suffisant, trente-six, variation ■ **10** acétomètre, contenance, contingent, différence, glucomètre, ingurgiter, isoïonique, pluviosité, prédominer, quantifier, quenouille, suffisance ■ **11** ampère-heure, atome-gramme, débordement, démographie, éclairement, équipollent, exponentiel, grisoumètre, kilocalorie, pluviomètre, pourcentage, quantitatif ■ **12** calorimétrie, paperasserie, pluviométrie, sesquialtère, sous-multiple, termochimie ■ **13** extrapolation, proportionnel, surbaissement ■ **14** arithmographie, productibilité, quantification, quantitativement, saccharimétrie ■ **15** décalcification, suralimentation.

QUARANTAINE : **7** lazaret ■ **9** boycotter.

QUARANTE : **11** quarantaine, quarantième ■ **12** quadragésime ■ **13** quadragénaire, quarantenaire.

QUARANTENIER : **5** ganse.

QUARK : **5** gluon.

QUART : **4** bock ■ **5** cavet, garde, liard, pinte, verge ■ **7** gobelet ■ **8** quadrant ■ **9** demi-quart, quarteron ■ **10** tribordais ■ **11** quart-de-rond ■ **13** franc-quartier.

QUARTAGE : **7** quarter.

QUART-DE-ROND : **8** coquille ■ **12** quarderonner.

QUARTAUT : **7** tonneau.

QUARTE : **5** dièse, ligne ■ **10** flanconade.

QUARTERON : **5** métis*.

QUARTIER : **2** q.g. ■ **3** q.h.s., q.s.r. ■ **4** camp ■ **5** lycée ■ **6** casbah, ghetto, mellah ■ **7** épaulée ■ **8** juiverie ■ **9** cantonner ■ **10** quartenier ■ **12** centre-ville ■ **13** halte-garderie ■ **14** quartier-maître.

QUARTILE : **13** interquartile.

QUARTION : **7** voûtain.

QUARTZ : **4** grès ■ **5** agate, silex ■ **6** morion ■ **7** citrine ■ **8** fluorite ■ **9** améthyste, cornéenne, quartzeux, rubicelle, sursaturé ■ **10** œil-de-chat ■ **11** œil-de-tigre, quartzifère.

QUASI : **5** tende ■ **7** presque ■ **9** quasiment ■ **12** pratiquement.

QUASSIA : **8** quassine.

QUATERNAIRE : **4** riss, würm ■ **5** varve ■ **7** würmien ■ **8** diluvium, holocène, mammouth ■ **9** glyptodon, mégacéros ■ **10** cénozoïque, mastodonte ■ **11** glyptodonte, mégathérium, néolithique, pléistocène, préhominidé, préhominien ■ **13** néotectonique, postglaciaire ■ **14** anthropozoïque, interglaciaire.

QUATORZE : **11** quatorzième ■ **15** quatorzièmement.

QUATRE : **4** nord ■ **5** quadr, quart ■ **7** tétrade, tétrode ■ **8** quaterne, quatrain, vêtement ■ **9** douze-huit, olympiade, quadrette, quadruple, quatrième, tétraèdre, tétramère, tétrapode ■ **10** quadrifide, quadripale, quadrirème, quadrumane, quadrupède, quadrupler, quadruplés, quartanier, quatre-huit, tétracorde, tétralogie, tétramètre, tétrastyle ■ **11** quadriennal, quadrifolié, quadrupédie, quaternaire, tétraplégie ■ **12** quadrijumeau, quadrilatère, quadrimoteur, quatre-quatre, tétradactyle, tétrasyllabe, tétratomique ■ **13** quadrilatéral, quadripartite, quadripolaire, quadrisyllabe ■ **14** quadrangulaire, quadriréacteur ■

15 tétrasyllabique.
QUATRE FEUILLES: 10 quadrilobe.
QUATRE-VINGTS: 7 octante ■ 8 huitante ■ 11 octogénaire ■ 15 quatre-vingtième.
QUATRIEME: 4 none ■ 5 quart ■ 6 quarto, quater ■ 8 mercredi, quartidi, quartier, retercer, trochure ■ 9 annulaire, caillette, quartager ■ 11 retroussage ■ 12 métencéphale ■ 13 biquadratique, itérativement, quatrièmement, sous-dominante.
QUATUOR: 9 quartette.
QUEBECOIS: 8 péquiste.
QUEL: 5 mince ■ 12 combientième.
QUELCONQUE: 3 gus ■ 5 gemme, gusse, mêlée, moche, monde, natte, objet, opiat, otage, règne, table, tissu, train, trève, venue ■ 7 typesse ■ 8 localité, médiocre ■ 9 périmètre ■ 10 personnage.
QUELQUE: 2 si, un ■ 4 tout ■ 7 certain.
QUELQUE CHOSE: 4 rien ■ 5 bribe, germe, image, lopin, sorte.
QUELQUEFOIS: 7 parfois.
QUELQU'UN: 2 un ■ 3 tel ■ 5 éloge, envoi, guide, haine, meute, ouste, prise, punir, salve, santé ■ 8 coopérer, personne* ■ 9 acoquiner ■ 11 philippique ■ 12 avant-coureur.
QUEMANDER: 8 demander* ■ 10 quémandeur, solliciter*.
QUENELLE: 8 godiveau.
QUENOTTE: 4 dent.
QUENOUILLE: 5 rouet, typha ■ 6 fuseau ■ 11 quenouillée.
QUERCITRON: 11 quercitrine.
QUERCY: 10 quercinois, quercynois, rocamadour.
QUERELLE: 4 défi, rixe ■ 5 noise, prise, privé, scène ■ 6 démêlé, hargne, injure ■ 7 attaque, bagarre, bravade, chicane*, dispute*, grabuge ■ 8 algarade, bataille, bisbille, boutefeu, brouille, calomnie, critique, fâcherie, pamphlet ■ 9 chamaille, charivari, désordres, esclandre, incartade, polémique ■ 10 accrochage, taquinerie ■ 11 altercation, provocation ■ 12 chamaillerie.
QUERELLER: 6 agacer, braver, dauber ■ 7 crosser, narguer ■ 8 attaquer, bagarrer, bringuer, brusquer, chicaner*, disputer*, humilier, injurier, insulter, molester, tempêter ■ 9 asticoter, calomnier, critiquer, provoquer ■ 10 chamailler, déblatérer, querelleur, récriminer, tourmenter ■ 11 apostropher, réprimander ■ 12 disputailler.
QUERELLEUR: 5 hutin ■ 8 hargneux, pétulant ■ 9 harengère ■ 10 batailleur.
QUERIR: 8 chercher*.
QUERULENT: 10 quérulence.
QUESTEUR: 5 sénat ■ 8 questure.
QUESTION: 4 item ■ 5 colle, point, thèse, turbe ■ 6 énigme ■ 7 charade, demande*, travaux ■ 8 autotest, consulte, discuter, pourquoi, problème, solution, supplice ■ 9 check-list, curiosité, délibérer, devinette, symposion, symposium ■ 10 incollable ■ 11 controverse, folkloriste, questionner, subsidiaire ■ 12 dissertation, questionneur, reconsidérer ■ 13 interrogation*, questionnaire ■ 14 interpellation, interrogatoire.
QUESTIONNAIRE: 3 q.c.m.
QUESTIONNER: 5 poser ■ 7 adjurer ■ 8 demander*, enquérir, enquêter, soulever ■ 9 soumettre ■ 10 importuner, interroger* ■ 11 interpeller.
QUETE: 5 butin, furet ■ 6 chasse ■ 8 collecte ■ 9 recherche*.
QUETER: 8 chercher*, requêter ■ 10 solliciter*.

QUEUE : **4** crin, file*, maki, yack ■ **5** balai, caudé, fouet, magot, massé, morné, penne, piano, piton, poêle, râble, sajou ■ **6** anoure, caudal, coccyx, traîne ■ **7** arrière, cordier, diffamé, écaille, procédé, tronçon ■ **8** amarante, couaille, croupion, cuisseau, équeuter, macroure, pédicule, rectrice ■ **9** aiguillon, anglaiser, émouchoir, pédoncule ■ **10** courtauder ■ **12** queue-d'aronde, trousse-queue.
QUIDAM : **8** individu*, personne*.
QUIESCENCE : **9** quiescent.
QUIETISME : **9** quiétiste ■ **11** molinosisme.
QUIETUDE : **5** calme*, repos* ■ **7** douceur ■ **8** ataraxie ■ **12** tranquillité.
QUIGNON : **7** morceau*.
QUILLE : **3** tin ■ **4** sole ■ **5** brion, nable, quête, talon ■ **6** étrave ■ **7** râblure ■ **8** bulb-keel, chantier, quilleur, quillier, varangue ■ **9** épontille.
QUINAUD : **9** embarrassé.
QUINCAILLERIE : **9** charnière ■ **11** boulonnerie ■ **12** quincaillier.
QUININE : **9** quinquina.
QUINOLEINE : **11** chloroquine.
QUINQUET : **5** godet.
QUINQUINA : **7** quinine ■ **10** cinchonine.
QUINTE : **5** dièse ■ **8** quinteux ■ **9** fantaisie.
QUINTESSENCE : **3** suc* ■ **6** moelle ■ **7** pressis ■ **9** substance* ■ **13** quintessencié.
QUINTETTE : **7** quintet.
QUINTILLION : **10** sextillion.
QUINAZ : **9** quinziste.
QUINTEUX : **8** pantalon ■ **9** acariâtre.
QUINZE : **4** ides ■ **9** quinzaine, quinzième ■ **13** pentadécagone, pentédécagone, quinzièmement.
QUIPROQUO : **6** erreur* ■ **7** méprise.
QUIRAT : **10** quirataire.
QUITTANCE : **4** reçu* ■ **6** acquit ■ **7** patente ■ **9** récépissé ■ **10** quittancer.
QUITTE : **6** exempt ■ **8** acquitté, décharge, expatrié ■ **9** apurement, quittance.
QUITTER : **4** laps, ôter ■ **5** adieu, exéat, semer, vider ■ **6** camper, évacué, exiler, lâcher, partir*, perdre, sortir* ■ **7** changer, défaire, émigrer, évacuer, fausser, immigré, laisser*, planter, réfugier, retirer, séparer ■ **8** décoller, défroqué, démarrer, dénicher, déraciner, déserter, essaimer, rabattre, renoncer ■ **9** débarquer, déguerpir, délaisser, déménager, expatrier, requitter ■ **10** abandonner*, dépouiller, désemparer ■ **11** débarrasser, semi-liberté ■ **15** désatellisation.
QUOIQUE : **5** quand ■ **7** bien que ■ **9** encore que.
QUOLIBET : **12** plaisanterie*.
QUOTE-PART : **4** écot ■ **7** prorata, quotité ■ **8** tantième ■ **10** cotisation ■ **12** contribution.
QUOTIDIEN : **8** lectorat ■ **10** fait divers, journalier ■ **13** quotidienneté.
QUOTIENT : **2** q.i. ■ **5** masse ■ **7** densité ■ **8** capacité, pression, radiance, toxicité ■ **9** luminance ■ **10** élasticité ■ **11** goal-average ■ **12** anharmonique ■ **13** homographique ■ **14** auto-inductance.
QUOTITE : **4** cens ■ **9** quote-part.

R

RABACHAGE : **8** radotage ■ **10** répétition ■ **12** prêchi-prêcha.
RABACHER : **7** radoter, répéter, seriner ■ **9** rabâchage ■ **11** rabâchement.
RABAIS : **5** solde ■ **6** remise ■ **10** diminution ■ **12** bonification.
RABAISSEMENT : **6** baisse.
RABAISSER : **7** baisser, écraser, ravaler ■ **8** abaisser, diminuer, humilier, rabattre ■ **9** déprécier ■ **10** animaliser, détracteur ■ **12** rabaissement.
RABAT : **3** pli ■ **5** volet ■ **8** plissure ■ **9** rabat-joie, rabatteur.
RABATTAGE : **5** rabat.
RABATTEMENT : **10** relèvement.
RABATTRE : **5** rabat, river ■ **7** abatant, capoter, déduire, smasher ■ **8** abaisser, relâcher ■ **9** déchanter, rabaisser, rabattage, rabattoir ■ **10** rabattable ■ **11** rabattement.
RABBIN : **5** rabbi ■ **6** prêtre* ■ **8** rabbinat ■ **10** rabbinique, rabbinisme, rabbiniste ■ **11** consistoire.
RABBINIQUE : **7** midrash.
RABELAISIEN : **8** gaillard.
RABIOT : **3** rab ■ **4** rabe ■ **10** supplément.
RABLE : **3** dos ■ **4** rein ■ **5** râblé, trapu.
RABOT : **5** sabot ■ **6** bouvet, gorget ■ **7** doucine, riflard, varlope ■ **9** guillaume, guimbarde, mouchette ■ **10** étau-limeur, feuilleret.
RABOTER : **5** polir ■ **6** revoir ■ **8** corroyer, rabotage, raboteur ■ **10** rabotement.
RABOTEUX : **4** rude* ■ **5** cahot ■ **6** inégal ■ **7** rugueux* ■ **8** aspérité ■ **14** dégauchisseuse.
RABOUGRI : **4** menu ■ **6** faible ■ **8** difforme, ratatiné ■ **10** rachitique ■ **15** rabougrissement.
RABROUER : **9** rabroueur, repousser*.
RACAILLE : **8** populace*.
RACCOMMODAGE : **5** pièce ■ **9** ravaudage ■ **10** réparation* ■ **11** rafistolage.
RACCOMMODEMENT : **14** réconciliation.
RACCOMMODER : **5** tacon ■ **7** réparer*, stopper ■ **8** arranger*, rapiécer, ravauder, repriser, resarcir ■ **9** rentraire ■ **10** rabibocher, rafistoler, rapetasser, rapièceter, recarreler ■ **11** réconcilier* ■ **12** raccommodeur ■ **13** raccommodable ■ **15** irraccommodable.
RACCOMMODEUR : **8** savetier ■ **12** remplisseuse.

RACCORD: **5** durit ■ **8** bretelle ■ **11** déconnecter ■ **12** raccordement.
RACCORDEMENT: **10** emplanture.
RACCORDER: **6** écimer, ruiler ■ **7** joindre* ■ **8** racheter.
RACCOURCI: **6** abrégé*.
RACCOURCIR: **6** couper* ■ **8** diminuer*, étriquer, troussis ■ **9** prolonger, ratatiner ■ **13** contractilité.
RACCOURCISSEMENT: **8** embuvage ■ **10** retirement, rétraction ■ **11** contraction.
RACCROC: **11** raccrocheur.
RACCROCHER: **11** raccrochage, raccrocheur.
RACCROCHEUSE: **10** prostituée.
RACE: **4** brut, gens, gent, noir, sang, type ■ **5** black, copte, estoc, haras, issue, jaune, métis, nègre, racer, totem ■ **6** bâtard, lignée, maison, marans, souche ■ **7** famille, lignage ■ **8** abâtardi, allogène, engeance, herdbook, hereford, négroïde, pédigrée ■ **9** abondance, congénère, naissance ■ **10** charentais ■ **11** groenendael, hybridation, interracial, mélanoderme, multiracial, polygénisme, xanthoderme ■ **12** montbéliarde, patronymique ■ **13** aberdeen-angus, consanguinité, pangermanisme.
RACHAT: **5** merci, salut ■ **6** rançon, réméré ■ **7** effacer ■ **9** réemption ■ **10** pignoratif, rédemption, socialiser ■ **11** redhibition, réhabiliter.
RACHETER: **5** serfs ■ **7** rédimer ■ **10** affranchir, rachetable, rédempteur ■ **12** irrachetable.
RACHIDIEN: **5** olive ■ **6** rachis ■ **8** bulbaire ■ **11** spina-bifida.
RACHIS: **7** colonne ■ **9** rachidien ■ **10** rachialgie.
RACHITIQUE: **4** noué ■ **8** rabougri ■ **10** rachitisme ■ **13** héliothérapie ■ **14** antirachitique.
RACHITISME: **14** antirachitique.
RACIAL: **8** génocide ■ **11** stéatopygie.
RACINE: **4** base*, iris, kava, kawa ■ **5** accru, arbre, émule, estoc, ipéca, irone, jalap, navet, panax, pivot, salep, spica, taupe, tronc ■ **6** patate, souche ■ **7** alizari, boscoyo, carotte, colombo, éliacin, ginseng, origine, raciner, radical, rhizome ■ **8** cossette, pivotant, racinage, radicant, radicule ■ **9** enraciner, mycorhize, petit-jean, quillette, radicelle, reprendre, rhizotome, valérique ■ **10** chicanneau, ipeca-cuana, radication, radiculite, ressourcer, rhizoctone, rhizophage ■ **11** cristophine, radicotomie, radiculaire, rhizoctonie ■ **12** coupe-racines, radiculalgie ■ **13** pneumatophore.
RACISTE: **4** skin ■ **8** skinhead.
RACKET: **9** rachetter.
RACLAGE: **8** grattage ■ **10** crissement.
RACLEE: **5** volée ■ **7** ramonée ■ **8** tabassée.
RACLER: **5** limer, parer, racle, rader, râper, riper ■ **7** crisser, érafler, gratter, raclure, ramoner, ruginer ■ **8** corroyer, écharner, écorcher, érailler, étriller, raclette.
RACLOIR: **8** strigile.
RACOLAGE: **6** retape.
RACOLER: **6** retape ■ **7** aborder, engager, radeuse ■ **8** racolage, racoleur ■ **10** prostituée.
RACONTAR: **5** conte ■ **7** ouï-dire.
RACONTE: **10** anecdotier.
RACONTER: **4** dire ■ **5** leçon ■ **6** conter, narrer ■ **7** débiter, décrire*, énoncer, exposer, peindre, réciter, relater, version ■ **8** éveiller, rappeler, retracer ■ **9** baratiner, dépeindre, détailler, enchaîner, expliquer, présenter, raconteur, rapporter ■ **10** anecdotier, barattiner, raconta-

ble ■ **11** inénarrable, transmettre ■ **12** inracontable.
RACOON : 5 raton.
RACORNIR : 6 sécher ■ **7** griller ■ **14** racornissement.
RADAR : 6 radome ■ **9** antiradar, téléradar ■ **12** transhorizon ■ **14** radioaltimètre ■ **15** radarastronomie.
RADE : 4 aune, lido, port* ■ **5** aulne, rader ■ **7** lazaret.
RADEAU : 3 ras ■ **4** raft ■ **5** train ■ **7** jangada, rafting.
RADIAL : 9 cadranure.
RADIANT : 7 radieux.
RADIATEUR : 7 ailette ■ **8** calandre ■ **14** cache-radiateur.
RADIATION : 5 rayon* ■ **6** lucide ■ **7** atomisé, radiant ■ **8** radiatif ■ **9** actinisme, athermane, dosimètre ■ **10** infrarouge, radiologie ■ **11** actinomètre, rayonnement, ultraviolet ■ **12** actinométrie, calorescence, radiesthésie ■ **13** antiradiation ■ **14** phycoérythrine ■ **15** monochromatique.
RADICAL : 5 acyle, amide, amine, amyle, aryle, suite, thème ■ **6** alkyle, allyle, butyle, éthyle, radsoc, vinyle ■ **7** acétyle, alcoyle, azotyle, benzyle, méthyle, phényle, uranyle ■ **8** ammonium, benzoyle, déverbal, stéaryle ■ **9** aminogène, apophénie, carbonylé, désinence, hydroxyle, méthylène, monocamine, nitrosyle ■ **10** absolument, déverbatif ■ **11** alcocylation, irrationnel, phosphoryle, radicalaire, radicalisme, sulfhydryle, transférase ■ **12** barbiturique, prosthétique, radicalement ■ **13** butyrophénone ■ **14** benzodiazépine, électronégatif, électropositif ■ **15** phosphorylation, révolutionnaire.
RADICANT : 5 vigne.
RADICELLE : 6 racine* ■ **8** nodosité.
RADICULAIRE : 10 endodontie.
RADIER : 7 effacer ■ **10** traversine.
RADIESTHESIE : 14 radiesthésiste.
RADIEUX : 6 joyeux* ■ **7** radiant ■ **9** rayonnant.
RADIN : 5 avare* ■ **6** chiche.
RADIO : 5 lampe, prise ■ **7** sans-fil ■ **8** émission ■ **9** mass media, trigrille ■ **11** disc-jockey, radioréveil ■ **12** radiojournal, radiotechnie ■ **13** radiocassette, radiodiffuser, radiotélévisé ■ **14** radiodétection, radioreportage.
RADIO-ACTIF : 5 radon ■ **6** curium ■ **7** tritium ■ **8** actinium, francium, polonium ■ **9** neptunium ■ **11** radiocobalt, radiolésion ■ **12** protactinium, radio-élément, radio-isotope, scintigramme ■ **13** curiethérapie, radio-activité, scintigraphie.
RADIOACTIVITE : 13 antiradiation.
RADIO-ASTRONOMIE : 11 radiosource ■ **14** radioastronome, radiotélescope.
RADIOBALISAGE : 12 radiobaliser.
RADIO-CASSETTE : 8 walkman.
RADIO-COMMUNICATION : 15 radiomessagerie.
RADIODIAGNOSTIC : 7 scanner ■ **12** scanographie.
RADIODIFFUSION : 5 radio.
RADIO-ELECTRIQUE : 8 hertzien ■ **10** ultra-court ■ **12** transhorizon ■ **14** radiotechnique ■ **15** transmodulation.
RADIO-ELEMENT : 15 radioactivation.
RADIOGONIOMETRE : 11 radiocompas.
RADIOGRAMME : 15 radiotélégramme.
RADIOGRAPHIE : 5 radio ■ **10** urographie ■ **11** négatoscope, radiographe, tomographie ■ **12** angiographie, cystographie, discographie, myélographie, pelvigraphie ■ **13** arthrographie, lymphographie, neu-

trographie, phlébographie ■ **14** artériographie, hystérographie, méniscographie ■ **15** coronarographie, neutronographie.
RADIOGUIDAGE: 11 radioguider.
RADIOLOGIE: 10 radiologue ■ **12** radiologique, radiologiste ■ **15** neuroradiologie.
RADIONAVIGATION: 5 decca, loran.
RADIOPHARE: 15 radio-alignement.
RADIOPHONIE: 10 auditorium, brouilleur, radiophare ■ **13** radiophonique.
RADIOREPORTAGE: 13 radioreporter.
RADIOSCOPIE: 6 scopie.
RADIOSOURCE: 6 quasar.
RADIOTELEGRAPHIE: 5 radio.
RADIOTELEPHONIE: 5 radio.
RADIS: 3 sou ■ **9** ravenelle.
RADIUM: 2 ra ■ **5** niton, radon ■ **8** polonium, radifère ■ **9** émanation ■ **10** pechblende ■ **13** curiethérapie ■ **14** radiumthérapie.
RADIUS: 5 genou ■ **6** radial.
RADON: 2 rn ■ **5** niton ■ **6** thoron.
RADOTAGE: 9 rabâchage ■ **10** répétition ■ **12** prêchi-prêcha.
RADOTER: 7 répéter ■ **8** radoteur ■ **11** déraisonner.
RADOUB: 3 tin ■ **6** ponton.
RADOUCIR: 14 radoucissement.
RAFALE: 5 risée ■ **6** fougue ■ **10** bourrasque*, mitrailler.
RAFFERMIR: 7 ranimer ■ **8** affermir ■ **15** raffermissement.
RAFFINAGE: 4 pile ■ **8** craqueur ■ **9** épuration, raffineur, vergeoise ■ **11** métallurgie ■ **14** viscoréduction.
RAFFINE: 3 fin* ■ **4** brut, snob ■ **5** sucre ■ **7** affecté, délicat*, maniéré, mondain ■ **8** courtois, raffinat ■ **10** raffinerie ■ **11** abstracteur, esthétisant, marivaudage ■ **13** quintessencié.
RAFFINEMENT: 4 mode ■ **7** finesse* ■ **8** mondanité, snobisme ■ **9** mysticité, recherche* ■ **10** courtoisie, préciocité ■ **11** affectation, délicatesse*, marivaudage.
RAFFINER: 12 blanchissage ■ **14** quintessencier.
RAFFINERIE: 9 raffineur.
RAFFOLER: 5 aimer ■ **6** goûter*.
RAFFUT: 6 tapage*.
RAFIAU: 11 embarcation*.
RAFISTOLER: 7 réparer*.
RAFLE: 4 râpe.
RAFLER: 5 rafle ■ **7** enlever* ■ **9** accaparer ■ **10** approprier, ratiboiser.
RAFRAICHIR: 5 aérer ■ **7** frapper, ranimer, raviver ■ **9** alcarazas, refroidir ■ **11** gargoulette ■ **14** rafraîchisseur, rafraîchissoir.
RAFRAÎCHISSANT: 5 ronce ■ **7** oxycrat ■ **8** corossol, réglisse.
RAGAILLARDIR: 8 remonter*.
RAGE: 6 colère*, fureur* ■ **7** rabique ■ **9** agripaume, déchaîner, passerage ■ **11** antirabique, hydrophobie, rageusement.
RAGER: 5 fumer ■ **6** écumer, rogner ■ **7** bisquer, endêver, enrager, rageant ■ **8** maronner.
RAGEUR: 8 coléreux*.
RAGONDIN: 9 myocastor, myopotame.
RAGOT: 5 conte, trapu ■ **7** ragoter ■ **9** médisance*.
RAGOUT: 4 mafé, mets, rata ■ **5** civet, yassa ■ **6** salmis ■ **7** colombo, navarin ■ **8** fricoter, goulache, goulasch, hochepot, salpicon ■ **9** cassoulet, pot-pourri ■ **10** blanquette, capilotade, carbonnade ■ **11** ragou-

gnasse, ratatouille, salmigondis.
RAGOÛTANT : **8** ragoûter ■ **11** appétissant*.
RAHAT-LOKOUM : **6** lokoum.
RAID : **9** incursion*.
RAIDE : **3** dur* ■ **4** fixe, fort, soie ■ **5** ferme, roide, tendu ■ **6** empesé, guindé, rigide ■ **7** austère, engoncé, escarpé, hérissé ■ **8** engourdi, immobile, sétifère ■ **9** impliable, résistant ■ **10** consistant, inflexible ■ **11** escarpement, mannequiner, orgueilleux.
RAIDEUR : **5** force, rogue ■ **6** fixité ■ **7** fermeté, orgasme, roideur, tension ■ **8** déraidir, érection, rigidité ■ **9** éréthisme ■ **10** crispation, hiératique, résistance* ■ **11** consistance, contraction, engoncement ■ **12** décontracter ■ **13** arthrogrypose, horripilation ■ **15** engourdissement*.
RAIDILLON : **6** montée*.
RAIDIR : **5** rider, tirer ■ **6** amurer, bander, border, roidir, tendre ■ **7** crisper, empeser, souquer ■ **8** abraquer, étarquer, hérisser ■ **9** ankyloser, embraquer ■ **10** contracter* ■ **12** raidissement.
RAIE : **4** onde, onyx, rayé ■ **5** bande, canal, ligne*, rayer, rayon, tiret, trace, trait, veine, zèbre ■ **6** liseré, liteau, rature, rayure, sillon ■ **7** hachure, madrure, nervure, zébrure ■ **8** galuchat, sélacien, torpille, vergeure ■ **9** pontuseau ■ **10** mille-raies, pastenague, vergetures.
RAIL : **4** pose, voie ■ **5** patin ■ **8** aiguille, monorail, tire-fond ■ **9** coussinet, crocodile, dérailler ■ **10** aiguillage, contre-rail, ferroutage ■ **11** à contrecœur, crémaillère.
RAILLER : **4** huer, rire ■ **5** saler, vexer ■ **6** chiner, dauber, draper, ficher, foutre, gaudir, larder, moquer*, mordre, piquer ■ **7** acheter, bafouer, blaguer, cherrer, fronder, gausser, ricaner ■ **8** aiguiser, charrier, éreinter, ironiser, malmener ■ **9** accoutrer, blasonner, brocarder, critiquer, gouailler, mécaniser, persifler, rabaisser, raillerie, satiriser ■ **10** accommoder, chansonner, houspiller, plaisanter, tourmenter, tympaniser ■ **11** caricaturer, discréditer, goguenarder, ridiculiser ■ **13** railleusement.
RAILLERIE : **5** risée ■ **6** esprit, humour, ironie*, lardon, pointe, satire ■ **7** brocard, nasarde ■ **8** critique, dérision, galéjade, gouaille, moquerie*, railleur, riposter, sarcasme ■ **9** brocarder, épigramme, gausserie, malignité ■ **10** caricature, pasquinade, persiflage, ricanement ■ **11** éreintement, gouaillerie, insinuation ■ **12** goguenardise, plaisanterie* ■ **13** goguenarderie.
RAILLEUR : **7** chineur ■ **8** gavroche, grinçant ■ **9** goguenard ■ **10** gouailleur, sardonique ■ **11** sarcastique ■ **13** pince-sans-rire.
RAINETTE : **5** raine.
RAINURE : **4** cran, noix ■ **5** creux*, gorge, jable ■ **6** rayure ■ **7** encoche, râblure ■ **8** coulisse, dosseret, entaille*, rainurer ■ **9** cannelure, dentelure, feuillure, glissière, languette ■ **10** bouveteuse ■ **11** microsillon.
RAIRE : **4** réer.
RAIS : **5** moyeu ■ **8** enrayage.
RAISIN : **4** cuve, râpe, uval ■ **5** pinot, rafle, vigne* ■ **6** malaga, muscat, pineau, verjus ■ **7** raisiné ■ **8** cramique, grenache, mistelle, morillon, olivette, vendange, véraison ■ **9** busserole, chasselas, égrappoir, farlouche, ferlouche, madeleine, parisette, pressurer, vendanger ■ **11** vendangerot.
RAISON : **3** car, fol, fou ■ **4** indu, pour, sens, tête, tort ■ **5** banco, brute, cause*, firme, juste, motif*, perdu, sujet, titre ■ **6** esprit*, mobile, moyens, pensée* ■ **7** cerveau, démence, grisant, logique*, naturel, sagesse* ■ **8** affolant, aveugler, cuvaison, déraison, fidéisme, fortiori,

jugement, maturité, parce que, pourquoi, prétexte*, radotage, répondre ■ **9** causalité, démentiel, démotiver, raisonner, rationnel, rectitude, zététique ■ **10** aliénation, conscience, doublement, réfutation, réparation ■ **11** aveuglement, déraisonner, dialectique, entendement, explication, extravaguer, intraitable, irrationnel, philosophie, pleurnicher, raisonnable ■ **12** discernement, intelligence, raisonnement, rationalisme, satisfaction ■ **13** antirationnel, compréhension, considération, contradiction, déraisonnable, irraisonnable, obscurantisme ■ **14** transcendantal ■ **15** raisonnablement.

RAISONNABLE : 4 bien, sage* ■ **5** sensé, fondé ■ **6** modéré* ■ **7** prudent ■ **8** probable.

RAISONNEMENT : 4 donc, sens ■ **5** a pari, avent ■ **6** cercle, raison ■ **7** absurde, logique ■ **8** apapogie, argument*, conclure, obtusion, patauger, pétition, raisonné, sophisme ■ **9** apriorité, discursif, idée-force, impressif, induction, mentalité, rationnel, sélection, simplisme, subtilité, topologie ■ **10** a contrario, algorithme, analogisme, apagogique, apriorisme, convaincre, randomiser, transition ■ **11** dialectique, échafaudage, effectivité, ontologisme, paralogisme ■ **12** bradypsychie, mathématique ■ **13** démonstration, ratiocination ■ **14** déraisonnement, intuitionnisme.

RAISONNER : 6 penser* ■ **7** inférer, prouver, réfuter ■ **8** conclure, discuter, logicien, objecter, répondre, spéculer ■ **9** démontrer, épiloguer, rétorquer ■ **10** argumenter, conséquent, irraisonné, politiquer, raisonneur, ratiociner ■ **11** dialectique, philosopher, psittacisme ■ **12** raisonnement.

RAJAH : 4 rani ■ **6** radjah.

RAJEUNIR : 7 ranimer* ■ **8** jouvence, reverdir ■ **10** moderniser ■ **11** appalachien ■ **14** rajeunissement.

RAJUSTER : 7 réparer ■ **8** corriger* ■ **11** péréquation, rajustement ■ **12** réajustement.

RALE : 9 marouette ■ **10** stertoreux.

RALENTIR : 5 frein ■ **7** alentir, freiner, modérer* ■ **8** retarder* ■ **9** décélérer, inhibitif, parachute ■ **10** étrangloir, inhibiteur ■ **12** casse-vitesse, ralentisseur.

RALENTISSEMENT : 5 stase ■ **6** retard* ■ **10** dépression ■ **11** acrocyanose, arthritisme, relâchement, retardation ■ **12** bradykinésie ■ **13** alentissement ■ **14** malthusianisme.

RALER : 4 faon, râle ■ **5** tigre ■ **6** pester* ■ **8** protester, râlement.

RALINGUE : 9 ralinguer ■ **10** empointure.

RALLER : 5 raire.

RALLIDE : 4 râle ■ **5** agami ■ **9** poule d'eau, trompette ■ **10** ralliforme.

RALLIER : 7 adhérer, adopter ■ **8** réformer ■ **9** approuver, assembler, rejoindre ■ **10** ralliement.

RALLIFORME : 5 agami, cagou.

RALLONGE : 12 augmentation, prolongateur.

RALLONGER : 8 rallonge ■ **9** augmenter* ■ **12** rallongement.

RALLYE : 8 spéciale.

RAMADAN : 5 jeûne ■ **9** aïd-el-fitr ■ **11** aïd-el-séghir.

RAMAS : 4 amas* ■ **10** groupement.

RAMASSAGE : 8 glandage ■ **10** cueillette ■ **11** pick-up baler.

RAMASSE : 12 voiture-balai.

RAMASSER : 5 levée, tapir ■ **6** glaner ■ **7** amasser, charger, rallier, râteler, relever ■ **8** récolter* ■ **9** assembler, ramassage, ramasseur, râtelures, sarmenter ■ **10** pelotonner, ramassette.

RAMASSIS : 3 tas* ■ **4** amas*.

RAMBARDE: **5** lisse ■ **8** batayole ■ **10** balustrade*, garde-corps.
RAME: **4** pale ■ **5** fuste, nagée, ramée, ramer, seuil, tolet ■ **6** aviron, pagaie ■ **7** branche, godille, ramette ■ **10** quadrirème.
RAMEAU: **4** dard, écot, mère ■ **5** arçon, écoté, monte, osier ■ **6** pampre, provin ■ **7** branche*, chimère, greffon, rinceau, trochée ■ **8** accolage, fanaison, fastigié, ramilles ■ **9** brindille, lambourde, vigneture ■ **10** ramescence ■ **11** brittonique.
RAMEE: **7** branche*.
RAMENDER: **9** ramendeur.
RAMENER: **6** amener ■ **7** défiger, ranimer, réduire, retirer, unifier ■ **8** arrondir, rappeler, rétablir* ■ **9** convertir, rapatrier, ressaisir ■ **10** décongeler ■ **11** ressusciter ■ **12** conditionner, psychanalyse ■ **13** désurchauffer, psychologisme ■ **14** rédintégration ■ **15** rechristianiser.
RAMEQUIN: **8** coquille.
RAMER: **5** nager, scier ■ **7** canoter, déramer, gabarer ■ **8** godiller.
RAMEUR: **5** skiff ■ **8** canotier, chiourme, espalier ■ **9** godilleur.
RAMI: **7** gin-rami ■ **8** gin-rummy.
RAMIER: **6** pigeon* ■ **7** ramerot ■ **8** colombin, ramereau.
RAMIFICATION: **3** cor ■ **5** filet, stipe ■ **7** branche, étendre ■ **10** andouiller ■ **11** bronchioles, subdivision ■ **13** embranchement.
RAMILLE: **7** branche*.
RAMOLLIR: **7** amollir* ■ **9** diffluent ■ **12** mâche-bouchon, préchauffage ■ **13** mâche-bouchons ■ **14** ramollissement.
RAMOLLISSEMENT: **5** carie ■ **12** ostéomalacie.
RAMONER: **8** hérisson, ramonage, ramoneur.
RAMPANT: **3** bas, boa, ver ■ **4** lion ■ **6** stolon ■ **7** servile.
RAMPE: **6** montée ■ **7** rampant ■ **8** pilastre ■ **10** arc-rampant.
RAMPER: **9** rampement, reptation.
RAMPONNEAU: **4** coup.
RAMS: **9** romestecq.
RAMURE*: **7** branche, merrain.
RANALE: **12** polycarpique.
RANCE: **4** gâté ■ **5** ranci ■ **12** rancissement.
RANCH: **6** rancho.
RANCHO: **5** ranch.
RANCIR: **5** gâter* ■ **10** rancissure ■ **11** rancescible ■ **12** rancissement.
RANCŒUR: **7** rancune*.
RANÇON: **5** lagan ■ **9** kidnapper.
RANÇONNER: **7** saigner ■ **10** rançonneur ■ **12** rançonnement.
RANCUNE: **4** dent ■ **5** haine ■ **8** rancœur ■ **9** rancunier, vengeance ■ **12** ressentiment*.
RANDOMISER: **13** randomisation.
RANDONNEE: **2** g.r. ■ **4** trek ■ **6** course ■ **7** circuit ■ **8** pataugas, trekking ■ **9** promenade*, randonner.
RANDONNEUR: **9** topo-guide.
RANG: **4** égal, file, lady, lieu, tête, tour ■ **5** avant, caste, degré*, grade*, guide, herse, huppé, ligne*, ordre, palée, place, queue ■ **6** assise, classe, enième, rangée* ■ **7** échelon, ordinal ■ **8** chapelet, chérubin, enfilade, primauté ■ **9** catégorie, condition, diviniser, élévation, périptère, présenter, sacrifier, tertiaire ■ **10** chevalerie, hiérarchie, notabilité, quadrirème, succession ■ **11** infériorité, prééminence ■ **12** battellement, combientième.
RANGEE: **4** file, haie, orne, rang*, tire ■ **5** égout, glane, ligne*, palée, quine, rampe, virée ■ **6** andain, assise, saulée, travée ■ **7** clavier ■

8 batterie, espalier, ouillère, oullière ■ 9 colonnade, ouillière ■ 10 balustrade, claire-voie ■ 14 contre-espalier.
RANGEMENT: 3 tri ■ 4 rack ■ 8 position ■ 9 placement ■ 10 alignement ■ 13 superposition.
RANGER: 5 garer, poser, trier ■ 6 mettre, placer, régler, sérier, serrer ■ 7 aligner, classer, remiser ■ 8 alterner, arranger*, enfermer, ordonner, succéder ■ 9 soumettre ■ 10 assujettir, bêcheveter, classifier, superposer.
RANIDE: 10 grenouille.
RANIMATION: 11 réanimation.
RANIMER: 4 sels ■ 6 guérir ■ 7 attiser, exciter, ramener, raviver, recréer, refaire, relever ■ 8 consoler, rajeunir, rallumer, rassurer, réanimer, rebondir, renaître, rétablir* ■ 9 dégourdir, fortifier, raffermir, ranimable, ravigoter, régénérer, rehausser, restaurer, retremper, réveiller ■ 10 électriser, encourager, réchauffer, renouveler, revivifier ■ 11 ressusciter ■ 12 ragaillardir.
RAPACE: 5 avare*, proie, strix ■ 6 autour, diurne ■ 7 effraie, gypaète, harfang, hulotte ■ 8 chevêche, circaète, corsaire, émouchet, épervier, nocturne, strigidé* ■ 9 chat-huant, falconidé*, ululation, ululement ■ 10 secrétaire ■ 11 jean-le-blanc, serpentaire ■ 12 falconiforme.
RAPACITE: 7 avarice* ■ 8 cupidité ■ 10 convoitise.
RAPATRIEMENT: 9 exfiltrer.
RAPATRIER: 11 rapatriable ■ 12 rapatriement.
RAPE: 3 usé* ■ 4 lime ■ 5 rafle, râper ■ 9 chapelure.
RAPETASSER: 11 raccommoder*, rapetassage.
RAPETISSER: 8 diminuer* ■ 9 ratatiner ■ 10 raccourcir ■ 13 rapetissement.
RAPHAELIQUE: 12 raphaélesque.
RAPHIA: 6 rabane.
RAPIAT: 6 chiche.
RAPIDE: 3 vif* ■ 4 clin, coup, vite ■ 5 aviso, essai, galop, gazer, hâter, raide, subit*, train, trait ■ 6 burger, cursif, preste, prompt, stawug, véloce, vivace ■ 7 bâclage, brusque, escarpé, imprévu, soudain*, trémolo ■ 8 accéléré, frégater, galopant, gyrostat, microbus, rapidité, trudgeon ■ 9 collapsus, contre-pas, destroyer, fulgurant, impétueux, jet-stream, jeune-turc, paso doble, raidillon, tire-d'aile, trempette, tricotets, vibration ■ 10 crayonnage, détonation, hurluberlu, messagerie, torpilleur ■ 11 dénutrition, pullulation, pullulement, trémulation ■ 12 tachipsychie ■ 15 course-poursuite.
RAPIDEMENT: 3 tôt ■ 4 fuir ■ 5 filer, voler ■ 6 calter, chaîné ■ 7 bientôt, caleter ■ 8 arpenter, bachoter, dévidoir, snack-bar, surgeler ■ 9 déguerpir ■ 10 couramment, descendeur, hâtivement, prestement, restoroute, torchonner, trémousser, virevolter ■ 12 sténographie.
RAPIDITE: 7 boutade, saccade, saillie, vitesse* ■ 8 célérité, vélocité*, vivacité*, volubile ■ 9 croisière, glissando, incartade ■ 10 brusquerie, rapidement, volubilité ■ 11 promptitude*, tachyphémie ■ 13 précipitation.
RAPIECER: 11 raccommoder*, rapiècement.
RAPIECETER: 11 raccommoder*.
RAPIERE: 4 épée*.
RAPIN: 7 peintre.
RAPINE: 3 vol* ■ 5 butin ■ 7 capture, pillage*, rapiner ■ 9 rapinerie ■ 10 brigandage*, flibustier ■ 11 déprédation.
RAPPARIER: 12 rappariement.

RAPPEL: **6** retour ■ **7** mémoire ■ **9** évocation ■ **12** remémoration.
RAPPELER: **6** pendre ■ **7** évoquer, exhumer, recoler ■ **8** anamnèse, hourvari, raconter, retracer, souvenir* ■ **9** rafraîchir, remembrer, remémorer, reprocher ■ **10** commémorer, rafraîchir, rappelable, renouveler, souvenance ■ **11** ramentevoir ■ **12** anniversaire.
RAPPELLE: **8** rubénien ■ **10** mongoloïde ■ **13** anacréontique.
RAPPORT: **2** pi ■ **4** cote, dans, mach, pour ■ **5** droit, équin, fécal, fruit, juger, modal, natal, objet, puiné, ratio, rénal, royal, sinus, sœur, soyer, sujet, terme, terre, titre, tonal, trait, union, vocal, votif ■ **6** aspect, indice, insula, revenu ■ **7** braquet, calibre, connexe, contact, densité, échelle, inersif, intérêt, liaison*, mention, moisson, parenté, produit, rasance, relatif* ■ **8** aboucher, affinité, analogie, atavique, atomique, bulletin, césarien, chevalin, cosmique, cyclonal, cystique, dentaire, écologie, équestre, érotique, foliaire, gustatif, hippique, hordéacé, hormonal, huîtrier, inversif, latitude, linéaire, marbrier, marchand, maritime, médiéval, méridien, métrique, moralité, natalité, objectal, objectif, orgiaque, périnéal, relation*, saphique, saturnin, scénique, sex-ratio, sioniste, standard, statique, temporal, trachéal, unitaire, uvulaire, vaccinal, vénérien, vespéral, vicarial, vinicole, viticole, zénithal ■ **9** abdominal, aéronaval, altruiste, ascitique, axillaire, bactérien, botanique, bucolique, calculeux, capitolin, carentiel, cartésien, causalité, cavitaire, cédulaire, choréique, cimbrique, clearance, commettre, communion, concerner, concorder, connexion, connexité, contacter, culinaire, cycloïdal, décoratif, deltaïque, disparate, dividende, druidique, entérique, expertise, gallinacé, gastrique, glottique, graphique, hépatique, herniaire, hexagonal, insulaire, jardinier, jubilaire, lagunaire, laryngien, lésionnel, lobulaire, matriciel, matutinal, menstruel, microbien, mimétique, moïsiaque, monétaire, mulassier, municipal, nestorien, newtonien, nodulaire, nucléaire, ombilical, orbitaire, organique, osmotique, pastorien, patricial, pélagique, pélasgien, pétrolier, prétorial, productif, protéique, rachidien, rapporter, rendement, reptilien, rhodanien, rubéoleux, salivaire, saturnien, savonner, sciatique, sensoriel, sépulcral, séismique, somnolent, statuaire, stellaire, subjectif, sylvicole, terrestre, thermique, triasique, triomphal, tumulaire, variqueux, vectoriel, vertébral, vocalique, zostérien, zymotique ■ **10** alchimique, antécédent, aplastique, artistique, avocassier, brightique, cellulaire, chaldaïque, communauté, consonance, convenance, crématoire, cyclonique, dépendance, descendant, diabétique, didactique, diplomatie, dissonance, eczémateux, électrique, endoréique, enharmonie, épithélial, fluviatile, galvanique, gémellaire, génésiaque, germinatif, guichetier, helvétique, heptagonal, héraldique, hygiénique, indivision, intervalle, japhétique, législatif, liturgique, magmatique, mastoïdien, maxillaire, migratoire, mithriaque, mnémonique, monastique, morbilleux, mutualiste, nébulosité, névritique, névrosique, œdémateux, opératoire, ostréicole, parafiscal, parotidien, pasteurien, pécuniaire, pélasgique, pellagreux, pendulaire, pentagonal, pertinence, phalangien, pharaonien, phylétique, pignoratif, pituitique, platonique, pollinique, précordial, prévalence, proportion, relativité, rubéolique, sculptural, septembral, séricicole, similitude, socialiste, sociologue, socratique, solénoïdal, solsticial, somptuaire, soviétique, sphénoïdal, stipulaire, syllabique, talmudique, tangentiel, thématique, théurgique, thoracique, thyroïdien, tissulaire, traitement, tympanique, valvulaire, variolique, volcanique, xiphoïdien ■ **11** absolutiste, accointance, agronomique, allongement, arthritique, articulaire, atrabilaire, auriculaire, avunculaire, brahmanique, bregmatique, cadavérique, ca-

talytique, charbonnier, chlorotique, coexistence, coïncidence, comparaison*, compte rendu, conciliaire, continental, corrélation, description, dictatorial, dolomitique, dyspareunie, dyspepsique, dyspeptique, endothélial, entéro-rénal, enzymatique, fonctionnel, hexaédrique, houblonnier, hydraulique, idéologique, isostatique, instinctuel, lunisolaire, lymphatique, malléolaire, matrimonial, messianique, moléculaire, monogamique, napoléonien, névralgique, nucléonique, obédientiel, œnologique, œsophagien, onomastique, ontologique, ostéalgique, panathénien, paronymique, pédagogique, péremptoire, pharaonique, pigmentaire, pithiatique, pittoresque, plasmatique, platonicien, pneumatique, préfectoral, préposition, probabilité, prolétarien, ptolémaïque, quantitatif, radiculaire, scolastique, sensualiste, soustractif, spasmodique, subrogation, substantiel, successoral, symbiotique, théogonique, typhoïdique, zoroastrien ■ **12** acido-basique, aéronautique, aérostatique, anharmonique, autocratique, bimétalliste, cabalistique, circulatoire, coïncidation, concomitance, convivialité, correspondre, élisabéthain, épicycloïdal, espérantiste, étymologique, géocentrique, glycogénique, gyroscopique, hallstattien, hippiatrique, hydrothermal, hypophysaire, kilométrique, loxodromique, mandibulaire, mésentérique, métrologique, odontalgique, œsophagique, oniromancien, orthopédique, pathogénique, péninsulaire, phagocytaire, photogénique, pointilliste, polyphonique, porcelainier, préciputaire, prémenstruel, productivité, pyrométrique, qualificatif, rationaliste, ressemblance, rétrospectif, sarracénique, sémaphorique, septicémique, simultanéité, sociologique, splanchnique, talismanique, synchronisme, tautologique, tégumentaire, téléphonique, théocratique, thermidorien, vestibulaire, volumétrique ■ **13** accommodateur, apocalyptique, archéologique, atmosphérique, autographique, bathymétrique, chronologique, circonstancié, communication, confessionnel, confraternité, correctionnel, délibératoire, départemental, disciplinaire, embryologique, entomologique, erpétologique, ethnobiologie, eucharistique, exophtalmique, fréquentation, gastronomique, grandissement, grossissement, hématologique, hippophagique, homéopathique, hygrométique, logarithmique, manufacturier, méditerranéen, métallurgique, métamorphique, mortinatalité, obscurantiste, phalanstérien, phrénologique, physiologique, physionomique, plébiscitaire, préhistorique, processionnel, professionnel, psychologique, saint-simonien, séméiologique, sous-traitance, spiritualiste, stéréotomique, tauromachique, télégraphique, tératologique, toxicologique, transformiste, ventriculaire, vestimentaire, xylographique ■ **14** amphictyonique, blennorragique, cartographique, chlorophyllien, correspondance, cosmographique, dynamométrique, ethnographique, génito-urinaire, héliocentrique, identification, lithographique, mélodramatique, mnémotechnique, parenchymateux, péripatéticien, pharmaceutique, photographique, phraséologique, prophylactique, sacrificatoire, spatio-temporel, sténographique, stéréométrique, supraterrestre, thermométrique ■ **15** bactériologique, bibliographique, contemporanéité, cryptographique, diaphragmatique, électrochimique, fluvio-glaciaire, hydrothérapique, interindividuel, jurisprudentiel, lexicographique, ophtalmologique, oxyacétilénique, paléontologique, pharmacologique, sélénographique, sous-préfectoral, spectroscopique, stéréographique, stratigraphique, trigonométrique.

RAPPORTE : **5** idéal ■ **7** jetisse, toilier ■ **8** extrusif, gaullien, iconique, inertiel, jectisse, thétique ■ **9** chartiste, ingresque, involutif ■ **10** cationique, deltoïdien, giottesque, lombo-sacré ■ **11** expiratoire, plasmatique ■ **12** chaplinesque, conjonctival, préconscient, pugilistique ■

13 bucco-dentaire, définitionnel, moyen-oriental ■ 14 phraséologique, proche-oriental, psychométrique.
RAPPORTER : 5 citer ■ 6 donner, porter, rendre ■ 7 annuler, référer, répéter ■ 8 apporter, comparer, convenir, produire, profiter, raconter* ■ 9 consigner, enchaîner, exploiter, non-valeur, soumettre ■ 10 fréquenter, gagne-petit, moissonner, moucharder, rapporteur ■ 11 rapportable ■ 13 profitabilité.
RAPPORTEUR : 6 cafard, espion* ■ 7 cafteur ■ 8 cafetière, casserole, mouchard ■ 11 subrogateur.
RAPPROCHE : 6 voisin ■ 9 congestif, rabattant ■ 11 close-combat.
RAPPROCHEMENT : 7 rapport, réunion*, serrage ■ 8 alliance ■ 9 adduction ■ 11 association, comparaison* ■ 12 rapatronnage.
RAPPROCHER : 5 lofer, plier, tâter ■ 6 fermer, pincer, réunir*, serrer ■ 7 attiser, joindre*, rallier ■ 8 associer, comparer ■ 9 connivent ■ 10 centripète, paronomase, romanisant, ténorisant ■ 11 diamantaire, socialisant ■ 13 perfectionner, rapprochement.
RHAPSODE : 5 poète ■ 9 rhapsodie.
RAPT : 10 enlèvement*.
RAPURE : 4 pané.
RAQUETTE : 5 batte, paume ■ 7 battoir, palette, timbale, triquet ■ 14 presse-raquette.
RARE : 4 néon ■ 5 astre, épars, inouï, mythe, xénon ■ 6 anomal, didyme, épique, rareté, unique ■ 7 anormal, bizarre, curieux, inusité, krypton, signalé ■ 8 dispersé, europium, fréquent, insolite, lanthane, original, précieux, raréfier, rarement, rubidium, samarium ■ 9 clairsemé, phénomène, rarissime, recherche ■ 10 gadolinium, inhabituel, lanthanide ■ 11 inaccoutumé, introuvable, remarquable ■ 12 exceptionnel* ■ 14 extraordinaire*.
RAREFACTION : 11 ostéoporose.
RAREFIE : 9 rarescent.
RAREFIER : 7 réduire ■ 9 rarescent ■ 10 raréfiable ■ 11 raréfaction.
RAREMENT : 9 trente-six.
RARETE : 15 spanioménorrhée.
RAS : 4 égal ■ 5 gazon, rader, raser ■ 7 rasibus.
RASAGE : 10 after-shave.
RASANT : 5 drive ■ 9 bassinant ■ 11 diffraction.
RASCASSE : 7 sébaste ■ 8 scorpène ■ 10 uranoscope.
RASE : 5 barbu.
RASER : 6 couper*, friser, frôler, tondre ■ 7 ennuyer* ■ 8 tonsurer ■ 9 barbifier ■ 10 démanteler.
RASEUR : 4 lame.
RASSASIER : 5 gaver ■ 6 gorger ■ 7 nourrir, remplir, saouler, satiété, saturer ■ 8 abreuver, assouvir, repaître ■ 9 contenter ■ 10 désaltérer, insatiable, satisfaire*, sursaturer ■ 12 ressasiement ■ 13 insatiabilité.
RASSEMBLEMENT : 4 base ■ 5 musée, poche ■ 7 meeting, réunion*, rookery ■ 8 rookerie, roquerie ■ 10 groupement, ralliement ■ 12 attroupement ■ 13 concentration, manifestation.
RASSEMBLER : 6 réunir* ■ 7 drainer, grouper*, joindre*, rallier ■ 8 codifier, rabattre, ramasser, recruter ■ 9 assembler*, attrouper, condenser ■ 10 agglomérer, concentrer, éparpiller, recueillir ■ 13 rassemblement.
RASSERENER : 6 calmer* ■ 7 apaiser*.
RASSIR : 12 rassissement.
RASSIS : 3 dur* ■ 4 posé.
RASSORTIR : 10 réassortir ■ 12 rassortiment ■ 13 réassortiment.

RASSURER: 7 apaiser* ■ 8 consoler ■ 9 rassurant ■ 13 tranquilliser.
RASTA: 10 dreadlocks.
RASTAQUOUERE: 5 rasta ■ 9 intrigant.
RAT: 5 hibou, mulot, raton, xérus ■ 6 chiche, ratier ■ 7 ondatra, potorou, ratière ■ 8 gerboise, ragondin, raticide, surmulot ■ 9 campagnol, dératiser, mangouste ■ 10 musaraigne ■ 11 bull-terrier, mort-aux-rats ■ 12 dératisation.
RATAFIA: 8 rossolis.
RATAGE: 5 loupé.
RATATINE: 8 rabougri.
RATATOUILLE: 4 rata.
RATE: 5 loser ■ 6 manque ■ 8 fressure, splénite ■ 9 splénique ■ 12 splénectomie ■ 13 splénomégalie.
RATEAU: 7 fauchet, fauchon, râtelée, rouable ■ 8 râtisser ■ 9 râtelures.
RATELER: 8 râtelage, râteleur.
RATELIER: 4 dent ■ 7 vautoir ■ 8 doublier.
RATELLE: 8 râteleur.
RATER: 6 louper ■ 7 échouer*, manquer*.
RATIBOISER: 4 tuer ■ 10 approprier.
RATIER: 5 piège.
RATIFICATION: 8 sanction ■ 9 agréation ■ 11 approbation* ■ 12 consécration.
RATIFIER: 9 approuver*, confirmer, consacrer, entériner ■ 10 référendum ■ 11 plébisciter, sanctionner.
RATINER: 9 ratineuse.
RATIOCINER: 9 raisonner* ■ 10 argumenter*.
RATION: 4 part* ■ 7 portion* ■ 8 boujaron ■ 9 rationner ■ 11 rationnaire.
RATIONALISER: 8 codifier ■ 12 rationalisme, rationaliste ■ 15 rationalisation.
RATIONNEL: 8 dyadique ■ 9 cartésien, ergonomie, urbanisme ■ 10 thérapeute ■ 11 philosophie, rationalité ■ 13 taylorisation ■ 15 rationnellement.
RATIONNER: 12 rationnement.
RATISSER: 5 riper ■ 6 racler ■ 7 gratter ■ 9 râtissage.
RATITE: 4 émeu, kiwi ■ 6 casoar, nandou ■ 7 aptéryx ■ 8 autruche.
RATON: 6 racoon.
RATTACHE: 8 davidien ■ 9 ingresque.
RATTACHER: 7 indexer, joindre* ■ 8 brancher, inféoder ■ 9 rapporter, rejoindre.
RATTRAPER: 7 courser ■ 9 recouvrer, rejoindre* ■ 10 raccrocher ■ 11 rattrapable.
RATURER: 5 rayer ■ 6 barrer, biffer, rature ■ 7 effacer ■ 8 corriger*, raturage.
RAUCHAGE: 7 raucher.
RAUCITE: 10 enrouement.
RAUQUE: 6 enroué ■ 7 éraillé ■ 8 guttural, mêlé-cass ■ 11 graillement.
RAUQUER: 5 tigre.
RAUWOLFIA: 9 raubasine.
RAVAGE: 5 ruine* ■ 8 ravageur ■ 10 vampirisme.
RAVAGER: 5 sévir ■ 6 piller*, ruiner ■ 7 désoler ■ 8 détruire, dévaster, infester, saccager ■ 9 fourrager.
RAVALER: 6 abolir, avilir ■ 8 abaisser, ravaleur ■ 9 rabaisser ■ 10 ravalement.
RAVAUDER: 7 réparer* ■ 8 repriser ■ 10 ravaudeuse ■ 11 raccommoder*.

RAVE: 5 radis ■ 7 ravière.
RAVI: 7 content* ■ 8 enchanté ■ 9 triompher.
RAVIGOTER: 7 ranimer* ■ 8 remonter ■ 10 ravigotant.
RAVIN: 6 cavité, chemin, ravine, vallée* ■ 8 barranco ■ 9 précipice ■ 10 ravinement.
RAVINE: 5 ravin ■ 6 cavité ■ 9 cours d'eau.
RAVIR: 4 ôter* ■ 5 proie ■ 6 plaire* ■ 7 charmer*, enlever*, prendre*, séduire* ■ 8 arracher*, emballer ■ 9 enchanter, ravisseur ■ 10 approprier.
RAVISER: 7 changer.
RAVISSANT: 4 beau* ■ 8 charmant*.
RAVISSEMENT: 4 joie* ■ 6 extase ■ 7 bonheur* ■ 9 transport ■ 10 enlèvement.
RAVITAILLEMENT: 5 stand ■ 6 escale ■ 8 baliseur ■ 10 logistique ■ 12 ravitailleur ■ 13 avitaillement.
RAVITAILLER: 7 nourrir ■ 14 approvisionner*, ravitaillement, station-service.
RAVIVER: 7 ranimer* ■ 8 ravivage ■ 10 rafraîchir.
RAY: 6 brûlis.
RAYABLE: 5 plomb.
RAYE: 5 fusil, règle, tigre, zèbre ■ 6 burelé ■ 8 écossais.
RAYER: 6 barrer, biffer, radier, régler, tracer ■ 7 annuler*, bretter, effacer, raturer ■ 8 rayement ■ 9 bretteler ■ 10 quadriller.
RAYON: 1 x ■ 2 uv ■ 3 jet, rai ■ 4 cire, rais, tain ■ 5 alpha, cadre, écran, favus, foyer, lueur, méson, radié, ruche, sinus, terre ■ 6 gaufre, radial ■ 7 actinie, lumière ■ 8 actinite, radiaire, rayonner ■ 9 actinique, hélicoïde, radiation* ■ 10 étincelant, insolation, radiologie ■ 11 anticathode, irradiation, luminescent, pochothèque, radiolésion, radioscopie ■ 12 bétathérapie, polarisation, radiodermite, radiographie, radionécrose, scintigramme ■ 13 radiothérapie ■ 14 actinothérapie ■ 15 radiodiagnostic, röntgenthérapie.
RAYONNEMENT: 7 chaleur*, lumière*, radieux, sievert ■ 8 radiance, roentgen ■ 9 lucimètre, pénétrant, radiolyse ■ 10 photologie ■ 11 photosphère ■ 12 antiatomique, fluorescence, solarigraphe ■ 13 curiethérapie, photobiologie, radio-activité ■ 15 radioprotection.
RAYONNER: 5 jeter ■ 6 darder, lancer ■ 7 briller* ■ 8 irradier ■ 9 rayonnant ■ 11 rayonnement.
RAYURE: 4 raie* ■ 5 bande, rayer ■ 7 zébrure.
RAZ DE MAREE: 7 tempête, tsunami.
RAZZIA: 7 attaque, pillage* ■ 9 incursion.
REABONNER: 12 réabonnement.
REACTEUR: 7 breeder ■ 9 bouilleur ■ 10 biréacteur, divergence ■ 13 surgénérateur ■ 15 surrégénérateur.
REACTIF: 3 var ■ 8 varheure.
REACTION: 3 jet, oxo ■ 4 pile ■ 5 effet*, fluor, fusée ■ 6 enzyme, in vivo ■ 7 anergie, réflexe ■ 8 addition, alcalose, allergie, catergol, chimisme, diastase, kérosène, kérosine, réacteur, stripage ■ 9 biochimie, catalyser, dyscrasie, effecteur, fataliste, ménotaxie, phénotype, propergol, réductase, urticaire, vaccinide ■ 10 divergence, inhibiteur, métabolite, péroxydase, phototaxie, plasmolyse, réactogène ■ 11 catabolisme, conséquence, inémotivité, métabolisme, moteur-fusée, réactionnel, sulfonation, tempérament ■ 12 anallergique, auto-amorçage, béhaviorisme, ciclosporine, comportement, dermographie, inflammation, irréversible, polyaddition, pyrogénation, substitution, urtification ■ 13 aérotechnique, béhaviourisme, cosmobiologie, dermatopti-

que, idiosyncrasie, immunodéprimé, phototactisme, pulsoréacteur, réactionnaire, statoréacteur, turboréacteur ■ 14 dermographisme, éthérification ■ 15 contre-transfert, décarboxylation, désassimilation, électrotropisme, phosphorylation, photopériodisme, psychotechnique, thermonucléaire.
REACTIONNAIRE: 8 réaction.
REACTIVER: 12 réactivation.
REACTIVITE: 13 biomagnétisme.
REACTUALISER: 15 réactualisation.
READAPTER: 12 réadaptation ■ **13** occupationnel.
REAGIR: 8 résister ■ **9** gendarmer, irritable ■ **10** interactif, réactivité, résistance ■ **11** sensibilité ■ **12** irritabilité.
REAGIT: 14 immunotolérant.
REAL: 7 mil-reis.
REALIGNEMENT: 9 réaligner.
REALISABLE: 8 faisable ■ **11** faisabilité.
REALISATEUR: 8 vidéaste.
REALISATION: 5 effet, voisé ■ **8** création* ■ **9** attendant ■ **10** gémination, graduation, production ■ **11** engineering, syndication ■ **12** avant-contrat ■ **13** astronautique ■ **14** coarticulation ■ **15** accomplissement.
REALISE: 12 irréalisable.
REALISER: 5 créer, faire* ■ **6** vendre ■ **7** crypter, remplir, virtuel ■ **8** duplexer, extruder, hybrider, liquider ■ **9** accomplir*, féminiser ■ **10** comprendre, hydrolyser, improbable, réalisable, sintériser ■ **11** éventualité, réalisateur, réalisation ■ **12** désatelliser, irréalisable, matérialiser, personnifier, sensitomètre, vinificateur ■ **13** collisionneur.
REALITE: 4 faux, vrai* ■ **6** vérité* ■ **7** monisme, non-être, vérisme ■ **8** attester, réalisme ■ **9** apparence, démasquer, existence* ■ **10** entéléchie, fabulation, irréaliste, symbolique ■ **11** consistance, désincarner, matérialité, trompe-l'œil ■ **12** matérialisme, objectivisme, panpsychisme, phénoménisme ■ **13** actualisation, subjectivisme ■ **15** substantialisme.
REAMENAGER: 13 réaménagement.
REANIMATION: 10 réanimable ■ **11** réanimateur.
REAPPARAIT: 9 résurgent.
REAPPARAITRE: 7 revenir* ■ **8** alterner, renaître ■ **9** réactiver, récidiver, repousser ■ **11** ressusciter.
REAPPARITION: 6 retour ■ **7** rechute ■ **8** atavisme, émersion, récidive ■ **10** abréaction, émergement, répétition, résurgence ■ **11** vicissitude ■ **12** résurrection, reviviscence.
REARMER: 10 réarmement.
REARRANGEMENT: 9 isomérase.
REASSURANCE: 9 réassurer.
REASSURER: 10 réassureur.
REBARBATIF: 7 brusque*, revêche* ■ **9** acariâtre.
REBATIR: 7 réparer* ■ **9** réédifier ■ **12** reconstruire.
REBATTEMENT: 4 palé ■ **5** barre, fasce ■ **6** coticé ■ **7** burelle, jumelle, losange ■ **8** vergette ■ **9** chevronné, échiqueté ■ **11** contre-fasce.
REBATTU: 3 usé* ■ **6** commun ■ **7** trivial ■ **10** vieillerie.
REBELLE: 5 mutin ■ **8** embauche, indocile* ■ **9** rébellion ■ **15** révolutionnaire.
REBELLER: 7 mutiner ■ **8** insurger, révolter, soulever ■ **11** bouleverser.

REBELLION: 5 grève ■ 6 émeute, fronde, guerre ■ 7 révolte* ■ 8 sédition* ■ 9 jacquerie, mutinerie ■ 10 révolution ■ 11 chouannerie, soulèvement ■ 12 insurrection ■ 14 bouleversement.
REBEQUER: 8 résister*.
REBIFFER: 8 résister* ■ 11 recommencer.
REBOISEMENT: 13 reforestation.
REBOISER: 11 reboisement.
REBOND: 4 lift ■ 6 amorti ■ 9 demi-volée.
REBONDI: 4 dodu, gras*, rond ■ 5 bedon, creux.
REBONDIR: 9 rejaillir ■ 14 rebondissement.
REBONDISSEMENT: 11 conséquence ■ 15 rejaillissement.
REBORD: 4 bord*, orle ■ 5 bande, garde, jatte ■ 6 ourlet ■ 7 bordure*, ganache ■ 8 margelle.
REBOUCHER: 10 rebouchage.
REBOURS: 8 renversé ■ 9 contre-fil ■ 10 contre-pied, contre-poil, contresens ■ 13 rebrousse-poil.
REBOUTEUR: 8 rebouteux ■ 10 guérisseur.
REBROUSSER: 13 rebroussement.
REBUFFADE: 5 refus*.
REBUT: 3 lie ■ 4 vrac ■ 5 écume, refus ■ 6 déchet*, résidu* ■ 7 rancart, strasse ■ 8 dépotoir, racaille ■ 9 effiloche, grenaille ■ 10 maculature.
REBUTANT: 8 nauséeux ■ 10 nauséabond.
REBUTER: 5 rebut ■ 6 solder ■ 7 ennuyer, rejeter ■ 8 dégoûter*, déplaire*, effrayer ■ 9 dédaigner, repousser ■ 10 décourager ■ 11 débarrasser.
RECALCITRANT: 8 indocile*.
RECALE: 6 refusé.
RECALER: 5 buser ■ 7 moffler ■ 8 recalage.
RECAPITULER: 7 résumer* ■ 9 bordereau ■ 13 récapitulatif.
RECARRELER: 11 recarrelage.
RECELER: 5 recel ■ 6 cacher* ■ 8 contenir, receleur ■ 10 recèlement.
RECELEUR: 7 fourgat, fourgue.
RECEMMENT: 4 hier ■ 7 naguère ■ 9 depuis peu ■ 11 fraîchement ■ 12 nouvellement.
RECENSER: 7 compter ■ 9 dénombrer, recenseur ■ 11 recensement.
RECENT: 4 hier, neuf ■ 5 chaud, frais ■ 6 actuel, novice* ■ 7 dernier*, moderne, nouveau*, présent, récence ■ 8 holocène, néophyte, original, saignant ■ 9 actualité ■ 12 contemporain.
RECENTRER: 10 recentrage.
RECEPER: 8 recepage.
RECEPISSE: 4 reçu ■ 13 connaissement.
RECEPTACLE: 4 urne ■ 8 churinga ■ 9 réservoir.
RECEPTEUR: 2 c.b. ■ 5 corti, radio ■ 7 saccule ■ 8 écouteur, sélectif, tonalité ■ 9 audimètre ■ 10 auto-alarme, multinorme, téléviseur ■ 11 réceptivité ■ 12 bétabloquant, transpondeur ■ 13 multistandard ■ 14 organolesptique, propriocepteur, radiorécepteur, radiotélescope ■ 15 extérorécepteur, mécanorécepteur, superhétérodyne.
RECEPTION: 3 thé ■ 5 diffa, doyen, style ■ 6 soirée ■ 7 accueil ■ 8 accolade, audition, cohéreur ■ 9 communion, garde-port ■ 10 hétérodyne ■ 11 garden-party ■ 12 antiparasite, congédiement, omnidirectif, radioamateur, réceptionner ■ 14 préfinancement, réceptionnaire.
RECEPTIONNER: 8 recevoir*.
RECEPTRICE: 14 photorécepteur.
RECESSIVE: 9 mélanisme.

RECETTE: **6** revenu ■ **7** produit ■ **8** receveur ■ **9** box-office, buraliste, rendement ■ **11** pharmacopée.
RECEVOIR: **4** ouïr, voir ■ **5** salon, subir, sucer ■ **6** agréer, capter, écoper, gagner, palper, quêter, sentir ■ **7** adopter, coopter, essuyer, hériter, initier, obtenir*, prendre, refuser, toucher, traiter ■ **8** accepter, admettre, attraper, empaumer, empocher, éprouver, festoyer, héberger, réceptif, receveur, repêcher, souffrir ■ **9** communier, consulter, éconduire, embarquer, embourser, emprunter, encaisser, percevoir, récepteur, réception, recevable, recouvrer, reprendre, supporter, triompher ■ **10** accueillir, collecteur, condenseur, recueillir* ■ **11** hospitalité, réceptivité ■ **12** consultation, inadmissible, réceptionner, recevabilité ■ **13** récipiendaire ■ **14** suggestibilité, irrecevabilité.
RECHAMPIR: **13** rechampissage.
RECHANGE: **5** drome.
RECHAPER: **9** rechapage.
RECHAPPER: **8** échapper.
RECHARGER: **8** chargeur ■ **12** rechargeable, rechargement.
RECHAUD: **5** lampe ■ **9** pharillon ■ **10** camping-gaz, cassolette ■ **12** chauffe-plats.
RECHAUFFER: **6** revenu ■ **7** ranimer, recuire ■ **8** rebrûler ■ **11** réchauffage ■ **13** réchauffement.
RECHAUSSER: **13** rechaussement.
RECHE: **4** rude* ■ **7** rugueux.
RECHERCHE: **3** u.e.r., u.f.r. ■ **4** tiré ■ **5** couru, essai, piste, primé, revue ■ **6** apprêt, examen, fla-fla ■ **7** affecté, enquête*, manière, négligé, station ■ **8** adoniser, cavaleur, cultisme, onanisme, phraseur, sobriété, stylisme, truffier ■ **9** afféterie, chemineau, chercheur, dépistage, docimasie, épicurien, excursion, idéalisme, japoniste, tourmenté, truculent ■ **10** démarchage, hygrophile, laborantin, pathogénie, phylogénie, technopole ■ **11** affectation, donjuanisme, cavernicole, compétition, hémoculture, inquisition, laborantine, laboratoire, musicologie, observation, phylogenèse, prétentieux, prospection, rabdomancie, raffinement*, singularité, sophistiqué, spéculation, tâtonnement ■ **12** autoérotisme, comparatisme, disquisition, élucubration, étymologiste, perquisition, rhabdomancie, scipophilie, statisticien ■ **13** hydrogéologie, investigation, technoscience ■ **14** action research, astronauticien, documentaliste ■ **15** perfectionnisme, recherche-action.
RECHERCHER: **6** courir, quêter ■ **7** briguer, draguer, mendier ■ **8** chercher*, enquérir, enquêter, éplucher, fouiller, maniérer ■ **9** compulser, courtiser, recherche ■ **10** documenter, poursuivre*, prospecter ■ **11** ambitionner, investiguer ■ **15** perquisitionner.
RECHIGNER: **6** bouder, bourru ■ **8** murmurer, renâcler, renifler ■ **12** rechignement.
RECHUTE: **8** récidive, retomber.
RECIDIVE: **11** récidivisme, récidiviste.
RECIDIVER: **7** rechute, refaire, répéter ■ **8** récidive, réitérer ■ **10** récidivant, récidivité ■ **11** récidiviste.
RECIF: **6** écueil ■ **7** récifal ■ **15** désappointement.
RECIPIENT: **3** pot, têt ■ **4** auge, bain, bock, cuve, roui, seau, urne, test, vase* ■ **5** baste, bidon, boîte, canne, chope, godet, jauge, lampe, marli, moque, panse, verre ■ **6** ballon, bassin, berthe, gourde, moufle, ravier, saloir, seille, tagine, taline, touque ■ **7** baraque, braséro, burette, creuset, cuvette, encrier, gobelet, lampion, marmite, piscine, terrine, théière, thermos, tinette, tonneau ■ **8** bénitier, beurrier, cen-

drier, conserve, crachoir, estagnon, fait-tout, fontaine, fromager, jerrican, jerrycan, lave-tête, œufrier, potiquet, poubelle, puisette, ramequin, saladier, saunière, soupière, vaisseau, verseuse ■ **9** autoclave, bain-marie, calebasse, caserette, chaudière, culbuteur, échaudoir, étouffoir, faisselle, mouilloir, pincelier, réservoir, tisanière, vaisselle ■ **10** bouilloire, bouillotte, condenseur, cubitainer, lessiveuse, macérateur, paludarium, porte-savon, sorbetière, turbotière ■ **11** antiadhésif, confiturier ■ **12** chocolatière, vaporisateur ■ **13** cristallisoir ■ **14** rafraîchisseur, rafraîchissoir.

RECIPROCITE: **2** ré ■ **7** échange ■ **8** entraide ■ **9** réciproque ■ **10** alternance ■ **11** balancement, corrélation, interaction ■ **12** intersection, reconvention ■ **14** correspondance ■ **15** interdépendance.

RECIPROQUE: **5** entre ■ **6** mutuel, osmose ■ **7** alterné ■ **8** échanger ■ **9** bilatéral, démixtion, respectif, solidaire, vice versa ■ **10** corrélatif ■ **11** intercourse, réciprocité ■ **12** mutuellement ■ **14** réciproquement ■ **15** synallagmatique.

RECIPROQUER: **6** réagir ■ **8** échanger, renvoyer, revaloir, succéder ■ **9** rétorquer, retourner ■ **10** rétrocéder.

RECIT: **4** saga ■ **5** conte*, fable, mythe, roman ■ **6** détail, épopée, jataka ■ **7** légende, rapport, version ■ **8** anecdote, apologue, broderie, histoire*, racontar, raconter, relation ■ **9** chronique, narration, rapporter ■ **10** exposition ■ **11** chantefable, étiologique, historiette, paillardise.

RECITAL: **7** concert.

RECITATIF: **3** air ■ **5** opéra, récit ■ **7** mélopée.

RECITER: **4** dire ■ **7** ânonner, débiter ■ **8** déclamer, récitant ■ **9** prononcer, récitatif ■ **10** psalmodier, récitation ■ **11** monologuer.

RECLAMATION: **5** appel, grève, tollé ■ **7** demande, plainte*, requête ■ **9** réclamant ■ **10** instance ■ **12** contestation, intercession, protestation ■ **13** récrimination*, revendication.

RECLAME: **9** partageux, publicité*.

RECLAMER: **5** crier ■ **6** exiger* ■ **7** appeler, récrier, répéter, vouloir ■ **8** demander*, implorer, insister, plaindre*, requérir ■ **9** contester, protester* ■ **10** intercéder, récriminer*, redemander, solliciter ■ **11** réclamation, revendiquer.

RECLASSEMENT: **9** patronage.

RECLASSER: **12** reclassement.

RECLURE: **8** enfermer.

RECLUSION: **14** emprisonnement*, réclusionnaire.

RECOIN: **4** coin ■ **5** repli.

REÇOIT: **8** enseigné ■ **11** codonataire.

RECOLER: **8** vérifier ■ **10** récolement.

RECOLLER: **9** recollage ■ **10** agglutiner ■ **11** recollement.

RECOLTE: **4** dîme ■ **5** palus, vinée ■ **6** annonce, saison ■ **7** glandée, moisson, rentrée, verdage ■ **8** alfatier, fenaison, métayage, récolter, vendange ■ **9** olivaison, olivettes, partiaire, rendement ■ **10** cornpicker, cueillette ■ **11** vendangerot ■ **13** saisie-brandon.

RECOLTER: **8** cueillir, ramasser ■ **9** récolteur, vendanger ■ **10** moissonner, recueillir* ■ **11** corn-sheller.

RECOMMANDABLE: **8** salopard ■ **9** estimable.

RECOMMANDATION: **5** appui ■ **6** piston ■ **7** conseil* ■ **8** auspices ■ **9** apostille ■ **10** recommandé, références ■ **11** exhortation ■ **13** avertissement.

RECOMMANDER: **5** aider, prier ■ **7** appuyer, avertir, engager, exciter, prêcher ■ **8** exhorter, prémunir, prévenir, protéger, soutenir ■

9 commander, favoriser, patronner, pistonner ■ 10 apostiller, conseiller*, intéresser, préconiser ■ 13 précautionner ■ 14 recommandation.
RECOMMENCER: 5 biner ■ 6 bisser, copier, imiter ■ 7 doubler, refaire*, répéter*, revenir, tripler, trisser ■ 8 réitérer, remarier, remettre, rentamer, retomber, revenez-y ■ 9 récidiver, redevenir, redoubler, reprendre ■ 10 multiplier, renouveler, reproduire ■ 14 recommencement.
RECOMPENSE: 3 don ■ 4 prix* ■ 5 césar, coupe, oscar, prime, saint ■ 6 mérite, tribut ■ 7 diplôme, honneur, mention, rostral, salaire ■ 8 accessit, couronne, délation, médaille, palmarès, sanction ■ 9 indemnité, méritoire ■ 10 décoration ■ 11 récompenser, rétribution ■ 12 compensation, rémunération ■ 13 gratification.
RECOMPENSER: 5 payer ■ 7 lauréat, mériter, rosière ■ 8 décerner ■ 9 compenser, couronner, gratifier, rémunérer, rétribuer ■ 10 dédommager, distribuer, indemniser ■ 11 reconnaître.
RECOMPLETER: 11 maintenance.
RECOMPOSER: 12 recomposable, reconstituer ■ 13 recomposition.
RECONCILIATION: 6 pardon ■ 9 méditation ■ 13 rapprochement ■ 14 raccommodement.
RECONCILIER: 6 réunir ■ 7 apaiser ■ 8 accorder, défâcher, remettre ■ 9 désaigrir, pardonner, rapatrier, replâtrer ■ 10 accommoder, rabibocher, rappointer, rapprocher ■ 11 fraterniser, raccommoder ■ 12 désenvenimer, rapapilloter ■ 13 réconciliable ■ 14 réconciliateur ■ 15 irréconciliable.
RECONDUIRE: 6 bouler ■ 10 reconduite, réintégrer ■ 12 raccompagner.
RECONDUIT: 13 reconductible.
RECONFORTANT: 7 cordial ■ 10 fortifiant.
RECONFORTER: 8 consoler*, remonter ■ 9 réconfort ■ 12 réconfortant.
RECONNAISSANCE: 3 tag ■ 4 aveu, reçu ■ 5 merci, payer* ■ 6 gnosie, obligé ■ 8 croiseur, scout-car ■ 9 confondre, gratitude ■ 10 contrition, obligation, récompense ■ 11 ingratitude, récognition ■ 12 consentement, remerciement, résipiscence ■ 13 reconnaissant.
RECONNAITRE: 5 passe, payer, punir, tâter ■ 6 amusie, avouer, dénier, parler, sonder, trahir ■ 7 accuser, déviner, refuser ■ 8 accepter, accorder, admettre, concéder, convenir, déclarer, déguster, dénoncer, orienter, ratifier, remettre, répondre, revaloir ■ 9 biseauter, confesser, consentir, contester, décharger, démasquer, désavouer, discerner, disculper, légitimer, professer, remercier, remémorer, retrouver ■ 10 accréditer, acquiescer, convaincre, distinguer, ensaisiner, homologuer, identifier ■ 11 déboutonner, méconnaître, récompenser, signalement ■ 14 idéologisation, méconnaissable, reconnaissable, reconnaissance.
RECONNU: 5 avéré ■ 10 récognitif ■ 13 représentatif.
RECONQUERIR: 10 reconquête.
RECONSIDERER: 6 revoir ■ 9 réétudier.
RECONSOLIDER: 15 reconsolidation.
RECONSTITUANT: 5 morue ■ 10 fortifiant.
RECONSTITUER: 7 amortir ■ 8 rechaper ■ 9 remailler ■ 10 remmailler ■ 14 reconstitution.
RECONSTITUTION: 8 bruitage ■ 9 néoblaste ■ 10 ravalement ■ 12 régénération, remnographie ■ 14 périnéographie.
RECONSTRUCTION: 10 anastylose.
RECONSTRUIRE: 9 réfection ■ 14 reconstruction ■ 15 hypercorrection.

RECONVENTION: **15** reconventionnel.
RECONVERSION: **11** reconvertir.
RECOPIER: **12** papier-calque ■ **15** expéditionnaire.
RECOQUILLER: **14** recoquillement.
RECORD: **9** recordman ■ **11** performance.
RECORDER: **7** répéter ■ **9** recordage.
RECOUPE: **5** griot.
RECOUPEMENT: **8** recouper.
RECOUPER: **9** recoupage.
RECOURBE: **4** houe ■ **5** râble, serpe ■ **6** courbe, crochu ■ **9** cimeterre ■ **10** crampillon, recourbure ■ **11** bec-de-corbin.
RECOURBER: **12** recourbement.
RECOURIR: **11** paritarisme.
RECOURS: **4** user, voie ■ **5** appel ■ **7** pourvoi ■ **8** forclore, recourir ■ **9** ressource ■ **10** opposition, récursoire.
RECOUVERT: **7** bimétal ■ **9** téflonisé.
RECOUVREMENT: **6** klippe, rachat, zétète ■ **7** recette, rentrée ■ **10** percepteur, perception ■ **11** affacturage ■ **12** enchevaucher ■ **13** enchevauchure.
RECOUVRER: **6** ravoir ■ **7** dégager, toucher ■ **8** regagner, repêcher, rétablir ■ **9** percevoir, rattraper, récupérer, rempocher, réoccuper, reprendre, ressaisir, retrouver* ■ **11** reconquérir, recouvrable, réhabiliter ■ **12** recouvrement ■ **13** irrécouvrable.
RECOUVRIR: **5** dorer ■ **6** étamer, tuiler ■ **7** cadmier, chromer, couvrir*, enfouir, engober, enrober, guniter, joncher, plaquer, rétamer, revêtir*, zinguer ■ **8** capsuler, déguiser, enterrer, moquette, nickeler, parsemer, platiner ■ **9** couvre-lit, encroûter endossure, ensoufrer, imbriquer, moquetter, replâtrer, surglacer ■ **10** chevaucher, envelopper*, galvaniser, goudronner, recouvrage, terreauter ■ **11** cache-entrée.
RECREATION: **3** jeu ■ **4** fête ■ **5** préau ■ **6** déduit, partie ■ **7** plaisir ■ **8** partouse ■ **9** amusement* ■ **10** passe-temps ■ **11** distraction ■ **12** réjouissance ■ **14** divertissement*.
RECREER: **5** jouer ■ **6** amuser* ■ **8** divertir ■ **9** récréatif ■ **12** divertissant.
RECREPIR: **12** récrépissage.
RECRIER: **9** protester*.
RECRIMINATION: **4** haro, huée ■ **5** tollé ■ **8** reproche ■ **9** doléances, grognerie ■ **11** criaillerie, réclamation* ■ **14** récriminatoire.
RECRIMINER: **4** huer ■ **5** crier ■ **7** accuser, rejeter ■ **8** injurier, réclamer*, répondre, riposter ■ **9** clabauder, criailler, protester*, redarguer, rétorquer ■ **10** déblatérer, reconvenir ■ **13** récriminateur, récrimination.
RECRIRE: **6** copier.
RECROQUEVILLER: **9** rabougrir, resserrer ■ **10** contracter.
RECRU: **3** las*.
RECRUDESCENCE: **6** regain ■ **9** augmenter ■ **12** exacerbation.
RECRUE: **5** école ■ **6** membre, soldat ■ **8** conscrit, partisan, recruter ■ **10** bleusaille.
RECRUTEMENT: **4** sort ■ **8** landwehr, racollage ■ **9** landsturm, recruteur ■ **10** agrégation, cooptation ■ **12** conscription.
RECRUTER: **7** engager*, racoler ■ **9** rabatteur, recruteur ■ **11** recrutement.
RECTANGLE: **5** barge, chape, fiche, hamac, jeton ■ **8** billette, cylindre, parpaing ■ **9** écoutille ■ **10** archipompe, fourchette ■ **11** histogramme ■ **13** rectangulaire.

RECTANGULAIRE : **6** blindé ■ **7** mégaron ■ **8** étampure.
RECTEUR : **7** intrant ■ **8** rectoral, rectorat ■ **11** vice-recteur.
RECTIFICATION : **5** enfin ■ **9** c'est-à-dire ■ **10** correction*.
RECTIFIER : **6** revoir ■ **8** corriger* ■ **9** diamanter, redresser* ■ **11** rectifiable, rectifieuse ■ **12** contrepasser, rectificatif.
RECTITE : **8** proctile.
RECTITUDE : **4** faux ■ **8** droiture* ■ **9** redresser.
RECTO : **4** page, rôle ■ **5** verso ■ **13** opisthographe.
RECTUM : **4** anus* ■ **6** rectal ■ **7** rectile ■ **10** rectoscope ■ **11** proctologie, recto-colite ■ **12** suppositoire.
REÇU : **5** primé ■ **6** acquit ■ **7** baptisé, recette, tonsuré ■ **8** décharge ■ **9** bienvenir, quittance, récépissé, recevable ■ **10** facturette ■ **14** reconnaissance.
RECUEIL : **3** ana ■ **4** code, veda ■ **5** album, atlas, bible, codex, divan, livre*, musée, pénal, revue, souna, sunna, titre, varia ■ **6** centon, corpus, isopet, manuel, silves, sounna, talmud, ysopet ■ **7** digeste, fablier, mélange, solfège ■ **8** analecte, armorial, bêtisier, colliger, magazine, psautier ■ **9** almageste, catalogue, chartrier, chronique, coutumier, florilège, pandectes, rhapsodie, romancero, sottisier, spicilège ■ **10** anthologie, cartulaire, collection, formulaire, institutes, légendaire, répertoire ■ **11** chansonnier, pharmacopée, sermonnaire ■ **12** capitulaires, dictionnaire, encyclopédie ■ **13** chrestomathie, questionnaire.
RECUEILLE : **10** anecdotier.
RECUEILLEMENT : **9** recueilli ■ **11** componction.
RECUEILLIR : **5** lever, subir, tirer ■ **6** glaner, pêcher, penser, quêter ■ **7** amasser, hériter, picorer, prendre, replier, retirer, trouver ■ **8** cueillir, éprouver, marauder, ramasser, recevoir*, récolter, retraite, succéder ■ **9** aéroscope, assembler, percevoir, récupérer, supporter ■ **10** grappiller, herboriser, moissonner ■ **11** anecdotiser ■ **12** récollection ■ **13** recueillement ■ **14** représentation.
RECUIT : **9** casilleux.
RECUL : **5** drift, repli, rétro ■ **7** reculée ■ **8** reculade, retraite ■ **9** récession ■ **10** distancier, régression ■ **11** perspective ■ **13** distanciation ■ **14** rétrogradation.
RECULE : **4** haut ■ **5** temps ■ **7** éloigné* ■ **11** enfoncement.
RECULER : **5** caler, caner, céder*, culer, plier, recul, rétif ■ **6** battre, lâcher, perdre, rompre ■ **7** piaffer ■ **8** flancher, reculade, reculons, refouler, renoncer*, retarder ■ **9** repousser ■ **10** abandonner*.
RECUPERATION : **8** épaviste ■ **12** dégazolinage.
RECUPERER : **9** rapercher, recouvrer*, reprendre, retrouver* ■ **11** récupérable ■ **12** cannibaliser, récupérateur, récupération, retraitement ■ **13** irrécupérable.
RECURER : **8** nettoyer*, récurage, récureur.
RECURRENT : **10** récurrence.
RECURSIF : **11** récursivité.
RECUSER : **9** récusable, repousser ■ **10** récusation ■ **11** irrécusable ■ **12** irréfragable.
RECYCLAGE : **8** recycler.
RECYCLER : **10** recyclable.
REDACTEUR : **8** actuaire, échotier ■ **9** rédaction ■ **11** journaliste.
REDACTION : **4** desk ■ **5** blanc, écrit, selon, texte ■ **6** rédigé, résumé ■ **7** article ■ **8** décemvir, original, scénario ■ **9** narration ■ **10** conception, expression ■ **11** avant-projet, composition, élaboration ■ **12** dissertation*, rédactionnel ■ **13** amplification.

REDAN : **6** redent ■ **7** redenté ■ **8** demi-lune.
REDDITION : **12** capitulation.
REDEMANDER : **8** réclamer.
REDEMARRER : **11** redémarrage.
REDEMPTION : 5 merci ■ **6** rachat* ■ **13** universalisme ■ **14** réhabilitation.
REDENT : **5** redan.
REDEPLOIEMENT : **10** redéployer.
REDEVABLE : **5** reste, tenir ■ **6** obligé.
REDEVANCE : **4** cens, dîme, fief, lods ■ **5** alleu, serfs ■ **6** annate, auteur, charge, fouage ■ **7** fermage, fortage, royalty ■ **8** afféager, foretage, tènement ■ **9** arrérager, royalties ■ **10** tréfoncier.
REDEVENIR : **8** rajeunir, reverdir ■ **9** refleurir, rembrunir, reprendre, ressaisir ■ **11** rengraisser.
REDIFFUSER : **11** rediffusion.
REDIGER : **6** écrire* ■ **7** dresser, répéter ■ **8** composer, élaborer, formuler, libeller, réécrire ■ **9** concevoir, grossoyer, rédacteur, rédaction ■ **10** construire, secrétaire ■ **12** instrumenter.
REDIMER : **10** affranchir.
REDINGOTE : **6** lévite ■ **7** carrick ■ **10** soutanelle.
REDIRE : **5** rimer ■ **6** redite ■ **7** bégayer, radoter, répéter, seriner ■ **8** rabâcher, rappeler, réitérer ■ **9** critiquer, épiloguer, rapporter ■ **10** récriminer ■ **11** récapituler.
REDISTRIBUER : **10** transferts ■ **14** redistribution.
REDITE : **10** répétition.
REDONDANCE : **4** abus ■ **13** superfétation.
REDONNER : **5** payer ■ **6** donner, rendre* ■ **7** ranimer, recéder, réparer ■ **8** raffûter, remettre, revaloir ■ **9** compenser, restaurer, restituer, retremper, revigorer ■ **10** réintégrer, rembourser, rétrocéder ■ **11** réconforter, réhabiliter ■ **12** ragaillardir ■ **13** remilitariser.
REDOUBLANT : **8** doublant.
REDOUBLE : **8** doubleur.
REDOUBLEMENT : **10** exaltation ■ **12** exacerbation, reduplicatif.
REDOUBLER : **9** augmenter*.
REDOUTABLE : **4** ours, rude ■ **8** terrible* ■ **14** redoutablement.
REDOUTE : **3** bal.
REDOUTER : **8** craindre* ■ **11** appréhender.
REDRESSER : **5** lever, valve ■ **7** cambrer, quiller, relever* ■ **8** aplomber, corriger*, dévoiler, kénotron, réformer, resingle ■ **9** corrigeur, défausser, dégauchir, rectifier, ressource, thyratron ■ **12** redressement.
REDRESSEUR : **6** tungar ■ **8** ignitron ■ **9** phanatron, thyrister ■ **13** horripilateur ■ **15** donquichottisme.
REDUCTION : **3** net ■ **5** dolby ■ **6** remise ■ **7** pairage ■ **8** quartage ■ **9** déflation, déplétion, raccourci, réfaction, ristourne ■ **10** compactage, conversion, dégagement, diminution*, imputation, modération, quadrature, regrattier, résolution ■ **11** commutation, compression, contraction, désarmement, granulation, habituation ■ **12** désoxydation ■ **13** calciothermie, hydroxylamine, micronisation, réductibilité ■ **14** axiomatisation, caramélisation, oxydoréduction ■ **15** magnésiothermie, miniaturisation.
REDUCTIONNISME : **14** réductionniste.
REDUIRE : **5** émier, filer, râper ■ **6** broyer, coller, grener, gruger, moudre, tasser ■ **7** abréger*, changer, débiter, défiler, égruger, féculer, gracier, léviger, museler, obliger, quarter, ramener, tribart ■

8 abaisser, asservir, atomiser, désarmer, diminuer*, effriter, émietter, rabattre, raréfier, résoudre, triturer ■ **9** amoindrir, annihiler, comprimer, condamner, condenser, confondre, convertir, désoxyder, dissoudre, effriter, incinérer, lubrifier, minimiser, rattraper, réduction, renfermer, résoudre, scorifier, soumettre, subjuguer, surmonter ■ **10** bâillonner, cataplasme, charbonner, concentrer, contracter, fragmenter, grenailler, pulvériser, réductible, vassaliser ■ **11** axiomatiser, contraindre, désétatiser, hypostasier, minimaliser, monopoliser, restreindre*, transformer ■ **12** antifriction, antiulcéreux, caillebotter, démultiplier, homogénéiser, irréductible, systématiser ■ **13** antinataliste, décompresseur, sacrification ■ **14** incompressible, réductionnisme ■ **15** prolétarisation.

REDUIT: **5** abois, à quia, ilote, niche, soute ■ **6** bunker, cagibi, corral, serdah ■ **7** galetas, redoute ■ **8** dégriffé, maquette, soupente ■ **9** coercible, défileuse, demi-solde, demi-tarif, malléable, modélisme, végétatif ■ **10** concertino ■ **11** pulvérulent, schématique ■ **13** microcassette, profilographe ■ **15** compressibilité.

REECRITURE: **12** novélisation.

REEDIFIER: **13** réédification.

REEDUQUER: **11** rééducation.

REEL: **4** fait, vain, vrai* ■ **5** chose, cours, temps ■ **6** déréel, fictif, solide ■ **7** certain*, concret, évident, positif*, réalité, sérieux, surréel ■ **8** dadaïsme, effectif, fabuleux, réaliser, référent, tangible ■ **9** irréalité, véritable ■ **10** hypothèque, irréalisme, irréaliste, panlogisme, télépathie ■ **11** reconnaître, surréalisme.

REELIGIBLE: **13** rééligibilité.

REELLEMENT: **4** réel ■ **13** effectivement, véritablement ■ **14** matériellement.

REEMPTION: **6** rachat.

REENSEMENCER: **15** réensemencement.

REEQUILIBRER: **13** rééquilibrage.

REER: **5** raire.

REESCOMPTE: **8** bancable ■ **9** banquable.

REESSAYER: **9** ressayage ■ **10** réessayage.

REEXAMINER: **6** revoir ■ **11** disjonction.

REEXPEDIER: **9** retourner.

REEXPORTER: **13** réexportation.

REFAIRE: **7** répéter*, stopper ■ **8** rebattre, rebiffer, refondre, réitérer, remettre, repiquer, repriser, rétablir, retondre ■ **9** rapointir, rapparier, récidiver, réfection, rempiéter, restaurer ■ **10** rappointer, renouveler ■ **11** recommencer*, rejointoyer ■ **12** rhinoplastie.

REFAIT: **6** marron.

REFECTION: **13** digitoplastie.

REFECTOIRE: **4** cène, mess ■ **6** popote ■ **7** cambuse, cantine ■ **8** cantoche ■ **9** lave-mains.

REFENDU: **8** chanlate ■ **9** chanlatte ■ **10** bourdillon.

REFERENCE: **6** atypie, renvoi* ■ **11** coordonnées.

REFERENDUM: **4** vote* ■ **10** plébiscite.

REFERMER: **5** volet.

REFERER: **7** imputer.

REFLECHI: **3** mûr ■ **4** posé, sage* ■ **6** mesuré, rassis ■ **7** pondéré, prudent* ■ **8** délibéré ■ **9** prémédité ■ **10** antireflet, irréfléchi, réflexible ■ **11** raffinement ■ **12** intentionnel ■ **13** réflexibilité.

REFLECHIR: **4** tain ■ **5** luire, peser, rêver ■ **6** aviser, penser*, réagir ■ **7** cogiter, méditer, rentrer, replier, revenir, ruminer ■ **8** calculer, chatoyer, combiner, examiner, machiner, miroiter, observer, pénétrer, rebondir, refléter, renvoyer, repenser, ricocher, spéculer, supputer ■ **9** abstraire, commenter, délibérer, envisager, gamberger, héliostat, raisonner, rejaillir, remarquer, ressasser, retourner ■ **10** concentrer, considérer, papilloter, phosphorer, préméditer, recueillir, réflecteur, répercuter, réverbérer ■ **11** approfondir, inconsidérer ■ **13** réfléchissant.

REFLECHISSANT : 11 délinéateur.

REFLECTEUR : 8 abat-jour ■ **9** cataphote, réverbère.

REFLET : 5 moire, opale ■ **6** satiné ■ **7** briller, moirage ■ **9** chatoyant, étinceler, flamboyer, irisation ■ **10** œil-de-chat ■ **11** chatoiement, opalescence ■ **12** rougeoiement ■ **13** gorge-de-pigeon.

REFLEXE : 9 aréflexie, autotomie, réflectif ■ **11** agrippement, habituation, réflexogène ■ **12** psychomoteur, réflexologie ■ **14** grasping-reflex.

REFLEXION : 4 trac ■ **5** foyer, radar ■ **6** aparté, reflet ■ **7** étourdi ■ **8** dissiper, gamberge, instinct, mûrement, réaction, réfléchi, ricochet ■ **9** attention, commenter, élucubrer, moraliser, sciemment ■ **10** cogitation, indélibéré, méditation* ■ **11** aveuglement, catoptrique, inconsidéré, irréflexion, lapalissade ■ **12** délibération ■ **13** inconséquence, réverbération ■ **14** rebondissement ■ **15** rejaillissement.

REFLUER : 7 retirer, revenir ■ **8** regorger.

REFLUX : 3 èbe ■ **4** duit, ebbe, flot ■ **5** marée ■ **6** baisse, jusant ■ **7** retrait.

REFONTE : 9 vergeoise.

REFORMATION : 12 regénération.

REFORME : 8 croisade, ministre ■ **10** changement*, protestant, réformable, réformette, réformiste ■ **11** réformateur, réformation ■ **13** sacramentaire.

REFORMEE : 13 réligionnaire.

REFORMER : 7 changer* ■ **8** corriger* ■ **9** redresser ■ **12** irréformable.

REFORMISTE : 9 chartisme.

REFOUILLER : 13 refouillement.

REFOULEMENT : 7 censure ■ **10** abréaction ■ **11** frustration.

REFOULER : 5 pompe ■ **6** bannir ■ **7** chasser*, pousser, rentrer ■ **8** chassoir ■ **9** refouloir, repousser* ■ **10** concentrer, dudgeonner, pulsomètre ■ **11** refoulement.

REFRACTAIRE : 3 têt ■ **4** test ■ **7** casette, cazette ■ **8** indocile*, réceptif ■ **9** immuniser ■ **10** insermenté ■ **12** superalliage ■ **13** obscurantisme.

REFRACTER : 10 réfracteur, réfringent ■ **11** réfringence.

REFRACTION : 5 foyer ■ **7** parélie ■ **8** parhélie ■ **10** dioptrique, optométrie ■ **11** réfrangible ■ **12** biréfringent, diacoustique ■ **13** réfractomètre.

REFRACTOMETRE : 9 optomètre.

REFRAIN : 8 flonflon, lanlaire ■ **10** répétition, turlurette ■ **11** ritournelle.

REFRANGIBLE : 10 infrarouge ■ **13** irréfrangible ■ **14** réfrangibilité.

REFRENE : 7 contenu.

REFRENER : 7 enrayer ■ **8** réprimer* ■ **11** refrènement.

REFRIGERANT : 5 froid ■ **8** ammoniac, cryogène ■ **12** organochloré.

REFRIGERATEUR : 7 freezer ■ **8** glaciaire ■ **10** frigidaire.

REFRIGERATION : 5 froid ■ **9** réfrigéré ■ **10** réfrigérer.

REFRIGERER : 11 frigorifier ■ **13** réfrigérateur.

REFRINGENT : 5 flint ■ **10** flint-glass.

REFROIDIR : **5** froid ■ **6** tiédir ■ **8** attiédir ■ **10** rafraîchir, réfrigérer ■ **15** refroidissement.
REFROIDISSEMENT : **6** tapure ■ **8** pyralène ■ **9** étenderie ■ **12** autotrempant.
REFUGE : **4** abri* ■ **5** asile, fuite ■ **7** recours ■ **8** retraite* ■ **9** ressource ■ **10** accueillir ■ **11** baraquement.
REFUGIE : **10** boat people.
REFUGIER : **7** enfouir.
REFUS : **3** non ■ **4** défi, déni, veto ■ **5** grève, nenni, rebut ■ **6** défaut ■ **7** négatif ■ **8** contumax, lanturlu, négation, négative ■ **9** contumace, rebuffade ■ **10** résistance ■ **11** négativisme, neutralisme ■ **12** consentement ■ **13** inacceptation, non-alignement.
REFUSE : **10** areligieux.
REFUSER : **5** refus, ruser ■ **6** coller, dénier, priver, renier ■ **7** étendre, recaler, récuser, retaper ■ **8** accepter, décliner, rebeller, rebiffer, regimber, renâcler, résister ■ **9** contester, désavouer, éconduire, objecteur, refusable, remercier, repousser ■ **11** blackbouler.
REFUTATION : **7** réponse ■ **11** confutation.
REFUTE : **14** falsifiabilité.
REFUTER : **4** nier ■ **7** vaincre ■ **8** attaquer, irréfuté, renvoyer, répondre ■ **9** confondre, réfutable, répliquer, repousser, rétorquer ■ **10** contredire*, invincible, pulvériser, réfutation ■ **11** irréfutable.
REGAGNER : **9** rattraper, recouvrer*, reprendre.
REGAIN : **13** recrudescence.
REGAL : **6** festin* ■ **7** plaisir ■ **9** bienvenue.
REGALER : **6** amuser ■ **7** traiter ■ **8** délecter*, malmener, régalade, régalage, régalant ■ **10** régalement.
REGARD : **3** vue ■ **4** œil ■ **5** atone, phase, torve ■ **6** flamme ■ **7** vis-à-vis ■ **8** agacerie, ci-contre, inaperçu, œillade ■ **9** coup d'œil, spectacle ■ **10** exposition ■ **11** comparaison.
REGARDER : **4** voir* ■ **5** avoir, épier, fixer, mater, mirer, piger, tenir, viser ■ **6** avaler, chiche, toiser ■ **7** admirer, briller, guetter, guigner, lorgner, loucher, shoping, toucher, zieuter, zyeuter ■ **8** bornoyer, examiner*, fasciner, observer*, pénétrer, reluquer, repaître, ribouler, shopping ■ **9** concerner, dédaigner, dévisager, envisager, espionner, étinceler, flamboyer, inspecter, regardant, regardeur, remarquer, retourner, visionner ■ **10** considérer, contempler, surveiller ■ **13** rétrospection, entreregarder.
REGARNIR : **9** remeubler ■ **11** recouponner.
REGATE : **7** caneton ■ **8** régatier ■ **12** lofing-match.
REGENCE : **6** bailie.
REGENERATION : **11** renaissance.
REGENERER : **7** ranimer* ■ **8** corriger ■ **12** régénérateur.
REGENT : **4** bail, roué ■ **5** baile, bayle ■ **8** régendat ■ **10** protecteur.
REGENTER : **7** diriger* ■ **9** commander*.
REGIE : **5** tabac ■ **9** monarchie.
REGIMBER : **4** ruer ■ **8** indocile*, rebiffer, résister ■ **9** regimbeur ■ **11** regimbement.
REGIME : **5** datte, diète, dotal, régir, reich, siège ■ **7** urgence ■ **8** autarcie, dyarchie, fascisme, tsarisme ■ **9** cyclamate, loyalisme, politique, turbulent ■ **10** communauté, orléanisme, soviétiser, terrorisme ■ **11** apériodique, autoréglage, capitalisme, caporaliser, caporalisme, domanialité, emballement, nivo-pluvial, semi-liberté, totalitaire, transhumant ■ **12** gouvernement*, présidentiel ■ **13** hypocalorique, nivoglaciaire, synchronisateur, totalitarisme ■ **15** parlementarisme.

REGIMENT: 5 armée*, corps, dépôt, ligne, major, nouba ■ 6 troupe* ■ 7 bandera, meistre ■ 8 escadron ■ 9 multitude ■ 10 cantinière, horse-guard ■ 11 demi-brigade, sous-secteur ■ 12 enrégimenter, régimentaire.
REGINA: 5 salve.
REGION: 4 lieu*, pays* ■ 5 faune, flore, karst, pampa, payse, plage, terre ■ 6 désert, lombes, polder ■ 7 contrée ■ 8 beylicat, régional, scaldien ■ 9 avant-pays, exoréisme, semi-aride ■ 10 basilicate, chalandise, commissure, endoréisme, ethnarchie, forteresse, frontalier, hypocentre, provincial ■ 11 compatriote, thermalisme ■ 12 hypothalamus, infundibulum, mésencéphale, quadrilatère, régionalisme ■ 13 bloc-diagramme, cartographier, céphalothorax, interrégional, poldérisation, sous-glaciaire, subdésertique ■ 14 arrière-cerveau, sous-équipement, sous-médicalisé ■ 15 désertification, régionalisation.
REGIONALISATION: 12 régionaliser.
REGIR: 5 gérer ■ 7 diriger* ■ 9 gouverner*, intendant, régisseur ■ 11 administrer.
REGISTRATION: 9 registrer.
REGISTRE: 4 olim, rôle ■ 5 album, livre*, talon ■ 6 livret, médium ■ 7 censier, étendue, journal, matrice, sommier ■ 8 diptyque, folioter, minutier, papillon, plumitif, stud-book ■ 9 matricule, obituaire, tessiture ■ 10 échéancier, grand-livre, répertoire ■ 11 enregistrer ■ 12 contrepartie, immatriculer, ordonnancier.
REGLAGE: 7 cadrage ■ 9 check-list ■ 10 fourchette, frigoriste ■ 11 dispatching ■ 13 syntonisation.
REGLE: 2 té ■ 3 loi* ■ 4 code, fixe, indu, mire, rite, sage, taux ■ 5 canon, cerce, droit, écart, faute, forme, hardi, jauge, leçon, légal, ligne, norme, ordre, point, rader, rangé, repas, saros, trois, unité, usage*, verge ■ 6 maxime, mesure, omerta, perche, précis, réglée, régime ■ 7 alidade, coutume*, équerre, exemple, ordonné, statuts, système*, théorie ■ 8 bâtonnet, canonial, carrelet, dérégler, dispense, exogamie, gouverne, guide-âne, insolite, non-droit, normatif, précepte, principe*, réglable, réglette, régulier, séculier ■ 9 canonique, formalité, menstrues, pied-de-roi, protocole, règlement, typomètre ■ 10 catholique, cérémonial, composteur, désordonné, guilboquet, harmoniste, lignomètre, méthodique, observance, régularité, régulateur, spanandrie ■ 11 concordance, emménagogue, hétéroclite, législateur, odontomètre ■ 12 congrégation, dysménorrhée, systématique, utilitarisme ■ 13 conventualité, normalisation ■ 14 acquit-à-caution, contrapuntique, réglementation ■ 15 architectonique.
REGLEMENT: 3 ban, loi ■ 4 code ■ 5 canon, règle* ■ 6 arrêté, charte, statut ■ 9 arbitrage ■ 10 discipline, garde-pêche, ordonnance* ■ 11 liquidation, réglementer ■ 12 constitution, contrevenant, prescription ■ 13 réglementaire ■ 14 réglementation.
REGLEMENTAIRE: 10 garde-à-vous.
REGLEMENTATION: 13 déréglementer ■ 15 réglementarisme.
REGLER: 5 caler, mener, payer*, taxer, vider ■ 6 ranger, solder ■ 7 arrêter, mesurer, modeler, réglage, régloir, statuer, wehnelt ■ 8 aménager, cadencer, combiner, décréter, expédier, formuler, liquider, ordonner, résoudre ■ 9 compasser, compenser, contrôler, manœuvre, organiser*, prescrire ■ 10 accommoder, coordonner, régulation, ritualiser ■ 11 discipliner ■ 13 goutte-à-goutte.
REGLETTE: 8 racloire.
REGLISSE: 4 coco.
REGNE: 6 animal*, végétal*.

REGNER : **10** introniser, présomptif.
REGONFLER : **12** regonflement.
REGORGER : **5** vomir ■ **7** abonder* ■ **11** regorgement.
REGRATTER : **10** regrattage.
REGRESSIF : **14** régressivement.
REGRESSION : **5** recul* ■ **10** involution ■ **13** transgression.
REGRET : **2** hé ■ **5** mener ■ **7** chagrin, remords ■ **8** repentir* ■ **9** attrition, déplaisir, expiation, nostalgie, pénitence ■ **10** contrition, marchander, réparation, repentance, replâtrage ■ **11** componction ■ **12** condoléances ■ **14** raccommodement.
REGRETTABLE : **9** pitoyable ■ **10** déplorable* ■ **11** désagréable.
REGRETTER : **7** excuser, geindre, pleurer ■ **8** déplorer, plaindre, repentir ■ **9** replâtrer, reprocher ■ **11** raccommoder.
REGROUPE : **13** concentrateur.
REGROUPEMENT : **11** syndication.
REGROUPER : **6** fondre ■ **12** regroupement.
REGULAGE : **7** réguler.
REGULARISER : **6** aléser ■ **9** rectifier ■ **11** échappement ■ **12** anticalcique ■ **14** régularisation.
REGULARITE : **5** train ■ **6** enduro ■ **8** arbitrer, compassé ■ **10** exactitude* ■ **11** commissaire, ponctualité ■ **12** irrégularité ■ **14** autorégulation.
REGULATION : **9** dysthymie ■ **10** régulateur, varistance ■ **11** monétarisme ■ **14** autorégulateur, servomécanisme.
REGULE : **8** régulage.
REGULER : **7** assisté.
REGULIER : **3** jeu ■ **4** bien, égal* ■ **5** exact, giron, légal, ondée, ordre, réglé, réglo, santé, tapis ■ **6** normal, rituel ■ **7** cadencé, continu, ordonné, parfait ■ **8** compassé, constant*, homogène ■ **9** barnabite, clepsydre ■ **10** alternatif, méthodique, périodique, symétrique ■ **11** eurythmique, normativité, régulariser ■ **12** proportionné ■ **13** homocinétique, régulièrement.
REGURGITATION : **9** mérycisme.
REHABILITER : **5** laver ■ **7** couvrir ■ **8** blanchir, racheter, rétablir ■ **9** décharger, disculper, justifier, redresser ■ **10** réintégrer ■ **13** réhabilitable ■ **14** réhabilitation.
REHAUSSE : **9** aquarellé.
REHAUSSER : **6** rehaut, vanter ■ **7** hausser ■ **8** gouacher ■ **10** rehaussage ■ **12** rehaussement.
REIFICATION : **7** réifier.
REIMPLANTATION : **11** réimplanter.
REIMPORTER : **13** réimportation.
REIMPRESSION : **7** reprint.
REIN : **3** dos ■ **5** râble, rénal, sable, urine ■ **6** calice, lombes, rénine, rognon ■ **7** néphron, pyélite, uretère ■ **8** éreinter, goussaut, gravelle, néphrite, néphrose, surrénal ■ **9** réniforme ■ **10** mésoblaste, parenchyme ■ **11** aldostérone, cardio-rénal, contrefilet, entérorénal, néphrétique, néphrologie, néphropexie ■ **12** néphrectomie, néphropathie ■ **13** aminophylline, pyélonéphrite ■ **14** hématonéphrite, salidiurétique ■ **15** pneumogastrique.
REINE : **7** candace.
REINE-DES-PRES : **6** spirée ■ **7** ulmaire.
REINE-MARGUERITE : **5** aster.
REINETTE : **5** pomme ■ **6** canada ■ **8** clochard, rainette.
REINSCRIRE : **8** reporter.

REINSTALLER: **14** réinstallation.
REINTEGRER: **8** rétablir ■ **12** réintégrable, resocialiser ■ **13** réintégration.
REINTRODUIRE: **9** recyclage.
REITERATION: **2** ré ■ **4** fois ■ **10** répétition*.
REITERER: **7** refaire*, répéter* ■ **10** réitérable, réitératif ■ **11** réitération.
REJAILLISSEMENT: **4** bond ■ **12** éclaboussure.
REJAILLIR: **7** jaillir ■ **8** retomber ■ **15** rejaillissement.
REJET: **5** cépée ■ **7** débouté, mal-aimé, rejeter, rejeton ■ **8** éjection ■ **10** évacuation ■ **11** enjambement, enterrement ■ **12** cyclosporine.
REJETER: **5** épave, fumer, jeter, pâlir, rejet, vomir ■ **6** épurer, rendre ■ **7** chasser*, cracher, débouté, écarter*, éjecter, éructer, pousser, rebuter, récuser ■ **8** débouter, décliner, éloigner, répudier ■ **9** proscrire, recracher, rejetable, repousser*, réprouver ■ **10** expectorer ■ **11** excommunier.
REJETON: **3** jet ■ **4** fils ■ **5** accru, bille, cépée, rejet, scion, talle ■ **6** cosson, peuple, pousse, provin, stolon ■ **7** bouture, coulant, drageon, produit, revenue, surgeon, trochée ■ **9** mailleton, œilleton.
REJOINDRE: **6** réunir* ■ **7** joindre*, rallier ■ **8** recoller, regagner ■ **9** atteindre, contacter, rattraper, reprendre.
REJOUI: **3** gai ■ **6** joyeux*.
REJOUIR: **5** jouir ■ **6** amuser* ■ **7** ébaudir ■ **10** réjouissant.
REJOUISSANCE: **4** fête*, noce ■ **5** nouba, régal, salve ■ **6** liesse ■ **8** artifice ■ **9** festivité ■ **10** récréation.
REJOUISSANT: **9** jouissant.
RELACHE: **5** répit, repos*, trêve ■ **6** escale, mitigé ■ **7** commode ■ **9** hivernage ■ **10** négligence* ■ **11** relâchement ■ **12** dévergondage.
RELACHEMENT: **5** écart, ptôse ■ **7** relâche ■ **10** relaxation, vasomoteur ■ **11** éraillement ■ **13** décontraction.
RELACHER: **6** lâcher ■ **7** élargir, laisser, libérer*, mitiger, relaxer ■ **8** détendre, érailler, ramollir, respirer ■ **9** desserrer, distendre, émollient.
RELAIS: **5** poste ■ **8** attitrer, relayeur, ronfleur, thalamus ■ **10** gyropilote ■ **11** conjoncteur, mondovision.
RELANCER: **7** relance ■ **8** renvoyer.
RELAPS: **4** laps ■ **7** apostat.
RELARGIR: **14** rélargissement.
RELATIF: **3** que, qui ■ **4** beat, dont, duel, mari, quoi ■ **5** asine, bahaï, basal, béhaï, degré, glial, iléal, inuit, nucal, osque, padan, poids, saïte, sioux, vagal ■ **6** fenian, hiatal, lutéal, neural, otique, sacral, scythe, septal, sériel, tombal, vernal, zonier ■ **7** acadien, affixal, basiste, booléen, boolien, cambial, çivaïste, conatif, galleux, génique, glaciel, groupal, hétérie, hittite, holiste, humique, kalmouk, kassite, lupique, maïoral, mayoral, môlaire, musculo, négrier, néonazi, panaire, rapport*, récifal, rurbain, sablier, scrotal, sexiste, sinusal, sudoral, tophacé, tumotal, urineux, vinaire, wurmien ■ **8** acnéique, adamique, anodique, armorial, bancaire, beylical, biblique, biliaire, binomial, brachial, calcique, canonial, cantonal, capétien, chromeux, çivaïste, clanique, comicial, comitial, corporel, cortical, culturel, cyclique, cycliste, déliaque, dermique, dyadique, entriste, essénien, étatique, étatiste, ethnique, explosif, faurique, filmique, freudien, grandeur, hordéacé, hunnique, ibérique, inguinal, jazzique, logiciel, lunetier, mémorial, méniscal, mnésique, morisque, morutier, nabatéen, néo-natal, neuroral, nigérien, noétique, nouménal, œdipien, onirique, pal-

maire, papuleux, paysager, peptique, planiste, prandial, préalpin, préfixal, relative, rizicole, sahélien, salicole, salicylé, scabinal, scotiste, shogunal, sialique, sinusien, sivaïste, sommital, suffixal, sumérien, syncopal, tachiste, thymique, toroïdal, tourbier, tropical, turkmène, urémique, variétal, vénérien, vichyste, zodiacal, zoophile ■ **9** anionique, apraxique, aréolaire, argotique, artisanal, aseptique, baleinier, balnéaire, balzacien, bicaméral, bicipital, boyaudier, cadastral, calorique, caritatif, castriste, cathédral, cavitaire, cégésimal, censorial, céréalier, cinétique, condylien, contracte, convivial, cornélien, cotonnier, décadaire, doloriste, dynamique, échevinal, échiquéen, estuarien, eugénique, eutocique, faunesque, fibrineux, fluidique, formental, galénique, garonnais, génératif, génésique, gymnasial, hématique, hitlérien, horticole, ictérique, incasique, infantile, intonatif, islamiste, karstique, keynésien, léniniste, lessiviel, libériste, libidinal, lipidique, liquidien, maghrébin, mammalien, mandingue, maraîcher, mécanique, méiosique, mélanique, mendélien, micotique, mulassier, mycosique, naturiste, nilotique, notionnel, novatoire, nuragique, olympique, palpébral, paulinien, péroniste, pétéchial, pétéchiel, phallique, phonateur, phrénique, plutonien, portuaire, polytonal, protéique, prud'homal, quantique, quiconque, sassanide, savonnier, spirituel, stéroïque, stuporeux, tabagique, tantrique, tarifaire, tensoriel, trophique, victorien, volumique, zwinglien ■ **10** acoustique, aéropostal, allergique, amidonnier, anarchiste, ancillaire, anévrysmal, apollinien, azotémique, balistique, biologique, bouddhique, boulimique, brassicole, bronchique, calendaire, cannabique, capillaire, carpatique, cérémoniel, cholérique, climatique, cœlomique, communiste, confédéral, consortial, contextuel, conventuel, corporatif, coxalgique, criticiste, cycladique, cyphotique, dramatique, dysgénique, dyslexique, dyspnéique, dystonique, écologique, économique, édilitaire, équatorial, équinoxial, érémitique, euphorique, eustatique, exogamique, faubourien, franquiste, frœbélien, gangétique, géodésique, géologique, glucidique, gnomonique, gravidique, handisport, hassidique, holistique, hypnotique, hypotensif, hystérique, iléo-cæcal, ischémique, isométrique, johannique, judiciaire, jupitérien, lipoïdique, locomoteur, lutéinique, mamillaire, mandarinal, massaliote, matriarcal, mentonnier, migraineux, monumental, morainique, nécrotique, néologique, nigritique, nucellaire, orgasmique, orgastique, orogénique, ovulatoire, panthéiste, photonique, phrastique, piaculaire, pilo-sébacé, podzolique, polynomial, pontifical, prépositif, prométhéen, pulsionnel, rabbinique, relativité, riemannien, scapulaire, scientiste, sécrétoire, séquentiel, shintoïste, sigillaire, spinoziste, stéroïdien, structural, subsonique, symboliste, synaptique, synergique, systémique, systolique, thalamique, tinctorial, tréfoncier, vacuolaire, vampirique, végétalien, wahhabiste ■ **11** acrobatique, aérologique, aérospatial, appalachien, athétosique, autocéphale, betteravier, biochimique, bolchevique, bolcheviste, britannique, brittonique, cachectique, capitaliste, caractériel, cardinalice, carolingien, catabolique, cénobitique, chromatique, cirrhotique, copernicien, cylindrique, décisionnel, dégénératif, délégatoire, démagogique, désinentiel, dévotionnel, diarrhéique, diastasique, dionysiaque, diphtérique, directorial, divinatoire, éclamptique, endocrinien, énergétique, ensembliste, épistolaire, ergonomique, estimatoire, estudiantin, éthologique, évangélique, existentiel, fédéraliste, fibrillaire, flagellaire, folklorique, frictionnel, frumentaire, fumigatoire, funiculaire, furonculeux, géochimique, gestaltiste, hanséatique, hégémonique, hémogénique, homonymique, hospitalier, identitaire, idiomatique, idolâtrique, infrasonore, intertribal, jazzistique, lépromateux, lithiasique, médico-légal, membranaire, mérovingien, militariste, moliérisque, monétariste, monoculaire, monophysite, monothéiste, mycologique, néphrotique, neutraliste, neutronique, obstétrical, oculomoteur, organiciste, orthoptique, panoramique, panslaviste, paranoïaque, paronymique, partenarial, pleurétique, polygénique, polysémique, pomologique, possessoire, prostatique, protéinique, prothétique, proudhonien, psychotique, quadratique, radicalaire, réactionnel, relativiser, révisionnel, rhéologique, rosicrucien, schizothyme, scoliotique, scriptuaire, sécuritaire, segmentaire, sérologique, silicotique, sophronique, surcomprimé, symphonique, taxinomique, tennistique, topologique, toponymique, touristique, transitaire, typologique, ultrasonore, vagotonique, végétaliste, vétérinaire, vitaminique, zingibéracé, zoopathique ■ **12** agricultural, allopathique, allotropique, antiacridien, anticyclonal, aphoristique, apoplectique, astrologique, asymptotique, barométrique, cannibalique, cataleptique, cellulitique, combinatoire, consumériste, coquelucheux, cortisonique, cosmogonique, cosmologique, culturaliste, déterministe, diachronique, dicaryotique, dimensionnel, diplomatique, domiciliaire, dysentérique, dysgénésique, éducationnel, éjaculatoire, encéphalique, encoprétique, endoscopique, érotologique, eurasiatique, fidéjussoire, folliculaire, généthliaque, gestionnaire, hédonistique, helminthique, hémiplégique, hémoptysique, hémorragique, heptaédrique, histaminique, histologique, historiciste, histrionique, hydrologique, icolologique, incantatoire, inspiratoire, intersidéral, intertextuel, isodynamique, ligamentaire, linguistique, lithologique, macrocytaire, méningitique, ménopausique, métastatique, météoritique, modérantiste, motonautique, nécrologique, neurologique, numismatique, opérationnel, ophiolitique, orographique, ostéologique, panaméricain, pancréatique, panislamique, paramétrique, parascolaire, paratyphique, pédonculaire, philatélique, planctonique, publicitaire, radiologique, rédactionnel, régionaliste, relativement, restitutoire, sacro-iliaque, sanskritique, scatologique, sidérurgique, sphinctérien, spontanéiste, squelettique, supersonique, syphilitique, tentaculaire, testiculaire, tétraédrique, théostatique, ultrasonique, urbanistique, vitivinicole, wisigothique, zootechnique ■ **13** aérothermique, afro-asiatique, aponévrotique, avant-gardiste, biauriculaire, bioclimatique, caoutchoutier, carbochimique, cataclysmique, cataplectique, catéchistique, cholinergique, collectiviste, concordataire, consonantique, constantinien, corpusculaire, démographique, densimétrique, déontologique, divisionniste, ectoblastique, embryogénique, endoblastique, eudiométrique, fœto-maternel, funambulesque, géomagnétique, glaciologique, graphologique, gynécologique, hébéphrénique, hectométrique, histiocytaire, homéostatique, homographique, hypsométrique, immunologique, interethnique, introductoire, kabbalistique, labyrinthique, lexicologique, lymphocytaire, mégalocytaire, mercantiliste, microcosmique, microphonique, millimétrique, morphologique, myxœdémateux, neurochimique, océanologique, ontogénétique, orthophonique, pangermaniste, parlementaire, personnaliste, pétrochimique, phyllogénique, poliorcétique, productiviste, pythagoricien, radiophonique, sensorimoteur, socioculturel, sociométrique, sophrologique, strioscopique, subdésertique, syntagmatique, thérapeutique, tiers-mondiste, troglodytique, typographique ■ **14** anaphylactique, anticyclonique, appendiculaire, binauriculaire, bioénergétique, bureaucratique, calorimétrique, cancérologique, catastrophiste, chronométrique, comportemental, déflationniste, diencéphalique, diffusionniste, dodécaphonique, dopaminergique, érythrocytaire, eurocommuniste, hagiographique, hypothalamique, institutionnel, interactionnel, interférentiel, interstellaire, juridictionnel, leucopoïétique, lithosphérique, macrographique, mégalomaniaque, méthodologique, micrographique, monométalliste, néo-positiviste, néo-platonicien, ornithologique, pétrographique, phallocratique, philhellénique, phonographique, phylogénétique, physosanitaire, pluviométrique, postcommuniste, prépositionnel, prospectiviste, protubérentiel, radiotechnique, réductionniste, rhumatologique, scénographique, schizothymique, spasmophilique, stéréoscopique, stroboscopique, technocratique, terminologique, thermochimique, toxicamiaque, toxi-infectieux, transférentiel, transfusionnel, trifonctionnel, tuberculinique, vasculo-nerveux, volcanologique, vulcanologique ■ **15** électrostatique, épidémiologique, existentialiste, extrême-oriental, fonctionnaliste, franc-maçonnique, hématopoïétique, immunodépressif, interplanétaire, interspécifique, louis-philippard, louis-quatorzien, macroéconomique, mécanographique, microéconomique, musicographique, océanographique, oligopolistique, phallocentrique, photo-électrique, poliomyélitique, protectionniste, radio-électrique, révolutionnaire, schizophrénique, socio-dramatique, spectrométrique, splénomégalique, sprectococcique, stratosphérique, traumatologique, triboélectrique, trophoblastique.

RELATION: 3 ami ■ **4** avec, dual, pour ■ **5** cadet, entre, fléau, liste, récit*, titre, vivre ■ **6** exposé, factum, modulo ■ **7** contact, égalité, rapport* ■ **8** commerce, tolérant ■ **9** condition, connaître, copinerie, fusionnel, invariant, motricité ■ **10** boycottage, corrélatif, fréquenter, historique, mutualisme, témoignage ■ **11** communiquer, comparaison, compte rendu, corrélation, implication, sociogramme ■ **12** appartenance, connaissance, correspondre, court-circuit, discriminant, équipollence, lingua franca, procès-verbal, psychomoteur, quelque chose ■ **13** connaissance, correspondant, fréquentation, géotectonique, homographique, interbancaire, relationniste, subordination, transculturel ■ **14** fréquentations, interconnecter, interconnexion, interpersonnel ■ **15** intertextualité.

RELATIVISER: 14 relativisation.

RELATIVITE: 11 espace-temps.

RELAXANT: 7 jacuzzi.

RELAXATION: 11 sophrologie ■ **13** myorelaxation.

RELAXE: 8 relaxant.

RELAXER: 7 reposer ■ **8** relâcher* ■ **10** relaxation.

RELAYER: 9 remplacer*.

RELEGATION: 7 relégué.

RELEGUER: 6 bannir ■ **8** confiner, déporter ■ **10** relégation.

RELENT: 5 odeur*.

RELEVE: 3 r.i.b. ■ **4** haut ■ **5** élevé ■ **6** compte ■ **7** rexiste ■ **9** estrafort, retroussé ■ **10** ségrégatif ■ **11** gériatrique ■ **13** misérabiliste ■ **14** programmatique, sadomasochiste, situationniste.

RELEVEMENT: 6 devers ■ **9** arpenteur ■ **10** amendement.

RELEVER: 5 lever ■ **6** relève ■ **7** draguer ■ **8** apprêter, corriger, dépendre, ramasser, relevage, releveur, rétablir, soulever, trousser ■ **9** redresser*, rehausser, relevable, remplacer, souligner ■ **10** agrémenter, relèvement, retrousser ■ **11** médicaliser, revaloriser ■ **12** chronométrer, convalescent ■ **13** qualificateur.

RELIE: 9 filoguidé, radio-taxi.

RELIEF: 4 mont, œil ■ **5** bosse*, camée, cluse, creux, flore, karst, liure, reste ■ **6** modèle, souage, volcan ■ **7** braille, foulage, saillie* ■

8 bosseler, brillant, enlevure, estamper, grénetis, modelage, onglette ■ **9** avant-mont, bosselage, cartisane, empreinte, entre-nerf, estampage, grisaille, jurassien, laccolite, passepoil ■ **10** demi-relief, interfluve, laccolithe, pénéplaine, ronde-bosse ■ **11** appalachien, hypsométrie, pittoresque, polygénique, proéminence, stéréophonie, stéréoscope, topographie, typographie ■ **12** anaglyptique, stéréoscopie, stéréovision ■ **13** thermogravure ■ **14** géomorphologie.

RELIER: **5** plier ■ **6** coudre, jasper ■ **7** chaîner, couvrir, joindre*, marbrer, relieur ■ **8** encoller, endosser ■ **9** enchaîner, ombilical, raccorder, réticuler, sous-faîte ■ **10** coordonner, disjonctif, entretoise, traversine ■ **11** interfolier ■ **12** collationner.

RELIEUR: **6** galope ■ **8** galuchat, gantelet, roulette.

RELIGIEUSE: **5** escot, mulud, tanka ■ **6** raskol ■ **7** achoura ■ **8** madhisme, saktisme ■ **9** mandéisme ■ **10** non-croyant ■ **11** lectisterne, vishnouisme ■ **12** calvairienne, libre-penseur.

RELIGIEUX: **3** dom ■ **4** ange, auto, imam, iman, laïc, lama, père, thug, vœu ■ **5** carme, clerc, coule, frère, hymne, image, merci, moine, nonne, oblat, paria, pieux, règle, sacré, sixte, sœur, soufi, velet ■ **6** dervis, ermite, gospel, isolat, laïque, minime, monial, prêtre*, profès, quaker, santon, zaouïra, zawiya ■ **7** adamien, adamite, béguine, capucin, cellule, convers, croyant, frocard, jacobin, jésuite, karaïte, madrass, mariste, medersa, miracle, qaraïte, réformé, servant, servite ■ **8** bahaïsme, béhaïsme, cantique, cénobite, chanoine, çivaïsme, confrère, défroqué, derviche, fronteau, génocide, marabout, moinerie, nonnette, oratorio, récollet, révérend, salésien, sectaire, sivaïsme, ursuline ■ **9** ascétisme, barnabite, carmélite, chapitral, chartreux, compagnie, confrérie, cordelier, feuillant, johannite, officiant, penaillon, procureur, sacrement, spiritain, tavaïolle, trappiste ■ **10** anachorète, catholicos, chartreuse, coadjuteur, communauté, couventine, définiteur, dominicain, exotérique, ismaélisme, jésuitisme, lucernaire, procession, réformiste, sacristain, scapulaire, talonnière, trinitaire, visitation ■ **11** capitulaire, discrétoire, duodécimain, franciscain, hebdomadier, hiéronymite, obédiencier, religiosité, sacrificiel, scolasticat, scolastique, syncrétisme, visitandine, visitatrice ■ **12** pentecôtiste ■ **13** autoritarisme, congréganiste, madelonnettes, rédemptoriste ■ **14** negro spiritual ■ **15** assomptionniste.

RELIGION: **3** foi, loi ■ **4** juif, laps, rite ■ **5** bible, canon, culte, dogme, férié, impie, islam, karma, libre, ligue, magie, mixte, motet, piété, sacré, saint, secte, tabou, voile ■ **6** déisme, shinto ■ **7** apostat, chiisme, impiété, laxisme, magisme, papisme, profane, schisme, taoïsme, théisme, védisme ■ **8** acolytat, adamisme, anglican, animisme, athéisme, baptisme, chrétien, converti, dévotion*, doctrine*, dualisme, fidéisme, huguenot, illuminé, jaïnisme, judaïsme, lamaïsme, mosaïsme, musulman, pamphlet, panthéon, parsisme, piétisme, sabéisme, sikhisme, solennel, thomisme ■ **9** adoration, apostasie, arianisme, ascétisme, blasphème, caodaïsme, convertir, djaïnisme, donatisme, druidisme, idolâtrie, indouisme, islamisme, israélite, mazdéisme, paganisme, pratiquer, quiétisme, religieux, spirituel, zoolâtrie ■ **10** adventiste, antoinisme, apostasier, areligieux, bouddhisme, calvinisme, catéchiser, catéchisme, cathédrale, chamanisme, confession, fétichisme, hindouisme, intégrisme, irréligion, jansénisme, jésuitisme, méthodisme, montanisme, mormonisme, mystagogue, mysticisme, mythologie, obligation, ordination, panthéisme, paulinisme, pratiquant, propagande, quakérisme, rabbinisme, réformisme, révélation, shintoïsme, unitarisme ■ **11** anabaptisme, brahmanisme, conformisme, évangélique, gnosticisme, illuminisme, irréligieux, kharidjisme, mahométisme, molinosisme, monothéisme, naturalisme, néothomisme, polythéisme, préadamisme, syncrétisme ■ **12** anglicanisme, antichrétien, apologétique, augustinisme, catholicisme, gallicanisme, luthéranisme, millénarisme, monophysisme, panislamisme, pélagianisme, socinianisme, zoroastrisme ■ **13** antireligieux, christianisme, luthérianisme, nestorianisme, réligionnaire, universalisme ■ **14** controversiste, prédestination, protestantisme, religieusement ■ **15** coréligionnaire, indifférentisme, néo-catholicisme.

RELIQUAIRE : **6** châsse, fierté ■ **7** relique.

RELIQUAT : **5** reste*, solde ■ **7** ouraque ■ **8** redevoir ■ **11** dysembryome.

RELIQUE : **5** reste*, stupa ■ **7** cendres ■ **9** ossements, véronique ■ **10** reliquaire.

RELIURE : **5** alude, alute, garde, livre ■ **6** bradel ■ **7** grébige ■ **8** grébiche, maroquin ■ **9** emboîtage, endossure, press-book ■ **10** cathédrale, janséniste ■ **11** biblorhapte, demi-reliure.

RELOGER : **10** relogement.

RELUIRE : **7** briller* ■ **8** astiquer ■ **9** reluisant.

RELUIRE : **8** blinquer.

RELUIT : **7** luisant.

RELUQUER : **5** mater ■ **8** regarder*.

REMACHER : **7** ruminer.

REMAILLER : **10** remaillage ■ **11** remmaillage.

REMANIEMENT : **9** après-coup, colluvion ■ **11** histogenèse.

REMANIER : **6** revoir ■ **7** changer* ■ **8** arranger*, corriger* ■ **10** remaniable ■ **11** remaniement ■ **13** tripatouiller.

REMARQUABLE : **5** extra ■ **6** fameux ■ **7** émérite, éminent, insigne, notable, premier, signalé ■ **8** marquant ■ **9** distingué, singulier* ■ **10** formidable ■ **14** extraordinaire* ■ **15** remarquablement.

REMARQUE : **2** nb ■ **4** dire, nota, note* ■ **6** notice, pensée, scolie ■ **7** exégèse, scholie ■ **8** échapper, sensible ■ **9** apostille, manchette ■ **10** annotation ■ **11** commentaire, observation*, remarquable.

REMARQUER : **4** voir ■ **5** noter ■ **6** épater ■ **7** annoter, briller, trouver ■ **8** afficher, marquant, observer*, paraître, remarque ■ **9** commenter, connaître, percevoir ■ **10** apercevoir, apostiller, distinguer* ■ **12** singulariser.

REMASTIQUER : **11** remasticage.

REMBALLER : **10** remballage.

REMBARQUER : **13** rembarquement.

REMBARRER : **7** remiser ■ **9** repousser*.

REMBLAI : **5** talus ■ **7** scraper ■ **8** chaussée ■ **9** remblayer.

REMBLAYER : **10** angledozer, remblayage ■ **11** remblayeuse.

REMBOITER : **8** remettre ■ **10** remboîtage ■ **12** remboîtement.

REMBOURRER : **6** garnir ■ **9** banquette ■ **10** capitonner, matelasser ■ **11** matelassure, rembourrage, rembourrure.

REMBOURSEMENT : **15** rééchelonnement.

REMBOURSER : **4** pair ■ **5** payer ■ **7** amortir ■ **12** remboursable ■ **13** remboursement.

REMEDE : **5** miton, purge ■ **6** drogue, nervin, potion ■ **7** cautère, panacée ■ **8** antidote, béchique, remédier ■ **9** jaborandi, médicinal, népenthès, opiniâtre, vermicide, vermifuge ■ **10** carminatif, électuaire, médicament*, remédiable, suppuratif ■ **11** antirabique, apothicaire, cicatrisant, préservatif ■ **12** contrepoison ■ **14** alexipharmaque ■ **15** antispasmodique.

REMEDIER: 5 parer ■ 6 guérir ■ 7 pallier, réparer ■ 8 suppléer ■ 12 achromatiser, irrémédiable.
REMEMBRANCE: 7 mémoire*.
REMEMBRER: 12 remembrement.
REMEMORER: 8 rappeler*, souvenir*.
REMENER: 6 amener.
REMERCIEMENT: 5 grâce, merci ■ 6 action ■ 14 reconnaissance*.
REMERCIER: 5 bénir, merci ■ 9 congédier ■ 12 remerciement.
REMERE: 6 rachat.
REMET: 9 remettant.
REMETTRE: 5 payer ■ 6 délier, expier, guérir, livrer*, rendre* ■ 7 adouber, confier, gracier, oublier, ramener, refaire, rejeter, relever, réparer, reposer, rétamer ■ 8 absoudre, afflouer, arranger, délivrer, dépanner, détordre, différer*, épargner, extrader, rajuster, ramender, recorder, redonner, remonter, rengager, renvoyer, repasser, replacer, reporter, rétablir, retarder ■ 9 acquitter, amnistier, atermoyer, décharger, pardonner, postposer, raffermir, ravigoter, réajuster, recentrer, recharger, redoubler, remballer, rembarrer, remboîter, remémorer, rempocher, rendosser, renflouer, rengainer, resserrer, restaurer, restituer ■ 10 affranchir, déséchouer, désenrayer, rafraîchir, réarranger, rechausser, reculotter, rembarquer, rémissible, rencaisser, renchaîner, renouveler, ressemeler, temporiser ■ 11 débrouiller, dépositaire, raccommoder, réconcilier, reconnaître, réhabiliter ■ 12 réactualiser, redistribuer, réfectionner.
REMINISCENCE: 7 mémoire ■ 8 souvenir*.
REMISE: 4 abri, tare ■ 5 délai, dépôt, grâce, pause, recul, répit, temps, trêve ■ 6 corner, garage, hangar, renvoi, trullo ■ 7 reprise ■ 8 rauchage, recharge ■ 9 tradition, transfert ■ 10 commission, diminution, ravalement ■ 11 ajournement, restitution ■ 12 prolongement ■ 15 commissionnaire.
REMISER: 6 serrer ■ 7 reculer ■ 8 ajourner, allonger, différer, éloigner, remettre, remisage, renvoyer, reporter, réserver, retarder ■ 9 atermoyer, prolonger, repousser ■ 10 transférer.
REMISSION: 5 oubli ■ 6 pardon* ■ 8 amnistie ■ 9 expiation ■ 10 absolution, indulgence, rédemption, réparation ■ 11 miséricorde ■ 12 acquittement, interruption, propitiation ■ 14 réhabilitation.
REMMENER: 6 amener.
REMNOGRAPHIE: 11 remnographe.
REMONTANT: 10 fortifiant.
REMONTEE: 9 upwelling.
REMONTER: 5 dater ■ 7 ranimer, remonte ■ 8 affermir, consoler*, rassurer, remontée ■ 9 conforter, rapporter, ravigoter, remonteur, remontoir, retremper, revigorer ■ 10 encourager, immémorial, montepente, rafraîchir, rasséréner, requinquer ■ 11 réconcilier, réconforter ■ 12 ragaillardir ■ 13 contre-courant.
REMONTRANCE: 5 blâme* ■ 6 sermon ■ 8 prêcheur, reproche* ■ 9 sermonner ■ 10 admonester, réprimande*, sermonneur ■ 11 objurgation ■ 12 supplication ■ 13 avertissement ■ 14 représentation.
REMORA: 12 complication.
REMORDS: 6 regret*, ulcéré ■ 8 bourrelé, repentir*.
REMORQUE: 5 touée ■ 8 caravane, roulotte.
REMORQUER: 5 tirer*, touer ■ 7 traîner* ■ 8 tracteur ■ 10 remorquage, remorqueur.
REMORQUEUR: 6 toueur.
REMOUDRE: 9 remoulage.

REMOUILLER : **11** remouillage.
REMOULAGE : **9** remmouler.
REMPAILLER : **11** rempaillage, rempailleur.
REMPAILLEUR : **7** canneur, cannier.
REMPART : **8** avant-mur, biscaïen, bouclier, enceinte, muraille ■ **9** boulevard, haquebute ■ **10** écrêtement, hacquebute ■ **11** escarpement ■ **12** amphithéâtre ■ **13** fortification*.
REMPLAÇANT : **4** aide ■ **6** second ■ **7** adjoint, vicaire ■ **8** comparse, doublure ■ **9** substitut, suppléant, vice-légat ■ **10** auxiliaire, lieutenant ■ **11** intérimaire, succenturie ■ **13** inconvertible ■ **14** sous-secrétaire.
REMPLACEMENT : **6** ersatz, relève ■ **7** intérim ■ **8** épigénie, mutation ■ **9** repiquage, roulement ■ **10** troncature ■ **11** commutation, repiquement, subrogation ■ **12** substitution* ■ **14** exsanguination.
REMPLACER : **7** bloquer, changer, déloger, doubler, hériter, regréer, relayer, relever, retuber ■ **8** alterner, dégommer, déplacer, détrôner, laïciser, permuter, recruter, remonter, seconder, subroger, succéder, suppléer, supposer ■ **9** compenser, renformir, repousser ■ **10** paramétrer, substituer, supplanter ■ **11** nucléariser, remplaçable, rentraiture, représenter ■ **12** remplacement ■ **13** irremplaçable.
REMPLI : **4** gros, imbu, mine ■ **5** bondé, dense, enflé, farci, gorgé, pétri, plein* ■ **6** bourré, comblé, gonflé, massif, replet ■ **7** compact, complet*, positif ■ **8** coulisse, remplier ■ **9** réplétion, satisfait ■ **10** renflement.
REMPLIR : **5** caser, plein, tenir ■ **6** bonder, emplir, farcir, garnir, gorger, serrer, solder, tasser, verser ■ **7** boucher, bourrer*, charger, combler, empâter, fourrer, occuper, ouiller, plomber, truffer ■ **8** calfater, effrayer, embaumer, entasser, parfaire, parfumer, réplétif, suppléer ■ **9** accomplir, cheviller, compléter, empailler, enflammer, jointoyer, mastiquer, rengrener ■ **10** liaisonner ■ **11** coulabilité, empoisonner, ensoleiller, fonctionner, remplissage ■ **12** remplisseuse ■ **13** enthousiasmer.
REMPLISSAGE : **6** bourré* ■ **7** hourdis, ruinure ■ **8** délayage, hourdage, soliveau ■ **10** ballastage, parenchyme.
REMPLOI : **8** réemploi ■ **12** remplacement.
REMPORTER : **6** gagner* ■ **7** obtenir*, vaincre ■ **9** triompher ■ **10** moissonner.
REMPOTER : **9** rempotage.
REMUER : **6** agiter*, bouger* ■ **7** branler, éventer, gigoter, jétisse, mouvoir*, piocher, remuant ■ **8** broncher, émouvoir, jectisse, pelleter, piétiner, remuable, serfouir, touiller ■ **9** ballotter, clignoter, confusion, effondrer, frétiller, grouiller, remuement, ringarder ■ **10** fourgonner, gesticuler, sourciller.
REMUGLE : **5** odeur*.
REMUNERATION : **3** job ■ **4** agio, frêt, gain ■ **7** salaire* ■ **8** courtage, lucratif, salariat ■ **9** indemnité ■ **10** récompense, traitement ■ **11** rétribution* ■ **13** gratification.
REMUNERE : **10** monnayable.
REMUNERER : **5** payer* ■ **10** non-salarié.
RENACLER : **7** aspirer ■ **9** rechigner.
RENAISSANCE : **8** gothique ■ **9** majolique ■ **11** plateresque ■ **12** palingénésie, regénération, résurrection.
RENAITRE : **7** ramener, revivre ■ **8** redonner, rétablir ■ **11** renaissance.
RENAL : **7** anurèse.
RENARD : **3** fox ■ **6** fennec, goupil, isatis ■ **8** amarante, renarder ■ **9** renardeau ■ **10** renardière ■ **12** chausse-trape, glapissement.

RENARDER : **5** ruser.
RENAUDER : **8** murmurer.
RENCAISSER : **11** rencaissage ■ **13** rencaissement.
RENCHERI : **4** fier.
RENCHERIR : **7** renvier.
RENCONTRE : **4** choc, duel, sort ■ **5** heurt ■ **6** combat, hiatus, sommet, visite ■ **7** congrès, contact, palabre, réunion* ■ **8** au-devant, audience, colloque, dialogue, entrevue*, jonction, palmarès, relation ■ **9** admission, assemblée, confluent, entretien, incidence, interview, réception, tête-à-tête ■ **10** accrochage, conférence, discussion, occurrence, rendez-vous ■ **11** abouchement, coïncidence, conjonction, convocation, explication, négociation, orthocentre, télescopage ■ **12** conciliabule, échauffourée ■ **13** communication, confrontation.
RENCONTRER : **4** voir ■ **6** hanter, réunir, tomber ■ **7** aborder, croiser, trouver, visiter ■ **8** accoster, admettre, chambrer, conférer, orbicole, palabrer, recevoir ■ **9** affronter, convoquer, tamponner, traverser ■ **10** fréquenter, raccrocher, surprendre ■ **11** parlementer.
RENDEMENT : **7** rapport, récolte ■ **8** intensif ■ **9** abondance, fécondité, fertilité ■ **10** efficience, production, taylorisme ■ **13** normalisation.
RENDEZ-VOUS : **5** lapin ■ **6** muette, visite ■ **7** rancard, rencard ■ **11** assignation, décommander.
RENDRE : **4** suer ■ **5** amuïr, cuire, fixer, jeter, juter, matir, mûrir, payer, polir, rendu, salir, vider, vomir ■ **6** acérer, donner, moiter, mourir, prêter ■ **7** délurer, émécher, inalper, mitiger, niveler, ranimer, ravilir, recéder, réparer, valider ■ **8** aciduler, affermir, agrandir, aiguiser, amaigrir, arrondir, assainir, attiédir, blanchir, bonifier, cocufier, corriger, décrêper, dégorger, délivrer, ébruiter, éclairer, égaliser, élaborer, émousser, empaumer, endurcir, enhardir, enlaidir, enrichir, épaissir, équarrir, érailler, étancher, étriquer, exempter, fasciser, féconder, humecter, humilier, marxiser, mouiller, nettoyer, ovaliser, passiver, pimenter, produire, purifier, rabonnir, racornir, radoucir, raffiner, rajeunir, ralentir, ramollir, raréfier, rassurer, réaliser, redonner*, relâcher, rélargir, remettre*, renvoyer, retentir, rétrécir, revaloir, saccader, suppurer ■ **9** accourcir, accroître, acquitter, adhériser, affaiblir, améliorer, amenuiser, amoindrir, appauvrir, appointer, aseptiser, assimiler, assombrir, assouplir, assourdir, attendrir, attrister, augmenter, banaliser, canaliser, capituler, civiliser, clarifier, compenser, compléter, concréter, condenser, confirmer, consacrer, contenter, défigurer, défricher, dégourdir, dégrossir, démaigrir, déniaiser, dessécher, divulguer, éclaircir, efféminer, émanciper, encrasser, endiabler, endolorir, enfieller, engourdir, enjoliver, entériner, exacerber, exaspérer, faciliter, fanatiser, fidéliser, glorifier, habiliter, ignifuger, illustrer, immuniser, inquiéter, intriquer, justicier, légaliser, liquéfier, lubrifier, mécaniser, moraliser, mortifier, moutonner, obscurcir, opacifier, raffermir, rallonger, rectifier, reddition, redresser, refroidir, rembrunir, remercier, renchérir, rendurcir, renforcer, reprendre, resserrer, restituer, revancher, sonoriser ■ **10** actualiser, affranchir, alambiquer, animaliser, apercevoir, appesantir, approprier, compliquer, consolider, décerveler, enclencher, enrouiller, euphoriser, expliciter, fertiliser, fiabiliser, fragiliser, fructifier, germaniser, humidifier, hydrofuger, identifier, indisposer, intervenir, multiplier, nécessiter, objectiver, perenniser, précariser, promulguer, raccourcir, rafraîchir, rapetisser, rasséréner, réintégrer, rembourser, renouveler, rétrocéder, rigidifier, sanctifier, simplifier, stériliser, visualiser, volcaniser ■ **11** alcaliniser, apprivoiser, approfondir, automatiser, bolcheviser, boursoufler,

complaisant, concrétiser, conglutiner, décompléter, désenlaidir, désépaissir, embrouiller, généraliser, immobiliser, insonoriser, intensifier, libéraliser, mécontenter, neutraliser, optimaliser, parcheminer, populariser, réciproquer, régulariser, réhabiliter, relativiser, restituable, restitution, séculariser, sédentarité, solubiliser, titulariser, uniformiser, volatiliser ■ **12** achromatiser, authentifier, authentiquer, circulariser, complexifier, crédibiliser, débâillonner, démantibuler, désenvenimer, enorgueillir, familiariser, flexibiliser, homogénéiser, immortaliser, matérialiser, nationaliser, officialiser, rationaliser, sensibiliser, sociabiliser, synchroniser ■ **13** déshumidifier, insolubiliser, universaliser ■ **14** commercialiser, contre-indiquer, dématérialiser, insensibiliser, respectabilité, tranquilliser, vulnérabiliser ■ **15** fonctionnaliser, imperméabiliser.
RENDEZ-VOUS : **9** rancarder, rencarder.
RENDU : **3** las*.
RENDURCIR : **15** rendurcissement.
RENE : **5** bride, licol, licou ■ **7** enrêner, harnais ■ **8** chevêtre.
RENEGAT : **4** laps ■ **7** apostat*, déloyal, traître.
RENETTE : **8** renetter.
RENFAITER : **10** renfaîtage.
RENFERME : **5** ozoné ■ **8** salifère, zincique ■ **13** martensitique.
RENFERMER : **6** serrer ■ **7** inclure ■ **8** aurifère, contenir*, enfermer*, entourer, inclusif, vénéneux ■ **9** embrasser, impliquer, médulleux, zincifère ■ **10** comprendre ■ **11** argentifère, fossilifère, métallifère, miasmatique, tricalcique ■ **12** circonscrire, renfermement.
RENFLE : **5** bouge, bulbe, galbé, pansu ■ **7** urcéole ■ **10** renflement.
RENFLEMENT : **4** bulb ■ **5** bulge, galbe, glome, jabot, pomme ■ **6** épaule ■ **8** bossette, ganglion, nodosité ■ **10** renflouage ■ **12** renflouement.
RENFLOUER : **8** afflouer.
RENFORCEE : **3** q.s.r.
RENFORCEMENT : **4** mais ■ **6** virole ■ **7** nervure ■ **10** brunissure ■ **12** certainement, renforçateur ■ **15** contreventement, intensification.
RENFORCER : **2** là ■ **5** forte, jambe ■ **6** garnir ■ **8** adjuvant, affermir, bretèche, bretesse, empatter ■ **9** accentuer, augmenter*, fortifier, haubanage, particule, sforzando ■ **10** adoubement, contrefort, fortissimo, renforçage ■ **11** augmentatif, rinforzando ■ **12** contreventer ■ **13** potentialiser, tonicardiaque ■ **14** accompagnement.
RENFORT : **5** ogive, volée ■ **6** griffe, porque ■ **7** secours* ■ **8** étambrai.
RENFROGNE : **6** morose ■ **8** maussade* ■ **10** renfrogner ■ **13** renfrognement.
RENGAGER : **8** rempiler ■ **11** rengagement.
RENGAINE : **4** scie ■ **10** répétition.
RENGORGER : **5** poser ■ **12** rengorgement.
RENGRENER : **12** rengrènement.
RENIER : **7** abjurer, changer, renégat ■ **8** déserter, renoncer, répudier ■ **9** désavouer, reniement, rétracter ■ **10** abandonner*, apostasier.
RENIFLEMENT : **4** snif ■ **5** sniff.
RENIFLER : **5** boire ■ **7** aspirer ■ **8** renâcler ■ **9** rechigner ■ **11** reniflement.
RENITENT : **9** rénitence.
RENNE : **7** caribou.
RENNES : **7** rennais.
RENOM : **6** réputé ■ **7** renommé ■ **8** illustre, renommée* ■ **9** célébrité ■ **10** réputation*.

RENOMMEE: **3** nom ■ **4** voix ■ **5** bruit, vogue ■ **6** cancan, crédit, estime, faveur, gloire* ■ **7** opinion ■ **10** popularité, réputation*.
RENOMMER: **7** réélire.
RENONCEMENT: **5** pouce ■ **7** abandon*, cession ■ **9** démission, sacrement, sacrifice ■ **10** abnégation, abstention, concession, négligence ■ **11** résignation ■ **12** délaissement, renonciation ■ **13** accroissement.
RENONCER: **5** céder* ■ **6** renier ■ **7** abjurer, déposer, quitter, rebuter, reculer*, revenir ■ **8** abdiquer, abstenir, démettre, départer, départir, désister, divorcer, négliger, réformer, renâcler, répudier, résigner ■ **9** délaisser, pardonner ■ **10** abandonner*, apostasier ■ **11** déballonner, débarrasser, renoncement ■ **12** démissionner, renonciation.
RENONCIATION: **7** abandon* ■ **10** abdication ■ **11** enterrement, renoncement ■ **12** renonciateur ■ **13** renonciataire.
RENONCULACEE: **5** actée, napel ■ **6** aconit, adonis ■ **7** ancolie, anémone, ficaire, nigelle, pivoine ■ **8** ellébore, populage ■ **9** bouton-d'or, cimicaire, clématite, hellébore, hépatique, hydrastis, plantaire, renoncule ■ **10** delphinium ■ **11** dauphinelle ■ **12** staphisaigre ■ **13** cheveu-de-Vénus, grenouillette.
RENONCULE: **5** douve ■ **8** bassinet ■ **9** bouton-d'or ■ **13** bouton-d'argent, grenouillette.
RENOUEE: **7** vrillée ■ **10** persicaire.
RENOUER: **10** renouement.
RENOUVEAU: **5** éveil, revif ■ **9** printemps.
RENOUVELE: **13** reconductible.
RENOUVELER: **5** nover ■ **7** refaire, rénover, répéter*, revivre, rouvrir ■ **8** réitérer, ventiler ■ **9** redoubler, regénérer ■ **10** reconduire ■ **11** ressusciter ■ **12** renouvelable ■ **14** renouvellement.
RENOUVELLE: **12** sempervirent.
RENOUVELLEMENT: **6** regain ■ **8** néoménie ■ **9** renouveau ■ **10** rénovation ■ **11** feuillaison, renaissance ■ **12** reconduction, regénération.
RENOVATION: **7** rénover ■ **14** renouvellement.
RENSEIGNE: **9** documenté.
RENSEIGNEMENT: **4** fait ■ **5** fiche, guide, tuyau ■ **6** indice ■ **7** dépêche, enquête, message, rencard ■ **8** document, écriteau, guetteur, nouvelle*, reporter ■ **9** consulter, événement, référence ■ **10** communiqué, indicateur, indication*, renseigner, témoignage ■ **11** attestation, cartogramme, informateur, information* ■ **12** connaissance ■ **13** communication, documentation ■ **14** reconnaissance.
RENSEIGNER: **6** aviser ■ **7** avertir, briefer, édifier, initier ■ **8** éclairer, enquérir, indiquer*, informer*, tuyauter ■ **9** apprendre, certifier, consulter, instruire, rancarder, rencarder ■ **10** documenter, interroger, patrouille ■ **11** questionner ■ **12** arrière-garde.
RENTABILISER: **14** rentabilisable.
RENTABILITE: **11** engineering.
RENTABLE: **11** rentabilité.
RENTE: **5** ferme, loyer, mense ■ **6** renter, revenu* ■ **7** accense, annuité, fermage, pension, rentier, tontine ■ **8** arrenter, bénéfice, commende, dotation, errenter, semestre, temporel ■ **9** consolidé, redevance ■ **11** débirentier ■ **12** crédirentier.
RENTOILER: **10** rentoilage.
RENTRAYEUR: **8** stoppeur.
RENTREE: **5** gatte, patte ■ **6** retour ■ **9** frégatage ■ **12** rembuchement.
RENTRER: **6** entrer* ■ **7** retirer, revenir ■ **8** rappeler, rentrage ■ **9** couvre-feu, recouvrer, récupérer ■ **10** réintégrer, rétractile ■ **12** contre-marque.

RENVERSANT : 8 étonnant.
RENVERSANTE : 5 verte.
RENVERSEMENT : 5 chute ■ **7** culbute ■ **8** éversion ■ **9** apoplexie, ectropion, entropion ■ **10** anastrophe ■ **11** éraillement ■ **12** contre-vapeur, interversion.
RENVERSER : 5 jeter*, ligue, vider ■ **6** épater, verser ■ **7** abattre*, capoter, échouer, faucher, pousser ■ **8** alterner, anatrope, basculer, chavirer, colleter, culbuter, inverser, invertir, répandre, saccager ■ **9** hyperbate, pervertir, remplacer, retourner, subvertir, terrasser ■ **10** chambarder, chambouler, subversion, supplanter, surprendre* ■ **11** bouleverser, intervertir, renversable ■ **12** renversement, rétroversion.
RENVIDER : 9 renvidage, renvideur.
RENVOI : 3 ite, rot ■ **4** note ■ **5** congé, drive, paume, rejet ■ **6** marque, remise, retour ■ **7** rapport ■ **8** lettrine ■ **9** exclusion, référence ■ **10** astérisque, éructation, libération ■ **11** ajournement, résonnement ■ **12** acquittement, rapatriement ■ **14** démobilisation.
RENVOIE : 11 anaphorique.
RENVOYER : 4 écho ■ **6** couper, rendre*, saquer ■ **7** chasser*, exclure, libérer, lourder, rejeter, répéter, sacquer, sine die ■ **8** ajourner, expulser, refléter, répudier, résonner, retarder, retentir ■ **9** congédier, débaucher, rapatrier, réfléchir, remercier, repousser*, retourner, retraiter ■ **10** répercuter, réverbérer, temporiser.
REORGANISATION : 13 redéploiement.
REORIENTER : 13 réorientation.
REPAIRE : 3 nid ■ **4** fort, gîte ■ **5** antre, litée ■ **7** tanière ■ **8** repairer, retraite*.
REPAITRE : 5 repue ■ **6** amuser, paître ■ **10** carnassier.
REPANDRE : 5 fluer, paver, semer* ■ **6** émaner, emplir, sentir, sortir, surgir, verser* ■ **7** arroser, couvrir, émerger, envahir, étendre, exhaler, exsuder, fleurer, inonder, jaillir, joncher, pleurer, poindre, publier, saillir, soufrer, sourdre ■ **8** agrainer, asperger, déborder, déverser, diffuser*, éclairer, épancher, exploser, libation, parsemer, pénétrer, pleuvoir, propager*, pulluler, regorger ■ **9** chauleuse, dispenser, disperser, distiller, goupillon, instiller, prodiguer, renverser, trompeter ■ **10** disséminer, distribuer, éparpiller, épidémique, extravaser, phosphater, propagande, saupoudrer, transfuser, vulgariser ■ **11** odoriférant, sanguinaire, tambouriner ■ **13** universaliser.
REPANDU : 5 connu, épars, infus ■ **6** commun, diffus.
REPARAITRE : 7 revenir ■ **10** reparution.
REPARATION : 5 pièce ■ **6** radoub, raison ■ **7** câblier, reprise ■ **8** stoppage ■ **9** expiation, quérulent ■ **10** anaplastie, après-vente, replâtrage ■ **11** rentraiture ■ **12** raccommodage, redressement, restauration, satisfaction ■ **13** dédommagement ■ **14** microtechnique, pretium doloris, tympanoplastie.
REPARER : 6 expier, revoir ■ **7** amender, caréner, charron, effacer, excuser, rebâtir, refaire, rétamer, retaper, réviser, rustine, stopper ■ **8** appiécer, armurier, arranger*, atténuer, corriger, peignier, radouber, rajeunir, rajuster, rapiécer, ravauder, recoudre, recrépir, refondre, reformer, remanier, remédier, remonter, repriser, rétablir ■ **9** améliorer, bricoleur, brouettier, compenser, motociste, raccorder, recoiffer, rectifier, redresser, renfaîter, rentoileur, rentraire, rentrayer, réparable, repeindre, replâtrer, restaurer, restituer, rhabiller, tonnelier, vélociste ■ **10** cordonnier, entretenir, moderniser, rabibocher, raccoutrer, rafistoler, rafraîchir, rapetasser, remaçonner, rem-

mailler, renouveler, réparateur, réparation, ressemeler ■ **11** irréparable, matelassier, raccommoder, réorganiser ■ **12** rappareiller ■ **13** autoréparable, enchevalement, perfectionner, satisfactoire.
REPARTIE : 3 gag ■ **7** réponse, riposte ■ **8** réplique.
REPARTIR : 5 céder ■ **6** étaler, nantir, passer, router, servir ■ **7** adjuger, allotir, allouer, assisté, fournir ■ **8** assigner, concéder, conférer, déléguer, départir, destiner, disposer, égaliser, impartir, investir, partager*, pourvoir, relancer, répondre, résigner, ventiler ■ **9** ballaster, cantonner, dégrouper, dispenser, disperser, distribué, gratifier, palonnier, retourner ■ **10** distribuer, échelonner, rétrocéder ■ **11** transmettre.
REPARTITION : 4 taxe ■ **7** central, cession, horaire, partage* ■ **8** dessoler ■ **9** collation, dividende, quote-part, sexonomie ■ **10** chorologie, coéquation, concession, délégation, régalement ■ **11** aménagement, assignation, attribution, péréquation, répartement, répartiteur ■ **12** compensation, distribution, polygonation, rétrocession ■ **13** appartement, biogéographie, équipartition, zoogéographie ■ **15** contingentement.
REPAS : 3 thé ■ **4** cène, écot, gala, menu, mess, mets ■ **5** agape, banco, bribe, carré, diffa, dîner, en-cas, extra, lunch, nappe, orgie, régal, repue, reste, salle, soupe, table ■ **6** agapes, ambigu, brunch, festin*, fricot, goûter, lippée, mâchon, popote, ribote, souper ■ **7** banquet, dînette, frairie ■ **8** bombance, déjeuner, digestif, gogaille, pandèmes, prandial, ripaille, zakouski ■ **9** anagnoste, collation, gaudeamus, gueuleton, ordinaire, réfection, réveillon ■ **10** bénédicité, écornifler, médianoche, pique-nique, réfectoire ■ **11** bouffetance, casse-croûte, hors-d'œuvre, panier-repas ■ **12** postprandial, saucissonner ■ **13** petit déjeuner, pique-assiette ■ **15** wagon-restaurant.
REPASSAGE : 8 pressing ■ **12** pattemouille.
REPASSER : 6 glacer ■ **7** affiler, empeser, plisser, revenir ■ **9** calendrer, godronner, jeannette, mouilloir, repassage ■ **10** repasseuse, rétrocéder ■ **12** contre-passer.
REPECHER : 6 sauver ■ **9** repêchage.
REPENTANCE : 8 repentir*.
REPENTANT : 5 fâché, marri ■ **10** impénitent.
REPENTIR : 5 pouce ■ **6** regret* ■ **7** remords ■ **8** mea culpa ■ **9** attrition, pénitence, regretter, repentant ■ **10** contrition, repentance ■ **11** componction ■ **12** résipiscence.
REPERCUSSION : 9 incidence ■ **10** contre-coup ■ **14** retentissement.
REPERCUTER : 8 renvoyer, retentir ■ **12** répercussion.
REPERAGE : 11 référentiel, stéréotaxie ■ **12** écholocation ■ **15** radionavigation.
REPERE : 4 amer ■ **5** décan ■ **6** grillé, marque* ■ **8** cardinal, négocier ■ **9** repérable ■ **11** jalonnement.
REPERER : 4 voir ■ **5** radar ■ **8** repérage.
REPERTOIRE : 5 table ■ **6** barème, bottin ■ **9** catalogue*, thesaurus ■ **11** répertorier.
REPETER : 4 écho ■ **5** biner, on-dit, scier ■ **6** bisser, copier, corner, imiter, redire ■ **7** obséder, radoter, refaire*, revenir, seriner, trisser ■ **8** insister, itératif, rabâcher, rappeler, rebattre, recorder, récursif, réitérer, rélargir, rengaine, renvoyer, repasser, répondre ■ **9** écholalie, itération, rapporter, rechanter, redoubler, ressasser ■ **10** alternatif, persévérer, renouveler, répétiteur, reproduire ■ **11** récapituler, recommencer*.
REPETITEUR : 11 surveillant ■ **12** répétitorat.

REPETITIF: **12** répétitivité.
REPETITION: **2** bi ■ **3** bis, sur ■ **4** écho, file, fois, idem, scie ■ **5** lebel, série, suite, tissu ■ **6** chaîne, redite, retour, tirade ■ **7** doublon, refrain, reprise, traînée, trémolo, vibrato ■ **8** anaphore, antienne, chapelet, enfilade, kyrielle, ostinato, radotage, rengaine, séquelle, trantran ■ **9** assonance, imitation, itération, leitmotiv, pléonasme ■ **10** battologie, procession, ribambelle, stéréotype, train-train ■ **11** énumération, rebattement, ritournelle ■ **12** allitération, enchaînement, périssologie, persévération, redoublement ■ **13** reduplication ■ **14** récapitulation.
REPEUPLEMENT: **7** réserve.
REPEUPLER: **8** nourrain ■ **12** repeuplement, repopulation ■ **13** rempoissonner.
REPIQUER: **5** plant ■ **9** repiquage ■ **11** repiquement.
REPIT: **5** cesse, délai*, repos* ■ **12** interruption*.
REPLACER: **8** rasseoir, remettre*, rétablir* ■ **11** replacement.
REPLANTER: **8** dépiquer ■ **10** replantage ■ **12** replantation.
REPLAT: **8** terrasse ■ **10** épaulement.
REPLET: **4** gras* ■ **5** plein*.
REPLI: **4** faux, ride ■ **5** hélix, nœud, recul ■ **6** ourlet, recoin, rentré, revers, smegma ■ **7** autisme, bavette, déroute, gerçure, prépuce ■ **8** épiploon ■ **10** barbillons, épicanthus, froncement ■ **14** racornissement.
REPLIABLE: **11** pousse-canne.
REPLIEMENT: **5** repli ■ **11** reploiement.
REPLIER: **5** rider ■ **6** border, friser, gercer ■ **7** carguer, froncer, plisser ■ **8** racornir, ramasser, remplier, reployer, trousser ■ **9** décapoter, ratatiner, repliable ■ **10** recueillir, repliement ■ **14** recroqueviller.
REPLIQUE: **8** répartie ■ **9** répliquer.
REPLIQUER: **8** répartir, répondre* ■ **9** raisonner ■ **10** raisonneur, victorieux ■ **11** péremptoire.
REPLOIEMENT: **12** invagination.
REPOLIR: **11** repolissage.
REPONDANT: **6** garant ■ **8** garantie* ■ **11** argumentant.
REPONDRE: **4** dire ■ **5** à quia, river ■ **7** récrire, réfuter, remplir ■ **8** affirmer, décevoir, garantir, interdit, objecter, répartir, riposter* ■ **9** concorder, dupliquer, homéostat, raisonner, redarguer, rembarrer, répliquer, répondant, répondeur, rétorquer ■ **10** contredire, faux-fuyant, incollable, récriminer, satisfaire ■ **11** interpeller, justiciable ■ **12** correspondre*.
REPONS: **6** libera ■ **7** réclame ■ **8** cantique.
REPONSE: **3** oui ■ **6** oracle ■ **7** rescrit, riposte*, verdict ■ **8** lanturlu, réplique, répondre, solution, vocodeur ■ **11** contraction ■ **12** apocrisiaire.
REPORT: **4** dans ■ **8** reporter ■ **9** reporteur.
REPORTAGE: **9** stock-shot ■ **13** téléreportage ■ **14** photoreportage, radioreportage.
REPORTER: **6** porter ■ **8** imprimer, proroger, reverser ■ **9** décalquer, reportage ■ **12** décalcomanie, extérioriser, téléreporter.
REPOS: **3** kan ■ **4** kief, obit, paix, port ■ **5** arrêt*, cesse, congé, coupe, dépôt, étape, éveil, férié, halte, oasis, pause*, point, répit, sabat, trêve ■ **6** campos, césure, relais, sabbat, sieste, soupir ■ **7** détente, relâche, sommeil* ■ **8** accalmie, dimanche, quiétude, vacances ■ **9** équilibre, gloriette, surmenage ■ **10** consonance, dissonance, inactivité, méridienne, passe-temps, récréation, sommeiller ■ **11** délassement, respiration ■ **12** tranquillité*.

REPOSANT : **5** relax ■ **6** relaxe ■ **8** relaxant.
REPOSER : **5** enter, gésir, siège, socle ■ **6** amuser, cesser*, dormir* ■ **7** arrêter, asseoir, récréer ■ **8** délasser, détendre, incomber, paresser, reposoir, respirer, souffler ■ **9** consister, déhancher, reprendre, restaurer ■ **10** acquiescer.
REPOUSSAGE : **8** estamper ■ **9** estampage.
REPOUSSANT : **4** laid* ■ **6** hideux ■ **9** exécrable ■ **10** effroyable, rébarbatif.
REPOUSSER : **5** paria, ruser ■ **6** bannir, évaser, ouvrir ■ **7** chasser*, dilater, ébraser, écarter*, élargir, évincer, exclure, moucher, pousser, rebuter, récuser, refuser, rejeter*, remiser, revenir ■ **8** décliner, éliminer, rabrouer, rebuffer, recingle, refouler, renaître, répudier, resingle ■ **9** dédaigner, proscrire, rechasser, rembarrer, remoucher ■ **10** disjoindre, ostraciser, répercuter, supplanter ■ **11** blackbouler, écarquiller ■ **12** repoussemernt.
REPREHENSIBLE : **8** blâmable, coupable ■ **9** commettre ■ **11** provocation.
REPRENDRE : **5** tempo, trait ■ **7** refaire, renouer, rentrer, retirer, revenir ■ **8** fustiger, rabrouer, regagner, remonter, renaître, rentamer, repenser, retouper, souffler ■ **9** déstocker, enchaîner, pardonner, rattraper, récupérer, rembarrer, remporter, repreneur, ressaisir, retrouver ■ **10** réhabituer ■ **11** raccoutumer, réouverture, réprimander ■ **12** reconsidérer ■ **15** irrépréhensible.
REPRESAILLE : **9** vengeance.
REPRESENTANT : **5** agent, légat ■ **6** envoyé ■ **7** épigone, placier ■ **8** voyageur ■ **11** ambassadeur*, subrécargue ■ **13** intermédiaire ■ **14** représentation.
REPRESENTATION : **4** idée, logo, plan, tête, rêve ■ **5** buste, carte, coupe, icône, idole, image*, lever, scène*, trace ■ **6** dessin, ectype, figure*, graphe, modèle, schème, statue, uræus ■ **7** comédie, effigie, emblème, fétiche, géorama, lambert, symbole, tableau*, topique ■ **8** calvaire, draperie, écriture, festival, figurine, logotype, maintien, portrait, première, reproche ■ **9** allégorie, beaux-arts, bestiaire, élévation, empreinte, figuratif, graphique, miniature, phantasme, simulacre, spectacle*, statuette ■ **10** projection ■ **11** axonométrie, idéographie, imagination*, perspective, sociogramme, topographie ■ **12** chronogramme, ordinogramme, orthographie, stéréochimie ■ **13** bloc-diagramme, représentatif, stéréographie, symbolisation ■ **14** idéologisation ■ **15** auto-sacramental, monocaméralisme.
REPRESENTE : **6** adossé ■ **7** dessiné ■ **10** multicarte ■ **11** minimaliste.
REPRESENTER : **5** faire, jouer, mimer ■ **6** croire ■ **7** décrire*, figurer, inférer, peindre*, réputer ■ **8** désigner, dessiner*, imaginer*, inventer, postuler, présumer, profiler, rappeler, regarder ■ **9** attribuer, concevoir, dépeindre, juratoire, remonter ■ **10** mentaliser, préfigurer, reproduire, symboliser ■ **11** schématiser ■ **12** représentant ■ **13** photographier, représentatif.
REPRESSIF : **6** goulag.
REPRESSION : **5** crime ■ **8** sanction ■ **10** coercition.
REPRIMANDE : **4** suif ■ **5** blâme*, danse, leçon, savon ■ **6** cigare, douche, menace, morale, rappel, sermon ■ **7** censure, chicane, désaveu, semonce ■ **8** monition, reproche* ■ **9** attrapade, attrapage, gronderie ■ **10** objuration ■ **11** observation, remontrance, réprimander, réprobation ■ **12** condamnation, répréhension ■ **13** admonestation, avertissement, réprimandable ■ **14** désapprobation, représentation.
REPRIMANDER : **6** blâmer, sabrer, saucer, tancer ■ **7** avertir, bourrer,

gourmer, gronder, menacer, moucher, prêcher, ramoner, secouer ■ **8** arranger, attraper, censurer, chicaner, corriger, disputer, emballer, fulminer, fustiger, infliger, malmener, rabrouer, rappeler, régenter, relancer, remettre, sabouler, savonner, semoncer, tempêter ■ **9** accoutrer, chapitrer, condamner, critiquer, désavouer, engueuler, improuver, moraliser, morigéner, mortifier, pardonner, quereller, raisonner, rembarrer, remontrer, reprendre, reprocher*, réprouver, sermonner, vitupérer ■ **10** accommoder, admonester, brutaliser, chamailler, gourmander, houspiller, maltraiter ■ **11** apostropher, répréhender, représenter ■ **12** désapprouver, enguirlander ■ **13** mercurialiser.

REPRIMER: **6** brider ■ **7** enrayer, retenir* ■ **8** contenir, étouffer, indompté, refréner ■ **9** combattre, commander, interdire, maîtriser*, répressif ■ **10** répression ■ **11** raccommoder ■ **13** irréprochable.

REPRISE: **4** gong, œuf ■ **5** round, volée ■ **7** videlle ■ **8** repriser ■ **9** entre-deux, leitmotiv ■ **10** rattrapage, reconquête, repriseuse ■ **12** rempiétement ■ **14** rebondissement.

REPRISER: **8** ravauder ■ **9** reprisage ■ **11** raccommoder.

REPROBATION: **3** hou ■ **5** blâme* ■ **8** anathème, damnable ■ **10** ostracisme ■ **11** réprobateur ■ **13** animadversion.

REPROCHE: **5** blâme*, grief, savon ■ **7** plainte, remords, semonce ■ **8** critique, sévérité ■ **9** gronderie ■ **10** accusation*, houspiller, imputation, mercuriale, réprimande* ■ **11** objurgation, observation, remontrance ■ **12** réquisitoire ■ **13** admonestation, irréprochable, récrimination ■ **14** représentation.

REPROCHER: **5** taxer ■ **6** blâmer*, tancer ■ **7** accuser, gronder, prêcher ■ **8** chicaner, régenter, relancer, semoncer ■ **9** chapitrer, morigéner, raisonner, remontrer, reprendre, sermonner ■ **10** admonester, gourmander, récriminer ■ **11** réprimander*.

REPRODUCTEUR: **4** mâle ■ **5** fleur, spore ■ **6** raceur ■ **7** génital, stencil ■ **8** apothèce, laitance ■ **9** apothécie, archégone, gonophore, gonozoïde ■ **10** rhizocarpe ■ **14** fructification, génito-urinaire, hermaphrodisme, spermatogenèse.

REPRODUCTION: **4** écho ■ **5** copie*, image, motif, sosie ■ **6** agamie, calque, double, étalon, reflet, tirage ■ **7** conidie, épreuve, plagiat, semence, stencil ■ **8** apomixie, bourgeon, panmixie ■ **9** autocopie, constance, copyright, duplicata, écloserie, fac-similé, fécondité, généntiste, imitation, mimétisme, oviparité, photostat, polycopie, simulacre ■ **10** ampliation, androgénie, caricature, conformité, croisement, cryptogame, démarquage, diazocopie, exemplaire, génération, périodique, photocopie, poulinière, répétition, viviparité ■ **11** autographie, contrefaçon, ovovivipare, phonographe, propagation, schizogamie, sporulation, vidéogramme ■ **12** appareillade, électrocopie, électrophone, lithographie, phonogénique, photographie, reproducteur, stéréophonie ■ **13** ovoviviparité, reproductible, similigravure, vraisemblance ■ **14** audiofréquence, parthénogenèse, photomécanique, représentation ■ **15** cinématographie.

REPRODUCTRICE: **7** agamète.

REPRODUIRE: **5** ronéo, tirer, truca ■ **6** copier*, imiter*, rendre, singer ■ **7** calquer, doubler, feindre, lecteur, plagier, répéter, revenir, siffler, simuler ■ **8** attraper, autogame, bouturer, refléter, ronéoter, traduire ■ **9** carroyage, démarquer, diagraphe, emprunter, pasticher, téléphone ■ **10** multiplier, polycopier, ronéotyper, transcrire ■ **11** caricaturer, contrefaire, duplicateur, microfilmer, pantographe, photocopier ■ **12** autographier, reproducteur ■ **13** reprographier.

REPRODUISANT: **10** mercuriale.

REPROGRAPHIE : 9 xérocopie ■ 13 reprographier.
REPROUVER : 5 vénal ■ 6 blâmer*, damner, outlaw ■ 7 déchoir, maudire ■ 9 condamner*, hors-la-loi, pardonner ■ 11 réprobation ■ 12 désapprouver* ■ 14 prédisposition.
REPTILE : 7 fossile*, saurien*, tarente ■ 8 diapside, hatteria, ophidien*, scincidé ■ 9 chélonien*, lacertien, reptilien, scincoïde, sphénodon, synapside, terrarium ■ 10 amphysbène, stégosaure ■ 11 brontosaure, crocodilien*, dinosaurien*, erpétologie, ichtyosaure, lacertilien*, plésiosaure, théromorphe, tricératops ■ 12 atlantosaure, herpétologie, hydrosaurien, ptérodactyle, ptérosaurien*, saurophidien, tyrannosaure ■ 13 erpétologiste ■ 14 herpétologiste.
REPU : 4 soûl ■ 5 saoul ■ 9 rassasier*.
REPUBLICAIN : 4 bleu ■ 5 duodi, sénat, tridi ■ 6 nivôse, nonidi, octidi ■ 7 floréal, primidi, septidi, sextidi, ventôse ■ 8 brumaire, frimaire, germinal, messidor, pluviôse, prairial, quartidi, quintidi ■ 9 fructidor, niveleurs, thermidor ■ 11 vendémiaire ■ 12 progressiste ■ 13 sans-culottide ■ 14 républicaniser, républicanisme.
REPUBLIQUE : 5 sénat ■ 11 républicain ■ 15 antirépublicain.
REPUDIER : 6 renier ■ 8 divorcer ■ 9 repousser* ■ 11 répudiation.
REPUGNANCE : 5 haine ■ 6 dégoût*, nausée ■ 7 horreur* ■ 8 aversion* ■ 9 répugnant, répulsion ■ 10 antipathie ■ 11 contrecœur, incrédulité.
REPUGNANT : 8 nauséeux, rebutant ■ 9 dégoûtant, écœurant, exécrable, malpropre, paresseux ■ 10 méphitique, nauséabond.
REPUGNER : 4 haïr ■ 7 hésiter, rebuter, rejeter ■ 8 dégoûter*, déplaire*, écœurer, maugréer, renâcler, renifler ■ 9 rechigner, regretter, repousser.
REPULSION : 5 haine ■ 7 horreur* ■ 10 répugnance* ■ 11 électricité ■ 13 horripilation.
REPUTATION : 3 nom ■ 5 décri, renom*, tache, vogue ■ 6 crédit, gloire*, marque ■ 7 honneur, mémoire ■ 8 calomnie, dénigrer, diffamer, renommée* ■ 9 calomnier, célébrité, esquinter, notoriété, publicité ■ 10 engouement, importance, popularité ■ 11 flétrissure ■ 12 compromettre, honorabilité ■ 13 considération.
REPUTE : 4 famé ■ 5 connu*, vanté ■ 6 fameux ■ 7 célèbre*, éminent, insigne, malfamé, renommé, signalé ■ 8 esculape, marquant ■ 9 accrédité, considéré, honorable, important, populaire ■ 12 considérable.
REQUERIR : 8 réclamer* ■ 9 requérant ■ 10 inscrivant ■ 11 réquisition.
REQUETE : 6 placet, prière* ■ 8 impétrer, pétition ■ 9 supplique ■ 12 supplication.
REQUIN : 5 chien, lamie, taupe ■ 6 griset, perlon, pilote, squale* ■ 7 brochet, marteau, pèlerin ■ 8 émissole, sélacien, squatine ■ 9 aiguillat, laimargue, roussette ■ 13 requin-marteau.
REQUINQUER : 8 remonter*.
REQUISITION : 7 angarie, demande ■ 10 conclusion, socialiser ■ 14 réquisitionner.
REQUISITOIRE : 8 reproche ■ 10 accusation* ■ 13 réquisitorial.
RESCAPE : 4 sauf.
RESCINDER : 7 annuler ■ 11 rescindable.
RESCISION : 10 amputation, rescindant, rescisoire.
RESCOUSSE : 5 appui ■ 7 secours*.
RESCRIT : 4 bref ■ 5 iradé.
RESEAU : 4 r.n.i.s. ■ 5 filet, lacis, trame, tulle ■ 7 serveur ■ 8 régional, remplage, réticule ■ 9 encercler, faïençage, réticuler, réticulum ■ 10 électrifié, entretoile, nanoréseau, quadripole ■ 11 réticulaire, sous-

station ■ **12** canalisation ■ **13** ergastoplasme, triangulation.
RESECTION: **8** reséquer ■ **9** vasotomie ■ **10** amputation*, vasectomie ■ **12** laminectomie.
RESEDACEE: **5** gaude ■ **6** réséda.
RESERVATION: **7** stand-by.
RESERVE: **4** lais, maie, sauf ■ **5** en-cas, froid, grave, oflag, piste, privé, stand, stock ■ **6** décent, simple, trésor, volant ■ **7** abajoue, discret, distant, ensiler, modeste, pudique ■ **8** aleurone, baliveau, bégueule, cyclable, économie, landwehr, prudence, réservat, vitellus ■ **9** bacchante, cartouche, exception, glycogène, immodeste, indiscret, promœrium, provision*, quant-à-moi, quant-à-soi, réservoir ■ **10** discrétion*, ésotérique, modération, parenchyme, périsperme, prédestiné, réserviste ■ **11** circonspect, résidentiel, restriction ■ **12** empaillement, présomptueux ■ **13** arrière-pensée ■ **14** circonspection.
RESERVER: **6** garder ■ **7** laisser, ménager, retenir ■ **8** destiner, préparer ■ **9** conserver, rétention ■ **11** monopoliser, prédestiner.
RESERVOIR: **3** bac ■ **4** cuve, dôme, dock, pale, silo, tank ■ **5** bâche, puits ■ **6** bassin ■ **7** ballast, cellier, château, citerne, encrier, girotte, grenier, magasin, puisard, réserve, vasière ■ **8** aquarium, canadair, éjecteur, entrepôt, nourrice, sablière ■ **9** adducteur, gazomètre, lave-mains, reverdoir, trop-plein ■ **10** exhausteur, réceptacle ■ **11** château d'eau, pneu-citerne, stylographe ■ **12** water-ballast.
RESIDENCE: **4** aire, cour, cure ■ **5** siège ■ **6** maison*, mitage, palais, séjour ■ **7** demeure*, prévôté ■ **8** ambulant, consulat, déplacer, domicile, néolocal ■ **9** virilocal ■ **10** archevêché, habitation*, matrilocal, nonciature, patrilocal ■ **11** non-résident ■ **14** multipropriété.
RESIDER: **6** siéger ■ **7** habiter* ■ **8** résident ■ **9** consister.
RESIDU: **3** lie ■ **4** boue, brai, marc, porc, vase ■ **5** arcot, culot, dépôt, écume, magma, rache, rebut*, reste* ■ **6** boulée, cendre, crasse, déchet*, drêche, fécule, friton, gratin, nougat, ordure, rabiot, saleté, schlot, scorie, tartre ■ **7** charrée, cretons, mélasse, rillons, rognure, rouille, vinasse ■ **8** arcanson, calamine, détritus, fleurage, limaille, mâchefer, poussier, sédiment, tourteau, trouille ■ **9** colophane, excrément ■ **10** masselotte ■ **11** effondrille, escarbille, résiduaire ■ **11** sous-produit ■ **13** crude ammoniac.
RESIGNATION: **5** islam ■ **7** victime ■ **8** patience ■ **9** passivité, soumission* ■ **14** souffre-douleur.
RESIGNER: **5** céder, subir ■ **6** avaler ■ **7** endurer, immoler ■ **8** abdiquer, accepter*, consoler, plaindre, renoncer ■ **9** contenter, sacrifier, soumettre*, supporter ■ **10** abandonner, accommoder ■ **12** résignataire.
RESILIABLE: **9** congéable.
RESILIATION: **5** congé, renon ■ **10** annulation*.
RESILIER: **7** annuler* ■ **10** résiliaire.
RESILLE: **5** filet ■ **8** réticule.
RESINE: **3** ase, pin ■ **4** poix ■ **5** aloès, ambre, baume, copal, élémi, gaïac, gemme, gomme, gutte, jalap, laque, ligot, molle, sapin, thuya ■ **6** chibou, dammar, encens, jacket, mastic, myrrhe, oribus, résiné, storax, styrax, succin ■ **7** ambrine, benjoin, copayer, gaïacol, galipot, gemmage, retsina ■ **8** arcanson, asphalte, bakélite, captieux, conifère, hachisch, haschich, myroxyle, pitchpin, propolis, résineux, résinier ■ **9** abiétinée, acchroïde, chandelle, colophane, haschisch, plastisol, plexiglas, vinylique ■ **10** courbarine, résinifère, sandaraque, sang-dragon ■ **11** aminoplaste, assa-fœtida, phénoplaste ■ **12** sang-de-dragon, térébenthine ■ **13** polyvinylique.

RESINEUSE : **10** gomme-laque.
RESINEUX : **7** copaïer, copayer, pinacée ■ **11** cupressacée.
RESIPISCENCE : **7** remords ■ **8** repentir.
RESISTANCE : **2** ré ■ **3** ohm ■ **4** fond, volt ■ **5** ancre, appui, durée, force*, kyste, pouce, tapis ■ **6** dureté, mégohm ■ **7** aramide, défense, fermeté*, microhm, rigueur ■ **8** doubleau, friction, hérisson, immunité, ohmmètre, rénitent, rhéostat, rigidité, solidité, ténacité, traction ■ **9** arc-bouter, bolomètre, constance, endurance, hémogénie, impédance, manganine, profilage, rébellion, résilient, résistant, stabilité ■ **10** anodisation, difficulté, entêtement, opposition*, perditance, réluctance, résilience, varistance ■ **11** abrasimètre, conducteur, empêchement, mégohmmètre, obstination, résistivité, superciment ■ **12** complication, pénétromètre, telluromètre, thermistance ■ **13** aérodynamique, électrodermal, impassibilité, potentiomètre, vulcanisation ■ **14** affermissement, endurcissement ■ **15** supraconduction.
RESISTANT : **3** dur ■ **4** fort* ■ **5** bâton, canne, ferme, frêle, frêne, pyrex, renne, tison, vigne ■ **6** solide*, stable, tenace ■ **7** durable, éprouvé, stoïque ■ **8** altuglas, constant, endurant, endurcir, florence, immuable, inusable ■ **9** cartilage, duralumin, extrafort, opiniâtre, supérieur ■ **10** créosotage, inflexible, inoxydable, invincible ■ **11** brossolette, consistance, inaltérable, réfractaire ■ **12** impérissable, inébranlable, inexpugnable, récalcitrant, trompe-la-mort ■ **14** indestructible, scléroprotéine.
RESISTE : **9** antiacide, pyrophyte ■ **15** thermorésistant.
RESISTER : **5** durer, fixer, prier, tenir ■ **6** bouder, braver, cabrer, étaler, lutter, raidir, réagir ■ **7** hésiter, heurter, opposer*, récuser, refuser, sceller ■ **8** affermir, chicaner, cimenter, défendre, désobéir, maugréer, objecter, rabrouer, rebéquer, rebiffer, réclamer, regimber, renâcler, répondre, répugner, riposter, soutenir ■ **9** batailler, combattre, contester, dédaigner, éconduire, protester, rechigner, rembarrer, repousser, succomber, supporter ■ **10** climatiser, consolider, enfreindre, résistible ■ **11** récalcitrer, soutènement ■ **12** antisismique, irrésistible, parasismique.
RESISTIVITE : **8** ohmmètre ■ **12** conductivité.
RESOCIALISER : **15** resocialisation.
RESOLU : **4** prêt ■ **5** brave*, hardi*, lapin ■ **6** décidé, gonflé, résous ■ **7** peureux ■ **8** constant ■ **9** déterminé ■ **10** analytique, embarrassé.
RESOLUTIF : **9** diachylon.
RESOLUTION : **4** vœu ■ **5** levée, parti, poule ■ **6** projet*, propos ■ **7** complot, dessein, énergie, fermeté, volonté ■ **8** décision*, flancher ■ **9** dissuader, promettre ■ **10** délai-congé, déterminer, résolument ■ **11** inconstance ■ **12** délibération, entreprendre ■ **13** détermination ■ **15** indétermination.
RESOLVABLE : **7** soluble.
RESONANCE : **3** i.r.m., r.m.n., son ■ **4** koto ■ **8** syntonie ■ **10** résonateur ■ **11** dénasaliser.
RESONATEUR : **4** vina.
RESONNER : **6** sonore, sonner*, tinter ■ **8** marteler, retentir ■ **12** castagnettes.
RESORBER : **7** éponger ■ **10** résorption.
RESORCINE : **11** fluorescéine.
RESORPTION : **11** thrombolyse.
RESOUDRE : **5** finir, juger ■ **6** régler ■ **7** annuler, décider, deviner, réduire ■ **8** exécuter, liquider, problème, trancher ■ **9** condenser,

dissoudre, expédient, insoluble, résoluble ■ **10** quaternion, résolution ■ **11** liquidation, résolutoire, solutionner.
RESPECT : **4** cant, cour ■ **5** égard, petit, piété, prier ■ **6** estime* ■ **7** auguste, crainte, dignité, hommage, honneur, impiété, majesté ■ **8** imposant, incliner, insolent, noblesse, prestige ■ **9** déférence, insolence, irrespect, politesse*, respecter, révérence ■ **10** admiration, pieusement, vénération ■ **11** inclination, irrévérence, respectable, respectueux ■ **12** honorabilité, obséquiosité, porte-respect ■ **13** considération, irrespectueux ■ **14** irrévérencieux.
RESPECTABILITE : **6** bohême.
RESPECTABLE : **5** sacré ■ **7** matrone ■ **10** patriarche ■ **14** respectabilité.
RESPECTER : **5** tenir ■ **6** saluer ■ **7** estimer*, honorer, imposer, révérer, vénérer ■ **8** craindre ■ **9** légalisme ■ **10** considérer, enfreindre, non-respect.
RESPECTIF : **14** respectivement.
RESPECTUEUX : **8** arrogant, déférent.
RESPIRABLE : **12** irrespirable.
RESPIRATION : **4** râle ■ **5** apnée, point ■ **6** soupir ■ **7** aérobic, bouffée, haleine, souffle ■ **8** adénoïde, asphyxie, courbatu, stigmate ■ **9** branchies, carbogène ■ **10** anhélation, aspiration, intubation, lenticelle, sidération, spiromètre, striduleux ■ **11** étouffement, respirateur ■ **12** respiratoire ■ **13** aminophylline, essoufflement, pneumatophore, pneumographe ■ **15** oxygénothérapie.
RESPIRATOIRE : **8** polypnée ■ **9** chlamydia, endoderme ■ **10** cytochrome.
RESPIRER : **4** sels ■ **5** râler ■ **7** anhéler, aspirer, bâiller, ébrouer, exhaler, expirer, haleter, ronfler, siffler ■ **8** étouffer, palpiter, panteler, renifler, souffler, soupirer ■ **9** étrangler, oppresser, orthopnée, sangloter, suffoquer ■ **10** respirable ■ **12** respiratoire.
RESPLENDIR : **7** briller*, fleurir ■ **8** chatoyer, signaler ■ **9** flamboyer, ressortir, triompher ■ **10** solenniser ■ **14** resplendissant.
RESPLENDISSANT : **7** pompeux ■ **8** glorieux, solennel ■ **9** grandiose, somptueux, splendide, triomphal ■ **10** florissant, magnifique ■ **11** prestigieux.
RESPLENDISSEMENT : **4** luxe ■ **5** éclat*, pompe, renom ■ **6** beauté, gloire, succès ■ **8** prestige, richesse, triomphe ■ **9** solennité, splendeur ■ **11** supériorité ■ **12** magnificence ■ **15** transfiguration.
RESPONSABILITE : **7** endosse ■ **8** endosser, garantie ■ **10** bioéthique ■ **13** coresponsable.
RESPONSABLE : **6** auteur ■ **8** majorité, minorité, répondre ■ **9** comptable ■ **11** maître-chien ■ **13** irresponsable ■ **15** parlementarisme.
RESQUILLER : **7** glisser ■ **11** resquilleur.
RESSAILLEMENT : **10** soubresaut.
RESSAISIR : **9** rattraper, retrouver ■ **10** raccrocher ■ **15** ressaisissement.
RESSASSER : **7** répéter* ■ **10** ressasseur.
RESSAUT : **5** redan ■ **6** redent ■ **7** larmier, saillie ■ **9** ressauter.
RESSEMBLANCE : **3** air ■ **5** autre, genre, image, sorte, sosie, suite ■ **7** parenté ■ **8** analogie*, atavisme, comparer, hérédité, portrait, rappeler ■ **9** mimétisme, paronymie ■ **10** conformité, photo-robot, ressembler, similarité, similitude ■ **12** dissemblance, héritabilité ■ **13** dissimilitude ■ **14** correspondance.
RESSEMBLANT : **6** craché ■ **7** parlant ■ **9** semblable*.
RESSEMBLE : **7** plumeux ■ **8** fongoïde ■ **9** ulcéroïde ■ **11** percomorphe.
RESSEMBLER : **5** tenir ■ **8** rappeler ■ **9** avoisiner ■ **12** correspondre.

RESSEMELER: **11** ressemelage.
RESSENTIMENT: **5** dépit, haine* ■ **7** rancune ■ **8** inimitié, rancœur ■ **9** animosité, hostilité ■ **12** malveillance ■ **13** animadversion.
RESSENTIR: **5** avoir ■ **6** sentir ■ **7** feeling ■ **8** affecter, éprouver*, souffrir ■ **9** connaître, inéprouvé ■ **11** scandaliser.
RESSERRE: **3** fin ■ **4** aigu, cave, menu, silo ■ **5** canal, fenil, juste, mince*, serré, seuil, soute, stock ■ **6** aminci, caveau, effilé, étréci, étroit*, grange ■ **7** cambuse, cellier, collant, entravé, estomac, étriqué, grenier, mesquin, réserve, rétréci ■ **8** amenuisé, crédence, débouché, encaissé, étranglé, linéaire, spacieux ■ **9** réservoir, restreint ■ **10** astringent, capillaire, réceptacle ■ **12** constricteur, embouquement, resserrement.
RESSERREMENT: **6** trisme ■ **7** raideur ■ **8** étreinte, rigidité ■ **9** sphincter ■ **10** rétraction ■ **11** coarctation, contraction* ■ **12** constriction, étranglement ■ **14** rétrécissement.
RESSERRER: **6** brider, raidir, serrer*, tasser ■ **7** amincir, étrécir, froncer, retirer ■ **8** diminuer, enfermer, étouffer, ramasser, rebattre, rétrécir ■ **9** constiper, étrangler, étreindre, ratatiner ■ **10** contracter, raccourcir ■ **11** restreindre, restringent ■ **12** constringent ■ **14** recroqueviller.
RESSORT: **4** clip, noix ■ **5** armer, crime, force, fusil, gibus, pompe, store ■ **6** secret, sixtus, spiral ■ **7** torsion ■ **8** ball-trap, barillet ■ **9** brucelles, cassation, remontage, va-et-vient ■ **11** juridiction ■ **15** oléopneumatique.
RESSORTIR: **5** matin ■ **6** valoir ■ **7** saillir* ■ **8** dépendre, dessiner, détacher, encadrer, éprouver, résulter, trancher ■ **9** accentuer, critiquer, rechampir ■ **13** ressortissant.
RESSOURCE: **5** appui, moyen*, panne, reste, voies ■ **6** moyens, pécune, refuge ■ **7** capital, recours ■ **8** facultés, indigent, maigreur, miséreux, puissant ■ **9** abondance, expédient, misérable ■ **10** autocentre ■ **11** thermalisme ■ **13** autosuffisant ■ **15** gestalt-thérapie.
RESSOURCER: **13** ressourcement.
RESSOUVENANCE: **7** mémoire.
RESSOUVENIR: **8** remettre.
RESSUAGE: **7** ressuer.
RESSUSCITER: **7** revivre.
RESTANT: **5** reste*, poste.
RESTAURANT: **5** carte ■ **6** buffet, mâchon, popote ■ **7** auberge, buvette, cabaret, caviste, gargote, serveur, taverne ■ **8** bouillon, crémerie, griveler, snack-bar, trattoria ■ **9** brasserie, grill-room, sommelier ■ **10** guinguette, hôtellerie, réfectoire, restoroute, sommelière ■ **12** consommateur, libre-service, restaurateur.
RESTAURATEUR: **8** traiteur.
RESTAURATION: **5** repas* ■ **6** burger ■ **8** fast-food ■ **10** anaplastie ■ **12** ostéoplastie, uranoplastie ■ **14** stomatoplastie.
RESTAURER: **4** mort ■ **6** manger* ■ **7** nourrir*, réparer ■ **8** rétablir*.
RESTE: **3** lie ■ **4** boni, fond, marc ■ **5** bribe, débet, marge, panne, rebut, solde, tache, trace ■ **6** chicot, coupon, débris, résidu*, ruines, soulte, toutim ■ **7** fossile, moignon, recoupe, reliefs, relique, restant, rogaton, surplus, toutime, vestige ■ **8** arlequin, et cetera, excédent, fragment, reliquat, résiduel, rogatons, substrat, traînard ■ **9** baissière, cicatrice, demeurant, et caetera ■ **10** différence, grapiller ■ **11** dépassement.
RESTER: **5** durer*, tenir ■ **6** buller, capéer ■ **7** capeyer, habiter ■ **8** attendre, casanier, demeurer*, endormir, immortel, rémanent ■ **9** éterniser, maintenir, subsister* ■ **10** sédentaire, traînasser.

RESTITUER: **5** gorge ■ **6** rendre* ■ **8** redonner*, remettre*, rétablir* ■ **9** adipolyse ■ **10** dégurgiter ■ **11** restitution ■ **12** restitutoire ■ **14** dénationaliser.
RESTITUTION: **5** dotal ■ **12** magnétophone, restitutoire.
RESTREINDRE: **6** borner ■ **7** adoucir, changer, limiter*, réduire* ■ **8** abstenir, corriger, diminuer*, excepter, modifier, réserver ■ **9** renfermer ■ **10** prohibitif, restrictif, somptuaire ■ **11** restriction.
RESTRICTION: **4** mais ■ **7** escobar, réserve ■ **9** concessif ■ **10** absolument, limitation ■ **12** escobarderie ■ **14** malthusianisme.
RESTRUCTURATION: **11** perestroïka ■ **12** restructurer.
RESTRUCTURER: **14** redimensionner.
RESULTAT: **3** fin, vie ■ **4** shot, vain ■ **5** bilan, chyle, créma, effet*, ester, force, fruit, issue, point, reste, semer, suite ■ **6** chance, cut-put, méfait, record, sommer ■ **7** filière, formule, mélange, produit, traceur ■ **8** alcoolat, apiquage, création, cuivrage, décision, dédorage, éjection, ensemble, infusion, moyenner, primitif, quotient, réussite, solution, tremplin, virevole ■ **9** bosselure, éducation, efficient, enfonceur, mécanisme, opération, répulsion, tentative ■ **10** ballottage, commutatif, conclusion, contribuer, convergent, dénouement, instrument, piochement, résultante ■ **11** conséquence*, infructueux, myélogramme, performance, terminaison ■ **13** aboutissement, polycondensat, problématique.
RESULTE: **8** concerné, néoformé ■ **10** synergique.
RESULTER: **4** issu ■ **5** tenir, venir ■ **6** naître, suivre ■ **8** apparoir, découler, dépendre, ensuivre, provenir ■ **9** ressortir ■ **10** consécutif, résultante.
RESUME: **6** abrégé*, aperçu, digest, exposé, manuel, notice, précis, relevé ■ **7** analyse, épitome, symbole ■ **8** abstract, condensé, plumitif, sommaire ■ **9** épigraphe, sous-titre ■ **10** compendium, microcosme ■ **11** aide-mémoire.
RESUMER: **7** abréger*, exposer, réduire* ■ **8** analyser, ramasser ■ **9** condenser, resserrer ■ **10** rassembler ■ **11** récapituler.
RESURCHAUFFER: **12** resurchauffe ■ **14** resurchauffeur.
RESURGENCE: **3** mer ■ **7** revival ■ **10** vauclusien.
RESURRECTION: **11** renaissance.
RETABLIR: **6** guérir* ■ **7** décoder, grossir, pontage, ramener*, ranimer*, refaire, relever, réparer ■ **8** accorder, colmater, pacifier, remettre, renaître, replacer ■ **9** fortifier, raffermir, reclasser, régénérer, reprendre, restaurer, restituer ■ **10** déchiffrer, rechausser, réintégrer, requinquer ■ **11** réhabiliter ■ **12** rééquilibrer, réfectionner, regaillardir ■ **14** rétablissement.
RETABLISSEMENT: **5** salut ■ **8** guérison*, médecine ■ **10** relèvement, rénovation ■ **12** pacification, recouvrement restauration ■ **13** convalescence ■ **15** raffermissement.
RETAILLER: **10** retaillure.
RETAMER: **8** rétamage.
RETAPER: **7** réparer*.
RETARD: **3** gap ■ **5** arrêt, délai*, péril ■ **6** remise ■ **7** arrière, retardé ■ **8** attarder ■ **9** arrérager, dypsphasie, moratoire ■ **10** hémophilie, hystérésis, puérilisme ■ **11** ajournement, retardement* ■ **12** décélération, retardataire ■ **13** temporisation.
RETARDEMENT: **5** délai*, recul ■ **6** renvoi, retard*, sursis ■ **7** attente, lenteur ■ **8** longueur ■ **10** suspension ■ **11** prorogation, quarantaine ■ **12** atermoiement ■ **13** temporisation.
RETARDER: **6** amuser, tarder ■ **7** arrêter, arriéré, reculer, remiser, retenir, traîner ■ **8** ajourner, arriérer, attendre, demeurer, différer,

proroger, remettre, renvoyer, surseoir ■ **9** atermoyer, dilatoire, lanterner, patienter, rabougrir, suspendre ■ **10** temporiser.
RETEINDRE: 5 biser.
RETENDRE: 9 retendoir.
RETENIR: 3 glu ■ **5** bride, digue, fanon, filet, fixer, frein, louer, prime, tenir, venet ■ **6** garder* ■ **7** aguiche, arrêter, assurer, détenir, engager, freiner, modérer, opposer ■ **8** captiver, contenir, embrasse, empêcher, refréner, réprimer*, réserver ■ **9** accrocher, enchaîner, maintenir*, rengainer, rétenteur, rétention, souscrire ■ **10** décompter, hypnotiser, raccrocher, ritardando ■ **11** contraindre, crémaillère ■ **14** rétentionnaire.
RETENTION: 9 rétenteur ■ **11** aldostérone.
RETENTIR: 5 mugir ■ **7** frapper, remplir ■ **8** résonner ■ **12** retentissant.
RETENTISSANT: 6 sonore* ■ **7** stentor.
RETENTISSEMENT: 3 son ■ **5** bruit ■ **11** résonnement.
RETENUE: 5 évadé ■ **6** mesure, pudeur* ■ **7** décence, dignité, réserve, sagesse ■ **8** émancipé, impudeur, modestie*, punition, sobriété, vergogne ■ **9** débraillé, précompte, sans-façon, trembleur ■ **10** contrainte, discrétion, immodestie, modération*, tempérance ■ **11** pondération ■ **12** présomptueux ■ **14** circonspection.
RETERCER: 9 reterçage.
RETIAIRE: 9 mirmillon ■ **10** gladiateur.
RETICENCE: 3 hum ■ **7** escobar ■ **8** réticent ■ **13** arrière-pensée ■ **14** circonspection.
RETICULE: 3 sac ■ **7** résille.
RETICULO-ENDOTHELIALE: 9 microglie.
RETIF: 4 têtu ■ **5** rêche ■ **7** vicieux ■ **8** indocile*, rétiveté, rétivité ■ **12** récalcitrant.
RETINE: 4 œil* ■ **5** fovéa ■ **6** macula ■ **7** fuscine ■ **8** choroïde, rétinien, rétinite ■ **9** horoptère ■ **11** disparation ■ **13** hypermétropie.
RETINIEN: 10 rhodopsine.
RETIRE: 4 coin ■ **5** isolé* ■ **7** tanière ■ **8** solitude ■ **9** solitaire ■ **10** anachorète ■ **11** buissonnier.
RETIRER: 4 ôter* ■ **5** curer, lever, palot, reste, sonde, tirer, vider ■ **6** fouger, partir* ■ **7** dégager, déluter, déminer, désiler, enlever*, étriper, quitter, retrait, sarcler, toucher ■ **8** arracher*, confiner, débâcher, décamper, démouler, déterrer, dévisser, enterrer, esquiver, extirper, extraire*, réfugier, renoncer, repêcher, résilier, retraite ■ **9** accaparer, congédier, débrocher, décharger, défourner, défricher, déméchage, déplanter, déraciner, déverguer, ensevelir, retirable, supprimer*, suspendre ■ **10** abandonner, décapsuler, dégorgeoir, désenvaser, disgracier, recueillir, rétractile, retrancher*, soustraire*, tire-braise ■ **11** arrache-clou, charlemagne, démonte-pneu, dépolitiser, ponctionner, tire-bouchon ■ **12** désacraliser, déscolariser, désenverguer ■ **13** décapuchonner.
RETISSER: 9 retissage.
RETOMBER: 8 rechuter, retombée ■ **9** réception, rejaillir, replonger, retombant.
RETORDRE: 5 câble ■ **9** retordage, retordoir, retorsoir ■ **11** retordement.
RETORQUER: 8 répondre* ■ **9** rétorsion ■ **11** rétorquable.
RETORS: 3 fin ■ **4** file, rusé* ■ **5** malin, tortu ■ **7** ficelle, routier ■ **8** roublard.
RETOUCHE: 7 pompier.

RETOUCHER: **5** limer ■ **6** revoir ■ **8** corriger*, retouche ■ **10** retoucheur.
RETOUCHEUR: **9** chromiste.
RETOUR: **2** ré ■ **4** rime ■ **6** ressac ■ **7** rechute, recours, rentrée ■ **8** come-back, tortueux ■ **9** renouveau, réversion, virevolte ■ **10** contre-choc, régression, répétition ■ **11** renaissance ■ **12** palingénésie, réapparition, résurrection ■ **13** désexcitation, régurgitation ■ **14** renouvellement, rétablissement.
RETOURNEMENT: **12** renversement.
RETOURNER: **5** atout, faner ■ **6** bêcher ■ **7** refluer, replier, revenir, revoler, ruminer, tourner* ■ **8** émouvoir, invertir, labourer, regagner, renvoyer, répartir, révulser ■ **9** renverser*, retrouver, volte-face ■ **10** défonceuse, rebrousser, réexpédier, reparaître, retournage, réversible ■ **11** rétrograder ■ **12** réapparaître, retournement.
RETRACER: **6** conter ■ **7** décrire* ■ **8** rappeler.
RETRACTATION: **5** dédit ■ **7** désaveu ■ **8** négation ■ **9** palinodie ■ **10** réparation.
RETRACTER: **4** nier ■ **6** dédire ■ **7** retirer, revenir ■ **9** reprendre ■ **10** rétractile ■ **11** rétractable ■ **12** rétractation ■ **14** recroqueviller.
RETRACTILE: **4** iris ■ **12** rétractilité.
RETRACTION: **7** désaveu ■ **9** palinodie, rétractif.
RETRAIT: **4** port ■ **6** alinéa ■ **7** retrayé ■ **9** retrayant, ziggourat ■ **11** disjonction, enfoncement ■ **12** arrière-corps, décrochement.
RETRAITE: **3** juc, nid ■ **4** abri*, fort, gîte ■ **5** antre, asile, bauge, levée, logis, niche, recul, repli, sacre ■ **6** liteau, maison, réduit, refuge, remise, revenu, séjour ■ **7** clapier, demeure, mouroir, réforme, repaire, tanière, terrier ■ **8** cachette, ermitage, logement, louvière, solitude, thébaïde ■ **9** retraiter ■ **10** libération, réceptacle, renardière, retraitant, taupinière ■ **11** rabouillère, recoupement ■ **12** licenciement, taissonnière ■ **13** inamovibilité.
RETRAITEMENT: **9** retraite.
RETRAITER: **8** réformer ■ **9** licencier.
RETRANCHEMENT: **4** abri* ■ **5** front ligne, talus ■ **6** zig-zag ■ **7** apocope, coupure, parapet plongée; réforme ■ **8** retirade, tranchée ■ **9** banquette, déduction, résection ■ **10** amputation, défilement, épaulement, mutilation, retrancher, revêtement, terre-plein ■ **11** abréviation, cheminement, distraction ■ **13** fortification ■ **15** circonvallation, contrevallation.
RETRANCHER: **4** ôter* ■ **5** reste ■ **6** couper, épucer, épurer, étêter, rogner ■ **7** amputer, déduire, ébarber, écorner, écrémer, égrener, élaguer, émonder, entamer, exclure, mutiler, retenir, retirer*, séparer, tailler ■ **8** ablation, déboiser, désosser, diminuer, distraire, ébrécher, écourter, épierrer, épointer, excepter, expurger, prélever, rabattre, remparer, réséquer, retaillé, retraire, syncoper, tronquer ■ **9** camoufler, décompter, défalquer, ébrancher, échancrer, épouiller, escompter, supprimer*, terrasser ■ **10** écheniller, effeuiller, raccourcir, soustraire* ■ **11** excommunier ■ **12** ébourgeonner.
RETRANSCRIPTION: **10** autodictée.
RETRANSMETTRE: **10** réémetteur.
RETRECI: **5** borné ■ **6** étroit* ■ **7** urcéolé ■ **8** étranglé.
RETRECIR: **7** étrécir, laminer ■ **9** resserrer*, rétracter ■ **10** encasteler ■ **14** rétrécissement ■ **15** irrétrécissable.
RETRECISSEMENT: **3** col ■ **6** myosis ■ **7** sténose ■ **11** coarctation, contracture ■ **12** étranglement.
RETREINDRE: **8** rétreint.

RETRIBUER: **5** payer ■ **9** employeur, rémunérer.
RETRIBUTION: **4** gain, paie, paye, pige ■ **5** gages, jeton, solde ■ **6** cachet, revenu ■ **7** salaire* ■ **9** vacations ■ **10** commission, émoluments, honoraires, récompense, traitement ■ **12** rémunération* ■ **13** appointements, gratification.
RETROACTIF: **8** feed-back ■ **11** rétroaction ■ **13** rétroactivité ■ **15** rétroactivement.
RETROCEDER: **6** donner ■ **7** refiler ■ **8** redonner, repasser ■ **12** rétrocession.
RETROGRADER: **7** reculer* ■ **14** rétrogradation.
RETROUSSER: **7** relever ■ **8** rebiquer ■ **10** retroussis ■ **11** recoquiller ■ **13** retroussement.
RETROUVER: **6** revoir ■ **8** regagner ■ **9** recouvrer*, récupérer, rejoindre, reprendre, ressaisir ■ **10** ressourcer ■ **11** reconnaître.
RETS: **5** filet*, piège*.
REUNI: **10** coalescent.
REUNION: **3** col, com, con, tas, thé, vol ■ **4** full, loge, rame, ring, stud, trio ■ **5** agora, amour, armée, bande, carré, curie, écrin, litée, masse, mêlée, meute, noyau, paire, prise, ramas, raout, secte, toron, vente ■ **6** brelan, cercle, claque, comice, comité, fredon, fusion, groupe*, marché, nombre, paquet, rastel, salade, séance, soirée, troupe ■ **7** agrégat, brasure, cénacle, collège, colonie, comices, concert, concile, congrès, conseil, ennéade, enquête, escadre, hallier, meeting, mélange*, paillet, pléiade, recueil, schelem, société, système, syzygie, veillée, zooglée ■ **8** amalgame, aréopage, armature, briefing, carillon, cocktail, entrevue*, épissure, équipolé, faisceau, jamborée, ligature, ramassis, syndicat, troupeau ■ **9** affluence, assemblée*, bariolure, cavalcade, compagnie, emboîtage, équipollé, flottille, multitude, patte-d'oie, polyakène, séminaire, symposion, symposium, synalèphe ■ **10** accolement, agrégation, anastomose, assemblage*, cholédoque, collection, communauté, concrétion, conférence, dissonance, groupement*, jam-session, ralliement, rendez-vous, synœcisme ■ **11** chevalement, conjonction, consistoire, convocation, demi-brigade, réunionnais, réunionniste ■ **12** conciliabule, congrégation, convivialité ■ **13** avant-première, embranchement, ostéosynthèse, panhellénisme, rassemblement, surprise-party ■ **14** centralisation, sous-commission, surprise-partie.
REUNIR: **5** lacer, mêler ■ **6** brider, câbler, coudre, masse, moiser, ponter ■ **7** accoler, agréger, amasser, grouper*, joindre*, prendre, rallier ■ **8** associer, assortir, coaliser, colliger, conférer, englober, mélanger*, ramasser, recoudre, trombone ■ **9** agrégatif, assembler*, avivement, collecter, convoquer, fusionner, rapparier, rejoindre, remembrer, serre-fils, totaliser ■ **10** agglomérer, agglutiner, concentrer, confédérer, embrancher, embrigader, éparpiller, étalinguer, globaliser, rassembler*, réunissage ■ **11** centraliser, conglomérer, déboulonner, synthétiser ■ **12** consumérisme ■ **13** collectionner, endivisionner.
REUSSI: **4** fadé.
REUSSIR: **5** fruit, menée, rater, venir ■ **6** merder, percer ■ **7** aboutir, arriver*, avorter, briller, fleurir, marquer ■ **8** batterie, ingénier, parvenir, tactique ■ **9** arrivisme, expédient, prospérer, réchapper ■ **10** manœuvrer, trémousser ■ **11** machination, savoir-faire, transformer ■ **12** maquignonner.
REUSSITE: **5** échec, thème ■ **6** succès* ■ **8** combiner, crapette, patience ■ **11** non-réussite, self-made-man ■ **13** triomphalisme.
REVACCINER: **13** revaccination.

REVALOIR : 6 rendre ■ 10 prédominer.
REVALORISER : 7 majorer ■ 14 revalorisation.
REVANCHE : 7 rampeau ■ 9 toutefois ■ 10 revanchard ■ 11 revanchisme.
REVASCULARISATION : 14 revasculariser.
REVASSER : 6 penser ■ 10 rêvasserie.
REVASSERIE : 4 rêve ■ 5 songe ■ 9 rêvasseur.
REVE : 5 rêver, songe ■ 6 utopie ■ 7 rêverie ■ 8 fantasme, illusion*, onirique, onirisme, rêvasser ■ 9 cauchemar, hypnobate, hyponoïde ■ 10 onirodynie, onirologie, rêvasserie, solipsisme ■ 11 autoanalyse, imagination*, onirocritie, prémonition ■ 13 somnambulisme.
REVECHE : 4 âcre, rude* ■ 5 aigre ■ 8 hargneux*, hérisson ■ 9 acariâtre.
REVEIL : 7 revival ■ 11 radioréveil ■ 13 hypnopompique.
REVEILLER : 6 réveil ■ 7 ranimer*, tonique ■ 8 éveiller ■ 10 dérouiller, revivifier ■ 13 réveille-matin.
REVEILLON : 12 réveillonner.
REVELATEUR : 5 génol ■ 9 iconogène ■ 10 développer, pyrogallol ■ 12 hydroquinone, pyrogallique ■ 13 diamidophénol, diaminophénol ■ 14 paramidophénol.
REVELATION : 4 aveu ■ 9 médisance ■ 11 divulgation ■ 12 indiscrétion.
REVELE : 8 angoissé.
REVELER : 4 dire ■ 5 celer, lever ■ 6 avérer, médire, redire, trahir ■ 7 accuser, déceler, deviner, écarter, marquer, montrer*, prouver, publier* ■ 8 annoncer, dénoncer, dévoiler, irrévélé, propager, signaler ■ 9 découvrir, divulguer*, instruire, monitoire, proclamer, témoigner ■ 10 apparaître, pressentir, renseigner, révélation ■ 13 symptomatique ■ 15 non-dénonciation.
REVENANT : 7 fantôme*.
REVENDEUR : 6 dealer.
REVENDICATION : 11 compétiteur, réclamation* ■ 12 revendicatif ■ 15 indépententisme.
REVENDIQUE : 6 jacent.
REVENDIQUER : 8 réclamer* ■ 9 attribuer ■ 13 revendication.
REVENDRE : 9 revendeur ■ 10 brocanteur ■ 14 carambouillage, carambouilleur.
REVENIR : 6 plaire, revoir ■ 7 ramener, refluer, rentrer, revivre ■ 8 incomber, rappeler, redonner, renaître, repasser, repiquer, reporter, revenez-y ■ 9 boomerang, boumerang, désavouer, récession, récidiver, retourner, rétracter ■ 10 désinviter, rappliquer, régurgiter, ressourcer, réversible ■ 11 réconcilier, ressusciter, rétrograder.
REVENU : 3 net, r.m.i. ■ 4 gain* ■ 5 doter, livre, mense, rente* ■ 7 pension, rapport ■ 8 dotation, prébende, retraite, sinécure, temporel, usufruit ■ 9 arrérages, income-tax, trésorier ■ 10 transferts ■ 11 faire-valoir, rétribution.
REVER : 6 brûler, penser, rêveur, songer.
REVERBERATION : 9 réflexion ■ 10 réverbérer ■ 11 ambiophonie.
REVERBERER : 11 réverbérant.
REVERDIR : 14 reverdissement.
REVERENCE : 5 salut ■ 7 respect ■ 9 courbette, salamalec ■ 12 révérencieux ■ 13 prosternation.
REVERER : 7 honorer*, vénérer ■ 10 sanctifier.
REVERIE : 4 rêve* ■ 6 pensée ■ 8 illusion, songerie, utopisme ■ 10 rêvasserie.
REVERS : 3 dos ■ 5 atout, échec*, orage, verso ■ 6 envers, rebras ■

7 défaite* ■ 8 aventure, mornifle, parement, réussite ■ 9 infortune ■ 10 parmenture ■ 11 arrière-main, passing-shot.

REVERSEMENT: 15 surcompensation.

REVERSIBLE: 12 dissociation, irréversible ■ 13 réversibilité ■ 14 estérification, éthérification.

REVET: 9 zoomorphe ■ 12 zoomorphique.

REVETEMENT: 4 grip ■ 5 béton, chape, dalle, perré, quick, table, talus, verre ■ 6 bitume, ciment, enduit*, enrobé, jacket, pavage, pierre ■ 7 bordage, brasque, caillou, cutback, dallage, goudron, lambris, macadam, placage, stucage ■ 8 asphalte, azulejos, blindage, boiserie, cadmiage, coiffage, cuirasse, cuvelage, doublage, gunitage, linoléum, ornement, pavement, peinture, pilosité, plâtrage, rhodiage ■ 9 chemisage, entoilage, enveloppe, garniture, gazonnage, gravillon soufflage ■ 10 couverture, décolleuse, rocaillage, tapisserie ■ 11 antiadhésif, brillanteur, gazonnement, lambrissage ■ 12 antidérapant, cuirassement, encaissement ■ 14 cache-radiateur.

REVETIR: 5 orner, tuber, vêtir* ■ 6 garnir ■ 7 coiffer, couvrir*, décorer, guêtrer, housser, patiner, plaquer ■ 8 avaliser, déguiser, emboutir, endosser, entoiler, gazonner, juponner, tapisser ■ 9 cuirasser, diviniser, enjoliver, maroufler, recouvrir*, rentoiler, reprendre ■ 10 envelopper*, lambrisser, parementer, planchéier ■ 11 endimancher.

REVEUR: 5 poète ■ 6 pensif ■ 7 penseur, songeur ■ 9 idéologue, méditatif ■ 10 romanesque.

REVIGORER: 8 remonter* ■ 10 ravigotant.

REVIREMENT: 10 changement*.

REVISER: 6 revoir* ■ 7 réparer ■ 8 corriger, repasser, réviseur, révision ■ 9 révisable ■ 10 superviser.

REVISION: 8 réviseur ■ 9 nomothète ■ 10 dreyfusard ■ 11 révisionnel ■ 13 révisionniste.

REVITALISER: 14 revitalisation.

REVIVIFIER: 7 ranimer ■ 14 revivification.

REVIVISCENCE: 11 reviviscent.

REVIVRE: 6 primal ■ 8 renaître ■ 10 réincarner ■ 11 ressusciter.

REVOCABLE: 8 précaire ■ 12 révocabilité.

REVOCATION: 7 retrait ■ 8 disgrâce ■ 9 déchéance ■ 10 suspension ■ 11 dégradation, destitution.

REVOIR: 5 adieu, salut ■ 6 relire ■ 7 raboter, reviser ■ 8 corriger, parfaire, potasser, remanier, revoyure ■ 9 eidétisme, rectifier, retoucher ■ 12 reconsidérer.

REVOLTANT: 6 criant ■ 9 dégoûtant*.

REVOLTE: 5 mutin, outré ■ 6 émeute, guerre ■ 7 indigné ■ 8 révolter, sédition* ■ 9 coup d'Etat, jacquerie, mutinerie, rébellion*, révoltant ■ 10 dissidence, révolution ■ 11 indignation, soulèvement ■ 12 insurrection ■ 15 révolutionnaire.

REVOLTER: 5 crier ■ 6 cabrer ■ 7 choquer*, mutiner ■ 8 indigner, insurger, rebeller, soulever.

REVOLU: 5 passé, sonné ■ 8 accompli.

REVOLUTION: 4 dîme ■ 5 année, force, phase ■ 7 révolte* ■ 8 clubiste, méridien ■ 9 glorieuse ■ 10 carmagnole, changement ■ 11 tricoteuse ■ 12 hyperboloïde ■ 13 préindustriel, révolutionner ■ 15 révolutionnaire.

REVOLUTIONNAIRE: 7 insurgé, rebelle, révolté ■ 8 factieux, trublion ■ 9 agitateur, cordelier, gauchiste ■ 10 extrémiste, terroriste.

REVOLUTIONNER: 8 émouvoir.

REVOLVER: 3 rif ■ 4 colt ■ 5 riffe ■ 6 riffle, rigolo ■ 8 barillet, pistolet*.

REVOQUE : **15** indéboulonnable.
REVOQUER : **6** abolir*, casser ■ **7** chasser, relever, retirer ■ **8** dégommer, dégrader, démettre, déplacer, détrôner, renvoyer ■ **9** destituer*, interdire, remercier, remplacer, révocable, suspendre ■ **10** déposséder, disgracier, révocation ■ **11** irrévocable, révocatoire.
REVUE : **5** place ■ **6** défilé, organe, parade ■ **7** magasin ■ **8** abstract, lectorat, magazine, revuiste, rubrique ■ **10** inspection, périodique ■ **11** passe-volant.
REVULSION : **8** révulser, ventouse ■ **9** sinapisme.
REXISME : **7** rexiste.
REZ-DE-CHAUSSEE : **8** entresol, parterre.
REZ DE TERRE : **9** blanc-étoc ■ **10** blanc-estoc.
RHABDOMANCIE : **13** rhabdomancien.
RHABILLAGE : **10** rhabilleur.
RHABILLER : **7** réparer ■ **10** rhabillage, rhabilleur ■ **12** rhabillement.
RHAMNACEE : **7** cascara, nerprun, paliure, zizyphe ■ **8** alaterne, jujubier ■ **9** bourdaine.
RHAPSODE : **8** rapsodie ■ **11** rhapsodiste.
RHEOLOGIE : **9** rhéologue ■ **11** rhéologique.
RHEOSTAT : **12** rhéostatique.
RHETEUR : **7** orateur*.
RHETIQUE : **5** ladin ■ **7** rétique.
RHETORIQUE : **5** crase, trope ■ **6** ironie, litote, rondel, zeugma ■ **7** apocope, diérèse, ellipse, emphase*, syncope ■ **8** allusion, aphérèse, paragoge, prothèse, sarcasme, syllepse, syncrèse ■ **9** allégorie, antithèse, éloquence*, épenthème, gradation, hendiadis, hendiadys, hypallage, hyperbate, hyperbole, imitation, inversion, métaphore, métathèse, métonymie, pléonasme, prosthèse, réticence ■ **10** antiphrase, antonomase, apostrophe, attraction, catachrèse, concession, conversion, correction, épiphonène, euphémisme, hendiadyin, hypotypose, invocation, métalepsie, opposition, paronomase, périphrase, prosopopée, répétition, subjection, suspension, synecdoque ■ **11** conjonction, disjonction, énumération, exclamation, exténuation, imprécation, obsécration, prétérition, rhétoricien ■ **12** allitération, interruption ■ **13** communication, interrogation.
RHINGRAVE : **11** rhingraviat.
RHINITE : **5** ozène.
RHINOCEROS : **12** barrissement.
RHIZOCARPEE : **13** hydrofilicale.
RHIZOMATEUX : **4** iris.
RHIZOME : **4** iris ■ **5** prêle ■ **6** racine ■ **8** colocase ■ **9** arrow-root.
RHIZOPHORE : **8** manglier.
RHIZOPODE : **5** amibe ■ **10** radiolaire ■ **12** foraminifère.
RHODES : **7** rhodien.
RHODIUM : **6** thodié ■ **8** rhodiage.
RHODODENDRON : **6** rosage.
RHOMBE : **9** rhomboïde.
RHOMBENCEPHALE : **14** arrière-cerveau.
RHOMBOEDRE : **11** trapézoèdre ■ **13** rhomboédrique.
RHONE : **9** rhônalpin ■ **12** côtes-du-rhône.
RHOPALOCERE : **5** argus, thaïs ■ **6** aurore, miroir, thècle ■ **7** apollon, piéride ■ **8** échancré, néméobie ■ **9** échiquier.
RHUBARBE : **10** catholicon.
RHUM : **4** baba ■ **5** tafia ■ **6** rhumer ■ **8** daiquiri, rhumerie.
RHUMATISME : **5** bétol ■ **6** goutte ■ **10** coxarthrie, rhumatoïde, salicy-

late ■ **11** coxarthrose, rhumatisant, rhumatismal ■ **12** polyarthrite, rhumatologie, rhumatologue ■ **15** spondylarthrite.
RHUMATOLOGIE : 14 rhumatologique.
RHUMATOLOGIQUE : 5 paget.
RHUME : 5 mauve ■ **6** coryza, grippe ■ **8** catarrhe, enrhumer ■ **9** bronchite, influenza, laryngite, trachéite ■ **10** cacochymie, coqueluche, pharyngite ■ **14** enchifrènement ■ **15** refroidissement.
RHYNCHOCEPHALE : 8 hattéria.
RHYNCHOCEPHALIEN : 8 hattérie.
RHYNCHOTE : 4 nèpe ■ **6** cigale ■ **7** chermès, naucore, puceron ■ **8** aphidien, hémiptère, rynchote ■ **9** notonecte ■ **10** cochenille, hydromètre, phylloxéra ■ **12** hémiptéroïde.
RHYOLITE 7 perlite.
RIANT : 7 aimable.
RIBAMBELLE : 5 série*, tapée.
RIBAUDE : 10 prostituée.
RIBESIACEE : 6 cassis ■ **10** groseillier ■ **14** grossulariacée.
RIBLER : 7 riblage.
RIBONUCLEIQUE : 7 viroïde.
RIBOSE : 12 désoxyribose.
RIBOSOME : 8 ribozyme ■ **13** ergastoplasme.
RICANER : 4 rire* ■ **8** ricanant, ricaneur ■ **10** ricanement.
RICHE : 4 aisé ■ **5** cossu, huppé, ladre, nabab, nanti, rente, rupin ■ **6** crésus, étoffé, fécond, friqué, milord ■ **7** argenté, fertile, fortuné, heureux, opulent, parvenu, richard ■ **8** abondant*, enrichir, saducéen, solvable ■ **9** argenteux, galetteux, pécunieux, possédant, richement, somptueux ■ **10** richissime, triérarque ■ **11** capitaliste, ploutocrate ■ **12** milliardaire, millionnaire.
RICHESSE : 2 or ■ **3** écu ■ **4** luxe* ■ **5** biens, butin ■ **6** argent, moyens ■ **7** aisance, avarice, fortune, pactole ■ **8** opulence ■ **9** abondance*, puissants ■ **10** œnométrie, prospérité, ressources ■ **11** alcoométrie, butyromètre ■ **12** physiocratie ■ **14** chrématistique.
RICIN : 12 palma christi.
RICKETTSIE : 6 typhus ■ **12** rickettsiose, terrafungine.
RICOCHET : 4 saut ■ **7** bricole ■ **8** ricocher.
RICTUS : 3 ris ■ **7** grimace*.
RIDE : 3 pli* ■ **5** creux, grime, ridée, rider ■ **6** buriné, ridule, sillon* ■ **8** déridage, ratatiné ■ **9** antirides, patte-d'oie ■ **10** crispation, ripplemark.
RIDEAU : 5 banne, galon, pente, store, vélum ■ **7** custode, tablier, tenture*, vitrage ■ **8** courtine, ébrasure, embrasse, portière ■ **9** baldaquin, brise-bise ■ **10** bonne-grâce, lambrequin ■ **11** cantonnière ■ **12** moustiquaire.
RIDELLE : 9 haussière, trésaille.
RIDER : 7 froncer, plisser* ■ **8** ridement ■ **9** ratatiner ■ **10** froncement.
RIDICULE : 3 sot*, tic ■ **5** avare, crevé, fichu, grime, manie, zoïle ■ **6** cloche, gandin ■ **7** absurde*, capitan, cocasse, cocodès, comique*, cuistre, géronte, guignol, risible, sapajou ■ **8** affubler, galantin, mijaurée, rombière, saugrenu, simagrée ■ **9** accoutré, burlesque, cagoterie, grotesque*, impayable, janotisme, persifler, pet-de-loup, roquentin ■ **10** billevesée, caricature, cuistrerie ■ **11** arlequinade, enharnacher, infatuation, ridiculiser ■ **12** accoutrement, pantalonnade, ridiculement.
RIDICULISER : 6 berner, moquer* ■ **7** bafouer.

RIEN : **3** nib ■ **4** iota, jeun, vide, zéro ■ **5** avide, bibus, néant, oisif, prune, repue, temps ■ **6** misère, musard, que dal ■ **7** absurde, babiole, minutie, niaiser, vétille ■ **8** croquant, ex nihilo, fainéant, fichaise, fifrelin, foutaise, galfâtre, gnognote, nigauder, que dalle, tripette ■ **9** annihiler, bagatelle*, broutille, désœuvré, niaiserie, non-valeur, sans-souci, seulement ■ **10** bredouille, fainéanter, galvaudeux, gougnafier ■ **11** clopinettes, impitoyable, indifférent, nonchalance ■ **12** discutailler, insignifiant, nec plus ultra.

RIFLE : **5** fusil*.

RIGIDE : **5** bandé, raide*, roide, tuyau ■ **7** austère*, bétonné ■ **10** rigidement, rigidifier, semi-rigide, vanity-case ■ **12** flexibiliser, monolithisme.

RIGIDITE : **8** sévérité ■ **11** autoportant, autoporteur, contracture, puritanisme.

RIGOLE : **4** noue ■ **5** fossé ■ **6** cassis, séguia, sillon ■ **7** saignée ■ **8** caniveau, goulette, goulotte, rigolade, ruisseau.

RIGOUREUX : **3** dur* ■ **4** âpre, rude* ■ **5** cruel, exact*, fatal, libre, serré ■ **6** étroit, précis, ric-rac, rigide, sévère*, strict ■ **7** austère, mitiger, pénible, relâché, ric-à-rac, taureau ■ **9** déchirant, draconien, inclément, rigoriste ■ **10** implacable, inexorable, inflexible, intolérant ■ **11** autoritaire ■ **12** approximatif ■ **14** nécessairement, rigoureusement.

RIGUEUR : **3** pur ■ **4** dure ■ **6** âpreté ■ **7** cruauté, fermeté ■ **8** sévérité* ■ **9** rigorisme ■ **10** élasticité, inclémence ■ **12** scientifique ■ **13** pseudoscience.

RIMAILLEUR : **5** poète* ■ **6** rimeur ■ **9** métromane.

RIME : **5** poème*, prose ■ **8** monorime ■ **9** assonance, corbillon, dominante ■ **10** bouts-rimés, consonance.

RIMER : **9** rimailler, versifier ■ **10** rimailleur.

RINÇAGE : **7** rinceur.

RINCEAU : **5** culot.

RINCER : **5** laver ■ **7** tremper ■ **8** rinceuse ■ **10** gargariser ■ **11** rince-bouche, rince-doigts ■ **15** rince-bouteilles.

RING : **6** corner.

RINGARD : **5** poker ■ **9** ringarder ■ **11** ringardage, tire-braise.

RIO DE JANEIRO : **7** carioca.

RIPAILLE : **5** bâfre, bombe, curée ■ **6** festin* ■ **8** bamboche, bombance ■ **9** ripailler ■ **10** ripailleur.

RIPE : **5** riper.

RIPOLIN : **9** ripoliner.

RIPOPEE : **7** mélange.

RIPOSTE : **7** défense, réponse, seconde ■ **8** répartie, réplique ■ **9** objection ■ **10** réfutation ■ **13** contradiction.

RIPOSTER : **7** réfuter ■ **8** défendre, objecter, répartir, répondre* ■ **9** dupliquer, redarguer, rembarrer, répliquer, rétorquer ■ **10** contredire ■ **12** contrebattre.

RIRE : **2** ha, hi ■ **3** ris ■ **5** badin, gaîté, pâmer, rieur, risée ■ **6** amuser, brimer, égayer, gaieté, marrer, moquer*, poiler, rictus, rioter, tordre ■ **7** badiner, dilater, éclater, narguer, pouffer, railler*, ricaner, rigoler, riocher, risette, risible, sourire ■ **8** bidonner, boyauter, défrayer, divertir, glousser, gondoler, hilarant, hilarité, plaisant, rigolade, rigolard, risorius ■ **9** batifoler, désopiler, esclaffer, gouailler, grotesque, joyeuseté, persifler ■ **10** drôlatique, pisse-froid, plaisanter, ricanement ■ **11** caricaturer, goguenarder, ridiculiser, rigolbocher ■ **12** bouffonnerie ■ **13** pince-sans-rire ■ **14** tire-bouchonner.

RIS : 4 rire ■ 5 risée ■ 6 rictus ■ 7 risette, sourire.
RISEE : 3 ris ■ 5 fable ■ 8 ridicule ■ 9 raillerie ■ 10 bourrasque.
RISIBLE : 7 comique* ■ 8 ridicule* ■ 11 risiblement.
RISQUE : 4 aléa, salé ■ 5 essai, léger, péril* ■ 6 danger*, hasard, risqué ■ 7 épreuve, hasardé ■ 8 surprime, témérité ■ 9 audacieux, hasardeux, imprudent, téméraire, tentative ■ 10 aventureux, coassurance, entreprise, expédition, expérience, imprudent, risque-tout ■ 13 préventologie.
RISQUER : 5 tâter ■ 6 goûter, tenter* ■ 8 chercher, efforcer, encourir, hasarder ■ 9 aventurer.
RISTOURNE : 6 remise ■ 10 diminution*, ristourner.
RITE : 7 cawcher ■ 8 asiarque, habitude*, liturgie, maronite ■ 9 ambrosien, sacrement ■ 10 latinisant, ritualiser.
RITOURNELLE : 10 répétition.
RITUALISME : 9 puseyisme ■ 10 ritualiste.
RITUEL : 5 mudra. taled ■ 6 taleth, talith ■ 7 talleth, tallith ■ 8 churinga, liturgie ■ 10 pontifical ■ 11 pénitentiel ■ 12 circoncision, rituellement ■ 13 sacramentaire.
RIVAGE : 4 anse, baie, bord*, cale, côte, dune, flux, quai, rive ■ 5 berge, canal, grève, marée, palot, plage ■ 6 crique, lagune ■ 7 falaise, flustre ■ 8 littoral ■ 11 appontement.
RIVAL : 5 émule ■ 6 brigue, ennemi ■ 7 jouteur, lutteur ■ 8 candidat, zélotype ■ 10 adversaire, concurrent*, contendant, prétendant ■ 11 antagoniste, compétiteur.
RIVALISER : 6 défier, égaler, jouter, lutter ■ 8 disputer ■ 9 concourir ■ 12 concurrencer.
RIVALITE : 5 débat, envie, haine, joute, lutte, match ■ 6 combat ■ 7 conflit, dispute, tournoi ■ 8 concours, inimitié, jalousie ■ 9 collision, émulation, rencontre ■ 10 surenchère ■ 11 antagonisme, compétition, concurrence.
RIVE : 4 bord*, pont ■ 6 rivage* ■ 8 riverain.
RIVER : 5 mater, rivet.
RIVET : 4 clou ■ 7 riveter ■ 8 ferrement, rivetage, riveteuse, vervelle ■ 9 dériveter ■ 10 bouterolle ■ 12 cisaillement.
RIVIERE : 3 eau, gué ■ 4 biez, onde, port, saut ■ 5 canal, cours, ondée, vanne ■ 6 alevin, wading ■ 8 affluent, débâcler ■ 9 batillage, cours d'eau, franc-bord ■ 10 vauclusien ■ 11 antécédence, potamologie, riveraineté ■ 12 empoissonner, encaissement, garde-rivière, navigabilité.
RIXE : 5 mêlée ■ 6 combat* ■ 7 bagarre, pugilat ■ 8 querelle* , riflette ■ 9 margaille.
RIZ : 3 nem ■ 4 arac, arak, rack, raki, saké, saki ■ 5 arack, paddy, pilaf, pilau, pilaw, rizon, rizot, sushi ■ 7 rizerie, rizière ■ 8 couscous ■ 11 riziculteur, riziculture.
RIZICULTURE : 8 rizicole.
RIZIERE : 6 quelea.
ROBE : 3 bai ■ 4 mini, poil, sari, toge, zain ■ 5 escot, gigot, rabat, rober, robin, rouan, zèbre ■ 6 bringé, caftan, traîne ■ 7 cafetan, robeuse, soutane ■ 8 fourreau, peignoir, troussis, vêtement* ■ 9 laticlave ■ 10 vertugadin ■ 11 décolletage ■ 12 prétintaille.
ROBINET : 5 prise ■ 6 by-pass, canule ■ 8 boisseau, brise-jet, cannelle, cannette ■ 10 col-de-cygne, robinetier ■ 12 chantepleure, robinetterie.
ROBINETTERIE : 8 mitigeur.
ROBORATIF : 10 fortifiant.
ROBOT : 8 automate ■ 9 robotique.

ROBOTISER : **12** robotisation.
ROBUSTE : **3** fer ■ **4** fort* ■ **5** frêle, mulet, râblé ■ **7** athlète, hercule ■ **8** chaloupe, shirting ■ **9** charpenté ■ **11** robustement.
ROC : **4** mine ■ **5** roche* ■ **6** rocher* ■ **9** déroctage ■ **10** rocaillage, rocailleur.
ROCADE : **4** ring.
ROCAILLE : **10** dentelaire, rocailleux, staphylier.
ROCAMBOLESQUE : **15** invraisemblable.
ROCHE : **3** roc, tuf ■ **4** grès, igné, pâte ■ **5** agate, gaize, gypse, jaspe, marne, sable, silex, strie ■ **6** aplite, argile, diapir, faciès, gabbro, gneiss, granit, klippe, pierre*, rocher*, tourbe ■ **7** albâtre, ardoise, basalte, bauxite, boghead, carotte, diorite, dolomie, effusif, granite, houille, lignite, minerai, nucleus, perlite, rocheux, schiste, syénite, tectite, tripoli, zéolite ■ **8** anatexie, andésite, calcaire, dendrite, dérocher, diaclase, éclogite, ectinite, enlevure, filonien, labrador, meulière, mylonite, phyllade, porphyre, régolite, rétinite, rhyolite, sapropel, stéatite, téphrite, trachyte, zéolithe ■ **9** amphibole, carbonaté, clastique, cornéenne, diagenèse, diatomite, feldspath, microlite, migmatite, ophiolite, phonolite, plutonien, rhyolithe, sapropèle, sursauté ■ **10** coquillier, détritique, kimberliten, lumachelle, microgrenu, obsidienne, péridotite, pétrologie, phonolithe, plutonique, polisseuse, ruiniforme, serpentine, sous-saturé ■ **11** amphibolite, amygdaloïde, conglomérat, cryoclastie, dérochement, enrochement, lamprophyre, lithogenèse, micaschiste, pétrogenèse, radiolarite, schistosite ■ **12** affleurement, gélifraction, géotechnique, microlitique, pétrographie, pisolithique, roche-magasin, ultrabasique ■ **13** métamorphisme, microlithique, pyroclastique, thermoclastie ■ **14** géochronologie, holocristallin, hypocristallin, stratification.
ROCHE-MAGASIN : **14** roche-réservoir.
ROCHER : **3** pic, roc ■ **4** dent, écho, étoc ■ **5** barre, grave, hypne, pedum, récif, roche* ■ **6** écueil, éperon ■ **7** brisant, cétérac, falaise, pétreux, rocheux, varappe ■ **8** aspérité, dérocher, gendarme, polypode, rocaille, rupestre, saxatile, saxicole ■ **9** térébelle, théridion ■ **10** dompte-venin, rochassier ■ **12** criste-marine.
ROCHET : **8** roquetin.
ROCHEUSE : **8** madicole.
ROCHEUX : **5** basse, fjeld, pétré ■ **8** pédiment.
ROCK : **4** beat, funk ■ **5** drums ■ **6** rocker ■ **7** drummer, rockeur ■ **10** charleston
ROCOCO : **6** désuet*.
ROCOU : **7** rocouer ■ **8** rocouyer.
RODAGE : **7** lapping ■ **13** apprentissage.
RODAILLER : **5** errer*.
RODER : **5** errer ■ **7** tourner ■ **10** vagabonder ■ **11** tournailler.
RODEZ : **9** ruthénois.
RODEUR : **9** tire-laine ■ **10** malfaiteur.
RODOMONTADE : **8** bravache ■ **12** fanfaronnade.
ROGNE : **3** ire.
ROGNER : **7** rognoir, rognure ■ **8** chapeler, diminuer, éjointer, grugeoir, murmurer ■ **9** rogne-pied ■ **10** massicoter, rafraîchir, retrancher.
ROGNON : **4** rein ■ **5** abats ■ **8** cuisseau ■ **10** rognonnade.
ROGNURE : **6** parure ■ **8** cisaille ■ **10** bactrioles.
ROGOMME : **8** mêlé-cass ■ **10** mêlé-cassis.
ROGUE : **5** appât ■ **8** hargneux*, insolent ■ **9** acariâtre.

ROI : 4 pair, sire ■ 5 royal, sacre ■ 6 prince ■ 7 antiroi, pharaon, royaume, royauté ■ 8 épiphane, favorite, monarque*, régicide ■ 9 maharajah, orangiste, royaliste ■ 10 maharadjah ■ 12 portemanteau.
ROIDE : 5 raide* ■ 7 escarpé.
ROLE : 3 clé ■ 4 état, vamp ■ 5 frime, hocco, liste, panne, rôler, rôlet, valet ■ 6 rôlage ■ 7 couvade, crispin, dugazon ■ 8 basicité, comparse, fonction*, incarner, travesti, vocation ■ 9 amphotère, complétif ■ 10 personnage, prépositif ■ 11 interpréter ■ 12 contre-emploi, protagoniste ■ 14 idéologisation.
ROM : 6 romani.
ROMAIN : 3 duc ■ 4 bige, ides, joug, mime, once, toge ■ 5 congé, curie, faune, férié, latin, légat, levée, myrte, pedum, pilum, plèbe, sénat ■ 6 atrium, épulon, fécial, fétial, ichtus, nénies, scutum ■ 7 duumvir, préteur ■ 8 aruspice, calendes, césarien, décemvir, décurion, électeur, féralies, hastaire, indigète, questeur, questure ■ 9 bestiaire, centenier, naumachie, patricien, romaniser, septemvir, vomitoire ■ 10 dalmatique, ethnarchie, sénatorien, tétrarchie ■ 11 gallo-romain, gréco-romain ■ 12 nomenclateur ■ 13 proconsulaire.
ROMAINE : 7 sucrine ■ 8 hélépole, romanité ■ 9 romanisme, vestalies.
ROMAN : 4 brut, rêve ■ 5 conte*, ladin ■ 6 action ■ 7 catalan, dalmate, italien, roumain ■ 8 anecdote, espagnol, francien, histoire, intrigue, nouvelle, préroman, prologue, romancer, romanche, scénario, thriller ■ 9 balzacien, ciné-roman, portugais, provençal, romancero, romancier, romaniste ■ 10 feuilleton, picaresque, rhéto-roman, romanesque ■ 11 description, gallo-roman, paysannerie, roman-fleuve ■ 12 affabulation, novélisation ■ 13 livre-cassette ■ 14 feuilletoniste ■ 15 feuilletonesque, roman-feuilleton.
ROMANCE : 4 lied ■ 5 chant* ■ 7 mélodie ■ 9 romancero.
ROMANCIER : 9 populisme, populiste.
ROMANE : 5 sarde.
ROMANESQUE : 6 tendre ■ 9 antiroman, bovarysme ■ 10 roman-photo ■ 11 sentimental ■ 14 science-fiction.
ROMANICHEL : 6 romani ■ 8 bohémien*.
ROMAN-PHOTO : 10 photo-roman.
ROMANTIQUE : 14 postromantique.
ROMANTISME : 4 lied ■ 10 romantique ■ 13 préromantique.
ROME : 6 aureus ■ 8 pomerium.
ROMPRE : 5 céder*, fêler, péter, volis ■ 6 casser*, couper, crever, fendre, forcer ■ 7 annuler*, claquer, craquer, désaxer, échiner, éclater, écorner, édenter, épauler, rupture ■ 8 débander, dénoncer, divorcer, éreinter, halbrené ■ 9 brésiller, décrocher, dissoudre, effondrer ■ 10 fragmenter, sectionner ■ 11 interrompre* ■ 14 sécessionnaire.
ROMPU : 3 las* ■ 4 roué ■ 5 moulu.
RONCE : 4 mûre ■ 5 mûron ■ 7 roncier ■ 8 roncière ■ 9 ronceraie ■ 11 framboisier ■ 12 broussailles.
RONCHONNER : 7 ronchon ■ 8 murmurer* ■ 9 bougonner, rognonner ■ 11 ronchonneur ■ 13 ronchonnement.
ROND : 4 cône, four, gond, lune, orbe, tour ■ 5 balle, banjo, bâton, batte, béret, bombe, bonde, cerne, congé, coupe, enflé, franc, jalet, jeton, melon, miche, motte, palet, perle, plein, point, ronde, roulé, tulle, volte ■ 6 cercle*, godron, gonflé, orbite, renflé, sphère*, trullo ■ 7 bâtarde, concave, conique, convexe, éclisse, macabre, rebondi, rondeur, rondier ■ 8 arrondir, cylindre, maquette, rondache, rondelet, tourteau ■ 9 annulaire, bedonnant, bourrelet, hémicycle, riboulant, rotondité, sphérique ■ 10 carmagnole, circulaire, rond-de-

cuir ■ **11** cylindrique, orbiculaire, œil-de-bœuf ■ **12** gargouillade, rondouillard ■ **13** circonférence* ■ **14** saint-marcellin.
RONDE : 6 atriau.
RONDEAU : 6 rondel.
RONDELET : 4 gras*, gros* ■ **6** enrobé.
RONDELLE : 5 bonde, fiche, pomme, rouet ■ **6** mouche ■ **7** procédé, rouelle, rustine, tranche ■ **8** confetti.
RONDEUR : 9 convexité, rotondité.
RONDIER : 7 borasse.
RONDIN : 11 caillebotis.
RONDOUILLARD : 4 gras*.
ROND-POINT : 6 étoile, musoir ■ **9** carrefour*.
RONEO : 8 ronéoter ■ **10** ronéotyper.
RONFLANT : 6 sonore ■ **7** ampoulé* ■ **10** emphatique*, ronflement.
RONFLEMENT : 5 broum ■ **8** ronfleur ■ **10** ébrouement, stertoreux.
RONFLER : 8 ronfleur ■ **10** bourdonner*.
RONGER : 6 carier, éroder, manger, mordre, piquer ■ **7** dévorer, rongeur ■ **8** attaquer, consumer, corroder, mouliner ■ **9** grignoter, rongement, vermouler ■ **10** lithophage ■ **12** onychophagie, phagédénique.
RONGEUR : 3 rat ■ **4** loir, paca ■ **5** lérot, milan, mulot, xérus ■ **6** agouti, cabiai, castor, cobaye, muridé, souris, spalax ■ **7** hamster, lemming, ondatra ■ **8** gerbille, gerboise, léporidé*, marmotte, porc-épic, ragondin, sciuridé*, surmulot, viscache ■ **9** anomalure, campagnol ■ **10** chinchilla, lagomorphe, polatouche ■ **13** chloropicrine.
RONIER : 8 borassus, rôneraie.
RONRON : 9 ronronner ■ **12** ronronnement.
RONRONNER : 12 ronronnement.
ROQUET : 5 chien.
ROQUETTE : 6 rocket ■ **8** sisymbre ■ **13** lance-roquettes.
RORQUAL : 11 balénoptère.
ROSACE : 4 lobe, rose.
ROSACEE : 5 ronce ■ **6** kerria, kerrie, pêcher, putier, putiet, rosier, spirée ■ **7** alisier, alizier, althæa, benoîte, cormier, mahaleb, néflier, poirier, pommier, prunier, sorbier, ulmaire ■ **8** amandier, aubépine, cerisier, ellébore, fraisier, guignier, guimauve, icaquier, merisier, trémière ■ **9** azérolier, cratægus, églantier, griottier, passerose, primerose ■ **10** abricotier, aigremoine, alchemille, brugnonier, cognassier, marmottier, potentille, prunellier ■ **11** cotonéaster, filipendule, framboisier, mirabellier, pimprenelle, sanguisorbe, tormentille ■ **13** buisson-ardent, laurier-cerise, quintefeuille.
ROSAGE : 12 rhododendron.
ROSAIRE : 8 chapelet.
ROSBIF : 9 roast-beef.
ROSE : 5 béril, béryl, lilas, nævi, radis, rosat, roser, rosir ■ **6** nizeré, pompon, rosacé, roseur ■ **7** althæa, diamant, rosâtre, roséole, rosette, saumoné ■ **8** rhodinol, roseraie, trémière ■ **9** morganite ■ **12** protubérance.
ROSEAU : 4 glui ■ **5** acore, canne, typha ■ **6** bambou, calame, canier, férule, rotang ■ **7** canisse, cannaie, papyrus ■ **8** cannisse, gynérium, mirliton, roselier ■ **9** chalumeau, phragmite, roselière.
ROSE-CROIX : 11 rosicrucien.
ROSE DE NOËL : 8 ellébore ■ **9** hellébore.
ROSEE : 5 gelée*, perle, pleur, roser ■ **7** aiguail, rosoyer ■ **8** herberie, rorifère ■ **9** givration ■ **10** irroration ■ **11** gouttelette.
ROSE TREMIERE : 8 guimauve ■ **9** passerose, primerose.

ROSIER : **4** rose ■ **6** vierge* ■ **8** roseraie ■ **9** aiguillon ■ **10** rosiériste.
ROSIR : **5** roser.
ROSOLIS : **7** drosera, drosère.
ROSSE : **3** bât ■ **6** cheval ■ **7** méchant ■ **10** rossinante.
ROSSEE : **5** volée ■ **6** raclée.
ROSSER : **6** battre* ■ **7** vaincre*.
ROSSERIE : **6** malice ■ **10** méchanceté*.
ROSSIGNOL : **9** philomèle ■ **10** rouge-queue ■ **11** rossignoler.
ROSTRE : **9** bélemnite.
ROT : **4** rôti ■ **5** roter ■ **6** renvoi.
ROTANG : **5** rotin ■ **10** sang-dragon ■ **12** sang-de-dragon.
ROTATIF : **9** asperseur, gyrophare.
ROTATION : **4** gond, jour, spin, tour ■ **5** crawl, effet, marée, toton ■ **6** bielle, toupie ■ **7** rotatif, tricôme ■ **8** cylindre, éolipile, éolipyle, giration, gyrostat, nutation, patinage, rotateur ■ **9** antilacet, charnière, entablure, fenestron, manivelle, oculogyre, réducteur, rotatoire, tourillon, variateur ■ **10** crapaudine, précession, révolution, tachymètre ■ **11** polarimètre, rabattement, vilebrequin ■ **12** encliquetage, polarimétrie ■ **13** circumduction, vrombissement.
ROTATIVE : **10** centrifuge.
ROTI : **3** rôt ■ **4** havi ■ **5** rôtir ■ **6** rosbif, salmis.
ROTIR : **5** barde, cuire*, rôtie, toast ■ **6** brûler ■ **7** brochée, griller*, hâtelet, méchoui, roustir ■ **8** ramequin, rissoler ■ **9** brasiller, brochette, hâtelette, rôtissage, rôtisseur, torréfier ■ **10** rissolette, rôtisserie, rôtissoire.
ROTONDITE : **7** rondeur.
ROTOR : **7** ailette ■ **8** girodyne ■ **9** fenestron ■ **11** hélicoptère.
ROTULE : **4** noix ■ **8** rotulien.
ROTURE : **8** populace ■ **9** tenancier.
ROTURIER : **6** manant, paysan ■ **9** franc-fief.
ROUANNE : **10** rouannette.
ROUBAIX : **10** roubaisien.
ROUBLARD : **4** rusé* ■ **5** malin* ■ **6** mariol ■ **7** mariole ■ **11** roublardise.
ROUCOULER : **7** chanter.
ROUE : **3** rai, réa ■ **4** aube, bief, buse, came, dent, esse, noix, pale, paon, rais, rusé* ■ **5** calas, drôle, fusée, galet, godet, ixion, jante, malin*, moyeu, noria, rouer, sabot, wiski ■ **6** essieu, habile*, pignon, poulie, rotacé, tympan ■ **7** bandage, flasque, molette, rouerie, turbine, voilure ■ **8** alluchon, barbotin, ceinture, chenille, coursier, dérapage, embatage, enrayage, enrayure, moulinet, reillère, roublard, roulette ■ **9** bouteroue, engrenage, engrenure, garde-boue, mentonnet ■ **10** bicyclette, carrossage ■ **11** endentement, mentonnière ■ **12** arrière-train, quatre-quatre.
ROUELLE : **7** tranche*.
ROUENNERIE : **9** rouennier.
ROUER : **6** battre*, dauber.
ROUERGAT : **7** tripous, tripoux.
ROUERIE : **4** ruse*.
ROUF : **6** surbau.
ROUGE : **3** api, feu, sil ■ **4** néon, ocre, rose, roux, sang ■ **5** acide, alise, aorte, brôme, chica, crête, fauve, jaspe, laque, mâcon, pavot, pilaf, pilau, pilaw, rocou, rosat, rubis, sauge, syrah, tache, vélie ■ **6** carmin, cerise, corail, éosine, grenat, kermès, malbec, minium, rouget, sandix, sandyx, santal, vineux ■ **7** cinabre, garance, honteux, magenta, mar-

gaux, martini, mordoré, nacarat, ponceau, pourpre, réalgar, rougeur, rouquin, vermeil ■ **8** bordeaux, campêche, carotène, colcotar, colombin, corallin, cramoisi, dérougir, écarlate, fuchsine, hématite, hémolyse, incarnat, mignonne, némalion, orseille, phrygien, raisinet, rougeaud, rubicond, rubiette, rutilant, sanguine, spinelle, starking, vultueux, zinzolin ■ **9** alizarine, bigarreau, brésillet, bringeure, carambole, cornaline, couperose, énanthème, miniature, orcanette, phénicine, phtaléine, rhodamine, rougeâtre, rubellité, rubescent, rubicelle, safranine, salvagnin, vermillon, vitelotte ■ **10** alabandine, andrinople, cochenille, empourprer, érubescent, incarnadin, pink-coloui, rosaniline, rougissant, sarancolin, sérancolin ■ **11** érythrosine, escarboucle ■ **12** cuisse-madame, rougeoiement, rougissement, sang-de-dragon, valpolicella ■ **13** mégacaryocyte.
ROUGEATRE: **4** foie ■ **5** alios, lilas, melon, rouan, urubu ■ **6** aréole, brique ■ **8** latérite, pétéchie ■ **9** caroncule, rougeoyer ■ **10** pouzzolane.
ROUGEOIE: **10** rougeoyant.
ROUGEOLE: **7** rubéole ■ **10** morbilleux, rougeoleux.
ROUGET-BARBET: **8** surmulet.
ROUGEUR: **6** livedo ■ **7** pourpre ■ **8** dérougir, érythème ■ **9** érythrose ■ **11** épisclérite, érubescence, rubéfaction, trombidiose ■ **12** dermographie ■ **13** érythrodermie.
ROUGIR: **6** piquer ■ **7** changer ■ **12** éreutophobie ■ **13** érythrophobie.
ROUILLE: **6** écidie ■ **8** limonite, puccinie, rouiller ■ **9** ankyloser, érugineux, rouillure, urédinale ■ **10** dérouiller, enrouiller, rubigineux, urédospore ■ **11** antirouille ■ **12** bondérisation, téleutospore.
ROUISSAGE: **5** rouir ■ **9** rouissoir.
ROULADE: **6** fredon.
ROULANT: **9** rouleauté ■ **13** transstockeur.
ROULEAU: **5** balle ■ **6** cigare ■ **7** abaisse, manchon, rondeau, roulage ■ **8** calandre, colombin, croskill, cylindre, émotteur, plombeur, touaille ■ **9** boucharde, crosskill, cylindrer, roulotter, saucisson ■ **10** tourniquer ■ **11** brise-mottes, compresseur, tranche-file.
ROULEMENT: **2** ra ■ **3** ban ■ **5** galet ■ **7** tournus ■ **8** rataplan ■ **10** rantanplan.
ROULER: **4** putt ■ **5** avoir, cahot, lover, tapis ■ **6** bouler, tomber ■ **7** fraiser, glisser, hercher, peloter, putting, rouloir, spirale, tourner, tromper*, vaincre, vautrer ■ **8** arranger, balancer, débouler, démarrer, dérouler, enrouler, herscher, involuté, repentir, révoluté, ribouler, rollmops ■ **9** cigarette, convoluté, plafonner ■ **10** roulé-boulé ■ **11** bourlinguer, dégringoler, pneu-citerne ■ **14** tire-bouchonner.
ROULETTE: **5** galet, patin, ponte, skate ■ **7** molette, skating ■ **9** balancine ■ **10** skateboard.
ROULIS: **5** houle ■ **10** antiroulis.
ROULOTTE: **10** mobile home.
ROUSPETER: **9** protester*.
ROUSSATRE: **13** ventre-de-biche.
ROUSSEROLLE: **9** effarvate ■ **10** effarvatte.
ROUSSETTE: **6** squale ■ **8** sélacien*.
ROUSSEUR: **3** son ■ **7** lentigo ■ **8** éphélide ■ **12** antéphélique.
ROUSSILLON: **7** banyuls ■ **14** roussillonnais.
ROUSSIN: **6** cheval.
ROUSSIR: **4** roux ■ **6** brûler* ■ **11** roussissure ■ **13** roussissement.
ROUTAGE: **7** routeur.
ROUTE: **4** bord, côte, orme, voie ■ **5** borne, bouée, lacet, lever, menée, nœud, phare, point, rampe, voyer ■ **6** chemin*, devers ■ **7** estrade,

routier, trimard ■ **8** chaussée*, dérouter, hérisson ■ **9** autoroute, militaire, patte-d'oie, viabilité ■ **10** cantonnier, caponnière, ferroutage, itinéraire, locomobile, nid-de-poule, restoroute ■ **11** délinéateur, macadamiser, orthodromie, tout-terrain ■ **12** casse-vitesse, empierrement, encaissement ■ **13** orthodromique, radiobalisage, signalisation.

ROUTER: **7** routage.

ROUTIER: **5** motel ■ **6** bandit ■ **7** autobus ■ **9** cataphote, pont-route ■ **10** porte-autos.

ROUTINE: **7** ornière ■ **8** habitude*, trantran ■ **9** routinier ■ **10** train-train ■ **12** bureaucratie.

ROUVRE: **8** rouvraie.

ROUVRIR: **11** réouverture ■ **12** entrebâiller.

ROUX: **5** fauve, rouge, tabac, urubu ■ **7** baillet, rouquin, roussir ■ **8** rousseau, rousseur ■ **9** cassonade, roussâtre ■ **13** poil-de-carotte.

ROYAL: **4** réal ■ **8** courtine, sénéchal ■ **10** gouvernance, pragmatique.

ROYALISTE: **5** ultra ■ **10** orléaniste ■ **11** chouannerie, légitimiste, monarchiste.

ROYAUME: **10** heptarchie.

ROYAUTE: **7** sceptre ■ **9** royaliste ■ **10** légitimité ■ **11** supériorité*.

RU: **8** ruisseau* ■ **9** cours d'eau.

RUANDA: **8** ruandais.

RUBAN: **4** lacs, rail, scie, soie ■ **5** bande, coque, galon*, ganse, lacet, nœud*, padou, palme, pélin ■ **6** bolduc, comète, cordon*, faveur, laisse, liseré, padoue, sangle, scotch, signet, tirant, tresse, velcro ■ **7** adhésif, bavolet, bordure, chevron, fleuret, rosette, rubaner, vitelot ■ **8** brassard, dragonne, embrasse, rubanier, trou-trou ■ **9** bouffette, bourdalou, cordonnet, épaulette, extra-fort, passement*, pompadour, rubanerie, serre-tête ■ **10** bandelette, enrubanner, jarretelle, jarretière, sparganier ■ **11** chevillière, nonpareille ■ **12** cache-couture.

RUBEFACTION: **5** rouge* ■ **8** rubéfier ■ **9** rubéfiant.

RUBENS: **8** rubénien.

RUBEOLE: **9** rubéoleux ■ **10** rubéolique.

RUBIANCÉE: **5** ipéca ■ **7** caféier, gaillet, garance ■ **8** gardénia, grateron ■ **9** gratteron, quinquina ■ **10** caille-lait, ipécacuana, vaillantie.

RUBICOND: **5** rouge*.

RUBIETTE: **10** rouge-gorge.

RUBIS: **6** balais ■ **8** spinelle ■ **9** rubicelle.

RUBRIQUE: **8** localier ■ **9** rubriquer ■ **13** fait-diversier.

RUCHE: **4** miel ■ **5** cadre, rayon, reine, usine ■ **6** cloche, hausse, ruchée, rucher ■ **7** alvéole, cellule, chapeau ■ **8** gallerie, propolis ■ **9** frivolité.

RUCHER: **8** essaimer.

RUDE: **3** cru, dur, sec ■ **4** amer, âpre, ardu, brut, crin, fort*, turc, vert ■ **5** aigre, hyène, lourd, rêche, suave ■ **6** abrupt, bourru, brutal, fruste, râpeux, rauque ■ **7** austère, brusque*, revêche, rudesse, rugueux, sauvage ■ **8** cavalier, cinglant, farouche, grossier*, raboteux, rudement, rustique, tignasse ■ **9** difficile*, laborieux, rigoureux* ■ **10** rébarbatif ■ **11** malgracieux.

RUDENTURE: **7** rudenté ■ **8** rudenter.

RUDESSE: **6** âpreté, dureté* ■ **7** crudité, raucité ■ **8** aspérité, bourrade ■ **9** brutalité ■ **10** brusquerie* ■ **11** grossièreté*, soldatesque.

RUDIMENT: **8** principe* ■ **9** linéament.

RUDIMENTAIRE: **4** brut ■ **5** adobe, piste ■ **6** simple ■ **7** embryon, moignon, premier ■ **8** sommaire ■ **11** élémentaire ■ **12** embryonnaire.

RUDOYER: **7** bourrer ■ **8** brusquer, malmener, rabrouer ■ **9** rembarrer ■ **10** brutaliser, rudoiement.
RUE: **4** gone, pavé, voie* ■ **5** gamin, paver, ville, voyou ■ **6** avenue, chemin*, ruelle ■ **7** galerie, impasse, passage, poulbot, venelle ■ **8** chaussée*, cul-de-sac, grand-rue, tournant, traboule ■ **9** agitation, boulevard.
RUÉE: **5** curée.
RUER: **4** ruée ■ **5** ruade, rueur ■ **6** courir ■ **7** élancer ■ **8** regimber ■ **11** récalcitrer.
RUGBY: **4** maul, pack ■ **5** en-but, essai, mêlée ■ **6** droper ■ **7** botteur, dropper, en-avant, placage, plaquer ■ **8** drop-goal, raffûter, rugbyman, talonner ■ **9** quinziste, talonnage, talonneur, test-match, treiziste ■ **11** transformer, trois-quarts ■ **14** transformation.
RUGINE: **6** xystre ■ **7** ruginer.
RUGIR: **4** lion ■ **5** crier ■ **9** rugissant.
RUGOSITÉ: **7** rugueux ■ **9** villosité.
RUGUEUX: **4** âpre, rude* ■ **5** rêche ■ **6** inégal ■ **8** raboteux.
RUINE: **4** mort ■ **5** abîme, chute, fatal, fichu, perdu, périr, perte, reste, saper ■ **6** débris, fauché, misère*, ravage, restes ■ **7** culbute, débâcle, éboulis, gravats, gravois, néfaste, pillage, plâtras, ruineux ■ **8** croûlant, désastre, éversion, faillite*, incendie, naufrage, pauvreté, ruiniste, sinistre, vestiges ■ **9** décadence, déchéance, décombres, misérable*, perdition, précipice ■ **10** cataclysme, désolation, éboulement, naufrageur, péricliter, pernicieux, ruiniforme ■ **11** banqueroute, catastrophe, déconfiture, délabrement, destruction*, dévastation, écroulement ■ **12** affaissement, dégringolade, effondrement, renversement ■ **14** anéantissement.
RUINER: **4** tuer ■ **5** nuire, raser ■ **6** couler, perdre, piller ■ **7** abattre, coûteux, démolir, désoler, épuiser, ravager, ruineux ■ **8** anéantir*, culbuter, dégrader, délabrer, détruire*, dévaster, écrouler, effriter, enfoncer, nettoyer, saborder ■ **9** affaisser, disloquer, effondrer, renverser ■ **10** démanteler ■ **12** ruineusement.
RUISSEAU: **2** ru ■ **6** cassis, rigole ■ **7** rivelet ■ **8** caniveau, ravageur ■ **9** cours d'eau, rivulaire, ruisseler, ruisselet ■ **10** accotement ■ **11** myriophylle ■ **13** gazouillement.
RUISSELER: **6** couler* ■ **10** ruisselant.
RUMBA: **9** cha-cha-cha.
RUMEUR: **5** bruit*, éclat, on-dit, ragot ■ **6** tapage ■ **8** nouvelle* ■ **13** bourdonnement, radiotrottoir.
RUMINANT: **4** suif ■ **5** corne, mufle, okapi, ovidé, panse, rumen ■ **6** bovidé*, caprin, girafe ■ **7** bézoard, capriné, cervidé* ■ **9** caillette, cavicorne, hypoderme ■ **10** chevrotain, rumination ■ **11** ægagropile ■ **13** anoplothérium.
RUMINATION: **9** mérycisme.
RUMINER: **6** ronger ■ **8** remâcher, ruminant ■ **9** réfléchir.
RUNES: **4** ogam ■ **5** ogham ■ **7** runique.
RUPIN: **6** aristo.
RUPTURE: **3** paf ■ **5** clash, crise ■ **6** fracas, trouée ■ **7** abattée, cassure*, débâcle, divorce, fissure, rupteur ■ **8** escapade, fracture ■ **9** déchirure, impaction ■ **10** séparation* ■ **12** dénonciation, phléborragie ■ **15** mésintelligence.
RURAL: **3** mir ■ **5** ferme, manse, mazot, terre, villa ■ **6** paysan* ■ **8** métairie, métayage ■ **9** champêtre* ■ **10** campagnard.
RURBANISATION: **7** rurbain.
RUSE: **3** art, dol, fin ■ **4** futé, ours, rets, roué, tour ■ **5** biais, filou,

lapin, madré, malin*, merle, piège ■ **6** astuce, calcul, change, détour, fouine, habile*, malice, manège, matois, renard, retors ■ **7** adresse, embûche, ficelle, finesse, gabegie, normand, piperie, raccroc, rouerie ■ **8** aigrefin, artifice, chafouin, fouinard, habileté*, narquois, perfidie, renarder, roublard, sournois, soutirer, tactique ■ **9** accrocher, carottier, cauteleux, collusion, expédient, finasseur, finassier, fourberie, invention, stratégie, subtilité ■ **10** diplomate, finasserie, matoiserie, stratagème, subterfuge, truffaldin ■ **11** artificieux, machination, roublardise ■ **12** chausse-trape, échappatoire, faux-semblant, grippeminaud ■ **13** attrape-nigaud, dissimulation, machiavélisme.

RUSER: **6** capter ■ **7** feindre, frauder, tricher, tromper ■ **8** carotter, filouter, machiner ■ **9** escamoter, escroquer ■ **10** dissimuler, subtiliser, surprendre.

RUSSE: **4** czar, tsar, tzar ■ **5** blini, douma, gopak, icône, knout ■ **6** boyard, byline, datcha, raskol ■ **7** bortsch, pirojki ■ **8** acméisme, borchtch, grand-duc, touloupe, tsarisme ■ **9** autocrate, balalaïka, koulibiac, menchevik, moscovite, petit-gris, russifier ■ **10** russophone ■ **11** bolchevique, bolcheviste, panslavisme, saint-synode ■ **12** vieux-croyant ■ **14** occidentaliste.

RUSSIE: **6** téléga ■ **7** télègue ■ **10** slavophile.

RUSSIFIER: **13** russification.

RUSTAUD: **5** lourd ■ **8** grossier* ■ **11** rustauderie.

RUSTIQUE: **5** banjo, bizet ■ **6** paysan*, simple ■ **7** agreste ■ **9** champêtre*, chaumière, rusticité, tarantass.

RUSTRE: **6** paysan* ■ **8** grossier*, maroufle, péquenot.

RUT: **7** œstrus.

RUTACÉE: **3** rue ■ **6** citrus ■ **7** oranger ■ **9** angusture, cédratier, limettier ■ **10** bigaradier, citronnier, fraxinelle ■ **11** aurantiacée, bergamotier, mandarinier ■ **14** pamplemoussier.

RUTILER: **7** briller* ■ **8** chatoyer ■ **9** flamboyer, rutilance ■ **10** rutilement.

RYNCHOPHORE: **5** apion.

RYNCHOTE: **12** hémiptéroïde.

RYTHME: **4** vers ■ **5** blues, danse*, mètre ■ **6** décidu, mesure ■ **7** cadence, mélopée, rythmer ■ **8** anacruse, harmonie, polypnée, taconéos ■ **9** anacrouse, circadien, eurythmie, mouvement*, rythmique ■ **10** adrénaline, arythmique, dactylique, trochaïque ■ **11** bradycardie, eurythmique ■ **12** embryocardie, sempervirent ■ **14** chronobiologie.

RYTHMER: **7** ho hisse.

RYTHMIQUE: **8** ostinato ■ **10** rythmicité.

S

SABAT : 9 parascève.
SABBAT : 6 chahut ■ **7** shabbat ■ **9** parascève ■ **10** sabbatique.
SABEEN : 8 sabéisme.
SABEISME : 6 sabéen.
SABIR : 6 jargon* ■ **7** langage ■ **12** lingua franca.
SABLE : 3 jar ■ **4** doum, dune, jard, lest, lise, merl, oyat, silt, vive ■ **5** arène, barre, batée, béton, émail, falun, grève, maërl, œsar, palot, plage, puche, verre ■ **6** javeau, sablon, tangue, tufeau ■ **7** arénacé, aréneux, couchis, garenne, gravier, sableux, sablier, sassage, schlich, tuffeau ■ **8** ensabler, sablerie, sablière ■ **9** amphioxus, arénicole, arénuleux, corrasion, dessabler, hippophaé, sablonner, spatangue, turquette, vérétille ■ **10** lamprillon, orpailleur, ripplemark, sablonneux, turritelle, uranoscope ■ **11** arénisation, cailloutage, ensablement, sablonnière, spirographe ■ **14** atterrissement.
SABLER : 5 boire ■ **8** sableuse.
SABLEUX : 10 arénophile.
SABLIERE : 9 tournisse.
SABLON : 9 sablonner.
SABLONNEUX : 6 vasard.
SABORD : 8 mantelet.
SABORDER : 6 couler ■ **9** sabordage ■ **11** sabordement.
SABOT : 4 sole ■ **5** glome, seime ■ **6** onglon, socque, toupie ■ **7** cliques, galoche, kroumir, rénette, saboter ■ **8** couronne, flic-flac, fourbure, kératine, muraille, panoufle, rainette, renetter, sabotage, sabotier, solipède ■ **9** chaussure, saboterie, sabotière ■ **11** onguligrade.
SABOTER : 6 gâcher* ■ **10** détériorer.
SABOULER : 7 secouer ■ **11** réprimander.
SABRAGE : 8 sabreuse.
SABRE : 4 épée* ■ **5** batte, latte, tsuba ■ **6** bancal, glaive, mensur ■ **7** bélière, briquet, escrime, espadon, pommeau, sabreur, yatagan ■ **8** baudrier, claymore, dragonne, machette ■ **9** cimeterre ■ **10** braquemart, coupe-choux, coupe-coupe, estramaçon, ferrailler ■ **12** contrepointe, sabre-briquet ■ **15** sabre-baïonnette.
SABRER : 7 effacer.
SAC : 4 loto, taie, tare ■ **5** cabas, duvet, fleur, group, outre, poche* ■ **6** bagage, besace, bissac, blague, bourse*, sachée, sachet, semoir ■ **7** carnier, chausse, couffin, coussin, musette, pillage, saccule, sacoche, scrotum, urcéole ■ **8** cartable, ensacher, ferrière, havresac, réticule,

ridicule, saccager, sacherie, sporange, vésicule ■ **9** follicule, gargousse, gibecière, monte-sacs, paillasse, panetière, porte-bébé ■ **10** fourre-tout, nécessaire ■ **11** carnassière, chancelière, sac-poubelle ■ **12** cartouchière ■ **13** lacryocystite.

SACCADE: **4** jerk ■ **6** abrupt ■ **7** brusque* ■ **8** broutage, trépider ■ **9** capricant, convulsif, trépidant ■ **10** broutement, entrecoupé ■ **12** brimbalement, intermittent.

SACCAGER: **6** piller* ■ **7** ravager*, saccage ■ **8** détruire* ■ **9** renverser, saccageur ■ **11** saccagement.

SACCHARASE: **7** sucrase.

SACCHARINE: **10** sacchariné.

SACCHAROSE: **5** sucre* ■ **7** inverti ■ **9** inversion, invertase, invertine ■ **12** disaccharide.

SACCHARATE: **7** sucrate.

SACERDOCE: **5** brame, étole, ordre ■ **8** brahmane, piétisme, prêtrise, vocation ■ **9** apostolat ■ **10** sacerdotal.

SACERDOTAL: **6** orfroi.

SACHET: **3** sac* ■ **5** ponce ■ **6** relais ■ **9** infusette.

SACOCHE: **3** sac* ■ **9** gibecière ■ **10** sabretache.

SACRALISER: **13** sacralisation.

SACRE: **4** ibis, pâli, véda ■ **5** divin, islam, saint, tabou ■ **6** sacral, sacret ■ **8** cardinal, sanscrit, sanskrit ■ **10** intangible, inviolable, sacraliser ■ **11** hagiographe ■ **12** désacraliser.

SACREE: **6** mantra ■ **7** temenos ■ **8** pomerium.

SACREMENT: **5** ordre ■ **7** baptême, mariage ■ **8** fête-dieu, viatique ■ **9** communion, pénitence ■ **11** eucharistie, sacramentel ■ **12** confirmation ■ **14** extrême-onction.

SACRER: **5** bénir, jurer ■ **6** oindre ■ **9** consacrer ■ **10** consacrant.

SACRIFICATEUR: **8** aruspice ■ **9** haruspice.

SACRIFICE: **4** agni, sâti, thug ■ **5** autel, mânes, messe, ovate, payer ■ **6** hostie, lustre, suttée, suttie ■ **7** abandon, saignée, victime ■ **8** criobole, hécatombe, hippobole, offrande, sacrifier, taurobole ■ **10** abnégation, dévouement, holocauste, immolation, lustration, probatique, victimaire ■ **11** renoncement, sacrificiel ■ **13** sacrificateur ■ **14** sacrificatoire.

SACRIFIER: **6** donner, vendre ■ **7** dévouer, immoler, laisser ■ **8** renoncer* ■ **9** sacrifice.

SACRILEGE: **11** profanation.

SACRIPANT: **6** bandit* ■ **7** vaurien*.

SACRISTIE: **9** lave-mains ■ **10** sacristain.

SACRO-FESSIER: **11** stéatopygie.

SACRUM: **5** sacré ■ **6** coccyx ■ **10** lombo-sacré ■ **12** sacro-iliaque.

SADIQUE: **6** brutal ■ **7** sadisme, vicieux ■ **9** luxurieux ■ **11** sadiquement.

SADISME: **10** algolagnie.

SADOMASOCHISME: **14** sadomasochiste.

SAFRAN: **5** garus ■ **6** crocus ■ **8** parmesan, safraner ■ **9** colchique, safranier ■ **10** safranière.

SAGACITE: **4** tact ■ **7** sagesse* ■ **9** subtilité ■ **10** divination ■ **12** clairvoyance*, perspicacité.

SAGAIE: **5** lance* ■ **6** flèche, zagaie.

SAGE: **5** calme*, mûrir, règle, sensé ■ **6** assagi, chaste*, docile, modéré*, retenu, sagace ■ **7** austère, prudent* ■ **8** ataraxie, réfléchi*, sagement, vertueux* ■ **9** prévoyant ■ **10** philosophe, tranquille ■ **11** raisonnable ■ **14** sainte-nitouche.

SAGE-FEMME: 7 matrone ■ 9 ventrière ■ 10 accoucheur ■ 11 accoucheuse.
SAGESSE: 4 sens ■ 5 vertu* ■ 6 raison* ■ 7 retenue ■ 8 docilité, prudence*, sagacité, sapience ■ 9 austérité, réflexion ■ 10 continence, modération*, prévoyance, providence, tempérance ■ 11 philosophie ■ 12 discernement, intelligence* ■ 13 assagissement.
SAGETTE: 6 flèche.
SAGITTAIRE: 7 sagette ■ 8 scorpion.
SAGOU: 5 zamia, zamie ■ 6 zamier ■ 8 sagouier ■ 9 sagoutier.
SAGOUIN: 9 malpropre.
SAHARA: 5 acheb ■ 6 targui ■ 7 foggara, touareg ■ 11 subsaharien.
SAHARIEN: 5 datte ■ 9 algazelle ■ 13 transsaharien.
SAHEL: 5 fonio ■ 8 sahélien.
SAÏ: 7 capucin.
SAIE: 4 saye ■ 5 sagum ■ 8 journade, saietter.
SAIGNE: 8 saigneux.
SAIGNEE: 5 prise ■ 8 résinier ■ 11 phlébotomie.
SAIGNEMENT: 9 épistaxis ■ 10 otorrhagie ■ 12 anovulatoire.
SAIGNER: 5 tirer ■ 8 saigneur, saignoir ■ 10 ressaigner ■ 11 ensanglanté.
SAILLANT: 3 nez ■ 4 ante, côte, dent, lobe ■ 5 adent, arête, calus, carne, creux, ogive, redan, talon, trait ■ 7 convexe, ombilic ■ 8 anguleux, pommette, rentrant ■ 9 cou-de-pied, denticule, mentonnet ■ 10 proémiment ■ 11 mentonnière.
SAILLANTE: 5 raphé.
SAILLIE: 4 busc, came, côte, dent, hune, môle, neck ■ 5 angle, bosse*, crête, égout, ergot, filet, grenu, ilion, lazzi, nævi, nœud, picot, pomme, prise, raphé, talon, tenon, téton ■ 6 boudin, cordon, liston, méplat, mollet, rebord, relief, sacome, thénar, tragus ■ 7 arêtier, balèvre, bossage, condyle, imposte, moulure, nervure, oreille, orillon, ressaut, rondeur, sourcil ■ 8 apophyse, arrêtoir, bossette, cheminée, cheville, déborder, dosseret, doubleau, éminence, forjeter, grosseur, olécrâne, saillant, surplomb, thyroïde ■ 9 avant-toit, bas-relief, bourrelet, bow-window, calcanéum, enclenche, odontoïde, villosité ■ 10 avant-corps, bout-dehors, contrefort, demi-relief, embasement, hypothénar, mot d'esprit, oreillette, projecture ■ 11 arc-doubleau, empattement, encadrement, exophtalmie, hors-d'œuvre ■ 12 protubérance.
SAILLIR: 6 percer ■ 7 avancer, jaillir, poindre ■ 8 déborder, dépasser, forjeter ■ 9 accoupler, proéminer, ressauter, ressortir*.
SAIN: 4 sauf ■ 5 santé ■ 6 valide ■ 7 rescapé, salubre ■ 8 assainir ■ 9 sainement, salutaire.
SAINBOIS: 5 garou ■ 6 daphné.
SAINDOUX: 4 porc ■ 5 frire ■ 6 axonge ■ 7 graisse.
SAINFOIN: 8 esparcet ■ 10 esparcette.
SAINT: 5 dulie, icône, image, nimbe, sacré ■ 6 caitya, martyr, patron ■ 7 starets ■ 8 sainteté, stariets ■ 9 canoniser, patronage ■ 10 iconologie, sacro-saint, saintement, sanctifier ■ 11 bienheureux, iconoclaste, martyrologe ■ 12 hagiographie ■ 13 commémoraison.
SAINT-CLOUD: 8 cloutard.
SAINTE: 6 djihad.
SAINT EMPIRE: 7 antiroi.
SAINT-ESPRIT: 8 épiclèse ■ 9 pentecôte, spiration, spiritain.
SAINT-ETIENNE: 10 stéphanois.
SAINTE-VIERGE: 5 reine, salve ■ 9 notre-dame ■ 10 assomption, hyperdulie, salutation, visitation.
SAINTONGE: 11 quichenotte ■ 12 saintongeais.

SAINT-OUEN : 8 audonien.
SAINT-PIERRE : 5 dorée.
SAINT-SACREMENT : 4 dais ■ **5** salut.
SAINT-SIEGE : 11 apostolique, camerlingue ■ **12** pénitencerie.
SAINT-SULPICE : 9 sulpicien.
SAIS : 5 saïte.
SAISI : 6 apeuré, transi ■ **7** surpris* ■ **9** tremblant ■ **11** saisissable.
SAISIE : 5 prise ■ **7** gagerie ■ **8** mainmise ■ **9** exécution, main-levée ■ **10** discussion, saisissant ■ **11** saisie-arrêt ■ **12** commandement, confiscation ■ **13** expropriation, saisie-brandon ■ **15** saisie-exécution.
SAISIR : 5 piger, ravir, tenir* ■ **6** ébahir, épater, happer, manier, pincer*, sauter, serrer ■ **7** acheter, admirer, arrêter, crocher, éblouir, emparer, étonner*, imposer, prendre*, trouver ■ **8** agripper, attraper, colleter, discuter, exécuter, fasciner, pénétrer, réaliser, sibyllin ■ **9** accrocher, apprendre, brucelles, embrasser, empoigner, étreindre, harponner, intriguer, percevoir, ressaisir ■ **10** bizarroïde, comprendre*, confisquer, contempler, manœuvrer, préhensible, préhension, raccrocher, synoptique ■ **11** agrippement, appréhender, émerveiller, perceptible, ramassement ■ **12** moucheronner ■ **13** insaisissable.
SAISISSANT : 7 magique, prenant ■ **8** fabuleux ■ **9** mirifique ■ **10** incroyable, mirobolant, mystérieux, prodigieux*, surprenant* ■ **11** merveilleux* ■ **12** inconcevable, inimaginable ■ **14** extraordinaire*.
SAISISSEMENT : 6 extase ■ **7** émotion*, frayeur*, frisson, miracle, mystère, prodige ■ **9** épatement, merveille ■ **10** admiration ■ **11** fascination, ravissement ■ **12** ébahissement ■ **13** contemplation, éblouissement ■ **14** émerveillement.
SAISON : 3 âge, été ■ **5** hiver, temps ■ **6** époque* ■ **7** automne, pariade ■ **8** équinoxe, solstice ■ **9** montaison, olivaison, printemps, renouveau, trimestre ■ **10** porchaison, saisonnier ■ **11** cueillaison, intersaison, maqueraison, morte-saison, quatre-temps.
SAISONNIER : 6 décidu.
SALACE : 8 salacité ■ **9** luxurieux.
SALADE : 5 mâche ■ **6** céleri, chicon, endive, laitue ■ **7** cresson, mesclun, romaine, scarole, trévise ■ **8** chicorée, pourpier, raiponce, roquette, saladier ■ **9** betterave, bourcette, concombre, macédoine, pissenlit ■ **14** barbe-de-capucin.
SALAIRE : 4 fixe, gage, gain*, mois, paie, paye, s.m.i.c. ■ **5** gages, parti, solde ■ **7** guerdon, journée ■ **8** courtage, salarial, salarier ■ **9** indemnité, pourboire ■ **10** commission, émoluments, honoraires, non-salarié, prolétaire, récompense, sursalaire, traitement ■ **11** rétribution* ■ **12** augmentation, rémunération* ■ **13** appointements, gratification.
SALAISON : 6 saleur ■ **13** salaisonnerie.
SALAMALEC : 5 salut*.
SALAMANDRE : 10 amblystome.
SALANT : 3 vie ■ **5** barge, étier, mulon, salin ■ **8** varaigne.
SALARIE : 7 employé* ■ **8** salariat ■ **9** embaucher ■ **10** hors statut ■ **11** travailleur*.
SALAUD : 5 salop ■ **8** salopiau, salopiot ■ **9** malpropre, salopiaud.
SALE : 3 ord, pec, sor ■ **4** gras, noir, porc, saur ■ **5** bauge, blanc, caque, égout, gaupe, hyène, liter, morue, océan, plomb, salir, salse, soret, suant, taché, voyou ■ **6** baveux, boueux, cireux, cochon, crotté, infâme, kipper, salaud, salope, sauret ■ **7** craspec, fangeux, guenipe, immonde, merdeux, morveux, négligé, obscène*, pisseux, pouacre, sagouin, sordide, terreux ■ **8** crasseux, dessaler, pourceau, purulent,

roupieux, saladero, salement, saligaud, souillon ■ **9** beigeasse, beigeâtre, chassieux, dégoûtant, graisseux, halophile, halophyte, malpropre*, maritorne, pouilleux, répugnant ■ **10** méprisable ■ **11** crapaudière.
SALEP: 8 racabout.
SALER: 7 resaler ■ **8** salaison.
SALETE: 4 bave, boue, suie, vase ■ **5** fange, fèces, tache* ■ **6** bourbe, crasse, crotte, fumier, gâchis, lavure, ordure*, résidu ■ **7** graisse, négligé, rinçure, rouille, vilenie ■ **8** cambouis, impureté*, propreté ■ **9** poussière, salissure, saloperie, sordidité, souillure■ **10** immondices, maculature ■ **11** cochonnerie, malpropreté, margouillis, noircissure ■ **12** barbouillage, patrouillage ■ **13** antisalissure.
SALICACEE: 5 osier, saule ■ **6** ypréau ■ **7** grisard, tremble ■ **8** marsault, pleureur.
SALICINE: 10 salicoside ■ **11** salicylique.
SALICORNE: 6 engane ■ **7** salicor.
SALICOSIDE: 8 salicine.
SALICULTURE: 8 salicole.
SALICYLATE: 5 bétol, salol ■ **6** spinal ■ **10** cholagogue ■ **11** wintergreen.
SALICYLIQUE: 8 aspirine, salicylé ■ **10** salicylate.
SALIEN: 7 salique.
SALIERE: 7 saleron.
SALIGAUD: 9 malpropre*.
SALINE: 5 barne ■ **6** tartre ■ **7** rouable.
SALINITE: 9 dessalure, euryhalin ■ **10** sténohalin.
SALIR: 5 gâter ■ **6** abîmer, gâcher, tacher* ■ **7** crotter, croupir, maculer, noircir, poisser, polluer, resalir ■ **8** culotter, graisser, infecter, profaner, souiller* ■ **9** bousiller, cochonner, encrasser, salissant ■ **10** charbonner, contaminer ■ **11** barbouiller, éclabousser, margouiller, souillonner ■ **12** insalissable.
SALIVAIRE: 8 parotide ■ **13** grenouillette.
SALIVATION: 8 salivant.
SALIVE: 4 bave ■ **5** écume ■ **6** flegme, mousse ■ **7** amylase, asialie, saburre ■ **8** ptyaline ■ **9** postillon, récrément, salivaire ■ **10** salivation, sialagogue, sialorrhée ■ **12** insalivation, masticatoire.
SALLE: 4 aula, dojo, hall, iwan, loge, mess ■ **5** carré, divan, étage, étude, pièce ■ **6** cinéma, classe, exèdre, indoor, squash ■ **7** apadâna, cénacle, chambre*, dortoir, mégaron, parloir ■ **8** prétoire, trinquet ■ **9** auditoire, chartrier, chauffoir, échaudoir, étouffoir, grill-room, hypostyle, promenoir, vestiaire ■ **10** acoustique, auditorium, hypocauste, strapontin ■ **11** multisalles, pouponnière ■ **12** amphithéâtre, arrière-salle ■ **13** phonocontrôle.
SALLE A MANGER: 8 archelle, crédence, servante ■ **10** triclinium.
SALMIGONDIS: 7 mélange*.
SALMONELLE: 13 parathyphique.
SALMONELLOSE: 10 salmonelle.
SALMONIDE: 5 ombre, tacon, tocan ■ **6** bécard, saumon, truite ■ **7** éperlan ■ **8** corégone* ■ **9** saumoneau.
SALON: 5 foyer, pièce ■ **6** studio ■ **7** boudoir, tea-room ■ **8** scottish ■ **9** salonnard, salonnier ■ **10** wagon-salon ■ **12** champouineur, voiture-salon.
SALOP: 6 salope ■ **8** salopiat ■ **9** malpropre* ■ **11** salopiaud.
SALPETRE: 5 nitre ■ **6** natron, salite ■ **7** nitrate ■ **8** eau-forte ■ **9** salpêtrer ■ **10** salpêtrage, salpêtreux ■ **11** salpêtrière ■ **14** salpêtrisation.

SALSEPAREILLE : 6 smilax.
SALSIFIS : 10 scorsonère.
SALSOLACEE : 13 chénopodiacée*.
SALTIMBANQUE : 6 forain, nomade ■ 7 baladin, farceur ■ 8 bateleur* ■ 9 banquiste, charlatan, opérateur, paradiste.
SALUBRE : 4 sain* ■ 9 salubrité ■ 10 hygiénique ■ 14 salubrement.
SALUER : 5 hello, salut ■ 6 adorer ■ 8 acclamer, échanger, resaluer ■ 9 présenter ■ 10 ovationner, prosterner, salutation.
SALUT : 3 ave ■ 5 grâce, issue ■ 6 espoir, refuge, remède ■ 7 recours, secours* ■ 9 courbette, expédient, officière, ressource, révérence, salamalec, salutiste ■ 10 salutation, sanctifier ■ 11 prédestiner ■ 12 échappatoire.
SALUTAIRE : 4 sain ■ 5 utile* ■ 10 profitable ■ 11 bienfaisant ■ 13 salutairement.
SALUTATION : 3 ave ■ 5 salut, santé ■ 7 bonjour, bonsoir ■ 8 ave maria.
SALVADOR : 5 colon ■ 11 salvadorien.
SAMBA : 9 bossa-nova.
SAMOA : 6 samoan.
SAMOURAI : 5 rônin ■ 7 bushido.
SAMOYEDE : 14 ouralo-altaïque.
SANATORIUM : 4 cure, sana ■ 7 hôpital ■ 8 solarium ■ 12 préventorium.
SANCTIFIE : 5 bénit.
SANCTIFIER : 5 fêter ■ 6 sacrer ■ 9 béatifier, canoniser, consacrer ■ 11 sanctifiant ■ 14 sanctificateur, sanctification.
SANCTION : 5 arrêt, blâme, peine* ■ 6 amende, dépens, pensum, piquet ■ 7 censure, pénalty, retenue ■ 8 anathème, consigne, pénalité, punition* ■ 10 suspension ■ 11 approbation, dégradation, sanctionner ■ 12 comminatoire, confirmation, confiscation, entérinement, interdiction, pénalisation, ratification ■ 14 distancement, reconnaissance ■ 15 excommunication.
SANCTIONNER : 6 signer ■ 7 adopter ■ 8 censurer, dégrader, ratifier ■ 9 approuver*, confirmer, consacrer, entériner, morigéner, pénaliser, suspendre ■ 10 admonester, homologuer ■ 11 reconnaître, stigmatiser.
SANCTUAIRE : 5 kondo ■ 6 temple*, vimana ■ 7 nymphée, sikhara, temenos ■ 12 sanctuariser.
SANDALE : 6 samara ■ 9 chaussure*, déchaussé, spartiate.
SANDARQUE : 5 thuya.
SANDINISME : 10 sandiniste.
SANDWICH : 5 lunch ■ 6 burger ■ 12 croque-madame ■ 14 croque-monsieur.
SANG : 3 pou ■ 4 race, taon ■ 5 aorte, cœur, cruel, cruol, curée, goule, ichor, ixode, messe, pâque, porte, rouge, sérum, stase, tâter, veine ■ 6 urémie ■ 7 acidose, globine, mélæna, saignée, sanguin, toxémie ■ 8 alcalose, azotémie, calcémie, dégorger, dynastie, exsangue, globulin, glycémie, hématine, hématose, hydrémie, ischémie, saignant, saigneux, sanglant, sang-mêlé, thrombus, uricémie, vaisseau ■ 9 cétonémie, clearance, dépuratif, ecchymose, endocrine, glomérule, hématique, hématurie, hypoxémie, leucocyte, naissance, plombémie, thrombine ■ 10 acétonémie, congestion, hématémèse, hémopathie, hémophilie, hémoptysie, hémorragie, mésoblaste, ressaigner, saignement, septicémie ■ 11 acidocétose, bactériémie, érythrocyte, hémarthrose, hématologie, hémoculture, hémocyanine, hémodialyse, hypercapnie, lymphopénie, sanguinaire, sarrancolin, thrombocyte, transfu-

sion, trypanosome ■ **12** circulatoire, ensanglanter, hypocalcémie, hypoglycémie, hypokaliémie, lymphocytose, phléborragie, prothrombine ■ **13** hémodynamique, hypercalcémie, hyperkaliémie, mononucléaire ■ **14** exsanguination, trypanosomiase, vaso-dilatation ■ **15** autotransfusion, érythroblastose.

SANG-FROID : 4 tête ■ **8** patience ■ **9** assurance ■ **10** exaltation.

SANGLANT : 8 tragique ■ **11** ensanglanté.

SANGLE : 5 bande ■ **7** culière, sanglon ■ **8** courroie* ■ **9** ventrière ■ **10** dessangler ■ **12** porte-étriers.

SANGLIER : 4 huée, hure, laie, mire, soie ■ **5** bauge, dague, épieu, groin, harde, ragot ■ **6** dentée ■ **7** boutoir, souille ■ **8** fouaille, laissées, nasiller, vautrait ■ **9** décousure, marcassin, solitaire, vermiller ■ **10** phacochère, porchaison, quartanier.

SANGLOT : 6 soupir ■ **7** pleurer ■ **9** sangloter.

SANGLOTER : 12 sanglotement.

SANG-MELE : 5 métis* ■ **6** bâtard.

SANGSUE : 8 ventouse.

SANGUIN : 6 cétose, règles ■ **8** natrémie ■ **10** histiocyte ■ **12** acido-basique ■ **14** fibrinolytique, hémocompatible ■ **15** cholestérolémie.

SANGUINAIRE : 4 ogre ■ **5** cruel*, tigre ■ **6** atroce, féroce ■ **7** barbare, boucher, monstre, vampire ■ **8** bourreau ■ **9** cannibale, meurtrier ■ **13** anthropophage, exterminateur.

SANGUINOLENT : 11 ensanglanté.

SANGUISORBE : 11 pimprenelle.

SANHEDRIN : 5 sénat.

SANIE : 3 pus ■ **5** ichor ■ **7** sanieux.

SANITAIRE : 6 aérium ■ **11** arraisonner.

SANS : 8 huis clos, merdique ■ **10** acalorique.

SANS CESSE : 8 toujours ■ **9** ressasser ■ **11** ritournelle ■ **12** incessamment.

SANSCRIT : 4 pâli ■ **7** prakrit ■ **10** dévanâgari ■ **11** hindoustani.

SANS-GENE : 6 audace ■ **9** immixtion, ingérence, intrusion ■ **11** dérangement, effronterie* ■ **12** désinvolture.

SANSKRIT : 5 hindi ■ **11** hindoustani ■ **12** sanskritique, sanskritisme, sanskritiste.

SANSONNET : 9 étourneau.

SANS QUOI : 5 sinon ■ **9** autrement.

SANTAL : 9 santaline.

SANTALACEE : 6 sandal, santal ■ **9** santaline.

SANTE : 4 choc, sain, soin, tuer ■ **5** toast, usant ■ **7** caducée, nocuité, salubre ■ **8** assimilé, délétère, gaillard, médecine, pécloter, rétablir, secousse ■ **9** conserver, insalubre, mieux-être, salutaire, sanitaire ■ **10** florissant, mal en point ■ **11** disposition ■ **13** valétudinaire ■ **14** hypocondriaque, rétablissement.

SANVE : 9 essanvage.

SAOULER : 9 pocharder.

SAPE : 5 saper ■ **6** blinde ■ **8** tranchée.

SAPER : 5 miner ■ **8** détruire*, sapement ■ **9** subversif.

SAPEUR : 7 pompier.

SAPEQUE : 4 tael.

SAPHIR : 5 safre.

SAPIDE : 4 goût ■ **6** saveur ■ **8** sapidité.

SAPIENCE : 4 sens ■ **7** sagesse*.

SAPIENTIAUX : 4 sage.

SAPIN : 3 pin* ■ **4** cône, isba, poix ■ **5** épart, espar ■ **6** épicéa, pruche ■ **7** chermès ■ **9** sapinière ■ **12** térébenthine.

SAPINDACEE : **6** letchi, litchi, lychee ■ **9** savonnier.
SAPONAIRE : **8** saponine ■ **9** savonnier.
SAPONIFIER : **5** savon ■ **8** glycérol ■ **12** saponifiable ■ **14** saponification.
SAPOTACEE : **6** balata ■ **8** arganier, sapotier ■ **11** gutta-percha, sapotillier, sidéroxylon.
SAPOTIER : **6** sapote ■ **9** sapotille ■ **11** sapotillier.
SAPROPHYTE : **9** mucoracée ■ **13** saprophytisme.
SARCASME : **6** ironie* ■ **8** moquerie* ■ **9** raillerie* ■ **10** sardonique ■ **11** sarcastique.
SARCLAGE : **8** sarcleur.
SARCLER : **7** enlever, étréper ■ **8** extirper, nettoyer, sarclage, sarcloir ■ **11** échardonner.
SARCLOIR : **9** sarclette.
SARCOME : **6** tumeur* ■ **11** sarcomateux ■ **13** lymphosarcome.
SARCOPHAGE : **5** tombe ■ **8** cercueil.
SARCOPTE : **4** gale ■ **5** acare ■ **6** acarus ■ **8** sarcoïde.
SARDAIGNE : **5** sarde.
SARDINE : **5** alose, boîte, rogue ■ **7** allache ■ **8** pilchard ■ **9** sardinier ■ **10** sardinelle, sardinerie, sardinière.
SARDOINE : **9** cornaline.
SARDONIQUE : **9** raillerie, sardonien ■ **11** sarcastique ■ **14** sardoniquement.
SARIGUE : **7** opossum.
SARMENT : **5** liane ■ **7** branche* ■ **8** accolage, moissine, poivrier, sautelle ■ **9** sarmenter ■ **10** sarmenteux ■ **11** assarmenter ■ **12** démaillonner.
SARRASIN : **5** blini, kacka, kache ■ **12** sarracénique.
SARRETTE : **9** serratule.
SARTHE : **8** sarthois.
SAS : **5** tamis ■ **6** écluse, sasser ■ **8** vannelle, vantelle.
SASSAFRAS : **9** pipéronal ■ **12** héliotropine.
SASSER : **7** tamiser* ■ **9** sassement.
SATANIQUE : **10** diabolique, luciférien.
SATELLISER : **12** satellisable.
SATELLITE : **5** terre ■ **8** spoutnik ■ **10** cosmodrome ■ **11** conurbation ■ **12** géosynchrome ■ **13** antisatellite, satellisation, télédétection ■ **14** héliosynchrome ■ **15** géostationnaire.
SATIETE : **8** rengaine.
SATIN : **4** loup ■ **7** satiner ■ **8** satinage, satineur ■ **9** satinette ■ **11** mignonnette.
SATIRE : **5** épode, iambe, sotie ■ **6** esprit, factum, qasida ■ **7** libelle ■ **8** diatribe, moquerie*, pamphlet ■ **9** épigramme, raillerie, satirique, satiriser, satiriste ■ ■ **10** pasquinade, vaudeville ■ **11** catilinaire, philippique ■ **12** plaisanterie*.
SATIRIQUE : **5** malin ■ **7** mordant, pasquin, piquant ■ **9** charivari, humoriste, vaudevire ■ **10** serventois ■ **11** chansonnier, décochement ■ **12** emporte-pièce ■ **13** satiriquement ■ **15** aristophanesque.
SATIRISER : **7** railler*.
SATISFACTION : **4** chic, joie* ■ **5** régal ■ **6** raison ■ **7** bonheur, égoïsme, satiété ■ **8** bien-être, chouette, euphorie ■ **9** satiation ■ **10** réparation, satisfecit, saturation, suffisance ■ **11** donjuanisme, frustration, infatuation, nécrophilie, résignation ■ **12** auto-érotisme, complaisance, contentement ■ **14** insatisfaction, mécontentement.
SATISFAIRE : **6** botter, goûter, passer, plaire, servir ■ **7** apaiser, coiffer, combler, exaucer, régaler, réjouir, suffire ■ **8** arranger, assouvir,

chausser, convenir, extasier, prévenir, ragoûter, répondre, résigner, savourer, soulager ■ **9** acquitter, complaire, contenter, rassasier* ■ **10** désaltérer ■ **12** satisfaisant.
SATISFAISANT : **4** bien ■ **7** honnête, mal-logé ■ **8** moyenner.
SATISFAIT : **3** fat ■ **4** repu ■ **5** jouir ■ **7** content*, heureux ■ **8** agréable ■ **9** mécontent, prélasser ■ **11** insatisfait ■ **12** extensionnel, intensionnel ■ **14** insatisfaisant.
SATISFIABLE : **14** satisfiabilité.
SATRAPE : **8** satrapie ■ **10** satrapique.
SATURATION : **11** carburateur.
SATURE : **7** heptane ■ **12** désurchauffe ■ **13** désurchauffer.
SATURER : **6** alcane, emplir ■ **8** insaturé ■ **9** rassasier*, saturable ■ **10** saturation ■ **11** insaturable ■ **12** saturabilité.
SATURNISME : **5** plomb.
SATYRE : **7** obscène ■ **9** satyrique ■ **11** chèvre-pieds.
SAUCE : **3** jus ■ **4** roux ■ **6** coulis, dodine ■ **7** aillade, ailloli, harissa, lavasse, saucier ■ **8** béchamel, cuisiner, gribiche, marinade, meurette, mirepoix, poivrade, poulette, ravigote, saucière ■ **9** demi-glace, fricassée, oignonade, pimentade, rémoulade, saupiquet ■ **10** mayonnaise ■ **11** vinaigrette ■ **13** court-bouillon.
SAUCER : **7** tremper.
SAUCISSE : **6** hot-dog ■ **7** chorizo ■ **8** cervelas, wienerli ■ **9** boutargue, chipolata, poutargue, saucisson ■ **10** boudinière, crépinette.
SAUCISSON : **6** salami ■ **8** boutefas ■ **10** mortadelle.
SAUCISSONNER : **13** saucissonnage.
SAUF : **4** sain ■ **6** hormis, intact ■ **7** excepté, indemne, rescapé ■ **8** échapper ■ **11** sauf-conduit ■ **13** laissez-passer.
SAUGE : **6** orvale, salvia ■ **10** toute-bonne.
SAUGET : **5** saugé.
SAUGRENU : **7** absurde*, bizarre*.
SAULE : **5** osier ■ **6** saulée ■ **7** saulaie ■ **8** marsault, pleureur, salicine, saussaie ■ **9** feuillard, salicacée, salicaire ■ **10** salicoside.
SAUMATRE : **4** grau ■ **11** désagréable*.
SAUMON : **4** féra, hure ■ **5** omble, ombre, smolt, tacon ■ **6** bécard, truite ■ **7** beccard, éperlan ■ **9** montaison, saumoneau ■ **10** saumonelle ■ **14** salmoniculture.
SAUMURE : **5** muire ■ **6** sauris ■ **8** marinade, salinage, saumurer ■ **9** saumurage.
SAUPOUDRER : **6** givrer ■ **7** fariner ■ **11** saupoudrage, saupoudroir ■ **12** saupoudreuse.
SAUR : **5** soret ■ **6** sauret, saurin ■ **10** saurissage ■ **11** saurisserie.
SAURIEN : **5** gecko, orvet, varan ■ **6** dragon, iguane, lézard, moloch, zonure ■ **8** caméléon, scincidé* ■ **9** héloderme, lacertien ■ **10** amphisbène ■ **11** lacertilien ■ **12** amblyrhynque ■ **13** chlamydosaure.
SAURISSAGE : **7** saurage ■ **10** saurisseur.
SAUROPHIDIEN : **8** squamate.
SAUT : **4** axel, bond, houp ■ **5** cahot, carpé, chute, danse, salto ■ **6** sautée ■ **7** culbute, gambade, rouleau, sursaut ■ **8** cabriole, croupade, plongeon, ricochet, sissone, tressaut ■ **9** entrechat, réception, sautiller ■ **10** soubresaut, trampoline ■ **11** fosbury flop ■ **12** aile-de-pigeon, frétillement, gargouillade, sautillement ■ **13** trémoussement.
SAUTE : **4** volé.
SAUTER : **3** hop ■ **4** mine ■ **5** berne, cuire* ■ **6** bondir, danser ■ **7** cahoter, exulter, jaillir, plonger ■ **8** culbuter, enjamber, exploser, franchir, gambader, rebondir, ricocher ■ **9** assaillir, dynamiter, frétil-

ler, ressauter, sursauter ■ **10** décerveler, saltatoire, trémousser, tressauter ■ **11** tressaillir ■ **12** parachutisme ■ **13** saute-ruisseau.
SAUTERIE : 3 bal.
SAUTEUR : 7 talitre ■ **9** perchiste ■ **10** grenouille.
SAUTILLANT : 9 capricant.
SAUTILLEMENT : 4 saut*.
SAUTILLER : 8 fringuer ■ **9** caracoler ■ **10** sautillant ■ **12** sautillement.
SAUTOIR : 8 baudrier ■ **9** pendentif.
SAUVAGE : 4 gaur ■ **5** bison, brute, cruel*, dingo, fauve, gayal, lande, lapin, mûron, pilet, ronce, totem ■ **6** brutal*, féroce, margay, onagre, tarpan ■ **7** aurochs, barbare*, bestial, cacaoui, colvert, douçain, halbran, inculte*, méfiant, mustang, sadique ■ **8** barnache, bernache, bernacle, farouche*, inhabité, morillon, oléastre, physalis, primitif, prunelle, sanglier, sarcelle, spontané ■ **9** bouquetin, chantoung, lambruche, sauvageon, sauvagine, solitaire, turquerie ■ **10** babiroussa, effarouché, lambrusque, prunelier, sauvagerie, sauvagesse ■ **11** apprivoiser, cardonnette, potamochère, sauvagement ■ **12** chardonnette ■ **14** barbe de capucin.
SAUVAGERIE : 13 cannibalesque.
SAUVEGARDE : 7 défense* ■ **8** auspices, garantie ■ **9** palladium ■ **10** protection*.
SAUVER : 4 fuir*, sauf ■ **5** salut, tirer ■ **6** éluder, enfuir*, évader, éviter, guérir ■ **7** dérober, excuser, frauder, libérer*, rédimer, relever, sauveur, trotter ■ **8** échapper*, esquiver, exempter, protéger, quartier, racheter, sauvette ■ **9** conserver, dispenser, préserver, salvateur ■ **10** affranchir, soustraire ■ **11** sauvegarder ■ **12** sauve-qui-peut.
SAUVETAGE : 9 sauveteur ■ **10** secourisme.
SAVANE : 4 veld ■ **6** brûlis, campos, jungle.
SAVANT : 4 alem, calé, mage, sage ■ **5** bible, clerc, docte, musée, palme, puits ■ **6** érudit, lettré, pédant ■ **7** docteur, effendi ■ **8** académie, aréopage, atomiste, institut, instruit ■ **9** compagnie, compétent, linguiste, physicien, savamment ■ **10** généticien, helléniste, indianiste, médiéviste, mythologue, omniscient, savantasse, sociologue ■ **11** académicien, phonéticien, uranographe ■ **13** récipiendaire.
SAVATE : 8 chausson.
SAVETER : 6 gâcher.
SAVETIER : 5 bouif ■ **9** carreleur ■ **10** cordonnier.
SAVEUR : 4 amer, doux, fade, goût*, plat ■ **5** acide, rance, saucé, sucré ■ **6** pointe, sapide ■ **7** acidité, piquant ■ **8** acétique, amertume, insipide, sapidité ■ **9** empyreume, gustation, platitude, savoureux.
SAVOIE : 8 beaufort.
SAVOIR : 4 lire, voir ■ **5** fonds, nager, sabir ■ **6** acquis, lettre, mander ■ **7** culture, ignorer, lumière, pouvoir*, science* ■ **8** annoncer, demander, doctrine, épistémé, informer, notifier ■ **9** apprendre, cognition, connaître*, érudition, faiblesse, ignorance, sentiment ■ **10** conception, polyglotte, profondeur, savantasse ■ **11** carillonner, imagination, insciemment, instruction*, omniscience ■ **12** connaissance* ■ **13** embarbouiller, pseudoscience.
SAVOIR-FAIRE : 4 chic, truc ■ **6** doigté ■ **7** adresse*, know-how.
SAVOIR-VIVRE : 4 tact ■ **7** honnête ■ **8** incongru ■ **9** éducation, politesse*, protocole ■ **10** bienséance, convenance, correction.
SAVOISIEN : 8 savoyard.
SAVON : 4 coco ■ **6** saponé ■ **8** arachide, cameline, saponacé, saponine, savonner ■ **9** acchroïde, savonnage, savonneux, savonnier ■ **10** opodeldoch, porte-savon, saponifier, savonnerie, savonnette, sham-

pooing ■ **14** saponification.
SAVONNER : **5** batte ■ **8** blaireau, essanger ■ **11** réprimander.
SAVONNEUSE : **8** savonnée.
SAVOURER : **5** tâter ■ **6** goûter* ■ **8** dégoûter, déguster*, délecter*.
SAVOUREUX : **8** agréable ■ **9** délicieux, succulent ■ **14** savoureusement.
SAVOYARD : **2** oc ■ **9** savoisien.
SAXHORN : **4** tuba.
SAXICOLE : **8** saxatile.
SAXIFRAGACEE : **7** seringa ■ **8** seringat ■ **9** hortensia, saxifrage ■ **10** saxifragée ■ **11** perce-pierre.
SAXOPHONE : **4** saxo ■ **12** saxophoniste.
SAYNETTE : **5** pièce ■ **6** sketch ■ **7** bluette, comédie ■ **9** intermède.
SCABIEUSE : **5** veuve.
SCABREUX : **5** corsé ■ **9** difficile ■ **10** licencieux* ■ **11** caleçonnade.
SCALAIRE : **13** magnétomoteur.
SCALPE : **5** scalp.
SCANDALE : **5** éclat, honte, outré, vitre ■ **6** pétard, tapage, vilain ■ **9** esclandre ■ **10** scandaleux ■ **15** scandaleusement.
SCANDALISER : **6** outrer ■ **7** choquer* ■ **8** offenser*.
SCANDER : **8** scansion.
SCANDINAVE : **3** öre ■ **4** élan ■ **5** eider, renne ■ **7** akvavit, aquavit, suédois ■ **8** valkyrie, walkyrie.
SCANNER : **8** scanneur ■ **11** scanographe.
SCAPHANDRE : **8** plongeur ■ **12** scaphandrier ■ **15** homme-grenouille.
SCAPHOPODE : **7** dentale.
SCAPULAIRE : **9** clavicule.
SCARABEIDE : **7** anomale, cétoine ■ **8** hanneton, scarabée ■ **10** coléoptère ■ **12** lamellicorne.
SCARIFICATION : **8** entaille.
SCARLATINE : **15** scarlatiniforme.
SCAROLE : **8** escarole.
SCATOLOGIE : **12** scatologique.
SCEAU : **4** scel, visa ■ **5** bulle, plomb, queue ■ **6** cachet, cancel, marque, timbre ■ **7** poinçon, sigille ■ **9** empreinte, signature ■ **10** contre-sel, estampille, sigillaire ■ **11** contre-sceau ■ **12** chancellerie ■ **14** sigillographie.
SCELERAT : **6** bandit ■ **7** déloyal* ■ **9** meurtrier.
SCELLEMENT : **7** tasseau.
SCELLER : **5** fixer* ■ **8** cacheter, cimenter*, scellage ■ **9** consigner, desceller.
SCENARIO : **5** pièce, trame ■ **8** synopsis ■ **9** découpage ■ **10** scénariste ■ **12** novélisation.
SCENE : **4** exit, fond, live, plan ■ **5** fondu, herse, rampe ■ **6** parade, sketch ■ **7** becquet, disputé*, mansion, plateau, théâtre ■ **8** calvaire, costière, coulisse, récitant, scénique, séquence ■ **9** monologue, orchestre, spectacle, tournette, trapillon ■ **10** avant-scène, extérieurs, proscenium, scénologie, sociodrame, trappillon ■ **11** hyposcénium, psychodrame ■ **12** scéniquement, scénographie ■ **14** pictographique.
SCENOGRAPHIE : **11** scénographe ■ **14** scénographique.
SCEPTICISME : **5** doute* ■ **9** sceptique ■ **10** aporétique, pyrrhonien ■ **11** incrédulité ■ **13** sceptiquement.
SCEPTIQUE : **9** zététique.
SCEPTRE : **5** bâton* ■ **7** marotte, trident.
SCHAH : **4** chah, shah.
SCHAKO : **5** shako.

SCHEIDAGE : **8** scheider.
SCHEMA : **6** dessin*, schème ■ **7** canevas*, formule ■ **9** diagramme, graphique ■ **10** descriptif ■ **11** schématique, schématiser ■ **12** organigramme ■ **13** asomatognosie ■ **15** schématiquement.
SCHEMATIQUE : **11** cartogramme.
SCHILLING : **8** groschen ■ **9** schelling.
SCHISME : **7** apostat ■ **10** dissidence*.
SCHISTE : **4** talc ■ **8** ilménite ■ **9** paraffine, schisteux ■ **10** schistoïde ■ **11** calcschiste.
SCHIZOPHRENE : **7** athymie ■ **11** athymhormie.
SCHIZOPHRENIE : **7** athymie ■ **8** schizose ■ **9** paranoïde, schizoïde ■ **11** hébéphrénie ■ **12** schizophrène ■ **14** héboïdophrénie ■ **15** schizophrénique.
SCHIZOTHYMIE : **11** schizothyme ■ **14** schizothymique.
SCHLITTE : **10** schlittage, schlitteur.
SCIAGE : **4** plot ■ **5** dosse.
SCIE : **5** scier, trait, vivre ■ **6** égoïne ■ **7** égohine, grecque, scieuse, sciotte, serrate ■ **8** dosseret ■ **9** godendart ■ **10** déligneuse, répétition ■ **12** passe-partout.
SCIENCE : **3** abc ■ **5** droit, étude, force, lycée, magie, musée, puits, règle, somme ■ **6** cabale, chimie, morale, savoir* ■ **7** algèbre, branche, clergie, culture, logique, théorie ■ **8** biologie, capacité, doctrine, géodésie, géologie, gymnique, harmonie, médecine, métrique, mystique, opuscule, physique, principe, rudiment ■ **9** aérologie, agrologie, agronomie, avionique, axiologie, botanique, détonique, docimasie, érudition, éthologie, étiologie, eugénisme, génétique, géométrie, grammaire, idéologie, logopédie, mécanique, œnologie, orthoépie, pédologie, ontologie, pharmacie, recherche, robotique, sexologie, sexonomie, sinologie, taxinomie, taxonomie, technique, théologie, topologie ■ **10** aéraulique, aérométrie, astronomie, audiologie, balistique, compétence, conférence, cosmogonie, cosmologie, diététique, diplomatie, épigraphie, esthétique, ethnologie, étymologie, généalogie, gemmologie, géographie, hippologie, hydrologie, hypnotisme, iconologie, indianisme, limitrophe, lithologie, métrologie, muséologie, mythologie, neurologie, onirologie, pathologie, philologie, phonologie, professeur, scientisme, sismologie, sociologie, tribologie ■ **11** archéologie, biosciences, chronologie, démographie, démonologie, dentisterie, déontologie, éthographie, exobiologie, gynécologie, halieutique, hématologie, heuristique, hydrométrie, hygrométrie, hygroscopie, hypsométrie, instruction, laboratoire, législateur, lexicologie, minéralogie, musicologie, nomographie, nucléonique, omniscience, pétrochimie, physiologie, pneumatique, polémologie, potamologie, prospective, psychologie, séismologie, spéculation, spéléologie, stéréotomie, stylistique, syntactique, technologie, topographie, tribométrie ■ **12** aéronautique, américanisme, arithmétique, arithmologie, assyriologie, climatologie, colorisation, comptabilité, connaissance*, cosmétologie, criminologie, cybernétique, diplomatique, éclairagiste, électronique, encyclopédie, ethnographie, graphométrie, hagiographie, hippotechnie, hydrographie, linguistique, mathématique, mésoéconomie, micrographie, miscellanées, muséographie, nomenclature, numismatique, paléographie, pataphysique, pétrographie, phonématique, planétologie, réflexologie, sanskritisme, scientifique, vulcanologie ■ **13** aérodynamique, archivistique, astronautique, bibliographie, colombophilie, démonographie, épistémologie, gastrotechnie, jurisconsulte, lexicographie, macroéconomie, microbiologie, microéconomie, océanographie,

ophtalmologie, paléontologie, physicochimie, planification, pneumatologie, polytechnique, syllogistique ■ **14** caractérologie, conchyliologie, évolutionnisme, géomorphologie, néo-positivisme ■ **15** anesthésiologie, paléogéographie, paléomagnétisme, phytogéographie, tectonophysique.
SCIENCE-FICTION : 10 space opera.
SCIENTIFIQUE : 9 cryologie ■ **10** érotologie ■ **11** enzymologie, faunistique, océanologie ■ **12** culturologie, indianologie, ophiographie, orthogénisme, primatologie, scientificité ■ **13** delphinologie ■ **14** biospéléologie, chronobiologie ■ **15** fondamentaliste.
SCIER : 6 araser, couper*, scieur ■ **7** scierie ■ **8** grecquer, refendre ■ **10** zigouiller.
SCINDIDE : 4 seps ■ **7** scinque.
SCINDER : 6 couper* ■ **7** séparer* ■ **10** scindement, sectionner*.
SCINTILLATION : 13 scintillateur.
SCINTILLER : 7 briller* ■ **8** miroiter ■ **9** brasiller, clignoter, éclaircir, étinceler*, paillette ■ **10** papilloter ■ **11** scintillant ■ **13** scintillement.
SCISSION : 8 nucléase ■ **9** desmolase ■ **10** dissidence ■ **12** interruption.
SCISSIPARITE : 10 scissipare.
SCISSURE : 7 rolando.
SCITAMINACEE : 5 canna ■ **7** curcuma ■ **8** balisier, bananier ■ **9** cardamone.
SCIURE : 4 bran ■ **5** futée.
SCIURIDE : 8 écureuil.
SCLEREUX : 11 sclérogène.
SCLEROPROTEINE : 8 kératine.
SCLEROSE : 10 sclérosant.
SCLEROTIQUE : 7 scléral ■ **8** choroïde ■ **11** épisclérite.
SCOLAIRE : 5 thème ■ **9** narration, qat'zarts, scolarité ■ **10** autodictée, conférence ■ **12** périscolaire ■ **13** extrascolaire.
SCOLARISER : 12 scolarisable.
SCORARITE : 7 écolage ■ **8** minerval ■ **10** décrocheur.
SCOLASTIQUE : 5 école ■ **9** universel.
SCOLIE : 4 note ■ **10** scholiaste.
SCOLIOSE : 11 scoliotique.
SCOMBRIDE : 4 thon ■ **6** bonite, germon ■ **7** thonine ■ **8** pélamide, pélamyde ■ **9** maquereau.
SCOOTER : 5 vespa ■ **8** rickshaw ■ **11** scootériste.
SCORBUT : 11 scorbutique ■ **15** antiscorbutique.
SCORIE : 4 suin ■ **5** écume, suint ■ **6** crasse, déchet*, résidu* ■ **7** laitier ■ **8** crassier, mâchefer, scoriacé ■ **9** scorifier ■ **13** scorification.
SCORPENE : 5 truie.
SCORSONERE : 8 salsifis.
SCOTCH : 8 scotcher.
SCOTOMISER : 13 scotimisation.
SCOTISME : 8 scotiste.
SCOUTISME : 5 guide, scout ■ **7** routier ■ **8** jamboree ■ **9** cheftaine, louveteau.
SCRABBLE : 9 scrabbler ■ **10** scrabbleur.
SCRIBE : 8 actuaire, écrivain ■ **11** bureaucrate ■ **13** hiérogrammate.
SCRIBOUILLARD : 11 bureaucrate.
SCRIPTE : 10 script-girl.
SCROFULARIACEE : 7 linaire, muflier ■ **8** digitale, gratiole, personée ■ **9** euphraise, limoselle, maurandie, mélampyre, paulownia, rhinanthe, véronique ■ **10** crête-de-coq, cymbalaire ■ **11** calcéolaire, pédiculaire,

scrofulaire ■ **12** gueule-de-loup, herbe-aux-poux ■ **13** bouillon-blanc.
SCROFULE : **6** strume ■ **10** scrofuleux ■ **11** scrofulaire.
SCROTUM : **7** scrotal ■ **9** hydrocèle ■ **10** varicocèle.
SCRUPULE : **10** exactitude, indécision, inquiétude, scrupuleux ■ **11** délicatesse*.
SCRUPULEUX : **5** exact, large, probe ■ **7** combiné, délicat*, inquiet ■ **9** affranchi, margoulin, minutieux*, vétilleux ■ **10** affairiste, formaliste, méticuleux* ■ **11** pointilleux ■ **13** consciencieux ■ **14** religieusement ■ **15** scrupuleusement.
SCRUTATEUR : **7** curieux ■ **11** inquisiteur.
SCRUTER : **7** visiter ■ **8** chercher, examiner*, explorer, regarder ■ **10** scrutateur.
SCRUTIN : **4** vote* ■ **8** suffrage ■ **10** ballotage, scrutateur.
SCULPTER : **7** ciseler ■ **9** plastique, sculpture.
SCULPTEUR : **5** selle ■ **6** boësse, imager ■ **7** bustier, gradine, imagier, riflard ■ **8** hoguette, imagiste, modeleur, primitif, rondelle ■ **9** animalier, ébauchoir, mannequin, sculpture, statuaire ■ **10** raidecœur.
SCULPTURE : **3** rai ■ **4** dard ■ **5** ajour, bosse, buste, camée, chape, image ■ **6** relief, statue* ■ **7** bossage, feuille ■ **8** enlevure, maquette, mascaron, monument ■ **9** allégorie, bas-relief, grisaille, plastique ■ **10** cordelière, frontalité, guillochis, haut-relief, morbidesse, raidecœur, ronde-bosse, sculptural ■ **12** glyptothèque, rondouillard ■ **14** photosculpture.
SCYPHOZOAIRE : **6** méduse ■ **7** aurélie ■ **8** acalèphe ■ **9** auréliacé ■ **10** rhizostome.
SCYTHES : **6** scythe.
SEANCE : **5** colle, lynch ■ **7** concert, réunion, session ■ **8** audience, audition, exercice ■ **9** spectacle.
SEANT : **5** assis, seoir ■ **6** décent ■ **8** derrière.
SEAU : **6** camion, seille ■ **8** palanche.
SEBACE : **13** vernix, caseosa.
SEBUM : **9** séborrhée.
SEC : **3** dry, dur*, sel, tac ■ **4** clic, föhn, vert ■ **5** akène, aride*, autan, brûlé, fœhn, gercé, momie, navet, pincé, raide, rôtir, sable, vigne ■ **6** maigre ■ **7** achaine, brusque, chergui, racorni, siccité, stérile* ■ **8** aigrelet, assécher, caryopse, croquant, extra-dry, muscadet, racornir ■ **9** bâtardeau, craquelin, dessécher, xérophyte ■ **10** clappement, craquement, métallique, sécheresse ■ **11** crépitation, crépitement.
SECANTE : **8** tangente.
SECESSION : **7** sudiste ■ **8** nordiste ■ **10** dissidence ■ **14** sécessionnaire.
SECHAGE : **4** crib ■ **7** sécheur ■ **8** essorage, sécherie, sécheuse.
SECHE : **10** xérodermie.
SECHEE : **7** grisons.
SECHER : **3** sor ■ **4** saur, tapé ■ **5** étuve, fumer, havir, morue, soret, tarir ■ **6** étuver, sauret ■ **7** drainer, essorer, étendre, tendoir ■ **8** assécher, calandre, mouiller, racornir, ressuyer ■ **9** cerisette, chapelure, dessécher ■ **10** sèche-linge, stock-fisch, touraillon ■ **11** déshydrater, touraillage.
SECHERESSE : **4** bush ■ **7** aridité ■ **8** miellure ■ **9** xérophyte ■ **12** sclérophylle.
SECHOIR : **6** hâloir.
SECOND : **3** bis ■ **4** aide ■ **5** allié, autre, cadet, guide, lundi ■ **8** beau-père, chérubin, deuxième, parousie, recouper, revanche, sous-chef ■ **9** contremur, quadrique, rapprêter, résolvant ■ **10** conséquent, contre-ail, interjeter, lieutenant, secondaire, surarbitre ■ **11** après-demain,

contre-essai, diencéphale, panchen-lama, secondement ■ **12** arrière-fleur, contremarque ■ **13** contre-épreuve, itérativement, sous-directeur ■ **14** sous-gouverneur ■ **15** refleurissement.

SECONDAIRE : **5** à-côté, bayou, cycle, lycée, prise, trias ■ **7** rudiste ■ **8** ammonite, marginal, minerval, terminal, senestré ■ **9** allergie, belemnite, belle-mère, bractéole, dinosaure, évitement, radicelle, sous-fifre ■ **10** accessoire, contrefort, intertitre, jurassique, mésozoïque, pentacrine, ptéranodon, subalterne, tortillard ■ **11** branchement, concomitant, dinosaurien, excitatrice, plésiosaure, polyvalente, sous-produit, sous-station, subsidaire, térébratule ■ **12** ptérodactyle, ptérosaurien, rhynchonelle ■ **13** marginalement ■ **14** secondairement.

SECONDE : **5** joule ■ **9** trotteuse ■ **11** appogiature ■ **12** microseconde ■ **13** sous-ministre.

SECONDER : **5** aider* ■ **6** servir ■ **8** assister, secourir ■ **9** favoriser ■ **10** collaborer, contribuer.

SECOUER : **6** agiter*, berner, gauler, hocher, locher, rouler, vanner, vibrer ■ **7** branler, cahoter, choquer, ébrouer, onduler, tanguer ■ **8** balancer, balloter, ébranler, hoqueter, sabouler, saccader ■ **9** ballotter, tirailler ■ **10** succussion ■ **11** réprimander, tressaillir.

SECOURIR : **5** aider* ■ **6** sauver, servir ■ **7** obliger ■ **8** assister, associer, consoler, coopérer, délivrer, protéger, seconder, soulager, soutenir, subvenir ■ **9** concourir, faciliter, favoriser, renflouer, secoureur ■ **10** collaborer, contribuer, participer, secourable.

SECOURISTE : **10** samaritain.

SECOURS : **4** aide* ■ **5** appui, grâce, moyen, orsec, poste ■ **6** aumône, faveur, refuge ■ **7** charité, recours, service, soutien, subside ■ **8** bienfait, entraide, indigent ■ **9** délaisser, médiation, réconfort, secoureur ■ **10** assistance, délivrance, obligeance, protection, secourisme, secouriste, subvention ■ **11** association, auxiliateur, consolation, coopération, soulagement ■ **12** bienfaisance, contribution, délaissement ■ **13** collaboration.

SECOUSSE : **4** choc*, coup ■ **5** cahot ■ **6** branle, roulis, séisme ■ **7** frisson, saccade, tangage ■ **8** éruption, tressaut ■ **9** agitation, bernement, collision, commotion, épicentre, hochement, rescousse, vibration ■ **10** ondulation ■ **11** ballotement, ébranlement, sismographe, tremblement, trépidation ■ **12** séismographe ■ **14** tressaillement.

SECRET : **5** argot, caché, mafia, mèche, monté, sceau ■ **6** arcane, énigme, intime, omerta ■ **7** anonyme, charade, dérobée, discret, finesse, in-petto, mystère, occulte, réservé ■ **8** cachette, coulisse, détourné, dévoiler, écouteur, huis-clos, intimité, machiner, retentum, sournois, surprise, tréfonds ■ **9** collusion, concentré, confesser, confident, cryptique, dissimulé, exfiltrer, indiscret, manigance, taciturne, ténébreux, top-secret ■ **10** cachottier, camouflage, confidence, discrétion, ésotérique, mystérieux, sanctuaire, silencieux ■ **11** arrière-fond, cachotterie, fidéicommis, machination, secrètement, sous-entendu, tendancieux ■ **12** chuchotement, conciliabule, conspiration, contre-lettre, indiscrétion ■ **13** arrière-pensée, cryptographie.

SECRETAGE : **8** secréter.

SECRETAIRE : **5** plume ■ **7** armoire, notaire, sautier, scriban ■ **9** scribanne ■ **10** script-girl ■ **11** secrétariat ■ **13** secrétairerie ■ **14** sous-secrétaire.

SECRETARIAT : **4** desk.

SECRETE : **7** camorra ■ **11** nectarifère.

SECRETEMENT : **5** épier ■ **8** en secret ■ **9** comploter ■ **10** en catimini, en sous-main, en tapinois, manigancer, sourdement ■ **11** à la sourdine,

furtivement.
SECRETER: 5 filer ■ 7 saliver ■ 9 sécréteur.
SECRETION: 3 eau ■ 4 foie, rein ■ 5 lacté, larme, mucus, sébum, sérum, sueur, urine, venin ■ 6 copahu, glaire, jetage ■ 7 acholie, anurèse, civette, diurèse ■ 8 exocrine, oligurie, sécréter ■ 9 castoréum, dysidrose, endocrine, histamine, lactation, recrément ■ 10 biligenèse, émonctoire, salivation, sécrétoire ■ 11 galactogène ■ 12 angiotensine, cholérétique, galactagogue, masticatoire ■ 13 hyposécrétion ■ 14 antidiurétique, hypersécrétion.
SECTAIRE: 7 caraïte ■ 9 fanatique*, trembleur ■ 10 luciférien, sectarisme.
SECTATEUR: 8 arminien, lamaïste, partisan ■ 9 luthérien, nestorien ■ 15 coréligionnaire.
SECTE: 5 école, parse, parsi, parti* ■ 6 morave, quaker ■ 7 mandéen ■ 8 bogomile, çaktisme, civaïsme, coryphée, darbysme, mandaïte, mendaïte, puritain, saducéen, sectaire, zélateur ■ 9 johannite, mennonite, paulicien, pharisien, sadducéen, sectateur, ubiquiste ■ 10 adventiste, flagellant, méthodiste, sabbathien, thérapeute, trinitaire ■ 11 anabaptiste, hérésiarque, iconoclaste.
SECTEUR: 3 b.t.p. ■ 4 zone* ■ 10 parachimie, parapublic ■ 11 nonmarchand, sous-secteur.
SECTION: 4 part* ■ 5 appui, tronc ■ 6 bureau ■ 8 division*, escouade, rauchage, vaisseau ■ 9 parallèle, ténotomie, vagotomie ■ 10 énervation, méridienne, neurotomie, névrotomie, paragraphe, sectionner ■ 11 embryotomie*, radiocotomie ■ 12 artériotomie.
SECTIONNER: 6 couper* ■ 7 diviser*, scinder, séparer ■ 8 trancher ■ 9 segmenter ■ 10 fragmenter ■ 11 fractionner ■ 12 circoncision ■ 13 sectionnement.
SECTORISATION: 10 sectoriser ■ 12 désectoriser.
SECULAIRE: 6 ancien*.
SECULIER: 4 abbé ■ 5 monde ■ 7 profane ■ 10 sécularité ■ 11 séculariser ■ 14 sécularisation.
SECURISER: 12 sécurisation.
SECURITE: 3 c.r.s., q.h.s., q.s.r. ■ 6 sûreté* ■ 7 antivol, securit, triplex ■ 9 confiance, plexiglas ■ 10 avant-garde, cache-prise, insécurité ■ 11 gendarmerie, sectionneur, sécuritaire ■ 12 tranquillité ■ 13 conventionner.
SEDATIF: 7 calmant* ■ 11 amidopyrine, diascordium ■ 12 barbiturique ■ 13 butyrophénone, neuroleptique, phénobarbital.
SEDENTAIRE: 4 fixe ■ 8 casanier ■ 11 sédentarité ■ 14 sédentairement ■ 15 sédentarisation.
SEDIMENT: 3 lie ■ 6 tartre ■ 9 féculence ■ 12 sédimentaire ■ 13 sédimentation ■ 14 sédimentologie.
SEDIMENTAIRE: 4 grès ■ 5 gaize, gypse, sable ■ 7 dolomie ■ 8 calcaire, diaclase, meulière ■ 10 concordant, détritique ■ 11 lithogenèse, radiolarite.
SEDIMENTATION: 10 sédimenter.
SEDITIEUX: 8 factieux ■ 14 séditieusement.
SEDITION: 5 grève ■ 6 émeute ■ 7 complot, révolte* ■ 8 boutefeu, désordre ■ 9 agitation, jacquerie, mutinerie, séditieux ■ 10 résistance, révolution ■ 11 chouannerie, conjuration, embrasement, indignation, soulèvement ■ 12 fermentation, indiscipline, insoumission, insurrection ■ 13 effervescence, manifestation, rassemblement ■ 14 bouleversement, mécontentement ■ 15 insubordination.
SEDUCTEUR: 6 galant, larron ■ 7 don juan, tombeur ■ 8 charmeur,

flatteur, lovelace ■ **9** attrayant, engageant, séduisant, suborneur, tentateur* ■ **10** casse-cœur, enchanteur, flagorneur ■ **11** ensorceleur.

SEDUCTION: **4** rapt ■ **5** flirt, magie ■ **6** charme* ■ **8** blandice, prestige ■ **9** blandices, flatterie, tentation ■ **10** enivrement, galanterie ■ **11** coquetterie, envoûtement, fascination, flagornerie ■ **12** enchantement, enthousiasme*, entraînement ■ **14** ensorcellement.

SEDUIRE: **6** abuser, agacer, capter, gagner, perdre, plaire*, tenter, vamper ■ **7** acheter, appâter, attirer, charmer*, éblouir*, engager, engluer, enivrer, enjôler, flatter, flirter, gringue, influer ■ **8** allécher, amadouer, attraper, boniment, captiver, fasciner, miroiter, suborner, suggérer ■ **9** affrioler, conquérir, corrompre*, débaucher, embaucher, embobiner, enchanter, flagorner, persuader, pervertir ■ **10** affriander, ensorceler ■ **11** circonvenir, démoraliser, endoctriner, entortiller ■ **12** théâtralisme ■ **13** enthousiasmer.

SEDUISANT: **4** beau* ■ **8** attirant, charmant* ■ **9** alléchant, attrayant, séducteur ■ **10** affriolant.

SEDUM: **5** orpin.

SEGMENT: **5** corde ■ **7** médiane, vecteur ■ **8** diagonal, diamètre, fragment*, polygone ■ **9** bipartite, diagonale, segmental, segmenter ■ **10** médiatrice, mixtiligne ■ **11** segmentaire ■ **12** segmentation.

SEGMENTER: **7** scinder ■ **10** sectionner*.

SEGREGATION: **6** agisme ■ **7** ségrégé ■ **8** ségrégué ■ **9** apartheid ■ **10** ségrégatif ■ **13** déségrégation ■ **15** ségrégationisme.

SEICHE 5 sépia ■ **7** calamar, sépiole.

SEÏDE: **9** fanatique*.

SEIGLE: **3** rye ■ **4** glui ■ **5** arête, ergot ■ **6** méteil, ségala ■ **8** champart, ergotine ■ **9** ergotisme, histamine, triticale ■ **10** lysergique ■ **11** ergotamine.

SEIGNEUR: **4** chef, dîme, fief, oint, page, serf, sidi, sire ■ **5** colon, félon, lagan, séñor, sieur, vigne ■ **6** barine, bureau, captal, messer ■ **7** censier, marquis, paladin, shagoun, taikoun, thermes, vicomte ■ **8** banneret, burgrave, cuissage, staroste, suzerain ■ **9** baise-main, dominical, panonceau ■ **10** forfaiture, seigneurie ■ **11** aristocrate, seigneurial ■ **12** seigneuriage ■ **13** arrière-vassal ■ **14** franc-bourgeois.

SEIGNEURIE: **5** duché ■ **8** baronnie ■ **11** châtellenie.

SEIN: **3** pis ■ **4** lolo, néné ■ **5** appas, flanc, giron, gorge, ilien, nénet, tétin, téton ■ **6** nichon, robert ■ **7** bercail, mamelle*, mamelon, tétasse, topless ■ **8** bossoirs, gisement, poitrine*, rotoplot, tire-lait ■ **9** avantages, intérieur*, sénologie, téterelle ■ **10** avant-cœur ■ **11** embryotomie ■ **11** klinefelter, mammectomie, mastectomie.

SEING: **4** reçu ■ **9** signature, sous-seing.

SEISME: **5** foyer, sisme ■ **7** richter ■ **8** isosiste ■ **9** isoséiste ■ **10** cataclysme ■ **11** microséisme, tremblement ■ **12** antisismique, parasismique.

SEIZE: **4** once ■ **8** seizième ■ **12** seizièmement.

SEJOUR: **4** ciel, exil, lieu ■ **5** foyer, monde, ombre, shéol, stage, ville ■ **6** élysée ■ **7** demeure*, paradis, parcage, station ■ **9** alitement, résidence* ■ **10** habitation*, héliomarin, living-room, magasinage, nosocomial ■ **11** stabulation ■ **12** bannissement, hospitalisme, villégiature ■ **15** hospitalisation.

SEJOURNER: **5** cuver ■ **7** habiter*, résider, stagner ■ **8** chambrer ■ **11** sauf-conduit.

SEL: **4** doux ■ **5** acide, fuser, gemme, mulon, plomb, rader, saler, salin, sauce, soude, urate ■ **6** borate, désodé, iodate, iodure, oléate, persel, salage, salant, saline, salure ■ **7** acétate, azoture, bromate, camelle, citrate, cyanure, ferrate, gabelle, javelle, kaïnite, lactate, muriate, nitrate, oxalate, picrate, rouable, salègre, salière, saumure, saunage, sulfate, sulfure, uranate, zincate ■ **8** alginate, arsénite, azotique, benzoate, butyrate, chlorate, chlorite, chromate, epsomite, fluorure, formiate, grugeoir, hyposodé, marinade, poivrade, salicole, salifère, salifier, salignon, salinage, salinier, salinite, saunière, sélénate, sélénite, silicate, stanneux, tartrate, thionate ■ **9** aluminate, arséniate, bisulfure, carbamate, carbonate, condiment, fulminate, glutamate, halologie, iconogène, manganate, manganite, perborate, phosphate, phosphite, prussiate, saunaison, séléniate, stannique, tellurate, tellurure, tungstate ■ **10** bichromate, cacodylate, ferrotypie, fulminique, salicylate, salifiable, saupoudrer ■ **11** antimoniate, bicarbonate, croque-au-sel, halographie, halotechnie, hyposulfite, perchlorate, saliculture, valérianate ■ **12** chlorhydrate, hypochlorite, insalifiable, permanganate, salification ■ **13** calcification, hypophosphite, pyrophosphate ■ **15** gélatino-bromure.

SELACIEN: **4** ange, raie*, scie ■ **6** requin*, squale ■ **8** émissole, torpille ■ **9** roussette ■ **11** poisson-scie.

SELECTION: **5** choix* ■ **7** casting, testage ■ **8** élection, panmixie, sélecter, sélectif ■ **9** sélecteur ■ **11** sélectivité ■ **12** sélectionner ■ **13** néo-darwinisme, sélectionneur, sélectivement ■ **14** documentaliste.

SELECTIONNER: **5** écran, trier* ■ **7** choisir*, nominer.

SELENIEUX: **8** sélénite.

SELENIQUE: **8** sélénate ■ **9** séléniate.

SELENIUM: **2** se ■ **8** sélénite ■ **9** séléniate, sélénieux, sélénique, séléniure.

SELENOGRAPHIE: **15** sélénographique.

SELF: **12** pupinisation.

SELF-INDUCTION: **4** self ■ **8** inductif ■ **14** self-inductance.

SELF SERVICE: **4** self.

SELLE: **3** bât ■ **5** arçon, baron, bidet, bride, fonte, tenue ■ **6** bridon, sangle ■ **7** pommeau, sanglon, sellier, surfaix ■ **8** diarrhée, épreinte, quartier, sellerie, sellette ■ **9** desseller, ensellure, excrément* ■ **10** coprologie, martingale ■ **11** troussequin ■ **12** constipation ■ **13** porte-étendard ■ **14** porte-étrivière.

SELLETTE: **6** jockey.

SELLER: **5** bâter ■ **7** sangler ■ **9** desseller.

SELLIER: **5** alêne ■ **8** paumelle, sellerie.

SELON: **6** d'après, jouxte ■ **7** suivant ■ **12** conformément.

SEMAILLES: **13** ensemencement.

SEMAINE: **5** férié, jeudi, lundi, mardi, saint ■ **6** samedi ■ **7** week-end ■ **8** dimanche, huitaine, mercredi, mi-carême, vendredi ■ **9** quinzaine, semainier ■ **10** officiante ■ **11** hebdomadier ■ **12** hebdomadaire ■ **14** bi-hebdomadaire.

SEMANTIQUE: **5** lexie ■ **10** sémantisme ■ **11** sémanticien ■ **12** sémasiologie ■ **13** autoréférence, onomasiologie ■ **14** sémantiquement.

SEMAPHORE: **12** sémaphorique.

SEMBLABLE: **3** tel ■ **4** égal*, même*, pair, tige, type ■ **5** afin, autre, racer ■ **6** kif-kif, pareil, propre ■ **7** adéquat ■ **8** analogue, conforme, homogène, monotone, uniforme ■ **9** assimiler, différent, homologue, identique, parallèle, similaire ■ **10** approchant, équivalent, isoédrique, similitude, uniformité ■ **11** anamorphose, ressemblant ■ **12** assimilation, dissemblable, parallélisme ■ **13** semblablement.

SEMBLANT: **6** aspect, simili ■ **7** feindre ■ **9** simulacre.

SEMBLER: **3** air ■ **8** paraître* ■ **10** apparaître.

SEME : **7** sémène ■ **7** sémique.
SEMEIOLOGIE : **5** sémie ■ **13** séméiologique ■ **15** symptomatique.
SEMELLE : **4** fart ■ **5** patin, talon ■ **6** samara ■ **7** crampon ■ **8** cambrure, première, raquette ■ **9** compensée ■ **10** molleterie, ressemeler ■ **12** pied-de-chèvre.
SEMENCE : **4** loge ■ **5** fruit, germe, grain*, pépin, semis ■ **6** collet, graine*, sperme ■ **7** embryon, plumule, séminal, tigelle ■ **8** plantule, radicule ■ **9** broquette ■ **10** ensemencer ■ **12** décuscuteuse.
SEMEN-CONTRA : **9** santonine.
SEMER : **5** semis ■ **7** diaprer, diviser, épandre, planter ■ **8** emblaver, parsemer*, propager, répandre*, ressemer, semaille, sursemer ■ **10** disséminer, engazonner, ensemencer.
SEMESTRE : **10** semestriel.
SEMI-CONDUCTEUR : **9** thyristor.
SEMILLANT : **5** agile.
SEMINAIRE : **11** séminariste.
SEMIOLOGIE : **10** sémiologue ■ **12** sémiologique.
SEMIOTIQUE : **11** sémioticien ■ **12** sémiologique, signalétique.
SEMI-PUBLIC : **10** parastatal.
SEMIS : **7** semence ■ **8** démarier, pré-gazon ■ **13** éclaircissage, ensemencement.
SEMITE : **5** arabe ■ **7** araméen ■ **8** akkadien ■ **9** amharique, israélite, phénicien, sémitique, sémitisme.
SEMITIQUE : **10** sémitisant.
SEMNOPITHEQUE : **6** colobe.
SEMOIR : **8** hérisson ■ **9** rayonneur.
SEMONCE : **8** abattage, reproche* ■ **10** réprimande*.
SEMONCER : **11** réprimander*.
SEMOULE : **4** gari ■ **5** kacha, kache ■ **9** semoulier ■ **10** semoulerie.
SENAT : **4** veto ■ **5** boulê, curie, légat ■ **8** sénateur ■ **9** laticlave ■ **10** sénatorial, sénatorien ■ **11** sénatorerie ■ **12** référendaire ■ **15** sénatus-consulte.
SENECHAL : **4** mage, maje.
SENESTRE : **5** bande, barre, flanc ■ **6** gauche ■ **9** contourné.
SENILE : **14** presbyophrénie.
SENILITE : **3** âge ■ **6** sénile ■ **10** gérontisme, vieillesse*.
SENNE : **7** senneur.
SENOLOGIE : **9** sénologue.
SENS : **3** vue ■ **4** doux, goût, ouïe, tact, tête, voie ■ **5** biais, chant, juste, large, objet, obvié, repos, sensé, sourd, trope, vanne ■ **6** cousin, esprit, gnosie, odorat, palais, raison, semène ■ **7** charnel, jugeote, sagesse, sensuel, volupté ■ **8** coulisse, hyponyme, illusion, impulser, jugement, littéral, modifier, radotage, sapience, sensible, syllepse, synonyme, univoque ■ **9** acception, ballotter, bousculer, contre-fil, délicieux, dextrorse, équivoque, inflexion, inverseur, lato sensu, particule, phénomène, pléonasme, polysémie, propriété, ravissant, sensation*, sensoriel, tête-bêche ■ **10** alternatif, conception, contre-jour, contrepoil, contresens, dextrorsum, équivalent, hyperonyme, impression, jouissance, palindrome, redresseur, sensualité, vibrionner ■ **11** allégoriser, asémantique, connotation, contre-fugue, déraisonner, extravaguer, monosémique, philosophic, sensualisme ■ **12** discernement, embourgeoisé, encliquetage, longitudinal, raisonnement ■ **13** contrecourant, équilibration, extra-sensible, imperceptible, rebroussement, signification, suprasensible ■ **14** extrasensoriel.
SENSATION : **4** aura, tact ■ **5** froid, odeur, pâmer, sonie ■ **6** phanie ■

7 agnosie, aigreur, chaleur, fatigue, flaveur, gimmick ■ **8** esthésie, euphorie, excitant, sensitif ■ **9** acouphène, agacement, futurisme, phosphène ■ **10** chatouille, impression, insensible, oppression, perception*, picotement, télépathie ■ **11** cénesthésie, kinesthésie, paresthésie, photophobie, prémonition, sensualisme, sophrologie, spatialiser, synesthésie, température ■ **12** cœnesthésie, sensationnel, tiraillement ■ **13** fourmillement, hallucination, proprioceptif, réverbération, spectaculaire ■ **14** chatouillement ■ **15** sensorimétrique.

SENSATIONNEL: **5** sensa ■ **6** sensas ■ **7** sensass ■ **8** étonnant* ■ **10** formidable.

SENSE: **4** sage*, sain ■ **5** idiot ■ **9** sensément ■ **11** intelligent.

SENSIBILISATEUR: **13** sensibilisant.

SENSIBILISER: **15** sensibilisateur.

SENSIBILITE: **3** iso ■ **4** coma, émoi, nerf, zona ■ **5** aride, bonté, chair, fibre, froid ■ **6** transe ■ **7** analgie, feeling, syncope ■ **8** esthésie, hystérie, informel ■ **9** analgésie, émotivité, éthériser, sentiment ■ **10** anesthésie, catalepsie, entrailles, narcotique ■ **11** anaphylaxie, anesthésier, audiogramme, baresthésie, sensiblerie ■ **12** anesthésique, esthésiogène, extéroceptif, flegmatisant, hyperacousie, hypoesthésie, intéroceptif, stéréognosie ■ **13** antibiogramme, biomagnétisme, dermatoptique, hyperesthésie, hypersensitif, insensibilité, sensibilisant, syringomyélite ■ **14** désensibiliser, endurcissement, proprioception, thermotactisme ■ **15** extérorécepteur, extéroceptivité, intéroceptivité, radiorésistance, sentimentalité.

SENSIBLE: **3** vif ■ **4** halo ■ **5** image ■ **6** émotif, humain, stigma, tendre ■ **7** cabrage, visible ■ **8** douillet, palpable, tangible ■ **9** sans-cœur ■ **10** compassion, impalpable ■ **11** sentimental, susceptible ■ **12** chatouilleux, chémocepteur, impondérable, matérialiser, sensibiliser, sensiblement ■ **13** hypersensible, photosensible, suprasensible, ultrasensible ■ **14** chémorécepteur, panchromatique ■ **15** impressionnable.

SENSIBLERIE: **11** sensibilité.

SENSITIF: **4** nerf ■ **8** thalamus ■ **12** fémoro-cutané.

SENSITIVE: **6** mimosa.

SENSORIEL: **8** limbique ■ **9** récepteur, sensation ■ **11** télesthésie ■ **13** sensorimoteur ■ **14** extrasensoriel ■ **15** mécanorécepteur.

SENSUALITE: **6** luxure ■ **7** passion, plaisir, volupté* ■ **8** débauche ■ **9** animalité ■ **10** bestialité.

SENSUEL: **9** luxurieux, sex-appeal ■ **10** voluptueux.

SENTE: **6** chemin*

SENTENCE: **3** mot ■ **6** diction, maxime*, parole, pensée, slogan ■ **8** gnomique, interdit, jugement ■ **9** arbitrage ■ **11** sapientiaux, sentencieux.

SENTENCIEUX: **10** emphatique* ■ **13** prudhommesque.

SENTEUR: **5** odeur*.

SENTIER: **2** g.r. ■ **4** laie ■ **5** layer, layon, sente ■ **6** chemin*, coulée ■ **9** glissoire, grimpette.

SENTIMENT: **3** foi ■ **4** avis, émoi, fiel, goût, mine, muet, œil, peur, rire, self, sens, tact, vide, voix ■ **5** affre, amour*, blâme, bonté, cœur, envie, froid, haine, honte, larme, piété, pitié, sacré ■ **6** amitié, ardeur, colère, dédain, mépris, sûreté ■ **7** aménité, charité, égoïsme, émotion*, hommage, honneur, loyauté, mal-être, opinion*, probité, respect, trouble ■ **8** affectif, chasteté, civilité, complexe, concorde, cupidité, démesuré, détresse, dévotion, égotisme, excitant, fidélité, homogène, humanité, inimitié, jalousie, jugement, largesse, religion, scrupule, véracité ■ **9** affection, altruisme, animosité, communier, confiance, constance, déplaisir, dissimulé, émulation, éveilleur, expansion, expressif, exubérant, honnêteté, hostilité, mouvement, palinodie, pantomime, paroxysme, politesse, retourner, tendresse, transport ■ **10** abnégation, abréaction, admiration, affabilité, compassion, conscience, dévouement, dissension, espressivo, esthétique, exactitude, exécration, expression, générosité, hypocrisie, moralement, obligeance, perception, prosopopée, satisfaire, sécheresse, solidarité, tartuferie ■ **11** affectivité, amour-propre, attachement, dégoûtation, délicatesse, détachement, édification, haut-le-cœur, indignation, magnanimité, militarisme, miséricorde, religiosité, sensibilité, sentimental ■ **12** autopunition, bienfaisance, complaisance, dissentiment, enthousiasme, incomplétude, superstition ■ **13** bienveillance, commisération, démonstration, déréalisation, inaffectivité, philanthropie, pressentiment ■ **14** mélodramatique, philhellénisme, républicanisme ■ **15** contre-transfert, sentimentalisme.

SENTIMENTAL : **5** scène ■ **6** tendre ■ **9** cantilène ■ **14** sentimentalité.

SENTINE : **7** cloaque.

SENTINELLE : **5** vigie ■ **7** guérite, vedette ■ **8** consigne ■ **12** factionnaire.

SENTIR : **4** puer ■ **5** humer, pifer, sévir ■ **6** musser, piffer ■ **7** blairer, flairer, fleurer, trouver ■ **8** éprouver*, lanciner, rayonner, répondre, sensitif ■ **9** chlinguer, intactile, ressentir, subodorer ■ **10** schlinguer ■ **11** chatouiller, coprophilie ■ **12** pestilentiel.

SEOIR : ■ **5** aller ■ **6** coller, ganter ■ **8** arranger, convenir ■ **9** avantager ■ **10** accommoder.

SÉPALE : ■ **5** fleur, limbe ■ **6** casque ■ **9** sépaloïde ■ **10** gamosépale ■ **11** dialysépale.

SEPARANT : ■ **13** interquartile.

SEPARATION : ■ **2** ab, de, di ■ **3** abs, dis ■ **4** raie, stop ■ **5** borne, coupe, fente, fossé, joint, ligne, tmèse ■ **6** césure, triage ■ **7** abandon*, cassure*, clôture, crémage, diérèse, élution, isotron, rupture*, schisme, sécante, section, ventage ■ **8** division, effusion, fracture, incision, jointure, plancher, scission, secoueur, synérèse ■ **9** déchirure, décousure, inégalité, languette, liquation, mésopause, sécession, séparatif, sérialité ■ **10** découplage, dégagement, déhiscence, délaminage, différence, dissidence, écartement, fractionné, interfluvé, interstice, intervalle, relégation, spéciation, tropopause ■ **11** abstraction, démarcation, disjonction, dislocation, dissolution, distinction, exfoliation, pelliculage, ségrégation, stéréotomie, terminateur ■ **12** coupellation, écartèlement, interruption ■ **13** déclenchement, décomposition, déglutination, désagrégation, sectionnement, séquestration ■ **14** centrifugation, débrouillement, démultiplexage, discrimination, électrodialyse, électrophorèse, fractionnement ■ **15** chromatographie.

SEPARE : ■ **3** pur ■ **4** seul ■ **5** barré, isolé ■ **6** absolu, dégagé, unique ■ **7** indivis ■ **8** abstrait, disjoint ■ **9** cloisonné, dissident ■ **10** désincarné, discontinu, interphase ■ **11** dialypétale, dialysépale, indépendant, inséparable, particulier ■ **12** intersession, pattinsonage, schismatique.

SÉPARER : ■ **5** drège, fêler, garer, scier, trier ■ **6** casser, cliver, couper, épurer, exiler, fendre, isoler*, lâcher, monder, ouvrir, partir, sevrer, zester ■ **7** classer, craquer, cribler, débiter, démêler, déramer, désunir, diviser*, écarter, écrémer, émonder, essorer, espacer, inciser, laisser, quitter, sarcler, scinder, tamiser ■ **8** analyser, bât-flanc, cloîtrer, colature, débander, débraser, déchirer, décoller, découdre, détacher*, dévisser, diverger, divorcer, écailler, éloigner, éplucher, épul-

peur, exfolier, fourcher, morceler, partager*, refendre, reléguer, répudier, trancher ■ **9** abstraire, bifurquer, découpler, décroiser, dédoubler, démembrer, démoduler, dessiller, dessouder, détailler, discerner, disloquer, disperser, dissocier*, dissoudre, distraire, écarteler, échanvrer, fracturer, expatrier, ouvraison, séparable ■ **10** classifier, cloisonner, débrancher, déclencher, décomposer, disjoindre, distinguer, distribuer, extracteur, fragmenter, sectionner, ségrégatif, séparateur, séparation, séquestrer, subdiviser ■ **11** débrouiller, déconnecter, dégasoliner, désassocier, désapparier, désassortir, discriminer, fractionner, interrompre, séparatisme ■ **12** désaccoupler, désassembler ■ **13** décentraliser, désincorporer, hydroclasseur, intervallaire, plasmaphérèse, ségrégabilité.
SEPIA: 9 aquatinte.
SEPT: 5 gamme, sages ■ **6** lindor ■ **7** septain, septule, septuor ■ **8** septième, septuler ■ **9** heptaèdre, heptagone, septennal, septupler ■ **10** heptacorde, heptamètre, heptarchie, heptathlon, septénaire ■ **12** heptasyllabe.
SEPTANTE: 11 septantaine.
SEPTEMBRE: 10 septembral ■ **13** septembriseur ■ **14** septembrisades.
SEPTENNAL: 12 septennalité.
SEPTENTRION: 4 nord* ■ **7** anordir.
SEPTICEMIE: 14 septicopyoémie.
SEPTICISME: 12 septicémique.
SEPTIEME: 4 none, sept ■ **5** nones ■ **7** septidi, septimo ■ **8** germinal ■ **10** sabbatique ■ **12** climatérique, septièmement.
SEPTIQUE: 9 aseptique, septicité.
SEPTULE: 8 septuler.
SEPTUM: 6 septal.
SEPULCRE: 5 tombe* ■ **9** sépulcral.
SEPULTURE: 5 fosse, tombe* ■ **6** caveau, crypte, voirie ■ **7** syringe, tombeau, tumulus ■ **8** charnier, mausolée, monument, sépulcre ■ **9** cénotaphe, cimetière, nécropole ■ **10** concession ■ **11** enterrement.
SEQUENCE: 5 truca ■ **6** insert, monême ■ **9** flash-back, ophiolite ■ **10** séquentiel ■ **13** sous-programme.
SEQUESTRE: 5 dépôt ■ **10** séquestrer.
SEQUESTRER: 8 enfermer* ■ **13** séquestration.
SEQUOIA: 12 wellingtonia.
SERAIL: 5 harem ■ **7** eunuque.
SERANCER: 5 séran ■ **9** sérançage.
SERAPHIN: 4 ange ■ **10** séraphique.
SERAPIS: 8 sérapéon, sérapeum, sérapion ■ **9** sérapéion.
SEREIN: 5 calme*, clair ■ **8** sérénité ■ **10** rasséréner ■ **11** sereinement.
SERENADE: 5 chant* ■ **6** tapage ■ **7** concert*.
SERENITE: 5 calme*, nuage ■ **7** épanoui ■ **10** aquanimité ■ **11** pondération ■ **12** tranquillité*.
SEREUSE: 7 hygroma ■ **9** péricarde, péritoine.
SEREUX: 8 babeure ■ **11** hydarthrose.
SERF: 5 franc, glèbe, ilote ■ **6** paysan ■ **7** esclave*, servage ■ **9** chassement, servitude ■ **10** formariage ■ **11** manumission.
SERFOUETTE: 8 serfouir ■ **12** serfouissage.
SERFOUIR: 9 serfouage.
SERICICULTURE: 4 soie ■ **7** strasse.
SERIE: 3 jeu ■ **4** suée ■ **5** cycle, gamme, lacet, quine, suite*, train ■

6 phylum, quarte, quinte, sériel, tiercé ■ 8 beaucoup*, billette, chapelet, huitaine, instance, kyrielle, séquelle, séquence, trentain ■ 9 check-list, évolution, hexacorde, multitude*, ontogénie, opération ■ 10 confection, matriochka, ontogenèse, ribambelle, sister-ship, succession* ■ 11 carambolage, convergence, échafaudage, embryogénie, orthogenèse ■ 12 embryogenèse, fibrillation, interclasser ■ 15 échantillonnage.
SERIELLE : 10 sérialisme.
SERIER : 6 ranger ■ 9 sériation.
SERIEUX : 4 posé, vrai* ■ 5 frime, froid, grave* ■ 6 solide ■ 7 gravité ■ 8 fantoche, faribole ■ 9 baliverne, important*.
SERIN : 6 canari ■ 9 serinette.
SERINER : 7 ennuyer, répéter*.
SERINGUE : 5 canon ■ 6 piston ■ 7 clysoir ■ 9 injecteur, seringuer ■ 10 irrigateur.
SERMENT : 4 juré, vœu* ■ 5 jurer, leude, lever ■ 7 parjure ■ 8 jurement, promesse* ■ 9 affidavit, juratoire ■ 10 assermenté ■ 11 assermenter, supplétoire ■ 14 assermentation.
SERMON : 5 avent, point, texte ■ 6 prêche ■ 7 homélie, station ■ 8 discours* ■ 11 exhortation, prédication, sermonnaire.
SERMONNER : 11 réprimander*.
SERODIAGNOSTIC : 11 séronégatif.
SEROLOGIE : 11 sérologique, sérologiste.
SEROPOSITIF : 12 séroposivité.
SEROSITE : 6 séreux ■ 8 vésicule ■ 9 phlyctène ■ 10 hydropisie ■ 14 hydropéricarde.
SERPE : 5 gouet ■ 8 élagueur, fauchard, faucille*, serpette ■ 9 fauchette ■ 10 ébranchoir.
SERPENT : 3 boa ■ 4 dard, érix, naja ■ 5 cobra, devin, échis, élaps, hydre, lamie, nœud, orvet, queue ■ 6 chaîne, corail, dragon, exuvie, guivre, molure, python, uræus ■ 7 cécilie, élaphis, eunecte, nasique, pélamis, plature, vouivre ■ 8 anaconda, corallin, lunettes, ophidien, pélamide, pélamyde, platonie, serpente, sonnette, vipéridé* ■ 9 colubridé, coronelle, couleuvre, serpenter ■ 10 acrochordo, amphiptère, amphisbène, anguiforme, fer-de-lance, ophiologie, serpenteau ■ 12 hypétodryas, ophiographie, serpentement ■ 11 acrochordus, ophiolâtrie ■ 14 trigonocéphale.
SERPENTAIRE : 10 secrétaire.
SERPENTINE : 7 olivine, ollaire.
SERPILLIERE : 7 panosse.
SERPOLET : 4 thym ■ 9 farigoule.
SERRAGE : 3 jeu ■ 6 claver ■ 10 garde-frein.
SERRATULE : 8 sarrette, serrette.
SERRE : 3 dru ■ 4 gêne ■ 5 clair, cycas, épais, lâche, liure, nœud, ongle, panné, vanda ■ 6 ajusté, chiche, étroit*, serrer ■ 7 adiante, boudiné, compact ■ 8 forcerie, whipcord ■ 9 clairsemé, desserrer, éclaircir, épaisseur, orangerie, palmarium, ristrette, ristretto.■ 10 tillandsia ■ 12 tradescantia.
SERRE-LIVRES : 11 appui-livres ■ 12 appuie-livres.
SERRER : 4 coin, lier ■ 5 bahut, écrin, écrou, fenil, huche, lacer, lacet, pince, prise ■ 6 bander, brider, cacher, ferler, garder, mordre, pincer*, ranger, ronger, saisir, tordre, visser ■ 7 amasser, bloquer, boucler, carguer, coffrer, coincer, enlacer, prendre, presser*, remiser, rentrer, sangler, souquer, traquer ■ 8 boudiner, corseter, emballer, enfermer, enserrer, entasser, froisser, mordache, ramasser, réserver ■

9 constiper, embrasser, empoigner, encaisser, encoffrer, engranger, épreindre, esquicher, étrangler, étreindre, garrotter, ligaturer, rencogner, renfermer, resserrer *, serrement, serre-tête ■ **10** astreindre, cartonnier, compresser, empaqueter, serre-joint ■ **11** emmagasiner, serre-freins ■ **12** serre-papiers.

SERRURE : **4** clef, pêne ■ **5** gâche, pompe, rouet ■ **6** bénard, loquet, verrou ■ **7** bénarde, cadenas, crochet, écusson, encoche, fermoir, palâtre, platine ■ **8** barillet, gâchette, palastre, panneton, targette ■ **9** bec-de-cane, crocheter, fermeture, houssette, loqueteau ■ **10** bouterolle, cramponnet, crocheteur, effraction, verterelle ■ **11** cache-entrée.

SERRURERIE : **9** serrurier ■ **10** scellement ■ **11** ferronnerie.

SERRURIER : **4** râpe ■ **5** forge ■ **6** étampe ■ **8** ferrière ■ **9** rossignol ■ **10** serrurerie.

SERT : **9** dérivatif, imprimant, ostéogène ■ **10** saltatoire ■ **11** illustratif ■ **13** communicateur.

SERTIR : **8** emboîter ■ **9** chatonner, enchâsser ■ **10** sertissage, sertisseur, sertissure.

SERUM : **4** roux, sang ■ **5** cruol, cruor ■ **7** sérique ■ **8** sérosité ■ **9** sérologie ■ **11** agglutinine, inoculation ■ **12** sérothérapie ■ **15** sérovaccination.

SERVAGE : **9** servitude*.

SERVANT : **3** lai ■ **8** tankiste.

SERVANTE : **4** maid ■ **5** bonne, fille, gouge, nurse ■ **6** duègne ■ **7** boniche, lingère ■ **8** serveuse, souillon ■ **9** camérière, caméristé, soubrette ■ **10** ancillaire, cendrillon, chambrière, cuisinière, domestique*.

SERVEUR : **6** barman, garçon ■ **7** barmaid ■ **9** maritorne.

SERVEUSE : **7** barmaid ■ **10** sommelière.

SERVIABLE : **11** complaisant* ■ **12** serviabilité ■ **13** serviablement.

SERVICE : **3** ace ■ **4** obit, r.n.i.s., s.a.m.u. ■ **5** cadet, cadre, carte, congé, extra, garde, grâce, hôtel, impôt, ligne, major, marin, monté, oblat, poste, quart, salle, solde, spahi, stylé, télex, train, usage, utile, valet ■ **6** amitié, faveur, office, relève ■ **7** cabaret, chiffre, dessert, mouroir, offreur, plaisir, préposé, prester, télétex, travail, utilité, voucher ■ **8** activité, attacher, batelage, bienfait*, chaloupe, desserte, liturgie, marmiton, milicien, traction ■ **9** bénévolat, bon office, chiffreur, desservir, hiérodule, luminaire, mobiliser, mortuaire, objecteur, odalisque, personnel, reportage, serviable, serviteur, sommelier, tête-à-tête ■ **10** antrustion, après-vente, audiencier, baleinière, chambellan, demoiselle, dévouement, domestique, intendance, malle-poste, mercenaire, messagerie, obligeance, permanence, prestation, téléalarme ■ **11** gardiennage, télématique, vaguemestre, volontariat ■ **12** complaisance, comptabilité, distribution, inauguration, libre-service, organigramme, prémilitaire, rémunération, standardiste, téléphoniste, voiture-poste ■ **13** collectiviser, surintendance, transmission ■ **14** administration, concélébration, initialisation, péritéléphonie ■ **15** fonctionnariser, radio-messagerie, wagon-restaurant.

SERVIETTE : **5** linge ■ **6** essuie ■ **7** torchon ■ **8** napperon ■ **14** porte-documents ■ **15** porte-serviettes.

SERVILE : **3** lai ■ **4** plat ■ **5** copie, valet ■ **6** abject, soumis, souple ■ **7** laquais, rampant ■ **8** lèche-cul, pied-plat ■ **10** académisme, obséquieux ■ **11** complaisant, servilement.

SERVILITE : **9** vassalité, vasselage ■ **10** obéissance.

SERVIR : **4** user* ■ **5** aider*, mener, moyen, parer, punir, ruser, usage, usuel ■ **6** manier, renter ■ **7** essayer, motiver, piloter ■ **8** apprêter,

assister, attester, disposer, éclairer, inspirer, paumoyer, pourvoir, profiter, recourir, seconder, utiliser* ■ **9** cornaquer, exploiter, favoriser, klaxonner, parrainer, raisonner, resservir, témoigner ■ **10** corroborer, dévouement, intercéder, intervenir, téléphoner ■ **11** entremettre.
SERVITE : 14 blancs-manteaux.
SERVITEUR : 3 boy, lad ■ **4** page ■ **5** cavas, groom, valet* ■ **6** bedeau, cocher, diacre, écuyer, larbin, suisse ■ **7** acolyte, esclave, laquais, licteur, piqueur, portier ■ **8** brosseur, camérier, chasseur, frotteur, huissier, marmiton ■ **9** chauffeur, concierge, cuisinier, majordome, officieux, sommelier ■ **10** chambellan, domestique* ■ **11** palefrenier.
SERVITUDE : 4 joug ■ **5** alleu ■ **7** liberté, servage ■ **9** esclavage, servilité, vassalité, vasselage ■ **10** dépendance*, franc-alleu ■ **13** subordination ■ **14** asservissement.
SESQUINOXYDE : 8 hématite.
SESSION : 4 jury ■ **6** séance* ■ **12** intersession.
SET : 3 jeu.
SETIER : 4 mine.
SETON : 8 exutoire.
SEUIL : 3 pas ■ **5** porte ■ **7** liminal ■ **9** liminaire ■ **19** subliminal ■ **13** esthésiomètre.
SEUL : 2 un ■ **4** mono, solo ■ **5** isolé*, masse, prime, skiff ■ **6** aparté, ermite, seulet, simple, unique* ■ **7** esseulé, sauvage, unanime ■ **8** bungalow, délaissé, échelier, farouche, individu, monobloc, monogame, monorail, solitude ■ **9** contracté, monarchie, monoacide, monogamie, monolithe, monologue, monomètre, monopsone, monoptère, seulement, singleton, solitaire, unicolore ■ **10** monochrome, monologuer, monomoteur, monoplégie, monosépale, unifilaire, unilatéral ■ **11** monoculaire, monographie, monoïdéisme, monosémique, particulier ■ **12** hypostatique, monolithique, unipersonnel ■ **14** holophrasique, monocotylédone, monosyllabique.
SEVE : 3 suc* ■ **4** vert ■ **7** miellat ■ **8** faisceau, vaisseau ■ **9** dessévage.
SEVERE : 3 dur* ■ **4** rude ■ **5** grave*, vache ■ **6** acerbe, strict ■ **7** austère*, cerbère, relâché , vachard ■ **8** aigrelet, cinglant, relâcher ■ **9** châtiment, rigoriste, rigoureux* ■ **10** aristarque, castrateur, inexorable ■ **11** démolissage, sourcilleux.
SEVERITE : 4 dure ■ **7** rigueur* rudesse ■ **8** acerbité, rigidité ■ **9** austérité ■ **10** sévèrement ■ **11** relâchement.
SEVICE : 8 violence*.
SEVILLE : 8 sévillan.
SEVIR : 5 punir* ■ **6** régner ■ **9** endémique.
SEVRER : 6 priver* ■ **7** sevrage.
SEXE : 4 mâle, zizi ■ **5** amant, genre, homme, mixte, sexué ■ **6** gonade, libido, sexage, sexuel ■ **7** asexuel, dicline, étamine, femelle ■ **8** saphisme, sex-ratio, vénérien, virilité ■ **9** androgène, androgyne, fellation, frigidité, sexologie, sexonomie, sexualité, virilisme ■ **10** croisement, érotomanie, homosexuel, masochisme ■ **11** dimorphisme, nymphomanie, travestisme ■ **12** anaphrodisie, monocyclique ■ **14** intersexualité ■ **15** hétérogamétique.
SEXISME : 7 sexiste.
SEXTE : 4 none.
SEXTUPLE : 9 sextupler.
SEXUALITE : 9 sexologie ■ **10** sexualiser ■ **13** parasexualité ■ **15** hétérosexualité.
SEXUEE : 8 apomixie.

SEXUEL : **8** autosome ■ **12** désexualiser ■ **15** anaphrodisiaque.
SEXUELLE : **9** triolisme, zoophilie ■ **10** pédophilie, satyriasis ■ **11** nécrophilie ■ **12** autoérotisme ■ **13** spermatogonie.
SEXUELLEMENT : **3** m.s.t. ■ **12** nicolas-favre.
SEYANT : **8** habiller ■ **10** avantageux.
SEYCHELLES : **11** seychellois.
SHAH : **4** chah ■ **5** schah.
SHAKO : **6** casoar ■ **8** mirliton ■ **9** bourdalou, jugulaire ■ **15** sous-mentonnière.
SHAMPOOING : **11** shampouiner ■ **12** shampouineur.
SHENODON : **8** hattéria.
SHERKO : **6** plumet.
SHILLING : **5** pence, penny.
SHINTO : **4** sumo ■ **10** shintoïste.
SHINTOÏSTE : **5** torii.
SHOGOUN : **6** bakufu ■ **8** shogunal.
SHOGOUNAL : **8** samouraï.
SHOOTER : **4** shot.
SHOPPING : **10** magasinage.
SHORT : **8** flottant ■ **10** boxer-short, cuissettes.
SHUNT : **7** shunter ■ **8** shuntage.
SIAL : **4** sima ■ **8** sialique.
SIAM : **7** siamois
SIBERIEN : **4** élan ■ **5** renne ■ **6** ostyak ■ **8** mammouth, ostiaque, sibérien, zibeline ■ **9** petit-gris ■ **10** chamanisme ■ **13** transsibérien.
SIBILATION : **10** sifflement.
SIBYLLE : **5** devin* ■ **8** sibyllin.
SIBYLLIN : **5** caché ■ **6** obscur*.
SICAIRE : **9** meurtrier*.
SICCATIF : **12** cyclopentane.
SICILE : **7** marsala.
SIDA : **3** v.i.h. ■ **6** kaposi ■ **9** sidatique, sidologue ■ **10** rétrovirus ■ **13** pneumocystose.
SIDATIQUE : **6** sidéen.
SIDERER : **5** ébahir* ■ **9** foudroyer ■ **10** dépression, sidération.
SIDERURGIE : **6** cowper, larget ■ **12** sidérurgique.
SIECLE : **5** temps ■ **8** séculier ■ **9** séculaire ■ **10** millénaire ■ **11** séculariser ■ **12** bimillénaire ■ **13** séculairement.
SIED : **8** coiffant.
SIEGE : **4** banc*, base, bras, cour, pouf, sofa, sein ■ **5** batte, bidet, canne, cœur, divan, foyer, lever, séant, selle, trône ■ **6** canapé, centre, chaire, chaise, curule, pliant, stalle, tan-sad ■ **7** bergère, cacolet, cannage, canneur, cannier, capiton, dossier, trépied ■ **8** assiéger, balustre, bancelle, boudeuse, capitale, cathèdre, couseuse, domicile, escabeau, fauteuil*, fibrille, hélépole, marquise, ottomane, prie-dieu, primatie, sellette, tabouret ■ **9** assesseur, balancine, banquette, escabelle, filanzane, métastase, palanquin, patronage, porte-bébé, télésiège ■ **10** appui-nuque, balancelle, balançoire, bloc-sièges, bout-de-pied, capitonner, chauffeuse, obsidional, saint-siège, strapontin ■ **11** ambulatoire, miséricorde, officialité, tarabiscoté ■ **12** chloroplaste, escarpolette, rocking-chair ■ **13** apparentement ■ **15** dépressionnaire, transatlantique.
SIEGER : **5** tenir ■ **7** résider.
SIEN : **9** assimiler, plagiaire.
SIESTE : **7** sommeil* ■ **10** méridienne.

SIFFLANT : **8** sibilant ■ **9** chuintant ■ **10** sifflement, striduleux ■ **12** assibilation.
SIFFLEMENT : **3** pst ■ **5** psitt ■ **6** larsen ■ **9** acouphène ■ **10** sibilation.
SIFFLER : **4** huer* ■ **5** cygne, merle ■ **8** siffleur ■ **9** siffloter.
SIFFLET : **6** appeau, huchet, pipeau, sirène ■ **9** serinette.
SIFFLOTER : **12** sifflotement.
SIGISBEE : **8** cavalier.
SIGLE : **2** b.a., b.d., c.a., c.b., c.d., g.i., g.r., l.p., o.p., o.s., pc, p.v., q.g., q.i., q.s., si, u.v., z.i. ■ **3** abs, amp, a.t.p., b.e.p., b.t.p., b.t.s., caf, c.a.o., c.a.p., c.a.t., c.c.p., cdv, c.e.s., c.f.a., c.f.c., c.h.s., c.h.u., c.r.s., d.c.a., d.e.a., d.o.c., e.a.o., f.i.v., g.i.c., g.i.e., g.i.g., gmt, g.p.l., hiv, hla, h.l.m., i.a.d., i.m.c., i.r.m., i.s.f., i.u.t, i.v.g., lav, l.e.p., m.j.c., mos, m.s.t., n.b.c., o.n.g., o.p.a., o.p.e., p.a.o., p.m.u., p.o.s., pvc, q.c.m., q.h.s., q.s.p., q.s.r., rem, r.i.b., r.m.i., r.m.n., t.a.b., t.g.v., t.i.g., t.t.c., t.u.c., t.v.a., u.e.r., u.f.r., u.l.m., utm, v.i.h., v.i.p., v.r.p., v.s.n., z.a.c., z.a.d., z.i.f. ■ **4** adac, adav, afat, d.e.u.g., icbm, irbm, isbn, issn, lisp, logo, mirv, m.k.s.a., mrbm, m.s.b.s., p.e.g.c., r.n.i.s., s.a.m.u., sida, slbm, s.m.i.c., s.s.b.s., stol, t.v.h.d. ■ **5** awacs, c.a.p.e.s., c.a.p.e.t., cd-rom, cedex, cégep, d.e.u.s.t., m.a.t.i.f., orsec, sicav, t.a.b.d.t. ■ **6** fivete ■ **8** acronyme, logotype ■ **9** trigramme.
SIGNAL : **3** bip, feu, mât, sos, top ■ **4** gong, mire ■ **5** appel, fusée, signe*, vidéo ■ **6** bip-bip ■ **7** chamade, drapeau, vumètre ■ **8** balisage, cryptage, retraite, signaler ■ **9** claquette, couvre-feu, sémaphore ■ **10** annulement, auto-alarme, monophonie, préannonce ■ **11** avertisseur, chrominance, télégraphie ■ **12** multiplexage, signalétique, transmetteur ■ **13** avertissement*, signalisation* ■ **14** démultiplexage, vidéofréquence ■ **15** bioluminescence, échantillonneur, transmodulation.
SIGNALE : **7** insigne ■ **11** remarquable*.
SIGNALEMENT : **8** signaler ■ **12** signalétique.
SIGNALER : **5** citer, index ■ **7** accuser, avertir, marquer, montrer* ■ **8** dénoncer, désigner*, indiquer* ■ **9** signifier ■ **10** distinguer, tympaniser ■ **11** recommander ■ **12** signalétique.
SIGNALISATION : **5** block, borne, bouée ■ **6** signal*, sirène ■ **8** balisage ■ **9** cab-signal, cataphote, crocodile, sémaphore, signaleur, timonerie ■ **10** signaliser, télégraphe ■ **11** block-system, bloc-système, désignation ■ **12** signalétique ■ **13** radiobalisage, signification.
SIGNATURE : **4** faux, visa ■ **5** endos, sceau, seing ■ **6** griffe, parafe ■ **7** paraphe ■ **8** avaliser, parafeur ■ **9** parapheur ■ **10** blanc-seing, émargement, estampille, monogramme ■ **11** contreseing ■ **12** légalisation, post-scriptum, souscription.
SIGNE : **2** do, la, mi, pi, ré, si, ut ■ **3** clé, sol ■ **4** kana, lion, note, obel, plus, zéro ■ **5** bémol, comma, crêpe, deuil, dièse, galon, geste, heure, kanji, neume, nique, noter, obèle, pause, point, seing, tiret, toper, toton ■ **6** accent, augure, indice, marque, menace, preuve, signal*, verset ■ **7** annonce, auspice, balance, cédille, insigne, liaison, présage*, radical, silence, symbole, verseau, virgule ■ **8** accident, accolade, deleatur, exposant, iconique, notation, poissons, scorpion, symptôme ■ **9** armoiries, caractère, pronostic ■ **10** altération, apostrophe, astérisque, demi-soupir, deux-points, idéogramme, monogramme, parenthèse, sagittaire, sémiologie, syllabisme, tabulateur ■ **11** circonflexe, descripteur, diacritique, esperluette, exclamation, idéographie, phonogramme, séméiologie ■ **12** diagnostique, monétisation, point-virgule, porte-respect, prémonitoire, sémasiologie, sténographie, tha-

natologie ■ **13** avertissement*, interrogation ■ **14** arithmographie.
SIGNER: **7** émarger, parafer ■ **8** avaliser, cosigner, endosser, garantir, parapher ■ **9** approuver, capituler, légaliser, souscrire, témoigner ■ **10** signataire ■ **12** contresigner, cosignataire ■ **13** pétitionnaire.
SIGNIFICATION: **4** sens* ■ **5** terme ■ **6** esprit, lexème ■ **9** acception, extension, métaphore ■ **10** catégorème, comparatif, gestualité, intimation, sémantique, superlatif ■ **11** interpréter ■ **12** iconographie.
SIGNIFIER: **4** dire ■ **5** rimer ■ **6** donner, sommer ■ **7** définir, dénoter, intimer, marquer ■ **8** déclarer, désigner, entendre, exprimer, huissier, notifier, traduire ■ **9** expliquer, exploiter, témoigner ■ **10** comprendre ■ **11** débrouiller, interpréter, paraphraser, représenter ■ **12** insignifiant, significatif ■ **13** signification.
SIKH: **8** gurdwara.
SILENCE: **4** chut, paix ■ **5** calme, motus, pause, tacet ■ **6** omerta, secret ■ **7** museler, mutisme ■ **8** black-out ■ **9** confondre, demi-pause, obreption, réticence ■ **10** aposiopèse, bâillonner, demi-soupir, silencieux.
SILENCIEUX: **3** coi ■ **4** muet ■ **9** taciturne ■ **15** silencieusement.
SILESIE: **8** silésien.
SILEX: **5** chien, fusil ■ **7** caillou*, éolithe ■ **8** silicieux ■ **9** solutreen ■ **10** microlithe ■ **11** coup-de-poing.
SILHOUETTE: **5** ombre ■ **11** silhouetter.
SILICATE: **4** jade, talc ■ **5** béryl, écume, lapis ■ **6** albite, cérite, grenat, zircon ■ **7** épidote, leucite, péridot, thorite, zéolite ■ **8** actinote, aegyrine, calamine, disthène, émeraude, lazulite, pyroxène, saponite, siliceux, zéolithe ■ **9** amphibole, kaolonite, silicique, trémolite ■ **10** cordiériste, garniérite, serpentine, sidérolite, yttrialite ■ **11** chrysocolle, lapis-lazuli, sidérolithe ■ **12** borosilicate, ultrabasique ■ **13** feldspathoïde, hydrosilicate ■ **15** montmorillonite.
SILICE: **10** sous-saturé ■ **12** cristobalite.
SILICIUM: **2** si ■ **4** mica ■ **5** agate, alpax, émail, falun, gaize, jaspe, opale, silex, verre ■ **6** quartz, silane, silice, silique, spicule, tripoli ■ **8** siliceux, silicose, silicule ■ **9** diatomite, duralumin, silicique, siliciure, siliqueux, zirconium ■ **10** almasilium, calcédoine, silicicole ■ **11** carborundum, désiliciage ■ **13** feldspathoïde ■ **15** aluminosilicate.
SILICOSE: **8** silicosé ■ **11** silicotique.
SILLAGE: **5** trace* ■ **7** houache ■ **8** houaiche ■ **11** strioscopie.
SILLON: **4** raie, ride ■ **5** creux, enrue, rayon, serge, strie, trace ■ **6** buriné ■ **7** aglyphe, enrayer, sillage, striure ■ **8** dérayure, enrayure, labourer ■ **9** sillonner, sulcature, tectogène ■ **10** sulciforme.
SILLONNER: **9** canaliser, parcourir*.
SILO: **7** désiler, ensiler ■ **9** ensileuse.
SILURE: **11** poisson-chat.
SILURIDE: **7** clarias.
SILURIEN: **8** nautilus, scorpion ■ **9** tribolite ■ **10** calédonien, ordovicien ■ **11** cyathocrine.
SIMAGREE: **7** grimace* ■ **10** minauderie.
SIMARUBACEE: **7** ailante ■ **8** simaruba.
SIMIEN: **5** singe*.
SIMILAIRE: **4** même* ■ **7** connexe ■ **8** analogue, homogène ■ **9** semblable* ■ **10** similarité.
SIMILIGRAVURE: **9** similiste.
SIMILISAGE: **8** similisé ■ **9** similiser.
SIMILITUDE: **4** même ■ **7** connexe, parenté ■ **8** analogie* ■ **9** calembour, concorder ■ **10** homophonie ■ **11** comparaison ■ **13** dissimilitude.

SIMONIE : **10** simoniaque.
SIMPLE : **2** un ■ **3** fou, sot ■ **4** iode, naïf*, seul, zinc ■ **5** argon, azote, brome, façon, franc, germe, grâce, métal, niais, ortie, passé ■ **6** facile*, frugal, ingénu, pauvre, sphère ■ **7** affable, agreste, apprêté, austère, bonasse, candide, commode, grifton, modeste*, naturel, négligé, sincère, stéride ■ **8** bonhomme, boniface, causerie, familier, grossier, innocent, multiple, nicodème, primitif, rustique, sommaire, vulgaire ■ **9** simpliste ■ **10** réductible, simplement, simplicité, simplifier ■ **11** élémentaire ■ **12** présomptueux, rudimentaire.
SIMPLEMENT : **7** nuement, uniment ■ **8** bêtement ■ **10** uniquement ■ **13** naturellement.
SIMPLET : **5** niais* ■ **7** candide ■ **9** simplesse.
SIMPLICITE : **5** faste ■ **7** aisance, candeur*, naïveté*, naturel ■ **8** bonhomie, modestie*, nitouche ■ **9** franchise, ingénuité, innocence, niaiserie, rusticité, sincérité ■ **10** affabilité ■ **11** affectation, familiarité ■ **14** sainte-nitouche.
SIMPLIFIEE : **3** u.l.m.
SIMPLIFIER : **7** réduire ■ **8** styliser ■ **9** démotique ■ **10** normaliser ■ **11** schématiser ■ **12** irréductible, simplifiable, standardiser ■ **14** simplificateur, simplification.
SIMULACRE : **5** messe ■ **7** fantôme*.
SIMULATEUR : **9** grimacier, hypocrite ■ **11** tire-au-flanc.
SIMULATION : **4** faux ■ **6** feinte* ■ **10** pathomimie ■ **13** dissimulation.
SIMULER : **5** jouer ■ **7** feindre, feinter, peindre ■ **8** affecter ■ **10** simulateur, simulation ■ **11** contrefaire.
SIMULTANE : **5** barré ■ **10** bande-vidéo.
SIMULTANEE : **7** cluster ■ **11** codominance ■ **15** multitraitement.
SIMULTANEITE : **4** avec ■ **5** unité ■ **7** combiné ■ **8** couplage ■ **9** simultané ■ **11** coexistence, coïncidence ■ **12** concomitance.
SINAPISE : **8** rigollot.
SINAPISME : **7** sénevol.
SINCERE : **4** rond, vrai ■ **5** franc*, loyal* ■ **7** sérieux ■ **9** insincère, sincérité ■ **11** sincèrement.
SINCERITE : **3** foi ■ **6** vérité ■ **8** épancher, fausseté, perfidie, véracité ■ **9** franchise* ■ **10** contrition ■ **11** insincérité.
SINCIPUT : **10** sinciputal.
SINECURE : **6** emploi* ■ **7** fromage ■ **8** fonction*.
SINGAPOUR : **12** singapourien.
SINGE : **3** saï ■ **5** drill, jocko, magot, patas, sajou ■ **6** colobe, guenon, papion, rhésus, simien, vervet ■ **7** alouate, capucin, entelle, fagotin, hurleur, nasique, pongidé, sagouin, saïmiri, sapajou, singeur, tamarin ■ **8** hapalidé, mandrill, singerie ■ **9** halophyte, hamadryas, simiesque ■ **10** arboricole*, lagotriche ■ **11** anthropoïde, brachiation, cynocéphale, lagothriche ■ **12** catarrhinien*, platyrhinien ■ **13** cercopithèque, platyrrhinien*, semnopithèque ■ **14** pithécanthrope.
SINGER : **5** mimer ■ **6** imiter*.
SINGERIE : **7** grimace* ■ **8** simagrée.
SINGULARISER : **10** distinguer* ■ **14** particulariser.
SINGULARITE : **6** rareté ■ **9** exception, nouveauté ■ **10** bizarrerie, trouvaille ■ **11** affectation ■ **13** particularité.
SINGULIER : **4** rare, seul ■ **5** drôle, inouï ■ **6** unique, numéro ■ **7** bizarre, curieux, épatant, étrange*, inconnu, inusité, nouveau ■ **8** étonnant, insolite, original ■ **9** collectif, différent, paradoxal ■ **10** phénoménal, stupéfiant, surprenant ■ **11** extravagant, particulier*, remarquable*, singularité ■ **12** étourdissant.

SINISTRE : **5** perte ■ **6** risque, triste* ■ **7** funèbre, malheur, mauvais ■ **8** incendie ■ **10** inquiétant ■ **12** sinistrement.
SINN-FEIN : **10** sinn-feiner.
SINOLOGIE : **9** sinologue.
SINOLOGUE : **8** sinisant.
SINON : **9** autrement.
SINTERISER : **13** sintérisation.
SINUEUX : **4** onde ■ **5** sinué, tordu ■ **8** ondulant, tortillé, tortueux ■ **10** méandrique ■ **11** serpigineux.
SINUOSITE : **3** pli ■ **4** onde ■ **5** ondée, repli ■ **6** détour, sinuer ■ **7** méandre ■ **10** ondulation.
SINUS : **7** cosinus, sinusal ■ **8** sinusien, sinusite ■ **9** cosécante, sinusoïde.
SINUSOÏDAL : **7** biphasé.
SINUSOÏDE : **10** sinusoïdal.
SIOUX : **5** sioux.
SIPAHI : **5** spahi.
SIPHOMYCETE : **10** zygomycète* ■ **11** phycomycète ■ **13** péronosporale ■ **14** péronosporacée*.
SIPHON : **8** siphoïde ■ **9** siphonner ■ **13** vide-bouteille.
SIPHONOPHORE : **8** physalie.
SIRE : **3** roi* ■ **8** seigneur*.
SIRENE : **6** pin pon.
SIRENIEN : **6** dugong ■ **7** rhytine ■ **8** lamantin.
SIROCO : **4** vent.
SIROCCO : **7** chergui.
SIROP : **4** café ■ **5** limon ■ **6** orgeat ■ **7** diacode ■ **8** acétomel, cocktail, sirupeux ■ **9** pèse-sirop, siroperie.
SIRUPEUX : **4** miel ■ **7** mélasse ■ **8** glycérol ■ **9** glycérine.
SISAL : **5** agave ■ **7** mayotte.
SISMIQUE : **11** sismométrie.
SISMOGRAPHE : **11** sismogramme.
SISMOLOGIE : **10** hydrophone ■ **12** sismologique.
SISYMBRE : **5** vélar ■ **9** rouquette.
SITAR : **6** sarode ■ **9** sitariste.
SITE : **3** vue ■ **4** lieu* ■ **9** sitologue ■ **10** technopôle ■ **15** sitogoniomètre.
SITUATION : **2** en, la ■ **3** gag, sur ■ **4** dans, état, gêne, port, sort, sous ■ **5** abcès, abois, avant, crise, degré, filon, fruit, nasse, ordre, passe, plumé, point, reste, stage, sujet ■ **6** destin, emploi*, gâchis, niveau ■ **7** fortune, new-look, planque, posture, sommité, terrain ■ **8** assiette, bien-être, consoler, destinée, détresse, échouage, embarras, fluidité, internat, non-droit, position* ■ **9** ambiguïté, condition, diglossie, féminisme, liquidité, sérialité, suremploi ■ **10** alignement, cafouillis, divergence, exposition, mal en point, médiocrité, neutralité, occupation, opposition, profession* ■ **11** arrangement, compte rendu, conjoncture, déconfiture, emplacement, heimatlosat, plein emploi, protectorat ■ **12** circonstance, indépendance, quelque chose ■ **13** interposition, juxtaposition, litispendance ■ **14** bipolarisation, postcommunisme ■ **15** curriculum vitae.
SITUATIONNISME : **14** situationniste.
SITUE : **4** bégu ■ **7** préoral ■ **8** cisalpin, grignard ■ **9** péridural ■ **10** périurbain, sous-cutané ■ **11** sous-orbital ■ **14** intervocalique ■ **15** intergalactique, intermusculaire.
SITUER : **3** sis ■ **6** placer*.
SIVAISME : **7** çivaïte ■ **8** çivaïste, sivaïste.
SIX : **5** sixte ■ **7** sénaire, sextine, sextuor ■ **8** hexaèdre, hexagone,

hexapode, semestre, sextolet, sextuple ■ **9** hexamètre, hexastyle, sextupler, sextuplés ■ **10** sexpartite ■ **11** tétradyname ■ **12** hexachlorure, hexafluorure.
SIXIEME : 3 six ■ **4** juin, tric ■ **5** sexte, sexto, trick ■ **7** sextant, sextide, sextidi, ventôse ■ **8** vendredi ■ **11** sixièmement.
SKETCH : 7 saynète.
SKI : 4 fart, stem ■ **5** skier, stemm ■ **6** stawug, zicral ■ **7** fondeur, monoski, ski-bob, spatule ■ **8** barefoot, biathlon, stakning, télémark ■ **9** hors-piste, motoneige ■ **10** antiglisse, hors-pistes, monte-pente ■ **11** christiania.
SKI BOB : 7 véloski.
SKIER : 7 skiable.
SKIEUR : 7 fondeur.
SKUNGS : 9 mouffette.
SLALOM : 8 slalomer ■ **9** slalomeur.
SLAVE : 4 kvas, kwas ■ **5** russe ■ **6** boiard, boyard ■ **7** bulgare, tchèque ■ **8** panslave, slaviser, slovaque ■ **9** askhénaze, slavisant, ukrainien ■ **10** biélorusse, cyrillique, slavophile ■ **11** panslavisme, serbo-croate, slavistique ■ **12** glagolitique.
SLAVON : 8 esclavon.
SLEEPING-CAR : 8 wagon-lit.
SLIP : 6 calcif ■ **7** calecif ■ **9** cache-sexe ■ **10** boxer-short.
SLOGAN : 10 expression.
SLOOP : 7 saurien.
SMALT : 8 mosaïque.
SMASH : 7 smasher.
SMECTIQUE : 9 bentonique.
SMILLE : 7 smiller ■ **8** smillage.
SNOB : 8 vaniteux ■ **9** snobinard.
SOBRE : 5 mulet, renne ■ **9** abstinent, sobrement, tempérant.
SOBRIETE : 5 avent, sobre ■ **7** retenue ■ **9** frugalité ■ **10** modération, tempérance ■ **12** intempérance.
SOBRIQUET : 6 surnom ■ **7** m'as-tu-vu ■ **10** riz-pain-sel.
SOC : 3 âge, cep ■ **5** bisoc ■ **7** rasette.
SOCIABILITE : 15 microsociologie.
SOCIABLE : 4 ours ■ **5** liant, singe ■ **7** affable, aimable ■ **8** farouche ■ **8** humaniser ■ **10** insociable ■ **11** accommodant, apprivoiser ■ **12** sociabiliser, sociablement.
SOCIAL : 5 firme, paria, pègre, titre ■ **6** isolat ■ **7** asocial ■ **8** clanisme, empathie, position ■ **9** condition, eugénisme, socialité, sociatrie ■ **10** antisocial, filmologie, gérontisme, socialisme, subsistant ■ **11** capitalisme, délinquance, organicisme, ouvriérisme, partenariat, sociogenèse, sociométrie ■ **12** antisociable, corporatisme, esclavagisme, médico-social, paternalisme, psychosocial, resocialiser, syndicalisme ■ **13** alculturation, collectivisme, matrilinéaire, socio-culturel ■ **14** abolitionnisme, industrialisme ■ **15** autosubsistance.
SOCIALISME : 6 contra ■ **8** kolkhoze, marxisme, socinien ■ **10** blanquisme, paupérisme ■ **11** autogestion, bolchevisme, libéralisme, ouvriérisme, socialisant, spartakisme ■ **12** coopératisme, paternalisme, travaillisme ■ **13** collectivisme.
SOCIALISTE : 6 radsoc.
SOCIETAIRE : 6 membre ■ **11** sociétariat ■ **12** unipersonnel.
SOCIETE : 4 chez, club, gage, pool, rang ■ **5** droit, élite, firme, furet, hanse, masse, mêlée, monde*, paria, parmi, prime, sicav, trust, usage ■ **6** cartel, corner, église, gratin, social, vaisya ■ **7** couvade,

fanfare, hétérie, holding, mondain, opéable, orphéon, science, wargame ■ **8** académie, armement, autour de, civilité, confrère, hétairie, institut, marraine, mutuelle, peuplade, racaille, recruter, sociable, syndicat, vindicte ■ **9** coalition, compagnie*, consortium, éducation, hors-la-loi, patronage ■ **10** bienséance, commandite, commandité, communauté*, douairière, ethnologie, fédération, privatisée, sauvagerie, secouriste, sociétaire ■ **11** actionnaire, association*, bourgeoisie, corporation, développeur, marianistes, sociabilité, socialement ■ **12** carbonarisme, civilisation, connaissance, culturologie, misanthropie, sociablement ■ **13** coparticipant, participation, sociobiologie ■ **14** archiconfrérie ■ **15** franc-maçonnerie, sociodramatique.

SOCIOLOGIE : 10 sociologue ■ **12** criminologie, sociologique, sociologisme, sociologiste.

SOCIOMETRIE : 13 sociométrique.

SOCIOPOLITIQUE : 5 thète.

SOCLE : 4 môle ■ **5** buste ■ **6** statif ■ **7** plinthe ■ **9** piédestal.

SOCRATIQUE : 10 maïeutique.

SOCQUE : 5 sabot.

SOCQUETTE : 7 sous-bas.

SODA : 9 long-drink.

SODIQUE : 7 viscose.

SODIUM : 2 na ■ **3** sel ■ **5** borax, dakin, émail, javel, soude ■ **6** désodé, halite, natron, natrum ■ **7** caliche, sodique ■ **8** aegyrine, cheddite, cryolite, lazulite, natrémie, oxylithe, salpêtre ■ **9** cryolithe, iconogène, néphéline ■ **11** aldostérone, bicarbonate, lapis-lazuli ■ **14** salidiurétique.

SODOMIE : 8 sodomite ■ **9** sodomiser.

SŒUR : 4 laie ■ **5** neveu, nièce, tante ■ **7** fratrie, sororal, sororat ■ **9** beau-frère, demi-sœur, sœurette ■ **10** grand-tante.

SOFA : 5 divan, siège* ■ **6** canapé.

SOFFITE : 7 plafond*.

SOFTWARE : 8 hardware.

SOI : 2 se ■ **3** lui ■ **5** en-soi, sézig ■ ■ **7** infatué, sérigue ■ **8** égotisme, inclusif, jalousie, maîtrise, modestie, posséder, toupiner ■ **9** accaparer, appliquer, assimiler, ontologie, trimbaler, vade-mecum ■ **10** suffisance ■ **11** infatuation, self-control ■ **12** introversion ■ **14** individualisme, individualiste.

SOIE : 3 vif ■ **4** aspe, gaze, lamé, porc, saie, saye, tors ■ **5** asple, batik, bysse, canut, châle, crêpe, damas, fichu, galon, ganse, grège, lacet, ligne, moire, natte, nylon, ouate, padou, panne, pékin, point, pongé, ruban, samit, satin, soyer, surah, tulle, voile ■ **6** armure, blonde, byssus, crépon, faille, lampas, lassis, liesse, padoue, sétacé, soyeux, tussor ■ **7** alépine, brocart, droguet, étamine, foulard, fleuret, peluche, schappe, soierie, strasse, velours ■ **8** chenille, dentelle, écheveau, fibroïne, florence, freluche, lisérage, lustrine, mantille, mouliner, organsin, orseille, picrique, popeline, séricine, sétifère, shantung, taffetas ■ **9** aiguillée, bourrette, chantoung, cordonnet, effiloche, grenadine, gros-pain, moulinage, pou-de-soie, satinette, shantoung, veloutine ■ **10** brocatelle, séricigène ■ **11** sérigraphie ■ **13** assouplissage, sériculture.

SOIF : 5 désir*, envie*, pépie ■ **6** besoin* ■ **8** adipisie, assoiffé ■ **9** anadipsie, assoiffer ■ **10** altération, désaltérer, dipsomanie ■ **14** rafraîchissant.

SOIGNER : 5 gâter, tenir ■ **6** choyer, élever, guérir*, panser* ■ **7** étudier, ménager, soucier, traiter ■ **8** cultiver, dorloter, mignoter, mitonner ■ **9** conserver, inquiéter, manucurer, prodiguer ■ **10** entretenir, magnétiser, travailler ■ **11** chouchouter ■ **13** précautionner.

SOIGNEUX: 8 brise-fer ■ **9** négligent ■ **13** soigneusement.

SOI-MEME: 4 auto ■ **8** enferrer, spontané, suicider, vanterie ■ **9** régressif, toupiller ■ **10** autoscopie, holocauste, soliloquer ■ **11** autodéfense, autotélique, complaisant, intrinsèque, présomption ■ **12** autodérision, extérioriser, présomptueux, récollection ■ **13** autocinétique, outrecuidance ■ **14** autoaccusation ■ **15** autodestruction.

SOIN: 4 cure*, mère, zèle* ■ **5** étude, santé, souci*, tenue, valet, volet ■ **6** poussé, soigné ■ **7** bobonne, hôpital, incurie, minutie*, nursage, nursing, soigner ■ **8** déguster, dentiste, fignoler, finition, grossier, guidance, manucure, négliger, présider, soignant, soigneur, soigneux, soucieux, stylisme, toilette ■ **9** attention, cold-cream, conserver, diligence, exécuteur, pansement, pédicurie, pomponner, poursuite, toiletter, vigilance, visagiste ■ **10** contempler, exactitude, inappliqué, jardinière, négligence, prévoyance, rechercher, sacristain, secourisme, torchonner, traitement ■ **11** application, cavalcadeur, dispensaire, gouvernante, sollicitude ■ **12** aide-soignant, basse-courier, cosmétologie, empressement ■ **13** consciencieux, esthéticienne, investigateur, précieusement, prémédication, soigneusement, thérapeutique ■ **14** phytosanitaire.

SOIR: 5 agape, dîner, rosée, salut, soupe, vêpre ■ **6** soirée, vêprée ■ **7** bonsoir, veillée, vesprée ■ **8** sauterie, vespéral ■ **9** après-midi ■ **10** après-dîner, lucernaire ■ **11** après-souper.

SOIREE: 4 boum.

SOIXANTE: 3 pic ■ **11** sexagénaire, sexagésimal, soixante-dix, soixantième.

SOIXANTE-DIX: 13 septuagénaire.

SOIXANTIEME: 6 tierce ■ **8** soixante.

SOL: 3 p.o.s. ■ **4** houe, mine, noue, pieu ■ **5** arbre, épigé, fonds, glèbe, groie, herse, nappe, patin, paver, puits, sonde, tapis, terre*, tombé, xyste ■ **6** endogé, podzol ■ **7** crasher, lançage, regatiu, terrain* ■ **8** cultural, dénitrer, latérite, lave-pont, lithosol, paléosol, pavement, permagol, plancher, rendzine ■ **9** adhériser, fondrière, halophyte, pédologie, réception, sulforage, terrefort ■ **10** anguillule, excavation, fouilleuse, pédogenèse, phréatique, stalagmite, tellurisme, tréfoncier ■ **11** agriculture, anthropique, azotobacter, colibacille, dénitrifier, ensellement, monoculture, polyculture, solifuxion, subsidience ■ **12** demi-position, déphospahter, géotechnique, porte-fenêtre, solifluction ■ **13** géliturbation, podzolisation, rez-de-chaussée.

SOLAIRE: 4 mois, raie ■ **5** cycle, marée, style ■ **6** gnomon ■ **8** actinite, évection, solarium ■ **9** lucimètre ■ **11** actinomètre ■ **12** chromosphère, solarigraphe, solarisation.

SOLANACEE: 5 tabac ■ **6** datura, piment, tomate ■ **7** morelle, pétunia ■ **8** coqueret, physalis ■ **9** alkékenge, aubergine, belladone, jusquiame, nicotiane, stramoine ■ **10** douce-amère, mandragore ■ **11** amour-en-cage ■ **12** pomme de terre.

SOLARIUM: 10 sanatorium.

SOLDAT: 2 g.i. ■ **3** v.s.n. ■ **4** bleu, gens, joue, port, prêt, rang, zaïm ■ **5** alpin, barda, bidon, cadet, civil, fritz, fusil, garde, guide, homme, levée, masse, mêlée, monté, oblat, poilu, poste, salle, sammy, solde, spahi, tissu, tommy, tondu, turco ■ **6** archer, cipaye, dragon, drille, joyeux, mobile, moblot, recrue, reître, sapeur, tampon, traban, vélite, zouave ■ **7** blédard, brisque, carabin, clairon, cosaque, grifton, hoplite, housard, hussard, lancier, lignard, mameluk, pandour, papalin, piquier, planton, rostral, routier, soldate, soudard, triaire, vétéran ■ **8** appointé, aviateur, briscard, cavalier, conscrit, embusqué, eustache, fédéraux, fridolin, fusilier, gendarme, griveton, grognard, guerrier*, hastaire, houssard, invalide, mamelouk, mameluck, marsouin, miquelet, palicare, palikare, peltaste, pionnier, pioupiou, strélitz, streltsi, timariot, troubade, troufion, troupier ■ **9** artilleur, brisquard, cent-garde, éclaireur, estradiot, fantassin, flanqueur, garde-voie, grenadier, militaire*, pallicare, pallikare, piétaille, prétorien, soudrille, trainglot, trouffion, vivandier, voltigeur ■ **10** artificier, bombardier, carabinier, cent-suisse, combattant, coutillier cuirassier, fourniment, highlander, janissaire, lansquenet, mercenaire, ordonnance, pontonnier, pyrocorise, sentinelle, tirailleur, tourlourou ■ **11** arbalétrier, baraquement, chevau-léger, condottière, franc-tireur, garde-suisse, légionnaire, mitrailleur, passe-volant, soldatesque ■ **12** bachi-bouzouk, factionnaire, hallebardier, mousquetaire, patrouilleur, pertuisanier, ravitailleur ■ **14** garde-française.

SOLDE : 4 paie, paye, prêt ■ **6** rester* ■ **7** salaire* ■ **8** braderie, résultat, solderie ■ **9** règlement ■ **10** différence, stipendier ■ **11** déficitaire, rétribution.

SOLDER : 5 payer ■ **9** démarquer.

SOLE : 6 céteau ■ **8** dessoler.

SOLECISME : 10 barbarisme.

SOLEIL : 4 hâle, halo, jour, nuit, orbe, ubac ■ **5** année, gelée, hâler, matin, ouest, perle, point, rayon, tache ■ **6** facule ■ **7** cagnard, ensuqué, parasol, parélie, solaire ■ **8** demi-jour, équinoxe, héliaque, occident, solstice ■ **9** astéroïde, cigalière, hélianthe, tournesol ■ **10** crépuscule, écliptique, ensolleillé, héliotrope, pare-soleil, subsolaire ■ **11** bourguignon, brise-soleil, ensoleiller, héliographe, lunisolaire, photosphère ■ **12** héliographe ■ **14** héliocentrique, héliocentrisme.

SOLENNEL : 5 grave* ■ **7** pompeux* ■ **8** doctoral, éclatant, fastueux, imposant ■ **10** carillonné, emphatique*, grand-messe, magnifique, majestueux*, urbi et orbi ■ **11** cérémonieux ■ **14** solennellement.

SOLENNISER : 5 fêter*.

SOLENNITE : 4 fête* ■ **5** éclat, faste, pompe ■ **6** parade ■ **7** apparat*, emphase, majesté ■ **9** cérémonie* ■ **12** magnificence.

SOLENOÏDE : 10 solénoïdal ■ **14** autoconduction.

SOLIDAIRE : 4 fixe ■ **5** libre ■ **6** adossé ■ **9** clavetage, crabotage ■ **10** enclencher ■ **13** désolidariser, tiers-mondiste.

SOLIDARITE : 3 i.s.f. ■ **9** mutualité ■ **10** fraternité ■ **11** camaraderie ■ **13** solidairement ■ **14** individualisme, panafricanisme.

SOLIDE : 3 dur*, sûr* ■ **4** cône, cube, face, fixe*, fort*, jais, ossu, tore ■ **5** campé, coque, cruor, dense, dépôt, encre, épais, fèces, ferme*, frêle, jayet, kraft, masse, métal, ovule, pivot, sable, tenir, terre, toise, verre ■ **6** prisme, sphère, stable*, tenace ■ **7** durable, éprouvé, vitreux ■ **8** carapace, congeler, cylindre, décaèdre, gyrostat, hexaèdre, instable, inusable, octaèdre, polyèdre, pyramide, solidité ■ **9** concréter, dissoudre, épaisseur, extra-fort, heptaèdre, magnésium, occlusion, paraffiné, pentaèdre, polygonal, renforcer, résistant*, sphéroïde, stéréoduc, tétraèdre, vigoureux* ■ **10** consistant, consolider, périphérie, saccharure, sintériser, solidement, solidifier, suspension ■ **11** inaltérable, lithosphère, stéréotomie, sublimation, substantiel, translation, trapézoèdre, usinabilité ■ **12** inébranlable, macrographie, stéréométrie ■ **13** consolidation, mouillabilité ■ **14** indestructible, solidification ■ **15** parallélipède, trinitrotoluène, viscoélasticité, viscoplasticité.

SOLIDEMENT: **9** charpenté.
SOLIDIFICATION: **5** prise ■ **9** retassure, soufflure ■ **10** magmatisme ■ **11** congélation.
SOLIDIFIER: **4** lave, pâte ■ **6** durcir, glacer ■ **8** congeler ■ **10** eutectique ■ **12** cumulo-volcan.
SOLIDITE: **5** corps, durée, force* ■ **7** fermeté* ■ **8** ébranler, ténacité ■ **9** faiblesse, stabilité ■ **10** résistance* ■ **11** consistance, empattement, instabilité ■ **12** inconsistant.
SOLIER: **8** mansarde.
SOLIPEDE: **3** âne ■ **5** glome, zèbre ■ **6** cheval*, équidé* ■ **7** grasset.
SOLILOQUE: **9** monologue.
SOLISTE: **4** seul* ■ **10** concertino.
SOLITAIRE: **4** lion, ours, seul* ■ **5** ténia ■ **6** écarté, ermite, eumène ■ **8** inhabité ■ **10** anachorète, séquestrer ■ **13** solitairement.
SOLITUDE: **4** coin ■ **6** désert ■ **8** thébaïde ■ **9** isolement ■ **11** déréliction.
SOLIVE: **5** solin ■ **6** sapine ■ **7** ruinure ■ **8** chevêtre, soliveau ■ **9** entrevous, lambourde.
SOLLICITATION: **8** instance*.
SOLLICITER: **5** appel ■ **6** quêter, tenter ■ **7** mendier ■ **8** demander*, postuler, réclamer* ■ **9** quémander, tirailler ■ **10** encourager, mendigoter ■ **11** solliciteur ■ **13** sollicitation.
SOLLICITUDE: **4** soin* ■ **5** souci* ■ **7** intérêt ■ **9** attention.
SOLO: **7** soliste.
SOL-SOL: **4** icbm, irbm.
SOLSTICE: **9** alcyonien ■ **10** solsticial.
SOLUBILISER: **14** solubilisation.
SOLUBILITE: **9** démixtion ■ **14** rétrogradation.
SOLUBLE: **3** sel ■ **6** enzyme ■ **7** peptone ■ **9** zymotique ■ **10** solubilité ■ **11** liposoluble, solubiliser ■ **12** hydrosoluble.
SOLUTION: **3** sel, sol ■ **4** gram, gras ■ **5** dakin, javel, titre, vider ■ **6** empois, saponé, soluté, tampon, titrer ■ **7** lessive, liquide, oléolat ■ **8** dilution, fracture, hydrosol, irrésolu, résoudre, résultat* ■ **9** austénite, collodion, hypotonie, intégrale, normalité, simplisme ■ **10** algorithme, ammoniaque, cryométrie, cryoscopie, dénouement, hypertonie, provisoire, sursaturer, trinitrine ■ **11** dissolution, éventration, floculation, hypotonique, liquidation, solutionner, titrimétrie ■ **12** hydroponique, hypertonique pataphysique, sous-refroidi ■ **13** mercurescéine, problématique.
SOLVABILITE: **6** crédit ■ **7** surface ■ **8** ducroire, solvable ■ **13** certificateur.
SOLVANT: **7** heptane, soluble, solvate, toluène ■ **9** tétraline ■ **11** solvatation, white-spirit.
SOMA: **8** somation ■ **11** somatotrope.
SOMALIE: **6** somali ■ **8** somalien ■ **11** couchitique.
SOMATIQUE: **12** somatisation.
SOMATISATION: **9** somatiser.
SOMATOTROPE: **14** somatotrophine.
SOMBRE: **4** noir* ■ **5** clair, foncé, idiot, merle, morne ■ **6** obscur*, triste* ■ **7** chagrin, funèbre ■ **8** nébuleux ■ **9** assombrir, dantesque, demi-deuil, nébuleuse, rembrunir, ténébreux ■ **10** inquiétant.
SOMBRER: **6** abîmer, couler ■ **8** chavirer.
SOMMAIRE: **4** jugé, note ■ **5** court, juger, lynch, piste ■ **6** abrégé*, résumé, simple ■ **7** mémoire ■ **8** argument, esquisse ■ **10** mémorandum ■ **11** casse-croûte, description ■ **12** commandement ■ **14** récapitulation.

SOMMATION: **5** ordre* ■ **6** avenir ■ **8** citation ■ **10** intimation ■ **12** commandement* ■ **14** interpellation.
SOMME: **3** rue ■ **4** mise, pari, prêt, reçu ■ **5** avoir, baste, bâter, débit, enjeu, fonds, liard, licol, licou, liste, obole, passe, pièce, poche, prime, reste, solde, terme, total*, train ■ **6** abrégé, charge, pécule, report, soulte ■ **7** annuité, emprunt, forfait, jackpot, montant, pension, quotité, sommeil* ■ **8** cagnotte, consigne, paiement, payement, porte-bât, pot-de-vin, sommable ■ **9** boursicot, demeurant, indemnité, pourboire, provision, roupillon, trop-perçu ■ **10** boursicaut, mensulaité, pas-de-porte, résultante, subvention ■ **12** additionneur, souscription ■ **13** cautionnement, consignataire, gratification ■ **14** dessous-de-table.
SOMMEIL: **4** coma, gaba, rêve ■ **5** carus, plomb, repos*, somme, songe, sopor ■ **6** sieste, tsé-tsé, veille ■ **7** hypnose ■ **8** endormir, éveiller, glossine, insomnie ■ **9** dormition, endormant, léthargie, réveiller, roupillon, somnifère ■ **10** catalepsie, hypnologie, hypnotique, hypnotisme, méridienne, narcotisme, somnambule, somnolence ■ **11** amphétamine, demi-sommeil, ensommeillé, hibernation, hypersomnie, somniloquie ■ **13** somnambulisme ■ **14** assoupissement, endormissement ■ **15** engourdissement.
SOMMEILLER: **6** dormir* ■ **7** reposer ■ **9** engourdir, roupiller.
SOMMELIER: **11** sommellerie.
SOMMER: **7** inviter ■ **8** requérir ■ **11** contraindre, interpeller.
SOMMET: **3** pic ■ **4** apex, cime, crêt, dent, époi, tête ■ **5** crête, faîte, giron, hourd, mitre, neige, piton, pomme, table, vigie ■ **6** apical, apogée, comble, croupe, culmen, pointe*, sommer, vertex ■ **7** mamelon, paumure, pinacle, sommité ■ **8** aiguille, apothème, sinciput, sommital ■ **9** évasement, girouette, lanternon, top-niveau ■ **10** lanterneau, tournevent ■ **11** bissectrice ■ **13** pentadécagone, pentédécagone.
SOMMITE: **4** tête ■ **6** sommet ■ **12** personnalité.
SOMNIFERE: **5** opium ■ **7** diacode ■ **9** œillette ■ **10** narcotique* ■ **11** lactucarium.
SOMNITAL: **7** canopée.
SOMNOLENCE: **7** torpeur ■ **9** somnolent ■ **12** hypgnagogique ■ **14** assoupissement.
SOMNOLER: **6** dormir*.
SOMPTUEUX: **5** hôtel, pompe ■ **7** luxueux ■ **8** mausolée, princier ■ **9** splendide ■ **11** somptuosité ■ **14** somptueusement.
SOMPTUOSITE: **4** luxe* ■ **12** magnificence.
SON: **3** bel, cri, mot, off, ton ■ **4** areu, bran, bren, écho, mach, mime, note, ouïe, rime, voix ■ **5** anche, basse, bruit*, buvée, chant, couac, crase, danse, degré, éclat, fifre, flûte, forte, gamme, gémir, grave, jouer, piste, râler, riche, rimer, sonie, tenue, tuyau, volée ■ **6** accord, soupir, timbre ■ **7** lecteur, mélodie, sonique, trémolo, unisson, voyelle ■ **8** argentin, diapason, émission, euphonie, harmonie, nasalité, phonique, pleurage, râlement, résonner, retentir, sonnerie, strident, synopsie, tonalité, vocodeur ■ **9** assonance, cornement, furfuracé, guimbarde, homophone, intensité, mégaphone, nasaliser, phonateur, phonation, rémoulage, résonance, résonnant, sforzando, smorzando, sonomètre, tessiture, tintement ■ **10** acoustique, aspiration, audibilité, beuglement, cacophonie, consonance, diphtongue, dissonance, harmonieux, homophonie, onomatopée, phonétique, subsonique, téléphonie ■ **11** amortisseur, audiodisque, audiovisuel, graillement, phonogramme, phonographe, phonométrie, résonnement, réverbérant, somniloquie ■ **12** articulateur, articulation, assibilation,

diacoustique, électrophone, hyperacousie, hypersonique, magnétophone, répercussion, stéréophonie, supersonique, transsonique ■ **13** articulatoire, bioacoustique, phonocontrôle, réfléchissant, réverbération, tintinnabuler, transpositeur ■ **14** audiofréquence, retentissement.

SONAGRAMME : **10** sonagraphe.

SONATE : **5** final ■ **7** partita ■ **8** concerto, sonatine ■ **9** symphonie ■ **10** exposition.

SONDAGE : **5** sondé ■ **6** casing, examen, gallup, rotary, tubage ■ **7** enquêté, tricôme ■ **8** orbiteur ■ **9** carottage, carottier ■ **11** aérosondage, angiomatose.

SONDE : **5** lance, puits ■ **6** bougie ■ **8** sondeuse ■ **12** cathétérisme.

SONDER : **5** plomb, pouls, tâter, tuber ■ **7** scruter, visiter ■ **8** chercher, examiner, explorer, pénétrer ■ **10** insondable, pressentir ■ **12** hystéromètre.

SONGE : **4** rêve* ■ **6** vision ■ **7** rêverie ■ **8** illusion ■ **11** oniromancie.

SONGER : **5** rêver ■ **6** aviser, penser* ■ **9** réfléchir* ■ **10** songe-creux ■ **11** visionnaire.

SONIE : **4** sone.

SONNAILLE : **7** campane.

SONNANT : **6** pétant.

SONNE : **6** révolu, tapant ■ **7** sonnant.

SONNER : **5** taper ■ **6** copter, corner, tinter, vibrer ■ **7** appeler, ronfler ■ **8** déchirer, grailler, résonner, retentir ■ **9** décompter, morigéner ■ **10** bourdonner, claironner, sonnailler, trompeteur ■ **11** carillonner ■ **13** tintinnabuler.

SONNERIE : **3** ban ■ **4** glas ■ **5** appel, diane, quête ■ **6** cloche*, rappel, réveil ■ **7** angélus, hallali ■ **8** carillon, débucher, générale, poussoir ■ **9** tintement ■ **10** boute-selle ■ **13** rassemblement.

SONNETTE : **4** ding ■ **5** dring ■ **6** cloche*, drelin ■ **7** bélière ■ **9** clochette ■ **11** pied-de-biche.

SONORE : **3** top ■ **4** fort, toux ■ **5** forte, phone, piste, sourd, tuyau, voisé ■ **6** archet, étoffé ■ **7** ampoulé, moviola, phonème, tonnant, vibrant ■ **8** insonore, ronflant, sonorité ■ **9** assourdir, crocodile, mélodieux, phonolite, résonnant, sonoriser ■ **10** cristallin, phonolithe, tonitruant ■ **11** ambiophonie, phonothèque ■ **12** retentissant.

SONORITE : **7** ampleur, dévoisé ■ **8** paronyme ■ **9** lettrisme, stridence, voisement ■ **10** insonorité ■ **12** allitération, sonorisation.

SOPHISME : **9** subtilité ■ **11** paralogisme, sophistique.

SOPHISTIQUER : **9** falsifier ■ **14** sophistication.

SOPHROLOGIE : **11** sophrologue, sophronique ■ **13** sophrologique.

SOPOREUX : **10** narcotique*.

SOPORIFERE : **10** narcotique*.

SOPORIFIQUE : **8** dormitif, morphine, narcéine ■ **10** narcotique*.

SOPRANO : **4** voix ■ **10** sopraniste ■ **12** mezzo-soprano.

SOR : **4** saur ■ **5** soret.

SORBET : **10** napolitain, sorbetière.

SORBIER : **5** sorbe ■ **7** alizier, cormier ■ **8** sorbitol.

SORBONIQUE : **10** sorbonnard.

SORCELLERIE : **9** jettatura.

SORCIER : **5** griot, magie ■ **6** mégère ■ **8** grimoire, magicien* ■ **9** féticheur, homoncule, jettatore, loup-garou, sortilège ■ **10** mandragore ■ **11** sorcellerie, quimboiseur.

SORCIERE : **4** péri.

SORDIDE : **3** bas ■ **4** sale* ■ **5** avare, ladre ■ **6** abject, chiche, grigou ■

7 ignoble ■ 8 ladrerie ■ 9 grippe-sou, malpropre, pingrerie, sordidité, turquerie ■ 11 sordidement.

SORGHO: 8 kaoliang, tchapalo.

SORNETTE: 6 bêtise* ■ 7 chanson, fadaise, fortune ■ 8 faribole ■ 9 baliverne ■ 10 balançoire, billevesée ■ 11 coquecigrue, malédiction ■ 13 calembredaine.

SORT: 3 lot ■ 4 état, urne ■ 5 fatal, magie ■ 6 chance, charme, destin*, hasard* ■ 7 loterie ■ 8 condamné, critique, débouler, destinée ■ 9 jettatore, jettatura ■ 10 marabouter, sweepstake ■ 11 quimboiseur ■ 12 eschatologie.

SORTABLE: 6 décent.

SORTE: 5 genre ■ 6 classe, espèce* ■ 7 manière ■ 9 catégorie.

SORTI: 6 désaxé.

SORTIE: 2 ec, ef, es, ex ■ 4 exit ■ 5 écart, éveil, exeat, exode, fruit, fuite, issue*, pâque, porte, virée ■ 6 départ, hernie, touche, voyage ■ 7 effluve, évasion ■ 8 algarade, débouché, éruption ■ 9 dentition, excursion, expulsion, incartade, passeport, promenade ■ 10 émergement, émigration, évacuation, hémorragie, imprimante ■ 11 débordement, publication ■ 12 éviscération ■ 13 jaillissement, transpiration.

SORTILÈGE: 6 charme ■ 8 maléfice ■ 9 évocation ■ 10 ensorceler ■ 11 envoûtement.

SORTIR: 3 zou ■ 4 fuir ■ 5 lever, luxer, noyer, tirer*, venir, vider ■ 6 dévier, éclore, émaner, enfuir, évader, germer, naître, partir*, surgir ■ 7 avancer, déloger, écouler, émerger, émigrer, évacuer, exhaler, exsuder, jaillir, poindre, pousser, quitter*, saillir, sourdre, suinter ■ 8 arracher, déboîter, déborder, débucher, déjanter, déjucher, dénicher, dépiquer, dépocher, dérégler, détonner, échapper, éliminer, exorbité, exploser, expulser, extraire, regorger ■ 9 affleurer, civiliser, consigner, débarquer, déboucher, débouquer, débusquer, déclasser, dédouaner, déguerpir, déménager, déparquer, dérailler, expatrier, forlancer, ressortir, réveiller ■ 10 désenfumer, extravaser, repoussoir ■ 11 déboutonner ■ 12 défiscaliser, désarticuler, désembourber ■ 13 démédicaliser ■ 14 chasse-goupille.

SOT: 3 âne, con, fat, oie ■ 4 bâté, bêta, bête, buse, fada, gogo, grue, naïf* ■ 5 benêt, bobet, borné, brute, butor, dinde, idiot, moule, navet, niais* ■ 6 abruti, badaud, ballot, baudet, bedde, bouché, croûte, cruche, dadais, gourde, hébété, inepte, jobard, pécore, pecque, savate, simple, tourte ■ 7 absurde*, balourd, baluche, bécasse, béjaune, bélître, bonasse, crédule, cruchon, étourdi, gourdée, insensé, risible, stupide* ■ 8 autruche, baluchon, bêtifier, couillon, fourneau, grossier, ignorant*, imbécile*, niaiseux, pochetée, ridicule*, saugrenu, schnoque ■ 9 andouille, bécassine, bourrique, cornichon, paltoquet, panouille, pantoufle, sottement, trou-du-cul ■ 10 citrouille, gourdiflot, gribouille, péronnelle ■ 12 niquedouille ■ 13 inintelligent.

SOTTISE: 6 bêtise*, injure ■ 7 brioche, ineptie ■ 8 bêtisier ■ 9 ignorance*, niaiserie, sottisier ■ 10 crétinerie, crétinisme ■ 11 imbécillité ■ 12 couillonnade

SOU: 5 liard, radis.

SOUAHELI: 7 swahéli.

SOUBASSEMENT: 4 base* ■ 5 socle ■ 6 podium ■ 7 tambour ■ 8 étambrai ■ 9 deuillant, fondement ■ 10 stéréobate ■ 12 substruction, substructure.

SOUBRESAUT: 4 saut* ■ 12 soubresauter ■ 14 tressaillement.

SOUBRETTE: 7 dugazon, lisette ■ 8 servante.

SOUCHE: 4 gens, race*, tige ■ 5 agnat, estoc, rejet, talon, tribu,

tronc ■ 6 racine* ■ 7 branche*, famille, stupide ■ 12 souchetage.
SOUCHETTE : 8 collybie.
SOUCI : 4 aria, cure, émoi, soin* ■ 5 ennui*, luron ■ 6 tracas ■ 7 crainte* ■ 8 embarras, supplice, tintouin, tourment* ■ 9 légalisme, obsession ■ 10 embêtement, inquiétude*, insoucieux ■ 11 contrariété, désagrément, emmerdement, maniaquerie, nonchalance, sollicitude, tracasserie ■ 13 préoccupation ■ 14 empoisonnement.
SOUCIER : 9 inquiéter ■ 11 embarrasser.
SOUCIEUX : 7 anxieux, inquiet* ■ 9 assombrir ■ 10 insouciant ■ 11 indifférent ■ 13 soucieusement.
SOUCOUPE : 8 déjeûner ■ 9 sous-tasse.
SOUDAGE : 6 trépan ■ 8 thermite ■ 9 corroyage.
SOUDAIN : 4 crac ■ 5 éclat, subit* ■ 6 prompt ■ 7 brusque*, imprévu* ■ 8 giboulée ■ 9 agression, apoplexie, explosion, irruption ■ 10 amouracher, foudroyant, instantané, soudaineté, subitement ■ 11 catastrophe ■ 13 contre-attaque.
SOUDAINEMENT : 9 tout à trac.
SOUDANAIS : 9 soudanien.
SOUDARD : 6 drille, reître, soldat*.
SOUDE : 4 kali, sodé ■ 5 akène, lapis, savon, verre ■ 6 tincal, varech ■ 7 charrée, soudier ■ 9 salicorne ■ 10 coalescent, gymnocarpe.
SOUDER : 5 lampe ■ 6 acérer, braser, rocher ■ 7 amorcer, joindre*, réparer ■ 8 adhérent, corroyer, soudable ■ 9 ressouder ■ 10 gamopétale, gamosépale, monadelphe, syndactyle ■ 14 aluminothermie ■ 15 polysynthétique.
SOUDOYER : 8 corrompu ■ 9 corrompre*.
SOUDURE : 6 suture ■ 7 brasure, soudage ■ 8 autogène, ignitron ■ 9 adhérence, dessouder, synostose ■ 10 fourchette ■ 11 coalescence.
SOUE : 6 étable.
SOUFFLE : 4 vent ■ 5 atman ■ 7 bouffée, haleine ■ 8 consonne ■ 9 insuffler ■ 10 exhalaison, essouffler, pet-de-nonne, tourbillon ■ 11 inspiration, respiration*.
SOUFFLER : 4 fêle ■ 5 verre ■ 6 pulser ■ 7 ébrouer, exhaler, expirer, glisser, gonfler, siffler ■ 8 inspirer*, respirer, soufflet ■ 9 insuffler, soufflage, souffleur ■ 10 approprier, fumigateur ■ 11 boursoufler, soufflement.
SOUFFLERIE : 7 venteau ■ 8 venteaux ■ 10 soufflante.
SOUFFLET : 5 gifle* ■ 8 giroflée, talmouse, torgnole ■ 9 torgniole ■ 10 soufflerie, souffleter.
SOUFFRANCE : 3 mal* ■ 4 rude ■ 5 crise, cruel, enfer, ennui, peine*, pitié ■ 6 fièvre, misère, primal, regret, spasme, tracas ■ 7 chagrin*, douleur*, malaise, martyre, morsure, passion, remords, torture ■ 8 calcaire, embarras, migraine, secousse, supplice, tintouin, tourment* ■ 9 endurance, expiation, névralgie, pincement ■ 10 algolagnie, crispation, difficulté, euthanasie, inquiétude, répugnance ■ 11 déchirement, étouffement, incommodité ■ 12 compatissant, radiculalgie ■ 13 craniosténose.
SOUFFRANT : 6 malade* ■ 11 souffreteux.
SOUFFRE : 6 désaxé ■ 7 dénutri, frustré, mal-aimé ■ 8 obnubilé ■ 10 insomnieux ■ 11 insomniaque ■ 12 sous-alimenté.
SOUFFRETEUX : 7 maladif.
SOUFFRIR : 5 crier, gémir, pâtir, subir* ■ 6 ahaner, mourir, peiner*, porter ■ 7 digérer, endurer, ennuyer, essuyer, languir, tolérer ■ 8 accepter, admettre, éprouver, recevoir ■ 9 chagriner, comporter, crucifier, inquiéter, permettre*, ressentir, supporter*, tenailler, tracasser ■

10 martyriser, supplicier, tourmenter ■ 11 intolérable ■ 14 souffre-douleur.
SOUFRE: 4 gale, sulf ■ 5 canon, mèche, sulfo ■ 7 histone, soufrer ■ 8 kératine, sélénium, soufrage, soufroir, sulfurer ■ 9 bisulfure, calcarone, ensoufrer, mercaptan, solfatare, soufrière, sulfacide, sulfureux, thionique ■ 10 désulfurer, oxysulfure, sulfurique ■ 11 ferrédoxine ■ 12 sulfhydrique ■ 13 hyposulfureux, phénothiazine, sulfinisation, vulcanisation.
SOUFRER: 8 soufreur, soufroir ■ 9 soufreuse.
SOUHAIT: 2 qu ■ 3 que ■ 4 gogo, vœu* ■ 5 à gogo, désir ■ 7 optatif ■ 9 pourvu que ■ 11 imprécation, réciproquer.
SOUHAITER: 6 donner ■ 7 désirer*, vouloir ■ 8 demander ■ 9 convoiter*.
SOUILLER: 5 baver, salir*, tarer ■ 6 tacher, ternir ■ 7 croupir, poisser, polluer ■ 8 entacher, graisser, profaner* ■ 9 souillure ■ 10 contaminer ■ 12 ensanglanter.
SOUILLON: 8 servante ■ 9 malpropre*.
SOUILLURE: 5 tache* ■ 6 saleté* ■ 8 immaculé, impureté* ■ 9 pollution, salissure.
SOUK: 6 marché.
SOUL: 4 ivre* ■ 5 saoul ■ 8 rassasié.
SOULAGEMENT: 3 ouf ■ 10 délivrance ■ 11 consolation ■ 13 adoucissement.
SOULAGER: 6 calmer* ■ 7 adoucir*, alléger, apaiser* ■ 8 consoler, délivrer ■ 9 décharger ■ 11 débarrasser.
SOULANE: 5 adret.
SOULARD: 6 soûlot.
SOULEVEMENT: 5 bulle ■ 6 émeute, levage, putsch ■ 7 révolte* ■ 9 agitation ■ 10 révolution ■ 11 épirogenèse ■ 12 épirogénique, insurrection ■ 13 épeirogénique.
SOULEVER: 4 came, grue ■ 5 lever, porté, vérin ■ 6 agiter, bouger, louver, porter ■ 7 ameuter, enlever, saisine ■ 8 abattant, écœurer, embarrer, insurger, révolter ■ 9 déchaîner, déterrage, élévateur, ventrière ■ 10 lévitation, surrection, travailler, treuillage ■ 11 scandaliser ■ 12 transpalette.
SOULIER: 5 forme, lacet, talon ■ 6 savate, tatane, tirant ■ 7 godasse, ribouis ■ 8 chausson, empeigne, escarpin, godillot, quartier, savetier, tricouni ■ 9 chaussure*, croquenot, richelieu ■ 10 ressemeler, tire-bouton.
SOULIGNER: 5 noter ■ 7 relever*, scander ■ 9 accentuer, antithèse ■ 10 soulignage ■ 12 soulignement.
SOUMETTRE: 4 défi ■ 5 céder, dîmer, fixer, gazer, obéir*, plier, rouir, subir, sujet, virer ■ 6 grever, lâcher, livrer, mollir, nitrer, offrir, opérer, régler, suivre, tester, usiner, varier ■ 7 auditer, courber, décatir, dompter*, écouter, endurer, engager, exposer, faiblir, filtrer, fléchir, fritter, fumiger, macérer, méditer, puddler, réduire ■ 8 abaisser, apprêter, calciner, départir, formoler, formuler, humilier, incliner, libeller, marmiter, négocier, opprimer, patenter, proposer, résigner*, secréter, torturer, upériser ■ 9 compacter, compromis, conformer, conquérir*, consentir, déchanter, enchaîner, fluidiser, lotionner, mordancer, pervibrer, racketter, résistant, similiser, subjuguer, succomber, supporter, surtondre, turbinage, vaporiser, vitrioler ■ 10 acquiescer, assujettir*, astreindre, débouillir, éthérifier, fiscaliser, handicaper, normaliser, obtempérer, réfrigérer, soviétiser, stériliser, tyranniser ■ 11 carburation, centrifuger, discipliner, frigorifier, hypothéquer, inter-

loquer, interviewer, lyophiliser, proposition, réglementer, rétrograder, subordonner, suggestible ■ **12** chloroformer, conditionner, hiérarchiser, surcomprimer ■ **13** psychanalyser, psychiatriser.
SOUMIS: **4** fumé, têtu ■ **6** docile, humble, souple ■ **7** rampant, résigné, ségrégé, servile ■ **8** astreint, déférent, frottant, insoumis, maniable, ségrégué ■ **9** gouvernés, malléable, obéissant ■ **12** psychiatrisé.
SOUMISSION: **5** devis, offre, ordre ■ **8** docilité, humilité, sujétion ■ **9** esclavage, servilité, soumettre, souplesse ■ **10** conformité, discipline, obéissance, résistance ■ **11** abaissement, négociation, proposition, résignation ■ **12** consentement, insoumission, supplication ■ **13** acquiescement, soumissionner ■ **15** soumissionnaire.
SOUNNA: **5** souna, sunna.
SOUPAPE: **4** laie ■ **5** valve ■ **6** clapet ■ **7** venteau ■ **8** papillon, venteaux ■ **13** décompresseur.
SOUPÇON: **5** doute* ■ **8** défiance*, méfiance, monition ■ **9** suspicion.
SOUPÇONNER: **6** douter ■ **9** suspecter ■ **10** pressentir* ■ **11** insoupçonné, soupçonneux ■ **12** soupçonnable ■ **14** insoupçonnable.
SOUPÇONNEUX: **7** défiant*, méfiant ■ **9** ombrageux.
SOUPE: **5** gombo ■ **6** panade, potage* ■ **7** garbure, lavasse, soupier ■ **8** bouillon, gratinée, soupière ■ **10** minestrone.
SOUPER: **5** repas ■ **7** soupeur ■ **11** après-souper.
SOUPIR: **7** sanglot ■ **8** soupirer.
SOUPIRANT: **5** amant.
SOUPIRER: **8** respirer ■ **9** convoiter*.
SOUPLE: **5** agile, félin, laine, liant, raide, riant, roide ■ **6** docile, soumis ■ **7** ductile, lacerie, morbide, patelin, servile ■ **8** flexible, lasserie, maniable*, membrane ■ **9** assouplir, élastique, malléable, obéissant, pou-de-soie, souplesse ■ **10** chamoisage, conciliant, mousseline, pout-de-soie, souplement ■ **11** complaisant, poult-de-soie ■ **12** récalcitrant.
SOUPLESSE: **5** clown, liant ■ **7** agilité, raideur, roideur ■ **8** sclérose ■ **9** sveltesse ■ **10** élasticité ■ **14** kinésithérapie, psychorigidité.
SOUQUENILLE: **8** vêtement.
SOUQUER: **4** ruer.
SOURCE: **4** mère ■ **5** coupe, débit, filet, filon, germe, laser, poule, puits, tronc, veine, virus ■ **6** geyser, souche ■ **7** origine*, pactole ■ **8** doctrine, effluent, fontaine, principe, remonter, ruisseau, sourcier ■ **9** adducteur, empirisme, fontanili ■ **10** photomètre, phréasique, projecteur, provenance, ressourcer, résurgence ■ **11** polariscope, rabdomancie ■ **12** colonialisme, iconographie, physiocratie, rhabdomancie.
SOURCIER: **12** baguettisant.
SOURCIL: **4** khôl ■ **5** front, kohol ■ **6** koheul ■ **8** glabelle ■ **10** froncement, sourcilier, sourciller.
SOURD: **3** han ■ **4** pouf ■ **5** caché, menée, roche ■ **8** murmurer ■ **9** assourdir, caverneux, sépulcral ■ **10** grondement, sourdement, sourdinage, sourdingue ■ **11** mugissement ■ **12** dactylologie ■ **13** bourdonnement.
SOURDEMENT: **8** maronner, sourdine ■ **11** secrètement.
SOURD-MUET: **11** surdimutité ■ **12** dactylologie.
SOURDRE: **6** couler*, sortir* ■ **7** filtrer*, jaillir*, suinter ■ **10** sourciller ■ **11** bouillonner.
SOURIRE: **3** ris ■ **4** rire* ■ **6** plaire* ■ **7** risette ■ **8** souriant.
SOURIS: **5** hibou ■ **7** cliquer ■ **8** chicoter ■ **9** souriceau, souricier ■ **10** souricière, souriquois, trotte-menu.
SOURNOIS: **4** faux, rusé ■ **5** malin ■ **6** fourbe* ■ **7** méfiant ■ **8** chafouin, tapinois ■ **9** dissimulé, doucereux ■ **10** sycophante ■ **12** archipatelin ■ **13** sournoisement.

SOUS : 7 immergé ■ 9 sous-marin ■ 10 sous-cutané, sous-pubien, sublingual, subsolaire ■ 11 sous-clavier ■ 12 subaquatique ■ 13 sous-orbitaire ■ 14 sous-maxillaire, sous-scapulaire ■ 15 sous-épidermique.
SOUS-BAS : 10 protège-bas.
SOUS-CLASSE[1] **:** 5 salpe ■ 9 carinates, copépodes, holostéen, ostracode, ptérygote, volvocale ■ 10 cirripèdes, placoderme ■ 11 aptérygotes, gamopétales, théromorphe, zoanthaires ■ 12 dialypétales, madréporaire, stégocéphale, xanthopycée ■ 13 branchiopodes, malacostracées, métachlamydée, prosobranches ■ 14 archichlamydée ■ 15 opisthobranches.
SOUSCRIPTEUR : 5 appel.
SOUSCRIRE : 6 signer ■ 7 abonner, cotiser ■ 9 approuver, consentir ■ 12 souscripteur.
SOUS-CUTANE : 4 lard ■ 8 furoncle, xanthome ■ 9 cellulite, emphysème ■ 12 hypodermique.
SOUS-DEVELOPPE : 9 take-off.
SOUS-DIACONAT : 5 ordre, sacre ■ 10 sous-diacre.
SOUS-EMBRANCHEMENT[1] **:** 9 cnidaires, cténaires ■ 11 chélicérate, cténophores ■ 12 angiospermes, gymnospermes.
SOUS-ENSEMBLE : 10 sous-espace.
SOUS-ENTENDRE : 6 tacite ■ 11 sous-entendu, sous-entente.
SOUS-ENTENDU : 9 enthymème.
SOUS-ESTIMER : 14 sous-estimation.
SOUS-EVALUER : 14 sous-évaluation.
SOUS-FAMILLE[1] **:** 5 ovins ■ 6 caprin ■ 7 capriné ■ 12 liguliflores, tubuliflores.
SOUS-FIFRE : 9 inférieur.
SOUS-HOMME : 12 sous-humanité.
SOUS-LOCATION : 10 bloc-sièges.
SOUS-MAIN : 6 buvard ■ 11 fomentation, secrètement.
SOUS-MARIN : 4 raid ■ 5 asdic, câble, capot, guyot, seuil, sonar ■ 7 abyssal, ballast, kiosque ■ 8 chaussée, torpille ■ 9 baignoire, gyroscope, océanaute ■ 10 schnorchel ■ 11 câblogramme, submersible ■ 12 sous-marinier, water-ballast ■ 13 anti-sous-marin.
SOUS-ŒUVRE : 9 fondement ■ 12 rempiètement.
SOUS-OFFICIER : 4 prêt, rang ■ 7 sous-off ■ 8 adjudant, fourrier, marinier ■ 9 mestrance ■ 10 maistrance, sous-maître ■ 11 sergent-chef, vaguemestre ■ 12 adjudant-chef, tambour-major.
SOUS-ORDRE[2] **:** 4 vice ■ 6 apodes ■ 7 tarsien ■ 9 aculéates, décapodes, hominiens, inférieur, lémuriens, mysticète, octopodes, paresseux ■ 10 brachycère, brachyoure, cavicornes, nématocère ■ 11 brachyoures ■ 12 dentirostres, ténuirostres, superfamille ■ 13 artiodactyles, proboscidiens ■ 15 périssodactyles.
SOUS-PREFET : 14 sous-préfecture ■ 15 sous-préfectoral.
SOUS-PRODUIT : 7 dioxine.
SOUS-PROGRAMME : 7 routine.
SOUS-SOL : 4 cave ■ 5 cueva ■ 8 cliquart, géophone ■ 9 fouillage ■ 10 pergélisol, permafrost.

---

1. Les sous-classes, sous-embranchements, sous-familles des règnes végétaux et animaux s'utilisent le plus souvent au pluriel. C'est la raison qui nous fait opter ici pour le pluriel dans le classement par nombre de lettres.
2. Les sous-ordres du règne animal s'utilisent le plus souvent au pluriel. C'est la raison qui nous fait opter ici pour le pluriel dans le classement par nombre de lettres.

SOUS-SOLAGE : 11 sous-soleuse.
SOUS-TACHE : 9 soutacher.
SOUS-TITRER : 11 sous-titrage.
SOUSTRACTION : 5 moins, règle, reste ■ 9 déduction ■ 11 soustractif ■ 12 détournement ■ 14 exsanguination.
SOUSTRAIRE : 4 ôter* ■ 5 voler ■ 6 cacher, capter, chiper, éluder, gruger, plumer, voiler ■ 7 couvrir, déduire*, défiler, dégager, dérober*, enlever*, masquer, retirer*, tromper ■ 8 arracher, déguiser, échapper, soutirer ■ 9 décompter, détourner, distraire, escamoter, escroquer, immuniser, obscurcir, réchapper ■ 10 dépouiller, retrancher*, surprendre ■ 11 cytaphérèse ■ 12 soustraction ■ 14 décriminaliser.
SOUS-TRAITANT : 8 packager ■ 9 packageur.
SOUS-VERRE : 8 pêle-mêle.
SOUS-VETEMENT : 4 body ■ 5 gilet ■ 6 corset, parure ■ 7 caleçon, culotte ■ 8 pantalon ■ 9 interlock ■ 11 cache-corset, combinaison.
SOUTACHE : 9 soutacher.
SOUTANE : 7 simarre ■ 10 ensoutaner, soutanelle.
SOUTENANCE : 11 argumentant.
SOUTENEMENT : 4 dame ■ 7 boisage ■ 10 épaulement.
SOUTENEUR : 3 mec ■ 5 jules, marle ■ 6 marlou ■ 7 barbeau, dos-vert, poisson ■ 8 alphonse, estafier ■ 9 barbillon, maquereau, marloupin ■ 10 chandelier, marloupiat ■ 11 marloupatte.
SOUTENIR : 5 aider*, nager, ramer, subir, thèse ■ 6 acorer, écrire, élever, étayer, porter* ■ 7 accorer, adosser, appuyer, asseoir, assurer, épauler ■ 8 affirmer*, contenir, défendre, défrayer, empatter, flanquer, protéger, résister, soulever ■ 9 arc-bouter, lombostat, maintenir, prétendre, renforcer, rentoiler, supporter*, sustenter, terrasser ■ 10 assujettir, consolider, échalasser, étançonner, soutenable, soutenance ■ 11 accompagner ■ 12 controverser, insoutenable.
SOUTENU : 9 sostenuto.
SOUTERRAIN : 4 cave*, igue, mine, silo ■ 5 bulbe, câble, caïeu, cayeu, cloup, drain, égout, gaine, jumbo, nappe, spéos, taupe ■ 6 caveau, crypte, grotte, in-pace, tunnel ■ 7 caverne, foggara, galerie, hypogée, syringe ■ 8 fougasse, sclérote, sépulcre ■ 9 nécropole, oubliette, résurgent ■ 10 catacombes, contre-mine, hypocauste ■ 13 troglodytique ■ 15 champignonnière, cul-de-basse-fosse, souterrainement.
SOUTIEN : 3 tin ■ 4 base*, étai, glie, pied, pile, rame ■ 5 appui*, bâton, butée, culée, palée, pivot, selle ■ 6 pilier*, poteau, poutre, refuge, solive, taquet, tuteur, vergue ■ 7 colonne, console, échalas, éclisse, étançon, pilotis, potence, support*, tasseau, tréteau ■ 8 armature*, baudrier, béquille, carcasse, chevalet, jambette, modillon, ossature, suspente ■ 9 appui-main, appui-tête, balancier, cariatide, charpente*, chevrette, défenseur, étaiement, étayement, galhauban, piédestal, porte-mors, souteneur, trésaille ■ 10 accotement, arc-boutant, arc-rampant, clayonnage, contrefort, épaulement, étrésillon, porte-outil, porte-trait, suspensoir ■ 11 bandoulière, buffleterie, chevalement, hyposcénium, soutènement ■ 12 pied-de-chèvre, sclérenchyme, soutien-gorge ■ 13 consolidation, étançonnement, porte-brancard ■ 14 accompagnement, encorbellement ■ 15 porte-mousqueton.
SOUTIEN-GORGE : 9 balconnet ■ 10 pigeonnant.
SOUTIENT : 14 antipsychiatre.
SOUTIRER : 5 élier, tirer ■ 7 obtenir ■ 8 carotter, estamper ■ 9 soutirage.
SOUVENIR : 4 idée ■ 6 cadeau, koubba ■ 7 mémento, mémoire*, trophée ■ 8 complexe, immortel, rappeler*, retracer ■ 9 évocation,

rafraîchir ■ 10 commémorer, paramnésie, rafraîchir, souvenance ■ 11 remembrance ■ 12 anniversaire, commémoratif, remémoration, réminiscence, ressentiment ■ 13 commémoration, souvenir-écran ■ 14 reconnaissance.

SOUVENT: 8 fréquent, pleurard ■ 9 crachoter, craqueter, fouailler, tessiture, toussoter ■ 11 biberonner, fréquenter, sonnailler ■ 11 fréquemment ■ 12 souventefois ■ 13 ordinairement.

SOUVERAIN: 3 bey, duc, roi ■ 4 chah, chef*, cour, dieu, émir, imam, iman, pile, shah, sire ■ 5 garde, légat, liste, négus, règne, saint, schah, sujet, tiare, trône, tyran ■ 6 absolu, mandat, négous, prince ■ 7 dauphin, despote, padicha, suprême* ■ 8 dynastie, empereur, grand-duc, monarque, padichah, padishah, palefroi, pavillon, potentat, puissant ■ 9 landgrave ■ 10 allégeance, arrière-ban, omniprésent ■ 11 conjuration, lèse-majesté, prorogation ■ 12 couronnement, tout-puissant ■ 14 souverainement.

SOUVERAINETE: 7 sceptre ■ 8 couronne, régalien, tyrannie ■ 9 dictature, hégémonie, puissance, souverain ■ 10 autocratie, démocratie, domination, oppression, prépotence, suprématie ■ 11 absolutisme, condominium, omnipotence, prééminence, supériorité* ■ 14 toute-puissance.

SOVIET: 10 soviétique, soviétiser ■ 13 soviétisation.

SOVIETIQUE: 8 komsomol, refuznik ■ 11 kalachnikov ■ 12 soviétologue ■ 13 kremlinologie.

SOYEUX: 4 foin ■ 5 bysse, cocon, coton ■ 8 agneline.

SPACIEUX: 5 ample*, grand*.

SPADASSIN: 5 bravi, bravo ■ 8 bretteur, estafier ■ 9 meurtrier*.

SPAHI: 7 chéchia.

SPARGOUTTE: 8 spergule.

SPALAX: 8 rat-taupe.

SPARIDE: 3 sar ■ 5 pagel, pagre ■ 6 dorade ■ 7 daurade ■ 8 rousseau.

SPART: 4 alfa ■ 6 sparte ■ 9 spartéine, sparterie.

SPARTERIE: 4 coir.

SPARTIATE: 8 scouffin ■ 11 lacédémonien.

SPASME: 7 mélisse, tétanie ■ 8 atropine ■ 9 tétanisme, vaginisme ■ 10 convulsion* ■ 11 spasmodique ■ 13 acétylcholine ■ 15 antispasmodique.

SPASMOPHILIE: 11 spasmophile ■ 14 spasmophilique.

SPATH: 5 fluor, nicol ■ 9 spathique.

SPATIAL: 10 cosmonaute, spatialité ■ 15 rétropropulsion.

SPATIALE: 8 orbitale, orbiteur ■ 15 télémaintenance.

SPATIALISER: 14 spatialisation.

SPATULE: 5 gâche ■ 7 spatulé, truelle ■ 8 acromion.

SPECIAL: 5 cours, étude, label, légat, train ■ 8 exclusif, taillage ■ 9 notamment, patentage ■ 10 spécialité ■ 11 particulier*, spécialiser ■ 12 spécialement ■ 13 spécification.

SPECIALISATION: 13 taylorisation ■ 14 latéralisation.

SPECIALISE: 2 o.s. ■ 8 solderie.

SPECIALISER: 8 confiner ■ 14 spécialisation.

SPECIALISTE: 5 miler ■ 6 expert, gréeur ■ 7 jaugeur, monteur, pompeur ■ 8 bibliste, chromeur, coffreur, ergonome, géomètre, largueur, layetier, mesureur, notateur, pédiatre, pédicure, stratège, tourneur ■ 9 aciériste, aliéniste, argotiste, astronome, canoniste, canonnier, chaîniste, civiliste, compagnon, culottier, éthologue, étiopathe, financier, franciste, géographe, métricien, missilier, œnologue, paqueteur, pédologue, pénaliste, podologue, puisatier, radariste, rhéologue, sénologue, sexologue, sidologue, similiste, sitologue, slalomeur, tacticien, varappeur, vélociste, virologue, visagiste ■ **10** alcoologue, andrologue, antenniste, biologiste, bourrelier, chaînetier, crevettier, économiste, érotologue, ethnologue, ferronnier, fontainier, helléniste, héraldiste, kabbaliste, navigateur, neurologue, organicien, phonologue, privatiste, psychiatre, repriseuse, sémiologue, sémitisant, sismologue, technicien, thermicien, torpilleur ■ **11** acuponcteur, acupuncteur, balisticien, cardiologue, cartographe, cytologiste, diététicien, ergonomiste, ethnographe, généraliste, géochimiste, glaciologue, gynécologue, hellénisant, hématologue, mercaticien, numérologue, océanologue, ornémaniste, orthoptiste, papyrologue, pétrographe, phébologue, polémologue, poursuiteur, proctologue, programmeur, réanimateur, scénographe, sémanticien, sémioticien, sérologiste, spéléologue, stenciliste, taxinomique, technologue, télémétreur, travailleur, virologiste ■ **12** automaticien, chauffagiste, climatologue, comparatiste, cosmétologue, cosmologiste, diabétologue, éclairagiste, feuillagiste, gemmologiste, géophysicien, hydraulicien, hydrologiste, ingéniériste, installateur, neurologiste, obstétricien, océanographe, optométriste, papillonneur, phtisiologue, préhistorien, rhumatologue. sanskritiste, soviétologue, stylisticien, syntacticien, terminologue, triathlonien, volcanologue ■ **13** anthropologue, astrométriste, cybernéticien, électronicien, épistémologue, gynécologiste, hématologiste, immunologiste, infographiste, minéralogiste, ophtalmologue, orthodontiste, pétrochimiste, politicologue, professionnel, psychanalyste, puéricultrice, relationniste, spéléologiste, systématicien, technologiste ■ **14** allergologiste, astrophysicien, conjoncturiste, dermatologiste, endocrinologue, nonspécialiste, prévisionniste, protohistorien, pyrotechnicien, radioastronome, télémécanicien ■ **15** anthropologiste, contorsionniste, épidémiologiste, épistémologiste, microbiologiste, neuropsychiatre, ophtalmologiste, parapsychologue, psycholinguiste, psychométricien, traumatologiste.

SPECIALITE: **2** as ■ **5** bugne ■ **6** partie ■ **7** pirojki ■ **8** goulasch ■ **9** sénologie ■ **10** cyclo-cross ■ **11** phlébologie, spécialiste ■ **12** néonatalogie.

SPECIEUX: **8** apparent, captieux ■ **10** spéciosité ■ **13** spécieusement.

SPECIFICATION: **10** multigrade.

SPECIFIER: **8** préciser ■ **10** désignatif, normaliser.

SPECIFIQUE: **5** lèpre, petit, poids ■ **7** pattern ■ **9** ad valorem, tularémie ■ **11** littéralité, résistivité, spécificité ■ **14** spécifiquement ■ **15** caractéristique.

SPECIMEN: **6** modèle* ■ **11** échantillon.

SPECTACLE: **3** vue ■ **4** loge, show ■ **5** danse, joute, match, revue, scène* ■ **6** défilé, numéro, séance ■ **7** bunraku, cabaret, cortège, matinée, show-biz ■ **8** entracte ■ **9** box-office, cavalcade, curiosité, music-hall, naumachie, promenoir ■ **10** exhibition, one-man-show, star-system ■ **11** caleçonnade ■ **12** show-business ■ **13** spectaculaire ■ **14** représentation*, téléspectateur.

SPECTATEUR: **5** hourd, stand ■ **6** témoin ■ **8** ouvreuse, parterre ■ **11** arrière-plan.

SPECTRE: **4** raie ■ **5** larve ■ **7** fantôme* ■ **8** spectral ■ **10** apparition ■ **11** millimicron ■ **12** spectroscope ■ **13** spectrogramme, spectrographe, spectroscopie ■ **14** spectrographie ■ **15** spectroscopique.

SPECTROMETRIE: **15** spectrométrique.

SPECTROSCOPIE: **15** spectrochimique.

SPECULATEUR : 5 trust ■ 8 baissier, haussier ■ 9 financier ■ 10 affairiste.
SPECULATIF : 8 mahayana.
SPECULATION : 7 théorie ■ 8 agiotage ■ 9 coalition, théorique ■ 10 spéculatif, téléologie ■ 11 spéculateur ■ 12 boursicotage ■ 15 spéculativement.
SPECULER : 7 méditer ■ 9 trafiquer.
SPECULUM : 11 rhinoscopie.
SPEECH : 5 toast ■ 8 discours*.
SPELEOLOGIE : 7 caverne ■ 10 photophore ■ 11 spéléologue ■ 12 autobloqueur ■ 13 spéléologiste.
SPERGULE : 9 spargoute ■ 10 espargoute.
SPERMAPHYTE : 11 phanérogame*.
SPERMATIQUE : 10 varicocèle ■ 11 funiculaire.
SPERMATOZOÏDE : 9 épididyme, flagellum ■ 10 spermatide ■ 11 azoospermie ■ 13 spermatophore.
SPERME : 7 semence ■ 10 séminifère ■ 11 azoospermie, spermatique ■ 12 spermogramme.
SPHAIGNE : 9 tourbière.
SPHENOÏDE : 8 turcique ■ 10 ptérygoïde, sphénoïdal.
SPHERE : 4 apex, dôme, orbe, pôle, tête, zone ■ 5 balle, bille, boule*, globe*, grain, perle, poids, terre ■ 6 ballon, milieu, voyant, zénith ■ 7 globule, lambert, marteau, oolithe ■ 8 blastula, blastule, équateur, méridien, nucléole, sphérule, zodiaque ■ 9 sphérique, sphéroïde ■ 10 atmosphère, loxodromie, navisphère, sphéricité, sphéroïdal ■ 11 bathysphère, lithosphère, planisphère, sphéromètre ■ 12 sphéroïdique, stratosphère.
SPHERULE : 5 noyau.
SPHINCTER : 4 anus ■ 12 sphinctérien.
SPHINX : 7 échidna, sphinge.
SPHYGMOGRAPHIE : 13 sphygmogramme.
SPICILEGE : 10 anthologie.
SPIDER : 8 roadster.
SPIN : 6 baryon.
SPINELLE : 9 rubicelle.
SPINOZISME : 10 spinosisme, spinoziste.
SPIRALE : 4 lové, tors ■ 5 filet, lover, spire ■ 6 boucle, boudin, courbe*, frison, spiral, volute ■ 8 tarauder, volubile ■ 9 bouclette, colimaçon, columelle, spiroïdal ■ 10 cannetille, leptospire, ondulation ■ 11 tire-bouchon ■ 15 taille-racines.
SPIREE : 7 ulmaire ■ 11 filipendule ■ 12 reine-des-prés.
SPIRILLE : 10 spirillose.
SPIRITISME : 7 spirite ■ 10 typtologie ■ 11 télékinésie ■ 15 matérialisation.
SPIRITUALITE : 10 hésychasme.
SPIRITUEL : 3 âme, bon, fin ■ 4 ange, salé ■ 5 ligne, moral ■ 6 pneuma, satori ■ 7 amusant, délicat, piquant ■ 8 charisme, gavroche, joliment ■ 9 ascétisme, ingénieux ■ 13 spiritualiser, spiritualisme.
SPIRITUEUX : 4 arac, arak, rack, raki ■ 5 arack ■ 6 alcool* ■ 8 vespétro ■ 10 tempérance.
SPIROCHETE : 4 pian ■ 6 sodoku ■ 9 tréponème ■ 12 spirochétose ■ 15 fuso-spirillaire.
SPLEEN : 7 chagrin* ■ 9 nostalgie, tristesse* ■ 10 abattement.
SPLENDEUR : 4 luxe* ■ 5 éclat ■ 7 lumière ■ 8 brillant ■ 12 magnificence.
SPLENDIDE : 4 beau* ■ 7 superbe ■ 9 admirable*, somptueux ■ 13 splendidement.
SPLENOMEGALIE : 15 splénomégalique.

SPOLIER : **3** ôter ■ **5** voler* ■ **10** déposséder*, spoliateur, spoliation.
SPONDEE : **10** asclépiade, spondaïque.
SPONGIAIRE : **6** éponge*.
SPONGIEUSE : **8** moussage.
SPONGIEUX : **7** flasque ■ **9** porophore ■ **10** parenchyme ■ **11** spongiosité, tissu-éponge.
SPONSOR : **9** sponsorat ■ **10** sponsoring.
SPONTANE : **4** inné ■ **5** libre, magie, mûrir ■ **7** naturel, violent ■ **8** impulsif ■ **11** spontanéité, synesthésie ■ **12** auto-allumage, auto-amorçage, primesautier, spontanément.
SPONTANEE : **14** autocorrection.
SPONTANEISME : **12** spontanéiste.
SPORADIQUE : **11** sporadicité ■ **14** sporadiquement.
SPORANGE : **4** sore, urne ■ **7** indusie ■ **9** sporogène ■ **11** zoosporange ■ **13** macrosporange, microsporange.
SPORE : **5** asque ■ **6** thèque ■ **7** conidie ■ **8** hyménium, prothalle, sporange, sporuler, zoospore ■ **9** apothécie, ascospore, paraphyse, protonéma, spermatie ■ **10** macrospore, microspore, sporophyte, urédospore ■ **11** sporulation ■ **12** téleutospore.
SPOROTRICHE : **13** sporotrichose.
SPOROZOAIRE : **8** coccidie ■ **9** grégarine, paludisme ■ **10** plasmodium.
SPORT : **3** fun, ski ■ **4** boxe, golf, luge, turf ■ **5** catch, coupe, passe, poids, rugby, score, short, skeet, skiff, stade, trial, voile, volée ■ **6** basket, glisse, minime, rowing, savate, squash, tennis ■ **7** bicross, camping, cricket, escrime, marteau, monoski, sportif ■ **8** barefoot, base-ball, boulisme, cellular, coudière, cyclisme, flottant, football, funboard, handball, handicap, hippisme, moniteur, natation, nautisme, patinage, yachting ■ **9** alpinisme, aquaplane, canoéisme, challenge, critérium, entraîner, naturisme, parapente, sauvetage, sportsman, taekwondo, water-polo ■ **10** athlétisme, basket-ball, cuissettes, cyclo-cross, demi-finale, équitation, handisport, sportivité, sportswear, trampoline, volley-ball ■ **11** championnat, compétition, sélectionné, sportswoman ■ **12** entraînement, motonautisme ■ **13** automobilisme, confédération, altérophilie, international, médico-sportif.
SPORTIF : **7** has been, sponsor ■ **8** dragster ■ **9** kayakiste ■ **11** antisportif.
SPORTIVE : **4** raft ■ **7** rafting ■ **9** classique.
SPRAT : **9** haranguet, harenguet.
SPRINKLER : **9** asperseur.
SPUMEUX : **9** spumosité.
SPUTATION : **7** cracher*.
SQUALE : **5** lamie ■ **6** requin*, touille ■ **8** galuchat ■ **9** roussette.
SQUAME : **5** psora, psore ■ **7** écaille* ■ **9** desquamer, psoriasis.
SQUARE : **6** jardin*.
SQUATTER : **5** squat.
SQUEEZER : **7** squeeze.
SQUELETTE : **4** côte, mort ■ **5** carpe, tarse ■ **7** canevas, spicule ■ **8** carcasse*, ceinture, polypier ■ **9** cartilage, charpente*, cornillon, métacarpe, métatarse, zoothèque ■ **10** kieselguhr, mésoblaste ■ **11** microtubule ■ **12** spina-ventosa, squelettique.
SQUELETTIQUE : **12** exosquelette.
SQUIRRE : **9** squirreur.
STABILISATEUR : **5** balai ■ **9** balancier ■ **11** équilibreur.
STABILISATION : **8** gyrostat ■ **15** semi-submersible.
STABILISER : **5** fixer* ■ **9** maintenir ■ **10** équilibrer ■ **11** homéostasie ■ **13** stabilisateur, stabilisation.

STABILITE: **6** aplomb, fixité ■ **7** fermeté* ■ **8** assiette, solidité ■ **9** empennage, gyroscope ■ **11** autoportant, autoporteur, instabilité, stabilisant ■ **12** acido-basique, déstabiliser ■ **14** affermissement.
STABLE: **4** fixe* ■ **5** assis, ferme*, leste ■ **6** solide* ■ **7** affermi, durable ■ **8** assiette, habituel, immobile, instable, précaire ■ **9** consolidé, stabilité ■ **10** consistant, inamovible ■ **11** apériodique ■ **12** énantiotrope.
STADE: **5** degré*, germe, imago, larve, mûrir, phase ■ **7** société ■ **10** transition ■ **11** cysticerque, sadique-anal.
STAFF: **4** stuc ■ **7** staffer ■ **8** staffeur.
STAGE: **6** séjour ■ **7** juvénat ■ **9** stagiaire.
STAGNANT: **5** mort ■ **6** croupi ■ **10** stagnation.
STAGNATION: **5** stase ■ **7** marasme.
STAGNER: **9** séjourner.
STALACTITE: **5** baume.
STALINE: **15** déstalinisation.
STALINIEN: **10** stalinisme.
STALLE: **3** box.
STANCE: **5** épode, poème* ■ **6** laisse, sixain, sizain, tercet ■ **7** couplet, huitain, strophe.
STANDARD: **5** inter ■ **12** standardiste ■ **13** normalisation ■ **15** standardisation.
STAPHYLOCOQUE: **7** sycosis ■ **8** furoncle, impétigo ■ **14** staphylococcie.
STAR: **6** acteur ■ **8** stariser ■ **9** starifier.
STARIE: **7** estarie.
STARISER: **11** starisation.
STAROSTIE: **8** staroste.
STARTER: **5** choke.
STATHOUDER: **12** stathoudérat.
STASE: **5** arrêt ■ **10** stagnation.
STATION: **5** arrêt*, aviso, halte, panne, pause, train ■ **6** ponton ■ **8** dystasie, estivant, lave-auto ■ **9** prochaine ■ **10** isallobare, radiophare, stationner ■ **11** sous-station ■ **13** orthostatique.
STATIONNEMENT: **5** place ■ **6** tarmac ■ **7** bivouac ■ **9** campement, mouillage, parcmètre ■ **10** parcomètre ■ **11** caillebotis ■ **13** dénucléariser.
STATIONNER: **7** arrêter* ■ **12** stationnaire ■ **13** stationnement.
STATIQUE: **8** mutateur, onduleur, statisme ■ **12** antistatique, statiquement.
STATISTIQUE: **6** survie ■ **8** quartile, variance ■ **10** covariante ■ **11** cartogramme, ventilation ■ **12** chronogramme, criminologie, dénombrement ■ **14** catégorisation, géostatistique ■ **15** désaisonnaliser, statistiquement.
STATOCYTE: **8** otocyste.
STATUE: **4** coré, dais ■ **5** galbe, idole, niche, orant, oscar, terme ■ **6** couros, kouros, marbre, priant ■ **7** atlante, colosse ■ **8** figurine, modeleur ■ **9** cariatide, caryatide, palladium, sculpteur, sculpture*, statuaire, statuette, statufier ■ **11** alabastrite ■ **12** androcéphale ■ **13** statue-colonne ■ **14** photosculpture.
STATUER: **5** juger* ■ **9** prononcer.
STATURE: **5** géant ■ **6** taille* ■ **7** colosse ■ **8** pycnique.
STATUT: **5** règle* ■ **9** admission, règlement* ■ **10** hors statut, statutaire ■ **14** idéologisation, neutralisation, statutairement ■ **15** extrastatutaire.

STEAK: **9** cannibale.
STEAMBOAT: **6** bateau*.
STEAMER: **6** bateau*, navire*.
STEARINE: **10** stéarinier ■ **11** stéarinerie.
STEATOPYGIE: **10** stéatopyge.
STEEPLE-CHASE: **5** brook, douve ■ **7** rivière ■ **9** bull-finch.
STELLERIDE: **8** astéride*.
STELLIONAT: **14** stellionataire.
STENCIL: **11** stenciliste.
STENOGRAPHIE: **5** sigle ■ **9** sténotype ■ **10** sténotypie ■ **11** sténogramme, sténographe ■ **12** sténotypiste ■ **13** sténographier ■ **14** sténographique.
STENOSE: **11** angiomatose.
STEPPE: **4** veld ■ **5** pampa ■ **7** brousse ■ **8** autruche ■ **9** steppique, syrrhapte.
STERCORAIRE: **4** skua.
STERCULIACEE: **4** cola, kola ■ **8** cacaoyer, kolatier ■ **9** cacaotier.
STERE: **2** st ■ **5** corde.
STEREOCHIMIE: **14** stéréochimique.
STEREOGRAPHIE: **15** stéréographique.
STEREOMETRIE: **14** stéréométrique.
STEREOPHONIE: **14** stéréophonique.
STEREOPHOTOGRAPHIE: **15** photogrammétrie.
STEREOSCOPE: **9** anaglyphe ■ **14** stéréoscopique.
STEREOSCOPIE: **14** stéréoscopique.
STEREOTAXIE: **13** stéréotaxique.
STEREOTOMIE: **13** stéréotomique.
STEREOTYPE: **4** figé ■ **11** stéréotyper, stéréotypie.
STERILE: **4** vain* ■ **5** aride, axène ■ **6** gâtine, ingrat, pauvre, tiglon ■ **7** inculte* ■ **8** axénique, infécond ■ **9** bréhaigne, infertile, paraphyse, pouilleux ■ **10** stériliser ■ **11** infructueux, stérilement ■ **12** découverture.
STERILISATION: **5** étuve ■ **9** autoclave ■ **10** stériliser ■ **11** ozonisation, upérisation ■ **13** appertisation, javellisation ■ **14** assainissement, tyndallisation.
STERILISE: **8** aseptisé.
STERILISER: **9** aseptiser ■ **10** javelliser ■ **11** stérilisant ■ **13** stérilisateur, stérilisation.
STERILITE: **7** aridité ■ **9** clomifène ■ **11** azoospermie, impuissance*, infécondité, infertilité.
STERIQUE: **13** stéréo-isomère ■ **14** stéréo-isomérie.
STERLING: **5** livre.
STERNE: **10** hirondelle.
STERNUM: **3** ris ■ **5** bossu ■ **7** bréchet, sternal ■ **8** xiphoïde ■ **9** carinates, clavicule, épigastre, manubrium ■ **13** chondrocostal.
STERNUTATOIRE: **7** bétoine.
STEROÏDE: **9** stéroïque ■ **10** stéroïdien.
STEROL: **10** ergostérol, sitostérol ■ **11** cholestérol ■ **12** cholestérine. cyclopentane.
STETHOSCOPE: **12** auscultation.
STHENE: **5** pièze.
STICK: **8** baguette.
STIGMATE: **5** fleur, style, trace* ■ **6** marque* ■ **9** cicatrice ■ **10** stigmatisé ■ **11** stigmatiser ■ **13** pollinisation.
STIGMATISER: **9** condamner, pardonner ■ **14** stigmatisation.

STIGMATISME : **11** stigmatique.
STIMULANT : **4** coca, maté ■ **5** fouet ■ **7** camphre, livèche, pouliot, romarin, vomique ■ **8** apéritif, calamant, décapant, excitant* ■ **9** carbogène, effecteur, histamine, stimuline ■ **10** dynamogène, énergisant ■ **11** amphétamine, analeptique, stimulation ■ **12** excitabilité ■ **13** cardiotonique, dynamogénique, psychotonique.
STIMULATION : **9** émulation, réconfort ■ **10** synectique ■ **12** chémocepteur, fracturation ■ **14** chémorécepteur ■ **15** mécanorécepteur, sympatholygique.
STIMULE : **6** dopant ■ **11** thyréotrope.
STIMULER : **3** hop, olé ■ **5** chulo, doper, faire ■ **6** animer, piquer, remuer ■ **7** exciter*, pousser*, ranimer, relever, toucher ■ **8** aiguiser, émouvoir, enhardir, exhorter, fouetter, harceler, rassurer, remonter, talonner ■ **9** échauffer, éperonner, fortifier, raffermir, retremper, réveiller, stimugène ■ **10** encourager* ■ **11** émoustiller, réconforter, stimulation ■ **12** aiguillonner, ragaillardir ■ **13** aminophylline.
STIMULUS : **6** cinèse ■ **9** évocateur, ménotaxie ■ **10** centration ■ **13** esthésiomètre ■ **14** infraliminaire.
STIPE : **4** tige* ■ **7** stipité.
STIPENDIER : **9** corrompre.
STIPULER : **7** énoncer* ■ **10** stipulaire ■ **11** contractuel.
STOCK : **4** parc ■ **7** réserve, stocker ■ **8** stockage ■ **9** provision*, stockiste ■ **10** magasinier ■ **11** bullionisme.
STOCKAGE : **4** crib.
STOÏCIEN : **7** austère, stoïque ■ **9** stoïcisme.
STOÏQUE : **3** dur* ■ **5** ferme*, homme ■ **7** austère ■ **8** stoïcien ■ **11** stoïquement.
STOLON : **11** stolonifère.
STOMACAL : **3** rot.
STOMACHIQUE : **5** aloès ■ **8** vespétro ■ **10** strychnine.
STOMATOLOGIE : **14** stomatologiste.
STOMOCORDE : **12** balanoglosse ■ **13** entéropneuste.
STOPPER : **7** arrêter*, réparer* ■ **8** stoppage, stoppeur ■ **11** raccommoder.
STORE : **6** rideau* ■ **8** storiste.
STRABISME : **9** strabique.
STRAMOINE : **6** datura.
STRANGULER : **9** étrangler*, garrotter ■ **13** strangulation.
STRASBOURG : **14** strasbourgeois.
STRATAGEME : **4** ruse*.
STRATE : **10** stratifier ■ **14** stratification.
STRATEGIE : **3** clé ■ **4** clef ■ **7** wargame ■ **8** stratège, tactique ■ **11** stratégique, stratégiste ■ **12** géostratégie, opérationnel, quadrilatère ■ **13** eurostratégie, marchandisage ■ **15** stratégiquement.
STRATEGIQUE : **4** icbm, m.s.b.s., slbm, s.s.b.s.
STRATIFERE : **3** lit.
STRATIFIE : **7** formica, lamifié ■ **8** cinérite.
STRATIFICATION : **5** lœss.
STRATO-CUMULUS : **13** cumulo-stratus.
STRATOSPHERE : **10** mésosphère, tropopause ■ **11** stratopause ■ **15** stratosphérique.
STRATIGRAPHIE : **15** stratigraphique.
STRATUS : **5** nuage.
STREPSIPTERE : **7** stylops.
STREPTOCOQUE : **8** impétigo ■ **9** érésipèle, érysipèle ■ **13** streptococcie ■ **15** streptococcique.

STRESS : **8** stresser.
STRICT : **5** exact* ■ **6** étroit*, sévère* ■ **7** mitiger ■ **8** littéral ■ **11** étroitement, strictement ■ **12** approximatif, stricto sensu.
STRIDENT : **4** aigu* ■ **6** criard ■ **9** stridence ■ **10** striduleux.
STRIDULATION : **9** striduler.
STRIE : **4** ride ■ **7** striure ■ **8** fibrille ■ **9** cannelure.
STRIER : **5** rayer ■ **7** bretter ■ **9** bretteler, retailler, striation ■ **10** craqueler.
STRIGIDE : **3** duc ■ **5** hibou, strix ■ **8** chouette ■ **9** ululation, ululement.
STRIOSCOPIE : **13** strioscopique.
STRIPPING : **8** stripper.
STRIP-TEASE : **13** strip-teaseuse.
STRIP-TEASEUSE : **12** effeuilleuse.
STRIURE : **5** strie*.
STROBILE : **3** pin.
STROBOSCOPE : **12** stroboscopie.
STROBOSCOPIE : **14** stroboscopique.
STROMBE : **5** lambi.
STRONTIUM : **2** sr ■ **10** strontiane.
STROPHANTE : **8** ouabaïne ■ **11** strophantus ■ **12** strophantine.
STROPHE : **3** ode ■ **5** chant, épode, hymne, poème* ■ **6** dizain, onzain, stance ■ **7** couplet, neuvain, septain, sextine ■ **8** alcaïque, clausule, quatrain ■ **11** antistrophe.
STRUCTURE : **5** forme* ■ **6** surbau ■ **7** pattern ■ **8** anatomie, artefact, guidance, limbique, rudiment, technème ■ **9** charpente*, charpenté, coacervat, genouillé, mécanisme, nihilisme, structuré ■ **10** borderline, contexture, glanduleux, monoclinal, structural, structurer ■ **11** composition, géophysique, glandulaire, hématologie, microtubule, militariser, morphologie, stéréotaxie ■ **12** architecture, macrographie, télencéphale ■ **13** métamorphisme, myélencéphale, paramilitaire, planification, structuration ■ **14** extrapyramidal, métallographie, microstructure, psychocritique, rhombencéphale, thoracoplastie ■ **15** restructuration, révolutionnaire, tectonophysique.
STRUCTURER : **12** structurable.
STRYAX : **10** aliboufier.
STRYCHNOS : **4** upas ■ **6** curare ■ **7** vomique ■ **10** strychnine.
STUC : **5** staff ■ **6** plâtre ■ **7** stucage, stuquer ■ **9** stucateur.
STUDIEUX : **6** polard ■ **8** appliqué.
STUDIO : **4** flat, loft ■ **5** décor, vidéo ■ **10** extérieurs ■ **11** appartement.
STUPA : **6** torana, vedika.
STUPEFACTION : **7** stupeur ■ **9** épatement ■ **10** étonnement* ■ **12** ahurissement, saisissement ■ **13** consternation ■ **14** étourdissement.
STUPEFAIT : **4** baba ■ **5** ahuri, ébahi ■ **6** effaré, sidéré ■ **7** éberlué, pantois, surpris ■ **10** stupéfiant.
STUPEFIANT : **6** drogue ■ **7** héroïne, surdose ■ **8** effarant, étonnant* ■ **9** intoxiqué, marihuana, marijuana ■ **10** ahurissant, formidable, surprenant* ■ **11** narcodollar ■ **12** narco-analyse ■ **14** abasourdissant.
STUPEFIER : **6** ahurir, ébahir* ■ **7** effarer, étonner*, méduser, sidérer ■ **8** atterrer ■ **9** confondre, pétrifier, soufflant ■ **10** abasourdir, consterner, surprendre*.
STUPEUR : **7** sidérer, typhose ■ **9** stuporeux ■ **10** stupéfaire.
STUPIDE : **3** con, sot ■ **4** bête, nase, naze ■ **5** borné, brute, idiot, niais* ■ **6** abruti, animal, baudet, bouché, cloche, crétin, cruche, dindon, hébété, huître, inepte, pécore, souche ■ **7** absurde*, balourd, conasse, corniot, ganache, hébéter ■ **8** abstrait, connasse, imbécile ■

9 bestiasse, bourrique, chabraque ■ 10 décerveler, schabraque ■ 11 stupidement.
STUPIDITE : 6 bêtise* ■ 7 idiotie ■ 10 crétinerie.
STUPRE : 8 débauche*.
STYLE : 3 rap, ton ■ 4 cool, funk, grec, look, rôle, scat ■ 5 arabe, disco, dixie, fleur, forme, funky, genre, grave, plume, poème, roman, swing, trait ■ 6 empire, époque, rococo, romain ■ 7 baroque, chiasme, country, manière, ragtime, régence, regency, revival, rouleau, scherzo ■ 8 assyrien, badinage, byzantin, cultisme, écriture, égyptien, étrusque, gothique, high-tech, pompéien, prolepse, rocaille, stylisme ■ 9 dixieland, dravidien, élocution, intimisme, marinisme, mélodique, narcotique, pasticher, pompadour ■ 10 directoire, flamboyant, marivauder, middle jazz, rhétorique, romantique, synecdoque ■ 11 chippendale, conceptisme, néo-gothique, obsécration, plateresque, renaissance, stylistique, terre-à-terre ■ 12 boogie-woogie, restauration, stylisticien ■ 13 palladianisme.
STYLET : 8 poignard*, styloïde.
STYLISER : 11 stylisation.
STYLO : 3 bic.
STYLOBATE : 10 stéréobate.
STYLOGRAPHE : 5 stylo ■ 8 capuchon ■ 14 stylographique.
STYRACACEE : 6 styrax ■ 7 benjoin ■ 10 aliboufier ■ 11 liquidambar.
STYRENE : 11 polystyrène.
SUAIRE : 7 linceul.
SUAVE : 4 doux* ■ 7 suavité ■ 8 agréable, fragance ■ 9 suavement.
SUAVITE : 8 melliflu ■ 9 melliflue.
SUBALTERNE : 3 bas ■ 7 utilité ■ 8 lampiste ■ 9 inférieur*, sans-grade, sous-ordre.
SUBATOMIQUE : 7 hypéron.
SUBCONSCIENCE : 12 subconscient.
SUBDELEGUER : 13 subdélégation.
SUBDIVISION : 4 race ■ 5 daïra, étage, génie, genre, scène, titre, tribu ■ 6 canton, lobule, rameau ■ 7 comitat, échelon, sandjak, section, tableau, variété, vernier ■ 8 chapitre, division*, landwehr, odonates, phratrie ■ 9 dicastère, landsturm, sous-genre, sous-ordre* ■ 10 définition, sous-classe, sous-comité, sous-groupe, sous-préfet ■ 11 aérostation ■ 12 dichotomique, ramification ■ 13 embranchement*, protérozoïque ■ 14 sous-préfecture.
SUBI : 6 greffé ■ 7 humilié ■ 8 fermenté, impaludé ■ 9 réfrigéré.
SUBIR : 5 mazer, pâtir, punir, tirer, virer ■ 6 opérer, passer, réagir ■ 7 appuyer, bizuter, essuyer, imposer ■ 8 atomiser, échauder, éprouver*, examiner, molester, mouliner, passible, passiver, recevoir, retomber, souffrir*, trinquer ■ 9 soumettre, supporter* ■ 10 accidenter, bondériser, cancériser, désexciter, vulcaniser ■ 11 palataliser ■ 12 désavantager, représailles, tropicaliser.
SUBIT : 4 suée ■ 5 à-coup, grief, hâtif, ictus, ondée, risée ■ 6 subito ■ 7 brusque*, flasher, imprévu, inopiné, soudain*, sursaut ■ 8 colonisé, fringale, immédiat* ■ 9 précipité, simultané, tout à coup, volte-face ■ 10 improviste, instantané, saisissant, soubresaut, subitement, surprenant ■ 12 saisissement, soudainement.
SUBITEMENT : 13 créationnisme.
SUBJECTIF : 12 subjectivité ■ 13 subjectivisme ■ 14 subjectivement.
SUBJECTIVITE : 9 impressif.
SUBJONCTIF : 10 subjonctif.
SUBJUGUE : 11 fascinateur.

SUBJUGUER : **7** réduire, séduire* ■ **8** envoûter, opprimer ■ **9** conquérir ■ **10** tyranniser.
SUBLIMATION : **12** vaporisation.
SUBLIME : **4** beau, haut ■ **5** divin, élevé, grand*, noble* ■ **6** épique, relevé ■ **7** céleste, pompeux, superbe ■ **8** biblique, sublimer ■ **9** admirable*, cornélien, dantesque, homérique, sublimité, surhumain ■ **10** magnifique, pindarique ■ **11** sublimation, sublimement ■ **12** transcendant.
SUBLIMITE : **5** pompe ■ **6** beauté ■ **7** hauteur ■ **8** grandeur*, noblesse ■ **9** élévation ■ **12** enthousiasme, magnificence.
SUBMERGER : **7** inonder ■ **9** engloutir* ■ **10** submersion ■ **11** submersible ■ **13** transgression.
SUBMERSIBLE : **9** aquanaute.
SUBODORER : **6** sentir ■ **10** pressentir*.
SUBORBITALE : **10** fusée-sonde.
SUBORDINATION : **4** joug ■ **5** modal, ordre ■ **8** sujétion* ■ **9** autonomie, complétif, esclavage, inférieur, servitude, vassalité, vasselage ■ **10** dépendance*, hiérarchie, subalterne ■ **13** juxtaposition.
SUBORDONNE : **9** sans-grade.
SUBORDONNEE : **8** relative.
SUBORDONNER : **8** attacher ■ **9** soumettre ■ **10** enclencher, joséphisme.
SUBORNER : **6** capter, gagner ■ **7** acheter, séduire* ■ **8** graisser ■ **9** corrompre*, embaucher, suborneur ■ **11** circonvenir.
SUBORNEUR : **9** séducteur*.
SUBREPTICE : **9** obreptice ■ **10** subreption ■ **14** subrepticement.
SUBROGER : **7** subrogé ■ **9** remplacer* ■ **10** subrogatif ■ **11** subrogateur ■ **12** subrogatoire.
SUBSEQUENT : **4** puis ■ **7** suivant ■ **13** subséquemment.
SUBSIDE : **5** impôt ■ **7** secours* ■ **10** allocation, subvention.
SUBSIDIAIRE : **15** subsidiairement.
SUBSISTANCE : **3** vie ■ **5** vivre ■ **7** aliment, denrées, pitance ■ **9** consommer, entretien, gagne-pain, prédation ■ **10** nourricier.
SUBSISTER : **4** être ■ **5** durer* ■ **6** rester* ■ **7** exister ■ **8** demeurer*, épargner, récessif, rémanent, surnager, survivre ■ **9** persister.
SUBSTANCE : **3** b.a.l., gel, qat, sel, suc ■ **4** ases, azur, base, bois, cire, coca, jais, khat, khôl, lard, miel, musc, pâte, poix, râpé, soie, urée ■ **5** ambre, amine, chair, corne, corps, élémi, émail, épice, étain, étuve, fibre, fleur, gomme, huile, humus, jayet, kohol, liant, modal, nacre, nouet, salep, sirop, sucre, tanin ■ **6** alcali, algine, amadou, amidon, cachou, cément, charge, corozo, cutine, enzyme, éponge, fécule, getter, gluten, hémine, humeur, ionone, ivoire, kinase, koheul, levain, lipide, monade, plâtre, poison, poudre, pralin, prolan, pyrrol, remède, résine, solide, stérol, tampon, tannin ■ **7** adhésif, agrégat, alexine, aniline, aromate, asbeste, caséine, camphre, cérumen, chitine, contage, contenu, cristal, élément, extrait, fibrine, gaïacol, glucide, goudron, graisse, haptène, hormone, indican, lignine, luétine, mannite, matière*, osséine, pectine, peptone, pigment, placébo, pyrrole, quinine, réactif, sénevol, solvant, trigone, turbith ■ **8** albumine, aleurone, antigène, attribut, cervelle, chocolat, coagulum, colloïde, colorant, conserve, contenir, créatine, déblayage, diastase, dynamite, excitant, fibroïne, héparine, irritant, kératine, laitance, lanoline, légumine, lévogyre, lyophile, mannitol, mucilage, pectique, propolis, protides, roselier, roténone, silicone, subérine, tréphone, vinosité, virocide, virucide, vitamine, vitellus ■ **9** absorbant, adragante, alcaloïde,

allergène, ambroisie, anabolite, androgène, anticorps, antiviral, antivirus, butyrique, cellulose, chélateur, coumarine, dominante, estrogène, excipient, féculence, fongicide, gélifiant, histamine, hydrofuge, larvicide, lipotrope, margarine, méthadone, paraffine, phéromone, psoralène, radiolyse, santonine, sécrétion, smectique, tautomère, urochrome ■ **10** acidifiant, activateur, amendement, aminoacide, antienzyme, antitoxine, caoutchouc, chromatine, clarifiant, cosmétique, détonateur, dichroïsme, édulcorant, gomme-laque, hémolysine, inhibiteur, lubrifiant, luciférine, médicament, métabolite, œstrogène, phérormone, quinoléine, réactogène, saccharine, sérotonine, spermicide, tautomérie, tocophérol, virilisant, virulicide ■ **11** agglutinine, albuminoïde, amphétamine, antirouille, aromatisant, bactéricide, biomatériau, biosynthèse, brillantine, cytolytique, dégraissant, encéphaline, enképhaline, érythrosine, fibrinogène, galactogène, gomme-résine, gutta-percha, pénicilline, plastifiant, polypeptide, provitamine, psychotrope, résistivité, stabilisant, substantiel, tensioactif, transcutané ■ **12** alcalescence, anesthésique, bétabloquant, cytostatique, désinfectant, diélectrique, énantiotrope, fermentation, flegmatisant, galactagogue, gibbérelline, hétérotrophe, mytilotoxine, oligo-élément, prothrombine, quintessence, trypsinogène ■ **13** acétylcholine, agglutinogène, antimitotique, aphrodisiaque, catécholamine, désincrustant, diamagnétique, hallucinogène, mithridatisme, neuroleptique, psychotonique, sensibilisant, syringomyélite, tonicardiaque ■ **14** consubstantiel, fibrinolytique, hypoallergique, indole-acétique, lyophilisation, molécule-gramme, nucléoprotéine, organoleptique, paramagnétique, psycholeptique, substantialité ■ **15** antiscorbutique, ferromagnétique, neurodépresseur, photoconducteur, photoconduction, photo-élasticité, substantialisme, sympatholytique, thermarésistant.

SUBSTANTIEL: 3 suc ■ **9** important* ■ **10** accidentel ■ **11** nourrissant.

SUBSTANTIF: 3 nom ■ **15** substantivement.

SUBSTANTIVER: 15 substantivation.

SUBSTITUE: 7 command ■ **12** substituable.

SUBSTITUER: 6 blesser ■ **8** commuter ■ **9** remplacer*, succédané ■ **12** substitution.

SUBSTITUT: 8 synderme.

SUBSTITUTION: 4 pour ■ **8** carburol, novation ■ **9** transfert ■ **10** chloration, fabulation, jour-amende, paraphasie ■ **11** commutation, subrogation, sulfonation ■ **12** expromission, remplacement* ■ **13** jargonaphasie.

SUBTERFUGE: 4 ruse*, truc ■ **5** fuite ■ **8** finasser ■ **9** finasseur, finassier, tortiller ■ **12** pantalonnade.

SUBTIL: 3 fin ■ **5** délié, éther ■ **7** délicat, pilpoul, raffiné ■ **9** alambiqué, minutieux, pénétrant ■ **10** escamotage ■ **11** pointilleux ■ **13** ratiocination ■ **14** alexandrinisme.

SUBTILISER: 5 voler* ■ **7** dérober* ■ **9** escamoter ■ **10** soustraire* ■ **13** subtilisation ■ **14** quintessencier.

SUBTILITE: 4 tour ■ **7** argutie, chicane*. finesse*, minutie ■ **8** artifice ■ **9** équivoque ■ **10** stratagème ■ **11** casuistique, délicatesse, pénétration, raffinement.

SUBURBAINE: 11 cité-dortoir.

SUBVENIR: 7 fournir ■ **15** autosubsistance.

SUBVENTION: 5 impôt ■ **7** subside ■ **13** subventionnel, subventionner.

SUBVENTIONNER: 9 subsidier.

SUBVERSIF: 14 subversivement.

SUBVERTIR: 9 renverser.

SUC : **3** eau, jus, rob ■ **4** assa, hile, marc, moût, opol, sève ■ **5** aloès, chyle, chyme, gelée, hévéa, larme, latex, manne, opium, pavot, pleur, vésou ■ **6** coulis, humeur, jujube, mastic, verjus ■ **7** amylase, maltase, miellat, opostol, pepsine, saburre ■ **8** chicotin, créatine, exprimer, limonade, thridace, trypsine ■ **9** caillette, défructum, excrétion, gastrique, succulent ■ **10** caille-lait, lactescent ■ **11** opothérapie ■ **12** entérokinase, quintessence ■ **15** intussusception.
SUCRASE : **9** invertine.
SUCCEDANE : **6** ersatz ■ **7** produit ■ **8** aspartam, bakélite ■ **9** aspartame, méthadone.
SUCCEDANT : **7** embrasé.
SUCCEDE : **14** postindustriel, postromantique.
SUCCEDER : **5** venir ■ **6** suivre* ■ **8** alterner ■ **9** remplacer*, successif ■ **10** coadjuteur, comourants ■ **11** successible ■ **14** successibilité.
SUCCES : **3** hit ■ **4** diva, gain ■ **5** terne, toast, venir ■ **6** profit, record, triplé ■ **8** auspices, avantage, bénéfice, disputer, insuccès, réussite, triomphe, victoire ■ **9** box-office, féliciter, prospérer ■ **10** admissible, best-seller, défaitiste, moissonner, prospérité ■ **11** combinaison ■ **12** résurrection.
SUCCESSIF : **4** tour ■ **5** phase, volée ■ **8** rotation ■ **14** successivement.
SUCCESSIVE : **11** polygénique.
SUCCESSION : **5** cours, masse, série*, suite*, train, trait, vague ■ **6** hoirie, rafale ■ **7** aubaine, de cujus, dizaine, échelle, tournus ■ **8** curateur, euphonie, hérédité, héritage*, héritier, rotation ■ **9** alternance, émolument, immixtion, sommation ■ **10** assolement, coadjuteur, consonance, déshériter, dévolution, patrimoine ■ **11** alternative, déroulement, héréditaire, successoral ■ **12** représentant ■ **13** pirouettement ■ **14** représentation, successibilité.
SUCCESSIVEMENT : **3** fur ■ **15** alternativement.
SUCCESSORAL : **7** retrayé ■ **9** retrayant.
SUCCIN : **10** succinique.
SUCCINCT : **4** bref ■ **5** court* ■ **6** concis, notice ■ **8** anecdote, sommaire.
SUCCOMBER : **5** céder*, choir, périr, plier ■ **6** mourir*, tomber ■ **7** fléchir ■ **8** accabler, résister.
SUCCULENT : **8** agréable ■ **9** délicieux, savoureux ■ **10** succulence.
SUCCURSALE : **6** agence, annexe ■ **7** filiale ■ **10** dépendance ■ **12** sous-comptoir.
SUCCURSALISME : **13** succursaliste.
SUCER : **4** taon ■ **5** goule, ixode, suçon, téter, tirer ■ **6** lécher ■ **7** aspirer*, succion, suçoter ■ **8** extraire, sucement.
SUCEUR : **12** thynasoptère.
SUCRASE : **9** invertine ■ **10** saccharase.
SUCRE : **3** api, rue ■ **4** doux*, grog, miel ■ **5** agave, candi, cassé, crème, glace, gelée, lissé, manne, melon, neige, punch, sirop ■ **6** allégé, canard, casson, hexose, miellé, nectar, pralin, sucrer ■ **7** caramel, dulcite, grenage, lactose, maltose, mélasse, miellat, sucrant, sucrier ■ **8** aspartam, chocolat, fructose, grainage, meringue, persicot, pèse-moût, sucrerie, sucrette ■ **9** aspartame, berlingot, cassonade, édulcorer, entremets, essoreuse, galactose, moscouade, roulaison, saccharin, tréhalose, vergeoise ■ **10** glucomètre, pastellage, saccharate, saccharine, saccharole, saccharure ■ **11** candisation, chaptaliser, marshmallow, saccharoïde ■ **12** saccharifère, saccharifier ■ **13** saccharimètre ■ **14** caramélisation, monosaccharide, saccharimétrie.
SUCRER : **7** adoucir.

SUCRERIE : **5** sirop ■ **8** épulpeur ■ **9** confiseur, friandise ■ **10** confiserie, strontiane ■ **11** gourmandise ■ **12** bouillissage.
SUD : **4** midi*, pôle ■ **7** austral ■ **9** terrefort ■ **10** méridional.
SUDATION : **5** sueur ■ **11** sudorifique.
SUD-EST : **4** suet.
SUDORIFIQUE : **7** tilleul ■ **9** bourrache, jaborandi.
SUDORIPARE : **13** hidrosadénite.
SUD-OUEST : **8** libeccio.
SUEDOIS : **3** öre.
SUEE : **4** peur*.
SUER : **5** sueur ■ **6** moitir ■ **7** exsuder, ressuer, suinter ■ **8** fatiguer* ■ **9** sudatoire ■ **10** transpirer, transsuder.
SUEUR : **3** eau ■ **4** pore, suée ■ **5** écume ■ **6** suette ■ **7** moiteur, sudoral ■ **8** sudation ■ **9** dysidrose, halitueux, sudatoire ■ **10** bouchonner, hydrorrhée, intertrigo, sudorifère, sudoripare, suintement ■ **13** transpiration ■ **14** sudorification.
SUFFIRE : **6** borner ■ **7** combler, saturer ■ **8** autarcie, subvenir ■ **9** compléter, contenter, rassasier* ■ **10** satisfaire*.
SUFFISANCE : **7** fatuité, orgueil* ■ **8** hâblerie, modestie ■ **11** présomption ■ **12** insuffisance.
SUFFISANT : **3** fait ■ **5** assez ■ **6** congru ■ **7** honnête ■ **8** abondant, médiocre, passable, rentable, vaniteux* ■ **9** honorable, non-viable ■ **10** convenable ■ **11** insuffisant, raisonnable, supportable ■ **12** suffisamment.
SUFFISANTE : **2** q.s. ■ **3** q.s.p.
SUFFIT : **5** basta, baste.
SUFFIXE : **3** ise ■ **5** algie ■ **8** hydrique, suffixal, suffixer ■ **11** suffixation ■ **15** parasynthétique.
SUFFOCANT : **5** brome ■ **7** ypérite ■ **9** acroléine, étouffant.
SUFFOCATION : **10** oppression.
SUFFOQUER : **8** étouffer.
SUFFRAGE : **4** voix, vote* ■ **5** choix*, élire ■ **8** élection ■ **11** approbation, délibératif.
SUGGERER : **6** dicter ■ **8** inspirer*, souffler ■ **9** persuader*, suggestif ■ **10** conseiller*, suggestion.
SUGGESTIF : **10** strip-tease ■ **11** inspirateur ■ **12** suggestivité.
SUGGESTION : **11** inspiration, instigation, pithiatisme, suggestible ■ **13** suggestionner ■ **14** suggestibilité.
SUICIDE : **7** seppuku.
SUICIDER : **4** tuer ■ **8** hara-kiri.
SUIDE : **4** porc ■ **5** goret, ragot, truie ■ **6** cochon, pécari, porcin, verrat ■ **8** porcelet, sanglier ■ **10** babiroussa, phacochère.
SUIE : **6** bistre, cadmie ■ **7** bidanet ■ **10** fuligineux.
SUIF : **5** savon ■ **6** sébacé ■ **7** fondoir, suiffer ■ **8** flambeau, suiffeux ■ **9** chandelle.
SUINT : **8** lanoline ■ **10** dessuinter.
SUINTER : **4** suer ■ **5** suint ■ **6** couler* ■ **7** exsuder, pleurer ■ **8** suintant ■ **10** transpirer, transsuder.
SUINTEMENT : **7** exsudat ■ **8** miellure ■ **10** exsudation.
SUISSE : **5** rösti, sbrinz ■ **6** roesti ■ **7** helvète ■ **8** appointé, huitante ■ **9** appenzell ■ **10** alémanique, helvétisme ■ **13** landsgemeinde.
SUIT : **9** postnatal ■ **10** post-partum ■ **12** postprandial.
SUITE : **3** air, fil ■ **4** file, haie, père ■ **5** après, avent, bride, chant, danse, effet*, filon, ligne, liste, ordre, queue, série*, tissu, train ■ **6** ballet, chaîne, épopée, rangée, tirade, tourne ■ **7** colonne, cortège,

couture, escorte, filière, froncis, litanie, mélodie, partita, théorie, tractus, traînée ■ **8** arcature, chapelet, coq-à-l'âne, derrière, dynastie, enfilade, équipage, escalier, harmonie, kyrielle, pétarade, reliquat, résultat*, séquelle, séquence ■ **9** allemande, cassation, enchaîner, filiation, illogique, postérité, remorquer ■ **10** algorithme, alignement, anphigouri, continuité, généalogie, incohérent, lexicalisé, pagination, procession, ribambelle, séquentiel, story-board, successeur, succession* ■ **11** bafouillage, consécution, conséquence*, progression ■ **12** chassé-croisé, continuation, divertimento, enchaînement*, inconsistant, nomenclature ■ **13** inconséquence ■ **14** post-opératoire.

SUIVANT: **5** selon, suite ■ **9** prochaine, ultérieur ■ **10** postérieur*, subséquent.

SUIVANTE: **9** soubrette.

SUIVISME: **8** suiviste.

SUIVRE: **5** ester, filer, mener, suivi ■ **6** courir, pister, serrer ■ **7** presser, suiveur ■ **8** convoyer, cortéger, ensuivre, escorter, étraquer, prochain, relancer, résulter, succéder, survivre, talonner ■ **9** compléter, continuer, descendre, emprunter, lendemain, levrauder, parcourir, processus, rembûcher, remplacer ■ **10** après-dîner, consécutif, enfreindre, itinéraire, poursuivre*, subséquent ■ **11** accompagner, après-guerre, chaperonner ■ **12** irréversible.

SUJET: **3** moi ■ **4** être, fond, lieu, pose, raïa, raya ■ **5** cause, drôle, étude, fable, fugue, image, motif, objet, rayia, scène, tapis, texte, thème, titre, verbe ■ **6** actant, bandit, cobaye, enclin ■ **7** analysé, matière, pilpoul, syntone ■ **8** angoissé, chapitre, craintif, locuteur, médaille, occasion, variable ■ **9** corvéable, décimable, exhaustif, fantasque, garnement, nominatif, quérulent, rancunier, subjectif, taillable ■ **10** catarrheux, concernant, digression, inconstant, médiation, patentable, polygraphe, prédicable, scrupuleux, tempétueux, vassaliser ■ **11** autoanalyse, bronchiteux, désagrément, épileptique, hagiographe, porte-greffe, suggestible ■ **12** mainmortable, photomontage, porte-greffes, surexcitable ■ **13** prescriptible ■ **14** corruptibilité, fermentescible, intersubjectif ■ **14** perspectivisme.

SUJETION: **4** joug ■ **6** carcan, chaîne ■ **7** attache ■ **9** condition, esclavage*, obédience, vassalité, vasselage ■ **10** dépendance*, soumission ■ **12** indépendance, libre-penseur ■ **13** subordination* ■ **15** antiautoritaire.

SULFACIDE: **9** thioacide.

SULFAMIDE: **11** tolbutamide.

SULFATAGE: **9** sulfateur.

SULFATE: **4** alun ■ **5** gypse ■ **7** vitriol ■ **8** barytine, sélénite, sulfater ■ **9** anhydrite, couperose, kiesérite, lithopone ■ **10** gypsomètre, persulfate, séléniteux ■ **11** sulfatation, vincristine.

SULFATER: **10** sulfateuse.

SULFURE: **4** zinc ■ **5** plomb ■ **6** blende, galène, pyrite ■ **7** cinabre, ichtyol, réalgar, stibine ■ **8** argyrose, orpiment ■ **9** alquifoux, argentite, bisulfite, bisulfure, sulfitage, sulforage, sulfureux, vermillon ■ **10** alabandine, bismuthine, chalcosine ■ **11** molybdénite, polysulfure ■ **13** thiocarbonate ■ **14** sulfocarbonate.

SULFURER: **10** pyrrhotite ■ **11** sulfuration.

SULFURIQUE: **5** oléum, plomb ■ **7** vitriol ■ **12** sulfovinique ■ **14** pyrosulfurique.

SULKY: **6** driver.

SULTAN: **5** iradé ■ **6** sérail, soudon ■ **7** maghzen, makhzen, padicha ■ **8** hautesse, padichah, seigneur, sultanat ■ **9** odalisque, padischah.

SUMAC : 9 corroyère.
SUMER : 8 sumérien.
SUMMUM : 6 apogée.
SUNNA : 8 sunnisme.
SUNNISME : 9 acharisme.
SUNNITE : 9 chafiisme, hanafisme, maléfisme, malikisme ■ **10** hanbalisme.
SUPERBE : 4 fier ■ **7** orgueil* ■ **8** vaniteux ■ **9** admirable* ■ **11** orgueilleux*.
SUPERCHERIE : 9 tromperie*.
SUPERE : 11 supérovarié.
SUPERFETATION : 4 abus.
SUPERFICIE : 3 mer ■ **4** aire ■ **5** mètre ■ **6** aréage, façade ■ **7** endroit, étendue*, hectare, surface* ■ **8** arpenter ■ **9** arpentage, dimension ■ **10** surfacique ■ **11** superficiel.
SUPERFICIEL : 4 sial ■ **5** aphte, léger, nappe ■ **7** frivole ■ **8** teinture ■ **9** écorchure, éraillure ■ **10** absorption, replâtrage ■ **11** motoculteur, nitruration ■ **13** scarification.
SUPERFICIELLE : 9 basilique, veinosité.
SUPERFLU : 4 trop ■ **7** inutile ■ **8** attirail, redonder ■ **9** redondant ■ **11** surabondant ■ **12** superfluités.
SUPERFLUIDITE : 11 superfluide.
SUPERFLUITE : 10 redondance.
SUPERPOSITION : 10 trichromie.
SUPERIEUR : 3 bey ■ **4** abbé, chef*, haut, plus, tête ■ **5** aigle, buste, divin, doyen, extra, front, gigot, hampe, labre, major, ordre, penne, prône, super, thane, torse, veste, vomer, voûte, vulve ■ **6** choisi, exquis, fameux, phénix, prieur ■ **7** éminent, fargues, général, lunette, parfait, rhétien ■ **8** archange, au-dessus, dépasser, étendard, extra-fin, meilleur, plancher, sinciput, surhomme, surplomb, tailloir, turonien ■ **9** algonkien, avant-bras, baignoire, coup-de-pied, couronner, délicieux, élévation, épigastre, excellent, galhauban, généralat, higoumène, hypotaupe, impériale, magistral, manubrium, obédience, passavant, perroquet, procureur, ravissant, remontrer, séminaire, surhausse ■ **10** algonquien, commandant, empointure, hypertendu, provincial, satisfecit, subordonné, surchauffe, survitesse, université ■ **11** blastoderme, déplafonner, discrétoire, entablement, supériorité ■ **12** couronnement, hypersonique, hypertension, hypertonique, rhinopharynx, supersonique, transcendant ■ **13** archimandrite, leptolithique, superfinition, sus-maxillaire ■ **14** supérieurement, superstructure ■ **15** maître-assistant.
SUPERIORITE : 4 juré ■ **6** talent ■ **7** pouvoir, qualité, royauté ■ **8** avantage*, maîtrise, primauté ■ **9** hégémonie, magistral, préséance ■ **10** domination, excellence, perfection, prépotence, suprématie, surcomposé ■ **11** distinction, précellence, prééminence ■ **12** hors-concours, souveraineté* ■ **13** préexcellence, prépondérance ■ **14** condescendance.
SUPERPLASTICITE : 14 superplastique.
SUPERLATIF : 4 fort, très ■ **5** degré ■ **6** satané.
SUPERPOSER : 5 liter ■ **6** étager ■ **12** superposable.
SUPERPOSITION : 11 coïncidence, imbrication ■ **12** interférence, polytonalité ■ **14** superstructure.
SUPERSTITIEUX : 10 fétichiste, intersigne.
SUPERSTITION : 5 magie ■ **7** vampire ■ **8** amulette, croyance* ■ **9** bigoterie, cagoterie, crédulité, fanatisme ■ **10** fétichisme ■ **11** illuminisme ■ **13** superstitieux.

SUPERSTRUCTURE : 4 roof ■ 7 château, dunette, kiosque ■ 8 gaillard ■ 10 passerelle.
SUPERVISER : 11 superviseur, supervision.
SUPINATION : 7 spetime.
SUPPLANTER : 9 remplacer*, repousser.
SUPPLEANCE : 10 vicariance.
SUPPLEANT : 4 vice ■ 9 substitut, vicariant ■ 10 suppléance.
SUPPLEER : 8 remédier ■ 9 compléter, remplacer*, renforcer, suppléant ■ 10 suppléance ■ 11 subsidiaire, supplétoire.
SUPPLEMENT : 6 rabiot ■ 7 renfort ■ 8 surcroît* ■ 9 appendice, surfilage ■ 10 complément, sursalaire ■ 14 supplémentaire.
SUPPLEMENTAIRE : 5 extra ■ 7 surcoût ■ 8 nourrice, surprime ■ 9 adventice, embolisme, supplétif, tierceron ■ 10 bout-dehors, survitrage ■ 11 contre-appel, passe-volant ■ 12 embolismique.
SUPPLETIF : 4 goum ■ 5 harki.
SUPPLIANT : 6 infule.
SUPPLICATION : 6 prière*.
SUPPLICE : 3 feu, gril, pal ■ 4 gêne, roue ■ 5 corde, croix, enfer, fouet, garot, gibet, knout, peine, rouer, souci ■ 6 cangue ■ 7 géhenne, martyre, potence, torture* ■ 8 atrocité, autodafé, calvaire, question, tourment* ■ 9 bâtonnade, châtiment, estrapade, pendaison ■ 10 empalement, énervation, guillotine, lapidation, supplicier ■ 12 condamnation, écartèlement.
SUPPLICIER : 4 tuer ■ 5 rouer ■ 6 brûler, pendre ■ 7 empaler, lapider ■ 8 bâtonner, écorcher, fouetter, torturer ■ 9 crucifier, écarteler, étrangler ■ 10 martyriser, tourmenter* ■ 11 guillotiner.
SUPPLIER : 5 prier* ■ 7 adjurer.
SUPPLIQUE : 6 prière* ■ 7 demande, requête* ■ 8 impétrer, pétition.
SUPPORT : 3 mât, van ■ 4 base*, bâti, bras, grue, tige ■ 5 affût, appui*, butée, cible, gaine, queue, rayon, rubis, table ■ 6 adossé, banque, baudet, billot, bipied, chaise, chenet, cintre, établi, faucre, lexème, patère, pilier*, pylône ■ 7 atlante, berceau, console, jambage, montoir, palâtre, séchoir, soutien*, stipité, tableau, tasseau, télamon, tréteau ■ 8 armature*, baliveau, chevalet, dressoir, ostracon, palastre, prie-dieu, régulage, servante, tablette ■ 9 apprêtoir, appui-bras, appui-main, boustring, cariatide, chargeoir, disquette, épontille, isolateur, lambourde, névrilème, piédestal, piédouche, stylobate ■ 10 appuie-bras, appuie-main, champignon, chandelier, embasement, garde-nappe, iconostase, interactif, lampadaire, marchepied, microforme, orthostate, passerelle, subjectile ■ 11 appui-livres, échafaudage, enrochement, miséricorde, vidéogramme, zoophorique ■ 12 accroche-plat, agenouilloir ■ 13 autoélévateur, dessous-de-plat, imprimabilité, médiaplanning, porte-étendard ■ 14 encorbellement.
SUPPORTABLE : 8 passable ■ 9 tolérable ■ 10 soutenable ■ 11 intolérable ■ 13 insupportable.
SUPPORTE : 9 suryhalin ■ 10 eurytherme.
SUPPORTER : 5 pifer, subir* ■ 6 avaler, piffer, porter*, prêter ■ 7 appuyer, digérer, endurer, essuyer, excuser, tolérer ■ 8 accabler, accepter*, admettre, détester, éprouver, fatiguer, résister, souffrir*, soutenir* ■ 9 encaisser, permettre, ressentir ■ 10 impatience, répercuter ■ 14 responsabilité.
SUPPOSE : 2 si ■ 4 faux, soit ■ 5 censé, point ■ 7 emprunt ■ 8 emprunté ■ 9 apocryphe, incognito ■ 10 présupposé, pseudonyme.
SUPPOSER : 5 poser ■ 6 croire*, mettre ■ 7 augurer, espérer, inférer, réputer ■ 8 admettre, imaginer*, inventer, présumer, probable, suppu-

ter ■ **9** attribuer ■ **10** supposable ■ **11** conjecturer, présupposer, représenter.
SUPPOSITION: **4** soit ■ **7** opinion ■ **8** croyance ■ **9** censément, hypothèse*, prévision, pronostic ■ **10** conjecture ■ **11** attribution, imagination, présomption ■ **14** présupposition.
SUPPOT: **8** partisan*.
SUPPRFSSION: **2** ec, ef, es, ex ■ **5** crase, diète ■ **6** anurie, zeugma ■ **7** anurèse, coupure, élision, ellipse ■ **8** ablation*, aphérèse, asyndète, dadaïsme, deleatur, déridage, guérison, ischémie ■ **9** abolition, anhépatie, pincement, résection, réticence ■ **10** annulation*, détaxation, extinction, lipogramme, subversion, troncation ■ **11** contraction, désarmement, dissolution, élimination*, prétérition ■ **12** achromatisme, dérégulation, proscription ■ **13** amortissement, éclaircissage, retranchement ■ **15** décontamination, démagnétisation, désintoxication, désorganisation.
SUPPRIME: **10** antitussif ■ **15** sympthOlytique.
SUPPRIMER: **4** ôter*, tuer ■ **5** limer, raser, rayer, taire ■ **6** abolir, amorti, briser, casser, couper, élider, épiler, guérir, radier ■ **7** abroger, amortir, annuler*, aplanir, démolir, détaxer, effacer*, épincer, grésoir, libérer, raboter, retirer*, sarcler ■ **8** corriger, débrayer, délester, désarmer, détruire*, dissiper, éliminer*, éteindre, étouffer, exempter, exonérer, extirper, prohiber, réformer, remettre, résilier ■ **9** caviarder, décharger, dissoudre, escamoter, étrangler ■ **10** débosseler, débrancher, désactiver, désindexer, retrancher* ■ **11** déplafonner, désaimanter, désétatiser, suppression ■ **12** déconcentrer, déprogrammer, désaccoupler, désorganiser ■ **13** déréglementer ■ **14** antidéflagrant ■ **15** déstalinisation.
SUPPURATION: **5** séton ■ **10** suppuratif ■ **13** aboutissement.
SUPPURER: **7** pyogène ■ **9** suppurant.
SUPPUTER: **7** estimer* ■ **9** réfléchir ■ **11** computation, supputation.
SUPRACONDUCTION: **15** supraconducteur.
SUPREMATIE: **9** hégémonie ■ **11** supériorité*.
SUPREME: **3** tao ■ **4** dieu, juge ■ **5** idéal ■ **6** sommet*, synode ■ **7** aulique, dernier*, majesté, suffête ■ **8** amirauté, félicité ■ **9** avènement, cassation, dictateur, souverain* ■ **10** chancelier, connétable, suréminent ■ **11** saint-synode, suprêmement ■ **12** souveraineté ■ **13** généralissime.
SUR: **3** sus ■ **5** acide*, aigre*, couru, pardi, super, sûrir ■ **6** assuré, fidèle, solide* ■ **7** certain*, éprouvé ■ **9** appliquer, confirmer, convaincu, incertain ■ **15** immanquablement.
SURABONDANCE: **4** abus ■ **5** excès*, orgie ■ **8** pléthore ■ **9** abondance ■ **10** exubérance.
SURABONDER: **8** redonder ■ **11** surabondant.
SURALIMENTATION: **12** suralimenter.
SURALIMENTE: **5** turbo.
SURANNE: **5** dater ■ **6** désuet*, périmé ■ **7** vieilli ■ **9** archaïsme ■ **10** vieillerie ■ **14** vieillissement.
SURATE: **5** surah.
SURBAISSER: **7** baisser ■ **9** surbaisse ■ **13** surbaissement.
SURCHARGE: **5** clean ■ **9** adiposité ■ **10** surcharger ■ **11** liposuccion ■ **14** hémochromatose.
SURCHARGER: **6** farcir ■ **7** abrutir, bourrer*, raturer ■ **8** accabler ■ **9** encombrer.
SURCHAUFFER: **10** surchauffe ■ **12** surchauffeur ■ **13** resurchauffer.
SURCOMPRESSION: **11** surcomprimé ■ **12** surcomprimer.

SURCONTRER : **9** surcontre.
SURCOUPER : **8** surcoupe.
SURCROIT : **6** pensum ■ **7** renfort, surpus ■ **8** rajouter, superflu ■ **9** appendice, supplétif, surcharge, surélever ■ **10** accessoire, supplément, surajouter, surimposer ■ **13** surimposition.
SURDENT : **4** dent.
SURDETERMINATION : **13** surdéterminer ■ **14** surdéterminant.
SURDITE : **12** otospongiose, tympanoplastie.
SUREAU : **5** yèble ■ **6** hièble ■ **7** pétoire.
SURELEVATION : **8** mascaret.
SURELEVER : **8** abaisser ■ **12** surélévation.
SUREMENT : **10** assurément.
SURENCHERE : **7** enchère ■ **11** surenchérir ■ **15** surenchérisseur.
SURENDETTE : **14** surendettement.
SUREQUIPER : **13** suréquipement.
SURESTIMATION : **13** surélévation.
SURESTIMER : **10** surévaluer ■ **13** surestimation.
SURETE : **4** môle ■ **5** asile, pompe, siège ■ **6** verrou ■ **7** caution ■ **8** garantie, réfugier, sécurité, sûrement ■ **9** assurance*, certitude*, sauvetage ■ **10** avant-poste, coffre-fort, flanc-garde, grand-garde, protection ■ **12** arrière-garde.
SUREVALUER : **10** surestimer.
SUREXCITATION : **4** brio, rêve, zèle ■ **6** ardeur, délire, flamme, fougue ■ **7** chaleur, émotion, entrain, ivresse, passion ■ **8** frénésie, illusion ■ **9** sublimité ■ **10** admiration, énervement, engouement, enivrement, exaltation, exubérance ■ **11** cyclothymie, emballement ■ **12** échauffement, enthousiasme*.
SUREXCITE : **6** ardent, exalté, excité ■ **7** furieux, sublime ■ **8** enflammé, fougueux ■ **9** fanatique, passionné ■ **10** chaleureux, frénétique.
SUREXCITER : **5** rêver ■ **7** admirer, délirer, emballer, énerver, engouer ■ **9** enfiévrer ■ **11** surexcitable, surexcitant.
SUREXPLOITER : **15** surexploitation.
SURF : **6** surfer ■ **7** surfeur.
SURFACE : **2** nu ■ **3** are ■ **4** aire, barn, cône, face, havi, lieu, orbe, plan, ride, zone ■ **5** algue, bande, champ, écran, en-but, frise, front, galet, grain, grené, lacté, lamer, minot, nappe, paroi, pièze, place, râper, siège, strie, talus, terre, toise, toron ■ **6** aréage, cadran, cercle, espace, frayée, géoïde, möbius, plaine, safran ■ **7** buffler, charrue, condyle, dioptre, dos d'âne, étendue*, facette, lattage, luisant, panache, plafond, section, terrain, tranche, voilure ■ **8** apophyse, bouclier, carrière, couronne, écoinçon, épiderme, extrados, frottoir, grammage, incident, intrados, luxmètre, ménisque, méridien, parement, pénombre, planéité, platrière, rhodiage, ricochet, rugosité, scissure, surnager, tapisser ■ **9** affleurer, apothécie, bosselure, chanfrein, dégauchir, dimension, écaillure, échiquier, empennage, expansion, hélicoïde, glissance, mésopause, mycoderme, œkoumène, orniérage, parallèle, paramètre, peaufiner, pericrâne, péristome, quadrique, tubercule, villosité ■ **10** champlever, chorologie, contenance, couverture, éllipsoïde, espacement, flottaison, gouvernail, méridienne, osculation, périphérie, planimètre, superficie, surfaceuse, terre-plein, tribologie, tropopause ■ **11** emplacement, paraboloïde, photosphère, planimétrie, terreautage ■ **12** compartiment, concentrique, développable, hyperboloïde, pied-de-mouton, polygonation ■ **13** stéréographie, télédétection ■ **14** multitubulaire.

SURFACER : 9 surfaçage.
SURFIL : 6 surjet ■ **8** surfiler ■ **9** surfilage.
SURFIN : 8 superfin.
SURFUSION : 8 surfondu.
SURGELATION : 11 surgélateur.
SURGENERATION : 13 surgénérateur ■ **15** surrégénérateur.
SURGIR : 4 nova ■ **5** venir ■ **6** sortir* ■ **7** émerger ■ **8** paraître*, resurgir ■ **9** ressurgir ■ **10** surrection ■ **12** surgissement.
SURHAUSSER : 13 surhaussement.
SURIMPOSITION : 8 épigénie.
SURIMPRESSION : 5 truca.
SURINTENDANT : 9 argentier ■ **13** surintendance ■ **14** superintendant.
SURJALE : 8 surjaler.
SURJECTIF : 8 bijectif.
SURJET : 6 surfil ■ **8** surjeter.
SURJETER : 9 roulotter.
SUR-LE-CHAMP : 6 illico ■ **9** impromptu ■ **10** improviste ■ **11** extemporané ■ **13** immédiatement.
SURLONGE : 8 flanchet.
SURMENER : 8 fatiguer*.
SURMONTER : 5 mater ■ **6** sommer ■ **7** dompter*, réduire, vaincre* ■ **8** franchir ■ **9** maîtriser*, triompher ■ **11** surmontable ■ **13** insurmontable.
SURMOULAGE : 4 mère.
SURNAGER : 9 subsister.
SURNATUREL : 5 gnome ■ **7** voyance ■ **8** katchina, talisman ■ **9** fakirisme, homoncule, homuncule, maléfique ■ **10** miraculeux, mysticisme, surnaturel ■ **11** merveilleux.
SURNOM : 3 dit ■ **8** chtonien, épiphane ■ **9** sobriquet, surnommer ■ **10** pseudonyme ■ **14** porphyrogénète.
SURNOMBRE : 8 trisomie.
SURNOMME : 5 ledit ■ **6** ladite.
SURNOMMER : 7 appeler*.
SURNUMERAIRE : 7 surdent, wormien ■ **9** incasique ■ **12** polydactylie.
SURPASSER : 6 passer, primer, trimer ■ **7** abattre, brosser, chasser, crosser, dégoter, dominer, effacer, évincer ■ **8** abaisser, asservir, déborder, dépasser*, devancer, éclipser, emporter, enfoncer, éreinter, étriller ■ **9** confondre, distancer, émulation, paralyser, prévaloir, rivaliser, soumettre, subjuguer, supérieur, terrasser ■ **10** supplanter ■ **11** désarçonner ■ **12** surpassement ■ **13** décontenancer, insurpassable.
SURPIQURE : 9 surpiquer.
SURPLIS : 6 rochet.
SURPLOMB : 5 oriel ■ **13** abri-sous-roche.
SURPLOMBER : 8 dépasser* ■ **9** couronner ■ **11** surplombant ■ **13** surplombement.
SURPLUS : 5 excès* ■ **9** surcharge ■ **15** surcompensation.
SURPRENANT : 5 inouï ■ **7** bizarre, curieux, étrange, imprévu, inopiné, magique ■ **8** aventure, étonnant*, inespéré, insolite ■ **9** inattendu, mirifique, phénomètre, singulier ■ **10** saisissant*, stupéfiant* ■ **12** déconcertant, étourdissant, inconcevable.
SURPREND : 10 bizarroïde.
SURPRENDRE : 4 voir ■ **5** judas, piger ■ **6** épater ■ **7** anuiter, éblouir*, étonner*, prendre, tromper, trouver ■ **8** dépayser, écouteur ■ **9** stupéfier* ■ **10** estomaquer ■ **11** interloquer ■ **12** époustoufler.
SURPRIS : 5 ébahi, saisi ■ **6** étonné, frappé ■ **8** renversé, stupéfié ■

9 stupéfait* ■ 10 déconcerté*.
SURPRISE : 2 eh, et, ha, hé, oh ■ 3 bon, gag ■ 4 ciel, dame, donc, hein, mais ■ 5 bigre, jeter, mince, ouais, tiens, veine ■ 6 crénom, sciant, tiquer ■ 7 comment, sursaut ■ 9 embuscade ■ 10 admiration, camouflage, étonnement*, soubresaut, sourciller, surprenant, tressauter ■ 11 exclamation, haut-le-corps, miséricorde ■ 14 tressaillement.
SURPRISE-PARTIE : 4 boum ■ 7 surboum ■ 8 surpatte.
SURPRODUCTION : 11 surproduire.
SURPROTEGER : 13 surprotection.
SURREALISME : 11 surréaliste.
SURRENAL : 6 cortex.
SURSAUTER : 13 sursaturation.
SURSAUT : 4 saut* ■ 9 sursauter.
SURSAUTER : 10 tressauter ■ 11 tressaillir*.
SURSEOIR : 8 attendre, retarder* ■ 10 temporiser.
SURSIS : 5 délai* ■ 9 surséance ■ 10 sursitaire.
SURTAXE : 8 surtaxer.
SURTENSION : 10 survoltage.
SURTONTE : 9 surtondre.
SURTOUT : 5 caban ■ 14 principalement.
SURVEILLANCE : 4 aile, doge, guet ■ 5 awacs, carte, garde*, gardé, régie, vigie ■ 7 faction, mirador, tutelle ■ 8 baliseur, contrôle, croiseur, filature, filtrage, tangente ■ 9 croisière, garde-côte, vigilance ■ 10 inspection, monitoring ■ 11 gardiennage ■ 12 observatoire ■ 13 sous-maîtresse.
SURVEILLANT : 4 pion ■ 5 argus, garde* ■ 6 maître, préfet ■ 7 censeur, cuistre, geôlier, piqueur, préposé ■ 8 argousin, guetteur, mouchard ■ 9 garde-voie ■ 10 conducteur, inspecteur, répétiteur ■ 11 observateur, sophroniste, stationnaire, surintendant ■ 12 garde-magasin ■ 13 garde-chiourme.
SURVEILLER : 5 épier, filer, mater ■ 6 garder, suivre ■ 7 marquer, messier, pisteur, veiller* ■ 8 escorter, observer* ■ 9 contrôler, espionner, inspecter ■ 11 cavalcadour, chaperonner, mâchicoulis, surveillant ■ 12 surveillance.
SURVENANCE : 6 ex post ■ 7 arrivée.
SURVENIR : 5 venir ■ 6 surgir ■ 7 advenir, arriver*.
SURVETEMENT : 7 jogging.
SURVIRER : 9 survirage.
SURVIVRE : 8 enterrer ■ 9 survivant ■ 10 survivance.
SUS : 5 outre ■ 12 surnuméraire.
SUSCEPTIBILITE : 8 paranoïa.
SUSCEPTIBLE : 7 ablatif, cotable, mutable ■ 8 canonisé, coléreux, évolutif, peccable, quantité, réceptif, sensible, souffrir ■ 9 amendable, attirable, banquable, dilatable, graciable, irritable, limitable, malléable, ombrageux, vibratile, vulnérant ■ 10 compétitif, cultivable, diffusable, évaporable, permutable, polissable, vulnérable ■ 11 falsifiable, ministrable, pointilleux ■ 12 chatouilleux, scolarisable ■ 13 photoémetteur, reproductible, volatilisable ■ 14 présidentiable, toxicomanogène ■ 15 imprescriptible.
SUSCITATION : 5 éveil.
SUSCITE : 9 paniquant.
SUSCITER : 6 bondir, causer*, élever ■ 8 apporter, fomenter, produire*, soulever ■ 9 provoquer*, réveiller ■ 11 occasionner*.
SUSCRIPTION : 2 ev ■ 5 poste ■ 7 adresse.
SUSDIT : 4 dito.

SUSPECT : **6** louche, véreux ■ **7** caution, douteux ■ **9** apocryphe, équivoque, guilledou, interlope, suspecter, suspicion.
SUSPECTER : **11** incriminer, soupçonner.
SUSPENDRE : **6** cesser, chômer, pendre* ■ **7** arrêter, enrayer, étendre, inhiber, retenir ■ **8** apprendre, attacher, proroger, soutenir, surseoir ■ **9** accrocher*, éthériser, moratoire, pendiller, suspensif ■ **10** suspension ■ **11** anesthésier, interrompre* ■ **15** porte-serviettes.
SUSPENDU : **5** cadre, hamac, harpe, litre, nuage, panca, panka, poids, punka, siège ■ **7** cessant, soffite, suspens ■ **8** flottant, soupente, touaille, valleuse ■ **9** pendentif, pendiller ■ **10** balançoire, catalepsie, suspenseur.
SUSPENS : **5** délai, pause ■ **6** sursis ■ **7** attente* ■ **9** suspensif ■ **10** provisoire, temporaire ■ **11** quarantaine.
SUSPENSE : **8** thriller.
SUSPENSION : **4** cran, croc ■ **5** crise, grève, pause, repos, trève ■ **6** cardan ■ **7** bélière, chômage, clôture, crochet, intérim, relâche ■ **8** étendage, penderie, retraite, vacances ■ **9** aéroscope, cessation, fermeture, moratoire ■ **10** cantilever, crémaillon, inactivité, lipovaccin, stagnation ■ **11** banqueroute, crémaillère, prorogation, scepticisme ■ **12** anhydrobiose, fluidisation, interruption* ■ **15** discontinuation, oléopneumatique.
SUSPICION : **7** soupçon ■ **8** défiance*, méfiance ■ **10** suspicieux.
SUSTENTER : **7** nourrir* ■ **12** sustentation.
SUSTENTATION : **4** aile ■ **8** girodyne.
SUSURRER : **8** murmurer* ■ **9** susurrant.
SUTURE : **7** sutural ■ **9** avivement, lambdoïde ■ **13** oraniosténose.
SUZERAIN : **3** ban ■ **6** vassal ■ **8** gonfalon, gonfanon, seigneur* ■ **11** suzeraineté.
SVELTE : **5** délié, mince* ■ **9** sveltesse.
SWING : **11** rock and roll.
SYBARITE : **11** sybaritique.
SYCOMORE : **6** érable.
SYCOPHANTE : **6** espion* ■ **8** sournois ■ **10** accusateur.
SYLLABE : **4** pied, vers ■ **5** mètre ■ **6** mantra ■ **7** brévité ■ **8** aphérèse, saphique ■ **9** contracté, épenthèse, métathèse, paroxyton, synalèphe ■ **10** alexandrin, dissyllabe, syllabique, syllabisme, trisyllabe, troncation ■ **11** décasyllabe, monosyllabe, octosyllabe, polysyllabe, syllabation, triphtongue ■ **12** heptasyllabe, tétrasyllabe ■ **13** contrepèterie, dissyllabique, dodécasyllabe, isosyllabique, quadrisyllabe, réduplication ■ **14** antépénultième, décasyllabique, hendécasyllabe, monosyllabique, octosyllabique, polysyllabique ■ **15** tétrasyllabique.
SYLLABIQUE : **8** linéaire.
SYLLEPSE : **11** sylleptique.
SYLLOGISME : **2** or ■ **5** terme ■ **7** barbara, mineure ■ **8** prémisse ■ **9** enthymème ■ **10** baralipton ■ **11** scolastique ■ **13** syllogistique.
SYLPHE : **5** génie.
SYLVE : **4** bois* ■ **5** forêt*.
SYLVICULTEUR : **12** pépiniériste, sylviculture.
SYLVICULTURE : **9** sylvicole.
SYMBOLE : **2** fg, hz, lm, oz, ph, po, sr, wh ■ **3** dag, dal, dam, kgf, kgp, mev, roc, tep ■ **4** œil ■ **5** crédo, image, lares, linga, signe, taiji, t'aiki ■ **6** figure, lingam ■ **7** emblème ■ **8** attribut, fraction, svastika ■ **9** asymbolie, croissant, épaulette ■ **10** sémiotique, symbolique, symboliser, symbolisme ■ **11** identifieur ■ **13** symbolisation ■ **14** identificateur, pictographique, quantificateur, représentation, symboliquement.

SYMBOLE CHIMIQUE: **1** a, b, c, e, f, h, i, k, n, o, p, s, u, v, w, y ■ **2** ac, ag, al, am, ar, as, at, au, az, ba, be, bi, bk, br, ca, cb, cd, ce, cf, cl, cm, co, cr, cs, cu, dy, er, es, eu, fe, fl, fm, fr, ga, gd, ge, gl, ha, he, hf, hg, ho, in, ir, kr, la, li, lr, lu, md, mg, mn, mo, mv, na, nb, nd, ne, ni, no, np, os, pa, pb, pd, pm, po, pr, pt, pu, ra, rb, re, rh, rn, ru, sb, sc, se, si, sm, sn, sr, ta, tb, tc, te, th, ti, tl, tm, tx, xe, yb, zn, zr.
SYMBOLIQUE: **4** lisp.
SYMETRIE: **8** sagittal ■ **9** asymétrie ■ **10** frontalité, symétrique ■ **11** asymétrique, dissymétrie, triclinique ■ **12** correspondre ■ **13** dissymétrique.
SYMETRIQUE: **4** oval ■ **5** spica ■ **8** régulier* ■ **9** genouillé ■ **10** gémination, irrégulier, symétrique ■ **13** axisymétrique.
SYMPATHIE: **6** estime ■ **7** entente, intérêt ■ **8** affinité ■ **10** communion, xénophilie ■ **11** anglophilie, attachement, sympathique, sympathiser ■ **12** condoléances, sympathisant ■ **13** félicitations, germanophilie.
SYMPATHIQUE: **4** chic ■ **8** chouette, migraine ■ **11** intéressant ■ **12** adrénergique, bétabloquant ■ **13** catécholamine ■ **14** sympathectomie ■ **15** sympathiquement, sympatholytique.
SYMPATHOLOGIQUE: **8** yohimbine.
SYMPHONIE: **5** final ■ **8** concerto ■ **11** symphonique, symphoniste ■ **15** symphoniquement.
SYMPTOMATIQUE: **15** caractéristique.
SYMPTOME: **5** signe* ■ **8** prodrome, syndrome ■ **9** cavitaire, épigenèse, phénomène*, rémission ■ **10** diagnostic, indication*, pathologie, pathomimie, sémiologie ■ **11** présomption, séméiologie ■ **12** coïncidation, épiphénomène ■ **13** manifestation, symptomatique ■ **15** pathognomonique, symptomatologie.
SYNAGOGUE: **5** taled ■ **6** taleth.
SYNALLAGMATIQUE: **5** vente ■ **10** réciproque.
SYNAMISME: **3** pep.
SYNAPSE: **10** synaptique ■ **14** neuromédiateur.
SYNCHRONE: **10** asynchrone ■ **12** synchroniser, synchronisme ■ **14** synchroniseuse ■ **15** synchronisation.
SYNCHRONISE: **9** diaporama.
SYNCHRONISME: **13** asynchronisme ■ **14** désynchroniser.
SYNCLINAL: **3** val ■ **10** anticlinal.
SYNCOPE: **4** jazz ■ **7** ragtime, syncopé ■ **8** pâmoison, syncopal, syncoper ■ **9** aconitine ■ **14** évanouissement.
SYNCRETIQUE: **8** bahaïsme, béhaïsme.
SYNCRETISME: **9** caodaïsme ■ **10** syncrétiste.
SYNDIC: **5** baile ■ **7** trustee.
SYNDICAT: **4** pool ■ **5** trust, union ■ **6** corner ■ **7** société ■ **8** mutuelle, scission, syndical, syndiqué ■ **9** syndiquer ■ **10** fédération, trade-union ■ **11** apparatchik, corporation ■ **12** antisyndical, antiunitaire, syndicalisme, syndicataire ■ **13** compagnonnage, confédération, intersyndical ■ **14** désyndicaliser, intersyndicale.
SYNDROME: **8** athétose, symptôme* ■ **11** entérorénal, klinefelter ■ **12** épicondylite ■ **13** arthrogrypose ■ **14** adiposo-génital.
SYNERGIE: **10** synergique.
SYNESTHESIE: **8** synopsie.
SYNODE: **7** concile*, synodal ■ **9** synodique.
SYNONYME: **7** adéquat ■ **10** équivalent ■ **11** synonymique.
SYNOPSIS: **5** pièce, trame ■ **10** traitement.
SYNOVIALE: **2** si ■ **7** synovie ■ **8** synovite ■ **12** synoviotose.
SYNTAXE: **7** licence ■ **9** grammaire*, solécisme ■ **10** syntaxique ■

11 concordance, syntactique ■ 12 construction, syntacticien.

SYNTHESE : 3 oxo ■ 5 codon ■ 8 vocodeur ■ 9 coumarine, dichromie ■ 10 autochrome, furosémide 11 disulfirame, métabolisme, synthétique, synthétiser ■ 12 organochloré ■ 13 photosynthèse, ribonucléique, triamcinolone ■ 14 chimiosynthèse.

SYNTHETIQUE : 4 buna, skaï ■ 5 nylon, orlon, quick ■ 6 banlon, dacron, dralon, rhovyl, rilsan, tergal ■ 7 adhésif, aramide, goretex ■ 8 altuglas, bakélite, néoprène, synderme, terlenka, térylène ■ 9 acrylique, butadiène, consolidé, plexiglas, vinylique ■ 11 allopurinal, aminoplaste, chlorofibre, polyoléfine ■ 13 polybutadiène ■ 15 synthétiquement.

SYNTHETISE : 10 totalisant ■ 13 synthétisable.

SYNTHETISEUR : 6 synthé.

SYNTHETISME : 12 cloisonnisme.

SYNTONE : 8 syntonie.

SYPHILIS : 6 vérole ■ 7 chancre, luétine, roséole ■ 9 syphilide, tréponème ■ 12 syphilitique.

SYPHILITIQUE : 6 vérolé.

SYRIE : 6 soudon.

SYRIEN : 6 sémite ■ 8 maronite.

SYSIMBRE : 5 vélar.

SYSTEMATIQUE : 5 taxon, taxum ■ 9 déontique ■ 13 systématicien.

SYSTEME : 2 si ■ 3 abs, cgs, mts, pal, utm ■ 4 code, judo, kilo, m.k.s.a., myri, rift ■ 5 awacs, barye, decca, delco, gauss, mètre, micro, monde, morse, myria, myrio, règle*, secam, trias ■ 6 afocal, goulag, graphe, social*, utopie, velcro ■ 7 biphasé, frayage, leasing, méthode*, modulor, senseur, serveur, téléfax, télétel, théorie*, torseur ■ 8 anarchie, autonome, cambrien, clanisme, darbysme, dispersé, doctrine*, engramme, freinage, jiu-jitsu, limbique, médecine, métairie, oculaire, poétique, principe*, religion*, véhicule ■ 9 atonalité, autofocus, avunculat, biénergie, cab-signal, canonique, cégésimal, enrouleur, fiscalité, monogamie, mutualité, newtonien, politique*, sectateur, trop-plein ■ 10 autocratie, calendrier, condenseur, diatonisme, économique*, franquisme, invariance, ismaélisme, martingale, masselotte, monocratie, polyarchie, quadruplex, symbolisme, systémique, wagnérisme ■ 11 adiabatisme, anastigmate, antiblocage, aplanétique, aplanétisme, capitalisme, combinaison, hexadécimal, homéopathie, monoculture, partenariat, phalanstère, philosophie*, polyculture, polysynodie, rééducation, référentiel, sous-système, tout-à-l'égout, végétarisme ■ 12 actionnariat, bimétallisme, comparatisme, compensation, conscription, contre-vapeur, cosmographie, enseignement, inquisitoire, labanotation, méritocratie, monopartisme, systématique, systématiser, technocratie, télécommande, télé-écriture ■ 13 astrobiologie, autoritarisme, bertillonnage, bicarburation, consonantisme, matrilinéaire, multipartisme, œilletonnage, périglaciaire, personnalisme, pluripartisme, subjectivisme, taylorisation ■ 14 industrialisme, monométallisme, monoprocesseur, self-government ■ 15 déconcentration, indifférentisme, phallocentrisme, protectionnisme, radiotéléphonie, systématisation.

SYSTEME NERVEUX : 6 neural ■ 10 nervosisme, neurologie, neurotrope ■ 11 biofeedback, neurochimie, neuropathie, paresthésie, sympathique ■ 12 barbiturique ■ 13 architectonie, neurobiologie, neuroleptique, neurosciences ■ 14 neurobiochimie, neurochirurgie, neurovégétatif ■ 15 neurodépresseur, neuroradiologie, parasympathique.

SYSTEME OPTIQUE : 12 bronchoscope ■ 14 catadioptrique.

SYSTOLE : 8 diastole ■ 10 systolique ■ 11 périsystole.

T

TABAC : **5** débit, fumer, pétun ■ **6** chique, perlot, rôlage ■ **7** caporal, capsage, carasse, médicée, pétuner, priseur, tabagie ■ **8** fourneau, maryland, nicotine, pontiane, virginie ■ **9** aiguillon, antitabac, broquelin, buraliste, cigarette, nicotiane, nicotisme, tabatière ■ **10** scaferlati ■ **11** nicotinisme ■ **13** dénicotiniser.
TABAGIE : **7** cabaret.
TABAGISME : **9** nicotisme, tabagique ■ **11** nicotinisme.
TABATIERE : **5** boîte ■ **7** lucarne ■ **10** queue-de-rat.
TABELLION : **7** notaire.
TABERNACLE : **4** naos, néos ■ **6** parvis ■ **7** conopée, soukhot ■ **8** pavillon.
TABES : **6** ataxie ■ **8** langueur* ■ **9** tabétique.
TABLE : **3** jan, mée ■ **4** étal, luxe, plat ■ **5** autel, chère, évier, gigot, index, nappe, tapis, tombe, verre ■ **6** abaque, barème, buffet, bureau, établi, sommet ■ **7** billard, console, hachoir, plateau, pupitre, surtout, traceur, tréteau, vitrine ■ **8** attabler, chanteau, comptoir, crédence, cuillère, desserte, dressoir, guéridon, servante, tablette ■ **9** chasselas, coiffeuse, commensal, grosserie, serviette, sous-nappe, tabulaire, vaisselle ■ **10** fourchette, pâtissoire, planchette, répertoire ■ **11** alphonsines, rince-doigts ■ **12** porte-couteau, travailleuse ■ **13** dessous-de-table, propitiatoire.
TABLEAU : **3** mai, vue ■ **4** cote, embu, fond, noir, plan ■ **5** amour, bilan, cadre, craie, écran, flore, genre, grisé, image*, index, liste, navet, repos, table, tarif, tissu, toile ■ **6** croûte, damier, ex-voto, marine ■ **7** affiche, diorama, gouache, horaire, matrice, panneau, paysage, pochade, repeint, tabelle ■ **8** diptyque, ébrasure, ecce homo, écriteau, enseigne, esquisse, lointain, pancarte, panorama, peinture*, portrait*, prédelle, verrière ■ **9** allégorie, cartouche, tablature, triptyque, turquerie ■ **10** bambochade, calendrier, polyptyque, repoussoir, tabellaire, tableautin ■ **11** conjugaison, crucifixion, statistique ■ **12** crucifiement, généalogique, résurrection ■ **14** représentation*.
TABLER : **7** espérer.
TABLETIER : **11** tabletterie.
TABLETTE : **4** méta ■ **5** dalle, rayon, selle, style, volet ■ **6** abaque ■ **7** étagère, tasseau, tessière, tirette ■ **8** diptyque.
TABLETTERIE : **5** nacre ■ **8** calambac, calambar, merisier ■ **9** calambour ■ **11** marqueterie.
TABLIER : **7** bavette ■ **9** salopette ■ **11** serpillière.

TABOU : **5** sacré ■ **7** tabouer ■ **9** tabouiser.
TABOURET : **4** pouf ■ **5** siège.
TABULAIRE : **4** gour.
TACHE : **3** net ■ **4** bleu, pâté, pige, raie, sale*, spot, taie ■ **5** cerne, dédié, envie, glace, hyène, jaspe, ladre, lèpre, lérot, signe ■ **6** albugo, bavure, lunule, macule, maille, nævus, ocelle, œuvre, office, saleté*, vibice ■ **7** aiglure, balzane, granule, jaspure, lentigo, leucome, madrure, roséole, rougeur, travail, vergeté, vibices ■ **8** chloasma, détacher, éphélide, essanger, immaculé, maculage, maillure, noirceur, pétéchie, saigneux, sanglant, tatouage, tavelure ■ **9** bigarrure, détachage, ecchymose, exécutant, graisseux, jardineux, marqueter, panachure, rechampir, souillure, syphilide, tacheture, varicelle, vergeture ■ **10** maculation maculature, moucheture ■ **11** anthracnose, noircissure, télétravail, xanthélasma ■ **12** antéphélique, éclaboussure, meurtrissure.
TACHER : **4** voir ■ **5** salir* ■ **6** piquer ■ **7** briguer, crotter, essayer*, maculer, saigner ■ **8** évertuer, graisser, ingénier, rouiller, souiller, tacheter ■ **10** marchander, rechercher ■ **11** barbouiller, éclabousser.
TACHERON : **11** travailleur.
TACHETE : **7** grivelé ■ **8** léopardé, moucheté.
TACHETER : **7** taveler ■ **8** piqueter ■ **9** marqueter.
TACHYCARDIE : **13** tachyarythmie.
TACITE : **10** tacitement ■ **11** sous-entendu.
TACITURNE : **5** hibou ■ **6** sombre ■ **7** taiseux ■ **9** concentré ■ **10** silencieux ■ **11** taciturnité.
TACLE : **6** tacler.
TACT : **7** contact, tactile, toucher ■ **9** tentacule ■ **10** diplomatie ■ **11** délicatesse*, savoir-vivre ■ **12** attouchement.
TACTILE : **8** vibrisse ■ **9** barbillon.
TACTIQUE : **5** thème ■ **7** wargame ■ **8** briefing ■ **9** compagnie, manœuvre, stratégie, tacticien ■ **11** obstruction ■ **14** préstratégique.
TACTISME : **14** chimiotactisme.
TADJIKISTAN : **6** tadjik.
TAFIA : **4** rhum.
TAFFETAS : **5** pongé ■ **6** mouche ■ **9** pou-de-soie ■ **10** pout-de-soie ■ **11** poult-de-soie.
TAG : **6** tageur.
TAGALOG : **8** pilipine.
TAHITI : **8** tahitien.
TAHITIENNE : **5** monoï.
TAIE : **4** peau ■ **6** maille.
TAILLADE : **7** morsure ■ **8** entaille*, éraflure, griffade ■ **9** découpure, écorchure, éraillure ■ **11** égratignure ■ **12** déchiqueture.
TAILLADER : **6** couper* mordre, racler ■ **7** érafler, gratter, griffer ■ **8** écorcher, érailler, étriller, labourer, ratisser ■ **9** dévisager, tenailler ■ **10** égratigner.
TAILLANDIER : **12** taillanderie.
TAILLANT : **5** gouge ■ **9** découpoir, tranchant*.
TAILLE : **3** élu ■ **4** menu, nain, rang ■ **5** burin, carré, coupe, géant, grand, jayet, mince, nabot, plume, tapis, toise, vinée ■ **6** ajusté, patron, poncis, sampot ■ **7** châssis, piquage, stature ■ **8** ceinture, courtaud, découplé, épinçage, grandeur, jaquette, levretté, mirmidon, monoxyle, myrmidon, négrille, sécateur, tailleur, tectrice ■ **9** ceinturer, demi-tasse, dentelure, dépendeur, freluquet, grignotis, lapidaire, marmouset, normalisé, solutréen, taillable, tailleuse, tranchant ■ **10** crapoussin, martingale, silhouette, sous-cavage ■ **11** entretaille,

lilliputien, prêt-à-porter, rapprochage, stéréotomie ■ 12 contre-taille, héliogravure ■ 15 microdissection.
TAILLER: 6 bûcher, couper*, écimer, égayer, étêter, évider, hacher, pincer, tondre ■ 7 abattre, châtrer, élaguer, émonder, fuseler, receper, smiller, vaincre ■ 8 aissette, créneler, découper, dégarnir, denteler, ébiseler, écharper, épamprer, équarrir, facetter, retondre, sculpter, topiaire ■ 9 biseauter, bretteler, décharger, échancrer, éclaircir, festonner, lardonner, rabattoir, retailler, rustiquer, salgotter, taillerie ■ 10 brillanter, champlever, charpenter, ébranchoir ■ 11 appareiller, chanfreiner, débillarder, étronçonner ■ 12 taille-crayon ■ 13 marteau-piolet.
TAILLEUR: 4 flou, laie, ripe ■ 6 buisse, jupier ■ 7 barreau, bouisse, pompier, sciotte ■ 8 essayeur, marquoir, rustique ■ 12 passe-carreau.
TAILLIS: 4 tiré ■ 5 cepée, recrû ■ 6 breuil ■ 7 buisson*, raclage ■ 9 belladone.
TAIRE: 4 chut ■ 5 celer, mimer, tacet ■ 6 cacher, garder, sauter, voiler ■ 7 arrêter, omettre, retenir ■ 8 déguiser, déparler, étouffer ■ 9 rengainer ■ 10 dissimuler ■ 11 contraindre.
TAISEUX: 9 taciturne.
TAIT: 6 non-dit.
TAIWAN: 9 taiwanais.
TALC: 7 talquer ■ 8 stéatite, talqueux.
TALENT: 3 art* ■ 4 diva, luth, mime, raté ■ 5 force, génie*, grand ■ 6 génial ■ 7 mauvais, sommité ■ 8 bravoure, capacité, dénigrer, sourcier, virtuose ■ 9 éloquence, incapable, insinuant, notoriété, persuasif ■ 10 cantatrice, talentueux, théâtreuse, virtuosité ■ 12 écrivailleur ■ 15 talentueusement.
TALER: 8 meurtrir.
TALISMAN: 7 bézoard ■ 8 amulette* ■ 10 phylactère ■ 12 talismanique.
TALLE: 7 tallage.
TALMUD: 7 yeshiva.
TALMUDIQUE: 10 talmudiste ■ 14 traditionnaire.
TALOCHE: 4 coup ■ 5 gifle* ■ 8 talocher ■ 9 talmousse.
TALON: 3 rai ■ 4 mule ■ 5 glome ■ 7 talaire ■ 8 quartier, surlonge, taconeos, talonner ■ 9 accroupir, calcanéum ■ 10 contrefort, encasteler, talonnette, talonnière.
TALONFORME: 9 talonnade.
TALONNER: 9 talonnage, talonneur ■ 10 poursuivre*, tourmenter*.
TALUS: 4 ados, côté ■ 5 berge, butte ■ 6 glacis, rideau ■ 7 escarpe, falaise, parapet, plongée, remblai, taluter ■ 8 penchant, platière ■ 9 banquette, bull-finch, clayonner ■ 10 boulingrin, revêtement ■ 11 escarpement ■ 12 contrescarpe.
TAMANOIR: 8 tamandua.
TAMARIN: 8 hapalidé.
TAMARINER: 7 tamarin.
TAMARIS: 7 tamarin.
TAMBOUR: 2 ra ■ 3 ban, fla, tom ■ 5 bongo, dembe, tapin ■ 6 caisse, tam-tam, tarole, tom-tom ■ 7 timbale ■ 8 barillet, batterie, darbouka, derbouka, générale, rataplan, tympanon ■ 9 roulement, tambourin ■ 10 rantanplan ■ 11 colin-tampon, tambouriner ■ 12 tambour-major.
TAMBOURIN: 7 tambour ■ 12 tambourineur ■ 13 tambourinaire.
TAMBOURINER: 6 battre* ■ 7 frapper* ■ 8 répandre ■ 12 tambourinage ■ 14 tambourinement.
TAMIS: 3 sas ■ 6 filtre ■ 7 bluteau, blutoir ■ 9 tamiserie.
TAMISAGE: 11 plansichter.

TAMISER: **5** trier ■ **6** bluter, passer, sasser, vanner ■ **7** cribler, filtrer, heurter ■ **8** tamisage.
TAMPICO: **5** agave.
TAMPON: **4** gong ■ **5** balle, lance ■ **7** tapette ■ **9** tamponner ■ **10** tamponnoir, vadrouille ■ **12** tamponnement.
TAMPONNER: **4** choc ■ **7** heurter* ■ **12** tamponnement.
TAM-TAM: **6** tapage* ■ **7** tambour*.
TAN: **5** jusée, tanin, tanné ■ **6** pelard, regros, tannée ■ **8** auvergne, tanniser.
TANCER: **8** rabrouer ■ **11** réprimander*.
TANDEM: **9** monotrace ■ **10** bicyclette.
TANDIS QUE: **9** au lieu que ■ **10** pendant que.
TANGAGE: **5** houle.
TANGENT: **9** exinscrit ■ **10** tangentiel.
TANGENTE: **10** cotangente.
TANGIBLE: **4** réel*, vrai* ■ **7** positif* ■ **11** tangibilité ■ **12** tangiblement.
TANGO: **7** milonga ■ **9** bandonéon.
TANGUE: **6** radula ■ **9** tanguière.
TANGUER: **8** balancer*.
TANIERE: **4** gîte* ■ **5** antre* ■ **8** retraite ■ **10** renardière.
TANIN: **8** tannique, tanniser.
TANNAGE: **3** tan ■ **4** cuir ■ **5** tanné ■ **8** tannerie ■ **9** affaitage ■ **10** chamoiseur, corroierie, hongroyeur ■ **11** affaitement.
TANNE: **5** croco.
TANNER: **6** battre ■ **7** chromer, ennuyer.
TANNISER: **8** tanisage ■ **9** tannisage.
TANT: **8** tantième.
TANTE: **4** tata ■ **7** tantine ■ **11** avunculaire.
TANTIEME: **6** énième.
TANTRISME: **6** tantra ■ **7** mandala ■ **9** tantrique.
TANZANIE: **9** tanzanien.
TAO: **3** yin ■ **4** yang.
TAPAGE: **5** bruit*, potin, train ■ **6** aubade, barouf, boucan, bousin, chahut, fracas, pétard, raffut, ramdam, rumeur, sabbat, tam-tam ■ **7** tapager, tumulte*, vacarme ■ **8** bahutage, baroufle, brouhaha, carillon, hourvari, scandale, sérénade, sourdine, tapageur ■ **9** chabanais, charivari, esclandre, margaille ■ **10** bastringue, cacophonie, tintamarre.
TAPAGEUR: **4** yé-yé ■ **5** démon ■ **7** casseur ■ **9** sacripant ■ **13** tapageusement.
TAPE: **3** fou ■ **4** coup*, flac ■ **5** gifle*, taper ■ **7** calotte ■ **8** bourrade ■ **9** multitude.
TAPECUL: **5** cotre, ketch.
TAPEE: **5** poire ■ **9** multitude*.
TAPER: **5** tiper, toper ■ **6** battre*, tipper, tosser ■ **7** frapper*, tapette ■ **8** tapement ■ **9** emprunter.
TAPIN: **7** tapiner.
TAPINOIS: **11** secrètement.
TAPIOCA: **6** manioc.
TAPIR: **7** bottir* ■ **12** paléothérium.
TAPIS: **4** coco ■ **5** bande, foyer, kilim, natte ■ **6** feutre ■ **7** passage, tenture ■ **8** carpette, descente, linoléum, moquette, thibaude ■ **9** tapissier ■ **10** carpettier, paillasson, savonnerie, tapisserie, tapissière ■ **11** tapis-brosse ■ **12** shampouineur ■ **13** aspiro-batteur, shampouineuse.

TAPISSER: **6** garnir, tendre.
TAPISSERIE: **4** reps, tors ■ **5** point, tapis ■ **7** canevas ■ **8** draperie, tapisser ■ **9** rentrayer ■ **11** mille-fleurs, rentraiture ■ **12** entrefenêtre.
TAPISSIER: **7** semence ■ **9** broquette ■ **10** tapisserie.
TAPON: **8** taponner ■ **9** taponnage.
TAPOTER: **7** frapper* ■ **10** tapotement.
TAQUIN: **5** lutin ■ **9** malicieux* ■ **10** taquinerie.
TAQUINER: **6** agacer*, braver, tanner ■ **7** canuler, lutiner, picoter ■ **8** chicaner ■ **9** asticoter, mécaniser, mystifier, persifler, provoquer ■ **10** houspiller, tarabuster, tourmenter*, turlupiner ■ **11** impatienter.
TAQUINERIE: **9** raillerie*.
TARABISCOTE: **7** affecté.
TARABUSTER: **8** malmener ■ **10** tourmenter*.
TARARE: **8** tararage.
TARAUD: **8** quillier.
TARAUDAGE: **9** taraudeur.
TARAUDER: **6** battre, percer ■ **9** taraudage ■ **10** taraudeuse, tourmenter.
TARD: **5** avant ■ **8** retarder ■ **13** parachronisme ■ **14** ultérieurement.
TARDER: **8** retarder ■ **9** atermoyer ■ **10** pétouiller.
TARDIF: **4** lent, long ■ **5** hâtif ■ **6** brunch ■ **9** tardivité ■ **11** tardivement.
TARE: **4** vice* ■ **6** défaut*.
TARENTULE: **6** lycose.
TARER: **5** gâter* ■ **7** avarier.
TARGUER: **7** flatter ■ **8** fanfaron*.
TARIERE: **5** sonde ■ **8** quillier ■ **9** oviscapte ■ **13** queue-de-cochon.
TARIF: **4** prix* ■ **6** barème ■ **7** courant ■ **9** demi-tarif, tarifaire ■ **12** différentiel, tarification.
TARIR: **7** épuiser* ■ **10** tarissable ■ **12** intarissable.
TARN: **7** tarnais.
TARO: **6** foutou.
TAROT: **6** oudler.
TARSE: **7** cuboïde, tarsien ■ **9** astragale, calcanéum, pentamère, scaphoïde, sésamoïde ■ **10** cunéiforme ■ **11** tarsectomie.
TARSIEN: **7** tarsier.
TARTARE: **9** cannibale.
TARTE: **4** flan ■ **5** gifle, pizza ■ **9** tourtière ■ **10** tartelette ■ **12** pissaladière.
TARTELETTE: **7** dariole ■ **8** amandine, talmouse.
TARTINE: **5** rôtie, toast ■ **6** tirade ■ **7** beurrée, tranche ■ **8** biscotte.
TARTRE: **8** tartatre, tartreux ■ **9** détartrer, entartrer, tartrique ■ **10** détartrage, détartrant, détartreur, entartrage.
TARTUFE: **4** faux* ■ **5** bigot ■ **9** hypocrite* ■ **10** tartuferie.
TAS: **4** amas* ■ **5** meule, mulon, tapon ■ **7** javelle ■ **8** entasser ■ **9** amonceler ■ **10** collection ■ **11** entassement.
TASSE: **3** bol ■ **5** coupe, godet, hanap, moque, quart ■ **6** cyathe, patère ■ **7** gobelet, tâte-vin ■ **8** déjeuner, soucoupe ■ **9** demi-tasse ■ **10** trembleuse ■ **13** recroquevillé.
TASSEAU: **6** liteau.
TASSEMENT: **4** faix ■ **12** affaissement*.
TASSER: **5** damer ■ **7** presser*, tassage ■ **8** entasser, pilonner, plombeur ■ **9** affaisser*, enterrage ■ **10** compactage ■ **14** recroqueviller.
TATER: **6** palper, sonder ■ **7** essayer, hésiter, retâter, toucher* ■ **8** savourer, tâtonner.

TATILLON : **9** minutieux* ■ **13** consciencieux.
TATONNE : **9** tâtonnant.
TATONNEMENT : **12** balbutiement.
TATONNER : **7** essayer*, hésiter*, toucher ■ **10** aveuglette ■ **11** tâtonnement.
TATOU : **9** priodonte.
TATOUER : **8** tatouage, tatoueur.
TAUDIS : **4** trou ■ **5** bouge ■ **11** appartement.
TAULE : **4** tôle.
TAUPE : **5** lamie ■ **7** taupier ■ **8** taupière, taupinée ■ **10** taupinière ■ **11** courtilière.
TAUPIN : **8** forgeron ■ **9** élatéridé.
TAUPINIERE : **5** butte ■ **8** taupinée.
TAURE : **5** vache*.
TAUREAU : **5** bœuf, toril, vache ■ **6** manade, taurin, torero ■ **7** corrida, tauridé ■ **8** toréador ■ **9** ganaderia, taurillon ■ **10** banderille, beuglement, bucentaure, puntillero ■ **11** bistournage, tauromachie.
TAUTOLOGIE : **9** pléonasme ■ **12** tautologique.
TAUTOMERE : **10** tautomérie.
TAUTOMERIE : **11** desmotropie.
TAUX : **4** pair, taxe ■ **5** cours, loyer, usure ■ **6** cétose, change ■ **7** surtaux ■ **8** cholémie, natrémie, pourcent, surtaxer, taxation ■ **9** calciurie, cétonurie, gold-point, hypoxémie, kalicytie, lipidémie ■ **10** conversion, éthylotest ■ **11** dévaluation, éthylomètre, parathyrine, pourcentage, surnatalité ■ **12** parathormone, réalignement, surmortalité, urobilinurie ■ **13** progressivité ■ **15** cholestérolémie.
TAVELER : **9** marqueter.
TAVERNE : **4** café* ■ **7** auberge, cabaret* ■ **9** tavernier ■ **10** restaurant.
TAXACEE : **2** if.
TAXE : **3** t.t.c., t.v.a. ■ **4** taux ■ **5** droit, impôt* ■ **6** excise ■ **7** maltôte, surtaxe, taxatif ■ **8** taxateur, taxation ■ **9** franc-fief ■ **10** capitation, régalement ■ **11** dégrèvement ■ **13** parafiscalité.
TAXER : **7** taxable ■ **8** taxation ■ **9** reprocher.
TAXI : **9** maraudeur, radio-taxi ■ **11** taxi-brousse.
TAXIDERMIE : **12** taxidermiste.
TAXINOMIE : **11** taxinomique, raxinomiste.
TAYLORISATION : **10** tayloriser.
TCHAD : **8** tchadien.
TCHADIEN : **7** haoussa.
TCHECOSLOVAQUE : **7** tchèque.
TECHNETIUM : **8** masurium.
TECHNICIEN : **7** metteur ■ **8** cinéaste, géomètre ■ **9** ingénieur, pétrolier, séminaire ■ **10** brain-trust, frigoriste ■ **11** réalisateur, spécialiste* ■ **12** technocratie ■ **13** sous-ingénieur ■ **15** technostructure.
TECHNIQUE : **3** art ■ **6** primal ■ **7** défoncé, domisme, méthode* ■ **8** archerie, armement, épistate, poussage, technème ■ **9** créatique, cryologie, détonique, domotique, enclosure, encloture, graphique, levallois, mass media, packaging, robotique, techniser, urbanisme, visagisme ■ **10** autoscopie, conférence, couponnage, défilement, ergométrie, gnomonique, imposition, irrigation, monophonie, plasturgie, technicité ■ **11** angiomatose, antipodisme, audiovisuel, bureautique, cytaphérèse, dévaluation, économétrie, électrochoc, fosbury flop, holographie, kammerspiel, œnotechnie, pétrochimie, porte-à-porte, productique, prospective, sismométrie, synthétisme, techniciser ■ **12** aéronautique, aiguilletage, bio-industrie, biotechnique, informatique, mu-

séographie, nomenclature, radiotechnie, stratovision ■ **13** brainstorming, cryotechnique, électrochimie, embryonscopie, haute-fidélité, marchandisage, minérallurgie, normalisation, œnotechnique, photogéologie, précontrainte, sociothérapie, techniquement, technoscience, télédétection ■ **14** biotechnologie, microtechnique, radiotechnique ■ **15** radarastronomie, spectrochimique, standardisation.

TECHNOCRATIE: 11 technocrate ■ **14** technocratiser.

TECHNOCRATIQUE: 8 énarchie ■ **14** technocratisme.

TECHNOLOGIE: 3 i.u.t. ■ **8** high-tech ■ **9** fluidique ■ **10** technopôle, tribologie ■ **11** technologue ■ **12** obsolescence ■ **13** technologique, technologiste ■ **14** technocratique.

TECT: 6 étable.

TECTONIQUE: 13 néotectonique.

TEFLON: 7 goretex ■ **9** téflonisé.

TEGUMENT: 4 peau*, test ■ **6** arille ■ **8** carapace, cuticule, pilosité, sensille ■ **9** micropyle ■ **12** articulation, tégumentaire.

TEIGNE: 4 mite ■ **5** favus, gerce, rogne ■ **8** gallerie, teigneux ■ **12** trichophyton.

TEILLER: 8 teillage, teilleur.

TEINDRE: 5 ocrer, roser, rosif ■ **6** chiner ■ **7** colorer, imbiber, raciner, rocouer, teinter, tremper ■ **8** garancer, violeter ■ **9** brésiller, imprégner, reteindre ■ **10** teinturier, tinctorial ■ **11** dégraisseur.

TEINT: 3 mat ■ **4** fard, hâle, rose ■ **5** blême, hâler, terne ■ **6** basané, bistre, bronzé, coloré, cuivré, matité ■ **7** blafard, couleur, rougeur, vermeil ■ **8** brouillé, carnation, fraîcheur, lividité.

TEINTE: 3 ton ■ **5** aplat, grisé, pixel, rompu, roser, virer ■ **7** couleur* ■ **8** céruléen, mordorer, opaliser, platiner ■ **9** rougeoyer ■ **10** brunissure, demi-teinte, impression, mezzo-tinto, opalescent ■ **11** opalisation ■ **13** similigravure ■ **14** isochromatique.

TEINTER: 7 bistrer, bleuter ■ **8** teintant.

TEINTURE: 4 bleu ■ **5** acide, aloès, batik, gaude, henné, jalap, sapan, teint ■ **6** brésil, kamala, sandix, sandyx, sappan ■ **8** campêche, dextrine, enlevage, orseille, picrique, rocouyer, sarrette ■ **9** aluminage, brésillet, cratægus, débouilli, garançage, orcanette ■ **10** brunissure, dischromie, quercitron, rosaniline, teinturier, tinctorial ■ **11** parégorique, teinturerie ■ **14** débouillissage.

TEINTURERIE: 8 maurelle.

TEL: 6 pareil ■ **9** identique, semblable*.

TELEBENNE: 10 télécabine.

TELECOMMANDE: 6 drone.

TELECOMMUNICATION: 5 laser ■ **7** minitel ■ **9** télétexte ■ **12** vidéographie ■ **14** télémécanicien.

TELECONFERENCE: 15 vidéoconférence, visioconférence.

TELECOPIE: 3 fax ■ **5** faxer ■ **7** téléfax.

TELEDETECTION: 7 scanner.

TELEGRAMME: 4 stop ■ **5** câble ■ **7** dépêche ■ **10** autogramme ■ **11** câblogramme.

TELEGRAPHIE: 3 tsf ■ **5** morse ■ **7** sans-fil, simplex ■ **8** cohéreur, télétype ■ **9** multiplex ■ **10** quadruplex, télégramme ■ **11** héliographe, télégraphie ■ **12** manipulateur, télégraphier ■ **13** télégraphique, télégraphiste, téléimprimeur, téléscripteur.

TELEGUIDAGE: 10 téléguider.

TELEMATIQUE: 11 télématiser.

TELEMATISER: 14 télématisation.

TELEMETRE: 11 télémétreur.

TELEOLOGIE : 12 téléologique.
TELEOSTEEN : 4 chat, muge, vive ■ 5 apode*, cabot, crète, labre, mérou, mulet, omble, scare, tourd, volant ■ 6 barbet, galidé*, marlin, perlon, orphie, rouget, sciène, silure, trigle, vairon ■ 7 barbier, brochet, grondin, mendole, percidé*, sébaste, sparidé*, vieille ■ 8 aiguille, clupéidé*, épinoche, rascasse, scorpène, surmulet, tétrodon ■ 9 bécassine, chevalier, cyprinidé*, loricaire, salmonidé*, scombridé* ■ 10 engraulidé*, physostome, uranoscope ■ 11 épinochette ■ 13 pleuronectidé*.
TELEPATHIE : 9 télépathe ■ 11 extralucide, télesthésie ■ 12 télépathique.
TELEPHERIQUE : 9 télébenne, télésiège ■ 10 télécabine ■ 11 téléférique, téléphérage.
TELEPHONE : 5 inter, poste ■ 8 régional, répéteur, sonnerie ■ 9 bigophone, composeur, taxiphone, télévente ■ 10 interphone, téléphoner, vidéophone, visiophone ■ 11 conjoncteur, interurbain ■ 12 téléphonique, téléphoniste ■ 13 communication.
TELEPHONIE : 4 jack ■ 5 câble ■ 7 friture, sans-fil ■ 11 radiophonie ■ 14 radiodiffusion ■ 15 radiotéléphonie.
TELEPHONIQUE : 6 bottin ■ 7 sans-fil ■ 10 publiphone ■ 14 péritéléphonie ■ 15 autocommutateur, radiotéléphonie.
TELESCOPE : 7 lunette ■ 9 astéroïde, chercheur ■ 10 aberration ■ 12 télépointage.
TELESCOPER : 7 heurter* ■ 9 tamponner.
TELESPECTATEUR : 7 zapping ■ 12 téléacheteur.
TELEVENTE : 9 téléachat.
TELEVISE : 9 soap opera ■ 13 téléreportage.
TELEVISEUR : 14 péritélévision.
TELEVISION : 2 t.v. ■ 3 p.a.f., p.a.l. ■ 4 télé, t.v.h.d. ■ 5 secam ■ 6 caméra, sitcom ■ 7 pairage, vidicon ■ 8 émission, talk-show, téléécran, téléfilm, ■ 9 linéature, mass media, téléradar, téléviser ■ 10 définition, multinorme, téléviseur, vidéophone, viséophone ■ 11 chrominance, mondovision, télégénique ■ 12 magnétoscope, stratovision, télédiffuser, téléreporter ■ 13 multistandard, radiotélévisé, télédiffusion ■ 14 radioreportage, téléspectateur, vidéofréquence.
TELEX : 7 télexer.
TELLEMENT : 2 si ■ 4 tant.
TELLURE : 9 tellureux, tellurien, tellurure ■ 10 tellurique ■ 14 tellurhydrique.
TELLURIQUE : 9 tellurate.
TEMERAIRE : 5 brave*, hardi* ■ 9 audacieux, intrépide ■ 12 entreprenant,
TEMERITE : 9 hardiesse, téméraire ■ 10 imprudence ■ 13 témérairement.
TEMOIGNAGE : 4 gage ■ 5 signe ■ 6 indice, marque, preuve*, témoin ■ 7 hommage, mention, parjurer ■ 9 décharger ■ 10 certificat, déposition, photo-robot, recueillir, satisfecit, tendresses ■ 11 affirmation, attestation ■ 12 condoléances, confirmation, constatation ■ 13 démonstration, félicitations.
TEMOIGNE : 10 inaffectif.
TEMOIGNER : 5 jurer, lever ■ 6 avérer ■ 7 appuyer, déposer, établir, montrer, révéler, siffler ■ 8 affirmer, attester, déplorer, plaindre, renâcler ■ 9 certifier, confirmer*, constater, démontrer, rechigner ■ 10 manifester, témoignage.
TEMOIN : 4 voir ■ 5 jurer ■ 6 de visu, recors ■ 8 citation, déposant ■

9 assistant, témoigner ■ 10 déposition, spectateur ■ 11 assignation, testimonial.
TEMPE : 7 larmier ■ 12 rouflaquette ■ 13 accroche-cœur.
TEMPERAMENT : 5 santé ■ 6 nature*, trempe ■ 8 diathèse ■ 9 caractère ■ 10 complexion ■ 11 disposition, lymphatisme ■ 12 constitution, contre-emploi, organisation, schizothymie ■ 13 idiosyncrasie ■ 14 prédisposition.
TEMPERANCE : 7 retenue ■ 8 chasteté, sobriété* ■ 9 tempérant.
TEMPERATURE : 3 été ■ 4 zéro ■ 5 froid, gelée, lampe, point, rouge, serre, sueur, temps, verre ■ 6 climat, fièvre*, incuit, siroco ■ 7 chaleur, eutexie ■ 8 calciner, canicule, cryostat, latitude, maturité, mitigeur ■ 9 amplitude, aoûtement, climatisé, couvaison, cryogénie, cryologie, échauffer, inclément, isotherme, pyromètre, refroidir ■ 10 aurytherme, cryométrie, inclémence, isochimène, myrométrie, surchauffe, tépidarium, thermostat ■ 11 homéotherme, homothermie, microclimat, réfrigérant, sténotherme, surchauffer, thermocline, thermomètre, thermoscope ■ 12 cryobiologie, ébulliomètre, ébullioscope, énantiotrope, hyperthermie, inflammation, superalliage, thermistance, thermographe, thermométrie ■ 13 antithermique, ébulliométrie, ébullioscopie, incandescence, pœcilotherme, poïkilotherme, réfrigération, syringomyélie, thermoclastie ■ 14 aluminiothermie, géothermomètre, pyrétothérapie, thermostatique, thermotactisme ■ 15 cryotempérature, pyroélectricité, refroidissement, thermorécepteur.
TEMPERE : 4 doux ■ 6 mitigé.
TEMPERER : 6 calmer* ■ 7 adoucir, amortir, modérer ■ 8 corriger ■ 9 dulcifier.
TEMPETE : 4 rage, vent ■ 5 dégât, grain, orage ■ 6 fureur, rafale, siroco, trombe, typhon ■ 7 cyclone, driveur, mistral, ouragan, tornade ■ 8 blizzard, dériveur ■ 9 déchaîner, hurlement, tourmente ■ 10 bourrasque, raz-de-marée, tempétueux, tourbillon.
TEMPETER : 10 invectiver.
TEMPLE : 4 dôme, naos ■ 5 cella, saint, torii ■ 6 église*, pagode, tholos ■ 7 mosquée, pronaos ■ 8 capitole, chapelle, panthéon, péribole, propylée, sérapéon, sérapéum, templier ■ 9 basilique, cariatide, caryatide, hiérodule, péristyle, sérapéion, synagogue, ziggourat ■ 10 labyrinthe, sanctuaire ■ 11 dodécastyle, opisthodome ■ 12 inauguration, présentation ■ 13 hiérogrammate.
TEMPO : 4 slow ■ 7 allégro, andante, slow-fox ■ 10 sicilienne.
TEMPORAIRE : 5 légat, remue ■ 6 ladang ■ 8 passager* ■ 9 essartage, supplétif ■ 11 essartement ■ 12 cantonnement, dissociation.
TEMPORAL : 8 mastoïde ■ 11 zygomatique.
TEMPOREL : 8 séculier ■ 9 terrestre ■ 10 cartulaire.
TEMPORISER : 5 temps ■ 8 retarder* ■ 12 opportunisme ■ 13 temporisateur, temporisation.
TEMPS : 2 an, de, en, où ■ 3 âge, ans, dès, ère, gel, mue, rut, vie ■ 4 beat, chez, date, frai, hier, jour, laps, lieu, loin, mois, nuit, pose, sous, tard ■ 5 alors, année, avant, avent, caban, comme, débit, délai, deuil, durée*, fleur, futur, gamin, jeune, marge, matin, mètre, mythe, natal, passé, ponte, salve, somme, stage, tâche, tango, tente, tenue, terme, tonte, tréou, utile, voici ■ 6 climat, époque*, loisir, moment*, musard, séance ■ 7 aoriste, demi-vie, horaire, intérim, journée, matinée, niaiser, parfait, période*, présent, semaine, veillée ■ 8 accalmie, campagne, carnaval, carrière, décalage, éternité, fauchage, lunaison, minorité, musarder, noviciat, prétérit, priorité, rectorat, rigaudon, temporel, vacances, vacation, vendange ■ 9 antérieur, antiquité, atem-

porel, brumasser, chronaxie, commodité, continuum, couvaison, deux-seize, dilatoire, douze-huit, éclaircie, floraison, gestation, hivernage, imparfait, intermède, lanterner, longtemps, mortalité, posemètre, probation, simultané, synodique, tondaison, trois-deux, trois-huit ■ **10** ancienneté, après-dîner, aujourd'hui, calendrier, coéligible, deux-quatre, entre-temps, expiration, exposition, fauchaison, fleuraison, génération, horométrie, incubation, instantané, intempérie, intemporel, intervalle, microgrenu, quatre-huit, relativité, temporaire ■ **11** antériorité, après-guerre, après-souper, baguenauder, chronologie, computation, fiançailles, périsystole, pupillarité, tautochrone, temporalité, température, time-sharing ■ **12** chronogramme, chronométrer, conditionnel, fur et à mesure, intersession, magistrature, météorologie, microseconde, prolongation, quatre-quatre ■ **13** chronométreur, passagèrement, saint-glinglin ■ **14** historiographe, lyophilisation, plus-que-parfait, science-fiction, spatio-temporel, temporairement.

TENACE: 3 glu, lut ■ **4** têtu* ■ **5** étain, hêtre, laine ■ **6** entêté*, gluant ■ **7** coriace ■ **8** rancœur, ténacité ■ **9** intrépide, résistant ■ **10** accrocheur.

TENACITE: 8 mordicus, obstiner ■ **10** entêtement*, tenacement ■ **11** obstination*, opiniâtreté.

TENAILLE: 4 anel ■ **5** happe, pince* ■ **9** morailles, tenailler, tricoises.

TENAILLER: 9 tracasser* ■ **10** préoccuper, tourmenter* ■ **12** tenaillement.

TENANCIER: 6 patron, yeoman ■ **7** fermier ■ **8** tènement ■ **9** buraliste ■ **10** ensaisiner.

TENANCIERE: 10 maquerelle.

TEND: 10 staraxique ■ **11** syncrétiste.

TENDANCE: 5 op art ■ **7** land art, laxisme, naturel ■ **8** affinité, fauvisme, machiste, penchant*, réalisme, tachisme, vocation ■ **9** alarmisme, direction, dolorisme, droitisme, expansion, féminisme, luminisme, naturisme, optimisme, ruralisme ■ **10** affairisme, appétition, bellicisme, brutalisme, cyclothyme, intégrisme, matiérisme, modernisme, propension, récidivité, ritualisme, romanisant, tendanciel, verbalisme ■ **11** affectivité, agressivité, appréhensif, aventurisme, captativité, conformisme, disposition, engineering, favoritisme, homéostasie, œcuménisme, paritarisme, récidivisme, séparatisme ■ **12** consumérisme, familialisme, historicisme, sociologisme, théâtralisme ■ **13** approbativité, conservatisme, destructivité, dissimilation, expansibilité, hygroscopique, persévération, productivisme, propagandisme, ségrégabilité, spiritualisme, tiers-mondisme ■ **14** aristocratisme, byzantinologie, encyclopédisme, ethnocentrisme, expansionnisme, individualisme, non-conformisme, opérationnisme, particularisme, précisionnisme, réductionnisme, sociocentrisme ■ **15** exhibitionnisme, fondamentalisme, réglementarisme.

TENDELET 5 tente.

TENDON: 4 féru, nerf ■ **6** muscle, tirant ■ **7** achille ■ **8** ligament, pubalgie ■ **9** tendineux, tendinite, ténotomie ■ **10** énervation ■ **11** digastrique ■ **14** proprioception.

TENDRE: 4 cher, moie, moye ■ **5** armer, buter, câlin, chéri, craie, rider, rosée, tirer, viser ■ **6** aimant, bander, border, raidir ■ **7** aboutir, amoroso, crisper, délicat, dilater, essayer, étendre*, gonfler, larguer, oiseler, tendeur ■ **8** bien-aimé, chercher, étarquer, graphite, graviter, hérisser, madrigal, nocturne, oaristys, retendre, sensible, tendreté ■ **9** attendrir, barbotine, caressant, concourir, conspirer, converger, dilection, lambourde, mortifier, présenter*, prétendre, remontage, rou-

couler ■ **10** affectueux, concerter, contracter, feuilletis, panneauter, précipiter, raidisseur, romanesque, roucoulade, tendrement ■ **11** convergence, sentimental, tourtereaux ■ **12** roucoulement.
TENDRESSE: **6** amitié, tendre ■ **9** affection, sentiment ■ **10** tendrement ■ **11** sensibilité ■ **15** attendrissement, refroidissement.
TENDRON: **5** fille.
TENDU: **3** sec ■ **5** lâche, plein, raide, roide ■ **7** détendu, hérissé ■ **8** desséché, explosif.
TENDUE: **10** trampoline.
TENEBRES: **5** ombre*, voile ■ **9** obscurité*, ténébreux ■ **10** enténébrer.
TENEBREUX: **6** obscur*, sombre* ■ **12** mélancolique* ■ **14** ténébreusement.
TENEUR: **5** texte ■ **8** salinite ■ **9** hydratant, oléomètre ■ **10** décarburer, gypsomètre, saturateur ■ **11** composition ■ **12** explosimètre.
TENIA: **6** cénure, scolex ■ **7** cœnure ■ **8** hydatide, ténifuge ■ **10** cucurbitin, proglottis ■ **11** cucurbitain, cysticerque, échinocoque ■ **12** endoparasite ■ **14** bothriocéphale.
TENIFUGE: **6** kamala.
TENIR: **5** avoir, bayer, gêner, mener, parer, prise, tenue, venir ■ **6** coller, croire, garder*, porter, saisir*, serrer ■ **7** adhérer, capeyer, détenir, dominer, écarter, estimer, joindre, prendre, retenir ■ **8** attacher, chambrer, découler, dépendre, fidélité, maintien, négliger, palabrer, posséder*, résister, résulter, soutenir ■ **9** accrocher, balancier, enraciner, entretien, intenable, maintenir*, maîtriser, roucouler, suspecter ■ **10** calfeutrer, cramponner, entretenir, magasinier, participer, terroriser ■ **11** représenter ■ **12** chauffe-plats.
TENNIS: **3** ace, jeu, let, lob, out, set ■ **4** lift ■ **5** court, drive, slice, smash ■ **6** single, trente ■ **7** central ■ **8** avantage, ping-pong, quarante, raquette, tie-break, volleyer ■ **9** badminton ■ **10** lawn-tennis ■ **11** passing-shot, tennistique.
TENON: **7** ailette ■ **8** enlaçure, mortaise, tenonner ■ **9** enlassure, languette ■ **10** épaulement, tenonneuse ■ **12** queue d'aronde.
TENOR: **4** voix ■ **8** ténorino ■ **9** ténoriser ■ **10** ténorisant.
TENSEUR: **6** hauban ■ **9** tensoriel.
TENSION: **3** ton ■ **4** volt ■ **5** crise ■ **7** orgasme, ténesme ■ **8** dévolter, kilovolt, pression, survolté ■ **9** attention, bitension, dévolteur, éréthisme, hypotendu, survolter ■ **10** crispation, distension, hypertendu, surtension, survoltage, survolteur ■ **11** contraction, disjoncteur, hypotenseur, hypotension, psophomètre, relâchement, sous-tension, sous-voltage, tensioactif ■ **12** anticalcique, constriction, raidissement ■ **13** concentration, horripilation ■ **14** stalagmomètre.
TENSIOACTIF: **10** dispersant.
TENTACULE: **5** acéré ■ **12** tentaculaire.
TENTATION: **5** désir*.
TENTATIVE: **4** coup ■ **5** essai* ■ **6** avance ■ **7** ébauche, impasse ■ **8** attenter, démarche, esquisse ■ **10** entreprise ■ **11** tâtonnement.
TENTE: **4** abri*, dais, taud ■ **5** cagna, douar, hutte, taude, tissu, vélum ■ **6** camper, gourbi, iourte, wigwam, yourte ■ **7** baraque ■ **8** guitoune, marabout, pavillon, prétoire, tendelet, vélarium ■ **9** chapiteau, tente-abri ■ **10** tabernacle.
TENTER: **4** oser ■ **7** attirer, essayer*, exciter, risquer*, séduire* ■ **8** allécher, ébaucher, éprouver, hasarder, retenter, suggérer, tâtonner ■ **9** tentateur ■ **12** entreprendre.
TENTURE: **4** dais ■ **5** deuil, poêle, tapis, tente, vélum ■ **6** rideau* ■

7 drapeau, parasol ■ **8** feutrine, fleurage, ombrelle, pavillon ■ **9** baldaquin, ciel-de-lit, passement, tapissier ■ **10** lambrequin, tapisserie.
TENU : 4 menu ■ **5** mince*, petit* ■ **6** obligé ■ **7** délicat, ténuité ■ **8** allodial ■ **9** assujetti, entretenu ■ **10** impalpable.
TENUE : 7 posture, soubise ■ **8** maintien*, uniforme, vêtement ■ **11** registraire, survêtement ■ **12** laisser-aller.
TEOBROMINE : 8 xanthine.
TEORBE : 7 théorbe.
TEPIDITE : 14 attiédissement.
TERATOLOGIE : 10 fascination ■ **13** tératologique.
TERCET : 9 terza rima.
TEREBENTHINE : 4 cire ■ **5** sapin ■ **6** mélèze, pinène ■ **7** galipot, terpène, terpine ■ **8** arcanson ■ **9** colophane, térébique ■ **10** térébinthe ■ **12** térébenthène.
TEREBINTHACEE : 12 anacardiacée*.
TERGIVERSER : 7 biaiser ■ **14** tergiversation.
TERME : 3 fin*, mot ■ **4** bout*, coco, pôle, stop ■ **5** adieu, borne, congé, finir, loyer, minou, moyen, obvie, prime, sujet, texte, thèse ■ **6** climax, limite*, poulot, saison ■ **7** confins, noumène ■ **8** couveuse, démotivé, échéance, épilogue, hyponyme, néologie, polynôme, solution, stellage, terminus ■ **9** ambiguïté, prématuré ■ **10** antécédent, catégorème, conséquent, dénotation, dénouement, emphytéose, expiration, hyperonyme, logarithme, néologiste, numérateur, substantif ■ **11** anaphorique, technologie, termaillage ■ **12** atermoiement, dénominateur, nomenclature, quasi-monnaie, terminologie.
TERMINAISON : 2 us ■ **3** cas, fin ■ **7** cadence, suffixe ■ **8** résultat ■ **9** désinence.
TERMINAL : 5 basic, final ■ **7** minitel, néogène ■ **13** superfinition ■ **15** radiomessagerie.
TERMINANT : 6 guivré.
TERMINE : 7 acuminé.
TERMINER : 5 cesser*, clore, finir*, mener, rimer, vider ■ **7** aboutir, achever ■ **8** arranger, conclure, médiocre ■ **9** finissure ■ **10** parachever ■ **12** interminable ■ **15** jusqu'au-boutisme.
TERMINOLOGIE : 6 monème ■ **12** terminologue ■ **14** terminologique.
TERMITE : 8 pangolin ■ **10** termitière.
TERNE : 3 mat, usé ■ **4** embu, pâle* ■ **5** blême, falot, morne ■ **6** délavé, effacé, livide, sombre ■ **7** blafard, terreux, vitreux ■ **8** incolore.
TERNIR : 5 faner, frais, gâter, matir, rider, salir ■ **6** tacher ■ **7** altérer, dépolir, étioler, flétrir ■ **8** éteindre ■ **9** délustrer, dessécher ■ **10** défraîchir, ternissure ■ **12** ternissement.
TERPENE : 8 limonène ■ **10** terpénique.
TERPINE : 8 terpinol ■ **9** terpinéol.
TERPENIQUE : 6 pinème.
TERRAIN : 3 sol* ■ **4** clos, coin, golf, jeep, laie, lais, lias, lice, turf, vain ■ **5** claim, court, fanum, forêt, grave, grève, lever, links, lopin, manse, navet, ouche, palus, piste, plant, redan, rough, semis, seuil, talus, terre*, trial ■ **6** calade, graves, ségala, usages ■ **7** bas-fond, boulaie, bruyère, charrié, culture, enclave, maremme, pelouse, pinière, prairie, ravière ■ **8** bajocien, batterie, cambrien, cédrière, défriche, diluvium, droppage, éminence, enclaver, enherber, épiscope, gazonnée, géomètre, marécage, parcelle, pineraie, position, practice, rocaille, roseraie, substrat ■ **9** aérodrome, charriage, cigalière, élévation, esplanade, fondrière, fraisière, franc-bord, genêtière, jalon-mire, motocross, neptunien, prunelaie, remblayer, ronceraie, truffière, vélo-

cross ■ **10** allochtone, atocatière, concession, cotonnerie, défilement, encaissant, fraiseraie, genévrière, oignonière, substratum ■ **11** lotissement, nivellement, tachéomètre, tout-terrain ■ **12** cantonnement, polygonation ■ **13** artichautière.

TERRASSE : **4** vire ■ **5** digue, jetée ■ **6** replat, terte ■ **8** garde-fou, trottoir ■ **9** barbacane, belvédère ■ **10** plate-forme*, terre-plein.

TERRASSEMENT : **4** sape ■ **5** talus ■ **6** ripper, rooter ■ **7** parados, remblai ■ **8** dragline, pionnier ■ **9** bulldozer, décapeuse, niveleuse ■ **10** angledozer, épaulement, terrassier.

TERRASSER : **7** abattre*, démolir ■ **9** renverser*.

TERRASSIER : **9** puisatier.

TERRE : **3** île, sil, sol*, têt, tuf, val ■ **4** boue, clos, elfe, exil, fief, jour, nifé, ocre, pisé, pôle, rame, sole, test, vase ■ **5** année, bêche, boule, champ, comté, damer, drain, duché, erbue, étang, fêler, fonds, fossé, gazon, glèbe, globe, gnome, golfe, humus, hypne, jalon, lampe, lande, larve, lever, limon, marée, mitre, monde, moque, motte, mound, mulot, ombre, ouche, palis, palud, palus, passe, perré, pivot, plage, prise, raser, régur, rejet, roche, rosée, route, semer, taupe, temps, tuile, vagon, vasée, verse, vigie, vigne, volée, wagon ■ **6** blende, didyme, gâchis, gâtine, glaise, guéret, herbue, ici-bas, jardin, kaolin, palude, sienne, terrir, tourbe, vidame ■ **7** agraire, alumine, charnel, closeau, emblave, exonder, jachère, jetisse, planète, poterie, terrain*, terreau, terrien, terroir, tomette, tuffeau, tumulus, univers, vidamie, village ■ **8** ameublir, antipode, atterrir, baronnie, caquelon, cultiver, déterrer, écoumène, enterrer, europium, figuline, géodésie, géophage, gisement, hiverner, inféoder, irriguer, jectisse, labourer, limonage, pâturage, pélogène, plancher, plombeur, prémices, seigneur, sismique, taupinée, tènement, terraque, terrasse, tropique ■ **9** agrologie, atterrage, bien-fonds, cavaillon, céramique, chassement, composter, continent, débarquer, déraciner, effondrer, emblavure, enterrage, fouisseur, géomancie, knock-down, laboureur, locataire, magnésite, marquisat, œkoumène, péninsule, plutonien, poussière, presqu'île, ressuyage, tellurien, terrasser, terrestre, terricole ■ **10** atmosphère, barysphère, bousillage, fourragère, géographie, géothermie, inhumation, lanthanide, phosphater, plate-bande, plutonique, promission, pyrosphère, rase-mottes, rechausser, serfouette, strontiane, sublunaire, taupinière, tchernozem, tellurique, termitière, terre-plein, territoire, wateringue ■ **11** agriculteur, amodiataire, duché-pairie, enterrement, géotropisme, méditerrané, périœciens, principauté, terre-à-terre, tchernoziom, troposphère ■ **12** géocentrique, géothermique, serfouissage, terrassement, vermillonner ■ **13** aéroterrestre ■ **14** atterrissement, extraterrestre ■ **15** circumterrestre, gentleman-farmer.

TERREAU : **10** terreauter ■ **11** terreautage ■ **15** champignonnière.

TERRE-NEUVAS : **10** terre-neuve ■ **12** terre-neuvien.

TERRE-NEUVE : **7** cacaoui.

TERRESTRE : **4** nord, sial, sima ■ **5** éther, ixode, mille, océan, roche, terre ■ **6** wombat ■ **7** gravité ■ **8** quadrant ■ **10** orogénique, subsidence ■ **11** épirogenèse ■ **12** épirogénique, géosynclinal ■ **13** géomagnétique ■ **15** paléomagnétisme.

TERREUR : **4** peur* ■ **6** effroi ■ **7** crainte*, frayeur ■ **8** terrible ■ **9** épouvante*, terrifier ■ **10** terroriser ■ **11** épouvantail.

TERREUX : **4** pâle ■ **8** engobage, sanguine.

TERRIBLE : **5** drame ■ **8** tragique ■ **10** effroyable*, formidable, redoutable ■ **12** épouvantable, terriblement.

TERRIEN: **6** féodal, paysan.
TERRIER: **3** fox ■ **4** gîte* ■ **5** antre*, lapin, sphex ■ **6** teckel ■ **8** airedale, débouler ■ **9** débusquer, déterrage ■ **10** fox-terrier ■ **11** rabouillère, skye-terrier ■ **12** irish-terrier ■ **15** airedale-terrier.
TERRIFIER: **7** alarmer ■ **10** épouvanter.
TERRIBLEMENT: **14** redoutablement.
TERRINE: **4** pâté ■ **5** jatte ■ **8** terrinée.
TERRITOIRE: **4** pays*, raid ■ **5** banat, comté, temps ■ **6** évêché ■ **7** califat, colonie, diocèse, enclave ■ **8** despotat, enclaver, khalifat, paroisse, province, voïvodat, voïvodie, yeomanry ■ **9** aménageur, chefferie, palatinat, voïévodat, voïévodie ■ **10** bantoustan, dépendance, échevinage, encomienda, gouverneur, intendance, no mans'land, patriarcat, seigneurie ■ **11** département, juridiction, territorial ■ **12** colonisation, souveraineté ■ **14** infrastructure, territorialité.
TERROIR: **3** cru ■ **4** pays* ■ **5** terre*.
TERRORISER: **7** alarmer ■ **11** terrorisant.
TERRORISME: **9** cagoulard ■ **10** terroriste ■ **14** antiterroriste.
TERRORISTE: **14** euroterrorisme.
TERTIAIRE: **5** falun ■ **6** éocéne, éogène ■ **7** éolithe, miocène, néogène ■ **8** dinornis ■ **9** caillasse, créodonte, glyptodon, hipparion, néozoïque, nummulite, oligocène, paléogène ■ **10** cénozoïque, mastodonte ■ **11** glyptodonte ■ **12** nummulitique, oréopithèque, paléothérium ■ **13** anoplothérium ■ **14** baluchithérium, sidérolithique, tertiarisation ■ **15** tertiairisation.
TERTRE: **5** butte, mound ■ **7** vigneau ■ **11** burial-mound.
TESSELLE: **7** abacule.
TESSON: **3** têt ■ **4** test ■ **6** brique ■ **7** morceau* ■ **8** fragment*, ostracon.
TEST: **4** cuti ■ **7** épreuve, testacé, testeur ■ **8** baby-test, testable ■ **10** binet-simon ■ **11** testabilité ■ **12** cutiréaction.
TESTAMENT: **4** hoir, legs ■ **5** bible, datif, sacre ■ **8** avantage, intestat ■ **9** codicille, disposant, exécuteur, figurisme, olographe, testateur ■ **10** apocalypse, holographe ■ **11** fidéicommis, sapientiaux ■ **13** testamentaire.
TESTER: **7** testeur ■ **10** ab intestat.
TESTICULAIRE: **11** klinefelter.
TESTICULE: **7** couille, orchite, scrotum ■ **8** séminome ■ **9** albuginée, animelles, épididyme ■ **11** bistournage ■ **12** testiculaire, testostérone.
TETANISER: **12** tétanisation.
TETANOS: **9** nicolaier, tétanique, tétaniser ■ **12** opisthotonos ■ **13** antitétanique.
TETE: **3** cap, cou, épi, ras ■ **4** chef*, ciel, époi, étoc, face, fêlé, froc, hure, joue, joug, laie ■ **5** ahuri, avers, boule, carré, corne, crâne*, crête, dague, dogue, évent, fémur, front, hache, huppe, hydre, masse, mener, menon, momie, nimbe, ogive, penne, poêle, queue, sénat, talpa, tempe, tiare, titre, torse, tronc, voile ■ **6** chevet, citron, figure, masque, rhyton, sommet, sphinx, tronce ■ **7** abattis, cabêche, caboche, cerveau*, marotte, nénette, occiput, tronche ■ **8** acéphale, aigrette, calotter, capiteux, céphalée, chérubin, chrémeau, ciboulot, coiffure, couronne, débouché, encolure, ethmoïde, friction, mantille, massacre, migraine, nutation, oreiller, sinciput ■ **9** acéphalie, appuitête, bicéphale, cafetière, chanfrein, couronner, décapiter, gailletin, manchette, médaillon, rencontre, sphénoïde, tortillon ■ **10** appuietête, bourrichon, capitation, céphalique, coloquinte, couvre-chef, martingale, tricéphale ■ **11** avant-propos, céphalalgie, décollation,

guillotiner ■ **12** dodelinement, macrocéphale, microcéphale, premier-paris, prolégomènes.
TETE-BECHE : 10 bécheveter.
TETER : 5 sucer, tétée.
TETIERE : 8 frontail ■ **9** sous-gorge ■ **10** empointure.
TETINE : 3 pis ■ **4** sein* ■ **7** mamelle*, sucette.
TETON : 4 sein* ■ **5** tétin.
TETRAEDRE : 12 tétraédrique.
TETRAPLEGIE : 12 quadriplégie ■ **13** tétraplégique.
TETRAPLOÏDE : 12 tétraploïdie.
TETRARQUE : 10 tétrarchat, tétrarchie.
TETRODON : 12 poisson-globe.
TETROPHTALME : 8 anableps.
TETU : 3 fer ■ **6** entêté*, entier, tenace ■ **7** acharné, obstiné* ■ **9** cabochard, opiniâtre* ■ **11** persévérant ■ **12** récalcitrant.
TEXTE : 4 note ■ **5** coder, copie, glose, leçon, libre, ordre, ronéo, thème, tiret, trope ■ **6** alinéa, livret, statut, tantra, teneur ■ **7** massore, scholie, synopse, télétex, textuel ■ **8** accroche, bravoure, contexte, massorah, original, variante ■ **9** collation, découpage, décrypter, habillage, manuscrit, polycopie, prompteur, rédaction, référence, tapuscrit, télétexte ■ **10** amendement, autodictée, intertitre, paraphrase, récitation, sous-dénommé, surligneur, typographe ■ **11** allégoriste, calligramme, chiffrement, commentaire, compositeur, disjonction, sténogramme ■ **12** commentateur, rédactionnel ■ **13** dactylogramme, juxtalinéaire, livre-cassette, rétroprojecteur, téléimprimeur, textuellement ■ **15** intertextualité.
TEXTILE : 3 lin ■ **4** jute, pite ■ **5** aloès, corde, coton, lurex, nylon, orlon, ramie, sisal, tissu* ■ **6** dacron, raphia, rhodia, rilsan ■ **7** chanvre, goretex ■ **8** chlorage, étaleuse, fibranne, fibrillé, filature, hibiscus, peignage, phormium, vrillage ■ **9** acrylique ■ **10** géotextile, sansevière ■ **11** texturation.
TEXTUELLEMENT : 3 sic.
TEXTURATION : 8 texturer.
TEXTURE : 8 moussage ■ **9** gneisseux, tessiture, texturant ■ **10** contexture, gneissique.
THAÏ : 3 lao ■ **7** siamois ■ **8** annamite ■ **11** thaïlandais.
THAÏLANDE : 4 baht.
THALAMUS : 10 thalamique ■ **11** diencéphale.
THALLE : 5 oïdie.
THALLIUM : 2 tl.
THALLOPHYTE : 5 algue* ■ **6** lichen* ■ **8** bactérie* ■ **10** champignon*
THAUMATURGE : 7 starets ■ **8** magicien, stariets ■ **12** thaumaturgie.
THE : 4 coca, maté ■ **5** punch ■ **6** théier, théine ■ **7** caféine, tea-room, théière, théisme ■ **8** passe-thé, souchong ■ **9** véronique ■ **10** five o'clock ■ **11** théobromine ■ **12** théophylline.
THEATRAL : 12 scénographie.
THEATRALE : 11 kammerspiel.
THEATRALISME : 12 histrionisme.
THEATRALITE : 12 théâtraliser.
THEATRE : 4 fond, gril, lice, plan, truc, tutu ■ **5** décor, drame, farce, frise, herse, jouer, lazzi, lever, opéra, panne, rampe, scène, tissu, valet ■ **6** cintre ■ **7** comédie, guignol, paradis, plateau, utilité ■ **8** bayadère, boui-boui, bruitage, choreute, comparse, coryphée, coulisse, ouvreuse, parterre, planches, récitant, scénique, singpiel, théâtral, tréteaux, vélarium ■ **9** athakali, baignoire, cantonnade, imbro-

glio, music-hall, orchestre, souffleur, théâtreux ■ **10** didascalie, dramatique, machiniste, poulailler, proscenium, scénologie ■ **11** théâtralité ■ **12** boulevardier ■ **13** théâtralement.
THEBAÏDE : 8 retraite.
THEIERE : 4 cosy.
THEINE : 8 déthéiné, xanthine.
THEISME : 6 déisme.
THEMATIQUE : 11 athématique.
THEME : 6 jingle, visuel ■ **7** matière, partita ■ **9** leitmotiv ■ **10** thématique, traduction ■ **11** calligramme, contrechant.
THEOBROMINE : 4 kola ■ **5** cacao.
THEOCRATE : 5 islam ■ **12** théocratique.
THEOLOGIE : 5 gnose, tache ■ **7** laxisme ■ **8** religion* ■ **9** ubiquiste ■ **10** consulteur, mariologie, théologien ■ **11** casuistique, chrisologie, scolasticat, théologique ■ **12** apologétique ■ **13** ecclésiologie, qualificateur ■ **15** théologiquement.
THEOLOGIEN : 11 scolastique ■ **13** hodjatoleslam.
THEOLOGIQUE : 9 malékisme, malikisme, palamisme ■ **11** mutazilisme.
THEOPHYLINE : 13 aminophylline.
THEOREME : 11 proposition ■ **13** théorématique.
THEORICIEN : 9 tacticien.
THEORIE : 4 idée* ■ **5** règle* ■ **6** défilé, graphe, maxime, utopie ■ **7** fixisme, formule, méthode*, système* ■ **8** principe*, spéculer, théorème ■ **9** abondance, dolorisme, dynamisme, épigenèse, eugénisme, génétisme, isostasie, keynésien, lettrisme, mécanique, mécanisme, mobilisme, monadisme, nativisme, pavlovien, théorique ■ **10** anarchisme, barométrie, causalisme, conception*, cosmogonie, eustatisme, euthanasie, métacentre, pénéplaine, plutonisme, procession, relativité, riemannien, sémiotique, solipsisme, spéculatif, stalinisme, surtravail, théoricien, volcanisme ■ **11** atomistique, augustinien, démolisseur, gestaltisme, imagination, immoralisme, lamarckisme, monadologie, relativisme, spéculation, statistique ■ **12** aérostatique, annexionisme, catégoricité, coopératisme, égo-altruisme, esclavagisme, géocentrisme, marginalisme, métaphysique, parallélisme, phénoménisme, physicalisme, réminescence, suprématisme, volontarisme ■ **13** annexionnisme, créationnisme, électrofaible, épiscopalisme, keynésianisme, mutationnisme, néo-darwinisme, palladianisme, pharmacologie, théoorique-ment, transformisme ■ **14** démontrablité, diffusionnisme, perspectivisme, prédestination, structuralisme ■ **15** chromodynamique, épiphénoménisme, non-directivisme, occasionnalisme.
THEORIQUE : 7 topique ■ **14** freudo-marxisme ■ **15** métapsychologie.
THEORISER : 12 théorisation.
THEOSOPHIE : 12 théosophique.
THEOSOPHIQUE : 10 antoinisme.
THERAPEUTIE : 10 adrénaline.
THERAPEUTIQUE : 4 moxa ■ **5** diète ■ **6** primal ■ **7** shiatsu ■ **8** affusion, barbital, morphine, thérapie ■ **9** faradique ■ **10** anastomose, cacodylate, diathermie, élongation, médication, radiologie, thérapeute, traitement ■ **11** homéopathie, isothérapie, opothérapie, osthéopathie, thrombolyse, zoothérapie ■ **12** hypodermique, mésothérapie ■ **13** aromathérapie, gemmothérapie, ophtalmologie ■ **14** gammaglobuline, pyrétothérapie, radiumthérapie ■ **15** climatothérapie, électroponcture, électropuncture.
THERAPIE : 11 biofeedback ■ **15** gestalt-thérapie.
THERME : 4 bain* ■ **7** thermal ■ **11** frigidarium.

THERMES : **9** caldarium ■ **11** frigidarium.
THERMIDOR : **12** thermidorien.
THERMIE : **7** chaleur* ■ **12** microthermie, millithermie.
THERMIQUE : **9** convexion ■ **10** thermicien ■ **14** graphitisation.
THERMOCHIMIE : **14** thermochimique.
THERMOCHIMIQUE : **13** phosphatation.
THERMODYNAMIQUE : **8** entropie ■ **9** enthalpie ■ **12** isentropique ■ **13** aérothermique.
THERMO-ELECTRIQUE : **12** thermocouple.
THERMOMETRE : **5** degré ■ **8** zérotage ■ **9** baromètre ■ **10** fahrenheit ■ **11** thermoscope ■ **14** thermométrique.
THERMOPLASTIQUE : **11** polystyrène.
THERMOPROPULSION : **15** thermopropulser, thermopropulsif.
THERMOREGULATION : **10** thermolyse ■ **12** thermogenèse.
THERMOSPHERE : **10** mésosphère.
THESAURISER : **5** avare ■ **7** amasser, ménager ■ **12** thésauriseur ■ **14** thésaurisation.
THESE : **7** opinion*, système*, thésard ■ **8** argument, thétique ■ **10** soutenance ■ **11** argumentant.
THESSALIEN : **10** pélasgique.
THEURGIE : **10** théurgique.
THIOL : **9** mercaptan.
THIONIQUE : **8** thionate.
THIOSULFATE : **11** hyposulfite.
THIOSULFURIQUE : **13** hyposulfureux.
THON : **6** bonite, germon ■ **7** thonier, thonine ■ **8** madrague, pélamide, pélamyde, thonaire ■ **9** thonnaire.
THORAX : **3** écu ■ **5** chyle, cœur ■ **6** pièvre ■ **7** écusson ■ **8** aisselle, corselet, poitrine* ■ **9** pectoraux, prothorax ■ **10** mésothorax, métathorax, précordial, thoracique ■ **11** pleurodynie ■ **12** thoracotomie ■ **14** thoracoplastie.
THORIUM : **2** th ■ **6** thoron ■ **7** thorine, thorite ■ **8** monazite ■ **9** émanation ■ **10** thorianite, yttrialite.
THRACE : **6** thrace.
THROMBOSE : **8** thrombus ■ **12** thrombotique.
THURIFERAIRE : **7** flatter.
THUYA : **10** sandaraque.
THYLENE : **9** oléifiant.
THYM : **8** serpolet ■ **9** farigoule.
THYMUS : **3** ris ■ **6** fagoue ■ **8** thymique.
THYPHON : **6** baguio.
THYROÏDE : **5** pomme ■ **6** goitre ■ **9** myxœdème, thryroxine ■ **10** thyroïdien, thyroïdite ■ **11** calcitonine, thyréotrope ■ **14** hyperthyroïdie, thyroïdectomie ■ **15** thyréostimuline.
THYROXINE : **13** phénylalanine.
THYSANOURE : **7** lépisme ■ **10** aptérygote.
TIARE : **5** monoï ■ **8** couronne, trirègne.
TIBETAIN : **4** lama ■ **5** rubis ■ **6** birman ■ **8** lamaïsme ■ **9** lamasserie ■ **11** panchen-lama.
TIBETO-BIRMAN : **12** sino-tibétain.
TIBIA : **5** jambe* ■ **6** tibial ■ **8** cheville, malléole ■ **9** astragale ■ **12** protège-tibia.
TIC : **5** manie* ■ **7** grimace*, tiqueur ■ **10** convulsion* ■ **11** stéréotypie.
TICHODROME : **9** échelette.
TICKET : **6** billet* ■ **7** tessère ■ **10** garde-place ■ **12** contre-marque.

TIC-TAC : **9** tictaquer.
TIEDE : **7** tiédeur ■ **8** attiédir, tiédasse ■ **9** tièdement ■ **10** tépidarium ■ **14** attiédissement.
TIEDIR : **8** refroidir ■ **12** tiédissement.
TIENT : **9** kiosquier, parodique ■ **10** kiosquiste ■ **10** luciférien ■ **12** logomachique.
TIERCE : **5** flanc ■ **8** équipolé ■ **9** équipollé.
TIERCELET : **6** sacret.
TIERCER : **6** tercer, terser ■ **10** tiercement.
TIERCERON : **5** métis*.
TIERS : **4** chef ■ **5** tronc ■ **9** champagne, rudenture, tertiaire ■ **10** délégation, tiers-ordre, tiers-point ■ **11** accréditeur ■ **14** domiciliataire.
TIERS-MONDISTE : **13** tiers-mondisme.
TIGE : **3** axe*, cep, vis ■ **4** bois, bras, brin, clou, dent, gril, jonc, mire ■ **5** agave, arbre, barre, broie, cépée, fléau, hampe, herbe, liane, nœud, nopal, plant, queue, secco, sonde, stipe, style, talle, tille, tronc*, tuyau, verge ■ **6** acaule, acaune, bougie, boulon, broche, chaume, épiner, éteule, paille, souche, stolon ■ **7** branche*, canisse, cladode, épingle, merrain, palpeur, pétiole, poinçon, quillon, rhizome, sarment, tigelle, tigette ■ **8** aiguille, cannisse, cathéter, cuticule, écanguer, entroque, pédicule, perfolié, raquette, rondelle, unicaule, volubile ■ **9** cannelure, casse-tête, chalumeau, décurrent, engaînant, foliation, pédoncule, pendillon, péricycle, protonéma, pubescent, tisonnier, triboulet ■ **10** caulescent, cormophyte, dichotomie, frutescent, multicaule, pubescence, rhizocarpé ■ **12** espagnolette.
TIGRE : **5** cruel, râler, royal ■ **6** couffa, feuler, kouffa, tiglon, tigron ■ **7** miauler, rauquer ■ **10** miaulement, rauquement.
TILBURY : **3** cab ■ **7** tapecul, voiture*.
TILIACEE : **7** tilleul ■ **9** corchorus.
TILLEUL : **5** tille ■ **6** teille.
TIMBALE : **7** gobelet, tambour ■ **9** timbalier.
TIMBRE : **3** son* ■ **4** faux, gong ■ **5** album, libre, nasal, verbe, voile ■ **6** marque ■ **7** timbre ■ **8** timbrage ■ **9** clochette, dysphonie, orchestre ■ **10** jacquemart, philatélie, salicional ■ **11** claironnant, odontomètre ■ **12** glockenspiel, philatéliste, timbre-amende.
TIMIDE : **5** vague ■ **6** humble* ■ **8** craintif*, farouche, timidité ■ **9** immodeste, trembleur ■ **11** pusillanime.
TIMIDITE : **6** pudeur ■ **8** embarras ■ **9** dégourdir ■ **10** timidement ■ **11** décomplexer, infériorité.
TIMON : **3** âge ■ **5** armon, volée ■ **6** flèche ■ **9** attelloir ■ **10** attelloire, avant-train, gouvernail.
TIMONERIE : **4** loch ■ **5** barre, rhumb, vigie ■ **6** pilote ■ **7** cockpit, verrine ■ **8** boussole, timonier ■ **9** habitacle ■ **10** gouvernail, loxodromie ■ **11** orientation ■ **12** hydrographie, météorologie.
TIMORE : **7** peureux*, poltron* ■ **8** craintif.
TINCTORIAL : **5** gaude, henné, noyer, rocou, sumac* ■ **6** cachou, mûrier, pastel, reboul, safran ■ **7** garance, nerprun ■ **8** campêche, carthame, orseille, rocouyer ■ **9** orcanette, tournesol ■ **10** indigotier, quercitron.
TINE : **7** tinette, tonneau.
TINTAMARRE : **5** bruit* ■ **6** tapage*.
TINTEMENT : **4** ding, glas.
TINTER : **6** sonner* ■ **9** clocheter ■ **13** tintinnabuler.
TINTOUIN : **5** souci*.
TIQUE : **5** ixode ■ **9** arbovirus ■ **10** borréliose ■ **12** piroplasmose.

TIQUER : **11** tressaillir*.
TIQUETE : **9** tiqueture.
TIR : **3** feu ■ **4** site ■ **5** bande, cible, jeter, kyudo, shoot, stand, tendu, volée ■ **7** ciné-tir ■ **8** archerie, ball-trap, barbette, enfilade ■ **9** embrasure ■ **10** encagement, fourchette ■ **11** collimateur, flanquement ■ **12** contrebattre ■ **14** contrebatterie.
TIRADE : **6** laisse ■ **7** couplet, tartine ■ **8** discours* ■ **10** capucinade.
TIRAGE : **5** tirer, train ■ **6** galope ■ **7** décitex, édition*, loterie ■ **8** bavocher, retirage ■ **10** imprimerie, stéréotype.
TIRAILLER : **5** tirer ■ **8** sabouler ■ **9** écarteler ■ **10** tiraillerie ■ **12** tiraillement.
TIRAILLEUR : **5** nouba, turco ■ **7** chéchia.
TIRANT : **5** ancre ■ **8** calaison.
TIRE-BOUCHON : **5** frise, mèche ■ **14** tirebouchonner.
TIRE-FOND : **4** rail ■ **7** trémail, trénail.
TIRE-LAINE : **10** malfaiteur.
TIRE-LIGNE : **8** pistolet.
TIRELIRE : **5** tronc ■ **8** cagnotte ■ **9** crousille.
TIRER : **4** ôter* ■ **5** haler, jouer, jouir, skeet, sucer, touer, trait, vider, viser, vivre ■ **6** amener, arguer, barrer, droper, étirer, naître, pêcher, puiser, raidir, régler, sauver, sortir*, tendre, tracer*, tracté, traire, venger ■ **7** attirer, augurer, déduire, détirer, dropper, enlever, exhumer, inférer, prendre, ramener, reculer, retirer, saigner, tracter, traîner* ■ **8** canarder, caracole, conclure, décharge, dégaîner, dépanner, dépêtrer, déterrer, échapper, équarrir, éveiller, exprimer, extraire*, imprimer, procéder, profiter, recevoir, remonter, soutirer, tire-lait, tracteur, traction ■ **9** accepteur, chéquable, débourser, décaisser, décourber, désabuser, descendre, détromper, écarteler, éfaufiler, embraquer, emprunter, expédient, exploiter, extorquer, glorifier, pressurer, remorquer, rétracter, réveiller, souligner, tirailler, triompher ■ **10** argumenter, artificier, bénéficier, bretailler, contracter, désenivrer, mitrailler, revivifier, subterfuge ■ **11** débarrasser, débrouiller, numérologie ■ **12** dépatouiller, désembourber, enorgueillir ■ **13** déverrouiller.
TIRET : **5** moins ■ **11** trait d'union.
TIREUR : **5** fusil ■ **10** épinglette.
TIROIR : **7** châssis ■ **12** compartiment*, tiroir-caisse.
TISANE : **5** gruau, mauve ■ **7** macérer ■ **8** infusion* ■ **9** décoction, infusette, tisanerie, tisanière.
TISON : **6** braise.
TISSAGE : **3** ros ■ **4** came, filé, lève, lice ■ **5** duite, lisse, trame ■ **6** nouage ■ **7** lirette, navette, texture ■ **8** embuvage, nouement ■ **10** ourdissage ■ **12** échardonnage.
TISONNIER : **7** ringard.
TISSER : **7** tisseur ■ **8** retisser, tulliste ■ **9** galonnier, tisserand, veloutier ■ **11** entretisser.
TISSEUR : **10** carpettier.
TISSU : **3** lin, ras, uni, wax ■ **4** bort, drap, gaze, glie, java, lamé, lard, mite ■ **5** batik, bride, burat, cadis, crêpe, denim, derme, fibre, filet, liber, natte, nodal, panne, pilou, piqué, pulpe, ruban, samit, satin, serge, suber, toile, tulle ■ **6** albène, coutil, étoffe*, jersey, lymphe, moelle, pékiné, picoté, rabane, rentré, réseau, stroma, tergal, tresse, tricot, tussor, xylème ■ **7** albumen, amylose, biopsie, bougran, calicot, chevron, étamine, exsudat, façonné, fil-à-fil, greffon, infarci, lacerie, liberty, myosite, nansouk, nanzouk, peluche, percale, plucher, spa-

cèle, stretch, textile*, velours ■ **8** atrophie, bombasin, cashmere, cellular, courroie, dentelle, droit-fil, écossais, flanelle, foulerie, gangrène, homespun, indienne, lamineux, longotte, mélanose, membrane, phlegmon, popeline, sclérose, stéatose, thibaude, toilerie, tricoter, voilette, whipcord ■ **9** adipolyse, anaérobie, anaplasie, cachemire, cartilage, cartisane, caséation, cellulite, collagène, diffluent, dysplasie, effranger, élastique, emphysème, épinceter, gros-pain, histolyse, lambswool, lymphoïde, matelassé, méristème, néoplasie, névroglie, passement, péricarpe, rentraver, rhytidome, sparadrap, tisserand, veloutine ■ **10** adipopexie, anthracose, asparagine, bouillonné, bourbillon, contexture, couverture, effilocher, endodontie, endosperme, épithélium, étincelage, histologie, hypoplasie, induration, jarretière, laticifère, mésenchyme, métaplasie, milleraies, mousseline, ostéophyte, parenchyme, périsperme, plasmocyte, rouennerie, seersucker, sénescence, tissulaire, tissu-pagne, totipotent ■ **11** carnisation, collenchyme, contrecollé, dénutrition, dysembryome, endothélium, enkystement, épithélioma, éraillement, fibroblaste, histogenèse, hyperplasie, mercerisage, napolitaine, phelloderme, pied-de-poule, sanforissage ■ **12** hépatisation, hypertrophie, néoformation, sclérenchyme ■ **13** carnification, éléphantiasis ■ **14** prince-de-galles ■ **15** débarbouillette, infroissabilité, paléochistologie, radiorésistance.

TISSULAIRE : 12 radionécrose.

TISSURE : 4 fond ■ **8** croisure ■ **10** contexture.

TITANE : 2 ti ■ **6** rutile ■ **8** ilménite, œrstite ■ **9** zirconium.

TITANESQUE : 8 colossal* ■ **11** gigantesque*.

TITANIQUE : 8 colossal*.

TITILLER : 11 chatouiller, titillation.

TITRAGE : 3 tex.

TITRE : 3 aga, ban, bey, bon, dom, don, duc, loi, nom*, sir ■ **4** aloi, chah, czar, dame, doña, duce, émir, hadj, imam, iman, kami, lord, rang, reis, shah, sire, tsar, tzar ■ **5** baron, bégum, césar, comte, endos, gnide, grâce, grade, grand, guide, nabab, négus, nizam, noble, rabbi, royal, sahib, thane, totem ■ **6** action, brevet, calife, charge, charte, coupon, échars, efendi, hadjdj, madame, mandat, messer, mollah, pandit, valeur ■ **7** altesse, candace, créance, dignité, diplôme, effendi, esquire, hadjdji, honneur, khédive, majesté, marquis, messire, qualité, shagoun, taïkoun, touchau, titrage, vicomte ■ **8** archiduc, archives, baronnet, basileus, caudillo, diadoque, document, éminence, épistate, fonction, grand-duc, grandeur, hautesse, hospodar, intitulé, margrave, monsieur, noblesse, novation, padichah, prébende, révérend, rubrique, sainteté, seigneur, surtitre, titreuse, toucheau ■ **9** autocrate, ayatollah, bordereau, caractère, cartouche, échevette, impétrant, intituler, kronprinz, landamman, landgrave, maharajah, manchette, nominatif, padischah, parchemin, septemvir, sous-titre, titulaire ■ **10** autocrator, cartulaire, challenger, excellence, in partibus, inspecteur, intertitre, maharadjah, obligation, patriarche, répertoire, seigneurie, sous-titrer ■ **11** archiprêtre, championnat, convertible, distinction, duché-pairie, endossement, frontispice, monseigneur, recouponner, titrimétrie ■ **12** conservateur, facture-congé, mademoiselle, nosseigneurs ■ **13** archimandrite, éminentissime, hodjatoleslam, illustrissime, qualification ■ **14** révérendissime ■ **15** haut-commissaire.

TITUBER : 8 vaciller* ■ **9** chanceler ■ **10** titubation.

TITULAIRE : 5 palme, titre ■ **6** gradué ■ **8** capétien, certifié, pairesse ■ **9** créancier ■ **10** perenniser, prébendier, survivance ■ **11** intérimaire, obédiencier, titulariser ■ **14** titularisation.

TJÄLE : **10** permafrost.
TNT : **15** trinitrotoluène.
TOAST : **5** rôtie ■ **7** tartine ■ **8** discours, toasteur ■ **9** cannibale.
TOBOGGAN : **8** skeleton.
TOCADE : **5** manie* ■ **7** caprice* ■ **9** fantaisie.
TOGE : **6** trabée.
TOHU-BOHU : **5** bruit* ■ **9** confusion*.
TOI : **5** tézif ■ **7** tézigue.
TOILE : **3** bob, lin ■ **4** étui, jute, lacs, pale, plan, taud ■ **5** agave, bâche, bande, banne, boyau, cadre, capot, écran, frise, garde, hamac, lever, linge*, linon, malle, mèche, perse, taude, tente, voile ■ **6** coutil, guimpe, masque, peltre, rideau, zéphyr ■ **7** batiste, bougran, calicot, canevas, linceul, prélart, tableau*, toilier ■ **8** arantèle, bleu-jean, cretonne, entoiler, fronteau, herberie, hoqueton, indienne, linoléum, orbitèle, plastron, toilerie, toileuse, treillis, vélarium, vergeure ■ **9** arachnéen, arantelle, entoilage, manchette, maroufler, moleskine, paillasse, percaline, rentoiler, wassingue ■ **10** embourrure, escafignon, espadrille, rentoileur, saharienne, trampoline ■ **11** désentoiler, parementure, serpillière ■ **13** dessous-de-bras.
TOILETTE : **4** broc, mise ■ **5** habit, linge, salle, savon, tenue, valet, vécès ■ **6** atours, lavabo, parure, waters ■ **7** complet, costume, cuvette ■ **8** habiller, lavatory, mercerie, peignier, vêtement* ■ **9** coiffeuse, douchière, sanisette, serviette, toiletter ■ **10** ajustement, savonnette, vanity-case ■ **11** fanfreluche, habillement.
TOISER : **8** regarder* ■ **9** toisement.
TOISON : **4** lama, poil* ■ **5** laine ■ **7** cheveux*, lainage, riflard, suitine.
TOIT : **4** abri*, glui ■ **5** crête, égout, penty, plomb, tuile ■ **6** auvent, tortue ■ **7** aisseau, faîteau, hard-top, lucarne, lunette, toiture ■ **8** appentis, chanlate, chaperon, cornière, tavillon ■ **9** avant-toit, chanlatte, décapoter, enfaîteau, gouttière, imbriquer ■ **10** compluvium, couverture, foudroyage, plate-forme ■ **11** pantographe ■ **12** battellement.
TOITURE : **4** shed, toit*, zinc ■ **5** coyau, vélum ■ **6** blinde ■ **7** blochet, châssis, pergola ■ **8** antéfixe, couvreur, terrasse ■ **12** carton-feutre.
TOKYO : **8** tokyoïte.
TOLE : **4** tape ■ **5** borde, étain, mitre, taule, volet ■ **7** creusot, semelle, tôlerie ■ **8** palastre, planeuse ■ **12** chaudronnier.
TOLERANCE : **6** claque ■ **7** lupanar ■ **10** indulgence* ■ **11** intolérance ■ **12** complaisance, convivialité ■ **13** sous-maîtresse ■ **14** condescendance.
TOLERANT : **6** facile ■ **7** commode ■ **9** indulgent* ■ **10** intolérant ■ **11** accommodant, complaisant.
TOLERER : **5** gâter ■ **7** endurer, excuser ■ **8** accepter*, admettre*, souffrir* ■ **9** permettre*, supporter*, tolérable ■ **12** condescendre.
TOLET : **6** erseau ■ **9** toletière.
TOLIER : **7** taulier ■ **8** cisoires.
TOLITE : **15** trinitrotoluène.
TOLLE : **3** cri.
TOLUENE : **6** crésol, tolite, toluol ■ **9** toluidine ■ **10** benzylique, saccharine ■ **15** trinitrotoluène.
TOMATE : **5** pizza, sauce ■ **7** ketchup, niçoise ■ **8** basquais, moussaka.
TOMBE : **3** pot ■ **4** flac, floc ■ **5** cippe ■ **6** caveau, décidu, stoupa, tholos, tombal ■ **7** hypogée, mastaba, tombeau ■ **8** badaboum, cercueil, démêlure, épitaphe, fossoyer, mausolée, pleurant, sépulcre, tombelle ■ **9** cénotaphe, démêlures, deuillant, sépulture*, tumulaire ■ **10** outre tombe, sarcophage.

TOMBEAU : **6** zaouïa, zawiya.
TOMBEE : **6** tomber ■ **10** crépuscule, lucernaire, pluviosité.
TOMBER : **4** choir*, tuer ■ **5** périr, semer ■ **6** abîmer, casser, chuter, donner, épiler, étaler, locher, neiger, plouf, rouler, ruiner, verser ■ **7** abattre, affaler, aplatir, chopper, crouler, déchoir, dévaler, dinguer, ébouler, étendre, glisser, sombrer, tituber ■ **8** abaisser, attaquer, basculer, broncher, cascader, culbuter, débouler, dérocher, dévisser, diminuer*, écailler, échapper, écrouler*, effriter, égrainer, flanquer, garde-fou, graviter, immerger, patatras, pleuvoir, répandre, retomber, vaciller ■ **9** affaisser, brésiller, chanceler, crachiner, défleurir, dégoutter, dépoudrer, descendre, effleurir, effondrer, fébrifuge, grésiller, renverser, séducteur, terrasser, trébucher ■ **10** acquiescer, engouffrer, précipiter, sauvegarde, valdinguer ■ **11** croc-en-jambe, dégringoler, désarçonner, discréditer ■ **14** emberlificoter.
TOMBEREAU : **5** banne ■ **6** dumper ■ **8** béquille, brouette.
TOME : **5** livre*, tomer ■ **8** tomaison.
TOMOGRAPHIE : **13** stratigraphie ■ **15** échotomographie.
TOM-POUCE : **4** nain ■ **9** parapluie.
TON : **3** son* ■ **4** embu, mode ■ **5** corsé, gamme, genre, grave, rompu, verbe ■ **6** parole ■ **7** couleur*, tonique ■ **8** détonner, diapason, entonner, ironiser, monotone, sonorité, tonalité ■ **9** acrimonie, emboucher, inflexion, intimiste, tonétique ■ **10** consonance, diatonique, dogmatiser, intonation, modulation, pédanterie, pédantisme ■ **11** dogmatiseur ■ **12** pentatonique, transposable.
TONALITE : **3** son* ■ **5** tonal ■ **7** bitonal, couleur* ■ **13** transposition.
TOND : **8** lainerie.
TONDRE : **5** raser, tonte ■ **6** couper* ■ **7** ébarber, tailler*, tondeur ■ **8** retondre, tonsurer ■ **9** tondaison ■ **10** déposséder, dépouiller.
TONICITE : **5** tonus ■ **9** hypotonie ■ **10** hypertonie ■ **12** vasopressine.
TONIQUE : **5** dièse, sauge, tanin ■ **6** nervin ■ **7** caféine, ginseng, quassia ■ **8** hypocras, quassier ■ **9** spartéine, stimulant, tonifiant ■ **10** fortifiant*, strychnine.
TONITRUANT : **6** sonore.
TONITRUER : **5** crier*.
TONKA : **9** coumarine.
TONKIN : **9** tonkinois.
TONNAGE : **5** aviso, brick.
TONNANT : **6** sonore.
TONNE : **3** tep ■ **7** tonneau ■ **9** kilotonne.
TONNEAU : **3** fût, tin ■ **4** muid, râpe, tine ■ **5** baril, benne, bonde, bouge, caque, douve, gonne, jable, louve, mèche, pièce, quart, tonne, velte ■ **6** baquet, bétuse, bondon, foudre, haquet, mesure, seille ■ **7** boucaut, cerceau, cercles, douelle, guillon, merrain, poulain, tinette ■ **8** bachotte, baricaut, barrique, cannelle, cannette, chantier, débonder, décuvage, demi-muid, douvelle, futaille, jabloire, malestan, quartaut, rondelle, tonnelet ■ **9** entonnage, feuillard, rembouger, tire-bonde, tonnelage, tonnelier, traversin ■ **10** baquetures, feuillette, fonçailles ■ **11** entonnaison, entonnement, tonnellerie ■ **12** chante-pleure.
TONNELIER : **5** plane ■ **7** hutinet, jabloir ■ **8** aissette, jabloire, tire-fond ■ **9** erminette ■ **10** herminette ■ **11** tonnellerie.
TONNELLE : **5** vigne ■ **7** berceau, bosquet, pergola ■ **9** maurandie ■ **11** aristoloche.
TONNER : **5** crier* ■ **6** rouler, tomber ■ **7** détoner, éclater, gronder ■ **8** fulminer ■ **9** foudroyer, tonitruer ■ **10** invectiver.
TONNERRE : **5** éclat, orage ■ **6** foudre ■ **8** décharge ■ **9** roulement ■

10 grondement, tonitruant ■ 11 fulguration, fulmination ■ 12 foudroiement.
TONOMETRIE : 12 tonométrique.
TONSURE : 5 clerc ■ 7 tonsuré ■ 8 couronne, tonsurer.
TONTE : 4 poil ■ 7 scoured ■ 8 agneline ■ 9 tondaille, tondaison.
TONTINE : 8 tontiner ■ 9 mutualité.
TONUS : 8 myatonie, tonicité ■ 9 vagotonie ■ 10 cataplexie ■ 11 vagotonique.
TOPER : 9 consentir.
TOPHUS : 7 tophacé.
TOPIQUE : 8 coricide, épithème.
TOPO : 8 discours*.
TOPOGRAPHIE : 4 topo ■ 8 réglette ■ 10 goniomètre, théodolite, topographe ■ 12 hydrographie ■ 13 topographique ■ 15 photogrammétrie.
TOPOGRAPHIQUE : 9 topo-guide.
TOPONYME : 11 toponymique.
TOQUADE : 5 manie* ■ 7 caprice* ■ 9 fantaisie.
TOQUE : 3 fou* ■ 5 béret ■ 6 bonnet*, toquet ■ 8 coiffure*.
TOQUER : 7 frapper, heurter ■ 10 amouracher.
TORAH : 7 qaraïte ■ 8 shabouot.
TORCHE : 5 glane ■ 7 brandon ■ 8 flambeau ■ 9 luminaire ■ 10 chandelier.
TORCHE-NEZ : 8 serre-nez.
TORCHER : 6 gâcher ■ 8 nettoyer*.
TORCHERE : 10 chandelier*.
TORCHIS : 6 paille* ■ 8 palançon.
TORCHON : 5 linge*, luffa ■ 6 essuie ■ 7 lavette ■ 9 torchette ■ 10 torchonner ■ 11 essuie-verre ■ 12 essuie-verres ■ 13 essuie-meubles.
TORCHONNER : 6 gâcher* ■ 8 nettoyer*.
TORD : 7 tordeur.
TORDANT : 7 comique*.
TORD-NEZ : 8 serre-nez.
TORDRE : 6 corder, rouler ■ 7 croiser, torquer, tourner, vriller ■ 8 boudiner, boyauter, cordeler, damasser, détordre, gondoler, mouliner, retordre ■ 9 désopiler, distordre, organiser, retourner, tortiller ■ 10 contourner, organsiner, toronneuse ■ 11 entortiller.
TORDU : 4 hart, tors ■ 5 câble, corde, ronce, tortu ■ 6 bancal, tortis, tortué, vrillé ■ 7 cagneux, sinueux ■ 8 difforme, tortillé, tortueux ■ 10 entortillé ■ 13 recroquevillé.
TORE : 5 toron ■ 7 torique ■ 8 globique, toroïdal.
TORERO : 10 banderille, puntillero ■ 12 banderillero.
TORNADE : 10 bourrasque*.
TORON : 8 aussière, épissoir, surliure ■ 9 épissoire ■ 10 commettage, toronneuse.
TORPEUR : 7 torpide ■ 8 langueur* ■ 9 léthargie, réveiller ■ 10 abattement* ■ 14 assoupissement ■ 15 engourdissement*.
TORPILLE : 9 gyroscope, torpiller ■ 10 torpillage, torpilleur ■ 11 torpillerie ■ 14 lance-torpilles.
TORREFIER : 4 maté ■ 6 brûler* ■ 7 brûloir, griller ■ 8 brûlerie ■ 12 torréfacteur, torréfaction.
TORRENT : 4 gave ■ 6 gardon, ravine ■ 8 lavanche ■ 9 cours d'eau, théophile ■ 10 torrentiel ■ 11 torrentueux.
TORRIDE : 5 chaud*, froid, rouge.

TORS : 5 tordu ■ **6** détore ■ **9** cordonnet.
TORSADE : 7 rudenté ■ **8** torsader ■ **9** rudenture ■ **10** cordelière.
TORSE : 5 tronc.
TORSION : 4 tors ■ **7** tordeur ■ **8** surfiler, volvulus, vrillage ■ **9** boudinage, surfilage ■ **10** contorsion, distorsion ■ **11** bistournage ■ **12** tortillement.
TORT : 5 léser, nuire ■ **6** brèche ■ **8** nuisible ■ **9** détriment, préjudice* ■ **11** hypostasier ■ **15** donquichottisme.
TORTILLER : 6 friser, tordre* ■ **7** hésiter, tourner* ■ **9** cordonner, tortillon ■ **10** cannetille, tortillage ■ **11** détortiller ■ **12** tortillement.
TORTILLONNER : 7 tourner*.
TORTIONNAIRE : 8 bourreau* ■ **13** questionnaire.
TORTU : 5 tordu ■ **9** bancroche.
TORTUE : 4 luth ■ **5** caret, émyde ■ **6** couane ■ **7** caouane, chélone, cistude, écaille, trionyx ■ **8** cahouane, chélonée, dossière, matamata ■ **9** chélonien ■ **10** serpentine ■ **11** éléphantine, hydroméduse ■ **12** mauritanique.
TORTUEUX : 7 sinueux* ■ **9** serpenter ■ **10** tortuosité ■ **13** tortueusement.
TORTUEUSE : 8 tortille ■ **10** tortillère.
TORTURE : 3 cep ■ **4** gêne ■ **5** cippe, lapsi ■ **6** sévice ■ **7** géhenne, martyre, travail ■ **8** bourrelé, chevalet, osselets, question, supplice*, torturer, tourment* ■ **9** brodequin, torturant ■ **12** bourrèlement, tortionnaire.
TORTURER : 5 gêner ■ **6** serrer ■ **9** bourreler, tenailler ■ **10** martyriser, préoccuper, supplicier*, tourmenter*.
TÔT : 4 vite ■ **8** dare-dare, vitement ■ **9** seulement ■ **10** rapidement ■ **11** promptement ■ **12** incessamment.
TOTAL : 5 masse, pièze, poule, somme*, tarer, taxer, titre ■ **6** absolu*, entier*, global ■ **7** chiffre, complet, montant*, radical ■ **8** addition, ensemble, incendie, intégral, totalité ■ **9** apoplexie, rendement, totaliser ■ **10** totalement, totaliseur ■ **12** totalisateur, totalisation.
TOTALE : 10 vampiriser.
TOTALITAIRE : 6 absolu* ■ **11** intégrateur ■ **13** totalitarisme.
TOTALITE : 4 tout* ■ **9** entièreté, plénitude ■ **11** plein-emploi ■ **12** extensionnel, universalité ■ **13** compréhension.
TOTEM : 9 totémique, totémisme.
TOTIPOTENT : 11 totipotence.
TOTON : 6 toupie.
TOUAREG : 6 targui.
TOUCHANT : 8 émouvant* ■ **13** attendrissant.
TOUCHE : 5 guide.
TOUCHER : 4 sens, tact ■ **5** peser, tâter, tenir ■ **6** doigté, friper, friser, frôler, gagner, lécher, manier, masser, oindre, palper, pétrir, saisir, sentir, sucrer ■ **7** aborder, aboutir, adhérer, amollir, appuyer, arriver*, choquer, coincer, décider, dompter, échouer, émarger, fléchir, frapper, frotter, heurter, imposer, malaxer, patiner, retirer, séduire, tactile, tangent, ulcérer ■ **8** adjacent, affecter*, apitoyer, attenant, caresser, compatir, confiner, coudoyer, désarmer, émouvoir*, empocher, froisser, pénétrer, prélever, recevoir, sensible, tangible, tâtonner, trinquer, tripoter, troubler ■ **9** affleurer, atteindre*, attendrir, concerner, contacter, effleurer*, embourser, encaisser, humaniser, inractile, manipuler, percevoir, persuader, recouvrer, retoucher, velouteux ■ **10** caramboler, chiffonner, contiguïté, convaincre, dramatiser, électriser, insensible, intéresser, porrection, rase-mottes ■ **11** apprivoi-

ser, bouleverser, chatouiller, coprophilie, intouchable, rescription, touche-à-tout ■ **12** attouchement ■ **13** impressionner.
TOUER: **5** touée.
TOUFFE: **3** épi ■ **4** cyme ■ **5** cépée, fanon, huppe, nebka ■ **6** flocon, grappe, houppe, mouche, toupet ■ **7** bouquet, buisson, corymbe, favoris, roncier, sertule, trochée, trochet ■ **8** aigrette, barbiche, capitule, panicule, roncière ■ **9** bouffette, houppette, impériale, ouvraison, toupillon ■ **10** verticille ■ **13** chasse-mouches, œilletonnage.
TOUFFU: **3** dru ■ **5** épais*, garni, serré* ■ **6** fourni, fourré, obscur, pressé ■ **7** dégarni, feuillé, hirsute ■ **13** broussailleux.
TOUILLE: **5** lamie ■ **9** roussette.
TOUILLER: **6** agiter ■ **9** touillage.
TOUJOURS: **7** éternel ■ **8** éternité ■ **9** perennité, sans cesse ■ **10** assidûment, perpétuité ■ **11** constamment, sans relâche ■ **14** invariablement ■ **15** continuellement, perpétuellement.
TOULON: **10** toulonnais.
TOULOUSE: **10** toulousain.
TOUPET: **6** touffe* ■ **8** témérité ■ **9** hardiesse.
TOUPIE: **5** sabot, toton ■ **7** turbine ■ **8** toupiner ■ **9** toupiller ■ **11** toupilleuse, trochophore ■ **12** trochosphère.
TOUPILLER: **10** toupilleur ■ **11** toupilleuse.
TOUPILLON: **6** touffe.
TOUR: **3** toc ■ **4** dôme, guet, rôle, truc ■ **5** guète, hourd, liure, madré, passe, patin, phare, pièce, queue, ronde, spire, türbe, usage, virée ■ **6** crasse, donjon, flèche, guette, malice, poupée, pylône, touret, turbeh, vimana, voyage ■ **7** attrape, beffroi, circuit, clocher, créneau, minaret, périple, sikhara, tourier ■ **8** demi-tour, hélépole, lanterne, pourtour, scrubber, tortueux, tourelle, tournage, tourneur, tournure ■ **9** archaïsme, belvédère, campanile, croisière, estrapade, jonglerie, latinisme, périmètre, pirouette, pousse-toc, promenade*, tournelle, tromperie, turriculé, virevolte, ziggourat ■ **10** campanille, chariotage, contourner, crapaudine, expression, passe-passe, périphérie, stratagème ■ **11** compte-tours, multibroche, sorcellerie ■ **12** équilibriste ■ **13** circonférence, demi-pirouette, polissonnerie ■ **14** entourloupette.
TOURAILLE: **10** touraillon.
TOURAINE: **8** bourgueil ■ **11** sainte-maure.
TOUR A TOUR: **10** alternatif ■ **15** alternativement.
TOURBE: **5** foule, motte, terre* ■ **6** bousin ■ **7** tourber ■ **8** sphaigne, tourbeux, tourbier ■ **9** briquette, populace, tourbière.
TOURBIERE: **9** sphagnale ■ **10** canneberge.
TOURBILLON: **5** grain ■ **6** remous, trombe, vortex ■ **10** bourrasque*, turbulence ■ **15** tourbillonnaire.
TOURBILLONNER: **7** tourner*.
TOURELLE: **7** coupole.
TOURILLON: **5** tolet, volée ■ **15** contre-coussinet.
TOURISME: **6** mérens, voyage ■ **7** périple ■ **8** touriste ■ **9** croisière, house-boat ■ **11** touristique ■ **13** automobilisme, cyclotourisme.
TOURMALINE: **9** rubellite.
TOURMENT: **4** émoi, gêne ■ **5** ennui, peine*, souci* ■ **6** affres, tracas ■ **7** chagrin*, déboire, émotion, fardeau, fatigue, malaise, martyre, remords, rêverie, torture*, trouble ■ **8** agacerie, angoisse, embarras, supplice* ■ **9** agitation, obsession, tristesse ■ **10** bousculade, inquiétude*, souffrance* ■ **11** accablement, contrariété, distraction, persécution, sollicitude ■ **12** trépignement ■ **13** préoccupation.
TOURMENTE: **5** agité* ■ **6** endêvé, jaloux, triste ■ **7** inquiet*, tem-

pête* ■ **8** soucieux ■ **9** famélique, impatient, ombrageux, travaillé ■ **10** bourrasque*.
TOURMENTER: **5** biler, gêner, rêver, vexer ■ **6** agacer, braver, damner, moquer, ronger, tanner ■ **7** alarmer, canuler, dépiter, dévorer, endêver, ennuyer*, enrager, exciter, irriter, lutiner, obséder, soucier ■ **8** accabler, assiéger, chicaner, consumer, émouvoir, fatiguer*, harasser, harceler*, infester, molester, talonner, taquiner*, tarauder, torturer, troubler ■ **9** assaillir, asticoter, bourreler, bousculer, chagriner, inquiéter*, mécaniser, mortifier, mystifier, oppresser, persifler, provoquer, tenailler, tirailler, tracasser*, trépigner ■ **10** chiffonner, contrarier, désespérer, houspiller, importuner*, martyriser, persécuter, poursuivre*, préoccuper, supplicier*, tarabuster, travailler, turlupiner ■ **11** impatienter.
TOURMENTEUR: **8** bourreau* ■ **12** tortionnaire.
TOURNAGE: **7** filmage ■ **14** tourillonneuse.
TOURNAILLER: **5** errer ■ **7** tourner* ■ **10** tourniquer.
TOURNANT: **4** tour ■ **5** noyau, pivot, rotor, toton ■ **6** virage ■ **7** abattée, rotatif ■ **8** revolver, vire-vire ■ **9** riboulant, rotatoire, tournette, virevaude ■ **10** pas-de-géant ■ **13** contrarotatif.
TOURNE: **4** taré ■ **5** aigre.
TOURNEE: **4** tour* ■ **5** virée, volée ■ **6** visite, voyage* ■ **9** promenade*.
TOURNER: **5** faner, girer, lover, mirer, rôder, virer, viser ■ **6** éviter, friser, nordir, rouler, tordre, valser, visser, volter ■ **7** abcéder, ajuster, altérer, anordir, braquer, changer*, dévider, dévirer, exposer, fléchir, pencher, pivoter, pointer, railler, revirer, rotatif, ruminer, vautrer, briller ■ **8** bornoyer, circuler, emballer, lévogyre, modifier, orienter, rabattre, ribouler, toupiner ■ **9** détourner, persifler, présenter, renverser, retourner*, tortiller, toupiller, tournoyer ■ **10** bistourner, contourner, dextrorsum, extraverti, feuilleter, héliotrope, introverti, pirouetter, tourniller, trochanter, virevolter, virevouter ■ **11** ridiculiser, tournailler, tournevirer, virevousser ■ **12** tortillonner, tournebouler, tournebroche ■ **13** tourbillonner, tournefeuille.
TOURNESOL: **5** acide ■ **8** maurelle ■ **9** hélianthe.
TOURNEUR: **7** mandrin.
TOURNILLER: **7** tourner*.
TOURNIQUET: **8** aspérité, moulinet ■ **10** bourriquet.
TOURNIS: **6** cénure ■ **7** cœnure, vertige.
TOURNOI: **4** lice ■ **5** joute ■ **6** chaple, combat, parade ■ **9** carrousel ■ **10** chamaillis.
TOURNOIEMENT: **7** gouffre, vertige ■ **10** tourbillon.
TOURNOYER: **5** errer ■ **7** biaiser, tourner* ■ **10** tournoyant ■ **12** tournoiement ■ **13** tourbillonner.
TOURNURE: **4** chic, face, pouf, tour ■ **5** forme*, mûrir, riche, style ■ **6** allure*, touche ■ **7** manière ■ **8** arabisme, dessiner, maintien* ■ **10** belgicisme, expression, rhétorique ■ **12** désinvolture.
TOURTE: **8** salpicon ■ **9** tourtière.
TOURTEAU: **4** pain ■ **5** maton ■ **7** dormeur, poupart.
TOURTEREAU: **5** amant.
TOURTERELLE: **5** gémir ■ **6** pigeon* ■ **7** tourtre ■ **9** roucouler ■ **10** roucoulade, tourtereau ■ **12** roucoulement.
TOUSSAILLER: **7** tousser.
TOUSSER: **8** tousseur ■ **9** toussoter ■ **11** graillonner, toussailler.
TOUSSOTER: **7** tousser ■ **12** toussotement.
TOUT: **3** t.t.c. ■ **4** bloc, dose, part ■ **5** blasé, chose, lever, masse,

monde, pièce, plein, raide, reste, roide, tiers, total*, union ■ **6** absolu*, chaque, entier*, infini, intact, va-tout ■ **7** complet*, unanime ■ **8** addition, antitout, englober, ensemble, exclusif, factotum, fureteur, illimité, intégral, monopole, omnivore, partitif, quantité ■ **9** aliquante, brise-tout, compléter, distraire, entourage, quiconque, universel ■ **10** agrégation, aucunement, comprendre, globaliser, omniscient, synecdoque ■ **11** millionième, touche-à-tout ■ **13** embranchement, saint-frusquin ■ **15** essentiellement.

TOUT A COUP: 4 saut ■ **5** subit* ■ **6** subito ■ **10** improviste, inopinément, subitement ■ **11** brusquement.

TOUT A FAIT: 4 tout ■ **6** craché ■ **10** absolument, pleinement, totalement ■ **11** entièrement ■ **13** excessivement, littéralement ■ **14** diamétralement.

TOUTEFOIS: 8 pourtant ■ **9** cependant, néanmoins, seulement.

TOUTE-PUISSANCE: 8 autorité ■ **11** omnipotence.

TOUX: 5 rhume ■ **6** quinte ■ **7** diacode, tousser ■ **8** béchique ■ **9** tousserie ■ **10** antitussif, coqueluche, pholcodine.

TOXICITE: 5 crack ■ **8** atoxique.

TOXICOLOGIE: 11 toxicologue ■ **13** toxicologique.

TOXICOMANE: 4 trip ■ **5** accro ■ **6** drogué.

TOXICOMANIAQUE: 10 alcoomanie ■ **12** alcoolomanie.

TOXICOMANIE: 9 opiomanie ■ **12** héroïnomanie ■ **13** pharmacomanie ■ **14** toxicomaniaque, toxicomanogène.

TOXINE: 6 poison*, vaccin ■ **7** toxémie ■ **9** anatoxine, botulisme, exotoxine ■ **10** antitoxine, endotoxine ■ **11** typhotoxine ■ **13** toxi-infection.

TOXI-INFECTION: 14 toxi-infectieux.

TOXIQUE: 5 gazer, opium, venin ■ **6** curare, éthuse, poison ■ **7** æthusa, æthuse, arsenic, cocaïne, codéine, mercure, vitriol, vomique ■ **8** antidote, furfural, furfurol, laudanum, litharge, morphine, ouabaïne, phalline, ptomaïne, thébaïne, toxicité ■ **9** aconitine, intoxiqué, muscarine, vératrine ■ **10** colchicine, neurotrope, strophante, strychnine, vert-de-gris ■ **11** antitoxique, dauphinelle, dompte-venin, toxicologie, toxicomanie ■ **12** cantharidine, détoxication, mytilotoxine, strophanthus ■ **13** mithridatisme.

TOXOPLASME: 12 toxoplasmose.

TOXOPLASMOSE: 10 toxoplasme.

TRABOULE: 9 trabouler.

TRAC: 4 peur* ■ **7** crainte*.

TRAÇAGE: 2 vé.

TRACAS: 4 aria ■ **5** ennui* ■ **5** souci* ■ **8** agacerie, tourment* ■ **9** obsession ■ **10** bousculade, inquiétude* ■ **11** contrariété, dérangement ■ **13** préoccupation.

TRACASSER: 5 gêner ■ **6** agacer ■ **7** dépiter, ennuyer, excéder, exciter, irriter, obséder ■ **8** harasser, harceler ■ **9** assaillir, bousculer, inquiéter, tirailler ■ **10** contrarier, importuner, poursuivre, préoccuper*, tarabuster, tourmenter*, tracassier, turlupiner ■ **11** tracasserie.

TRACASSERIE: 5 souci* ■ **7** chicane ■ **10** tracassier ■ **14** souffre-douleur.

TRACE: 3 pas ■ **4** plan, raie, voie ■ **5** encre, filet, ombre, piste*, plomb, rayon, reste, signe, tiret, trait ■ **6** bavure, brisée, dessin, détour, foulée, indice, marque*, passée, rayure, réseau, sillon, tageur, visuel ■ **7** hachure, houzure, ornière, passage, régalis, sillage, souille, traînée, vestige ■ **8** accolade, dépister, dérouter, effaçure, engramme, esquisse, stigmate ■ **9** carroyage, cicatrice, empreinte, froissure, g phique, jalon-mire, linéament, piquetage, sulcature, vermicule ■ **10** astroblème, pantomètre ■ **11** antécédante, déchaussure, sismogramme, vermiculure ■ **12** cardiogramme.

TRACER: **5** layer, mener, rayer, tirer* ■ **6** barrer, bomber, frayer, graver, piquer, racher, régler ■ **7** ajuster, calquer, cingler, décrire, dérayer, enrayer, fileter, rénette ■ **8** abaisser, arpenter, bornoyer, délinéer, dessiner*, inscrire, projeter, rainette, retracer, simbleau, traceret, tringler, trusquin ■ **9** compasser, crayonner, rapporter, sillonner, souligner, tracement ■ **10** construire, pointiller, quadriller, trusquiner ■ **11** troussequin ■ **12** appareilleur, circonscrire.

TRACHEE: **4** toux ■ **8** trachéal, trachéen ■ **9** trachéite ■ **10** intubation ■ **11** fausse-route ■ **12** trachéotomie.

TRACT: **8** pamphlet* ■ **10** prospectus.

TRACTABLE: **10** mobile home.

TRACTATIONS: **11** agissements.

TRACTER: **8** tracteur ■ **9** tractable.

TRACTEUR: **7** motrice ■ **8** chaintre ■ **12** locotracteur, mototracteur ■ **13** microtracteur.

TRACTION: **4** lacs, tram ■ **5** bosse, husky, tirer ■ **6** toueur ■ **7** tractif ■ **8** remorque, trudgeon ■ **10** autotracté, locomotive ■ **11** cyclorameur, locomotrice.

TRADE-UNION: **8** syndicat.

TRADITION: **5** mythe, sages ■ **7** légende ■ **8** folklore, habitude* ■ **9** classique ■ **10** légendaire, rabbinisme ■ **11** bien-pensant, classicisme, conformisme ■ **12** nationalisme, traditionnel ■ **13** aggiornamento ■ **14** traditionnaire ■ **15** traditionalisme.

TRADITIONNEL: **5** papet ■ **7** bunraku, netsuke, origami.

TRADITIONNELLE: **4** faré, tipi.

TRADUCTEUR: **7** drogman ■ **10** interprète, truchement ■ **11** translateur.

TRADUCTION: **5** bible, texte, thème ■ **7** version ■ **9** sous-titre ■ **10** contresens, paraphrase, truchement ■ **11** explication, transcodage, translation ■ **12** somatisation ■ **13** juxtalinéaire ■ **14** interprétation.

TRADUIRE: **6** porter, rendre ■ **7** déférer ■ **8** exprimer* ■ **9** expliquer, travestir ■ **10** comprendre, déchiffrer, retraduire, traduction, transcrire ■ **11** interpréter*, traduisible ■ **13** intraduisible.

TRAFIC: **4** port ■ **5** encan ■ **7** simonie ■ **8** aéroport, agiotage, commerce ■ **9** fricotage ■ **10** billonnage, trafiquant, trafiqueur.

TRAFICANT: **11** narcodollar.

TRAFIQUER: **7** agioter ■ **8** fricoter, marchand, spéculer, tripoter ■ **9** interlope ■ **10** corruption.

TRAGEDIE: **5** drame, épode, récit ■ **8** tragique, trilogie ■ confident ■ **12** tragi-comédie.

TRAGIQUE: **8** émouvant, sinistre, terrible ■ **9** tragédien ■ **10** complainte, dramatique*, effroyable ■ **12** stichomythie, tragi-comique, tragiquement.

TRAHIR: **5** jaser, ruser ■ **6** couper, livrer, renier*, vendre ■ **7** montrer*, tromper* ■ **8** déserter, forfaire, trahison ■ **9** divulguer, espionner, traîtrise ■ **10** abandonner.

TRAHISON: **4** ruse ■ **7** abandon, embûche, félonie ■ **8** perfidie ■ **9** défection, déloyauté, désertion, prodition, traîtrise ■ **10** assassiner, concussion, forfaiture ■ **13** prévarication.

TRAILLE: **3** bac.

TRAIN: **3** t.g.v. ■ **4** bige, erre, état, gare, voie ■ **5** arroi, ferry, galop, passe, poupe, tabor, timon, vigie, wagon* ■ **6** allure*, bagage, convoi, radeau, rapide ■ **7** tumulte ■ **8** couplage, standing ■ **9** chef-garde, débarquer, ferry-boat, monotrace, trainglot ■ **10** train-ferry ■ **11** dispatching, serre-freins, télescopage ■ **12** arrière-train, rastaquouère ■ **13** autocouchette ■ **14** autocouchettes ■ **15** autos-couchettes.

TRAINARD : 4 lent*.

TRAINASSER : **4** lent ■ **7** traîner* ■ **9** traînerie ■ **11** traînailler.

TRAINE : **5** queue, train ■ **10** caudataire.

TRAINEAU : **4** luge ■ **5** husky ■ **6** briska, troïka ■ **7** ramasse ■ **8** schlitte, toboggan, traînage ■ **9** bobsleigh, cométique.

TRAINE-BUCHES : **8** phrygane.

TRAINE : **4** voie ■ **5** queue, trace* ■ **8** vermille ■ **9** chevelure.

TRAINER : **5** errer, haler, tirer* ■ **6** flâner, ramper, tramer ■ **7** drosser, emmener, faucher, languir, marcher ■ **8** charrier, emporter, lambiner, traînage, traînant, traîneur, trousser ■ **9** entraîner, éterniser, guide-rope, lanterner, remorquer, traînerie, trimbaler ■ **10** pétouiller, traînasser, traînement.

TRAINGLOT : **6** soldat ■ **8** tringlot.

TRAIT : **3** air ■ **4** dard, mine, mors, raie*, tour, type ■ **5** bacul, barre, bâton, épure, filet, fusée, guide, hampe, ligne, mythe, patte, plein, rayon, signe, tiret, timon, train, typer ■ **6** flèche*, glyphe, marque, pointe, rature, surdos ■ **7** bricole, collier, culeron, culière, frontal, hâchure, jambage, liaison, mérisme, nasarde, parapet, saillie, têtière, virgule ■ **8** avaloire, bossette, brancard, concetti, courroie, dossière, œillère, poitrail, sellette ■ **9** attelloire, caractère, chanfrein, coussinet, croupière, dominante, épigramme, gourmette, grignotis, linéament, muserolle, palonnier, pointillé, souligner, sous-barbe, sous-gorge ■ **10** mangonneau, porte-trait, reculement, sémantique, soulignage ■ **11** décochement, délinéament, guillochure, physionomie ■ **13** aérodynamique, sous-ventrière ■ **14** physiognomonie, sychorigidité.

TRAITE : **4** lois, paix ■ **5** allié, cours, essai, étude*, ordre, otage, pacte, sujet, table, union ■ **6** impayé, trajet ■ **7** mémoire, négrier, trayeur ■ **8** chapitre, commerce, physique ■ **9** bestiaire, concordat, éthologie, exhausif, géométrie, spicilège, théologie ■ **10** convention*, infraction, ostéopathe, sous-traité ■ **11** dramaturgie, éthographie, toxicologie ■ **12** dissertation, encyclopédie, ornithologie, parémiologie ■ **13** antisalissure, casus fœderis ■ **14** controversiste.

TRAITEMENT : **4** cure, gain, soin ■ **5** erbue, fonte, modem, solde ■ **6** avanie, avarie, élixir, pascal ■ **7** collyre, salaire*, sévices, stretch, télétex ■ **8** alfatier, béchique, emplâtre, épithème, semestre, thérapie ■ **9** biguanide, chélateur, électrode, fluidique, iatrogène, nitration, prétraité, réformeur, sténosage ■ **10** allopathie, anaplastie, antalgique, antipoison, balnéation, diathermie, électuaire, indication, matiérisme, médication, mégisserie, pervibrage, privatique, salicylate, trinitrine ■ **11** acuponcture, acupuncture, antirabique, autoplastie, biothérapie, chaulmoogra, chiropraxie, désiliciage, électrochoc, halopéridol, homéopathie, liposuccion, opothérapie, psychiatrie, rétribution, sanforissage, thalidomide ■ **12** aérothérapie, augmentation, bétathérapie, chiropractie, cryothérapie, curarisation, dessablement, ergothérapie, informatique, intervention, maltraitance, manipulation, pattinsonage, pervibration, pneumothorax, psychanalyse, psychiatrisé, puvathérapie, retraitement, sérothérapie, voltaïsation ■ **13** antitétanique, appointements, assouplissage, bondérisation, cardiotonique, cobalthérapie, crénothérapie, curiethérapie, héliothérapie, hydrothérapie, photothérapie, phytothérapie, radiothérapie, synoviorthèse, thérapeutique, vernalisation ■ **14** actinothérapie, balnéothérapie, cancérologique, chimiothérapie, défibrillation, digitopuncture, graphitisation, mécanothérapie, physiothérapie, psychothérapie, pyrétothérapie, radiumthérapie, thermothérapie ■ **15** antibiothérapie, arsonvalisation, cobaltothérapie, corticothérapie, désintoxication, électroponcture, électropuncture, électrothérapie, hormonothérapie, oxygénothérapie, psychochirurgie, röntgenthérapie, vaccinothérapie.

TRAITER: **5** gâter, jouer, mener, vexer ■ **6** choyer, manier ■ **7** appeler, cajoler, crosser, ménager, morguer, révérer, rudoyer, soigner* ■ **8** brusquer, caresser, composer, consulte, débattre, épargner, malmener, mignoter, négocier, nitrurer, profaner, rabrouer, recevoir ■ **9** coalescer, dédaigner, dorlotter, favoriser, mignarder, pateliner, respecter, traitable ■ **10** amordancer, brutaliser, définiteur, maltraiter, tractation, tyranniser, vilipender ■ **11** philosopher.

TRAITEUR: **7** cuisiné ■ **12** restaurateur.

TRAITRE: **7** déloyal, perfide, renégat ■ **14** traîtreusement.

TRAITRISE: **7** félonie ■ **8** trahison*.

TRAJECTOIRE: **5** gerbe, point, rayon ■ **6** impact, montée, orbite ■ **9** empennage ■ **15** trajectographie.

TRAJET: **5** aller, fusée ■ **6** chemin*, traite, trotte ■ **8** parcours* ■ **9** traversée.

TRAME: **4** lice ■ **5** basin, corde, duite, lisse, piège, satin, typon ■ **7** copsage ■ **8** droit-fil, intrigue, roquetin, scénario, stoppage, synopsis ■ **10** fabulation ■ **11** rentraiture ■ **12** affabulation.

TRAMER: **6** ourdir ■ **7** tramage ■ **8** machiner*, officine.

TRAMP: **8** tramping.

TRAMONTANE: **4** vent.

TRAMWAY: **4** rail, tram ■ **7** vicinal ■ **8** traminot ■ **9** impériale ■ **10** plate-forme.

TRANCHANT: **3** dos, fil, net ■ **4** laye ■ **5** acéré, bêche, foret, hache, plane, vouge ■ **6** acérer, affilé, biseau, mousse, rasoir, taillé ■ **7** aiguisé, cassant, coupant, décisif, rénette ■ **8** aiguiser, ancipité, émousser, poignard, rainette, rustique, taillant ■ **10** estafilade, pertuisance ■ **11** bec-de-corbin, péremptoire ■ **12** bec-de-corbeau, contrepointe.

TRANCHE: **4** part ■ **5** bande, barde, darne, jaspe, lèche, rôtie, tende ■ **6** émincé ■ **7** beurrée, bifteck, morceau, rouelle, taillon, tartine, tronçon ■ **8** abricoté, biscotte, division, escalope, quartier, riblette, rondelle, sandwich ■ **9** paupiette, tranchage, trancheur, trempette ■ **10** fricandeau, napolitain, persillade, résolution ■ **11** aiguillette.

TRANCHEE: **4** abri, sape ■ **5** boyau, dosse, jauge, perré, sappe ■ **6** cavité, rigole ■ **7** colique, perchée ■ **8** approche, coffrage ■ **9** fondation, parallèle ■ **10** étrésillon ■ **11** cheminement, crapouillot ■ **13** fortification.

TRANCHEFILE: **6** comète ■ **12** tranchefiler.

TRANCHER: **5** juger ■ **6** couper*, sabrer ■ **7** décider, tailler* ■ **9** décapiter, tranchage, tranchoir ■ **10** contraster, sectionner* ■ **11** guillotiner.

TRANQUILLISANT: **11** thalidomide ■ **14** benzodiazépine.

TRANQUILLE: **3** coi ■ **4** port, sage ■ **5** calme*, quiet ■ **6** pépère ■ **7** peinard ■ **8** paisible* ■ **9** pacifique ■ **10** philosophe ■ **13** tranquilliser ■ **14** tranquillement.

TRANQUILLEMENT: **12** peinardement.

TRANQUILLITE: **4** paix* ■ **5** calme*, ordre, repos* ■ **8** patience, quiétude, rassurer, sécurité, sérénité ■ **9** placidité, quiétisme, sang-froid ■ **11** pondération.

TRANSACTION: **5** crise ■ **6** accord*, broker, marché, négoce, octroi ■ **7** affaire, cession ■ **8** reculade ■ **9** accession, arbitrage, compromis,

monétique ■ **10** concession, convention, permission ■ **11** acceptation, circulation, composition, négociation, termaillage ■ **12** homologation, modus vivendi ■ **13** accommodement ■ **14** transactionnel.
TRANSATLANTIQUE : **5** câble ■ **6** bateau ■ **7** transat.
TRANSBORDEMENT : **7** aconage ■ **8** acconage.
TRANSBORDER : **12** transbordeur ■ **14** transbordement.
TRANSCENDANT : **5** élevé ■ **7** sublime* ■ **11** élémentaire ■ **13** transcendance.
TRANSCENDER : **5** sacré.
TRANSCODAGE : **10** transcoder.
TRANSCRIPTION : **5** copie* ■ **6** codeur, double, ichtus, minute ■ **8** original ■ **9** collation, duplicata, polycopie ■ **10** ampliation, autographe, expédition, transcrire ■ **11** compulsoire, polygraphie ■ **15** retranscription, translitération.
TRANSCRIRE : **6** copier* ■ **7** encoder, minuter ■ **8** expédier ■ **11** enregistrer, perforateur ■ **12** collationner, retranscrire, sténographie ■ **13** mécanographie, transcripteur.
TRANSCUTANE : **13** transdermique.
TRANSE : **6** chaman ■ **8** angoisse*.
TRANSEPT : **10** croisillon.
TRANSFERER : **5** céder, virer ■ **6** porter, vendre ■ **9** transfert ■ **10** translatif ■ **12** déconcentrer, nationaliser, transférable, transplanter ■ **13** transfèrement ■ **14** inaliénabilité ■ **15** décollectiviser.
TRANSFERT : **5** endos, vente ■ **6** fivete ■ **7** cession, simplex ■ **8** virement ■ **9** transport ■ **10** aliénation, délégation ■ **11** affacturage, reversement, transférase, translation ■ **12** confiscation, démembrement, transaminase ■ **14** téléchargement, transférentiel ■ **15** nationalisation, régionalisation.
TRANSFORMATEUR : **7** transfo ■ **10** secondaire.
TRANSFORMATION : **3** lie ■ **6** avatar, codage, coking, filage ■ **7** fibrose, refonte, réforme ■ **8** cryptage, cubature, géologie, hématose, puddlage ■ **9** caséation, diagenèse, digestion, évolution, inversion, isométrie, mégissier, nutrition, ontogénie, réduction, réfection ■ **10** allotropie, athermique, bioénergie, changement*, conversion, glaciation, homothésie, innovation, invariance, métaplasie, ontogenèse, perversion, rénovation, revirement, révolution, rhabillage, variations ■ **11** adiabatique, arénisation, candisation, cokéfaction, contrefaçon, cyanuration, cyclisation, décomposeur, déformation, demi-produit, évaporation, leucoplasie, métabolisme, nitratation, nitrosation, ozonisation, permutation, réalisation, réification, remaniement, sublimation ■ **12** amélioration, ammonisation, calorescence, colonisation, exothermique, gastrulation, gélification, humification, isentropique, métamorphose, métempsycose, reconversion, redressement, regénération, transduction, tubérisation, vaporisation, vinification ■ **13** berginisation, biconversion, carbonatation, carbonisation, chosification, convertissage, efflorescence, endothermique, factorisation, gastrotechnie, isomérisation, kaolinisation, nitrification, pétrification, podzolisation, poldérisation ■ **14** ammonification, dégénérescence, désintégration, kératinisation, réorganisation, salpêtrisation, saponification ■ **15** agro-alimentaire, alcoolification, antidéplacement, désertification, révolutionnaire, transfiguration, travestissement.
TRANSFORME : **11** lycanthrope ■ **12** transducteur.
TRANSFORMER : **4** muer ■ **5** mêler, mûrir, virer ■ **6** tanner ■ **7** changer*, feutrer, innover, réduire, refaire, rénover, retaper ■ **8** aménager, calciner, cokéfier, congeler, déformer, dérouler, évaporer, gélifier,

momifier, ozoniser, panifier, radouber, refondre, réformer, remanier, salifier, stariser ■ **9** acidifier, assimiler, chlorurer, coloriser, convertir, défigurer, dégénérer, dénaturer, fabriquer, graphiter, mobiliser, monétiser, nitrifier, peroxyder, pervertir, redresser, régénérer, replâtrer, restaurer, rhabiller, starifier, suroxyder, transmuer, travestir, vitrifier ■ **10** acidifiant, adjectiver, carbonater, carboniser, développer, estérifier, marmoriser, méthaniser, plasmifier, précipiter, réaménager, renouveler, saponifier, vedettiser ■ **11** capitaliser, caraméliser, contrefaire, désertifier, métaboliser, minéraliser, nominaliser, raccommoder, réorganiser ■ **12** brouillasser, commutatrice, criminaliser, masculiniser, saccharifier, transfigurer ■ **13** convertisseur, métamorphoser, transformable, transformisme ■ **14** adjectiviviser, occidentaliser, transformateur, transformation.

TRANSFUGE: **9** déserteur.

TRANSFUSION: **10** transfuser ■ **13** polytransfusé ■ **14** transfusionnel.

TRANSGRESSER: **5** violer* ■ **8** désobéir ■ **10** enfreindre ■ **12** transgressif ■ **10** transgresseur, transgression.

TRANSGRESSION: **5** péché.

TRANSI: **4** figé, gelé ■ **5** froid, glacé ■ **8** engourdi, morfondu ■ **10** grelottant ■ **11** frissonnant.

TRANSIGER: **5** céder ■ **6** prêter ■ **7** accéder, traiter ■ **8** accepter, accorder, arbitrer, composer, concéder, octroyer, pactiser, relâcher, renoncer ■ **9** permettre ■ **10** accommoder, rétrocéder ■ **12** compromettre.

TRANSIR: **9** morfondre.

TRANSISTOR: **3** mos ■ **9** germanium ■ **13** transistorisé ■ **14** transistoriser ■ **15** phototransistor.

TRANSIT: **9** achalasie, transiter ■ **11** passe-debout, transitaire, transporter.

TRANSITIF: **12** transitivité ■ **14** transitivement.

TRANSITION: **2** or ■ **4** mais, parc, pont ■ **7** passage ■ **13** simultanéisme, transitionnel ■ **14** chalcolithique.

TRANSITOIRE: **5** stage ■ **8** passager* ■ **10** suspenseur.

TRANSLATEUR: **10** traducteur.

TRANSLATION: **8** girodyne ■ **9** transfert, transport ■ **10** raz de marée, traduction ■ **13** transfèrement.

TRANSLUCIDE: **4** mica ■ **8** altuglas, diaphane, scarieux, vaseline ■ **9** pellucide ■ **10** cathédrale, porcelaine ■ **11** transparent* ■ **12** papier-calque ■ **13** translucidité.

TRANSMETTRE: **4** came ■ **5** céder, endos, gâter, louer, train ■ **6** câbler, écrire, léguer, passer* ■ **7** aliéner, émettre, étendre, laisser, publier, télexer ■ **8** débrayer, décision, déléguer, infecter, inoculer, négocier, notifier, véhicule ■ **9** téléviser, variateur, véhiculer ■ **10** ayant cause, conducteur, contagieux, contaminer, délégation, radiosonde, téléphoner, télévision, transférer ■ **11** communiquer, héréditaire, télédynamie ■ **12** contagionner, démultiplier, enseignement, manipulateur, télégraphier, transmission ■ **13** retransmettre, télautographe, transmissible ■ **14** conductibilité ■ **15** intransmissible.

TRANSMIGRATION: **12** métempsycose.

TRANSMISSIBLE: **3** m.s.t.

TRANSMISSION: **4** code ■ **5** audio, éther ■ **6** drosse, pédale ■ **7** cession, simplex, vibrage ■ **8** courroie, donation, émission, flexible, hérédité, paulette, télétype, vidéotex ■ **9** adénosine, contagion, duplexage, égaliseur, multiplex, palonnier, passation, résonance, tradition ■ **10** brouillage, conduction, mendélisme, monophonie, quadruplex, sous-traité, succession, télépathie, téléphonie, télévision ■ **11** duplication, mondovision, négociation, propagation, télégraphie ■ **12** bélinographe, multiplexage, pupinisation, téléécriture ■ **13** contamination, homocinétique ■ **14** audiofréquence, neuromédiateur, radiodiffusion ■ **15** radiomessagerie, radiotélévision, vidéoconférence, visioconférence.

TRANSMUER: 11 transformer*, transmuable ■ **12** transmutable ■ **15** transmutabilité.

TRANSMUTATION: 8 alchimie ■ **9** cyclotron ■ **11** nucléonique ■ **12** métamorphose.

TRANSPARENCE: 5 épair ■ **6** clarté ■ **8** glasnost, hyaloïde, troubler ■ **9** vitrifier ■ **10** cristallin ■ **11** épidiascope, lithophanie, négatoscope ■ **12** xérophtalmie ■ **15** dévitrification.

TRANSPARENT: 3 eau, net ■ **4** gaze ■ **5** candi, clair*, crown, émail, rubis, tulle, verre, vitre ■ **6** opaque, scotch ■ **7** limpide, troublé ■ **8** diaphane, diaphase, polaroïd, voilette ■ **9** pellicule, pellucide, phlyctène ■ **10** cristallin, cystoplasme, hygiaphone, mousseline, ■ **11** aigue-marine, translucide ■ **12** transparence ■ **15** photo-élasticité.

TRANSPERCER: 6 percer* ■ **9** embrocher, traverser* ■ **13** transverbérer.

TRANSPIRATION: 5 étuve ■ **8** anidrose ■ **9** anhidrose ■ **10** diaphorése ■ **11** antisudoral ■ **12** perspiration, transpirable ■ **13** diaphorétique.

TRANSPIRER: 4 suer* ■ **6** percer ■ **7** ressuer ■ **11** transpirant.

TRANSPLANTATION: 9 repiquage ■ **11** repiquement ■ **12** ciclosporine.

TRANSPLANTER: 8 repiquer ■ **10** transplant ■ **13** égravillonner ■ **14** transplantable ■ **15** transplantation.

TRANSPORT: 3 car, van ■ **4** broc, fret, rage, tram, truc, voie, vrac ■ **5** balai, banne, baste, bouge, cadre, canne, cargo, flûte, ligne, poste, route, train ■ **6** délire, extase, report, sortie ■ **7** aconage, amphore, autobus, bardage, blondin, cession, charroi, couffin, factage, ivresse, omnibus, portage, roulage, sea-line, service, tonneau, vertige ■ **8** acconage, autorail, bachotte, barrique, butanier, comporte, courrier, desserte, draisine, flottage, flotteur, messager, paquebot, pipe-line, traînage, véhicule ■ **9** ambulance, cargaison, céréalier, container, débardage, éfourceau, ferry-boat, métaphore, motoriser, pétrolier, pinardier, propanier, rail-route, transfert, voiturage ■ **10** asphaltier, automoteur, avion-cargo, batellerie, brouettage, camionnage, chargement, corbillard, cubitainer, enivrement, expédition, ferroutage, locomobile, logistique, messagerie, polytherme, provenance, tapissière, trolleybus ■ **11** affrètement, charbonnier, chemin de fer, déplacement, exportation, héliportage, hémoglobine, importation, manutention, naturaliser, ravissement, téléférique, téléphérage, translation, triqueballe, wagon-foudre ■ **12** différentiel, enthousiasme*, porte-bagages, téléphérique, transporteur, water-ballast, wagon-citerne ■ **13** autocouchette, camion-citerne, connaissement, moyen-courrier, navire-citerne, pollinisation ■ **14** autocouchettes, transconteneur ■ **15** autos-couchettes.

TRANSPORTATION: 5 bagne.

TRANSPORTER: 4 seau, tine ■ **5** aller, banne, benne, hotte, mener, poêle, ravir, venir, virer ■ **6** griser, hotter, monter, passer, porter*, remuer ■ **7** charger, enlever, traîner ■ **8** charrier, débarder, dépayser, déporter, expédier, exporter, gerbière, importer, remonter, rempoter, repasser, reporter, reverser, voiturer ■ **9** brouetter, camionner, canaliser, charroyer, colporter, comporter, déménager, déplanter, élévateur, embarquer, rentoiler, réservoir, transiter, trimbaler, véhiculer ■ **10** aé-

roporter, charriable, héliporter, réexporter, train-ferry, transférer, transfuser, transposer, transvaser ■ **11** brancardier, transborder ■ **12** polarisation, terrassement, transbahuter, transplanter ■ **13** enthousiasmer, transportable ■ **14** aérotransporté ■ **15** intransportable.
TRANSPORTEUR : 9 convoyeur, monocâble ■ **13** transtraîneur ■ **15** commissionnaire.
TRANSPOSER : 8 chiffrer, déplacer, traduire ■ **13** transposition.
TRANSPOSITION : 6 calque ■ **9** anagramme ■ **10** traduction ■ **11** permutation ■ **15** translitération.
TRANSSEXUALISME : 11 transsexuel.
TRANSSUBSTANCIER : 11 transformer.
TRANSSUDER : 7 suinter ■ **13** transsudation.
TRANSURANIEN : 9 neptunium ■ **10** lawrencium ■ **11** mendélévium.
TRANSVASEMENT : 8 décuvage ■ **10** décuvaison.
TRANSVASER : 6 verser ■ **8** décanter, frelater, soutirer ■ **9** entonnoir, siphonner ■ **13** transvasement.
TRANSVERSAL : 3 bau ■ **5** bande, cluse, épart, trame, zonal ■ **7** oblique*, section ■ **8** doubleau, transept ■ **10** diaphragme.
TRANSYLVANIE : 11 transylvain ■ **13** transylvanien.
TRANTRAN : 7 routine*.
TRAPEZE : 7 aurique, voltige ■ **10** trapéziste, trapézoïde ■ **11** chantignole, trapézoèdre, trapézoïdal.
TRAPEZOIDALE : 7 aurique.
TRAPPE : 5 piège* ■ **9** oubliette, trappiste ■ **10** trappillon.
TRAPU : 4 nain, ours ■ **5** nabot, râblé, râblu, ragot ■ **7** ramassé ■ **8** courtaud ■ **10** bréviligne.
TRAQUENARD : 5 piège*.
TRAQUER : 8 talonner, traqueur ■ **10** poursuivre*.
TRAQUET : 7 motteux ■ **8** cul-blanc.
TRAUMA : 8 blessure*.
TRAUMATIQUE : 14 polytraumatisé.
TRAUMATISME : 6 trauma ■ **8** blessure*, exostose ■ **9** emphysème ■ **10** énervation ■ **11** traumatique.
TRAUMATOLOGIE : 15 traumatologique, traumatologiste.
TRAVAIL : 3 c.a.t., erg, mal, t.i.g. ■ **4** loup, mine, mita, note, pige, sape, test, watt ■ **5** butin, cotte, étude, façon, faena, férié, fonte, grève, jante, joule, nègre, offre, ouvré, outil, peine, posté, repos, robot, somme, sueur, tâche, tutie ■ **6** balint, boulot, chaîne, charge, corvée, devoir, emploi, galère, labeur, métier*, œuvre*, pensum, plissé, turbin ■ **7** affaire, atelier, besogne, bricole, collier, fatigue, journée, mission, ouvrage*, semaine, service ■ **8** ajustage, brochure, bulletin, business, débrayer, embauche, émoulage, exercice, fagotage, fonction, guide-âne, herchage, inaction, ivoirier, limonage, mareyage, niellure, opuscule, pavement, piochage, planning, repousse, teinture, treillis ■ **9** bosselage, bosselure, bricolage, casse-tête, chemineau, corrosion, corroyage, damassure, employeur, ergologie, ergonomie, finissage, forestage, free-lance, gagne-pain, herschage, kilo-joule, maçonnage, manœuvre, outillage, plâtrerie, recherche, salopette, suremploi, symposion, symposium, travaillé, tricotage, viabilité, wattheure ■ **10** chariotage, débauchage, ergographe, ergométrie, hongroyage, machinerie, menuiserie, multiposte, occupation*, orpaillage, plafonnage, prestation, profession*, recherches, recouvrage, récréation, rocaillage, spécialisé, surtravail, tayloriser, taylorisme ■ **11** agriculture, charpentage, combinaison, ébénisterie, élaboration, hongroierie, main-d'œuvre, métallurgie, morte-saison, plumasserie, putrescence, terreau-

tage ■ **12** accouchement, charpenterie, élucubration, mémorisation, rémunération ■ **13** brain-storming, inapplication, kilogrammètre, mécanographie, taylorisation ■ **14** action research, appareillement, laborieusement, transportation ■ **15** recherche-action, standardisation.

TRAVAILLE : 7 bosseur, orfévré ■ **9** canissier ■ **10** cannissier.

TRAVAILLER : 4 agir, suer ■ **5** gâter, saper ■ **6** bosser, bûcher, chiner, marner, ouvrer, peiner*, trimer ■ **7** avancer, buriner, chiader, ciseler, étudier, fraiser, galérer, gratter, occuper, œuvrer, piocher, pousser, relayer ■ **8** besogner, bosseler, bricoler, cultiver, échopper, élaborer, employer, escrimer, façonner*, ouvrable, ouvrager, pâtisser, pilonner, préparer, produire, surmener, turbiner, varloper ■ **9** boulonner, élucubrer, fermenter, hongroyer, toupiller ■ **10** boucharder, collaborer, filigraner, pyrographe, tourmenter ■ **11** palissonner ■ **12** entreprendre, retravailler, travailloter.

TRAVAILLEUR : 4 aide ■ **5** nègre, prolo ■ **6** coolie ■ **7** arpette, artisan, bûcheur, employé, ouvrier*, salarié ■ **8** abatteur, apprenti, piocheur, tâcheron ■ **9** ardoisier, façonnier, finisseur, laborieux, manœuvre, ménestrel, opérateur, paresseux, pelletier, raffineur, serviteur ■ **10** calendreur, chambrelan, corailleur, domestique, gâte-métier, journalier, manouvrier, mercenaire, prolétaire, scientiste ■ **11** autogestion, coopérateur, diamantaire, préparateur ■ **13** collaborateur, métallurgiste, stakhanoviste.

TRAVAUX : 3 t.u.c.

TRAVEE : 8 pilastre.

TRAVERS : 3 par ■ **5** mirer, percé, torve, trans ■ **6** défaut* ■ **7** oblique ■ **8** guingois, ridicule, traviole ■ **9** percutané ■ **10** contresens ■ **11** transversal ■ **13** transparaître.

TRAVERSE : 3 jet ■ **4** rail ■ **5** patin, river, tende ■ **6** meneau ■ **7** galiote, sommier, trénail ■ **8** longrine, perfolié, tire-fond ■ **9** coussinet, petit-bois, travelage ■ **10** barlotière, croisillon, traversine ■ **11** empêchement, transmanche ■ **13** transcanadien.

TRAVERSEE : 6 percée, trajet, voyage* ■ **7** passage* ■ **9** endosmose ■ **12** perméabilité ■ **13** pénétrabilité ■ **14** franchissement.

TRAVERSER : 6 barrer, daguer, darder, larder, ouvrir, passer*, percer*, piquer ■ **7** brocher, croiser, empaler, enfiler, filtrer, glisser, saigner, transit ■ **8** barboter, défoncer, enferrer, éventrer, faufiler, franchir, pénétrer, perforer, repasser, trépaner ■ **9** embrocher, encroiser, infiltrer, perméable, trabouler, traversée ■ **10** entrelacer, transandin, transpirer, transsuder, traversier ■ **11** entrecouper, imperméable, ponctionner, retraverser, transitaire, transparent, transpercer, traversable ■ **12** impénétrable ■ **13** transafricain, transsaharien, transsibérien.

TRAVERSIN : 8 polochon.

TRAVESTI : 7 travelo.

TRAVESTIR : 7 masquer ■ **8** costumer, déformer, déguiser ■ **15** travestissement.

TRAVESTISME : 7 éonisme.

TRAVESTISSEMENT : 7 parodie ■ **8** travesti.

TREBUCHER : 5 buter ■ **6** tomber*.

TREBUCHET : 7 balance ■ **9** trébucher ■ **10** mésangette.

TREFILER : 9 tréfilage, tréfilier ■ **10** tréfilerie.

TREFLE : 5 baste ■ **6** lotier, tréflé ■ **7** farouch ■ **8** farouche, incarnat ■ **9** anthyllis, ményanthe, tréflière ■ **10** anthyllide, trigonelle.

TREILLAGE : 5 claie ■ **7** berceau, clôture* ■ **8** espalier, palisser ■ **10** treillager ■ **11** treillageur.

TREILLIS: **7** clôture* ■ **8** grillage ■ **9** treillage ■ **11** caillebotis, treillisser.
TREIZE: **4** ides ■ **9** treizième ■ **13** treizièmement.
TRELINGAGE: **5** gambe.
TREMATER: **9** trématage.
TREMATODE: **5** douve, rédie ■ **9** bilharzie ■ **10** miracidium.
TREMBLANT: **5** cassé, ferme ■ **8** craintif* ■ **10** chevrotant.
TREMBLEMENT: **6** fredon, séisme ■ **7** frisson, saccade, séismal, trémolo, vibrato ■ **8** sismique, trémuler, tressaut ■ **9** épicentre, séismique, tremblote, trémulant, vibration ■ **10** ondulation, séismicité, sismologie, tremblante ■ **11** séismologie, trémulation, trépidation ■ **12** chevrotement, frémissement ■ **13** scintillation, scintillement ■ **15** delirium tremens.
TREMBLER: **6** frémir, vibrer* ■ **7** branler, onduler secouer, tituber, triller ■ **8** ébranler, trémuler, trépider, vaciller ■ **9** chanceler, chevroter, flageoler, grelotter ■ **10** frissonner, papilloter, scintiller, trembloter ■ **11** tremblement, tressaillir.
TREMBLOTANT: **9** chevroter ■ **10** chevrotant.
TREMBLOTER: **6** danser ■ **8** trembler*, vaciller ■ **9** chevroter ■ **13** tremblotement.
TREMIE: **7** claquet ■ **8** engrener ■ **9** rengrener ■ **11** wagon-trémie.
TREMOUSSER: **9** frétiller ■ **13** trémoussement.
TREMPE: **4** lime ■ **5** acier, volée ■ **6** nature ■ **8** retrempe ■ **9** patentage ■ **12** autotrempant ■ **12** trempabilité.
TREMPER: **5** panée, raton ■ **6** gâcher, rincer, saucer ■ **7** arroser*, baigner, doucher, emboire, imbiber, imboire, inonder*, macérer, mariner, trempée ■ **8** trempeur ■ **9** affermir*, essanger, mouiller*, trembler ■ **9** détremper, retremper, trempette ■ **10** macération, mouillette ■ **12** ébouillanter.
TREMPLIN: **7** batoude ■ **9** plongeoir.
TREMULER: **8** trembler*.
TRENTE: **9** trentaine, trentième, tricennal ■ **11** trentenaire.
TREPAN: **7** tricône ■ **8** couronne, trépaner ■ **11** trépanation, turboforage.
TREPAS: **4** mort* ■ **5** décès, tombe ■ **8** trépassé.
TREPASSER: **5** périr* ■ **6** mourir* ■ **7** décéder.
TREPIDANT: **9** turbulent.
TREPIDATION: **6** clonus ■ **11** amortisseur, tremblement.
TREPIDER: **8** trembler*.
TREPIED: **5** selle, siège* ■ **9** chevrette ■ **10** trois-pieds.
TREPIGNER: **4** ruer ■ **8** piétiner ■ **12** trépignement.
TREPONEME: **8** syphilis ■ **13** trépabématose.
TRES: **4** bien, fort ■ **5** assai, moult ■ **8** joliment, tantinet ■ **9** bigrement, drôlement, rarissime, vachement ■ **10** foutrement.
TRESOR: **4** fisc ■ **5** fonds, magot ■ **6** bourse ■ **7** épargne, réserve ■ **8** finances ■ **10** trésorerie ■ **12** bonification.
TRESORIER: **9** chevalier ■ **10** concussion, trésorerie.
TRESSAILLEMENT: **7** sursaut ■ **11** chatouiller.
TRESSAILLIR: **6** bondir, tiquer, vibrer ■ **8** trembler* ■ **9** sursauter ■ **10** tressauter ■ **12** soubresauter.
TRESSAUTER: **11** tressaillir*.
TRESSE: **5** galon, natte*, raban ■ **6** cordon ■ **7** baderne, guipage, soubise, tresser ■ **8** soutache, tresseur ■ **9** bourdalou, cadenette, entrelacs ■ **10** cordelière.
TRESSER: **5** osier ■ **6** natter ■ **8** tressage.

TRETEAU : 6 baudet ■ 7 théâtre.
TREUIL : 5 giron, winch ■ 6 vindas ■ 7 pouliot, tambour ■ 8 cabestan ■ 9 manivelle, tourillon. treuiller ■ 10 bourriquet, tourniquet, treuillage.
TREUILLAGE : 14 hélitreuillage.
TREVE : 5 pouce, repos* ■ 8 outrance ■ 9 armistice, atenanche ■ 10 suspension ■ 12 interruption.
TREVIRE : 8 trévirer.
TRI : 5 trick.
TRIADE : 9 triadique.
TRIAGE : 3 tri ■ 6 trieur ■ 8 criblage, filtrage, peignage ■ 9 scheidage ■ 10 flottaison.
TRIALCOOL : 8 glycérol ■ 9 glycérine.
TRIALLE : 5 donax ■ 6 donace.
TRIANGLE : 4 base, cône ■ 5 chape, galbe, giron, pédal ■ 7 aurique, endenté, fanchon, scalène, trimère ■ 8 soufflet, vêtement ■ 9 acutangle, exinscrit, triquètre ■ 10 obtusangle ■ 11 autopolaire, orthocentre ■ 12 triangulaire ■ 13 triangulation.
TRIANGULAIRE : 2 if ■ 3 foc, spi ■ 5 delta, gable, harpe, patte, seine, senne ■ 6 tragus ■ 7 râblure ■ 8 écoinçon, embrasse ■ 9 spinnaker ■ 10 tiers-point ■ 12 barrage-poids.
TRIANGULATION : 10 trianguler.
TRIAS : 7 rhétien ■ 8 entroque ■ 9 triasique ■ 10 jurassique ■ 15 mastodontosaure.
TRIATHLON : 12 triathlonien.
TRIBAL : 9 triballer ■ 10 tribalisme.
TRIBALLE : 9 triballer.
TRIBOELECTRICITE : 15 triboélectrique.
TRIBORD : 10 tribordais.
TRIBU : 4 clan ■ 5 genre, horde, totem ■ 6 scheik, tribal ■ 7 famille, tribute ■ 8 peuplade ■ 11 intertribal.
TRIBULATION : 5 peine* ■ 7 malheur*.
TRIBUN : 4 veto ■ 7 orateur ■ 8 tribunal.
TRIBUNAL : 4 cour ■ 5 agréé, appel, avoué, barre, siège ■ 7 aulique, conseil, estrade, parquet ■ 8 aréopage, attraire, héliaste, prétoire, prévotal, prononcé, traduire ■ 9 bailliage, bâtonnier, cassation, centumvir, franc-jugé, plaidoyer, président, présidial, procédure, provision, prud'homme, sanhédrin ■ 10 absolution, accusateur, assermenté, audiencier, directoire ■ 11 ajournement, comparaître, inquisition, officiliaté, ultra-petita ■ 12 condamnation, déclinatoire, pénitencerie, sénéchaussée ■ 13 jurisprudence ■ 15 correctionnelle, juge-commissaire.
TRIBUNE : 4 jubé ■ 5 orgue, stand ■ 6 chaire ■ 7 estrade.
TRIBUT : 5 impôt* ■ 10 récompense, tributaire.
TRICALCIQUE : 14 superphosphate.
TRICEPS : 7 achille.
TRICHER : 7 tromper* ■ 8 filouter, tricheur ■ 9 biseauter.
TRICHERIE : 4 pont ■ 9 poussette, tromperie*.
TRICHEUR : 5 filou ■ 6 pipeur ■ 9 bonneteur.
TRICHINE : 8 trichiné ■ 10 trichinose.
TRICHINOSE : 10 trichineux.
TRICHOLOME : 9 mousseron.
TRICHOMA : 6 plique.
TRICHROMIE : 7 magenta.
TRICORNE : 7 lampion.
TRICOT : 8 chandail, pull-over ■ 9 bonnetier, tricotage.
TRICOTAGE : 8 vanisage.

TRICOTER: **7** trotter ■ **9** interlock, tricotage, tricoteur ■ **10** tricoteuse.
TRICTRAC: **3** jan ■ **4** dame ■ **5** besas, beset, caser, quine ■ **6** fichet ■ **7** jacquet.
TRICYCLE: **10** triporteur ■ **11** cyclorameur.
TRIDACNE: **8** bénitier.
TRIER: **5** lotir, volet ■ **6** épurer ■ **7** choisir*, classer, cribler, démêler, émonder, pacquer, sarcler, séparer, tamiser, trieuse ■ **8** éliminer, éplucher ■ **9** calibreur, discerner ■ **10** débrancher, distinguer, tout-venant ■ **11** plansichter ■ **12** décuscuteuse, sélectionner.
TRIERE: **10** triérarque.
TRIFOUILLER: **8** fouiller*.
TRIGLYCERIDE: **10** clofibrate.
TRIGLYPHE: **7** tringle.
TRIJUMEAU: **9** trifacial.
TRILLE: **7** triller ■ **11** tremblement.
TRILLION: **11** quatrillion.
TRILOGIE: **14** trifonctionnel.
TRIMARDEUR: **5** errer* ■ **8** vagabond* ■ **9** trimarder.
TRIMBALER: **6** porter* ■ **7** traîner* ■ **10** trimbalage ■ **12** trimbalement.
TRIMER: **7** galérer, marcher ■ **10** travailler*.
TRIMERE: **9** choliambe.
TRIMETRE: **9** choliambe.
TRINGLE: **5** barre, lisse, verge ■ **6** aléron, fanton, fenton ■ **7** aleiron ■ **8** ratelier ■ **9** timonerie ■ **15** porte-serviettes.
TRINGLETTE: **8** triballe.
TRINGLOT: **6** soldat.
TRINITE: **5** verbe ■ **10** trinitaire ■ **11** trinidadien ■ **12** socinianisme.
TRINITROLUENE: **15** subkilotonnique.
TRINQUER: **5** boire ■ **9** trinqueur ■ **10** tchin-tchin.
TRIODE: **5** lampe.
TRIOMPHALISME: **13** triomphaliste.
TRIOMPHATEUR: **8** quadrige ■ **10** victorieux.
TRIOMPHE: **5** coupe, palme, porte ■ **6** gloire*, record, succès* ■ **7** honneur, hosanna, ovation, trophée ■ **8** couronne, militant ■ **9** triomphal, triompher ■ **12** triomphateur ■ **14** triomphalement.
TRIOMPHER: **7** vaincre* ■ **9** surmonter* ■ **10** surclasser.
TRIPATOUILLER: **14** tripatouillage, tripatouilleur.
TRIPE: **7** tripier, tripous, tripoux ■ **8** intestin*, triperie ■ **9** andouille, tripaille.
TRIPHOSPHATE: **3** a.t.p.
TRIPLE: **6** triplé ■ **7** tripler ■ **10** triplement.
TRIPLET: **12** pythagorique.
TRIPLOBLASTIQUE: **9** cœlomate.
TRIPLOÏDE: **10** triploïdie.
TRIPOT: **7** cabaret.
TRIPOTEE: **5** volée ■ **6** raclée ■ **9** multitude.
TRIPOTER: **6** manier ■ **9** trafiquer, tripoteur ■ **10** tripotages ■ **11** agissements.
TRIQUE: **5** bâton ■ **7** triquer.
TRIQUEBALLE: **12** trinqueballe.
TRIQUER: **6** battre*.
TRISECTION: **10** trisecteur.
TRISTE: **3** ému ■ **7** amer, noir*, rude ■ **5** morne, navré ■ **6** dolent, morose, piteux, sombre*, transi ■ **7** anxieux, funèbre, inquiet, lugu-

bre, pénible ■ **8** ennuyeux, maussade*, plaintif, sinistre ■ **9** attrister, larmoyant, rembrunir ■ **10** chagrinant, roucoulade, tristement, tristounet ■ **12** mélancolique*, roucoulement ■ **14** hypocondriaque.
TRISTESSE : **4** mort ■ **5** brume, deuil, ennui, peine*, souci ■ **6** dégoût, regret ■ **7** anxiété, chagrin*, émotion, trouble ■ **8** amertume, embarras, langueur ■ **9** déplaisir, népenthès, nostalgie, tablature ■ **10** abattement, contrister, endeuiller, inquiétude, mélancolie ■ **11** contretemps, tribulation ■ **12** neurasthénie ■ **13** préoccupation.
TRITIUM : **6** triton.
TRITURER : **6** broyer* ■ **10** triturable ■ **11** triturateur.
TRIUMVIR : **10** triumviral, triumvirat.
TRIVIAL : **3** bas ■ **5** banal, merde ■ **7** rebattu ■ **8** grossier*, vulgaire* ■ **10** pasquinade, trivialité ■ **12** trivialement.
TROC : **6** change ■ **7** échange* ■ **8** troqueur.
TROCHANTER : **5** fémur, psoas.
TROCHEE : **9** choriambe, glyconien ■ **10** glyconique, trochaïque.
TROENE : **8** panicule.
TROGNE : **6** figure*, visage*.
TROIS : **3** ter, tri ■ **4** trin, trio ■ **5** règle, terne, triol ■ **7** trièdre, trigone, trilobé, trimère, triolet, tripale, trisser ■ **8** drop-goal, ternaire, terzetto, triacide, tricorne, tridenté, triennal, triester, trifolié, trilogie, trimaran, trimètre, trinervé, triplace, tripodie, trivalve ■ **9** acutangle, trialcool, tribraque, tricolore, triennium, trigramme, trigrille, trilingue, trilitère, trimestre, trimoteur, triolisme, triplette, triploïde, triptyque, triquètre, trois-deux, trois-huit, troisième, trois-mâts ■ **10** coquerelle, tribasique, tricéphale, tricuspide, tridactyle, trilatéral, trilittère, tripartite, triplement, trisannuel, trisection, trisyllabe ■ **11** hyperespace, triatomique, tricalcique, trimestriel, tripartisme, triphtongue, trismégiste ■ **12** triloculaire, tripartition, trirectangle ■ **13** tricontinental, trigémellaire ■ **15** tridimensionnel, triploblastique.
TROISIEME : **3** ter ■ **4** riss ■ **5** mardi, oculi, sexte, tarse, tiers, tridi, trois ■ **6** tertio, vaisya ■ **7** tiercer ■ **8** anaphase, dévonien, feuillet, frimaire, médiante, mi-carême, psautier, quarante ■ **9** exorciste, nictitant, stellaire, tertiaire ■ **10** métathorax, recoupette, triplicata ■ **11** saint-esprit ■ **12** septuagésime ■ **13** tricentenaire, troisièmement.
TROMBE : **10** bourrasque*.
TROMBIDION : **5** lepte ■ **6** aoûtat ■ **11** trombidiose.
TROMBONE : **11** tromboniste.
TROMBLON : **5** fusil* ■ **9** espingole.
TROMPE : **5** tapir ■ **6** cornet ■ **7** tubaire ■ **8** débucher ■ **9** trompette ■ **10** salpingite, trompillon.
TROMPER : **4** cocu ■ **5** duper*, errer, jouer, léser, piper, route, ruser ■ **6** abuser, amuser, bercer, berner, capter, corner, égarer, flouer, gourer, mentir, rouler, trahir ■ **7** aberrer, biaiser, blouser, bourrer, cajoler, cornard, enjôler, faillir, feindre, feinter, frauder, induire, leurrer, manquer, méjuger, prendre, refaire, séduire, simuler, tricher, truffer ■ **8** affecter, attraper, aveugler, balancer, carotter, cocufier, décevoir, empaumer, endormir, frustrer, jobarder, suborner, trompeur ■ **9** dindonner, embobiner, escroquer, faillible, falsifier, fourvoyer, imposteur, mécompter, méprendre, mystifier, pigeonner, tromperie ■ **10** cafouiller, embéguiner, resquiller, surprendre ■ **11** artificieux, circonvenir, couillonner, déraisonner, embabouiner, embobeliner, illusionner, infaillible, trompe-l'œil ■ **12** désappointer, faillibilité ■ **14** infaillibilité.
TROMPERIE : **3** dol ■ **4** ruse ■ **5** godan, pipée ■ **6** datura, fraude*, leurre, manège ■ **7** arnaque, attrape, dolosif, duperie, fardage, gabe-

gie, piperie, trucage ■ **8** artifice, défiance, fausseté, mécompte, mensonge* ■ **9** baraterie, collusion, compérage, expédient, fourberie*, franchise, imposture, invention, tricherie ■ **10** passe-passe, stratagème ■ **11** escroquerie, supercherie ■ **12** couillonnade, manipulation ■ **13** falsification, mystification.

TROMPETER: **9** divulguer.

TROMPETTE: **5** agami, bugle, diane ■ **6** buccin, trompe ■ **7** clairon ■ **8** générale, sonnerie ■ **10** bouteselle, craterelle, trompeteur ■ **12** trompettiste.

TROMPETTER: **4** grue ■ **5** aigle, cygne.

TROMPEUR: **5** filou ■ **6** pipeur ■ **7** menteur ■ **8** apparent, brillant, captieux, décevant, fanfaron ■ **9** clinquant, illusoire, insidieux, mensonger ■ **10** fallacieux ■ **11** trompe-l'œil ■ **13** trompeusement.

TRONC: **3** ars, fût ■ **4** écot, pied, tige*, zona ■ **5** aorte, arbre, cépée, corps, estoc, grume, hypne, loupe, rejet, stipe ■ **6** aubier, rondin, souche, ventre ■ **7** abdomen, dentelé, duramen, mastaba, tronçon ■ **8** broussin, écuisser, plantard, poitrine, proximal, tirelire ■ **9** adragante ■ **11** étronçonner, ramassement, tronçonique ■ **12** rapatronnage ■ **13** embranchement ■ **14** arrière-cerveau.

TRONÇON: **5** bille ■ **7** tranche* ■ **10** tronçonner.

TRONÇONNER: **6** couper* ■ **7** tailler* ■ **9** godendart ■ **11** tronçonnage ■ **12** tronçonneuse.

TRONE: **4** dais ■ **5** ligue, stipe ■ **8** détrôner ■ **9** baldaquin, restaurer ■ **10** introniser, orléaniste.

TRONQUE: **5** cippe ■ **7** écourté.

TRONQUER: **6** couper* ■ **7** mutiler ■ **8** écourter, trancher.

TROP: **8** superflu, surfaire ■ **9** répondant, trop-perçu, trop-plein ■ **11** suralimenté.

TROPE: **6** ironie ■ **8** allusion, sarcasme ■ **9** allégorie, hypallage, métalepse, métaphore, métonymie ■ **10** antiphrase, autonomase, catachrèse, euphémisme, synecdoque.

TROPHEE: **5** butin, coupe, scalp ■ **7** laurier ■ **8** faisceau, panoplie ■ **9** dépouille.

TROPHIQUE: **13** trophonévrose.

TROPHOBLASTE: **15** trophoblastique.

TROPICAL: **3** tek ■ **4** pipa, teck ■ **5** acare, copal, gnète, singe, tapir, zamia ■ **6** dengue, gnétium, panace, zamier ■ **7** marenta, ximénia ■ **8** adiantum, arachide, bauhinie, cocotier, colocase, corossol, hibiscus, jacquier, poivrier, sesbania ■ **9** courbaril, hurricane, sapotacée, téphrosie ■ **10** médicinier, strophante, tamarinier, tillandsia ■ **11** tropicalisé ■ **15** tropicalisation.

TROPICALE: **5** gombo ■ **10** phalangère.

TROPICALISATION: **12** tropicaliser.

TROPIQUE: **4** zone ■ **5** alizé ■ **8** tropical ■ **11** subtropique ■ **13** intertropical.

TROPOSPHERE: **9** jet-stream ■ **10** tropopause ■ **12** stratosphère.

TROP-PLEIN: **9** émissaire ■ **11** déchargeoir.

TROQUE: **8** troquer.

TROQUER: **4** troc ■ **7** changer ■ **8** échanger*, troqueur ■ **10** copermuter.

TROT: **5** sulky ■ **7** stepper ■ **8** steppeur ■ **9** trottiner.

TROTTE: **6** trajet ■ **8** steppeur.

TROTTER: **5** aubin ■ **7** marcher, stepper ■ **8** trotteur, trotting.

TROTTIN: **9** midinette.

TROTTINER: **7** marcher ■ **12** trottinement.

TROTTINETTE: **9** patinette.
TROTTOIR: **4** quai ■ **5** dalle, tapin ■ **6** refuge ■ **8** asphalte, terrasse.
TROU: **3** ope, par ■ **4** chas, golf, mine, œil, silo, vide, yeux ■ **5** abîme, antre, bonde, capot, creux*, dalle, dalot, évier, fente, flûte, foret, fossé, futée, macle, moque, nable, pomme, percé, perle, puits, taret ■ **6** blouse, boulin, brèche, bunker, cavité*, daleau, fondis, forure, grotte, larron, percée, piqûre, poquet, trouée ■ **7** bétoire, caverne, citerne, clapier, cratère, fleuret, gouffre, lumière, mandrin, œillet, orifice*, ornière, pertuis, puisard, tanière, terrier ■ **8** carrière, chatière, cheville, crevasse, décharge, enlaçure, étampure, fenêtrer, foraminé, fossette, fraisure, mortaise, œillard, ovalaire, parcours, perforer ■ **9** avant-trou, enfonçure, entonnoir, fondrière, grumelure, œil-de-pie, ouverture*, précipice, réservoir, souillard ■ **10** excavation, nid-de-poule ■ **11** cache-entrée, enfoncement ■ **12** perforatrice.
TROUBADOUR: **5** poète* ■ **7** félibre, occitan ■ **8** jongleur, trouvère, trouveur ■ **9** ménestrel, ménétrier ■ **10** ménestrier.
TROUBLANT: **8** affolant, frappant ■ **10** ahurissant, pétrifiant ■ **11** éblouissant ■ **12** étourdissant ■ **14** impressionnant.
TROUBLE: **3** ému, pur ■ **4** émoi, ivre ■ **5** ahuri, clair, égaré, grève, nuage, orage, repos, saisi, santé, tison, voile ■ **6** alarme, confus, délire, effaré, effroi, émeute, éperdu, fièvre, hagard, hébété, mirage, tracas ■ **7** agnosie, astasie, bagarre, cushing, démonté, dérangé, émotion*, étourdi, frayeur, ivresse, malaise, orageux, ouragan, passion, raynaud, remords, stupeur, surpris, turbide, vésanie ■ **8** agraphie, arythmie, asphyxie, déchirer, désordre*, diplopie, dyslalie, dyslexie, dyslogie, dysosmie, dystasie, dystomie, embarras*, exostose, factieux, hystérie, interdit, mentisme, migraine, nébuleux, obtusion, paisible, pellagre, renverse, secousse, sédition, séquelle, sérénité, surprise, symptôme, trublion ■ **9** abasourdi, agitateur, agitation*, alzheimer, apoplexie, commotion, confusion*, dyscrasie, dysidrose, dysmnésie, dysorexie, dysthymie, égarement, émotivité, épouvante, logorrhée, macropsie, palilalie, phoniatre, porphyrie, rabat-joie, séduction, stupéfait, tourmente, troublant, turbidité, turbulent, virilisme ■ **10** aberration, acétonémie, alcoolisme, bégaiement, bouleversé, brouillage, complainte, coprolalie, crétinisme, dépression, désorienté, dysacousie, dysbarisme, dyschromie, dysgraphie, dyskinésie, dystrophie, effarement, embarrassé*, enivrement, ensorceler, glycosurie, hébétement, impression, inquiétude, iridologie, mouvementé, nervosisme, paramnésie, paraphasie, phoniatrie, rachitisme, révolution ■ **11** ascaridiose, aveuglement, chatoiement, dérangement*, dyscalculie, dysfonction, fascination, fonctionnel, halopéridol, hébéphrénie, infestation, miroitement, névropathie, paresthésie, pithiatisme, pollakiurie, remue-ménage, sociogenèse, soulèvement, tachyphémie, traumatisme, trouble-fête ■ **12** ahurissement, apragmatisme, attroupement, brouillamini, décontenance, dédoublement, dysménorrhée, hétérophorie, hospitalisme, immaturation, insurrection, interruption, neurasthénie, perturbation, renversement, saisissement, schizophasie, stupéfaction ■ **13** asomatognosie, consternation, dysendocrinie, éblouissement, effervescence, frissonnement, hallucination, jargonaphasie, malabsorption, papillotement, schizophrénie, trophonévrose ■ **14** adiposo-génital, anéantissement, bouleversement, cardiothyréose, cénesthopathie, dyschromatopie, étourdissement, presbyophrénie, tressailllement ■ **15** désorganisation, hypervitaminose.
TROUBLER: **5** gâter ■ **6** agiter*, ahurir, égarer, épater, saisir ■ **7** affoler, bluffer, déjouer, éblouir, effarer, étonner, frapper, hébéter, sé-

duire, tremper ■ **8** anéantir, aveugler, chatoyer, démonter, déranger*, dérégler, dérouter, éberluer, ébranler, effrayer, émouvoir*, étourdir, fasciner, miroiter, pacifier ■ **9** atteindre, brouiller, confondre, détraquer, distraire, interdire, intimider, offusquer, perturber, pétrifier, renverser, stupéfier ■ **10** abasourdir, consterner, décomposer, désagencer, désajuster, ébouriffer, halluciner, importuner, papilloter, réverbérer, subversion ■ **11** déconcerter, désorienter, effaroucher, embarrasser*, émerveiller, interloquer, interrompre, rabouilleur, traumatiser, tressaillir ■ **12** désorganiser ■ **13** décontenancer, imperturbable, impressionner, révolutionner, tranquilliser.

TROUEE: 4 trou* ■ **6** percée.

TROUER: 5 miter ■ **6** percer* ■ **8** perforer ■ **12** emporte-pièces.

TROUILLE: 4 suée.

TROUPE: 3 ost, tas ■ **4** banc, file, gang, guet, raid ■ **5** armée*, bande, bivac, cadre, carré, corps, étape, flanc, front, garde, génie, harde, horde, ligne, masse, mêlée, meute, parti, prise, ramas, revue, ruche, spahi, tabor, tribu, volée ■ **6** clique, convoi, essaim, groupe, légion, milice, nichée, peuple, portée, relais ■ **7** brigade, cohorte, colonne, coterie, décurie, escadre, escorte, harpail, peloton, réserve, section ■ **8** archerie, bouillon, caravane, division, effectif, escadron, garnison, grégaire, harangue, manipule, motorisé, pantenne, pantière, peuplade, phalange, ramassis, régiment*, séquelle, syndicat, troubade, troupeau ■ **9** assemblée, bataillon, campement, cavalerie, centenier, compagnie, confrérie, harpaille, marmaille, mascarade, multitude, quadrille ■ **10** avant-poste, escadrille, flanc-garde, groupement, gueusaille, infanterie, ribambelle, valetaille ■ **11** association, détachement, fourmilière, manutention, soldatesque ■ **12** arrière-garde, attroupement, cantonnement, congrégation ■ **13** agglomération, manu militari, rassemblement.

TROUPEAU: 4 ranz ■ **5** faune, foule, menon, pâtre, tonte ■ **6** manade ■ **7** estiver, pasteur ■ **8** bestiaux, estivage, grégaire, inalpage ■ **11** dépaissance, transhumant ■ **12** transhumance.

TROUPIER: 6 soldat*.

TROUSSE: 5 botte ■ **9** enveloppe ■ **10** nécessaire ■ **14** porte-aiguilles.

TROUSSEAU: 7 layette.

TROUSSE-NEZ: 8 serre-nez.

TROUSSEQUIN: 5 arçon.

TROUSSER: 7 relever ■ **9** troussage.

TROUVAILLE: 4 idée ■ **10** découverte.

TROUVER: 4 être ■ **5** gésir, juger* ■ **6** aviser, goûter, pêcher, penser*, siéger ■ **7** admirer, dégoter, deviner*, éventer, exhumer, figurer, innover, planqué ■ **8** dégotter, dénicher, dépister, déplorer, déterrer, imaginer, ingénier, inventer*, pénétrer, présence, repérer, résoudre, trouveur ■ **9** complaire, découvrir*, dispenser, épiloguer, retrouver, trouvable ■ **10** accommoder, déchiffrer, identifier, improviser, raccrocher, récriminer, rencontrer, rendez-vous, surprendre ■ **11** disparaître, introuvable, représenter.

TROUVERE: 8 trouveur ■ **10** troubadour* ■ **11** minnesanger, minnesinger ■ **12** minnesaenger.

TRUAND: 7 malfrat ■ **8** mendiant ■ **10** truanderie.

TRUBLE: 9 troubleau.

TRUBLION: 15 révolutionnaire.

TRUC: 6 bidule ■ **7** gimmick ■ **8** truqueur ■ **9** trucmuche ■ **10** stratagème ■ **14** wagon-tombereau.

TRUCHEMENT: 10 traducteur ■ **13** intermédiaire.

TRUCIDER: **4** tuer*.
TRUCULENT: **8** farouche.
TRUELLE: **7** couteau ■ **8** truellée.
TRUFFE: **4** pâté ■ **6** terfès ■ **7** terfèze ■ **8** terfesse, truffier, tubéracé ■ **9** truffière ■ **11** tubériforme ■ **13** trufficulture.
TRUFFER: **6** emplir.
TRUIE: **4** porc ■ **5** coche ■ **9** cochonnée, cochonner.
TRUISME: **6** vérité.
TRUITE: **6** saumon ■ **7** touladi ■ **13** truticulture ■ **14** salmoniculture.
TRUITER: **9** marqueter.
TRUQUAGE: **9** truquiste.
TRUQUER: **5** piper ■ **8** bidonner ■ **9** bidonnage, falsifier*.
TRUST: **7** société*, truster ■ **8** trusteur ■ **9** accaparer.
TRUSQUIN: **10** trusquiner ■ **11** troussequin.
TRYBLIDIDE: **9** néopilina.
TRYPANOSOMIASE: **9** hématobie.
TRYPANOSOME: **14** trypanosomiase.
TRYPSINE: **12** trypsinogène.
TSAR: **4** tzar ■ **5** ukase ■ **8** tsarisme ■ **10** tsarévitch, tzarévitch.
TSE-TSE: **8** glossine.
T.S.F.: **5** poste ■ **8** bigrille ■ **10** auto-alarme ■ **11** radiogramme, sans-filiste, sélectivité ■ **13** syntonisation ■ **15** superhétérodyne.
TSIGANE: **3** rom ■ **6** romani ■ **8** manouche.
TU: **4** vous.
TUBAGE: **6** casing.
TUBE: **3** âme ■ **4** cops, fêle, néon ■ **5** anode, cadre, canon, diode, drain, flûte, fusil, jabot, lampe, lance, paroi, rayon, ténia, tuber, tuyau*, verre ■ **6** embout, siphon, triode, tubule ■ **7** ajutage, ampoule, burette, cathode, conduit*, cuvette, fusette, pentode, pipette, queusot, retuber, tâte-vin, tétrode, trachée, venturi, vidicon ■ **8** bigrille, conduite, faisceau, ignitron, jaumière, klystron, penthode, tubicole, tubuleux, tubulure, vaisseau ■ **9** ambulacre, carottier, magnétron, manubrium, multitube, néphridie, œsophage, phanatron, tourillon, serpentin, tubulaire ■ **10** éprouvette, eudiomètre, fistulaire, iconoscope ■ **11** anticathode, capillarité, grille-écran, porte-crayon, vide-ordures ■ **12** bronchoscope ■ **13** pyélonéphrite, trachée-artère, transistorisé ■ **14** multitubulaire, œsophagoscope.
TUBERCULINATION: **12** tuberculiner.
TUBERCULE: **4** taro ■ **5** salep, tacca ■ **6** racine* ■ **7** ulluque ■ **8** féculent, sclérote, tubérisé ■ **9** planteuse ■ **10** arracheuse, décrotteur ■ **11** topinambour ■ **12** pomme de terre, tuberculiser, tubérisation ■ **15** tuberculisation.
TUBERCULEUX: **6** lupome, tubard.
TUBERCULINE: **14** tuberculinique, tuberculiniser ■ **15** tuberculination.
TUBERCULOSE: **3** b.c.g. ■ **5** lupus ■ **7** phtisie ■ **8** coxalgie, galopant, granulie, scrofule, silicose ■ **9** bacillose ■ **10** bacillaire, écrouelles, sanatorium ■ **11** tuberculeux ■ **12** phtisiologie, phtisiologue, pneumothorax, spina-ventosa ■ **13** streptomycine ■ **14** primo-infection, typhobacillose ■ **15** antituberculeux, percuti-réaction, tuberculination.
TUBERISATION: **9** rhizotone ■ **10** rhizoctone ■ **11** rhizoctonie.
TUBEROSITE: **5** bosse* ■ **6** fundus ■ **7** trochin ■ **9** trochiter ■ **10** trochanter.
TUBICOLE: **7** tubifex.
TUBULEUX: **4** tube ■ **11** tubuliflore.
TUBULIDENTE: **10** oryctérope.

TUBULURE : 6 tubule.
T.U.C. : 6 tucard ■ **7** tuciste.
TUE : 6 écrasé.
TUER : 3 tué ■ **5** buter, fatal, noyer, temps, tueur ■ **6** butter, crever, occire, pendre, percer, tuable ■ **7** abatage, abattre*, abréger, achever, décimer, défaire, dégeler, démolir, échiner, égorger, immoler, juguler, lapider, lyncher, saigner, suriner ■ **8** abattoir, ad patres, assommer, attenter, dépêcher, détruire, écorcher, équarrir, étouffer, éventrer, exécuter*, expédier, fusiller, homicide, meurtrir, saigner, suicider, trousser, trucider ■ **9** asphyxier, bousiller, chouriner, décapiter, descendre, entretuer, escoffier, estourbir, étrangler, foudroyer, germicide, massacrer, parricide, phytocide, rectifier, refroidir, sacrifier, supprimer ■ **10** abasourdir, assassiner, exterminer, mitrailler, poignarder, pourfendre, précipiter, ratiboiser, supplicier, zigouiller ■ **11** bactéricide, dégringoler, empoisonner, guillotiner, microbicide, pasteuriser ■ **12** électrocuter, parasiticide.
TUERIE : 7 carnage ■ **8** massacre ■ **10** égorgement.
TUEUR : 5 bravo, séide ■ **6** espada ■ **7** escarpe, sabreur, sicaire ■ **8** assassin*, bourreau, égorgeur, saigneur ■ **9** assommeur, meurtrier* ■ **10** étrangleur, massacreur ■ **11** coupe-jarret, équarisseur, pourfendeur ■ **12** empoisonneur.
TUF : 6 tufier ■ **7** péperin.
TUILE : 4 noue ■ **5** égout, ruche, solin, vason ■ **6** pureau, tuiler ■ **7** bardeau, tuilage, tuileau ■ **8** arêtière, enfaîter, faîtière, tavillon, tuilerie ■ **9** enfaîteau, imbriquer ■ **10** embroncher, mésaventure ■ **12** battellement ■ **13** enchevauchure.
TULLE : 5 ruché ■ **7** tullier ■ **8** dentelle, tullerie, tulliste, voilette.
TUMEFACTION : 6 hernie ■ **8** tuméfier ■ **10** tumescence.
TUMEFIE : 5 enflé ■ **6** gonflé*.
TUMESCENT : 10 tumescence.
TUMEUR : 3 fic ■ **5** abcès, bubon, dépôt, jarde, kyste, loupe, myome, nodus, poche, suros, tanne ■ **6** cancer, éponge, épulie, épulis, fungus, gliome, goitre, jardon, javart, lipome, nævus, œdème, polype, strema, ulcère*, verrue ■ **7** adénite, adénome, ampoule, angiome, anthrax, capelet, chalaze, enflure, éparvin, épervin, épulide, ésulide, fibrome, flegmon, invasif, léprome, myélome, orgelet, osselet, ostéome, pustule, sarcome, squirre, tumoral ■ **8** apostème, apostume, chéloïde, énostose, exostose, fécalome, furoncle, grosseur, lymphome, mélanome, mycétome, nodosité, sarcoïde, séminome, squirrhe, stéatome, vessigon, xanthome ■ **9** anévrisme, cancroïde, carcinome, chondrome, granulome, léiomyome, molluscum, néoplasie, neurinome, papillome, tubercule ■ **10** carcinoïde, fibromyome, induration, méningiome, staphylome, tubérosité, varicocèle ■ **11** enchondrome, épithélioma, épithéliome, évolutivité, granulation, turgescence ■ **12** détumescence, endométriose, excroissance, intumescence, ostéosarcome, pseudotumeur ■ **13** grenouillette ■ **14** adénocarcinome, chondrosarcome.
TUMORAL : 11 dysembryome.
TUMULAIRE : 9 columelle.
TUMULTE : 4 foin ■ **5** bruit*, cohue, foire, orage, train ■ **6** chahut, tapage* ■ **7** bagarre, ouragan ■ **8** baroufle, brouhaha, hourvari ■ **9** chabanais, charivari ■ **10** cacophonie, tumultueux ■ **12** attroupement ■ **15** tumultueusement.
TUMULTUEUX : 7 orageux ■ **9** turbulent.
TUMULUS : 5 cairn ■ **6** galgal.
TUNER : 11 syntoniseur.

TUNGSTENE : **5** flood ■ **7** wolfram ■ **8** platinée, stellite ■ **9** partinium, tungstate ■ **10** tungstique.
TUNICIER : **5** salpe ■ **7** ascidie ■ **8** procordé ■ **9** amphioxus ■ **10** protocordé ■ **14** appendiculaire.
TUNIQUE : **5** éphod ■ **6** bliaud, chiton, kimono ■ **7** tuniqué ■ **10** dalmatique ■ **12** angusticlave.
TUNISIE : **6** boukha.
TUNISIEN : **3** kef ■ **5** arabe ■ **6** mechta.
TUNISIENNE : **6** tagine, taline.
TUNNEL : **9** tunnelier ■ **10** souterrain.
TURBAN : **6** chèche ■ **10** enturbanné.
TURBELLARIE : **8** planaire.
TURBIDITE : **10** turbimètre.
TURBINE : **4** aube ■ **5** rotor ■ **6** pelton, stator ■ **7** ailette ■ **8** turbiner ■ **9** rotruenge, turbinage ■ **11** turboforage, turbomoteur ■ **13** turboréacteur ■ **15** turbopropulseur.
TURBINER : **9** turbinage.
TURBOCOMPRESSEUR : **5** turbo ■ **14** turbocompressé.
TURBOT : **8** turbotin ■ **10** turbotière.
TURBULENT : **3** dur ■ **4** jo-jo, sage ■ **5** calme ■ **7** dissipé ■ **8** brise-fer, pétulant ■ **9** trépidant ■ **10** tumultueux, turbulence.
TURC : **4** émir, para, raia, reis ■ **5** divan, pacha, pilaf, pilau, pilaw, rayia, spahi, tatar, uhlan ■ **6** efendi ■ **7** cafetan, ottoman, vilayet, yatagan ■ **8** moussaka, tarbouch ■ **9** croissant, padichah, rcharchaf, tarbouche, tcharcharf ■ **10** janissaire, turcophile ■ **12** bachi-bouzouk ■ **14** ouralo-altaïque.
TURDIDE : **5** cincle, grive, merle, shama ■ **6** tourde ■ **7** litorne, merleau, moqueur ■ **8** merlette, rubiette ■ **9** philomèle, rossignol ■ **10** rouge-gorge, rouge-queue ■ **11** vendangette.
TURGESCENCE : **10** gonflement, turgescent.
TURIN : **8** turinois.
TURLUPIN : **7** bouffon* ■ **10** turlupiner ■ **11** turlupinade.
TURLUTAINE : **5** manie.
TURPIN : **8** mélinite.
TURPITUDE : **5** honte*.
TURQUE : **5** azéri, uzbek ■ **6** kazakh, ouzbek ■ **7** kirghiz, osmanli ■ **10** turcophone ■ **14** azerbaïdjanais.
TURQUIE : **7** chibouk ■ **9** chibouque.
TUSSILAGE : **7** pas-d'âne.
TUSSOR : **6** tussah, tussau.
TUTELLE : **6** baillie ■ **8** auspices, cotuteur ■ **9** autonomie, émanciper, tutélaire ■ **10** dévolution, protecteur, protection* ■ **11** pupillarité.
TUTEUR : **4** bail, rame ■ **5** baile, bayle ■ **7** tutorat ■ **8** cotuteur, tuteurer ■ **9** protuteur, tuteurage.
TUTOYER : **8** tutoyeur ■ **10** tutoiement.
TUTTI : **10** concertino.
TUYAU : **4** buse, pipe, tube* ■ **5** canal, drain, durit, lance, orgue, plomb, plume, pomme, pompe, prise ■ **6** canule, godron, pédale ■ **7** ajutage, conduit*, poterie ■ **8** boisseau, brise-jet, capuchon, conduite, descente, papillon, tuyauter ■ **9** chalumeau, cornemuse, porte-vent, sarbacane, serpentin, tuyautage, tuyauteur ■ **10** collecteur, crapaudine, détartrage, dévoiement, fume-cigare, gargouille, tournevent, tuyauterie ■ **13** fume-cigarette.
TUYAUTER : **9** cisailler, tuyautage.
TUYERE : **13** pulsoréacteur, statoréacteur.

TWIST : 7 twister.
TYMPAN : 7 oreille*, platine ■ **8** blanchet, tympanal ■ **10** tympanique ■ **14** tympanoplastie.
TYMPANISER : 8 malmener ■ **9** divulguer.
TYMPANON : 10 psaltérion.
TYPE : 3 gus, ska, zig ■ **4** crac, idée, typé ■ **5** beauf, fonte, gille, gonze, gusse, luron, norme, série, suidé, zigue ■ **6** espèce, modèle*, police ■ **7** marconi ■ **8** fast-food, original, parangon, personne*, standard ■ **9** caractère, culbuteur, plastique ■ **10** chicanneau, proverbial ■ **11** monogénisme, polygénisme.
TYPHACEE : 8 massette ■ **10** sparganier ■ **12** roseau-massue.
TYPHOÏDE : 3 t.a.b. ■ **5** t.a.b.d.t. ■ **8** typhique ■ **11** typhoïdique, typhotoxine ■ **14** typhobacillose ■ **15** chloramphénicol.
TYPHON : 10 bourrasque*.
TYPHUS : 8 typhique ■ **12** rickettsiose, spirochétose.
TYPIQUE : 5 idéal ■ **11** typiquement ■ **15** caractéristique.
TYPOGRAPHE : 5 prote ■ **6** leveur ■ **8** imposeur, réviseur ■ **9** corrigeur ■ **10** composteur ■ **11** compositeur, maquettiste.
TYPOGRAPHIE : 5 forme, lever ■ **6** cicéro, verset ■ **7** elzévir, fleuron ■ **8** deleatur, logotype ■ **9** surcharge ■ **10** astérisque, composeuse ■ **11** chromotypie, galvanotype ■ **12** photogravure ■ **13** typographique.
TYPOGRAPHIQUE : 4 pica ■ **11** esperluette.
TYPOLOGIE : 11 typoligique ■ **12** biotypologie.
TYRAN : 5 cruel ■ **7** despote, satrape ■ **9** autocrate, dictateur, draconien, polycrate, tyranneau ■ **10** despotique, usurpateur ■ **11** persécuteur, tyrannicide.
TYRANNIE : 5 sacre ■ **6** empire ■ **7** pouvoir ■ **9** dictature, influence ■ **10** autocratie, despotisme, oppression, tyrannique, usurpation ■ **11** absolutisme, intolérance, persécution ■ **12** proscription ■ **13** illibéralisme.
TYRANNIQUE : 14 tyranniquement.
TYRANNISER : 7 usurper ■ **8** asservir, opprimer* ■ **9** comprimer, proscrire ■ **10** persécuter*.
TYROLIEN : 8 romanche ■ **9** réto-roman ■ **10** rhéto-roman, tyrolienne.
TYROSINE : 7 histone ■ **10** tyrosinase.
TZIGANE : 7 zingaro ■ **8** bohémien* ■ **10** romanichel.

U

UBAC : 5 adret ■ 6 ombrée.
UKASE : 4 édit ■ 6 oukase ■ 12 commandement.
ULCERATION : 5 aphte ■ 6 ulcère* ■ 7 cautère ■ 8 exutoire ■ 9 syphilide, ulcératif ■ 12 exulcération.
ULCERE : 5 abcès, ladre, loupe, ozène, phyme, sanie ■ 6 cancer, tumeur* ■ 7 anthrax, chancre, charbon, panaris, pustule, squirre ■ 8 apostume, exutoire, fourchet, gangrène, malandre, ulcéreux ■ 9 ulcéroïde ■ 10 ulcération ■ 12 antiulcéreux, phagédénisme.
ULCERER : 7 blesser*.
ULCEREUX : 9 cancroïde.
U.L.M. : 7 ulmiste.
ULMACEE : 4 orme ■ 11 micocoulier.
ULTERIEUR : 7 suivant ■ 8 proroger ■ 9 antérieur, après-coup ■ 10 postérieur* ■ 11 ajournement.
ULTIMATUM : 12 commandement*.
ULTIME : 7 dernier*.
ULTRA : 9 activiste.
ULTRABASIQUE : 10 kimberlite, péridotite.
ULTRALEGER : 10 deltaplane.
ULTRAMONTAINE : 15 ultramontanisme.
ULTRASON : 11 ultrasonore ■ 12 ultrasonique.
ULTRAVIOLET : 2 u.v. ■ 14 actinothérapie.
ULTRA-VIRUS : 10 myxomatose.
ULULER : 5 crier ■ 5 hululer.
UN : 3 nul ■ 4 seul* ■ 5 aucun, reste, unité ■ 6 unique* ■ 7 certain, unanime ■ 8 monandre, yearling ■ 10 monovalent, unilatéral, uninominal, unipolaire ■ 12 uniloculaire.
UNANIMITE : 6 chorus ■ 10 unanimisme ■ 11 unanimement.
UNGUEAL : 8 pédicure.
UNI : 3 mat, ras ■ 4 égal*, lien, plan*, plat*, poli* ■ 5 agnat, allié, aplat, arasé, cadre, énodé, joint, lisse, marié, ouvré, paire, patin, pique, plain, polir*, satin, sedan, serge ■ 6 énervé, glabre, unitif ■ 7 égalité, mutique, unifier ■ 8 cohérent, conjoint, égaliser, uniforme ■ 9 confédéré, esplanade, inégalité ■ 10 enclitique ■ 11 inséparable ■ 13 subordination.
UNICELLULAIRE : 5 amibe, spore ■ 6 levure ■ 8 diatomée, protiste, rhizoïde ■ 9 volvocale ■ 10 procaryote, protocoque, protophyte ■ 11 protococcus, protozoaire ■ 12 chrysophycée, xanthophycée ■ 13 clamydomonas, protococcale ■ 14 chrysomonadale.
UNIFIER : 11 unificateur, unification ■ 13 normalisation.

UNIFORME : **4** égal*, plat* ■ **5** règle, tenue ■ **8** homogène, monotone, vêtement* ■ **9** ceinturon, cocardier, monocorde ■ **10** irrégulier, uniformité ■ **12** uniformément ■ **14** isochromatique.
UNIFORMEMENT : **13** régulièrement.
UNIFORMISER : **12** standardiser ■ **14** uniformisation.
UNIFORMITE : **7** égalité* ■ **9** monotonie ■ **10** consonance.
UNILATERAL : **12** confirmation ■ **15** unilatéralement.
UNILINEAIRE : **12** matrilignage.
UNIMENT : **3** net ■ **10** simplement.
UNION : **3** ars ■ **4** bloc, paix ■ **5** hymen, ligue, parti, trait ■ **6** accord*, isolat ■ **7** concert, entente, inceste, liaison*, mariage*, rapport, société, trinité ■ **8** adhésion, alliance, conjugal, ensemble, jonction, légitime, syndicat ■ **9** adhérence, coalition, cohérence, collusion, communion, connexion, unionisme ■ **10** apposition, complicité, fédération ■ **11** coalescence, combinaison, concubinage, fécondation, incarnation, œcuménisme, panarabisme ■ **12** intelligence, panislamisme ■ **13** confédération, conjugalement, rapprochement ■ **14** polymérisation, sécessionnaire ■ **15** autofécondation.
UNIPERSONNEL : **5** verbe.
UNIQUE : **2** un* ■ **4** rare, seul* ■ **5** isolé, paire ■ **6** phénix, simple ■ **7** bizarre, unicité ■ **8** efficace, exclusif, fréquent, tangence ■ **9** monophasé, monostyle, singulier ■ **10** individuel, multimètre, pluralisme ■ **11** monogénisme, particulier* ■ **12** interclasser, monopartisme.
UNIQUEMENT : **8** purement ■ **9** seulement ■ **10** simplement ■ **13** exclusivement.
UNIR : **2** qu ■ **3** que ■ **4** lier* ■ **5** matir, mêler*, polir*, raser ■ **6** allier, araser, liguer, lisser, planer, racler, relier, ribler, souder ■ **7** aplanir, aplatir, dresser, fédérer, joindre*, niveler, rallier ■ **8** associer*, clavette, coaliser, conjurer, égaliser, incarner, jonction, ratisser, syncoper ■ **9** accoupler, amalgamer, assembler*, confédérer, conjuguer, copulatif ■ **10** conjoindre, conjonctif, rapprocher ■ **11** enchevêtrer, solidariser.
UNISEXUE : **8** monoïque.
UNIT : **7** cohésif.
UNITARISME : **8** unitaire ■ **12** socinianisme.
UNITE *(voir monnaie) :* **2** as, cv, pz, rd, un, u.v. ■ **3** are, bar, bel bit, cgs, dao, erg, gal, lei, leu, lev, lew, lux, mts, ohm, rem, rhé, tex, ton, u.e.r., u.f.r., var, yen ■ **4** barn, baud, dyne, mark, m.k.s.a., octa, phot, pica, sone, tael, torr, volt, watt ■ **5** barye, belga, carat, canon, codon, cuber, curie, débit, debye, degré, demie, dinar, droit, farad, fermi, franc, gauss, grade, henry, hertz, joule, lexie, litre, livre, louis, lumen, mètre, mille, nœud, obole, ounce, peser, phone, pièce, pièze, point, poise, quart, sinus, sonie, stère, taxon, taxum, tesla, toman, tonne, train, weber, zloty ■ **6** ampère, bougie, brasse, cicéro, groupe, légion, mégohm, module, newton, nombre, parsec, pascal, phanie, radian, sthène, stokes ■ **7** blondel, candela, coulomb, décitex, drachme, maxwell, microhm, néphron, oersted, peloton, quintal, section, siemens, sievert, système, tonneau, unifier ■ **8** batterie, centurie, combinat, dioptrie, ensemble, escadron, frigorie, grammage, homogène, kilovolt, kilowatt, longueur, magnéton, métamètre, millibar, ohmmètre, parcelle, poncelet, quadrant, régiment, roentgen, ternaire, unitaire, varheure ■ **9** angstrœm, arianisme, bataillon, compagnie, échevette, hectowatt, hipparque, kilocycle, kilofranc, kilojoule, kilomètre, kilotonne, mégatonne, millivolt, stéradian, volumique, wattheure ■ **10** ampère-tour, atmosphère, horse-power, kilogramme, mi-

crofarad, voltampère ■ **11** hectopascal, kilocalorie, microampère, milliampère, millimicron, mondialisme ■ **12** anharmonique, antiunitaire, cheval-vapeur, électronvolt, enrégimenter, microseconde ■ **13** fractionnisme, kilogrammètre ■ **14** panafricanisme ■ **15** kilogramme-force, kilogramme-poids.

UNITE MONETAIRE: **3** kip, lek, won ■ **4** baht, birr, cédi, dông, inti, kyat, mark, rand, rial, riel, yuan ■ **5** colon, naira, riyal, sucre, zaïre ■ **6** balboa, gourde, markha, shekel ■ **7** afghani, cordoba, lempira, metical, ouguiya, quetzal, ringgit ■ **8** C.F.A. franc, cruzeiro ■ **9** boliviano.

UNIVALENT: **6** alkyle ■ **7** acétyle, benzyle ■ **8** benzoyle, stéaryle ■ **9** aminogène, carboxyde, nitrosyle ■ **10** monovalent.

UNIVERS: **4** dieu ■ **5** monde*, taiji, t'ai-ki ■ **6** cosmos, nature* ■ **7** big bang ■ **8** atomisme, cosmique, création ■ **9** continuum, finalisme, monadisme ■ **10** cosmogonie, cosmologie, macrocosme, microcosme ■ **11** métagalaxie, monadologie ■ **12** cosmographie, égocentrique ■ **13** universalisme.

UNIVERSALITE: **4** tous, tout ■ **8** ubiquité ■ **10** généralité, panthéisme ■ **11** omniscience ■ **12** encyclopédie ■ **14** cosmopolitisme.

UNIVERSEL: **5** adage ■ **6** commun ■ **7** général, mondial, volapük ■ **8** piétisme ■ **11** œcuménique, omniscience ■ **12** physiocratie ■ **13** universaliser, universalisme ■ **14** encyclopédique ■ **15** universellement.

UNIVERSELLE: **6** dharma.

UNIVERSITAIRE: **3** c.h.u., i.u.t. ■ **7** licence ■ **8** académie ■ **9** parchemin ■ **12** baccalauréat, honoris causa ■ **14** situationnisme.

UNIVERSITE: **3** fac ■ **4** aula ■ **5** école ■ **7** collège, faculté, madrasa, medersa, recteur ■ **8** académie, étudiant ■ **11** vice-recteur ■ **13** universitaire.

UNIVOQUE: **9** univocité.

UNTEL: **10** tartempion.

UPERISATION: **8** upériser.

URANIUM: **5** urane ■ **7** uraneux, uranite ■ **8** autunite ■ **10** pechblende, thorianite.

URBAIN: **3** p.m.u. ■ **4** cité ■ **6** insula ■ **7** autobus, citadin ■ **9** urbaniser ■ **10** technopole ■ **12** urbanisation ■ **14** ville-satellite.

URBAINE: **8** mégapole ■ **10** mégalopole ■ **11** mégalopolis.

URBANISME: **6** zoning ■ **12** urbanistique.

URBANITE: **8** civilité ■ **9** politesse* ■ **10** affabilité.

UREDINALE: **7** rouille ■ **8** puccinie, urédinée.

UREE: **6** uréide, urémie ■ **8** azotémie, thio-urée ■ **11** aminoplaste.

URETERE: **7** urétral ■ **8** cathéter, prostate, urétrite ■ **9** urétérite ■ **10** épispadias ■ **13** urétérostomie.

URGENCE: **4** s.a.m.u. ■ **8** écoutant.

URGENT: **6** pressé ■ **7** premier, urgence ■ **8** pressant.

URINAIRE: **7** anurèse, uva-ursi ■ **8** nycturie, urologie ■ **9** calciurie, clearance, hématurie, ondinisme ■ **10** exstrophie, urographie ■ **11** entéro-rénal ■ **12** antilithique ■ **14** génito-urinaire.

URINE: **3** eau ■ **4** pipi, rein, urée ■ **5** pisse, purin ■ **6** pissat, pyurie ■ **7** diurèse, dysurée, pisseux, uretère, urineux ■ **8** azoturie, cholurie, énurésie, oligurie, uromètre ■ **9** cétonurie, compisser, uréomètre, urinifère, urobiline, urokinase ■ **10** acétonurie, ammoniure, bacillurie, glycosurie, hippurique ■ **11** albuminurie, pollakiurie, protéinurie ■ **12** incontinence, phosphaturie, urobilinurie, vasopressine ■ **13** hydronéphrose ■ **14** antidiurétique, hémoglobinurie.

URINER: **6** pisser ■ **7** évacuer, miction, urinoir ■ **8** pissoter ■ **9** compis-

ser ■ **10** diurétique ■ **11** pissouiller.
URINOIR: **7** pissoir ■ **10** pissotière ■ **11** vespasienne.
URIQUE: **5** urate ■ **8** uricémie.
URNE: **4** vase* ■ **7** ascidie ■ **8** opercule, sporange ■ **9** péristome.
UROBILINE: **12** urobilinurie.
URODELE: **6** protée, triton ■ **7** axolotl ■ **10** amblystome, salamandre.
UROLAGNIE: **9** ondinisme.
UROPODE: **13** patte-nageoire.
URSIDE: **4** ours ■ **5** panda.
U.R.S.S.: **10** tchernozem ■ **11** tchernoziom ■ **14** antisoviétique.
URTICACEE: **5** ortie, ramie ■ **6** mûrier ■ **10** pariétaire ■ **11** casse-pierre ■ **13** perce-muraille.
URTICAIRE: **7** quincke.
URTICANT: **11** nématocyste.
URUGUAY: **9** uruguayen.
US: **8** habitude*.
USAGE: **2** us ■ **3** usé ■ **4** frai, indu, mode, muet, nase, naze, saie, saye, taux, user, waqf ■ **5** débit, forme, jouir, linge, niais, oisif, ordre, orgue, règle*, samit, tabou, thèse, turbe, usité, usure, vieil, vieux, vivre ■ **6** drogué, emploi*, maxime, mœurs, parère ■ **7** coutume, défonce, dépense, étrenne, formule, jetable, mésuser, naturel, ribouis, service, suranné ■ **8** affecter, autonyme, commodat, culotter, débauche, disposer, employer, estropié, étourdir, folklore, fongible, habitude*, insolite, non-usage, obsolète, pratique, profaner, urbanité ■ **9** civilités, classique, consommer, démutiser, ergotisme, estropier, fraîcheur, garde-robe, gibecière, mondanité, ordinaire, pratiquer, profitant, tradition, ustensile, vaisselle ■ **10** bienséance, cérémonial, jouissance, passe-droit, quincaille ■ **11** affectation, conformisme, savoir-vivre, usufruitier, utilisateur, vespasienne ■ **12** consommation, mégalithisme, parisianisme, prostitution, traditionnel ■ **13** bicarburation, fréquentation, pharmacomanie, vulgarisateur ■ **14** électroménager, extraordinaire, nu-propriétaire, surmédicaliser ■ **15** anticonformisme.
USAGER: **10** pancartage.
USANCE: **8** habitude*.
USE: **3** las, mûr ■ **4** fané, fini, gâté, limé, râpé, rodé ■ **5** abîmé, éculé, élimé, mangé, percé, ragué, rongé, terne, troué, usagé, usant, vieil, vieux ■ **6** achevé, avachi, fruste, pourri ■ **7** déchiré, déformé, délabré, éraillé, fatigué, fringue, rebattu, vétuste, vieilli ■ **8** attrition, vermoulu ■ **9** détérioré ■ **11** cache-misère, souquenille.
USER: **5** émeri, râper, roder, usité ■ **6** abîmer*, abuser, araser, élimer, mettre, meuler, raguer, ronger, servir* ■ **7** abraser, biaiser, épuiser, mesurer, tutoyer ■ **8** coqueter, disposer, employer*, épointer, érailler, finasser, inusable, utiliser* ■ **9** consommer, oblitérer, propriété, trafiquer ■ **10** équivoquer ■ **12** maquignonnage.
USINAGE: **8** taillage ■ **9** réalésage ■ **10** automation, étincelage, mortaisage ■ **12** fluo-tournage.
USINE: **5** boîte, forge ■ **7** atelier, rizerie, scierie, usinier ■ **8** centrale, dépotoir, fabrique*, fonderie, hercheur, maïserie, verrerie ■ **9** chaufferie, industrie*, plâtrerie, portillon ■ **10** aluminerie, bleueterie, préfabriqué, semoulerie ■ **11** manufacture ■ **12** bouteillerie, cartoucherie, manufacturer ■ **13** établissement.
USINER: **7** galeter ■ **9** charioter ■ **11** usinabilité.
USTENSILE: **4** gril, râpe ■ **5** cabas, casse, chope, écope, engin, outil*, poêle ■ **6** brosse ■ **7** bassine, brûloir, cuiller, huilier, plumeau, ré-

chaud, trépied ■ 8 amorçoir, arrosoir, couloire, cuillère, fourneau, gaufrier, lanterne, moussoir, œufrier, passoire, pincette, pocheuse, toasteur, turlutte ■ 9 calebasse, égouttoir, entonnoir, poivrière, tourtière ■ 10 argenterie, coquetière, dégorgeoir, dinanderie, fourchette, instrument, lèchefrite, quincaille, rôtissoire ■ 11 essuie-plume, masticateur, presse-purée ■ 12 poissonnière, porte-couteau, presse-viande ■ 15 porte-parapluies.

USTILAGINALE : 5 carie ■ 7 charbon.

USUEL : 4 reçu ■ 5 admis, banal ■ 6 commun ■ 7 courant, inusuel ■ 8 habituel* ■ 9 coutumier, ordinaire ■ 10 allopathie ■ 11 usuellement ■ 12 traditionnel.

USUFRUIT : 8 commende ■ 10 incorporel, jouissance ■ 11 usufruitier ■ 12 nue-propriété ■ 13 usufructuaire ■ 14 nu-propriétaire.

USURE : 5 usage ■ 7 érosion, intérêt, usurier ■ 8 usuraire ■ 9 corrosion, éraillure ■ 10 pourriture ■ 11 ovalisation ■ 12 usurairement ■ 13 avachissement.

USURIER : 4 juif ■ 5 arabe ■ 7 lombard, prêteur*, vautour ■ 8 tire-sous ■ 12 fesse-mathieu.

USURPATEUR : 5 titre, tyran.

USURPATION : 11 empiètement, usurpatoire.

USURPER : 5 voler* ■ 7 arroger, envahir, occuper, plagier, prendre* ■ 8 attenter, déborder, empiéter, enjamber ■ 9 anticiper, attribuer ■ 10 approprier, usurpateur, usurpation ■ 11 contrefaire ■ 12 entreprendre.

UTERIN : 7 lochies ■ 12 anovulatoire.

UTERINE : 12 amniocentèse.

UTERUS : 5 vagin ■ 6 utérin ■ 7 caduque, in utero, matrice, métrite, œstrus ■ 8 annexite, placenta ■ 9 cervicite, endomètre, gravidité, ocytocine ■ 10 césarienne, salpingite ■ 11 colposcopie, endométrite, extra-utérin, intra-utérin, métrorragie ■ 12 endométriose, hystéromètre, rétroversion ■ 14 hystérographie, stomatoplastie.

UTILE : 3 bon ■ 4 bien ■ 5 ordre, riche, usuel ■ 6 fécond ■ 7 commode, secours ■ 8 convenir, efficace*, précieux, profiter ■ 9 expédient, fructueux, important, provision, salutaire, utilement ■ 10 avantageux, convenable, nécessaire, profitable, utilitaire ■ 11 infructueux ■ 13 indispensable.

UTILISABLE : 9 convivial.

UTILISATEUR : 7 cibiste ■ 9 progiciel ■ 11 minitéliste.

UTILISATION : 4 abus ■ 7 dépense, serveur ■ 9 déstocker, nutrition, thermique ■ 10 défilement, durabilité, optronique, privatique, proxémique, treuillage ■ 11 océanologie ■ 12 banalisation, exploitation, multifenêtre, pictographie, solarisation ■ 13 cryotechnique, gammothérapie, mécanographie, onirothérapie, signalisation ■ 14 musicothérapie, post-combustion ■ 15 climatothérapie, électrification.

UTILISE : 7 bitonal ■ 8 argotier ■ 9 binominal ■ 10 multimédia.

UTILISER : 4 user*, usus ■ 5 veine ■ 6 émuler, servir* ■ 7 appuyer, défiler, obliger ■ 9 consommer, exploiter, inutilisé, palanquer ■ 10 adjectiver, bénéficier, médiatiser, réutiliser, utilisable ■ 11 multilingue, utilisation ■ 12 adjectiviser, inutilisable, registration, réutilisable, sous-utiliser ■ 14 inopposabilité.

UTILITE : 3 t.u.c. ■ 4 aide ■ 6 profit ■ 7 service ■ 8 avantage, bienfait, fonction ■ 9 commodité, dolorisme, inutilité, non-valeur, paperasse ■ 10 convenance, utilitaire ■ 11 heuristique ■ 14 désidérabilité.

UTOPIE : 4 rêve* ■ 5 roman ■ 7 chimère ■ 8 illusion, utopique, utopisme ■ 9 idéalisme ■ 10 imaginaire.

UTRICULE : 10 utriculeux ■ 11 utriculaire.

V

VACANCE: **11** juilletiste.
VACANCES: **5** congé ■ **7** vacuité ■ **9** vacancier, vacations ■ **11** camerlingue.
VACANT: **4** vide ■ **5** libre, vague ■ **8** inoccupé.
VACARME: **6** boucan, chahut, raffut, ramdam, tapage* ■ **8** chahuter, chambard, hourvari ■ **9** sarabande.
VACATIONS: **8** vacances ■ **11** rétribution.
VACCIN: **3** bcg, t.a.b. ■ **4** rage ■ **5** t.a.b.d.t. ■ **8** inoculer, vaccinal, vacciner ■ **9** jennérien, vaccinide ■ **10** antiamaril, autovaccin, lipovaccin, vaccinelle ■ **11** inoculation, vaccination, vaccinifère, vaccinogène ■ **12** entérovaccin ■ **13** variolisation ■ **15** sérovaccination, vaccinothérapie.
VACCINATION: **9** vaccinide.
VACCINE: **5** sérum ■ **6** cow-pox ■ **8** vaccinal ■ **10** vaccinoïde ■ **11** vaccinateur.
VACCINER: **8** inoculer ■ **10** revacciner, vaccinable ■ **11** vaccination ■ **12** vaccinostyle.
VACHE: **3** fic, pis ■ **4** ajut, ranz, veau ■ **5** ajust, bouse, taure, vêler ■ **6** étable ■ **7** génisse, rigotte, vaccine ■ **8** amouille, vacherie, vachette, vêtement ■ **9** vitulaire ■ **10** beuglement, mollèterie ■ **11** amouillante ■ **12** soumaintrain ■ **13** saint-nectaire ■ **14** saint-florentin, saint-marcellin.
VACILLER: **7** tanguer, tituber ■ **8** chavirer, trembler ■ **9** chanceler ■ **10** papilloter, titubation, trembloter ■ **11** vacillation, vacillement.
VACUITE: **8** vacances.
VACUOLE: **7** vacuome ■ **8** andésite ■ **10** pinocytose, vacuolaire ■ **11** cystoplasme.
VADROUILLE: **11** vadrouiller ■ **12** vadrouilleur.
VAGABOND: **5** clodo ■ **6** clocho, comète, errant, nomade*, rôdeur, truand ■ **8** bohémien, clochard, galapiat, mendiant*, polisson ■ **9** chemineau, itinérant, malandrin, misérable*, va-nu-pieds ■ **10** camp-volant, galvaudeux, romanichel, trimardeur.
VAGABONDER: **5** errer* ■ **9** galvauder, trimarder.
VAGAL: **9** vagotonie ■ **11** vagotonique.
VAGIN: **7** vaginal ■ **9** colpocèle, vaginisme ■ **11** culdoscopie.
VAGOTONIE: **11** vagotonique.
VAGUE: **4** flot, flou, lame, môle, onde ■ **5** ondée, on-dit, vagal ■ **6** confus, évasif, obscur*, postes, timide, usages, vacant ■ **7** général,

indécis*, nuageux ■ **8** déferler, imprécis*, indéfini, vaporeux ■ **9** embarquer, incertain, vagotomie, vaguement ■ **10** raz-de-marée, vaguelette ■ **11** indéterminé, vagolytique ■ **12** appréhension, cristalliser, mélancolique, réminiscence ■ **13** pressentiment.
VAGUEMENT: **13** lointainement.
VAGUER: **5** errer*, vague ■ **10** traînasser, vagabonder.
VAIGRE: **8** vaigrage.
VAILLANCE: **7** courage* ■ **8** bravoure* ■ **9** chèrement ■ **11** vaillamment, vaillantise.
VAILLANT: **5** brave*, preux ■ **9** valeureux.
VAIN: **4** paon ■ **5** enflé, fumée, songe ■ **6** futile, neutre, oiseux, propos ■ **7** frivole, inutile*, stérile* ■ **8** futilité*, vaniteux* ■ **9** important ■ **10** inefficace ■ **11** boursoufler, improductif, infructueux, surabondant ■ **13** calembredaine, mystification.
VAINCRE: **5** mater ■ **6** battre, brider, gagner*, primer, rosser, rouler ■ **7** abattre, brasser, brosser, chasser, crosser, défaire, dominer*, dompter*, dresser, échouer, écraser, évincer, reculer, tailler ■ **8** abaisser, accabler, anéantir, asservir, culbuter, désarmer, détruire, emporter, enfoncer, éreinter, étriller, régenter ■ **9** assouplir, confondre, conquérir, déconfire, disperser, maîtriser*, paralyser, repousser, soumettre, subjuguer, surmonter, surpasser, terrasser, triompher ■ **10** invincible, pulvériser, supplanter ■ **11** apprivoiser, désarçonner ■ **13** décontenancer.
VAINCU: **4** joug ■ **5** merci ■ **6** écrasé ■ **7** conquis, culbuté, enfoncé, gagnant ■ **8** invaincu ■ **10** victorieux.
VAINQUEUR: **4** prix ■ **7** gagnant ■ **8** champion ■ **10** victorieux.
VAIR: **4** tire ■ **5** vairé.
VAISSEAU: **3** nef ■ **4** rang ■ **5** aorte, armer, aviso, borda, canal, chyle, fanal, lacté, ligne, naval, poupe, sinus, taret, veine, voile ■ **6** artère, bateau*, birème, cordon, dromon, navire*, ponton, trière ■ **7** angéite, angiite, angiome, embolie, escorte, matelot, tonneau, trachée, trirème, valvule ■ **8** aumônier, bannière, bâtiment*, jaumière, thrombus ■ **9** capitaine, caravelle, coronaire, croisière, glomérule, récipient, serre-file, thrombose, trachéide, vasculeux ■ **10** hémorragie, vasculaire, vaso-moteur ■ **11** angiectasie, église-halle, orthodromie, vascularisé ■ **12** angiographie, galactophore, lymphangiome, vasopressine ■ **13** forcipressure, lymphographie ■ **14** télangiectasie, vasculo-nerveux, vaso-dilatateur, vaso-dilatation ■ **15** vascularisation.
VAISSELLE: **4** plat ■ **5** évier, plomb ■ **7** poterie, salière, service ■ **8** assiette, dressoir, plongeur, servante ■ **9** grosserie, tête-à-tête ■ **10** argenterie, vaisselier.
VAL: **6** vallée*.
VALABLE: **6** périmé, valide ■ **7** valider ■ **8** validité ■ **9** entériner, universel ■ **10** admissible ■ **11** valablement, validement.
VALACHIE: **7** valaque.
VALAIS: **4** dôle ■ **8** valaisan.
VALENCE: **7** faraday ■ **8** bivalent ■ **9** trivalent, univalent ■ **10** monovalent, polyvalent ■ **11** plurivalent, valentinois ■ **12** quadrivalent.
VALENCIENNES: **13** valenciennois.
VALERIANACEE: **4** nard ■ **5** mâche ■ **8** doucette ■ **9** valériane ■ **12** valérianelle ■ **13** herbe-aux-chats, nardostachyde.
VALERIANE: **9** valérique ■ **11** valérianate ■ **12** valérianique ■ **13** herbe-aux-chats.
VALET: **5** louée ■ **6** goujat, larbin, varlet ■ **7** laquais, pasquin, piqueur ■ **8** équipage, estafier ■ **9** serviteur* ■ **10** domestique*, valetaille.

VALETUDINAIRE: **7** maladif.
VALEUR: **2** u.v. ■ **3** nul, t.v.a., vil ■ **4** bien, cote, fétu, note, pair, pile, prix*, tare, vain, zéro ■ **5** banco, chêne, coter, cours, effet, lieue, livre, mince, navet, petit, point, poser, prime, rebut, rompu, tenue, titre, trust, value, zeste, zigue ■ **6** classe, insert, mérite*, niveau, patard, piètre, portée, puéril ■ **7** babiole, capital, chiffre, courage, demi-vie, maximum, modique, nullard, pendage, qualité*, quelque, reconnu, valable, wergeld ■ **8** affutiau, capacité, constant, dépriser, dévaluer, égotisme, encaisse, extrémal, faribole, fifrelin, foutaise, garantir, gnognote, hors-cote, indiciel, longueur, médiocre, merdique, modicité, mort-bois, pondérer, sapiteur, solution ■ **9** aberrance, ad valorem, amplitude, axiologie, constante, décrément, déprécier, incompris, intensité, maximiser, misérable, nominatif, paltoquet, paperasse, pitoyable, plus-value, remettant, valoriser, variation, visagisme ■ **10** brimborion, couverture, détracteur, équivalent, équivaloir, estimateur, évaluateur, évaluation, exploitant, fiduciaire, inexistant, lactomètre, malheureux, mésestimer, moins-value, péjoration, pluviosité, quelconque, surligneur, trésorerie, valorisant ■ **11** amour-propre, antiquaille, axiologique, coefficient, convertible, démonétiser, dévaloriser, devise-titre, diacritique, esthétisant, maximaliser, mensuration, publication, revaloriser, sous-estimer, sous-évaluer ■ **12** cominatoire, considérable, contre-valeur, équipollence, exploitation, insignifiant, marginalisme, sous-déclarer, telluromètre, valorisation ■ **13** décapitaliser, épistémologie, extrapolation, mésestimation, personnalisme, qualification, surpeuplement ■ **14** capitalisation, dévalorisation, euro-obligation, valeureusement ■ **15** insignification.
VALEUREUX: **5** brave* ■ **9** intrépide.
VALEURS: **10** plurivoque.
VALIDE: **4** fort, sain ■ **6** périmé ■ **7** ingambe, valable, valider ■ **8** validité ■ **10** validation ■ **10** invalidité.
VALIDER: **8** ratifier ■ **14** instrumentaire.
VALISE: **7** valoche ■ **8** mallette ■ **12** baise-en-ville, portemanteau.
VALLEE: **3** val ■ **4** aber, glen, oule, ubac ■ **5** adret, canon, cavée, cluse, combe, creux, fiord, fjord, gorge, palud, ravin ■ **6** cirque, éperon, palude, talweg, vallon ■ **7** bas-fond, ombilic, reculée, thalweg, versant ■ **8** débouché, descente, terrasse, valleuse ■ **10** épaulement, interfluve ■ **11** enfoncement.
VALLON: **8** vallonné ■ **12** vallonnement.
VALOIR: **6** coûter ■ **7** fermage, mousser ■ **9** entregent, exploiter, rehausser.
VALORISE: **10** valorisant.
VALORISER: **7** majorer ■ **12** valorisation ■ **14** ethnocentrisme.
VALSE: **4** java ■ **7** valseur.
VALVE: **5** valvé ■ **7** écaille, valvule ■ **8** trivalve, vannelle, vantelle ■ **9** charnière.
VALVULE: **8** sigmoïde ■ **10** valvulaire ■ **11** endocardite.
VAMP: **6** vamper.
VAMPIRE: **5** goule ■ **6** strige, stryge ■ **10** convoitise, vampirique, vampirisme.
VAMPIRISME: **10** vampirique.
VAN: **6** tarare ■ **7** ventage.
VANADIUM: **9** vanadique.
VANDALE: **7** barbare* ■ **10** vandalisme.
VANDALISME: **8** hooligan, houligan ■ **10** vandaliser.
VANESSE: **5** morio ■ **7** vulcain ■ **9** belle-dame.

VANILLE : **8** alkermès, vanillon ■ **9** vanillier, vanilline ■ **10** vanillerie, vanillière, vanillisme.
VANITE : **4** vide ■ **6** fierté ■ **7** enflure, étalage, orgueil*, inanité ■ **8** gloriole, humilité, modestie ■ **9** glorifier, triompher ■ **10** importance ■ **11** présomption ■ **12** enorgueillir ■ **13** vaniteusement.
VANITEUX : **3** fat ■ **4** fier*, paon, snob, vain ■ **6** dindon, faraud, gobeur, pédant, poseur ■ **7** crâneur, m'as-tu-vu, superbe ■ **8** fanfaron*, glorieux ■ **9** important, suffisant ■ **10** avantageux ■ **11** orgueilleux*, prétentieux* ■ **12** outrecuidant, plastronneur, présomptueux, rengorgement.
VANNE : **3** las* ■ **4** gril, pâle ■ **6** by-pass ■ **7** vannage ■ **8** vannelle, vantelle ■ **9** déversoir ■ **12** électrovanne.
VANNER : **6** tarare.
VANNERIE : **7** lacerie, vannier ■ **8** lasserie ■ **9** bourdaine.
VANTAIL : **4** gond ■ **7** ouvrant ■ **8** vasistas ■ **9** brise-bise ■ **15** arrière-voussure.
VANTARD : **6** gascon ■ **7** hâbleur* ■ **8** blagueur, fanfaron*, rodomont, tartarin ■ **10** vantardise.
VANTARDISE : **6** blague, parade ■ **8** hâblerie, jactance, vanterie ■ **9** esbrouffe ■ **10** gasconnade ■ **11** rodomontade, tartarinade ■ **12** ostenstation.
VANTER : **5** louer*, parer ■ **6** épater, étaler, hâbler, mariol, prôner, valoir ■ **7** blaguer, bluffer, exalter, flatter, mousser, prêcher, targuer, vantard ■ **8** abaisser, célébrer, surfaire, vanterie ■ **9** féliciter, gasconner, glorifier, prévaloir, rehausser ■ **10** préconiser, vantardise.
VANTERIE : **8** hâblerie.
VA-NU-PIEDS : **8** indigent, vagabond* ■ **10** déguenillé.
VAPEUR : **3** gaz*, nue ■ **4** buée, iode, pâle, suée ■ **5** brome, bruir, étuve, évent, fumée, fumer, lampe, nuage, pompe, rosée, sauna, yacht ■ **6** bruine, serein ■ **7** embruns, steamer, volatil ■ **8** étouffée, évaporer, pressing, touffeur, vaporeux ■ **9** autoclave, azéotrope, chaudière, étouffade, insuffler, soufflard, vaporiser ■ **10** brise-glace, brouillard, condenseur, exhalaison, fumigation, locomobile, régulateur, saturateur, tonométrie, vaporisage ■ **11** évaporisation, marie-salope, réfrigérant, sublimation ■ **12** azéotropique, contre-vapeur, ébouillanter, surchauffeur, vapocraquage ■ **13** resurchauffer, transpiration.
VAPOCRAQUAGE : **12** vapocraqueur.
VAPOREUSE : **7** sfumato.
VAPOREUX : **4** flou ■ **5** léger, vague* ■ **6** aérien ■ **13** vaporeusement.
VAPORISATEUR : **8** fixateur.
VAPORISATION : **11** évaporation, sublimation ■ **12** distillation ■ **13** pulvérisation ■ **14** volatilisation.
VAPORISER : **11** rebouilleur, volatiliser ■ **12** vaporisation.
VAQUER : **5** faste ■ **7** occuper.
VAR : **6** varois.
VARANGUE : **7** véranda.
VARAPPE : **6** grimpe ■ **8** varapper ■ **9** varappeur.
VARECH : **4** iode ■ **5** algue, fucus ■ **6** goémon.
VAREUSE : **6** suroît ■ **7** tunique.
VARHEURE : **13** varheuremètre.
VARIABILITE : **9** inégalité ■ **11** incertitude ■ **14** coarticulation.
VARIABLE : **5** lieue, livre, palme, phase, quart, sicav, verbe ■ **7** booléen, boolien, relatif ■ **8** céphéide, ondoyant, rhéostat ■ **9** changeant*, décrément, désinence, incertain, incrément, inégalité ■ **10** bilinéaire ■ **11** descripteur, exponentiel, identifieur, terminaison ■ **12** différentiel,

diversiforme, variablement ■ 13 multilinéaire ■ 14 identificateur.
VARIANTE: 6 chibre.
VARIATION: 4 type ■ 5 écart, thème ■ 6 espèce ■ 7 partita, polaire, variété* ■ 8 gradient, pleurage, sensible, somation ■ 9 apophénie, biorythme, diagramme, graphique, mouvement, sinosoïde ■ 10 changement*, convection, différence, eudiomètre, hygroscope, hystérésis, photodiode ■ 11 démographie, fluctuation, lamarckisme, orthogenèse, oscillation, tonographie ■ ■ 12 oscillomètre, oscilloscope, thermographe ■ 13 électrodermal, oscillographe, phototactisme, thermoclastie, vasomotricité ■ 14 quantification ■ 15 barotraumatisme, compressibilité, pyro-électricité ■ 15 désaisonnaliser.
VARICE: 9 hamamélis, stripping, variqueux ■ 10 hémorroïde.
VARIE: 3 uni ■ 4 égal, rayé ■ 5 moire, phlox, tigré, varia, veiné, zébré ■ 6 diapré, divers*, inégal, matiné, tavelé ■ 7 bariolé, bigarré, grivelé, mélangé*, panaché, pommelé, tacheté, vergeté ■ 8 instruit, monotone, moucheté, uniforme ■ 9 changeant, chatoyant, subjectif ■ 10 commutatif, hétérogène, intonation, polygraphe ■ 11 hétéroclite.
VARIER: 6 moirer ■ 7 changer* ■ 8 accorder, alterner, bigarrer, chatoyer, osciller, panacher, variable ■ 11 diversifier, variabilité ■ 13 pœcilotherme, poïkilotherme.
VARIETE: 3 uni ■ 4 race ■ 5 agate, blues, dandy, gouet, guyot, napel, niébé, opale, ozone, riche, rubis, sauge, silex ■ 6 burlat, espèce*, morion, sucrin ■ 7 aridité, élinvar, ferrite, karakul, mélange*, rambour, valence ■ 8 calville, dialecte, diaprure, éventail, guignier, kaoliang, levrette, maltaise, marasque, marquise, melonnée, mont-dore, néphrite, silicule, stéatite, sycomore, valencia, vanillon, variétal ■ 9 aragonite, avelinier, bariolage, bergamote, bigarrure, capronier, chiralité, cornaline, demi-deuil, diversion, diversité, griottier, inégalité, lentillon, lymphoïde, maréchale, monotonie, pegmatite, protogine, saphirine, schnauzer, variation*, zirconite ■ 10 anthracite, brugwonier, calcédoine, carcinoïde, changement, chêne-liège, clémentine, différence, œil-de-chat, one-man-show, sanguinole, toute-bonne ■ 11 aigue-marine, alabastrite, bon-chrétien, chrysoprase, démonomanie, granny-smith, louise-bonne, montmorency, porphyroïde, quarantaine ■ 12 boogie-woogie, breitschwanz ■ 13 cœur-de-pigeon, quatre-saisons.
VARIOLE: 6 picote ■ 7 pustule ■ 8 alastrim, clavelée, éruption ■ 9 exanthème, varicelle, varioleux ■ 10 variolique, varioloïde ■ 13 varilisation ■ 14 antivariolique.
VARLOPE: 8 varloper.
VARSOVIE: 9 varsovien.
VASCULAIRE: 7 fougère ■ 8 filicale ■ 9 filicinée ■ 11 équisétinée, lycopodiale, lycopodinée ■ 12 trachéophyte ■ 13 lépidodendron.
VASE: 3 bol, pot ■ 4 anse, broc, grès, seau, supé, urne ■ 5 bidon, bocal, buire, carpe, fêler, fiole, galbe, godet, graal, hanap, jarre, jatte, lampe, limon, moque, motte, outre, panse, paroi, socle, tasse ■ 6 bourbe, calice, canari, canope, carafe, cérame, cloche, cornue, cruche, flacon, gourde, hydrie, marais, matras, patène, pichet, rhyton, slikke, tourbe, urinal, vasard, vaseux, vasque ■ 7 amphore, ampoule, burette, capsule, carafon, ciboire, cratère, cruchon, diplôme, lécythe, mortier, murrhin, navette, potiche, pucheux, schoore, tubifex, urcéole ■ 8 aiguière, alguière, colombin, drageoir, égueuler, goguenot, limivore, poto-poto, puisette, saladier, sapropel, saucière, torchère ■ 9 alcarazas, boucheton, bourdalou, bouteille, calebasse, cinéraire, cor-

beille, récipient*, sapropèle, vidrecome ■ **10** cassolette, dame-jeanne, désenvaser, éprouvette, moutardier, persillère, pique-fleur, transvaser ■ **11** alabastrite, brûle-parfum, égueulement, gargoulette, marie-salope, pique-fleurs ■ **12** effondrilles, porte-bouquet.
VASECTOMIE : 12 vasectomiser.
VASE DE NUIT : 6 thomas.
VASELINE : 9 vaseliner.
VASEUX : 6 vasard ■ **7** vasière ■ **8** bourbeux, limoneux, tourbeux.
VASISTAS : 7 lucarne ■ **9** loqueteau.
VASQUE : 5 coupe.
VASOCONSTRICTEUR : 9 éphédrine ■ **11** ergotamine ■ **12** angiotensine, naphtazoline.
VASODILATATEUR : 8 yohimbine ■ **9** raubasine, vincamine.
VASOMOTRICITE : 7 raynaud.
VASSAL : 3 ban, bey ■ **4** fief, pair ■ **8** gonfalon, gonfanon, hospodar ■ **9** baise-main, chasement, main-morte, vassalité, vasselage ■ **10** ethnarchie, feudataire, forfaiture ■ **13** arrière-vassal, médiatisation.
VASSALITE : 9 autonomie ■ **10** vassalique ■ **13** subordination.
VASTE : 5 ample*, front, grand*, nappe, océan, pampa, salle ■ **6** craton, énorme*, étendu, ouvala ■ **8** autoport, icefield, panorama, spacieux ■ **9** cyclopéen, immensité, vastement ■ **11** manufacture ■ **12** amphithéâtre ■ **13** extrapolation ■ **14** microstructure.
VATICINER : 5 devin* ■ **7** prédire ■ **12** vaticinateur.
VAUD : 5 papet ■ **9** salvagnin.
VAUDEVILLE : 7 comédie ■ **8** flonflon ■ **9** vaudevire ■ **13** vaudevilliste ■ **14** vaudevillesque.
VAUDOIS : 8 valdisme ■ **9** valdéisme.
VAUDOU : 5 zombi ■ **7** macumba.
VAURIEN : 5 gobet, nervi, voyou ■ **6** bandit*, coquin, dévoyé, escroc, frappe, gouape, gredin, picaro, poisse, voleur* ■ **7** crapule, galopin, gouspin, pendard, vermine ■ **8** canaille, chenapan, galapiat ■ **9** arsouille, garnement, sacripant ■ **10** fripouille, goussepain, malfaiteur, picaresque.
VAUTOUR : 5 urubu ■ **6** condor ■ **7** griffon ■ **11** pecnoptère.
VAUTRER : 6 abîmer ■ **7** coucher*.
VEAU : 3 ris, vau ■ **5** longe, mégis, quasi, taure, vélin, velot ■ **7** box-calf, rouelle ■ **8** broutard, broutart, cuisseau, escalope, osso buco, vitoulet ■ **9** amourette, côtelette ■ **10** fricandeau, rognonnade.
VECTEUR : 3 lié ■ **5** norme ■ **7** tenseur, torseur ■ **8** abscisse, glisseur, unitaire ■ **9** composant, vectoriel ■ **10** hodographe, résultante ■ **11** colinéarité ■ **12** anharmonique.
VECUE : 4 vécu.
VEDETTE : 4 star ■ **6** acteur ■ **7** fan-club, glamour ■ **8** chanteur ■ **9** superstar ■ **10** star-system, surmontoir, vedettiser ■ **12** factionnaire.
VEDETTISER : 13 vedettisation.
VEDISME : 7 védique ■ **11** brahmanisme.
VEGETAL : 4 cire, iule, méat, moût, sève, tige, vert ■ **5** algue, arbre*, bulbe, clone, fibre, fleur*, fruit*, géant, huile, humus, kapok, latex, liber, liège, plant, pulpe, savon, serre, sucre, taïga, tanin, terre ■ **6** lichen, plante*, xylène ■ **7** étamine, feuille, stipité, tampico ■ **8** épiphyte, farineux, filament, garrigue, individu, mangrove, pectique, puccinie, scarieux ■ **9** aoûtement, botanique, bouturage, bryophyte*, épiphytie, gallicole, glucoside, méristème, micropyle, parasiter, phytocide, propagule, rhéophile, vulnérant ■ **10** anthéridie, laticifère, phytophage, protophyte, saprophyte, sitostérol ■ **11** chasmogamie,

collenchyme, gamétophyte, gomme-résine, inférovarié, phanérogame*, phelloderme, phythormone, thallophyte*, végétalisme ■ **12** anthérozoïde, arborescence, chlorophylle, phytohormone, ptéridophyte*, ramification, sclérenchyme ■ **13** biogéographie, microrganisme ■ **14** phytosanitaire ■ **15** phytosociologie.

VEGETALE : **4** bush ■ **5** acheb ■ **8** castinga, hordéine, matorral ■ **9** prolamine, synergide ■ **13** aromathérapie.

VEGETALINE : **4** coco.

VEGETALISME : **10** végétalien ■ **11** végétaliste.

VEGETARIEN : **7** rongeur ■ **8** pellagre ■ **9** frugivore, herbivore ■ **10** végétalien ■ **11** végétarisme.

VEGETATIF : **6** thalle ■ **8** mycélium.

VEGETATION : **4** parc ■ **5** flore, nebka, oasis, terre ■ **8** sous-bois, soutrage ■ **9** végétatif ■ **10** crête-de-coq ■ **14** adénoïdectomie.

VEGETER : **7** vivoter.

VEHEMENCE : **3** feu ■ **6** fougue* ■ **8** violence* ■ **9** animosité, éloquence ■ **10** énergumène ■ **13** véhémentement.

VEHICULE : **4** char, kart, rail, roue ■ **5** arrêt, balai, borne, cahot, coach, coche, crabe, mener, poids, tacot, train, wagon* ■ **6** bolide, tender ■ **7** autobus, bicycle, citerne, dameuse, fardier, fourgon, iceboat, motrice, navette, side-car, tracter, voiture* ■ **8** astronef, carénage, chasseur, chenille, dragster, ensabler, glisseur, matériel, microbus, motorisé, prolonge, remorque, scout-car, survirer, tracteur, traîneau, tricycle ■ **9** autoneige, culbuteur, gyrophare, half-track, monocoque, motoneige, motor-home, survireur, véhiculer, voiturier ■ **10** automobile*, bicyclette*, porte-autos, remorqueur, sous-vireur, suspension, tamponneur, tête-à-queue, trolleybus ■ **11** anticabreur, carrosserie, caterpillar, chenillette, combinateur, télescopage, tout-terrain, vinaigrette ■ **12** arrière-train, fourgon-pompe, motocyclette*, semi-chenille, porte-bagages ■ **13** aérodynamisme, désincarcérer ■ **15** télémaintenance.

VEHICULER : **11** transporter*.

VEILLE : **4** soir ■ **5** quart, vigil ■ **8** attentif ■ **9** babordais, parascève ■ **10** providence, somnolence, vernissage ■ **11** avant-veille, demi-sommeil.

VEILLER : **4** voir ■ **6** garder ■ **7** diriger, guetter ■ **8** éclairer ■ **9** contrôler, élucubrer, inspecter ■ **10** providence, surveiller* ■ **11** chaperonner, garde-chasse, gendarmerie, saint-office ■ **13** correspondant.

VEINE : **3** fil ■ **4** sang ■ **5** chyle, délit, filon, lacté, madré, porte, ronce ■ **6** airure, azygos, chance*, varice ■ **7** ronceux, saignée, saphène, veinard, veineux, veinule ■ **8** éveinage, lancette, pédicule, phlébite, thrombus, veinette ■ **9** basilique, jugulaire, veinosité ■ **10** hémorroïde, varicocèle ■ **12** intraveineux, périphlébite, phléborragie, phléobologie ■ **13** phlébographie, vasomotricité ■ **15** thrombophlébite.

VEINER : **8** barioler.

VELAGE : **7** vêleuse ■ **11** parturition.

VELAR : **8** sisymbre.

VELARIUM : **5** tente.

VELAY : **7** vellave.

VELEMENT : **11** parturition.

VELER : **11** amouillante.

VELIN : **5** velot.

VELIPLANCHISTE : **10** planchiste.

VELIQUE : **5** point.

VELLEITE : **7** volonté.

VELO : 7 bicross ■ 9 vélocross.
VELOCIPEDE : 4 vélo ■ 5 cycle, selle ■ 9 monocycle ■ 10 bicyclette*.
VELOCITE : 7 vitesse* ■ 8 rapidité ■ 11 promptitude*.
VELOMOTEUR : 5 meule.
VELOURS : 4 loup ■ 5 panne, patte, tripe ■ 6 floche, velvet ■ 7 mâchure, velouté ■ 8 velouter ■ 9 velouteux, veloutine ■ 10 milleraies.
VELOUTE : 6 lainer ■ 7 suprême ■ 8 moquette, onctueux, velouter ■ 11 veloutement.
VELU : 5 faune, poilu* ■ 6 pluché ■ 7 peluche ■ 9 villosité.
VENAL : 4 prix ■ 8 vénalité ■ 9 intéressé ■ 10 vénalement.
VEND : 7 toilier ■ 8 carterie, fouacier ■ 9 tuyauteur.
VENDANGE : 5 banne, baste, benne ■ 6 brante ■ 7 bouille ■ 8 comporte, vigneron ■ 9 vendanger ■ 10 grappiller, saisonnier, vendangeur ■ 11 retroussage, vendangeoir ■ 12 démaillonner.
VENDANGEOIR : 4 cave.
VENDETTA : 9 vengeance.
VENDEUR : 8 covendeur, marchand* ■ 9 charlatan, vivandier ■ 10 détaillant, étalagiste.
VENDRE : 5 céder, gâter, laver, saler, vente ■ 6 brader, placer, servir, solder ■ 7 aliéner, débiter, défaire, écouler, hallage, laniste, liciter, vendeur ■ 8 bazarder, discuter, mévendre, réaliser, revendre ■ 9 brocanter, détailler, placement, survendre ■ 10 discounter, invendable, marchander ■ 11 inaliénable ■ 12 aliénabilité ■ 13 commissionner.
VENELLE : 3 rue*.
VENENEUX : 4 pane, upas ■ 5 bolet, brome, ciguë, pavot ■ 6 aconit, datura, vireux ■ 7 morelle, vérâtre ■ 8 ammanite, cicutine, conicine, entolome, euphorbe, œnanthe, venimeux ■ 9 belladone, colchique, jusquiame, stramoine ■ 10 mandragore ■ 12 mancenillier.
VENERATION : 5 culte, sacré ■ 7 auguste, hommage, respect* ■ 9 révérence, vénérable ■ 10 fétichisme ■ 13 vénérablement.
VENERER : 7 déifier, honorer* ■ 9 respecter.
VENERIE : 5 bigle, hampe, menée, voler ■ 12 chasse-à-courre.
VENERIEN : 10 chancrelle, crête-de-coq.
VENERIENNE : 12 antivénérien.
VENETTE : 7 crainte.
VENEUR : 6 taïaut, tayaut.
VENGE : 7 vengeur.
VENGEANCE : 7 vengeur ■ 8 vendetta, vindicte ■ 11 représaille.
VENGER : 7 vengeur ■ 10 vindicatif ■ 12 ressentiment.
VENIEL : 5 péché ■ 12 véniellement.
VENIMEUSE : 10 latrodecte.
VENIMEUX : 4 bave, haïr, naja, vive ■ 5 aspic, cobra, orvet ■ 6 vipère ■ 7 céraste, crotale, serpent ■ 8 scorpion, vénéneux, vipéridé ■ 9 ammophile, tarentule ■ 10 malfaisant, pastenague, venimosité ■ 14 trigonocéphale.
VENIN : 6 poison* ■ 7 aglyphe ■ 8 anavenin, venimeux ■ 11 dompte-venin, inoculation ■ 12 anti-venimeux, désenvenimer, envenimation.
VENIR : 5 appel, buter, futur, tenir, venue ■ 6 amener, entrer, naître, partir, suivre, surgir ■ 7 aborder, abouler, accéder, advenir, arriver*, chasser, presser, radiner, revenir ■ 8 accourir, découler, devancer, immigrer, paraître, parvenir, provenir, résulter, secourir, succéder, suggérer, survenir ■ 9 approcher, atteindre, convoquer, débarquer, déboucher, présenter ■ 10 achalander, apparaître*, rappliquer, rapprocher, superposer, surprendre, survenance ■ 11 comparaître, immigration, tournailler.

VENT: **3** air*, cor, lof ■ **4** aire, bise, bora, cers, dune, hâle, nord, rumb, suet, tuba, zeph ■ **5** alisé, alizé, amure, anche, autan, bande, brise, flûte, fœhn, frais, grain, harpe, houle, lagon, lofer, marin, mitre, notus, orage, orgue, penon, perce, rhumb, risée, saute, tâter, tison, vague, vesse, voile, volis ■ **6** abrité, auster, débout, norois, noroît, rafale, simoun, typhon, zéphir, zéphyr ■ **7** africus, aquilon, chamsin, chergui, chinook, cyclone, doldrum, étésien, galerne, haleine, khamsin, mistral, mousson, nuaison, ouragan, pampéro, schofar, sirocco, souffle, tempête, tornade, venteux, zéphire ■ **8** abat-vent, barkhane, beaufort, blizzard, empanner, éolienne, favonius, libeccio, louvoyer, renverse, voltiger ■ **9** brise-vent, corrasion, déchaîner, déflation, encalminé, girouette, harmattan, hurlement, hurricane, jet-stream, magistral, porte-vent, ralinguer, tourmente ■ **10** aéromoteur, anémomètre, anémophile, bourrasque*, clarinette, sifflement, tourbillon, tournevent, tramontane ■ **11** anémophilie, chasse-neige, hyperboréen, microclimat ■ **13** géostrophique.

VENTE: **4** gros ■ **5** criée, débit, encan, motte, terme, trole ■ **6** regrat ■ **7** cession, mévente, revente, simonie ■ **8** boutique, braderie, commerce*, comptoir, débouché, solderie, survente ■ **9** exécution, télévente ■ **10** animalerie, colicitant, couponnage, dépôt-vente, discussion, écoulement, licitation, œnothèque ■ **11** contrebande, liquidation, lotissement, redhibition, tempérament ■ **12** adjudication, redhibitoire.

VENTILATEUR: **5** panca, panka, punka ■ **10** soufflante.

VENTILER: **11** ventilation.

VENTOUSE: **6** podion ■ **9** ambulacre.

VENTRALE: **8** sternite.

VENTRE: **3** sac ■ **4** bide, musc ■ **5** bedon, bidon, fanal, foire, hampe, panse, pansu, point, tempe ■ **6** buffet, gaster ■ **7** abdomen*, bedaine, seppuku, ventral ■ **8** bedonner, éventrer, hara-kiri ■ **9** bas-ventre, bedonnant, paillasse, ventrière ■ **10** hypocondre, hypogastre, météorisme ■ **11** ventriloque ■ **12** ballonnement, ventripotent ■ **13** météorisation, sous-ventrière.

VENTRICULE: **5** aorte, cœur ■ **8** épendyme ■ **12** métencéphale ■ **13** ventriculaire.

VENTRILOQUE: **12** ventriloquie.

VENTROUILLER: **7** coucher.

VENTRU: **4** gros* ■ **5** bedon ■ **10** dame-jeanne ■ **12** ventripotent.

VENUE: **6** entrée ■ **7** arrivée* ■ **8** approche, survenue ■ **9** accession, avènement, naissance, voyageage ■ **10** apparition, courreries, voyagement ■ **11** appréhender ■ **12** débarquement.

VENUS: **8** vénusien.

VENUSTE: **6** charme*.

VEPRES: **8** complies, vespéral ■ **10** magnificat.

VER: **5** cirre, palot ■ **7** distome, némerte, sabelle ■ **8** annélidé*, ver à soie* ■ **9** helminthe, ténébrion, térébelle, vermicide, vermicule, vermidien*, vermifuge, vermineux, verminose, vermivore ■ **10** vermiforme, vermisseau ■ **11** sémen-contra, vermiculure ■ **12** helminthiase, trichogramme, vermiculaire ■ **13** plathelminthe*, trichocéphale ■ **14** bothriocéphale, némathelminthe*.

VERACITE: **6** vérité* ■ **9** franchise ■ **10** véridicité.

VERANDA: **8** varangue ■ **9** bow-window.

VER A SOIE: **4** flat, soie ■ **5** cocon ■ **6** bombyx, magnan ■ **8** chenille, grainage ■ **9** flacherie, grasserie ■ **10** encabanage, magnanerie, muscardine, séricicole ■ **12** magnanarelle ■ **13** sériciculteur.

VERBACASCEE: **6** molène ■ **13** bouillon-blanc.

VERBAL : **9** idiolecte.
VERBALISER : **13** verbalisation.
VERBE : **4** mode ■ **5** futur, logos, passé, régir, sujet, supin, temps, venir ■ **7** rection ■ **8** défectif, déponent, déverbal, préverbe, régulier ■ **9** conjuguer, inchoatif, indicatif, infinitif, participe ■ **10** auxiliaire, déverbatif, irrégulier, subjonctif ■ **11** conjugaison, impersonnel, intransitif, performatif ■ **12** conditionnel, fréquentatif ■ **14** intransitivité, plus-que-parfait, semi-auxiliaire.
VERBENACEE : **7** lantana ■ **8** verveine ■ **9** gattilier, lantanier ■ **11** agnus castus.
VERBEUX : **6** diffus ■ **8** succinct ■ **9** verbosité ■ **10** paraphrase ■ **12** verbeusement ■ **13** amplification.
VERBIAGE : **6** bla-bla ■ **8** délayage ■ **9** bla-bla-bla, éloquence.
VERBOSITE : **9** éloquence.
VERDATRE : **4** jade ■ **5** melon, olive ■ **8** olivâtre, persillé ■ **11** chrysolithe.
VERDET : **10** vert-de-gris.
VERDEUR : **5** force*.
VERDICT : **4** juré ■ **8** jugement*.
VERDIR : **8** verdoyer ■ **12** verdissement.
VERDOYER : **6** verdir ■ **9** verdoyant ■ **11** verdoiement.
VERDUNISATION : **10** verduniser.
VERDURE : **2** nu ■ **4** pelé ■ **5** ramée ■ **7** treille ■ **8** reverdir, tonnelle ■ **9** gloriette, guirlande.
VEREUX : **5** probe ■ **10** déshonnête.
VERGE : **3** jas ■ **5** fléau, fouet*, gland, jalon, pénis ■ **6** broche, liteau ■ **7** batogue, prépuce, tringle ■ **8** baguette*, balanite, vergette, vitrière ■ **9** brochette, flageller, inférieur, pontuseau ■ **11** hypospadias ■ **12** paraphimosis.
VERGER : **7** verdier.
VERGETER : **6** battre* ■ **7** frapper* ■ **8** fouetter* ■ **9** brocheter, débrocher, embrocher.
VERGETTE : **9** vergetier.
VERGEURE : **5** vergé.
VERGLAS : **8** verglacé ■ **9** verglacer.
VERGOGNE : **6** pudeur*.
VERGUE : **3** gui, ris ■ **5** agrès, corne, digon, espar, voile ■ **7** antenne ■ **8** capelage, suspente, wishbone ■ **9** balancine, déverguer, enverguer, envergure ■ **10** bout-dehors ■ **11** orientation ■ **12** désenverguer.
VERIDIQUE : **4** vrai* ■ **10** véridicité ■ **11** authentique ■ **13** véridiquement.
VERIFICATION : **6** examen* ■ **7** gabarit ■ **8** contrôle, ostensif ■ **9** apurement, basculeur, calibrage, vérifieur ■ **10** cale-étalon, scrutateur ■ **11** recoupement, vérificatif ■ **12** redressement, vérificateur ■ **13** collationnure, rectification ■ **14** reconnaissance ■ **15** collationnement.
VERIFIER : **5** peser, tirer, viser ■ **6** apurer, avérer, relire, revoir ■ **7** assurer, plomber, prouver, récoler, réviser ■ **8** calibrer, éclairer, éprouver, examiner*, repasser ■ **9** certifier, check-list, confirmer, constater, contester, contrôler, démontrer, étalonner, inspecter, légaliser, rectifier, redresser ■ **10** passe-balle ■ **11** contre-appel ■ **12** collationner, crève-tonneau, expérimenter, explosimètre, invérifiable, réceptionner, vérificateur, vérification.
VERITABLE : **4** réel*, vrai* ■ **8** efficace, vraiment.
VERITE : **3** foi ■ **4** naïf, tort, vrai ■ **5** dogme, juste, lexis, ma foi ■ **6** absolu, axiome, oracle, preuve, sûreté ■ **7** mystère, opinion, réalité,

système, truisme ■ **8** apagogie, apologue, attester, croyance, doctrine, évidence, exagérer, fausseté, fidélité, lumineux, mensonge, mystique, parabole, spécieux, théorème, véracité, vérifier ■ **9** assurance, bien-fondé, certitude, constater, faussaire, impartial, inférence, nécessité, prophétie, véridique, véritable ■ **10** certificat, convaincre, exactitude, faussement, infidélité, maïeutique, véridicité ■ **11** affirmation, attestation, lapalissade ■ **12** assertorique, authenticité, confirmation, constatation, contre-vérité, perquisition ■ **13** démonstration, vraisemblable, vraisemblance.

VERJUS: **7** verjuté.

VERMEIL: **4** rose ■ **5** rouge*.

VERMICELLE: **9** spaghetti ■ **11** vermicelier ■ **13** vermicellerie.

VERMIDIEN: **8** rotifère ■ **10** bryozoaire ■ **11** brachiopode.

VERMIFORME: **9** géphyrien ■ **12** balanoglosse ■ **13** entéropneuste.

VERMIFUGE: **8** bauhinia, bauhinie, tanaisie ■ **9** chénopode, santoline ■ **12** pelletiérine.

VERMINE: **7** vaurien* ■ **8** populace ■ **9** vermineux.

VERMOULU: **9** vermouler.

VERMOUTH: **7** martini.

VERNAL: **5** point.

VERNALISATION: **12** jarovisation ■ **14** printanisation.

VERNE: **4** aune ■ **5** aulne ■ **6** vergne.

VERNIR: **5** cirer ■ **6** glacer, laquer ■ **7** enduire, frotter ■ **8** émailler, revernir ■ **9** alquifoux, vernisser ■ **10** gomme-laque, vernissage ■ **12** encaustiquer.

VERNIS: **4** cire, fixé ■ **5** copal, élémi, émail, gomme, laque, moque, nacre ■ **6** cirage, engobe ■ **7** ailante, mordant ■ **8** couverte, dévernir, litharge, vernissé ■ **9** acchroïde, écaillage ■ **10** courbarine, craquelure, gomme-gutte, gomme-laque, sandaraque, vernisseur ■ **11** encaustique ■ **12** polyuréthane, térébenthine ■ **13** polyuréthanne.

VEROLE: **5** grêlé ■ **6** vérolé ■ **7** variole.

VERRAT: **4** porc*.

VERRE: **4** azur, bock, demi, fêlé, lacé, suin ■ **5** bocal, bullé, chope, coupe, crown, dalle, drain, écran, fêler, fiole, flint, flûte, glace, glass, globe, jayet, loupe, perle, pyrex, rubis, smalt, soyer, suint, vitre ■ **6** buvant, calcin, hyalin, strass, tourie ■ **7** carreau, cristal, harassé, hyalite, opaline, ouvreau, queusot, scléral, securit, triplex, verrier, vitrain, vitreux ■ **8** colcotar, hyaloïde, lentille, mazagran, ménisque, paraison, rebrûler, silionne, trinquer, verranne, verrerie ■ **9** agitateur, apprêteur, batavique, casilleux, cueillage, étenderie, plexiglas, vidrecome, vitrifier ■ **10** antireflet, chambourin, crown-glass, diapositif, flint-glass, lithophanie, millefiori, obsidienne, pousse-café, verroterie ■ **11** diapositive, essuie-verre, vitrifiable ■ **12** borosilicaté, essuie-glaces, essuie-verres, périscopique ■ **13** aluminisation ■ **15** cristallomancie, dévitrification.

VERRERIE: **9** attremper, soufflage.

VERRIER: **4** fêle ■ **5** casse ■ **9** périgueux ■ **10** pinaigrier.

VERRIERE: **8** vitrière.

VERROU: **6** bénard ■ **7** crémone ■ **11** verrouiller ■ **13** déverrouiller.

VERROUILLER: **6** fermer* ■ **8** enfermer ■ **12** verrouillage.

VERRUE: **3** fic ■ **10** chélidoine, verruqueux.

VERS: **2** ac, ad, an, ap, ar, as, at ■ **3** sur ■ **4** écho, lyre, mime, pied ■ **5** album, chute, coupe, envoi, fable, iambe, livre, mètre, pièce, poème*, poète, prose, rimer, rôlet, roman, viser ■ **6** césure ■ **7** dactyle, sénaire, triolet ■ **8** alcaïque, anapeste, clausule, distique, entonner, métrique, quatrain, saphique, trimètre, tripodie ■ **9** choriambe, glyconien, hexamètre, monomètre, prosaïsme, rimailler, versifier ■ **10** alexandrin, asclépiade, choliambre, glyconique, hémistiche, métromanie, palindrome, pentamètre, rimailleur, septénaire, spondaïque, tétramètre, versiculet ■ **11** anacyclique, anapestique, antistrophe, décasyllabe ■ **12** catalectique, stichomythie, vers-libriste ■ **13** improvisation, quadrisyllabe, versificateur, versification.

VERSAILLES : 11 versaillais.

VERSANT : 4 ubac ■ **5** adret, pente ■ **6** brisis, coteau ■ **8** rendzine ■ **9** parapente ■ **11** contre-pente.

VERSATILE : 5 pitre ■ **9** changeant* ■ **11** versatilité.

VERSEMENT : 9 royalties.

VERSE : 7 roiller.

VERSER : 5 payer*, verse ■ **6** mettre ■ **7** arroser, confier, dépoter, épandre, honorer, verseur ■ **8** culbuter, décanter, déverser, épancher, larmoyer, répandre*, reverser, soutirer, verseuse ■ **9** appointer, distiller, instiller, rembouger, renverser, versement ■ **10** inversable, transvaser, transvider.

VERSET : 6 gloria, surate ■ **7** graduel ■ **8** antienne.

VERSIFICATEUR : 5 poète*.

VERSIFICATION : 9 métricien.

VERSIFIER : 5 rimer.

VERSION : 5 bible ■ **6** remake ■ **10** traduction ■ **13** juxtalinéaire.

VERSO : 3 dos ■ **4** rôle ■ **6** revers ■ **10** retiration ■ **13** opisthographe.

VERSOIR : 3 soc.

VERT : 3 mai ■ **4** houx, jade, pers ■ **5** aigre, jaspe, jaune, merde, morve, myrte, ramée, rayon, sapin, savon, tapis, thuya, yeuse ■ **7** céladon, glauque, merdoie, sinople, verdage, verdure ■ **8** actinote, émeraude, navicule, reverdir, verdagon, verdâtre, verdoyer ■ **9** amphibole, malachite, pentatome, prothalle, smaragdin, spirogyre, vauchérie ■ **10** biliverdine, burgaudine, chrysoprase, hornblende, smaragdite, verdissage ■ **11** vert-de-grisé ■ **12** chlorophylle.

VERTEBRAL : 5 bossu ■ **6** rachis ■ **8** croupion, scoliose, vertèbre.

VERTEBRALE : 6 chorde.

VERTEBRE : 4 axis ■ **5** crâne, psoas ■ **6** myxine, oiseau* ■ **7** agnathe, amniote, neurula, poisson*, reptile* ■ **8** coccidie, croupion, épidural, lombaire, otocyste, spondyle ■ **9** batracien*, homodonte, mammifère*, odontoïde, prochordé, trématode, vertébral ■ **10** cyclostome* épiphysite, lombo-sacré, sauropsidé ■ **11** chiropraxie, trypanosome ■ **12** chiropractie, lombarthrose ■ **14** intervertébral.

VERTEMENT : 5 river ■ **8** savonner.

VERTICAL : 4 haut ■ **5** crawl, droit, lisse, nadir, nasal, patin, ronde, venet ■ **6** debout, vindas ■ **7** pointal ■ **8** dystasie, pantenne, piédroit, portance ■ **9** barbacane, cannelure, écoperche, épontille, pied-droit ■ **10** lampadaire, surplomber ■ **11** mâchicoulis, verticalité, vide-ordures ■ **12** chantepleure, contremarche ■ **13** transformante, transstockeur, verticalement ■ **15** perpendiculaire*.

VERTICALE : 4 à-pic ■ **8** piédroit ■ **9** pied-droit.

VERTICALEMENT : 4 à pic ■ **11** hyponeurien.

VERTIGE : 7 émotion, ivresse, mélisse, tournis, vertigo ■ **9** transport, vercoquin ■ **10** enivrement ■ **11** agoraphobie, vertigineux ■ **12** tournoiement ■ **13** éblouissement ■ **14** étourdissement.

VERTIGO : 9 ver-coquin.

VERTU : 3 foi, mal ■ **4** vice ■ **5** effet, force, infus, votif ■ **6** pudeur, valeur ■ **7** charité, civisme, décence, dignité, énergie, faculté, justice, qualité*, retenue, sagesse* ■ **8** chasteté, clémence, docilité, édifiant, efficace, héroïsme, modestie, moralité, patience, prudence, pruderie, sainteté, sévérité, vertueux ■ **9** austérité, espérance, honnêteté, intégrité ■ **10** conscience, dévouement, hypocrisie, jansénisme, modération, perfection, prolifique, tempérance ■ **11** affectation, édification ■ **12** pudibonderie ■ **13** propitiatoire.

VERTUEUX: 3 pur ■ **4** sage* ■ **5** digne, divin, juste, moral, prude, saint ■ **6** chaste*, décent, dévoué, modèle, sévère ■ **7** auguste, austère, honnête*, louable, parfait, pudique, rosière ■ **8** adorable, bégueule, édifiant, méritant, pudibond ■ **9** estimable, excellent, tempérant ■ **10** exemplaire ■ **13** consciencieux, irréprochable, vertueusement ■ **14** sainte-nitouche.

VERVE: 7 verveux ■ **9** éloquence*.

VERVEUX: 4 gord ■ **5** louve.

VESCE: 3 ers ■ **5** apion.

VESICAL: 11 pollakiurie.

VESICANT: 5 garou ■ **7** ypérite ■ **10** vésication.

VESICATOIRE: 8 exutoire ■ **10** cantharide.

VESICULE: 4 gale, œuf, zona ■ **5** psora, spore ■ **8** cystique, liposome, otocyste ■ **9** phlyctène ■ **10** vésiculeux ■ **11** vésicatoire ■ **12** cholécystite.

VESPASIENNE: 7 urinoir.

VESPIDE: 5 guêpe ■ **6** frelon ■ **9** ammophile ■ **11** hyménoptère*.

VESPREE: 4 soir.

VESSE: 6 vesser ■ **7** crainte.

VESSE-DE-LOUP: 10 lycoperdon.

VESSIE: 5 urine ■ **6** ballon ■ **7** cystite, uretère, vésical ■ **9** cystique, gravelle, vésicule ■ **10** cystotomie, vésiculeux ■ **11** cystectomie, cystoscopie, lithotritie ■ **12** cystographie.

VESTALE: 6 infule ■ **9** vestalies.

VESTE: 5 kabic, kabig, yélek ■ **6** anorak, boléro, dolman, fiasco, veston ■ **7** casaque, vareuse ■ **8** doudoune, hoqueton, insuccès ■ **10** canadienne, carmagnole, saharienne.

VESTIAIRE: 9 lave-mains.

VESTIBULE: 4 hall ■ **5** vélum ■ **6** entrée ■ **7** galerie, narthex, passage ■ **8** corridor, otoscope, propylée, utricule ■ **9** prodromos, prothyron ■ **11** antichambre ■ **12** fenestration, vestibulaire.

VESTIGE: 5 trace* ■ **6** ruines ■ **9** apparance.

VESTON: 5 gilet ■ **6** blazer ■ **9** pet-en-l'air.

VETEMENT: 3 bas, col, dos, obi, pan, pli, sac ■ **4** aube, bleu, bure, cape, ciré, flou, frac, froc, gant, haïk, jupe, kaki, kilt, luxe, maxi, mini, robe, saie, saye, toge, tour, vêtu ■ **5** bahut, bâtir, bazar, caban, calot, capot, châle, chape, cotte, crevé, deuil, drapé, fichu, galon, gilet, gonne, habit*, haire, heuse, jaque, jupon, juste, khaki, laine, lange, mante, miton, nippe, ouate, pagne, palla, panet, paréo, patte, pièce, plaid, poche, queue, sagum, sayon, stola, tabar, tacon, tenue, valet, veste, vêtir, yélek ■ **6** ajusté, basque, berthe, blouse, boléro, camail, capote, caraco, casque, collet, corset, costar, dolman, domino, effets, hardes, kimono, lévite, manche, nippes, orfroi, pelure, pénule, péplum, pyjama, raglan, rochet, sarrau, surcot, tartan, tricot, ulster, veston ■ **7** blouson, burnous, cafetan, caleçon, canezou, carrick, casaque, casimir, chemise, collant, complet, corsage, costume, culotte, fringue, haillon, lainage, liseuse, maillot, manteau, matinée, mosette, paletot, pallium, pelisse, rotonde, simarre, soutane, spencer, surplis, surtout, tablier, talaire, tunique, vareuse ■ **8** affaires, apiéceur, baluchon, basquine, camisole, capuchon, casaquin, cashmere, ceinture, chasuble, chlamyde, cotillon, défriffé, défroque, djellaba, doudoune, dressing, encolure, essayeur, fourreau, fourrure, fringues, friperie, frou-frou, frusques, grébiche, guenille, hoqueton, indusium, jaquette, mantelet, mantille, palatine, pantalon, pectoral, peignoir, pèlerine, prétexte, pull-over, rebroder, tailleur, toilette, touloupe, treillis, troussis, uniforme ■ **9** balluchon, bourgeron, braguette, brassière, cachemire, court-vêtu, décolleté, demi-deuil, gandourah, garde-robe, laticlave, limousine, normalisé, pardessus, pet-en-lair, pourpoint, redingote, salopette, surpiquer, tailleuse, tunicelle, vestiaire ■ **10** adoubement, antiglisse, barboteuse, carmagnole, chemisette, dalmatique, décolleter, déguenillé, déshabillé, deux-pièces, devantière, douillette, emmanchure, magfarlane, retoucheur, retroussis, roquelaure, scapulaire, soutanelle, sportswear, strip-poker, vieillerie, waterproof ■ **11** boutonnière, cache-corset, cache-misère, combinaison, déharnacher, déshabiller, emmitoufler, endimancher, habillement*, houppelande, justaucorps, prêt-à-coudre, prêt-à-porter, rabattement, soubreveste, souquenille, survêtement, travestisme ■ **12** accoutrement, angusticlave, dressing-room, raccommodage, sous-vêtement, soutien-gorge ■ **13** transvestisme, vestimentaire ■ **14** haut-de-chausses.

VETERAN: 6 ancien*, soldat, yeoman ■ **9** vétérance.

VETILLE: 4 rien* ■ **8** chipoter, vétiller ■ **9** vétillard, vétilleur, vétilleux.

VETILLER: 8 chicaner* ■ **9** vétilleur.

VETILLEUX: 9 vétillard.

VETIR: 5 tenue ■ **6** nipper ■ **7** couvrir, fagoter, ficeler, revêtir ■ **8** affubler, costumer, fringuer, frusquer, habiller* ■ **9** accoutrer, harnacher ■ **10** enjuponner, requinquer ■ **12** caparaçonner.

VETO: 3 non ■ **11** liberum veto.

VETU: 2 nu ■ **7** couvert, habillé ■ **9** loqueteux ■ **10** dépenaillé.

VETURE: 4 mise.

VETUSTE: 6 ancien*.

VEULE: 3 mou ■ **4** lope ■ **7** lopette.

VEUVAGE: 7 viduité.

VEXATION: 8 vexateur ■ **9** camouflet, vexatoire.

VEXER: 6 outrer ■ **7** blesser*, ulcérer ■ **8** déplaire, froisser*, offenser*, vexation ■ **10** contratier, tourmenter ■ **11** susceptible ■ **14** susceptibilité.

VIA: 4 voie.

VIABLE: 6 vivant ■ **9** prématuré.

VIAGERE: 7 tontine.

VIANDE: 3 rôt, suc ■ **4** étal, gras, gril, mafé, pâté, pita, rôti ■ **5** aspic, carne, chair*, daube, farce, frigo, froid, fumet, gelée, haché, halal, lunch, oille, pâtée, pilaf, pilau, pilaw, saler ■ **6** broche, casher, cimier, émincé, fricot, ragine, taline ■ **7** allonge, bidoche, bouilli, brochée, cachère, cawcher, colombo, grisons, hansart, kascher, présalé, terrine ■ **8** barbaque, barbecue, daubière, escalope, greubons, grillade, hochepot, macreuse, marinade, marinage, moussaka, pemmican, pot-au-feu, quenelle, saladero, saucisse, souvlaki, tailloir, tandoori ■ **9** béatilles, boucanage, boucherie, carbonade, carpaccio, croquette, entrecôte, étouffade, fricassée, koulibiac, paupiette, rillettes, rôtisseur, tranchoir, vol-au-vent ■ **10** blanquette, charbonnée, chevillard, corned-beef, estouffade, fricadelle, hippophage, rôtissoire ■ **11** couteau-scie, hâche-viande, hippophagie, salmigondis ■ **12** cochonnaille.

VIATIQUE: 9 provision*.

VIBRANT: 12 pervibrateur.

VIBRAPHONE: **13** vibraphoniste.
VIBRATION: **3** son ■ **4** coup, gong, onde ■ **5** anche, tuyau ■ **7** doppler ■ **8** infra-son, ultra-son ■ **9** étouffoir, fréquence, languette, pulsation, tintement, voisement ■ **10** résonateur, silentbloc, vibratoire ■ **11** oscillation ■ **12** polarisation ■ **13** vrombissement ■ **15** monochromatique.
VIBRER: **6** frémir ■ **7** vibrage, vibrant, vibrato ■ **8** palpiter, trembler* ■ **9** vibrateur, vibratile ■ **11** tressaillir.
VIBRION: **7** virgule.
VICAIRE: **6** prêtre* ■ **8** vicarial, vicariat ■ **11** archidiacre.
VICE: **4** noce ■ **5** excès, lèpre, orgie, péché*, tache ■ **6** défaut* ■ **7** blésité, égoïsme, équipée, frasque, licence, travers, vicieux ■ **8** bamboche, débauche*, désordre, fredaine, impureté ■ **9** lasciveté, lubricité, perdition, rescision, saturnale, simplisme ■ **10** corruption, débaucheur, difformité, épispadias, hypocrisie, illégalité, immoralité, impudicité, inconduite, perversion, perversité ■ **11** déportement, dépravation*, dérèglement, dissipation, redhibition ■ **12** imperfection*, incontinence, intempérance, malformation ■ **13** contamination ■ **14** démoralisation.
VICE-ROI: **7** khédive, palatin ■ **11** vice-royauté.
VICHY: **8** vichyste.
VICIE: **3** pur ■ **4** sain, taré ■ **8** viciable ■ **9** viciateur.
VICIER: **5** gâter* ■ **6** perdre ■ **7** altérer, pourrir*, séduire ■ **8** dépraver*, entacher, suborner ■ **9** corrompre, débaucher, gangrener, pervertir, viciateur, viciation ■ **11** démoraliser, scandaliser.
VICIEUX: **4** gâté, roué ■ **5** impur, perdu ■ **6** noceur, pourri ■ **7** dépravé, déréglé, dissolu, entaché, immonde, immoral, mauvais, méchant, obscène*, pervers ■ **8** corrompu*, débauché, diallèle, érotique, perverti, pétition, vicelard ■ **9** crapuleux, janotisme, lallation, luxurieux*, misérable, satanique ■ **10** démoralisé, dévergondé, diabolique, licencieux*, rhotacisme ■ **11** cacographie, lambdacisme ■ **12** incorrigible, onychophagie, vicieusement.
VICISSITUDE: **6** retour ■ **10** changement.
VICINAL: **10** vicinalité.
VICOMTE: **5** baron, comte, titre ■ **8** vicomtal.
VICTIME: **4** serf, volé ■ **5** proie ■ **6** martyr ■ **8** asphyxié, oblation ■ **9** assujetti, hécatombe ■ **10** holocauste, probatique, victimaire ■ **11** martyrologe ■ **12** victimologie ■ **14** souffre-douleur.
VICTOIRE: **3** hip ■ **4** péan ■ **5** pæan, palme ■ **6** succès* ■ **8** disputer, triomphe* ■ **9** stratégie, vainqueur ■ **10** victorieux.
VICTORIEUX: **9** vainqueur ■ **15** victorieusement.
VIDAME: **6** vidamé ■ **7** vidamie.
VIDAGE: **8** étripage.
VIDANGE: **5** fosse, urine ■ **6** vidamé, vidoir ■ **7** conduit, poterie, tinette, vidamie ■ **8** dépotoir, vide-vite ■ **10** ballastage ■ **11** tout-à-l'égout ■ **12** déballastage.
VIDANGER: **5** vider* ■ **7** vidange.
VIDE: **3** âme ■ **4** auge, coin, lège, trou, veuf ■ **5** blanc, creux*, lampe, pompe, rebec, solin, sonde, sucer, vague, vider ■ **6** cavité, désert, vacant, vacuum ■ **7** vacuité, vacuole ■ **8** klystron ■ **9** cénotaphe, ouverture, ultravide, vidangeur ■ **10** aspiration, boursouflé, intermonde ■ **12** opus incertum.
VIDEO: **3** c.d.v. ■ **4** clip ■ **8** vidéaste ■ **9** caméscope.
VIDEOCASSETTE: **9** vidéoclub ■ **11** vidéothèque.
VIDEODISQUE: **12** vidéolecteur.

VIDEOGRAPHIE: **8** vidéotex.
VIDEOTEX: **7** télébel.
VIDER: **5** tarir ■ **6** écoper, pomper ■ **7** épuiser*, étriper, évacuer, videlle ■ **8** absorber, consumer, dégarnir, dépenser, expulser, nettoyer, survider, vidanger ■ **9** appauvrir, consommer, débourrer, dépeupler, désemplir, dessécher, pressurer ■ **10** transvider ■ **11** désobstruer.
VIDIMER: **8** comparer.
VIDIMUS: **7** vidimer.
VIDOIR: **11** vide-ordures.
VIDUITE: **7** veuvage.
VIE: **3** âge, âme, vif ■ **4** à vie, fête, mort, sang, tête, tuer ■ **5** animé, fange, garce, gaupe, génie, jours, monde, pâque, privé, saint, signe, songe, train, trame, vital, vivre ■ **6** destin, survie ■ **7** inanimé, mondain, traînée ■ **8** biologie, carrière, délétère, destinée, éternité, histoire, jeunesse, mollesse, patachon, personne, quartier, renaître, standard, standing, survivre, sybarite, vitalité, zoonomie ■ **9** abiotique, activisme, aérobiose, animation, ascétisme, bucolique, climatère, compagnon, dolce vita, épicurien, étrangler, existence*, longévité, nomadisme, ruralisme, salutaire, ustensile ■ **10** acagnarder, biographie, érémitisme, filmologie, inamovible, inquilisme, patrologie, ranimation, vieillesse ■ **11** adolescence, anaérobiose, biophysique, biosciences, confortable, évangéliste, immortalité, inorganique, organicisme, physiologie, ressusciter ■ **12** bourlingueur, climatérique, cohabitation, encroûtement, filmographie, palingénésie, résurrection ■ **13** anachorétisme, commensalisme, ecclésiologie, océanographie, paléoécologie, saprophytisme, semi-nomadisme ■ **14** autobiographie.
VIEIL: **3** ute ■ **7** chnoque, schnock ■ **8** schnoque ■ **11** chrysobéryl.
VIEILLARD: **3** âge ■ **4** home ■ **5** barbe, birbe, grime, vieux* ■ **6** barbon, chenu, grison, sénile, vioque ■ **7** baderne, géronte ■ **8** pantalon ■ **9** gériatrie, roquentin ■ **10** gérontisme, patriarche ■ **13** gérontocratie.
VIEILLERIE: **9** bric-à-brac.
VIEILLESSE: **3** âge, ans ■ **4** soir ■ **5** asile ■ **8** caducité, couchant, sénilité ■ **10** vieillerie ■ **11** décrépitude.
VIEILLI: **7** harnois.
VIEILLIR: **8** blanchir.
VIEILLISSEMENT: **9** involutif, sénilisme ■ **10** sénescence ■ **12** vieillissant ■ **13** gérontologie.
VIEILLOT: **3** âgé ■ **6** ancien*, désuet*.
VIELLE: **7** vieller ■ **8** vielleur.
VIENNE: **8** viennois.
VIERGE: **3** ave, pur* ■ **5** blanc, hymen, icône, intact, selva, selve, terre, vigne ■ **6** chaste, madone, marial, puceau, rosier ■ **7** colombe, pucelle ■ **8** ave maria, virginal ■ **9** virginité ■ **10** demi-vierge, magnificat, mariologie ■ **12** annonciation, présentation, purification.
VIET-NAM: **4** dông ■ **7** nuoc-mâm ■ **8** annamite ■ **10** vietnamien ■ **13** sud-vietnamien ■ **14** nord-vietnamien.
VIETNAMIEN: **3** têt.
VIEUX: **3** âgé ■ **4** vioc ■ **5** caduc, cassé, vieil ■ **6** ancien*, ponton, rococo ■ **7** vétéran, vétuste ■ **8** briscard, croûlant, frusques, lanlaire, vieillir, vieillot ■ **9** brisquard, pet-de-loup, réchauffé, solitaire, vieillard* ■ **10** hachischin, vieillerie ■ **12** antédiluvien ■ **13** gérontocratie.
VIF: **3** dru, sel, zou ■ **4** aigu*, âpre, joie, soif, vert ■ **5** actif, agile*, aigre, animé, chaud, galop, larme, léger, leste, magie, mutin, rubis, saute, trait, tride ■ **6** alerte, allant, dégagé, déluré, éperdu, ouvert,

prompt*, rapide*, souple, vivace, vivant ■ **7** allègre, brûlant, brusque, cruenté, cuisant, emporté, entrain, éveillé, mordant*, nerveux, perçant, piquant*, remuant, spitant, violent* ■ **8** atténuer, délecter, diminuer, émousser, espiègle*, fougueux, frappant, fringant, pétulant, poignant, repentir, rutilant, saillant, vicacité ■ **9** andantino, bouillant, diablotin, émerillon, frétiller, fulgurant, guilleret, impétieux, pénétrant, pétillant, sémillant, spirituel, tranchant, transport, turbulent, vigoureux* ■ **10** appétition, désinvolte, étincelant, frétillant. ■ **11** émerillonné.

VIGILANCE : **4** soin* ■ **5** garde ■ **8** endormir, obtusion, vigilant ■ **11** vigilamment.

VIGILANT : **11** vigilamment.

VIGNE : **3** cep ■ **4** clos ■ **5** arçon, cuvée, larme, pleur, tortu, vinée ■ **6** cépage, hautin, oïdium, provin, raisin* ■ **7** anomala, anomale, hautain, fossoir, mildiou ■ **8** cochylis, épamprer, mélanose, oullière, phytopte, retercer, sautelle, vigneron, vignoble, vinicole, viticole ■ **9** crossette, lambruche, muscadine, pourridie, quartager, soufreuse, sulfateur, vigneture ■ **10** lambrusque, plasmopara, pourriture, provignage ■ **11** anthracnose, assarmenter, retroussage, viniculture, viticulteur, viticulture ■ **12** déchausseuse, provignement ■ **13** ampélographie.

VIGNERON : **10** vendangeur ■ **11** viticulteur.

VIGNEROT : **9** aiguillon.

VIGNETAGE : **8** vigneter.

VIGNETTE : **5** talon ■ **8** ex-libris, historié, keepsake ■ **10** cul-de-lampe ■ **11** timbre-poste, vignettiste ■ **15** timbre-quittance.

VIGNOBLE : **3** cru*, vin* ■ **4** clos ■ **5** erbue, vigne ■ **6** herbue ■ **7** parchet ■ **12** encépagement.

VIGNOT : **9** littorine.

VIGOGNE : **9** carmeline, carméline.

VIGOUREUX : **3** dru, mol, mou, vif* ■ **4** fort*, vert ■ **5** atone, frêle, jeune, lâche, tabac ■ **6** membru, solide*, valide ■ **7** costaud, robuste, végétal ■ **8** gaillard.

VIGUEUR : **3** ton ■ **4** nerf, sève ■ **5** avent, force*, rosse, titre ■ **7** affadir, énergie*, verdeur ■ **8** goussaut, jeunesse, mollesse, tonifier, vivacité, vivifier ■ **9** hétérosis, revigorer, subsister, vigoureux ■ **10** renouveler, robustesse ■ **12** restauration ■ **14** vigoureusement.

VIL : **3** bas* ■ **4** pelé, taré ■ **5** avili, écume, lâche, limon, puant, rebut ■ **6** abject, coquin, faquin, fumier, galeux, goujat, humble, infâme, infime, piètre, roquet, triste, vilain ■ **7** bélître, dégradé, dernier, ignoble, infamie, rampant, ravilir, servile, sordide, trivial, vilenie ■ **8** bassesse, canaille, grossier*, pied-plat, racaille, rosserie, vilement ■ **9** bassement, crasseaux, excrément, paltoquet, pouilleux, saloperie ■ **10** caudataire, innommable, méprisable*, pleutrerie, populacier, vilipender.

VILAIN : **3** ord, toc ■ **4** beau, joli, laid* ■ **5** magot, moche, tarte ■ **6** chiche, hideux, manant, odieux, paysan, tocard ■ **7** affreux*, macaque, méchant, pouacre ■ **8** horrible ■ **11** vilainement.

VILEBREQUIN : **5** mèche.

VILENIE : **6** crasse, injure, saleté ■ **8** bassesse*, humilité, vacherie ■ **9** platitude, saloperie, servilité, souplesse ■ **10** méchanceté*.

VILIPENDER : **8** malmener.

VILLA : **6** chalet ■ **7** cottage ■ **8** bungalow, pavillon.

VILLAGE : **5** bourg, douar, ksour ■ **6** hameau ■ **7** bicoque, clocher, frairie, patelin, vicinal ■ **8** bourgade ■ **9** virilocal ■ **10** synœcisme, villageois ■ **13** rurbanisation.

VILLAGEOIS : **3** mir ■ **6** paysan* ■ **9** morguenne ■ **10** morguienne.
VILLE : **2** ev ■ **4** cité ■ **5** bourg, hanse, kreml ■ **7** îlotage, kremlin ■ **8** décapole, localité, oppidium, township ■ **10** concitoyen, labyrinthe, plan-relief ■ **11** bourgmestre, conurbation, embastiller, interurbain, périurbain ■ **12** centre-ville ■ **13** agglomération ■ **14** ville-satellite ■ **15** ville-champignon.
VILLEGIATURE : **6** séjour ■ **9** house-boat ■ **12** villégiateur.
VILLEUX : **5** poilu*.
VILLEURBANNE : **14** villeurbannais.
VIN : **3** kil, lie ■ **4** asti, coca, déci, dive, dôle, ivre, moût, piot, râpé ■ **5** anjou, boîte, canon, casse, chais, civet, débit, fagot, jerez, larme, mâcon, médoc, palme, palus, pinot, piqué, porto, rioja, rouge, saucé, tavel, tokai, tokaj, tokay, vigne, vinée, xérès ■ **6** alsace, aramon, arrosé, bichof, bishop, cahors, corton, enviné, gravas, madère, malaga, morgon, muscat, nectar, pinard, pineau, rancio, régnié, résiné, sherry, tourne, verrée, vineux, volnay ■ **7** aligoté, banyuls, bischof, bistrot, buvande, buvante, candida, cellier, chablis, chabrol, chabrot, chianti, clairet, coupage, crémant, falerne, ginguet, marsala, moselle, paillet, perlant, pèse-vin, piccolo, picpoul, picrate, pomerol, pommard, pouilly, retsina, romanée, rouquin, tâte-vin, vinaire, vinasse, vinique, vouvray ■ **8** alicante, bakchich, bordeaux, brouilly, brûlerie, décuvage, eau-de-vie, extra-dry, fillette, ginglard, goguette, gravelée, grenache, juliénas, jurançon, mercurey, meurette, mousseux, muscadet, picardan, picpoule, piquette, pochouse, sancerre, sémillon, sylvaner, verdagon, verdelet, vermouth, vinaigre, vinicole, vinifère, vinosité, viticole ■ **9** baissière, bardolino, bourgueil, bourgogne, brandevin, champagne, clairette, corbières, demi-pièce, gouleyant, grosplant, liquoreux, lamvoisie, meursault, minervois, muscadine, œnilisme, œnolique, œnologie, œnophile, pauchouse, pinardier, quinquina, sauternes, salvagnin, sauvignon ■ **10** acidimètre, baquetures, beaujolais, blanquette, bouteiller, boutillier, chambertin, cubitainer, décuvaison, frontignan, manzanilla, mastroquet, mère-goutte, montrachet, œnothèque, picpouille, piquepoult, pressurage, reginglard, saint-amour ■ **11** amontillado, dégustateur, eucharistie, moulin-à-vent, œnanthique, vin de paille, viniculture ■ **12** côtes-du-rhône, madérisation, valpolicella, vinification ■ **13** bourguignonne, court-bouillon, échansonnerie, saccharomyces ■ **14** lacryma-christi, passe-tout-grain ■ **15** champagnisation, gewurztraminer.
VINAIGRE : **5** câpre, rosat ■ **6** acétol, oxymel ■ **7** acétate, acéteux, achards, oxycrat ■ **8** acétique, acétomel, hydromel, marinade, poivrade ■ **9** vinaigrer ■ **10** acétimètre, acétomètre, anguillule, éthanoïque, vinaigrier ■ **11** vinaigrerie.
VINAIGRETTE : **8** gribiche.
VINDICATIF : **15** vindicativement.
VINDICTE : **9** vengeance.
VINEUX : **8** vinosité.
VINGT : **9** icosaèdre, vicesimal, vingtaine, vingtième ■ **12** bimillénaire, quatre-vingts.
VINGT-CINQ : **9** quarteron.
VINGTIEME : **5** vingt ■ **8** shilling ■ **13** vingtièmement.
VINGT-NEUVIEME : **8** bissexte.
VINGT-QUATRE : **10** nycthémère.
VINICULTURE : **15** vitiviniculture.
VINIFICATION : **8** vinifier ■ **9** sulfitage ■ **12** vinificateur.
VINYLE : **3** pvc ■ **6** rhovyl ■ **8** vinylite ■ **12** polychlorure ■ **13** polyvinylique.

VIOL : 7 violeur ■ 9 violateur, violation, violement ■ 10 infraction, manquement.

VIOLACE : 5 lilas ■ 6 violet* ■ 7 magenta, vibices ■ 8 bordeaux.

VIOLACEE : 6 livedo, pensée, vibice ■ 8 violette, zinzolin.

VIOLATION : 4 faux, lèse, vice ■ 5 crime, défit ■ 6 accroc ■ 7 licence, parjure ■ 8 adultère, anomalie ■ 9 déviation ■ 10 aberration, infraction ■ 12 irrégularité.

VIOLE : 5 gambe, rebec ■ 8 violiste.

VIOLEMMENT : 5 éclat, smash, vomir ■ 8 emboutir, percuter, tabasser ■ 15 tempétueusement.

VIOLENCE : 3 feu ■ 4 gêne, rapt, viol ■ 5 délit, éclat, excès, force, orage, proie ■ 6 âpreté, colère, fougue, fureur* ■ 7 aigreur, attaque, passion*, pillage, rigueur, rudesse, tempête ■ 8 démesure, expulser, hooligan, houligan, redoublé, scandale, tyrannie ■ 9 animosité, brutalité, esclandre, extorquer, racketter, ravisseur, rébellion, sacripant, tamponner, véhémence, virulence ■ 10 apostrophe, brusquerie, coercition, contrainte, despotisme, oppression, racketteur, spoliation, terrorisme, valdinguer, violemment ■ 11 amortisseur, compression, déprédation, emportement, impétuosité, intolérance, ravissement ■ 12 déchaînement ■ 14 défenestration.

VIOLENT : 3 cru, ras, raz, vif* ■ 4 amer, âpre, bora, féru, fort, gros, mort, rage, rude, tuer ■ 5 autan, calme, dégât, dogue, éclat, fœhn, grand, levée, périr, scène ■ 6 ardent*, brutal, enragé, éperdu, prompt ■ 7 brusque, emporté, extrême*, furieux*, furioso, sauvage, tornade, torrent ■ 8 carabine, coléreux, déchaîné, diatribe, farouche, fougueux, hargneux, pamphlet, sanglant, spontané, terrible, véhément, virulent ■ 9 acariâtre, commotion, courroucé, déchirure, drastique, éréthisme, impatient, impétueux*, invective, irritable, tourmenté, transport, véhémence, vulcanien ■ 10 contorsion, foudroyant, frénétique, non-violent, révolution, tressaillir ■ 11 altercation, catilinaire, chasse-neige, objuration, palpitation, philippique, rugissement ■ 12 désenvenimer, saisissement ■ 14 bouleversement.

VIOLENTER : 5 ravir, sévir ■ 6 brider, forcer, violer* ■ 7 obliger ■ 8 arracher, molester, opprimer, outrager, tempêter ■ 9 comprimer, maîtriser ■ 10 brutaliser, maltraiter, tyranniser ■ 11 contraindre.

VIOLER : 6 abuser, forcer ■ 7 déroger, faillir, inviolé, manquer, tromper ■ 8 asservir, attaquer, attenter, désobéir, forfaire, parjurer, profaner* ■ 9 soumettre, violation, violenter ■ 10 enfreindre, inviolable ■ 11 contrevenir, prévariquer ■ 12 transgresser.

VIOLET : 4 iode ■ 5 jacée, mauve, radis, sauge ■ 6 pensée ■ 7 azurant, violacé, violine ■ 8 colombin, violacer, violâtre, violeter ■ 9 améthyste, aubergine ■ 11 ultraviolet.

VIOLETTE : 5 parme.

VIOLIER : 9 matthiole.

VIOLOGIQUE : 14 chronobiologie.

VIOLON : 5 boyau, rebec ■ 6 prison* ■ 7 cordier, violoné ■ 8 chevalet, crincrin, pochette, sourdine, violonner ■ 9 ménétrier ■ 10 violoniste ■ 11 chanterelle, contrebasse, stradivarius, trois-quarts.

VIOLONEUX : 9 ménétrier.

VIORNE : 5 obier ■ 7 pimbina ■ 10 laurier-tin.

VIPERE : 4 vive ■ 5 aspic, venin ■ 7 péliade, vipérin ■ 8 ammodyte, vipereau, vipériau, vipéridé, vipérine.

VIPERIDE : 6 vipère ■ 7 céraste, crotale ■ 8 ammodyte, mocassin ■ 14 trigonocéphale.

VIRAGE : **4** stem ■ **5** stemm, virer ■ **8** survirer, télémark ■ **10** diachromie, sous-vireur.
VIRAGO : **6** mégère* ■ **9** maritorne.
VIRALE : **6** virion.
VIREE : **4** tour ■ **10** vadrouille.
VIRER : **5** virée ■ **7** tourner* ■ **13** tourne-à-gauche.
VIREVOLTER : **7** tourner*.
VIRGINIE : **8** virginie.
VIRGINITE : **8** chasteté*, déflorer, pucelage ■ **9** dépuceler ■ **10** continence ■ **12** déverginiser.
VIRGULE : **8** virguler ■ **12** rouflaquette.
VIRIL : **3** vit ■ **4** mâle* ■ **5** homme ■ **8** jeunesse ■ **9** viriliser ■ **10** virilement ■ **11** adolescence.
VIRILITE : **9** émasculer ■ **11** déviriliser.
VIROLE : **7** viroler ■ **8** virolage, virolier.
VIROLOGIE : **9** virologue ■ **11** virologique, virologiste.
VIRTUEL : **9** puissance ■ **10** virtualité ■ **13** actualisation, virtuellement.
VIRTUELLEMENT : **15** potentiellement.
VIRTUOSE : **2** as ■ **5** aigle ■ **6** maître ■ **8** musicien ■ **10** virtuosité.
VIRTUOSITE : **8** bel canto ■ **9** acrobatie.
VIRULENCE : **8** envenimé ■ **13** auto-infection.
VIRULENT : **4** rage ■ **7** fougueux ■ **8** corrosif ■ **9** virulence ■ **12** désenvenimer.
VIRUS : **3** v.i.n. ■ **4** kuru ■ **5** viral ■ **6** poison, virose ■ **7** microbe*, variole ■ **8** allergie, friselée, frisolée, inoculer, mosaïque, trachome, virocide, virucide, virulent ■ **9** antiviral, arbovirus, grasserie, lentivirus, virologie ■ **10** infravirus, interféron, rétrovirus, rickettsie, ultravirus, virulicide ■ **11** biotropisme, entérovirus, inoculation ■ **12** poliomyélite, terrafungine ■ **13** bactériophage ■ **15** cytomégalovirus, ultrafiltration.
VIS : **5** écrou, filet, piton, vérin ■ **7** filière ■ **8** dévisser, tarauder, tirefond, visserie ■ **9** avant-trou, tournevis ■ **11** tire-bouchon ■ **12** décolleteuse ■ **13** tourne-à-gauche.
VISA : **5** viser.
VISAGE : **3** air, bec, nez ■ **4** face, joue, lune, mine, ride, tape, tête, zona ■ **5** blair, chère, front, groin, lupus, poire, teint, trait, voile ■ **6** bobine, faciès, figure*, masque, menton, minois, museau, trogne ■ **7** balafre, binette ■ **8** cache-nez, coiffant, physique, rubicond, touffeur, trombine, voilette ■ **9** couperose, érythrose, frimousse, linéament, tcharchaf, visagisme, visagiste ■ **10** estafilade, renfrogner ■ **11** brumisateur, physionomie ■ **12** cosmétologie, transfigurer ■ **13** portrait-robot ■ **15** débarbouillette.
VIS-A-VIS : **4** face ■ **6** en face, opposé, regard ■ **8** ci-contre, opposite ■ **9** face à face, vison-visu.
VISCERE : **4** foie, rate, rein ■ **6** poumon ■ **7** matrice ■ **8** intestin, viscéral ■ **9** cœliaque, éviscérer ■ **12** éviscération, splanchnique ■ **13** décapsulation, histoplasmose ■ **14** splanchnologie.
VISCOELASTICITE : **14** viscoélastique.
VISCOPLASTICITE : **14** viscoplastique.
VISCOSE : **7** droguet.
VISCOSITE : **3** s.a.e. ■ **5** poise ■ **8** visqueux ■ **12** viscosimètre ■ **13** mucoviscidose, superfluidité ■ **14** viscoréduction.
VISEE : **3** but* ■ **8** réticule ■ **10** prétention, théodolite ■ **11** collimateur ■ **12** imperfection.
VISER : **4** visé ■ **5** mirer, tirer ■ **6** tendre ■ **7** ajuster ■ **8** bornoyer ■ **11** collimation.

VISEUR : 9 œilleton ■ 11 stignomètre.
VISIBLE : 3 off ■ 8 apparent*, sensible ■ 9 endoscope, extérieur, filigrane, manifeste* ■ 10 ectoplasme, ostensible, percevable, visibilité, visualiser ■ 11 acotylédone, apercevable, disparaître, perceptible, visiblement ■ 12 oscilloscope.
VISIERE : 3 vue ■ 4 képi ■ 5 morné ■ 6 mézail ■ 7 ventail ■ 8 abat-jour, cabasset, garde-vue ■ 9 casquette, ventaille.
VISION : 3 vue* ■ 4 idée ■ 6 mirage ■ 7 darshan, optique, scotome, zoopsie ■ 8 fantasme, glaucome, illusion ■ 9 amétropie, cauchemar, évocation, macropsie, orthoptie, phantasme ■ 10 apparition*, daltonisme, nyctalopie ■ 11 amblyoscope, héméralopie, orthoptique, visionnaire ■ 12 astigmatisme, hétérophorie, stéréovision ■ 13 embryonscopie, fantasmagorie, hallucination*, hypermétropie, ophtalmologie, théocentrisme.
VISIONNAIRE : 5 devin* ■ 8 illuminé ■ 10 songe-creux.
VISIONNER : 10 visionnage.
VISIONNEUSE : 7 moviola.
VISITATION : 11 visitandine.
VISITE : 4 voir ■ 5 ronde, salon ■ 7 fouille ■ 8 visiteur ■ 9 expertise, interview ■ 10 visitation ■ 11 stationnale ■ 12 contre-visite, domiciliaire.
VISITER : 4 voir ■ 6 hanter ■ 8 aboucher, examiner, explorer, fouiller*, recevoir, voisiner ■ 9 parcourir, revisiter ■ 10 solliciter.
VISON : 10 visionnière.
VISQUEUX : 4 lave ■ 5 magma, morve, mucus ■ 6 gluant*, résine ■ 7 chassie, miellée ■ 8 miellure, mucilage ■ 9 glutineux ■ 10 hygrophore, oléorésine ■ 11 conglutiner, dissolution, thixotropie ■ 15 viscoélasticité, viscoplasticité.
VISSER : 8 revisser, visseuse.
VISUALISATION : 6 visuel ■ 12 vidéographie.
VISUEL : 8 onirisme ■ 12 rédactionnel, visuellement.
VISUELLE : 9 micropsie ■ 12 chromatopsie.
VIT : 6 endogé ■ 8 aquacole, aquicole, tubicole ■ 9 cryptique, dulcicole ■ 12 agropastoral, dulçaquicole.
VITAL : 6 vivant ■ 9 vitalisme ■ 11 dévitaliser.
VITALISME : 9 vitaliste ■ 12 néo-vitalisme.
VITALITE : 3 pep ■ 9 dynamisme.
VITAMINE : 7 biotine ■ 8 adermine, aneurine, béribéri, carotène, esculine, thiamine ■ 10 ascorbique, calciférol, dévitaminé, ergostérol, pyridoxine, rachitisme ■ 11 avitaminose, provitamine, riboflavine, vitaminique ■ 12 lactoflavine ■ 14 hypovitaminose ■ 15 hypervitaminose.
VITAMINIQUE : 10 tocophérol.
VITE : 3 tôt ■ 5 gazer, poste, trait, voler ■ 6 presto, prompt ■ 7 saloper ■ 8 filocher, pulluler, tricoter ■ 9 escamoter, expéditif, trottiner ■ 10 allegretto ■ 11 prestissimo ■ 13 champignonner, six-quatre-deux.
VITELLUS : 4 œuf ■ 8 vitellin ■ 11 télolécithe.
VITESSE : 3 t.g.v. ■ 4 baud, erre, hâte*, loch, mach, vite ■ 5 badin, boîte, étale, gazer, nœud, temps, train, vroom, vroum ■ 6 allure ■ 7 express, lenteur, plafond, tachyon ■ 8 baladeur, catalyse, célérité, moulinet, rapidité*, sprinter, vélocité, vivacité* ■ 9 accélérer, autoroute, berzingue, diligence, métronome, mouvement, prestesse, variateur, virevolte ■ 10 anémomètre, subsonique, survitesse, tachymètre, véhiculeur ■ ■ 11 cinémomètre, emballement, promptitude, rétrograder ■ 12 accélération, cinémographe, démultiplier, hypersonique, présélecteur, supersonique, transsonique, vélocimétrie ■ 13 desmo-

dromique, homocinétique, monocinétique, précipitation, surmultipliée ■ **14** ralentissement ■ **15** turbosoufflante.
VITICOLE: 8 vinicole.
VITICULTEUR: 8 vigneron ■ **9** taravelle.
VITICULTURE: 15 vitiviniculture.
VITIVINICULTURE: 12 vitivinicole.
VITRAGE: 5 glace ■ **10** survitrage.
VITRAIL: 7 gemmail, résille ■ **8** plombure, verrière.
VITRE: 5 bâche, glace, oriel, serre, vigie ■ **7** carreau, vitrier ■ **8** verrière, vitrerie.
VITREUX: 5 émail ■ **6** vernis ■ **8** rétinite.
VITRIER: 5 fléau ■ **7** grésoir ■ **8** vitrerie.
VITRIFIER: 7 glaçure ■ **13** vitrification.
VITRINE: 7 étalage* ■ **12** lèche-vitrine ■ **13** lèche-vitrines.
VITRIOL: 9 vitrioler ■ **10** vitriolage, vitrioleur.
VITRIOLER: 10 vitriolage.
VITULER: 7 coucher.
VITUPERER: 6 blâmer, tonner ■ **10** déblatérer ■ **12** vitupérateur, vitupération.
VIVACE: 3 rue ■ **5** aneth, ormin, prêle ■ **6** laîche, vivant ■ **7** gerbera, sanicle ■ **8** agrostis, ellébore, gratiole, joubarbe, rhubarbe, sainfouin, sanicule ■ **9** agrostide, chiendent, hellébore, hydrastis.
VIVACITE: 4 brio, vlan, youp ■ **6** ardeur*, fougue ■ **7** agilité, animato, amorphe, chaleur, entrain, lenteur, mordant, stepper, vitesse* ■ **8** activité, alacrité, décocher, lourdeur, maestria, rapidité, steppeur, vivement ■ **9** animation, gendarmer, mouvement, pesamment, pétulance, prégnance, vif-argent ■ **10** exubérance, turbulence ■ **11** emportement, impétuosité, promptitude* ■ **13** précipitation.
VIVANT: 3 vif* ■ **4** hôte, mort ■ **5** larve, noyau, vital ■ **6** debout, monère, viable, vivace ■ **7** spitant ■ **8** académie, inquilin, vivipare ■ **9** biogenèse, halophile, halophyte, histolyse, organisme, protistes ■ **10** abiogenèse, latinisant, procaryote ■ **11** biotropisme, hétérogénie ■ **14** transgénétique.
VIVEMENT: 7 allegro, scherzo ■ **8** chauffer, embraser, pressant, riposter, trotteur ■ **9** appétitif, ardemment, assaillir, enluminer, fulgurant, rembarrer ■ **10** scherzando.
VIVERRIDE: 7 civette, genette ■ **9** mangouste.
VIVEUR: 6 noceur ■ **8** débauché* ■ **11** badouillard.
VIVE VOIX: 11 verbalement.
VIVIDITE: 6 vivide.
VIVIER: 10 anguillère, homarderie.
VIVIFIER: 9 vivifiant ■ **10** revivifier ■ **12** vivificateur, vivification.
VIVIPARE: 8 paludine ■ **10** pastenague.
VIVISECTION: 8 anatomie.
VIVOTER: 7 végéter.
VIVRE: 4 être* ■ **5** mener, train ■ **6** camper, denrée, rabiot ■ **7** croupir, exister*, galérer, gueuser, habiter*, syntone, végéter, vivable, vivoter ■ **8** amphibie, habitude, orbicole, respirer, sociable ■ **9** brigander, cambusier, disetteux, existence, invivable, marronner, non viable, paganiser, pérennant, subsister, traverser, viabilité, vivandier ■ **10** biotechnie, hygrophobe, insociable, matérielle, séquestrer ■ **11** concubinage, libertinage, ravitailler, sociabilité, subsistance, victuailles ■ **12** antisociable ■ **13** munitionnaire, noctambulisme ■ **14** cosmopolitisme.
VIZIR: 7 vizirat.

VOCABLE : 3 mot* ■ 5 photo.
VOCABULAIRE : 5 argot ■ 9 prégnance ■ 12 dictionnaire ■ 14 microglossaire.
VOCAL : 5 motet, rondo ■ 7 étendue ■ 8 registre ■ 9 lallation ■ 10 modulation.
VOCALE : 4 scat ■ 9 glissando.
VOCALISATION : 8 massorah.
VOCALISER : 7 chanter, roulade ■ 8 vocalise ■ 12 vocalisateur, vocalisation.
VOCATION : 8 penchant*.
VOCERO : 11 vocératrice.
VOCIFERER : 5 crier* ■ 9 tonitruer ■ 12 vociférateur.
VŒU : 4 vote ■ 5 désir, ordre, santé, sœur, votif, vouer ■ 6 prière, profès ■ 7 serment, souhait ■ 8 chasteté, promesse* ■ 9 christmas ■ 10 engagement, obligation, résolution ■ 11 malédiction, réciproquer.
VOGUE : 4 mode* ■ 5 cours ■ 6 faveur, succès ■ 8 come-back, snobisme ■ 9 célébrité ■ 10 coqueluche, engouement, popularité.
VOGUER : 8 naviguer.
VOIE : 3 rue*, via ■ 4 pavé, quai, rail, tram ■ 5 allée, canal, corde, datif, écart, garer, jalon, lacté, moyen, nœud, quête, route, selle, voyou ■ 6 artère, avenue, canton, chemin, débord, rocade ■ 7 bas-côté, impasse, sentier, sévices, tramway, trimard ■ 8 bretelle, chaussée*, élection, pionnier, urologie ■ 9 aéroporté, autoberge, boulevard, entrevoie, hématurie ■ 10 accotement, contre-rail, monophonie, opposition, sanctifier, terre-plein ■ 11 chemin de fer ■ 12 raccordement ■ 13 intermédiaire.
VOIE FERREE : 9 banquette, entre-rail, garde-voie ■ 10 cantonnier, locomotive ■ 12 saut-de-mouton ■ 13 signalisation ■ 14 infrastructure.
VOIE LACTEE : 10 galactique.
VOÏEVODE : 8 voïvodat ■ 9 voïévodat.
VOILE : 3 foc, fun, gui, ris, spi ■ 4 cape, étui, gaze, oral ■ 5 agrès, amure, barge, brick, burat, canot, crêpe, fanon, fuste, gréer, lacer, mante, phare, plein, poêle, point, riser, taled, tissu, tréou, velet, vélum, yacht ■ 6 ariser, chèche, fougue, guimpe, houard, houari, hunier, litham, litsam, masque, taleth, vergue ■ 7 aurique, bouline, conopée, couvert, driveur, faseyer, manteau, misaine, tape-cul, tchador, têtière, vélaire, vélique, voilier, voilure* ■ 8 antihalo, bonnette, cacatois, déferler, dériveur, dévoiler, empanner, funboard, gréement, guidant, perruche, ralingue, vaporeux, voilière, wishbone, yachting ■ 9 balestron, déverguer, envergure, faseiller, œil-de-pie, perroquet, spinnaker, tcharchaf, tcharchef ■ 10 bout-dehors, brigantine, empointure, grand-voile, tiers-point, tire-veille ■ 12 cirro-stratus, désenverguer, uranoplastie ■ 13 brick-goélette.
VOILER : 6 cacher* ■ 7 voilage ■ 8 estomper.
VOILIER : 4 finn ■ 5 senau ■ 6 abatée, génois, rating ■ 7 aulofée, catboat, roulier ■ 8 albatros, auloffée, gaillard, paumelle, schooner, trimaran ■ 9 boulinier, monocoque ■ 10 caphornier, multicoque, quatre-mâts.
VOILURE : 3 mât ■ 4 étai, hune ■ 5 agrès, câble, palan, penne, rotor, voile* ■ 6 drisse, grelin, hauban, hunier, mâture, poulie, vergue ■ 7 artimon, beaupré, clinfoc, misaine, mouffle, tapecul ■ 8 bonnette, cacatois, gréement, perruche ■ 9 perroquet ■ 10 brigantine, taillevent, tourmentin, trinquette.
VOIR : 2 vu ■ 3 vue ■ 4 goût ■ 5 épier, fixer, mirer, nuage, point, recul,

tâter ■ **6** aviser, planer, revoir ■ **7** lorgner, repérer, visiter ■ **8** diapason, observer, paraître, regarder*, reluquer, vérifier ■ **9** curiosité, découvrir*, dessiller, dévisager, discerner*, éclairage, entrevoir, justifier, optimisme, pardonner, percevoir, présenter, remarquer ■ **10** apercevoir, autoscopie, considérer. contempler, distinguer, exhibition, fréquenter, surprendre, visibilité ■ **11** extralucide ■ **12** moucharabieh ■ **13** éblouissement.

VOISIN: **4** près*, semi ■ **5** ouche ■ **6** proche* ■ **7** vicinal ■ **8** confiner, voisiner ■ **9** atterrage, avoisiner, proximité, voisinage ■ **13** circumpolaire.

VOISINAGE: **6** entour ■ **10** périurbain.

VOIT: **9** non-voyant.

VOITURE: **3** cab, car, duc, van ■ **4** bige, char, clou, jeep, oing, parc, taxi, tram, truc ■ **5** araba, armon, bâche, banne, break, buggy, capot, coach, coche, coupé, derby, drein, fusée, guide, jante, moyeu, place, poste, sabot, sapin, siège, sulky, tabor, tacot, timon, train, turbo, vagon, volée, wagon*, wiski ■ **6** binard, boguet, camion, chaise, coucou, diable, fiacre, haquet, landau, milord, téléga, tender, troïka ■ **7** bagnole, berline, caisson, calèche, chariot, châssis*, dog-cart, fardier, fourgon, litière, locatis, omnibus, patache, phaéton, tape-cul, télègue, tilbury, tonneau, torpédo, tramway ■ **8** autorail, basterne, brouette, capotage, carriole, carrosse, cartayer, chignole, débarras, enrayoir, équipage, portière, prolonge, quadrige, rickshaw, roulotte, stock-car, teuf-teuf, traîneau, trottade, véhicule*, victoria, voiturée, voiturer, voiturin, wagon-lit ■ **9** ambulance, appui-bras, baladeuse, berlingot, cabriolet, charrette, diligence, éfourceau, familiale, fourrière, guimbarde, landaulet, limonière, limousine, mail-coach, micheline, poussette, tarantass, taximètre, tombereau ■ **10** automobile*, avant-train, boulangère, carrossier, cellulaire, chargement, corbillard, dépanneuse, jardinière, malle-poste, marche-pied, pétrolette, strapontin, tapissière, vélocifère, voiture-bar, voiture-lit, voiturette, wagon-salon ■ **11** camionnette, chasse-marée, commerciale, hippomobile, sleeping-car, triqueballe ■ **12** fourgonnette, pousse-pousse, voiture-balai, voiture-poste, voiture-salon ■ **15** wagon-restaurant.

VOITURE-LIT: **8** sleeping ■ **11** sleeping-car.

VOITURER: **6** rendre ■ **11** transporter*.

VOITURETTE: **8** cyclecar ■ **11** auto-scooter ■ **12** microvoiture.

VOITURIER: **7** roulier ■ **8** voiturin ■ **11** chasse-marée.

VOIX: **3** cri, mue, off, ton ■ **4** alto, oral, pose ■ **5** basse, butor, canon, chant, couac, danse, mimer, ténor*, verbe, vocal, voter ■ **6** aphone, gosier, volume ■ **7** aphonie, baryton, fausset, langage, soprano, stentor ■ **8** abat-voix, cadencer, majorité, mêle-cass, oraliser, phonique, préluder, suffrage, ténorino, terzetto ■ **9** accentuer, bas-dessus, chuchoter, contralto, dysphonie, fredonner, hommasse, mezzo-voce, mimologie, monodique, phonation, phoniatre, porte-voix, tessiture ■ **10** chantonner, contre-alto, haut-dessus, intonation, mêle-cassis, modulation, phoniatrie, sopraniste, vocalement ■ **11** basse-contre, basse-taille, haute-contre, haute-taille, nasonnement ■ **12** chevrotement, marmottement, mezzo-soprano, phonogénique.

VOL: **4** aile, raid, tire, volé ■ **5** essor, recel, voile ■ **6** fauché, larcin, rapine* ■ **7** maraude, péculat, volerie ■ **8** entôlage, rectrice ■ **9** maraudage, tire-d'aile ■ **10** brigandage, chapardage, concussion, deltaplane, escamotage, marauderie, rase-mottes ■ **11** escroquerie ■ **12** malhonnêteté, malversation ■ **13** falsification, indélicatesse, ornithomancie.

VOLAGE : 5 léger* ■ **8** papillon ■ **9** changeant ■ **11** inconstant.
VOLAILLE : 4 œuf ■ **5** civet, farce, pâtée, pâton, pilon ■ **6** cageot, chapon, gaveur, tagine, taline, trémie ■ **7** gaveuse, plumeur, typhose ■ **8** grenadin ■ **9** basse-cour, chaponner, pullorose, troussage, volailler ■ **10** aviculteur, aviculture, ballottine, chaponnage, coquassier ■ **11** aiguillette, sot-l'y-laisse ■ **12** poulaillerie.
VOLANT : 5 copie ■ **8** sambuque ■ **9** badminton ■ **12** ptérodactyle.
VOLATIL : 5 éther, fleur ■ **6** néroli ■ **7** acétonie ■ **8** hydrolat ■ **9** acroléine ■ **10** ammoniaque, volatilité ■ **11** volatiliser ■ **12** dégazolinage.
VOLATILE : 6 oiseau*.
VOLATILISER : 12 vaporisation ■ **13** volatilisable ■ **14** volatilisation.
VOLATILITE : 7 sublimé.
VOL-AU-VENT : 7 bouchée.
VOL A VOILE : 8 vélivole ■ **9** libériste.
VOLCAN : 4 lave, lune ■ **5** guyot, salse ■ **6** cercle, péléen, scorie ■ **7** cratère, lapilli, zéolite ■ **8** adventif, éruption, zéolithe ■ **9** fumerolle, laccolite, phonolite, solfatare, soufrière, vulcanien ■ **10** cumulo-dôme, laccolithe, phonolithe, volcanique, volcaniser, volcanisme ■ **12** cumulo-volcan, volcanologie, vulcanologie.
VOLCANIQUE : 4 mésa ■ **7** effusif, péperin, perlite ■ **8** cinérite, téphrite ■ **9** microlite ■ **13** pyroclastique.
VOLCANOLOGIE : 14 volcanologique, vulcanologie.
VOLE : 8 voletant.
VOLEE : 3 vol ■ **4** coup, pile ■ **5** essor, pâtée ■ **6** brûlée, fessée, flopée, raclée, rincée, rossée, roulée, saucée, tannée, trempe ■ **7** dégelée, frottée, grattée, peignée, secouée, tournée ■ **8** drop-goal, tabassée, tripotée, volleyer ■ **9** fricassée, tatouille, trépignée ■ **10** bastonnade, correction, déculottée, dérouillée ■ **11** passing-shot, tourlousine.
VOLER : 5 pante, piper ■ **6** chiper, choper, flouer, gruger, piller, piquer, priver ■ **7** dérober*, empiler, enlever, faucher, frauder, prendre*, tricher, usurper*, volable, voleter ■ **8** barboter, calotter, chauffer, empoigne, filouter, frelater, grincher, marauder, rabioter, survoler, voltiger ■ **9** chaparder, détourner, dévaliser, escamoter, escroquer, exploiter, extorquer, falsifier, flibuster, plafonner ■ **10** approprier*, cambrioler, déposséder, dépouiller, détrousser, soustraire ■ **11** cleptomanie, kleptomanie, volatiliser ■ **13** aéromodélisme.
VOLET : 7 aileron, spoiler ■ **8** jalousie, mantelet ■ **9** persienne ■ **10** contrevent, déflecteur, polyptique, tourniquet.
VOLETER : 5 voler ■ **7** flotter.
VOLEUR : 5 argot, filou, pègre ■ **6** bandit*, escroc*, fripon, larron, pirate* ■ **7** coupeur, pilleur, vaurien* ■ **9** cartouche, malandrin, rossignol ■ **10** chapardeur, escogriffe, kleptomane, malfaiteur, pickpocket, sycophante ■ **11** détrousseur, vide-gousset.
VOLIGE : 7 voliger ■ **9** voligeage.
VOLONTAIRE : 3 i.v.g. ■ **4** dîme, fiat, mâle, tête ■ **5** hardi, viril, voulu ■ **6** engagé ■ **8** partisan, sabotage ■ **9** baraterie, intrépide, jeune-turc, privation, réticence, sacrement ■ **10** antrustion, boycottage, ébrouement, pathomimie ■ **11** assentiment, garibaldien, volontariat ■ **12** involontaire ■ **13** contraception, sursimulation ■ **14** volontairement.
VOLONTAIREMENT : 8 de bon gré ■ **10** de bon cœur, volontiers ■ **12** bénévolement, de bonne grâce.
VOLONTE : 3 gré ■ **4** mode, tête, vœu ■ **5** obéir, toton ■ **6** malgré, oracle ■ **7** aboulie, courage, dessein, énergie, fermeté*, vigueur, volitif, vouloir ■ **8** autorité, bravoure, concorde, décision, destinée, impul-

sif, machinal, mollesse, surhomme, velléité, votation ■ **9** ad libidum, commander, déférence, envergure, fioriture, hardiesse, intention, offensive, testament, ultimatum ■ **10** arbitraire, entêtement, lévitation, opposition, potestatif, prétention, résolution, suggestion, volontaire ■ **11** absolutisme, automatisme, intrépidité, obstination, opiniâtreté, résignation ■ **12** consentement, monothélisme, neurasthénie, volontarisme ■ **13** détermination*.

VOLONTIERS : 4 tope ■ **14** volontairement.

VOLT : 8 kilovolt.

VOLTAÏQUE : 4 pile.

VOLTAIRIEN : 14 voltairianisme.

VOLTAMETRE : 5 anode ■ **7** cathode ■ **9** électrode.

VOLTE : 8 caracole.

VOLTE-FACE : 10 changement*.

VOLTIGE : 6 brille ■ **7** icarien, tonneau ■ **9** voltigeur ■ **11** voltigement ■ **12** cheval-arçons.

VOLTIGER : 5 voler ■ **7** flotter ■ **11** papillonner.

VOLTMETRE : 10 multimètre.

VOLUBILE : 5 liane ■ **7** liseron, ulluque ■ **8** tchatche ■ **11** physostigma ■ **13** salsepareille.

VOLUBILIS : 6 ipomée ■ **7** liseron.

VOLUBILITE : 8 dégoiser, jacasser ■ **9** éloquence*.

VOLUME : 4 menu, stot, tome ■ **5** cuber, dense, grain, jauge, livre, loupe, mètre, roman, stère, thèse ■ **6** cubage ■ **7** ouvrage, retrait ■ **8** brochure, capacité, comprimé, dilution, gonflant, grosseur*, isochore, jaugeage, quartage ■ **9** atrophier, expansion, gonflette, isocarène, petitesse, volumique ■ **10** contracter, dilatation, eudiomètre, gazométrie, mastodonte, volumétrie, volumineux ■ **11** condensable, contraction, déplacement, hématocrite, roman-fleuve ■ **12** détumescence, dilatabilité, foisonnement, stéréognosie, vasopressine, volumétrique ■ **13** amplification, hépatomégalie, macrocéphalie, splénomégalie, stalagmomètre ■ **14** boursouflement, mini-ordinateur ■ **15** cardiomyopathie, compressibilité.

VOLUMINEUX : 4 gros*.

VOLUMIQUE : 8 molarité.

VOLUPTE : 6 luxure* ■ **7** licence*, plaisir* ■ **8** débauche* ■ **9** lascivité ■ **10** sensualité, voluptueux ■ **11** libertinage, raffinement, sybaritisme ■ **12** dévergondage, égrillardise ■ **13** concupiscence ■ **15** voluptueusement.

VOLUPTUEUX : 7 sensuel ■ **8** sybarite ■ **9** luxurieux*.

VOLUTE : 6 hélice ■ **7** aileron, tigette ■ **8** modillon.

VOMIQUE : 7 brucine.

VOMIR : 6 rendre ■ **7** évacuer, vomitif ■ **8** dégorger, émétique, ignivome, regorger, renarder ■ **9** dégueuler, vomissure ■ **10** débagouler, dégobiller, mal de cœur, régurgiter ■ **11** débecqueter, haut-le-cœur, vomissement.

VOMISSEMENT : 4 vomi ■ **7** pituite ■ **9** vomissure ■ **10** hématémèse ■ **11** dégobillage ■ **12** antiémétique.

VOMITIF : 5 ipéca ■ **8** émétique ■ **10** ipécacuana ■ **11** apomorphine.

VORACE : 4 ogre ■ **5** avide* ■ **6** morfal ■ **7** glouton ■ **8** albatros, sphyrène, voracité ■ **10** uranoscope, voracement.

VORACITE : 6 rapace.

VOTATION : 7 système.

VOTE : 4 urne, voix ■ **5** levée, voter ■ **7** scrutin ■ **8** abstenir, bulletin, panacher, suffrage ■ **10** abstention, plébiscite, référendum ■ **11** blackbouler ■ **13** contre-épreuve.

VOTER : 5 aller ■ 7 revoter ■ 8 ballotte, votation ■ 11 suffragette ■ 15 abstentionnisme.
VOUE : 5 oblat ■ 8 pénitent.
VOUER : 7 désirer, dévouer ■ 8 exprimer ■ 9 consacrer, convoiter, souhaiter ■ 11 prédestiner.
VOULOIR : 4 haïr ■ 6 exiger*, régler ■ 7 daigner, désirer, entêter, imposer, statuer, volonté ■ 8 entendre, insister, obstiner ■ 9 consentir, convoiter, prétendre*, revouloir, signifier, souhaiter ■ 10 déterminer, persévérer ■ 12 malveillance, théâtralisme.
VOUS : 5 vôtre ■ 8 vousoyer, vouvoyer ■ 9 voussoyer ■ 12 voussoiement.
VOUSSOIR : 7 claveau ■ 8 retombée ■ 10 contre-clef, trompillon.
VOUSSURE : 10 tête-de-clou.
VOUTAIN : 10 sexpartite.
VOUTE : 3 arc, vau ■ 4 ciel, dais, dôme, four, nova, rein ■ 5 arche, chape, culée, culot, fesse, nadir, niche, ogive ■ 6 arcade, carnau, palais, trompe ■ 7 berceau, blindes, carneau, claveau, coupole, lunette, panache, périple, tournée, voûtain ■ 8 doubleau, échappée, éventail, extrados, formeret, intrados, jarreter, jaumière, pariétal, piédroit, retombée, tonnelle, vousseau, voussoir ■ 9 cul-de-four, décintrer, embarrure, firmament, pendentif, pied-droit, surbaisse, tierceron ■ 10 contreclef, cul-de-lampe, navisphère, sexpartite, stalactite, surhausser ■ 11 arc-doubleau, planétarium ■ 13 surbaissement ■ 15 arrière-voussure.
VOYAGE : 4 grue ■ 5 coche, étape, halte, hôtel, plaid, poste, train, vagon, wagon ■ 6 qasida ■ 7 circuit, méharée, odyssée, périple, tournée, voucher ■ 8 caravane, hôtelier, marmotte, rotation, touriste, viatique, voyageur ■ 9 croisière, incursion, promenade, traversée, voyagiste ■ 10 astronaute, expédition, fourre-tout, navigation, pèlerinage, vanity-case ■ 11 déplacement, exploration ■ 12 globe-trotter, long-courrier, représentant ■ 13 pérégrination ■ 14 science-fiction ■ 15 traveller's check.
VOYAGER : 5 errer ■ 6 rouler ■ 8 circuler, naviguer, tourisme ■ 9 parcourir, traverser ■ 10 pérégriner ■ 11 bourlinguer, cosmopolite.
VOYAGEUR : 3 kan ■ 4 khan ■ 10 multicarte ■ 11 panier-repas.
VOYAGISTE : 13 tour-opérateur.
VOYANT : 5 devin* ■ 7 voyance ■ 9 nivelette ■ 10 tape-à-l'œil ■ 11 extralucide.
VOYELLE : 5 brève, crase, tréma ■ 7 brévité ■ 8 infléchi, synérèse ■ 9 apophonie, contracté, épenthèse, métathèse, vocalique ■ 10 diphtongue, rétroflexe ■ 11 circonflexe, semi-voyelle ■ 12 vocalisation ■ 14 intervocalique.
VOYOU : 6 gouape, loubar, loulou, marlou, truand ■ 7 loubard, vaurien* ■ 8 hooligan, houligan ■ 9 arsouille ■ 10 fripouille.
VRAC : 10 minéralier.
VRAI : 3 sûr ■ 4 fait, faux, nier, réel* ■ 5 avéré, clair, connu, exact*, franc, juste*, loyal, roman, temps ■ 6 formel, patent, prouvé, strict ■ 7 certain*, décisif, évident, logique, notoire, positif*, reconnu, sérieux, sincère, truisme, visible ■ 8 fabuleux, officiel, palpable, spécieux, véracité ■ 9 aléthique, certifier, critérium, manifeste, plausible, rationnel, véridique, véritable ■ 10 dogmatique, historique, incontesté, nécessaire, présupposé ■ 11 authentique, indubitable, infaillible, irrécusable, péremptoire, présomption, raisonnable, reconnaître, satisfiable.
VRAISEMBLABLE : 8 probable ■ 9 plausible ■ 12 probablement ■ 15 invraisemblable.

VRAISEMBLABLEMENT : 12 possiblement.
VRAISEMBLANCE : 5 roman ■ **9** apparence ■ **11** crédibilité, probabilité ■ **15** invraisemblance.
VRILLE : 6 cirre, mèche ■ **6** cirrhe ■ **7** tarière ■ **8** tarrière ■ **9** avant-clou, oviscapte ■ **10** percerette ■ **13** queue-de-cochon.
VRILLETTE : 6 anobie.
VU : 6 de visu.
VUE : 3 but*, set ■ **4** lynx, miro, œil*, sens, sort, site, yeux* ■ **5** écran, envie, nuage, objet, point, riant, scène, sport, trait, trust, visée ■ **6** aspect, myopie, vision*, visuel ■ **7** aveugle, optique*, paysage, ralenti ■ **8** aveugler, diplopie, garde-vue, panorama, regarder ■ **9** amblyopie, invisible, pifomètre, spectacle*, strabisme ■ **10** apparition, emmétropie, paroptique, point de vue ■ **11** éblouissant, hémianopsie, libéralisme, papillotage, perspective ■ **12** clairvoyance ■ **13** éblouissement, papillotement ■ **14** cartellisation.
VULCANISATION : 10 vulcaniser ■ **13** vulcanisateur.
VULCANOLOGIE : 12 vulcanologue ■ **14** vulcanologiste.
VULGAIRE : 3 bas ■ **4** brut, plat ■ **5** banal, battu, foule, gouet, loche, nitre, nopal, orque, vulgo ■ **6** commun* ■ **7** trivial ■ **8** grossier*, pinchart, populace, quolibet ■ **9** banaliser, philistin, populaire, prosaïque, vulgarité ■ **10** vulgarisme.
VULGAIREMENT : 10 couramment.
VULGARISATION : 14 philotechnique.
VULGARISER : 8 propager ■ **11** populariser ■ **13** vulgarisation.
VULGATE : 5 bible.
VULNEAIRE : 10 anthyllide.
VULNERABLE : 5 talon ■ **13** vulnérabilité ■ **14** vulnérabiliser.
VULNERAIRE : 5 orpin ■ **9** anthyllis ■ **10** anthyllide, crapaudine.
VULTUEUX : 5 rouge ■ **6** gonflé ■ **10** vultuosité.
VULVE : 5 hymen, vagin ■ **7** vulvite ■ **8** clitoris, vulvaire ■ **12** bartholinite.

WXYZ

WAGON : **4** rame, truc ■ **5** bogie, coupé, plomb, train, truck, vagon, vigie ■ **7** fourgon, plateau, voiture* ■ **8** prolonge, wagon-bar, wagon-lit, wagonnée ■ **9** impériale, wagonnier ■ **10** débrancher, dérailleur, locomotive, wagon-poste ■ **11** sleeping-car, wagon-foudre, wagon-trémie ■ **12** compartiment, wagon-citerne ■ **14** wagon-couchette, wagon-réservoir.
WAGONNET : **5** benne, lorry ■ **8** draisine, hercheur, herscher ■ **9** herscheur ■ **10** draisienne.
WAHHABISME : **10** wahhabiste.
WALHALLA : **4** ciel.
WALLIS : **9** wallisien.
WALLON : **10** wallingant, wallonisme.
WARRANTER : **7** warrant ■ **8** warranté ■ **10** warrantage.
WATER : **5** vécés.
WHISKY : **3** rye ■ **4** baby ■ **6** scotch ■ **7** whiskey.
WHIST : **5** trick ■ **6** chelem ■ **7** schelem.
WILAYA : **4** wali ■ **5** daïra.
WOMBATIDE : **6** wombat ■ **12** phascolomidé.
WOOFER : **6** boomer.

X : **5** rayon.
XENON : **2** xe.
XENOPHOBE : **4** skin ■ **8** skinhead.
XEROPHILE : **8** caatinga.
XEROPHYTE : **12** xérophytique.
XIPHOÏDE : **10** xiphoïdien.
XIPHOPHORE : **11** porte-glaive.
XYLENE : **5** xylol ■ **8** xylidine.
XYLOGRAPHIE : **13** xylographique.
XYLOPHONE : **7** marimba ■ **8** cymbalum.

YACHT : **5** winch ■ **6** bateau ■ **7** cruiser, vaurien ■ **8** bulb-keel, monotype ■ **10** fifty-fifty ■ **12** cabin-cruiser.
YACHTING : **7** marconi ■ **8** yachtman ■ **9** yachtclub, yachtsman ■ **15** course-croisière,
YAK : **4** yack.
YANG : **3** yin.

YASS: **6** chibre.
YATAGAN: **4** épée*.
YEMEN: **4** rial ■ **8** yéménite.
YEUX: **3** vue* ■ **4** œil* ■ **5** cerne, larme, momie, rhume, taupe ■ **6** billes ■ **7** châsses, chassie ■ **8** éborgner, exorbité, mirettes, oculiste, ribouler ■ **9** éborgnage, nystagmus, oculogyre, quinquets ■ **10** nyctalopie ■ **11** binoculaire, ophtalmique ■ **13** interoculaire.
YIDDISH: **13** judéo-allemand.
YIN: **4** yang.
YOGA: **4** yogi ■ **5** asana.
YCHIMBEHE: **9** yohimbine.
YONNE: **8** icaunais ■ **12** soumaintrain.
YOUDI: **6** youpin, youtre ■ **9** israélite.
YOUGOSLAVE: **5** dinar ■ **7** voïvode ■ **8** voïévode, voïvodie ■ **9** voïévodie
YTTERBIUM: **2** yb ■ **9** ytterbine.
YTTRIUM: **6** yttria ■ **8** yttrique ■ **9** yttrifère ■ **10** yttrialite.

ZAIRE: **5** zaïre ■ **7** zaïrois.
ZAMBIE: **7** zambien.
ZAPPING: **6** zapper.
ZAZOU: **7** élégant.
ZEBRE: **3** daw ■ **4** dauw ■ **5** okapi.
ZELATEUR: **6** zélote ■ **12** enthousiaste.
ZELE: **4** élan, soin* ■ **5** tiède, vouer ■ **6** ardeur, flamme ■ **7** chaleur, courage, énergie, entrain, ferveur ■ **8** activité, dévotion, relâcher, zélateur ■ **9** diligence, émulation, fanatique, fanatisme, stimulant, vigilance ■ **10** dévouement, exaltation ■ **11** amateurisme, chauvinisme, intrépidité, relâchement ■ **12** empressement, enthousiasme, prosélytisme.
ZELOTE: **9** zélotisme.
ZEN: **6** satori.
ZENITH: **5** nadir ■ **6** comble ■ **8** méridien, zénithal.
ZEPHIR: **9** zéphyrien.
ZERO: **3** nul ■ **5** gelée, néant ■ **7** nullité ■ **8** zérotage ■ **9** asymptote ■ **15** supraconduction.
ZESTE: **6** zester.
ZEZAIEMENT: **7** blésité ■ **10** zozotement.
ZEZAYER: **6** bléser ■ **7** zozoter ■ **10** zézaiement.
ZIBELINE: **5** marte, sable.
ZIGZAG: **5** boyau, criss, lacet ■ **7** chicane, émanché ■ **9** zigzaguer.
ZIMBABWE: **10** zimbabwéen.
ZINC: **2** zn ■ **5** falun, indol, métal, moire, plomb, tutie ■ **6** tuthie, zicral ■ **7** pacfung, similor, zincage, zincate, zingage ■ **8** argentan, packfung, zincifère, zincique ■ **9** lithopone ■ **10** chrysocale ■ **11** maillechort, smithsonite ■ **12** chrysocalque, zincographie ■ **14** shérardisation.
ZINGARO: **8** bohémien*.
ZINGIBERACEE: **5** amome ■ **7** curcuma ■ **9** cardamome, gingembre.
ZIP: **6** zipper.
ZIPPING: **8** pitonner.
ZIRCONIUM: **2** zr ■ **6** zircon ■ **7** zircone ■ **9** zirconite.
ZIZANIE: **6** ivraie ■ **15** mésintelligence*.
ZOANTHAIRE: **11** anthozoaire*.

ZODIAQUE : **4** lion ■ **6** bélier, cancer, vierge ■ **7** balance, gémeaux, taureau, verseau ■ **8** poissons, scorpion, zodiacal ■ **10** capricorne, sagittaire.
ZONAGE : **5** zoner ■ **6** zoning.
ZONE : **2** z.i. ■ **3** z.a.c., z.a.d., z.i.f. ■ **4** halo, fief, sima ■ **5** bande, front ■ **6** zonier ■ **7** cambium, écotone, secteur ■ **8** cuticule, épiderme, isochémie, objectif, quartier, zodiaque ■ **9** avalanche, desmosome, mésocarpe, péricycle, urbaniste ■ **10** ectoplasme, intertidal, territoire ■ **11** sous-secteur ■ **12** épipélagique, sous-quartier, subconscient ■ **14** bathypélagique.
ZOOLOGIE : **3** zoo ■ **10** mammalogie, zoologique, zoologiste ■ **11** entomologie, ichtyologie ■ **12** ornithologie ■ **14** zoologiquement.
ZOOLOGIQUE : **3** zoo.
ZOOPATHIE : **8** zoophile ■ **11** zoopathique.
ZOOPHYTE : **11** phytozoaire.
ZOOSPORE : **11** zoosporange.
ZOOTECHNIE : **12** zootechnique ■ **13** zootechnicien.
ZOROASTRISME : **8** parsisme ■ **11** zoroastrien.
ZOUAVE : **7** chéchia.
ZURICH : **9** zurichois.
ZUTISTE : **7** zutique.
ZWINGLIANISME : **9** zwinglien.
ZYGOMYCETE : **9** mucoracée*.

5307

IMPRIMÉ EN FRANCE PAR BRODARD ET TAUPIN
21046 - La Flèche (Sarthe), le 29-10-2003.

pour le compte des
Nouvelles Éditions Marabout
D.L. 40639 – novembre 2003
ISBN : 2-501-02657-8
40-2312-3/05

LES AUTEURS

Léon NOËL, un passionné de la langue française, auteur de nombreuses grilles de mots croisés.

Marynel HENRARD, son épouse, expert comptable, prix supérieur de chant classique, également passionnée par la langue française.